世纪波

Century Wave

新法规政策下财会操作实务丛书

最新企业内部控制原理与操作实务

贺志东◎著

THE LATEST CORPORATE

INTERNAL CONTROL

PRINCIPLE AND OPERATION PRACTICE

電子工業出版社
Publishing House of Electronics Industry
北京 · BEIJING

图书在版编目（CIP）数据

最新企业内部控制原理与操作实务 / 贺志东著. —北京：电子工业出版社，2019.6
（新法规政策下财会操作实务丛书）
ISBN 978-7-121-35481-6

Ⅰ. ①最… Ⅱ. ①贺… Ⅲ. ①企业内部管理 Ⅳ. ①F272.3

中国版本图书馆 CIP 数据核字(2018)第 251297 号

责任编辑：刘　殊
文字编辑：杨洪军
印　　刷：三河市良远印务有限公司
装　　订：三河市良远印务有限公司
出版发行：电子工业出版社
　　　　　北京市海淀区万寿路 173 信箱　　邮编 100036
开　　本：787×1092　1/16　印张：41.75　字数：1203 千字
版　　次：2019 年 6 月第 1 版
印　　次：2019 年 6 月第 1 次印刷
定　　价：159.00 元

凡所购买电子工业出版社图书有缺损问题，请向购买书店调换。若书店售缺，请与本社发行部联系，联系及邮购电话：（010）88254888，88258888。
质量投诉请发邮件至 zlts@phei.com.cn，盗版侵权举报请发邮件至 dbqq@phei.com.cn。
本书咨询联系方式：（010）88254199，sjb@phei.com.cn。

前言

内部控制（简称内控）是为实现组织目标而对组织的生产经营活动及其管理行为实施的全员、全面、全过程的管控活动。内部控制应当达到以下基本目标：合理保证企业经营管理合法合规、资产安全、财务报告及相关信息真实完整，提高经营效率和效果，促进企业实现发展战略。

为了帮助全国广大企业全体员工广泛参与内部控制的具体实施，加强内部控制全员、全面、全过程管理，进一步推动管理创新，不断提升管理水平，有效防控经营风险，保证实现价值目标，由全国著名财会、审计、税务专家贺志东同志编写了《最新企业内部控制原理与操作实务》一书。

本书系统深入地传授最新的、“立竿见影”的内部控制方面的实际操作知识和技巧。全书共26章，内容涉及内部控制综合知识，以及组织架构、发展战略、人力资源、企业文化建设、社会责任、资金活动、担保业务、采购、生产经营、研究与开发、业务外包、工程项目、销售、合同管理、资产、负债、所有者权益、收入、成本费用、利润、财务报告、内部信息传递、信息系统、全面预算等方面的内部控制和内部控制评价。读者细读这本无比珍贵的“宝典”将获益匪浅、“少走弯路”，众多财税问题将迎刃而解，大幅提升财税技能和竞争力。

本书读者对象：全国每家企业的负责人和其他经营管理人员、财会人员、内部审计人员，企业管理、税务、国家审计、银行业监管部门相关人员，以及会计师事务所等专业化的企业服务机构从业人士、会计理论和教育工作者等。

本书具有以下特色：

（1）系统、深入，注重细节；

（2）具有极强的操作性、实用性；

（3）依据最新的内控体系、企业会计准则、企业财务通则、审计准则、税法体系等编写；

（4）通俗易懂，名家手把手逐一介绍各知识点；

（5）条理清晰，查检便捷；

（6）案例丰富；

（7）具有极强的专业性、权威性、创造性。

在本书编写过程中，作者参考和借鉴了国内外一些相关文献资料；本书的出版得到了电子工业出版社以及智董集团旗下中华第一财税网（又名“智董网”，www.tax.org.cn）的大力支持和帮助，在此均深表谢意！

目录

第一章 ▶▶

内部控制综合知识

第一节　内部控制概述

内部控制是为实现组织目标而对组织的生产经营活动及其管理行为实施的全员、全面、全过程的管控活动。

一、内部控制的目标

内部控制应当达到以下基本目标：合理保证企业经营管理合法合规、资产安全、财务报告及相关信息真实完整，提高经营效率和效果，促进企业实现发展战略。

二、内部控制的缺陷

（一）串通舞弊

不相容职务的恰当分离可为防范单独一人从事和隐瞒不合规行为，提供一定的保证。但是，两名或更多的人员合伙便可以逃避这种控制，如出纳员和会计员合伙舞弊、财产保管人员和财产核对员合伙造假等，对此类事件再好的控制措施也无能为力。所以，内部控制可能因为有关人员相互勾结、内外串通而失效。

（二）人为错误

内部控制发挥作用的关键在于内控执行人员的准确操作。然而，人们在执行内控职责时不可能始终如一的正确无误。内控执行人员可能因生理和心理因素而影响内部控制系统正常功能的发挥。如果内控执行人员情绪和健康状况不佳，或粗心大意、精力分散、身体不适、理解错误、判断失误、曲解指令等都会造成内控的失效。例如，对发票金额计算或填写错误未被发现、发货时未索要提货单、签发支票时未审查支付用途等，都会使内控失去功效。

（三）管理越权

管理越权一般表现为挪用或者错误陈述。挪用主要指资产的违规转移和隐瞒。对于低层次人员，其资产的挪用可以通过文件凭证、限制接近和职责分离等措施来防止。然而，高层管理人员一旦越权挪用，则任何内部控制程序都难以防止。错误陈述主要指管理部门或主要管理者蓄意弄虚作假，故意改变数据、虚报错报财务状况和经营成果等。当企业出现政企不分、行政干预等时也会导致公司董事会、监事会等法人治理结构形同虚设，丧失控制职能。这类错误也难以防止。我国长期以来主管部门的行政干预常常导致错误陈述行为的发生，不少企业发生的重大舞弊和财务会计报告失真等情况，有些是由于管理越权等所造成的。

（四）经济活动多变

企业原有的内部控制一般都是为那些重复发生类业务进行的设计，这些措施对不正常或未能预料到的业务类型的控制则无能为力。内部控制可能因为经营环境、业务性质的改变而削弱或失效。企业针对变化的环境势必要经常调整经营策略，这就会导致原有的控制程序对新增的业务内容失去控制作用，在变化过程中可能会发生差错或不合规行为。即使环境不变，一旦内部控制系统发生变化，同样也会发生类似问题。例如，会计系统某一部分作业实现了电算化，就可能导致原有的控制制度失效或暂时控制过多。假设在电算系统中包括双重核对程序，那么原有的手工操作复核程序就变得多余，如果继续保留就会导致控制多余；如果电算系统没有设计核对程序并且取消了手工复核程序，则会导致控制不足。

（五）成本/效益制约

设置内部控制制度要受成本效益原则的限制，一个内部控制系统所寻求的保证水平有必要根据制度耗费的成本来决定。一般来说，控制程序的成本不能超过风险或错误可能造成的损失和浪费，否则，内部控制措施就不符合经济性。因此，没有一种内部控制是完美无缺的。就一个大中型企业而言，由于企业的整个生产和管理环节分工较细，因此设置健全的内部控制制度是值得的；而在一个小型企业中，则很难建立与大中型企业同样健全的内部控制制度，应注意经济上的合理性。

三、内控体系构建的原则

（一）针对性原则

要根据企业的实际情况，针对企业财务会计工作中的薄弱环节，以及企业容易出现错误的细节，制定切实有效的内控制度，将各个环节和细节加以有效控制，以提高企业的财务会计水平。

目前，很多企业没有一套根据企业实际制定的财务会计制度与规范，从而造成会计工作薄弱，财务管理混乱。

（二）适应性原则

要根据企业发展的情况、财务会计专业的发展情况，以及社会发展状况及时补充企业的财务内控制度。

适应性有两个方面：一方面是对外部的适应性，另一方面是对企业内部的适应性。外部适应性是指企业的财务内控制度要适应国家的宏观经济发展、产业发展和企业竞争对手的机制；而内部适应性是指要适应企业本身的战略规划、发展规模和企业现状。企业要把握这两个方面，制定适时适用的财务内控制度，并将企业财务会计水平向更高、更好的方向发展。

（三）适用性原则

企业财务内控制度应便于各部门、各职工实际运用，也就是说，企业财务内控制度的操作性要强，要切实可行。这是制定财务内控制度的一个关键点。

企业内控制度的适应性可概括为内容规范、易于理解、便于操作、灵活调整。

（四）整体性原则

企业财务内控制度必须涉及对企业财务会计工作的各个方面的控制，它既要符合企业的长期规划，又要注重企业的短期目标，还要与企业的其他内控制度相互协调。

我们在工作中通常存在着很多局限性或“近视症”，往往就事论事，仅从财务单方面出发考虑问题，结果顾此失彼，与其他内控制度执行相互矛盾，或不受广大干部职工的理解，而造成制度的“名存实亡”，因此，在建立财务内控制度体系时应把握全局，注重企业的整体实施效果。

（五）发展性原则

制定企业财务内控制度要充分考虑宏观政策和企业的发展，密切洞察竞争对手的动向，制定出具有发展性或未来着眼点的规章制度。

企业财务内控制度是企业的一项重要制度，它能促进企业财务会计水平的提高，因此，我们要从战略的高度把它引向更完备的发展方向。

（六）一贯性原则

企业财务内控制度必须具有连续性和一致性，不能朝令夕改、随时变动，否则就无法贯彻执行。

我们在制定企业财务内控制度时，要高度重视这一点，要力求制度尽可能具有连续性，保证会计工作的严肃性。

（七）经济性原则

企业财务内控制度的建立要考虑成本效益原则，即在运用过程中，从经济角度看必须是合理的。

一项制度的制定是为控制企业的某些环节、关键点，并最终落实到提高企业管理水平及增加效益上。若违背了这个出发点，就会得不偿失。

（八）合法性原则

企业必须以国家的法律法规为准绳，在国家的规章制度范围内，制定本企业切实可行的财务内控制度。

这是企业建立内控制度体系的基础。在大量违法违规的企业中，原因之一是不依法办事，更重要的原因是，企业财务内控制度本身就脱离了国家的规章制度，任意妄为，最后给国家、给企业造成了损失，给社会带来了不良影响。

四、内部控制的组合

内部控制按照不同的标志可以组合成不同的集合，即按照不同分类标准可以划分为不同的类别形态，借此可以揭示不同形式内部控制的特征和功能。

内部控制的组合方式或者分类形式，可按照不同标志组合为下列类别。

（一）以内部控制方式为标志，可分为预防性控制和察觉性控制

1. 预防性控制

预防性控制是指试图制止或尽量减少错误或舞弊现象的发生而预先采取有关措施所进行的一种控制，其目的是使有关部门或人员遵循既定的程序和制度，尽量减少错弊发生的机会。

通常采用的预防性控制措施包括基础控制措施、实物控制措施、职责分工措施等，具体有授权、职责分工、制定和实施业务记录与业务处理程序、制定和执行规章制度等。例如，出纳员不得兼管稽核、会计档案保管，以及收入、费用、债权债务账目的登记工作。在内部控制系统中，预防性控制在一定程度上能防止错弊的发生，减少或避免了错弊发生后再进行纠正的成本，从而有助于组织目标和内部控制目标的实现。

2. 察觉性控制

察觉性控制是指为了查明并加以纠正已经发生的错弊而实施的控制。尽管察觉性控制比预防性控制的代价高，但同样必不可少。

（1）它能衡量预防性控制的有效性。

（2）预防系统并不能有效控制所有的错弊，有时某些错误只有在其发生后才能被检查出来。察觉性控制主要用于不良后果发生后的检测。从属于察觉性控制的措施有内部稽核、内部监督等。例如，现金的清点、银行金额的询证、向供应商询证应付账款、对仓库物资实行定期或不定期的盘点制度和差异分析以及核对制度等。

（二）以内部控制信息性质为标志，可分为反馈控制和前馈控制

1. 反馈控制

反馈控制是指管理层利用经济业务或管理活动以往的情况来指导现在和筹划未来的经营管理活动。

在实际工作中，管理人员必须在分析偏差产生的原因之后，及时设计出用以更正的方法、程序或措施，以确保预期目标的实现。但是反馈控制的最大缺陷便是其存在时滞问题，即从发现错弊或偏差到采取纠偏措施总要有一段时间过程。这就有可能在进行更正时，实际情况又发生了变化。例如，在质量控制活动中，找出质量偏差的原因需要花费一定的时间，确定并采取更正措施甚至需要更长的时间；在大型制造企业中，其库存控制涉及诸多库存物资，包括原材料的种类和数量、备件和配件的种类和数量、半成品和产成品等，找出其中存在的问题并进行更正也需要时间。这些都直接影响到内部控制的有效性。为此，管理层还须采取前馈控制。

2. 前馈控制

前馈控制又叫指导将来控制，是指为确保业务活动与期望的结果尽可能相吻合，管理层不断利用最新信息进行分析与趋势预测，并将期望的结果同所预测的结果进行比较而采取的控制程序与措施。

其着眼点是通过预测控制对象的投入或过程进行控制，这在一定程度上解决了时滞现象所带来的问题。例如，若企业预测到其下个月的产品销售量较其期望销售量将大大降低，此时企业便可采取新的营销措施或方案。

（三）以内部控制实施时间为标志，可分为事前控制、事中控制和事后控制

1. 事前控制

事前控制是指管理层在经济业务活动发生之前所进行的管理上的努力或实施的各种控制措施。例如，企业制定的各种方针、政策、计划、预算，以及业务处理的规定、程序、方法、手续等。

事前控制主要是对资源投入的限制和对最终产出的确定。它属于一种防护性控制，即事先分析预测出可能发生的错弊及其概率，并预先设计出防备措施。其重点是防止企业所使用资源在质和量上产生偏差。因此，事前控制的基本目的是保证各项业务活动均有明确的绩效目标，保证各种资源要素的合理投放。

2. 事中控制

事中控制又称现场控制或过程控制，是企业内部人员在业务进行过程中所实施的控制，如生产进度控制等。

事中控制一般都在现场进行，以指导和监督既定方针、政策、计划、程序、方法等的实施情况。当然，事中控制的效果还与控制人员的个人素质密切相关。例如，企业质量检验人员的

专业技能较高、经验较丰富则控制的效果就有可能好些，反之则差些。

3. 事后控制

事后控制是指在实际业务活动发生以后才进行的控制，其主要特征是根据预先确定的控制标准，对实际工作绩效进行比较、分析和评价。例如，传统的质量控制就是通过检查产成品，把残次品挑选出来，以保证出厂产品都能符合质量标准。

事后控制的最终目的是根据对实际工作绩效的评价，查处错弊，并采取纠正措施。但因其是在错弊发生以后才进行检查或采取措施的，故其所造成的损失往往无法弥补，只能为以后的控制工作打下基础。

（四）以内部控制工作范围为标志，可分为内部会计控制和内部管理控制

1. 内部会计控制

内部会计控制是指管理层根据国家财务会计法律法规的规定和本企业生产特点、经营业务性质及管理的实际需要，为确保财务活动的合法性、会计信息的真实性和可靠性、财产物资的安全性和完整性而实施的控制，其范围直接涉及会计事项方面的业务。

内部会计控制主要采用会计处理程序及其他会计手段，对那些能用货币反映的经济业务活动进行控制，它由组织计划，以及与保护财产物资和确保相关信息的准确性、可靠性有关的记录、方法、程序和控制措施等构成，具体包括如下几点。

（1）基础控制。通过基本的会计程序与方法，完整准确地记录所有有效的经济业务，是确保会计控制目标实现的基本条件，也是其他会计控制的基础。基础控制主要包括：

1）完整性控制。这是为保证业务记录完整性而设置的，如设置业务备忘录、对记账凭证按顺序连续编号、原始凭证和记账凭证的内容与金额的核对制度等。

2）准确性控制。这是为实现财务会计数据准确性而设置的，如对原始凭证与记账凭证上记录的经济业务数量、计量单位、填制日期和金额的审核，会计凭证合计金额和会计账发生额的核对、明细账与总账发生额和余额的核对等。

3）有效性控制。这是为实现经济业务记录及相关处理手续的有效性而设置的，如原始凭证进入财会部门前的审核、对会计凭证传递前的审核等。

（2）实物控制。实物控制是为维护财产物资及会计信息资料的安全完整与可靠性而实施的控制。主要包括：

1）防盗控制。这是为防止实物被偷盗、挪用，以及会计记录遗失或被篡改而设置的实物保护或控制措施，如将现金和有价证券存放在保险柜里、库存物资应分门别类存放在专设的仓库并设专职保管人员、为保证账实相符而实行的定期或不定期实物盘存制、设置防盗报警器等。

2）防损控制。这是为防止财产物资及会计资料遭受毁损而设置的控制措施，包括对财产物资的物理保护措施，如设置灭火器、消防水龙头、防潮等，以及防止资产变质等化学防护措施。

（3）纪律控制。这是为监视和调整基础控制措施的执行，保证实物控制措施功能作用的充分发挥而设置的相互牵制、稽核和相互监督等控制措施。它具有监视、强制和约束会计工作的特征，能保证及时发现和查明错弊。主要包括：

1）职责分工。这是为维护资产的安全性，以及实现会计信息的准确性和可靠性的目标而设置的控制措施，包括经济业务授权与执行职务的分离、财产保管与记录职务的分离、总账登记与明细账登记职务的分离等。实行职务分工，有利于不相容职务的制衡，降低错弊发生的概率。

2）内部监控制度。这是为监视和调整基本控制、实物控制和职责分工而设置的控制措施，

包括原始凭证、记账凭证审核的稽核，账账核对的稽核，账表核对的稽核，账实核对的稽核等。

监督控制是内部控制系统得以实施的必要条件，它通过调节外界影响引起的波动保证基础控制、职责分工的有效实施，因此有利于查明基础控制程序中的错弊并及时予以纠正。

2. 内部管理控制

这是为确保国家法律法规及企业经营方针、政策的贯彻执行，实现组织目标，促进经济业务活动的经济性、效率性和效果性而实施的方法、措施和制度的总称。

内部管理控制主要通过制定和实施有关的制度和政策来对企业内部不能用货币反映的业务活动或领域进行监督、调节和控制，是建立有效会计控制制度的基础。其主要目的是保证组织目标的实现，提高经营管理活动的效率和效果。它包括企业内部除会计控制以外的所有控制，主要有：

（1）组织控制。组织控制是对企业职务分工与岗位职责，机构设置的合理性和有效性所进行的控制，包括组织架构设置、不相容职务分离等内容。

组织机构设置得是否科学合理，权责分配是否明确、适当，直接关系到企业能否合理地组织生产，及时发现和处理生产经营中出现的问题，确保企业经营业务活动的协调有序进行。

（2）人事控制。人事控制是针对企业管理人员和职工增减变动情况和确定职工岗位而采取和建立的既相互联系又相互制约的各种手续、方法、程序和措施等，主要包括领导干部选举与任免制、人员招聘与录用、业务分工、人员配备与培训、职务评价、职务考核与奖惩、工资管理、离退休及病休假制等。

（3）业务操作与质量控制。业务操作与质量控制是围绕保证企业操作规范和提高产品或服务质量而建立的控制制度，包括时间定额和操作规程制定、工作检查、产品质量检测、质量标准与统计分析、产品验收等。产品或服务质量是企业竞争实力之所在。

“以质取胜”既是企业的重要经营战略，也是企业获得成功的基本途径之一。对现代企业来说，质量控制既是重点，也是难点。

（4）安全控制。安全控制包括人身安全、财产安全、资料安全等方面的内容。由于安全控制事关组织人心的稳定、财产物资的安全与完整，因此也是管理控制的一个重要方面。

内部控制是一个复杂的有机整体，其内部各环节、各方面虽有所区别，但有些控制措施既可用于会计控制，也可用于管理控制，各种控制措施往往是相互联系、相互交叉的，共同促进整个内部控制系统有效性作用的发挥。

五、内部控制的实施

企业应当根据有关法律法规、《企业内部控制基本规范》及其配套指引，制定本企业的内部控制制度并组织实施。

（一）建立激励约束机制，促进内控规范实施

企业应当建立内部控制实施的激励约束机制，将各责任单位和全体员工实施内部控制的情况纳入绩效考核体系，并定期考评，促进内部控制健康有效实施。

（二）运用信息技术，加强内部控制建设

企业应当运用信息技术加强内部控制，建立与经营管理相适应的信息系统，促进内部控制流程与信息系统的有机结合，实现对业务和事项的自动控制，减少或消除人为操纵因素，为实施有效的内部控制创造条件。

（三）依据法律法规，监督检查内控实施

国务院有关部门可以根据法律法规、内部控制基本规范及配套指引，明确贯彻实施基本规范的具体要求，对企业建立与实施内部控制的情况进行监督检查。

（四）运用自我评价，不断完善内部控制

执行基本规范的上市公司，根据规定应当对本企业内部控制的有效性进行自我评价，披露年度自我评价报告，并可聘请具有证券、期货业务资格的会计师事务所，对内部控制的有效性进行审计，找出不足加以完善。

（五）借助外部力量，推进提高内部控制

接受企业委托从事内部控制审计的会计师事务所，应当根据基本规范及其配套办法和相关执业准则，对内部控制的有效性进行审计，出具审计报告。会计师事务所及其签字的从业人员，应当对发表的内部控制审计意见负责。

为内部控制提供咨询的会计师事务所，不得同时为同一企业提供内部控制审计服务，以确保内部控制制度的正确贯彻与执行。

六、内部控制制度的内容

内部控制制度（又称内部控制系统）是指企业为了实现经营目标，保护资产安全完整，保证会计信息的真实，保证各部门经济活动协调有效地运转而形成的内部自我调节和控制系统。

（一）内部控制制度的主要方法

1. 内部控制制度的基本方法

（1）组织机构控制。组织机构控制是指对组织内部的组织机构设置的合理性和有效性所进行的控制。其主要内容包括：

①采用合理的组织方案。明确划分组织各个部门的权力、责任，并以书面形式明确各个职能部门权责的边界。

②采用合理的组织架构。明确各职能部门的相互关系，满足集中领导、分级管理的要求。组织架构的形式有直线式、职能式和事业部式等。

③建立组织系统图。组织系统图用来反映组织内部各部门之间的垂直领导关系和横向协作关系，可以清楚地反映各部门的地位及相互关系，使各部门能各尽其责、各司其职。根据组织系统图还可分析组织功能的健全性和合理性。

（2）职务分离控制。职务分离控制是指对组织内部的不相容职务必须进行分工负责，不能由一个人同时兼任。这一控制能使有关人员在处理业务时得到互相制约。

在一个组织内，某几种相互关联的职务如果由一个人来担任就会增加发生差错和舞弊的可能性，或者增加了发生差错和舞弊以后进行掩饰的可能性，这些职务称为不相容职务。根据不相容职务分工控制的要求，一项经济业务至少不能由一个人从头到尾进行处理。在一个组织中哪些职务必须分工，主要应判断它们是不是不相容职务。

我国企业中普遍实行了钱、账、物的分管制度，这一制度来自职务分离控制的要求。但是，仅仅停留在钱、账、物分管这一点上是远远不够的，现代组织内部的职务分离控制，比起钱、账、物分管制度要广泛和深刻得多。通常对于以下一些不相容职务必须进行职务分离：

①某项经济业务授权审批的职务和该项经济业务执行的职务应分离。

②执行某项经济业务的职务和审查稽核该项经济业务的职务应分离。

③执行某项经济业务的职务与该项经济业务的记录职务应分离。

④保管某项财产物资的职务和该项财产物资的记录职务应分离。

⑤保管某项财产物资的职务和对该项财产物资进行清查的职务应分离。

⑥记录总账的职务和记录明细账、日记账的职务应分离。

（3）授权审批控制。授权审批控制是组织内各级工作人员必须经过授权和批准才能对有关的经济业务进行处理，未经授权和批准的人员不允许接触和处理这些业务。这一控制方式使经济业务在发生时就得到了有效的控制。

授权控制要求规定各级管理人员的职责范围和业务处理权限，各级管理人员在其职责范围和业务处理权限以内，无须经过请示批准便可处理业务，这样，可以尽快地进行业务处理，防止推诿的现象发生。当业务超出了他们的职责范围或权限时，他们必须经过批准方可处理这些业务。授权审批控制同时要求明确各级管理人员所承担的责任，使他们对于自己的业务处理行为和结果负责，以加强工作的责任心。

授权审批控制有常规授权和特别授权两种情况。常规授权是授予有关人员处理正常范围内经济业务的权限，特别授权是授予他们处理超出常规授权范围特殊业务的权限。

例如，企业规定采购员在进行材料采购时，对于单笔 1 000 元以下的材料有权根据实际情况决定是否采购；对于单笔金额超出 1 000 元的采购业务必须经过有关领导批准方可决定采购。前者为常规授权，而后者则为特别授权。

在进行授权控制时，常规授权的范围不宜太大，也不宜太小。如果常规授权的范围太大，就会使组织的领导失去对重要业务的控制，从而冒较大的经营风险。因此，过大的授权范围会削弱内部控制制度。相反，如果常规授权范围过小，凡事均需请示、批准，使常规授权名存实亡，也会削弱管理人员的积极性和责任心，对企业经营管理产生不利。

（4）人员素质控制。组织的经营活动离不开人的行为，同时，内部控制制度本身要发挥作用也离不开人员素质的保证。人员素质控制是指采用一定的方法和手段对职工的思想品德、业务技能和工作能力的控制，保证组织各级人员具有与他们所负责的工作相适应的素质，从而保证业务活动处理的质量，并使每个人员能在各自的岗位上尽责尽力，完成任务。人员素质控制主要包括以下内容：

①根据各级人员的品德和业务能力来委派工作，使他们能够胜任各自的工作。

②建立职工技术业务的考核制度，职工必须通过技术业务考核才能上岗担任工作。

③建立管理人员业绩考核制度，对于不能胜任管理工作的人员应调离管理岗位。

④建立人员职业道德和技术轮训制度，提高人员的职业道德素质和技术业务素质。

⑤建立奖惩制度，提高职工的责任心。

⑥建立职务轮换制度，定期调换职工的工作，并全面检查职工的工作情况，培养职工全面工作的能力。

（5）信息质量控制。所谓信息质量控制，即采取一系列措施和方法，以保证会计信息的真实、及时、可靠和准确，保证会计信息能够满足组织内部和组织外部使用人的需要。信息质量控制最重要的方面就是会计记录体系的建立。信息质量控制的措施和方法是多方面的，以下是一些常见的控制手段：

①原始凭证必须经过专人审核，只有经过专人审核的原始凭证方可作为会计记录的原始依据。

②记账凭证的内容必须与原始凭证的内容保持一致。

③凭证必须连续编号，凭证的使用必须按编号次序依次使用，领用空白凭证必须经过登记备案。

④凭证正、副联必须复写填制，各联凭证必须注明用途，严格按规定用途使用各联凭证，报废凭证必须注明“报废”字样，并妥善保管。

⑤建立定期复核制度，定期对凭证的填制、记账、过账和编制报表的工作进行复核。

⑥建立总分类账和明细分类账的核对、总分类账和日记账的核对制度。

⑦业务经办人员在处理有关业务后必须签名盖章，以备今后追溯责任。

⑧建立完善的凭证传递程序。凭证传递程序是凭证填制和取得后如何经过各个部门和有关人员记入账簿系统。凭证传递程序应该有利于各个部门的相互制约和相互联系。

⑨建立会计信息的定期分析制度，及时发现信息的谬误等。

（6）财产安全控制。财产安全控制是指为了确保企业财产物资安全完整所采取的各种方法和措施。上述控制的各项措施其实都和财产安全有关。除了上述控制方法，还有其他一些直接和财产安全有关的控制方法和措施：

①发生经济业务要立即记账，特别是现金、银行存款等业务，尤其要重视这一控制，以防现金被挪用。

②财产物资必须采用永续盘存的方法，以便在账上随时反映财产物资收入、发出和结存情况。

③建立定期和不定期的财产清点制度，保证财产物资处于账实一致的状态。

④财产物资发生盘盈、盘亏都应查明原因，并及时按规定程序经批准后才能进行账面处理，并应追究有关人员的管理责任。

⑤建立财务档案的保管制度，并编制清册妥善保管，防止抽换和篡改档案资料，便于进行业务复查。

⑥对财产物资进行科学编号和存放，便于清查、点数和保管。

（7）业务程序控制。业务程序控制是指对重复发生的业务采用规范化、标准化的手段对业务处理过程进行控制。业务程序控制包括凭证传递程序的标准化，记账程序的标准化，供、产、销业务处理过程的标准化等。

业务程序控制还包括将业务处理过程的程序、要求、注意事项等的书面文件化，便于有关人员执行。对于组织的经营方针和经营政策，业务处理过程中各级人员的业务范围、权限和责任，业务处理的各种规章制度，业务处理的基本程序，凭证传递程序等都应制作为书面文件，使有关部门和职工更好地执行，也可防止工作的杂乱无章、职责不清。必要时可将有关要求编制成工作手册，为业务处理提供指导，并作为控制的依据。

（8）内部审计控制。内部审计控制是指组织通过建立内部审计部门对组织的各项业务进行审计的一种监督手段。组织可根据需要设置内部审计机构，内部审计制度本身是内部控制的一种重要手段。内部审计机构保持较好的独立性，在组织分级管理的情况下对各级管理部门的财务活动和管理活动进行评价和监督。通过内部审计制度可以保证各级管理部门所提供的财务会计信息的真实性和可靠性，保证经营目标和方针的实现。通过内部审计，对组织内部控制的各个环节、控制点的设置、人员分工、规章制度的实施等进行评价，有利于加强和完善内部控制制度。

2. 内部控制制度的描述方法

内部控制制度的描述是按照一定的方法把内部控制的现状以书面的形式加以反映。通常在对内部控制制度进行描述时，可以采用两种主要的描述方法，即文字说明法和流程图法。

（1）文字说明法。将内部控制制度的实际情况完全以文字说明的形式记录下来的方法，即文字说明法。内部控制制度的各个控制环节和控制方式均可以用文字说明法详细地加以描述。

文字说明法是会计制度设计中使用最多的方法。该方法在使用时可用文字单独说明，如会计制度的总体说明、会计科目及其使用说明、内部控制要点等；也可以文字辅以图式说明，如对会计组织机构及岗位职责、凭证、账簿、报表的使用说明，对各类业务会计处理程序的说明等。

采用文字说明法进行描述，主要说明业务发生以后从何处取得原始凭证，或者由哪个部门来填制原始凭证，凭证的联数以及凭证各联分别传递的过程，审核和批准业务的人员或部门，记账的人员、记账的时间和分工的情况，与业务处理有关的规定和制度等。

运用文字说明法，要恰当表达有关内容，行文要规范，定义要严谨，语句要确切，要避免无关紧要的修饰，要防止过于冗长，避免使用易于误解的句子。以文字说明法表示的会计制度的内容要注意排列得体，同一层次的语句段落要采用相同的字号排列，不同层次的要采用合适的编号形式。

（2）流程图法。流程图法是用一定图形反映各项业务的处理程序。流程图法采用特定的符号，以业务流程线加以连接，辅之以简要的文字和数字，将某项业务处理程序和内部控制制度反映出来的一种描述方法。

采用流程图进行描述是目前世界各国在描述内部控制制度时普遍采用的方法之一。该方法反映业务处理程序要比文字说明法易为人们所了解和掌握，使用流程图有利于提高工作效率，同时，有助于审计人员进行内部控制测试，从而确定审计工作重点和审查的详细程度。流程图有多种类型，常见的有以下几种。

1）框图式流程图。它是用矩形框图和直线组成的一种流程图，框图内反映所处理的内容，直线反映信息及其载体的传递；框图亦可反映信息及其载体，直线反映处理要求。它常用于简单的业务处理流程。

2）符号式流程图。它是用具有一定意义的符号，形象反映业务处理过程的图。它比框图式流程图反映更直观全面，不仅能反映业务处理部门、人员，还能反映信息传递、变换的过程和信息载体生成、传递、记录、存档的情况。所以，它被广泛用于业务处理程序设计中。符号式流程图要事先规定符号及其意义，并规定绘制规则。

①符号及其含义。目前，用于流程图的符号，国际会计界尚未专门统一，但在某些国家中已有专门的规定。例如，美国、澳大利亚、日本等国均由国家、行业或协会专门规定流程图符号。我国尚未制定出统一的业务流程图符号，参考国外经验并考虑我国实际情况，常用的流程图符号如图 1-1 所示。

②绘制方式。业务流程图的绘制方式一般有两种：一种是纵式流程图；另一种是横式流程图。

纵式流程图的绘制方法：将一项业务处理过程按照先后次序，用一条主线垂直串联起来，业务处理过程中发生的单据、凭证以及凭证的分类、记录、归集、汇总等处理步骤，都用具体图式描绘出来。这种纵式流程图的一个显著特点：对每个处理步骤都有相应的注释，以简明扼要的文字阐明各步骤的工作内容、控制性质和特点。这种方式较易为人理解，但难以反映各部门之间的联系。

横式流程图的绘制方法：以业务处理过程中各部门的控制和实施范围以及部门之间的联系为基础，横向表示凭证、单据在部门之间和部门内部的传递、分配、记录、归档等步骤。这种方式可系统地、完整地反映业务处理过程中各职能部门之间的联系，但不便于对各步骤的活动做简单的文字叙述。如果业务内容过于复杂，或图形符号过多，就会使整个业务的控制系统图显得复杂化。

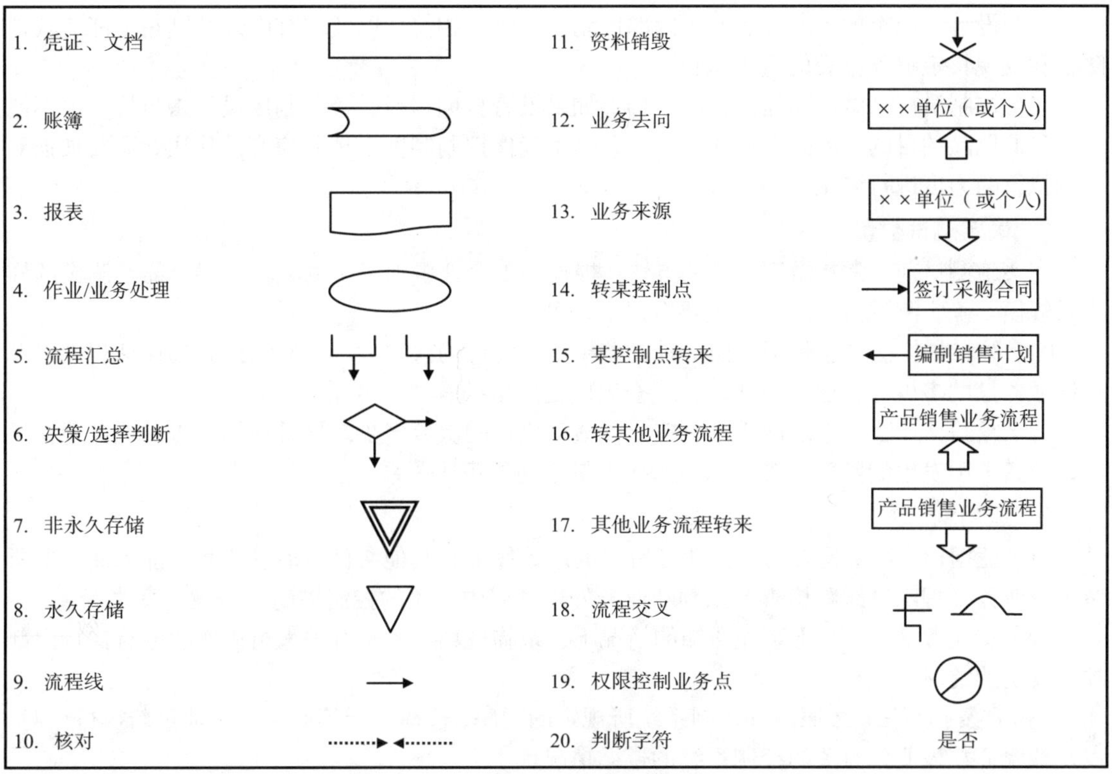

图 1-1　流程图符号

横式流程图的绘制，一般应遵循如下规则：

- 业务部门设置以业务处理程序先后为序；
- 业务流程一般从上到下、从左到右；
- 业务流程中信息载体符号（如凭证、账簿、报表）在上端，信息处理操作（如作业、转记、汇总）及存档符号在下端。

此外，横式流程图在反映凭证、报表生成、传递、保存时，亦有两种处理方式。一种是凭证、报表符号及联数只在生成时一次反映，以后传递、保存不再显示其符号，而用联数编号来反映。这种处理方式简单明了，凭证报表与处理符号的位置有一定的规律可循，但是，一旦某一经济业务涉及较多凭证或报表，联数编号就变得困难，从而影响流程图的可读性；另一种是凭证、报表符号及联数在生成、传递、保存过程中多次重复显示。这种处理方式虽然较之前一种需花费些时间，但最大好处是与客观实际比较接近，符合人们的视觉习惯。

不论采用何种绘制方式，流程图必须满足以下要求：

- 注明业务处理流程经过的部门和经办人；
- 注明凭证、报表名称和份数，用流程线反映其传递的流程；
- 反映业务处理记账情况及凭证和报表归档保存情况。

（二）内部控制制度实用性的测试

测试内部控制制度的实用性是对内部控制系统的实施情况和有效程度进行的测试，它是基于正确评价内部控制系统可靠性的需要而产生的。

1. 确定测试内容

（1）控制设计测试。其测试的主要内容包括：内部控制设计是否合理、是否健全，现有的内部控制设计与应有的（或理想的）内部控制设计是否相符，以及现有内部控制是否能有效地防止和发现特定财务报表的重大差错。

（2）控制执行测试。同任何制度一样，如果没有贯彻执行，控制制度设计得再好，也不能达到降低风险的目的。因此企业在实践中，为了确保控制制度发挥其应有的作用，需要加强对控制执行的力度进行测试。

2. 确定测试数量

在实施测试前，常常需用抽样的方法，根据某项会计事项发生的频率来确定需要测试的样本量规模。确定测试数量的方法主要有以下几种：

（1）统计抽样法。它是指按照估计的差错率、允许的误差大小、应该达到的保证程度以及总体业务量的多少等，运用公式计算或查表确定应该抽查的业务量。

（2）经验估计法。它是指凭经验按业务活动执行的次数多少来估计应该抽查的业务量。通常，业务事项发生的频率应该与抽查的样本量之间成正比关系。

3. 运用测试方法

（1）证据检查法。检查与某些业务有关的原始凭证和其他文件，沿着这些凭证和文件上所留下的业务处理踪迹跟踪检查，以判断业务处理过程中有关的控制措施是否被认真执行。

（2）实地考察法。在不事先通知的情况下，亲临现场，考察有关人员操作业务时执行内部控制规定的情况。

（3）重复执行法。按照内部控制系统所规定的程序，选择若干笔业务独立地重新执行一遍，以复核验证与该业务有关的控制手续的遵循情况。

第二节　内部控制要素

一、内部环境

内部环境是指影响、制约内部控制建立与执行的各种内部因素的总称，涵盖了对内部控制系统的建立和实施有重大影响的各种因素。

内部环境决定了企业的基调，直接影响企业员工的控制意识，提供了内部控制的基本规则和构架，是其他要素的基础。在此环境下，企业管理层评估实现特定目标的风险，并实施控制活动，以确保管理层有关应对风险的指令得以贯彻执行。

企业的内部环境不仅影响企业战略目标的制定、业务活动的组织运行和对风险的识别、评估和反应，还影响企业控制活动、信息和沟通系统，以及监控活动的设计和执行。

（一）内部环境的构成

内部环境的构成要素一般包括：法制观念、员工的诚信和道德价值观、企业文化、公司治理结构和议事规则、管理理念和经营风格、机构设置与权责分配、内部审计、人力资源政策与措施等。

1. 法制观念

企业应当加强法制教育，增强董事、监事、经理及其他高级管理人员和员工的法制观念，严格依法决策、依法办事、依法监督，建立健全法律顾问制度和重大法律纠纷案件备案制度。

（1）法律顾问制度。企业应完善企业法律顾问制度，健全法律监督机制，促进依法决策，依法经营，依法办事。

法律顾问包括企业法律顾问和企业总法律顾问。前者是指取得企业法律顾问执业资格，由企业聘任，专门从事企业法律事务工作的企业内部专业人员。后者是指具有企业法律顾问执业资格，由企业聘任，全面负责企业法律事务工作的高级管理人员。

法律顾问制度的作用：捍卫企业的合法权益，参谋企业的重大决策，贯彻执行法律和政策，商务合同的起草、谈判和签署，参与支持经营目标的实施，协调业绩与风险的关系，仲裁内部争议和纠纷，维护企业的内部制度，指导审计部门工作。可见，企业法律顾问制度在公司治理和内部控制中具有重要的意义。

企业应健全法律顾问责任制度，企业总法律顾问对企业法律事务工作全面负责，参与企业重大经营决策，对企业法定代表人或总经理负责，全面领导和处理企业的法律事务工作，保证企业决策的合法性。企业的重大事项决策之前，应当由企业法律顾问和法律事务机构出具相应的法律意见，保证企业依法决策。企业总法律顾问的任职实行备案制度。

（2）重大法律纠纷案件备案制度。企业应依据或参照《中央企业重大法律纠纷案件管理暂行办法》，并结合企业的具体情况，制定重大法律纠纷案件备案制度。

1）重大法律纠纷案件的界定。具有下列情形之一的诉讼、仲裁或者可能引起诉讼、仲裁的案件，界定为重大法律纠纷案件：

①涉案金额超过 5 000 万元人民币的；

②企业作为诉讼当事人且一审由高级人民法院受理的；

③可能引发群体性诉讼或者系列诉讼的；

④其他涉及出资人和企业的重大权益或者具有国内外重大影响的。

另外，除上述案件外，企业还可根据涉外案件、金融债券债务诉讼、知识产权纠纷、劳资纠纷、涉及企业改制和上市公司规范运作等案件，进一步修订落实重大法律纠纷案件备案制度。

2）企业应加强对重大法律纠纷案件的管理。为了建立健全有关规章制度和有效防范法律风险的机制，企业法律顾问应当依法履行职责，对企业经营管理相关的法律风险提出防范意见，减少或者避免重大法律纠纷案件的发生。企业负责人应当重视企业法律顾问提出的有关防范法律风险的意见，及时采取措施防范和消除法律风险。

2. 员工的诚信和道德价值观

员工的诚信和道德价值观是指员工行为的准则，它告诉员工什么行为可接受、什么行为不可接受，以及遇到不正当行为应该采取的行动。良好的公司道德氛围对公司策略和控制系统的有效执行非常重要，也有助于影响那些即使最精细的内控系统也难以管制的行为。因此，良好的内部控制要求无论是企业管理层还是其他成员都应做到：

（1）严格一致地保持诚信行为和道德标准；

（2）不要盲目追求不切实际的目标，以致形成不必要的压力；

（3）对敏感职位之间的财务分工要准确明细，以避免造成偷窃资产或隐藏不佳绩效的引诱；

（4）加强企业的内部审核制度；

（5）发挥董事会的职能，使其客观监督企业管理层；

（6）提供道德方面的指导，使所有员工在一般和特定环境下能够保持正确的判断；

（7）制作文字化的行为准则和政策声明，将其传达给全体员工；

（8）将诱发人们不诚实、非法和不道德行为的动机降至最低。例如，制定现实的业绩目标是很好的激励措施，它减少了达不到预期目标的压力，也减少了不切实际的目标所造成的虚假财务报告的诱因。

需要注意的是，在企业日常经营活动中，员工个人可能仅仅因为组织给予他们的强烈刺激或诱惑而从事不诚实、非法或不道德的行为。通常的诱因主要有：

（1）达到不切实际的业绩目标，特别是短期业绩的压力。例如，为了实现预先设定的利润指标而在财务报告中虚报收入；高压的销售策略，冷酷无情的谈判或暗中的回扣，可能会引发具有即时（或者持续）效果的反应。

（2）与业绩挂钩的高回报。例如，虚报与业绩考核指标相关的财务信息。

（3）高于或低于奖金计划的奖励。

（4）控制不存在或失效，如敏感业务区域未做很好的职责分离，为偷窃公司资产或隐藏不良行为提供了可能。

（5）组织高度分散，导致高层管理人员不清楚基层的行为，减少了基层舞弊被发现的机会。

（6）内部审计职能薄弱，无法发现和报告不正确的行为。

（7）低效的董事会不能提供对高层管理人员的客观监管。

（8）对不正确行为的惩罚力度不够或不公开，从而失去了应有的威慑力。

3. 企业文化

企业文化渗透于企业的一切活动之中，对企业会产生极大的影响，也是内部控制制度得以顺利实施的基础。

董事、监事、经理及其他高级管理人员应当在企业文化建设中发挥主导作用。

（1）企业价值观。价值观是关于价值的观念，是客观的价值体系在人们主观意识中的反映，是价值主体对自身需要的理解，以及对价值客观的意义和重要性看法的根本观点。

企业价值观的确立，对其已有文化的其他要素具有决定性作用，而其他要素如制度规范、习俗仪式等，都是在一定价值观的基础上建立和形成的。正确的企业价值观，会为企业的生存和发展提供基本的方向和行动指南，为员工行为准则奠定基础。在正确价值观的指导下，企业的经营活动才有可能取得成功。因此，每个企业要想在市场竞争中立于不败之地，取得卓越成效，就必须确立正确的企业价值观，并号召全体员工自觉推崇和尊重自己企业的价值观。如果一个企业缺乏明确的价值准则或价值观念不正确，那么现有的经营和未来的发展必然受挫。

企业价值观作为企业文化的核心部分，其形成需要观念的判断、选择，还需要不断维护、培育、传播及强化。

（2）社会责任感。在现代社会中，企业已经成为多种社会利益的交汇点，直接影响着社会的稳定、和谐与发展。企业不能只谋取自身利益，还要考虑社会各方面利益，如投资者、消费者、员工、供应商、经销商以及环境保护、空气污染、社会就业等，还要满足政府机关、社区、媒体及相关社会团体的需要。这就是企业承担的社会责任。所以企业在实现经济效益的同时，应注重社会效益并争取收到良好的社会效益。只有这样，企业才能在竞争中求生存、谋发展，否则将会受到社会的谴责，严重者会受到法律的惩治。

（3）高级管理人员的职业操守和员工的行为准则。良好的职业操守的保持和品行不仅是高级管理人员应具备的最重要条件，也是对其任职的首要要求。高级管理人员应当恪守以诚实守信为核心的职业操守，不得损害投资者、债权人、客户、员工和社会公众的利益。企业高级管理人员有责任加强职工职业道德宣传引导、教育培训和监督检查，为建立和实施内部控制营造良好的氛围和环境。

企业员工行为准则一般包括日常行为规范、考勤制度、工资制度、奖惩制度、着装规定、合同管理规定、印章管理规定、网络使用规定等方面内容。企业员工应当遵守员工行为守则，加强职业道德修养和业务学习，自觉遵守公司各项制度以及与内部控制有关的各项规定，勤勉尽责。

4. 公司治理结构和议事规则

公司作为一种法人组织，具有权力主体资格，但权力不能由公司来行使，而必须由公司的某些自然人完成。公司治理结构就是指公司的权力在股东、董事及经理层的分配，明确决策、执行、监督等方面的职责权限，形成科学有效的职责分工和制衡机制，构建科学的决策体系，保障公司健康有效的运行。它是内部环境的最高层次和基础。

在所有权与经营权分离的公司，有可能使经营者的利益与所有者的利益背道而驰。因此，有效的问责制度是很重要的。有效的公司治理可以在保证股东利益最大化的同时，制衡公司与所有利益相关者之间的利益关系，从而维护公司各方面的利益。目前，有些公司滥施权力的情况有目共睹，如不加以治理，灾难将影响深远。公司治理结构如图 1-2 所示。

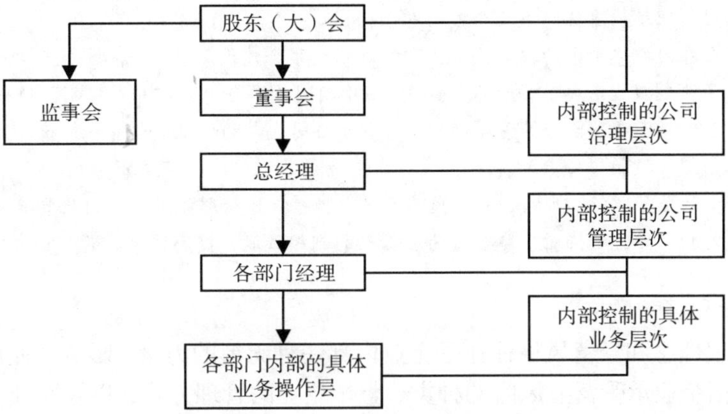

图 1-2 公司治理结构

董事会负责内部控制的建立健全和有效实施。监事会对董事会建立与实施内部控制进行监督。经理层负责组织、领导内部控制的日常运行。

（1）股东（大）会。股东（大）会是公司最高管理机构，依法行使企业经营方针、筹资、投资、利润分配等重大事项的表决权。

（2）董事会。董事会对股东（大）会负责，依法行使经营决策权。董事会应当充分认识自身所承担的责任，负责内部控制的建立健全和有效实施，并给予指导和监督。主要权责有：

1）核准企业的战略目标和价值标准，并监督在企业经营活动中贯彻实施。

2）界定管埋层的权限与责任，并建立严格责任制和问责制。

3）管理层进行适当监督，确保董事会制定的政策得以实施。

4）依据公司文化、企业长期目标、战略及环境等确定公司薪酬政策。

（3）监事会。监事会对股东（大）会负责，其职责是监督企业董事、经理和其他高级管理人员依法履行职责。监事会对董事会及董事，以及其他高级管理人员履行内部控制职责进行监督；监事会有权要求上述人员纠正其损害公司利益的行为，并监督执行情况。依法对董事、高级管理人员提起诉讼。

（4）经理层。经理层负责组织实施股东（大）会、董事会决议事项，主持企业的生产经营管理工作。

小知识　　公司治理结构的完善

公司治理结构是公司内部控制环境的最高层次，公司治理结构的完善将为公司内部控制环境奠定坚实的基础。

完善的公司治理应该能够保持良好的内部控制系统，不断检查内部控制的有效性，对外如实披露内部控制现状，保持强有力的内部审计。而一个健全的治理结构又是建立在以下四个主要条件的协同之上的：

（1）董事会。确保有效的内部控制系统，确定并监控经营风险和绩效指标。

（2）管理层。实施风险管理、内部控制、日常计划、组织安排。

（3）外部审计师。应保持独立性，审计与咨询业务分开。

（4）审计委员会（内部审计师）。增强报告关系上的独立性。

因此，改善公司治理结构应从以下几个方面入手：

（1）确立董事会在内控体系中的核心地位，积极加强董事会建设。

（2）健全独立董事制度，遏制“内部人控制”。由于我国董事会中“内部人控制”现象严重，建立健全相关的独立董事的职责、问责、监督等管理制度，有利于公司内部的检查、监督和评价，强化公司的制衡机制，有效地遏制“内部人控制”。

（3）加强监事会的监督职能。目前，我国监事会独立性差，监督职能较弱，因此要采取措施，加强监事会监督职能，增强其独立性，加强对董事会行为和活动的制约效能，提高监事会的监督力度。

5. 管理理念和经营风格

管理层的管理理念和经营风格往往是企业内部一种无形的力量，影响企业成员的思维方法和行为方式，包括企业承受营业风险的种类、整个企业的管理方式，以及企业管理阶层对法规的反应、对企业财务的重视程度、对人力资源政策的看法等。

例如，有些公司管理层的管理理念和经营风格较为激进，愿意承担更高的风险以追求更高的盈利回报；而有些公司的管理层则比较保守，在风险承担方面表现得较为谨慎。以销售信贷政策为例，对风险承受力高的公司相比承受力低的公司，其设定的信用销售额度更高，以期望通过更优惠的政策吸引和保留客户，从而获得更高的销售额。管理层的管理理念和经营风格还表现在：管理层对财务报告的态度和所采取的措施，对现有可选择的会计准则和会计数值估计所持有的谨慎或冒进态度，对信息处理和会计功能、人员所持的态度等。

6. 机构设置与权责分配

（1）机构设置。机构设置包括组织架构设置。组织架构是为了便于管理，实现组织目标而分成的若干个管理机构和管理层次。它是控制任务在总体上的组织安排及部门中的具体排列，是为公司活动提供计划、执行、控制和监督职能的整体框架，也是实现内部控制目标的基础。其实质是人们在组织内部进行劳动分工和协调方式的总和。

组织架构设置得合理与否将直接影响企业的经营成果和控制的效果。每个企业都应根据其需要确定组织架构，或采用直线职能式，或采用事业部式，或采用矩阵型组织架构。但不论何种组织架构，均应根据公司的业务性质，进行适当的集中或分散，确保信息的上传、下达和在各业务间的流动，以利于组织实现特定目标。

（2）责任分配。一个良好的企业组织应该让企业的各个组成部分及其每个成员都了解自己在企业中的位置、承担的责任以及拥有的权力等。根据其人、财、物及利用它们的最佳途径来划分为实现目标所必需的各项业务工作或活动，并授予执行有关各项业务工作或活动的各部门或人员以明确的职权和职责，既要防止权力重叠，也要避免权力真空，使每一项业务处理的各个环节都有相应的机构和具体人员负责。

在设计和执行时必须做到：

1）确保所有人理解公司目标。每个人知道他的行为与目标实现的关联和贡献的重要程度。

2）明确规定每个员工的职责，使每个员工既不被忽略也不会滥用其职权，同时应规定员工向上级部门或管理人员汇报其履行职责的情况。

3）职责与权力必须尽可能以规范文件的方式明确地授予具体的部门、岗位和人员，以免发生越权或在出现错误或舞弊时互相推诿。

4）在日常的经营管理活动中，对于一般性的业务领域，管理层应给予有关部门或人员相当的自主权，避免过多的干预。每个对某一岗位负责的人员在职权范围内有权采取迅速的行动履行职责，以充分发挥和调动各级部门或人员的积极性和主动性。

5）各岗位人员之间的交接必须有明确的交接手续；即便某些员工临时缺勤，也应有明确的代理办法。

7. 内部审计

内部审计是在组织内部建立的一种独立评价活动，并对该组织的活动进行审查和评价。它通过审查和评价经营活动及内部控制的真实性、合法性和有效性来促使组织目标的实现。内部审计的主要目的是评价组织控制，以确保揭露组织潜在的风险和经济，高效地达成组织的目标和目的。

企业应当加强内部审计工作，保证内部审计机构设置、人员配备和工作的独立性。规范对内部审计的原则要求是：

（1）企业应当在董事会下设立审计委员会，并加强内部审计工作，保证内部审计机构设置、人员配备和工作的独立性，内部审计机构应当结合内部审计监督，对内部控制的有效性进行监督检查。

（2）审计委员会负责人应当具备相应的独立性、良好的职业操守和专业胜任能力。

（3）内部审计机构对监督检查中发现的内部控制缺陷，应当按照企业内部审计工作程序进行报告；对发现的重大缺陷，有权直接向董事会及其审计委员会、监事会报告。

8. 人力资源政策与措施

（1）人力资源政策的内容。

1）员工的聘用、培训、辞退与辞职。

2）员工的薪酬、考核、晋升与奖惩。

3）关键岗位员工的强制休假和定期岗位轮换制度。

4）掌握国家秘密或重要商业秘密的员工离岗的限制性规定。

5）有关人力资源管理的其他政策。

（2）人力资源考评内容与方法。企业应当制定科学合理的人力资源考评制度，对员工履行职责、完成任务的情况实施全面、公正、准确的考核，客观评价员工的工作表现，引导员工实现经营目标。考核评价内容应该涵盖员工的个人素质、工作态度、工作能力、专业知识、工作潜力以及适应性评价等。

（3）人力资源薪酬及激励政策。企业的薪酬及激励政策的合理性，对吸引人才、留住人才、激励人才、满足组织需要、促进经营目标的实现等方面有十分重要的作用。企业应当规范薪酬发放标准和程序，建立和完善针对各层级员工的激励约束机制，促进员工责、权、利有机统一和内部控制的有效执行。薪酬制度设计应坚持按劳分配原则、激励适度原则、互促互进原则。

小知识　　注重人力资源的有效开发和利用

人力资源政策与措施应考虑如何招聘进来有能力、可信任的员工，如何进行相关培训使员工意识到他们的工作职责和公司对他们的要求，如何通过考核、薪酬、晋升等政策激励约束员工。具体包括：

（1）有完善的招聘与选拔方针及操作性程序；

（2）对新员工进行企业文化和道德价值观的导向培训；

（3）对违反行为准则的任何事项，制定纪律约束与处罚措施；

（4）对业绩良好的员工，制订具有奖励和激励作用的报酬计划，并避免诱发不道德行为；

（5）根据阶段性的业绩评估结果，对员工予以晋升、指导及奖罚。

（二）内部环境存在的主要风险

（1）董事会（治理层）或审计委员会没有积极参与公司对财务报告的内部控制并且不能对其产生重大影响。

（2）公司的组织机构设置无法保证建立健全的内部环境。

（3）管理层无法保证组织具有承担责任的能力，没有通过适当的权责分配建立可追究责任的管理控制体系。

（4）管理层无法通过其态度和行动显示公司品质、诚信和道德观念。

（5）管理层的经营理念和风格无法倡导强有力的内部环境。

（6）公司的人力资源政策和程序无法对员工的正直和道德行为以及工作能力进行规范和管理。

（7）管理层无法确保员工的胜任能力。

（8）内部审计的范围、职责和审计计划对公司而言是不恰当的，没有遵循专业准则。

（9）公司的生产经营情况未能得到持续的监控。

二、风险评估

（一）风险评估的控制目标

风险评估的控制目标是从发生的可能性和影响程度两个方面对识别出的风险进行评估。识别风险后，需要采用定量或定性的方法对风险进行评估。评估的内容主要有：

（1）估计风险的重要性及产生的影响。

（2）评估风险发生的可能性（或频率、概率）。

（二）风险评估流程存在的主要风险

（1）公司没有建立战略目标、战略规划与业务计划，无法通过管理与控制措施，保证目标的实现。

（2）公司没有建立风险识别机制对内部与外部风险因素进行预期与识别，无法对识别的风险因素采取适当的应对措施。

（3）公司在法律事务的管理方面没有体现风险防范意识，无法保证法律和法规的遵循。

（4）公司缺乏一套程序，无法保证采用恰当的会计准则和会计制度，避免会计报告方面的风险。

（三）风险评估的关键控制点

（1）风险评估过程得到完整记录，并被恰当地反馈给相关责任人。

（2）管理层对风险评估过程建立风险评估的反馈及信息沟通机制。

（四）风险评估的一般过程

风险评估的全过程一般包括设置目标、风险识别、风险分析、风险应对。

1. 设置目标

企业开展风险评估，应当准确识别与实现控制目标相关的内部风险和外部风险，确定相应的风险承受度。风险承受度是企业能够承担的风险限度，包括整体风险承受能力和业务层面的可接受风险水平。所以企业只有根据设定的风险承受度，才能全面系统持续地收集相关信息，最后结合实际情况，及时进行风险评估。

2. 风险识别

风险识别实际上是收集有关损失原因、危险因素及其损失暴露等方面信息的过程。风险识别作为风险评估过程的重要环节，主要回答的问题是：存在哪些风险，哪些风险应予以考虑，引起风险的主要因素是什么，这些风险所引起的后果及严重程度如何，风险识别的方法有哪些等。而其中企业在风险评估过程中，更应当关注引起风险的主要因素，应当准确识别与实现控制目标有关的内部风险和外部风险。

企业的内部风险因素主要有：

（1）董事、监事、经理及其他高级管理人员的职业操守、员工专业胜任能力等人力资源因素。

（2）组织机构、经营方式、资产管理、业务流程等管理因素。

（3）研究开发、技术投入、信息技术运用等自主创新因素。

（4）财务状况、经营成果、现金流量等财务因素。

（5）营运安全、员工健康、环境保护等安全环保因素以及其他因素。

企业的外部风险因素主要有：

（1）经济形势、产业政策、融资环境、市场竞争、资源供给等经济因素。

（2）法律法规、监管要求等法律因素。

（3）安全稳定、文化传统、社会信用、教育水平、消费者行为等社会因素。

（4）技术进步、工艺改进等科学技术因素。

（5）自然灾害、环境状况等自然环境因素以及其他因素。

3. 风险分析

我们应对识别出的风险进行分析。企业应当采用定性与定量相结合的方法，按照风险发生的可能性及其影响程度等，对识别的风险进行分析和排序，确定关注重点和优先控制的风险。企业进行风险分析，应当充分吸收专业人员，组成风险分析团队，按照严格规范的程序开展工作，确保风险分析结果的准确性。

4. 风险应对

在风险识别和风险分析的基础上，企业应该结合具体的实际情况，选择合适的风险应对策略。企业风险应对策略有四种基本类型：风险规避、风险降低、风险分担、风险承受。因此企业应当综合运用这四种风险应对策略，实现对风险的有效控制。

（1）风险规避是企业对超出风险承受度的风险，通过放弃或者停止与该风险相关的业务活动以避免和减轻损失的策略。这是应对风险的一种最彻底、最有力的策略。与其他应对风险不同，风险规避是在风险事故发生之前，将所有风险因素完全消除，从而彻底排除某一特定风险事故发生的可能性，同时它也是一种消极的风险应对措施，因为选择这一策略也就放弃了可能从风险中获得的收益。

（2）风险降低是企业在权衡成本效益之后，准备采取适当的控制措施降低风险或者减轻损失，将风险控制在风险承受度之内的策略。这是风险管理中最积极主动也是最常见的一种处理方法，包括风险预防和风险抑制两类措施。

（3）风险分担是企业准备借助他人力量，采取业务分包、购买保险等方式和适当的控制措施，将风险控制在风险承受度之内的策略。其主要措施包括业务分包、保险、出售、开脱责任合同及合同中的转移责任条款五类。

（4）风险承受是企业对风险承受度之内的风险，在权衡成本效益之后，不准备采取控制措施降低风险或者减轻损失的策略。这也是一种最普通、最省事的风险应对策略。

风险应对的四种策略是根据企业的风险偏好和风险承受度制定的。风险规避策略在采用其他任何风险应对策略都不能将风险降低到企业风险承受度以内的情况下适用；风险降低和风险分担策略则是通过相关措施，使企业的剩余风险与企业的风险承受度相一致；风险承受则意味着风险在企业可承受范围之内。企业应该结合具体情况及时调整风险应对策略。所以企业应当结合不同发展阶段和业务拓展情况，持续收集与风险变化相关的信息，进行风险识别和风险分析，及时调整风险应对策略。

三、控制活动

控制活动是指企业根据风险评估结果，结合风险应对策略，确保内部控制目标得以实现的方法和手段。控制活动存在于企业的各个部分、各个层面和各个部门。为确保管理层的指令得以执行，通常采用核准、授权、验证、调节、复核营业绩效、保障资产安全及职务分工等措施。

企业应当结合风险评估结果，通过手工控制与自动控制、预防性控制与发现性控制相结合的方法，运用相应的控制措施，将风险控制在可承受度之内。

控制活动一般包括不相容职务分离控制、授权审批控制、会计系统控制、业务流程与操作规程控制、财产保护控制、预算控制、运营分析控制和绩效考核控制等。

（一）不相容职务分离控制

不相容职务分离要求企业全面系统地分析、梳理业务流程中所涉及的相容职务，实施相应的分离措施，形成各司其职、各负其责、相互制约的工作机制。

常见的不相容职务分离的情形加图 1-3 所示。

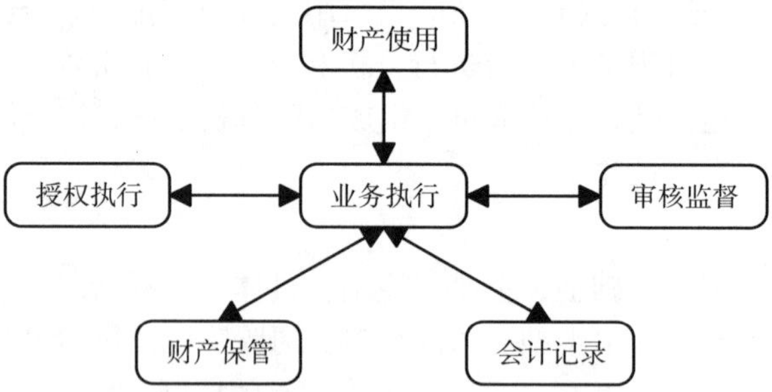

图 1-3　常见的不相容职务分离的情形

（1）批准进行某项经济业务的职务与执行该项业务的职务要分离。

（2）执行某项经济业务的职务与财产保管业务的职务要分离。

（3）执行某项经济业务的职务与记录该项业务的职务要分离。

（4）执行某项经济业务的职务与审核监督该项业务的职务要分离。

（5）执行某项经济业务的职务与财务物资使用主体的职务要分离。

（6）记录该项业务的职务与财产保管业务的职务要分离。

（二）授权审批控制

授权审批控制要求企业根据常规授权和特别授权的规定，明确各岗位办理业务和事项的权限范围、审批程序和相应责任。

企业应当编制常规授权的权限指引，规范特别授权的范围、权限、程序和责任，严格控制特别授权。企业各级管理人员应当在授权范围内行使职权和承担责任。企业对于重大的业务和事项，应当实行集体决策审批或者联签制度，任何个人不得单独进行决策或者擅自改变集体决策。

1. 授权审批形式

授权审批是指企业在处理经济业务时，必须经过授权审批才能执行，以此进行控制。授权审批按其形式可分为常规授权和特别授权。

（1）常规授权。常规授权是指企业在日常经营管理活动中按照既定的职责和程序进行的授权，一般比较稳定，时效性较长。

它是管理层制定的，整个组织应当遵循的政策，内部员工在日常业务处理过程中可以按照规定的权限范围和有关职责自行办理和执行各项业务。这类授权在企业中大量存在，如采购部门采购材料、财务部门的账务处理、人力资源部门招聘员工等。企业对常规授权，可以采用适当形式予以公布，以提高权限的透明度，加强对权限行使的监督和管理。

（2）特别授权。特别授权是指企业在特殊情况、特定条件下的授权，是一种临时性、应急性授权，故暂时有效。

它通常涉及特定或特殊类非常规事项。例如，某企业规定支票签发由财务部门经理负责。由于财务部门经理休假，临时授权由副经理负责签发，这就是特别授权。有条件的企业可采用远程办公方式逐步减少特别授权。

2. 授权审批控制的原则及要求

为了使授权审批控制拥有较好的效果，企业一定要遵循以下原则：

（1）需要授权审批的事项，在业务发生之前必须经过授权。

（2）授权审批的责任一定要明确。

（3）所有授权过程都必须有书面证明。

（4）对于越权行为一定要有相应的惩罚制度。

为贯彻上述原则，企业应当编制常规授权的权限指引，规范特别授权的范围、权限、程序和责任，严格控制特别授权。

（三）会计系统控制

会计系统是指公司为了汇总、分析、分类、记录、报告公司交易，并保持相对资产和负债的受托责任得以承担而建立的方法和记录的工作系统。

会计系统控制要求企业严格执行国家统一的会计准则或制度，加强会计基础工作，明确会计凭证、会计账簿和财务会计报告的处理程序，保证会计资料真实完整；依法设置会计机构，配备会计从业人员。其中从事会计工作的人员，必须取得会计从业资格证书。会计机构负责人应具备会计师以上专业技术职务资格；大中型企业应设置总会计师，设置总会计师的企业，不得设置与其职权重叠的副职。通常而言，一个有效的会计系统应能达到以下几点：

（1）确认并记录所有真实的交易，即对任何财物或资金的收付都必须填制或取得合规合法的原始凭证，并经审核批准后才可以作为编制记账凭证，登记账簿的依据。

（2）及时且充分详细地描述交易，以便在会计报表上对交易做适当的分类。

（3）计量交易的价值，以便在会计报表上记录其适当的货币价值。

（4）确定交易发生的期间，以便将交易记录在适当的会计期间。

（5）在会计报表中适当地表达交易和披露相关事项。

在运用会计系统控制时，企业需对以下有关凭证的稽核和审查予以高度注意。

1. 原始凭证稽核

对外来原始凭证应审核是否符合国家票证管理要求，有无税务监制章、财政监制章和单位财务专用章或发票专用章；数量、单价、金额是否正确，凡金额有误的，要退回到出票单位重新开具；接受单位名称是否正确；大小写是否相符；经办人、验收人、批准人手续是否齐全，有无涂改、伪造和虚报冒领等现象；对于进入成本费用项目的发票，还要审查有无含增值税发票。审查现金开支是否符合财务制度和财经纪律，凡违法开支，要拒绝办理。

2. 记账凭证审核

（1）现金凭证审核。审核时应注意：

1）现金支付范围是否符合国家规定，有无用于发放职工工资、津贴、奖金、个人劳务报酬、个人劳保福利开支、出差人员差旅费、结算起点以下的零星开支及其他需要支付现金的零星支出等之外的现金支付。

2）现金销售收入是否足额、及时解缴银行，对外收费是否符合规定的收费标准。

3）有无坐支现金，有无向银行谎报用途套取现金，职工工资及奖金的发放是否登记工资基金手册。

4）现金凭证收、付讫章以及主管、审核、出纳和制单等印章是否齐全，交款人、领款人是否签字。

5）已审核的现金原始凭证是否填写附件张数并加盖附件章注销，以免重复报销。

（2）银行凭证稽核。审核时应注意：

1）是否符合《中国人民银行支付结算办法》《中华人民共和国票据法》《票据实施管理办法》的规定，有无签发空头支票、出借银行账号。

2）是否以合法的手续和完备的原始凭证为依据填制银行记账凭证。

3）从银行支付的材料采购款、工程款等是否符合国家规定，有无预算、合同，资金是否落实。

4）领用转账支票是否填列“支票领用申请单”，并经部门主管和财务主管批准。

5）作废的支票及其存根是否加盖“作废”戳记并与银行对账单一并妥善保存。

6）签发支票所使用的各种印章，是否由财务主管和银行出纳分别保管。

7）空白收据和空白支票是否设立登记簿严格管理，有无办理购买、领用登记和交回注销手续。

（3）转账凭证稽核。审查的主要内容包括：

1）数字是否正确，资金渠道是否符合制度规定。

2）原始凭证是否合法，自制原始凭证是否有依据，手续是否齐全。

3）科目使用是否正确，填制内容是否完整，印章是否齐全，附件是否相符。

3. 会计账簿稽核

（1）审查是否依法设置会计账簿，使用订本式或活页式账簿是否符合规定。

（2）审查会计账簿的启用、登记、与有关数字的相互核对、定期结账等是否按照《会计基础工作规范》操作。

（3）审查现金日记账是否每日记账并结出余额；现金库存数是否超出银行核定的限额，超出部分是否当日存入银行；现金是否每日清点，账实是否相符，有无白条抵库；银行日记账是否逐日登记，每天结出余额；银行存款账户是否定期进行清查，银行存款余额与银行对账单是否相符，若不符，是否及时查明原因并做出处理；银行存款余额调节表是否由专人复核，有无主管签章。

4. 财务会计报告稽核

（1）报表数字是否真实、计算是否正确、内容是否完整。

（2）总账与明细账是否相符。

（3）报表内部、表与表之间的钩稽关系、前后数字的衔接是否相符。

（4）报表各项补充资料和财务情况说明书应与报表内容相符。

（四）业务流程与操作规程控制

业务流程是指企业为确保经济业务活动的顺利进行，在明确各个岗位职责的基础上而规定并实施的业务处理手续和程序。例如，在材料采购业务中，企业规定应首先由申请单位或人员根据需要填写请购单，经计划部门同意，主管厂长或经理批准，然后由供应部门的采购人员负责采购；材料到达后，由供应部门和仓储部门负责检查验收，财务部门的出纳负责付款，会计负责记账。这样经过几个部门或人员，能够有效地防范和及时发现错弊，且有助于相互监督和制约。

操作规程详细规定每个事项怎么操作，员工所要做的只是按照操作规程的规定行事。一般来说，操作规程在责任中心管理者的主持下，由本责任中心管理人员或专业技术人员来具体制定。科学的操作规程可以使员工的操作最优，从而为本责任中心的效益性目标提供有力保证。

业务流程与操作规程控制就是利用业务流程来实现内控目标。需明确的是，业务流程是业务操作的程序和方法，不是专门为内部控制而设计的，但在设计业务流程时，应考虑内部控制的要求，使业务流程中含有内部控制节点。

一般来说，流程控制（业务流程控制）主要体现在以下几方面：

（1）流程设计。流程设计是对功能作业完成程序和方法所做的策划。在进行流程设计时，要考虑交易运作过程中存在的风险，通过设计一定程序来防范这些风险。

（2）记录环节。功能和作业完成过程中会有许多记录环节，记录环节设计首先要满足管理信息的需要，但在设计记录内容、格式及记录的流转程序时，也要考虑内部控制的要求，将控制要素加入记录内容和流转程序中。例如，报销业务必须有经办人员签字，就是这种指导思想的体现。

（3）控制标准。在功能和作业完成过程中必须遵循一定的内部管理规定，这些规定就是控制标准。例如，费用开支限额就是一项控制标准。控制标准设计要满足企业内部管理的需要，并考虑内部控制的要求，将内部控制要素体现在控制标准中。例如，对于货币资金支付，不同层级不同批准权限的规定，就是这种指导思想的体现。

操作规程一般可以分为两种类型：

（1）管理规程。一般由管理人员或外部专家提出规程草案，由责任中心管理人员最后审查批准并发布执行。通常可按岗位制定，但对于关系密切的岗位，也可统一制定综合的管理规程，一般多直接体现于企业的各项专业管理之中，如设备管理、生产管理、财务管理、营销管理等。

（2）作业规程。主要分岗位来制定，有时也可合并几个岗位统一制定。例如，由两个工人共同操作一台机床，则可将这两个岗位一起制定。

（五）财产保护控制

财产保护控制要求企业建立财产日常管理制度和定期清查制度，采取财产记录、实务保管、定期盘点、账实核对等措施，确保财产安全。企业应当严格限制未经授权的人员接触和处置财产。

1. 有形资产的日常安全控制措施

有形资产包括货币资金、存货、债权和固定资产等。

（1）货币资金和空白票据日常安全控制。货币资金包括现金及现金等价物、银行存款及其他货币资金。《企业会计准则》称之为基础金融工具。这类资产流动性极强，容易成为不法分子极欲侵占的对象。为确保其安全：

1）要做好存放地的防潮、防火、防盗。

2）要做到日清月结核对账务、编制余额调节表。超储现金及时送存银行，发现差错及时查找原因，妥善处理。

3）要严格授权。保险柜严守密码，钥匙妥善保管，不准为他人代存现金。严禁非指定人员经办货币资金业务。明确各种票据的购买、保管、领用、背书转让、注销等环节的职责权限和处理程序，并专设登记簿进行记录，确保空白票据的安全。

（2）债权和债务的日常安全控制。债权包括应收账款、其他应收款和预付款等。这类资产占用资金多，构成复杂，隐患较多。因此必须指定专人负责，建立明细核算制度，定期进行账务核对，及时收回各种款项，做好日常的控制与管理，防范与减少坏账损失的发生。

债务包括应付账款、预收账款、应付薪酬、应交税费及其他应付款等。这类债务如果记录不清、内容不实，也会给企业带来损失。企业应及时核对清理，做到记录正确、内容真实、责任明确。

（3）存货的日常安全控制。存货包括材料、在制品、产成品、商品及包装物等。为确保其安全完整应做到：

1）做好实物资产的安全保护。

①要合理存放，既要考虑存货物理性质，又要便于收发及清查。

②要科学保管，做好防腐、防毒、防火、防爆、通风、排水及特殊物资的保管。

③要严格制度，做好收、发、存、管各项手续齐全并定期清查。

2）做好资产所有权上的安全保护。

①要指定专人负责，明确保管责任。

②要建立明细账，详细记录存货的类别、编号、名称、规格、型号、数量、计量单位等内容，并定期与会计账核对。

③要做好存货的日常控制，贯彻以预防为主。

财会部门应针对企业存货种类繁杂、地点复杂、数量巨大、出入库手续繁杂等特点，经常与仓库核对账务，做到账账相符、账实相符，确保资产安全完整。

（4）固定资产的日常安全控制。固定资产的实物安全管理与存货实物管理雷同。这里强调以下几项工作：

1）严格固定资产的登记管理制度。新增固定资产应当及时办理手续，及时进行编号、建卡、确定存放地点及责任者，并注明机器设备附带设备。建立固定资产、分级归口管理责任制。对租用、借用、借出及代管设备，应分别建账登记。

2）做好固定资产的使用控制。为防范固定资产的丢失和损坏风险，应明确谁使用谁负责保管制度。固定资产的调动和领用应实行审批和授权，并经主管部门批准。部门间借用或调用资产时，应填制“固定资产调拨单”及使用协议。

3）加强固定资产的外部转移控制。企业出租固定资产，仓库和有关人员应报经主管部门签章批准，详细记录设备名称、数量、所带附件、完好程度、租赁时间等，做好记录，并修改原来的记录。

4）做好固定资产的处置控制。固定资产应有独立于固定资产管理部门和使用部门的其他部门和人员办理。对于重大固定资产处置，应采取集体合议审批制度，并建立集体审议批准记录。如果固定资产报废后直接退出生产经营活动过程，不进行对外销售，则有关管理部门应该编制固定资产正常报废单，记录报废固定资产的名称、规格、型号、数量及所属部门等信息。同时，还应该明确必要的清理程序，评估固定资产的残值以及清理费用，防止出现残料丢失的现象。

5）做好固定资产的清查盘点。清查盘点是维护财产安全完整的重要手段，企业应定期对固定资产清查盘点，保证账账相符、账实相符。在固定资产盘点清查过程中，应关注资产使用、维修和保养情况，并与账面核对，编制固定资产清查明细表。对盘盈或盘亏资产，应由责任部门说明原因并报有关部门审批。

另外，对具有易损且比较贵重的资产，企业应通过保险进行处理，以减少损失风险。

2. 无形资产的安全管理措施

无形资产也是企业可利用的重要资源，在一些高新技术企业尤为重要。由于这部分资产没有实物形态容易流失，因此保护无形资产安全，就是保护企业在市场中的竞争力。无形资产的安全主要是所有权安全。

（1）要做好无形资产安全教育工作，提高员工的安全意识，防范内部人员泄密和其他单位或个人盗窃及侵犯。

（2）要加强无形资产的档案管理，做好专利申请登记，未经批准不得借阅，案卷不得涂改、抽换、乱画、标记、携带外出及复制等。档案的使用必须经总经理或指定的部门批准。

（3）建立分级保护制度。对一般或非保密无形资产，如土地使用权、商标权、商号、域名等，无须对其安全实施防范；而对专用技术、工艺配方、工艺流程等，由于拥有巨大的商业价值，一旦泄露将给企业带来不可估量的损失，因此必须建立完善的保密制度。对不同的无形资产，分别确定不同的保密等级，实施专门保管工具、专门区域控制、接触明码验证、不准单人接触等严格保密控制。

（六）预算控制

预算控制要求企业实施全面预算管理制度，明确各责任单位在预算管理中的职责权限，规范预算的编制、审定、下达和执行程序，强化预算约束。企业通过预算控制，使得经营目标转化为各部门、各岗位以致个人的具体行为目标，作为各责任单位的约束条件，能够从根本上保证企业经营目标的实现。

预算编制是企业实施预算管理的起点，也是预算管理的关键环节。企业采用何种方法、何种编制流程来编制预算，对预算目标的实现有着至关重要的影响，从而直接影响到预算管理的效果。预算编制完成后，便开始进行执行阶段。企业各部门在生产经营及相关的各项活动中，需要按照预算办事，同时，还应明确各项业务的授权审批权限及审批流程，对于无预算或者超预算的项目进行严格控制。企业应定期检查预算执行情况，必要时进行调整。通过相关数据的对比分析，找出差异的原因及应采取的措施。最后，企业应该制定相关的考核指标，定期对预算执行情况进行严格的考核。

（七）运营分析控制

运营分析控制要求企业建立运营情况分析控制。管理层应当综合运用生产、购销、投资、筹资、财务等方面的信息，通过因素分析、对比分析、趋势分析等方法，定期开展运营情况分析，发现存在的问题，及时查明原因并加以改进。

（八）绩效考核控制

绩效考核是指用系统的方法、原理，评定、测量员工在职务上的工作行为和工作效果。

绩效考核控制要求企业建立和实施绩效考核制度，科学设置考核指标体系，对企业内部各责任单位和全体员工的业绩进行定期考核和客观评价，将考评结果作为确定员工薪酬以及职务晋升、评优、降级、调岗、辞退等的依据。绩效考核是一个过程，即首先明确企业要做什么（目标和计划），然后找到衡量工作做得好坏的标准进行监测，发现做得好的，进行奖励，使其继续保持或者做得更好，能够完成更高的目标。另外，对发现做得不好的地方，通过分析找到问题所在，进行改正，使工作做好。

通常，对不同的部门或人员，企业应采用不同的业绩考核指标。例如，对采购部门的员工可分析采购价格变动及差异、紧急采购订单占全部订单的比率、退货订单占全部订单的比率等。通过考核异常的结果和异常的变动趋势，管理层应关注那些可能影响目标实现的问题，认识到主要的采购业务目标可能无法实现的具体情形，并提出改进方案。

基于考核基础建立的激励机制对实现内控目标至关重要。一般来说，大多数人在利用非法手段谋取个人利益前，会有一个思想上的自我平衡过程。当他认为自己付出多而得到少时，采用非法手段谋取个人利益的可能性就会增加。如果企业能够正确评价员工的工作努力程度，合理确定报酬结构，就会大大减少采取非法手段谋取个人利益的现象。激励控制主要表现在：一是建立科学的业绩评价体系，准确反映各层级员工的付出，使员工感到自己的努力得到了承认；二是以业绩为基础，制定合理的报酬结构，使员工对收入有一种公平感。

小知识　　综合运用控制措施

企业应当根据内部控制目标，结合风险应对策略，综合运用控制措施，对各种业务和事项实施有效控制。

以上介绍的内部控制措施只涉及内部控制的某一方面，然而，企业是一个不可分割的有机整体，在经营实践中为实现某一控制目标，不可能只用其中一个或若干个。因此，应结合内控目标及选择的应对策略，综合运用控制措施，才能实现有效控制，将剩余风险（采取各项控制措施后仍可能发生的风险）控制在可接受水平之内。例如，货币资金控制的目标是保证货币资金的安全完整。要实现这一目标，涉及不相容职务分离控制、授权审议批准控制、预算控制、财产保护控制、会计系统控制、绩效考核控制、销售收款、采购付款控制等。因此必须综合运用这些控制措施，才能有效地保证货币资金控制目标的实现。尽管综合运用了这些控制措施，也并不能保证消除货币资金业务的所有风险，但在最大程度上减少了货币资金的风险，将剩余风险控制在可接受水平之内。

最后需要强调两点：

（1）企业应当以书面形式，或者其他适当形式记录企业制定的控制措施及促进有效实施的情况。

（2）企业应完整收集、妥善保存在控制措施实施过程中的相关记录和资料，确保控制措施过程的可验证性。

四、信息与沟通

信息与沟通是企业及时、准确地收集、传递与内部控制相关的信息，确保信息在企业内部、企业与外部之间进行有效沟通。

每个企业都必须获取相关的信息——财务及非财务的，与外部及内部事件和行为相关的信息。信息必须经过管理层确认与企业的经营相关。这些信息也必须以一种能使人们行使各自的控制和其他职能的形式，以及在一定的时限内传递给需要的人。

（一）信息与沟通流程存在的主要风险

（1）管理层无法获取适当和必需的信息。

（2）无法及时地向相关人士收集或发送信息。

（3）信息披露委员会无法有效地履行工作职责。

（4）公司没有建立有效的期末报告程序。

（5）财务报告以及相关的应用和信息系统是不可靠的。

（6）公司未建立预防、识别舞弊风险的内部控制措施与程序，无法预防可能存在的舞弊行为。

（二）信息

本书所提到的信息主要是指影响企业内部环境、风险评估、控制活动、内部监督等方面的信息。下面简要介绍信息收集和信息传递。

1. 信息收集

企业在进行信息收集时应明确收集的内容和方式等。企业应当对收集的各种内部信息和外部信息进行合理筛选、核对、整合，提高信息的有用性。企业可以通过财务会计资料、经营管理资料、调研报告、专项信息、内部刊物、办公网络等渠道，获取内部信息。企业可以通过行业协会组织、社会中介机构、业务往来单位、市场调查、来信来访、网络媒体以及有关监管部门等渠道，获取外部信息。由于不同企业需求的信息存在差异，各企业对每类信息的侧重点也存在差异，因此，企业应当结合自身特点以及成本效益原则，选择适合的方式收集有价值的信息。

2. 信息传递

企业应当将内部控制相关信息在企业内部各管理级次、责任单位、业务环节之间与外部投资者、债权人、客户、供应商、中介机构和监督部门等有关方面之间进行沟通和反馈。在信息沟通过程中发现的问题，应当及时报告并加以解决。但是，企业管理者对信息传递的认识不够或传递方式的问题通常会使信息传递存在一些问题。常见问题包括准确性问题、完整性问题、及时性问题和安全性问题等。

信息与沟通包括内部和外部沟通、决策信息支持和反舞弊措施三个要素。

（三）沟通

信息沟通虽然有利于企业的经营管理、目标实现，但有时会带来负面影响，因此必须实施有效控制。特别是与外部沟通时，应关注以下方面：

1. 与投资者和债权人的沟通

应依据《中华人民共和国公司法》《中华人民共和国证券法》要求，采用不同的方式，就相关内容，如企业的战略规划、经营方针、融资计划、年度预算、经营成果、财务状况、利益分配等信息，进行沟通并听取投资者意见，介绍有关情况。

2. 与客户的沟通

通过座谈会、走访等多种形式，听取客户的消费偏好、销售政策、产品质量、售后服务、货款结算等方面的意见和建议、宣传辅导等。

3. 与供应商的沟通

通过供需见面会、座谈会、订货会、业务洽谈会等多种方式就产品质量、技术性能、交易价格、信用政策、结算方式等事项进行沟通。

4. 与监管机构的沟通

及时向监管机构了解监管政策、变化和要求等，并相应地完善自身的管理制度。同时，认真了解自身存在的问题，积极反映诉求和建议，努力加强与监管机构的协调。

5. 与外部审计师及律师的沟通

定期与他们会晤，听取注册会计师、律师对财务报告、内部控制、经营战略等方面的意见和建议，保持有效沟通。

小知识　　内部和外部沟通的控制目标

内部和外部沟通的控制目标是，为管理层建立有效的内部及外部利益相关者的信息沟通渠道。

管理层应建立有效的内部信息沟通渠道，使财务信息、经营信息、规章制度信息及其他重要综合信息等内部信息通过公司规章制度和文件、公司职能部门调研报告、财务会计报告、员工直接向上级沟通的信息、内部刊物、资料、公司局域网、各种会议提案、记录、纪要等渠道在公司内部各层次、各部门及公司与下属单位之间传递。

管理层应建立有效的与外部利益相关者的信息沟通渠道。公司可以通过国家部委和外部监管方的文件、期刊、中介机构、互联网、广播、电视、公司采购及销售部门收集的市场和价格信息、外部来信来访、参加行业会议、座谈交流等渠道获取外部信息，并使这些信息在公司与客户、供应商、监管者等外部环境之间有效地传递。

小知识　　内部和外部沟通的关键控制点

1. 公司建立开放的和有效的双向外部沟通渠道

公司明确规定客户投诉处理程序，建立与客户开放、有效沟通的渠道和投诉处理机制。

公司明确规定供应商投诉处理程序，建立与供应商开放、有效沟通的渠道和投诉处理机制。

2. 建立预算、利润及其他财务和经营方面的目标执行情况沟通渠道

公司制定全面预算管理制度，在公司内上下级之间、同一级的各职能部门之间建立顺畅的沟通协调机制。

公司建立生产经营综合分析制度，并召开月度和季度的生产经营分析会，对公司经营计划和预算的执行情况进行评估，并对目标实际执行中出现的偏差采取应对措施。

3. 建立与分散办公地员工信息沟通的政策和程序

公司制定了公文处理办法，并通过领导层签发后下发各业务部门和下属单位。

公司通过传真、电报、通知、邮件等形式下发，或通过办公系统，将公司相关的政策和程序传达至各个业务分部和各职能部门。

公司在对外网站建立了相应栏目宣扬公司的企业文化、经营理念及道德准则等信息，规范公司业务宣传，统一企业及业务品牌形象，达到向外部宣传企业文化和道德准则的目的。

4. 从外部利益相关者收到的信息能得到及时和恰当的总结和反馈

公司规定客户投诉处理办法，对客户投诉处理结果进行归档，对客户投诉进行回访。

公司建立定期收集和汇报供应商信息的制度，并有专人对审阅的信息进行核实。

公司建立定期收集和汇报政府部门、监管者等外部信息的制度，并有专人对审阅的信息进行核实。

五、内部监督

内部监督是对其存在的要素和功能进行的持续性或定期性评估，是通过一系列监管活动，单独评估或者两者结合的手段实施的。监督活动体现在正常的管理活动中。单独评估的范围和频率主要取决于风险评估和持续监督活动的有效性。

监督活动是内部控制体系中不可或缺的一部分，是内部控制得到有效实施的有力保障，可以发现内部控制缺陷，改善内部控制体系，促进内部控制的健全性和合适性，提高内部控制执行的有效性，是外部监督的有力支撑。内部监督的要素包括持续监控和缺陷报告。

（一）内部监督概述

1. 内部监督的分类

（1）日常监督。日常监督是指企业对建立与实施内部控制的情况进行常规、持续的监督检查。内部日常监督包括：一是对内部控制制度的执行情况的监督，二是对内部控制采取的政策和措施的监督，并注意获取相关的证据。

（2）专项监督。专项监督是指在企业发展战略、组织架构、经营活动、业务流程、关键岗位员工等发生较大调整和变化的情况下，对内部控制的某一方面或者某些方面进行有针对性的监督与检查。

2. 内部监督的内容

（1）对内部控制的维护、变更、考评等活动进行监督，从而保证内部控制体系的有效运行。

（2）企业管理层收集汇总各部门的信息，监督各方面的工作进展，相关职能部门进行的自我检查与监督，确保内部控制体系有效运行的记录。

（3）外部来自监管等部门的信息和来自客户信息的印证、企业通过各种方式与客户沟通、收集客户信息、制定整改措施并监督措施的执行情况的资料。

（4）定期将会计记录的账簿、数据与实物资产进行核对，做到账与账、账与实物、账与报表等相符，做到信息真实可靠。

（5）企业对内部、外部审计提出的问题及建议是否做出积极的响应，并根据实际情况做出整改方案，监督该方案的执行，使问题得到有效解决。

（6）管理层可通过各种渠道对内控执行情况进行监督。例如，审计委员会关于接收、保留及处理各种投诉、举报及其保密性；管理层在会议及培训中了解的内部控制执行情况；管理层认真审核员工提出的各项合理化建议，并不断完善建议的情况；监督管理部门定期组织专项检查和调研，对发现问题提出的整改建议情况。

（7）监督内部审计的有效性。企业应制定内部审计规范，明确审计的范围、责任和计划，并以此为基础合理配置审计人员，要求他们遵守职业道德规范及内部审计规则，审计部门应具有适当的地位并有足够的资源履行其职责；审计部门对管理中存在的薄弱环节及漏洞、违反国家法律法规的行为等，向管理层及时提出整改意见等。

（二）内部监督流程存在的主要风险

（1）自我评估无法提升对控制的认知和责任。

（2）对发现的重大内部控制缺陷缺少报告与改正措施。

（三）内部控制缺陷认定及防范

日常监督和专项监督的目的是预防和发现内部控制缺陷。内部控制缺陷是指内部控制的设计存在漏洞，不能有效地防范错误与舞弊，或者内部控制的运行存在弱点和偏差，不能及时发现并纠正错误与舞弊的情况。

1. 内部控制缺陷的认定

企业应当制定内部控制缺陷认定标准；对监督过程中发现的内部控制缺陷，应当分析缺陷的性质和产生的原因，提出整改方案；采取适当的形式及时向董事会、监事会或经理层报告。

内部控制缺陷包括设计缺陷和运行缺陷。企业应当追踪内部控制缺陷的整改情况，并就内部监督中发现的重大缺陷，追究相关责任单位或者责任人的责任。

设计缺陷是指现行控制缺少为实现控制目标所必需的控制手段，或者现有控制设计不适当，即使正常运行也难以实现控制目标；运行缺陷是指设计适当的控制没有按设计意图运行，或者执行人员缺乏必要授权或专业胜任能力，无法有效实施控制。这些缺陷的存在严重影响控制目标的实现。

缺陷按其影响程度分为重大缺陷、重要缺陷和一般缺陷。重大缺陷是指内部控制中存在的、可能导致财务报告重大错报的一项控制缺陷或多项控制缺陷的组合；重要缺陷是内部控制中存在的，其严重程度不如重大缺陷，但足以引起企业财务报告监督人员关注的一项控制缺陷或多项控制缺陷的组合；一般缺陷是内部控制中存在的、除重大缺陷和重要缺陷外的控制缺陷。以上定义在理论上讲很简单，但在实际工作中因对内部控制缺陷的影响程度没有定量的标准，操作上是比较难把握的，需要进行专业判断。

实践中很难判断企业到底存在哪些内部控制缺陷，缺陷的严重程度又如何判断等，因此企业应结合自身的情况制定内部控制缺陷认定标准，最终应当由董事会认定。

2. 防范内部控制缺陷的措施

内部控制缺陷可能从多个方面表现出来。因此，应时刻关注内部控制制度的有效运行，跟踪内部控制缺陷的整改情况，并就内部监督中发现的重大缺陷，追究相关责任单位或者责任人责任，落实问责制。为此需要采取以下政策与措施。

（1）制定缺陷报告管理制度。内部控制缺陷的信息来源于企业内部和外部，企业应具有敏锐的嗅觉，及时发现并报告，以确保管理层及内部控制部门能够有效地整改、完善内部控制制度。为此，应建立缺陷报告管理制度，明确报告的职责、报告的内容、报告缺陷的标准及报告程序；相关职能部门和单位定期与不定期地对内部控制执行情况进行自查及互查，对发现的问题进行记录并采取有效措施，加以改进；企业汇集从外部获取的相关信息，分析、发现内部控制可能出现的缺陷，制定整改措施并监督该措施的执行情况；审计部门每年进行常规审计和内部控制专项审计，根据发现的问题，查找内部控制方面存在的缺陷，提出改进和加强管理的建议；监管部门应通过信访受理，发现内部控制存在的问题并做出有效整改措施。

（2）完善缺陷报告机制。企业员工发现内部控制缺陷，不仅要向本组织的相关负责人报告，同时还要向直接负责人至少高一级的主管报告，以便采取有效的矫正活动。对于特殊和敏感的信息，企业应设置其他沟通渠道，确保信息畅通。为此，企业应制定重大特大事件报告制度。相关单位发现内部控制问题或缺陷，应及时以书面的形式向主管上级报告。内部控制部门定期或不定期地汇报经营中新出现的风险，从而使企业管理层及时了解和掌握内部控制存在的缺陷。

（3）监督整改措施实施。对识别出来的缺陷和问题，应得到及时的改正，并追踪内部缺陷的改进情况。为此，审议委员会对内部控制的调查结果和管理层的反馈进行研究分析；管理层指定相关部门对发现的内部控制缺陷进行调查、分析，提出整改意见，采取纠正措施，并监督措施的执行情况；监督管理部门通过实施信访机制，发现内部控制存在的缺陷和问题，进行适当的处理并采取改进措施；企业发生重大特大事故后，应配合相关部门调查，落实事故调查报告中的处理意见和防范的措施建议。内部控制部门负责跟踪检查内外审计师提出的管理建议和内部控制整改建议的实施情况。通过上述措施可以及时发现内控存在的缺陷，及时采取有效的改进措施。

（四）内部控制缺陷报告

1. 缺陷报告的控制目标

缺陷报告的控制目标是管理层对发现的内部控制缺陷采取必要的行动，并建立报告渠道。

2. 缺陷报告的关键内部控制点

（1）对于发现的重大内部控制缺陷，建立及时向管理层及董事会的报告渠道。公司建立重要事项报告制度，明确各级机构的报告渠道和报告方式。

对审计中发现的问题，通过审计建议书、审计要情的形式向管理层和审计部门反映情况。对权益纠纷或重大诉讼事件，归口管理部门向监视部门汇报，每年上报案件情况统计。

（2）管理层对持续监控中发现的内部控制缺陷及时改正。公司应设立专职部门负责跟踪检查内外部审计提出的管理建议和内部控制检查整改建议的落实情况。监控、指导控制/整改方案的实施，根据对方案实施过程和结果的监控，对控制措施的有效性、适宜性进行验证，

提出改进建议，并组织有关部门对控制/整改方案进行必要的调整，以确保风险控制目标的实现。

公司应设立专职部门在对公司内部控制体系进行评价的基础上，编制公司内部控制评价报告，报公司管理层审核确认后报董事会审议。

（3）管理层对内部审计和第三方独立评估中发现的内部控制缺陷及时改正。被审单位对审计报告征求意见书中提出的问题进行确认，执行整改要求。离任审计要进行后续审计，对重大关键敏感项目进行后续审计。

对第三方独立评估提出的改进意见，实施相应的整改。财务部门对外部审计师提出的管理建议，落实后续整改，并对需要集团层面解决的问题上报集团公司。

（五）内控记录资料

企业应当以书面或者其他适当的形式，妥善保存内部控制建立与实施过程中的相关记录或者资料，确保内部控制建立与实施过程的可验证性。

内控重要文件和记录要由专人保管，无关人员不得随意接近或借用这些文件和记录，防止被篡改或弄丢文件和记录。另外，要慎重选择保管地点，能够防盗、防火、防水，避免文件和重要记录的丢失或毁损。企业应当建立数据信息定期备份制度和数据处理的自动备份制度（交易日志），至少应当在远离计算机设备和操作的地方保存一套备份和交易日志，以备丢失或损坏后重建等。

法律依据

企业内部控制基本规范

第一章　总　则

第一条　为了加强和规范企业内部控制，提高企业经营管理水平和风险防范能力，促进企业可持续发展，维护社会主义市场经济秩序和社会公众利益，根据《中华人民共和国公司法》、《中华人民共和国证券法》、《中华人民共和国会计法》和其他有关法律法规，制定本规范。

第二条　本规范适用于中华人民共和国境内设立的大中型企业。

小企业和其他单位可以参照本规范建立与实施内部控制。

大中型企业和小企业的划分标准根据国家有关规定执行。

第三条 本规范所称内部控制，是由企业董事会、监事会、经理层和全体员工实施的、旨在实现控制目标的过程。

内部控制的目标是合理保证企业经营管理合法、合规，资产安全，财务报告及相关信息真实完整，提高经营效率和效果，促进企业实现发展战略。

第四条 企业建立与实施内部控制，应当遵循下列原则：

（一）全面性原则。内部控制应当贯穿决策、执行和监督全过程，覆盖企业及其所属单位的各种业务和事项。

（二）重要性原则。内部控制应当在全面控制的基础上，关注重要业务事项和高风险领域。

（三）制衡性原则。内部控制应当在治理结构、机构设置及权责分配、业务流程等方面形成相互制约、相互监督，同时兼顾运营效率。

（四）适应性原则。内部控制应当与企业经营规模、业务范围、竞争状况和风险水平等相适应，并随着情况的变化及时加以调整。

（五）成本效益原则。内部控制应当权衡实施成本与预期效益，以适当的成本实现有效控制。

第五条 企业建立与实施有效的内部控制，应当包括下列要素：

（一）内部环境。内部环境是企业实施内部控制的基础，一般包括治理结构、机构设置及权责分配、内部审计、人力资源政策、企业文化等。

（二）风险评估。风险评估是企业及时识别、系统分析经营活动中与实现内部控制目标相关的风险，合理确定风险应对策略。

（三）控制活动。控制活动是企业根据风险评估结果，采用相应的控制措施，将风险控制在可承受度之内。

（四）信息与沟通。信息与沟通是企业及时、准确地收集、传递与内部控制相关的信息，确保信息在企业内部、企业与外部之间进行有效沟通。

（五）内部监督。内部监督是企业对内部控制建立与实施情况进行监督检查，评价内部控制的有效性，发现内部控制缺陷，应当及时加以改进。

第六条 企业应当根据有关法律法规、本规范及其配套办法，制定本企业的内部控制制度并组织实施。

第七条 企业应当运用信息技术加强内部控制，建立与经营管理相适应的信息系统，促进内部控制流程与信息系统的有机结合，实现对业务和事项的自动控制，减少或消除人为操纵因素。

第八条 企业应当建立内部控制实施的激励约束机制，将各责任单位和全体员工实施内部控制的情况纳入绩效考核体系，促进内部控制的有效实施。

第九条 国务院有关部门可以根据法律法规、本规范及其配套办法，明确贯彻实施本规范的具体要求，对企业建立与实施内部控制的情况进行监督检查。

第十条 接受企业委托从事内部控制审计的会计师事务所，应当根据本规范及其配套办法和相关执业准则，对企业内部控制的有效性进行审计，出具审计报告。会计师事务所及其签字的从业人员应当对发表的内部控制审计意见负责。

为企业内部控制提供咨询的会计师事务所，不得同时为同一企业提供内部控制审计服务。

第二章 内部环境

第十一条 企业应当根据国家有关法律法规和企业章程，建立规范的公司治理结构和议事规则，明确决策、执行、监督等方面的职责权限，形成科学有效的职责分工和制衡机制。

股东（大）会享有法律法规和企业章程规定的合法权利，依法行使企业经营方针、筹资、投资、利润分配等重大事项的表决权。

董事会对股东（大）会负责，依法行使企业的经营决策权。

监事会对股东（大）会负责，监督企业董事、经理和其他高级管理人员依法履行职责。

经理层负责组织实施股东（大）会、董事会决议事项，主持企业的生产经营管理工作。

第十二条　董事会负责内部控制的建立健全和有效实施。监事会对董事会建立与实施内部控制进行监督。经理层负责组织领导企业内部控制的日常运行。

企业应当成立专门机构或者指定适当的机构具体负责组织协调内部控制的建立实施及日常工作。

第十三条　企业应当在董事会下设立审计委员会。审计委员会负责审查企业内部控制，监督内部控制的有效实施和内部控制自我评价情况，协调内部控制审计及其他相关事宜等。

审计委员会负责人应当具备相应的独立性、良好的职业操守和专业胜任能力。

第十四条　企业应当结合业务特点和内部控制要求设置内部机构，明确职责权限，将权利与责任落实到各责任单位。

企业应当通过编制内部管理手册，使全体员工掌握内部机构设置、岗位职责、业务流程等情况，明确权责分配，正确行使职权。

第十五条　企业应当加强内部审计工作，保证内部审计机构设置、人员配备和工作的独立性。

内部审计机构应当结合内部审计监督，对内部控制的有效性进行监督检查。内部审计机构对监督检查中发现的内部控制缺陷，应当按照企业内部审计工作程序进行报告；对监督检查中发现的内部控制重大缺陷，有权直接向董事会及其审计委员会、监事会报告。

第十六条　企业应当制定和实施有利于企业可持续发展的人力资源政策。人力资源政策应当包括下列内容：

（一）员工的聘用、培训、辞退与辞职。

（二）员工的薪酬、考核、晋升与奖惩。

（三）关键岗位员工的强制休假制度和定期岗位轮换制度。

（四）掌握国家秘密或重要商业秘密的员工离岗的限制性规定。

（五）有关人力资源管理的其他政策。

第十七条　企业应当将职业道德修养和专业胜任能力作为选拔和聘用员工的重要标准，切实加强员工培训和继续教育，不断提升员工素质。

第十八条　企业应当加强文化建设，培育积极向上的价值观和社会责任感，倡导诚实守信、爱岗敬业、开拓创新和团队协作精神，树立现代管理理念，强化风险意识。

董事、监事、经理及其他高级管理人员应当在企业文化建设中发挥主导作用。

企业员工应当遵守员工行为守则，认真履行岗位职责。

第十九条　企业应当加强法制教育，增强董事、监事、经理及其他高级管理人员和员工的法制观念，严格依法决策、依法办事、依法监督，建立健全法律顾问制度和重大法律纠纷案件备案制度。

第三章　风险评估

第二十条　企业应当根据设定的控制目标，全面系统持续地收集相关信息，结合实际情况，及时进行风险评估。

第二十一条 企业开展风险评估，应当准确识别与实现控制目标相关的内部风险和外部风险，确定相应的风险承受度。

风险承受度是企业能够承担的风险限度，包括整体风险承受能力和业务层面的可接受风险水平。

第二十二条 企业识别内部风险，应当关注下列因素：

（一）董事、监事、经理及其他高级管理人员的职业操守、员工专业胜任能力等人力资源因素。

（二）组织机构、经营方式、资产管理、业务流程等管理因素。

（三）研究开发、技术投入、信息技术运用等自主创新因素。

（四）财务状况、经营成果、现金流量等财务因素。

（五）营运安全、员工健康、环境保护等安全环保因素。

（六）其他有关内部风险因素。

第二十三条 企业识别外部风险，应当关注下列因素：

（一）经济形势、产业政策、融资环境、市场竞争、资源供给等经济因素。

（二）法律法规、监管要求等法律因素。

（三）安全稳定、文化传统、社会信用、教育水平、消费者行为等社会因素。

（四）技术进步、工艺改进等科学技术因素。

（五）自然灾害、环境状况等自然环境因素。

（六）其他有关外部风险因素。

第二十四条 企业应当采用定性与定量相结合的方法，按照风险发生的可能性及其影响程度等，对识别的风险进行分析和排序，确定关注重点和优先控制的风险。

企业进行风险分析，应当充分吸收专业人员，组成风险分析团队，按照严格规范的程序开展工作，确保风险分析结果的准确性。

第二十五条 企业应当根据风险分析的结果，结合风险承受度，权衡风险与收益，确定风险应对策略。

企业应当合理分析、准确掌握董事、经理及其他高级管理人员、关键岗位员工的风险偏好，采取适当的控制措施，避免因个人风险偏好给企业经营带来重大损失。

第二十六条 企业应当综合运用风险规避、风险降低、风险分担和风险承受等风险应对策略，实现对风险的有效控制。

风险规避是企业对超出风险承受度的风险，通过放弃或者停止与该风险相关的业务活动以避免和减轻损失的策略。

风险降低是企业在权衡成本效益之后，准备采取适当的控制措施降低风险或者减轻损失，将风险控制在风险承受度之内的策略。

风险分担是企业准备借助他人力量，采取业务分包、购买保险等方式和适当的控制措施，将风险控制在风险承受度之内的策略。

风险承受是企业对风险承受度之内的风险，在权衡成本效益之后，不准备采取控制措施降低风险或者减轻损失的策略。

第二十七条 企业应当结合不同发展阶段和业务拓展情况，持续收集与风险变化相关的信息，进行风险识别和风险分析，及时调整风险应对策略。

第四章 控制活动

第二十八条 企业应当结合风险评估结果，通过手工控制与自动控制、预防性控制与发现性控制相结合的方法，运用相应的控制措施，将风险控制在可承受度之内。

控制措施一般包括不相容职务分离控制、授权审批控制、会计系统控制、财产保护控制、预算控制、运营分析控制和绩效考核控制等。

第二十九条 不相容职务分离控制要求企业全面系统地分析、梳理业务流程中所涉及的不相容职务，实施相应的分离措施，形成各司其职、各负其责、相互制约的工作机制。

第三十条 授权审批控制要求企业根据常规授权和特别授权的规定，明确各岗位办理业务和事项的权限范围、审批程序和相应责任。

企业应当编制常规授权的权限指引，规范特别授权的范围、权限、程序和责任，严格控制特别授权。常规授权是指企业在日常经营管理活动中按照既定的职责和程序进行的授权。特别授权是指企业在特殊情况、特定条件下进行的授权。

企业各级管理人员应当在授权范围内行使职权和承担责任。

企业对于重大的业务和事项，应当实行集体决策审批或者联签制度，任何个人不得单独进行决策或者擅自改变集体决策。

第三十一条 会计系统控制要求企业严格执行国家统一的会计准则制度，加强会计基础工作，明确会计凭证、会计账簿和财务会计报告的处理程序，保证会计资料真实完整。

企业应当依法设置会计机构，配备会计从业人员。从事会计工作的人员，必须取得会计从业资格证书。会计机构负责人应当具备会计师以上专业技术职务资格。

大中型企业应当设置总会计师。设置总会计师的企业，不得设置与其职权重叠的副职。

第三十二条 财产保护控制要求企业建立财产日常管理制度和定期清查制度，采取财产记录、实物保管、定期盘点、账实核对等措施，确保财产安全。

企业应当严格限制未经授权的人员接触和处置财产。

第三十三条 预算控制要求企业实施全面预算管理制度，明确各责任单位在预算管理中的职责权限，规范预算的编制、审定、下达和执行程序，强化预算约束。

第三十四条 运营分析控制要求企业建立运营情况分析制度，经理层应当综合运用生产、购销、投资、筹资、财务等方面的信息，通过因素分析、对比分析、趋势分析等方法，定期开展运营情况分析，发现存在的问题，及时查明原因并加以改进。

第三十五条 绩效考核控制要求企业建立和实施绩效考核制度，科学设置考核指标体系，对企业内部各责任单位和全体员工的业绩进行定期考核和客观评价，将考评结果作为确定员工薪酬以及职务晋升、评优、降级、调岗、辞退等的依据。

第三十六条 企业应当根据内部控制目标，结合风险应对策略，综合运用控制措施，对各种业务和事项实施有效控制。

第三十七条 企业应当建立重大风险预警机制和突发事件应急处理机制，明确风险预警标准，对可能发生的重大风险或突发事件，制定应急预案、明确责任人员、规范处置程序，确保突发事件得到及时妥善处理。

第五章 信息与沟通

第三十八条 企业应当建立信息与沟通制度，明确内部控制相关信息的收集、处理和传递程序，确保信息及时沟通，促进内部控制有效运行。

第三十九条 企业应当对收集的各种内部信息和外部信息进行合理筛选、核对、整合，提高信息的有用性。

企业可以通过财务会计资料、经营管理资料、调研报告、专项信息、内部刊物、办公网络等渠道，获取内部信息。

企业可以通过行业协会组织、社会中介机构、业务往来单位、市场调查、来信来访、网络媒体以及有关监管部门等渠道，获取外部信息。

第四十条 企业应当将内部控制相关信息在企业内部各管理级次、责任单位、业务环节之间，以及企业与外部投资者、债权人、客户、供应商、中介机构和监管部门等有关方面之间进行沟通和反馈。信息沟通过程中发现的问题，应当及时报告并加以解决。

重要信息应当及时传递给董事会、监事会和经理层。

第四十一条 企业应当利用信息技术促进信息的集成与共享，充分发挥信息技术在信息与沟通中的作用。

企业应当加强对信息系统开发与维护、访问与变更、数据输入与输出、文件储存与保管、网络安全等方面的控制，保证信息系统安全稳定运行。

第四十二条 企业应当建立反舞弊机制，坚持惩防并举、重在预防的原则，明确反舞弊工作的重点领域、关键环节和有关机构在反舞弊工作中的职责权限，规范舞弊案件的举报、调查、处理、报告和补救程序。

企业至少应当将下列情形作为反舞弊工作的重点：

（一）未经授权或者采取其他不法方式侵占、挪用企业资产，牟取不当利益。

（二）在财务会计报告和信息披露等方面存在的虚假记载、误导性陈述或者重大遗漏等。

（三）董事、监事、经理及其他高级管理人员滥用职权。

（四）相关机构或人员串通舞弊。

第四十三条 企业应当建立举报投诉制度和举报人保护制度，设置举报专线，明确举报投诉处理程序、办理时限和办理结案要求，确保举报、投诉成为企业有效掌握信息的重要途径。

举报投诉制度和举报人保护制度应当及时传达至全体员工。

第六章 内部监督

第四十四条 企业应当根据本规范及其配套办法，制定内部控制监督制度，明确内部审计机构（或经授权的其他监督机构）和其他内部机构在内部监督中的职责权限，规范内部监督的程序、方法和要求。

内部监督分为日常监督和专项监督。日常监督是指企业对建立与实施内部控制的情况进行常规、持续的监督检查；专项监督是指在企业发展战略、组织结构、经营活动、业务流程、关键岗位员工等发生较大调整或变化的情况下，对内部控制的某一方面或者某些方面进行有针对性的监督检查。

专项监督的范围和频率应当根据风险评估结果以及日常监督的有效性等予以确定。

第四十五条 企业应当制定内部控制缺陷认定标准，对监督过程中发现的内部控制缺陷，应当分析缺陷的性质和产生的原因，提出整改方案，采取适当的形式及时向董事会、监事会或者经理层报告。

内部控制缺陷包括设计缺陷和运行缺陷。企业应当跟踪内部控制缺陷整改情况，并就内部监督中发现的重大缺陷，追究相关责任单位或者责任人的责任。

第四十六条 企业应当结合内部监督情况，定期对内部控制的有效性进行自我评价，出具内部控制自我评价报告。

内部控制自我评价的方式、范围、程序和频率，由企业根据经营业务调整、经营环境变化、业务发展状况、实际风险水平等自行确定。

国家有关法律法规另有规定的，从其规定。

第四十七条 企业应当以书面或者其他适当的形式，妥善保存内部控制建立与实施过程中的相关记录或者资料，确保内部控制建立与实施过程的可验证性。

第七章 附 则

第四十八条 本规范由财政部会同国务院其他有关部门解释。

第四十九条 本规范的配套办法由财政部会同国务院其他有关部门另行制定。

第五十条 本规范自2009年7月1日起实施。

第二章 ▶▶

组织架构方面的内部控制

第一节 综合知识

组织架构，是指企业按照国家有关法律法规、股东（大）会决议和企业章程，结合本企业实际，明确董事会、监事会、经理层和企业内部各层级机构设置、职责权限、人员编制、工作程序和相关要求的制度安排。

企业要实施发展战略，必须要有科学的组织架构。如果企业治理结构形同虚设，缺乏科学决策、良性运行机制和执行力，就可能导致企业经营失败；如果内部机构设计不科学，权责分配不合理，也可能导致机构重叠、职能交叉或缺失、推诿扯皮，运行效率低下。

一、组织架构的构成

企业组织架构主要包括治理结构和内部机构设计。其中，治理结构作为一种对企业进行管理和控制的体系，一般是指股东、董事会、监事会、经理层和其他利益相关者之间形成的权责分配、激励与约束、权力制衡关系；内部机构设置要解决的问题是把企业所要达到的目标进行分类和分解，以达到各部门各负其责、互相协助、互相制约和监督，从而有效地达成目标。

小知识 组织架构的本质

组织架构的本质可从治理结构和内部机构两个层面理解。

1. 治理结构层面的组织架构本质

它是企业成为可以与外部主体发生各项经济关系的法人所必备的组织基础，具体是指企业根据相关的法律法规，设置不同层次、不同功能的法律实体及其相关的法人治理结构，从而使企业能够在法律许可的框架下拥有特定权利、履行相应义务，以保障各利益相关者的基本权益。

2. 内部机构层面的组织架构本质

它是指企业根据业务发展需要，分别设置不同层次的管理人员及其由各专业人员组成的管理团队，针对各项业务功能行使决策、计划、执行、监督、评价的权利并承担相应的义务，从而为业务顺利开展进而实现企业发展战略提供组织机构的支撑平台。企业应当根据发展战略、业务需要和控制要求，选择适合本企业的内部组织机构类型。

二、组织架构的风险

（一）从治理结构层面看

治理结构的主要风险是：治理结构形同虚设，缺乏科学决策、良性运行机制和执行力，可能导致企业经营失败，难以实现发展战略。具体表现为：

（1）股东大会是否规范而有效地召开，股东是否可以通过股东大会行使自己的权利。

（2）企业与控股股东是否在资产、财务、人员方面实现相互独立，企业与控股股东的关联交易是否贯彻平等、公开、自愿的原则。

（3）对于控股股东相关的信息是否根据规定及时完整地披露。

（4）企业是否对中小股东权益采取了必要的保护措施，使中小股东能够和大股东同等条件参加股东大会，获得与大股东一致的信息，并行使相应的权利。

（5）董事会是否独立于经理层和大股东；董事会及其审计委员会中是否有适当数量的独立董事存在且能有效发挥作用。

（6）董事对于自身的权利和责任是否有明确的认知，并且有足够的知识、经验和时间来勤勉、诚信、尽责地履行职责。

（7）董事会是否能够保证企业建立并实施有效的内部控制，审批企业发展战略和重大决策并定期检查、评价其执行情况，明确设立企业可接受的风险承受度，并督促经理层对内部控制有效性进行监督和评价。

（8）监事会的构成是否能够保证其独立性，监事能力是否与相关领域匹配。

（9）监事会是否能够规范而有效地运行，监督董事会、经理层正确履行职责并纠正损害企业利益的行为。

（10）对经理层的权力是否存在必要的监督和约束机制。

上述这些问题将严重影响组织架构的有效运行。

（二）从内部机构层面看

内部机构的主要风险是：内部机构设计不科学，权责分配不合理，可能导致机构重叠、职能交叉或缺失、推诿扯皮，运行效率低下。具体表现为：

（1）企业内部组织机构是否考虑经营业务的性质，按照适当集中或分散的管理方式设置。

（2）企业是否对内部组织机构设置、各职能部门的职责权限、组织的运行流程等有明确的书面说明和规定，是否存在关键职能缺位或职能交叉的现象。

（3）企业内部组织机构是否支持发展战略的实施，并根据环境变化及时做出调整。

（4）企业内部组织机构的设置与运行是否适应信息沟通的要求，有利于信息的上传、下达和在各层级、各业务活动间的传递，有利于为员工提供履行职权所需的信息。

（5）关键岗位员工是否对自身权责有明确的认识，有足够的胜任能力去履行权责，是否建立了关键岗位员工轮换制度和强制休假制度。

（6）企业是否对董事、监事、高级管理人员及全体员工的权限有明确的制度规定，对授权情况是否有正式的记录。

（7）企业是否对岗位职责进行了恰当的描述和说明，是否存在不相容职务未分离的情况。

（8）企业是否对权限的设置和履行情况进行了审核和监督，对于越权或权限缺位的行为是否及时予以纠正和处理。

上述这些问题将严重影响组织架构的运行效率。

三、组织架构类型及其内部控制特点

（一）科层式组织架构

1. 职能式

职能式组织架构，是各级行政单位除主管负责人外，还相应地设立一些职能机构。例如，在厂长下面设立职能机构和人员，协助厂长从事职能管理工作。这种形式要求行政主管把相应的管理职责和权力交给相关的职能机构，各职能机构有权在自己业务范围内向下级行政单位发号施令。因此，下级行政负责人除了接受上级行政负责人指挥，还必须接受上级各职能机构的领导。

职能式的内控优点：能适应现代化工业企业生产技术比较复杂、管理工作比较精细的特点；能充分发挥职能机构的专业管理作用，减轻行政负责人的工作负担。但缺点也很明显：妨碍了必要的集中领导和统一指挥，形成了多头领导；不利于建立和健全各级行政负责人和职能机构的责任制，在中间管理层往往会出现有功大家抢、有过大家推的现象；当上级行政负责人的指挥和职能机构的领导发生矛盾时，下级会无所适从，影响工作的正常进行，容易造成纪律松弛，生产管理秩序混乱。由于这种形式的缺陷明显，现代企业一般都不采用了。

2. 直线式

直线式是一种最早、最简单的组织形式，其特点是企业各级行政单位从上到下实行垂直领导，下级行政单位只接受一个上级的指令，各级主管负责人对所属单位的一切问题负责。厂部不另设职能机构（可设职能人员协助主管人员），一切管理职能基本上都由行政主管自己执行。

直线式的内控优点：结构比较简单，责任分明，命令统一。内控缺点：它要求行政负责人通晓多种知识和技能，亲自处理各种业务。这在业务比较复杂、企业规模比较大的情况下，把所有管理职能都集中到最高管理者一人身上，显然是难以实现的。因此，直线式只适用于规模较小，生产技术比较简单的企业。

3. 直线职能式

直线职能式，也叫生产区域制，或直线参谋制。它是一种以权力集中于企业高层为特征的企业组织制度。企业的经营活动按照功能分成若干垂直管理系统，每个系统又直接由企业高层指挥，且各系统部门按其所负责的职能进行设置、运作。它是在直线式和职能式的基础上，吸取两种形式的优点而建立起来的。目前，大多数企业采用的都是这种形式。这种形式把企业管理机构和人员分为两类：一类是直线领导机构和人员，按命令统一原则对各级组织行使指挥权；另一类是职能机构和人员，按专业化原则从事组织的各项职能管理工作。直线领导机构和人员在自己的职责范围内有一定的决定权和对所属下级的指挥权，并对自己部门的工作负全部责任；而职能机构和人员，是直线指挥人员的参谋，不能对直接部门发号施令，只能进行业务指导。

直线职能式是一种高度集权的垂直领导模式。内控优点：控制线路明确，控制力度大；信息综合处理能力强，控制能力高；各控制系统部门之间协调紧密，规模经济效益高；控制部门增加，控制效率高。内控缺点：中层管理人员无决策权力和独立的利益，主动性和创造性难以发挥；高层管理人员将主要时间和精力用于管理活动，无暇顾及企业的发展战略问题；由于决策集中，信息传递慢，企业适应性和灵活性差；对高层管理人员的权力监督不易实现。

4. 事业部式

事业部式最早由美国通用汽车公司总裁斯隆于 1924 年提出，故有“斯隆模型”之称，也叫“联邦分权化”。它是依据对象原则建立起来的组织架构，其中每一个事业部针对一个产品或项目而组成，即一个公司按产品或项目类别分成若干事业部，从产品的设计、原料采购、成本核算、产品制造，一直到产品销售，均由事业部及所属工厂负责，实行单独核算，独立经营。在事业部式组织架构中，企业高层保留重大人事决策、财务控制和监督等权力，而把一部分经营管理权下放给事业部，并通过各类指标对事业部进行业绩考评。这种形式适用于规模庞大，品种繁多，技术复杂的大型企业。

事业部式是一种高度（层）集权下的分权管理体制，它分级管理、分级核算、自负盈亏。其内部控制优点：企业高层摆脱日常管理事务而专注于企业的长远发展，提高了企业决策的预见性和科学性；事业部具有部分控制权，使得中层管理者的主动性和创造性加强，具有自我发展的动力、压力和能力；事业部自身的控制效率较高。内部控制缺点：企业高层对事业部的控制力度降低；事业部之间的信息流和物流沟通较困难。

5. 矩阵式

矩阵式是把直线式的纵向领导系统和按工程项目或业务项目划分的横向管理系统结合起来的、纵横交错的形式。它既可以根据某一产品生产、设计、销售的需要设置项目小组来对该产品对象进行统一管理，又可以对各职能进行分类管理。其特点表现在，围绕某项专门任务成立跨职能部门的专门机构。例如，组成一个专门产品（项目）小组去从事新产品开发，在研究、设计、试验、制造各个阶段，由有关部门派人参加，力图做到条块结合，保证任务完成。这种形式固定，人员却是变动的，项目小组和负责人也是临时组织和委任的，任务完成后就解散，有关人员回原单位工作。这种形式适用于横向协作和一些重大攻关项目，特别适用于以开发与实验为主的单位。

矩阵式组织架构是一种短期性组织架构，常与其他组织架构形式配合使用。其内部控制优点：有利于加强各职能部门的横向联系，集中调度资源，充分利用专业人员的知识和经验，以较高效率完成某些项目。内部控制缺点：多头领导，控制线路模糊；控制权分散；与纵向和横向的权力分配和配合不佳时，控制效率较低。

（二）集团式组织架构

企业集团是以一个或少数几个企业为核心，以一批具有共同利益关系、不同程度受该核心控制或影响的企业为外围，通过各种联系方式而构成的特殊的、高级的经济联合体，包括核心层、紧密层和半紧密层、协作层三个部分，是一种集权和分权的统一。其特点表现在，集团内各个层次均由具有独立生产能力和独立民事行为能力的企业组成，这是它与单个企业的组织架构间最重要的差别，也是决定企业集团组织架构具体形式的根本因素。核心层在整个企业集团中起领导作用，是企业集团的最高权力机构。它可以是只进行资本经营的纯粹的控股公司，也可以是兼有资本经营和业务经营的混合控股公司。紧密层由被核心层控制的全资子公司和控股子公司组成，半紧密层则包括核心层参与共同控制的合营企业和核心层对其经营产生重大影响的联营企业。紧密层和半紧密层企业具有独立进行生产经营的权力，但作为企业集团的一部分，它们所实施的控制必须与核心层提出的控制要求相一致，核心层对它们有一定的控制权力。协作层由生产经营过程中的协作企业组成，它们仅在业务上与企业集团保持联系，除非事先有合同或其他约定，否则核心层对它们基本上没有控制权力。

第二节 内控措施

一、组织架构的设计

（一）组织架架设计的整体考虑

设计科学合理的组织架构的总体要求是对每项经济业务，从纵向来看，至少要经过上下两级，使下级受上级的监督，上级受下级的牵制，各有顾忌，不敢妄为；从横向来看，至少要经过不相隶属的两个部门，且具有足够的灵活性，能够促进企业内部“人流、物流和信息流”三大系统的顺利流通。同时应考虑以下几个方面。

1. 组织架构的设计应与控制目标相一致

企业组织架构的设计首先应与企业经营战略和经营目标相一致。例如，企业面临发展机遇，要开拓新的事业，企业就应增加一个或几个新的部门；反之，一旦市场不景气，企业就要采取收缩战略，压缩编制。同时，还应与控制目标相一致。为此，企业在设计组织架构时，在整体上必须体现组织内部的控制线路和控制关系，以确保发布指令、传递信息的畅通，以及各个管理层次之间管理与被管理的关系明确；在具体环节上必须体现控制内容，选好控制点及其采取的合理、科学、可行的控制方法，强化管理职能，提高控制力度，以确保各项具体工作过程的顺利进行。

2. 组织架构的设计应与企业的经营特点和经营规模相匹配

一般而言，在企业规模一定的情况下，较大的管理幅度意味着较少的组织层次，反之亦然。管理幅度越大，组织层次越少，其机构的管理效率越高，相应地要求管理人员的素质也越高。合理完善的组织架构应有利于消灭机构臃肿、人浮于事、纪律涣散等现象，否则难以实现经营管理和控制目标。组织架构设计因企业经营特点和经营规模而异，很难找到一个通用模式。例如，设立价格委员会的企业大多是规模很大、采用集中采购方式且采购价格变动较大的企业，设立后能够有效加强采购环节的价格监督与控制。再如，对于规模大、技术含量高、高知人员云集、按劳取酬的企业，通过设立报酬委员会进行管理层持股及股票期权问题研究，能够提高报酬计划的科学性，加强报酬计划执行中的透明度和监控力度。企业应根据其所属的行业、经营规模、业务性质与特点，详细考虑本企业的经营战略、成长期、人员素质及外部环境的不确定性因素等，来选择设置合理的组织架构形式，促进企业内部“人流、物流和信息流”三大系统的顺利流通，为内部控制目标的实现提供制度框架与合理保证。

3. 组织架构的设计应与控制环境相适应

企业随时与外部环境进行物质和信息交流，对环境产生影响并同时受到环境的影响。因此，企业在持续的生产经营过程中，应考虑方方面面的影响因素，建立适应内部管理要求和外部环境变化的组织架构。当内外部经营环境发生变化时，企业应及时做出调整，以适应竞争和发展的需要。影响企业组织架构建立的环境因素很多。其中，下列因素不容忽视：

（1）行业因素，包括行业经营特点、进入和退出机制等因素。

（2）资源供应因素，包括原材料、人员、资金等因素。

（3）市场因素，包括需求的数量与结构、竞争等因素。

（4）政府因素，包括政策、法规、宏观调控措施等因素。

（5）技术因素，包括设备、生产工艺、新技术的研发与使用等因素。

（6）其他因素，包括社会、文化的特点、要求等因素。

（二）组织架构控制的设计方法

1. 职能部门分解法

职能分解是确定组织架构的重要方法。进行职能分解，首先应熟悉特定企业生产经营管理的实际情况，然后运用组织理论的基本知识，采取逐级分解的方法，对企业的各种职能进行层层分解。

通常的职能分解内容包括：

第一层分解，对企业的整体情况进行分析，列出职能设计所确定的最主要的具体职能，即一级职能。

第二层分解，把为完成一级职能而必须进行的各类管理活动进行划分，确定二级职能。

第三层分解，进一步把二级职能细化为业务活动，确定三级职能。

例如，制造企业可以将生产确定为一级职能，对其进一步划分，可以确定生产计划、日常指挥、生产控制等二级职能。其中，生产计划又可以细分为确定编制年度生产计划、编制月度生产计划和制定生产定额标准等三级职能。

（1）中心职能部门的确定。中心职能是指对企业战略目标的影响大，能够体现企业经营宗旨的职能，它是企业管理工作的关键环节。企业的具体生产经营情况各不相同，经营战略、经营目标、经营方式差异很大，因此，企业的中心职能部门的确定各有侧重。企业在设计组织架构时，应依据自身的实际情况和未来的整体战略确定中心职能部门。例如，大型的技术密集型生产型企业，通常以产品质量作为企业经营管理的中心环节，质量管理部门就应当是企业的中心职能部门，围绕这一中心，企业的组织架构设计应当突出企业高层对质量管理部门的直接领导和在企业内全面贯彻和实施质量管理措施；大型的能源工业企业生产的是短线产品，通常以生产管理作为关键职能，生产管理部门就是组织架构的中心，其他部门围绕生产管理开展工作；IT产业是以生产高科技产品为主的产业，研究开发技术含量高的新产品是企业经营的重点，技术研究与开发部门就成为企业组织架构的核心：生产日用消费品的企业采用的技术简单，市场竞争激烈，在企业的组织架构中，市场营销就处于管理决策的中心位置。

（2）基本职能部门的设置。企业在对人、财、物、信息等资源进行配置和管理的过程中产生的管理部门，称为职能部门。职能部门根据企业的具体情况设置，通常包括财务部门、人力资源管理部门、生产管理部门、市场营销部门、研究开发部门、质量管理部门、公共关系部门、企划部门、安全管理部门、行政后勤部门、顾问咨询部门等。不同企业选择的中心职能部门不同，设置的基本职能部门也有差异。设置基本职能部门时应当考虑的主要问题是：

1）企业应设置哪些基本职能部门？

2）如何设立机构和配备人员？

3）如何确定基本职能部门的具体工作范围？

4）如何处理基本职能部门与中心职能部门的关系？

（3）职能部门的管理制度。职能部门的管理制度往往具有专业特性，因此具体内容往往有较大差异，如生产、计划、质量、供应等部门各有不同的管理制度。从总体上看，管理制度通常包括以下几方面的内容：

1）负责专项管理活动的机构拥有的权力及报告关系。

2）专项管理活动的作用、应遵循的原则。

3）负责该项管理活动的机构的基本职责。

4）该项管理活动的范围和工作内容。

5）该项管理活动的工作步骤、方法。

6）该项管理活动涉及的岗位和部门。

7）该项管理活动与其他管理部门之间的联系及沟通方式。

2. 业务程序衔接法

业务程序衔接法，也称“程式定位”，即按照经济业务的功能和性质将企业经营管理活动划分为若干具体的工作岗位，并根据岗位性质相应地赋予工作任务和职责权限，明确规定操作规程、处理手续、检查标准，以使责、权、利相结合的组织架构设计方法。该方法的基本思路是依据业务程序的流转环节划分管理部门，进而设计整体组织架构。基本设计步骤是：

（1）分析业务流程，确定业务环节。

（2）根据业务流转要求将业务环节划分为若干不同的阶段。

（3）从控制目的出发，确定各阶段控制责任。

（4）设立相应的管理组织，并制定管理制度和业务标准进行控制。

（5）对各管理组织进行协调，形成企业主体的组织架构。

（6）设置其他配套部门，完成企业组织架构设计。

其中，业务标准是指企业在日常生产经营活动中应当达到的技术水平、管理水平、经济效果等方面的标准，它是指导日常工作的规范，也是进行考核评价的依据。通常包括：

（1）生产技术标准。对企业产品、服务、工程施工等在质量、技术、规格等方面所做的规定。

（2）生产技术规程。有关业务程序和方法方面的标准，是对产品设计、生产操作、设备使用和维修、质量检验、安全规程等方面的规定。

（3）定额标准。对企业在一定生产技术条件下的资源投入和消耗所做的规定，如劳动定额、人员定额、资金定额等。

（4）管理标准。对各项管理工作所做的标准化规定，主要包括管理业务标准、管理工作标准、管理方法标准等。

（三）企业治理结构的设计

1. 企业治理结构设计的一般要求

治理结构涉及股东（大）会、董事会、监事会和经理层。

企业应当根据国家有关法律法规的规定，明确董事会、监事会和经理层的职责权限、任职条件、议事规则和工作程序等，确保决策、执行和监督相互分离，形成制衡。

从内部控制建设角度看，新设企业或转制企业如果一开始就在治理结构设计方面存在缺陷，必然对以后企业的长远发展造成严重损害。例如，在组织架构指引起草调研过程中，我们发现，部分上市公司在董事会下没有设立“真正意义上”的审计委员会，其成员只是“形式上”符合有关法律法规的要求，但实质上难以胜任工作，甚至“不愿”去履行职能。又如，部分上市公司监事会成员，或多或少地与上市董事长存在某种关系，在后续工作中难以秉公办事，直接或间接损害了股东尤其是小股东的合法权益。还有些上市公司因为在上市改制时组织架构设计不合理，出于照顾等因素让某人担任董事长，而实际上公司总经理是幕后真正的“董事长”。凡此种种，都值得引起关注，应当在组织架构设计时尽力避免。因此，组织架构应指引明确，董事会、监事会和经理层的产生程序应当合法合规，其人员构成、知识结构、能力素质应当满足履行职责的要求。

2. 上市公司治理结构设计的特殊性

上市公司治理结构的设计应当充分反映其“公众性”。其特殊性主要表现在：

（1）完善专门委员会。上市公司董事会下设的审计委员会、薪酬与考核委员会中，独立董事应当占多数并担任负责人，审计委员会中至少还应有一名独立董事是会计专业人士。在董事会各专业委员会中，审计委员会对内部控制的建立健全和有效实施发挥着重要作用。审计委员会对董事会负责，并代表董事会对经理层进行监督，侧重加强对经理层提供的财务报告和内部控制评价报告的监督，同时通过指导和监督内部审计和外部审计工作，提高内部审计和外部审计的独立性，在信息披露、内部审计和外部审计之间建立起一个独立的监督或控制机制。

（2）设立董事会秘书。上市公司应当设立董事会秘书。董事会秘书为上市公司的高级管理人员，直接对董事会负责，并由董事长提名，董事会负责任免。在上市公司实务中，董事会秘书是一个重要角色，负责公司股东大会和董事会会议的筹备、文件的保管、公司股东资料的管理，以及信息披露事务的办理等事宜。

（3）建立独立董事制度。上市公司董事会应当设立独立董事，独立董事应独立于所受聘的公司及其主要股东。独立董事不得在上市公司担任除独立董事外的其他任何职务。独立董事应按照有关法律法规和公司章程的规定，认真履行职责，维护公司整体利益，尤其要关注中小股东的合法权益不受损害。独立董事应独立履行职责，不受公司主要股东、实际控制人以及其他与上市公司存在利害关系的单位或个人的影响。

小知识　　独立董事制度设计

独立董事制度在我国还是新生事物，必然存在很多问题，因此导致独立董事往往成为一种形式上的摆设，这就迫切需要加强相关制度、文化和组织建设。《关于在上市公司建立独立董事制度的指导意见》（简称《指导意见》）的出台，不仅有助于独立董事制度的完善，而且对于上市公司的健康发展、资本市场的有效运行，都有着极其重要的作用。但是，建立独立董事制度既是一种制度创新，也是一种制度安排，必须上升到法律的层次，不能仅仅停留在行政法规、行政条例和指导意见的低水平制度层面。这就需要修改和完善相关法律，特别需要修改和完善《中华人民共和国公司法》，通过增加专门条文，确立独立董事的法律地位。

根据目前的规定，独立董事在人数上不占优势，在法律上又没有被赋予特殊表决权，属于弱势群体，至多起到“顾问”作用，其发表的意见并不完全对董事会产生影响，进而代表全体股东，特别是保护中小股东的利益。另外，上市公司聘任独立董事大多是以提高公司社会地位、增强公众对公司的信任度为目的，加之部分独立董事并不清楚自己在董事会中的权利和责任，致使现在还难听到独立董事的声音。

独立董事有效发挥作用，关键的问题还是如何从制度设计上下功夫，完善各项相关的规则和制度，从法律、自律、公司三个层面加强对独立董事的定义和原则性要求。

《指导意见》只是规定了实行独立董事制度以及设立独立董事的人数要求，缺乏具体的操作条款，而且未实质性地规定独立董事应经过怎样的授权才能有效发挥作用。根据现代委托—代理理论，只有在代理人充分分离委托权的情况下，违背委托人意愿的代理人道德风险才不会发生。也就是说，独立董事必须“有权”——监督权、审核权、否决权，才可以独立地发挥作用，可通过董事会中建立独立董事占半数以上并担任主席的审计委员会、提名委员会、薪酬委员会等专业委员会，以达到在人数和表决权上具备群体优势。

通过组织架构调整，才能满足独立董事有效发挥作用的基本要求。我们参考《指导意见》，并结合我国实际情况构建了引入独立董事后的董事会组织架构，如图 2-1 所示。

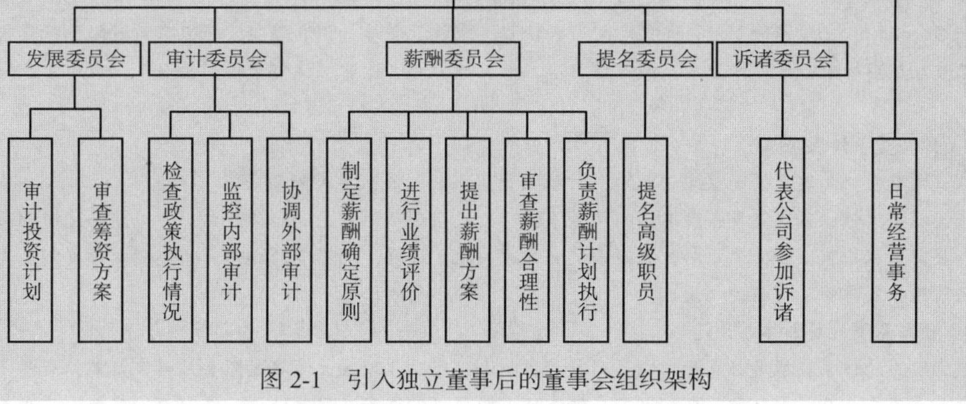

图 2-1　引入独立董事后的董事会组织架构

由图 2-1 可见，独立董事在上述公司中的作用主要表现在：

①审查公司的重要决策。

②监督财务报告的真实性。

③保证股东准确、及时、完整地掌握公司的有关信息。

④根据市场行业的变化情况为公司提出合适的战略发展建议。

除了从组织架构方面加强独立董事自身的因素考虑，一方面其必须“有钱”，即必须从上市公司及证监会取得必要的现金奖励和声誉激励，在促使其积极履行职责的同时，避免与经营者或大股东合谋，损害其他利益相关者的利益；另一方面“有闲”，以保证其能够有充足的时间和精力了解公司的情况，并发表意见。《指导意见》中规定独立董事可在五家上市公司兼职，但目前上市公司独立董事大多为社会专业人士，本身正常的工作也很繁忙，根本就不可能有过多的时间去了解情况，更不用说提出建议。独立董事应减少兼职公司数目，以保证有足够的时间获取内外信息，整理后形成独立意见。

在董事会中引入独立董事旨在发挥其客观性、公开性、开拓性。因此，我们认为，要使独立董事能够真正发挥作用，需要解决好独立董事的独立性、来源、表决权以及薪酬体系设计等问题。

1. 独立性问题

独立性是独立董事的生命力所在，失去了独立性，独立董事作为监督者的作用将不复存在。首先，独立董事的产生机制是独立董事保持“独立性”的先决条件。《指导意见》中规定独立董事由上市公司董事会、监事会提名。我们认为，这种提名方式不妥，独立董事不仅要保证实质上独立，更要保证形式上独立，不论此种提名方式实质上是否独立，其形式上明显是不独立的。结合实际情况，我们提出以下两种独立董事的提名方式：

（1）由证监会下设独立董事推荐委员会，并根据上市公司业务情况向其推荐独立董事候选人，上市公司通过召开股东大会，将独立董事候选人的资历、背景与公司有无利害关系等情况予以公告，由全体股东进行投票选举（累计投票制）。

（2）设计独立董事人才库，上市公司根据本公司要求的任职条件，随机地从符合条件的独立董事人才库中抽取。

独立董事在被选择时可能是独立的，但是获选后不一定能保持这种独立性。因为通过一段时间的共事，同化是一种普遍现象，独立董事因与内部董事及经营管理层长期共事所建立的友谊会使他们不再独立或不那么独立，因此对独立董事的任期进行限制是必要的。应实行定期轮换制度，不应该连选连任。

2. 独立董事的来源问题

目前，我国的独立董事“顾问”味道太重，“董事”成分不足。尽管在《指导意见》中对独立董事的任职做了五项基本规定，可以归纳为两类：一是经济学家、专家、政府官员；二是院士、高校学科带头人等。但他们缺乏必要的业务知识，并不能对公司的发展提出有效的意见。因此，我们认为，独立董事可由其他无关联公司的经理、重要决策代理人或者市场分析师担任，一方面他们熟悉业内行情，另一方面决策专家的声誉会使他们积极地利用董事身份向内外部的决策代理人传递信息。

一名合格的独立董事除了应具备经营管理、法律、审计、会计知识和经验，还应有良好的德行履行“诚信”义务。在市场中，市以诚为本，诚以信为基，信以德为源。违背“诚信”规则的人员，应列为市场禁入人员。

3. 独立董事的表决权

从我国监管机构发布的一些文件来看，对独立董事人数的最低要求为两名。

作为弱势群体，独立董事在表达不利于董事会及大股东利益的意见和行使权力时，必定会遭受阻碍，因此可在公司章程中赋予独立董事对重大事项的一票否决权。这样，既可节约成本，不使独立董事制度流于形式，又能充分发挥独立董事的作用。

4. 独立董事的薪酬体系设计

我们认为此体系应尽量独立于所服务对象的控制人，同时体现独立董事的服务质量。目前，有些国家规定独立董事不应从公司中领取薪金，也不应持有公司股票，保证和公司无任何经济联系，其理由是避免独立董事的“不独立”。而根据亚当·斯密的“凡是为别人而非自己的经营钱财者，不可能像合伙人照顾钱财一样小心”理论，有必要使独立董事像中小股东那样拥有少量股票。例如，可以同经理层持股一样，实行股票期权，但应不同于经理人的股票期权方案。

保证独立董事的利益与中小股东的利益一致，可给每一名独立董事一定数额的受限股票（该股票只有在独立董事退职时才可以转让），或使独立董事拥有一定的认股权证。但为避免独立董事失去独立性，其数额不能太多，应同时起到激励和约束双重作用。

考虑对独立董事的物质激励，设计的独立董事薪酬函数：

$$Y=\mathrm{A}+B\times X+C+D$$

式中：A 代表固定薪酬（常数），根据独立董事出席公司董事会的次数来决定，由上市公司支付；B 代表绩效系数（变量），根据公司每年经营利润增长率来确定，用于奖励独立董事对公司业绩的增长作用。该系数可为负数，体现独立董事的经营连带责任；X 代表股票期权金额（变量），根据公司股权分布状况决定独立董事应持份额，由薪酬委员会实施股票期权计划并负责执行；C 代表特殊津贴（变量），如果独立董事能够发现公司有重大违法违规现象，并予以制止，防止给其他利益相关者造成重大损失，可由证券会、财政部根据违规金额大小，通过从上市公司交纳的会员费中支付，予以奖励；D 代表风险保险金（变量），由上市公司根据经营成果的一定比率提取，交存证券交易所，由证券交易所积累风险保险金。

3. 国有独资企业治理结构设计的特殊要求

国有独资企业是我国比较独特的企业群体，治理结构设计应充分反映其特色。

（1）国有资产监督管理机构代行股东（大）会职权。国有独资企业不设股东（大）会，由国有资产监督管理机构行使股东（大）会职权。国有独资企业董事会可以根据授权，部分行使股东（大）会的职权，决定公司的重大事项，但公司的合并、分立、解散、增加或者减少注册资本和发行公司债券，必须由国有资产监督管理机构决定。

（2）国有独资企业董事会成员应有公司职工代表。董事会成员由国有资产监督管理机构委派；但是，董事会成员中的职工代表应由公司职工代表大会选举产生。国有独资企业董事长、副董事长由国有资产监督管理机构从董事会成员中指定产生。

（3）国有独资企业监事会成员由国有资产监督管理机构委派。但是监事会成员中的职工代表由公司职工代表大会选举产生。监事会主席由国有资产监督管理机构从监事会成员中指定产生。

（4）外部董事由国有资产监督管理机构提名推荐，由任职公司以外的人员担任。外部董事在任期内，不得在任职企业担任其他职务。外部董事制度对于规范国有独资公司治理结构、提高决策科学性、防范重大风险具有重要意义。

（四）内部机构的设计

在设计内部机构时应具体关注以下三点。

1. 机构设计应遵循原则

企业应当按照科学、精简、高效、透明、制衡的原则，综合考虑企业性质、发展战略、文化理念和管理要求等因素，合理设置内部职能机构，明确各机构的职责权限，避免职能交叉、缺失或权责过于集中，形成各司其职、各负其责、相互制约、相互协调的工作机制。

2. 职能应科学合理分解

企业应当对各机构的职能进行科学合理的分解，确定具体岗位的名称、职责和工作要求等，明确各个岗位的权限和相互关系。

在内部机构设计过程中，应当体现不相容职务相分离原则，努力识别出不相容职务，并根据相关的风险评估结果设立内部牵制机制，特别是当涉及重大或高风险业务处理程序时，必须考虑建立各层级、各部门、各岗位之间的分离和牵制，对因机构人员较少且业务简单而无法分离处理的某些不相容职务，企业应当制定切实可行的替代控制措施。

3. 权限体系的分配

企业应当制定组织架构图、业务流程图、岗（职）位说明书和权限指引等内部管理制度或相关文件，使员工了解和掌握组织架构设计及权责分配情况，正确履行职责。

值得特别指出的是，就内部机构设计而言，建立权限指引和授权机制是非常重要的。有了它，不同层级的员工就知道该如何行使职权并承担相应责任，也有利于事后考核评价。“授权”表明，企业各项决策和业务必须由具备适当权限的人员办理，这一权限通过公司章程约定或其他适当方式授予。企业内部各级员工必须获得相应的授权，才能实施决策或执行业务，严禁越权办理。按照授权对象和形式的不同，授权分为常规授权和特别授权。常规授权一般针对企业日常经营管理过程中发生的程序性和重复性工作，可以在企业正式颁布的岗（职）位说明书中予以明确，或通过制定专门的权限指引予以明确。特别授权一般是由董事会给经理层或经理层给内部机构及其员工授予处理某一突发事件（如法律纠纷）做出某项重大决策、代替上级处理日常工作的临时性权力。

小知识　设置会计岗位，形成良好的内控制度

设置合理的会计岗位，将大大提高财务部门的工作效率，使企业的资金运行渠道更为畅通，同时也有助于财务内部控制的建立，能有效地防止企业内部出现欺诈和舞弊现象。

（1）熟悉设置类型。

1）单独设置。单独设置会计机构，使其独立于企业的其他职能部门。这种组织机构的设置方式一般适用于大型企业，如经营规模较大、分支企业多的企业集团。在这种机构中，配置的人员较多，分工较细，既有总账管理，又有明细账管理；既有负责财务管理的人员，又有负责内部稽核的人员。

2）合并设置。与财务部门合并设置会计机构，这种机构适用于中小型企业。

（2）掌握设计要点。

1）配备合格人员。

①从业务水平看。会计人员必须具有一定的专业知识，包括财务、会计、税务、审计、经营管理、金融、法律；熟悉会计的有关法律法规，可以独立地处理会计事务，包括填制原始凭证，进行账务处理、成本核算、资产记价、结账，编制会计报表；具有较强的责任心和较高的思想素质。

②从思想道德看。任用会计人员必须遵守德才兼备、宁缺毋滥的原则。会计的欺诈和舞弊在很大程度上取决于会计人员的道德水平，而且很多欺诈和舞弊的方式没有会计人员的参与很难进行，这就需要企业选择合适的会计人员，不能仅看其业务水平，还要看其道德水平。

③从合法性看。所任用的会计人员须持有会计从业资格证书。

2）设计合理制度。

①会计机构必须实行职能分离的制度，坚持财、账、物相互分离的原则，由会计人员负责记账，出纳人员负责保管钱款。这样才能从根本上保证会计工作的顺利进行，才能保证内部控制的合理有效。

②会计机构必须建立会计制度、账户体系，规定会计纪律，从外部激励会计人员尽职守责、勤奋工作。

③建立人员的考勤、奖惩、升迁制度，对忠于职守、勤奋工作的会计人员给予升迁和奖励。对于不合格、不称职、玩忽职守，或者和他人共同弄虚作假的会计人员予以教育、惩处或者解聘。

（五）“三重一大”的特殊考虑

“三重一大”是指“重大决策、重大事项、重要人事任免及大额资金使用”。

企业的重大决策、重大事项、重要人事任免及大额资金支付业务等，应当按照规定的权限和程序实行集体决策审批或者联签制度。任何个人不得单独进行决策或者擅自改变集体决策意见。该规定可以有效避免“一言堂”“一支笔”现象。尤其是，对于“三重一大”事项，实行集体决策和联签制度，有利于促进企业完善治理结构和健全现代企业制度。

重大决策、重大事项、重要人事任免及大额资金支付业务的具体标准由企业自行确定。

小知识 组织架构设计的核心——纵向权力划分

1. 设定管理幅度与管理层次

管理幅度，又称管理跨度，是指一名管理者直接领导的下级人员的个数。上级直接领导的人数越多，管理跨度越大（或称越宽）；反之亦然。管理层次，又称组织层次，它可以指从企业最高一级管理组织到最低一级管理组织的各个组织等级，即每一个组织等级是一个管理层次，也可指从企业最高一级领导职务到最低一级领导职务的职务等级，即每一个领导职务等级是一个管理层次。同样规模的企业，管理跨度越大，管理层次就越少，二者呈负相关关系。国外学者的调查结果显示，大型企业的管理幅度中位数为15～20人，中型企业中位数为6～7人。现实中企业设计管理幅度应考虑的因素主要有：

（1）管理工作的性质。

（2）人员素质状况。

（3）下级人员职权合理与明确的程度。

（4）计划与控制的明确性及其难易程度。

（5）信息沟通的效率与效果。

（6）组织变革的速度。

（7）下级人员与单位空间分布的近似性。

管理层次的实质是组织内部的纵向分工，设计时，各层次的权力关系、协调沟通是中心内容。在管理层次间，由上而下逐级授予权责、传达命令、实施监督的组织线路称为控制链或控制线路，它表示明确的领导指挥关系和下级汇报的线路。一般情况下，为了明确领导关系和责任，一条控制链中不能越级，多条控制链中不能越位。通常规模较大、技术复杂的企业，管理层次多；反之，管理层次少。例如，对于品种多样化、市场变化快的大型企业和集团公司，适合在统一的战略下分散经营，因此，总公司和分公司（子公司）就是两大基本管理层次，而在总公司内部，是由高层领导人组成的战略决策层和由职能部门组成的专业管理层，在分公司（子公司）内部，有经营决策层、专业管理层和作业管理层，总体上共有五个基本管理层次。而品种单一、市场稳定、规模较小、技术简单的企业，适合集中经营，通常只要设置经营决策层、专业管理层和作业管理层三个层次即可。

2. 设计集权或分权组织体制

集权与分权是纵向结构设计的中心问题，也是整个企业组织设计的重要问题之一。在集权程度高的情况下，企业大部分决策权，包括战略决策的制定以及人事、财务、采购、生产、营销等基本职能都集中到总部，基层部门只有部分作业决策权。在分权模式下，企业的作业决策权、管理决策权、部分战略决策权逐步下放，分权程度随之逐步扩大。

企业选择集权或分权的出发点是，如何保证决策的迅速性和准确性。任何企业都存在高层与中基层之间的协作和分工，都会有集权和分权，关键在于如何合理地把二者结合起来，取长补短，发挥最佳效能。一般来说，集权和分权的平衡应考虑以下因素：

（1）决策的重要性。重大事项的决定权应当集中在高层，其他事项则由中下层决策。

（2）产品结构与技术特点。产品品种单一、生产环节联系紧密的企业，客观上要求集中经营、统一管理，集权程度应高一些，而跨行业经营的企业，生产销售差异大，应加大分权程度，灵活经营。

（3）经营战略。企业战略对集权分权模式产生直接影响。从总体上看，企业可采取稳定型、收缩型和增长型战略。稳定型战略可提高集权程度，收缩型战略要求企业高度集权，增长型战略则要求扩大分权，以便充分发挥下级单位和人员的积极性和创造性，推动企业发展。

（4）经营规模。一般大型企业，管理复杂，需要做出的决策多，除了由生产结构和生产技术特点所决定的适合高度集权的情况，都需要不同程度地扩大分权。而小型企业，采用集权方式的较多。

（5）管理者的数量和质量。当管理者的数量多、管理水平高时，可采用分权管理，反之，可实行集权管理。

（6）企业微观经营环境。微观经营环境变化大，可采用分权管理，反之，可实行集权管理。

小知识　部门权责协调与制约——横向控制设计

在组织设计的基本框架和集分权关系基本确定之后，各部门之间的权责协调与制约关系就成为重点考虑的问题。权责协调与制约设计是指以涉及同一层次的两个或两个以上的部门的业务活动为对象，根据这些部门在业务活动中的责任与作用，分别规定他们享有不同的职权，以保证彼此协调，相互配合。协调的方式设计主要有以下两种：

1. 制度性方式

这种方式并不改变原有的机构和人员，而是完善组织运行的规则和形式，使管理工作科学化、合理化。主要包括：

（1）管理工作标准化制度。

（2）例会制度。

（3）跨部门直接沟通。

（4）联合办公和现场调度。

2. 结构性方式

当企业组织架构的设置存在缺陷时，就应采取结构性方式进行协调，才能取得效果。结构性方式的内容包括：

（1）设置联络员。

（2）组织临时性的任务小组或委员会。

（3）建立永久性的任务小组或委员会。

（4）设立专职协调部门。

（5）建立职能部门。

（6）建立事业部。

（7）建立矩阵结构。

权责制约的实质是牵制。牵制主要指一项完整的经济业务活动，必须经过具有相互制约关系的两个或两个以上的控制环节，在横向关系上，至少要由各自独立的两个部门或人员办理，以使一个部门或人员的工作接受另一个部门或人员的检查和制约；在纵向关系上，至少要经过互不隶属的两个或两个以上的岗位或环节，以使下级受上级监督。进行权责制约设计时，应保证各部门权责的明晰性，做到各部门权责“不重不漏”，企业各项权责明确无误地划分到各部门，同时也应保证各部门的权力由部门独立行使，上级领导不能随意干预，出现的问题由各部门独立承担责任。权责衔接设计的结果将形成正式的书面组织架构图和成文的工作规则，它们明确规定了组织中每个职位的权责，规定了各职位之间工作的划分和衔接。

二、组织架构的运行

组织架构运行涉及新企业治理结构和内部机构的运行，也涉及对存续企业组织架构的全面梳理。企业应当根据组织架构的设计规范，对现有治理结构和内部机构设置进行全面梳理，确保本企业治理结构、内部机构设置和运行机制等符合现代企业制度要求。

（一）治理结构的梳理

治理结构的梳理应着力关注以下两个方面：

（1）关注董事、监事、经理及其他高级管理人员的任职资格和履职情况。就任职资格而言，重点关注行为能力、道德诚信、经营管理素质、任职程序等方面。就履职情况而言，着重关注合规、业绩以及履行忠实、勤勉义务等方面。

（2）关注董事会、监事会和经理层的运行效果。这方面要着重关注：董事会是否按时定期或不定期召集股东大会并向股东大会报告；是否严格认真地执行了股东大会的所有决议；是否合理地聘任或解聘经理及其他高级人员等。监事会是否按照规定对董事、高级管理人员行为进行监督；在发现违反相关法律法规或损害公司利益时，是否能够对其提出罢免建议或制止纠正其行为等。经理层是否认真有效地组织实施董事会决议；是否认真有效地组织实施董事会制定的年度生产经营计划和投资方案；是否能够完成董事会确定的生产经营计划和绩效目标等。

（二）内部机构的梳理

内部机构的梳理应着力关注内部机构设置的合理性和运行的高效性等。

（1）从设置的合理性角度梳理。应重点关注：内部机构设置是否适应内外部环境的变化；是否以发展目标为导向；是否满足专业化的分工和协作，有助于企业提高劳动生产率；是否明确界定各机构和岗位的权利和责任，不存在权责交叉重叠，不存在只有权利而没有相对应的责任和义务的情况等。

（2）从运行的高效性角度梳理。应重点关注：内部各机构的职责分工是否针对市场环境的变化做出及时调整。特别是当企业面临重要事件或重大危机时，各机构间表现出的职责分工协调性，可以较好地检验内部机构运行的效率。

此外，还应关注权力制衡的效率评估，包括机构权力是否过大并存在监督漏洞；机构权力是否被架空；机构内部或各机构之间是否存在权力失衡等。梳理内部机构的高效性，还应关注内部机构运行是否有利于保证信息的及时顺畅流通，在各机构间达到快捷沟通的目的。评估内部机构运行中的信息沟通效率，一般包括信息在内部机构间的流通是否通畅，是否存在信息阻塞；信息在现有组织架构下流通是否及时，是否存在信息滞后；信息在组织架构中的流通是否有助于提高效率，是否存在沟通舍近求远。

（三）集团公司对组织架构的梳理要点

当企业发展壮大为集团公司时，对组织架构进行梳理时应给予足够重视。为此，企业拥有子公司的，应当建立科学的投资管控制度，通过合法有效的形式履行出资人职责、维护出资人权益，重点关注子公司特别是异地、境外子公司的发展战略、年度财务预决算、重大投融资、重大担保、大额资金使用、主要资产处置、重要人事任免、内部控制体系建设等重要事项。这既是呼应组织架构设计的要求，也是现行企业实务中特别值得注意的问题。

（四）评价与改进

企业在对治理结构和内部机构进行全面梳理的基础上，“应当定期对组织架构设计与运行的效率和效果进行全面评价”，其目的在于发现组织架构设计与运行中可能存在的缺陷，并及时进行优化调整，使公司的组织架构始终处于高效运行状态。

总之，只有不断完善公司治理结构、健全企业内部管理体制和运行机制，才能为风险管理奠定扎实基础，提升经营管理效能，在激烈的国内外市场竞争中保持健康可持续发展。

小知识　　**组织运行的保证——健全岗位责任制度**

岗位责任制度是对组织架构中各部门、各岗位的职能、权力、工作内容等进行规范的标准，是完成组织架构整体职能的必要保证。部门责任制度明确各职能部门的任务和要求，具体规定职能部门的基本职责、工作范围、拥有权限、协作范围等内容，包括生产、计划、质量、供应等职能部门的责任制度。个人岗位责任制度是把部门责任分解、落实到每一个岗位、每一位员工所形成的书面文件。它详细规定了每个岗位应当完成的工作内容和完成工作的方法，以及个人承担的责任等，是组织架构实现其功能的最基础的制度。其主要内容包括：

（1）岗位应当完成的职能。

（2）完成岗位职能应当采用的方法。

（3）在岗人员的权限和应当担负的责任。

（4）业绩评价方法与奖惩措施。

小知识　　组织制度的执行——监督、考核与奖惩

1. 分设监督机构与执行机构

传统的监督部门是独立于执行部门的，其目的是保证监督的力度和责任的明确性。在现代管理中，二者的“合”与“分”是视具体情况而定的。如果企业管理水平高，人员素质好，激励机制有效，就可以合并两个部门，但应同时配合人事、质量、安全等制度措施；如果企业的管理水平和人员素质较低，那么两个部门应分设，并采取措施加强监督部门的服务水平，促进两个部门的交流与沟通。

2. 确定考核标准

在集权经营的情况下，标准的规章制度是指导和考核下级单位和人员日常工作的重要依据。这些规则通常包括两方面的内容：限制条件和目标。限制条件是指一系列能够被允许的和可采纳的行为规范，以及不能选择的行动方案，如禁止采取非法行为、禁止擅自处理某项事务等。目标是指应当达到的数量、质量标准或实际效果，如采购原材料应达到一定质量标准，提供商品和服务应当满足客户的需要等。根据规章制度进行考核较为简单，只要把工作业绩与标准进行对照就可以了，如对成本的考核、对业务量的考核等。

在分权经营的情况下，标准规章制度的约束力大大降低，限制条件弱化，行为目标多样化，从而使业绩考核难度加大。国外企业在多年的管理实践中探索了一系列可行性方法，其中，较为全面合理的首推平衡计分卡（Balanced Score Card，BSC）。BSC是综合评价独立组织创造价值的活动，由财务、客户、内部经营过程、学习与成长四个部分组成。财务方面指标计量已发生的价值，如资本报酬率、营业收入等；客户方面指标反映经营单位面对的竞争性客户和市场份额，如客户满意程度、客户保持程度、新客户的获得、目标范围内的市场份额等；内部经营过程方面反映经营单位在创新、经营和售后服务三方面的成果；学习与成长方面从人员、信息系统、企业程序三种重要资源的角度反映经营单位长期的生产和竞争能力。

3. 采取适当奖惩措施

在具体的经营管理和业务操作过程中，由于执行人员受主客观方面各种因素的影响，行为结果会与标准产生差异。为了使差异有利于企业提高经营业绩，企业应当对完成企业目标的积极行为给予奖励，而对于工作失误和偏差，则采取必要的措施加以纠正，并追究相关机构和人员的责任。这些奖励和处罚措施的制度化是十分必要的，它不仅有助于有效发挥企业组织架构作用，而且能够保障管理工作的正常进行和真正实现权责对等。

三、组织架构的信息披露

企业应当根据国家有关法律法规，以适当的形式披露组织架构设计与运行情况，重点披露董事会、监事会和经理层的实际运行情况。

企业应当依法披露董事、监事、高级管理人员的基本情况、最近五年的主要工作经历、年度报酬情况和报告期内当选或离任的董事、监事的基本情况，以及高级管理人员激励约束机制的落实情况和解聘原因等信息。

法律依据

企业内部控制应用指引第 1 号——组织架构

第一章　总　　则

第一条　为了促进企业实现发展战略，优化治理结构、管理体制和运行机制，建立现代企业制度，根据《中华人民共和国公司法》等有关法律法规和《企业内部控制基本规范》，制定本指引。

第二条　本指引所称组织架构，是指企业按照国家有关法律法规、股东（大）会决议和企业章程，结合本企业实际，明确股东（大）会、董事会、监事会、经理层和企业内部各层级机构设置、职责权限、人员编制、工作程序和相关要求的制度安排。

第三条　企业至少应当关注组织架构设计与运行中的下列风险：

（一）治理结构形同虚设，缺乏科学决策、良性运行机制和执行力，可能导致企业经营失败，难以实现发展战略。

（二）内部机构设计不科学，权责分配不合理，可能导致机构重叠、职能交叉或缺失、推诿扯皮，运行效率低下。

第二章　组织架构的设计

第四条　企业应当根据国家有关法律法规的规定，明确董事会、监事会和经理层的职责权限、任职条件、议事规则和工作程序，确保决策、执行和监督相互分离，形成制衡。

董事会对股东（大）会负责，依法行使企业的经营决策权。可按照股东（大）会的有关决议，设立战略、审计、提名、薪酬与考核等专门委员会，明确各专门委员会的职责权限、任职资格、议事规则和工作程序，为董事会科学决策提供支持。

监事会对股东（大）会负责，监督企业董事、经理和其他高级管理人员依法履行职责。

经理层对董事会负责，主持企业的生产经营管理工作。经理和其他高级管理人员的职责分工应当明确。

董事会、监事会和经理层的产生程序应当合法合规，其人员构成、知识结构、能力素质应当满足履行职责的要求。

第五条　企业的重大决策、重大事项、重要人事任免及大额资金支付业务等，应当按照规定的权限和程序实行集体决策审批或者联签制度。任何个人不得单独进行决策或者擅自改变集体决策意见。

重大决策、重大事项、重要人事任免及大额资金支付业务的具体标准由企业自行确定。

第六条　企业应当按照科学、精简、高效、透明、制衡的原则，综合考虑企业性质、发展战略、文化理念和管理要求等因素，合理设置内部职能机构，明确各机构的职责权限，避免职能交叉、缺失或权责过于集中，形成各司其职、各负其责、相互制约、相互协调的工作机制。

第七条　企业应当对各机构的职能进行科学合理的分解，确定具体岗位的名称、职责和工作要求等，明确各个岗位的权限和相互关系。

企业在确定职权和岗位分工过程中，应当体现不相容职务分离的要求。不相容职务通常包括：可行性研究与决策审批；决策审批与执行；执行与监督检查等。

第八条　企业应当制定组织结构图、业务流程图、岗（职）位说明书和权限指引等内部管理制度或相关文件，使员工了解和掌握组织架构设计及权责分配情况，正确履行职责。

第三章　组织架构的运行

第九条　企业应当根据组织架构的设计规范，对现有治理结构和内部机构设置进行全面梳理，确保本企业治理结构、内部机构设置和运行机制等符合现代企业制度要求。

企业梳理治理结构，应当重点关注董事、监事、经理及其他高级管理人员的任职资格和履职情况，以及董事会、监事会和经理层的运行效果。治理结构存在问题的，应当采取有效措施加以改进。

企业梳理内部机构设置，应当重点关注内部机构设置的合理性和运行的高效性等。内部机构设置和运行中存在职能交叉、缺失或运行效率低下的，应当及时解决。

第十条　企业拥有子公司的，应当建立科学的投资管控制度，通过合法有效的形式履行出资人职责、维护出资人权益，重点关注子公司特别是异地、境外子公司的发展战略、年度财务预决算、重大投融资、重大担保、大额资金使用、主要资产处置、重要人事任免、内部控制体系建设等重要事项。

第十一条　企业应当定期对组织架构设计与运行的效率和效果进行全面评估，发现组织架构设计与运行中存在缺陷的，应当进行优化调整。

企业组织架构调整应当充分听取董事、监事、高级管理人员和其他员工的意见，按照规定的权限和程序进行决策审批。

第三章 ▶▶

发展战略方面的内部控制

第一节　综合知识

企业发展战略是企业为了求得长远的发展，在对企业内部条件和外部环境进行有效分析的基础上，根据企业的总体目标所确定的企业在一定时期发展的具有长期性和根本性的总体设想和谋划，包括战略指导思想、目标、重点和实施步骤等。

一、发展战略的类型

企业发展战略，从总体上看有成长型战略、维持型战略、收缩型战略和重组型战略。

二、发展战略的内容

发展战略包括企业长远发展目标和战略规划两个方面。长远发展目标确定企业的发展方向和未来预期达到的目标；而战略规划是实现长远发展目标的路径，即企业通过什么路径实现长远发展目标。目标与规划是发展战略两个相辅相成的方面。没有目标就谈不上规划；只有目标没有规划，目标既不能落实，也无法实现。

三、发展战略的风险

发展战略的风险是指企业发展战略与实际状况相脱节、与社会需求相背离、与企业目标不一致，从而导致企业发展方向出现偏误的风险。战略风险的产生与战略定位（分析、选择）有着直接联系，定位不当或者定义失误，都会埋下战略风险的隐患。企业制定与实施发展战略至少应当关注下列三项风险：

（1）缺乏明确的发展战略或发展战略实施不到位，可能导致企业盲目发展难以形成竞争优势，丧失发展机遇和动力。

（2）发展战略过于激进，脱离企业实际能力或偏离主业，可能导致企业过度扩张，甚至经营失败。

（3）发展战略因主观原因频繁变动，可能导致资源浪费，甚至危及企业的生存和持续发展。

具体包括下列风险。

（一）企业战略经营方向和经营范围的风险

战略经营方向决定了企业在一定时期内的发展方向。企业发展战略的特点与环境的复杂性，要求对企业战略不断加以审核和评估，以便及时做出局部和根本性调整。因此，高度复杂的环境增加了企业经营的风险。一般来说，正确的企业战略加上有效的风险控制，可以使企业在复杂多变的环境中，稳健地发展并取得预期的业绩目标。

企业战略按经营范围可划分为单一产品战略、相关多元化战略和非相关多元化战略。研究表明，相关多元化企业实际运行最好，单一产品企业其次，非相关多元化企业从长远来看运行得不好，因此在企业经营范围中，单一产品经营和非相关多元化经营都存在较高的风险。经营的非相关程度越大，产品越多，经营风险也就越高。

（二）管理者的前期战略选择对未来战略影响的风险

前期涉及的资源分配和经营战略方向等战略选择，以及那些涉及企业战略经营结构和经营领域的重大决策是不可逆转的，因而对企业经营业绩及以后阶段的发展战略将产生重大影响。

（三）高层管理者结构、决策者偏好与管理冒险行为对企业发展战略影响的风险

高层管理者的构成是影响冒险行为的重要因素。高层管理者理论指出了决策者特征，战略选择与业绩之间的关系。高层管理者的构成及知识结构，反映了其对所从事的经营业务领域竞争规律和发展规律的认识能力和对企业发展的驾驭能力。高层管理者的个人特征和历史背景、决策者偏好，直接对决策行为产生影响，并最终影响企业某一特定发展阶段的经营业绩。决策者的性格和偏好不同，导致决策的风险程度不同。根据风险决策理论的研究成果，高风险决策可能带来高额的回报或更大的损失。

（四）企业发展战略的复杂性和组织架构的适应性对组织战略贯彻影响的风险

企业的组织架构的职能和事业部或子公司的存在，使得组织因发展战略需要运筹规划和资源分配的正确性方面难度加大；企业总部对于企业的战略协调与管理控制因区域文化差异提高了难度。企业业务的发展和经营规模的扩大，与组织架构和管理流程的不适应，将直接对企业的发展战略产生影响。因此，企业发展战略的复杂性越高，组织架构对管理的适应性越差，发展战略的风险就越高。

（五）战略经营计划管理组织体系的有效性对企业发展战略影响的风险

企业的经营范围、经营管理的层次和结构的复杂性与企业的区域分布和文化的差异性等，使企业发展战略协调控制需要企业建立发展战略的规范化的运作模式，以准确把握影响企业战略目标实现的关键因素或关键环节，促成战略目标的实现。在发展战略过程中，及时评估战略风险因素，进而形成一种有效的风险管理机制，可以降低因缺乏对战略经营计划的管理给企业发展带来的管理风险。

（六）企业发展战略环境风险

企业发展战略环境的重要风险因素有国内外政治、经济因素，行业结构特点，技术发展趋势，企业及其子公司所处的文化环境，竞争结构，主要竞争对手的产品市场占有率的变化，市场潜在能力等。这些因素是通过输入不确定性产生的风险，在企业未来发展过程中，各种因素的变化程度及其企业经营业绩变化等，可能带来的影响难以把握。

企业所处环境的复杂性、市场的潜在发展能力、环境的变化程度对组织风险有重要影响：

首先，环境越复杂，组织的风险就越高。

其次，企业的可持续发展能力，表现为相关的市场增长，处于一个快速成长行业中的企业风险就高，而处于成熟和衰退行业中的企业，风险相对较小。

最后，环境的变化越大，如技术发展变化快、产品生命周期缩短、行业市场增长率不确定、环境因素变化难以预测等加大了企业经营的风险。

第二节 内控措施

一、发展战略的制定

制定发展战略是企业实现健康可持续发展的起点。企业的发展战略应在现实状况和未来趋势进行综合分析和科学预测的基础上制定出来。

要确保企业制定的发展战略是科学的、可实现的，必须对企业自身的状况（包括现有业务开展情况、企业拥有的各种优势、存在的劣势等）和企业运行的环境（包括宏观环境、行业态势、产品竞争态势等）进行系统的分析和科学的预测，在此基础上确定企业的发展目标以及实现目标的路径。

企业发展战略嵌入各领域，由文化战略、营销战略、品牌战略、产品战略、技术发展战略、物流战略、财务战略、成本战略、人力资源战略及信息化战略等构成。

（一）发展战略制定的思维流程

企业发展战略的制定虽说没有统一而固定的顺序套用，但是，就其内在的固有规律而言，一般可经过认识、调研、方案、咨询、决策五个阶段。

企业发展战略始于认识，只有理解或认识到发展战略对企业生存与发展确有必要时，才会下功夫研究它，实施调查研究。社会的现实需求及潜在需求、竞争的现实对手和潜在对手、可用的现有资源及潜在资源、自身的核心优势及潜在优势、未来的潜在风险等，都应该得到周密的观察与思考。思考这些问题必须打破现有观念、应用相关知识、尊重自我发现，否则只能是走过场。

在调研基础上形成企业发展战略。战略不需要很具体、很系统、很严谨，但需要找准企业发展的主要矛盾，并提出解决这个矛盾的核心对策。提出企业发展战略方案对有关人员是一次重大考验。

为使发展战略既有先进性又有可行性，发挥引导企业发展之功能，应该就非保密问题征求社会有关方面，特别是战略专家意见，有些企业采取委外办法研究企业发展战略。即使这样，在咨询机构提交报告之后，除内部充分讨论外，也要再适当征求有关方面的意见。

确定发展战略对企业具有里程碑意义。为了企业的长远利益，战略决策要“公”字当先，不唯书本、不唯经验、不唯上也不唯职务权力，只讲究实事求是。确定企业发展战略要充分发扬民主、依靠集体智慧，也要事先征求有关员工的意见。

（二）建立和健全发展战略制定机构

制定机构发展战略联系着企业的现在和未来，企业各层级都应给予高度重视和大力支持，要在人力资源配置、组织机构设置等方面提供必要的保证。

企业应当在董事会下设立战略委员会，或指定相关机构负责发展战略工作，履行相应职责。

企业应当明确战略委员会的职责和议事规则，对战略委员会会议的召开程序、表决方式、提案审议、保密要求和会议记录等做出规定，确保议事过程规范透明，决策程序科学民主。

战略委员会对董事会负责，委员包括董事长和其他董事。战略委员会委员应当具有较强的综合素质和实践经验。例如，熟悉企业业务经营运作特点，具有市场敏感性和综合判断能力，了解国家宏观政策走向及国内外经济、行业发展趋势等。同时，委员的任职资格和选任程序应符合有关法律法规和章程的规定。

战略委员会的主要职责是对企业长期发展战略和重大投资决策进行研究并提出建议，具体包括：对企业的长期发展规划、经营目标、发展方针进行研究并提出建议，对企业涉及产品战略、市场战略、营销战略、研究与开发战略、人才战略等经营战略进行研究并提出建议，对企业重大战略性投资、融资方案进行研究并提出建议，对企业重大资本运作、资产经营项目进行研究并提出建议等。

（三）企业发展战略的制定

1. 战略方向的确定

战略方向的确定要关注两个层次：

（1）企业在市场上要成为一个什么角色，是跟随者，还是树旗帜，围绕专业知识去拓宽和发展。这是发展的大方向，是制定战略首先要解决的课题。例如，有些企业提出的“做大做强”。

（2）业务主体要占领战略经营制高点，不从低端往上做。有占领战略经营制点的同时还要侧重于对人力资源、组织架构的调整、财务管理的建立，并积极推进信息化和企业文化建设。

2. 战略目标的确定

要从企业外部环境和内部实际条件出发，按照长期、近期依次制定，使目标切实可行。

3. 战略目标的实现手段

制定战略的目的是实现，否则徒劳无功。如何实现可从两方面考虑：一方面是对外战略，保持良好信誉，打造未来品牌，靠高品质产品和优质的服务赢得客户的肯定；另一方面是对内依靠存量和增量资源支持、争取资金及广大员工等方面的支持，壮大企业的实力。

（四）综合分析评价影响发展战略的内外部因素

企业外部环境、内部资源等因素，是影响发展战略制定的关键因素。只有对企业所处的外部环境和拥有的内部资源展开深度分析，才能制定出科学合理的发展战略。在此过程中，企业应当综合考虑宏观经济政策、国内外市场需求变化、技术发展趋势、行业及竞争对手状况、可利用的资源水平和自身优势与劣势等影响因素。

1. 分析外部环境，发现机会和威胁

外部环境是制定发展战略的重要影响因素，包括企业所处的宏观环境、行业环境及竞争对手、经营环境等。分析企业面临的外部环境，应当着重分析环境的变化和发展趋势及其对企业战略的重要影响，同时评估有哪些机会可以挖掘，以及企业可能面临哪些威胁。

（1）宏观环境分析。企业是一个开放的经济系统，其经营管理必然受到客观环境的控制和影响。

企业要在充分研究外部环境的现状及未来发展趋势的基础上，抓住有利于企业发展的机会，避开环境威胁的因素。宏观环境分析一般通过政治和法律环境、经济环境、社会和文化环境、技术环境等因素分析企业所面临的状况。

（2）行业环境及竞争对手分析。企业应当加强对所处行业调研、分析、发现影响该行业盈亏的决定性因素、当前及预期的营利性以及这些因素的变动情况。通过行业分析，确保企业在所提供产品或服务的类型、方式及地点，以及希望实现的产业规模等方面，能够与同行业竞争对手区别开来，建立和巩固自身市场优势，制定差异化竞争战略。

（3）经营环境分析。经营环境分析侧重于对市场及竞争地位、消费者的消费状况、融资者、劳动力市场状况等因素的分析。经营环境比宏观环境和行业环境更容易被企业所影响和控制，也更有利于企业主动应对其带来的机会和威胁。

2. 分析内部资源，识别优势和劣势

内部资源是企业发展战略的重要制约条件，包括企业资源、企业能力、核心竞争力等各种有形和无形资源。分析企业拥有的内部资源和能力，应当着重分析这些资源和能力使企业在同行业中处于何种地位，与竞争对手相比企业有哪些优势和劣势。

（1）企业资源分析。企业资源分析应着重对企业现有资源的数量和利用效率，以及资源的应变能力等方面的分析。通过企业资源分析，确定企业资源的状态，找出企业资源的优势和劣势；通过与主要竞争对手资源情况的比较，明确形成企业核心竞争力和竞争优势的战略性资源。

（2）企业能力分析。企业能力是企业有形资源、无形资源和组织资源等各种资源有机组合的结果，主要包括研究与开发能力分析、生产能力分析、营销能力分析、财务能力分析、组织管理能力分析等。通过分析和挖掘企业能力，了解发展战略能否适应企业面临的各种机遇和挑战，同时还可能发现让竞争对手无法涉及的新机会和新领域。

（3）核心竞争力分析。核心竞争力是指能为企业带来相对于竞争对手存在竞争优势的资源和能力。能够有助于企业构建核心竞争力的资源主要包括稀缺资源、不可模仿的资源、不可替代的资源、持久的资源等。企业在战略分析时，应当将注意力特别集中在那些能够帮助企业建立核心竞争力的资源上。

（五）准确定位，科学编制发展战略

企业应当根据发展目标制定战略规划，战略规划应当明确发展的阶段性和发展程度，确定每个发展阶段的具体目标、工作任务和实施路径。

发展战略可以分为发展目标和战略规划两个层次。其中，发展目标是企业发展战略的核心和基本内容，是在最重要的经营领域对企业使命的具体化，表明企业在未来一段时期内所要努力的方向和所要达到的水平。战略规划是为了实现发展目标而制定的具体规划，表明企业在每个发展阶段的具体目标、工作任务和实施路径。

（1）制定发展目标。企业发展目标作为指导企业生产经营活动的准绳，通常包括盈利能力、生产效率、市场竞争地位、技术领先程度、生产规模、组织架构、人力资源、用户服务、社会责任等。关于发展目标的制定，应注意以下三点：

①发展目标应当突出主业。将主业做精做强，做成行业的“独一份”，不断增强核心竞争力，这是许多成功跨国企业的经验。然而，我国少数大型企业存在盲目投资非主业的现象，特别是一些非地产主业的央企投资房地产，引发了社会各界的广泛争议。此举既不利于国家宏观调控政策的贯彻落实，也可能损害企业的长远发展。

②发展目标不能过于激进。不能盲目追随市场热点，不能脱离企业实际，追求“超常规”“跨越式”发展，试图在短期内就打造成为巨型企业。但是，这种所谓“跨越式”发展，在内部管理能力难以跟上、风险管理水平不匹配的情况下，一旦遇到外部环境“风吹草动”，企业很可能顷刻间“灰飞烟灭”，迅速走向衰败。

③发展目标不能过于保守。否则会丧失发展机遇和动力。久而久之，在激烈的市场竞争中往往不能及时抓住市场机会，导致发展滞后，最终难以逃脱被淘汰的命运。

（2）编制战略规划。发展目标确定后，就要考虑使用何种手段、采取何种措施、运用何种方法来达到目标，即编制战略规划。战略规划应当明确企业发展的阶段性和发展程度，制定每个发展阶段的具体目标和工作任务，以及达到发展目标必经的实施路径。

二、发展战略的实施

企业应当加强对发展战略实施的统一领导，制订详细的年度工作计划，通过编制全面预算，将年度目标进行分解、落实，确保企业发展目标的实现。此外，还要加强对发展战略的宣传培训，通过组织架构调整、人员安排、薪酬调整、财务安排、管理变革等配套措施，保证发展战略的顺利实施。

（一）着力加强对发展战略实施的领导

要确保发展战略有效实施，加强组织领导是关键。企业高层管理者作为发展战略制定的直接参与者，往往比一般员工掌握更多的战略信息，对企业发展目标、战略规划和战略实施路径的理解和体会也更加全面深刻，应当担当发展战略实施的领导者。要本着“统一领导、统一指挥”原则，围绕发展战略的有效实施，卓有成效地发挥企业高层管理者在资源分配、内部机构优化、企业文化培育、信息沟通、考核激励相关制度建设等方面的协调、平衡和决策作用，确保发展战略的有效实施。

（二）着力将发展战略分解落实

发展战略制定后，企业高层管理者应着手将发展战略逐步细化，确保“文件上”的发展战略落地生根变为现实。

（1）要根据战略规划，制订年度工作计划。

（2）要按照上下结合、分级编制、逐级汇总的原则编制全面预算，将发展目标分解并落实到产销水平、资产负债规模、收入及利润增长幅度、投资回报、风险管控、技术创新、品牌建设、人力资源建设、制度建设、企业文化、社会责任等可操作层面，确保发展战略能够真正有效地指导企业各项生产经营管理活动。

（3）要进一步将年度预算细分为季度、月度预算，通过实施分期预算控制，促进年度预算目标的实现。

（4）要通过建立发展战略实施的激励约束机制，将各责任单位年度预算目标完成情况纳入绩效考核体系，切实做到有奖有惩、奖惩分明，以促进发展战略的有效实施。

（三）着力保障发展战略有效实施

战略实施过程是一个系统的有机整体，需要研究与开发、生产、营销、财务、人力资源等各个职能部门间的密切配合。在目前复杂动态的市场环境和激烈的市场竞争中，对企业内部不同部门之间的这种协同运作提出了越来越高的要求。为此，企业应当采取切实有效的保障措施，确保发展战略的顺利贯彻实施。

1. 要优化调整组织架构

发展战略决定着企业组织架构模式的设计与选择；反过来，发展战略的实施过程及效果又受到所采取的组织架构模式的制约。要解决好发展战略前导性和组织架构滞后性之间的矛盾，企业必须在发展战略制定后，尽快调整企业组织架构、业务流程、权责关系等，以适应发展战略的要求。

2. 要相应调整管理方式

企业在战略实施过程中，往往需要克服各种阻力，改变企业日常惯例，在管理体制、机制及管理模式等方面实施变革，由粗放、层级制管理向集约、扁平化管理转变，为发展战略的有效实施提供强有力的支持。

3. 要整合内外部资源

企业能够利用的资源是有限的，如何调动和分配企业不同领域的人力、财力、物力和信息等资源来适应发展战略，是促进企业发展战略顺利实施的关键所在。企业在战略实施过程中，只有对拥有的资源进行优化配置，达到战略与资源的匹配，才能充分保证战略的实现。

4. 要培育与发展战略相匹配的企业文化

企业文化是发展战略有效实施的重要支持。发展战略制定后，要充分利用企业文化所具有的导向、约束、凝聚、激励等作用，统一全体员工的观念行为，共同为发展战略的有效实施而努力奋斗。

（四）着力做好发展战略宣传培训工作

企业应当重视发展战略的宣传工作，通过内部各层级会议和教育培训等有效方式，将发展战略及其分解落实情况传递到内部各管理层级和全体员工。

企业应当重视发展战略的宣传培训工作，为推进发展战略实施提供强有力的思想支撑和行为导向。

（1）在企业董事、监事和高级管理人员中树立战略意识和战略思维，充分发挥其在战略制定与实施过程中的模范带头作用。

（2）通过采取内部会议、培训、讲座、知识竞赛等多种行之有效的方式，把发展战略及其分解落实情况传递到内部各管理层级和全体员工，营造战略宣传的强大舆论氛围。

（3）企业高层管理者要加强与广大员工的沟通，使全体员工充分认清企业的发展思路、战略目标和具体举措，自觉将发展战略与自己的具体工作结合起来，促进发展战略的有效实施。

三、发展战略的监控与调整

企业战略委员会应当加强对发展战略实施情况的监控，定期收集和分析相关信息，对于明显偏离发展战略的情况，应当及时报告。

同时，因经济形势、产业政策、技术进步、行业状况以及不可抗力等因素发生变化，确须对发展战略做出调整优化甚至转型的，应当按照规定权限和程序，调整发展战略或实现战略转型。

（一）要加强对发展战略实施的监控

企业应当建立发展战略评估制度，加强对战略制定与实施的事前、事中和事后评估。从发展战略监控的角度讲，重点应当放在对实施中及实施后的评估。事中评估是对实施中发展战略的效果进行评估，是战略调整的重要依据。企业应当结合战略期内每一年度工作计划和经营预算完成情况，侧重对战略执行能力和执行效果进行分析评价。事后评估是对发展战略实施后效果的评估，应结合战略期末发展目标实现情况，侧重对发展战略的整体实施效果进行概括性的分析评价，总结经验教训，并为制定新一轮的发展战略提供信息、数据和经验。在发展战略评估过程中，企业应当采取定性与定量相结合、财务指标与非财务指标相结合的方法。对发展战略制定与实施过程中存在的问题和偏差，应当及时进行内部报告，并采取措施予以纠正。

（二）要根据监控情况持续优化发展战略

发展战略明确了企业长期发展目标，在一定时期内应当保持相对稳定。但是，企业在开展战略监控和评估过程中，发现下列情况之一的，应当调整、优化发展战略，以促进企业内部资源能力和外部环境条件保持动态平衡。

（1）经济形势、产业政策、技术进步、行业竞争态势以及不可抗力等因素发生较大变化，对企业发展战略实现有较大影响。

（2）企业内部经营管理发生较大变化，确有必要对发展战略做出调整。

发展战略调整牵一发而动全身，应当按照规定的权限和程序进行。

（1）各战略执行单位提出各自的战略规划评估报告和修订意见。

（2）发展战略部门汇总各单位意见，并提出修订后的发展战略规划草案。

（3）战略委员会对修订后的发展战略规划草案进行评估论证，向董事会提出发展战略建议方案。

（4）企业董事会严格审议战略委员会提交的发展战略建议方案。按企业章程规定，董事会审议通过的方案须报经股东（大）会批准的，还应履行相应的程序。

（5）发展战略部门将批准的新发展战略下发各战略执行单位遵照执行。

（三）要抢抓机遇规避风险，顺利实现战略转型

当企业外部环境尤其是所从事行业的竞争状况发生重大变化时，或当企业步入新的成长阶段需要对生产经营与管理模式进行战略调整时，企业必须选择新的生存与发展模式，即战略转型。企业战略转型不是战略的局部调整，而是各个战略层次上的方向性改变。例如，海尔从产品制造企业向高端制造服务型企业的战略转型；吉利汽车从低端汽车产品向中端产品的战略转型等。

当前，随着环境和资源压力日益显现，粗放型和劳动密集型发展方式逐渐走到尽头。严峻的形势正“倒逼”着我国企业进行涅槃重生式的战略转型，正催促着我国的企业加快发展方式的转变。中海油管理层说得好，“加快经济发展方式转变，企业要一马当先，要起带头作用，特别是央企更要在节能减排、应对气候变化、发展低碳经济上走在前面”；“企业战略要服务服从于国家发展战略，在完成国家发展战略中打造企业的竞争优势”。这样才能有效规避面临的风险威胁，实现可持续发展。

四、发展战略的信息披露

企业应当根据国家有关法律法规，以适当的形式披露发展目标和战略规划，增强投资者特别是战略投资者对企业发展的信心和关注度。企业应当披露影响发展战略实现的重大风险因素及其应对措施。

小知识　　企业并购战略与内部控制

战略制定、战略执行和运营管理是企业管理控制系统的三个不同层面。一方面，企业跨国并购是战略意图的选择，针对并购经济活动的内部控制是其运营管理的重要手段，因而必须充分体现出企业的战略意图；另一方面，因为并购本身不仅是战略意图的体现，而且是推动企业战略变革的重要事件，围绕并购各环节展开的内部控制体系设计必须能有效地体现企业战略管理理念。战略目标是内部控制最终的目的和最根本的目标。

1. 内部控制体系是战略管理的子系统

现代企业的内部控制体系是以战略为导向的。内部控制五要素与战略管理模型的结合如图 3-1 所示。

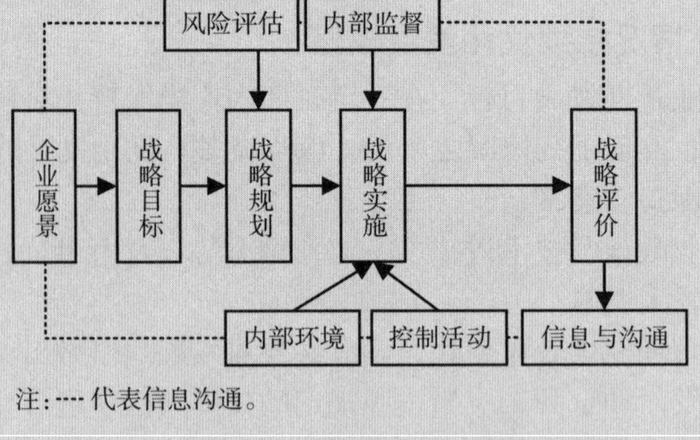

图 3-1　内部控制五要素与战略管理的结合

企业所处的内部环境也是内部控制环境。内部环境要求确定组织内部控制意识的基调，是其他要素的基础，包括：人的能力、诚实和道德价值观；管理哲学和经营风格；权力和责任分配方式及人员组织和发展方式；董事会的关注和指导。完善控制环境为战略实施提供了一个良好的内部平台，使得企业管理层和全体员工为了战略的实施不断努力。

识别和衡量发展中存在的风险，抓住环境发展中的机遇，是战略规划所要解决的根本问题。内部控制要素中的风险评估是基于战略管理实施中的战略规划而建立的，战略规划要求企业对风险进行评估，而对风险的评估可以使企业制定出应对环境变化的企业战略，对于企业战略目标的实现是有重要意义的。

战略实施需要一系列的控制活动来确保战略实施在一个正确的方向上。内部控制五要素的控制活动就是对战略实施提供的一种控制活动。控制活动是管理者指示实施的政策和程序，这些政策和程序确保采取必要行动以应对影响组织目标实现的风险。控制活动发生于组织的所有层级和所有领域，包括授权、审查、核对、复核、责任分离和资产安全。控制活动的作用就是使得战略实施更加平稳和有序，进而实现企业的战略目标。

一个战略能否得以有效的实施和实现，企业管理层上下级的信息表达和传递扮演着越来越重要的作用。内部控制五要素之一的信息与沟通强调了内部控制体系需要良好的信息表达和传递。为了使组织内的人员有效地履行职责，必须及时地确认、捕获和沟通相关信息。信息系统产生的经营、财务和法规遵守性信息是业务运行和控制的基础。信息系统不仅包括内部信息，还包括外部相关信息。信息必须在组织各个层级各个组成部分之间有效地沟通。所有人士都要从最高管理者处清楚地知道控制责任必须认真对待，每个人必须理解自己在内部控制中的角色及与其他人的关系。每个人都必须有向上沟通信息的手段，同时，必须与外部人员有效地沟通，这些外部人员包括客户、供应商、监管者和股东。

内部控制要素中的监督可以看作战略实施中控制活动的延伸，它也是战略实施反馈系统的组成部分。监督是评估内部控制系统运行有效性的过程，包括运行监督和单独评估或二者的结合。运行监督是在使用过程中的监督。单独评估的频度和范围主要由风险和运行监督的效果决定。内部控制的缺陷应该向上级报告，严重的事项要报告最高管理者和董事会。监督系统将内部控制中所发现的问题和缺陷反馈给管理层和企业所有者，也是战略实施反馈系统的一种表现。一个战略制定得再完美，在具体实施过程中也会产生预期不到的问题。通过内部控制监督反馈系统，将所发现的问题通过信息沟通系统及时反馈给利益相关者，对此做出识别、判断和解决。这样才能通过不断修正战略实施的偏离，健康发展，实现企业战略目标。

综上分析，内部控制体系的每一种构成要素与企业战略管理体系中各个过程是有机结合的，进而内部控制体系是有机融合于企业战略管理体系的。由此可以得知，改进和完善企业的内部控制体系就是在不断强化企业战略管理体系，保持企业竞争优势，实现企业战略目标，充分体现了现代内部控制体系是企业战略体系的一个子系统，为企业战略的实现提供保驾护航的重要作用。

2. 公司国际化战略、海外并购与内部控制的关系

为了获得企业的竞争优势，使战略目标得到有效实施，战略管理应贯穿于企业管理全过程，加强从战略制定、规划、业务单元、作业部门直至作业活动的不同层次间业务流程和任务活动的整合与控制，加强对公司高层、中基层管理人员直至员工的战略目标实施绩效管理工作，体现变革性和调整的必要性。

内部控制五要素是企业战略贯彻执行、保持和锻造企业核心竞争优势的重要因素，但是其发挥作用需要以良好的内部控制体系作为前提保障。

战略、管控能力是企业唯一能够自主控制的风险，也是欲实施国际化发展企业的必要能力要求。中国企业海外并购失败多于成功，表明很多企业在战略和集团管控方面尚不具备相应的全球扩张实力，使本来确实存在的机会也丧失掉。风险无时无处不在，风险类型也随时变化更新。海外扩张的企业必须有很强的风险识别机制，作为集团管控中不可或缺的一环，并将其纳入战略规划中，实现风险的事前处理。在风险识别的基础上，中国企业要建立风险防范的组织保证，有效地对政治、法律、财务、文化风险进行事前、事中、事后的全面管控，尽可能将风险消灭在战略决策阶段，对于不可避免的风险，尽可能减少损失。

企业并购战略对内部控制的影响主要体现在：

（1）并购以企业战略意图为指示，并购需要对资源、组织、文化等要素进行整合控制。对这些要素内部控制的共同指向是公司的战略目标，通过创造双方公司核心能力转移扩散的气氛与环境以提高核心竞争能力。

（2）战略意图构筑的是企业发展的愿景，而愿景的实现需要企业的实现主体获得共同认识，并购及内部控制负有如何贯彻组织愿景的责任。

（3）新组织在对异质资源的内部控制的过程中必须按母公司的战略要求进行，有序地进行企业内部资源的重新配置和核心竞争能力的转移扩散。

从并购的系统性角度来说，并购是企业战略意图的组织实施，对并购及子公司内部控制是对企业并购表现出的战略意图的进一步落实，反过来，并购及对子公司的内部控制过程又影响到企业的战略意图。TCL因全资收购德国施耐德公司而陷入困境的主要原因之一就是在制定并购战略的同时没有预计到对国际化人才的需求，管理能力跟不上。

战略定位、实施、控制与评估是贯穿企业整个经营过程的主线，而内部控制的本质就是确保企业实施战略从而保证组织目标实现的一种机制。公司战略影响内部控制系统的构建，而内部控制系统是公司战略影响企业核心竞争能力的一个途径，会对企业核心竞争能力产生巨大的差异性影响。一般情况下，公司层面战略的控制着眼于战略定位，目的是规划控制，监控战略实施。业务层面战略的控制要点是战略实施，目的是促进战略目标实现。职能层面战略的控制是对总体战略的落实和具体化，确保战略目标的最终实现。

母子公司关系的确立必然是出于一定的战略考虑，不同的发展战略影响到对母子公司控制模式的选择。从母公司角度来讲，在母子公司之间的委托代理关系下，海外子公司的战略是母公司跨国发展战略中的一部分，母公司作为委托人对海外子公司（代理人）的战略定位有决定权，为海外子公司的战略发展提供支持，以及对海外子公司的战略实施进行监控，从而影响子公司的资源、知识与能力的配置，决定了海外子公司内部控制的效率。

通过建立总体发展战略，使母公司和子公司一起达成共识，同时按战略、市场导向和精简高效原则，通过调整和完善集团组织架构、重组业务流程等途径，提升管理效力与执行力，努力使下属企业成为集团整体战略的有机组成部分，最大限度地实现经营协同效益，最大限度地实现资源的转移与整合、创造和共享。否则，容易造成母公司和子公司之间愿景、目标不一致，造成矛盾和冲突，也会影响到资源的分配和管理的效率。

母公司的战略应该包括两方面：

（1）关于业务组合的决策，涵盖了收购、剥离、重组等重大问题。这些决定了它们应该具备什么样的特征和寻求什么样的机会。

（2）母公司自身的决策，包括如何构造公司和管理层级和架构、总部雇用什么样的经理人，以及采用何种规划和控制系统等。这些决定了母公司的特征及其与业务子公司的契合程度。

在制定战略规划时，母公司要对战略经营环境，即各种环境因素的状态及变化趋势进行分析，对集团公司当前的内部资源及能力进行剖析，明确公司可以把握的机会和环境因素变化可能产生的威胁，相对于现实竞争对手的优势和劣势。在构建公司核心能力目标的前提下，使公司制定的战略适应环境的变化。

法律依据

内部控制应用指引第2号——发展战略

第一章　总　　则

第一条　为了促进企业增强核心竞争力和可持续发展能力，根据有关法律法规和《内部控制基本规范》，制定本指引。

第二条　本指引所称发展战略，是指企业在对现实状况和未来趋势进行综合分析和科学预测的基础上，制定并实施的长远发展目标与战略规划。

第三条　企业制定与实施发展战略至少应当关注下列风险：

（一）缺乏明确的发展战略或发展战略实施不到位，可能导致企业盲目发展，难以形成竞争优势，丧失发展机遇和动力。

（二）发展战略过于激进，脱离企业实际能力或偏离主业，可能导致企业过度扩张，甚至经营失败。

（三）发展战略因主观原因频繁变动，可能导致资源浪费，甚至危及企业的生存和持续发展。

第二章 发展战略的制定

第四条 企业应当在充分调查研究、科学分析预测和广泛征求意见的基础上制定发展目标。

企业在制定发展目标过程中，应当综合考虑宏观经济政策、国内外市场需求变化、技术发展趋势、行业及竞争对手状况、可利用资源水平和自身优势与劣势等影响因素。

第五条 企业应当根据发展目标制定战略规划。战略规划应当明确发展的阶段性和发展程度，确定每个发展阶段的具体目标、工作任务和实施路径。

第六条 企业应当在董事会下设立战略委员会，或指定相关机构负责发展战略管理工作，履行相应职责。

企业应当明确战略委员会的职责和议事规则，对战略委员会会议的召开程序、表决方式、提案审议、保密要求和会议记录等做出规定，确保议事过程规范透明、决策程序科学民主。

战略委员会应当组织有关部门对发展目标和战略规划进行可行性研究和科学论证，形成发展战略建议方案；必要时，可借助中介机构和外部专家的力量为其履行职责提供专业咨询意见。

战略委员会成员应当具有较强的综合素质和实践经验，其任职资格和选任程序应当符合有关法律法规和企业章程的规定。

第七条 董事会应当严格审议战略委员会提交的发展战略方案，重点关注其全局性、长期性和可行性。董事会在审议方案中如果发现重大问题，应当责成战略委员会对方案做出调整。

企业的发展战略方案经董事会审议通过后，报经股东（大）会批准实施。

第三章 发展战略的实施

第八条 企业应当根据发展战略，制订年度工作计划，编制全面预算，将年度目标分解、落实；同时完善发展战略管理制度，确保发展战略有效实施。

第九条 企业应当重视发展战略的宣传工作，通过内部各层级会议和教育培训等有效方式，将发展战略及其分解落实情况传递到内部各管理层级和全体员工。

第十条 战略委员会应当加强对发展战略实施情况的监控，定期收集和分析相关信息，对于明显偏离发展战略的情况，应当及时报告。

第十一条 由于经济形势、产业政策、技术进步、行业状况以及不可抗力等因素发生重大变化，确需对发展战略做出调整的，应当按照规定权限和程序调整发展战略。

第四章 ▶▶

人力资源方面的内部控制

第一节 综合知识

一、人力资源、人力资源政策、人力资源管理

（一）人力资源

人力资源是指企业组织生产经营活动而录（任）用的各种人员（包括董事、监事、高级管理人员和全体员工）组成的整体团队的总称。人力资源是组织中拥有的成员的体质、智力、知识、技能、潜能和协作力的总和。

（二）人力资源政策

人力资源政策包括岗位职责和人力资源计划、招聘、培训、离职、考核、薪酬等一系列有关人事的活动和程序。

小知识 企业在建立与实施人力资源政策内部控制中关键方面或者关键环节的控制

企业在建立与实施人力资源政策内部控制中，应当至少强化对下列关键方面或者关键环节的控制：

（1）岗位职责和任职要求应当明确规范，人力资源需求计划应当科学合理。

（2）招聘及离职程序应当规范，人员聘用应当引入竞争机制，培训工作应当能够提高员工道德素养和专业胜任能力。

（3）人力资源考核制度应当科学合理，应当能够引导员工实现企业目标。

（4）薪酬制度应当能保持和吸引优秀人才，并符合国家有关法律法规的要求，薪酬发放标准和程序应当规范。

（三）人力资源管理

1. 概念

人力资源管理是企业管理的一个重要组成部分，概括地说，它是为了实现企业战略目标，通过一整套科学有效的方法，对企业全体人员进行的管理。核心在于协调人与事的关系，处理人与人的矛盾，充分发挥人的潜能，使人尽其才、事得其人、人事相宜，以实现企业的经营目标。

2. 构成

人力资源管理系统是由人力资源管理系统的环境、人力资源管理流程和人力资源管理绩效三部分构成的，如图 4-1 所示。

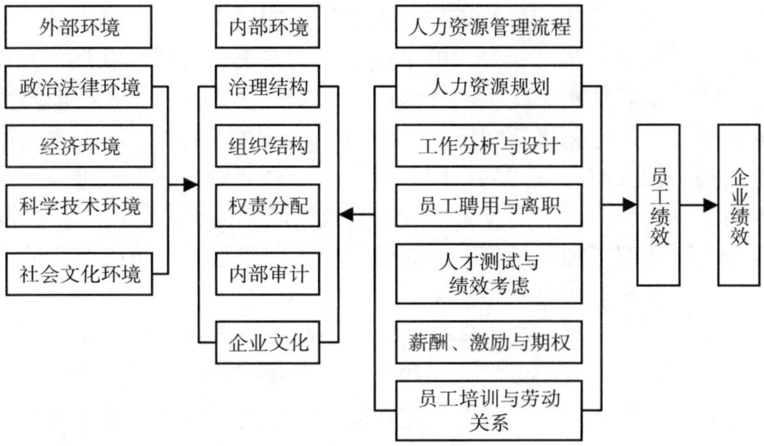

图 4-1　人力资源管理系统构成

3. 人力资源内部控制与人力资源管理的关系

生产经营活动是由人来推动的，从某种意义上来说，内部控制实质上就是对人的控制。从企业总体层面上来看，内部控制是由人来制定的，也是靠人来实施的。内部控制效果的好坏，直接取决于内部控制制定者与执行者的诚信度、职业道德水准和专业胜任能力。同时，人力资源内部控制与人力资源管理也有着密切的联系。人力资源内部控制是实现人力资源管理目标的保证，应当与人力资源管理过程相整合。

人力资源是企业的关键资源，加强人力资源管理对实现企业的战略目标具有重要意义。企业加强人力资源管理，首先，要制定一套符合企业战略目标的人力资源政策，确保人力资源政策的执行。要形成好的人力资源政策与实务，就应当有良好的人力资源政策制定与执行的内部控制体系。其次，要制定和执行科学合理的人力资源政策并确保这些政策的实施，就应当将人力资源内部控制与人力资源管理过程整合起来，使人力资源内部控制贯穿于人力资源管理全过程，从而保证人力资源管理合理有效地进行。

4. 人力资源管理的主要风险

人力资源管理方面的风险是多方面的，至少应当关注下列三方面风险。

（1）人力资源缺乏或过剩、结构不合理、开发机制不健全，可能导致企业发展战略难以实现。这一风险侧重于企业决策层和执行层的高级管理人员。在现代企业中，决策层和执行层对于实现企业发展战略具有十分重要的作用。人力资源管理首先应当关注这一重要风险领域，只有这样，才能抓住“牛鼻子”。在企业的发展过程中，通过发展战略的制定与实施，不断验证决策层和执行层的工作能力和效率。如果发现有可能出现重大风险或对经营不利，应当及时评估决策层和执行层的高级管理人员是否具备应有的素质和水平。

在对决策层和执行层高级管理人员的考评过程中，如果发现有不胜任岗位工作的，应当通过有效方式及早加以解决，避免企业面临崩溃或走向消亡。当然，也不完全限于高级管理人员，其他人员的缺乏和过剩、结构不合理等，也可能影响企业发展战略的实现。

（2）人力资源激励约束制度不合理、关键岗位人员管理不完善，可能导致人才流失、经营效率低下或关键技术、商业秘密和国家机密泄露。这一风险侧重于企业的专业技术人员，特别是掌握发展命脉核心技术的专业人员。这些专业人才是企业在激烈竞争中立于不败之地的关键“资本”。就实现发展战略而言，核心专业人才的流失无疑会给企业的正常运作和长远发展带来巨大损害。为了留住核心专业人才，企业要有容纳人才共同创造价值的企业文化和环境；要有识才的慧眼、用才的气魄、爱才的感情；要知人善任，相信人才、依靠人才，做到用人不疑，疑人不用。特别是面对科学技术日新月异的飞速发展，要不断更新专业技术人员的知识结构，紧密结合企业技术攻关及新技术、新工艺和新产品开发，开展各种专业培训教育，帮助专业技术人员不断补充、拓宽、深化和更新知识。与此同时，还要建立良好的人才激励约束机制，做到以事业、待遇、情感留人与有效的约束限制相结合。企业对于掌握或涉及产品技术、市场、管理等方面关键技术、知识产权、商业秘密或国家机密的工作岗位的员工，要按照国家有关法律法规并结合企业实际情况，加强管理，建立健全相关规章制度，防止企业的核心技术、商业秘密和国家机密泄密，给企业带来严重后果。

（3）人力资源退出机制不当，可能导致法律诉讼或企业声誉受损。这一风险侧重于企业辞退员工、解除员工劳动合同等而引发的劳动纠纷。为了避免和减少此类风险，企业应根据发展战略，在遵循国家有关法律法规的基础上，建立健全良好的人力资源退出机制，采取渐进措施执行退出计划。在具体执行过程中，要充分体现人性化和柔性化。

除上述风险外，具体来讲，还要注意以下四方面的风险：

（1）在招聘方面的风险。聘用不到合适技能的员工，无法留住现有员工，员工得不到及时培训，造成知识老化，使公司缺乏创新形成的风险。

（2）在培训方面的风险。员工得不到较好培训，思想落后、技术低劣等，导致服务质量低、客户不满意、员工周转率上升、竞争力和上进意愿下降，公司难以抓住新机遇。

（3）在晋升方面的风险。没有正常的晋升渠道导致员工从事不恰当的活动。晋升政策不公导致人才流失。

（4）在激励方面的风险。对员工进行了不正确的激励，可能因违反《劳动法》受到处罚，激励政策不能提升道德行为。

小知识　为防范和化解人力资源管理中存在的重要风险的管控措施

（1）企业应当根据人力资源总体规划，结合生产经营实际需要，制订年度人力资源需求计划。也就是说，人力资源要符合发展战略需要，符合生产经营对人力资源的需求，尽可能做到“不缺人手，也不养闲人”。

（2）企业应当根据人力资源能力框架要求，明确各岗位的职责权限、任职条件和工作要求，通过公开招聘、竞争上岗等多种方式选聘优秀人才。这项要求实际上意在强调，企业要选合适的人，要按公开、严格的程序去选人，防止“人情招聘”、暗箱操作。

（3）企业确定选聘人员后，应当依法签订劳动合同，建立劳动用工关系；已选聘人员要进行试用和岗前培训，试用期满考核合格后，方可正式上岗。

（4）企业应当建立和完善人力资源的激励约束机制，设置科学的业绩考核指标体系，对各级管理人员和全体员工进行严格考核与评价，并制定与业绩考核挂钩的薪酬制度。如何留住引进来的优秀人才，对企业至关重要。

（5）企业应当建立健全员工退出（辞职、解除劳动合同、退休等）机制，明确退出的条件和程序，确保员工退出机制得到有效实施。只有退出机制健全，退出条件和程序清楚，才能够防范和化解当前企业人力资源退出方面存在的诸多问题，使企业人力资源管理步入良性循环的轨道。

二、人力资源信息披露

企业应当依法披露报告期末在职员工数量、专业构成、教育程度等信息。企业应当以适当的形式披露人力资源政策可能存在的重大风险因素及其应对措施。

第二节　内控措施

一、人力资源规划

人力资源规划是指企业的人力资源部门和相关业务部门根据企业的发展战略、目标以及企业内外部环境的变化，科学地制定必要的人力资源政策和措施，使企业人力资源供需平衡，保证企业长期持续发展和员工个人利益的实现。

从时限上来看，人力资源规划可以分成长期规划（5 年以上）、短期规划（1 年及以内），以及介于两者之间的中期计划。它的主要作用有以下五点：

（1）满足企业总体战略发展的要求；

（2）促进企业人力资源管理的开展；

（3）协调人力资源管理的各项计划；

（4）提高企业人力资源的利用效率；

（5）使组织和个人发展目标相一致。

与任何企业管理活动一样，人力资源规划需要依赖一定组织架构和人员支持，根植于具体的企业文化，受到环境和资源的约束。任何一个方面的缺陷都可能导致人力资源规划的不科学，使目标的达成受到影响。

（一）人力资源规划的内部控制目标

人力资源规划是人力资源管理的一个主要方面，是企业人力资源战略形成的出发点，是为了确保组织实现目标的重要途径。人力资源规划作为人力资源政策制定和执行的重要工作之一，其目标主要体现在以下几个方面：

（1）增强企业的环境适应能力，使企业获取实现企业战略所需的人力资源。企业在发展的不同阶段必然具有不同的人力资源需求，而人力资源的供给并不是任何时候都能够达到企业要求的。

（2）实现企业内部人力资源的合理配置，优化企业内部人员结构，实现人尽其才，提高企业的效益。

（3）满足企业成员的需求，调动员工的积极性和创造性。

（4）形成科学完备的人力资源政策，为企业的人力资源工作提供指导，为形成良好的内部控制环境提供支持和保证。

为了达到人力资源规划的控制目标，人力资源规划要与企业战略相匹配，与企业所处的发展阶段和宏观经济环境相协调，同时要与企业的行业特征、企业的发展战略、企业文化、企业人力资源管理系统等内部环境相协调。

1. 企业的行业特征

企业所处的行业特征在很大程度上决定着企业的管理模式，也影响着人力资源管理工作。企业的行业属性不同，企业的产品组合结构、生产的自动化程度、产品的销售方式等也不同，则企业对所需要的人力资源数量和质量的要求也不同。

2. 企业的发展战略

企业在确定发展战略目标时，就要制定相应的措施来保证企业发展目标的实现。例如，企业生产规模的扩大、产品结构的调整或升级、新生产工艺的采用等，会导致企业人力资源结构的调整。因此，在制定企业人力资源规划时要着重考虑企业的发展战略，以保证企业人力资源符合企业战略目标的要求。

3. 企业文化

企业文化对企业的发展有着重要影响，好的、适合的企业文化能加强企业的凝聚力，增强员工的进取精神，稳定企业的员工队伍，企业面临的人力资源方面的不确定性因素就会少一些，有利于人力资源规划的制定。

4. 企业人力资源管理系统

企业人力资源管理系统既包括企业拥有的人力资源的数量、质量和结构等特征，也包括人力资源战略、培训制度、薪酬激励制度、员工职业生涯规划等功能模块，这些都对人力资源规划有着重要的影响。

（二）人力资源规划的主要风险点

人力资源规划对企业的影响是非常广泛的，它是有关企业人力资源的整体规划和政策程序的设计，因此与人力资源规划相关的风险是需要认真分析和应对的。人力资源规划各环节存在的风险主要包括：

（1）因人力资源的需求信息、供给信息和其他信息不准确、不相关等，导致人力资源规划不科学、不合理的可能性。例如，在人力资源规划过程中，因理论依据的选择、领导传达的信息和价值出现偏差，导致人力资源政策走偏，出现背离。

（2）因人力资源规划工作的相关岗位设计不合理，相关岗位人员胜任能力不足、道德低下等，导致人力资源规划不科学、不合理的可能性。例如，在人力资源规划过程中，人力资源部门的负责人与业务部门的负责人之间分工不明确、责任不清晰，导致人力资源规划过程中出现不和谐的现象，而且有可能进一步导致人力资源政策不合理。

（3）因对外部环境的扫描和评估程序或方法不当，导致评估出现偏差。人力资源规划过程在很大程度上是企业在人力资源工作方面对外部环境变化的积极应对。

（4）因对需求与供给的预测不准确，导致后续的人力资源配备计划、人力资源培训计划出现较大偏差的可能性。

（5）因人力资源规划的变更缺乏合理的授权、批准和监督程序，导致人力资源规划变更不合理，人力资源规划缺乏约束力的可能性。

（6）因人力资源规划缺乏领导的重视、企业各部门的参与，导致人力资源规划无法实施或实施困难的可能性。

（7）因沟通机制不健全等原因，导致人力资源规划形成的各种政策、方针和工作计划无法有效向有关人员传递的可能性。

人力资源规划过程中的风险评估主要包括两个方面，即评估风险发生的可能性及其影响程度。人力资源规划相关负责部门要建立常用的风险识别、评估工具，以便有效地识别风险、评估风险，将风险降至可接受的程度。风险记录单和风险控制表如表 4-1 和表 4-2 所示。

表 4-1 风险记录单

目 录	风险项目	影响范围	发生可能性（%）	风险值	风险规避	执行人	日期	检查人
风险 1								
风险 2								

表 4-2 风险控制表

风险项目	控制措施
风险 1	控制措施 1 控制措施 2

续表

风险项目	控制措施
风险 2	控制措施 1
	控制措施 2
风险 3	控制措施 1
	控制措施 2

（三）人力资源规划的关键控制点

1. 不相容职务分离控制

根据不相容职务分离的原则，人力资源规划的关键控制点主要包括以下内容：

（1）为保证决策使用信息的真实性、相关性，在人力资源规划过程中决策使用信息的收集、鉴证和使用须职务相分离。

（2）人力资源需求计划的提出、审批、执行与监督须职务相分离。

（3）人力资源规划相关文件的保管、使用和审批须职务相分离。

（4）人力资源规划方案的修订建议的提出、审批须职务相分离。

2. 授权审批控制

在授权审批控制方面，人力资源规划的关键控制点主要包括以下内容：

（1）在人力资源规划工作中，对于各部门提交的人力资源需求与供给信息必须经过各部门主管人员审核签字，并明确其相关责任。

（2）人力资源规划过程中使用的战略规划数据、组织架构数据、财务规划数据及各部门年度规划数据等信息必须经过各部门主管人员审核签字后才能使用。

（3）企业应成立专门的人力资源供需平衡决策小组、委员会负责企业人力资源供需平衡工作。

（4）在人力资源规划过程中，人力资源部门应指定专人负责在相关数据基础上对企业人力资源需求和供给趋势进行分析，形成分析报告，报告在提交公司总经理或相关的决策小组、委员会讨论并批准后，方为有效。

（5）人力资源规划过程中的供需平衡决策要在总经理或相关的委员会会议讨论通过并经全体成员签字同意后，方可作为进行下一步人力资源规划的依据。

（6）人力资源部门根据经批准的供需平衡决策信息，组织相关人员汇总信息，拟写人力资源规划草案，并组织相关人员召开专项会议审核草案。

（7）人力资源部门根据专项会议通过的草案，安排专人负责企业年度人力资源规划的编制和汇总，形成企业年度人力资源规划报告，规划报告经各职能部门负责人审定签字后，交由公司人力资源部门负责人审核通过，报请公司总经理批准生效。

（8）公司人力资源部门负责组织实施年度人力资源规划报告的有关内容，并在公司内部做好沟通与传达工作，保障全体员工知晓公司人力资源规划的相关内容，保证人力资源规划实施的顺利进行。

3. 接触控制

涉及人力资源的政策、信息、材料等是公司重要的机密，应该有专门的控制。在此方面的关键控制点包括以下主要内容：

（1）人力资源规划的相关会议及会议决定，需要制定专人负责记录和整理，经过与会人员签字后存档。

（2）公司人力资源部门应该将年度人力资源规划书作为重要机密文件存档，严格控制借阅，并将年度人力资源规划书的管理纳入公司有关商业机密和经营管理重要文件的管理制定。

（3）编制人力资源规划书过程中使用和生成的各种报告，应作为企业的机密文件存档，未经企业人力资源负责人批准，任何人不得调用。

（4）若企业人力资源部门采用人力资源管理信息系统，企业人力资源部门负责人应根据以上所述权限，设定各相关人员对各种文件的使用权限，不得越权接近和使用。

4. 反馈检查的控制

对人力资源规划的制定和实施进行跟踪、反馈、检查和审核是企业人力资源工作的重要内容，在此方面的关键控制点包括以下主要内容：

（1）企业内部审计部门应采用定期或不定期的方式，对人力资源规划的制定过程和实施情况进行审计和评价，并形成书面的审计报告。审计报告应提交公司审计委员会或类似的机构。

（2）企业人力资源部门应根据内部审计报告提出的缺陷进行分析，提出处理方案。处理方案应提交总经理审批，同时抄送内部审计部门。内部审计部门认为必要时可以采取跟踪审计等措施。

（四）人力资源规划的工作流程与具体方法

设计和执行人力资源规划内部控制的前提是对人力资源的流程与方法进行深入的探讨，这是识别和应对风险不可或缺的步骤。人力资源规划作为人力资源管理的一项基础性活动，它的核心部分主要包括人力资源需求预测、人力资源供给预测及人力资源供需综合平衡三项工作。人力资源规划工作流程如图 4-2 所示。

1. 人力资源需求预测

人力资源需求预测是估算组织未来需要的员工数量和能力组合，是公司编制人力资源规划的核心和前提。其直接依据是公司发展规划和年度预算。人力资源需求预测中还需要注意需求与净需求的区别。需求通常是指毛需求，即企业用人总的数量，而净需求是指需求与企业自身供给的差，是需要企业招聘和配置的人数。

人力资源的预测受不确定因素的影响比较大。预测的具体方法多种多样，总体可分为定性预测和定量预测两大类。

（1）定性预测法主要有经验预测法、描述法和德尔菲法。其中，德尔菲法又叫专家评估法，一般采用问卷调查的方式，听取专家（尤其是人事专家）对企业未来人力资源需求量的分析评估，并通过多次重复，最终达成一致意见。这种方法既可用于企业整体人力资源需求量预测，也可用来预测部门人力资源需求。它的目标是通过综合专家各自的意见来预测某一领域的发展状况，适合对人力资源需求的长期趋势预测。

（2）定量预测法主要包括转换比率法、数学模型法、人员比率法、趋势外推法、回归分析法、经济计量模型法、灰色预测模型法、生产模型法、马尔可夫分析法、定员定额分析法、计算机模拟法。其中，转换比率法和数学模型法都是以现存的或过去的组织业务量和员工之间的关系为基数的，都适合预测具有共同特征的员工的需求。

2. 人力资源供给预测

企业确定人力资源的需求之后，接着需要考虑企业是否拥有足够的合格人员，由此而产生内部供给和外部供给。

企业未来内部人力资源供给一般来说，是企业人力资源供给的主要部分。企业人力资源需求的满足，应优先考虑内部人力资源供给，主要有人力资源信息库、管理人员阶梯模型、马尔可夫模型三种方法。人力资源信息库是通过计算机建立的记录企业每个员工技能和表现的功能模拟信息库，主要包括技能清单和管理才能清单，是大多数企业组织信息系统的管理工作重点；对于管理人员供给的预测，最简单而又有效的方法就是设计管理人员阶梯模型；马尔可夫模型是分析组织人员流动的典型矩阵模型。人力资源供给预测的基本思想是：通过发现组织人事变动的规律，推测组织在未来的人员供给情况。

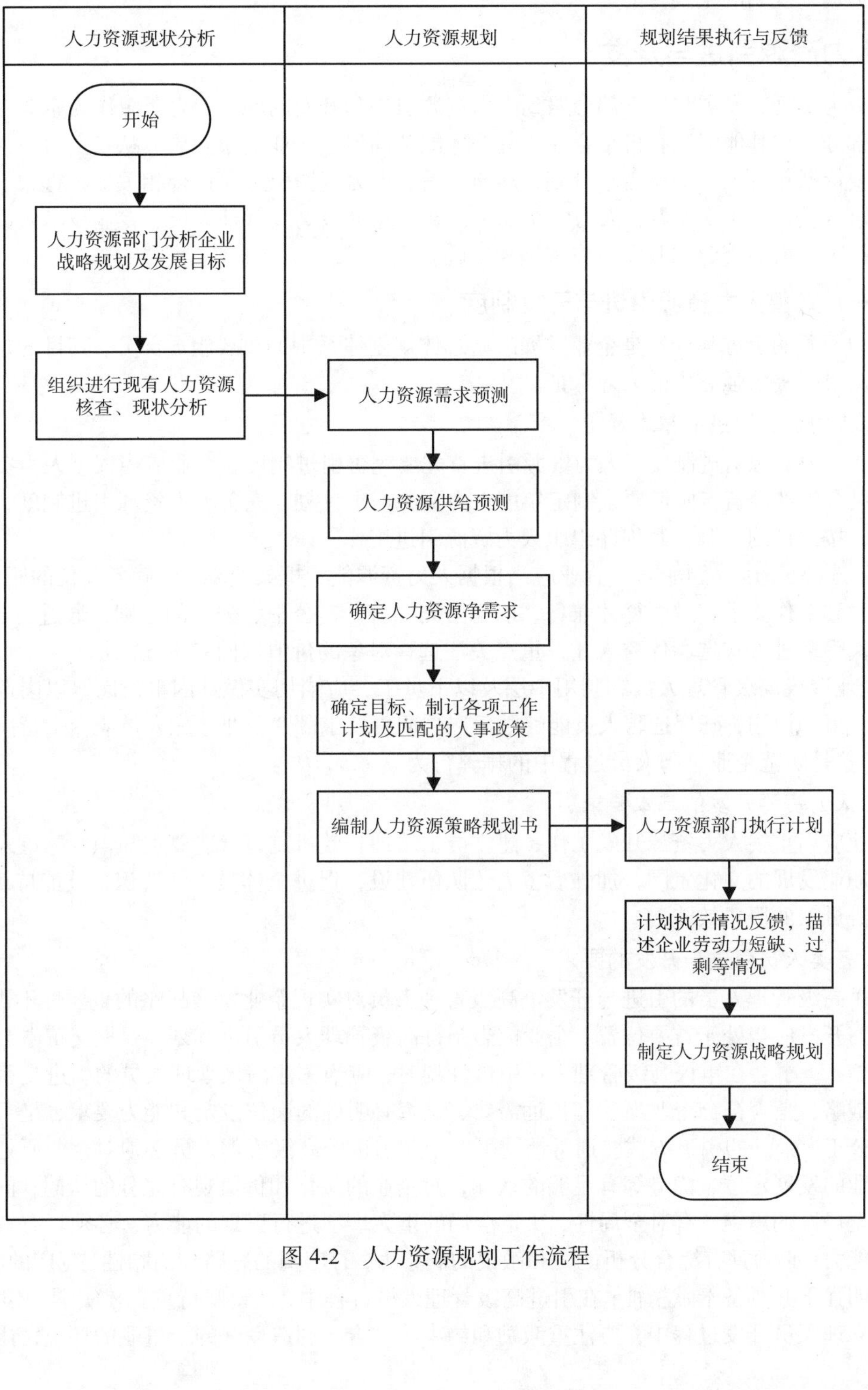

图 4-2　人力资源规划工作流程

3. 人力资源供需综合平衡

在对企业人力资源的供给与需求情况进行深入的预测分析之后，需要根据两个方面的预测结果，进行全面的综合平衡。企业人力资源供求关系有三种情况：人力资源供求平衡；人力资源供大于求，结果导致组织内部人浮于事，内耗严重，生产或工作效率低下；人力资源供小于求，企业设备闲置，固定资产利用率低，也是一种浪费。由此可见，企业人力资源供求实现平衡是人力资源规划的主要目的。

二、人力资源引进与开发

企业为实现其发展目标，都会遇到人力资源引进和开发问题。人力资源作为企业总体资源的组成部分，与其他资源有机结合在一起，才能共同促进企业健康发展。从量上看，人力资源的引进要依据年度人力资源需求计划；从质上看，人力资源引进要符合相关能力框架、知识结构和综合素质；从层次上看，人力资源的引进要注意区分高级管理人员、专业技术人员和一般员工，同时，人力资源的开发也应依据相应的管理要求。

（一）完善人力资源引进与开发制度

人力资源的引进与开发是企业发展战略总体规划体系中的重要组成部分，其目的是为实现企业战略目标提供强有力的人才保证。

1. 人力资源引进的基本要求

（1）人力资源引进制度。人力资源引进首先要完善引进制度，企业应当根据人力资源总体规划，结合生产经营实际需要，制定年度人力资源需求计划，完善人力资源引进制度，规范工作流程，按照计划、制度和程序组织人力资源引进工作。

（2）选聘、选拔人才制度。企业应当根据人力资源能力框架要求，明确各岗位的职责权限、任职条件和工作要求，遵循德才兼备、以德为先和公开、公平、公正的原则，通过公开招聘、竞争上岗等多种方式选聘优秀人才，重点关注选择对象的价值取向和责任意识。

“企业选拔高级管理人员和聘用中层及以下员工，应当切实做到因事设岗，以岗选人，避免因人设事和设岗，确保选聘人员能够胜任岗位职责要求。”“企业选配人员应当实行岗位回避制度。”这是防范企业选聘人员过程中的舞弊行为。

2. 人力资源开发的基本要求

企业应当重视人力资源开发工作，建立员工培训长效机制，营造尊重知识、尊重人才和关心员工职业发展的文化氛围，加强后备人才队伍建设，促进全体员工的知识，技能持续更新，不断提升员工的服务效能。

3. 各类人员引进与开发的要求

（1）高级管理人员的引进与开发。高级管理人员对实现企业发展战略的重要性不再重复，其引进与开发应当处于首要位置。企业应当制订高级管理人员引进计划，要提交董事会审议通过后实施。董事会在审议高级管理人员引进计划时，应当关注高级管理人员的引进是否符合企业发展战略，是否符合企业当前和长远需要，是否有明确的岗位设定和能力要求，是否设定了公平、公正、公开的引进方式。通常情况下，企业引进的高级管理人员必须对企业所处行业及其在行业的发展定位、优势等有足够的认知，对企业的文化和价值观有充分的认同；同时，必须具有全局性的思维，有对全局性、决定全局的重大事项进行谋划的能力；必须具有解决复杂问题的能力；必须具有综合分析能力和敏锐的洞察力，有广阔的思路和前瞻性、宽广的胸怀等；必须精明强干并具备奉献精神；在引进高级管理人员过程中，还要坚持重真才实学，不唯学历。在高级管理人员开发过程中，要注重激励和约束相结合，创造良好的干事业的环境，让他们的聪明才智充分显现，使其真正成为企业的核心领导者。

（2）专业技术人员的引进与开发。专业技术人员特别是核心专业技术人员是企业发展的动力。企业的发展离不开专业技术人员的创新和研究与开发。在后金融危机时期，企业普遍都在开展自主创新，推进企业技术升级，走低碳可持续发展道路。在企业现有专业技术人员不能满足发展战略的情况下，企业要注重通过各种方式大胆引进专业技术人员为我所用。专业技术人员的引进，既要满足企业当前实际生产经营需要，又要有一定的前瞻性，适量储备人才，以备急需；既要注重专业人才的专业素质、科研能力，又要注意其道德素质、协作精神以及对企业价值观和文化的认同感；同时关注专业技术人员的事业心、责任感和使命感。专业技术人员的开发，要注重知识持续更新，紧密结合企业技术攻关及新技术、新工艺和新产品开发来开展各种专题培训等继续教育，帮助专业技术人员不断补充、拓宽、深化和更新知识。同时，要建立良好的专业人才激励约束机制，努力做到以事业、待遇、情感留人。

（3）一般员工的引进与开发。一般员工占据企业人力资源的大部分，主要在企业生产经营的一线。一般员工通常具有流动性强的特点，因此往往成为企业年度人力资源引进工作的重要内容。为确保企业生产经营正常运转，企业应当根据年度人力资源计划和生产经营的实际需要，通过公开招聘方式引进一般员工。在此过程中，企业应当严格遵循国家有关法律法规的要求，注意招收那些具有一定技能、能够独立承担工作任务的员工，以确保产品和服务质量。在经济发展迅速、环境变化较快的今天，企业要根据组织生产经营需要，不断拓展一般员工的知识和技能，加强岗位培训，不断提升一般员工的技能和水平。同时，要善待一般员工，在最低工资标准、保险保障标准等方面严格按照国家或地区要求办理，努力营造一种宽松的工作环境。

（二）签订用工合同、岗位保密制度

企业确定选聘人员后应遵守相关的法律规定并维护企业及选配人员双方的权益，以合同形式明确企业和聘用人员的权利义务，以防范人力资源管理方面的风险。

企业确定选配人员后，应当依法签订劳动合同，建立劳动用工关系；企业对于在产品技术、市场、管理等方面掌握或涉及关键技术、知识产权、商业秘密和国家机密的工作岗位，应当与该岗位员工签订有关岗位保密协议，明确保密义务。

（三）完善试用期和岗前培训制度

员工进入企业，企业就有责任根据生产技术特点和工作岗位的具体要求，对员工进行培训，使员工能够适应企业的要求。

企业应当建立选配人员试用期和岗位培训制度；对试用人员进行严格考察，促进选聘员工全面了解岗位职责，掌握岗位基本技能，适应工作要求；试用期满考核合格后，方可正式上岗；对试用期满考核不合格者，应当及时解除劳动关系。

小知识　　**员工招聘控制目标**

员工招聘是指组织根据人力资源管理规划和工作分析的要求，从组织内部和外部吸收人力资源的过程，主要包括员工招募、甄选和聘用等内容。员工招聘在人力资源管理工作中具有重要的意义。招聘工作直接关系到企业人力资源的形成，有效的招聘工作不仅可以提高员工素质、改善人员结构，也可以为组织注入新的管理思想，为组织增添新的活力，甚至可能给企业带来技术、管理上的重大革新。招聘是企业整个人力资源管理活动的基础，有效的招聘工作能为以后的培训、考评、工资福利、劳动关系等管理活动打好基础。因此，员工招聘是人力资源管理的基础性工作。

1. 员工招聘的业务流程

员工招聘的业务流程如图 4-3 所示。

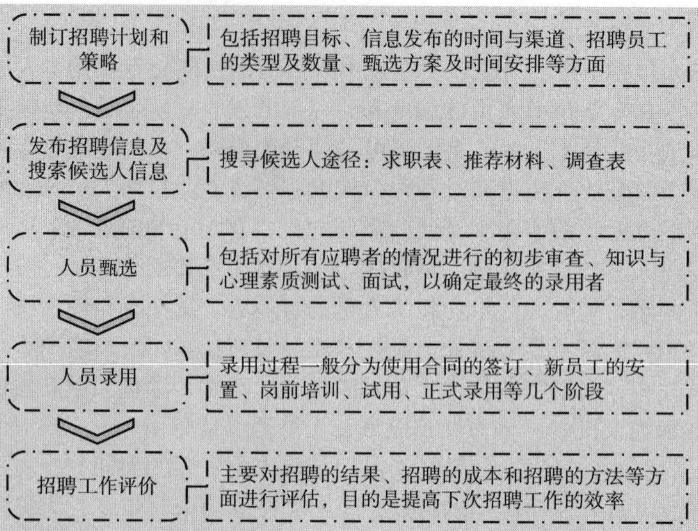

图 4-3　员工招聘的业务流程

2. 员工招聘的主要风险点

企业有可能无法招聘到合乎其发展目标的员工，造成在物质、资金、时间上的浪费。招聘带来损失的这种不确定性，就是招聘风险。为了营造好的人力资源内部控制环境，在员工聘用政策的制定和执行过程中，必须意识到各种可能存在的风险。

（1）招聘成本的回报风险。一般情况下，员工招聘费用较高。如果招聘的人员不符合企业的实际需求，不仅会造成招聘成本无法回收，从长时间来看，还会给企业带来其他的一些负面效应。另外，如果企业出现招聘条件与岗位的实际要求相脱节，如企业拔高应聘条件，忽视岗位实际需求，不仅会加大企业本身的招聘成本，还会造成人力资源的浪费。

（2）招聘渠道不恰当的风险。企业招聘基本是通过内部招聘与外部招聘两种渠道。招聘公司急需的或特别优秀的人才，就不能靠广告的方式。因为真正优秀的人才一般都会忠于职位，不会特别关注广告中的职位，也不会轻易到招聘会去找工作。即使这些人要跳槽，一般都是通过业界朋友引荐，猎头公司推荐或竞争对手直接挖角的方式来实现。还有部分单位通过公开高薪招聘的方式引进人才，不仅增加了很多费用，还会因为薪酬、福利、新老员工差异等问题加大企业大量原有人才的流失，“招来了女婿，气走了儿”。

（3）应聘者的道德风险。企业的效益是通过人才能力的发挥来实现的，但是人才能力的发挥是无形的，对它的监督和控制非常困难。企业无法判断为了企业的利益，人才会发挥出多大的能力。而且在当前这个社会，一些持有假学历、假证书、假职称的“人才”更是道德风险的体现。

（4）招聘工作缺乏效率与效果的风险。招聘速度是衡量人力资源管理工作的一个重要指标，对投递简历的应聘者反应速度越快，就越可能招到优秀的人才。如果招聘工作组织不当，就可能导致招聘速度过慢，让企业无法在规定的时间内获得所需的员工，导致招聘工作缺乏效率。

人力资源招聘风险来自很多方面，有信息不对称的原因，也有招聘者的品质和动机的问题，还有在人员甄选时使用的测评工作与技术的局限性，这些因素都可能会引起人力资源招聘风险。

3. 员工招聘的关键控制点

人力资源招聘风险是企业经营发展中无法避免的问题。为了形成良好的控制环境，规避风险，员工招聘应遵循一定的原则，制定相应的政策与程序。只要健全企业的招聘管理，完善招聘流程，注意人才选拔过程中的每一个细节，就会将招聘风险降至最低，甚至为零。其关键控制点包括如下几个方面。

（1）人力资源招聘计划的制订。科学合理的招聘计划是招聘工作有效进行的关键。招聘计划是在工作设计、人力资源规划和工作分析的基础上制订的。在制订招聘计划时，要结合企业定岗定编方案、企业发展规划、人才需求、职责分析、专业要求、需求的紧迫程度、企业的成本效益原则等方面，合理确定招聘人数、招聘人员的素质要求、招聘方式等，确保招聘工作的顺利进行。

（2）招聘渠道的选择。员工招聘各种渠道的特点、使用范围、优缺点各不相同，企业应针对招聘对象选择合理恰当的招聘渠道。员工招聘主要有内部招聘和外部招聘两种渠道，在招聘前，企业要明确是以内部招聘为主，还是以外部招聘为主。两者各有优缺点，如表4-3所示。

表4-3 内部招聘和外部招聘的优缺点

招聘渠道	优点	缺点
内部招聘	员工熟悉企业； 招聘和训练成本较低； 提高现职员工士气和工作意愿； 企业了解员工； 保持企业内部的稳定性	引起员工为晋升而产生矛盾； 员工来源狭窄； 不获晋升者可能会士气低落； 容易形成企业内部人员的板块结构
外部招聘	引入新观念和新方法； 员工在企业新上任，凡事可从头开始； 引入企业没有的知识和技术	人才获取成本高； 新聘员工需要适应企业环境； 降低现职员工的士气和投入感； 新旧员工之间相互适应期限延长

内部招聘是指从企业内部获得企业所需要的各种人才。企业本身是一个人才的蓄水池，由于工作和岗位的原因，很多人才的优点未能被发现，因此，企业现有员工是招聘的重要来源，甚至成为部分公司的主要来源。内部招聘主要有档案法、内部公告、主管推荐、职业生涯开发系统等方法。外部招聘主要来源于企业外部巨大的劳动力和人才市场。其招聘方式主要有广告招聘、人员推荐、校园招聘、职业介绍机构介绍、招聘会、网络招聘等。

上述各种招聘方式各有优缺点，企业在具体实施时，应依据工作的类型、紧迫程度、地理区域限制及招聘成本等做综合权衡，选择合适的招聘方式。

（3）人员的甄选。甄选就是判断哪些候选人与空缺职位的要求相匹配，并在此基础上做出聘用决策。企业在招聘员工时所采用的甄选方式主要有两大类，即面试法和测评法。其通常需要进行的程序有：筛选材料；初次面试；实施各种测验；上级主管面试；应聘材料及相关证件核实、背景调查；相关部门提出录用建议；健康检查；录用，进入试用期。

人员甄选基本都通过笔试、面试、心理测试、无领导小组讨论等方法对应聘者的知识、能力、个性等因素进行评价，判断其是否胜任工作。

在运用各种测评方法对候选人的任职资格和对工作的胜任程度进行测量和评价后，下一步就是做好新员工录用工作。在做出录用决策过程中，要注意不要将录用标准设置得太高，要根据岗位要求有所侧重，而且确定初步录用的人选名单要多于实际录用的人数。

小知识 员工培训

员工培训是指一定组织为开展业务及培育人才的需要，采用各种方式对员工进行有目的、有计划的培养和训练的管理活动。

员工培训可以分为外部培训和内部培训两种途径：外部培训是让员工到企业外面参与一些相关的讲师开办的公开培训课程；内部培训是企业邀请相关讲师到企业进行调研，针对性地对企业员工进行培训，这是全面的内部培训，一般不对外公开。

员工培训按内容可以分为员工技能培训和员工素质培训：员工技能培训是企业针对岗位的需求，对员工进行的岗位能力培训；员工素质培训是企业对员工素质方面的要求，对员工的心理素质、工作态度、工作习惯等的素质培训。

1. 员工培训的控制目标

员工培训的控制目标是通过内部控制的实施，确定培训的需求，设置恰当的培训目标，通过培训方案的实施，使员工不断地更新知识、开拓技能，改进员工的动机、态度和行为，使企业能适应新的要求，更好地胜任现职工作或担负更高级别的职务，从而提高经营效率和效果，促进企业实现发展战略。

2. 员工培训的业务流程

员工培训的成本无论从费用、时间与精力上来说，都是不低的，所以必须精心设计与组织。要有效地做好这一工作，应把它视为一项系统工程，即采用一种系统的方法，使培训活动能符合企业的目标，让其中的每一个环节都能实现员工个人及其工作和企业本身三方面的优化。员工培训流程如图 4-4 所示。

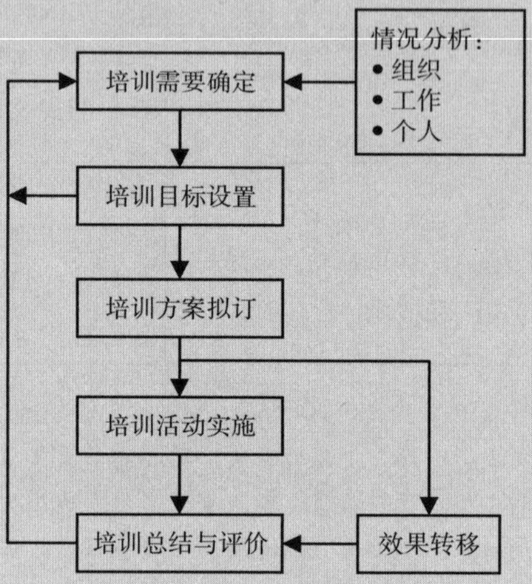

图 4-4 员工培训流程

（1）培训需要确定。确认工作行为或绩效差异的存在；培训需要分析；确认培训是否为最好的方法。

（2）培训目标设置。设置培训目标将为培训计划提供明确的方向和依循的架构。有了目标，才能确定培训对象、内容、时间、教师、方法等具体内容，并可在培训之后，对照此目标进行效果评估。培训目标主要分为几大类：技能培养、传授知识、转变态度、工作表现、绩效目标。

（3）培训方案拟订。培训目标的具体化与操作化。培训方案主要包括培训目标、培训项目、培训对象、培训机构和培训讲师、培训内容、培训教材和参考书、培训方式、培训设施、培训后勤保障、培训地点和时间、培训效果评估方案、培训的费用预算等。

（4）培训活动实施。包括培训的准备工作与培训的实施和控制。

（5）效果转移。将培训效果有效地转移到实际工作中。企业必须考虑公司总体目标、政策、组织架构、工作流程、方法、企业文化与培训所传授的理念相一致，并创造效果转移的条件，以帮助企业达到预期的目标。

（6）培训总结与评价。评估企业培训成果，主要包括对参与者、培训目标达成情况及培训效果的评估。

3. 员工培训的主要风险点

企业通过员工培训，不仅要满足企业发展对具有胜任能力的员工的需要，同时要促进企业经营业绩的提高，确保员工培训有关信息的真实可靠，确保员工培训遵守法律法规的要求，确保企业人力资源的安全，促进企业文化建设。为了营造一个良好的员工培训环境，保证培训政策的制定与执行能够实现企业与员工培训的目标，企业要关注由于培训政策不适当导致培训效果低下，以及由于培训政策执行不到位而产生的风险。例如，在培训政策执行过程中，如果培训目的不明确，就会导致企业培训无效果、培训对象不清晰；如果培训方法不当，就会导致企业培训效果低下等。

4. 员工培训的关键控制点

员工培训要遵循层次性、针对性、系统性及科学性的原则。为了保证员工培训效果，企业要对培训中各类风险进行控制，主要包括员工培训的政策控制和员工培训实施过程的控制。其关键控制点如下。

（1）培训需求的确定。不同的人员有不同的培训需求，企业需要针对不同的需求开展有针对性的培训，这样才会有好的效果。在调研需求方面，需要人力资源专业人员和各业务主管人员共同配合，深入各单位，对培训需求加以摸底、排查、引导、整理，发现真正的培训需求。

（2）培训内容的选择。针对调研出的培训需求，需要人力资源部门和各业务主管人员选择、确定有效的培训内容。重点关注培训的内容是否能解决培训的需求，因为现代社会信息量大，雷同的信息太多，需要认真地加以选择。

（3）培训方式的选择。不同的培训方式成本开支是不一样的，同时培训效果也不一样。一般来讲，外部培训的代价较高，而内部培训的代价较低。外部培训因为封闭性较好，一般培训效果也较好。内部培训因为在公司内部，参训人员容易受到干扰，一般效果不如外部培训。是选择外部培训还是内部培训，要求企业根据培训的对象、内容、经济性等方面加以比较分析。

（4）培训效果的评估。为了对培训有一个全面、正确的了解，以利于进一步提高，从内部控制来看，培训效果的评估是一个关键环节。通过培训效果的评估，可以发现企业在需求调研、内容选择、方式确定等方面是否达到预期目的。通过知识转移的评估，可以评价企业培训的实际效果，进行成本效益分析。一般而言，企业会重培训的形式而轻培训的内容，重培训的开展而轻效果的评估，这是我们应该力求避免的。

三、人力资源的使用

企业应当建立和完善人力资源的激励政策，设置科学的业绩考核指标体系，对各级管理人员和全体员工进行严格考核与评价，以此作为确定员工薪酬、职级调整和解除劳动合同等的重要依据，确保员工队伍处于持续优化状态。

（一）员工激励政策

1. 员工激励政策的控制目标

企业是否有能力保留一定数量既有能力又有责任心的员工，在很大程度上取决于其激励政策。激励政策的控制目标是，吸引优秀人才，开发员工的潜力，促进员工充分发挥其才能和智慧，留住优秀人才，造就良性的竞争环境，提高经营效率和效果，促进企业实现发展战略。

2. 员工激励政策的设计原则

（1）目标结合原则。在激励政策中，设置目标是一个关键环节。目标设置必须同时体现组织目标和员工需要的要求。

（2）物质激励和精神激励相结合的原则。物质激励是基础，精神激励是根本。在两者结合的基础上，逐步过渡到以精神激励为主。

（3）引导性原则。外激励措施只有转化为激励对象的自觉意愿，才能取得激励效果。因此，引导性原则是激励过程的内在要求。

（4）合理性原则。合理性原则包括两层含义：

1）激励的措施要适度。要根据所实现目标本身的价值大小确定适当的激励量。

2）奖惩要公平。

（5）明确性原则。明确性原则包括三层含义：

1）明确。激励的目的是需要做什么和必须怎么做。

2）公开。当分配奖金等大量员工关注的问题时，更为重要。

3）直观。当实施物质激励和精神激励时需要直观地表达它们的指标、奖励和惩罚的方式。直观性与激励影响的心理效应成正比。

（6）时效性原则。要把握激励的时机，“雪中送炭”和“雨后送伞”的效果是不一样的。激励越及时，越有利于将人们的激情推向高潮，使其创造力连续有效地发挥出来。

（7）正激励与负激励相结合的原则。正激励是对员工的符合组织目标的期望行为进行奖励。负激励是对员工违背组织目的的非期望行为进行惩罚。正负激励都是必要而有效的，不仅作用于当事人，而且间接地影响周围的人。

（8）按需激励原则。激励的起点是满足员工的需要，但员工的需要因人而异、因时而异，并且只有满足最迫切的需要（主导需要），其效价才高，其激励强度才大。因此，领导者必须进行深入调查研究，不断了解员工需要层次和需要结构的变化趋势，有针对性地采取激励措施，才能收到实效。

3. 员工激励的设计流程

（1）选择激励方式，根据内外部环境确定合适的激励方式。

（2）确定激励需求因素，通过调查了解并确定员工的激励需求。

（3）制订激励方案，设计并制订整体实施方案。

（4）实施激励并监控，实施方案并做好过程监控。

（5）激励效果评估，评估激励效果。

（6）结果反馈和调整，修正激励方案实施中出现的问题，适时调整方案。

4. 员工激励政策的主要风险点

员工激励政策的风险评估是企业确认和分析与其目标实现相关的激励政策风险的过程，是确定如何管理激励政策风险的基础。对于激励政策的风险主要表现在政策制定风险与政策执行风险两个方面。一般而言，员工激励的风险因素主要包括外部环境因素和内部管理因素，这些风险因素存在于激励政策的制定和执行的全过程。为了营造良好的人力资源内部控制环境，在激励政策的制定与执行过程中必须识别这些风险。

5. 员工激励政策的关键控制点

（1）设定激励目标。激励的最终目的在于实现企业的战略，激励目标要服从、服务于企业战略的要求。所设置的目标要有助于引导和鼓励员工的行为，使之符合企业的战略要求和组织目标。同时，由于人的注意力是有限的，设定的激励目标一般不宜超过三个到五个。超过则会使注意力分散，会有损于组织目标的实现。

（2）调查激励需求。激励是要按需激励的，不能采用“一刀切”的激励方式。调查员工的需求是激励活动的起点。企业要选择专业人员、设计专门的调查方案，深入了解员工的需求，分析哪些是真正的需求，哪些是表面的需求，哪些是最迫切的需求，哪些是无关紧要的需求。

（3）选择激励方式。激励方案的落脚点是选择激励方式。是选择正激励、负激励，还是选择物质激励、精神激励？物质激励是发现金、发商品，还是给予培训机会？不同的激励方式，其效果是不一样的。企业要结合激励需求的调查，选择最适合的激励方式。好的方式会事半功倍，不好的方式会事倍功半。

（4）选择激励时机。有的企业注重结果的控制，有的企业关注过程的控制，有的企业则两者兼有。那么在激励活动中，要使控制活动达到应有的目标，就必须对激励时机做出恰当的选择。是在结果出来后及时给予一次性激励，还是在过程中分阶段地予以激励，或是年底统一做出激励？这都是激励控制所必须关注的。

（5）确定激励力度。激励力度不是越大越好，要结合被激励事项的性质而定，要结合要实现目标的大小而定。同时，还要考虑成本效益原则。

（6）评估激励效果。激励实施之后，一定要及时评估激励所起的效果。总结激励方案中的各项内容是否满足要求，激励是否达到了引领趋向战略目标的目的。

（7）反馈激励结果。激励结果要及时同激励对象沟通，明确告知其激励的依据、目的和程序，让其理解激励的动因，从而产生激励所期望的行为。同时要倾听其对激励方案的意见和建议，修正方案中的问题，适时调整方案。

小知识　人力资源的激励与约束

（1）企业应当设置科学的业绩考核指标体系，对高级管理人员和中层以下员工的业绩进行考核与评价，以此作为确定员工薪酬、晋升、降级、辞退等的重要依据，切实做到严格考核，有奖有惩，强化对整体团队的激励与约束。

考核是指按照一定标准，采用科学的方法，检查和评定企业员工对职务所规定的职责的履行程度，以确定其工作成绩的一种有效的管理方法。简言之，它是指主管或相关人员对员工的工作系统的评价。考核是人力资源管理中的一项主要控制手段。员工在完成其工作职责和任务后，可以通过考核结果的即时反馈，了解到自己的工作状况，包括成绩、不足及有待改进的地方。考核的过程不仅可以促使员工改善现有的工作，还可以在考核过程中提高自身的专业素质。

考核内容一般应该涵盖员工的个人素质、工作态度、专业知识、工作能力、工作成果等。企业应当对试用期满的新聘员工的工作表现进行综合性考核，以作为其转正定级的依据。

企业对正式员工的考核可以分为年终考核和专项考核。年终考核是指企业于每年年初，对员工上一年度的工作情况进行全面综合的评价。年终考核可以具体分解到季度和月度考核。专项考核是指企业就某一具体项目对所属员工的品德、学识、能力、经验、工作业绩、项目质量等进行考核。年终考核和专项考核的结果应当作为员工薪酬水平以及职务晋升、评优、降级、调岗等的依据。

企业应建立顺畅的考核沟通渠道，及时与员工就考核结果进行充分沟通，并为员工职业发展提供咨询和指导。企业应当建立正式的人力资源考核记录制度，确保考核记录完整保存。

（2）企业应当制定与业绩考核挂钩的薪酬制度，切实做到薪酬安排与员工贡献相协调，体现效率优先、兼顾公平。

激励是控制员工素质的一个重要方面，可以激发员工内在的工作动力，激发他们努力工作，更好地去实现企业既定的目标和任务，更好地履行其工作职责。激励的方式有物质激励和精神激励。物质激励在企业的应用方式主要有增加薪酬、颁发奖品、奖金以及休假、疗养、旅游等福利待遇。精神激励的形式多样化，大到让员工参与企业管理，小到对员工嘘寒问暖，具体方式有榜样激励、目标激励、文化激励和参与激励等多种形式。在实施时要根据具体情况采取不同的激励方式，才能达到最合适的效果。

有条件的企业可以实行年金、股权激励等福利与激励计划。

企业应当根据有关法律法规、国家统一的会计准则的规定，准确确认、计量并发放员工薪酬，并对薪酬发放的真实性、合规性和准确性进行严格的审核，以防虚报冒领等行为。在发放薪酬的同时，企业应当向员工提供薪酬清单，供员工核对确认。

企业应当制定薪酬制度评价机制，及时对薪酬制度的合理性及其执行效果进行评价，并根据评价结果修订完善。

小知识　期权激励的内部控制

期权激励是股权激励的一种典型模式，是指上市公司授予激励对象在未来一定期限内以预先确定的价格和条件购买本公司一定数量股份的权利。激励对象以其获授的股票期权在规定的期间内以预先确定的价格和条件购买上市公司一定数量的股份，也可以放弃该种权利。在公司中进行的有关股票期权计划的尝试，能够更好地激励经营者，降低代理成本，改善治理结构。

期权激励的授予对象主要是公司的高级管理人员，这些员工在公司中的作用是举足轻重的，他们掌握着公司的日常决策和经营，因此是激励的重点；另外，技术骨干也是激励的主要对象。例如，授予高级管理人员一定数量的股票期权，高级管理人员可以以某事先约定的价格购买公司股票。显然，当公司股票价格高于授予期权所指定的价格时，高级管理人员行使期权购买股票，可以通过在指定价格购买，市场价格卖出，从而获利。由此，高级管理人员都会有动力提高公司内在价值，从而提高公司股价，并可以从中获得收益。

（1）期权激励的业务流程。

1）划分资产，确立持股比例。

2）员工意向调查（文件）可行性研究报告。

3）设计持股结构（文件）。

4）设计交易结构。

5）制定股权管理办法（文件）。

6）验资划款、股份转移。

7）重新工商注册登记。

（2）期权激励的控制目标。期权激励是一种长期激励，目的在于使高级管理人员利益和股东利益保持一致性，减少代理成本，可以在很大程度上缓解企业目前面临的成长极限问题，调整企业内部结构，释放组织潜能，从而突破管理瓶颈，完成企业的二次创业。实施期权激励还有助于解决企业用人难、留人难的问题，以股权吸引和挽留高级管理人员，推动企业长期发展。

期权激励的内部控制制度，其目标在于合理保证期权方案合法合规、激励资金来源适当、财务报告披露信息真实完整，提高管理层积极性，提高经营效率和效果，促进企业实现发展战略。

（3）期权激励的主要风险点。

1）道德风险。主要为“内部人控制”风险。我国上市公司“内部人控制”现象严重，所以当董事会制订激励计划、条件时，相当于自己制订激励自己的方案。

2）激励不足风险。如果上市公司高级管理人员对公司生产经营的控制权低，他们对公司成长的关心势必就少，激励就达不到期望值。

3）经营风险。不管是以权益结算还是以现金结算的股份支付，如果将其计入成本或费用，必然会影响到公司的当期损益，影响当年的每股收益，从而影响该股票在二级市场上的表现。

4）利润操作风险。考核指标是实施激励的条件。年净资产收益率是激励方案中最常使用的业绩考核指标，但该指标中可能包含非经常性损益及少数股东收益的影响，无法准确反映高级管理人员的经营水平，并且对该指标的人为操纵也加大了激励的风险。

（4）期权激励的关键控制点。在运用期权激励的思路上，要遵循增量激励，激励与约束结合，风险与收益对称，公司、股东、管理层利益一致，规范、审慎、渐进的原则。

在风险控制手段上，发挥股东控制、董事会控制、监事会控制、激励对象控制、制度控制、市场控制、社会公众监督的各自作用。在期权激励内部控制实践中，应把握好如下几个关键控制点。

1）激励对象的确定。激励对象包括公司的董事、监事、高级管理人员、核心技术（业务）人员，以及公司认为应当激励的其他员工，但独立董事，以及下列人员不得成为激励对象：

①最近三年内被证券交易所公开谴责或宣布为不适当人选的；

②最近三年内因重大违法违规行为被中国证监会予以行政处罚的；

③具有《中华人民共和国公司法》规定的不得担任公司董事、监事、高级管理人员情形的。期权激励计划经董事会审议通过后，监事会应当对激励对象名单予以核实，并将核实情况在股东大会上予以说明。

2）期权激励的数量、来源及占上市公司股本总额的百分比。期权激励的数量是激励对象最关心的内容之一。数量不足，则激励效果不明显；数量过大，则会对公司以后年度的损益产生较大负面影响。鉴于国家对这些方面都有明确的规定，要严格依照法律法规的规定进行操作。若分次实施的，每次拟授予的期权激励数量、来源及占上市公司股本总额的百分比等都要加以关注。

3）每一个授予对象的数量及占比。激励对象为董事、监事、高级管理人员的，其各自可获授的权益数量、占期权激励计划拟授予权益总量的百分比；其他激励对象（各自或按适当分类）可获授的权益数量及占期权激励计划拟授予权益总量的百分比。都是内部控制的关键点，用于保证期权激励的内部公平性，把好事办好，以免贫富不均，有损激励意义。

4）相应日期的选择。期权激励计划的有效期、授权日、可行权日、标的股票的禁售期等都会对激励效果产生直接影响。如果操作不当，就会引发法律风险或内幕操作等。同时，要关注各日期是自然形成的，避免倒签日期现象的发生。所以，要遵照相应的规定，如期权授权日与获授股票期权首次可以行权日之间的间隔不得少于一年。股票期权的有效期从授权日计算不得超过 10 年。上市公司在下列期间内不得向激励对象授予股票期权：

①定期报告公布前 30 日；

②重大交易或重大事项决定过程中至该事项公告后两个交易日；

③其他可能影响股价的重大事件发生之日起至公告后两个交易日。

5）股票期权的行权价格或行权价格的确定方法。行权价格直接决定着授予对象将来获益的多少，也决定着公司损益的影响数字。设定过低的行权价格，不利于授予对象努力工作，提升公司效益，有对授予对象利润输送之嫌。设定过高的行权价格，当授予对象预期很难达到行权条件时，就会放弃行权，失去了设计期权激励计划的意义。所以行权价格不应低于下列价格较高者：

①股权激励计划草案摘要公布前一个交易日的公司标的股票收盘价；

②股权激励计划草案摘要公布前 30 个交易日内的公司标的股票平均收盘价。

6）行权条件的设计。行权条件主要关注完善股权激励业绩考核体系，科学设置业绩指标和水平。考核指标要体现综合性，主要包括：反映股东回报和公司价值创造等综合性指标，如净资产收益率（ROE）、经济增加值（EVA）、每股收益等；反映公司盈利能力及市场价值等成长性指标，如净利润增长率、主营业务收入增长率、公司总市值增长率等；反映企业收益质量的指标，如主营业务利润占利润总额比重、现金营运指数等。

上市公司激励对象行使权利时的业绩目标水平，应结合上市公司所处行业特点和自身战略发展定位，在授予时业绩水平的基础上有所提高，不得低于公司同行业平均业绩水平和企业自己近几年的业绩水平。

7）确定适用的法律及合法性的控制。合法性是期权激励方案的前提，股权激励计划要依据《中华人民共和国公司法》、《中华人民共和国证券法》、《上市公司股权激励管理办法（试行）》和公司章程，以及其他相关法律法规和规范性文件的有关规定制定。如果是国有控股上市公司，还要遵守《关于规范国有控股上市公司实施股权激励制度有关问题的通知》（国资发分配〔2008〕171 号）。

（二）人力资源评估、绩效考核

评估环节是人力资源管理过程形成显示结果的环节。因此，企业应当定期对年度人力资源计划执行情况进行评估。通过年度评估总结人力资源管理的经验，分析存在的主要缺陷和不足，进而完善人力资源政策，促进企业整体团队充满生机和活力。这就是人力资源的评估目的。

绩效考核是一项系统工程，涉及公司的发展规划、战略目标体系及其目标责任体系、指标评价体系、评价标准、评价内容及评价方法等，其核心是促进企业管理水准的提高及综合实力的增强，实质是使员工个人的能力得以提升，并确保人尽其才，使人力资源的作用发挥到极致。绩效考核是收集、分析、传递有关个人在工作岗位上的工作行为、表现和工作结果等方面信息的过程，是检测产品结果和客户需求的满意程度。目前，国内许多企业实行的绩效考核，其实只是绩效管理中的一个环节。完整的绩效管理应当是一个循环流程，包括绩效目标制订、绩效辅导、绩效考核和绩效激励等内容。两者最大的不同在于，绩效考核是在年底对过去绩效情况的回顾，甚至有些公司是到了年底才匆忙制定了考核的标准、条款和权重，“针对的是点”；而绩效管理则是向前看，侧重过程，通常需要一年时间完成整个流程。

绩效考核的应用重点在薪酬和绩效的结合上。薪酬与绩效在人力资源管理中是两个密不可分的环节。在设定薪酬时，一般是将薪酬分解为固定工资和绩效工资，绩效工资正是通过绩效予以体现的，而对员工进行绩效考核也必须表现在薪酬上，否则绩效和薪酬就失去了激励的作用。

绩效考核的工作流程，是一个循环的工作过程，各自的主要工作事项如下所示。

（1）制订考核计划，分解战略目标至具体的任务和岗位上。

（2）选择考核工具，根据不同的岗位和职责选择不同的考核工具。

（3）选择、培训考评人，使考评人统一思想认识，并具备专业考核知识。

（4）确定时间、准备设施，定期与不定期相结合，准备材料和设备。

（5）绩效考核，各级考核者根据被考核者的实际工作表现对其展开评估。

（6）分析和评价，收集考核数据，与关键指标做比较、做评价。

（7）绩效结果反馈，将考核结果反馈给被考核者，制定改进措施。

（8）绩效结果应用，将考核结果与薪酬、激励、培训、晋升等挂钩。

1. 绩效考核的控制目标

通过指标的选择、目标的设置，发现公司或个人在绩效上的差距和优势，找出背后的原因，提出改进措施，结合晋升、培训等激励措施，惩罚不符合公司期望的行为，引导员工的行为符合公司的期望，提高企业的经营效率和效果，实现企业的战略目标。

2. 绩效考核的主要风险点

绩效考核风险主要是指绩效考核没有达到预期目标的可能性，包括绩效考核政策风险和绩效考核执行风险。其中，绩效考核政策风险主要包括缺乏系统的绩效考核政策、考核计划不当和考核方法不当而引起的诸多风险。绩效考核执行风险主要针对考核者的胜任能力不足、考核时间和设施不当、考核评估评价系统不健全、考评信息不对称及绩效考核结果应用不当而引起的风险。下面将重点介绍由于绩效考核政策不系统和绩效考核执行不当而引起的五种风险。

（1）战略调整积重难返。绩效考核给战略实施带来了一定的风险，然而在战略调整时，绩效考核会带来更长期的风险。

有一些企业在初创时的投资阶段，以开拓市场、扩大市场占有率为主导战略，一定程度上采用订单最大化的标准考核绩效。随着企业的发展，必须调整战略，以销售利润率为主要考核标准，但实施下来，不仅销售利润率没有提高，订单也急剧萎缩。调查结果表明，原来业绩很好的营销人员根本无法完成新的战略目标。经过仔细分析发现，考核的内在机制和长期的强化功能带来的经营行为习惯难以改变，营销人员习惯抓订单，而不习惯抓利润。所以为实施早期战略的有效考核，这时就会给战略调整留下风险。

由此可见，持续考核使个人和组织的行为被强化和固化，形成习惯，在战略调整时，要改变习惯，不仅需要相当长的时间，而且有时无法改变。因此，这就要求在考核体系建立时，许多要素都必须根据未来的战略转移进行取舍。

（2）优秀人才的流失。有一个夸张的表述：现在绝大多数组织利用现有的考核体系都不可能留住爱因斯坦。不可否认，一个组织中的优秀人才只占全体员工的20%，这是被麦肯锡管理咨询公司总结的“二八法则”所证明的。优秀人才的特征就是他的观念比常人超前，他的技能比别人多或强，他的效率比大多数人高，他的目标甚至比组织要远大，他的欲望在多数团队里无法满足。这时所谓公正的考核有可能适合多数人，但是对他则是一种伤害。因为所有考核的评价方式不外乎三种：独裁式——某个上级全权决定；指标式（也称科学计算式）——多数人能达到的指标，统计计算，给出总分；投票式——同事、客户、专家、公众等进行评价和打分。这三种方式常常都不能正确评价优秀人才，所以考核容易使优秀人才离开组织。

（3）分工、合作混乱。绩效考核体系内最让管理者两难的业务是职能、责任的划分和相关绩效指标的确定。现代化大生产的基础是分工合作。在统一的考核体系中，岗位说明书要求严格的分工界限，避免职能和责任的混淆，而关键绩效指标在团队中又必须相容。

例如，在报社，广告部和编辑部之间由于这个原因，常常导致分工和合作混乱的风险。广告部全面负责广告的收入，编辑部全面负责版面。但是广告是登在报纸上的，广告部提供客户的样本必须符合报纸版面的要求；编辑部组稿时，在自认为符合版面要求的情况下，必须满足广告部的需要。在设置考核指标过程中，开始两个部门分别设置广告收入和版面读者满意度指标，两个部门争版面、相互不顾对方的需要。广告收入是广告部的职责，编辑部不管，经常拆掉广告，造成广告业主的不满。后来为了协调工作，对这两个指标双方都有一定的分值，让这两个指标与两个部门相关联，这时又出现了编辑部也和广告客户联系起来，使报社出现多窗口对外，由此造成职能、责任的混乱。

绩效考核导致的这种混乱是经常发生的，因此组织在实施考核的每个要素时都必须考虑这个风险。

（4）效率下降。任何一套绩效考核体系不可能对员工的所有能力、所有行为、所有成果都纳入进去。因此组织对考核的范围、标准、信息来源都有一个取舍过程。有一些组织设置多项指标，每项 2～3 分，常常从年初到年末都出不了结果，使得发放工资延迟，新一年的工作计划推后。还有一些企业在长期的工作过程中，需要员工做非常复杂的记录和填写大量的表格，作为考核的依据，常常出现重考核、轻业务的现象。结果不仅没有提高效率，反而降低了效率。

（5）与法律、道德相冲突。在中国，一些企业由于考核产生的法律风险，最常见的是组织"劳动合同"的违约：有的劳动合同期限是 3～5 年甚至更长，而考核是一年修改一次；有的考核方式和结构化的考核工具直接与劳动合同发生冲突，如"末位淘汰制"常常不符合劳动合同的条款；考核中打分的"积极性、主动性等"软性指标在劳动合同中无法作为辞退职工的法律依据；当装备的差异和个人能力的差异难以辨析时，个人绩效的考核所带来的法律风险。

考核的道德风险在组织中更加常见。较大的风险有如下几个方面：

1）直接上司考核有埋没人才的风险，几乎没有顶头上司愿意提拔直接部下超过自己。

2）个人的恩怨、偏见、价值观都会使考核扭曲。

3）在指标完成不了时，利用手中的资源做其他业务。

4）考核的一些独立标准引发内部不正当竞争，协调陷入困境，相互拆台。

5）大量的考核只注重结果而忽视过程，这就带来了"不择手段"的风险。

3. 绩效考核的关键控制点

绩效考核有很多风险，和投资一样，这些风险是随着绩效考核的收益而产生，由绩效考核的本质特征所决定的。对于绩效考核引起的风险虽然无法消除但是可以降低。为了在企业中形成良好的控制环境，规避绩效考核可能发生的风险，绩效考核应遵循一定的政策和程序，针对风险采取相应的控制措施。绩效考核的控制活动主要包括对绩效考核政策的控制和对绩效考核执行过程的控制。其关键控制点如下。

（1）绩效考核目标的选择。这包括考核指标、目标值（参考标准值）等。因为不同的考核指标引导企业向不同的方向前进，所以考核指标要结合企业的战略，要有利于企业战略的实现。同时，指标数量不能太多，否则员工难以执行。目标值的选择要适合企业的现状，要体现循序渐进的原则，是通过努力能达到的。

（2）绩效考核工具的选择。考核工具是实现考核目的的重要手段。不同的考核工具代表不同的考核方向。考核工具一定要适合企业目前的发展状态，是企业可以控制的。

（3）选择和培训考核者。考核者是实施考核方案的最主要责任者，考核的成败系于一身。

1）要求考核者要有正确的认识。考核者要充分明白公司考核的目的和意义，对绩效考核工作要有热情。

2）要求考核者要能公正处事，坚持原则，不徇私情，不存偏见。

3）要求考核者要具有充分的绩效考核知识，对企业、行业、竞争状况等都要有较为全面的了解。

（4）绩效考核结果的分析和评价。通过挖掘绩效考核数字背后的原因，找到影响和制约绩效考核结果的根本因素，并通过相应的分析做出完整而深刻的评价，是绩效考核的重要目标之一，同时也是绩效考核的难点之一。

（5）绩效考核结果的反馈。考核者将绩效考核结果反馈给考核对象。尤其是面对面的绩效面谈，是考核者和考核对象直接主管的很重要的工作。只有让考核对象了解原因，认可结果，主动思考和行动，绩效考核才能真正起到激励的作用。

（6）绩效考核结果的运用。将考核结果与薪酬、激励、培训、晋升等挂钩，是关键之处。但如何运用、怎么挂钩，是控制的关键之处和难点所在。只有考核、没有运用，等于没有考核，甚至不如没有考核，没有考核至少不会劳民伤财。

小知识　**人才测评的控制目标**

人才测评是指通过一系列科学的手段和方法对人的基本素质及其绩效进行测量和评定的活动。人才测评的具体对象不是抽象的人，而是作为个体存在的人，其内在素质及其表现出的绩效。人才测评的方法包含在概念自身中，即人才测量和人才评价。人才测评的主要工作是通过各种方法对测评对象加以了解，从而为企业的人力资源管理决策提供参考和依据。其类型主要有选拔性测评、开发性测评、诊断性测评、考核性测评四种方式。

1. 人才测评的控制目标

人才测评，简单来说，就是对人才某些特质的测量加评价。所以控制目标有两个方面：一方面，就是要做到对某种特质的准确定量描述，做到科学、客观、标准。另一方面，就是要做到按一定的社会标准对测评对象进行正确的评判，使公司能够正确全面地把握测评对象的特质。这种特质是否适合公司、个人的发展？是需要加以发扬光大，还是要逐步改变？

2. 人才测评的流程

企业对人才进行测评，必须经过准备、实施、数据调整和处理，以及测评结果的分析，最后得到一定的结论等一系列工作。任何阶段的工作质量均影响着测评效果。人才测评的流程如图 4-5 所示。

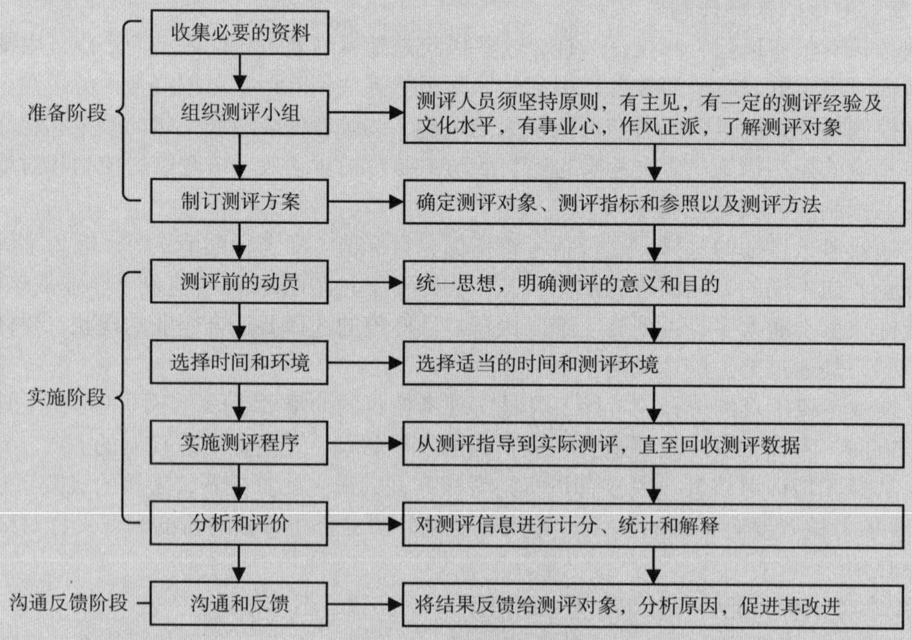

图 4-5　人才测评的流程

3. 人才测评的主要风险点

人才测评风险主要是指其测评没有达到预期目标，包括人才测评政策风险和人才测评执行风险。其中，人才测评政策风险主要包括缺乏系统的测评政策、测评目的不明确以及测评工作和方法不恰当。测评工作和方法不恰当又包括测评工作适用范围和功能与测评目标不符、测评工具超出预期测评目标、测评指标不全导致测评目标不能完全实现、测试题的格式和用词及测评程序不当等。对于人才测评执行中存在的风险，主要基于未能进行良好的组织动员、测评时间和环境不当、测评程序安排不当、考核者的偏见等几点。

4. 人才测评的关键控制点

为了形成良好的控制环境、规避人才测评可能发生的风险，人才测评应遵循一定的政策和程序，针对风险采取相应的控制措施，从而降低风险对人才测评结果的影响。

（1）人才测评的政策控制。在制定人才测评政策时，要综合考虑到所处的行业性质、技术特点、组织规模以及与组织利益相关的一些信息。其制定原则：要确保公正客观、科学标准化、可行性与实用性相结合的原则，要制定系统的人才测评政策；要明确人才测评目的和测评对象，选择合适的测评工具和测评方法。

（2）测评小组的组织。由于测评者对测评对象的评判有很多主观因素，或者说艺术的成分多于技术的成分，所以要求测评者有相应的经验和技能，能坚持原则，同时要了解测评对象。特别要刻意消除测评过程中的偏见现象，不能让先入为主的印象、一见钟情的晕轮效应等干扰测评者的判断。

（3）测评方案的制订。测评方案用以确定测评对象、测评指标、参照标准以及测评方法，是测评的基本依据。测评方案的正确与否，直接决定测评结果的正确与否。

（4）测评前的动员。测评要求测评者要积极主动、认真地对待测评，同时要求测评对象积极主动地配合、认真慎重地对待测评，否则很可能出现双方不能有效配合、对测评内容不理解等现象，造成测评结果的极大偏差。所以在实际执行测评前，一定要对测评者和测评对象加以动员和培训，让大家充分理解测评的目标和用意。

小知识

员工薪酬的内部控制

薪酬是报酬的一部分，是员工作为雇佣关系中的一方所得到的各种货币收入，以及各种具体的服务和福利之和。

薪酬可分为直接薪酬和间接薪酬，直接薪酬包括基本薪酬和可变薪酬，间接薪酬即福利和服务。

1. 制定薪酬政策的原则

（1）战略导向原则。制定、健全薪酬政策时要围绕企业的战略。

（2）竞争性原则。在社会上和人才市场中，企业的薪酬水平要有吸引力，才足以战胜其他企业，招到所需人才。

（3）激励性原则。要在内部各类、各级职务的薪酬水平上，适当拉开差距，真正体现按贡献分配的原则。

（4）经济性原则。提高企业的薪酬水平，固然可提高其竞争性与激励性，但同时不可避免地导致人力成本的上升，所以薪酬制度不能不受经济性的制约。

（5）公平性原则。薪酬的公平性分外部公平性、内部公平性、个人公平性。

（6）团队性原则。在协作性的企业中，基于团队的奖励对组织提升绩效具有十分重要的作用，人们已经意识到只有团队协作，自己才能获益。因此，企业有必要建立团队奖励计划。

（7）合法性原则。我国目前有关各类员工权益保护的正式法律和法规已越来越多，如对妇女、儿童、残疾人的特殊保护。随着法制的日趋完备，这类法律必然日益增多，这些法律法规是企业在制定薪酬政策时必须遵守的。

2. 薪酬政策的设计流程

制定健全合理的薪酬政策，是人力资源管理中的一项重大决策，这就需要有一套完整而正规的程序来保证其质量。薪酬政策的设计流程如下。

（1）拟定薪酬原则和策略，确定价值判断。

（2）岗位设计与职务分析，是薪酬政策建立的依据。由此绘制岗位结构图，形成具体的岗位说明书。

（3）职务评价，评估岗位价值，确定岗位等级。

（4）薪酬结构设计，确保企业合理控制成本，帮助企业有效激励员工。

（5）薪酬调查及分析，采集、分析本地区、本行业，尤其是主要竞争对手的工资状况。

（6）工资分级和定薪，确定工资结构线，将众多类型的职务工资归并组合成若干等级，形成工资登记系列。

（7）薪酬政策的实施、控制和调整，确保投入正常运作并对之实行适当的控制与管理，使其发挥应有的功能。

3. 薪酬政策的控制目标

薪酬政策控制是员工薪酬政策实施内部控制的基础。好的薪酬政策能够反映员工的工作绩效，促进员工工作数量和质量的提高，保护和激励员工的劳动积极性，吸引并留住好的员工，确保执行公司政策的员工具有正直品行和胜任能力。薪酬政策的控制目标是：以企业可以承受的、具有竞争优势的薪酬标准，吸引和留住人才，建立适当的公平性，激励各层级人员努力提高对企业的贡献水平，合理保证企业经营管理合法合规，提高经营效率和效果，促进企业实现发展战略。

4. 薪酬政策的主要风险点

风险评估是企业及时识别、系统分析经营活动中与实现内部控制目标相关的风险，并合理确定风险应对策略。与薪酬政策相关的有战略研究风险、岗位分析风险、岗位评价风险、薪酬调查风险、薪酬定位风险、薪酬结构设计风险、薪酬体系实施和调整风险、薪酬政策执行的道德风险等。一般而言，影响薪酬政策目标实现的风险因素主要包括外部环境因素和内部管理因素。以上这些风险因素均存在于薪酬政策的制定和执行过程中。为了营造良好的人力资源内部控制环境，在薪酬政策的制定和执行过程中，必须识别这些风险。

5. 薪酬政策的关键控制点

薪酬政策控制活动是企业根据风险评估结果，采用相应的控制措施，将风险控制在可承受度之内。与薪酬政策相关的控制主要包括制定科学合理的薪酬策略、合理运用岗位分析方法、建立岗位评价机制、制定科学的薪酬调查流程、定位准确的企业薪酬、制定科学的薪酬结构、建立员工薪酬管理风险预警体系、建立风险责任机制等。其关键控制点如下。

（1）外部公平性的设定。企业要想在吸引和留住人才方面取得竞争优势，其薪酬最起码要保持外部的公平性，即和社会上的类似企业保持可比性或一致性。企业要有社会薪酬水平调查机制，根据企业的承受能力和企业的薪酬定位目标，通过和社会水平的对比，形成自己的薪酬结构。企业要建立薪酬总水平的控制目标，可以让薪酬水平和企业利润、收入等保持一定的比例关系。

（2）内部公平性的建立。内部公平比外部公平让员工感受得更明显，企业要力求薪酬设计的内部公平性。关键控制点包括职务分析、评估岗位价值等方面。通过职务分析，做好岗位的设计和职责的分配。评估不同岗位的价值，是内部公平性的关键和最难点。企业要运用专门的技术，建立岗位价值的评估模型，让不同的岗位有相对的可比性。

（3）收入的差距与岗位价值评估的对应。薪酬制度的目的之一就是激励员工，激发斗志，鼓励员工通过技能、知识、意愿等的提高而提高薪酬水平。收入的差距要反映岗位价值的评估结果，体现薪酬制度的激励性。

（4）遵守相应的法律、法规的要求。现代社会关于劳动者的权益保护的法律、法规越来越多，对劳动者的保护也越来越全面。企业必须严格遵守相应的规定，对员工的社保、劳动保护、医疗、失业、生育、工伤、住房公积金、加班等方面的权力给予相应的支持。同时，企业要转变观念，那种靠压榨劳动者、获取廉价劳动力的时代已经一去不复返。

（5）薪酬增长机制的控制。为保证劳动者有体面、有尊严的生活，企业有义务保证劳动者的实际工资水平保持上涨。这实际上是国家（收税）、股东（分红）、员工（薪酬）三者关系的平衡。企业可按两个“不高于”的原则实施内部控制，即企业工资总额增长幅度不高于本企业经济效益增长幅度，职工平均工资增长幅度不高于本企业劳动生产率增长幅度。同时，工资的增长幅度原则上也不宜低于CPI的增长幅度。

（6）薪酬计算的关键控制点。薪酬的计算分为两种类型：计时工资制和计件工资制。

计时工资制是按照工作时间发放薪酬的方式，包括基本工资、绩效工资和年度奖励及福利等。基本工资的关键控制点，一是工资标准的确定，二是实际工作时间的确定。必须严格地按照编制定员和业务技术标准，为实行计时工资制的每个职工确定岗位、职务或者评定技术（业务）等级，建立健全考勤制度，对职工的实际工作时间进行严格的监督与统计。同时，还应对职工的技术（业务）水平进行考核，根据考核结果，在支付计时工资时做到奖优罚劣、奖勤罚懒，以更好地体现按劳分配原则。绩效工资和年度奖励要按公司的制度规定，进行考核和核算，以体现全面的贡献。实际工作时间的确定则要求建立考勤制度，对于工时进行计量。

计件工资制是按照生产的合格产品的数量或完成的一定作业量，根据一定的计件单价计算劳动报酬的一种工资形式。它的关键控制点由工作物等级、劳动定额和计件单价所组成。工作物等级是根据某种工作物的技术复杂程度、劳动繁重程度、责任大小和不同的生产设备状况划分的等级。它按照技术等级标准的要求，规定从事该工作的工人所应达到的技术等级。它是确定劳动定额水平、计算计件单价和合理安排劳动力的科学依据。工作物等级确定以后，一般不宜变动。但是在工人技术等级标准做了修订，生产设备、工艺操作和技术条件起了变化的时候，有关的工作物等级也应该进行调整。劳动定额分产量定额和工时定额。产量定额就是在单位时间内应该生产的合格产品的数量。工时定额就是在一定条件下，完成某一产品所必须消耗的劳动时间。劳动定额是考核和衡量工人生产效率的尺度，也是合理组织劳动和计算劳动报酬的依据，是实行计件工资的关键。计件单价就是完成某种产品的单位产量的工资支付标准。

同时，企业要加强企业基础管理工作，建立健全各项规章制度。在生产组织方面要完善材料的保管、发放、运输制度；在劳动组织方面，要完善编制定员制度；在管理制度方面，要完善劳动定额管理制度、原材料的消耗定额管理制度、收发保存制度、各种原始记录和统计制度、质量检验制度、设备保养与检查制度，以及安全操作规程、工艺规程的管理等。在生产条件和技术、设备水平发生重大变化时，要及时修订各项定额标准，建立定期检查和修订定额的制度。

四、人力资源的退出

（一）建立退出机制

企业应当按照有关法律法规，结合企业实际，建立健全员工退出（辞职、解除劳动合同、退休等）机制，明确退出条件和程序，确保员工退出机制得到有效实施。

人力资源只进不出就会造成滞胀，严重影响企业的有效运行。实施人力资源退出机制，可以保证企业人力资源团队的精干、高效和富有活力。通过自愿离职、再次创业、待命停职、提前退休、离岗转岗等途径，可以实现不适于企业战略或流程的员工直接或间接地退出，让更优秀的人员充实相应的岗位，真正做到“能上能下、能进能出”，实现人力资源的优化配置和战略目标。

（二）解除劳动合同

企业对考核不能胜任岗位要求的员工，应当及时暂停其工作，安排再培训，或调整工作岗位、安排转岗培训。仍不能满足岗位职责要求的，应当按照规定的权限和程序解除劳动合同。

人力资源的退出必须以科学的绩效考核机制为前提，出于对员工负责，根据企业需要应安排再培训、调整工作或转岗培训。这也是企业对社会负责的具体表现。同时，还需要相关的环境支撑。

（1）要在观念上将人员退出机制纳入人力资源管理系统和企业文化之中，使人力资源退出从计划到操作成为可能，同时获得员工的理解与支持。

（2）要建立科学合理的人力资源退出标准，使人力资源退出机制程序化、公开化，有效消除人力资源退出可能造成的不良影响。

（3）人力资源退出一定要建立在遵守法律法规的基础上，严格按照法律规定进行操作。一方面，退出方法要根据相关法律的规定制定，要有书面材料记录员工相关行为，使员工退出具有充分证据；另一方面，在实施退出时，要注意和劳动部门做好沟通，并按《中华人民共和国劳动法》规定，给予退出员工相应补偿金额。

（三）工作交接

企业关键岗位人员离职前，应当根据有关法律法规的规定，进行工作交接和离任审计。

企业领导人尤其是国有企业领导人离任，需要进行离任审计，这是国家法律法规的一贯要求。实际上，企业关键岗位人员即使不离职，也应进行任职经济责任审计，大多数企业也是这样做的。

（四）保守企业秘密

企业与退出员工依法约定保守关键技术、商业秘密、国家机密和竞业限制的期限，确保知识产权、商业秘密和国家机密的安全。

这是控制企业知识产权和商业秘密安全风险的重要举措。企业要进行事前控制，在企业员工的聘用合同中就应该明确这方面的条款。

小知识　员工离职的内部控制

员工离职是员工和老板之间结束雇佣关系，员工离开原公司的行为。

员工离职是员工流动的一种重要方式，对企业人力资源的合理配置具有重要作用，但过高的员工离职率会影响企业的持续发展。

1. 员工离职的流程

员工离职的流程如图 4-6 所示。

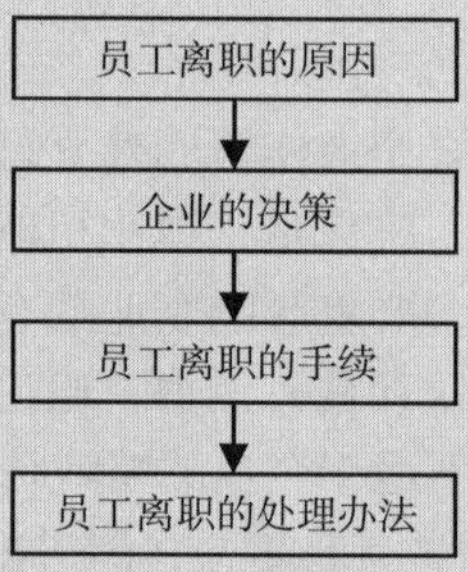

图 4-6　员工离职的流程

其中，员工离职又有广义与狭义之分。从广义上看，员工离职分为两类，即自愿性离职和非自愿性离职，如表 4-4 所示。

表 4-4　员工离职的种类

离职种类	离职类型	说　明
自愿离职	员工辞职	员工主动离开原公司
	退休	对符合法定退休条件的员工的一种福利待遇，在正常环境下，其数量和比例具有可预期性，其发生对于企业更新员工年龄结构具有正面价值
非自愿离职	辞退员工	企业辞退员工往往是对行为严重违反企业规定或者无法达到工作岗位要求的员工的惩罚，这部分离职由于其惩罚性，在离职整体中只占极少部分
	集体性裁员	发生在企业经营出现严重困难，只能通过裁员降低成本，是一种偶发行为，一般在离职分析中不予考虑

从狭义上看，员工离职又可以分为正常辞退、违纪辞退、除名、辞职、劳动关系自然终止、退休等六种。

离职员工也是企业的人力资源，要善于利用这笔资源。

企业需要真正关注的是对员工辞职的管理。辞职也可以分为两种情况：一种是企业认为不符合企业文化或企业内竞争的要求，在企业内部绩效评定中被列入淘汰行列的员工，企业往往通过较低的加薪、缓慢的升迁等制度或方式暗示员工主动辞职，从而规避给付员工经济赔偿金。另一种才是真正意义上的企业内部人才流失，即那些有利于企业运营和成长，属于企业留才范围中的员工的离职。

一般来说，员工离职的原因有三个。

（1）外部因素：社会价值观、经济、法律、交通以及人才市场竞争对手因素。

（2）组织内部因素：薪资福利不佳、不满上司领导风格、缺乏升迁发展机会、工作负荷过重压力大、不受重视无法发挥才能等。

（3）个人因素：家庭因素、人格特质、职业属性以及个人成就动机因素。

离职的利弊分析如下：

（1）益处。其他性质的离职，如竞争淘汰、退休和辞退等，虽然会在短期内构成一部分离职重置成本，但从长期来看，能够促进企业优化人员年龄结构、知识结构和个性结构，从而推动企业长期的营业利润增长。因此，对应不同性质的离职，必须区别对待，进而得到合适的管理结论。

（2）弊端。离职带来的人才流失对于企业的运营具有直接的负面影响。企业为了填补员工离职造成的岗位空缺，不得不重新发布招募广告、筛选候选人、录用安置新员工、安排对新员工上岗前的培训。这些费用都构成离职重置成本。离职重置成本往往还包括员工离职前三心二意给工作造成的生产率损失，离职发生到新员工上岗前岗位空缺的效率损失，为培训新员工以及新员工和其他员工工作磨合造成的损失，员工离职造成的组织知识结构不完整对生产率的影响，以及员工离职在员工中造成的人心动荡的效率损失等。人才流失无论从短期还是长期都对企业经营没有任何益处，人才流失造成的离职重置成本会侵蚀企业营业利润，造成企业营业利润下降。

2. 员工离职的主要风险点

针对员工为什么选择离职，已经有了相当多的数据分析，不仅包含职业发展，以及由此带来的薪酬变化等这些能够实际评估的原因，还存在一些隐性因素，如与直线经理的关系、企业文化等因素。在相关机构，都能找到非常详尽的数据分析。但是不同类型的员工离职对企业的影响是不同的。为了营造良好的人力资源内部控制环境，在员工离职政策的制定和执行过程中，要注意可能存在的以下风险。

（1）关键技术或商业秘密泄露。在企业中掌握关键技术的人才跳槽，会将企业的关键技术带走；或者离职员工手上掌握着企业的商业秘密，如果帮助竞争对手，将对企业的业务造成冲击。

（2）客户流失。与企业客户直接打交道的销售人员，尤其是销售经理，掌握客户的第一手资料，与客户保持良好的交往，甚至与客户的关系非常密切。这些员工离开企业时，经常会带走一批或大部分客户，甚至将客户带给竞争对手，使企业失去客户和市场。

（3）岗位空缺。员工主动离职的直接后果就是岗位空缺，关键岗位的空缺会使企业无法正常运转，高层管理人员离职后的空位成本会更高。

（4）集体跳槽。集体跳槽的情况自20世纪90年代以来就在我国屡见不鲜。在企业中关键人才往往在员工中具有较大的影响力和感召力，甚至有一批忠实的追随着。因此，经常发生的情况是，某位关键人物如总经理或部门经理的离开会带走一批员工，结果可能使企业瘫痪。

（5）人心动摇。企业一旦发生员工离职，特别是关键岗位员工或管理人员离职，势必对未离职的员工产生负面影响，某些影响力大的员工离职事件会造成群体心理动荡，减弱组织的向心力、凝聚力，动摇员工对企业发展的信心。

3. 员工离职的关键控制点

虽然恰当的人力资源管理可以增加人们对组织内部的心理预期和产生良好态度，但是，当人们对外部的心理预期远大于对内部的预期时，许多人仍可能选择离开。这时，企业的留人措施能否真正留得住人才，更多地取决于人才市场的供需状况，以及企业间的相互作用。面对越来越活跃的离职行为，企业管理者所持有的态度愈加成熟和客观。一方面，人们已经普遍认识到人才流动是社会和企业人力资源配置的重要形式，它可以调整人才构成比例、优化群体结构、保持人力资源队伍的活力；另一方面，对于造成企业人才流失的离职，可以有针对性地采取一些管理策略，将流失风险限制在可接受的范围内，避免风险事故发生或将风险事故发生的概率降至最低。以下针对员工离职给企业可能带来的风险，提出员工主动离职的关键控制点。

（1）建立研发与技术团队，让关键技术或商业秘密为企业所有，而不是个人所有。在可能的情况下不要过分依赖某一个或少数几个技术人员或工程师。如果是多人共同发明的技术，申请专利时应将参加人员的名字都尽可能多地写上去，使专利权为大家所拥有。

（2）对关键人才签订“竞业禁止”协定。竞业禁止也称竞业限制。它的主要内容是指企业的职工（尤其是高级职工）在其任职期间不得兼职于竞争企业或兼营竞争性业务，在其离职后的特定时期或地区内也不得从业于竞争企业或进行竞争性营业活动。竞业禁止制度的一个重要目的就是为了保护雇主或企业的商业秘密不为雇员所侵犯。人才的异常流动常常会带来企业的阵痛，因此未雨绸缪，利用法律手段尽量降低此类风险就显得尤为重要。

（3）实施干部储备制度，平时注意培养有潜力的管理岗位接班人。减少和防止员工主动离职给企业带来的伤害和员工短缺成本。可以在业绩评价体系中增加一项“人才备用”指标，检测如果此人离开，他的工作将由何人接替。如果没有合适人选，说明这样的管理者其实是不称职的，这就要求管理者在一些关键会议、重要的交际场合等带着一些比较有潜质的下属参加，让下属充分掌握相关信息和资源，培养他的独立工作能力，这样可以保证管理岗位后继有人。

（4）做好离职面谈。就离职事件与员工进行积极的沟通，了解其离开企业的原因，以利于企业在工作中改进和提高。同时，鼓励未离职的员工努力工作，让他们对前景充满信心。创建良好的企业沟通关系，创造一种保持发展及激情的内部环境。

法律依据

内部控制应用指引第 3 号——人力资源

第一章　总　则

第一条　为了促进企业加强人力资源建设，充分发挥人力资源对实现企业发展战略的重要作用，根据有关法律法规和《内部控制基本规范》，制定本指引。

第二条　本指引所称人力资源，是指企业组织生产经营活动而录（任）用的各种人员，包括董事、监事、高级管理人员和全体员工。

第三条　企业人力资源管理至少应当关注下列风险：

（一）人力资源缺乏或过剩、结构不合理、开发机制不健全，可能导致企业发展战略难以实现。

（二）人力资源激励约束制度不合理、关键岗位人员管理不完善，可能导致人才流失、经营效率低下或关键技术、商业秘密和国家机密泄露。

（三）人力资源退出机制不当，可能导致法律诉讼或企业声誉受损。

第四条　企业应当重视人力资源建设，根据发展战略，结合人力资源现状和未来需求预测，建立人力资源发展目标，制定人力资源总体规划和能力框架体系，优化人力资源整体布局，明确人力资源的引进、开发、使用、培养、考核、激励、退出等管理要求，实现人力资源的合理配置，全面提升企业核心竞争力。

第二章　人力资源的引进与开发

第五条　企业应当根据人力资源总体规划，结合生产经营实际需要，制订年度人力资源需求计划，完善人力资源引进制度，规范工作流程，按照计划、制度和程序组织人力资源引进工作。

第六条　企业应当根据人力资源能力框架要求，明确各岗位的职责权限、任职条件和工作要求，遵循德才兼备、以德为先和公开、公平、公正的原则，通过公开招聘、竞争上岗等多种方式选聘优秀人才，重点关注选聘对象的价值取向和责任意识。

企业选拔高级管理人员和聘用中层及以下员工，应当切实做到因事设岗、以岗选人，避免因人设事或设岗，确保选聘人员能够胜任岗位职责要求。

企业选聘人员应当实行岗位回避制度。

第七条 企业确定选聘人员后，应当依法签订劳动合同，建立劳动用工关系。

企业对于在产品技术、市场、管理等方面掌握或涉及关键技术、知识产权、商业秘密或国家机密的工作岗位，应当与该岗位员工签订有关岗位保密协议，明确保密义务。

第八条 企业应当建立选聘人员试用期和岗前培训制度，对试用人员进行严格考察，促进选聘员工全面了解岗位职责，掌握岗位基本技能，适应工作要求。试用期满考核合格后，方可正式上岗；试用期满考核不合格者，应当及时解除劳动关系。

第九条 企业应当重视人力资源开发工作，建立员工培训长效机制，营造尊重知识、尊重人才和关心员工职业发展的文化氛围，加强后备人才队伍建设，促进全体员工的知识、技能持续更新，不断提升员工的服务效能。

第三章 人力资源的使用与退出

第十条 企业应当建立和完善人力资源的激励约束机制，设置科学的业绩考核指标体系，对各级管理人员和全体员工进行严格考核与评价，以此作为确定员工薪酬、职级调整和解除劳动合同等的重要依据，确保员工队伍处于持续优化状态。

第十一条 企业应当制定与业绩考核挂钩的薪酬制度，切实做到薪酬安排与员工贡献相协调，体现效率优先，兼顾公平。

第十二条 企业应当制定各级管理人员和关键岗位员工定期轮岗制度，明确轮岗范围、轮岗周期、轮岗方式等，形成相关岗位员工的有序持续流动，全面提升员工素质。

第十三条 企业应当按照有关法律法规规定，结合企业实际，建立健全员工退出（辞职、解除劳动合同、退休等）机制，明确退出的条件和程序，确保员工退出机制得到有效实施。

企业对考核不能胜任岗位要求的员工，应当及时暂停其工作，安排再培训，或调整工作岗位，安排转岗培训；仍不能满足岗位职责要求的，应当按照规定的权限和程序解除劳动合同。

企业应当与退出员工依法约定保守关键技术、商业秘密、国家机密和竞业限制的期限，确保知识产权、商业秘密和国家机密的安全。

企业关键岗位人员离职前，应当根据有关法律法规的规定进行工作交接或离任审计。

第十四条 企业应当定期对年度人力资源计划执行情况进行评估，总结人力资源管理经验，分析存在的主要缺陷和不足，完善人力资源政策，促进企业整体团队充满生机和活力。

第五章

企业文化建设方面的内部控制

第一节　综合知识

企业文化是指企业在生产经营实践中逐步形成的、为整体团队所认同并遵守的价值观、经营理念和企业精神，以及在此基础上形成的行为规范的总称。

企业文化对企业发展具有极其重要的作用。企业有了积极向上的优秀文化，就会重视创新、尊重知识、尊重人才、赢得客户、打响品牌，终成“百年老店”；反之，企业缺乏优秀的文化，就像一个没有个性和创业激情的人，终将在市场竞争中湮没沉沦，失去竞争力，被市场所唾弃。

一、内部控制与企业文化的关系

内部控制制度的贯彻执行有赖于企业文化建设的支持和维护。因为企业文化是一个企业的中枢神经，它所支配的是人们的思维和行为方式。在良好的企业文化基础上所建立的内部控制制度，必然会成为人们的行为规范，得到很好的贯彻执行，会有效地解决公司治理和会计信息失真的问题。

内部控制制度是企业正常运营的行为标准，而企业文化则是统一员工思想、价值观念的黏合剂。二者的有效结合，就能从根本上解决企业经营中的不协调、不统一的问题，能够有效地提升企业的管理水平，提高企业的经营效益和效率。这里的关键问题，是企业所制定的内部控制制度必须是科学合理的，企业文化必须是企业价值观和经营理念的体现，由此所实现的二者结合才会创造企业发展的奇迹。

企业应当加强文化建设，培育积极向上的价值观和社会责任感，倡导诚实守信、爱岗敬业、开拓创新和团队协作精神，树立现代管理理念，强化风险意识。

二、企业文化建设的目标

企业文化建设的目标：加强企业文化建设，培育具有自身特色的企业文化，打造以主业为核心的企业品牌，形成整体团队的向心力，充分发挥企业文化的重要作用。

三、企业文化的风险

（一）情形

加强企业文化建设至少应关注下列风险：

（1）缺乏积极向上的企业文化，可能导致员工丧失对企业的信心和认同感，企业缺乏凝聚力和竞争力。

（2）缺乏开拓创新、团队协作和风险意识，可能导致企业发展目标难以实现，影响可持续发展。

（3）缺乏诚实守信的经营理念，可能导致舞弊事件的发生，造成企业的损失，影响企业的信誉。

（4）忽视企业间的文化差异和理念冲突，可能导致并购重组失败。

小知识　　一些企业在企业文化方面存在的主要问题

现实中，有些企业之所以经营不成功，往往是因为在企业文化建设方面存在严重问题。例如，企业缺乏积极向上的企业文化，导致员工丧失对企业的信心和认同感，缺乏凝聚力和竞争力；企业缺乏开拓创新、团队协作和风险意识，导致企业发展目标难以实现，影响可持续发展；企业缺乏诚实守信的经营理念，导致舞弊事件的发生，造成企业损失，影响企业信誉；等等。

（二）成因

1. 跨国经营活动所引发的文化风险

跨国经营使企业面临东道国文化与母国文化的差异，这种文化的差异直接影响着管理的实践，构成经营中的文化风险。

2. 企业并购活动引发的文化风险

并购活动导致企业双方文化的直接碰撞与交流。近年来，企业并购活动异常活跃。以我国为例，既有一国之内的并购，也有跨国并购，尤其对于跨国并购而言，面临着组织文化与民族文化的双重风险。

3. 组织内部因素引发的文化风险

越来越多的企业从不同的国家和地区招募员工，广泛开展跨国、跨地区的经济合作与往来，从而使组织内部的价值观、经营思想与决策方式不断面临冲击、更新与交替，进而在组织内部引发多种文化的碰撞与交流。

组织文化（或职能文化）是群体若干年来在解决问题和面临挑战时形成的自我组织方式。它一旦形成便具有很强的稳定性和继承性。如果不加以控制和规避，会酿成文化冲突并导致决策效率低下、组织涣散、沟通中断、派性林立，使企业蒙受巨大损失，最终可能使企业走向衰败甚至灭亡。

第二节　内控措施

一、企业文化的培育

企业文化培育方面潜在的主要风险是核心价值观不明确，不知道提倡什么、反对什么；哪些行为是企业所崇尚的、鼓励大家去做的；哪些行为是企业反对的、大家不应该去做的。核心价值不明确，缺乏开拓创新、诚实守信，可能给企业造成损害。

（一）培育本企业的特色文化

企业应当采取切实有效的措施，积极培育具有自身特色的企业文化，引导和规范员工的行为，打造以主业为核心的企业品质，形成整体团队的向心力，促进企业长远发展。

1. 要重点打造以主业为核心的品牌

品牌通常是指能够给企业带来溢价、产生增值的一种无形资产，其载体是用以和其他竞争对手的产品或劳务相区分的名称、术语、象征、记号或者设计及其组合。企业产品或劳务的品牌与企业的整体形象联系在一起，是企业的“脸面”或“标识”。品牌之所以能够增值，主要是因为消费者心中形成的关于其载体的印象。在市场竞争中，企业打造以主业为核心的品牌，是企业文化建设的重要内容。企业应当将核心价值观贯穿于自主创新、产品质量、生产安全、市场营销、售后服务等方面的文化建设中，着力打造源于主业且能够让消费者长久认可、在国内外市场上彰显强大竞争优势的品牌。

2. 要培育企业的核心价值观

企业应当培育体现企业特色的发展愿景、积极向上的价值观、诚实守信的经营理念、履行社会责任和开拓创新的企业精神，以及团队协作和风险防范意识。

企业文化的核心价值观，是企业在经营过程中全体员工坚持不懈、共同信奉的信条，体现了企业核心团队的精神，也是企业家身体力行并坚守的理念。正像一个人的所有行为都是由他的价值观所决定的那样，一个企业的行为取向也是由企业的价值观所决定的。这种价值观和理念是企业文化的核心，凝聚着董事、监事、高级管理人员和全体员工的思想观念，从而使大家的行为朝着一个方向去努力，反映出一个企业的行为和价值取向。例如，迪士尼公司的核心价值观就是“健康而富有创造力”，简短而内涵丰富。

3. 要充分体现以人为本的理念

“以人为本”是企业文化建设应当信守的重要原则。企业要在企业文化建设过程中牢固树立以人为本的思想，坚持全心全意依靠全体员工办企业的方针，尊重劳动、尊重知识、尊重人才、尊重创造，用美好的愿景鼓舞人，用宏伟的事业凝聚人，用科学的机制激励人，用优美的环境熏陶人；努力为全体员工搭建发展平台，提供发展机会，挖掘创造潜能，增强其主人翁意识和社会责任感，激发其积极性、创造性和团队精神；要尊重全体员工的首创精神，在统一领导下，有步骤地发动全体员工广泛参与，从基层文化抓起，集思广益，群策群力，全员共建；努力使全体员工在主动参与中了解企业文化建设的内容，认同企业的核心理念，形成上下同心、共谋发展的良好氛围。

4. 要培育企业文化应具有的自身特色

企业文化因企业的不同而有所不同，因此，应培育具有自身特色的企业文化。

（二）培育企业文化的措施

（1）企业应当根据发展战略和实际情况，总结优良传统，挖掘文化底蕴，提炼核心价值，确定文化建设的目标和内容。

（2）企业应当形成企业文化规范，使其构成员工行为守则的重要组成部分。企业文化的形成是一个漫长渐进的过程，企业应当在精神提炼、理念概括、实践方式上体现出鲜明的特色，形成既有时代特征又具魅力的企业文化。

（三）强化企业文化建设中的领导责任

董事、监事、经理和其他高级管理人员应当在企业文化建设中发挥主导和垂范作用，以自身的优秀品格和脚踏实地的工作作风，带动影响整个团队，共同营造积极向上的企业文化环境。

在建设优秀的企业文化过程中，领导是关键。俗话说，“火车跑得快，全靠车头带”。要建设好企业文化，领导必须高度重视，认真垂范、狠抓落实，这样才能取得实效。企业主要负责人应当站在促进企业长远发展的战略高度，重视企业文化建设，切实履行第一责任人的职责，对企业文化建设进行系统思考，出思想、谋思路、定对策，确定本企业文化建设的目标和内容，提出正确的经营管理理念。

企业应当促进文化建设在内部各层级的有效沟通，加强企业文化的宣传贯彻，明确小团体员工共同遵守。

企业文化建设的领导体制要与现代企业制度和法人治理结构相适应，要明确企业文化建设的主管部门，安排专（兼）职人员负责此项工作，形成企业文化主管部门负责组织、各职能部门分工落实、员工广泛参与的工作体系。与此同时，企业要深入调研、制定规划，认真梳理整合各项工作任务，分清轻重缓急，扎实推进。

（四）将企业文化融入生产经营全过程

企业文化建设应当融入生产经营全过程，切实做到文化建设与发展战略的有机结合，增强员工的责任感和使命感，规范员工的行为方式，使员工自身价值在企业发展中得到充分体现。

企业应当加强对员工的文化教育和熏陶，全面提升员工的文化修养和内在素质，要着力将核心价值观转化为企业文化规范，通过梳理完善相关管理制度，对员工日常行为和工作行为进行细化，逐步形成企业文化规范，以理念引导员工的思维，以制度规范员工的行为，使企业全体员工增强主人翁意识，做到与企业同呼吸、共命运、同成长、共生死，真正实现“人企合一”，充分发挥核心价值观对企业发展的强大推动作用。

（五）关注并购重组中的文化融合

企业应当重视并购重组后的企业文化建设，平等对待被并购方的员工，促进并购双方的文化融合。

在企业并购重组过程中，实现企业文化的融合是并购重组是否成功的关键因素。为此，在组织架构设计环节要充分考虑文化整合因素，如采用吸收合并方式，则必然遇到并购企业员工“合并”工作的情况。为防止文化冲突，既要在治理结构层面上强调融合，也要在内部机构设置上体现“一家人”思想，避免出现“分派”现象。

（六）企业文化创新

企业文化形成并用以指导和领导全体员工的行为后，应当保持相对稳定，防止朝令夕改。当企业内外部环境和条件发生变化时，企业的发展战略可能发生改变，企业文化也应进行相应的调整，实现文化的创新与发展。

企业要结合企业发展战略调整以及企业内外部政治、经济、技术、资源等因素的变化，着力在价值观、经营理念、管理制度、品牌建设、企业形象等方面持续推动企业文化的创新。其中，要特别注意通过不断打造以主业为核心的企业品牌，实现企业文化的创新和跨越。

二、企业文化的评估

企业文化评估是指采用专门方法对企业文化建设与创新工作进行检查与评价，是对企业文化管理体系过程和结果的有效控制、评价和反馈，是贯穿于企业文化管理体系全过程的一项基本工作，是促进企业文化“生根结果”的有效工具，是企业文化建设与创新的重要环节。

企业文化评估阶段潜在风险有：企业文化建设目标不明确，评估内容不清楚，评估重点不了解，评估方法不掌握，评估制度不健全，企业文化建设流于形式或不进行评估。

（一）把握企业文化评估的原则

1. 全面评估与重点评估相结合

注重评估指标的导向性。要突出关键指标，确保评估指标的可操作性。

2. 定性与定量相结合，注重评估方法的科学性

要根据评估内容和指标功能，量身定制不同的评估标准。

3. 内部评价与外部评价相结合，注重评估结果的有效性

既要引导企业通过对照评估标准，自我改进、自我完善，不断激发企业的积极性、主动性和创造性，又要兼顾社会公众以及企业利益相关者，借助专业机构力量，提升文化评估专业水平和公信力。

（二）建立企业文化评估的制度

企业应当建立企业文化评估制度，明确评估的内容、程序和方法，落实评估责任制，避免企业文化建设流于形式。

（三）明确企业文化评估的重点

（1）董事、监事、经理和其他高级管理人员在企业文化建设中的责任履行情况。

（2）全体员工对企业核心价值观的认同感。

（3）企业经营管理行为与企业文化的一致性。

（4）企业品牌的社会影响力。

（5）参与企业并购重组各方文化的融合度。

（6）员工对企业未来发展的信心。

（四）重视企业文化评估结果的利用

企业应当重视企业文化的评估结果，巩固和发扬文化建设成果，针对评估过程中发现的问题，研究影响企业文化建设的不利因素，分析深层次的原因，及时采取措施加以改进。

法律依据

内部控制应用指引第5号——企业文化

第一章　总　则

第一条　为了加强企业文化建设，发挥企业文化在企业发展中的重要作用，根据《内部控制基本规范》，制定本指引。

第二条　本指引所称企业文化，是指企业在生产经营实践中逐步形成的、为整体团队所认同并遵守的价值观、经营理念和企业精神，以及在此基础上形成的行为规范的总称。

第三条　加强企业文化建设至少应当关注下列风险：

（一）缺乏积极向上的企业文化，可能导致员工丧失对企业的信心和认同感，企业缺乏凝聚力和竞争力。

（二）缺乏开拓创新、团队协作和风险意识，可能导致企业发展目标难以实现，影响可持续发展。

（三）缺乏诚实守信的经营理念，可能导致舞弊事件的发生，造成企业损失，影响企业信誉。

（四）忽视企业间的文化差异和理念冲突，可能导致并购重组失败。

第二章　企业文化的建设

第四条　企业应当采取切实有效的措施，积极培育具有自身特色的企业文化，引导和规范员工行为，打造以主业为核心的企业品牌，形成整体团队的向心力，促进企业长远发展。

第五条　企业应当培育体现企业特色的发展愿景、积极向上的价值观、诚实守信的经营理念、履行社会责任和开拓创新的企业精神，以及团队协作和风险防范意识。

企业应当重视并购重组后的企业文化建设，平等对待被并购方的员工，促进并购双方的文

化融合。

第六条 企业应当根据发展战略和实际情况，总结优良传统，挖掘文化底蕴，提炼核心价值，确定文化建设的目标和内容，形成企业文化规范，使其构成员工行为守则的重要组成部分。

第七条 董事、监事、经理和其他高级管理人员应当在企业文化建设中发挥主导和垂范作用，以自身的优秀品格和脚踏实地的工作作风，带动影响整个团队，共同营造积极向上的企业文化环境。

企业应当促进文化建设在内部各层级的有效沟通，加强企业文化的宣传贯彻，确保全体员工共同遵守。

第八条 企业文化建设应当融入生产经营全过程，切实做到文化建设与发展战略的有机结合，增强员工的责任感和使命感，规范员工行为方式，使员工自身价值在企业发展中得到充分体现。

企业应当加强对员工的文化教育和熏陶，全面提升员工的文化修养和内在素质。

第三章 企业文化的评估

第九条 企业应当建立企业文化评估制度，明确评估的内容、程序和方法，落实评估责任制，避免企业文化建设流于形式。

第十条 企业文化评估，应当重点关注董事、监事、经理和其他高级管理人员在企业文化建设中的责任履行情况、全体员工对企业核心价值观的认同感、企业经营管理行为与企业文化的一致性、企业品牌的社会影响力、参与企业并购重组各方文化的融合度，以及员工对企业未来发展的信心。

第十一条 企业应当重视企业文化的评估结果，巩固和发扬文化建设成果，针对评估过程中发现的问题，研究影响企业文化建设的不利因素，分析深层次的原因，及时采取措施加以改进。

第六章

社会责任方面的内部控制

第一节 内控综述

社会责任是指企业在经营发展过程中应当履行的社会职责和义务，主要包括安全生产、产品质量（含服务）、环境保护、资源节约、促进就业、员工权益保护等。

一、履行社会责任的目标

（1）建立健全安全管理体系，加强安全措施，切实做到安全生产。

（2）为社会提供优质安全健康的产品和服务，最大限度地满足消费者的需求。

（3）节能减排，减少社会污染，提高资源综合利用效率。

（4）保护员工依法享有劳动权利和履行劳动义务，积极促进充分就业。

二、履行社会责任的风险

企业社会责任的一般风险指的是由于企业没有社会责任或承担社会责任不当而导致企业遭受损失的不确定性。企业为何要承担社会责任？首先，消费市场已经决定了企业不得不承担社会责任：消费者已经不仅关心产品的质量，而且开始关心产品背后的环境安全和劳工权益等问题；其次，如果企业不顾环境、不顾社会其他利益相关者的利益，盈利至上（为了获取更高利润），那么可能造成的损害是不可小觑的，因为这种只顾自己不顾他人利益的行为，是社会所不容许的。

1. 企业履行社会责任不当会招致企业声誉受损的风险

10 年前，因为在发展中国家外包工厂中大量使用童工，所有工人在狭小昏暗的厂房中连续工作十五六个小时，某大型品牌企业付出了惨痛的代价。该事件被媒体曝光后，该企业遭到了来自欧洲和美国各种民间行业协会、劳工组织、人权组织、新闻媒体一轮又一轮的舆论攻击和抵制，并被工会起诉，由此陷入了长达 10 年之久的危机旋涡。企业如果要建立和维护自己的品牌，将企业的生命力延续下去，就要有良好的企业社会责任表现。

2. 企业履行社会责任不当会招致企业市场缩小的风险

随着社会的发展，消费者已经不再只关心产品的价格、质量等，而已经开始关心产品是如何生产出来的。并且，很多国家和国际组织已经制定各种标准，对企业社会责任的状况有着诸多要求。如果企业要将市场扩张到这些国家，就必须符合这些标准。许多企业为保证其全球供应链良好的社会责任表现，赢得品牌声誉，也希望和那些社会责任表现良好的供应商合作。

3. 企业履行社会责任不当会招致财务风险

一份来自美国社会投资论坛的调查报告显示，那些国际投资者和多方利益集团包括联合国责任投资项目、全球报告组织等已将注意力集中在实质性的社会和环境信息上，以此作为分析企业股票的依据之一。因此，不当履行企业社会责任的企业，就会面临着筹资难、筹资成本高的问题。而筹资是企业发展的核心环节，没有筹资，企业就无法真正实现增值。

4. 企业履行社会责任不当会招致法律风险

企业履行社会责任要做的第一件事是遵守当地的法律法规。与企业社会责任相关的法律规定散见于各种法律法规中，如《中华人民共和国劳动法》《中华人民共和国劳动合同法》《中华人民共和国妇女权益保障法》《中华人民共和国未成年人保护法》等。2006 年 1 月 1 日正式实施的《中华人民共和国公司法》，明确规定公司要“承担社会责任”。在法制不断健全的环境下，企业所面临的法律挑战也将更加严峻。企业若不履行相应的社会责任，那么法律风险势必增加。

三、履行社会责任的基本要求

企业应当重视履行社会责任，切实做到经济效益和社会效益、短期利益与长远利益、自身发展与社会发展相互协调，以实现企业与员工、企业与社会、企业与环境的健康和谐发展。

企业履行社会责任，应关注以下方面的工作。

（一）建立和完善履行社会责任的体制和运行机制

要把履行社会责任融入企业发展战略，落实到生产经营的各个环节，明确归口管理部门，建立健全预算安排，逐步建立和完善企业社会责任指标统计和考核体系，为企业履行社会责任提供坚实的基础与保障。

（二）企业负责人要高度重视

强化企业履行社会责任，在很大程度上取决于企业负责人的意识和态度。企业负责人应当高度重视这项工作，树立社会责任意识，把履行社会责任提上企业重要议事日程，经常研究和部署社会责任工作，加强社会责任全员培训和普及教育，不断创新管理理念和工作方式，努力形成履行社会责任的企业价值观和企业文化。

（三）认真执行政府监管部门和社会行业组织的要求

企业应当根据政府监管部门、社会行业组织的要求，积极主动发布社会责任报告。条件尚不成熟的企业，在披露年度自我评价报告中，应当将企业履行社会责任情况作为内部环境自我评价的重要内容。

（四）建立企业社会责任报告制度

发布社会责任报告是企业履行社会责任的重要组成部分，让股东、债权人、员工、客户、社会等各方面知晓企业在社会责任领域所做的工作、所取得的成就，从而增强企业的战略管理能力，全面提高企业服务能力、品牌形象和价值。

小知识 **社会责任报告应当覆盖企业已履行的所有社会责任**

企业发布的社会责任报告，至少涵盖安全生产、产品质量、环境保护和资源节约、促进就业、员工权益保护、慈善捐赠等内容。

小知识 社会责任报告应当经过独立的第三方评价

企业对外公布的社会责任报告，内容应当真实完整，实事求是；应请独立的第三方出具意见，或者聘请大中型会计师事务所进行审验并出具审验声明或报告，保证企业社会责任报告客观、公允；同时通过信函调查等方式，听取政府有关监管部门、股东、债权人、客户、员工等利益相关者的反馈意见和建议，以便查漏补缺，持续改进。

近几年，国务院国资委、上交所、深交所、中国银行业协会等政府和行业组织相继出台政策文件，要求和建议企业发布社会责任报告，越来越多的企业争做“优秀企业公民”，积极主动地披露社会责任报告。目前，企业发布的社会责任报告的信息非常有限，信息披露的深度和广度存在欠缺，覆盖面不高，难以发挥与利益相关者进行沟通的作用，需要不断加以完善。

第二节　安全生产责任

一、安全生产方面的风险

（1）安全制度不健全，安全主体不落实，制度/机构形同虚设，安管人员配备不足。

（2）安全投入不足，未按规定提取和使用安全生产费用，没有安全投入计划，特种设备未定期查验。

（3）企业领导重视不够、不清楚自己的法定职责，员工缺乏安全意识。

（4）安管人员不具备从事安全生产管理相适应的知识和管理能力。

（5）特种作业人员未经专门培训，未取得合格证即上岗作业。

二、安全生产方面的内控

（一）建立健全安全生产管理体系

企业应当根据国家有关安全生产的规定，结合本企业实际情况，建立严格的安全生产管理体系、操作规范和应急预案；强化安全生产责任追究制度，切实做到安全生产；设立安全管理部门和安全监督机构，负责企业安全生产的日常监督管理工作。

近年来，国家立法部门相继制定了《安全生产法》等近 30 部关于安全生产的专门法律和行政法规。建章建制的关键是落实到位。近几年重大安全事故频发，原因并不是没有建章建制，而是在巨大的经济利益驱动下，无视规章制度。人为因素往往是重大安全事故频发的重要原因，这是值得深思的。如果将国家和企业制定的一系列涉及安全生产的规章制度落实到位，就能够杜绝安全事故的发生。因此，必须强化责任追究制度，对那些玩忽职守、造成重大安全事故的责任者绳之以法。

（二）不断加大安全生产投入和经常性维护管理

企业应当重视安全生产投入，在人力、物力、资金、技术等方面提供必要的保障。健全检查监督机制，确保各项安全措施落实到位，不得随意降低保障标准和要求。

企业特别是高危行业的企业，应当将安全生产投入列为首位，“磨刀不误砍柴工”，急于求成、急功近利是不足取的。企业要将员工的生命安全视为头等大事，加大安全生产的技术更新，保证投入安全生产所需的资金、人力、财物及时和足额到位。企业还应组织开展生产设备的经常性维护管理，及时排除安全隐患，切实做到安全生产。

（三）预防为主，实行特殊岗位资格认证制度

企业应当贯彻预防为主的原则，采用多种形式增强员工安全意识，重视岗位培训，对特殊

岗位实行资格认证制度。企业应当加强生产设备的经常性维护管理，及时排除安全隐患。

加强对员工进行安全生产培训教育至关重要。通过培训教育，让员工牢固树立“安全第一、预防为主”的思想，提高员工防范灾害的技能和水平。培训教育应当经常化、制度化，做到警钟长鸣，不能有丝毫放松和懈怠。对于特殊作业人员和特殊资质要求的生产岗位，因工作接触的不安全因素较多，危险性较大，容易发生事故，必须依法实行资格认证制度，持证上岗，从而减少安全事故。

加强生产设备的经常维护和保养，防止“带病”运行，也是减少安全事故的重要措施之一。

（四）建立安全生产事故应急预警和报告机制

企业如果发生生产安全事故，应当按照生产管理制度妥善处理，排除故障，减轻损失，追究责任。重大生产安全事故应启动应急预案，同时按照国家有关规定及时报告，严禁迟报、谎报和瞒报。

小知识　安全保障的内部控制

1. 安全保障的内控内容

在生产活动中，存在着各种不安全因素，原材料、生产设备、生产服务环境等都可能是引发事故的因素，如煤矿的瓦斯和冒顶，化工厂的腐蚀、中毒、爆炸，银行遭遇盗窃、抢劫等。在经营过程中，还存在着各种威胁资产和技术安全的因素，如火灾、盗窃、技术秘密泄露等。不安全因素的存在不仅对生产者和消费者的人身安全造成极大的伤害，而且对企业和个人的财产造成不可估量的经济损失，甚至给社会造成极其恶劣的影响。安全保障就是指对生产经营的全过程进行技术分析，对关键和易发生事故的环节进行重点管理，并对其他环节进行全面管理，以消除事故隐患，提高生产经营效率的系统的、规范化的管理控制过程。它的主要内容包括：

（1）安全生产管理。这是劳动保护的主要内容，它是指在生产过程中，为了防止和消除事故、减轻工人繁重的体力劳动、保证安全生产，所采取的各种组织管理工作的总称。

（2）安全技术。这是为了消除生产中引起事故的潜在因素，在技术上采取的各种具体措施的总称，主要解决如何防止和消除突然事故对员工安全的威胁问题。

安全保障制度是对安全管理、安全技术、安全培训等一系列活动的制度性规范的总称。作为企业进行内部控制的一个重要方面，安全保障制度在生产过程中的作用已有共识，并已具备了较为系统的管理体系，但涉及资产安全完整的保障内容则由于观念、手段滞后，常常出现纰漏，造成损失，因此应成为企业全面建立和推行安全保障制度的重要方面。

2. 安全保障控制过程中的影响因素

企业在安全保障控制过程中所面临的不安全因素是多方面的，但从总体来说，主要有以下几个方面：

（1）领导者的安全意识。企业领导者强烈的安全意识是整个安全管理的基础。领导者对安全的重视，能够使安全保障观念通过培训、生产操作和日常工作管理控制制度全面地贯彻到生产、管理的各个方面，从而减少可能导致事故发生的隐患。

（2）生产过程和生产环境。工业企业的生产过程和生产环境往往在材料、设备、工序衔接等方面客观存在着种种危险因素，正常的生产过程本身就是全面安全保障的过程，操作过程中细微的疏忽就可能酿成大的事故。

（3）工作性质和工作内容。有些特定的行业、管理过程本身就是不安全因素。银行工作、财务工作涉及财产、现金等的保存、收付、结转，因此，保险柜被盗、运钞车被抢及贪污、挪用公款的事件屡屡发生。

（4）员工的安全意识。在生产过程中，管理制度和控制手段的有效性依赖于员工的执行情况。很多时候，即使企业有完善的规章制度，由于安全培训和安全意识滞后，员工疏忽大意，也会导致事故发生。

3. 安全保障内控制度的设计内容

（1）生产过程的安全保障制度。生产过程的安全保障制度包括密切联系的两方面：生产安全和人身安全。

生产安全保障的重点是树立安全意识，制定并严格执行生产安全制度；人身安全保障的核心是控制工伤事故和职业病的发生。企业在生产过程中，应当努力营造安全的工作环境，加强对全体人员的安全教育，并对已经发生的事故进行深刻反思，避免重犯。

1）安全生产的技术规范。安全生产的技术规范是实现生产过程安全保障的基础，是进行日常安全控制的基本标准。其内容包括安全控制保护系统、生产过程安全操作规程、消除安全隐患的技术措施、紧急处理事故的程序和方法等。

2）安全生产的教育制度。主要包括思想、法规和安全技术教育三方面。思想教育的内容包括：正面宣传安全生产的重要性；选取典型事故进行分析；阐明事故社会影响、经济损失、个人受害后果等。法规教育的内容包括：学习有关法律文件、条例，本企业规定、制度和纪律条文等。安全技术教育的内容包括：生产技术，如本企业安全技术知识、生产过程中的动力特点、危险地点、设备安全防护注意事项等；一般安全技术的教育，如工业卫生知识，职业病原因和预防知识，消防知识，保健仪器和防护用品的发放、管理和正确使用知识等；专业安全技术的训练，如学习电气安全技术和触电防护知识，急救知识，高温、粉尘、有毒、有害作业的防护、运输安全知识，以及对锅炉等受压容器、电、气焊接、易燃易爆、有毒有害、微波及射线等特殊工种进行的专门安全知识和技能训练。

安全生产教育的主要形式有“三级教育”“特殊工种教育”“经常性安全宣传教育”等。三级教育是对新工人、实习人员和调动岗位的人员进行厂级、车间和班组三级教育，其中班组教育是最主要的，内容包括安全生产要求、生产工作性质和职责范围、各种防护及保险装置的作用、容易发生事故的设备和操作规程等。特殊工种教育是就专业技术操作规程进行的教育。经常性安全宣传教育可以结合本企业班组具体情况，采用各种形式宣传安全生产的方法，强化安全生产意识。通常采用的形式有板报墙报、安全制度手册、安全会议。

3）安全生产的检查制度。安全生产检查的内容依据不同企业的生产过程和生产性质各不相同，其中可以包括：

①检查有无进行三级教育。

②检查安全操作规程是否公开张挂或放置。

③检查在布置生产任务时有无布置安全工作。

④检查安全防护、保险、报警、急救装置或器材是否完备。

⑤检查个人劳动防护用品是否齐备及正确使用。

⑥检查工作衔接配合是否合理。

⑦检查事故隐患是否存在。

⑧检查安全计划措施是否落实和实施。

安全检查的方法有：经常性检查，如月查、周查、日查或抽查等；专业性检查，如防寒保暖、防暑降温、防火防爆、制度规章、防护装置等；例行全面大检查等。

（2）资产运作过程的安全保障制度。资产运作过程的安全保障主要是对财产进行安全控制，采取科学、合理的方法妥善保管和运营各类物资。进行财产安全控制，企业应当注重做好以下几方面的工作：

1）树立保险观念，进行财产保险。保险作为企业外部财产安全保障的核心，是安全保障制度的主要内容之一，企业应当牢固树立保险观念，并将其纳入系统的安全保障制度设计框架内。具体地讲，企业应做到：

①全面、细致地了解与企业相关的险种。

②结合企业实际情况，选择适当的保险种类和保险方式。

③制订全面、具体的企业保险计划。

④将保险管理纳入企业的整体管理系统内。

2）建立完善的保管制度，对企业财产进行严格管理。具体地讲，企业的保管制度内容包括：

①根据不同物资的特性设定不同的保管要求，采用不同的保管方法。

②建立消防制度，预防火灾。

③建立警卫制度，对保存重要物资的部门设置安全门、警灯等系统及其他警备设施。

④建立严格的出入制度和来客登记程序。

⑤建立防盗制度，加强对容易失窃物资的管理。

⑥做好设备维护工作，使其保持在正常状态，以便随时投入使用。

⑦建立检查制度，定期、不定期地清点各类物资，做到账实相符。

此外，无形资产的安全保障也是十分重要的，这主要是指通过掌握相关的法律，增进对注册商标、专利权和商业秘密等的保护。其主要内容包括：增强对商标注册重要性的了解，及时进行商标注册，增大对侵犯商标权行为的打击力度，了解对专利权申请和使用的法律规定，建立专门制度，保护商业秘密等。

3）建立科学决策制度，实现资产增值。企业资产安全保障制度不仅应包括对已有资产的保值管理，而且应强化投资、资产重组、资产置换、资产处置等资产运行过程的管理。其主要内容包括：

①从企业经营战略和市场要求出发，进行资产营运决策。

②由外部专家和企业内专业管理人员共同拟订若干个方案。

③对各个方案进行可行性分析和综合评定，选择最佳方案。

④组织专门的机构和人员，实施方案。

⑤建立有效的信息反馈系统，不断修正方案，实现预定目标。

（3）其他安全保障制度。

1）档案资料的安全保障制度。企业档案资料往往载有战略计划、生产经营规划、会议决议、管理制度、技术、人事等方面的重要信息，具有一定的机密性，不宜公开。企业档案资料安全保障制度至少应包括：

①保管人员的职责。

②资料的特许查阅制度。

③安全设备及措施等。

2）信息系统的安全保障制度。信息技术已广泛应用于生产经营过程，企业信息资料日益成为传达管理指令、提高管理效率、实现管理目标的重要工具。企业实施信息系统和信息资料保护的主要内容有：

①设立专门的信息机构和人员，负责保障信息系统安全。

②对直接进行生产管理和财务管理的信息系统，明确人员权责。

③建立备份制度，保障企业重要数据的安全完整。

④建立安全防护系统，防止企业信息系统受到外来侵害。

3）技术资料的安全保障制度。技术资料的安全保障制度是指企业制定的关于新技术、新产品、新经营策略等的采用与实施计划等直接关系企业未来生存发展的技术信息的安全保障制度。这些技术信息对企业有重要意义，应加强保密工作，防止泄露机密，以免给企业造成重大损失。这里的技术信息内容广泛，既包括生产技术，也包括经营策略，具体包括企业拟定中的战略规划、正在研究开发的新技术、企业自有的技术诀窍、正在开发的新产品。企业技术资料的安全保障制度至少应规定：

①技术信息内容和保密范围。

②相关机构和人员的保密责任。

第三节　产品质量责任

一、产品质量方面的风险

产品质量责任方面的风险有：产品瑕疵及质量低劣、缺乏合理安全性、危害人身及财产安全；售后服务差，给消费者心目中造成损害，影响企业声誉。

二、产品质量方面的内控

（一）建立健全产品质量标准体系

企业应当根据国家和行业相关产品质量的要求，从事生产经营活动，切实提高产品质量和服务水平；努力为社会提供优质安全健康的产品和服务，最大限度地满足消费者的需求；对社会和公众负责，接受社会监督，承担社会责任。

产品质量的危害是：一害自己，二害他人，"损人不利己"。为了更加有效地提升产品质量，企业应当根据国家法律法规的规定，结合企业产品特点，制定完善的产品质量标准体系，包括生产设备条件、生产技术水平、原料组成、产品规格、售后服务等，努力为社会提供优质安全健康的产品和服务，最大限度地满足消费者的需求是企业社会责任的核心内容。

（二）严格质量控制和检验制度

企业应当规范生产流程，建立严格的产品质量控制和检验制度，严把质量关，禁止缺乏质量保障、危害人民生命健康的产品流向社会。

生产是产品质量形成的关键环节，产品质量控制首先是对生产质量的控制。因此，从产品设计开始，到原材料采购验收、产品加工、产品销售等各个环节和流程，都必须有严格的质量控制目标和标准。企业应建立并实施完备的产品出厂检验制度，严格按质量标准对产品实施检验，出具检验结论，提交检验报告。未经检验合格的产品不得流入市场。如果每个企业都能把好产品质量关，严防假冒伪劣产品进入市场，不仅对企业自身有利，而且能够推动社会进步。

（三）加强产品售后服务

企业应当加强产品的售后服务，售后发现存在严重质量缺陷、隐患的产品，应当及时召回或采取其他有效措施，最大限度地降低或消除缺陷、隐患产品的社会危害。企业应当妥善处理消费者提出的投诉和建议，切实保护消费者的权益。

企业售后服务不仅是一种经营，更是一种文化、一种理念，是企业与客户沟通、联系的一个纽带。企业通过优质的售后服务，促进与客户的关系，树立企业形象，提高产品信誉，扩大产品影响，培养客户的忠诚度。企业应当把售后服务作为企业采取有效竞争策略、提高产品服务增值的重要手段，重视和加强售后服务，创新售后服务方法，力争做到件件有结果、有分析、有整改、有考核。

对有缺陷的产品，应当实行"三包"或采取及时召回。产品召回制度是现代市场经济条件下确保产品质量、最大限度地保护消费者权益的重大制度安排。企业发现销售的产品，由于设计或生产过程中存在严重的质量缺陷，可能危及消费者安全的，应当及时召回或采取其他有效措施，最大限度地降低或消除缺陷产品的社会危害性。企业应当建立消费者投诉处理制度和机制，包括建立消费者投诉热线、信箱、网址，明确消费者投诉的处理流程和处理规范，妥善处理消费者的投诉，同时维护企业良好的品牌声誉，促进企业可持续增长。

小知识　　质量管理内控制度的设计

1. 质量管理内控制度的设计原则

（1）与生产经营过程一致。质量管理内控制度规范工作人员在设计、生产和销售过程中的操作要求。因此，不同行业、不同经营性质的企业必然有内容不同的质量管理内控制度。例如，生产性企业和服务性企业的质量控制内容就有不同的侧重点，前者强调工艺过程和产品的合规性，后者则注重所提供服务的舒适性和客户满意度。企业在设计质量管理内控制度时，必须充分考虑其科学性，不仅要注重实用，使它与企业目前生产经营过程保持一致，而且要注重创新，利用它对企业未来的产品和服务质量提出合理可行的要求，以适应长期需要。

（2）与市场需求相符合。企业的产品和服务是为了满足市场需要而提供的，企业的质量管理内控制度必须与市场需要相符合。与市场需求相符合应当包含两方面的内容：

1）产品或服务的功能、规格等能够符合不断发展变化的市场需要。

2）企业生产所采用的技术、工艺能够随着科学技术的进步而不断更新。根据这一要求，企业在设计质量管理内控制度的过程中，应当注重技术先进性，并依据变化的市场条件经常性地对其进行修正。

（3）与企业管理水平相配合。质量管理内控制度与企业自身的管理水平相配合，是保证质量管理内控制度有效性的重要条件。通常，管理水平高的大型企业和跨国公司，质量管理内控制度在广度和深度上都较为科学、合理，内容也较为周密、翔实，可行性强；而管理水平较低的企业，质量管理内控制度的设计则应相对简单一些，以保证其实施效果为主，不要片面追求制度本身的高标准，以免成本效益的错位。

2. 质量管理内控制度的设计内容

（1）质量控制的组织体系。

1）质量控制的权责划分。企业质量控制组织体系涵盖产品设计、生产和销售的全过程。如何科学、合理地划分控制权责是质量控制组织体系建立的首要问题。质量控制的权责应由不同的部门和人员分担。内容包括：明确设定产品设计、工艺流程、原材料采购、生产与辅助生产、设备维修、养护、产品销售等环节所有部门在质量控制中的职责、质量控制操作方法、异常情况处理原则等。

2）质量管理部门。质量管理部门是企业内专职进行质量控制的部门。质量管理部门本身往往是一个完整的体系，从企业整体质量管理的权力部门（如质量管理领导组）到生产各个环节、各个部门的质量管理科、质量管理员，都担负着质量控制、检查的工作。其职能包括：

①管理与产品和服务相关的开发、生产、销售等环节的质量控制。

②把从生产获取的信息及时用于产品更新、现有产品的改进和质量体系的完善。

③在全面质量管理的计划下负责指导和培训。

3）检验部门。检验部门是企业进行质量控制的重要部门之一。企业设计检验部门时应考虑以下问题：

①检验部门在企业组织架构中的位置和隶属关系如何。

②检验部门的检验范围是什么。

③检验部门的人员要求是什么。

④检验部门的操作规程是什么。

⑤检验部门如何就生产过程中的质量异常提出建议措施。

4）基层主管在质量控制中的职责。企业的生产过程是产品质量形成的关键过程，因此，基层主管在企业整个质量管理组织体系中处于重要地位。基层主管应当担负的职责包括：

①杜绝延误、错误、材料缺陷、工艺缺陷等现象。

②在本系统内发现问题并解决问题。

③采取适当的方式激发下属对质量控制的积极性和创造力。

④努力消除部门间的壁垒，促进团结合作。

⑤规划并实施本部门的教育和培训项目，使下属全面了解材料、方法、质量制度等方面的内容。

（2）质量控制的核心——质量体系。

1）质量体系的内容。质量体系是企业进行质量管理和质量控制的基本保证，其完备性、有效性直接决定着企业内部质量控制的水平和效果。而且，从满足市场需求的角度看，健全的质量体系是持续向市场提供合格产品、促进企业发展的重要条件。建立质量体系时应考虑的基本内容包括：

①质量体系的结构。质量体系的建立应当结合企业的经营战略、组织架构、产品结构和生产技术程序等方面的具体情况。质量体系的结构包括：

- 质量管理的职责和权限。
- 质量管理运用的资源及人员配置。
- 质量管理的工作内容与程序。
- 质量管理制度。

②质量体系的文件。质量体系文件是从组织制度方面描述质量控制体系的文件，是实施质量控制的统一标准。质量体系文件通常包括：

- 质量政策和程序。

- 质量标准。
- 质量计划。
- 质量记录。

依据质量体系文件实施质量控制，能够在很大程度上保证质量体系的有效运行，控制影响产品和服务的质量因素，稳定产品质量。当然，企业应当对上述质量体系文件的制定、修订、保存、解释、运用做出具体规定。

③质量体系的审核。质量体系审核是审核质量目标实现情况的一种管理形式。在质量体系审核过程中，一般要达到两个目的：

一是检查质量体系能否满足质量控制的需要；

二是确定对影响质量的因素的控制是否有效，是否存在其他重要的影响因素。

为了实现这两个目的，质量体系审核通常包括以下内容：

- 与质量体系审核相关的概念和定义。
- 质量体系审核的范围。
- 质量体系审核计划。
- 质量体系审核报告。
- 质量体系审核的跟踪措施。

④质量体系的评价。企业的质量体系是一个根据实施情况和管理要求不断完善的过程。特别是，当新的质量体系运行一段时间后，企业有必要对其控制效果进行总体评价，并进行相应的修正。即使已经运行较长时间的较为稳定的质量体系，也需要根据内外部控制环境的变化进行定期或不定期的检查、评价和必要的修改。质量体系评价的内容包括：

- 质量体系评价的实施机构和实施人员。
- 质量体系评价的范围和内容。
- 质量体系评价的依据。
- 质量体系评价的方法。
- 质量体系评价报告与建议。

⑤质量体系的改进。质量体系改进的目标是，实现持续的质量控制，满足市场需求，提高企业竞争力。其中，制度性的质量体系改进有助于企业树立牢固的质量控制观念，持续降低资源消耗，提高运行质量，增强市场竞争力。当质量体系改进时，通常考虑的因素包括：

- 各层级管理者的支持。
- 企业在质量改进方面的观念和行为模式。
- 明确的质量改进目标。
- 员工有效的协作和成就感。
- 质量改进的培训教育。

2）质量体系的工作流程。

①决策及准备阶段。企业决定建立质量体系是内外部环境影响的结果。企业应当选择适当的时机，做出建立质量体系的决策。在决策时，主要考虑以下问题：

- 整体实施计划的拟订和可行性分析。
- 整体工作的管理及协调。
- 组织机构的建立。
- 专业人员的能力要求和来源渠道。
- 成本计划及资金落实。

企业做出建立质量体系的决策后，就应当着手进行必要的准备工作。这些工作包括：

- 统一思想，更新观念。
- 建立管理机构，选择专业人员。

- 进行企业现状调查，初步确定设计的重点和难点。
- 制订全面工作计划。

②质量体系设计阶段。质量体系设计是建立质量体系的关键阶段，是全面设计和规划企业质量管理内容和过程的阶段，主要包括质量体系结构设计和质量体系文件编制。

质量体系结构设计是确定质量控制主体内容和管理体系的过程。具体设计内容包括：

- 确定质量控制的总体和具体目标。
- 确定使用的质量标准。
- 确定影响质量的主要内外部因素。
- 确定为达到目标和标准应当做的工作。
- 设计与质量体系相关的组织体系和权责划分。
- 依据组织体系和权责划分进行资源配置。

质量体系文件设计是将与质量体系相关的内容规范化、系统化、制度化的过程。具体设计内容包括：

- 编制和修订质量计划。
- 编制和修订质量标准。
- 编制和修订质量控制工作程序。
- 编制和修订质量记录要求。
- 编制质量保证手册。
- 编制和修订质量体系文件管理程序。

③ 质量体系实施阶段。这一阶段的工作包括质量体系的运行、相关的培训教育、质量体系的评价和改进等。在实际运行过程中，企业应在组织、指挥、协调及信息反馈等方面将先进的管理经验与质量控制的技术结合起来，使质量体系的运行顺畅、有效。与质量体系相关的培训教育是企业一项经常性的工作。在培训教育过程中，企业对各级管理人员和操作员工的培训应首先基于对质量体系实施方案的理解和贯彻，然后着眼于提高他们对方案实施过程中出现问题的观察、分析和解决能力，充分发挥他们的自觉性、主动性和创造力，从而使质量体系真正发挥出积极的作用。质量体系的评价和改进，可发生于建立质量体系结构、编制质量体系文件、进行质量体系审核以及评价和改进的各个阶段。在这一过程中，企业应遵循既定的质量方针和质量目标，并具体结合产品的生命周期、技术情况等开展工作。

3）质量保证模式的标准——ISO 9000。质量保证模式由国际标准化组织制定的关于质量管理和质量保证的系列国际标准 ISO 9000 中的三个文件构成。这三个文件是：

①ISO 9001—94（质量体系——设计、开发、生产、安装和服务的质量保证模式）。这一模式由 20 个体系要素组成，包括质量保证体系的全部要素。企业要达到这一标准，应当具备的能力包括：开发设计能力；按照客户规定或双方协商的质量保证生产产品或提供服务的能力；提供设计、开发、生产、安装和服务全过程质量证据的能力。用于这一模式规定的要素最多，质量要素采用程度最高，所需的质量保证费用最高。

②ISO 9002—94（质量体系——生产、安装和服务的质量保证模式）。这一模式由 19 个体系要素组成，是关于生产过程和服务过程的质量保证体系。该体系要求企业具备的能力包括：按照客户规定或双方协商的质量保证生产产品或提供服务的能力，提供设计、开发、生产、安装和服务全过程质量证据的能力。由于产品设计由客户完成，因此企业采用这一模式，所需的质量保证费用较 ISO 9001—94 低一些。

③ISO 9003—94（质量体系——最终检验和试验的质量保证模式）。这一模式由 16 个体系要素组成，是关于产品最终质量的检验和试验能力的质量保证体系。这一模式对企业的要求只是保证最终检验和试验的能力，即对出厂产品质量的把关能力，并不强调进厂检验和工序检验的有效性。这一模式包含要素最少，质量要素采用程度最低，质量保证费用最低。

上述三种质量保证模式的价值是等同的，它们之间并没有高低之分。企业应依据自身条件和质量目标选择适当的质量保证模式。在选择质量保证模式时应首先研究 ISO 9000—94（质量管理和质量保证——标准选择和使用指南），初步确定采用哪些要素以及采用的程度，然后，结合企业具体情况加以确定。

4）质量体系认证制度。质量体系认证是指经质量体系机构认证，通过注册和颁发体系认证证书，证明企业的质量体系符合有关质量体系标准要求的活动，是第三方对企业质量体系的认证。这种第三方认证的优点，从买方的角度看，包括可以得到产品质量的有效保证，可以建立对卖方的长期信任，可以在诸多卖方中进行优选；从卖方的角度看，包括可以避免诸多买方的多次审核，产品可以在市场上建立良好的信誉。质量体系认证制度包含对企业产品和质量体系的认证，也包含对认证机构及人员资格的认可。企业注重产品和质量体系的认证制度，应当采取积极的措施申请质量体系认证。在申请质量体系认证时，企业应做到：

①了解质量体系认证的基本程序。认证程序有申请、试验、颁发认证证书和认证标志、认证后监督检查等。

②了解认证内容。认证内容通常包括型式试验、质量体系检查、监督检验和监督检查等。

③了解认证制度类型。国际上现行的认证制度主要有八种，它们适用于不同的认证需要，提供不同的信任程度。这八种认证制度是：型式试验（又称典型试验，是在没有监督的情况下，按照规定试验方法对样品进行检验，以证明其是否符合标准）、型式试验+市场抽样检验、型式试验+工厂抽样检验、型式试验+认证后监督、型式试验+工厂质量体系评定+认证后监督、工厂质量体系评定、批检和全检。

④了解与质量体系认证相关的法律规定。

（3）质量控制方法。

1）统计控制方法。统计控制方法是质量控制最传统的方法，是根据统计数字进行质量控制的方法。常见的质量管理统计控制方法有以下几种。

①频度分布表。频度分布表是对表示质量情况的统计数据先根据特定标志进行分组，然后汇总组内单位数，并将二者对应起来，以列表方式反映，进而初步分析质量情况的方法。例如，对于某一段时间内某条自动化流水线所生产的食品重量进行测定，对数据进行整理后，如表 6-1 所示。

表 6-1　频度分布表

单位重量（克）	频数（袋）	频率（%）
450 以下	5	0.28
450 ~ 452	135	7.5
453 ~ 455	1 350	75
456 ~ 458	300	16.67
458 以上	10	0.55
合计	1800	100

如果企业产品的重量标准是 454 克，允许误差在±4 克的范围之内，那么，根据表 6-1 中的数据，在设定一定置信度（如 95%）的条件下，经过计算，可以判定该流水线运转是否正常，产品质量是否稳定。这组数据反映的产品质量在稳定的范围内。

②数据分组法。数据分组法是把反映质量情况的数据按照某个同一的性质归纳在一起，以便分析特定影响因素对质量的影响规律。例如，将数据按照不同时间、不同班次进行分组；按照使用设备的种类进行分组；按照原材料进料时间进行分组；按照检查手段、使用条件进行分组；按照缺陷项目进行分组；等等。数据分组后，编制统计表进行质量情况分析。

③因果分析图。因果分析图是以结果（质量问题）为出发点，全方位、多层次寻找原因，并把原因与结果联系在一起的分析方法。因果分析图是一种适用于工作小组的集思广益、民主管理的方法。当出现质量问题时，通过这种方法，往往能够找出所有可能的原因，对这些原因进行分析、判断，就可以找到解决问题的办法。

④直方图。表示数据变化情况的图，能够直观地反映产品质量特性的分布状态。

⑤散点图。又称相关图，是将两个可能有联系的变量的数值一一对应起来，在直角坐标系中以点表示，从而反映变量之间相关关系具体形式的方法。常见的变量之间的关系有不相关、近似直线、近似抛物线、近似指数曲线、近似对数曲线、其他曲线关系等。这是一种确定质量问题发生的原因，并大体判断因果规律的

方法。

⑥质量控制图。又称管理图，是以特定图表控制质量界限，判断质量控制状态，分析质量波动原因的方法。例如，产品直径标准是0.73 cm，根据质量控制专家的测算，这一指标在0.728 5～0.731 5cm的范围之内属于正常，则质量控制的上、下界限就是0.728 5cm和0.731 5cm。如果产品统计数据超出上、下允许的界限，就可以断定质量控制失常，应当进行检验了。

2）组织控制方法。组织控制方法是从组织架构、业务流程、员工工作方式等角度进行质量控制的方法。这种方法建立在全面质量管理的基础上，主要内容包括制定质量方针、建立质量保证体系、树立零缺陷观念、建立质量圈、开展QC小组活动、进行质量诊断等。

①零缺陷。零缺陷是指产品在整个设计、生产、销售服务过程中的每个环节上质量缺陷为零，即不发生质量问题，不生产不合格品。这种方法的管理目标是鼓励每个人注意自己工作的准确度和细节，消除失误，使产品长久保持高质量。从具体做法上看，这种方法并不十分强调统计质量控制和专门人员质量监督，而是重视员工的参与性，赋予每个员工对质量控制的责任感和工作自豪感。零缺陷在实施时应当注重：质量保证简明扼要，每个人承担完全义务，及时采取行动纠正错误等。

②质量圈。产品质量是由设计与生产部门之间、制造与销售环节之间、销售与生产环节之间的十几个甚至更多因素相互作用的结果，产品质量是这些环节共同努力的结果。质量圈就是为了消除各环节工作失误和环节间阻碍而结成的直接参与质量控制的人员集合。因此，从逻辑上讲，质量圈是零缺陷的实施过程。质量圈是以企业从上至下员工最大限度的自觉参与为基础的，通常由企业高层领导人推动开展，并层层向下普及。在质量圈内，质量与效率并重，员工的积极性和创造力得到较好发挥，各环节协调工作，质量控制能够取得明显效果。

③QC小组。QC小组是由一些基层管理人员和一般员工组成的，能够发现、分析并最终解决质量问题的基层组织。QC小组集质量控制和人力资源管理为一体，能够在发挥每个员工积极性和创造力的基础上，有效地执行质量控制方案，解决质量问题，提出质量改进意见，从而节约质量控制成本，提高企业经济效益。QC小组通常是自愿加入的，可以在班组范围内建立，也可跨班组建立。为便于相互交流，QC小组一般有6～10个人。今天，这种质量控制方法已广泛运用于各类企业，并取得了显著的效果。日本企业自从20世纪80年代运用该方法后，大幅度提高了产品质量和国际竞争力；IBM的一个工厂中，就有800多个QC小组。

（4）全面质量管理（TQC）。全面质量，从横向上看，包括产品质量和工作质量，即预防和鉴别不合格品、降低成本、按期交货、提供优质服务等；从纵向上看，是指产品从构思、市场调查、设计、试制一直到生产、检验、销售、售后服务、改进产品性能等各环节的质量要求。不同的企业有着不同的质量要求，行业、规模、目标市场、经营方式及其他多种因素，都会影响到企业对产品和服务质量的要求。它是企业全体人员和各个部门协同工作，把经营管理、专业技术、数理统计方法和教育培训结合起来，建立产品研发、设计、生产、服务全过程的质量体系，从而有效地利用人、财、物、信息等资源，提供符合市场需求的产品和服务的系统管理方法。

1）全企业质量管理。企业实施TQC，首先应在企业内树立长期的质量管理观念，特别是要有最高管理层的支持。国外学者在对500家制造和服务公司的调查中发现，只有36%的公司认为TQC有效地提高了他们的竞争力。究其原因，一是缺乏最高管理层支持，二是缺乏长期规划。

其次，在组织架构方面，应当建立以质量控制为导向的组织架构，明确划分高层、中层、基层的质量管理权责，并分别确定不同的管理重点。高层管理侧重于制订质量目标、质量计划等整体方案，并负责协调；中层管理侧重于针对本部门的质量目标进行决策；基层管理侧重于组织QC小组，严格按照标准进行生产，并积极提出改进意见。另外，在实施TQC过程中，往往需要打破部门界限，进行协同工作。这样，企业形成完整的质量管理体系，各层次、各部门、各环节共同参与质量管理，为实施TQC提供组织保证。

再次，企业在实施TQC的过程中，往往需要根据质量保证体系的要求，重新设计工艺流程，把质量控制的方法融入生产过程中，在生产过程中完成大部分质量控制活动，实现质量和效率的“二合一”。

最后，TQC与企业文化及其变革有着密切的联系。TQC是一项长期的系统工程，企业文化是在长期的经营过程中逐步培育起来的，因此，二者应当相互呼应、彼此配合。

2）全过程质量管理。在TQC条件下，提高产品或服务质量的重点是设计阶段，即更多强调计划和设计的科学性、合理性和高质量，而并不强调检验，因为，消除引发缺陷的原因比不断地否决有缺陷的零件更重要。通常，在设计阶段，产品和服务的变化越多，出现质量问题的概率越大，因此，在条件允许的情况下，企业应当尽可能减少主体设计的变更频率，通过次要设计和辅助设计的变化对市场变化做出反应。

当然，制造质量也是很重要的。产品实体形成于生产过程，在这一过程中的每个环节贯彻质量控制的思想，强调对生产流程本身质量的控制，能够使产品生产减少缺陷和失误，使质量得到提升，同时，降低检验费用，提高资源利用率。通常，企业通过定期对所生产产品的抽样测试结果进行分析、判定，实现对生产流程质量的检验。

服务质量是企业在产品销售后所提供的服务的质量。服务质量是设计质量和制造质量的延伸，直接体现前两个阶段的质量。在提供服务过程中，帮助消费者了解产品、使用产品、维护产品，能够全面实现产品质量对消费者的有用性，同时，还能够发现产品中存在的、前两个阶段尚未考虑到的质量问题，并提出改进意见。福特、沃尔沃的召回制度就体现了售后服务的优良质量。

上述产品形成和使用的全过程是一个首尾相接、相互促进的过程，即：设计过程—生产过程—服务过程—改进设计—重新生产—提供服务……

因此，随着这些过程不断交替进行，企业的产品质量不断提高，TQC逐步发挥作用。

3）全员参与的质量管理。TQC是一种全员参与质量管理的活动。从设计、生产到销售、服务的每个环节的人员，都要对产品质量负责任，每个人都应当保证自己的工作不出现失误，而且，对于生产工艺、流程中出现的影响质量的问题，应当及时发现、及时解决，避免有质量缺陷的工件进入下一个工序。在一些日本企业中，员工可以有权使出现问题的生产线停下来，因为，TQC的理念是，高质量比高产量更重要。在这样的理念下，企业各层级的员工都努力寻找现有生产过程的缺陷并加以改进，尽可能消除降低产品质量的因素，从而提高产品质量和生产效率。

尽管检验是进行质量控制的有效手段，但其执行成本，即不合格品损失和检验费用之和却很高。实施TQC中的全员质量控制，就是将质量控制的职责分配到工序中，使每个工序按照更高的质量水平运转，这样，既能保证不合格品能够被及时发现而不再进入下一个工序，使得下一个工序的资源不会被白白耗费，同时减少了检验人员的数量，节约了检验费用。当企业的绝大部分重要工序都达到这一水平时，企业就可以把注意力转向全过程监控，进一步寻找并消除仍然存在的质量问题的产生原因，减少质量缺陷和误差的发生。

第四节　环境保护与资源节约责任

一、环境保护与资源节约方面的风险

（1）对环境保护法律法规以及行业政策规定不熟悉，可能给企业造成损害。

（2）对绿色消费推崇及贸易壁垒设置不适应，可能给企业造成损害。

（3）当企业属于污染产业时，众多有害物质的存在，使各环节都有可能引发对环境的损害。

（4）不注重节约社会资源、破坏/浪费稀缺资源，会遭到社会谴责，甚至受到惩罚。

二、环境保护与资源节约方面的内控

（一）转变发展方式，实现清洁生产和循环经济

企业应当按照国家有关环境保护与资源节约的规定，结合本企业实际情况，建立环境保护与资源节约制度，认真落实节能减排责任，积极开发和使用节能产品，发展循环经济，降低污染物排放，提高资源综合利用效率。

企业要在快速增长中破解资源与环境的双重约束，在市场竞争中争取主动，必须转变发展方式，重视生态保护，调整产业结构，发展低碳经济和循环经济；加大对环保工作的人力、物

力、财力的投入和技术支持，不断改进工艺流程，加强节能减排，降低能耗和污染物排放水平，实现清洁生产。

企业应当通过宣传教育等有效形式，不断提高员工的环境保护和资源节约意识，并落实到实践中。

（二）依靠科技进步和技术创新，着力开发利用可再生资源

企业发展离不开能源和资源。随着我国经济的高速发展，能源、资源对企业经济发展的“瓶颈”制约作用也越来越凸显。企业只有不断增强自主创新能力，通过技术进步推动替代技术和发展替代产品、可再生资源，降低资源消耗和污染物排放，实现低投入、低消耗、低排放和高效率，才能有效实现资源节约和环境保护。

企业应当加强对废气、废水、废渣的综合治理，建立废料回收和循环利用制度。

（三）关注资源节约和保护

企业应当重视资源节约和资源保护，着力开发利用可再生资源，防止对不可再生资源进行掠夺性或毁灭性开发。

企业应当重视国家产业结构相关政策，特别关注产业结构调整的发展要求，加快高新技术开发和传统产业改造，切实转变发展方式，实现低投入、低消耗、低排放和高效率。

（四）建立监测考核体系，强化日常监控

资源节约和环境保护人人有责。企业应当加强日常监控，定期开展监督检查，发现问题及时采取措施予以纠正。发生紧急、重大环境污染事件时，应当立即启动应急机制，同时根据国家法律法规的规定，及时上报，并依法追究相关责任人的责任。

第五节　促进就业与员工权益保护责任

一、促进就业与员工权益保护方面的风险

（1）因违反相关法律法规，形成事实上的就业歧视，招致投诉的风险损害。

（2）招聘失败，可能带来不必要的损失和纠纷。

（3）造成人才过剩，会导致成本增加。

二、促进就业与员工权益保护方面的内控

（一）促进就业是企业社会责任的重要体现

保障就业、稳定就业，是社会稳定和发展的大计。中国是世界上人口最多的国家，又是世界上最大的发展中国家。面对庞大的人口数量，国民经济还相对薄弱，要让尽可能多的劳动者享受改革发展的成果，促进社会稳定和谐，就要最大限度地创造就业，这不仅是各级政府的责任，也是企业应尽的义务。

企业作为就业工作的最大载体，应当以宽广的胸怀接纳各方人士，为国家和社会分担困难，促进充分就业。在各级政府培训提高劳动者专业技能和素质、鼓励企业扩大就业方面给予税收等优惠待遇的同时，企业应结合实际需要，转变陈旧或功利的用人观念，在满足自身发展的情况下，公开招聘、公平竞争、公正录用，为社会提供尽可能多的就业岗位，特别是建筑企业、服务型企业、商业零售企业、劳动服务等劳动密集型企业，应当成为吸纳农民工就业的主体。企业在录用员工时，不能因民族、种类、性别、宗教信仰不同而受歧视，要保证劳动者依法享有平等就业和自主择业的权利。

（二）保护员工合法权益是企业生存发展的内在动力

不断提高员工的素质，维护员工的合法权益，既是社会和谐稳定的需要，也是企业长远发展的需要。企业应当尊重员工，关爱员工，维护员工权益，促进企业与员工的和谐稳定和共同发展。

1. 建立科学合理的员工薪酬增长机制

薪酬无疑是吸引和争夺人才的一个关键因素。企业应当遵循按劳分配、同工同酬的原则，结合内外部因素和员工的自身表现等，建立科学有效的薪酬正常增长机制，最大限度地激发员工的工作热情和敬业精神。员工工资等薪酬应当及时发放，员工各类社会保险应当及时足额缴纳，不得无故拖欠和克扣。企业应当重视和关注积极缩小高级管理人员薪酬与员工薪酬的差距，促进企业高级管理人员与员工的薪酬有机协调统一。

2. 建立完善科学的员工培训和晋升机制

培训的目的是让员工得到尽快发展。企业应当保证晋升对每个人的公平、公正。每个人主宰自己的命运，适应快、能力强的人能迅速掌握各阶段的技能，自然能得到更快的晋升。企业对不同员工个性化的培训，保持员工及时获得必要的知识储备，才能通过公平竞争和优越的机会吸引大批有能力的员工为企业真诚服务。

3. 维护员工的身心健康

现代社会的激烈竞争和快节奏，导致员工身心高度紧张，承受过重的职业压力，很多员工处于亚健康状态。企业应当关心员工身体健康，保障员工充分的休息和休假权利，广泛开展娱乐休闲活动；加强职工代表大会和工会组织建设，通过企业内部员工热线、信访接待、内部媒体、员工建议箱等渠道，保证员工与企业上层的信息畅通，帮助员工减压，不断提高员工的身体素质；加强对职业病的预防、控制和消除，贯彻落实国家有关职业卫生的法律法规，加强生产安全管理工作，定期对劳动者进行体检，建立职业健康档案等，确保员工身心健康。

（三）重视产学研用结合，培养需求人才

企业应当重视产学研用结合，牢固确立企业技术创新主体地位这个核心，把产学研用结合的基点放在人才培养方面；要充分运用市场机制和手段，积极开展与高校和科研院所的战略合作，联合创建国家重点实验室、工程中心等研究与开发和产业化基地，实行优势互补，激发科研机构的创新活力；要重视和加强与高校和科研院所人才培养和交流，加速科技成果的转化和产业化，引导技术创新要素聚集到企业创造社会财富过程中来，使企业获得持续创新的能力；促进应用型人才的培养，确保企业发展中人才不断得到补充。

（四）支持慈善事业是传统美德

企业应重视支持慈善事业，扶助社会弱势群体。

通过捐赠等慈善公益事业，企业能够达到无与伦比的广告效应，既能享受税收优惠，又能提升企业的形象和消费者的认可度与赞誉度，提高市场占有率。“仰承福泽，报效桑梓”。企业在关注自身发展的同时，应当勇于承担社会责任，积极支持慈善事业，奉献爱心和善举，扶助社会弱势群体，把参与慈善活动作为创新产品和服务的潜在市场，将慈善行为与企业发展目标有机地联系起来，不断增强自身参与社会慈善事业发展的积极性和可持续性，以实际行动践行企业公民的责任和义务。

法律依据

企业内部控制应用指引第4号——社会责任

第一章 总 则

第一条 为了促进企业履行社会责任，实现企业与社会的协调发展，根据国家有关法律法规和《企业内部控制基本规范》，制定本指引。

第二条 本指引所称社会责任，是指企业在经营发展过程中应当履行的社会职责和义务，主要包括安全生产、产品质量（含服务，下同）、环境保护、资源节约、促进就业、员工权益保护等。

第三条 企业至少应当关注在履行社会责任方面的下列风险：

（一）安全生产措施不到位，责任不落实，可能导致企业发生安全事故。

（二）产品质量低劣，侵害消费者利益，可能导致企业巨额赔偿、形象受损，甚至破产。

（三）环境保护投入不足，资源耗费大，造成环境污染或资源枯竭，可能导致企业巨额赔偿、缺乏发展后劲，甚至停业。

（四）促进就业和员工权益保护不够，可能导致员工积极性受挫，影响企业发展和社会稳定。

第四条 企业应当重视履行社会责任，切实做到经济效益与社会效益、短期利益与长远利益、自身发展与社会发展相互协调，实现企业与员工、企业与社会、企业与环境的健康和谐发展。

第二章 安全生产

第五条 企业应当根据国家有关安全生产的规定，结合本企业实际情况，建立严格的安全生产管理体系、操作规范和应急预案，强化安全生产责任追究制度，切实做到安全生产。

企业应当设立安全管理部门和安全监督机构，负责企业安全生产的日常监督管理工作。

第六条 企业应当重视安全生产投入，在人力、物力、资金、技术等方面提供必要的保障，健全检查监督机制，确保各项安全措施落实到位，不得随意降低保障标准和要求。

第七条 企业应当贯彻预防为主的原则，采用多种形式增强员工安全意识，重视岗位培训，对于特殊岗位实行资格认证制度。

企业应当加强生产设备的经常性维护管理，及时排除安全隐患。

第八条 企业如果发生生产安全事故，应当按照安全生产管理制度妥善处理，排除故障，减轻损失，追究责任。

重大生产安全事故应当启动应急预案，同时按照国家有关规定及时报告，严禁迟报、谎报和瞒报。

第三章 产品质量

第九条 企业应当根据国家和行业相关产品质量的要求，从事生产经营活动，切实提高产品质量和服务水平，努力为社会提供优质安全健康的产品和服务，最大限度地满足消费者的需求，对社会和公众负责，接受社会监督，承担社会责任。

第十条 企业应当规范生产流程，建立严格的产品质量控制和检验制度，严把质量关，禁止缺乏质量保障、危害人民生命健康的产品流向社会。

第十一条 企业应当加强产品的售后服务。售后发现存在严重质量缺陷、隐患的产品，应当及时召回或采取其他有效措施，最大限度地降低或消除缺陷、隐患产品的社会危害。

企业应当妥善处理消费者提出的投诉和建议，切实保护消费者权益。

第四章　环境保护与资源节约

第十二条　企业应当按照国家有关环境保护与资源节约的规定，结合本企业实际情况，建立环境保护与资源节约制度，认真落实节能减排责任，积极开发和使用节能产品，发展循环经济，降低污染物排放，提高资源综合利用效率。

企业应当通过宣传教育等有效形式，不断提高员工的环境保护和资源节约意识。

第十三条　企业应当重视生态保护，加大对环保工作的人力、物力、财力的投入和技术支持，不断改进工艺流程，降低能耗和污染物排放水平，实现清洁生产。

企业应当加强对废气、废水、废渣的综合治理，建立废料回收和循环利用制度。

第十四条　企业应当重视资源节约和资源保护，着力开发利用可再生资源，防止对不可再生资源进行掠夺性或毁灭性开发。

企业应当重视国家产业结构相关政策，特别关注产业结构调整的发展要求，加快高新技术开发和传统产业改造，切实转变发展方式，实现低投入、低消耗、低排放和高效率。

第十五条　企业应当建立环境保护和资源节约的监控制度，定期开展监督检查，发现问题，及时采取措施予以纠正。污染物排放超过国家有关规定的，企业应当承担治理或相关法律责任。

发生紧急、重大环境污染事件时，应当启动应急机制，及时报告和处理，并依法追究相关责任人的责任。

第五章　促进就业与员工权益保护

第十六条　企业应当依法保护员工的合法权益，贯彻人力资源政策，保护员工依法享有劳动权利和履行劳动义务，保持工作岗位相对稳定，积极促进充分就业，切实履行社会责任。

企业应当避免在正常经营情况下批量辞退员工，增加社会负担。

第十七条　企业应当与员工签订并履行劳动合同，遵循按劳分配、同工同酬的原则，建立科学的员工薪酬制度和激励机制，不得克扣或无故拖欠员工薪酬。

企业应当建立高级管理人员与员工薪酬的正常增长机制，切实保持合理水平，维护社会公平。

第十八条　企业应当及时办理员工社会保险，足额缴纳社会保险费，保障员工依法享受社会保险待遇。

企业应当按照有关规定做好健康管理工作，预防、控制和消除职业危害；按期对员工进行非职业性健康监护，对从事有职业危害作业的员工进行职业性健康监护。

企业应当遵守法定的劳动时间和休息休假制度，确保员工的休息休假权利。

第十九条　企业应当加强职工代表大会和工会组织建设，维护员工合法权益，积极开展员工职业教育培训，创造平等发展机会。

企业应当尊重员工人格，维护员工尊严，杜绝性别、民族、宗教、年龄等各种歧视，保障员工身心健康。

第二十条　企业应当按照产学研用相结合的社会需求，积极创建实习基地，大力支持社会有关方面培养、锻炼社会需要的应用型人才。

第二十一条　企业应当积极履行社会公益方面的责任和义务，关心帮助社会弱势群体，支持慈善事业。

第七章

资金活动方面的内部控制

广义的资金通常指企业拥有和控制资源（包括有形的和无形的）的货币表现，狭义的资金是指现金、银行存款和其他货币资金。

资金被视为企业生产经营的血液，渗透于生产经营全过程，没有或资金不足，企业经营活动就不能正常运行，经营目标就难以实现。资金是企业赖以生存和发展的基础，决定着企业的竞争能力和可持续发展能力。

资金活动，是指企业筹资、投资和资金营运等活动的总称。它涉及的范围是资金的筹措、资金的投放和资金的日常营运。资金活动中的筹资、投资在大多数企业中发生次数较少，一旦发生则对企业财务状况有着较大影响；资金营运活动贯穿于生产经营全过程，其自身的周转与生产经营活动周期具有一致性，一旦资金链出现问题，就会直接危及企业的生存。

文案范本

资金营运过程

以制造业、流通业资金营运流程为例，如图 7-1 所示。

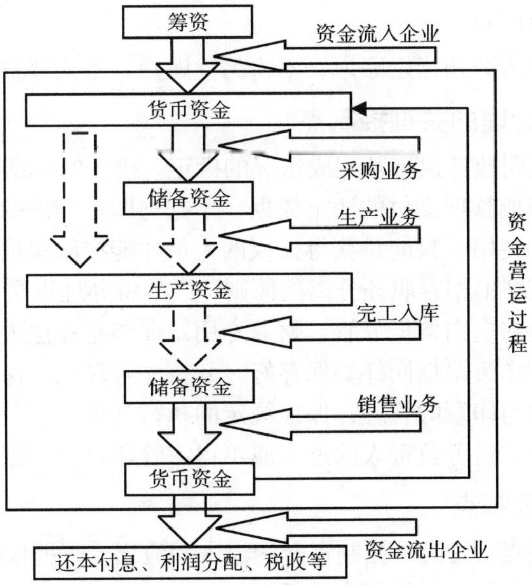

图 7-1　资金营运过程

第一节　内控综述

一、资金活动的内控目标

（1）合规有效筹措资金，满足生产经营活动需要。

（2）合理有效使用资金，提高资金的使用效率及效果。

（3）正确计量核算资金活动，如实反映资金状况。

（4）加强资金监管，防范资金流失，确保资金安全完整。

二、资金管理的主要风险点

（1）资金使用违反国家法律、法规，企业可能遭受外部处罚、经济损失和信誉损失。

（2）资金未经适当审批或超越授权审批，可能产生重大差错或舞弊、欺诈行为，从而使企业遭受损失。

（3）资金记录不准确、不完整，可能造成账实不符或导致财务报表信息失真。

（4）有关单据遗失、变造、伪造、非法使用等，可能导致资产损失、法律诉讼或信用损失。

（5）职责分工不明确、机构设置和人员配备不合理，可能导致资产损失、法律诉讼或信用损失。

（6）不按相关规定进行银行账户的核对，可能导致相关账目核对程序混乱。

（7）银行账户的开立不符合国家有关法律、法规要求，可能导致企业受到处罚及资金损失。

三、资金管理的关键控制点

（一）银行账户管理的关键控制点

银行账户是企业资金结算的平台，若管理不善，则容易出现较大的风险。

（1）银行账户的开立、使用和撤销必须有授权。

（2）限制接近原则的使用，只能是获得授权的人员进行银行账户的操作。

（3）严格按照《支付结算办法》等国家有关规定，加强银行账户的管理，办理存款、取款和结算。不得出租或出借账户。

（4）所有业务必须进入公司指定账户，不得另立账户或不入账户、开设账外账。

（二）票据与印章管理的关键控制点

印章是明确责任、表明业务执行及完成情况的标记。狭义的票据仅指以支付金钱为目的的有价证券。两者的结合形成款项支付的法定凭据。票据与印章管理的关键控制点包括：

（1）限制接近原则的使用，只能是获得授权的人员才能接触票据和印章。

（2）印章的保管要贯彻不相容职务分离的原则，严禁将办理资金支付业务的相关印章和票据集中一人保管，印章要与空白票据分管，财务专用章要与企业法人章分管。

（3）对于空白票据和作废票据同样要保存好，并按序号登记，保证票据的全面性。

（4）不定期抽查票据与印章的管理，保证规定的执行到位。

（5）要落实回避原则，财务负责人的近亲属不得掌管印章和票据等。

（三）审批的关键控制点

把收支审批作为关键点，是为了控制资金的流入和流出。审批权限的合理划分是资金活动顺利开展的前提条件。审批的关键控制点包括：

（1）制定资金的限制接近措施，经办人员进行业务活动时应该得到授权审批，任何未经授权的人员不得办理资金收支业务。

（2）使用资金的部门应提出用款申请，记载性质、用途、金额、时间等事项。

（3）经办人员在原始凭证上签章；经办部门负责人、主管经理和财务部门负责人审批并签章。根据权限划分，需要上报更高级别领导审批的，上报相应领导审批。

（4）资金的收取，要有相应的部门同意，并明确表示资金的性质、来源、用途等，财务人员方可办理收取手续。

（四）复核的关键控制点

复核是减少错误和舞弊的重要措施。根据企业内部层级的隶属关系可以划分为纵向复核和横向复核两种类型。前者是指上级主管对下级活动的复核；后者是指平级或无上下级关系人员的相互核对，如财务系统内部的核对。复核的关键控制点包括：

（1）会计主管审查原始凭证反映的收支业务是否真实合法，经审核通过并签字盖章后才能填制原始凭证。

（2）凭证上的主管、审核、出纳和制单等印章是否齐全。财务部门经理要审核票据的真实性、合法性，是否符合公司的规章制度，同时要兼顾业务发生的真实性。出纳人员要审核审批程序的完整性、票据的合法性等方面，不符合要求的一律不予付款。

（3）重要业务或金额较大的业务，应该由不同的人员进行两次复核，或者建立双签制度。

（五）收付的关键控制点

资金的收付导致资金流入流出，反映着资金的来龙去脉。收付的关键控制点包括：

（1）出纳人员按照审核后的原始凭证收付款，并对已完成收付的凭证加盖戳记，并登记日记账。

（2）出纳人员要及时核对银行账户信息，特别是大额的资金收付，一定要实时核对是否到账、划出等，并和付款方、收款方及时沟通，确保第一时间掌握资金动向。

（3）主管会计人员及时准确地记录在相关账簿中，定期与出纳人员的日记账核对。

（六）记账的关键控制点

资金的凭证和账簿是反映企业资金流入流出的信息源。如果记账环节出现管理漏洞，很容易导致整个会计信息处理结果失真。记账的关键控制点包括：

（1）根据资金收付凭证登记日记账，会计人员根据相关凭证登记有关明细分类账；登账时要准确登记金额、时间、摘要等内容。特别是摘要，一定要简明扼要，明晰表达业务性质。

（2）主管会计人员根据凭证汇总表登记总分类账，及时与相关明细账核对。

（3）银行对账单的核对，要有出纳人员以外的人员对账。最好是会计主管人员亲自进行，对于未达账项要切实查清原因，并不断跟踪进展，避免长期未达账项的出现。

（七）对账的关键控制点

对账是账簿记录系统的最后一个环节，也是报表生成前的最后一个环节，对保证会计信息的真实性起着重要作用。对账的关键控制点包括：

（1）账证核对。将账簿同相关会计凭证进行核对，保证账簿记录是正确的。

（2）账账核对。将明细账和总账相核对，保证数字一致。

（3）账表核对。将总账和会计报表相核对，保证会计报表数字与总账的一致性。同时，会计报表之间要加以核对，保证钩稽关系的正确。

（4）账实核对。要定期将实物和明细账相核对，定期进行财产清查和债权债务的对账等工作。特别是对于现金、银行存款、商业票据等，要不定期进行抽查，避免出现舞弊等现象的发生。

四、资金活动内控的基本要求

（一）资金管理要求

企业应当加强资金活动的集中归口管理，明确筹资、投资、营运等各环节的职责权限和岗位分离要求。

（二）资金安全要求

企业应当定期或不定期地检查和评价资金活动情况，落实责任追究制度，确保资金安全和有效运行。

（1）资金日常管理。企业财会部门负责资金活动的日常管理，参与投融资方案等可行性研究；总会计师或分管会计工作的负责人应当参与投融资决策过程。

（2）资金统一集中管理。对有子公司的企业，一是要求企业在符合有关法律法规及监管要求的前提下，“采取合法有效措施，强化对子公司资金业务的统一监控”。二是提出了对资金管理模式的探索与创新的要求，“有条件的企业集团，应当探索财务公司、资金结算中心等资金集中管理模式”。

（三）投融资职权要求

企业应当根据自身发展战略，科学确定投融资目标和规划，完善严格的资金授权、批准、审验等相关的管理制度。

小知识　　资金管理的原则

（1）资金管理的首要任务是保证合理的资金需求。

（2）采取得力措施，缩短营业周期，加速变现过程，加快资金周转，从而提高资金使用效率。

（3）节约资金使用成本。一方面，要挖掘资金潜力，盘活全部资金，精打细算地使用资金；另一方面，积极拓展融资渠道，合理配置资源，筹措低成本资金，服务于生产经营。

（4）合理安排流动资产和流动负债的比例关系，保持流动资产结构与流动负债结构的适配性，保证企业有足够的短期偿债能力。

第二节　筹资方面的内部控制

为控制筹资风险，降低筹资成本，防止筹资过程中的差错与舞弊，企业应制定筹资业务流程，明确筹资决策、执行、偿付等环节的内部控制要求，并设置相应的记录或凭证，如实记载各环节业务的开展情况，确保筹资全过程得到有效控制。

一、筹资管理的控制目标

（1）保证筹资方案符合企业整体发展战略，项目可行。财务部门与其他生产经营相关业务部门沟通协调，根据企业经营战略、预算情况与资金现状等因素，提出筹资方案。筹资方案应包括筹资金额、筹资形式、利率、筹资期限、资金用途等内容。

企业组织相关专家对筹资项目进行可行性论证，评估筹资方案是否符合企业整体发展战略，分析筹资方案是否还有降低筹资成本的空间以及更好的筹资方式，对筹资方案面临的风险做出全面评估。

（2）制订切实可行的具体筹资计划，科学规划筹资活动，保证筹资活动正确、合法、有效进行。通过银行借款方式筹资的，应当与有关金融机构进行洽谈，明确借款规模、利率、期限、担保、还款安排、相关的权利义务和违约责任等内容；通过发行债券方式筹资的，应当合理选择债券种类，如普通债券还是可转换债券等，并对还本付息方案做出系统安排，确保按期、足额偿还到期本金和利息；通过发行股票方式筹资的，应当依照《中华人民共和国证券法》等有关法律法规和证券监管部门的规定，优化企业组织架构，进行业务整合，并选择具备相应资质的中介机构，如证券公司、会计师事务所、律师事务所等协助企业做好相关工作，确保符合股票发行条件和要求。

（3）在企业内部按照分级授权审批的原则进行审批，审批人员与筹资方案编制人员应适当分离。在审批中，应贯彻集体决策的原则，实行集体决策审批或者联签制度。筹资方案需经有关管理部门批准的，应当履行相应的报批程序；重大筹资方案，应当提交股东（大）会审议，选择批准最优筹资方案。

（4）按规定进行筹资后评价，评估执行及效果与方案的一致性，对存在违规现象的，严格追究其责任。加强筹资活动的检查监督，严格按照筹资方案确定的用途使用资金，确保款项的收支、股息和利息的支付、股票和债券的保管等符合有关规定，维护筹资信用。

二、筹资管理的主要风险点

（1）筹资活动违反国家法律、法规，可能遭受外部处罚、经济损失、信誉损失、资金冗余或债务结构不合理，可能造成筹资成本过高。

（2）债务过高、资金安排不当、不能按期偿债、资金管理不当等，可能造成资金流失或因筹资记录不真实，而使账实不符、筹资成本信息不真实。

（3）筹资分析报告未经适当审批或超越授权审批，可能产生重大差错或舞弊、欺诈行为而使企业遭受损失。

（4）筹资授权未以授权书为准，而是逐级授权、口头通知，可能产生重大差错或舞弊、欺诈行为，从而使企业遭受损失。

（5）筹资计划没有依据上期预算的完成情况编制，可能导致筹资决策失误，从而使企业负债过多，增加财务风险。

（6）筹资没有考虑筹资成本和风险评估等因素，可能产生重大差错或舞弊、欺诈行为，从而使企业遭受损失。

（7）筹资方案的选择没有考虑企业的经营需要，可能导致筹资结构安排不合理，筹资收益少于筹资成本，从而使企业到期无法偿还利息。

（8）筹资活动的效益未与筹资人员的绩效挂钩，导致筹资决策责任追究时无法落实到具体的部门及人员。

小知识 筹资交易活动中常见的弊端

（1）筹资无预算，盲目操作。在筹资环节，盲目筹资的现象比较严重。有的企业无合理的借款计划，片面认为只要借得到钱就是有本领；有的企业所编制的计划不合理，甚至是根本不可行的预算，因此，财务人员始终陷入“拆东墙、补西墙”的筹资困境。

（2）资金使用不合理，资金成本高，资金收益率低。有的企业借款使用不当，不按规定用途使用借款，长期占用或挪用借款的情况比较严重。

（3）高额负债，经济效益下降。有的企业长期负债经营，资产负债率居高不下，财务风险逐渐加大；有的企业息税前资产利润率高于负债利率，经济效益每况愈下，财务状况不断恶化。

（4）筹资活动不规范。企业内部集资未经批准，不符合法定手续；集团内部借贷资金、隐匿资金、转移资金。

（5）利息计算与账务处理不合理。有的企业利息计算不正确，账务处理不规范，利用利息调节利润。

（6）不按期还本付息。有的企业不能按照借款合同上的规定还本付息，有的企业甚至利用利息支付或本金的归还“制约”债权人。

（7）凭证管理不规范。未发行的筹资凭证保管不善，遗失或被盗；已回收的筹资凭证不及时注销，造成被多次使用的风险。

三、筹资管理的关键控制点（见表 7-1）

表 7-1 筹资管理的关键控制点

关键控制点	控制目标	控制措施
提出筹资方案	进行筹资方案可行性论证	进行筹资方案的战略性评估，如是否与企业发展战略相符合，筹资规模是否适当； 进行筹资方案的经济性评估，如筹资成本是否最低，资本结构是否恰当，筹资成本与资金收益是否匹配； 进行筹资方案的风险性评估，如筹资方案面临哪些风险，风险大小是否适当、可控，以及是否与收益匹配
筹资方案审批	选择批准最优筹资方案	根据分级授权审批制度，按照规定程序严格审批经过可行性论证的筹资方案； 审批中应实行集体审议或联签制度，保证决策的科学性
制订筹资计划	制订切实可行的具体筹资计划，科学规划筹资活动，保证低成本、高效率筹资	根据筹资方案，结合当时经济金融形势，分析不同筹资方式的资金成本，正确选择筹资方式和不同方式的筹资数量，财务部门或资金管理部门制订具体筹资计划； 根据授权审批制度报有关部门批准
实施筹资	保证筹资活动正确、合法、有效进行	根据筹资计划进行筹资； 签订筹资协议，明确权利义务； 按照岗位分离与授权审批制度，各环节和各责任人正确履行审批监督责任，实施严密的筹资程序控制和岗位分离控制； 做好严密的筹资记录，发挥会计控制的作用
筹资活动评价与责任追究	保证筹集资金的正确有效使用，维护筹资信用	促成各部门严格按照确定的用途使用资金； 监督检查，督促各环节严密保管未发行的股票、债券； 监督检查，督促正确计提、支付利息； 加强债务偿还和股利支付环节的监督管理； 评价筹资活动过程，追究违规人员责任

四、筹资活动控制内容及基本控制制度

（一）岗位分工控制

1. 不相容职务分离

企业应建立筹资业务的岗位责任制，明确有关部门和岗位的职责、权限，确保办理筹资业务的不相容职务分离、制约和监督。同一部门或个人不得办理筹资业务的全过程。筹资业务的不相容职务至少包括：

（1）筹资方案的拟订与决策分离。

（2）筹资合同或协议的审批与订立分离。

（3）与筹资有关的各种款项偿付的审批与执行分离。

（4）筹资业务的执行与相关会计记录分离。

2. 部门职责

（1）财务部。编制筹资预算；拟订筹资方案；组织筹资风险评估；与证券部共同编制发行新股招股说明书、可转换公司债券募集说明书、公司债券募集说明书等相关文件；归口办理除发行债券外的债务融资事项；筹资会计核算和偿付管理。

（2）证券部或投资部。与财务部共同办理资本市场的筹资事项；参与筹资风险评估；资本市场债务筹资偿还管理。

（3）审计部。对筹资协议或合同进行审查；对公司筹资政策和筹资业务过程进行审计。

3. 业务人员的素质要求

企业应配备合格的人员办理筹资业务。办理筹资业务的人员应具备必要的筹资业务专业知识和良好的职业道德，熟悉国家有关法律法规、相关国际惯例及金融业务，符合公司规定的岗位规范要求。

（二）授权审批控制

企业应对筹资业务建立严格的授权审批制度，明确授权审批方式、程序和相关控制措施，规定审批人的权限、责任以及经办人的职责范围和工作要求，并建立筹资决策、审批过程的书面记录制度，以及有关合同或协议、收款凭证、支付凭证等资料的存档、保管和调用制度，加强对与筹资业务有关的各种文件和凭据的管理，明确相关人员的职责权限。

1. 授权方式

（1）公司对董事会的授权由公司章程规定和股东大会决议。

（2）公司对董事长、总经理的授权，由公司董事会决议。

（3）对总经理对其他人员的授权，年初以授权文件的方式明确；对筹资审批，一般只对财务总监给予授权。

（4）对经办部门的授权，在部门职能描述中规定。

2. 审批权限和要求（见表 7-2）

表 7-2 筹资活动审批权限和要求

项 日	审 批 人	审批权限和要求
权益资本筹资	股东大会	对发行新股（包括配股、增发）等做出决议； 批准前，董事会必须决议通过
	董事会	对筹资方案审批
债务资本筹资	股东大会	对发行公司债券做出决议； 决议前，董事会必须通过
	董事会	制定发行债券方案并批准； 授权董事长、总经理对除债券发行外的债务筹资审批
	董事长、总经理、财务总监	按授权审批筹资方案 按授权签订筹资合同

3. 审批方式

（1）股东大会批准，以股东大会决议的形式批准，董事长根据决议签批。

（2）董事会批准，以董事会决议的形式批准，董事长根据决议签批。

（3）董事长在董事会闭会期间，根据董事会授权直接签批。

（4）总经理根据总经理会议规则，由总经理办公会议批准或根据授权直接签批。

（5）财务总监根据授权签批。

4. 批准和越权批准处理

审批人根据筹资业务批准制度的规定，在授权范围内进行审批，不得超越审批权限；经办人在职责范围内，按照审批意见办理筹资业务；对于审批人超越授权范围审批的筹资业务，经办人有权拒绝办理，并及时向审批人的上一级授权部门报告。

（三）筹资决策控制

企业应建立筹资业务决策环节的控制制度，对筹资方案拟订、筹资决策程序等做出明确规定，确保筹资方式符合成本效益原则，筹资决策科学、合理。筹资业务流程如图 7-2 所示。

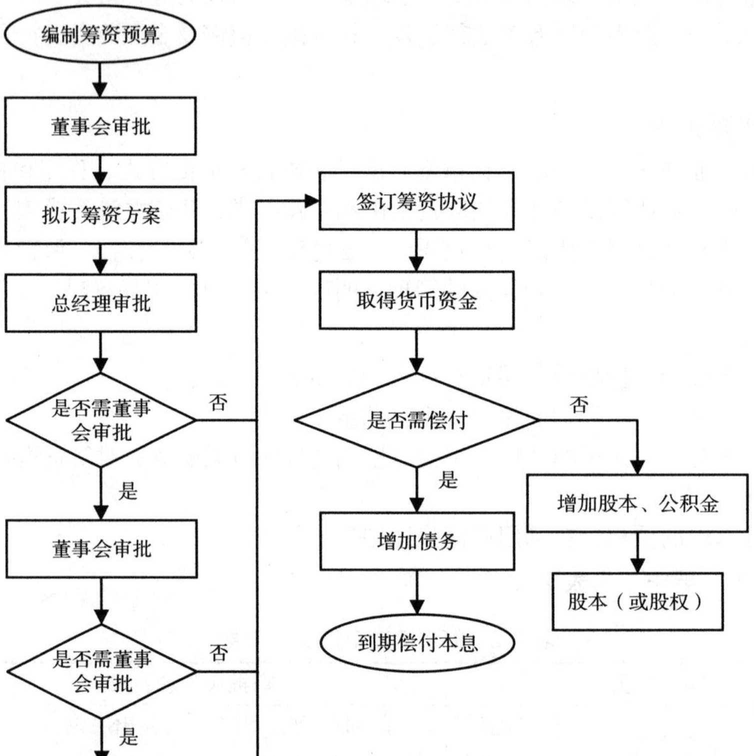

图 7-2 筹资业务流程

1. 编制筹资预算

公司每年度根据公司的发展战略、投资计划、生产经营需要，并以现金流为中心编制筹资预算，筹资预算与资金需求时间、结构、规模相匹配；筹资预算应符合公司发展战略要求、筹资计划和资金需要；筹资预算一经批准，必须严格执行；公司筹资预算的编制和调整，按相关法律法规及单位的《预算管理实施办法》执行。

2. 筹资方案制订与决策

企业拟订的筹资方案应符合国家有关法律法规、政策和企业筹资预算要求，明确筹资规模、筹资用途、筹资结构、筹资方式和筹资对象，并对筹资时机选择、预计筹资成本、潜在筹资风险和具体应对措施以及偿债计划等做出安排和说明。

（1）企业拟订筹资方案，应考虑企业经营范围、投资项目的未来效益、目标资本结构、可接受的资金成本水平和偿付能力。在海外筹集资金的，还应考虑筹资所在国的政治、法律、汇率、利率、环保、信息安全等风险以及财务风险等因素。

（2）对重大筹资方案应进行风险评估，形成评估报告，报董事会或股东大会审批。评估报告应全面反映评估人员的意见，并由所有评估人员签章。未经风险评估的方案不能进行筹资。企业拟订筹资方案，应准备多个方案做出比较分析，企业需要综合筹资成本和风险评估等因素对方案进行选定。

（3）对于重大筹资方案，企业应实行集体决策审批或者联签制度。决策过程应有完整的书面记录，并由决策人员核对签字；筹资方案需经国家有关管理部门或上级主管单位批准的，应及时报请批准。

（4）决策责任追究。根据公司章程及公司其他相关规定，企业应建立筹资决策责任追究制度。对重大筹资项目应进行后评估，明确相关部门及人员的责任，定期或不定期地进行检查。

3. 筹资对象选择

（1）公司按照公开、公平、公正的原则慎重选择筹资对象。

（2）在筹资中涉及中介机构的，公司应指定相关部门或人员对其资信状况和资质条件进行充分调查和了解。

（四）筹资执行控制

企业应建立筹资决策执行环节的控制制度，对筹资合同的订立与审核、资产的收取等做出明确规定。

1. 筹资合同或协议的订立与变更

（1）企业应根据经批准的筹资方案，按照规定程序与筹资对象，与中介机构订立筹资合同或协议。筹资合同由公司授权财务部会同有关部门办理。

（2）公司应组织审计部等相关部门或人员对筹资合同或协议的合法性、合理性、完整性进行审核，审核情况和意见应有完整的书面记录。

（3）筹资合同或协议的订立应符合《中华人民共和国合同法》及其他相关法律法规的规定，并经企业有关授权人员批准。重大筹资合同或协议的订立，应征询法律顾问或专家的意见。

（4）企业筹资通过证券经营机构承销或包销企业债券或股票的，应选择具备规定资质和资信良好的证券经营机构，并与该机构签订正式的承销或包销合同或协议。变更筹资合同或协议，应按照原审批程序进行。

2. 筹资合同或协议的审批

筹资合同或协议经审核程序通过后，由公司有关授权人员批准。

3. 筹资合同或协议的履行

企业应按照筹资合同或协议的约定及时足额取得相关资产。

（1）取得货币性资产，应按实有数额及时入账。

（2）取得非货币性资产，应根据合理确定的价值及时进行会计记录，并办理有关财产转移、工商变更手续。对需要进行评估的资产，应聘请有资质的中介机构及时进行评估。

4. 待发行有价证券的保管

企业对已核准但尚未对外发行的有价证券，由财务部门会同保安部门妥善保管或委托专门机构代为保管，建立相应的保管制度，明确保管责任，定期和不定期地进行盘存或检查。

5. 筹资费用支付

企业应加强对筹资费用的计算、核对工作，确保筹资费用符合筹资合同或协议的规定，并结合偿债能力、资金结构等，保持足够的现金流量，确保及时、足额偿还到期本金、利息或已宣告发放的现金股利等。

6. 筹资资金使用

（1）应按照筹资方案所规定的用途使用对外筹集的资金。市场环境变化等特殊情况导致确需改变资金用途的，应履行审批手续，并对审批过程进行完整的书面记录。严禁擅自改变资金用途。

（2）应建立持续符合筹资合同条款的内部控制制度，其中应包括预算不符合条款要求的预警和调整制度。对国家法律、行政法规或者监管协议规定应披露的筹资业务，企业应及时予以公告和披露。

（五）筹资偿付控制

企业应建立筹资业务偿付环节的控制制度，对偿还本金、支付利息、租金、股利（利润）等步骤、偿付形式等做出计划和预算制度安排，并正确计算、核对，确保各款项偿付符合筹资合同或协议的规定；以非货币资产偿付本金、利息、租金或支付股利（利润）时，应由相关机构或人员合理确定其价值，并报授权审批部门批准，必要时可委托具有相应资质的机构进行评估。

1. 债务资金支付

（1）企业财务部门应指定专人对债务资金进行管理，定期列单向公司总经理、财务总监、财务部经理提示债务资金到期情况。

（2）企业严格按合同或协议规定支付本息。

（3）企业支付债务资金，经授权审批后支付。

（4）到期债务如需续借，经授权人员批准后，财务部在到期前一个月向债权人申请办理，到期前完成续借手续。

2. 利息租金偿付

企业应指定财务部门严格按照筹资合同或协议规定的本金、利率、期限及币种计算利息和租金，经有关人员审核确认后，与债权人进行核对。本金与应付利息必须和债权人定期对账。如有不符，应查明原因，按权限及时处理。

（1）企业支付筹资利息、股息、租金等，应履行审批手续，经授权人员批准后方可支付。通过向银行等金融机构举借债务筹资，其利息的支付方式也可按照双方在合同或协议中约定的方式办理。

（2）企业委托代理机构对外支付债券利息，应清点、核对代理机构的利息支付清单，并及时取得有关凭据。

3. 股利支付

（1）企业应按照股利（利润）分配方案发放股利（利润），股利（利润）分配方案应按照企业章程或有关规定，按权限审批。

（2）企业委托代理机构支付股利（利润），应清点、核对代理机构的股利（利润）支付清单，并及时取得有关凭据。

4. 拟偿付款项与合同或协议不符情形的处理

企业财务部门在办理筹资业务款项偿付过程中，发现已审批拟偿付的各种款项的支付方式、金额或币种等与有关合同或协议不符的，应拒绝支付并及时向有关部门报告。有关部门应当查明原因，做出处理。

（六）筹资记录控制

1. 过程记录

企业建立筹资决策、审批过程的书面记录制度。

2. 会计记录

（1）企业按会计准则或会计制度对筹资业务进行会计核算和记录。

（2）企业应建立股东名册，记录股东姓名或名称、住所及股东所持股份、股票编号以及股东取得股票的日期。

（3）企业应建立债券存根簿，记录持有人、债券编号、债券总额、票面金额、利率、还本付息期限和方式、债券发行时间等。

（4）企业应建立借款台账，登记债权人、本金、利率、还本付息期限和方式等。

（5）企业财务部门应定期对会计记录和有关凭证与记录进行核对和检查。

（6）企业以抵押、质押方式筹资，应对抵押物资进行登记。业务终结后，应对抵押或质押资产进行清理、结算、收缴，及时注销有关担保内容。

3. 档案管理

企业对筹资过程记录、有关合同或协议、收款凭证、验收证明、入库凭证、支付凭证定期整理存档；档案的保管、调阅按国家及企业档案管理办法执行。

（七）具体筹资业务操作控制

1. 权益资本筹资

（1）吸收直接投资程序。

1）吸收直接投资须经股东大会或董事会批准。

2）与投资者签订投资协议，约定投资金额、所占股份、投资日期以及投资收益与风险的分担等。

3）财务部门负责监督所筹集资金的到位情况和实物资产的评估工作，并请会计师事务所办理验资手续，企业据此向投资者签发出资报告。

4）财务部门在收到投资款后应及时建立股东名册。

5）办理工商变更登记和企业章程修改手续。

（2）发行股票筹资程序。

1）发行股票筹资必须经过股东大会批准并拟订发行新股申请报告。

2）董事会向有关授权部门申请并经批准。

3）公布公告招股说明书和财务会计报表及附属明细表，与证券经营机构签订承销协议。

4）招认股份，缴纳股款。

5）办理变更登记并向社会公告。

6）建立股东名册。

（3）吸收投资不得吸收投资者已设有担保物权及租赁资产的出资。

（4）筹集的资本金，在生产经营期间内，除投资者依法转让外，不得以任何方式抽走。

（5）投资者实际缴付的出资额超出其资本金的差额（包括公司发行股票的溢价净收入）以及资本汇率折算差额等计入资本公积金。

2. 债务资本筹资

（1）短期借款筹资。

1）短期借款筹资程序。

①根据财务预算，财务部门确定企业短期内所需资金，编制筹资计划表。

②按照筹资规模大小，分别由财务总监和总经理审批筹资计划。

③财务部门负责拟订或审核借款合同，并监督资金的到位和使用。借款合同内容包括借款人、借款金额、利息率、借款期限、利息及本金的偿还方式以及违约责任等。

双方法人代表或授权签字。

2）在短期借款到位当日，企业财务部门应按照借款类别在短期筹资登记簿中登记。

3）企业财务部门建立借款台账，以详细记录各项资金的筹集、运用和本息归还情况。财务部门对于未支付的利息单独列示。

（2）长期借款筹资。长期借款必须编制长期借款计划使用书，包括项目可行性研究报告、项目批复、批准文件、借款金额、用款时间与计划以及还款期限与计划等。

长期借款计划应由财务总监、总经理、董事会依其职权范围进行审批。

财务部门负责拟订长期借款合同，其主要内容包括贷款种类、用途、金额、利息率、期限、利息及本金的偿还方式和资金来源、违约责任等。

（3）发行债券筹资。

1）发行债券筹资程序。

①发行债券筹资应先由股东大会做出决议。

②向中国证监会提出申请并提交公司登记证明、公司章程、公司债券募集办法以及资产评估报告和验资报告等。

③制定公司债券募集办法，其主要内容包括公司名称、债券总额和票面金额、债券利率、还本付息的期限和方式、债券发行的起止日期、公司净资产、已发行尚未到期的债券总额以及公司债券的承销机构等。

④同债券承销机构签订债券承销协议或包销合同。

2）公司发行的债券应载明公司名称、债券票面金额、利率以及偿还期限等事项，并由董事长签名、公司盖章。

3）公司债券发行价格可以采用溢价、平价、折价三种方式，财务部门保证债券溢价和折价合理分摊。

4）公司对发行的债券应置备公司债券存根簿予以登记。

发行记名债券的，公司债券存根簿应记明债券持有人的姓名、名称及住所、债券持有人取得债券的日期及债券编号、债券总额、票面金额、利率、还本付息的期限和方式以及债券的发行日期；发行无记名债券的，应在公司债券存根簿上登记债券的总额、利率、偿还期限和方式以及发行日期和债券的编号等。

5）财务部门在取得债券发行收入的当日将款项存入银行。

6）财务部门指派专人负责保管债券持有人明细账，并组织定期核对。

7）公司按照债券契约的规定及时支付债券本息。

（八）筹资活动的监督检查

1. 监督检查主体

（1）监事会。依据公司章程和股东大会决议对筹资管理进行检查监督。

（2）审计部门。依据公司授权和部门职能描述，对公司筹资业务进行审计监督。

（3）财务部门。依据公司授权，对公司筹资过程进行财务监督。

（4）上级对下级筹资的日常工作进行监督检查。

2. 监督检查内容

（1）筹资业务相关岗位及人员的设置情况。重点检查是否存在不相容职务混岗的现象。

（2）筹资业务授权审批制度的执行情况。重点检查筹资业务的授权审批手续是否健全，是否存在越权审批的行为。

（3）筹资决策制度的执行情况。重点检查筹资决策是否按照规定程序进行，决策责任制度是否落实到位。

（4）决策执行及资产的收取情况。重点检查是否严格按照经批准的筹资方案、有关合同或协议办理筹资业务，以及是否及时、足额收取资产。

（5）各项款项的支付情况。重点检查筹资费用、本金、利息、租金、股利（利润）等的支付是否符合合同或协议的规定，是否履行审批手续。

（6）会计处理和信息披露情况。重点检查会计处理是否真实、正确，信息披露是否及时、完整。

3. 监督检查结果处理

对监督检查过程中发现的筹资内部控制中的薄弱环节，负责监督检查的部门应告知有关部门，有关部门应当及时查明原因，采取措施加以纠正和完善；公司监督检查部门应按照单位内部管理权限向上级有关部门报告筹资内部控制监督检查情况和有关部门的整改情况。

第三节　投资方面的内部控制

企业投资活动是指企业投入财力以期望在未来获取收益的一种行为，是筹资活动的延续，也是筹资的重要目的之一。

小知识　　投资管理的基本原则

（1）认真进行市场调查，及时捕捉投资机会。

（2）建立科学的投资决策程序，认真进行投资项目的可行性分析。

（3）及时足额地筹集资金，保证投资项目的资金供应。

（4）认真分析风险和收益的关系，适当控制企业的投资风险。

一、投资控制的目标

（一）保障企业自身利益，防范和降低投资风险

投资活动与企业的其他业务相比，具有交易数量少、每笔交易金额大、风险大等特点，一旦投资决策失误，往往造成的损失也很严重，会导致企业承担巨额的财政负担，甚至导致企业破产、倒闭。因此，如何确保企业的投资达到预期的目的，并尽可能地降低投资风险就成为对外投资控制的重要目标之一。

（二）保证投资规模与筹资和资源调配能力相适应

筹资无疑决定着投资，是投资的前提。企业确定的投资方案或项目所需要的资金数额，需要通过筹资决定。只有如数、及时筹集到投资所需要的资金，投资方案才能实施。如果筹资不顺利、筹集不到或筹不足所需要的资金，即使再好的投资方案也不能得以实施。另外，企业投

资中需要的原材料、优秀人才、能源等一系列资源，以及企业本身是否有独特的优势是企业成功的关键。

（三）保证投资弹性适度

（1）规模弹性，投资企业必须根据自身资金的可供能力和投资效益或市场供求状况，调整投资规模，或收缩或扩张。

（2）结构弹性，投资企业必须有能力根据市场风险或市场价格变动，调整现存投资结构。由于市场处于永续变动之中，企业的经营规模和投资规模、企业经营结构和投资结构都必须相应调整，调整的前提就是投资弹性。企业应通过对投资业务的控制，保持适度的投资弹性。

（四）保证投资业务资金来源合理

企业的短期投资业务只能利用企业暂时闲置不用的资金，并且不得削弱企业的偿债能力；由于长期投资业务规模较大，占用资金的时间长，因此应以不影响企业的正常经营活动为限。因此，企业在进行投资前，应进行周密、科学的投资分析，确保投资业务具有可靠的资金来源。

（五）保证企业投资活动的合法性

为了规范企业的投资行为，国家颁布了相关的投资法规。投资者也正是依靠这些法规，使自己的投资收益得到了保障或减少了投资风险。企业对投资进行控制的目的，就是要使各种投资的交易手续、程序、各种文件记录以及账面的反映和财务报表的披露等均符合国家的投资法规，以保护投资者自身的利益。

（六）保证企业投资活动经过适当审批授权

为了使企业的投资活动达到既定的目的，要保证一切投资交易活动必须经过适当的授权或审批程序才能进行。据此设置职务分离制度、批准投资活动负责人的级别，使投资活动在投资初期就得到严格的控制。

（七）保证企业投资资产的安全与完整

企业投资资产中的有价证券，其流动性仅次于现金，它们被挪用的可能性较大，如果没有适当的控制制度，它们较易被冒领或转移。因此，保管好投资中的有价证券是投资业务控制的重要目标（由于目前企业的有价证券大多实行无纸化管理，因此其保管主要是计算机数据库的安全管理）。

（八）保证企业投资资产在报表上合理反映

由于市场变化较快，投资资产的价值变化很大，因此企业的利益相关人必然会关心报表所反映的价值是否真实合理。企业要使利益相关人及审计人员对其提供的财务信息感到可信，就必须对投资的计价和反映进行有效的控制，防止计价方法的不恰当运用和其他原因导致的报表错误。

（九）保证企业投资收益得到合理揭示

无论现实的、潜在的投资者、债权人还是政府、经营者，都会关心企业的盈利，而投资收益是企业盈利的重要组成部分，他们自然要求企业合理地揭示投资收益。这也是正确计税的依据。因此，企业应通过对投资进行严格有效的控制来合理地确定投资收益的时间和计算方法，以满足有关方面的需要。

（十）保证会计信息的真实可靠

投资的计价、投资收益的确认核算会影响整个企业会计信息的真实性。漏记或不正当地对一笔投资业务进行会计处理，将导致重大错误，从而对企业会计报表的公允性反映产生较大的影响。企业的违规问题主要集中在随意改变会计要素的确认标准和计量方法，人为操纵利润，企业对外投资管理混乱，内部会计控制不严密等。因此，投资的会计控制应保证正确、合理合法地进行投资业务的相关会计处理，以确保会计信息的真实可靠。

二、投资管理的主要风险点

（1）投资项目或对被投资企业未经科学、严密的评估和论证，或没有经过专业机构的独立评估，可能因为决策失误而导致重大损失。

（2）投资行为违反国家法律、法规，可能遭受外部处罚、经济损失和信誉损失。

（3）追加投资行为不规范或没有经过严格审批，可能给企业造成经济损失和信誉损失。

（4）投资业务未经适当审批或超越授权审批，可能产生重大差错或舞弊、欺诈行为，从而导致损失。

（5）投资的收回不按规定权限和程序进行审批或投资收回协议签订不合理，可能导致企业资金和资产的流失和浪费。

（6）投资核销没有经过充分调研或没有经过严格审批，可能导致企业资产虚增或资产流失，造成资金和资产浪费。

（7）资产减值的确定和审批不合理、不规范，可能导致企业资产虚增或资产流失，造成资金和资产浪费及损失。

（8）资产减值的会计处理不规范或没有经过严格审批，可能导致资产账目混乱，增加管理成本，或因资产减值会计披露不当而造成企业外部投资者的决策失误。

三、投资管理的关键控制点

（一）投资方案提出

（1）进行投资方案的战略性评估，包括是否与企业发展战略相符合。

（2）投资规模、方向和时机是否适当。

（3）对投资方案进行技术、市场、财务可行性研究，深入分析项目的技术可行性与先进性、市场容量与前景，以及项目预计现金流量、风险与报酬，比较或评价不同项目的可行性。

（二）投资方案审批

（1）明确审批人对投资业务的授权审批方式、权限、程序和责任，不得越权。

（2）审批中应实行集体决策审议或者联签制度。

（3）与有关被投资方签署投资协议。

（三）编制投资计划

（1）核查企业当前资金额及正常生产经营预算对资金的需求量，积极筹措投资项目所需资金。

（2）制订详细的投资计划，并根据授权审批制度报有关部门审批。

（四）实施投资方案

（1）根据投资计划进度，严格分期、按进度适时投放资金，严格控制资金流量和时间。

（2）以投资计划为依据，按照职务分离制度和授权审批制度，各环节和各责任人正确履行审批监督责任，对项目实施过程进行监督和控制，防止各种舞弊行为，保证项目建设的质量和进度要求。

（3）做好严密的会计记录，发挥会计控制的作用。

（4）做好跟踪分析工作，及时评价投资的进展，将分析和评价的结果反馈给决策层，以便及时调整投资策略或制定投资退出策略。

（五）投资后的跟踪

（1）指定专人跟踪投资项目或公司的运营情况，索取会计报告、运营分析等数据，关注投产后的相关问题并提出解决方案。定期分析项目或公司运营情况，专门形成分析制度，将公司运行情况上报决策层。

（2）要定期评估投资的成效，确定投资资产的价值，对资产减值情况进行评估，并决定信息披露的内容和方式。

（六）投资资产处置控制

（1）投资资产的处置应该通过专业中介机构，选择相应的资产评估方法，客观评估投资价值，同时确定处置策略。

（2）投资资产的处置必须经过董事会的授权审批。

四、投资活动控制内容及基本控制制度

（一）对外投资可行性研究、评估与决策控制

企业应加强对外投资可行性研究、评估与决策环节的控制，对投资项目建议书的提出、可行性研究、评估、决策等做出明确规定，确保对外投资决策合法、科学、合理。企业因发展战略需要，在原对外投资基础上追加投资的，仍应严格履行控制程序。

1. 对投资建议项目进行分析与论证

（1）企业应编制对外投资项目建议书，由相关部门或人员对投资建议项目进行分析与论证，对被投资企业资信情况进行尽责调查或实地考察，并关注被投资企业管理层或实际控制人的能力、资信等情况。对外投资项目如有其他投资者，应根据情况对其他投资者的资信情况进行了解或调查。

（2）企业应由相关部门或人员，或委托具有相应资质的专业机构对投资项目进行可行性研究，重点对投资项目的目标、规模、投资方式、投资的风险与收益等做出评价。

2. 独立评估

企业应由相关部门或人员或委托具有相应资质的专业机构对可行性研究报告进行独立评估，形成评估报告。评估报告应全面反映评估人员的意见，并由所有评估人员签章。对重大对外投资项目，必须委托具有相应资质的专业机构对可行性研究报告进行独立评估。

3. 决策控制

企业应根据经股东大会（或企业章程规定的类似权力机构）批准的年度投资计划，按照职责分工和审批权限，对投资项目进行决策审批。重大投资项目应根据企业章程及相应权限报经股东大会或董事会（或企业章程规定的类似决策机构）批准。有条件的企业可以设立投资审查委员会或者类似机构，对达到一定标准的投资项目进行预审。只有预审通过的投资项目，才能提交上一级管理机构和人员进行审批。在预审过程中，应审查以下内容：

（1）拟投资项目是否符合国家有关法律法规和相关调控政策，是否符合企业主业发展方向和对外投资的总体要求，是否有利于企业的长远发展。

（2）拟订的投资方案是否可行，主要风险是否可控，是否采取了相应的防范措施。

（3）企业是否具有相应的资金能力和项目监管能力。

（4）拟投资项目的预计经营目标、收益目标等是否能够实现，企业的投资利益能否确保，

所投入的资金能否收回。

企业集团根据企业章程和有关规定对所属企业对外投资项目进行审批时，应采取总额控制等措施，防止所属企业分拆投资项目、逃避更为严格的授权审批行为。

4. 对外投资预算

（1）企业根据发展战略目标、社会需要和投资能力编制投资预算，投资预算应符合国家产业政策，应对投资规模、结构和资金做出合理安排。

（2）企业对外投资预算一经批准，必须严格执行。

（3）企业对外投资预算的编制、审批和调整，按公司预算管理实施办法执行。

（二）岗位分工控制

1. 不相容职务分离

企业应建立对外投资业务的岗位责任制，明确相关部门和岗位的职责权限，确保办理对外投资业务的不相容职务分离、制约和监督。投资业务的全过程不由同一个部门或一人办理。对外投资不相容职务至少应包括：

（1）对外投资项目的可行性研究与评估相分离。

（2）对外投资的决策与执行相分离。

（3）对外投资处置的审批与执行相分离。

（4）对外投资绩效评估与执行相分离。

（5）对外投资业务的执行与相关会计记录分离。

2. 业务人员素质要求

企业应配备合格的人员办理对外投资业务。办理对外投资业务的人员应具备良好的职业道德，掌握金融、投资、财会、法律等方面的专业知识，符合公司规定的岗位规范要求。企业可以根据具体情况，对办理对外投资业务的人员定期进行岗位轮换。

3. 部门或岗位职责

（1）董事长。公司董事长是对外投资第一责任人。具体对下列工作负责：组织编制投资计划；组织对外投资的可行性分析和投资方案评估；组织编制大型投资项目的投资方案；负责召开董事会或股东大会审议投资方案或投资计划；听取管理代表的汇报，对管理代表的请示及时答复和处理；组织和督促投资管理部门和财务部门对投资进行管理和监督；签署投资合同或协议等法律文本。

（2）总经理。公司总经理对对外投资的下列工作负责：参与编制投资计划；编制投资方案；组织投资方案的实施；听取对外投资的管理代表的汇报；组织制订投资处置方案；对投资的运行情况进行监督。

（3）投资管理部门。投资管理部门（包括证券部、投资部等）是对外投资的业务管理部门，对投资效果负重要责任，对投资项目进行考察；具体组织可行性分析工作，拟订投资计划和投资方案；具体组织投资方案的评估论证工作；办理投资的具体事项；拟订投资项目的处置方案；制定对投资代表的考核办法；组织对委派的管理代表的考核；对投资项目进行监督，定期向董事会报告投资情况，并保证其真实性。

（4）财务部门。财务部门是对外投资的核算部门和监督部门。具体对下列工作负责：参与投资项目的可行性分析；参与拟订投资方案和投资计划；参与投资方案评估；组织对投出资产的评估和价值确认工作；负责办理短期投资、长期债券投资的具体业务；按照国家会计制度的规定，正确核算对外投资的成本和收益；参与拟订投资项目的处置方案；参与对投资委派管理代表的考核；定期分析被投资单位的财务状况和偿债能力，并提出分析报告；妥善保管债券、股票等投资凭证，以及有关法律文本、合同、协议等投资文件资料。

（5）投资管理代表。投资管理代表（包括公司派出的董事、经理等高级管理人员和一般代表）是投资管理的直接监督者，对投资管理负有直接责任。其中，担任被投资单位的高级管理岗位的管理代表要对下列工作负责：有效运用资产，保证资本保值增值；维护公司投资权益，正确行使经营决策权；定期向公司董事长和总经理汇报；重大决策及时向公司请示；及时督促分配的投资收益汇入公司账户；每半年向董事会述职。未担任被投资单位的高级管理岗位的管理代表要对下列工作负责：认真履行监督职责，确保投资的安全、完整；定期向公司董事长和总经理汇报；重大决策事项及时向公司请示；监督已分配的投资收益及时汇入公司账户；每半年向董事会述职。

（三）授权审批控制

投资计划在正式执行前必须进行严格的审批。一般情况下，企业根据投资的性质和金额建立授权审批制度。如果投资行为属少量的闲置现金进行的临时性短期投资，投资计划可由董事会授权的一位高级管理人员（通常是财务部门经理）来负责审批；如果投资金额较大或属长期投资性质，审批一般由企业董事会进行。审批的内容主要包括：投资的理由是否恰当；投资行为与企业的战略目标是否一致；投资收益的估算是否合理无误；影响投资的其他因素是否充分考虑等。所有投资决策都应当经审批确认后方可正式执行。投资决策的有关书面文件应进行连续编号归档，以便日后查询。

1. 授权方式

（1）公司对董事会的授权由公司章程和股东大会决议。

（2）公司对董事长、总经理的授权，由公司章程和公司董事会决议。

（3）总经理对其他人员的授权，年初以授权文件的方式明确，对投资审批，一般只对财务总监给予授权。

（4）对经办部门的授权，在部门职能描述中规定或临时授权。

2. 审批权限。

（1）投资审批（见表7-3）。

表7-3 投资审批的范围和权限

审 批 人	审批范围和权限
股东大会	投资计划； 涉及金额较大的投资项目
董事会	投资方案； 投资决策； 授权董事长、总经理投资决策
董事长	根据董事会决议或授权，签署批准投资方案、投资协议； 董事会闭会期间，在授权范围内投资决策
总经理	在授权范围内批准投资方案，签署投资协议

（2）延续投资及投资处置审批。投资项目合同到期，公司除延续投资外，须及时进行清算、到期收回或出售、转让，公司延续投资的审批按“投资审批”规定的权限办理；未到期的投资项目提前处置，在处置前按原决定投资的审批程序和权限进行审批，未经批准，不得提前处置。

（3）投资损失确认审批。

1）股东大会审批的投资损失确认事项。

2）董事会审批的投资损失确认事项。除需股东大会审批的投资损失确认事项外，投资损失确认事项都应由董事会审批确认；需由股东大会审批的投资损失确认事项在送交股东大会审议批准前，董事会审议确认。

3. 审批方式

（1）股东大会批准。以股东大会决议的形式批准，董事长根据决议签批。

（2）董事会批准。以董事会决议的形式批准，董事长根据决议签批。

（3）董事长在董事会闭会期间，根据董事会授权直接签批。

（4）总经理根据总经理会议规则，由总经理办公会议批准或根据授权直接签批。

（5）财务总监根据授权签批。

4. 批准和越权批准处理

审批人根据对外投资业务授权审批制度的规定，在授权范围内进行审批，不得超越审批权限；经办人在职责范围内，按照审批意见办理对外投资业务；对于审批人超越授权范围审批的对外投资业务，经办人有权拒绝办理，并及时向审批人的上一级授权部门报告。

（四）对外投资执行控制

企业应制订对外投资实施方案，明确出资时间、金额、方式及责任人员等内容。对外投资实施方案及方案的变更，应当经企业董事会或其授权人员审查批准。对外投资业务需要签订合同的，应征询企业法律顾问或相关专家的意见，并经授权部门或人员批准后签订。

（1）以委托投资方式进行的对外投资，应对受托企业的资信情况和履约能力进行调查，签订委托投资合同，明确双方的权利、义务和责任，并采取相应的风险防范和控制措施。

（2）企业应指定专门的部门或人员对投资项目进行跟踪管理，掌握被投资企业的财务状况、经营情况和现金流量，定期组织对外投资质量分析。发现异常情况，应当及时向有关部门和人员报告，并采取相应措施。企业可以根据管理需要和有关规定向被投资企业派出董事、监事、财务负责人或其他管理人员。

（3）企业应对派驻被投资企业的有关人员建立适时报告、业绩考评与轮岗制度。

（4）企业应加强投资收益的控制，投资收益的核算应符合国家统一的会计制度的规定，对外投资取得的股利以及其他收益，均应当纳入企业会计核算体系，严禁账外设账。

（5）企业应加强对外投资有关权益证书的管理，指定专门部门或人员保管权益证书，建立详细的记录。未经授权人员不得接触权益证书。财务部门应当定期和不定期地与相关管理部门和人员清点核对有关权益证书。被投资企业股权结构等发生变化的，企业应取得被投资企业的相关文件，及时办理相关产权变更手续，反映股权变更对本企业的影响。

（6）企业应定期和不定期地与被投资企业核对有关投资账目，保证对外投资的安全、完整。

（7）企业应加强对投资项目减值情况的定期检查和归口管理，减值准备的计提标准和审批程序按照有关规定执行。

（8）企业应建立对外投资项目后续跟踪评价管理制度，对企业的重要投资项目和所属企业超过一定标准的投资项目，有重点地开展后续跟踪评价工作，并作为进行投资奖励和责任追究的基本依据。

（五）投资资产取得和保管控制

1. 投资资产取得控制制度

投资计划必须以经过财务部门经理或董事会审核批准的文件作为执行指令。企业一般委托证券经纪人从事证券投资行为。选择证券经纪人一般应考虑以下因素：以往与企业合作的记录；担任证券经纪人的资格；从事证券交易的经历等。企业应与证券经纪人签订明确的委托合同，明确双方的权利与义务。

2. 投资资产保管控制制度

企业对投资资产（股票和债券等）一般有两种保管方式：一种是由独立的专门机构保管，如在企业拥有较大的投资资产的情况下，委托银行、证券公司、信托投资公司等机构进行保管。这些机构拥有专门的保存和防护措施，可以防止各种证券及单据的失窃或毁损，并且由于它与投资业务的会计记录工作完全分离，可以大大地降低舞弊的可能性。另一种是由企业自行保管。在这种方式下，必须建立严格的联合控制制度，即至少要由两名以上人员共同控制，不得一人单独接触证券。对于任何证券的存入或取出，都要将债券名称、数量、价值及存取的日期、数量等详细记录于证券登记簿内，并由所有在场的经手人员签名。财务部门经理或其他被授权人应当定期检查银行等机构送来的证券存放情况记录，并将这些记录同财务部门经理签署的证明文件存根和公司有关证券账户的余额相核对。

（六）对外投资处置控制

1. 对外投资处置决策

企业应加强对外投资处置环节的控制，对投资收回、转让、核销等的决策和授权审批程序做出明确规定。投资资产处置的控制程序基本上与取得的控制程序相同，即任何有价证券的出售必须经过财务部门经理或董事会的批准；代公司进行证券出售活动的经纪人应受到严格的审定；经纪人同投资者之间的各种通信文件应予记录保存，反映经纪人处置证券结果的清单应根据处理指令受到检查。如果投资资产的处置为不同证券之间的转移，则该业务应同时置于证券取得和处置的控制制度之下；如果处置的结果是收回现金，还应结合现金收入的控制方法，对投资资产处置进行控制。对于处置价格，通常应由相关机构或人员合理确定转让价格，并报授权审批部门批准；必要时，可委托具有相应资质的专门机构进行评估。

2. 对外投资处置收回的资产

对外投资的收回、转让与核销，应按规定权限和程序进行审批，并履行相关审批手续。对应收回的对外投资资产，要及时足额收取。

（1）收回货币资金，应及时办理收款业务。

（2）收回实物资产，应编制资产回收清单并由相关部门验收。

（3）收回无形资产，应检查核实被投资单位未在继续使用。

（4）收回债权的应确认其真实性和价值。

3. 对外投资评估处置的会计审核和核算

企业财务部门应认真审核与对外投资处置有关的审批文件、会议记录、资产回收清单等相关资料，并按照规定及时进行对外投资处置的会计处理，确保资产处置真实、合法；认真审验对外投资处置后的资产回收清单和验收报告，审核对外投资的作价，保证回收资产的安全和完整；对需办理产权转移手续的资产，应查验其产权转移情况；对投资处置进行会计审核后，按公司会计核算手册要求及时进行会计处理。

4. 对外投资核销

核销对外投资，投资部门应取得因被投资企业破产等原因不能收回投资的法律文书和证明文件，并按投资损失的审批权限审批。

（七）对外投资记录控制

企业的投资资产无论是自行保管的还是由他人保管的，都要进行完整的会计记录，并对其增减变动及投资收益进行相关会计核算。具体而言，应对每一种投资分别设立明细分类账，并详细记录其名称、面值、证书编号、数量、取得日期、经纪人（证券商）名称、购入成本、收取的股息或利息等；对于联营投资类的其他投资，也应设置明细分类账，核算其他投资的投出及其投资收益和投资收回等业务，并对投资的形式（如流动资产、固定资产、无形资产等）、投向（接受投资单位）、投资的计价以及投资收益等做出详细的记录。

1. 过程记录控制

对实际发生的对外投资业务，企业应设置相应的记录或凭证，如实记载各环节业务的开展情况，包括投资决策、审批过程等，加强内部审计，确保对外投资全过程得到有效控制。除无记名证券外，企业在购入股票或债券时应在购入的当日尽快登记于企业名下，不能以企业任何个人名义来署名和登记。这对于正确反映企业所拥有的各种投资证券，防止有人在没有得到管理层核准授权的情况下，利用其个人名义来冒领、转移或出售企业的证券，或非法获取应归企业所有的利息或股息，往往能起到有效的控制作用。

2. 会计记录控制

（1）公司按会计制度或会计准则对对外投资业务进行会计核算和记录，所有对外投资业务纳入公司的会计核算体系，严禁账外设账。

（2）财务部门进行对外投资业务会计处理时，对投资计划、审批文件、合同或协议、资产评估证明、投资获取的权益证书等相关凭证的真实、合法、准确、完整情况进行严格审核。

（3）公司建立对外投资台账，记录被投资单位的名称、投资合同与协议的编号及存放地点、出资方式、股权比例、投资收益分配情况等。

（4）公司建立有价证券记录台账，记录证券的名称、面值、数量、编号、取得日期、期限、利率等。

（5）财务部门定期和不定期检查核对有关权益证书。

3. 权益证书和档案管理

企业应加强对审批文件、投资合同或协议、投资方案书、对外投资处置决议等文件资料的管理，明确各种文件资料的取得、归档、保管、调阅等各个环节的管理规定及相关人员的职责权限。

（1）公司取得的股权证、有价证券等权益证书，由财务部门保管或委托其他机构保管。

（2）公司对外投资的决策、审批等过程记录、审批文件、投资合同或协议、投资计划书、对外投资处置等文件资料定期由投资部门整理，送公司档案部门保管。

（3）档案的调阅、保管、归档，按国家及公司档案管理办法执行。

（八）监督检查

1. 监督检查主体

（1）监事会。依据公司章程和股东大会决议对对外投资管理进行检查监督。

（2）审计部门。依据公司授权和部门职能描述，对公司对外投资合同或协议以及投资过程进行审计监督。

（3）财务部门：对公司的对外投资业务进行财务监督。

（4）上级对下级对外投资的日常工作进行监督检查。

2. 检查监督方式

按公司规定的检查权限定期或不定期进行检查。对于企业所拥有的投资资产，应由内部审计人员或不参与投资业务的其他人员进行定期盘点，检查是否确为企业所拥有，并将盘点记录与账面记录相互核对以确认账实的一致性。企业自行保管的有价证券实物应由与投资业务无关的独立职员定期进行盘点，检查其实存情况。由于有价证券的实物盘点无须像存货那样花费大量时间，通常也不会影响其他业务的正常进行，以及有价证券的重要性。盘点工作一年至少进行多次，甚至每月进行。盘点工作必须由两个以上职员共同进行。所有证券的盘点内容和结果应详细记录在盘点清单上，并将盘点清单记录逐一同证券登记簿和投资明细账进行核对。如委托银行等机构代为保管证券，负有证券盘点职责的职员，应定期将银行等机构送来的证券存放清单同证券登记簿和投资明细账相核对，检查它们是否相一致。如果发现有不一致的情况，应及时追查。在盘点或检查过程中，发现的实存数量同账面记录数之间的差异，在没有得到董事会或由董事会指定的人员批准前，不得进行账面调整。

3. 监督检查的主要内容

（1）对外投资业务相关岗位设置及人员配备情况。重点检查岗位设置是否科学、合理，是否存在不相容职务混岗的现象，以及人员配备是否合理。

（2）对外投资业务授权审批制度的执行情况。重点检查分级授权是否合理，对外投资的授权审批手续是否健全，是否存在越权审批等违反规定的行为。

（3）对外投资业务的决策情况。重点检查对外投资决策过程是否符合规定的程序。

（4）对外投资资产的投出情况。重点检查各项资产是否按照投资计划投出；以非货币性资产投出的，重点检查资产的作价是否合理。

（5）对外投资持有的管理情况。重点检查有关对外投资权益证书等凭证的保管和记录情况，投资期间获得的投资收益是否及时足额收回。

（6）对外投资的处置情况。重点检查投资资产的处置是否经过授权审批，资产的回收是否完整、及时，资产的作价是否合理。

（7）对外投资的会计处理情况。重点检查会计记录是否真实、完整。

4. 监督检查结果处理

对监督检查过程中发现的对外投资内部控制中的薄弱环节，负责监督检查的部门应当告知有关部门，有关部门应及时查明原因，采取措施加以纠正和完善；监督检查部门应向上级部门报告对外投资的内部控制监督检查情况和有关部门的整改情况。

小知识　　短期投资控制的内容

短期投资是指各种能够随时变现，持有时间不超过一年的有价证券和其他投资。

短期投资按其投资对象不同，划分为股权投资、债券投资以及不属于以上两类的其他投资。短期投资的特点是计价复杂，流动性大，而且收益变化无常。如果管理不严，就容易产生非法投机和经营混乱。短期投资控制的内容主要包括如下几个方面。

1. 投资分析的控制

短期投资分析主要是对投资收益和投资风险进行分析。短期投资的收益主要来自两个方面：股利或利息和资本收益。影响短期投资收益的因素有很多，大致可以概括为被投资企业的因素和企业自身的因素。短期投资的风险主要来自三个方面：企业自身、投资环境和国家的经济状况。对短期投资分析的控制主要是通过授权具有相关专业知识的人员或聘请专家，在投资前进行周密的投资分析，并将分析结果形成书面文件，即投资计划书，在计划书中列明投资资金来源、投资意向及投资后对企业收益的影响，投资组合是否合理等，这是保证短期投资科学、合理的关键。短期股权投资分析的方法主要有总量分析法、收益率分析法、投资风险分析法等。

（1）总量分析法。较高的短期投资比例，可以表明企业拥有的现金已经超过经营活动的需要，从而转向投资活动以提高资金的利用率。但分析时需要注意，如果短期投资占用资金过多，可能会导致挤占正常经营用现金，对企业的经营活动造成不利影响。通过对总量的分析，可以把投资的资金总额控制在合理的范围。

（2）收益率分析法。短期股权投资是以股票、债券、基金等资产形态存在的，所以投资收益率受到资产市场价值波动的直接作用。通过对历史收益率的分析和对企业现有投资资产存量的测度，可以大致估计企业预期的短期投资收益。

（3）投资风险分析法。短期投资的主要风险来自两个方面：

1）投资品种的价格波动的风险。

2）因委托投资等方式将资金交由其他机构甚至个人操作而产生的信用风险。

不管是哪种风险，只要其有可能转化为现实的损失，就应当计提短期投资减值准备，所以，可以用短期投资风险系数，即短期投资减值准备比上还原的短期投资账面价值，来评价企业所持有短期投资的风险程度。

2. 投资决策的控制

短期投资决策是对短期投资进行信息收集、分析和处理的过程。对决策的控制主要是对决策的过程进行控制。

（1）企业应当建立短期投资决策及实施的责任制度，明确相关部门及人员的责任，并定期或不定期进行检查。

（2）确定短期投资策略，测定投资的金额和投资的目标，以确定投资的范围和对投资的风险和收益的态度，把投资决策建立在收益和风险相结合的基础上。

（3）要对投资的环境进行分析和比较，如对证券市场的趋势分析，对发行单位的资金实力和偿债能力的分析和对不同证券的历年收益率的比较等，以确定企业的投资组合。对短期投资进行决策时，既要重视货币时间价值的计量，又要重视投资风险价值的计量，还要随着市场的变化，不断修正投资组合，并对经营成果进行评价，更新投资前景。短期投资决策的方法有期望值法、风险调整贴现率法、肯定当量法、决策树法等。

3. 投资审批的控制

企业应当建立严格的短期投资业务授权审批制度，明确审批人的授权审批方式、权限、程序、责任和相关控制措施，规定经办人的职责范围和工作要求。一般情况下，企业根据投资金额建立短期投资审批制度。审批的主要内容包括投资的理由是否恰当、投资的资金来源是否合法、投资的方案是否科学合理、投资收益的估算是否合理无误、影响投资的其他因素是否充分考虑、对投资的风险是否采取有效的规避措施等。审批人根据企业制定的短期投资授权审批制度的规定，在授权范围内对短期投资进行审批，不得超越审批权限。如果是企业外的经纪人或交易商为企业进行证券交易，必须取得财会部门经授权的主管人员签署的投资指令，才能进行交易，任何超出投资指令允许范围的交易活动，经纪人或交易商必须事先向投资企业提交建议书或采取其他征求意见的方式，在得到投资企业的同意后才能进行交易。

4. 投资取得的控制

企业一般是通过委托证券经纪人买卖有价证券来进行短期投资。因此，短期投资取得的控制主要是对证券经纪人或交易商的审核和控制。

（1）应选择从事证券交易的证券经纪人或交易商，并对其进行适当的审查。审查的内容包括：核查其营业执照、从事证券交易的经历，有无利用其他委托人的资本谋取自己投资利益的情况等。证券经纪人或交易商的选定，应由财务部门负责人或董事会批准。证券经纪人或交易商为企业购置证券时，必须取得企业经授权人员签署的投资指令。该投资指令通常应规定购置证券的最高价格和最低投资报酬率及指令的有效期限。

（2）投资交易的结果应记录于成交通知书上。该通知书一般由证券经纪人或交易商填写，内容包括：投资指令号，最高价格和最低投资报酬率，证券经纪人建立书或其他文件的主要内容，证券的名称、数量、编号、面值和购买价格等。成交通知书应由财务部门负责人或其授权的其他职员进行审核，以证实收入证券的数量和价格及投资报酬率是否符合投资指令或经同意的证券经纪人建议书。

（3）企业应根据成交通知书的内容，详细核查证券经纪人交来的证券实物。在证实无误后，填制一式多份的收据交证券经纪人，同时作为保管和记账的依据。

5. 投资核算的控制

企业的短期投资核算必须按照规定对短期投资成本、投资收益、短期投资减值、投资处置做出正确完整的会计处理并在财务报告中披露有关内容。

（1）短期投资在取得时应当按照投资成本计量。

1）以现金购入的短期投资，按实际支付的全部价款，包括税金、手续费等相关费用作为短期投资成本。实际支付的价款中包含的已到付息期但尚未领取的债券利息，应当单独核算，不构成短期投资成本。

2）以其他方式取得的短期投资，按投资各方确认的价值作为短期投资成本。

（2）短期投资的现金股利或利息，应当于实际收到时冲减投资的账面余额，但已记入“应收股利”或“应收利息”科目的现金股利或利息除外。

（3）企业应当在期末时对短期投资按成本与市价孰低计量，并计提减值准备。

（4）处置短期投资时，应当将短期投资的账面余额与实际取得收入的差额，作为当期投资。

6. 投资保管的控制

一般来说，企业的有价证券有两种保管方式。一种是由独立的专门机构保管，如委托银行、证券公司等机构保管。银行等金融机构只允许持有财务部门负责人批准文件的企业专门指定的人员接触证券，并且规定企业到金融机构存取证券时，必须由两个以上授权人员同行。企业应授权专人定期检查银行等金融机构送来的证券存放情况记录，并将这些记录同财务部门负责人签署的证明文件存根和企业有关证券账户的余额相核对。另一种是由企业自行保管。企业自行保管的有价证券应由独立于投资授权人、投资记账员与出纳员之外的专人保管，由两个以上人员共同控制，并有严格的防火、防盗的具体措施。无论用哪种方式保管证券，证券存入或取出都要将证券名称、数量、价值及存取的日期、数量等记录到证券登记簿内，并由所有在场的经手人员签名。

自行保管的证券实物还应由与投资业务无关的独立人员定期或不定期进行盘点，盘点工作必须由两个以上人员共同进行。所有证券的盘点内容和结果都要详细记录在盘点清单上，并将盘点清单记录逐一同证券登记簿和投资明细账进行核对，以保证账实相符。在盘点或检查过程中，如果发现实存数量同账面记录不符，必须在得到董事会或由董事会授权的人员批准后，才能进行账面调整。

7. 投资处置的控制

短期投资处置的控制程序与取得的控制程序基本相同，即任何有价证券的出售必须经财务部门负责人或董事会的批准。如果由证券经纪人或交易商代为出售证券，要对证券经纪人或交易商的资格进行严格的审查且取得投资处置指令，证券经纪人或交易商和企业之间的各种通信文件应予以记录并保存，对反映处置证券结果的清单要进行检查；如果短期投资资产的处置为不同证券之间的转移，则该业务应同时置于证券取得和处置的双重控制之下；如果处置的结果是收回现金，还应结合现金收入的控制方法来对短期投资资产处置进行控制。

小知识 长期投资控制的内容

长期投资是指除短期投资外的投资，包括持有时间超过一年（不含一年）的各种股权性质的投资、不能变现或不准备随时变现的债券、其他债券投资和其他长期投资。

长期投资按照投资性质可分为股权投资和债券投资。长期投资业务处理的流程与其投资目的有关，长期债券投资的业务处理流程与短期投资较为类似，而长期股权投资业务的处理流程则有其自身的特点。所以，企业的长期投资控制应区分长期股权投资控制和长期债券投资控制两个部分。

1. 长期股权投资控制的内容

长期股权投资通常为长期持有，不准备随时出售。投资企业作为被投资单位的股东，按所持股份比例享有权益并承担责任。对其控制的内容主要包括如下几个方面。

（1）投资建议的控制。企业可授权具体部门或人员（如企业规划部门等）提出某一长期股权投资的建议，或设立专门的投资管理部负责收集投资建议，然后由提出建议的部门进行投资的初步论证并提交可行性分析报告。初步可行性论证应对拟订投资项目进行技术、经济、市场、环境、产业政策以及被投资单位内部的资信状况、利润分配形式以及经营方式等方面调查研究、分析、比较，应把握企业整体发展大局并符合国家大的方针政策和相关法律法规，应充分考虑投资回收的可能性和收益实现的风险性等因素，并根据分析的结果，编写投资建议书。

（2）可行性论证的控制。只有经分管提出投资建议部门的领导审查通过的项目投资建议书，才能报有关部门进行更进一步的可行性论证并组织实地考察和调研。对长期股权投资可行性论证，一般由相关业务部门（如技术、财务、基建、法律等部门）联合进行。为此，企业应设立由相关业务部门的主管领导和外聘专家等组成的专门的联审机构，如投资审查委员会或投资评审小组。联合论证最主要的内容是测算投资项目的预期收益，其应论证的主要事项包括：投资方案的预期现金流量；预期现金流量的风险；投资项目成本的一般水平；投资方案的预计收入现值；投资的安全性等。论证的其他方面的内容应针对企业的性质及投资所涉及的行业特点有所侧重。联合论证由联审机构组织工作，并提出可行性分析论证报告及向董事会提供最终决策的建议，因为论证过程都必须有各相关业务部门的主管领导参加，其论证责任是多元的。联合审议是保证对外投资正确决策的关键环节。可行性研究应当全面、客观、及时、可靠。

（3）投资决策的控制。长期股权投资决策是对长期股权投资项目进行分析和抉择的过程。对决策的控制主要是对分析和抉择的过程进行控制。

1）决策者在决策时要充分考虑货币的时间价值、风险收益均衡、风险收益匹配等问题。

2）要运用科学的方法进行分析和决策。长期股权投资决策的方法主要有两类：一类是不考虑货币时间价值因素，只对投资方案的可行性做出初步的分析、判断的静态分析方法。具体包括静态回收期和报酬率两种方法。另一类是在考虑货币时间价值和现金流量的基础上，对投资方案的可行性做出分析、评价的动态分析方法。具体包括动态回收期法、净现值法、获利能力指数法、内含报酬率法等。企业应结合投资项目的特点和影响因素选择合理、恰当的决策方法。

3）从多个可行方案中选出最满意的方案。

（4）投资审批的控制。企业应当建立严格的长期股权投资业务授权审批制度，明确审批人的授权审批方式、权限、程序、责任和相关控制措施，规定经办人的职责范围和工作要求。对长期股权投资审核的内容主要包括投资项目的必要性、投资项目的可能性、投资项目的经济性和投资项目的合理性等。由于长期股权投资的金额较大，投资期限较长，必须经过企业董事会或经理（厂长）会议集体决策审批并实行联签制度。对于重大股权投资项目（包括兼并收购企业），应由董事会集体决策，并由股东会审议批准，董事会或经理（厂长）会议必须将所做出的决定做成会议记录，并由出席会议的人员签名确认，对于违反法律、国家产业政策致使企业遭受严重损失的决策，必须追究有关人员的责任。

（5）投资实施的控制。投资的实施是企业按照投资规划，投出资金取得被投资单位股权的过程。对投资实施的控制主要是对投出资产的评估、管理、保管、控制等活动进行控制。

1）投出资产评估。如果企业以数额较大的实物资产、无形资产进行投资，必须经过国家认可的评估机构进行资产评估。评估结果经资产管理部门确认后，才能作为投出资产入账价值的依据。如果是小额的投资项目，要由单位组成评估小组作价，经单位主管领导或单位负责人批准后，作为投资价值的依据。

2）投出资产管理。企业应设立对外投资专职管理部门（如投资管理部），配备有相应素质的管理人员负责对长期股权投资项目的经济效益及相关信息（如财务报告等）的收集、整理、报告，并根据控股的程度，对被投资单位的经济活动进行监督，提高投出资产的安全性。

3）建立健全的投出资产保管制度。单位的投资资产无论是自行保管还是委托他人保管，都必须进行完整的会计记录，并对其增减变动及投资收益进行相关会计核算。

4）投出资产的风险控制。企业应树立风险意识，针对各个风险控制点，建立有效的风险管理系统。具体来说，企业的对外投资要与其自身投资能力相适应，符合国家产业政策和企业发展战略及投资方向，有规避风险的预案。

（6）投资核算的控制。企业的长期股权投资核算必须按照投资准则的规定进行，对投资成本、投资账面价值调整、长期投资减值准备、投资划转、投资处置做出正确完整的会计处理，并在财务报告中披露有关内容。

1）股权投资在取得时应当按照初始投资成本入账。

2）长期股权投资，应当根据不同情况分别采用成本法或权益法核算。采用成本法核算时，除追加投资、将应分得的现金股利或利润转为投资或收回投资外，长期股权投资的账面价值一般应当保持不变。采用权益法核算时，投资最初以初始投资成本计量，投资企业的初始投资成本与应享有被投资单位所有者权益份额之间的差额，作为股权投资差额处理，按一定期限平均摊销，计入损益。

3）企业因追加投资等原因对长期股权投资的核算从成本法改为权益法，按经追溯调整后股权投资的账面价值加上追加投资成本作为初始投资成本，初始投资成本与应享有被投资单位所有者权益份额的差额，作为股权投资差额，并按相关规定摊销，计入损益。企业因减少投资等原因对被投资单位不再具有控制、共同控制或重大影响时，应当中止采用权益法核算，改按成本法核算，并按投资的账面价值作为新的投资成本。

4）企业改变投资目的，将短期投资划转为长期投资，应按短期投资的成本与市价孰低结转，并按此确定的价值作为长期投资新的投资成本。拟处置的长期投资不调整至短期投资，待处置时按处置长期投资进行会计处理。

5）处置长期股权投资时，应将投资的账面价值与实际取得价款的差额，作为当期投资损益。

（7）投资监督的控制。

1）委派董事和财务总监进行监督并对重大问题及时处置。

2）建立投资责任追究制度。企业投资后应与各相关部门具体负责人签订责任书，确保对外投资项目效益达到可行性研究报告水平，确保企业投资回报。

3）应会同有关部门不定期对投资效果进行分析，提出投资运行中存在的问题及改进意见。

4）对项目管理人员对投资项目的过程管理是否恰当，其素质水平如何进行考察、监督和评价，若发现项目管理人员不能恰当地处理投资项目，就应更换项目管理人员。

（8）投资处置的控制。企业长期股权投资处置必须经过董事会或管理层批准，有关的经办人应受到严格的审定。对于企业长期不再运作的投资项目，必须予以清理，核算债权、债务，撤销有关担保、抵押，并妥善保管所有账簿、传票、财务报表等材料及一切法律文件。

2. 长期债券投资控制的内容

长期债券投资是企业购买的各种一年期以上的债券，包括其他企业的债券、金融债券和国债等。债券投资不是为了获取被投资单位的所有者权益，债券投资只能获取投资单位的债权。债券投资自投资之日起即成为债务单位的债权人，并按约定的利率收取利息，到期收回本金。对其控制的内容主要包括如下几方面。

（1）投资分析的控制。对长期债券的分析主要是对投资收益和投资持有风险等进行分析，同时要考虑到货币的时间价值。债券的投资收益包括利息、价差和利息再投资所得的利息收入。持有风险主要有利率风险、信用风险、通货膨胀风险、变现力风险等。企业在对长期债券投资进行分析时，应采取经济有效的办法，取得对投资分析和决策相关的所有信息，并运用科学的分析方法，对投资的收益和风险进行评估。必要时，还可以聘请专门的信用评级机构对发行单位的信用等级进行评估。

（2）投资决策的控制。长期债券投资决策的要求和程序与长期股权投资决策控制大致相同。不同的是长期债券投资更注重风险管理，追求稳定收益。一般采取自上而下的投资决策与自下而上的债券选择相结合的投资管理程序，包括三个层次：对市场利率分析和预测、债券资产配置及相应的技术手段、债券的选择。

（3）投资审批的控制。对长期债券投资的审批程序和要求与长期股权投资的审批大致相同。不同的只是审核的内容，长期债券投资审核的内容主要有投资理由是否恰当、债券发行单位的长期偿债能力和信用状况、债券市场的估价是否合理、投资收益的估算是否合理无误、影响投资的其他因素是否充分考虑、对投资的风险是否采取有效的规避措施等。

（4）投资取得的控制。长期债券投资取得的控制也主要是对债券经纪人或交易商的控制。其程序和方法与短期投资取得的控制过程基本相同。

（5）投资核算的控制。企业的长期债券投资核算必须按照投资准则的规定进行，对投资成本、投资账面价值调整、投资溢折价的摊销、长短期投资划转、投资处置做出正确完整的会计处理并在财务报告中披露有关内容。

1）长期债券投资在取得时，应按取得时的实际成本，作为初始投资成本。初始投资成本按以下方法确定：以现金购入的长期债券投资，按实际支付的全部价款（包括税金、手续费等相关费用）减去已到期但尚未领取的债券利息，作为初始投资成本。如果所支付的税金、手续费等相关费用金额较小，可以直接计入当期投资收益，不计入初始投资成本。

2）长期债券投资应当按照票面价值与票面利率按期计算、确认利息收入。长期债券投资的初始投资成本减去已到付息期但尚未领取的债券利息、未到期债券利息和计入初始投资成本的相关税费，与债券面值之间的差额，作为债券溢价或折价；债券的溢价或折价在债券存续期间内于确认相关债券利息收入时摊销。摊销方法可以采用直线法，也可以采用实际利率法。

3）持有可转换公司债券的企业，可转换公司债券在购买以及转换为股份之前，应按一般债券投资进行处理。当企业行使转换权利，将其持有的债券投资转换为股份时，应按其账面价值减去收到的现金后的余额，作为股权投资的初始投资成本。

4）处置长期债券投资时，按所收到的处置收入与长期债券投资账面价值的差额，作为当期投资损益。

（6）投资保管的控制。对长期债券投资取得的债券也存在两种保管方式：委托独立的专门机构保管和企业自行保管。保管的具体程序和要求与短期投资保管相同。

（7）投资处置的控制。长期债券投资处置也必须经过董事会或管理层批准，有关的经办人应受到严格的审定。其具体控制的内容和要求与短期投资处理控制基本相同。

第四节　资金营运活动方面的内部控制

一、资金营运活动风险

货币资金持有量不合理影响企业效益、资金收支失控，可能导致贪污、舞弊，危及资金安全。储备资金数量不合理影响企业效益，库存物资收、发、存管控不严，可能导致毁损、遗失、偷盗等舞弊行为发生。生产资金未按生产计划组织生产，料、工、费没有消耗定额或定额不准，未建立目标成本、质量标准及严格记录，责任不明确，记录不清楚、考核不严格等，将导致经济损失风险。

二、资金营运活动内部控制要求

（一）资金营运过程的管理要求

企业应当加强资金营运全过程的管理，统筹协调内部各机构在生产经营过程中的资金需求，切实做好资金在采购、生产、销售等各个环节的综合平衡，全面提升资金营运效率。

资金收付要以业务发生为基础，授权部门审批应关注凭证的合法性，财务部门复核应关注相关手续的合法性、权责性和出纳付款手续的完整性。

（二）资金营运控制要求

企业应当充分发挥全面预算管理在资金综合平衡中的作用，严格按照预算要求组织协调资金调度，确保资金及时收付，实现资金的合理占用和营运良性循环。

企业应当严禁资金的体外循环，切实防范资金营运中的风险。

（三）资金调度会要求

企业应当定期组织召开资金调度或资金安全检查，对资金预算执行情况进行综合分析，发现异常情况，及时采取措施妥善处理，避免资金冗余和资金链断裂。

企业在营运过程中出现临时性资金短缺的，可以通过短期融资等方式获取资金。资金出现短期闲置的，在保证安全性和流动性的前提下，可以通过购买国债等多种方式，提高资金效益。

（四）会计系统控制要求

企业应当加强对营运资金的会计系统控制，严格规范资金的收支条件、程序和审批权限。

企业在生产经营及其他业务活动中取得的资金收入应当及时入账，不准账外设账，严禁收款不入账、设立“小金库”。

企业办理资金支付业务，应当明确支出款项的用途、金额、预算、限额、支付方式等内容，并附原始单据或相关证明，履行严格的授权审批程序，方可安排资金支出。

企业办理资金收付业务，应当遵守现金和银行存款管理的有关规定，不得由一人办理货币资金全过程业务，严禁将办理资金支付业务的相关印章和票据集中由一人保管。

这些要求比较具体明确，企业应严格执行，确保资金安全完整。

三、资金营运活动的关键控制点、控制目标与控制措施

（一）资金营运内部控制的关键控制点、控制目标与控制措施（见表 7-4）

表 7-4　资金营运内部控制的关键控制点、控制目标与控制措施

关键控制点	控制目标	控制措施
货币资金环节	合理确定货币资金持有量；防止错弊，保证货币资金安全完整	编制现金预算，对货币资金需要量、收付时间和金额、支付标准等进行严密控制； 使用最佳现金持有量模型进行最佳现金持有量控制； 加强货币资金日常管理； 建立货币资金收支两条线制度，集团公司还应同时建立货币资金集中的管理制度，严格对货币资金的管控； 建立严格的货币资金收支授权审批制度和职务分离制度，防止发生错弊的风险
储备资金环节	合理确定储备资金占用数量，保证储备资金安全完整	编制各种储备资金预算，对储备资金占用进行严密控制； 使用经济订货量模型进行储备资金采购决策； 采用 ABC 法、ERP 系统、JIT 制度等进行存货控制； 建立严密的存货收发保管制度，防范存货收发储存环节的错弊，保证存货安全完整
生产资金环节	合理组织生产，有效控制成本	编制生产预算，有计划组织生产； 按生产通过单领料，严格履行领料手续； 制定产品目标成本和消耗定额，严格控制成本发生； 建立生产台账，编制生产进度表，对产品生产和交接进行严格控制； 建立质量检验制度与责任成本制度，开展成本差异分析，落实责任制，促进产品质量和生产效率提高； 建立完善的成本核算制度和会计账簿体系，准确核实产品成本

续表

关键控制点	控制目标	控制措施
新的储备资金环节	确定储备资金的合理占用数量，保证储备资金安全完整	与前述储备资金环节的风险控制措施相同
新的货币资金环节	准确进行成本核算，合理进行利润分配；建立商品销售和货款的回收制度	准确进行收入费用配比，足额补偿成本； 遵守利润分配规定和程序，及时、恰当分配利润，妥善处理各方利益关系； 加强应收账款管理，减少坏账损失，及时回收货款； 建立严密的资金收入控制程序，严格资金收入控制，保证收入货币资金的安全完整

（二）货币资金营运活动的关键控制点、控制目标与控制措施（见表 7-5）

表 7-5　货币资金营运活动的关键控制点、控制目标与控制措施

关键控制点	控制目标	控制措施
审批控制点	合法性	未经授权不得经办资金收付业务； 明确不同级别管理人员的权限
复核控制点	真实性与合法性	会计对相关凭证进行横向复核和纵向复核，发票真伪的辨别，业务事项的真实、合法，手续的完整
收支控制点	收入账完整，支出手续完备	出纳根据审核后的相关收付款原始凭证收款和付款，并加盖戳记
记账控制点	真实性与完整性	出纳根据资金收付凭证登记日记账，会计人员根据相关凭证登记有关明细分类账； 主管会计登记总分类账
对账控制点	真实性和财产安全	账证核对、账表核对与账实核对，包括债权债务的核对
保管控制点	财产安全与完整性	授权专人保管资金； 定期、不定期盘点银行存款调节表的编制与授权审核
银行账户管理	资产安全性、防范小金库	开设、使用与撤销的授权是否有账外账
票据与印章管理	财产安全	票据统一印制或购买、票据由专人保管、印章与空白票据分管、财务专用章与企业法人章分管、收据与财务专用章分管

小知识　　营运资金政策的制定

营运资金政策包括营运资金持有政策和营运资金筹集政策。要制定有效的营运资金政策，可从以下三个方面着手。

1. 确定营运资金持有量

营运资金持有量的高低影响着企业的收益和风险。较高的营运资金持有量，意味着在流动负债一定的情况下，流动资产额较高，这会使企业有较大把握按时支付到期债务，及时供应生产用材料和准时向客户提供产品，从而保证经营活动平稳地进行。

较低的营运资金持有量带来的后果正好相反。此时，较低的总资产拥有量和较低的流动资产比重，会使企业的收益率较高；但较少的现金、有价证券量和较低的存货保险储备量却会降低偿债能力和采购的支付能力，造成信用损失、材料供应中断和生产阻塞，还将由于不能准时向购买方供货而失去客户。这些都会加大企业的风险。

我们确定营运资金持有量，就是在收益和风险之间进行权衡，因此，必须慎之又慎，充分考虑企业的风险承受能力，确定合理的营运资金持有量。

2. 分析营运资金

营运资金是流动资产减去流动负债后的差额。

（1）分析流动资产。

1）按照周转时间的长短对企业的资金进行分类。周转时间在一年以下的为流动资产，包括货币资金、短期投资、应收账款、应收票据、存货等；周转时间在一年以上的为长期资产，包括长期投资、固定资产、无形资产等。

2）对于流动资产，按照用途进行区分，可以分为临时性流动资产和永久性流动资产。临时性流动资产指那些受季节性、周期性影响的流动资产，如季节性存货、经营旺季的应收账款；永久性流动资产则指那些即使企业处于经营低谷也仍然需要保留的、用于满足企业长期需要的流动资产。

（2）分析流动负债。

1）企业的负债则按照债务时间的长短，以一年为界限，分为短期负债和长期负债。短期负债包括短期借款、应付账款、应付票据等，其特点主要是成本低、风险大。长期负债包括长期借款、长期债券等。

2）流动负债分为临时性负债和自发性负债。临时性负债指为了满足临时性流动资金需要所发生的负债，如食品制造企业为赶制季节性食品，大量购入某种原料而发生的借款等。自发性负债指直接产生于企业持续经营中的负债，如商业信用筹资和日常运营中产生的应付职工薪酬——工资、应付利息等。

3. 选择筹资政策

营运资金筹集政策一般可以分为三种，即激进型筹资政策、稳健型筹资政策和配合型筹资政策。我们应该在这三种筹资政策中选择恰当的筹资政策。

（1）激进型筹资政策。激进型筹资政策的特点是临时性负债不但融通临时性流动资产的资金需要，还解决部分永久性流动资产的资金需要。

激进型筹资政策下，临时性负债在企业全部资金来源中所占比重大于配合型筹资政策。由于临时性负债的资本成本一般低于长期负债和权益资本的资本成本，而激进型筹资政策下临时性负债所占比重较大，所以企业的资本成本较低。但是，为了满足永久性流动资产的长期资金需要，企业必然要在临时性负债到期后重新举债或申请债务展期，这样便会更为经常地举债和还债，从而加大筹资困难和风险；还可能面临由于短期负债利率的变动而增加企业资本成本的风险。所以，我们在运用激进型筹资政策时要充分考虑到它是一种收益性和风险性均较高的营运资金筹资政策。

（2）稳健型筹资政策。稳健型筹资政策的特点是临时性负债只融通一部分临时性流动资产的资金需要，另一部分临时性流动资产和永久性流动资产，则由长期负债、自发性负债和权益资本作为资金来源。

与配合型筹资政策相比，稳健型筹资政策下临时性负债占企业全部资金来源的比重较小。由于临时性负债所占比重较小，所以企业无法偿还到期债务的风险较低，同时蒙受短期利率变动损失的风险也较低。另外，企业会因长期负债资本成本高于临时性负债的资本成本，以及经营淡季时仍需负担长期负债利息，从而降低企业的收益。因此，稳健型筹资政策是一种风险性和收益性均较低的营运资金筹集政策。

（3）配合型筹资政策。配合型筹资政策的特点是，对于临时性流动资产，运用临时性负债筹集资金满足其资金需要；对于永久性流动资产，运用长期负债、自发性负债和权益资本筹集资金满足其资金需要。

配合型筹资政策要求企业临时性负债筹资计划严密，实现现金流动与预期安排相一致。在季节性低谷时，企业除了自发性负债外，没有其他流动负债，只有在临时性流动资产的需求高峰期才举借各种临时性负债。配合型筹资政策的基本思想是将资产与负债的期间相配合，以降低企业不能偿还到期债务的风险和尽可能降低债务的资本成本。但是，由于资产使用寿命的不确定性，往往达不到资产与负债的完全配合。因此，我们应该充分考虑这种不确定性的影响。

一般来说，如果我们能够驾驭资金的使用，采用收益和风险配合得较为适中的配合型筹资政策是最有利的。

法律依据

内部控制应用指引第 6 号——资金活动

第一章　总　则

第一条　为了促进企业正常组织资金活动，防范和控制资金风险，保证资金安全，提高资金使用效益，根据有关法律法规和《内部控制基本规范》，制定本指引。

第二条　本指引所称资金活动，是指企业筹资、投资和资金营运等活动的总称。

第三条　企业资金活动至少应当关注下列风险：

（一）筹资决策不当，引发资本结构不合理或无效融资，可能导致企业筹资成本过高或债务危机。

（二）投资决策失误，引发盲目扩张或丧失发展机遇，可能导致资金链断裂或资金使用效益低下。

（三）资金调度不合理、营运不畅，可能导致企业陷入财务困境或资金冗余。

（四）资金活动管控不严，可能导致资金被挪用、侵占、抽逃或遭受欺诈。

第四条　企业应当根据自身发展战略，科学确定投融资目标和规划，完善严格的资金授权、批准、审验等相关管理制度，加强资金活动的集中归口管理，明确筹资、投资、营运等各环节的职责权限和岗位分离要求，定期或不定期检查和评价资金活动情况，落实责任追究制度，确保资金安全和有效运行。

企业财会部门负责资金活动的日常管理，参与投融资方案等可行性研究。总会计师或分管会计工作的负责人应当参与投融资决策过程。

企业有子公司的，应当采取合法有效措施，强化对子公司资金业务的统一监控。有条件的企业集团，应当探索财务公司、资金结算中心等资金集中管控模式。

第二章　筹　资

第五条　企业应当根据筹资目标和规划，结合年度全面预算，拟订筹资方案，明确筹资用途、规模、结构和方式等相关内容，对筹资成本和潜在风险做出充分估计。

境外筹资还应考虑所在地的政治、经济、法律、市场等因素。

第六条　企业应当对筹资方案进行科学论证，不得依据未经论证的方案开展筹资活动。重大筹资方案应当形成可行性研究报告，全面反映风险评估情况。

企业可以根据实际需要，聘请具有相应资质的专业机构进行可行性研究。

第七条　企业应当对筹资方案进行严格审批，重点关注筹资用途的可行性和相应的偿债能力。重大筹资方案，应当按照规定的权限和程序实行集体决策或者联签制度。

筹资方案需经有关部门批准的，应当履行相应的报批程序。筹资方案发生重大变更的，应当重新进行可行性研究并履行相应审批程序。

第八条　企业应当根据批准的筹资方案，严格按照规定权限和程序筹集资金。银行借款或发行债券，应当重点关注利率风险、筹资成本、偿还能力以及流动性风险等；发行股票应当重点关注发行风险、市场风险、政策风险以及公司控制权风险等。

企业通过银行借款方式筹资的，应当与有关金融机构进行洽谈，明确借款规模、利率、期限、担保、还款安排、相关的权利义务和违约责任等内容。双方达成一致意见后签署借款合同，据此办理相关借款业务。

企业通过发行债券方式筹资的，应当合理选择债券种类，对还本付息方案做出系统安排，确保按期、足额偿还到期本金和利息。

企业通过发行股票方式筹资的，应当依照《中华人民共和国证券法》等有关法律法规和证券监管部门的规定，优化企业组织架构，进行业务整合，并选择具备相应资质的中介机构协助企业做好相关工作，确保符合股票发行条件和要求。

第九条 企业应当严格按照筹资方案确定的用途使用资金。筹资用于投资的，应当分别按照本指引第三章和《内部控制应用指引第 11 号——工程项目》规定，防范和控制资金使用的风险。

由于市场环境变化等确需改变资金用途的，应当履行相应的审批程序，严禁擅自改变资金用途。

第十条 企业应当加强债务偿还和股利支付环节的管理，对偿还本息和支付股利等做出适当安排。

企业应当按照筹资方案或合同约定的本金、利率、期限、汇率及币种，准确计算应付利息，与债权人核对无误后按期支付。

企业应当选择合理的股利分配政策，兼顾投资者近期和长远利益，避免分配过度或不足。股利分配方案应当经过股东（大）会批准，并按规定履行披露义务。

第十一条 企业应当加强筹资业务的会计系统控制，建立筹资业务的记录、凭证和账簿，按照国家统一会计准则制度，正确核算和监督资金筹集、本息偿还、股利支付等相关业务，妥善保管筹资合同或协议、收款凭证、入库凭证等资料，定期与资金提供方进行账务核对，确保筹资活动符合筹资方案的要求。

第三章 投 资

第十二条 企业应当根据投资目标和规划，合理安排资金投放结构，科学确定投资项目，拟订投资方案，重点关注投资项目的收益和风险。企业选择投资项目应当突出主业，谨慎从事股票投资或衍生金融产品等高风险投资。

境外投资还应考虑政治、经济、法律、市场等因素的影响。

企业采用并购方式进行投资的，应当严格控制并购风险，重点关注并购对象的隐性债务、承诺事项、可持续发展能力、员工状况及其与本企业治理层及管理层的关联关系，合理确定支付对价，确保实现并购目标。

第十三条 企业应当加强对投资方案的可行性研究，重点对投资目标、规模、方式、资金来源、风险与收益等做出客观评价。

企业根据实际需要，可以委托具备相应资质的专业机构进行可行性研究，提供独立的可行性研究报告。

第十四条 企业应当按照规定的权限和程序对投资项目进行决策审批，重点审查投资方案是否可行、投资项目是否符合国家产业政策及相关法律法规的规定、是否符合企业投资战略目标和规划、是否具有相应的资金能力、投入资金能否按时收回、预期收益能否实现，以及投资和并购风险是否可控等。重大投资项目，应当按照规定的权限和程序实行集体决策或者联签制度。

投资方案需经有关管理部门批准的，应当履行相应的报批程序。投资方案发生重大变更的，应当重新进行可行性研究并履行相应审批程序。

第十五条　企业应当根据批准的投资方案，与被投资方签订投资合同或协议，明确出资时间、金额、方式、双方权利义务和违约责任等内容，按规定的权限和程序审批后履行投资合同或协议。

企业应当指定专门机构或人员对投资项目进行跟踪管理，及时收集被投资方经审计的财务报告等相关资料，定期组织投资效益分析，关注被投资方的财务状况、经营成果、现金流量以及投资合同履行情况，发现异常情况，应当及时报告并妥善处理。

第十六条　企业应当加强对投资项目的会计系统控制，根据对被投资方的影响程度，合理确定投资会计政策，建立投资管理台账，详细记录投资对象、金额、持股比例、期限、收益等事项，妥善保管投资合同或协议、出资证明等资料。

企业财会部门对于被投资方出现财务状况恶化、市价当期大幅下跌等情形的，应当根据国家统一的会计准则制度规定，合理计提减值准备、确认减值损失。

第十七条　企业应当加强投资收回和处置环节的控制，对投资收回、转让、核销等决策和审批程序做出明确规定。

企业应当重视投资到期本金的回收。转让投资应当由相关机构或人员合理确定转让价格，报授权审批部门批准，必要时可委托具有相应资质的专门机构进行评估。核销投资应当取得不能收回投资的法律文书和相关证明文件。

企业对于到期无法收回的投资，应当建立责任追究制度。

第四章　营　运

第十八条　企业应当加强资金营运全过程的管理，统筹协调内部各机构在生产经营过程中的资金需求，切实做好资金在采购、生产、销售等各环节的综合平衡，全面提升资金营运效率。

第十九条　企业应当充分发挥全面预算管理在资金综合平衡中的作用，严格按照预算要求组织协调资金调度，确保资金及时收付，实现资金的合理占用和营运良性循环。

企业应当严禁资金的体外循环，切实防范资金营运中的风险。

第二十条　企业应当定期组织召开资金调度会或资金安全检查，对资金预算执行情况进行综合分析，发现异常情况，及时采取措施妥善处理，避免资金冗余或资金链断裂。

企业在营运过程中出现临时性资金短缺的，可以通过短期融资等方式获取资金。资金出现短期闲置的，在保证安全性和流动性的前提下，可以通过购买国债等多种方式，提高资金效益。

第二十一条　企业应当加强对营运资金的会计系统控制，严格规范资金的收支条件、程序和审批权限。

企业在生产经营及其他业务活动中取得的资金收入应当及时入账，不得账外设账，严禁收款不入账、设立“小金库”。

企业办理资金支付业务，应当明确支出款项的用途、金额、预算、限额、支付方式等内容，并附原始单据或相关证明，履行严格的授权审批程序后，方可安排资金支出。

企业办理资金收付业务，应当遵守现金和银行存款管理的有关规定，不得由一人办理货币资金全过程业务，严禁将办理资金支付业务的相关印章和票据集中一人保管。

第八章 ▶▶

担保业务方面的内部控制

第一节　综合知识

担保是指企业作为担保人按照公平、自愿、互利的原则与债权人约定，当债务人不履行债务时，依照法律规定和合同协议承担相应法律责任的行为。担保业务是企业的一项或有负债，它关系到企业的资金运转和生死存亡。

小知识　担保的方式

1. 一般保证

当事人在保证合同中约定，债务人不能履行债务时，由保证人承担保证责任的为一般保证。一般保证的保证人在主合同纠纷未经判决或者仲裁，并就债务人财产依法强制执行仍不能履行债务前，对债权人可以拒绝承担保证责任。

2. 连带责任保证

当事人在保证合同中约定保证人与债务人对债务承担连带责任的，为连带责任保证。连带责任保证的债务人在主合同规定的债务履行期届满没有履行债务的，债权人可以要求债务人履行债务，也可以要求保证人在其保证范围内承担保证责任。

3. 抵押

债务人或者第三人不转移对抵押财产的占有，将该财产作为债权担保。债务人不履行债务时，债权人有权依法以抵押财产折价或者以拍卖、变卖该财产的价款优先受偿。

4. 质押

债务人或者第三人将其动产移交债权人占有，将该动产作为债权的担保。债务人不履行债务时，债权人有权依法以该动产折价或者以拍卖、变卖该动产的价款优先受偿。

一、担保控制的目标

（1）健全企业担保政策和相关管理制度，严格对担保申请人提出的担保申请进行评价和审核。

（2）深入、全面调查和评估担保申请人的资信，全面、科学对担保项目的风险进行评估，避免企业担保决策失误或遭受欺诈，消除担保业务隐患。

（3）健全授权审批制度，规范对担保业务的审批；严禁审批过程不严格或者越权审批。

（4）担保合同内容严谨，无重大疏漏并有效防范欺诈；担保合同履行情况保持监控，对被担保人的异常情况及时、妥善处理。

（5）担保业务记录全面，按监管要求对担保业务进行会计处理。

（6）担保责任明确，并且责任在企业可以承受的范围内。

二、担保业务的风险

（一）担保业务的主要风险点

（1）审查担保业务不符合国家有关法律的规定及本企业发展战略和经营需要，可能导致担保业务不具有可行性，风险过高。

（2）担保业务未经适当审批或超越授权审批，可能会产生重大差错、舞弊或欺诈行为而使企业遭受损失，或因担保执行监控不当而导致企业经营效率低下或资产遭受损失。

（3）担保评估不适当，可能因诉讼、代偿等而遭受损失。

（4）风险评估报告的参考价值不高，可能会导致决策层做出错误的决定。

（5）不能及时发现被担保企业经营中存在的问题，尤其是财务方面的问题，可能会导致企业承担不必要的代偿责任。

（6）企业不能及时了解被担保企业担保项目的执行、资金使用情况、贷款的归还情况、财务运行及风险情况，可能会导致企业担保风险增加。

（7）担保业务信息记录不完整、不及时，可能会导致担保业务会计报表、信息失真。

（8）担保信息的披露不符合国家法律、法规的相关规定，企业可能遭受外部处罚、经济损失和信誉损失。

（二）担保风险的类别

担保风险是风险的一种具体表现形式，是指信用担保机构在担保业务运作过程中，由于各种不确定（主观的和客观的）因素的影响而遭受损失的可能性。担保风险可以从不同的角度来分类。

1. 按引发风险因素的层次性，可分为系统担保风险和非系统担保风险

（1）系统担保风险。由国家宏观经济政策变动等因素引发的风险属于系统担保风险。

（2）非系统担保风险。由担保机构决策失误、违规操作等微观因素引发的风险为非系统担保风险。

2. 按风险暴露的程度，可分为隐性担保风险和显性担保风险

（1）隐性担保风险。还没有暴露，处于潜伏期的风险称为隐性担保风险。

（2）显性担保风险。已经出现预警信号，风险征兆较明显的称为显性担保风险。

3. 按风险的可控程度，可分为完全不可控制风险、部分不可控制风险和基本可控制风险

（1）完全不可控制风险。由完全无法预测的因素变动，且对这些因素变动事先无法有效防范所引起的风险，如环境风险等。

（2）部分不可控制风险。那些事先通过采取措施，在一定程度上可以控制的风险，如信用风险等。

（3）基本可控制风险。那些通过制定和实施科学严密的操作规程、管理措施、内部控制制度与监督措施后可以基本控制的风险，如操作风险等。

小知识　　担保业务中常见的弊端

担保业务是内部控制中容易产生弊端、给单位造成损失的业务活动之一。通常容易产生弊端的情形表现如下。

1. 担保业务程序不规范

有的单位担保业务不经过集体决策，一人说了算；有的单位担保业务没有经过审批，控制过程不严格。

2. 担保合同或协议不规范，手续不齐全，法律责任不清

有的单位签订担保合同或协议时，未严格遵守《合同法》的有关规定，未进行严格的审查；合同或协议的法律条款含混不清；合同或协议到期时，无法执行，给单位造成不必要的损失。

3. 担保风险控制机制不健全

有的单位在担保有效期内，对被担保方的生产经营与财务状况未实行实时监控，对被担保方的生产经营与财务状况出现重大变化或恶化等信息未能及时了解和掌握，以致合同或协议债权不能实现，担保财产物资被封存或被起诉。

4. 签订无效担保合同或协议

有的单位未经国家和有关主管部门批准或者登记，对外担保，或为境外机构向境内债权人担保，或为外商投资企业注册资本、外商投资企业中的外方投资部分的对外债务提供担保等。

三、担保业务的要求

（一）担保业务的总体要求

企业应当依法制定和完善担保业务政策及相关管理制度，明确担保的对象、范围、方式、条件、程序、限额和禁止担保等事项，规范调查评估、审议和批准、担保执行等环节的工作流程；按照政策、制度、流程办理担保业务；定期检查担保政策的执行情况及效果，切实防范担保业务风险。

（二）担保业务的具体要求

企业应制定明确的担保业务的评估、审批、执行等环节的内部控制要求，并设置相应记录，如实记载各环节业务开展情况，确保担保业务全过程得到有效控制。

（1）权责分配和职责分工应当明确，机构设置和人员配备应当科学合理。

（2）担保的对象、范围、条件、程序、限额和禁止担保的事项应当明确。

（3）担保评估应科学紧密，担保审批权限、程序与责任应当明确。

（4）担保执行环节的控制措施应当充分有效，担保合同的签订应当经过严格的审批，担保业务的执行过程应当跟踪监测，凡担保财产与有关权利凭证的管理应当有效，办理终结担保手续应当及时。

（5）对外担保应明确责任主体，因担保造成重大责任和损失的，应当追究相关责任人责任。

四、担保控制的原则

担保业务从本质上看是一种民事活动，因此发生担保业务时，必须以民法基本原则为依据。

（一）自愿原则

担保业务的当事人享有自主的决策权；法律对违背自愿要求的担保合同不予保护。

（二）诚实信用原则

担保主体在担保业务中应以诚实信用为准则，处理好与当事人之间的利益关系和与社会的利益关系。

（三）公平原则

各个担保主体之间的权利与义务应互相对等；担保主体在取得自身权力和利益的同时，应承担相应的义务和责任。

（四）平等原则

在担保业务中一切当事人的法律地位平等，任何一方不得把自己的意志强加给对方。

五、担保业务的控制要点（见表 8-1）

表 8-1　担保业务的控制要点

业务操作	操作人	控制要点	备注
担保申请	董事长	审查申请人是否属于公司规定的担保对象； 对已明显存在资不抵债、信用差、财务状况差的企业不予受理	
担保评估	财务部门	审查担保申请人提供的申请书及相关资料； 审查担保申请人主体资格； 审查申请担保项目的合法性； 调查分析担保申请人的资产质量、财务状况、信用状况、经营管理水平、盈利能力； 评估担保申请人相关项目的可行性研究报告； 评估担保事项的利益与风险； 提出评估报告	
董事会议	董事会	分析、研究担保申请人提供的申请文件及相关资料； 听取或审核财务部门提出的评估报告； 评估担保风险； 对是否提供担保进行表决，在表决时与担保有利害关系的董事实行回避； 详细记录董事会对担保的讨论和表决情况	
股东会议	股东	对董事会提交的担保预案进行审议； 对担保事项进行表决，与担保事项有利害关系的股东实行回避； 详细记录股东大会对担保的审议和表决情况	
担保合同签订	董事长 总经理	担保合同条款由财务部门和公司法律顾问进行审查后，方可签订； 按审批权限经董事会批准或股东大会做出决议同意后，方可签订； 按公司授权签订	
担保期间监控	财务部门	登记担保台账； 保管担保合同（副本）； 跟踪被担保人的财务状况、盈利水平、债务履约情况； 发现异常情况及时报告	

小知识　　**担保责任的追究**

为了严格纪律，实施奖惩，企业应当建立担保业务责任追究制度，对在担保中出现重大决策失误、未履行集体审批程序和不按规定管理担保业务的部门及人员，应当严格追究相应的责任。

企业对外部强制力强令的担保事项，有权拒绝办理。未拒绝办理的，因该担保事项引发的法律后果和责任，由做出担保决策的人员承担。

第二节　内控措施

一、担保活动的业务流程

企业办理担保业务，一般包括受理申请、调查和评估、审批、签订担保合同、日常监控等流程。具体流程如图 8-1 所示。

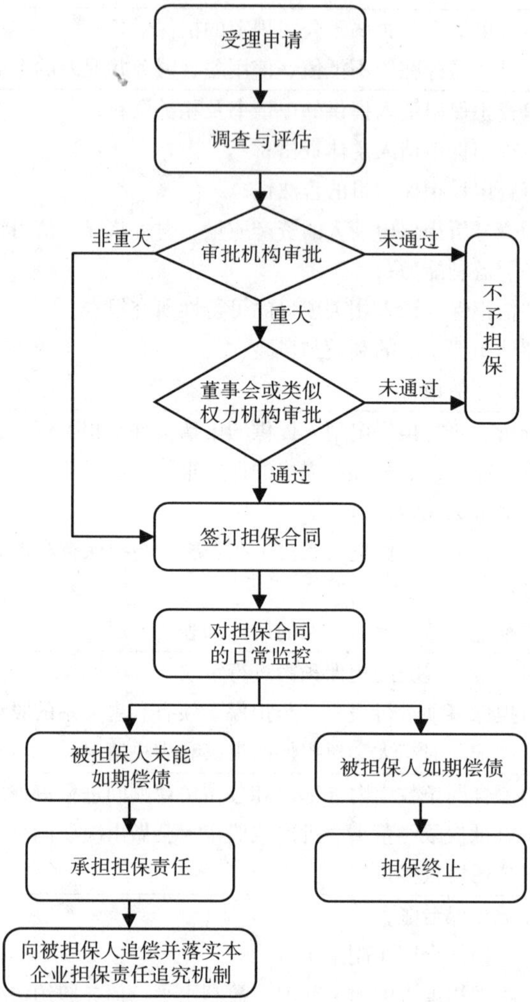

图 8-1　担保活动的业务流程

二、受理申请控制

企业应当指定相关部门负责办理担保业务，对担保申请人进行资信调查和风险评估，评估结果应出具书面报告。企业也可委托中介机构对担保业务进行资信调查和风险评估。

（一）担保业务负责管理部门控制

企业应指定担保业务承办部门（或财务部门），授予其权利和责任，明确其岗位责任和工作标准。承办部门由具有财务、法律、经营和管理等知识背景的相关人员组成，并且他们要具备良好的职业道德和较强的风险意识。企业同时要关注不相容职务的相互分离、制约和监督。

不相容职务至少包括担保业务的评估与审批、审批与执行、执行与核对、财产保管与担保业务记录。对与被担保企业存在经济利益或近亲属关系的有关人员在评估与审批环节应予回避。

（二）担保业务申请内容控制

1. 被担保人应提供的材料

担保申请书、营业执照复印件；与债权人之间合法有效的合同、协议或证明有债权债务关系的其他凭证、文件及资料；最近两年经审计的年度和近期月（季）财务报表；担保合同和其他担保材料；用作反担保抵押或质押物的有效凭证和证据；根据每项担保申请的具体情况，要求提供的其他资料和文件；属于提供借款担保的，担保申请人还必须提供借款合同；担保申请人董事会签署或授权签署的“声明与保证”；根据每项担保申请的具体情况，要求提供的其他资料和文件。

2. 审查申请资料应关注的事项

（1）担保业务是否符合国家法律法规和本企业担保政策等相关要求。

（2）担保申请人的资信状况，一般包括基本情况、资产质量、经营情况、偿债能力、盈利水平、信用程度、行业前景等。

（3）担保申请人用于担保和第三方担保的资产状况及其权利归属。

（4）企业要求担保申请人提供反担保的，还应当对与反担保有关的资产状况进行评估。

（三）担保申请人的条件要求

1. 提供担保的条件要求

（1）被担保人主要包括：公司子公司、合营企业、联营公司；公司主要供应商、主要客户；与本公司经济利益有密切关系的其他企业。但对于公司股东、股东的控股子公司、股东的附属企业以及个人债务，公司不能为其提供担保。

（2）被担保人的条件要求：被担保人应该具有良好的发展前景；良好的经营业绩和管理水平；财务状况良好，资产负债率一般不能过高；近两年财务无虚假记载；近两年无违法行为记录或恶意损害股东、债权人及其他利益的记录。

2. 不得提供担保的条件限制

企业对被担保人出现以下情形之一的，不得提供担保：

（1）担保项目不符合国家法律法规和本企业担保政策的。

（2）已进入重组、托管、兼并或破产清算程序的。

（3）财务状况恶化、资不抵债、管理混乱、经营风险较大的。

（4）与其他企业存在较大经济纠纷，面临法律诉讼且可能承担较大赔偿责任的。

（5）与本企业已经发生过担保纠纷且仍未妥善解决的，或不能及时足额交纳担保费用的。

小知识 **担保业务的关键控制点——受理申请环节**

（1）依法制定和完善本企业的担保政策和相关管理制度，明确担保的对象、范围、方式、条件、程序、担保限额和禁止担保的事项。

（2）严格按照担保政策和相关管理制度对担保申请人提出的担保申请进行审核。与本企业存在密切业务关系从而需要互保的企业、与本企业有潜在重要业务关系的企业、本企业的子公司及具有控制关系的其他企业等，可以考虑提供担保；担保申请人实力较强、经营良好、恪守信用，可以考虑接受申请；担保申请人申请资料完备、情况翔实，可予受理；反之不予受理。

三、调查与评估控制

（一）调查与评估的风险

企业在受理担保申请后就进入资信调查和风险评估。它是办理担保业务中的重要环节，在相当程度上影响甚至决定担保业务的成败。这一环节的主要风险是：对担保申请人的资信调查不深入、不清楚，对担保项目的风险评估不全面、不科学，导致企业担保决策失误或遭受欺诈，为担保业务埋下巨大隐患。

（二）应对风险的管控措施

（1）委派具备胜任能力的专业人员开展调查与评估，如吸收具有财会知识、法律知识、管理知识背景的人员参加。担保申请人为企业关联方的，或存在经济利益和近亲关系的有关人员不应参与调查与评估。企业可以自行对担保申请人进行资信调查和风险评估，也可以委托中介机构承担任务，同时应加强对中介机构工作的监控。

（2）对担保申请人的基本情况和资信情况进行全面调查与评估，如营业执照与资质、财务状况、经营状况、资信情况、盈利水平等。

（3）企业前景、担保业务是否符合国家法律法规和本企业担保政策的要求等，是否存有《内部控制配套指引》提出的“五不准”情形，违背国家政策的不得进行担保。

（4）将调查结果形成书面评估报告，全面反映调查评估的情况，为担保决策提供第一手资料。企业应规范评估报告的形式和内容。评估报告应全面反映评估人员的意见，并经评估人员签章。被担保人要求变更担保事项的，企业要重新履行评估和审批程序。评估报告要妥善保管，作为日后追究有关人员担保责任人的重要依据。

四、审批控制

（一）审批环节的风险及控制要求

审批在担保业务中发挥承上启下的作用，它既是对调查与评估结果的判断和推定，也是担保业务能否进入实际执行阶段的必经之路。

这一环节的主要风险是：授权审批制度不健全，审批程序不规范，审批过程不严格或者越权审批，审批过程中存在舞弊行为，可能导致重大决策疏漏，引发严重的经济后果。

（二）建立完善的授权审批制度

1. 股东大会审批权责

企业应当建立担保授权和审批制度，规定担保业务的授权审批方式、权限、程序、责任和相关控制措施，在授权范围内进行审批，不得超越权限审批；重大担保业务，应当报经董事会或类似权力机构批准；经办人员应当在职责范围内，按照审批人员的批准意见办理担保业务。对于审批人超越权限审批的担保业务，经办人员应当拒绝办理。

2. 董事会审批权责

对须报股东大会批准的担保事项进行审批或授权董事长、总经理审批；对报股东大会审批的担保事项，事先提出预案，经董事会决议通过后，报股东大会审批；董事会在决定为他人提供担保之前，须组织财务部门对被担保人进行评估，并形成评估报告；担保事项经股东大会或董事会批准后，董事长或授权总经理代表公司与被担保人签订担保协议。

3. 董事长、总经理审批权责

董事长决定是否受理担保申请；董事长、总经理在未经过股东大会、董事会决议通过前，不得擅自代表公司签订担保合同；董事长、总经理定期听取财务部门对被担保人财务状况的汇报，对被担保人财务状况出现异常情况及时研究对策。

4. 财务（或担保）部门权责

公司所有担保事项由财务部门统一归口管理，其他部门无权受理担保申请资料和承办担保具体事项。

（1）在提供担保前会同相关部门对被担保人进行评估，向董事会提出评估报告。

（2）审查被担保人提供的资料和文件。

（3）担保合同生效后，要求被担保人定期提供财务报表并对其进行分析。

（4）不定期对被担保人的经营管理、财务状况和偿债能力进行调查。

（5）督促被担保人及时履行合同。

（6）及时了解债权人与债务人的合同变更情况。

（7）定期与被担保人保持联系，及时了解被担保人的法定住所的变动情况等。

（8）每半年向总经理、董事长报送被担保人财务状况及分析报告。

（9）被担保人出现破产、清算，债权人要求公司履行担保义务等情况时，应及时向总经理、董事长报告。

（10）债务履行期届满，被担保人不履行被担保债务，由公司承担责任的，应及时向总经理、董事长报告。

5. 其他有关人员职责

企业授权对担保业务进行审查和审批的机构和人员，通过对调查审批报告及相关材料的审查，分析被担保人的履约能力、反担保情况及本企业相关利益，对照本企业的担保责任、担保标准和条件等政策规定，决定是否批准办理担保业务。

审批人根据担保业务授权审批制度的制定，在授权范围内进行审批，不得超越审批权限；经办人在职责范围内，按照审批人的批准意见办理担保业务；对于审批人超越授权范围审批的担保业务，经办人有权拒绝办理，并及时向审批人的上级报告。

（三）关联企业担保业务管控

企业应当采取合法有效的措施加强对子公司担保业务的统一监控。企业内设机构未经授权不得办理担保业务；企业为关联方提供担保的，与关联方存在经济利益或近亲属关系的有关人员在评估与审批环节应当回避；对境外企业进行担保的，应当遵守外汇管理规定，并关注被担保人所在国家的政治、经济、法律等因素。

上市公司须经股东大会审核批准的对外担保业务包括但不限于以下情形：

（1）上市公司及其控股子公司的对外担保总额，超过最近一期经审计净资产 50%以后的单位提供的任何担保。

（2）为资产负债率超过 70%的被担保人提供的担保。

（3）单笔担保额超过最近一期经审计净资产 10%的担保。

（4）对股东、实际控制人及其关联方提供的担保，按企业授权范围与标准对担保业务进行审批。

小知识　担保业务的关键控制点——审批环节

（1）建立和完善担保授权审批制度，明确授权审批的方式、权限、程序、责任和相关控制措施，规定各层级人员应当在授权范围内进行审批，不得超越权限审批。

（2）根据《公司法》等国家法律法规，结合企业章程和有关管理制度，明确重大担保业务的判断标准、审批权限和程序，建立和完善重大担保业务的集体决策审批制度。

（3）认真审查对担保申请人的调查评估报告，在充分了解掌握有关情况的基础上，权衡比较本企业净资产状况、担保限额与担保申请人提出的担保金额，确保将担保金额控制在企业设定的担保限额之内。

（4）被担保人要求变更担保事项的，从严办理担保变更，重新履行调查评估程序，根据新的调查评估报告重新履行审批手续。

五、担保合同的控制

这一环节的主要风险是：放松合同日常管理，对担保合同履行情况监控不当，可能导致企业不能及时发现和处理被担保人出现的异常情况，延误处置时机，加剧担保风险，加重经济损失。

（一）对被担保人的监管

在担保有效期内，担保业务经办人员应对被担保人资格、经营管理和担保等事项进行检查，并了解担保事项的进展情况，促使被担保人按时履约，或在本企业履行担保责任垫付款项后能及时得到追偿。企业可以规定检查的时限，如担保期在一年以内或风险较大的担保业务，担保业务经办人员每月进行一次跟踪检查；担保期在一年以上的担保业务，至少每季度进行一次跟踪检查。

（二）对担保合同的管理

企业加强对担保合同的管理，应指定专门部门和人员妥善保管担保合同、与担保合同相关的主合同、反担保函或反担保合同，以及抵押、质押权利凭证和有关的原始资料，保证担保项目档案完整、准确和担保财产的安全，并定期进行检查。通常，担保合同正本应由公司档案室保存，副本由财务部门及相关部门保存。

小知识 签订担保合同

担保合同签订的主要风险有：未经授权对外签订担保合同，或担保合同内容存在重大疏漏或欺诈，可能导致企业诉讼失败，权利追索被动，经济利益和信誉受损。

企业应当根据审核批准的担保业务订立担保合同；担保合同应明确被担保人的权利、义务、违约责任等相关内容，并要求被担保人定期提供财务报告与有关资料，及时通报担保事项的实施情况；担保申请人同时向多方申请担保的，企业应当在担保合同中明确约定本企业的担保份额和相应的责任。

被担保人提供担保合同的，其要求是：

（1）保证合同至少包括以下内容：保证的主要债权种类、数额；债务人履行债务的期限；保证的方式；保证的范围；双方认为需要约定的其他事项。

（2）抵押担保合同至少包括以下内容：担保的主要债权种类、数额；债务人履行债务的期限；抵押物的名称、数量、质量、状况；抵押担保的范围；双方认为需要约定的其他事项。

（3）质押担保合同至少包括以下内容：担保的主要债权种类、数额；债务人履行债务的期限；质押物的名称、数量、质量、状况；质押担保的范围；质押物和质押权力移交的时间；双方认为需要约定的其他事项。

担保合同通常一式四份：一份存档，一份交受益人，一份由财务部门做表外或表内科目登记的附件，一份由经办部门存查。担保合同签订后，担保经办人员应及时登记担保业务台账。

小知识 担保合同的修改与展期

担保合同的履约过程是指担保合同签订以后企业应被担保人和受益人要求对担保合同进行修改、应受益人要求履行担保责任、在保证期满注销担保合同的过程。具体包括修改、展期、终止、垫款、收回垫付款项等环节。

被担保人要求变更担保事项的，企业应当重新履行调查评估与审批程序。

1. 担保合同的修改

担保期间，被担保人和受益人因合同条款发生变更需要修改合同内容，应按要求办理。例如，对增加担保范围或延长担保期间或者因变更、增大担保责任的，按重新签订的担保合同的审批权限报有权限部门审批。其中，经办部门应就担保合同的变更内容进行审查后，形成调查报告，同时要求被担保人签订担保合同。

2. 担保合同的展期

对于担保合同的展期，应视担保业务进行审批，应重新签订担保合同。

小知识　　担保合同的终止

企业应当在担保合同到期时，全面清查用于担保的财产、权利凭证，按照合同约定及时终止担保关系。

当出现以下情况时，担保业务经办部门要及时通知被担保人，担保合同终止。

（1）担保合同有效期满。

（2）修改担保合同。

（3）被担保人和受益人要求终止担保合同。

（4）对实际发生的由本企业替被担保人垫付款项，企业已经承担担保责任的，在垫付款项未获全部清偿前，经办部门不得注销担保合同，并要向被担保人和反担保人发送催收通知书，通知被担保人还款。

小知识　　担保业务的关键控制点——签订担保合同环节

（1）合同订立经办人员在职责范围内，按照审批人员的批准意见拟订合同条款，严格按照经审核批准的担保业务订立担保合同。

（2）认真审核合同条款，确保担保合同条款内容完整、表述严谨准确、相关手续齐备。

（3）实行担保合同会审联签。除担保业务经办部门之外，鼓励和倡导企业法律部门、财会部门、内审部门等参与担保合同会审联签，增强担保合同的合法性、规范性、完备性，有效避免权利和义务约定、合同文本表述等方面的疏漏。

（4）在担保合同签订过程中，加强对有关身份证明和印章的管理。

（5）规范担保合同记录、传递和保管，确保担保合同运转轨迹清晰完整、有案可查。

六、日常监控

担保合同生效后，企业应指定专门部门（如财务部门）和人员，定期监测被担保人的经营情况和财务状况，定期对担保项目进行跟踪和监督，了解担保项目的执行、资金的使用、贷款的归还、财务运行及风险等方面的情况，定期出具监测报告。对于异常情况和问题，应当做到早发现、早预警、早报告；对于重大问题和特殊情况，应当及时向企业管理层或者董事会报告。公司总经理、董事长接到异常情况报告后，及时组织有关会议研究对策并实施，以化解担保风险。对被担保人、被担保项目进行监测可采取以下方式：

（1）参加被担保人与被担保项目有关会议、会谈和会晤。

（2）对被担保项目的施工进度和财务进行审核。

（3）派员进驻被担保人单位工作，被担保人有责任提供方便和支持。

被担保人必须定期向公司（担保人）提供其真实完整的经营状况，公司有权随时查询被担保人的财务状况；被担保人在担保债务到期前一个月，必须向公司（担保人）提供偿还债务情况报表或计划及相关财务报表；被担保人每次归还债务必须向公司（担保人）书面报告，并提供有效凭证，债务全部清偿之后，必须通知公司（担保人），并提交有关归还债务凭证的复印件；债务履行期届满，被担保人不履行债务，由公司承担担保责任履行担保义务后，在有效期限内及时向被担保人主张权利，确保公司财产不受损失。

小知识　　担保业务的关键控制点——代为清偿和权利追索环节

（1）强化法制意识和责任观念，在被担保人确实无力偿付债务或履行相关合同义务时，自觉按照担保合同承担代偿义务，维护企业诚实守信的市场形象。

（2）运用法律武器向被担保人追索赔偿权利。在此过程中，企业担保业务经办部门、财会部门、法律部门等应当通力合作，做到在司法程序中举证有力；同时，依法处置被担保人的反担保财产，尽力减少企业经济损失。

（3）启动担保业务后评估工作，严格落实担保业务责任追究制度，对在担保中出现重大决策失误、未履行集体审批程序或不按规定管理担保业务的部门及人员，严格追究其行政责任和经济责任，并深入开展总结分析，举一反三，不断完善担保业务内控制度。

小知识　　担保财产管理和记录

（1）企业应建立担保事项台账，详细记录担保对象、金额、期限、用于抵押和质押的物品、权利和其他有关事项，并妥善管理有关担保财产和权利证明，定期对财产的存续状况和价值进行复核，发现问题及时处理。

（2）企业应加强对反担保财产的管理，妥善保管被担保人用于反担保的财产和权利凭证，定期核实财产的存续状况和价值，发现问题及时处理，确保反担保财产安全完整。

（3）企业应在担保合同到期时全面清理用于担保的财产、权利凭证，按照合同约定及时终止担保关系。

（4）对外提供担保预计很可能承担连带赔偿责任的，还应按照国家统一的会计制度的规定对或有事项的规定进行确认、计量、记录和报告。

小知识　　担保业务的关键控制点——会计控制环节

（1）健全担保业务经办部门与财会部门的信息沟通机制，促进担保信息及时有效沟通。

（2）建立担保事项台账，详细记录担保对象、金额、期限、用于抵押和质押的物品或权利以及其他有关事项；同时，及时足额收取担保费用，维护企业担保权益。

（3）严格按照国家统一的会计准则制度进行担保会计处理，发现被担保人出现财务状况恶化、资不抵债、破产清算等情形的，应当合理确认预计负债和损失。属于上市公司的，还应当区别不同情况依法予以公告。

（4）切实加强对反担保财产的管理，妥善保管被担保人用于反担保的权利凭证，定期核实财产的存续状况和价值，发现问题及时处理，确保反担保财产安全完整。

（5）夯实担保合同基础管理，妥善保管担保合同、与担保合同相关的主合同、反担保函或反担保合同，以及抵押、质押的权利凭证和有关原始资料，做到担保业务档案完整无缺。当担保合同到期时，企业要全面清查用于担保的财产、权利凭证，按照合同约定及时终止担保关系。

七、反担保

企业要求申请担保人提供反担保的，还应当对与反担保有关的资产进行评估，且申请和评估应当分离。反担保可采用的形式通常有：动产、不动产抵押；动产质押和权利质押；保证。反担保中的保证应为连带责任保证。保证人主体资格必须符合《担保法》的规定。

（一）可以用于反担保的抵押物或质押物

1. 抵押物

抵押人所有的房屋和其他地上定着物；所有的机器、交通运输工具和其他财产；抵押人依法有权处分的国有土地使用权、房屋和其他地上定着物；依法可以抵押的其他财产。

2. 质押物

依法可以处分的财产；汇票、支票、本票、债券、存款单、仓单、提单；依法可以转让的股票、股权；依法可以转让的商标专用权、专利权、著作权中的财产权；依法可以质押的其他权利。

（二）不可以用于反担保的抵押物或质押物

（1）土地所有权。

（2）所有权、使用权不明或有争议的财产。

（3）依法被查封、扣押监管的财产。

（4）依法不得抵押或质押的财产。

（三）接受抵押或质押方式的担保

企业必须依法办理抵押或质押登记手续，所发生的登记费、手续费由申请担保人或第三人承担。未办理完反担保有关工作，不签订担保协议；被担保人的一方，其股东用其股权或财产作为反担保抵押物或质押物时，须按法律程序办理；反担保人用已出租的财产作为反担保抵押时，应书面告知承租人。

（四）抵押物或质押物的价值评估

抵押物或质押物的价值应经评估机构评估，其价值应达到公司规定的要求。

（五）反担保人以与他人共有财产作为抵押物或质押物时应遵守的原则

（1）共同拥有的财产，应征得共有人同意。

（2）按份共有的财产，以担保人所拥有的份额为限。

（3）反担保人对作为反担保抵押的实物必须投保并妥善保管，不得遗失或损坏，债务清偿完毕前未经公司同意，不得将抵押实物出租、出售、转让、再抵押或以其他方式处理。

（4）反担保义务的履行，根据《中华人民共和国担保法》有关保证、抵押、质押权利实现的条款，公司有权向反担保人追偿。

八、监督检查

（一）监督检查主体

（1）监事会。依据公司章程对公司担保业务进行检查监督。

（2）审计部门。依据公司授权和部门职能描述，对公司担保业务进行审计监督。

（3）上级对下级进行日常工作监督检查。

（二）监督检查内容

（1）担保业务相关岗位及人员的设置情况。重点检查是否存在担保业务不相容职务混岗的现象。

（2）担保业务授权审批制度的执行情况。重点检查被担保人是否符合规定，担保业务评估是否科学合理，担保业务的审批手续是否符合规定，是否存在越权审批的行为。

（3）担保业务监测报告制度的落实情况。重点检查是否对被担保人、被担保项目资金流向进行日常监测，是否定期了解被担保人的经营管理情况并形成报告。

（4）担保财产保管和担保业务记录制度的落实情况。重点检查有关财产和权利证明是否得到妥善的保管，担保业务的记录和档案文件是否完整。

（三）监督检查结果处理

对监督检查过程中发现的担保内部控制中的薄弱环节，负责监督检查的部门应当告知有关部门，公司有关部门应当及时采取措施，加以纠正和完善；公司监督检查部门应当按照内部管理权限向上级有关部门报告担保内部控制监督情况和有关部门的整改情况。

法律依据

内部控制应用指引第 12 号——担保业务

第一章　总　则

第一条　为了加强企业担保业务管理，防范担保业务风险，根据《中华人民共和国担保法》等有关法律法规和《内部控制基本规范》，制定本指引。

第二条　本指引所称担保，是指企业作为担保人按照公平、自愿、互利的原则与债权人约定，当债务人不履行债务时，依照法律规定和合同协议承担相应法律责任的行为。

第三条　企业办理担保业务至少应当关注下列风险：

（一）对担保申请人的资信状况调查不深、审批不严或越权审批，可能导致企业担保决策失误或遭受欺诈。

（二）对被担保人出现财务困难或经营陷入困境等状况监控不力，应对措施不当，可能导致企业承担法律责任。

（三）担保过程中存在舞弊行为，可能导致经办审批等相关人员涉案或企业利益受损。

第四条　企业应当依法制定和完善担保业务政策及相关管理制度，明确担保的对象、范围、方式、条件、程序、担保限额和禁止担保等事项，规范调查评估、审核批准、担保执行等环节的工作流程，按照政策、制度、流程办理担保业务，定期检查担保政策的执行情况及效果，切实防范担保业务风险。

第二章　调查评估与审批

第五条　企业应当指定相关部门负责办理担保业务，对担保申请人进行资信调查和风险评估，评估结果应出具书面报告。企业也可委托中介机构对担保业务进行资信调查和风险评估工作。

企业在对担保申请人进行资信调查和风险评估时，应当重点关注以下事项：

（一）担保业务是否符合国家法律法规和本企业担保政策等相关要求。

（二）担保申请人的资信状况，一般包括基本情况、资产质量、经营情况、偿债能力、盈利水平、信用程度、行业前景等。

（三）担保申请人用于担保和第三方担保的资产状况及其权利归属。

（四）企业要求担保申请人提供反担保的，还应当对与反担保有关的资产状况进行评估。

第六条　企业对担保申请人出现以下情形之一的，不得提供担保：

（一）担保项目不符合国家法律法规和本企业担保政策的。

（二）已进入重组、托管、兼并或破产清算程序的。

（三）财务状况恶化、资不抵债、管理混乱、经营风险较大的。

（四）与其他企业存在较大经济纠纷，面临法律诉讼且可能承担较大赔偿责任的。

（五）与本企业已经发生过担保纠纷且仍未妥善解决的，或不能及时足额交纳担保费用的。

第七条　企业应当建立担保授权和审批制度，规定担保业务的授权审批方式、权限、程序、责任和相关控制措施，在授权范围内进行审批，不得超越权限审批。重大担保业务，应当报经董事会或类似权力机构批准。

经办人员应当在职责范围内，按照审批人员的批准意见办理担保业务。对于审批人超越权限审批的担保业务，经办人员应当拒绝办理。

第八条　企业应当采取合法有效的措施加强对子公司担保业务的统一监控。企业内设机构未经授权不得办理担保业务。

企业为关联方提供担保的，与关联方存在经济利益或近亲属关系的有关人员在评估与审批环节应当回避。

对境外企业进行担保的，应当遵守外汇管理规定，并关注被担保人所在国家的政治、经济、法律等因素。

第九条　被担保人要求变更担保事项的，企业应当重新履行调查评估与审批程序。

第三章　执行与监控

第十条　企业应当根据审核批准的担保业务订立担保合同。担保合同应明确被担保人的权利、义务、违约责任等相关内容，并要求被担保人定期提供财务报告与有关资料，及时通报担保事项的实施情况。

担保申请人同时向多方申请担保的，企业应当在担保合同中明确约定本企业的担保份额和相应的责任。

第十一条　企业担保经办部门应当加强担保合同的日常管理，定期监测被担保人的经营情况和财务状况，对被担保人进行跟踪和监督，了解担保项目的执行、资金的使用、贷款的归还、财务运行及风险等情况，确保担保合同有效履行。

担保合同履行过程中，如果被担保人出现异常情况，应当及时报告，妥善处理。

对于被担保人未按有法律效力的合同条款偿付债务或履行相关合同项下的义务的，企业应当按照担保合同履行义务，同时主张对被担保人的追索权。

第十二条　企业应当加强对担保业务的会计系统控制，及时足额收取担保费用，建立担保事项台账，详细记录担保对象、金额、期限、用于抵押和质押的物品或权利以及其他有关事项。

企业财会部门应当及时收集、分析被担保人担保期内经审计的财务报告等相关资料，持续关注被担保人的财务状况、经营成果、现金流量以及担保合同的履行情况，积极配合担保经办部门防范担保业务风险。

对于被担保人出现财务状况恶化、资不抵债、破产清算等情形的，企业应当根据国家统一的会计准则制度规定，合理确认预计负债和损失。

第十三条　企业应当加强对反担保财产的管理，妥善保管被担保人用于反担保的权利凭证，定期核实财产的存续状况和价值，发现问题及时处理，确保反担保财产安全完整。

第十四条　企业应当建立担保业务责任追究制度，对在担保中出现重大决策失误、未履行集体审批程序或不按规定管理担保业务的部门及人员，应当严格追究相应的责任。

第十五条　企业应当在担保合同到期时，全面清查用于担保的财产、权利凭证，按照合同约定及时终止担保关系。

企业应当妥善保管担保合同、与担保合同相关的主合同、反担保函或反担保合同，以及抵押、质押的权利凭证和有关原始资料，切实做到担保业务档案完整无缺。

第九章

采购方面的内部控制

第一节　综合知识

采购是指购买物资（或接受劳务）及支付款项等相关活动。采购业务是企业进行生产的重要前提。但是采购业务容易滋生“暗箱操作”、弄虚作假、以权谋私、收受回扣等问题，从而影响企业正常的生产经营活动。

一、采购业务流程

一般而言，采购业务流程主要涉及编制需求计划和采购计划、请购、选择供应商、确定采购价格、订立框架协议或采购合同、管理供应过程、验收、退货、付款、会计控制等环节，如图 9-1 所示。

1. 请购商品和劳务

仓库负责对需要购买的已列入存货清单的项目填写请购单，其他部门也可以对所需要购买的未列入存货清单的项目编制请购单。大多数企业对正常经营所需的物资的购买均做常规授权。例如，仓库在现有库存达到再订购点时就可直接提出采购申请，其他部门也可为正常的维修工作和类似工作直接申请采购有关物品。但对资本支出和租赁合同，企业内控制度则通常要求做特别授权，只允许指定人员提出请购。请购单可由手工或计算机编制。由于企业内不少部门都可以填列请购单，不便事先编号，为加强控制，每张请购单必须经过对这类支出预算负责的主管人员签字批准。

2. 编制订购单

采购部门在收到请购单后，只能对经过批准的请购单发出订购单。对每张订购单，采购部门应确定最佳的供应来源。对一些大额、重要的采购项目，应采取竞价方式来确定供应商，以保证供货的质量、及时性和成本的低廉。

订购单应正确填写所需商品的品名、数量、价格、厂商名称和地址等，预先予以编号并经过被授权的采购人员签名。其正联应送交供应商，副联则送至企业内部的验收部门、应付凭单部门和编制请购单的部门。

3. 验收商品

有效的订购单代表企业已授权验收部门接受供应商发运来的商品。验收部门首先应比较所收商品与订购单上的要求是否相符，如商品的品名、说明、数量、到货时间等，然后再盘点商品并检查商品有无损坏。

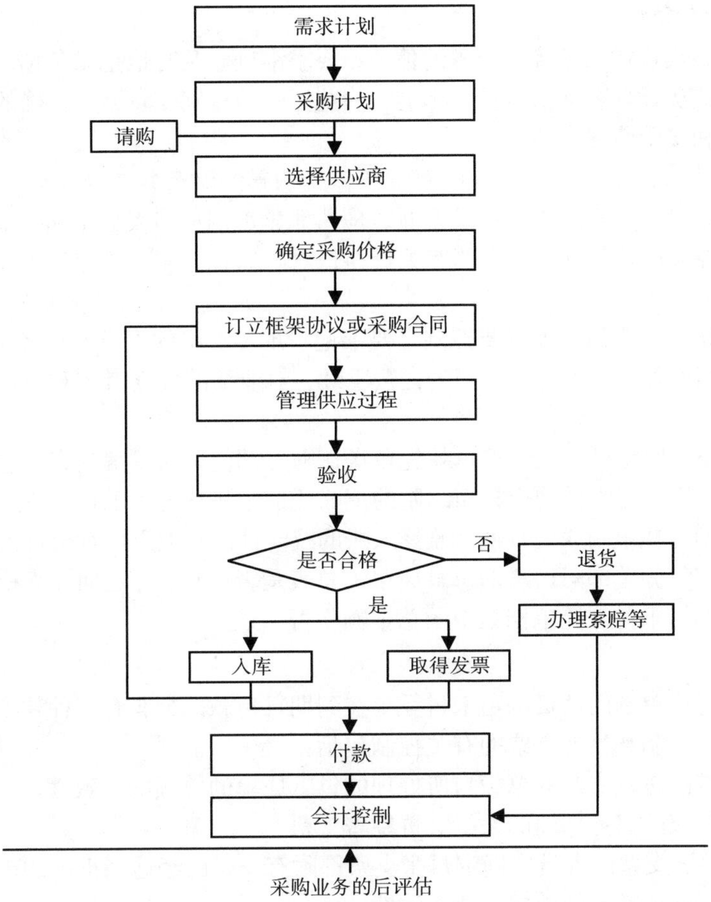

图 9-1 采购业务流程

验收后，验收部门应对已收货的每张订购单编制一式多联、预先编号的验收单，作为验收和检验商品的依据。验收人员将商品送交仓库或其他请购部门时，应取得经过签字的收据，或要求其在验收单的副联上签收，以确立他们所采购的资产应负的保管责任。验收人员还应将其中的一联验收单送交应付凭单部门。

4. 储存已验收的商品存货

将已验收商品的保管与采购的其他职责相分离，可减少未经授权的采购和盗用商品的风险。存放商品的仓储区应相对独立，限制无关人员接近。

5. 编制付款凭单

记录采购交易之前，应付凭单部门应编制付款凭单。这项功能的控制包括：

（1）确定供应商发票的内容与相关的验收单、订购单的一致性。

（2）确定供应商发票计算的正确性。

（3）编制有预先编号的付款凭单，并附上支持性凭证（如订购单、验收单和供应商发票等）。这些支持性凭证的种类，因交易对象的不同而不同。

（4）独立检查付款凭单计算的正确性。

（5）在付款凭单上填入应借记的资产或费用账户名称。

（6）由被授权人员在凭单上签字，以示批准照此凭单要求付款。所有未付凭单的副联应保存在未付凭单档案中，以待日后付款。

6. 确认与记录负债

正确确认已验收货物和已接受劳务的债务，要求准确、及时地记录负债。该记录对企业财务报表反映和企业实际现金支出有重大影响。因此，必须特别注意，按正确的数额记载企业确实已发生的购货和接受劳务事项。

应付账款确认与记录相关部门一般有责任核查购置的财产并在应付凭单登记簿或应付账款明细账中加以记录。在收到供应商发票时，应付账款部门应将发票上所记载的品名、规格、价格、数量、条件及运费与订货单上的有关资料核对。如有可能，还应与验收单上的资料进行比较。

应付账款确认与记录的一项重要控制是要求记录现金支出的人员不得经手现金、有价证券和其他资产。恰当的凭证、记录与恰当的记账手续，对业绩的独立考核和应付账款职能而言是必不可少的控制。

在手工系统下，应将已批准的未付款凭单送达财务部门，据以编制有关记账凭证和登记有关账簿。会计主管应监督为采购交易而编制的记账凭证中账户分类的适当性；通过定期核对编制记账凭证的日期与凭单副联的日期，监督入账的及时性。而独立检查会计人员则应核对所记录的凭单总数与应付凭单部门送来的每日凭单汇总表是否一致，并定期独立检查应付账款总账余额与应付凭单部门未付款凭单档案中的总金额是否一致。

7. 付款

通常是由应付凭单部门负责确定未付凭单在到期日付款。企业有多种款项结算方式，以支票结算方式为例，编制和签署支票的有关控制包括：

（1）独立检查已签发支票的总额与所处理的付款凭单的总额的一致性。

（2）应由被授权的财务部门的人员负责签署支票。

（3）被授权签署支票的人员应确定每张支票都附有一张已经适当批准的未付款凭单，并确定支票收款人姓名和金额与凭单内容的一致性。

（4）支票一经签署就应在其凭单和支持性凭证上用加盖印戳或打洞等方式将其注销，以免重复付款。

（5）支票签署人不应签发无记名甚至空白的支票。

（6）支票应预先连续编号，保证支出支票存根的完整性和作废支票处理的恰当性。

（7）应确保只有被授权的人员才能接近未经使用的空白支票。

8. 记录现金、银行存款支出

仍以支票结算方式为例，在手工系统下，财务部门应根据已签发的支票编制付款记账凭证，并据以登记银行存款日记账及其他相关账簿。以记录银行存款支出为例，有关控制包括：

（1）会计主管应独立检查记入银行存款日记账和应付账款明细账的金额的一致性，以及与支票汇总记录的一致性。

（2）通过定期比较银行存款日记账记录的日期与支票副本的日期，检查入账的及时性。

（3）独立编制银行存款余额调节表。

文案范本

采购业务流程

某公司的采购业务流程，如图 9-2 所示。

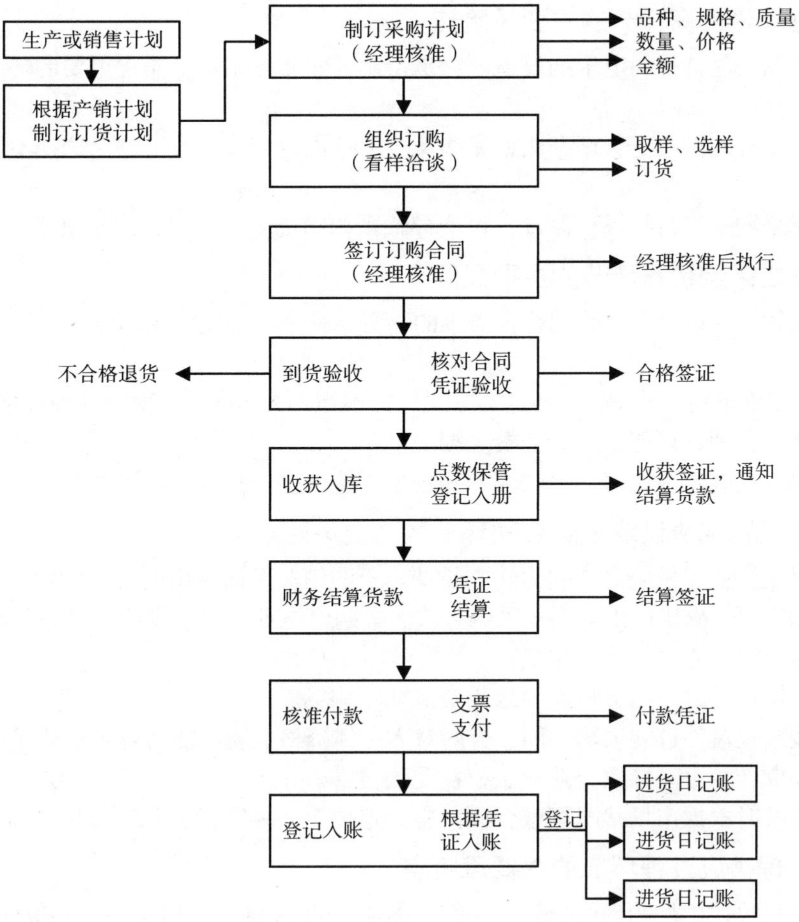

图 9-2　采购业务流程

二、采购业务方面的主要风险点

（一）编制需求计划和采购计划环节的主要风险点

采购业务从计划（或预算）开始，包括需求计划和采购计划。企业实务中，需求部门一般根据生产经营需要向采购部门提出物资需求计划，采购部门根据该需求计划归类汇总平衡现有库存物资后，统筹安排采购计划，并按规定的权限和程序审批后执行。该环节的主要风险点包括：

（1）需求或采购计划不合理、不按实际需求安排采购或随意超计划采购，甚至与企业生产经营计划不协调等，造成企业资源短缺或者库存成本上升，从而影响企业正常生产经营。

（2）不按规定维护安全库存、未按照要求及时调整采购计划，影响企业正常运行。

（二）请购环节的主要风险点

请购是指企业生产经营部门根据采购计划和实际需要，提出的采购申请。该环节的主要风险点包括：

（1）缺乏采购申请制度，造成企业管理混乱。

（2）请购未经适当审批或超越授权审批，可能导致采购物资过量或短缺，影响企业正常生产经营。

（三）选择供应商环节的主要风险点

选择供应商，也就是确定采购渠道。它是企业采购业务流程中非常重要的环节。该环节的主要风险点包括：

（1）缺乏完善的供应商管理办法，无法及时考核供应商，导致供应商选择不当，影响企业利润。

（2）大额采购未实行招投标制度，可能导致采购物资质次价高，甚至出现舞弊行为。

（四）确定采购价格环节的主要风险点

如何以最优“性价比”采购到符合需求的物资，是采购部门的永恒主题。该环节的主要风险点包括：

（1）采购定价机制不科学，采购定价方式选择不当，缺乏对重要物资品种价格的跟踪监控，引起采购价格不合理，可能造成企业资金损失。

（2）内部稽核制度不完善，导致因回扣现象等造成企业损失。

（五）订立框架协议或采购合同环节的主要风险点

框架协议是企业与供应商之间为建立长期物资购销关系而做出的一种约定。采购合同是指企业根据采购需要、确定的供应商、采购方式、采购价格等情况与供应商签订的具有法律约束力的协议。该环节的主要风险点包括：

（1）框架协议签订不当，可能导致物资采购不顺畅。

（2）未经授权对外订立采购合同，合同对方主体资格、履约能力等未达要求，合同内容存在重大疏漏和欺诈，可能导致企业合法权益受到侵害。

（3）未能及时根据市场状况调整合同内容，造成企业采购行为脱离市场供需状况。

（六）管理供应过程环节的主要风险点

管理供应过程，主要是指企业建立严格的采购合同跟踪制度，科学评价供应商的供货情况，并根据合理选择的运输工具和运输方式，办理运输、投保等事宜，实时掌握物资采购供应过程的情况。该环节的主要风险点包括：

（1）缺乏对采购合同履行情况的有效跟踪，运输方式选择不合理，忽视运输过程的保险风险，可能导致采购物资损失或无法保证供应。

（2）无法对供应商的供应过程做好记录，导致供应商过程评价缺少原始资料。

（七）验收环节的主要风险点

验收是指企业对采购物资或劳务的检验接收，以确保其符合合同规定或产品质量要求。该环节的主要风险点包括：

（1）验收标准不明确、验收程序不规范，导致不合格品流入企业。

（2）对验收中存在的异常情况不做及时处理，可能造成账实不符、采购物资受损。

（八）付款环节的主要风险点

付款是指企业在对采购预算、合同、相关单据凭证、审批程序等内容审核无误后，按照采购合同规定及时向供应商办理支付款项的过程。该环节的主要风险点包括：

（1）付款审核不严格、付款方式不恰当、付款金额控制不严，可能导致企业资金受损或信用受损。

（2）退货管理不规范，导致企业产生财务损失。

（九）会计控制环节的主要风险点

会计控制主要指采购业务会计系统控制。该环节的主要风险点包括：

（1）缺乏有效的采购会计系统控制，未能全面真实地记录和反映企业采购各环节的资金流和实物流情况。相关会计记录与相关采购记录、仓储记录不一致，可能导致企业采购业务未能如实反映，以及采购物资和资金受损。

（2）对退货以及待检物料处理不当，导致账实不一致，影响企业财务状况的真实性。

小知识　　**采购业务方面常见的弊端**

（1）盲目采购。缺乏严格的物品或劳务采购计划（或预算），或采购部门没有根据已批准的采购计划或请购单进行采购，而是盲目采购或采购不及时，造成物品的超储积压或供应脱节和劳务的浪费。

（2）不相容职务未予分离。物品采购人、储存人、使用人同时担任账务的记录工作，绕过验单环节违规办理采购手续；付款审批人和付款人同时办理寻求供应厂商与采购谈价业务。

（3）收受回扣，中饱私囊。采购人员为了私人利益在采购中没有进行比价管理，而选择有回扣的供应商，往往造成采购材料质量得不到保证，或价格高于市场平均价格，或品种规格不合要求，给企业经济利益带来损失。

（4）虚报损耗，中途转移。这属于企业的内盗现象，运输部门为了中饱私囊，在运输途中转移材料，而对企业上报谎称损耗。

（5）混淆采购成本。会计人员在会计记账中，对采购成本没有很好地区分，确认的成本不能真实反映企业是为采购材料而发生的。例如，生产企业将与材料采购相关的应计入物品或劳务采购成本的相关费用，如运输费、保险费、合理损耗等，作为“管理费用”“销售费用”等计入当期损益。

（6）验收不严，以少报多，以次充好。采购验收人员玩忽职守，不能严格验收采购材料的质量和数量。如果采购和验收职责没有分离，由一个人担任两项不相容职务，那么这种内控的缺陷容易诱发材料验收中的舞弊行为，造成伪劣材料鱼龙混杂，轻者损害企业利益，重者伪劣产品充斥市场，损害消费者利益。

（7）违规结算，资金流失。通常企业在收到采购发票后，根据发票金额授权会计签发支付凭单，出纳审核后支付划拨款项。如果没有严格的付款控制程序，就存在结算隐患。例如，对同一笔采购业务重复付款，或者误期支付失去客户信誉。

（8）采购与付款业务凭证流转不畅，存在随意性。按规定应收取增值税专用发票，而收取普通发票或收据；凭证无人管理，造成丢失、损毁。

（9）往来结算账户记录不全、账目不清，债权债务关系混淆，已经结算的应付款项长期挂账等。

小知识　　**采购阶段风险控制**

1. 确定购买职责与权限

（1）企业的采购业务应相对集中，避免多头采购和分散采购，以提高采购业务效率，降低采购成本，堵塞管理漏洞。

（2）企业应当对办理采购业务的人员定期进行岗位轮换，重要和技术上较强的采购业务，应当组织相关专家进行论证，实行集体决策和审批。何为重要和技术上较强的采购业务，由企业自行确定。

（3）企业除小额零星物资或服务外，不得安排同一机构办理采购业务全过程。这是内控制度职责分工要求，以防止人为舞弊。

2. 建立采购申请制度

（1）企业应当建立采购申请制度，依据购买物资或接受劳务的类型，确定归口管理部门，授予相应的请购单，明确相关部门和人员的职责权限及相应的请购和审批程序。

（2）企业可以根据实际需要设置专门的请购部门，对需求部门提出的采购需求进行审批，并进行归类汇总，统筹安排企业的采购计划。

（3）具有请购权的部门对于预算内采购项目，应当严格按照预算执行进度办理请购手续，并根据市场变化提出合理采购申请。对于超预算和预算外采购项目，应先履行预算调整程序，由具备相应审批权限的部门和人员审批后，再进行办理请购手续。

3. 选择/评估供应商

（1）企业应当建立科学供应商评估和准入制度，确定合格供应商清单，与选定的供应商签订质量保证协议，建立供应商管理信息系统。

（2）对供应商提供物资和劳务的质量、价格、交货及时性、供货条件及其资信、经营状况等进行实时管理和综合评价，根据评价结果对供应商进行合理选择和调整。

企业可委托具有相应资质的中介机构对供应商进行资信调查，确保供应商资信真实、可靠。

4. 选择采购方式

企业应当根据市场情况和采购计划合理选择以下三种采购方式：

（1）大宗采购应当采用招标方式，合理确定招投标的单位、标准、实施程序和评价规则。

（2）一般物资和劳务等的采购，可以采用询价或定向采购的方式并签订合同协议。

（3）小额零星物资或劳务等的采购可以采用直接购买等方式。

对因紧急情况，需要以最快的速度使采购物资或劳务到位的，企业应明确在临时性、突发性需要时可以采用临时性采购。

5. 确定采购定价机制

（1）企业应当建立采购物资定价机制，采取协议采购、招标采购、谈判采购、询比价采购等多种方式合理确定采购价格，最大限度地缩小市场变化对企业采购价格的影响。

（2）大中采购等应当采用招标方式确定采购价格，其他商品或劳务的采购，应当根据市场行情制定最高采购限价，并对最高采购限价适时调整，以缩小市场变化对企业采购价格的影响。

6. 采购协议/合同风险控制

（1）企业应当根据确定的供应商、采购方式、采购价格等情况拟订一采购合同，准确描述合同条款，明确双方权利、义务和违约责任，按照规定权限签订采购合同。

（2）企业应当根据生产建设进度和采购物资特性，选择合理的运输工具和运输方式，办理运输、投保等事宜。

7. 采购验收风险控制

（1）企业应当建立严格的采购验收制度，确定检验方式，由专门的验收机构或验收人员对采购项目的品种、规格、数量、质量等相关内容进行验收，出具验收证明。涉及大宗和新、特物资采购的，还应进行专项测试。

（2）对验收过程中发现的异常情况，负责验收的机构或人员应当立即向企业有权管理的相关机构报告，相关机构应查明原因并及时处理。

8. 采购过程风险管理

（1）企业应当加强对物资采购供应过程的管理，依据采购合同中确定的主要条款追踪合同履行情况，对有可能影响生产和工程进度的异常情况，应出具书面报告并及时提出解决方案。

（2）企业应当做好采购业务各环节的记录，实行全过程的采购登记制度或信息化管理，确保采购过程的可追溯性。

三、采购业务的内控目标

（1）需求计划和采购计划是按照规定的权限和程序获得审批的。

（2）请购是经过适当授权或审批的，符合企业实际需求。

（3）供应商的选择及其评价有利于公司获取“质优价廉”的货物或劳务。

（4）每次的采购价格应当是“性价比”最优的。
（5）同供应商订立框架协议或采购合同符合法律、法规的要求。
（6）采购的过程应当是可控的。
（7）所记录的购货都已收到货物或已接收劳务，并符合企业的需求。
（8）已发生的购货业务均已记录。
（9）所记录的购货业务估价正确。
（10）购货业务的分类正确。
（11）购货业务按正确的日期记录。
（12）采购的付款是经过授权审批和企业规定办理的。
（13）购货业务被正确记入应付账款和存货等明细账中，并被准确汇总。

四、采购业务的内控要求

（一）职责方面

企业应当统筹安排采购计划，明确请购、审批、购买、验收、付款、采购后评估等环节的职责和审批权限。

（二）制度方面

企业应当结合实际情况，全面梳理采购业务流程，完善采购业务相关管理制度。

（三）执行方面

企业应当按照规定的审批权限和程序办理采购业务。

（四）监督方面

企业应当建立价格监督机制，定期检查和评价采购过程中的薄弱环节，采取有效控制措施，确保物资采购满足企业生产经营需要。

小知识　设计采购内控制度时的要求

（1）采购工作中的计划、订货、验收、结算等各个环节都必须分工负责。
（2）采购人员除经特别授权外不得擅自改变采购内容，只能按批准的品种、规格、数量进行采购。
（3）采购业务均要签订采购合同。
（4）购货款必须在认真审核、核对购货合同之后，方可付款结算。
（5）购货款必须通过银行计算。
（6）采购的物资须经过验收后方可入库。
（7）采购过程的损耗必须查明原因，经审核批准后方可处理。

第二节　内控措施

一、采购业务控制内容及基本控制制度

（一）授权审批

企业应建立采购与付款业务的授权制度和审核批准制度，并按照规定的权限和程序办理采购与付款业务，严禁未经授权的机构或人员办理采购与付款业务。有资源整合条件的企业或企业集团，业务采购权应尽量集中，实施集中或相对集中采购，或采取集中招标形式，以提高采

购效率，堵塞管理漏洞，降低成本和费用。企业对于重要和技术性较强的采购业务，应组织专家进行论证，实行集体决策和审批，防止出现决策失误而造成严重损失。采购与付款业务循环中一般应予以关注的控制审批要点主要包括：

（1）企业应对采购与付款业务建立严格的授权审批制度，明确审批人对采购与付款业务的授权审批方式、权限、程序、责任和相关控制措施，规定经办人办理采购与付款业务的职责范围和工作要求。

（2）审批人应根据采购与付款业务授权审批制度的规定，在授权范围内进行审批，不得超越审批权限。

（3）经办人应在职责范围内，按照审批的批准意见办理采购与付款业务。对于审批人超越授权范围审批的采购与付款业务，经办人员有权拒绝办理，并及时向审批人的上级授权部门报告。

（4）企业应根据具体情况对办理采购与付款业务的人员进行岗位轮换。企业可以根据具体情况对办理采购业务的人员定期进行岗位轮换，防范采购人员利用职权和工作便利收受商业贿赂、损害企业利益的风险。

（二）适当的职责分离

企业应建立采购与付款业务的岗位责任制，明确相关部门和岗位的职责、权限，确保办理采购与付款业务的不相容职务分离、制约和监督。企业采购与付款业务的不相容职务至少包括：

（1）生产和销售对原材料、物品和商品的需要必须由生产或销售部门提出，采购部门采购。

（2）付款审批人和付款执行人不能同时办理寻求供应商和索价业务。

（3）商品的采购人不能同时担任商品的验收工作。

（4）商品的采购人、存储人和使用人不能同时担任账务的记录工作。

（5）接受各种劳务的部门或主管这些业务的人员应恰当地同账簿记录人分离。

（6）审核付款的人员应同付款的人员分离。

（7）记录应付账款的人员不能同时担任付款业务。

（三）请购与审批控制

1. 采购申请制度

企业应建立采购申请制度，依据购置商品或劳务的类型，确定归口管理部门，授予相应的请购权，并明确相关部门或人员的职责权限及相应的请购程序。

（1）采购需求应与企业生产经营计划相适应，具有必要性和经济性。

（2）请购部门提出的采购需求，应明确采购类别、质量等级、规格、数量、相关要求和标准、到货时间等。

2. 预算管理

企业应加强采购业务的预算管理，对于预算内采购项目，具有请购权的部门应当严格按照预算执行进度办理请购手续；对于超预算和预算外采购项目，具有请购权的部门应当对需求部门提出的申请进行审核后再行办理请购手续。

3. 请购审批制度

企业应建立严格的请购审批制度，对于超预算和预算外采购项目，应明确审批权限，由审批人根据其职责、权限以及企业实际需要对请购申请进行审批。

（四）采购与验收控制

企业应建立采购与验收环节的管理制度，对采购方式确定、供应商选择、验收程序及计量方法等做出明确规定，确保采购过程的透明化。

1. 供应商评价制度

企业应建立供应商评价制度，由企业的采购部门、请购部门、生产部门、财务部门、仓储部门等相关部门共同对供应商进行评价，包括对所购商品的质量、价格、交货及时性、付款条件及供应商的资质、经营状况等进行综合评价，并根据评价结果对供应商进行调整。

（1）应对紧急、小额零星的采购、供应商的选择做出明确规定。

（2）同一企业（或企业集团）下属的分支机构应尽量避免多头对同一供应商。

2. 确定采购方式

企业应根据商品或劳务等的性质及其供应情况确定采购方式。一般物品或劳务等的采购可以采用订单采购或合同订货等方式，小额零星物品或劳务等的采购可以采用直接购买等方式。企业应对例外紧急需求、小额零星采购等特殊采购处理程序做出明确规定。

3. 采购价格确定

（1）企业应成立由企业管理层，以及来自采购、请购、生产、财务、内审、法律等部门的负责人组成的采购价格委员会，明确采购价格形成机制。

（2）大宗商品或劳务采购等必须采用招投标方式确定采购价格，并明确招投标的范围、标准、实施程序和评标规则。其他商品或劳务的采购，应根据市场行情制定最高采购限价，不得以高于采购限价的价格采购。以低于最高采购限价进行采购的应以适当方式予以奖励。

（3）企业应根据市场行情的变化适时调整最高采购限价。委托中介机构进行招投标的，应加强对中介机构的监督。

（4）企业应充分了解和掌握有关供应商信誉、供货能力等方面的信息，由采购、使用等部门共同参与比质比价，并按规定的授权审批程序确定供应商。小额零星采购也应由经授权的部门事先对采购价格等有关内容进行审核。对单价高、数量多的物资采购，企业应制定严格的比质比价采购制度。

4. 验收

企业应根据规定的验收制度和经批准的订单、合同等采购文件，由独立的验收部门或指定专人对所购物品或劳务等的品种、规格、数量、质量和其他相关内容进行验收，出具检验报告、计量报告和验收证明。对验收过程中发现的异常情况，负责验收的部门或人员应立即向有关部门报告；有关部门应查明原因，及时处理。

（五）付款控制与管理

1. 付款控制制度

企业应按照《中华人民共和国现金管理暂行条例》、《中国人民银行支付结算办法》和相关规定办理采购付款业务，并按照国家统一规定进行核算和报告。财务部门在办理付款业务时，应对采购合同约定的付款条件以及采购发票、结算凭证、检验报告、计量报告和验收证明等相关凭证的真实性、完整性、合法性及合规性进行严格审核。财务部门应参与商定对供应商付款的条件。

2. 预付账款和定金的管理

企业建立预付账款和定金的授权审批制度，加强预付账款和定金的管理，加强对大额预付账款的监控，定期对其进行追踪核查。对预付账款的期限、占用款项的合理性、不可收回风险等进行综合判断；对有疑问的预付账款及时采取措施，尽量降低预付账款资金风险和形成损失的可能性。

3. 应付账款和应付票据的管理

企业应加强应付账款和应付票据的管理，由专人按照约定的付款日期、折扣条件等管理应付款项。

4. 退货控制

企业应建立退货管理制度，对退货条件、退货手续、货物出库、退货货款回收等做出明确规定，及时收回退货货款。

（六）记录控制与监督检查

1. 凭证与记录

应付账款是因在正常的商业过程中接受商品和劳务而产生的未予付款的负债。已经验收的商品和劳务若未予以入账，将直接影响应付账款余额，从而低估企业的负债。企业应按照请购、审批、采购、验收、付款等规定的程序办理采购与付款业务，并在采购与付款各环节设置相关的记录，填制相应的凭证，建立完整的采购登记制度，加强请购手续、采购订单（或采购合同）验收证明、入库凭证、采购发票等文件和凭证的相互核对工作。

2. 定期核对

（1）企业应加强应付账款和应付票据的管理，由专人按照约定的付款日期、折扣条件等管理应付款项。已到期的应付款项须经有关授权人员审批后方可办理结算与支付。

（2）企业应定期与供应商核对应付账款、应付票据、预付账款等往来款项。如有不符，应当查明原因，及时处理。

（七）监督检查

1. 监督检查主体

（1）监事会。依据公司章程对公司采购与付款管理进行检查监督。

（2）审计部门。依据公司授权和部门职能描述，对公司采购管理进行审计监督。

（3）财务部门。依据公司授权，对公司采购管理进行财务监督。

（4）上级对下级进行日常工作监督检查。

2. 监督检查内容

（1）采购与付款业务相关岗位及人员的设置情况。重点检查是否存在采购与付款业务不相容职务混岗的现象。

（2）采购与付款业务授权审批制度的执行情况。重点检查授权审批手续是否健全，是否存在越权审批行为。

（3）采购的管理情况。重点检查采购政策的执行是否符合规定。

（4）付款的管理情况。重点检查预付账款和定金等是否及时入账，应付账款、应付票据、预付账款等的管理是否符合规定。

（5）采购退回的管理情况。重点检查采购退货手续是否齐全，退回款项是否及时入账。

（6）账实、账账相符情况。企业应定期抽查、核对采购业务记录、会计记录、材料入库记录和库存商品实物记录，及时发现并处理采购与付款中存在的问题；还应定期对库存商品进行盘点。同时应定期与往来客户通过函证等方式，核对应付账款、应付票据、预付账款等往来款项；如有不符，应查明原因，及时处理。

3. 监督检查结果处理

对监督检查过程中发现的销售与收款内部控制中的薄弱环节，企业有关责任部门和责任人应当采取措施，及时加以纠正和完善。

小知识　设计采购内控制度时的控制方法

1. 控制定额

（1）根据生产计划和实物消耗定额制定实物数量和资金定额，控制合理储备，并控制实物采购，实现采购计划。

（2）根据产品消耗定额控制发料和工艺过程的耗用量。

2. 控制计划

根据实物收入、发出和结存计划，对实物购进业务实施计划管理与控制。通过年度、季度和月度用料计划来制订供应计划和采购计划，控制实物的采购领用和库存，并据以准备采购资金。

3. 控制合同

（1）根据供应和采购计划，提出需要购买的实物，经批准并授权后，组织实物供应，签订实物订货合同。

（2）根据企业需要的实物，依照《中华人民共和国合同法》（简称《合同法》）与供应商签订合同，确定供应实物的品种、类别、数量、单价、规格、质量、日期和运输、包装，以及按期、按质、按量保证供应的相关条款。

（3）按照合同组织进货，计划外进货应得到批准。

4. 控制职能分工

（1）请购。根据生产需要和实物储备情况，由生产和仓储部门提出请购单，经批准后，交采购供应部门办理。

（2）订购。收到批准的请购单后，还应与采购计划进行核对，确定采购实物的品种、规格、数量，指定采购人员组织采购，大宗实物与供应商签订合同，并将合同副本分送会计、会计监督以及请购部门，以便检查合同执行情况。

（3）验收。企业应建立催收制度，督促供应商按期交货。采购的实物运到后，须由验收部门清点数量，检验货品质量。

（4）付款。收到收料单、验收单和进货发票后，相关人员应与合同（副本）进行核对，核对无误并经财务主管审核后，办理结算货款，同时在发票上加盖“付讫”戳记。

（5）记账。财务人员根据各原始凭证，编制记账凭证，登记实物明细分类账和总分类账。

5. 控制账簿体系

为了保证实物数量和成本的正确性，系统地反映实物发存情况，企业应设置实物总分类账，同时要按各实物、用品的品名、规格和存放地点设置明细分类账，形成账簿体系。同时要定期核对，做到账账、账卡相符，发挥财务控制作用。另外，本期实物到货，也应与付款金额经常进行核对，确保两者相符。

6. 控制实物

对实物实行分类保管定位存放，及时清点核对，保证安全；还要定期或不定期进行盘点，由仓储、实物采购与财会部门组成盘点小组，运用与实物出入库相同的计量仪器和计算方法，点清数量，验明质量。

小知识　设计采购内控制度时的控制技巧

1. 填写物资采购申请单，办理申请手续

各部门所需要的材料、商品和其他物资，或者仓储部门认为某种货物的储备量已降到最低库存以下而需要补充时，应当通过填写申请单申请购货。

2. 签订采购订货单，规范采购活动

企业大宗购买业务尽可能签订合同并使用订货单制度，以实现采购活动的规范化。采购订货单是供部门进行采购活动的一种业务执行凭证，也是购销双方应当共同遵守的一种契约。这不仅可以使采购业务在开始时就置于计划控制之下，而且可以在任何时候、任何环节下对整个业务进行检查。

3. 填写入库单，严格验收之后方可入库

采购部门购回的各类物资，都要及时送交检验部门检验。对于质量检验合格的物资，由采购人员持检验人员出具的书面证明送交仓库验收。由验收人员对照发货单位的发货票和订购单等，对每种货物的品名、规格、数量进行检查，并在保证正确、相符的基础上填写入库单。

小知识 用合同加强采购控制

购进合同是根据采购计划和生产需要而签订的，全面完成进货合同是完成采购计划的重要保证。我们可以从合同的适用性、合法性和执行情况三个方面检查合同，进而控制采购。

1. 提高合同的适用性

合同内订购的存货，必须符合存货采购计划要求和生产部门的需要，并符合生产进度安排，以防止停工待料。如果生产部门经核准的存货请购申请单提出的需要量大，而按合同订购的数量少，则需要增加订购量，反之应减少订购量。检查时以某一时期的实际生产经营所耗存货量加该时期计划储备量减期初存量之和与该期合同订购量相比较，如前者大于后者，可能意味着按合同订购未能满足生产需要；相反，则意味着本期存货储备量可能过多。

2. 确保合同的合法性

合同签订前，就合同是否依据经济合同法签订，供应商是否是独立的经济法人团体进行信用询证，以保证预付货款的安全；合同签订后，应检查合同签署者是否具有相应授权，合同其他内容是否符合经济合同法规定的条件。标的物的品名、规格、质量、价格、数量、包装、运输、交货方式、付款条件是否明确具体，有无疏忽遗漏的情况，购销双方承担的责任是否公平合理。此外，还应着重检查是否有人利用合同搞违法活动。

3. 检查合同的执行情况

检查合同执行情况时，应该防止以下现象发生：

（1）合同未能按期履行。通常，可先核实到期应予履行的合同数，并将这些合同逐个与采购明细账中的相关进货业务进行核对。如果出现账无而合同有的采购业务，则意味着这些合同未能实际履行。为此，应进一步查明合同未予执行的原因，并明确相关责任。

（2）合同虽已履行，但相应的合同进货长时间没有验收入库。这类情况通常意味着可能发生采购业务纠纷，且尚未得到解决。由于业务纠纷大多与合同本身的缺陷有关，因此对这类问题的检查必然属于合同检查的内容之一。在检查此项问题时，可通过采购明细账与应收预付款和应付款账户记录逐笔核对，查明货款已付而存货尚未入库的采购业务，并进一步追查出与此相关的合同缺陷。

小知识 利用会计监督进行采购控制

实物的收、发、存业务频繁，不可能对每一实物收、发、存业务的内部控制系统进行详细审核、查实。但是我们可以利用会计监督的方法加强对采购的控制。

1. 监督请购

（1）应检查作为申请购买商品、劳务等书面证明的请购单是否由产品生产、保管等部门的有关人员根据需要量和现有库存量共同填制，之后提交给采购部门进行公开询价。

（2）应监督存货购进是否经过合理授权。存货购进分常规授权和特别授权，在会计监督时应注意分别进行监控。一方面，对属于常规授权的，如正常经营所需要的物资，应监督仓库是否在现有库存达到再订购点时，提出采购申请；其他部门是否确实为正常的维修工作和类似工作申请采购有关物品。另一方面，对属于政策要求做特别授权的，应重点监督企业是否指定专人提出请购，每张请购单是否经过对这类支出负预算责任的主管人员核准并签章。

2. 监督采购

（1）采购部门在收到请购单后，是否依据经过批准的请购单办理订购手续。

（2）对每一张订购单的签发，应监控采购部门是否执行了必要的程序。即是否向多家供应商广泛询价；在获取报价单之后，采购部门是否通过充分比较货物的质量、价格、付款条件、可享受购货折扣、交货时间以及供货方信誉等有关资料，确定最佳谈判对象；并根据谈判结果决定是否签订订货合同、是否签发订货单。

（3）对一些大额、重要的采购项目，监控采购部门是否在保证供货的质量、及时性和降低成本等方面采取了有效措施。

3. 监督验收

验收商品、资产时编制的主要原始凭证是验收单，它列示从供应商收到的商品、资产的种类和数量等内容。验收部门获得有效的订购单，代表企业已授权验收部门接受供应商发运来的商品。验收部门首先应比较所收商品与订购单上的要求是否相符，如商品的品名、说明、数量、到货时间等，然后再盘点商品并检查商品有无损坏。

4. 监督存储

将已验收商品的保管与采购的其他职责相分离，可减少未经授权的采购和盗用商品的风险。存放商品的仓库应相对独立，限制无关人员接近。储存已验收的商品应由独立的部门负责，并承担保管责任。货物入库前，应检查存储部门是否首先进行点验和查对，然后在验收单副联上签收。签收后，检查存储部门是否将实际入库货物的数量通知财务部门。监控存储部门是否根据存货的质量特征分类存放，是否对每一种存货填列标签，并设置相应的安全措施。

5. 监督确认与记录

（1）应付凭单部门应该按要求正确编制付款凭单。

①确定供应商发票的内容与相关的验收单、订购单一致。

②确定供应商发票计算的正确性。

③监控应付凭单部门所编制的付款凭单是否预先编号。

④独立检查付款凭单计算的正确性。

⑤监控应付凭单部门在付款凭单上是否填入应借记的资产和费用账户名称。

⑥监控凭单是否由被授权人员签字。

⑦监控所有未支付的副联是否保存。

（2）正确确认验收货物的债务。

①监控是否设专人负责记录因采购业务引起的应付账款。

②在收到供应商发票时，是否将发票上所记载的品名、规格、数量、价格以及运费等与订货单上、验收单上的有关资料相互核对。

③监控会计人员是否在确认无误后，将未付款项分别正确记入应付账款的总账和明细账中。

④应监督采购交易编制的记账凭证中账户分类的适当性。

⑤应定期将编制对账凭证的日期与凭单副联的日期相互核对，以检查入账的及时性。

⑥应核对凭单总数与应付凭单部门送来的每日凭单汇总表是否一致，并要定期独立检查应付账款总账余额与采购部门未付款凭单档案中的总金额是否保持一致。

（3）对于预付货款的交易，应监督会计人员是否及时冲减预付账款账户的借方余额。

此外，还应监控月末会计主管是否核对应付账款的总分类账和明细分类账，并将各明细账户的余额同供应商的对账单相互核对。如果存在差异，要做到及时查明原因，采取相应措施。

应该说，会计监督本身就是一个完整的监督系统，我们要充分利用这一监督系统加强对采购的管理和控制。

二、采购业务方面的关键控制点

（一）编制需求计划和采购计划环节的关键控制点

（1）生产、经营、项目建设等部门，应当根据实际需求准确、及时编制需求计划。需求部门提出需求计划时，不能指定或变相指定供应商。对独家代理、专有、专利等特殊产品应提供相应的独家、专有资料，经专业技术部门研讨后，经具备相应审批权限的部门或人员审批。

（2）采购计划是企业年度生产经营计划的一部分，在制订年度生产经营计划过程中，企业应当根据发展目标实际需要，结合库存和在途情况，科学安排采购计划，防止采购过高或过低。

（3）采购计划应纳入采购预算管理，经相关负责人审批后，作为企业刚性指令严格执行。

（二）请购环节的关键控制点

（1）建立采购申请制度，依据购买物资或接受劳务的类型，确定归口管理部门，授予相应的请购权，明确相关部门或人员的职责权限及相应的请购程序。企业可以根据实际需要设置专门的请购部门，对需求部门提出的采购需求进行审核，并进行归类汇总，统筹安排企业的采购计划。

（2）具有请购权的部门对于预算内采购项目，应当严格按照预算执行进度办理请购手续，并根据市场变化提出合理采购申请。对于超预算和预算外采购项目，应先履行预算调整程序，由具备相应审批权限的部门或人员审批后，再行办理请购手续。

（3）具备相应审批权限的部门或人员审批采购申请时，应重点关注采购申请内容是否准确、完整，是否符合生产经营需要，是否符合采购计划，是否在采购预算范围内等。对不符合规定的采购申请，应要求请购部门调整请购内容或拒绝批准。

（三）选择供应商环节的关键控制点

（1）建立科学的供应商评估和准入制度，对供应商资质信誉情况的真实性和合法性进行审查，确定合格的供应商清单，健全企业统一的供应商网络。企业新增供应商的市场准入、供应商新增服务关系以及调整供应商物资目录，都要由采购部门根据需要提出申请，并按规定的权限和程序审核批准后，纳入供应商网络。必要时，企业可委托具有相应资质的中介机构对供应商进行资信调查。

（2）采购部门应当按照公平、公正和竞争的原则，择优确定供应商，在切实防范舞弊风险的基础上，与供应商签订质量保证协议。

（3）建立供应商管理信息系统和供应商淘汰制度，对供应商提供物资或劳务的质量、价格、交货及时性、供货条件及其资信、经营状况等进行实时管理和考核评价，根据考核评价结果，提出供应商淘汰和更换名单，经审批后对供应商进行合理选择和调整，并在供应商管理系统中做出相应记录。

（四）确定采购价格环节的关键控制点

（1）健全采购定价机制，采取协议采购、招标采购、比价采购、动态竞价采购等多种方式，科学合理地确定采购价格。对标准化程度高、需求计划性强、价格相对稳定的物资，通过招标、联合谈判等公开、竞争方式签订框架协议。

（2）采购部门应当定期研究大宗通用重要物资的成本构成与市场价格变动趋势，确定重要物资品种的采购执行价格或参考价格。建立采购价格数据库，定期开展重要物资的市场供求形势及价格走势商情分析并合理利用。

（五）订立框架协议或采购合同环节的关键控制点

（1）对拟签订框架协议的供应商的主体资格、信用状况等进行风险评估；框架协议的签订应引入竞争制度，确保供应商具备履约能力。

（2）根据确定的供应商、采购方式、采购价格等情况，拟订采购合同，准确描述合同条款，明确双方权利、义务和违约责任，按照规定权限签署采购合同。对于影响重大、涉及较高专业技术或法律关系复杂的合同，应当组织法律、技术、财会等专业人员参与谈判，必要时可聘请外部专家参与相关工作。

（3）对重要物资验收量与合同量之间允许的差异，应当做出统一规定。

（六）管理供应过程环节的关键控制点

（1）依据采购合同中确定的主要条款跟踪合同履行情况，对有可能影响生产或工程进度的异常情况，应出具书面报告并及时提出解决方案，采取必要措施，保证需求物资的及时供应。

（2）对重要物资建立并执行合同履约过程中的巡视、点检和监造制度。对需要监造的物资，择优确定监造单位，签订监造合同，落实监造责任人，审核确认监造大纲，审定监造报告，并及时向技术等部门通报。

（3）根据生产建设进度和采购物资特性等因素，选择合理的运输工具和运输方式，办理运输、投保等事宜。

（4）实行全过程的采购登记制度或信息化管理，确保采购过程的可追溯性。

（七）验收环节的关键控制点

（1）制定明确的采购验收标准，结合物资特性确定必检物资目录，规定此类物资出具质量检验报告后方可入库。

（2）验收机构或人员应当根据采购合同及质量检验部门出具的质量检验证明，重点关注采购合同、发票等原始单据与采购物资的数量、质量、规格型号等核对一致。对验收合格的物资，填制入库凭证，加盖物资“收讫章”，登记实物账，及时将入库凭证传递给财会部门。物资入库前，采购部门须检查质量保证书、商检证书或合格证等证明文件。验收时涉及技术性强的、大宗的和新特物资，还应进行专业测试，必要时可委托具有检验资质的机构或聘请外部专家协助验收。

（3）对于验收过程中发现的异常情况，如无采购合同或大额超采购合同的物资、超采购预算采购的物资、毁损的物资等，验收机构或人员应当立即向企业有权管理的相关机构报告，相关机构应当查明原因并及时处理。对于不合格物资，采购部门依据检验结果办理让步接收、退货、索赔等事宜。对延迟交货造成生产建设损失的，采购部门要按照合同约定索赔。

（八）付款环节的关键控制点

（1）严格审查采购发票等票据的真实性、合法性和有效性，判断采购款项是否确实应予以支付。例如，审查发票填制的内容是否与发票种类相符合，发票加盖的印章是否与票据的种类相符合等。企业应当重视采购付款的过程控制和跟踪管理，如果发现异常情况，应当拒绝向供应商付款，避免出现资金损失和信用受损。

（2）根据国家有关支付结算的相关规定和企业生产经营的实际，合理选择付款方式，并严格遵循合同规定，防范付款方式不当带来的法律风险，保证资金安全。除不足转账起点金额的采购可以支付现金外，采购价款应通过银行办理转账。

（3）加强预付账款和定金的管理。涉及大额或长期的预付款项，应当定期进行追踪核查，综合分析预付账款的期限、占用款项的合理性、不可收回风险等情况，发现有疑问的预付款项，应当及时采取措施，尽快收回款项。

（九）会计控制环节的关键控制点

（1）企业应当加强对购买、验收、付款业务的会计系统控制，详细记录供应商情况、采购申请、采购合同、采购通知、验收证明、入库凭证、退货情况、商业票据、款项支付等情况，做好采购业务各环节的记录，确保会计记录、采购记录与仓储记录核对一致。

（2）企业应指定专人通过函证等方式，定期向供应商寄发对账函，核对应付账款、应付票据、预付账款等往来款项，对供应商提出的异议应及时查明原因，报有权管理的部门或人员批准后，做出相应调整。

另外，由于采购业务对企业生存与发展具有重要影响，强调企业应当建立采购业务后评估制度。即企业应当定期对物资需求计划、采购计划、采购渠道、采购价格、采购质量、采购成本或合同签约与履行情况等物资采购供应活动进行专项评估和综合分析，及时发现采购业务薄弱环节，优化采购流程。同时，将物资需求计划管理、供应商管理、储备管理等方面的关键指标纳入业绩考核体系，促进物资采购与生产、销售等环节的有效衔接，不断防范采购风险，全面提升采购效能。

三、存货采购方面的内部控制

存货是保证企业生产经营正常进行的前提，且存货管理涉及收、发、结、存等诸多环节。我们在对存货购进业务进行控制时，可以从以下几个方面着手。

（一）检查购进手续

通过账目或凭证流转跟踪以及实物流转跟踪，查明购进业务手续的齐全性。检查内容如下：存货购入是否经过质量检验、计量验收、办理入库手续；购进的凭证处理是否完整；凭证是否经主管、采购、质检、验收、保管、出纳、会计等人员复检签章。

（二）确保成本真实

存货采购成本包括采购价格以及按规定标准分摊记入的采购费用，与此相对应，存货采购成本的内容包括采购成本的构成项目的合规性、采购费用分配比例的合理性、存货采购价格的合法性、采购成本计算方法的科学性。对采购成本变化较大的存货，要注意进一步抽查某批次购进存货的凭证。

（1）不应列入存货采购成本的项目。这些项目包括：存货包装物押金误入存货成本；应由供应商负担的运杂费，以及因不能及时支付货款的罚金；应由数种存货共同分担的采购费用列入某一种存货中，将未经批准的超定额损耗列入了存货采购成本；将责任事故造成的损失列作合理损耗记入采购成本。

应列入但可能未被列入采购成本的项目。这些项目包括：将购入存货的外地运杂费、挑选等采购费用，或挤入当期生产成本列作费用支出报销，或列作专项存货成本。

（2）存货采购成本未按适当的标准或比例摊入各种存货，而是任意分配存货采购费用；或者根据当期生产经营中使用购入存货的情况，为调节当期生产成本，将采购费用在不同耗用量的购入存货中分摊。

（3）存货采购价格未按国家物价部门规定，或者与当时市价偏离。

（4）存货采购成本计算不正确。当企业按计划成本核算外购存货时，应将存货的实际成本与计划成本的差异，通过“材料成本差异”账户反映。而企业常常不将成本差异入账，以计划成本代替实际成本，或者少列存货成本，或者多列存货成本。对在途存货易于产生的情况是，供应商未及时发货，或货不对路，或发错了收货地，或货物在运输途中丢失，或未及时验收入库。

（5）在存货采购账务处理中，按规定对月末发票未到的存货，应按暂估价入账，下月初用红字冲回，当收到发票付款时，再按实际价款入账。而企业往往先估价入账，下月初不用红字冲回，当收到发票付款时，再进行购入存货处理，造成重计多计存货成本。

（三）加强退货管理

验收人员在接到验收单后，如发现货物的数量和质量不符合订货单要求，要及时通知供应商。对于数量的短缺，一般要求供应商补足；对于质量的问题，一般要决定是退货还是折让。如果退货，应编制退货通知单授权运输部门将货物退回，同时将退货通知单副本寄交供应商。如果要求供应商折让，采购部门也应在折让金额确定后，编制借项凭单，通知调整应付账款。由于退货大多数是非常规性的业务，因此，可设置专人定期检查有关退货和折让的业务记录以及相关凭证，以确保退货的真实性。

小知识 存货内控制度的建立

1. 良好的存货内控制度

（1）无论采用什么盘存方法，每年至少要实地盘点一次存货。

（2）实行高效采购、验收和运输程序。

（3）保管好存货，以防损坏、被盗和变质。

（4）对贵重商品保持永续存货记录。

（5）运用经济订货量，按较经济的数量购买存货。

（6）保证足够的存货，以防因存货短缺影响生产和销售。

（7）不要保留过多存货，以防将资金投在不必要的项目上。

2. 建立内控制度

（1）存货收入应填制相关单据。存货收入需填制采购材料验收入库单、自制材料交库单、商品采购入库单、产品完工交库单、原材料退库单等；存货发出需填制凭证，包括材料领用单、材料发料单、外加工材料发料单、产品销售运货单、原材料退库单等。

（2）有关存货的工作均贯彻分工负责原则。存货的领用、发出、审核、保管、记账均贯彻分工负责原则。

（3）对存货同时实施金额和实物控制。对存货不仅要实施金额控制，而且要实施实物控制。一般由财务部门控制金额，由供应部门或销售部门分别控制金额和实物，仓库一般进行实物管理。

（4）存货货物经手人远离会计记录。存货货物经手人远离会计记录是必要的职责分离。一个既可接近存货，又可接近会计记录的职员就会有机会盗窃存货，并可通过编制会计分录将其盗窃行为掩盖起来。

（5）每年进行实地盘点存货。再好的会计系统也会出现错误，盘点对确定存货的正确与否起关键作用。当发现错误时，应立即调整会计记录，使其与实地盘点数一致。

良好的存货内控制度不仅能节约存货采购成本，还能提高存货的安全性，实现存货资源的优化配置。

小知识 确定最佳经济订货量

企业的存货，太多了会造成资金和资源的浪费，太少了又会产生供应不足的问题。怎样才能使存货量既不太多也不太少是我们必须考虑的问题。

1. 明确基本假设

经济订货量需要确定的假设条件如下：

（1）企业能够及时补充存货，即需要订货时便可立即取得存货。

（2）能集中到货，而不是陆续入库。

（3）不允许缺货，即无缺货成本，这是因为良好的存货管理本来就不应该出现缺货成本。

（4）一定时期的需求量可准确预测。

（5）存货单价不变，不存在数量折扣，不考虑现金折扣。

（6）企业现金充足，不会因现金短缺而影响进货。

（7）所需存货市场供应充足，不会因买不到需要的货品而影响生产。

（8）存货的数量或销售比较均衡。

2. 运用公式计算法

经济订货量的公式可以表示为：

$$Q=\sqrt{\frac{2KD}{K_C}}$$

式中：Q 代表最佳经济订货量；D 代表某种存货的年需求量；K_C 代表平均每次进货费用或平均每次进货的变动成本；K 代表单位存货的储存成本。

经济订货量的公式是存货控制中的一个很有用的工具，在采购原材料和其他材料时，它能说明应订货物的数量。

3．运用列表测算法

列表测算法是一种根据各种不同进货量的进货成本和储存成本进行测算、比较分析，找出这两项成本相加之和为最低的经济进货量的方法。最佳经济订货量分析表如表 9-1 所示。

表 9-1　最佳经济订货量分析表

单位：元

年需求量（件）	订货次数（次）	订货批量（件）	订货费用	保管费用	年总费用
1	2	3=1 ÷ 2	4=2 × 每次订货费用	5=3 ÷ 2 × 单价 × 保管费用率	6=4+5

4．运用图解法

经济订货量可以用图解法求得：首先计算出一系列不同批量的各有关成本，然后在坐标图上描出由各有关成本构成的订货成本线、储存成本线和总成本线，总成本线的最低点（或者订货成本线和储存成本线的交接点）对应的批量，即经济订货量。

不同批量的有关成本变动情况如图 9-3 所示。从这些成本指标的计算中可以很清楚地看出，当订货批量为 300 千克时总成本最低，小于或大于这一批量都是不合算的。

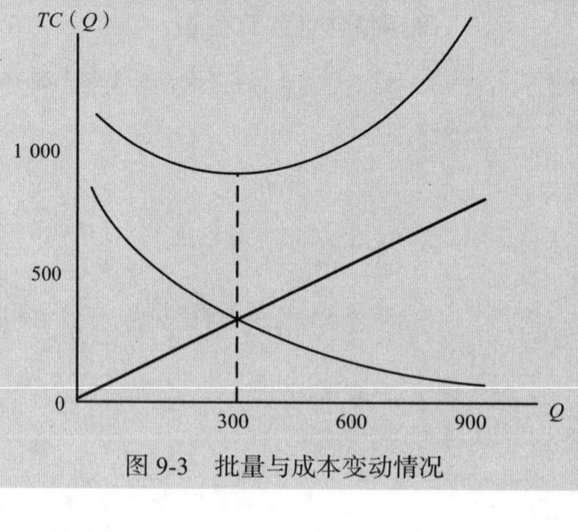

图 9-3　批量与成本变动情况

小知识 降低存货成本

实际上，企业很少能做到随时购入生产或销售所需的各种物资，即使市场供应量充足的物资也如此。这不仅因为不时会出现某种材料的市场断档，还因为企业距供货点较远而需要必要的途中运输及可能出现运输故障。一旦生产或销售所需物资短缺，生产经营将被迫停止，进而会给企业造成损失。

有时，为了获取优惠价格，企业可能大批量采购。但是，我们在存货采购时应该考虑到存货的储备成本。

1. 降低取得成本

取得成本是指为取得某种存货而支出的成本，包括订货成本和购置成本。

（1）降低订货成本。订货成本是指取得订单的成本，如办公费、差旅费、邮资、电话费等支出。在订货成本中，一部分与订货次数无关，称为订货的固定成本；另一部分与订货次数相关，称为订货的变动成本。降低订货成本，就必须控制订货次数，当然，要综合考虑存货总成本。

（2）降低购置成本。购置成本是指存货本身的价值，等于采购数量与采购单价的乘积。控制单价是降低购置成本的关键。

（3）订货成本加上购置成本，就等于存货的取得成本。其公式可表达为：

取得成本=订货成本+购置成本=订货固定成本+订货变动成本+购置成本

2. 考虑储存成本

储存成本是指为保持存货而发生的费用，包括存货占用资金所应计的利息、仓储费用、保险费用、存货破损和变质损失。储存成本也分为固定成本和变动成本。固定成本与存货的数量无关，变动成本与存货的数量有关。储存成本的公式如下：

储存成本=储存固定成本+储存变动成本

要降低储存成本，可以从仓库折旧、仓库员工工资、存货资金的应计利息、存货的破损和变质损失及存货的保险费用等方面入手，切实降低储存成本。

3. 评估缺货成本

缺货成本是指由于存货供应中断而造成的损失。要降低缺货成本，首先，要尽量缩短缺货时间；其次，降低材料供应中断造成的停工损失、产成品库存缺货造成的拖欠发货损失和丧失销售机会的损失，以及紧急额外购入存货增加的费用等。

4. 优化存货总成本

存货总成本的公式表达如下：

存货总成本=取得成本+储存成本+缺货成本

要使企业的存货最优化，就要使存货总成本最低。在考虑降低存货总成本时，只有综合考虑各成本的构成要素，才能找到最佳的存货量。

四、固定资产采购方面的内部控制

（一）控制预算

购建固定资产的支出属于资本性支出。一般资本性支出金额较大，对企业的财务状况有重大的影响，因此，企业应对购建固定资产编制预算。健全有效的固定资产支出预算制度能保证企业将有限的投资资本分配到最有利的投资上，对投资固定资产的预算监控应包括以下内容：

（1）监控购建固定资产的支出是否先由使用部门提出申请，再通过固定资产支出预算分析该项申请是否经济合理，应该以何种方式取得该项固定资产。

（2）监控固定资产支出预算的编制是否对投资预算额、投资机会成本、投资资本成本、投资现金净增加额等因素加以充分考虑。

（3）监控对一项固定资产的投资，预算部门是否会同采购、生产、资金管理、计划、工程技术等人员共同编制，是否提供了多套投资预算方案。

（4）监控固定资产支出预算的审核制度是否严格。一方面，监控支出预算是否由独立人员进行复核；另一方面，监控预算金额是否与审批人的级别相适应。一般预算金额越大，对审批人的级别要求越高。

（二）控制验收

增加固定资产，不论外购还是自制，在交付使用时都需要执行严格的验收制度。应检查验收部门或使用部门的工程师要对新增固定资产的数量、质量、规格或精密程度、出厂和建成日期、零配件、原始价值、性能等进行逐项验收，并确定其使用年限、大修周期和折旧率等，同时填制固定资产验收清单对上述事项签字确认。此外，对验收环节的控制还体现在注意检查新增固定资产是否归企业所有，对此应审查固定资产所有权的证明文件和租赁合同。

（三）监督记录

对固定资产是否进行了正确的确认和记录是控制的主要内容。具体包括以下方面：

（1）监督是否根据验收部门或使用部门提供的固定资产验收清单，在登记固定资产总账、明细分类账的同时，还单独登记了固定资产登记卡。固定资产登记卡是否按固定资产的类别、使用部门和每项固定资产分别设置；是否记录了固定资产的存放地点、价值等内容；登记卡上是否编制交叉索引号码。

（2）监督明细分类账的各种记录是否定期与总分类账相互核对；财务部门登记固定资产明细账时，是否核实固定资产的入账价值的正确性。

（3）监督购建固定资产支出是否与其他支出相混淆。应监督是否制定资本性支出与收益性支出的划分标准并以书面形式做出规定，明确资本性支出的范围和最低金额；只有属于资本性支出的开支范围，发生金额在最低限额以上的支出才列作资本性支出，其余支出列为当期费用。

（4）应监督固定资产的管理部门、使用部门是否建立了相应的固定资产台账和卡片，是否实行固定资产账、卡、物的相互制约制度。

上述是固定资产采购控制的一些主要方面和主要环节，我们还必须结合企业的实际情况，找出一些实用的固定资产采购控制方法，加强对固定资产采购的控制。

五、采购涉及付款业务风险控制

（一）采购涉及付款环节的风险

主要风险有付款审核不严、付款方式不恰当、付款金额控制不严，可能导致企业资金损失或信用受损。

（二）采购涉及付款风险的控制

1. 采购付款风险管理

（1）企业应当加强采购付款的控制，完善付款流程，明确付款审核人的责任和权力，严格审核采购预算、合同、相关单据凭证、审议批准程序等相关内容，审核无误后按照合同规定及时办理付款。

（2）企业在付款过程中，应该严格审查采购发票的真实性、合法性和有效性，发现虚假发票的应查明原因，及时报告处理。

（3）企业应当重视采购付款的过程控制和追踪管理，发现异常情况的，应当拒绝付款，避免出现资金损失和信用受损。

（4）企业应当合理选择付款方式，并严格遵守合同规定，防范付款方式不当带来的法律风险，保证资金安全。

2. 预付款与定金风险管理

（1）企业应当加强预付账款和定金的管理。它是企业资产的一部分，具有一定的风险，必须加强管理，防范资金流失。

（2）具体要求：

1）涉及大额或长期的预付款项，应定期进行追踪核查。

2）综合分析预付账款的期限、占用款项的合理性、不可收回风险等情况。

3）发现有疑问的预付款项，应当及时采取措施予以解决。

3. 会计系统控制

（1）企业应当加强购买、验收、付款业务的会计系统控制，详细记录供应商情况、请购申请、采购合同、采购通知、验收证明、入库凭证、商业票据、款项支付等情况，确保会计记录、采购记录与仓储记录核对一致，确保账实相符。

（2）企业应当指定专人通过函证等方式，定期与供应商核对应付账款、应付票据、预付账款等往来款项，发现差错应及时予以解决。

4. 退货风险管理

（1）企业应当建立退货管理制度，对退货条件、退货手续、货物出库、退货货款回收等做出明确规定，并在与供应商的合同中明确退货事宜，及时收回退货货款。

（2）涉及符合索赔条件的退货，应在索赔期内及时办理索赔，收回索赔款项。

（三）采购业务后的评估

由于采购业务对企业生存发展至关重要，因此要求企业建立后评估制度，定期评估物资需求计划、采购计划、渠道、价格、质量、成本、合同签订与履行情况等活动。同时，将需求计划管理、供应商管理、验收与存储管理等方面的关键指标纳入业绩考核体系，促进物资采购与生产、销售等环节有效衔接，不断防范采购风险，全面提升采购效能。

法律依据

内部控制应用指引第7号——采购业务

第一章 总 则

第一条 为了促进企业合理采购，满足生产经营需要，规范采购行为，防范采购风险，根据有关法律法规和《内部控制基本规范》，制定本指引。

第二条 本指引所称采购，是指购买物资（或接受劳务）及支付款项等相关活动。

企业采购业务至少应当关注下列风险：

（一）采购计划安排不合理，市场变化趋势预测不准确，造成库存短缺或积压，可能导致企业生产停滞或资源浪费。

（二）供应商选择不当，采购方式不合理，招投标或定价机制不科学，授权审批不规范，可能导致采购物资质次价高，出现舞弊或遭受欺诈。

（三）采购验收不规范，付款审核不严，可能导致采购物资、资金损失或信用受损。

第三条 企业应当结合实际情况，全面梳理采购业务流程，完善采购业务相关管理制度，统筹安排采购计划，明确请购、审批、购买、验收、付款、采购后评估等环节的职责和审批权限，按照规定的审批权限和程序办理采购业务，建立价格监督机制，定期检查和评价采购过程中的薄弱环节，采取有效控制措施，确保物资采购满足企业生产经营需要。

第二章 购 买

第四条 企业的采购业务应当集中，避免多头采购或分散采购，以提高采购业务效率，降低采购成本，堵塞管理漏洞。企业应当对办理采购业务的人员定期进行岗位轮换。重要和技术性较强的采购业务，应当组织相关专家进行论证，实行集体决策和审批。

企业除小额零星物资或服务外，不得安排同一机构办理采购业务全过程。

第五条 企业应当建立采购申请制度，依据购买物资或接受劳务的类型，确定归口管理部门，授予相应的请购权，明确相关部门或人员的职责权限及相应的请购和审批程序。

企业可以根据实际需要设置专门的请购部门，对需求部门提出的采购需求进行审核，并进行归类汇总，统筹安排企业的采购计划。

具有请购权的部门对于预算内采购项目，应当严格按照预算执行进度办理请购手续，并根据市场变化提出合理采购申请。对于超预算和预算外采购项目，应先履行预算调整程序，由具备相应审批权限的部门或人员审批后，再行办理请购手续。

第六条 企业应当建立科学的供应商评估和准入制度，确定合格供应商清单，与选定的供应商签订质量保证协议，建立供应商管理信息系统，对供应商提供物资或劳务的质量、价格、交货及时性、供货条件及其资信、经营状况等进行实时管理和综合评价，根据评价结果对供应商进行合理选择和调整。

企业可委托具有相应资质的中介机构对供应商进行资信调查。

第七条 企业应当根据市场情况和采购计划合理选择采购方式。大宗采购应当采用招标方式，合理确定招投标的范围、标准、实施程序和评标规则；一般物资或劳务等的采购可以采用询价或定向采购的方式并签订合同协议；小额零星物资或劳务等的采购可以采用直接购买等方式。

第八条 企业应当建立采购物资定价机制，采取协议采购、招标采购、谈判采购、询比价采购等多种方式合理确定采购价格，最大限度地减小市场变化对企业采购价格的影响。

大宗采购等应当采用招投标方式确定采购价格，其他商品或劳务的采购，应当根据市场行情制定最高采购限价，并对最高采购限价适时调整。

第九条 企业应当根据确定的供应商、采购方式、采购价格等情况拟订采购合同，准确描述合同条款，明确双方权利、义务和违约责任，按照规定权限签订采购合同。

企业应当根据生产建设进度和采购物资特性，选择合理的运输工具和运输方式，办理运输、投保等事宜。

第十条 企业应当建立严格的采购验收制度，确定检验方式，由专门的验收机构或验收人员对采购项目的品种、规格、数量、质量等相关内容进行验收，出具验收证明。涉及大宗和新、特物资采购的，还应进行专业测试。

验收过程中发现的异常情况，负责验收的机构或人员应当立即向企业有权管理的相关机构报告，相关机构应当查明原因并及时处理。

第十一条 企业应当加强物资采购供应过程的管理，依据采购合同中确定的主要条款跟踪合同履行情况，对有可能影响生产或工程进度的异常情况，应出具书面报告并及时提出解决方案。

企业应当做好采购业务各环节的记录，实行全过程的采购登记制度或信息化管理，确保采购过程的可追溯性。

第三章 付 款

第十二条 企业应当加强采购付款的管理，完善付款流程，明确付款审核人的责任和权力，严格审核采购预算、合同、相关单据凭证、审批程序等相关内容，审核无误后按照合同规定及时办理付款。

企业在付款过程中，应当严格审查采购发票的真实性、合法性和有效性。发现虚假发票的，应查明原因，及时报告处理。

企业应当重视采购付款的过程控制和跟踪管理，发现异常情况的，应当拒绝付款，避免出现资金损失和信用受损。

企业应当合理选择付款方式，并严格遵循合同规定，防范付款方式不当带来的法律风险，保证资金安全。

第十三条　企业应当加强预付账款和定金的管理。涉及大额或长期的预付款项，应当定期进行追踪核查，综合分析预付账款的期限、占用款项的合理性、不可收回风险等情况，发现有疑问的预付款项，应当及时采取措施。

第十四条　企业应当加强对购买、验收、付款业务的会计系统控制，详细记录供应商情况、请购申请、采购合同、采购通知、验收证明、入库凭证、商业票据、款项支付等情况，确保会计记录、采购记录与仓储记录核对一致。

企业应当指定专人通过函证等方式，定期与供应商核对应付账款、应付票据、预付账款等往来款项。

第十五条　企业应当建立退货管理制度，对退货条件、退货手续、货物出库、退货货款回收等做出明确规定，并在与供应商的合同中明确退货事宜，及时收回退货货款。涉及符合索赔条件的退货，应在索赔期内及时办理索赔。

第十章

生产经营方面的内部控制

第一节　综合知识

一、生产循环控制的目标

（1）各项存货和生产业务符合国家相关法律法规。
（2）存货的采购是经过适当授权审批的。
（3）存货采购的请购依据充分，采购渠道合适。
（4）存货验收手续完备、程序规范。
（5）生产业务是根据管理层一般规定或特别规定的授权进行的。
（6）记录的采购和生产成本为实际发生的而非虚构的。
（7）所有的耗费或物化劳动均已反映在合适期间的成本中。
（8）成本以正确的金额，在恰当的会计期间记录在适当的会计账户。
（9）各项存货的成本核算及时、准确、完整。
（10）对存货实施保护措施，保管人员与记录人、批准人相互独立。
（11）账面存货与实际存货定期核对相符。

文案范本

生产经营中主要业务活动的主要控制目标及其常用控制活动如表 10-1 所示。

表 10-1　生产经营中主要业务活动的主要控制目标及其常用控制活动

主要业务活动	主要控制目标	常用控制活动
计划和安排生产	管理层授权进行生产	生产指令应经适当管理层批准
发出原材料	发出材料均已准确记录； 发出材料均已记录于适当期间	管理层定期复核以确保记录的正确性； 定期由不负责日常存货保管或存货记录的人员盘点实地存货，发现差异应予以调整
生产产品	记录的生产信息与实际一致； 存货流转均已准确地记录于适当期间	由具体生产人员之外的监管人员复核生产订单的准确性； 管理层定期复核以确保生产成本与其支持性文件一致

续表

主要业务活动	主要控制目标	常用控制活动
核算产品成本	已记录的生产成本均真实发生且与实际成本一致； 已发生的生产成本均已记录； 已发生的生产成本均记录于适当期间	管理层定期复核以确保生产成本与其支持性文件一致
储存产成品	完工产品均已准确记录于适当期间	验收单均预先连续编号并已记录入账
发出产成品	产成品发运均已记录； 产成品发运均已准确记录； 已发运产成品均附有有效销售订单； 产成品发运均已记录于适当期间	出库单均事先连续编号并已记录入账； 管理层定期复核以确保记录的正确性； 货物发运之前应由独立人员核对销售订单和发运货物； 定期由不负责日常存货保管或存货记录的人员来盘点实地存货，发现差异应予以调整
存货管理	适当保管存货； 准确记录存货价值； 存货价值调整已于适当期间记录； 存货价值调整是真实发生的； 存货价值调整均已记录	适当保管存货并限制无关人员接近； 对存货库龄进行分析； 管理层复核并批准存货价值调整

二、生产环节的主要风险点

生产环节是将原材料转化为企业产成品的重要环节，包括生产计划的签发、产品成本的核算、在产品和产成品的入库等。

该环节的主要风险点是：生产计划未得到授权审批或随意变更，成本归集不完整、反映不及时、不真实，从而造成成本错误，可能误导企业产品定价，盈利核算不准确，遭受监管部门的处罚等。

小知识　　**生产循环业务常见的弊端**

1. 存货管理中的常见弊端

（1）存货管理职责混乱。存货的验收、保管、发货、盘点和记账环节的职责不清，不相容职务职务未予以严格分离，给存货管理职责划分留下漏洞。

（2）存货超储积压。存货库存计划不周，未制定存货最高储备量、最低储备量和再订购点，致使盲目采购，造成存货超储积压浪费。

（3）存货处置不及时。对存货的短缺、霉烂、变质、毁损，未按照规定程序及时报经有关部门批准，并进行处置。

2. 成本核算中的常见弊端

（1）存货核算方法的随意性。主要表现是：在统一会计期间内随意改变存货计价方法，人为地多计、少计，甚至不计存货发出成本；随意调整存货的计划（标准）成本与存货成本差异，计提秘密准备或人为调节存货减值准备；违反会计核算的一致性、可比性。

（2）结转销货成本，弄虚作假。有的企业月末结转商品、产成品销货成本时，采取虚转的方法，增加销货成本、减少存货，从而虚增销货成本、隐匿利润，少交税款。

（3）混淆费用或支出界限。主要表现是：混淆领用支出界限；自制材料成本挤占生产成本；混淆生产费用与其他费用（资本支出、福利支出）界限；混淆本期支出与跨期支出界限；混淆产品成本与在产品成本界限；虚计发委外加工费用。

（4）在样品报销、产品报损上做手脚。有的企业以报销样品、材料及商品或其他产品报损的方式发出存货，私分或出售后将所得资金存入“小金库”，既增加了当期成本费用，又造成了财产损失。

（5）账实不符。有的企业对接受捐赠的材料、产成品等存货长期不上账，生产余料不入账，形成账外资产；有的企业长期不进行财产盘点清查，存货家底无数，造成账实不符。

三、生产环节的关键控制点

（1）生产指令、领料单、工资的分配等得到适当的授权审批。

（2）成本核算的方法是以经过审批的生产通知单、领发料凭证、产量和工时记录、人工费用分配表、制造费用分配表等为依据。标准成本应定期根据市场价格进行调整。

（3）生产通知单、领发料凭证、产量和工时记录、人工费用分配表、制造费用分配表等均经过连续编号并已经登记入账。

（4）标准成本的核算方法经过内部审查，成本差异经过合理的分摊。

（5）采用适当的成本计算方法，无论是实际成本法还是标准成本法，前后各期一直。如果变更，应取得适当的授权。应当建立成本核算流程和账务处理流程。

第二节　内控措施

一、生产环节内部控制制度的建立

（一）形成不相容职务分离、业务归口办理制度

1. 不相容职务分离

企业应建立存货与生产业务的岗位责任制，明确内部相关部门和岗位的职责、权限，确保办理存货与生产业务的不相容职务分离、制约和监督。存货与生产业务的不相容职务至少包括：

（1）存货的请购与审批，审批与执行分离。

（2）存货的采购与验收、付款分离。

（3）存货的保管与相关会计记录分离。

（4）存货发出的申请与审批，申请与会计记录分离。

（5）存货处置的申请与审批，申请与会计记录分离。

（6）生产计划的编制者应同其复核人员和审批人员适当分离。

（7）产成品的验收部门应同产品制造部门相互独立。

（8）负责产成品储存保管职责的人不能同时负责产成品账户的会计记录。

（9）存货的盘点不能只由负责保管、使用或负责记账职能的职员来进行，应有负责保管、使用、记账职能的职员以及独立于这些职能的其他人员共同进行。

2. 业务归口办理

（1）存货的采购由采购部门办理。

（2）存货的质量由质量部门办理验收。

（3）存货的数量验收、保管、发出、保管由仓储部门办理。

（4）付款和会计记录由财务部门办理。

（5）企业未经授权的机构或人员，不得办理存货业务。

（二）建立授权审批制度

1. 授权方式

（1）存货业务除公司有重大战略性采购和生产需经董事会审批外，由公司总经理审批。

（2）公司总经理对各级人员的存货业务授权，每年初公司以文件的方式明确。

2. 审批权限（见表 10-2）

表 10-2 生产循环授权审批一览表

项 目	审 批 人	审批权限
采购政策	总经理	制定和修订； 以总经理办公会议形式审定
月度采购计划、月度生产计划	总经理或授权事业部经理	以总经理办公会议形式审批或授权事业部经理办公会议审批
采购作业计划	公司授权审批人	按公司授权范围审批
采购合同	公司授权审批人	按公司授权范围审批
存货发出	公司授权审批人	按公司授权范围审批
存货报废与处置	总经理	审批或授权审批
战略性采购和生产	董事会	重大金额审批； 授权总经理审批
接受投资或债务重组等方式取得存货	总经理	审批或授权审批

3. 审批方式

（1）重大战略性采购与生产，经董事会决议后，由董事长审批。

（2）采购政策（包括库存限额、采购方式的选择、经济批量等政策性事项）和月度采购计划由总经理召开总经理办公会议或授权总经理决定，并以文件或其他形式下达执行。

（3）存货业务的其他事项审批，在业务单或公司设定的审批单上签批。

4. 批准和越权批准处理

（1）审批人根据公司对存货业务授权审批制度的规定，在授权范围内进行审批，不得超越审批权限。

（2）经办人在职责范围内，按照审批人的批准意见办理存货业务。

（3）对于审批人超越授权范围审批的存货业务，经办人有权拒绝并应当拒绝，并及时向审批人的上一级授权部门报告。

（三）完善人员素质控制制度

企业人员素质的高低直接影响到企业的发展，为此，现代企业都非常重视对人才的培养。人员素质控制制度具体包括：考核员工的职业技能，考核合格者方能上岗工作；建立定期培训制度，不断提高员工的职业道德素质和技术业务素质；建立奖惩制度，鼓舞和激励员工的积极性；等等。

（四）建立财产安全制度

就生产环节而言，财产安全制度是指材料物资采取永续盘存制和定期或不定期的实地盘点相结合的方法，保证材料物资处于账实一致的状态，对于盘盈和盘亏必须及时查明原因并进行正确处理，并对财产物资进行科学编号和存放，便于清查、点数和保管等。

（五）形成成本定额制度

成本定额制度就是对一项特定的经济活动，制定一定的成本定额标准，并以此作为成本控制目标来开展成本控制。

就生产环节来讲，制定成本定额制度尤为重要，因为成本的节约就意味着盈利的增加，所以越来越多的企业开始关注制定成本定额制度。

二、生产环节财务控制流程的建立

（一）核算生产环节成本

1. 核算直接材料

直接材料的核算包括数量核算和金额核算。对于数量核算，一般采用永续盘存法和实地盘存法相结合的方法；至于金额核算则可以选择按实际成本计价或按计划成本计价。

2. 核算直接人工

直接人工的核算包括计时工资、计件工资、其他工资等。计时工资根据有关工资标准、考勤记录和有关制度计算而得；计件工资则按产量工时记录、计件单价计算产生；其他工资需要按照国家或企业的有关规定计算。

3. 核算制造费用

制造费用的核算应注意以下问题：费用的实际支付期与应归属期不一致的费用归集项目，应采用待摊或预提方式；有些费用的核算带有估价的性质，归集时应注意国家对使用年限、计提折旧的方法等方面的有关规定。

4. 核算生产成本

生产成本的核算包括生产成本的归集以及成本在在产品和产成品之间的分配。

（二）建立会计凭证制度

1. 建立产品订单

产品订单是企业和客户签订的生产某种产品的合同协议，其内容包括产品类别、数量、价格、交货期限以及违约责任等。

2. 使用领料凭证

其内容包括定额领料单、限额领料单、领料登记表、退料单等。定额领料单是一次性的领料凭证，领料时，由领料车间或领料部门根据用料计划或费用计划填制。限额领料单是在规定限额和有效期内多次使用的物资发出凭证，用于需经常领用并有消耗定额的物资领发业务，限额领料单的限额由生产、计划和供应部门根据生产经营计划和消耗定额共同确定。领料登记表是可以多次使用的物资发出凭证，适用于办理使用部门经常领用的各种消耗性物资领发业务。退料单用于领用的物资不合用或有剩余，办理退库手续时使用。

3. 使用核算人工成本的凭证

其主要包括工资卡、考勤记录、产量工时记录和工资单等。工资卡是反映单位员工职务变动、工资等级、工资标准与各种津贴变动等基本情况的一种卡片。考勤记录根据企业情况，按部门、车间、科室、班级设置，由考勤员逐日登记，月末进行汇总，经审核后作为计算工资的依据。产量工时记录是反映员工在出勤时间内完成产量和耗用工时的原始记录，是统计产量和工时及计算计件工资的原始依据。工资单是根据考勤记录、工时记录、产量记录、工资等级、工资标准等计算编制的，是工资结算和支付工资的原始凭证，是核算人工成本使用的重要凭证之一。

4. 建立成本归集凭证

为了核算每种产品的成本，应将该种产品生产过程中发生的直接材料、直接人工以及制造费用归集到一个账户中，并按照不同产品分别设置明细科目。

5. 建立成本分配凭证

为了核算产成品的成本，应将月末完工产品与在产品的成本进行分离，“在产品”账户设置就是为了解决这一问题。对于月末无在产品的，只要将该产品当月的“生产成本”账户的余额一次性转入相应“产成品”账户即可。

6. 使用存货盘点凭证

由于计量、计算不准，验收不严，或自然损耗、自然升溢，或丢失毁损，甚至出现贪污盗窃等原因，各项存货经常出现账实不符的情况，因此有必要定期和不定期进行存货的盘点，并充分利用好各种凭证。经常使用的凭证有存货保管卡、存货盘点表、存货盘盈盘亏报告表、存货盘盈盘亏处理意见表等。

（三）建立生产账簿

1. 存货账簿

企业存货包括原材料、辅助材料、包装物、低值易耗品、在产品、产成品等。各种存货又包括许多不同种类和规格，存货明细账的设置必须根据企业的情况分类设置和管理。账户的借方登记实际存货的增加额，贷方登记存货的发出领用额，余额表示存货的账面结存额。

2. 应付职工薪酬——工资账簿

登记内容包括工资总额内应付给员工的标准工资、奖金、津贴等，借方登记实际发放的工资数，贷方登记企业应发放的工资数。

3. 制造费用账簿

制造费用明细账按各种费用分类设置明细账，借方反映费用的归集，贷方反映费用的分配，月末无余额。

4. 生产成本账簿

生产成本按不同产品设置明细账，借方反映该产品料工费的投入额，贷方反映月末完工产品的转出成本，余额反映月末未完工产品的成本。

5. 产成品账簿

产成品按不同产品设置明细账，借方反映完工产品的转入成本，贷方反映当月销售产品的成本，余额反映月末库存完工产品的成本。

小知识　　生产流程的财务控制

企业以营利为主要目的，控制和降低成本，提高产品质量是企业增加盈利的根本途径，从这个意义上说，生产环节至关重要。我们要加强对生产环节的财务控制，就必须熟悉其生产流程。

1. 下达生产任务

根据市场需求，结合客户订单、存货需求和销售预测下达生产任务。材料采购部门应配合做好生产所需材料的采购、验收工作。

2. 领用材料

根据下达的生产任务领用原材料进行生产。领用要经过批准，仓库根据已批准的生产通知单和经批准的领料单发出材料，领料单分一次领料单和限额领料单。

3. 安排员工生产

生产任务要落实到每个生产员工，并记录员工的考勤、生产数量，同时核定每件产品的定额工时，以备核算使用。

4. 完工产品验收入库

产品在完工入库前要经过质检部门的严格检验，检验合格后，移交仓库保管人员保管。

5. 仓储部门辅助生产工作

仓储部门辅助工作包括：对库存的原材料、辅助材料、包装物、低值易耗品、在产品、产成品等进行验收、分类保管；负责原材料的领用、产成品的销售发出；记录存货的变动情况，及时将存货资料报送财务部门以便进行成本核算；通知材料采购部门对不足存货进行补给。

6. 辅助车间的工作

机修车间定期对机器进行维修、保养和检修，遇有紧急机器故障，应设法及时排除；供电车间应保证生产所需动力的及时供给。

7. 车间管理人员的工作

（1）监督车间员工的生产进度，及时处理生产过程中出现的各种突发事件，保证生产的圆满完成。

（2）配合生产计划部门制定和下达下一期的生产任务。

（3）仓库保管人员就原材料的领用、在产品和产成品的验收入库等业务流程进行交接。

（4）记录直接材料、直接人工、各种间接费用的变动情况，并将财务部门所需各种记录及时报送。

三、生产环节内部控制制度的测试

在进行生产环节内部控制制度测试时，可以从直接材料成本、直接人工成本、制造费用和生产成本分配情况等四项测试内容着手。

（一）测试直接材料成本

1. 对采用定额消耗的企业

可选择并获取某一成本报告期若干种具有代表性的产品成本计算单，获取生产指令或产量统计记录及直接材料消耗定额，根据材料明细账或采购业务测试工作底稿中各直接材料的单位实际成本，计算直接材料的总消耗量和总成本，与该样本的成本计算单中的直接材料成本核对。

2. 对非采用定额消耗的企业

通过材料费用分配汇总表、材料发出汇总表、材料明细账中各直接材料的单位成本，检查下列事项：

（1）成本计算单中直接材料成本与材料费用分配汇总表中各该产品负担的直接材料费用是否相符，分配的标准是否合理。

（2）抽取材料发出汇总表或领料单中若干种直接材料的发出总量和各该种材料的实际单位成本的乘积与材料费用分配汇总表中各该种材料费用进行比较，并注意领料单的签发是否经过授权审批。

（3）材料发出汇总表是否经过适当的人员复核，材料单位成本计价方法是否适当，在当年度有何重大变更。

3. 对采用标准成本法的企业

必须检查下列事项：根据生产量、直接材料单位标准用量及标准单价计算的标准成本与成本计算单中的直接材料成本核对是否相符；直接材料成本差异的计算与账务处理是否正确；并注意直接材料的标准成本在当年度内有何重大变更。

（二）测试直接人工成本

1. 对采用计时工资制的企业

必须检查下列事项：

（1）成本计算单中直接人工成本与人工费用分配汇总表中该样本的直接人工费用核对是否相符。

（2）样本的实际工时统计记录与人工费用分配汇总表中该样本的实际工时核对是否相符。

（3）抽取生产部门若干天的工时台账与实际工时统计记录核对是否相符。

（4）当没有实际工时统计记录时，则可根据职员分类表及职员工资手册中的工资率，计算复核人工费用分配汇总表中该样本的直接人工费用是否合理。

2. 对采用计件工资制的企业

（1）根据样本的统计产量和单位工资标准计算的人工费用与成本计算单中直接人工成本核对是否相符。

（2）抽取若干工人的产量记录，检查是否被汇总计入产量统计报告。

3. 对采用标准成本法的企业

（1）根据产量和单位标准工时计算的直接人工成本与计算单中直接人工成本核对是否相符。

（2）直接人工成本差异的计算结果与计算单中的直接人工成本核对是否相符。

（3）直接人工成本差异的计算与账务处理是否正确，并注意直接人工的标准成本在当年度内有何重大变更。

（三）测试制造费用

获取制造费用分配汇总表、按项目分列的制造费用明细账、与制造费用分配标准相关的统计报表及其相关原始记录，检查下列事项：

（1）制造费用分配汇总表中，样本分担的制造费用与成本计算单中的制造费用核对是否相符。

（2）制造费用分配汇总表中的合计数与样本所属成本报告期的制造费用明细账总计数核对是否相符。

（3）制造费用分配汇总表选择的分配标准与相关的统计报告或原始记录核对是否相符，并对费用分配标准的合理性做出评估。

（4）企业采用预计费用分配率分配制造费用，则应针对制造费用分配过多或过少的差额，检查其是否进行了适当的账务处理；企业采用标准成本法，则应检查样本中标准制造费用的确定是否合理，计入成本计算单的数额是否正确，制造费用差异的计算与账务处理是否正确，并注意标准制造费用在当年度有何重大变更。

（四）测试生产成本分配情况

检查成本计算单中的产品数量与生产统计报告或在产品盘存表中数量是否一致；检查在产品约当量计算或其他分配标准是否合理；计算复核样本的总成本和单位成本，最终对当期采用的成本会计制度做出评价。

在测试生产环节的内部控制制度时，除从上述四个方面进行外，我们还要根据实际情况，选择合理的测试方法。

第十一章 ▶▶

研究与开发方面的内部控制

第一节　综合知识

研究与开发可以区分为研究阶段与开发阶段。不同企业应当根据自身实际情况以及相关信息，对研究阶段与开发阶段做出具体划分。

研究是指为获取并理解新的科学或技术知识等进行的独创性的有计划的调查。研究的一般程序包括：确立主题，明确命题；从概念上和运作上定义；收集数据；分析数据；做出结论；审查命题等。研究活动的典型例子包括：意在获取知识而有目的地进行的活动；研究成果或其他知识的应用研究、评估和最终选择；材料、设备、产品、工序、系统或服务替代品的研究；以及新的或经改进的材料、设备、产品、工序、系统或服务的可能替代品的配置、设计、评价和最终选择等。

开发是指在进行商业性生产或使用前，将研究成果或其他知识应用于某项计划或设计，以生产出新的或具有实质性改进的材料、装置、产品等。开发活动的典型例子包括：生产前或使用前的原型和模型的设计、建造和测试；含新技术的工具、夹具、模具和冲模的设计；不具有商业性生产经营规模的试生产的设计、建造和运营；新的或经改造的材料、设备、产品、工序、系统或服务所选定的替代品的设计、建造和测试等。

研究阶段基本是探索性的，是为进一步的开发活动进行资料及相关方面的准备。相对于研究阶段而言，开发阶段应当是已经完成研究阶段的工作，在很大程度上具备了形成一项新产品或新技术的基本条件。研究阶段与开发阶段所面临的风险是不同的。

一、研究与开发业务的主要风险

企业研究与开发风险是指企业对新产品开发的内外环境的不确定性估计不足或无法适应新产品开发过程难以有效控制而造成研究与开发失败的可能性。

企业开展研究与开发活动至少应当关注下列风险：

（1）研究项目未经科学论证或论证不充分，可能导致创新不足或资源浪费。

（2）研究与开发人员配备不合理或研究与开发过程管理不善，可能导致研究与开发成本过高、舞弊或研究与开发失败。

（3）研究成果转化应用不足、保护措施不力，可能导致企业利益受损。

二、研究与开发业务的风险表现

（一）论证风险

论证风险是指研究项目未经科学论证评估或论证评估不充分，可能导致创新不足或资源浪费的风险。

（二）研究与开发技术风险

研究与开发技术风险是指为研究与开发某项新技术、新产品所包含的不确定性。研究与开发这项新设计的目的是提高系统的性能，但可能因为某些约束条件的限制与阻碍，导致研究与开发目标难以实现。

1. 技术方案风险

技术方案不合理会导致后续设计产品的质量、性能不能达到设计要求，造成后期设计变更，可能影响到项目的进度所形成的损害。

2. 新技术的不可靠性风险

新技术的运用需要检验整体配套系统是否与之相匹配，新技术的可靠性是否得到了验证，项目团队对技术、工艺是否有足够的经验，否则会给项目留下不可预估的风险。因为，研究与开发的性质是使用研究，要求最终产品的投入使用有足够的可靠性。

3. 系统复杂性风险

系统的复杂性可能导致研究与开发管控难度增大，设计反复变化，进而可能影响到整体项目的质量和进度。

4. 工艺不成熟风险

采用的工艺如果不成熟会对项目开发周期以及产品性能产生不利影响。在方案设计以及设计细化过程中，设计人员应该充分考虑工艺可行性，尽可能采用成熟工艺。

5. 试验验证风险

新产品投入使用前必须通过相应机构的认证试验方可上市。但是，不同市场都有各自的系列政策及法规要求，如果进行多市场试验，则可能存在试验的多次失败和重复试验，可能导致进度拖延，人力、物力等成本的增加，最终影响到新产品上市时机。

6. 设备能力风险

新产品设计中的新结构、新工艺往往会对现有设备进行调整或需要引进新设备，这需要在方案设计初期必须考虑，否则可能存在设备无法满足设计要求、达不到设计目标、造成新产品投入过大等不利影响。

7. 后续服务风险

如果在设计中对可维修性设计不足，产品缺乏可维修性就会影响产品销售。

（三）研究与开发管理风险

1. 授权延误风险

授权人拖延批准签订研究与开发相关合同或者项目进入下一节点等，造成项目计划进度中断，会产生研究与开发项目进度迟延风险。

2. 单纯追求效率风险

研究与开发项目管理者由于对项目本身不熟悉或者为了满足客户要求，压缩项目开发周期，盲目加快项目进度，会发生达不到研究与开发目标的风险；同时，为了赶进度，往往通过增加人员、加班等措施来补救，会额外增加研究与开发费用，并且对项目质量可能造成不利影响。

3. 研究与开发项目变更风险

项目方案未经公司评估和审批程序而擅自发生变更事项，可能对项目的进度、技术、费用等各个方面产生负面影响。

4. 沟通不畅风险

研究与开发是一个多专业、多部门、多单位共同合作开发的项目。如果沟通不到位，信息不对称，没有形成有效的协作，不能及时发现和解决问题，就会导致设计效率低下，造成质量、进度和市场不适应的后果。

5. 人才不稳定风险

项目成员的稳定性、责任心以及能力水平，直接影响到项目进度、质量与成效。

（四）研究与开发环境风险

研究与开发环境风险包括客户风险、供应商风险、市场需求风险和政策风险等。

1. 研究与开发过程需要客户对产品的认同

客户的决策能力、协调能力、组织能力、管理的规范化程度等直接影响到与项目组的沟通，并间接影响到项目的质量、进度及成效。客户对项目方案、进度以及质量等提出的不合理要求，直接影响到项目成败。研究与开发项目分为多个项目节点，需要客户进行评审确认。如果客户迟迟不签字确认，就会影响项目下一节点的开展。有时，客户还会在确认节点后，又推翻原有结论，造成项目范围以及进度的变化。

2. 研究与开发过程需要供应商的配合

在项目设计过程中，需要对所需零部件、加工工艺、原材料等信息的不断确认。因此所选的供应商是否具备良好信誉、供应能力、技术能力以及研究与开发能力等至关重要。

第二节　立项与研究的内部控制

一、立项与研究方面的内控目标

（一）战略目标

为企业经营、发展提供有力的技术保障和新产品储备，实现企业经营目的。

（二）经营目标

新产品、新技术和新工艺推出及使用，可提高企业市场竞争能力，进一步降低产品成本，提高企业产品的市场占有率。

（三）财务目标

保证研究与开发核算真实、准确、完整，报告可靠；保证研究与开发成本在公司预算框架内运作，研究与开发预算调整合规。

（四）合规目标

保证研究与开发程序和管理符合国家政策法规，符合企业的生产技术和安全质量的规章制度。

二、立项与研究方面的内控措施

（一）研究项目立项与审批控制

为了促进企业自主创新，增强核心竞争力，有效控制研究与开发风险，实现发展战略，企业应当根据实际需要，结合研究与开发计划，提出研究项目立项申请，进行项目评估和项目评审。

1. 立项申请

研究项目的立项是企业决策部门根据企业战略，按照自己的意图和目的，在调查研究、分析的基础上，对研究项目的规模、投资、基本方案、研究与开发周期和预期效益等方面进行技术和经济分析，决策研究项目是否必要和可行的过程，包括立项申请、评审和审批。

立项阶段主要风险：研究与开发项目违背国家（或企业）发展战略、研究与开发承办单位或专项负责人不具有相应资质条件，研究项目未经科学论证或论证不充分，项目审核把关不严，可能导致先天性不足，创新力度不够，造成资源浪费。

企业研究与开发项目首先应当符合国家政策和企业的发展战略，在这一前提下提出研究与开发计划，根据实际经营需要和市场预期需求信息，由企业的研究与开发部门协同销售部门拟定并提出研究项目立项申请。经企业高层会审后，研究与开发部门成立研究与开发小组，进行调研收集信息，开展可行性研究，形成可行性研究报告书。

2. 项目评估

企业可以组织独立于申请及立项审批之外的专业机构和人员进行评估论证，出具评估意见。

企业应吸收专业人员对申请立项进行评估论证，评估应重点评估项目合规性、技术先进性、市场需求性、成果转化可行性、经济效益性等，并出具评估论证报告。

3. 项目审批

研究项目应当按照规定的权限和程序进行审批，重大研究项目应当报经董事会或类似权力机构集体审议决策。在审批过程中，应当重点关注研究项目促进企业发展的必要性、技术的先进性以及成果转化的可行性。

项目审批必须执行授权原则，根据确定审批流程进行。重大项目应经过董事会审议核准后进行。审核过程要关注新产品生产参数及用料的详细说明，关注开发项目的经济效益，即投入与产出比，同时要符合企业发展战略与技术要求。对方案实施过程中的风险控制措施的审核要严格把关，不符合要求的不予批准。

（二）研究与开发过程的控制

研究与开发过程是实现研究与开发项目目标的核心环节，通常采取自主或委托外单位研究与开发。研究与开发阶段的主要风险包括研究与开发计划不科学，研究与开发人员选配不合理，岗位责任不明确，研究与开发过程失控，资源调配不当，研究与开发过程中出现问题未及时发现，研究与开发合同不完善等，可能导致研究与开发欺诈、费用失控、士气涣散、资金流失、项目流产，造成不应有的损失。

1. 自主研究与开发

自主研究与开发是企业依靠自身的科研力量，独立完成研究与开发项目。

（1）完善研究与开发过程管控制度。

1）健全研究与开发项目管理制度和技术标准。

2）完善信息反馈制度和研究与开发项目重大事项报告制度。

3）落实研究与开发岗位责任制，合理设计与落实项目进度计划和组织架构，形成良好的工作机制。

4）建立研究与开发费用报销审批制度。

5）实施项目中期评审及时纠正偏差。

6）优化研究与开发项目资源的配置。

（2）关注核心研究与开发人员。项目确定之后，人的因素是关键。特别是项目负责人，他们的才智及发挥如何，关系到项目的成败。为充分发挥团体才智，成立研究与开发项目小组，组织研究与开发管理人员和技术专家组成专业队伍。项目负责人负责项目总体运作，拟定具体研究与开发计划，组织研究与开发团队开展研究与开发工作。项目可以按产品研究与开发、测试、制造、成本等分设若干子项目（课题），并指定相应的负责人。各子项目还可以进一步细分为不同模块，由承担不同任务的项目组，负责具体的研究与开发、测试、制造等任务。在总项目负责人（或总工程师）的带领下进行研究与开发和设计。

该环节的主要风险是研究与开发人员的职业道德和离职风险。如果研究与开发人员消极对待或有抵触情绪，就难以达到预期目标。如果核心人员离职，可能导致项目中止、核心技术泄露，会给企业造成巨大经济损失。

1）企业应当建立严格的核心研究人员管理制度，明确界定核心研究人员范围和名册清单，签署符合国家有关法律法规要求的保密协议。企业与核心研究人员签订劳动合同时，应当特别约定研究成果归属、离职条件、离职移交程序、离职后保密义务、离职后竞业限制年限及泄露企业商业秘密的违约条款等责任/内容。

2）健全激励考核制度。建立研究与开发项目的保密程序和问责制度，进行绩效考核，将每个研究人员的效率、效果和经济效益挂钩，制定研究与开发人员激励体系，采用股权分享的方法，使其智力资本同物质资本一样参与企业的利润分配，提高研究与开发人员离职的经济门槛，充分调动研究与开发队伍的主观能动性。

（3）做好资源配置。根据研究与开发进度及时配置需要的资源，保证研究与开发需要的资金、物资及设备。

（4）实施跟踪检查。企业高层管理者应当组织项目监督部门跟踪检查研究项目的进展情况，评估各阶段研究成果，并责成财务部门提供足够的经费支持，确保项目按期、保质完成，有效规避失败风险。

2. 外包研究与开发

外包研究与开发根据其程度可分为委托研究与开发和合作研究与开发。

这一阶段的主要风险是单位选择不当、方案设计不妥、双方信息沟通不畅、知识产权不明、壮大对手力量等。

（1）委托研究与开发。委托研究与开发是指企业委托具有研究与开发能力的企业、科研机构等开展新技术的研究与开发工作，研究与开发所需经费由委托方全部承担，受托人按契约要求交付研究与开发成果。这样有利于集中精力完成自身实力可以完成的研究与开发任务，扩大整体研究成果。

企业研究项目委托外单位承担的，应当采用招标、协议等适当方式选定受托单位，签订外包合同，约定研究成果的产权归属、研究进度和质量标准等相关内容。

（2）合作研究与开发。合作研究与开发是指企业与其他企业、科研机构、高等院校之间所进行的联合研究与开发行为。合作各方共同参与、共同出资、共享效益、共担风险，共同研究与开发完成同一科技项目。它是以优势互补为前提的，由多个组织共同参与的模式。

企业与其他单位合作进行研究的，应当对合作单位进行尽职调查，签订书面合作研究合同，明确双方投资、分工、权利、责任、研究成果产权的归属等。

（3）委托研究与开发的管控。委托研究与开发的管控是指对委托研究与开发要关注伙伴选择与过程监控。

1）严格选择合作伙伴，做到互利互惠、优势互补、平等信任、真诚合作。因此，应坚持技术互补、成本最低、企业文化与价值观相一致等原则。

2）认真审核，严格把关，签订技术合作合同，要特别关注应尽义务、技术指标、经费拨付、知识产权归属、研究与开发信息和成果的保密、违约赔偿以及纠纷处理的界定等条款，在签订前要严格把关，对合同的合法性、合理性和可行性等要逐句分析。合同一旦签订，就要如约执行。

3）加强合作过程监控，包括人员、进度、质量、成本、效率和资源配置等方面，发现问题及时采取措施加以解决，对研究与开发成果严格验收。

4）保护企业的合法权益，要重视知识产权法律法规的宣传，增强知识产权保护意识，注重运用法律手段进行自我保护。

（三）成果验收控制

企业应当建立和完善研究成果验收制度，组织专业人员对研究成果进行独立评审和验收。

企业对于通过验收的研究成果，可以委托相关机构进行审查，确认是否申请专利或作为非专利技术、商业秘密等进行管理。企业对于需要申请专利的研究成果，应当及时办理有关专利申请手续。

验收时要明确落实技术主管部门的验收责任，应由独立的、具备专业胜任能力的测试人员承担鉴定测试，注意记录数据，并按规范进行系统、严格的评审，形成验收报告。

小知识　**结题验收方面的主要风险及管控措施**

结题验收是对研究过程形成的交付物进行质量验收。结题验收分检测鉴定、专家评审、专题会议三种方式。

结题验收方面的主要风险：由于验收人员的技术、能力、独立性等造成验收成果与事实不符；测试与鉴定投入不足，导致测试与鉴定不充分等产生的风险。

结题验收方面的管控措施如下：

（1）建立健全技术验收制度，严格执行测试程序。

（2）对验收过程中发现的异常情况应重新进行验收申请或补充进行研究与开发，直至研究与开发项目达到研究与开发标准为止。

（3）落实技术主管部门验收责任，由独立的、具备专业胜任能力的测试人员进行鉴定试验，并按计划进行正式的、系统的、严格的评审。

（4）加大企业在测试和鉴定阶段的投入，对重要的研究项目可以组织外部专家参加鉴定。

第三节　开发与保护的内部控制

企业应当加强研究成果的开发，形成科研、生产、市场一体化的自主创新机制，促进研究成果转化。

一、研究成果开发方面的控制

研究成果经过开发转换为企业的产品，成为接受市场检验的直接对象。研究成果的开发应当分步推进，通过试生产充分验证产品性能，在获得市场认可后方可进行批量生产。

这一环节的主要风险有：

（1）因新产品开发步伐赶不上形势发展造成夭折，或技术上的障碍未克服而形成技术风险；

（2）因新产品不断出现、市场竞争加剧，市场需求变化和产品不够先进导致市场风险；

（3）因贷款利率升高、过分强调技术的先进性，使产品成本加大等而导致投资风险。

（一）研究成果的开发转化流程控制

企业将已通过验收的研究成果交销售、生产、采购和财务等部门进行讨论，并提出新产品开发设想提案，交企业研究与开发部门。

企业研究与开发部门依据各部门所提供的新产品开发提案单，展开提案评估活动，召开新产品研究与开发讨论会议，以确定新产品的生命周期与上市时效性。研究与开发部门负责审核新产品提案单内的产品功能、特性及客户需求，作为设计开发的基础并做成可行性报告规格表。该表应由研究与开发部门提交企业高层召开审查会议，并征询销售、生产、财务等相关部门的意见后，形成新产品开发决议。

企业高层例会对于不具有可行性的新产品开发方案予以否决后，将方案退回到各部门，由各部门对新产品开发方案进行改进。

对审查决议通过的，则由研究与开发部门编制新产品开发方案。新产品开发方案必须经过部门主管、分管副总及总经理审核批准。

（二）新产品开发的试制程序控制

研究与开发部门应按新产品设计流程，制定新产品研究与开发专案企划书，以进行新产品规划、研究与开发、审查、验证等一系列活动。由研究与开发部门负责管理组织内外各种业务的设计工作，并制作产品开发日程表以分派任务。

研究与开发部门按新产品提案单规格要求填制工程样品需求表，交总工程师批准后提交生产车间试做工程样品。生产车间将完成的工程样品提交企业工艺、技术、质量等部门对工程样品进行检测与试验，必要时应针对样品召开内部讨论会议；需要经政府机构确认的，由企业研究与开发部门提交政府检验部门出具检验报告，以确保样品符合国家有关规定与需求的规格标准。

通过检测审查，如果研究与开发部门提出新产品批量试生产需求，经总工程师审核后交总经理批准，由生产计划中心下达试生产计划，交生产车间进行批量试生产，否则应重新进行研究设计。

批量试成品应由研究与开发部门依各项需求及标准进行测试，包括提交国家技术监督局产品检验过程。若批量试成品测试检验结果未通过，则进行重新评估。批量试成品通过检验程序，由研究与开发部门将实验成果提交生产部门，根据销售需求进入大批量生产。

（三）新产品开发过程的风险控制

1. 规避新产品开发信息流风险

风险源于不确定性，有效信息的增加就意味着不确定性因素的减少和风险的降低。新产品开发试制过程实质上是为了进行商业化生产，把有关市场机会和技术可行性的资料转化为信息资产的过程。在开发过程中，这些信息资产通过各种媒体，包括人脑、纸张、计算机内存、软件和其他有形资料，被创造、过滤、储存、组合、分解和转化，最终表达为详细的产品和过程设计，进而储存在计算机辅助设计库中，最后进入生产过程。

由于新产品开发被看成一个信息的收集、评价、处理、传递和应用的过程，因此产品研究与开发部门的任务就是最大限度地收集关于用户需求、技术和竞争环境以及所需资源的信息，以减少不确定性。在新产品开发过程中，涉及不同职能部门的人员具有不同功能。例如，销售人员主要立足于降低有关市场营销信息的不确定性；研究与开发人员主要负责有关技术信息的不确定性。产品开发的过程就是一个不确定性逐渐减少的过程，因此，加强不同职能部门的人员（如研究与开发、市场营销、工程、制造以及外部客户和供应商）之间的交流，实现信息共享，降低不确定性风险。

2. 加速新产品开发，降低新产品缓慢出台风险

比竞争对手更快地产出新产品，能够使企业在竞争中处于主动地位，为企业创造更多发展机会，如建立产品标准，取得技术领先地位，对客户需求做出快速反应，实现高额利润等，从而降低开发风险。这就要求研究与开发部门在保证新产品性能、质量的基础上，确保开发工期。如果预计企业不能满足所有新产品开发所需的人才和设备，就可以寻求合作者共同进行新产品开发项目。

随着科学技术的发展，市场竞争程度的加剧，市场对新产品的要求不断提高。在这种情况下，与其他企业和科研单位共同开发、销售新产品，可以加强企业的薄弱环节和分散研究与开发风险。

二、新产品批量生产方面的控制

选择和掌握好新产品投入市场的时机，是降低产品创新风险的一个重要方法。如果新产品相对于老产品投入市场过早，就会影响老产品的收益最大化；反之，在老产品开始衰退时仍没有新产品投入市场，就会造成销售额和利润的剧烈下降，使企业陷入困境。如果新产品相对于竞争对手的新产品投入市场过早，就会面临难以被客户接受的风险；相反，如果新产品相对于竞争对手的新产品投入市场过晚，竞争就会非常激烈，没有较强的成本、质量或服务优势是很难取得成功的。

对于改进型产品来说，在老产品销售额开始下降（或销售额最大）时投入市场较为合适，既不影响原有产品的销售，又能使新产品尽快被市场接受。而对于创新型产品来说，应尽早投入市场，因为创新型产品被市场接受需要较长的时间；企业在早期阶段可以获得较多的利润，以尽快弥补开发费用；创新型产品技术变化速度较快，所用技术被新技术取代的可能性更大。

此外，新产品入市时机的选择，除所考虑的市场因素外，也要考虑新产品本身的技术成熟程度。在市场激烈竞争的情况下，若一种技术质量已过了关的新产品，不迅速投入市场，就会坐失良机，稍有推迟可能导致时过境迁。

三、新产品开发项目中止方面的控制

既然是新产品开发试制，就必须对许多不确定性因素一一加以确认并解决，但是也难免会遇到新产品开发失败的结果。这也是企业在开发过程中需要面对的实际状况，必须给予充分的重视，做好项目中止的思想准备。

新产品创新的投入是一个逐次进行的过程，因此一个产品开发项目失败或中止的时点越往后，则积累投入越大，风险损失也随之递增。

对一些没有前途的产品开发项目不及时中止，还会占用企业大量的人力、物力和财力资源。在产品开发的早期，如设计和试验阶段，做好项目的选择和中止决策，能实现对资源的合理分

配，减少不确定性。让较少的项目处在危险之中是降低企业产品创新风险的最好办法，在全面介入之前，企业必须反复评价和提炼产品设计，以便执行最好的产品设计。

在产品开发过程中，要有明确的继续和中止的决策点，以便对项目进行全面评价，及时中止进行不下去或没有前途的项目。

四、新产品开发项目方面的成本控制

（一）建立研究与开发项目的目标成本

目标成本是指在新产品的设计开发过程中，为实现目标利润而必须达到的成本值。产品的目标成本在设计成功后就基本成型，产品后期的生产制造工序只能通过降低生产过程中的损耗和提高装配加工效率来降低产品成本。因此，为了保证设计的产品在给定的市场价格、销售数量、功能需求等条件下取得较高的利润，在产品设计研究与开发阶段要引进目标成本的概念，目标成本是成本控制的基础。在新产品研究与开发设计阶段引进目标成本应坚持以下原则：

1. 以目标成本作为衡量的原则

通过目标成本的计算有利于在研究与开发设计中关注同一个目标，将符合目标功能、目标品质和目标价格的新产品投放到特定的市场。因此，在新产品的设计过程中，当设计方案的取舍会对产品成本产生巨大影响时，应当采用目标成本作为衡量标准。

2. 目标成本控制的全面性原则

对于新产品的研究与开发，企业应该组织相关部门与人员参与，考虑将采购、生产、工艺等相关部门纳入新产品的研究与开发设计小组，这样有利于大家集中精力从全局的角度去考虑成本的控制。

（二）新产品设计成本管控

（1）对新产品设计成本管控的出发点，是使得设计者能够综合考虑产品生命周期中的加工制造、装配、检测、维护等多种成本因素，通过对产品技术经济性评价确定项目成本构成；设计者应根据成本原因，及时进行设计修改，从而达到降低产品成本的目的。

（2）这时新产品设计者应将项目设计成本方案提交企业财务部门评估，在提交新产品可行性时将财务的评估结论一并提交高层例会审批。

（三）新产品设计成本管控理念落实到新产品开发全过程

（1）规划产品层次的目标成本，将其作为产品设计的一个制约条件；在产品的原理设计阶段主要采用价值工程分析法选择最优方案进行工作；在产品技术设计阶段主要进行目标成本的分解和传递，以及各主要零部件的价值分析。应用价值工程分析方法，可以实现产品结构优化成本原则。

（2）在产品开发阶段，通过建立包含制造加工、装配、检测等成本信息的产品模型，实现产品的技术经济性评价目标成本。研究与开发部门根据目标成本预算控制项目成本和费用的投入，财务部门根据项目目标成本预算监督项目投入。

（3）研究与开发部门和财务部门要及时地评价项目目标成本执行结果对新产品开发的影响，及时进行产品再设计，达到既实现项目开发优化又降低产品成本的效果。

五、新产品试制成果的保护与总结

企业应当建立研究成果保护制度，加强对专利权、非专利技术、商业秘密及研究与开发过程中形成的各类涉密图纸、程序、资料的管理，严格按照制度规定借阅和使用，禁止无关人员接触研究成果。

企业技术、工艺、质检部门进行新产品设计验收，最终设计审查通过后，研究与开发部门应将最终规格与图样，适当地加以书面整理，形成新产品的技术资料和样品，以技术资料转交明细表方式进行档案保存，并转移给生产计划中心转化为大批量生产，以此作为采购、生产、销售等部门计划安排的依据。

企业应当建立研究与开发活动评估制度，加强对立项与研究、开发与保护等过程的全面评估，认真总结研究与开发管理经验，分析存在的薄弱环节，完善相关制度和办法，不断改进和提升研究与开发活动的管理水平。

企业研究与开发部门要对新产品的开发过程和结果进行总结和回顾，评价开发效果，总结经验教训，编制新产品开发报告。新产品开发报告交由总工程师认定后，经生产计划中心、财务部门和审计部门审核后，交企业高层办公会议考评审议，审议结果报董事会核准。

小知识　　**成果保护方面的主要风险及管控措施**

成果保护是企业研究与开发管理工作的有机组成部分。有效的研究与开发成果保护，可保护研究与开发企业的合法权益。

成果保护方面的主要风险：未能有效识别和保护知识产权，权属未能得到明确规范，开发出的新技术或产品被限制使用；核心研究人员缺乏管理激励制度，导致形成新的竞争对手或技术秘密外泄。

成果保护方面的管控措施如下：

（1）进行知识产权评审，及时取得权属。

（2）研究与开发完成后确定采取专利或技术秘密等不同保护方式。

（3）利用专利文献选择较好的工艺路线。

（4）建立严格的核心研究人员管理制度，明确界定核心研究人员范围和名册清单并与之签署保密协议。

（5）企业与核心研究人员签订劳动合同时，应当特别约定研究成果归属、离职条件、离职移交程序、离职后保密义务、离职后竞业限制年限及违约责任等内容。

（6）实施合理有效的研究与开发绩效管理，制定科学的核心研究与开发人员激励体系，注重长效激励。

法律依据

内部控制应用指引第 10 号——研究与开发

第一章　总　则

第一条　为了促进企业自主创新，增强核心竞争力，有效控制研发风险，实现发展战略，根据有关法律法规和《内部控制基本规范》，制定本指引。

第二条　本指引所称研究与开发，是指企业为获取新产品、新技术、新工艺等所开展的各种研发活动。

第三条　企业开展研发活动至少应当关注下列风险：

（一）研究项目未经科学论证或论证不充分，可能导致创新不足或资源浪费。

（二）研发人员配备不合理或研发过程管理不善，可能导致研发成本过高、舞弊或研发失败。

（三）研究成果转化应用不足、保护措施不力，可能导致企业利益受损。

第四条　企业应当重视研发工作，根据发展战略，结合市场开拓和技术进步要求，科学制订研发计划，强化研发全过程管理，规范研发行为，促进研发成果的转化和有效利用，不断提升企业自主创新能力。

第二章　立项与研究

第五条　企业应当根据实际需要，结合研发计划，提出研究项目立项申请，开展可行性研究，编制可行性研究报告。

企业可以组织独立于申请及立项审批之外的专业机构和人员进行评估论证，出具评估意见。

第六条　研究项目应当按照规定的权限和程序进行审批，重大研究项目应当报经董事会或类似权力机构集体审议决策。审批过程中，应当重点关注研究项目促进企业发展的必要性、技术的先进性以及成果转化的可行性。

第七条　企业应当加强对研究过程的管理，合理配备专业人员，严格落实岗位责任制，确保研究过程高效、可控。

企业应当跟踪检查研究项目进展情况，评估各阶段研究成果，提供足够的经费支持，确保项目按期、保质完成，有效规避研究失败风险。

企业研究项目委托外单位承担的，应当采用招标、协议等适当方式确定受托单位，签订外包合同，约定研究成果的产权归属、研究进度和质量标准等相关内容。

第八条　企业与其他单位合作进行研究的，应当对合作单位进行尽职调查，签订书面合作研究合同，明确双方投资、分工、权利义务、研究成果产权归属等。

第九条　企业应当建立和完善研究成果验收制度，组织专业人员对研究成果进行独立评审和验收。

企业对于通过验收的研究成果，可以委托相关机构进行审查，确认是否申请专利或作为非专利技术、商业秘密等进行管理。企业对于需要申请专利的研究成果，应当及时办理有关专利申请手续。

第十条　企业应当建立严格的核心研究人员管理制度，明确界定核心研究人员范围和名册清单，签署符合国家有关法律法规要求的保密协议。

企业与核心研究人员签订劳动合同时，应当特别约定研究成果归属、离职条件、离职移交程序、离职后保密义务、离职后竞业限制年限及违约责任等内容。

第三章　开发与保护

第十一条　企业应当加强研究成果的开发，形成科研、生产、市场一体化的自主创新机制，促进研究成果转化。

研究成果的开发应当分步推进，通过试生产充分验证产品性能，在获得市场认可后方可进行批量生产。

第十二条　企业应当建立研究成果保护制度，加强对专利权、非专利技术、商业秘密及研发过程中形成的各类涉密图纸、程序、资料的管理，严格按照制度规定借阅和使用。禁止无关人员接触研究成果。

第十三条　企业应当建立研发活动评估制度，加强对立项与研究、开发与保护等过程的全面评估，认真总结研发管理经验，分析存在的薄弱环节，完善相关制度和办法，不断改进和提升研发活动的管理水平。

第十二章

业务外包方面的内部控制

第一节 综合知识

一、业务外包概述

业务外包是指企业利用专业化分工优势，将日常经营中的部分业务委托给本企业以外的专业服务机构或经济组织（简称承包方）完成的经营行为。

业务外包是一种新型的经营模式，它是指企业整合利用外部的专业化资源，将企业的非核心业务转移出去，分包给其他企业或组织来完成，从而达到有效利用其外部最优秀的专业化资源来弥补和改善自己的弱势，从而把主要精力放在企业的核心业务上，最大限度地发挥企业有限资源的作用，达到提高效率、降低成本、保证质量、分散经营风险的目的，也加强了企业对外部环境的反应能力，以及获得比单纯利用内部资源更多的竞争优势及持续发展的能力。

业务外包，通常包括研究与开发、资信调查、可行性研究、委托加工、物业管理、客户服务、IT 服务等。我国业务外包内部控制指引不涉及工程项目外包。

小知识　　业务外包的意义

（1）业务外包是公司实现战略转型的一项重要内容，公司运用竞争对手之间、价值链之间、产业之间的合作策略，可加强对外合作，不断扩大自身的优势。

（2）业务外包可适当减少传统的自营模式及不能适应发展需要的程度，从而更好地提高自身的竞争能力。

（3）业务外包可以减少人力资源用工风险和人工成本压力。人力资源结构性矛盾日趋突出，通过业务外包可减少企业用工风险。

（一）业务外包的类型

1. 根据经营活动的关键性，可分为重大外包和一般外包

（1）重大外包。重大外包是指对企业生产经营有重大影响的外包业务。

（2）一般外包。一般外包是指与企业核心业务无关的辅助性业务。

2. 根据业务活动的完整性，可分为整体外包和部分外包

（1）整体外包。整体外包是将企业业务的所有流程，从计划、安排、执行以及业务分析全部外包，由承包方管理整个业务流程，并根据企业的需要进行调整。整体外包属于重大外包。

在这种外包模式下，企业必须与承包方签订合同，合同内容应包括产品质量、交货期、技术变动，以及相关设备性能指标的要求。整体外包强调企业之间的长期合作。长期合作关系将

在很大程度上抑制机会主义行为的产生，因为一次性的背叛和欺诈在长期合作中将导致针锋相对的报复和惩罚。外包伙伴可能会失去相关业务，因此，这种合作关系会使因机会主义而产生的交易费用降到最低程度。

（2）部分外包。部分外包是指企业根据需要将业务的组成部分分别外包给该领域的优秀承包方。例如，企业的人力资源部分外包，根据需要将劳资关系、员工聘用、培训和解聘等分别外包给不同的承包方。一般来说，部分外包属于一般外包，是与核心业务无关的辅助性活动，如临时性服务等。当企业的业务量突然增加，现有流程和资源不能完全满足业务的快速扩张时，可以通过部分外包，充分利用外包资源，获得规模经济优势，提高工作效率。

3. 根据合作伙伴间的组织形式，可分为利用中介服务的外包和无中介的外包

（1）利用中介服务的外包。在有中介的外包模式中，厂商和承包方并不直接接触，双方与中介组织签订契约，由中介组织去匹配交易信息，中介组织通过授权佣金获利。这种利用中介组织的外包模式可以大大降低厂商和承包方的搜索成本，提高交易效率。例如，麦当劳在我国许多城市的员工雇佣就是采用这种模式。

（2）无中介的外包。在无中介的外包模式中，厂商和承包方可以借助互联网进行。

（二）业务外包的方式

1. 研究与开发外包

研究与开发外包是利用外部资源弥补自己开发能力的不足。

2. 生产外包

生产外包是指企业将自己的资源专注在新产品的开发、设计和销售上，不再拥有自己的生产厂房和设备，而将生产及相关的研究“外包”给其他的生产企业。

3. 物流外包

物流外包是指企业将物流活动“外包”给专业的物流公司来完成。

4. 非核心业务全部外包

本企业只从事具有竞争优势的核心业务，除此之外的业务全部“外包”。

5. 全球范围业务外包

企业在全球范围内寻求业务外包，在世界经济市场范围内竞争。

（三）业务外包流程

业务外包流程主要包括制订业务外包实施方案、审核批准、选择承包方、签订业务外包合同、组织实施业务外包、业务外包过程管理、验收、会计控制等环节。如图 12-1 所示的业务外包流程适用于各类企业的一般外包，具有通用性。企业在实际开展业务外包时，可以参照此流程，并结合自身情况予以扩充和具体化。

小知识　业务外包的管理制度

1. 建立和完善业务外包管理制度

企业应当根据年度生产经营计划和业务外包管理制度，结合确定的业务外包范围，拟订实施方案，按照规定的权限和程序审核批准。

业务外包管理制度应明确业务外包的范围、方式、条件、程序和实施等相关内容；明确相关部门和岗位的职责权限，强化业务外包过程的监控，防范外包风险。违背年度生产经营计划的业务外包，不得进行外包，否则可能影响企业的生产经营计划和战略。

2. 明确审议批准权限

企业应根据授权审批的年度生产经营计划中包含的相关业务外包条款，同时要依据企业已批准实行的外包管理制度，拟订业务外包实施方案，并根据不同的内容及其重要性，遵循企业规定的流程和授权，经审核批准后实施。

总会计师或分管会计工作的负责人应当参与重大外包的决策。重大外包方案应当提交董事会或类似权力机构审批。

3. 制定科学合理外包策略

企业应根据外部环境要求和中长期发展战略需要，合理确定业务外包内容及策略，要充分利用外部优势，避免将核心业务外包。常见的外包业务包括采购、设计、加工、销售、营销、物流、资产管理、人力资源、客户服务等。

企业应当指定相关职能部门编制外包项目计划书，具体阐述业务外包背景、外包内容、实施程序、潜在主要风险、应对措施和预期收益等信息，经本部门负责人审核后，提交董事长、总经理审议。必要时，还应提交董事会及其审计委员会讨论审议。

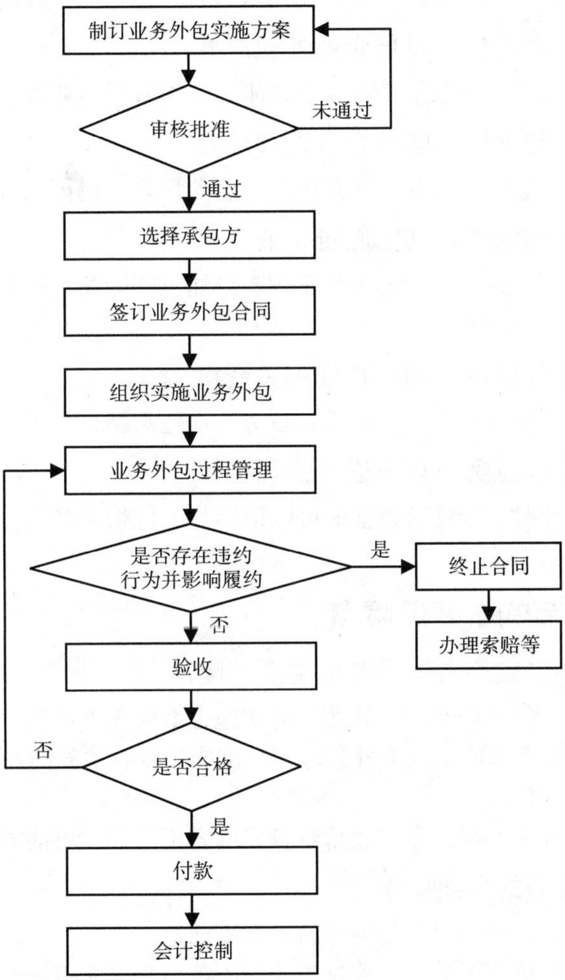

图 12-1　业务外包流程

二、业务外包的主要控制目标

（一）整合企业有效资源，实现企业战略目标

企业的资源是有限的。为了达成企业战略目标，企业需要分析其现实状况，将有限的资源发挥到能够创造最大价值的业务活动中。对于一些非核心业务，可以通过外包来实现。

（二）降低企业生产成本，提高企业经济效益

通过业务外包，利用承包方的专业化优势，可以在一定程度上降低成本、提高效率，保持企业的竞争优势。

（三）选择合适服务伙伴，分担企业经营风险

外包作为一项策略，需要选择正确的合作伙伴，通过坦诚合作实现共同发展，为客户提供最满意的服务。同时，通过选择适当的承包方，可以分担企业在发展过程中遇到的企业风险。

（四）实行分级授权管理，规范业务外包业务

业务外包方案的制订和审批是经过不同部门进行且经过适当授权的。

（五）合理选择承包单位，降低企业外包成本

通过选择适当的承包方，不仅能满足企业需求，又能降低企业外包成本。

（六）签订有效外包合同，防范企业法律风险

通过明确外包合同内容，可以从法律角度预防企业风险，提高双方合作满意度。

（七）做好外包过程管理，切实履行企业义务

外包业务的有效履行有赖于企业的过程管理。当外包环境发生较大变化时，外包的过程管理尤显重要。

（八）适时验收外包成果，归档整理相关资料

当外包业务完成时，要及时组织验收外包业务，通过总结，积累经验和教训。

（九）及时记录外包业务，规范进行会计核算

外包业务需要保证及时、准确、完整地得以记录并支付相关费用。同时，将其在当期明细账和会计报告中予以反映。

三、业务外包各环节的主要风险点

（一）制订业务外包实施方案环节的主要风险点

（1）企业缺乏业务外包管理制度，导致制订实施方案时无据可依。

（2）业务外包管理制度未明确业务外包范围，可能导致有关部门在制订实施方案时，将不宜外包的核心业务进行外包。

（3）实施方案不合理、不符合企业经营特点或内容不完整，可能导致业务外包失败。

（二）审核批准环节的主要风险点

（1）审批制度不健全，导致对业务外包的审批不规范。

（2）审批不严格或者越权审批，导致业务外包决策出现重大疏漏，可能引发严重后果。

（3）未能对业务外包实施方案是否符合成本效益原则进行合理审核以及做出恰当判断，导致业务外包不经济。

（三）选择承包方环节的主要风险点

（1）承包方不是合法设立的法人主体，缺乏应有的专业资质，从业人员也不具备应有的专业技术资格，缺乏从事相关项目的经验，导致企业遭受损失甚至陷入法律纠纷。

（2）外包价格不合理、外包成本过高导致难以发挥业务外包的优势。

（3）存在接受商业贿赂的舞弊行为，导致相关人员涉案。

（四）签订业务外包合同环节的主要风险点

（1）合同条款未能针对业务外包风险做出明确的约定，对承包方的违约责任界定不够清晰，导致企业陷入合同纠纷和诉讼。

（2）合同约定的业务外包价格不合理或成本费用过高，导致企业遭受损失。

（五）组织实施业务外包环节的主要风险点

（1）组织实施业务外包的工作不充分或未落实到位，影响下一环节业务外包过程管理的有效实施，导致难以实现业务外包的目标。

（2）当外部环境变化时，未及时调整业务外包管理模式，导致企业出现失误甚至失败。

（六）业务外包过程管理环节的主要风险点

（1）承包方在合同期内因市场变化等原因不能保持履约能力，无法继续按照合同约定履行义务，导致业务外包失败和本企业生产经营活动中断。

（2）承包方出现未按照业务外包合同约定的质量要求持续提供合格的产品或服务等违约行为，导致企业难以发挥业务外包优势，甚至遭受重大损失；管控不力，导致商业秘密泄露。

（七）验收环节的主要风险点

（1）验收方式与业务外包成果交付方式不匹配，验收标准不明确，验收程序不规范，使验收工作流于形式，不能及时发现业务外包质量低劣等情况，可能导致企业遭受损失。

（2）验收资料归档不完备，导致后续的法律风险。

（八）会计控制环节的主要风险点

（1）缺乏有效的业务外包会计系统控制，未能全面真实地记录和反映企业业务外包各环节的资金流和实物流情况，可能导致企业资产流失或贬损。

（2）业务外包相关会计处理不当，可能导致财务报告信息失真。

（3）结算审核不严格、支付方式不恰当、金额控制不严，可能导致企业资金受损或信用受损。

小知识　　由于业务外包而派生的风险

（1）业务外包可能增加企业责任外移的可能性。承包方从事承包业务所产生的一切结果都直接影响到发包方。如果承包方的服务未能达到服务标准，给客户造成一定影响或损害，虽然发包方可以在承包协议中约定相应的责任由承包方承担，但发包方信誉要受到一定影响，其业务的发展也可能受到一定影响。同时，业务外包有可能降低企业对业务的控制和对市场的洞察能力。

（2）业务外包可能降低员工对企业的信心。可能导致企业业绩水平和生产率下降，专业人士和骨干力量流失。随着业务的外包，必然会在员工之间产生一定的思想波动，他们会担心自己失去工作，导致他们职业道德及业绩下降，从而直接影响企业的效益。

（3）业务发包方与承包方在文化、理念上的差距太大，导致双方在沟通协作上产生障碍。由于承包方是独立的民事主体，在法律地位上与发包方是平等的、相互独立的，经济利益的获取是它的合作动力。一旦经济利益纽带断裂，或更大的经济利益驱动，承包方极有可能成为发包方隐性的竞争对手，或者同时为发包方的竞争对手服务。

（4）业务外包可能导致企业秘密及客户信息外泄。外包需要将企业的一些保密性数据、客户资料等交由第三方接触，而承包方及其雇员都有可能违反保密协议，泄露保密信息，导致法律、信誉方面的危机，引发客户的投诉。

（5）外包业务范围的界定不准确，导致企业竞争力下降和业务流失。如果在操作中由于范围界定不准确，将企业的核心业务外包，有可能造成发包方反受制于承包方。其竞争优势可能失去，竞争力也可能下降。

四、业务外包各环节的关键控制点

（一）制订业务外包实施方案环节的关键控制点

（1）建立和完善业务外包管理制度。根据各类业务与核心业务的关联度、对外包业务的控制程度以及外部市场成熟度等标准，合理确定业务外包的范围，并根据是否对企业生产经营有重大影响对外包业务实施分类管理，以突出管控重点，同时明确规定业务外包的方式、条件、程序和实施等相关内容。

（2）严格按照业务外包管理制度规定的业务外包范围、方式、条件、程序和实施等内容制订实施方案，避免将核心业务外包，同时确保方案的完整性。

（3）根据企业年度预算以及生产经营计划，对实施方案的重要方面进行深入评估以及复核，包括承包方的选择方案、外包业务的成本效益及风险、外包合同期限、外包方式、员工培训计划等，确保方案的可行性。

（4）认真听取外部专业人员对业务外包的意见，并根据其合理化建议完善实施方案。

（二）审核批准环节的关键控制点

（1）建立和完善业务外包的审核批准制度。明确授权审批的方式、权限、程序、责任和相关控制措施，规定各层级人员应当在授权范围内进行审批，不得超越权限审批。

（2）在对业务外包实施方案进行审查和评价时，应当着重对比分析该业务项目在自营与外包情况下的风险和收益，确定外包的合理性和可行性。

（3）财务负责任人或企业分管会计工作的负责人应当参与重大业务外包的决策，对业务外包的经济效益做出合理评价。

（4）对于重大外包方案，应当提交董事会或类似权力机构审批。

（三）选择承包方环节的关键控制点

（1）充分调查候选承包方的合法性，即是否为依法成立、合法经营的专业服务机构或经济组织，是否具有相应的经营范围和固定的办公场所。

（2）调查候选承包方的专业资质、技术实力及其从业人员的履历和专业技能。

（3）考察候选承包方从事类似项目的成功案例、业界评价和口碑。

（4）综合考虑企业内外部因素，对业务外包的人工成本、营销成本、业务收入、人力资源等指标进行测算分析，合理确定外包价格，严格控制业务外包成本。

（5）引入竞争机制，按照有关法律法规，遵循公开、公平、公正的原则，采用招标等适当方式，择优选择承包方。

（6）按照规定的程序和权限从候选承包方中做出选择，并建立严格的回避制度和监督处罚制度，避免相关人员在选择承包方过程中出现受贿和舞弊行为。

（四）签订业务外包合同环节的关键控制点

（1）在订立外包合同前，充分考虑业务外包方案中识别出的重要风险因素，并通过合同条款予以有效规避或降低。

（2）在合同的内容和范围方面，明确承包方提供的服务类型、数量、成本，以及明确界定服务的环节、作业方式、作业时间、服务费用等细节。

（3）在合同的权利和义务方面，明确企业有权督促承包方改进服务流程和方法，承包方有责任按照合同协议规定，将外包实施的现状告知企业，并对存在问题进行有效沟通。

（4）在合同的服务和质量标准方面，应当规定承包方最低的服务水平要求以及如果未能满足标准实施的补救措施。

（5）在合同的保密事项方面，应具体约定对于涉及本企业机密的业务和事项，承包方有责任履行保密义务。

（6）在费用结算标准方面，综合考虑内外部因素，合理确定外包价格，严格控制业务外包成本。

（7）在违约责任方面，制定既具原则性又体现一定灵活性的合同条款，以适应环境、技术和企业自身业务的变化。

（五）组织实施业务外包环节的关键控制点

（1）按照业务外包制度、工作流程和相关要求，制定业务外包实施全过程的管控措施，包括落实与承包方之间的资产管理、信息资料管理、人力资源管理、安全保密管理等机制，确保承包方在履行外包业务合同时有章可循。

（2）做好与承包方的对接工作，通过培训等方式确保承包方充分了解企业的工作流程和质量要求，从价值链的起点开始控制业务质量。

（3）与承包方建立并保持畅通的沟通协调机制，以便及时发现并有效解决业务外包过程中存在的问题。

（4）梳理有关工作流程，提出每个环节上的岗位职责分工、运营模式、管理机制、质量水平等方面的要求，并建立对应的即时监控机制，及时检查、收集和反馈业务外包实施过程的相关信息。

（六）业务外包过程管理环节的关键控制点

（1）在承包方提供服务或制造产品的过程中，密切关注重大外包承包方的履约能力，采取承包方动态管理方式，对承包方开展日常绩效评价和定期考核。

（2）对承包方的履约能力进行持续评估，包括承包方对该项目的投入是否能够支持其产品或服务质量达到企业预期目标，承包方自身的财务状况、生产能力、技术创新能力等综合能力是否满足该项目的要求。

（3）建立即时监控机制，一旦发现偏离合同目标等情况，应及时要求承包方调整改进。

（4）对重大业务外包的各种意外情况做出充分预计，建立相应的应急机制，制订临时替代方案，避免业务外包失败造成企业生产经营活动中断。

（5）有确凿证据表明承包方存在重大违约行为，并导致业务外包合同无法履行的，应当及时终止合同，并指定有关部门按照法律程序向承包方索赔。

（6）切实加强对业务外包过程中形成的商业信息资料的管理。

（七）验收环节的关键控制点

（1）根据承包方业务外包成果交付方式的特点，制定不同的验收方式。一般而言，可以对最终产品或服务进行一次性验收，也可以在整个外包过程中分阶段验收。

（2）根据业务外包合同的约定，结合在日常绩效评价基础上对外包业务质量是否达到预期目标的基本评价，确定验收标准。

（3）组织有关职能部门相关人员，严格按照验收标准对承包方交付的产品或服务进行审查和全面测试，确保产品或服务符合需求，并出具验收证明。

（4）验收过程中发现异常情况的，应当立即报告，查明原因，视问题的严重性与承包方协商采取恰当的补救措施，并依法索赔。

（5）根据验收结果对业务外包是否达到预期目标做出总体评价，据此对业务外包管理制度和流程进行改进和优化。

（八）会计控制环节的关键控制点

（1）企业财会部门应当根据国家统一的会计准则制度，对业务外包过程中交由承包方使用的资产、涉及资产负债变动的事项以及外包合同诉讼等加强核算与监督。

（2）根据企业会计准则制度的规定，结合外包业务特点和企业管理机制，建立完善外包成本的会计核算方法，进行有关会计处理，并在财务报告中进行必要、充分的披露。

（3）在向承包方结算费用时，应当依据验收证明，严格按照合同约定的结算条件、方式和标准办理支付。

第二节　内控措施

一、承包方的选用

（一）企业应当建立承包方遴选制度

企业应当引入竞争机制，遵循公开、公平、公正的原则，采用适当方式，择优选择外包业务的承包方。

为了降低仅有一方服务失败可能给企业带来的损失，发包方宜选择多家企业作为候选承包方，以促进承包方不断改进服务能力。

选择承包方可采用招标方式，招标应当符合《中华人民共和国招标投标法》的相关规定，以做到公平、公正。

（二）发包方应进行自我约束

企业及相关人员在选择承包方的过程中，不得收受贿赂、回扣或者索取其他好处。承包方及其工作人员不得利用向企业及其工作人员行贿、提供回扣或者给予其他好处等不正当手段承揽业务。

企业选择承包方要充分了解承包方的情况，要向承包方坦诚地提出自己的所有要求，也可以尝试选择新的承包方。它们往往刚进入市场，价格比较便宜，为了树立品牌，也会注重服务品质。发包方在不充分确信的情况下，可以先小范围地尝试一下，把业务的一小部分外包给它们。如果效果好的话，再逐步增加分量，以降低风险。是选择一家承包方，还是选择多家承包方，可以根据企业的具体情况而定。

二、业务外包合同的签订

该阶段的主要风险是：合同条款未对外包风险做出明确约定、对违约责任界定不清晰、合同约定的外包价格不合理，可能导致企业业务受损。

（一）业务外包合同的内容

企业应当按照规定的权限和程序从候选承包方中确定最终承包方，并签订业务外包合同。

业务外包合同内容主要包括外包业务的内容和范围、双方权利和义务、服务和质量标准、保密事项、费用结算标准和违约责任等事项。

（二）业务外包合同签订的考虑因素

业务外包合同的签订应考虑下列具体因素：

（1）在签订前应充分考虑承包方潜在的重大风险因素，并通过合同条款进行有效规避，以降低风险发生的可能性。

（2）应明确承包方提供的服务类型、数量、成本及界定的业务环节、作业方式、完成时间、服务费用，以及服务和质量的标准、最低的服务水平等。

（3）企业应当根据外包业务性质的不同，及时与承包方签订不同形式的合同协议文本，包括技术协议书、外包加工协议、规划实验大纲、资讯合同协议等。

（4）在权利和义务方面，应明确企业有权督促承包方改进业务流程和方法；承包方有责任按合同规定的方式和频率将承包业务实施状况告知发包方。

（5）在费用结算和违约责任方面，既要坚持原则又要体现一定的灵活性，以适应环境、技术和自身条件的变化。

（6）企业应当综合考虑内外部因素，合理确定外包价格，严格控制业务外包成本，切实做到符合成本效益原则。

（7）合同协议应约定保密事项条款，企业应当根据外包项目实施情况和外界环境的变化，不断更新、修正保密条款，必要时可与承包方补签保密协议。

三、业务外包实施的控制

业务外包策略及方案的实施，是业务外包流程中的核心问题，对完成企业的战略至关重要。

（一）强化业务外包实施的管理

企业应当加强业务外包实施的管理，严格按照业务外包制度、工作流程和相关要求，组织开展业务外包，并采取有效的控制措施，确保承包方严格履行业务外包合同。

1. 强化外包管控人员的职能

企业应当建立业务外包岗位责任制，明确外包实施中相关部门和岗位的职责权限、资产管理政策、流程中断应急措施及审批程序。对涉及业务外包人员进行培训，确保员工掌握业务外包的管理内容及相关要求。业务外包多的单位，应建立相应的管理协调机构，组织开展业务外包，解决实施过程中所遇到的实际问题和矛盾，协调业务外包的实施。业务外包归口部门应指定专人跟踪/监督业务外包流程管理制度的执行情况，发现问题及时修订与完善。

2. 及时做好对接、沟通与协调工作

企业应当做好与承包方的对接工作，加强与承包方的沟通与协调，及时收集相关信息，发现和解决外包业务日常管理中存在的问题。

（1）及时做好对接工作。企业的合作伙伴有时还会与其他企业之间发生业务往来，从而发生业务之间的关联、委托业务与承包方业务的关联，其中一项业务开展发生问题，可能影响其他几项业务的开展，因此需要企业做好协调工作，包括做好相关委托机构与承包方的对接工作，确保经营活动遵循预定的目标前进。

（2）加强与承包方的沟通与协调。要确保业务外包顺利进行，还需要做好与承包方及相关委托机构的主动沟通与协调，及时收集相关信息并对信息进行整理与分析，及时发现业务外包存在的问题，并及时谋取解决问题的途径和方法。

（3）密切关注承包方的履约能力。对于重大外包，企业应当密切关注承包方的履约能力，建立相应的应急机制，避免业务外包失败造成企业生产经营活动的中断。

企业应当根据业务外包的实际情况，定期或不定期地对所有重要承包方的能力进行评估，确定业务可持续能力等级，并制订相应的应对方案。

（二）持续评估承包方的履约能力

企业应当对承包方的履约能力进行持续评估。若有确凿证据表明承包方存在重大违约行为，导致业务外包合同无法履行的，应及时终止合同。

企业还应制订合理的业务可持续计划，业务可持续计划评估报告应当及时提交企业领导审阅。当承包方的履约能力下降，或存有重大违约行为，并影响企业业务外包的可持续发展时，应及时启动相应的应急方案，或终止外包合同，避免业务外包失败造成企业商业活动的中断。

承包方违约并造成企业损失的，企业应当按照合同对承包方进行索赔，并追究责任人责任。

（三）外包合同验收

“业务外包合同执行完成后需要验收的，企业应当组织相关部门或人员对完成的业务外包合同进行验收，出具验收证明。”

承包方提供的产品和服务应当与业务外包合同的约定一致。当需要的承包方最终提供的产品或服务进行验收时，应组织有关专业机构和人员参与验收。验收结束后要出具验收证明，所有参与验收的人员，包括组织的相关专业机构人员和承包方排除的参与验收的人员，都应在验收证明上签字或盖章。

若在验收过程中发现异常情况，应当立即报告，查明原因，按合同规定及时处理，并将问题及时报告企业相关人员。

（四）做好会计控制

企业应当根据国家统一的会计准则制度，加强对外包业务的核算与监督，做好业务外包费用结算工作。

企业外包核算是会计工作的一部分。企业在进行业务外包过程中，应当根据国家统一的会计准则的规定及要求进行核算，按约定支付外包费用。同时，企业财会部门还应从财务及会计方面对业务外包进行监督。

法律依据

内部控制应用指引第13号——业务外包

第一章　总　则

第一条　为了加强业务外包管理，规范业务外包行为，防范业务外包风险，根据有关法律法规和《内部控制基本规范》，制定本指引。

第二条　本指引所称业务外包，是指企业利用专业化分工优势，将日常经营中的部分业务委托给本企业以外的专业服务机构或其他经济组织（以下简称承包方）完成的经营行为。

本指引不涉及工程项目外包。

第三条　企业应当对外包业务实施分类管理，通常划分为重大外包业务和一般外包业务。重大外包业务是指对企业生产经营有重大影响的外包业务。

外包业务通常包括研发、资信调查、可行性研究、委托加工、物业管理、客户服务、IT服务等。

第四条 企业的业务外包至少应当关注下列风险：

（一）外包范围和价格确定不合理，承包方选择不当，可能导致企业遭受损失。

（二）业务外包监控不严、服务质量低劣，可能导致企业难以发挥业务外包的优势。

（三）业务外包存在商业贿赂等舞弊行为，可能导致企业相关人员涉案。

第五条 企业应当建立和完善业务外包管理制度，规定业务外包的范围、方式、条件、程序和实施等相关内容，明确相关部门和岗位的职责权限，强化业务外包全过程的监控，防范外包风险，充分发挥业务外包的优势。

企业应当权衡利弊，避免核心业务外包。

第二章 承包方选择

第六条 企业应当根据年度生产经营计划和业务外包管理制度，结合确定的业务外包范围，拟定实施方案，按照规定的权限和程序审核批准。

总会计师或分管会计工作的负责人应当参与重大业务外包的决策。

重大业务外包方案应当提交董事会或类似权力机构审批。

第七条 企业应当按照批准的业务外包实施方案选择承包方。承包方至少应当具备下列条件：

（一）承包方是依法成立和合法经营的专业服务机构或其他经济组织，具有相应的经营范围和固定的办公场所。

（二）承包方应当具备相应的专业资质，其从业人员符合岗位要求和任职条件，并具有相应的专业技术资格。

（三）承包方的技术及经验水平符合本企业业务外包的要求。

第八条 企业应当综合考虑内外部因素，合理确定外包价格，严格控制业务外包成本，切实做到符合成本效益原则。

第九条 企业应当引入竞争机制，遵循公开、公平、公正的原则，采用适当方式，择优选择外包业务的承包方。采用招标方式选择承包方的，应当符合招投标法的相关规定。

企业及相关人员在选择承包方的过程中，不得收受贿赂、回扣或者索取其他好处。承包方及其工作人员不得利用向企业及其工作人员行贿、提供回扣或者给予其他好处等不正当手段承揽业务。

第十条 企业应当按照规定的权限和程序从候选承包方中确定最终承包方，并签订业务外包合同。业务外包合同内容主要包括：外包业务的内容和范围，双方权利和义务，服务和质量标准，保密事项费用结算标准和违约责任等事项。

第十一条 企业外包业务需要保密的，应当在业务外包合同或者另行签订的保密协议中明确规定承包方的保密义务和责任，要求承包方向其从业人员提示保密要求和应承担的责任。

第三章 业务外包实施

第十二条 企业应当加强业务外包实施的管理，严格按照业务外包制度、工作流程和相关要求，组织开展业务外包，并采取有效的控制措施，确保承包方严格履行业务外包合同。

第十三条 企业应当做好与承包方的对接工作，加强与承包方的沟通与协调，及时收集相关信息，发现和解决外包业务日常管理中存在的问题。

对于重大业务外包，企业应当密切关注承包方的履约能力，建立相应的应急机制，避免业务外包失败造成本企业生产经营活动中断。

第十四条 企业应当根据国家统一的会计准则制度，加强对外包业务的核算与监督，做好业务外包费用结算工作。

第十五条 企业应当对承包方的履约能力进行持续评估，有确凿证据表明承包方存在重大违约行为，导致业务外包合同无法履行的，应当及时终止合同。

承包方违约并造成企业损失的，企业应当按照合同对承包方进行索赔，并追究责任人责任。

第十六条 业务外包合同执行完成后需要验收的，企业应当组织相关部门或人员对完成的业务外包合同进行验收，出具验收证明。

验收过程中发现异常情况，应当立即报告，查明原因，及时处理。

第十三章 ▶▶

工程项目方面的内部控制

第一节　综合知识

工程项目，也称投资项目、建设项目，是指企业建设领域的项目，即在一个总体设计或总预算范围内，由一个或几个互有联系的单项工程组成，建成后在经济上可以独立核算经营，在行政上又可以统一管理的工程单位。

工程项目的基本特点是：规模大，耗用资金多；工期长，涉及面广；质量要求高，技术高度综合，工艺复杂；制约环境因素多。工程项目的这些特点给工程项目管理带来了较大的难度，而且一旦失败，将给企业带来巨大的损失，所以，企业必须按照国家相关法律、法规及企业相关规定，加强工程项目内部控制与审计，防范工程项目管理中的差错与舞弊，提高资金使用效益，规范企业进行工程项目建设行为。

文案范本

工程项目的流程包括工程立项、工程设计、工程招标、工程建设和竣工验收，如图 13-1 所示。

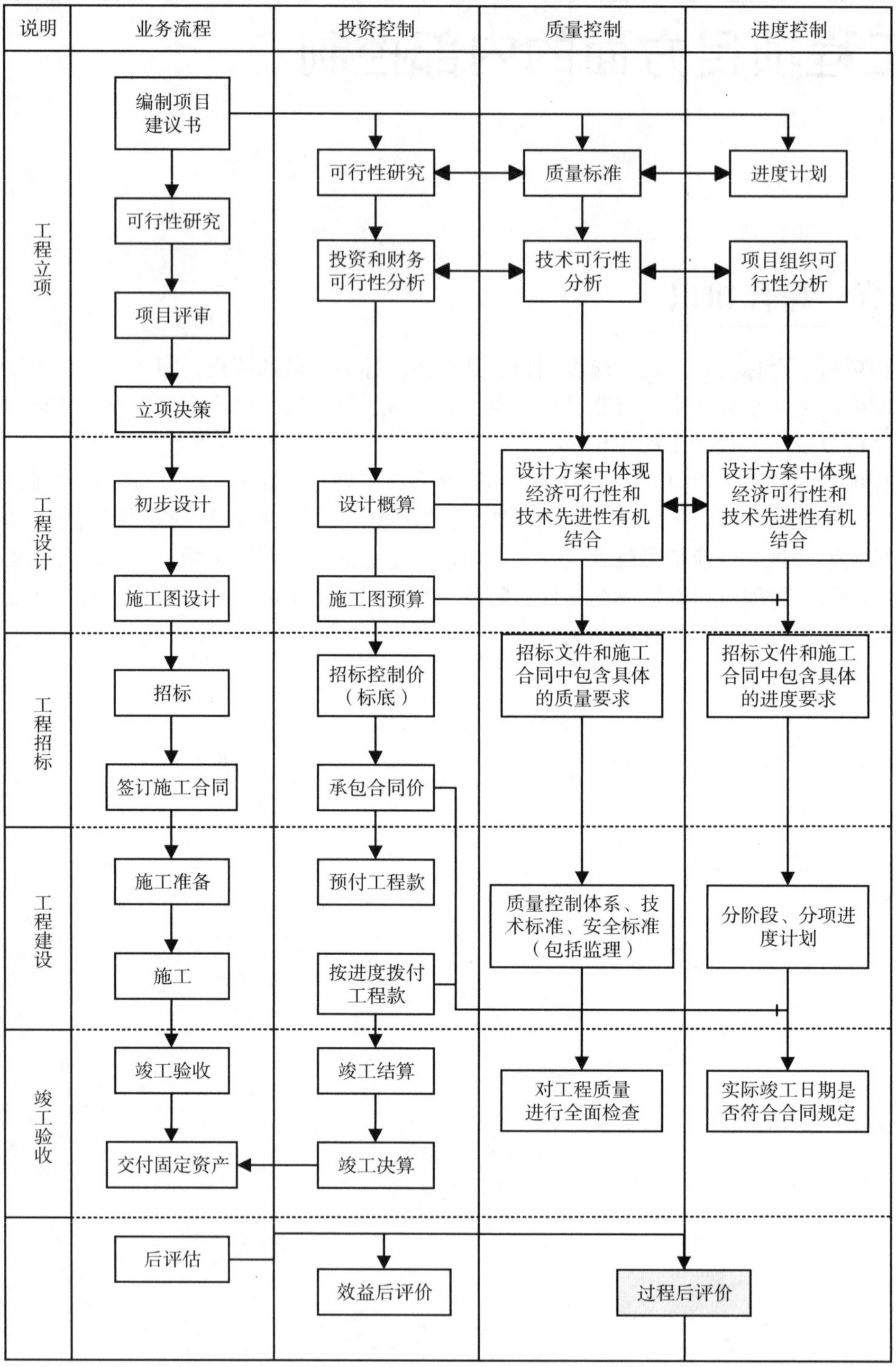

图 13-1　工程项目的流程

一、工程项目内部控制的目标

工程项目内部控制的总目标是：提高工程质量，保证工程进度，控制工程造价，防范商业贿赂等舞弊行为。具体讲就是，实现质量达标，工期合理，造价（投资）节省。质量、进度和造价贯穿于工程的全过程，相互制约、有机统一。提高质量可能影响进度与造价，同样地，节省投资可能影响质量和进度，而加快进度又可能影响质量和投资。三项目标的控制都包括事前、事中和事后。因此，在实施管控过程中，必须从总目标到三项具体目标，再到实现情况的评价，进行层层分解，前者制约后者，后者补充前者。项目管控要求在工程的全过程中，适度把握三者之间的比例关系，实现三项目标的集成优化。其中，安全管理也是工程施工的一个重要方面。

二、工程项目控制中常见的弊端

（一）工程项目决策失误

工程项目准备阶段的论证与可行性研究不充分，决策缺乏科学依据，采取“边施工、边论证、边设计”的方法进行工程项目。工程完工后，达不到设计要求，给建设单位造成经济损失。

（二）工程项目预算执行不严

工程预算的审批手续不健全、不严格，随意审批超预算和预算外支出，造成实际投资额严重超预算。

（三）将工程项目支出列入生产成本

有的企业为了掩盖工程项目超预算支出，或违规进行工程项目，不如实反映工程项目支出，将发生的工程项目成本计入生产成本。

（四）虚列工程项目支出

有的单位为了“压缩”生产经营与业务活动的经费开支，或为了增加“小金库”收入，通过虚列工程项目，将应该列入业务支出的费用，或本来就没有发生的支出，计入虚列的工程项目支出。

三、工程项目方面的主要风险

（1）立项缺乏可行性研究或者可行性研究流于形式，决策不当，盲目上马，可能导致难以实现预期效益或项目失败。

（2）项目招标暗箱操作，存在商业贿赂，可能导致中标人实质上难以承担工程项目、中标价格失实及相关人员涉案。

（3）工程造价信息不对称，技术方案不落实，概预算脱离实际，可能导致项目投资失控。

（4）工程物资质次价高，工程监理不到位，项目资金不落实，可能导致工程质量低劣，进度延迟或中断。

（5）竣工验收不规范，把关不严，可能导致工程交付使用后存在重大隐患。

文案范本

工程项目决策控制

1. 工程项目决策控制程序（见图 13-2）

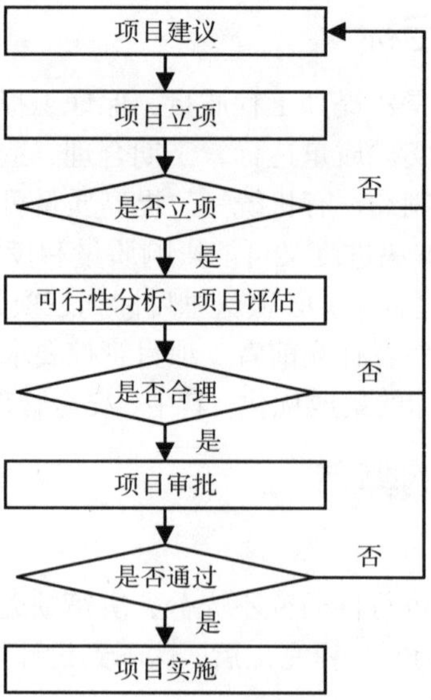

图 13-2　工程项目决策控制程序

2. 工程项目决策控制程序要求（见表 13-1）

表 13-1　工程项目决策控制程序要求

业务操作	操 作 人	控制要求
项目立项	董事长或总经理	项目必须符合公司的发展需要，项目应是必要和可行的； 项目立项前已进行了初步调查研究，并由相关部门编制工程项目建议书，无工程项目建议书一般不予立项。
可行性研究	基建部门会同相关部门	可行性分析应由基建、营销、生产技术、财务等部门派员参加； 对项目的必须性和可行性进一步进行研究和分析，包括市场研究分析、技术分析、财务经济分析等； 编制项目可行性研究报告
项目评估	基建部门组织相关专家	评估人员应由工程、技术、财会等相关专家参加； 对可行性研究报告的完整性、客观性进行技术经济分析和评审； 出具评审意见
项目审批	董事会、股东大会	对项目的必要性、可行性和项目风险进行再评估； 对项目是否审批进行发言表决； 项目通过必须符合董事会、股东大会的议事规则； 对项目审批过程和结果记录并存入档案； 项目决策改变，必须按项目审批的程序执行，不得由一人单独决策或擅自改变决策

小知识　工程项目方面的岗位分工与权责划分

1. 相关部门职责

（1）基建部门。受理项目申请和项目建议；组织项目的可行性论证和评估；组织或委托招标；办理工程开工的前期工作；组织编制概预算；组建项目管理机构；监督工程质量进度；审核工程结算（工程量）；组织项目后评价；其他职责。

（2）财务部门。参与工程项目的可行性研究论证与评估、决算事项；工程项目核算；工程价款支付；参与工程概预算、结算审核；参与工程建设监督。

（3）审计部门。工程审计和委托工程审计；合同审计；参与工程项目的可行性研究论证与评估、决算事项；参与工程建设监督。

2. 不相容职务分离

企业应当建立工程项目业务的岗位责任制，明确相关部门和岗位的职责权限，确保办理工程项目业务的不相容职务分离、制约和监督。工程项目业务不相容职务一般包括：

（1）项目建议、可行性研究与项目决策分离。

（2）概预算编制与审核分离。

（3）项目决策与项目实施分离。

（4）项目实施与价款支付分离。

（5）项目实施与项目验收分离。

（6）竣工决算与竣工决算审计分离。

3. 人员素质要求

企业应根据工程项目的特点，配备合格的人员办理工程项目业务。办理工程项目业务的人员应具备良好的业务素质和职业道德，并符合公司规定的岗位规范要求。其中，配备的专门办理工程项目会计业务的人员尤其应熟悉国家法律法规及工程项目管理方面的专业知识。

文案范本

工程项目关键业务流程控制设计

1. 项目决策控制

企业应建立工程项目决策环节的控制制度，对项目建议书和可行性研究报告的编制、项目决策程序等做出明确规定，确保项目决策科学、合理。工程项目决策控制过程分为项目建议书、可行性研究报告、项目决策三个阶段，建设单位应在这三个阶段建立相应的内部会计控制制度。其基本程序如图 13-3 所示。

（1）组织工程、技术、财务、法律等部门的相关专业人员对项目建议书和可行性研究报告的完整性、客观性进行技术经济分析和评审，出具评审意见。财务部门或人员应当直接参与项目建议书的编制，或者对项目建议书中的投资估算编制及经济效益评估进行认可，并且对项目建议书中财务分析和预测结论的可靠性发表具体的书面意见。委托具有相关资质的设计单位或咨询单位编制项目可行性研究报告的，财务可行性研究的过程及其结论应该接受单位财务部门或人员在数据正确性和方法恰当性方面的审查，并取得书面意见。

（2）根据职责分工和审批权限对工程项目进行决策，决策过程应有完整的书面记录。重大的工程项目应报经董事会或者类似决策机构集体审议批准。严禁任何个人单独决策工程项目或者擅自改变集体决策意见。企业工程项目发生重要变更的，应根据授权重新履行审批程序。财务部门或人员必须参与决策全过程，相关决议应由财务部门会签。

（3）建立工程项目决策及实施的责任制度，明确相关部门及人员的责任，定期或不定期地进行检查。对于重大工程项目，建设单位应当实行集体决策，并根据客观经济条件的变化及时做出调整。

（4）企业应根据国家有关规定和企业实际情况，合理确定工程项目建设方式；对需要承包给施工企业承建的工程项目，应区别招标与否的不同情况，制定相应的审批程序。

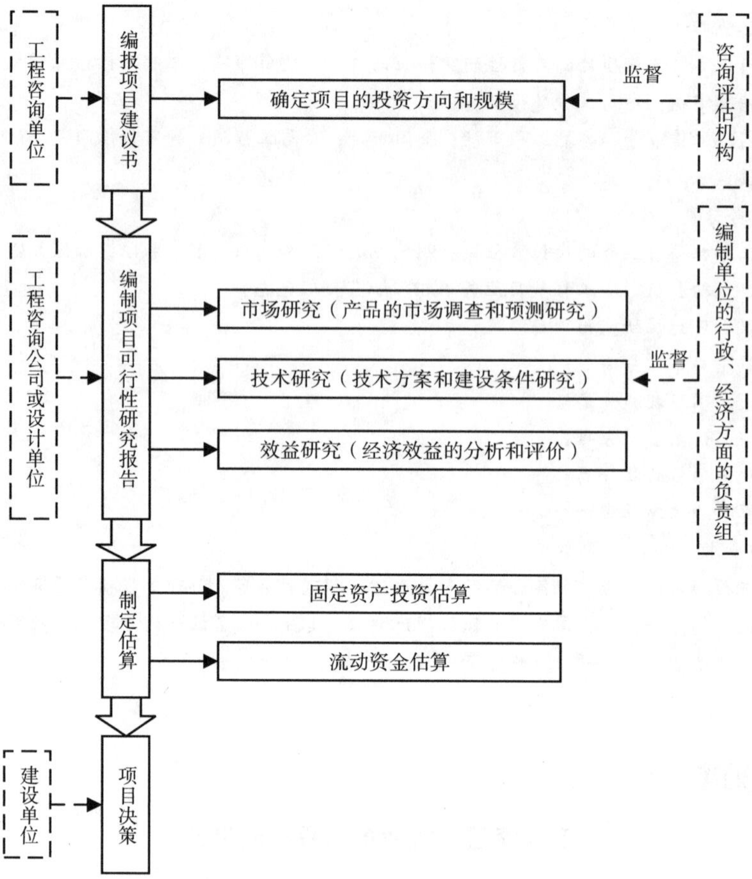

图 13-3 项目决策控制程序

2. 勘察设计与概预算控制

工程项目勘察设计与概预算控制包括勘察、初步设计与概算、施工图设计与预算三个环节。建设单位应在初步设计与概算、施工图设计与预算环节建立严格的内部会计控制制度。其基本程序如图 13-4 所示。主要控制要求如下。

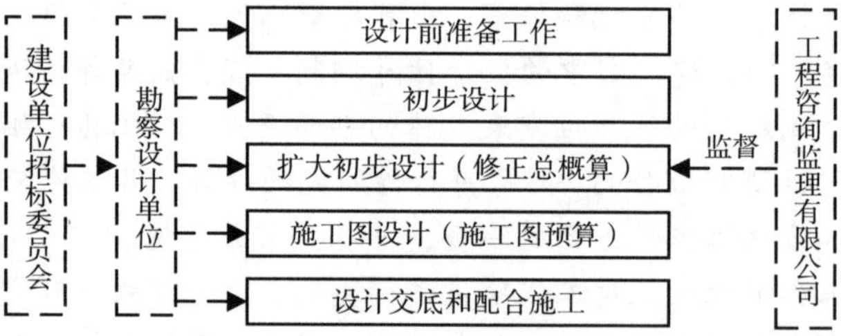

图 13-4 勘察设计与概预算控制程序

（1）建立相应的勘察设计单位选择程序和标准，择优选取具有相应资质的勘察设计单位，并签订设计合同。重大工程项目应采用招投标方式选取设计单位。严禁建设单位委托无证或不具备相应资质的单位承担工程设计；指定专门部门或委托设计监理负责设计协调和管理，监督设计单位推行限额设计和标准设计。

（2）应防止设计单位以任何形式将工程设计任务转让给他人；组织相关部门及专业技术人员对设计方案进行分阶段审核，防止设计单位保守设计，并确保最终方案的适用、经济、合理及设计文件的完整；不得授意设计单位扩大或缩小可行性研究报告所确定的设计范围，人为地调整投资额。

（3）建立合理的概预算程序与制度，实现对工程项目造价的控制。概预算编制口径的确定应考虑固定资产核算的要求；组织财务部门或人员对编制的设计概算进行演算和复核，审查编制依据的合法性、时效性及适用范围，概算项目是否完整，是否存在漏列、错列、多列的现象，设计概算是否完整地包括项目从筹建到竣工投产的全部投资。设计概算如超过经批准投资估算的规定比例，应进行论证，决定修改初步设计或重新办理报批事项，将工程项目的实际投资额严格控制在设计概算之内。

（4）组织财务机构或人员根据工程的特点选择合适的方式对施工图预算进行审核。审查内容应包括工程量的准确性、定额套用的正确性、费用计取和汇总的合理性。

3. 招投标与合同控制

招投标与合同控制包括招标、投标、开标、评标、定标和合同管理等环节，其中，招标、评标、定标和合同管理应纳入单位内部控制体系。其基本程序如图 13-5 所示。具体控制要求如下。

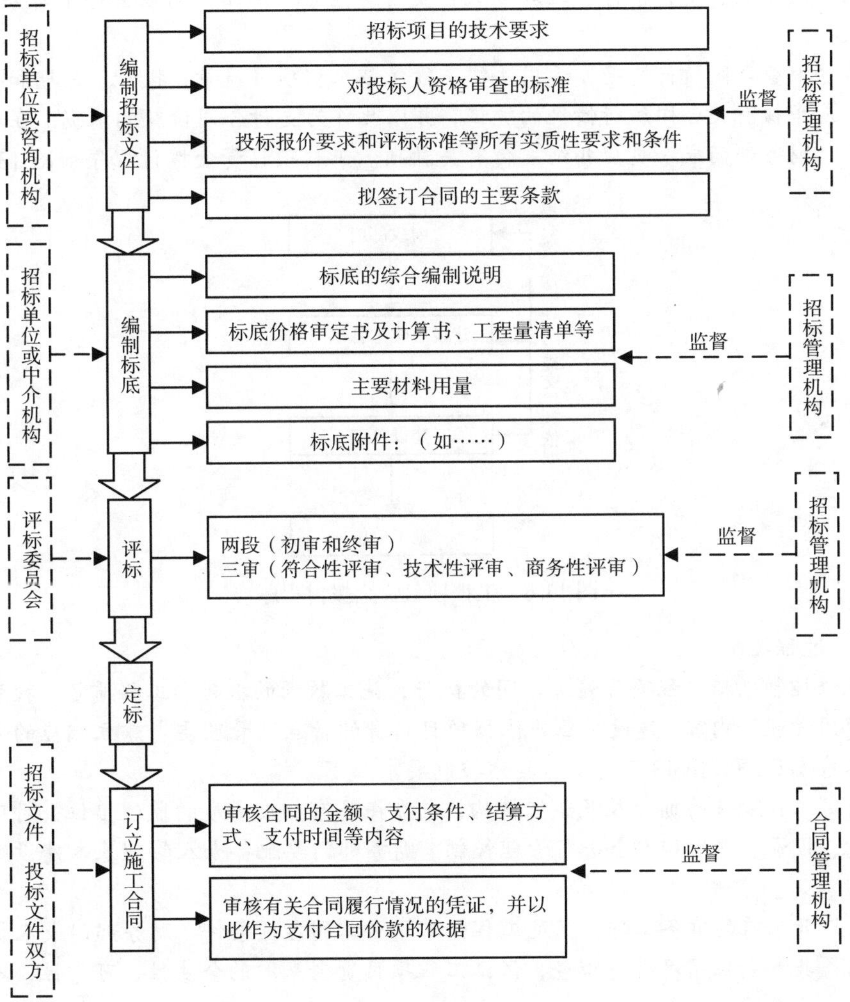

图 13-5　招投标与合同控制程序

（1）根据招标项目的特点和需要自行或委托相关机构编制招标文件，明确招标项目的技术要求、对投标人资格审查的标准、投标报价要求和评标标准等所有实质性要求和条件以及拟签订合同的主要条款。招标文件中关于审查投标人资格的财务标准和投标报价要求等内容必须经过建设单位财务部门或人员的认可。

（2）要求投标人提供有关资质证明文件和业绩情况，并按确定的标准和程序对潜在投标人进行资格审查。建设单位的财务机构或人员应对潜在投标人的财务情况进行综合审查，审查内容至少包括投标人以前年度经审计的财务报表以及下一年度的财务预测报告。

（3）自行或委托具有相应资质的中介机构编制标底。建设单位财务部门或人员应当审核标底计价内容、计价依据的准确性和合理性，以及标底价格是否在经批准的投资限额内。

（4）依法组建评标委员会负责评标。评标委员会应由单位代表和有关技术、经济等方面的专家组成，包括会计人员。评标委员会应按照招标文件确定的标准和方法，对投标文件进行评审和比较，并择优选择中标人。

（5）依据《中华人民共和国合同法》的规定，分别与勘察设计单位、监理单位、施工单位及材料设备供应商订立书面合同，明确当事人各方权利和义务。财务部门或人员应参与合同的签订，审核合同金额、支付条件、结算方式、支付时间等。书面合同应留存于财务部门一份，以便监督执行。

（6）监督审查合同履行情况，运用法律手段保证工程项目质量、投资、工期和安全。财务部门或人员应审核有关合同履行情况的凭证，并以此作为支付合同价款的依据。在对方单位违约的情况下，财务部门或人员应拒绝支付有关款项。工程项目资金拨付程序如图 13-6 所示。

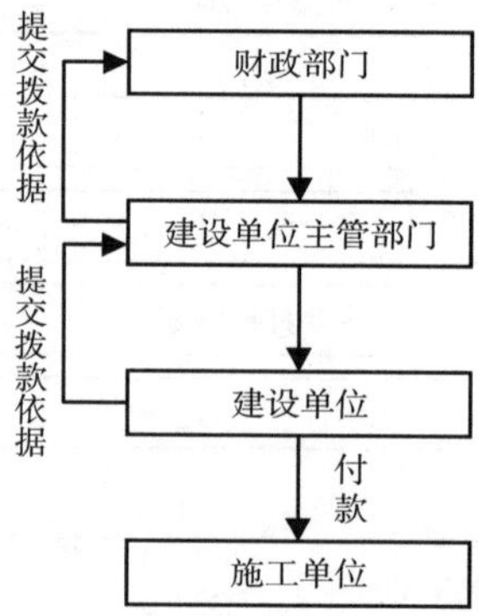

图 13-6　工程项目资金拨付程序

4. 施工过程控制

施工过程控制包括工程项目施工合同的执行，施工款项的拨付，工程质量、投资、进度控制和施工费用管理等内容，建设单位应依据项目自身的特点及管理要求建立相应的内部会计控制制度。其基本程序如图 13-7 所示。具体控制要求如下。

（1）指定工程项目的负责人及组织机构，或委托具有相应资质的监理单位，对项目施工全过程的质量、投资、进度和安全进行管理控制。财务部门要配备专人管理基本建设财务与会计核算。

（2）做好开工前的准备工作，满足工程开工所必需的各项条件。财务部门或人员应对各项建设资金的筹集和到位情况进行审查，保证工程项目资金来源的合法性、可靠性，不得非法集资，不得挤占生产资金。

（3）认真审查施工单位开工报告及相关资料，符合条件才能开工。按规定必须申请领取施工许可证的工程项目，建设单位应当在开工前取得施工许可证。在未经批准开工之前，建设单位的财务部门或人员不得支付工程款。

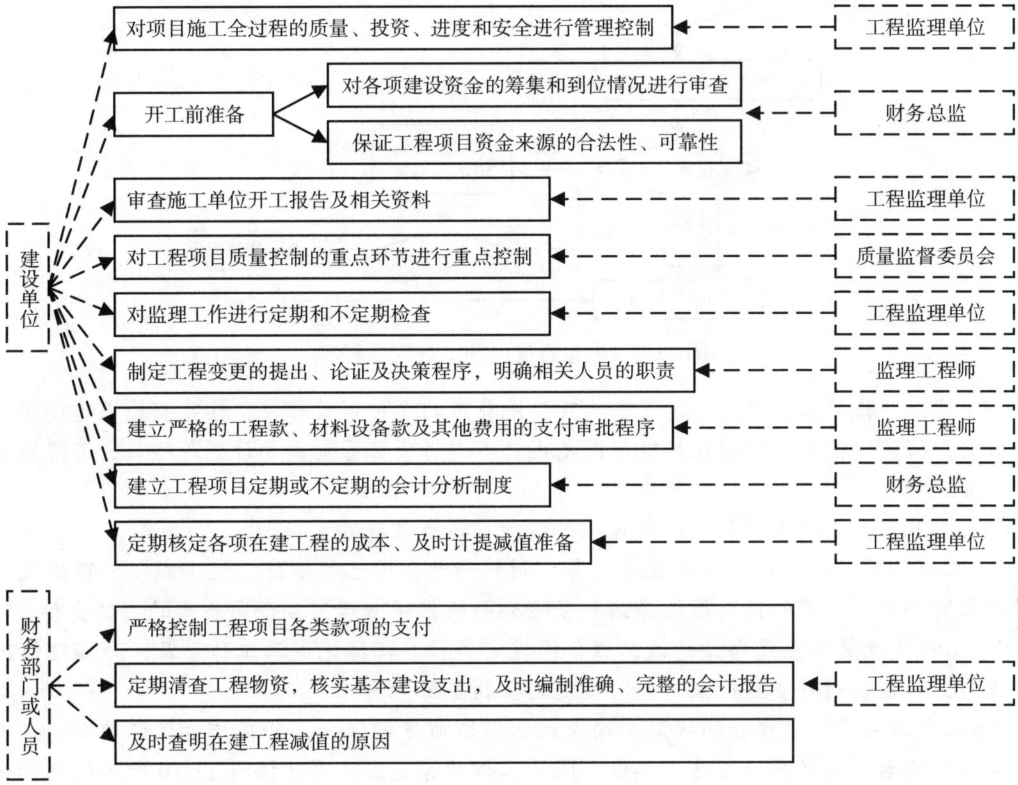

图 13-7　施工过程控制程序

（4）选择工程项目质量控制的重点部位、重点工序和重点质量因素作为控制点，进行重点控制。

（5）对监理工作进行定期和不定期的检查，确保监理资料的真实性、完整性、及时性，掌握工程质量、进度、投资的实际情况。

（6）制定工程变更的提出、论证及决策程序，明确相关人员的职责。建设单位不得通过设计变更扩大建设规模、增加建设内容、提高建设标准。需要追加投资的重大变更，必须经过财务部门或人员的审查论证，并落实资金来源。其中，发包方提出的工程变更程序如图 13-8 所示，承包方提出的工程变更程序如图 13-9 所示。

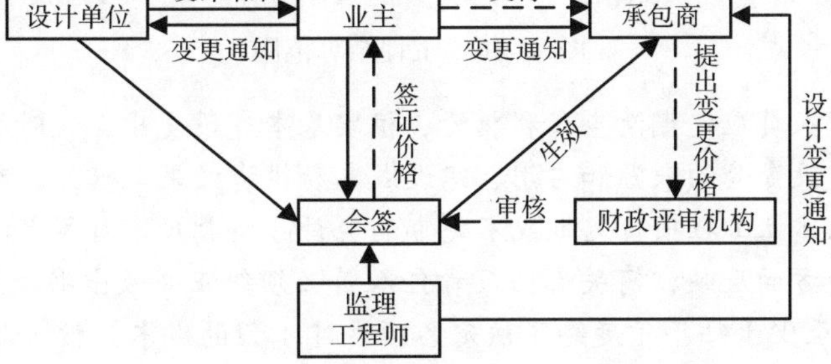

图 13-8　发包方提出的工程变更程序

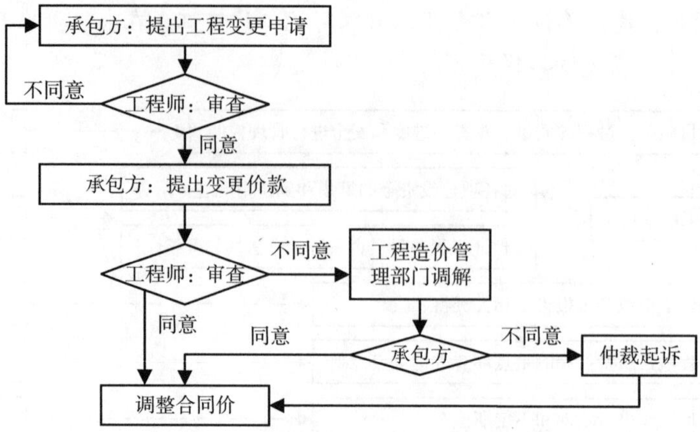

图 13-9　承包方提出的工程变更程序

（7）建立严格的工程款、材料设备款及其他费用的支付审批程序，按照有关规定使用工程项目资金，将实际投资额控制在批准范围之内。不得将项目资金用于计划外项目，不得随意列支工程管理费。

（8）企业财务机构或人员应严格控制工程项目各类款项的支付。

1）工程预付款应在建设工程或者设备、材料采购合同已经签订，施工或供应商提交了经建设单位财务部门认可的银行履约保函和保险公司的担保书后，按合同规定的条款支付。

2）工程进度款项应严格按建设工程合同规定条款、实际完成的工作量及工程监理情况结算和支付，设备、材料货款按采购合同规定的条款支付。

3）工程结束后，应按合同规定金额或比例提留质量保证金，并在质量保证期满、经有关部门验收合格后，将其支付给施工单位。通常工程结算范围主要包括图 13-10 所示的两部分。

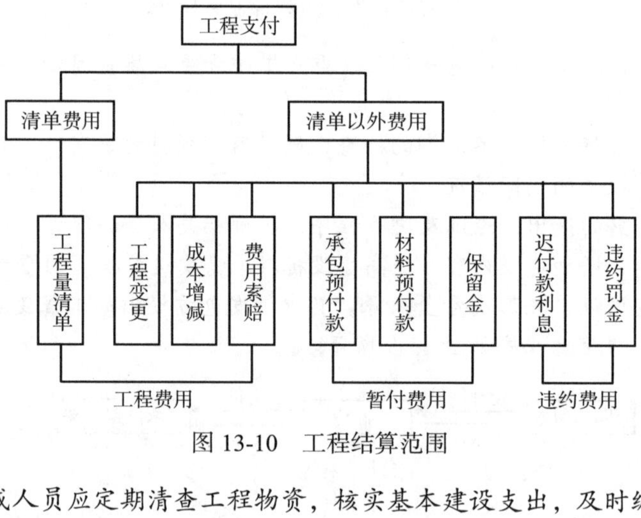

图 13-10　工程结算范围

（9）财务部门或人员应定期清查工程物资，核实基本建设支出，及时编制准确、完整的会计报告，如实反映建设资金的来源和占用、建设成本和投资效果、概预算和年度投资计划的完成情况。建设单位应建立工程项目定期或不定期的会计分析制度，财务部门或人员应及时发现各种问题，并向有关方面反映，有关部门及责任人员必须纠正并做出书面报告。

（10）定期或者至少于每年年度终了核定各项在建工程的成本，按可收回金额低于账面价值的部分及时计提减值准备。建设单位的财务部门或人员应该及时查明在建工程减值的原因，追究相关人员的责任并做出相应的会计处理。

5. 竣工验收与决算控制

建设单位财务部门或人员在工程竣工后，应及时开展各项清理工作，主要包括各类会计资料的归集整理、账务处理、财产物资的盘点核实及债权债务的清偿，做到账账、账证、账实、账表相符。其基本程序如图 13-11 所示。具体控制要求如下。

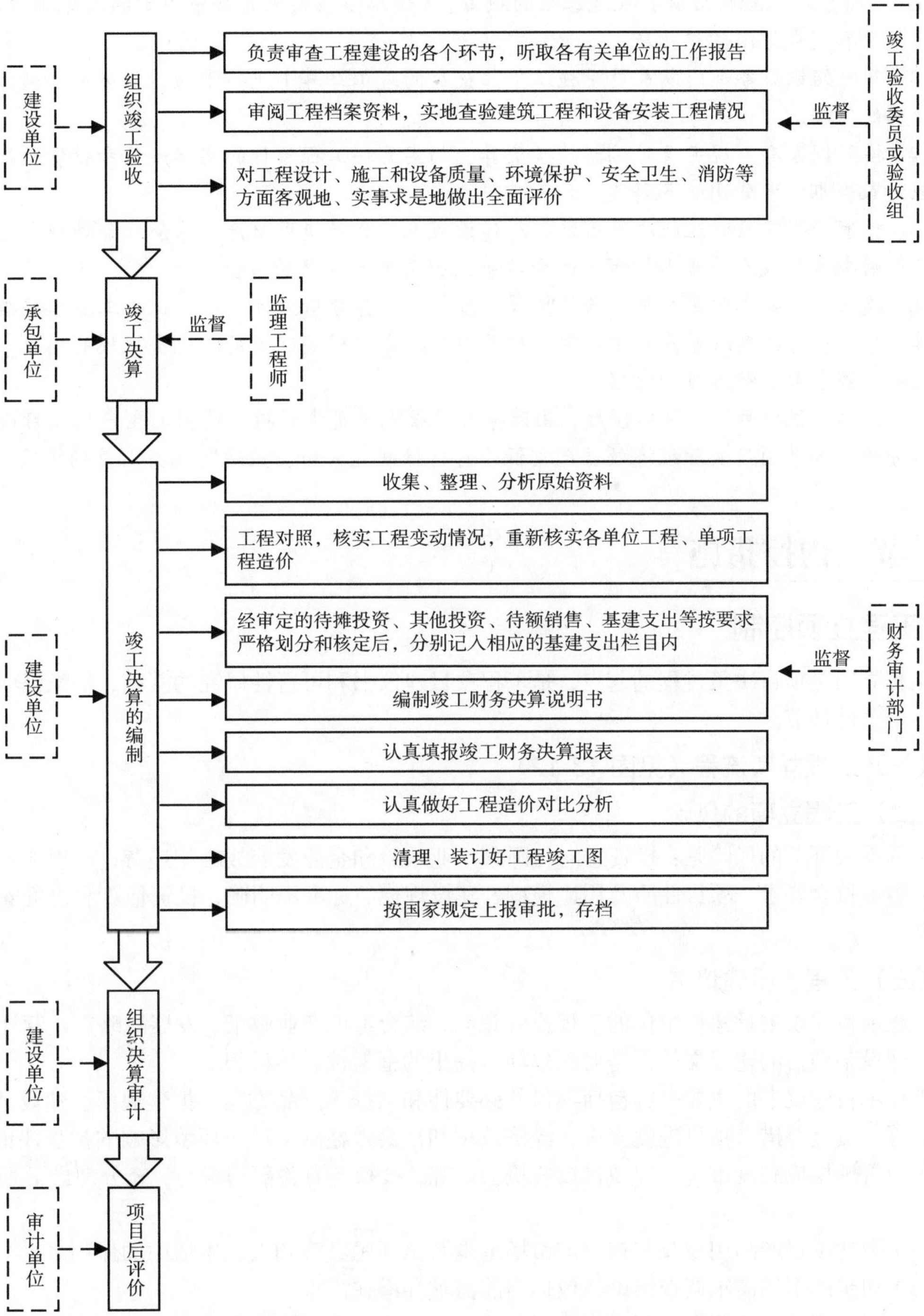

图 13-11　竣工验收与决算控制程序

（1）会同监理单位、设计单位对施工单位报送的竣工资料的真实性、完整性进行审查，并依据设计与合同的要求组织竣工预验收。对存在的问题，应及时要求施工单位进行整改。

（2）对符合竣工验收条件的工程项目，应及时组织竣工验收。验收合格的工程项目，财务部门或人员应建立交付使用财产明细表，并转增固定资产。未经验收或验收不合格的工程不得交付使用。对于竣工验收后留有收尾工程的项目，建设单位应按照验收中审定的收尾工程内容、数量、投资和完成期限组织扫尾。

（3）及时组织财务部门或人员对施工单位提交的竣工结算书进行审核，以审定金额作为工程款结算的依据。

（4）按照国家有关规定及时编制竣工决算，如实反映工程项目的实际造价和投资效果，不得将应计入当期经营费用的各种支出计入建设成本。

（5）按有关规定及时组织决算审计，对建设成本、交付使用财产、结余资金等内容进行全面审查。财务部门或人员应当按审定的金额确认新增固定资产的价值。

（6）建立由财务部门或人员参与的概算、预算及决算分析考评制度，在竣工决算后组织分析概算、预算执行情况及差异产生原因。对于实际投资规模超过审定的投资规模的项目，应当追究相关决策者和执行人员的责任。

（7）建立工程项目的后评估制度，由财务部门或人员负责对投入使用的生产性项目进行成本效益分析。如果项目实际经济效益严重低于可行性研究分析，应追究相关人员的决策责任。

第二节　内控措施

一、工程立项控制

工程立项是项目决策过程的起点，是工程项目建议书和可行性研究的基础，是工程项目控制的一个关键环节。

（一）工程立项流程（见图 13-12）

（二）工程立项的风险

工程立项环节的风险是：投资意向与国家产业政策和企业发展战略相违背，工程项目建议书的内容不符合要求，项目性质及用途模糊，建设规模、标准不明确，投资估算和进度安排等不协调。

（三）工程项目建议书

工程项目建议书是建设单位的工程投资意向，综合考虑产业政策、发展战略、经营计划等提出的建设某项目的建议文件，是对拟建项目提出的框架性总体设想。

工程项目建议书的主要内容包括项目的必要性和依据、产品方案、拟建规模、建设地点、投资估算、资金筹措、项目进度安排、经济效率和社会效益的估计、环境影响的初步评价等。

企业管理层应高度重视工程项目投资机会研究，授权各有关部门参与，充分考虑下列有关因素：

（1）拟建项目产品用途及其在一定市场范围乃至国民经济和人民生活中的作用。

（2）初步的市场需求调查结论，包括当前需求和潜在需求。

（3）现有诸种经济因素的调查，主要指涉及制造这种产品的生产要素条件。

（4）其他地区或企业在类似情况下从事同一或类似经营活动的调查。

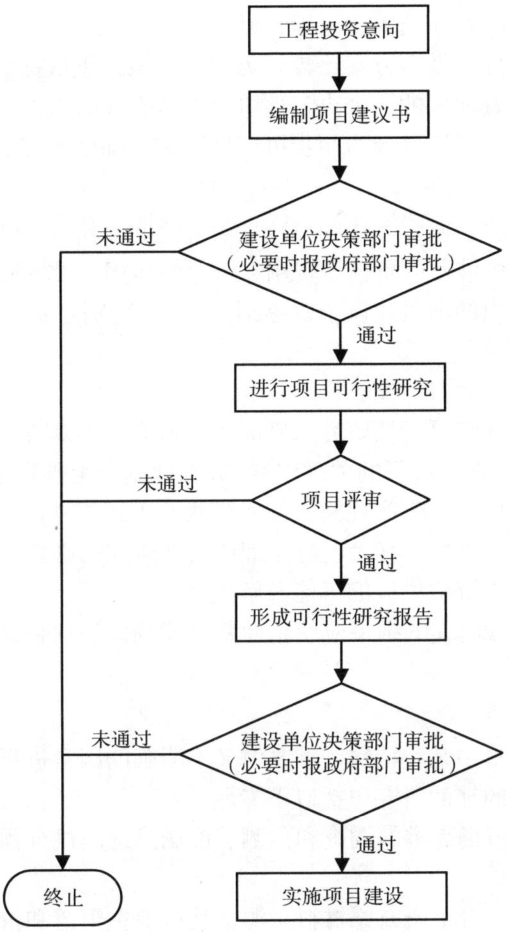

图 13-12　工程立项流程

（5）拟建项目与其他产业部门的关系，主要是关于原料来源（包括进口渠道）或在未来出口中在国际市场竞争中可能的地位。

（6）产品更新换代、多样化方向延伸的机会及潜在问题。

（7）经济性一般分析。

（8）投资倾向和保护政策要求。

综合上述研究形成预测性结论，完成工程项目建议书。

以上过程是粗线条的，但又是务实的。这一阶段并不需要进行详细计算，主要是匡算和估算，关键在于思路与方法正确，依据是本地区或临近地区类似项目或公认的经验数据。

对于非重大项目，也可以不编工程项目建议书，但仍需开展可行性研究，其重点是探讨该项目投资的必要性与可能性。工程项目建议书编制完成后，应报企业决策机构审议批准，并视法规要求和具体情况报有关政府部门审批或备案。

（四）工程项目可行性研究

可行性研究报告的内容主要包括：项目概况，项目建设的必要性，市场预测，项目建设选址及建设条件论证，建设规模和建设内容，项目外部配套建设，环境保护，劳动保护与卫生防疫，消防、节能、节水，总投资及资金来源，经济、社会效益，项目建设周期及进度安排，招投标法规定的相关内容等。

可行性研究是对建设项目在技术、工程、财务、经济、组织、外部协作条件上是否合理和可行，进行全面分析、论证，做多方案比较，为立项决策提供依据。

可行性研究是项目投资前期的一个决定性阶段，是投资前期工作的核心内容。对于一些耗资大或技术复杂的项目，一般还要分为初步可行性研究、辅助研究、详细可行性研究。

1. 初步可行性研究

初步可行性研究介于机会研究和详细可行性研究之间。其研，机会研究是可行性研究的最初阶段。初步可行性研究中涉及的价格、费用、资金的运用、投资回报只是一种估算。其工作重心是对机会研究阶段提出的项目建议予以鉴别和估价，特别是看其方法、出发点等是否客观。其目的是：

（1）判断投资机会是否确有前途。

（2）是否有必要通过详细可行性研究来判断项目概念的客观性。

（3）提出影响项目是否真正可行的关键因素，并在此基础上确定是否要对这些关键因素（包括市场、竞争、原材料、厂址、生产规模、技术档次等）进行辅助研究。

（4）项目投资建议是否可行，有无进行详细可行性研究的必要，特别是有无必要与项目有关的投资融资机构深入讨论资金供应的可能及解决途径。

总而言之，初步可行性研究的结果应使企业基本能确定该项目是否可行，是否有必要对某些特殊问题进行详细调研。

2. 辅助研究

辅助研究是对投资项目中某些特殊、重要但又不明确的因素进行专题性讨论，是支持可行性研究的重要手段。常见的辅助研究包括以下专题：

（1）市场研究。包括市场需求的调查和预测、市场渗透的机会预测，以及影响需求和渗透的可能因素。

（2）原材料供应研究。着重研究原材料来源，其目前主渠道和价格构成，以及对未来原材料来源、稳定性、价格的预测。

（3）适用技术选择。包括可选设备的供应来源、技术档次、成本费用、与国产设备兼容的可能性，以及设备选型对投资、经营成本、经营效率的影响。

（4）规模研究。包括市场需求与技术、设备选择之间的关系。

（5）厂址选择。包括对建厂各种条件的调查研究，如对现存基础设备可利用程度、环保投入进行研究，对多个厂址利弊予以比较，最好提出推荐性结论。

总之，辅助研究是对初步可行性研究的充实。它可以是上述其中的一个专题，也可以是多个专题。它比机会研究更深入细致一些，最终得出推荐性意见及其依据。

3. 详细可行性研究

它是对拟建设项目进行全面的技术经济论证，既是企业投资决策最基本的依据，又是银行及其他融资机构提供贷款的依据。与初步可行性研究相同，它已不只停留在定性研究上，还采用了较可靠、较准确的数字，也就是说，它是一种以定量为主的研究。

详细可行性研究考虑的因素一般有市场分析、技术分析及财务经济分析。

（1）市场分析。市场现存或潜在的需求是引起投资的动因，原材料的投入或者基础设施情况是研究的重要内容。

（2）技术分析。包括工程项目使用技术在一定范围的同行中的地位，具体制造与工艺技术，设备选型、土建施工、安装和经营管理技术等。

（3）财务经济分析。它是确定项目是否可行的决定因素。工程项目是一笔巨大的投资，而投资是旨在获得更大回报的货币垫付行为；如果不能保证投资能带来比存款利息高得多的回报，企业就不会投资这个项目。它包括阐述与分析筹资的来源、方式及成本，核算生产成本，分析该项目的预期投资回报率和预期投资回收期。

在市场经济条件下，企业进行可行性研究对市场需求、价格及项目投产后的生产与销售不可能掌握得很准；即使当时是准的，但由于各种不确定因素，如供求与价格、进口或国内同行竞争的影响发生变动，所以还需要对盈利率进行敏感性分析。

经过以上分析，可形成工程项目可行性研究报告。

企业也可以委托具有相应资质的专业机构开展可行性研究，并按照有关要求形成可行性研究报告。

（五）工程项目评审

这一环节的主要风险是：项目评审流于形式，权限配置不合理，决策程序不规范，可能导致决策失误，给企业带来巨大经济损失。

在项目评审过程中，应当重点关注项目投资方案、投资规模、资金筹措、生产规模、投资效益、布局选址、技术、安全、设备、环境保护等方面，核实相关资料的来源和取得途径是否真实、可靠和完整。

企业应当组织规划、工程、技术、财会、法律等部门的专家对工程项目建议书和可行性研究报告进行充分论证和评审，出具评审意见，作为项目决策的重要依据。

对项目进行评审时应该充分考虑下列内容。

1. 项目投资的必要性，论证项目对企业发展的必要性

从国民经济和社会发展等宏观角度审查建设项目是否符合国家的产业政策、行业规划和地区规划，是否符合经济和社会发展需要，分析市场预测是否准确，项目规模是否经济合理，产品的性能、品种、规格、构成和价格是否符合国内外市场需求的趋势和有无竞争能力。

2. 分析建设条件与生产条件的相关因素是否具备

（1）项目所需资金能否落实，资金来源是否符合国家有关政策规定。

（2）选址是否合理，总体布置方案是否符合国土规划、城市规划、土地管理和文物保护的要求和规定。

（3）项目建设过程中和建成投产后原材料、燃料的供应条件，以及供电、供水、供热、交通运输等要求能否落实。

（4）项目的“三废”治理是否符合保护生态环境的要求。

3. 分析工艺、技术和设备需求满足能力

分析项目采用的工艺、技术、设备是否符合国家的技术发展政策和技术设备政策，是否可行、先进、适用、可靠，是否有利于资源的综合利用，是否有利于提高产品质量、降低消耗、提高劳动生产率。

分析项目所采用的新工艺、新技术、新设备是否安全可靠。

分析引进设备有无必要，是否符合国家有关规定和国情，能否与国内设备、零配件、工艺技术相互配套。

4. 分析是否具备建筑工程的选择方案和标准

（1）察看建筑工程有无不同方案的比选，分析推荐的方案是否经济、合理。

（2）审核工程地质、水文、气象、地震等自然条件对工程的影响和采取的治理措施。

（3）评价建筑工程采用的标准是否符合国家的有关规定，是否贯彻了勤俭节约的方针。

5. 对工程项目基础经济数据的测算

（1）分析投资估算的依据是否符合国家或地区的有关规定，工程内容和费用是否齐全，有无高估冒算、任意提高标准、扩大规模，以及有无漏项、少算、压低造价等情况。

（2）资金筹措方式是否可行，投资计划安排是否得当。

（3）报告中的各项成本费用计算是否正确，是否符合国家有关成本管理的标准和规定。

（4）产品销售价格的确定是否符合实际情况和预测变化趋势，各种税金的计算是否符合国家规定的税种和税率。

（5）对预测的计算期内各年获得的利润额进行审核与分析。

（6）分析报告中确定的项目建设期、投产期、生产期等时间安排是否切实可行。

6. 财务效益分析

从项目本身出发，结合国家现行财税制度和现行价格，对项目的投入费用、产出效益、偿还贷款能力，以及外汇效益等财务状况，来判别项目财务上的可行性。审查效益指标主要是复核财务内部收益率、财务净现值、投资回收率、投资利润率、投资利税率和固定资产借款偿还期。涉外项目还应评价外汇净现值、财务换汇成本等指标。

7. 不确定性分析

审查不确定性分析一般应对报告中的盈亏平衡分析、敏感性分析进行鉴定，以确定项目在财务上、经济上的可靠性和抗风险能力。

评审机构在上述分析评审时，应当重点关注拟建项目是否符合国家产业政策和企业的发展战略，在技术与工程上是否可行，经济效益是否良好。同时应坚持顾全大局，做到突出重点与全面分析相结合、宏观效益分析与微观效益分析相结合，定量分析与定性分析相结合，动态分析与静态分析相结合，主体工程建设分析与配套工程分析相结合，在此基础上提出评审意见。

对工程项目建议书和可靠性研究在完成以上评审意见的基础上，提交企业最高决策机构，进而做出是否投资决策。未经评审程序的项目不得提交立项决策。

企业可以委托具有相应资质的专业机构对可行性研究报告进行评审，出具评审意见。从事项目可行性研究的专业机构不得再从事可行性研究报告的评审。

（六）工程项目决策

企业应当按照规定的权限和程序对工程项目进行决策，决策过程应有完整的书面记录。重大工程项目的立项，应当报经董事会或类似权力机构集体审议批准。总会计师或分管会计工作的负责人应当参与项目决策。

任何个人不得单独决策或者擅自改变集体决策意见。工程项目决策失误应当实行责任追究制度。

工程项目评审与审批是企业投资决策的基本依据，其结果也是项目融资机构贷款的依据。一旦项目评审结论对可行性研究报告予以肯定，投资决策形成，投资前期准备工作即宣告结束，项目将进入执行阶段。

企业应当在工程项目立项后、正式施工前，依法取得建设用地、城市规划、环境保护、安全、施工等方面的许可。

二、工程授权审批控制

（一）授权方式

公司对董事会的授权由公司章程规定和股东大会决议；公司对董事长和总经理的授权，由公司董事会决议；总经理以下人员，无权对工程项目是否建设进行审批；公司经理对工程项目建设中的相关事务的授权（如工程签证、价款支付等），公司以临时授权的方式明确。

（二）审批权限（见表 13-2）

表 13-2 工程项目控制审批权限

项　目	审 批 人	审批权限
工程立项	董事长	审批； 授权总经理审批
	总经理	按董事会或董事长的授权审批
工程审批	股东大会	一个工程项目或在设计、技术、功能最终用途等方面密切相关的多项工程的工程造价达到或占公司总资产比重较大的； 工程项目建成使公司的主业或产业结构发生重大变化； 公司股东大会决议需报股东大会批准的事项
	董事会	对除须股东大会批准以外的工程项目进行审批或授权董事长； 对报股东大会审批的工程项目事前提出预案，经董事会决议通过后，报股东大会审批
工程项目外包合同签署	董事长	签署（由股东大会批准的项目）； 授权总经理签署（一般项目）
	总经理	按授权签署
工程项目建设过程事务	授权审批人	按公司授权范围审批

（三）批准和越权批准处理

审批人根据公司对工程项目相关业务授权审批制度的规定，在授权范围内进行审批，不得超越审批权限；经办人在职责范围内，按照审批人的批准意见办理工程项目业务；对于审批人超越授权范围审批的工程项目业务，经办人有权拒绝并应拒绝办理，并及时向审批人的上一级授权部门报告。

三、工程招标控制

工程招标是招标人在发包项目之前，依照法定程序，以公开招标或约请招标方式，鼓励潜在的投标人依据招标文件参与竞争，通过评定，从中择优选定中标人的一种经济活动。

企业的工程项目一般应当采用公开招标的方式，择优选择具有相应资质的承包单位和监理单位。

（一）招标业务流程

招标过程包括招标、投标、开标、评标和定标五个主要环节。在工程项目的各种招标活动中，施工招标最有代表性。某工程公开招标的业务流程如图 13-13 所示。

招标环节的主要风险是：招标人肢解建设项目，招标过程中的舞弊及欺诈行为。

（二）招标与投标

企业应当依照国家招投标法的规定，遵循公开、公正、平等竞争的原则，发布招标公告；提供载有招标工程的主要技术要求、主要合同条款、评标的标准和方法，以及开标、评标、定标的程序等内容的招标文件。

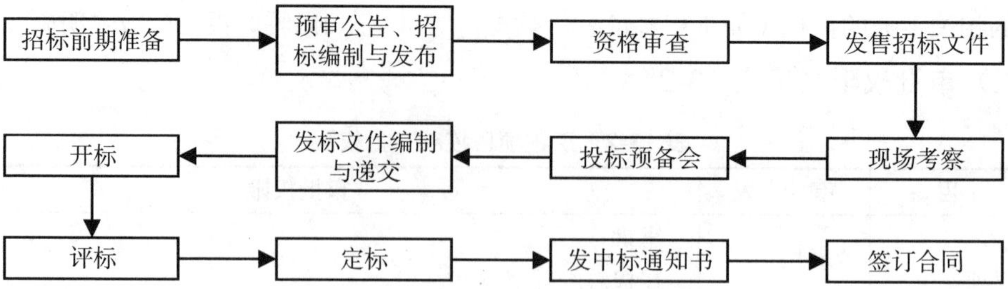

图 13-13　某工程公开招标的业务流程

企业可以根据项目特点决定是否编制标底，需要编制标底的，标底编制过程和标底应当严格保密。

在确定中标人前，企业不得与投标人就投标价格、投标方案等实质性内容进行谈判。

1. 制定规范的招标文件

招标文件可以自行制定，也可以委托专业机构编制。建设工程项目设计招标文件通常由项目法人委托监理单位或咨询公司编制，是指导设计单位正确投标的依据。它既要全面分析拟建项目的特点和设计要求，还要详细提出应当遵守的投标规定。根据《建筑工程设计招投标管理方法》的规定，建设工程项目设计招标文件应当包括以下内容：

（1）工程名称、地址、占地面积、建筑面积等。

（2）已批准的工程项目建议书或者可行性研究报告。

（3）工程经济技术要求。

（4）城市规划管理部门确定的规划控制条件和用地红线图。

（5）可供参考的工程地质、水文地质、工程测量等建设场地勘察测查报告。

（6）供水、供电、供气、供热、环保、市政道路等方面的基础资料。

（7）招标文件答疑、路勘现场的时间和地点。

（8）招标文件编制要求及评标原则。

（9）投标文件送达的截止时间。

（10）拟签订合同的主要条款。

（11）未中标方案的补偿办法。

建设工程项目设计招标文件一经发出，招标人不得随意变更。当需要进行必要的澄清或者修改时，应当在提交投标文件截止日期 15 日前，书面通知所有的招标文件收受人。

建筑工程施工招标文件编制的注意事项包括以下几点：

（1）评标原则和评标方法细则，尤其是计分方法在招标文件中要明确。

（2）投标价格，一般结构不太复杂或工期在 12 个月以内的工程，可以采用固定价格，考虑一定的风险系数。结构复杂或大型工程、工期在 12 个月以上的，应采用调整价格。调整方法和调整范围在招标文件中明确。

（3）招标文件中应该明确投标价格计算依据。

（4）质量标准必须达到国家施工验收规范合格标准。当要求质量达到优良标准时，应计取补偿费用，补偿费用的计算方法应按国家或地方的有关文件规定执行，并在招标文件中明确。

（5）招标文件中的建筑工期应该参照国家或地方颁发的工期定额来确定。如果要求的工期比工期定额缩短 20%以上（含 20%）的，应计算赶工措施费。赶工措施费如何计取应该在招标文件中明确。由于施工单位原因造成不能按照合同工期竣工时，计取赶工措施费的须扣除，同时施工单位应该承担给建造单位带来的损失。损失费用的计算方法或规定应该在招标文件中明确。

（6）如果建设单位要求按合同工期提前竣工交付使用，应该考虑计取提前工期奖。提前工期奖的计算方法应在招标文件中明确。

（7）招标文件中应该明确投标准备时间：从开始发放招标文件之日起，至投标截止时的时间期限，最短不得少于 20 天。

（8）在招标文件中应明确投标保证金数额，一般该保证金数额不超过投标总价的 2%，投标保证金的有效期应超过投标有效期。

（9）中标单位应按规定向招标单位提交履约担保，履约担保可采用银行保函或履约担保书。履约担保比率一般为：银行出具的银行保函为合同价格的 5%，履约担保书为合同价格的 10%。

（10）投标有效期的确立应视工程情况确定，结构不太复杂的中小型工程的投标有效期可定为 28 天；结构复杂的大型工程有效投标期可定为 56 天。

（11）材料或设备采购、运输、保管的责任应该在招标文件中明确。如果建筑单位提供材料或设备，应列明材料或设备名称、品种或型号、数量，以及提供日期和交货地点等；还应该在招标文件中明确招标单位提供的材料或设备计价和结算退款的方式、方法。

（12）关于工程量清单，招标单位按照国家颁布的统一工程项目划分、统一计量单位和统一的工程量计算规则，根据施工图纸计算工程量，提供给投标单位作为投标报价的基础。结算拨付工程款时以实际工程量为依据。

（13）合同专用条款的编写。招标单位在编制招标文件时，应该根据《中华人民共和国合同法》《建筑工程施工合同管理办法》的规定和工程具体情况确定“招标文件合同专用条款”内容。

（14）投标单位在收到招标文件后，若有问题需要澄清，应于收到招标文件后以书面形式向招标单位提出。招标单位将以书面形式或投标预备会的方式予以解答，答复将送给所有获得招标文件的投标单位。

（15）招标人对已经发出的招标文件进行必要的澄清或修改的，应当在招标文件要求提交投标文件截止时间至少 15 日前，以书面形式通知所有招标文件收受人，该澄清或修改内容为招标文件的组成部分。

2. 发布招标公告

在采用公开招标的方式下，招标人向所有潜在的投标人发布的一种广泛的通告，其目的是使所有潜在的投标人都具有公平的投标竞争机会。这一环节的主要风险是：招标人肢解建设项目或逃避公开招标，投标资格因人而异，相关人员违法违纪泄露标底等舞弊行为。因此必须按照《中华人民共和国招标投标法》《工程建设施工招标投标管理办法》等相关法律法规规范进行，防范舞弊行为的产生。

3. 投标

投标是投标人根据招标人提出的招标条件，经过现场考察、投标预备会、投标文件编制，在规定时间内以密函方式向招标人递交投标文件，提出自己的报价和优惠条件，在开标时由招标人对各投标人的报价及其他条件进行比较，从而确定中标人并与之达成协议。这一环节的风险是招投标人串通作弊，提供虚假资料，冒用他人名义投标等。

（三）开标、评标和定标

企业应当依法组织工程招标的开标、评标和定标，并接受有关部门的监督。

1. 开标控制

在选择承包方时，企业可以将工程的勘察、设计、施工、设备采购一并发包给一个项目总承包方，也可以将其中的一项或者多项发包给一个工程总承包单位，但不得违背工程施工组织设计和招标设计计划，将应由一个承包方完成的工程肢解为若干部分发包给几个承包单位。

企业应根据项目总承包体制及各项工程的特点，明确各分包工程的范围，制定总承包及各分包工程的招标文件。在确定承包方之前，企业应对各备选单位进行调查，并进行投标资格的初步审查，了解该单位的资质信誉、实力、工程业绩是否符合该工程项目要求，并且要求投标方以书面形式向企业承诺不转包该工程项目。

根据上述规定，企业的开标过程应由企业负责人、总承包方、各分包商、设计主持人及专业负责人、工程监理负责人、专业工程师等有关人员出席。在开标过程中，可邀请公证机构进行检查和公正，防范舞弊产生。

2. 评标控制

评标是依据招标文件的规定和要求，对投标文件所进行的审查、评审和比较，是确定中标人的必经程序，是保证招标成功的关键环节。因此，需要由企业和代理机构独自承担，任何单位和个人不得非法干预，以保证评标的公正性。

企业应当依法组建评标委员会。评标委员会由企业代表和有关技术、经济方面的专家组成。评标委员会应当客观、公正地履行职务，遵守职业道德，对所提出的评审意见承担责任；企业应当采取必要的措施，保证评标在严格保密的情况下进行。评标委员会应当按照招标文件确定的标准和方法，对投标文件进行评审和比较，择优选择中标候选人。

评标工作应由企业、施工总承包、设计总承包、监理负责方等有关人员组成的评标小组负责实施。评标的原则是根据标价、工期、质量标准、主要材料用量、材料生产厂家、施工组织设计、初步的施工进度计划、社会信誉等进行评价。

企业应根据技术胜任能力、管理能力、资源的可利用性、收费的合理性、专业的全面性、社会信誉以及质量保证等因素来选择承包方，保证工程项目的质量要求。

评标人员要遵守职业道德，在中标结束前应严格保密，不得私下接触投标人，不得收受投标人任何形式的商业贿赂，并对提出的评审意见承担责任。

评标委员会成员和参与评标的有关工作人员不得透露对投标文件的评审和比较、中标候选人的推荐情况以及与评标有关的其他情况，不得私下接触投标人，不得收受投标人的财物或者其他好处。评标委员会严格规定了评标过程中反舞弊的纪律条款，确保定标规范有序。

3. 定标控制

企业应当按照规定的权限和程序从中标候选人中确定中标人；及时向中标人发出中标通知书，在规定的期限内与中标人订立书面合同，明确双方的权利、义务和违约责任；企业和中标人不得再行订立背离合同实质性内容的其他协议。

中标人确定后，建设单位应当在规定期限内，遵循《内部控制应用指引第 16 号——合同管理》规定，同中标人订立书面合同。其间应关注三方面工作：

（1）制定严格的工程管理制度，明确各部门在工程合同管理中及履行中的职责，严格按照合同行使权利和履行义务。

（2）建设施工合同、各类分包合同、工程项目施工内部承包合同等应当按照国家或本单位制定的示范文本内容填写，清楚列明质量、进度、资金、安全等各项具体标准。有施工图纸的，应作为合同重要附件，与合同具有同等法律效力。

（3）应当建立合同履行情况台账，记录合同的实际履约情况，并随时督促对方当事人及时履行其义务，确保合同如期完成。

四、工程造价控制

工程造价是建设单位与施工单位之间确定的工程价款，由工程造价总体、工程变更和工程项目概预算三部分构成。

工程造价的主要风险是：造价信息不对称、技术方案不落实、概预算脱离实际，可能导致投资失控等风险。

（一）工程造价总体控制

工程造价是一项专业技术性很强的工作，企业可以通过招标方式确定一家具备相应资质设计单位，把企业欲建的工程向设计单位提供详细的设计要求和基础资料，进行有效的技术、经济交流，包括工程地点、功能、空间要求、装饰水平等。设计单位按照企业的要求进行工程设计和概预算造价。

企业应当加强工程造价管理，明确初步设计概预算和施工图预算的编制方法，按照规定的权限和程序进行审核批准，确保概预算科学合理，委托具备相应资质的中介机构开展工程造价咨询工作。

（二）工程变更控制

在建设过程中由于某些情况发生变化，有时对工程需要进行变更。工程变更包括工程量变更、项目内容变更、进度计划变更、施工条件变更等。

企业要加强对工程设计变更的管理，要严格控制工程变更。确实需要变更的，要按照规定程序尽快办理变更手续，减少经济损失。

（1）企业应设立设计变更管理制度。

（2）设计单位应当提供全面、及时的现场服务。

（3）因过失造成设计变更的，应当实行责任追究制度。

（三）工程项目概预算控制

工程概算是企业以初步设计文件为基础编制的，是考核设计方案的经济性和合理性的重要经济指标，是确定工程规模、编制年度财务预算、资金筹措的重要依据。工程概算由工程设计人员，依据工程概算定额和各种费用标准编制。

工程预算是以施工图设计为基础编制的，是企业进行招投标选择施工单位和设备、控制建设项目工程造价、进行竣工决算、编制资本预算和资金筹措计划的重要依据。工程预算由基建部门的专业人员或委托专业机构编制。工程预算必须在年初列入或年中调整列入年度财务预算，并通过财务预算对工程支出进行控制。

企业应建立工程项目概预算环节的控制制度，对概预算的编制、审核等做出明确规定，确保概预算编制科学、合理；组织工程、技术、财务等部门的相关专业人员对编制的概预算进行审核，重点审查编制依据、项目内容、工程量的计算、定额套用等是否真实、完整、准确。工程概预算由企业审计部门采用下列方式组织审核：

（1）组织工程、技术、财务等部门的相关人员进行审核。

（2）配备专业人员审核。

（3）委托中介机构审核。

工程项目概预算的费用组成如表 13-3 所示。

表 13-3 工程项目概预算的费用组成

费用组成	费用内容	备 注
建设项目投资	建筑工程费	
	设备购置费	
	安装工程费	
	其他费用	建设单位管理费；职工培训费；工地餐用费；办公、生活设施购置费；技术服务费；进口设备检验费；工程检验费；大件运输措施费；大型吊装机具费；项目前期工作费；设计费
动态投资	税费	国家规定的各种税费
	建设期垫款利息	单利或复利计算
投产后占用资金	建设期涨价预备费	
	成品资金	产出品完成至销售前时间内占用的资金

五、工程合同控制

（一）合同签订

公司委托的施工工程和工程物资采购必须签订施工合同；合同条款必须符合《中华人民共和国合同法》的相关规定；财务部门事先必须对合同中的经济利益、财务结算等有关条款进行审查；在合同签署前，审计部门要对合同进行审计。

（二）合同审批

按公司内部授权文件规定审批，审批人在授权范围内审批，不得越权审批。

（三）工程施工合同公证

工程施工合同必须经公证后方能生效。

（四）合同分发与存档

工程合同（包括施工合同与采购合同）的正本存入工程档案，副本或复印件至少分送到审计、财务、基建（包括预算、结算）采购等部门。

（五）合同履行跟踪

合同履行部门实时对合同的执行情况进行跟踪和检查，发现异常及时向公司主管领导报告，采取有效措施，避免或降低合同损失。

六、工程建设控制

工程建设是指工程建设的实施阶段，包括工程监理、工程物资采购和工程价款结算。工程质量、进度和成本主要取决于该阶段。

工程建设的主要风险是：忽视质量盲目赶进度，费用虚列，偷工减料，安全管理松懈，使资金超支，造成工程隐患。

企业应当加强对工程建设过程的监控，实行严格的概预算管理，切实做到及时备料、科学施工、保障资金、落实责任，确保工程项目达到设计要求。

（一）工程监理控制

1．工程监理的内涵

工程监理是指具有相关资质的监理单位受建设单位的委托，依据国家批准的工程项目建设文件，有关工程建设的法律、法规，工程建设监理合同及其他工程建设合同，代替建设单位对承建单位的工程建设实施监控的一种专业化活动。根据我国规定的必须依法监理的工程，建设单位通常是通过招标的形式委托具有相应资质的工程监理单位实施监理，并与其签订建设工程委托监理合同，约定委托监理的阶段（设计监理、施工监理、设备监理）、工作范围和主要内容（质量控制、造价控制、进度控制、安全监理、合同管理等）。它是工程建设中的一项重要的监控措施，对工程质量优劣发挥着关键作用。

2．工程监理制度

企业应当实行严格的工程监理制度，委托经过招标确定的监理单位进行监理。工程监理单位应当依照国家法律法规及相关技术标准、设计文件和工程承包合同，对承包单位在施工质量、工期、进度、安全和资金使用等方面实施监督。

3．监理人员职责

工程监理制度能否正确地贯彻执行，并发挥其应有的作用，关键是工程监理人员要具备良好的职业操守，坚持职业道德。

工程监理人员发现工程施工不符合设计要求、施工技术标准和合同约定的，应当要求承包单位改正；发现工程设计不符合建筑工程质量标准或者合同约定的质量要求的，应当报告企业要求设计单位改正。

未经工程监理人员签字，工程物资不得在工程上使用或者安装，不得进行下一道工序施工，不得拨付工程价款，不得进行竣工验收。

（二）工程物资采购控制

工程物资包括材料和设备，它直接关系到工程质量、进度和投资。工程物资采购的主要风险是：采购过程控制不力，材料和设备质次价高，可能导致“豆腐渣”工程。按照合同约定，企业自行采购工程物资的，应当按照《内部控制应用指引第 7 号——采购业务》等相关规定，组织工程物资采购、验收和付款；由承包单位采购工程物资的，企业应当加强监督，确保工程物资采购符合设计标准和合同要求。严禁不合格工程物资投入工程项目建设。重大设备和大宗材料的采购，应当根据有关招标采购的规定执行。

（三）工程价款结算控制

工程价款结算是指对建设工程的发包（承包）合同价款进行约定和依据合同约定进行工程预付款、工程进度款、工程竣工价款结算的活动。

1．工程价款结算流程及潜在风险

工程价款结算流程如图 13-14 所示。

图 13-14　工程价款结算流程

工程价款结算潜在风险是：建设资金使用管理混乱，项目资金不落实，导致工程进度延缓或中断，使整个工程效益受到损失。

企业财务部门应当加强与承包单位的沟通，准确掌握工程进度，根据合同约定，按照规定的审批权限和程序办理工程价款结算，不得无故拖欠。

2. 控制措施

（1）建立和完善工程价款结算制度，明确工作流程和职责权限，对价款支付条件、方式及核算程序等做出明确规定，并认真审核，切实执行。

（2）资金筹措和使用与工程进度一致，根据项目组成和进度编制资金使用计划，确保按期支付价款，不得提前支付。

（3）财务部门加强与施工单位和监理机构沟通，准确掌握工程进度，正确反映资产价值。

（4）若工程实际成本超过工程项目预算，应及时分析原因，按规定的程序处理。

七、工程验收及后评估控制

工程验收是由建设进入生产使用阶段的拐点，也是项目建设是否符合设计要求和工作质量的最终把关，它对促进投产、发挥效益、总结经验有重要意义。

工程验收的主要风险有：竣工验收不规范、把关不严，可能导致工程支付使用后存在重大隐患，给生产经营运行造成损害。

在竣工验收环节除对工程质量进行严格验收外，还有竣工结算和竣工决算。

竣工结算是指施工单位按照合同规定的内容全部完成所承包的合同，经验收质量合格并符合合同要求之后，与建设单位进行的最终工程价款的结算。建设单位可直接组织审查，也可委托具有相应资质的工程造价咨询机构进行审查。

竣工决算是以货币为计量单位，以日常核算资料为主要依据，通过编制报表和文字说明书的方式，综合反映经济活动和财务成果的总结性报告文件。竣工决算是综合反映工程项目从筹建到竣工全过程的财务状况和建设成果。

（一）工程验收流程（见图 13-15）

（二）工程验收潜在风险

工程验收潜在风险主要有：竣工验收不规范，质量检验把关不严，可能导致潜在重大质量隐患；虚报项目投资完成额，虚列建设施工，挪用建设结余资金，竣工结算失真，导致资金流失；资产未能及时估价结转、影响财务信息的真实性。

（三）工程竣工验收要求

企业收到承包单位等工程竣工报告后，应当及时编制竣工决算，开展竣工决算审计，组织设计、施工、监理等有关单位进行竣工验收。

1. 竣工验收准备内容

首先明确竣工验收标准及合同规定，待验收准备工作全部完成以后，即可正式办理竣工验收手续。验收准备的内容如下：

（1）生产性工程和辅助公用设施，已按设计要求建完并能满足生产要求。

（2）主要工艺设备已安装配套，经联动负荷试生产合格，构成生产线，形成生产能力，能够生产出设计文件中所规定的产品。

（3）职工宿舍和其他必要的生活福利设施，能适应投产初期的需要。

（4）竣工决算已完成。工程技术档案资料（包括竣工图）在内已经准备齐全。

企业开展竣工决算审核工作，必要时聘请具备相关资质咨询机构，出具工程竣工鉴定书。

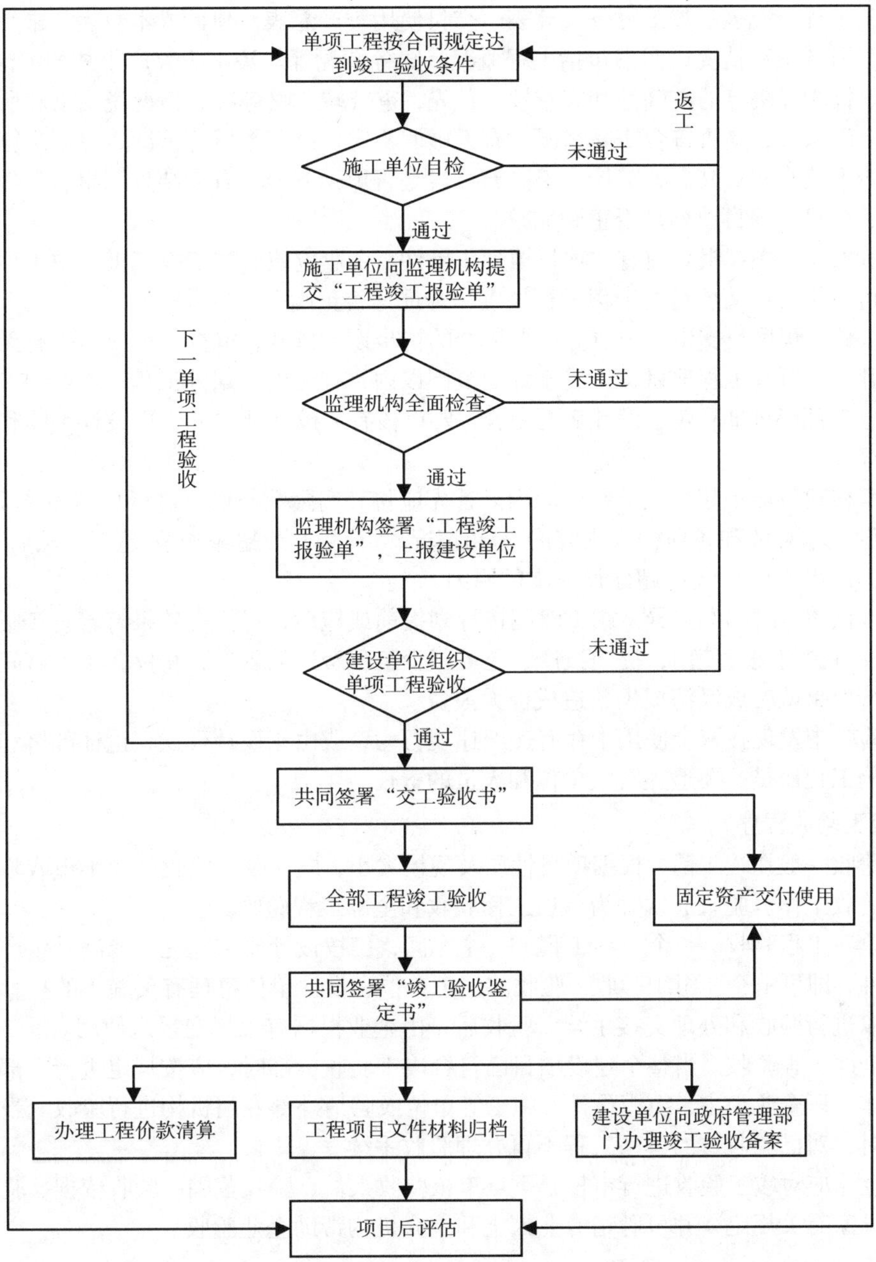

图 13-15　工程验收流程

2. 竣工决算审核内容

竣工审核前应收集有关工程计划、财务方面的资料，如设计概算文件等。

企业应当组织审核竣工决算，重点审核决算依据是否完备，相关文件资料是否齐全，竣工清理是否完成，决算编制是否正确。《内部控制应用指引第 11 号——工程项目》第二十五条还规定：交付竣工验收的工程项目，应当符合规定的质量标准，有完整的工程技术经济资料，并具备国家规定的其他竣工条件。验收合格的工程项目应当编制交付使用财产清单，及时办理交付使用手续。

竣工决算由竣工决算报表和竣工财务决算情况说明书两部分组成。其中，竣工决算报表一般包括竣工工程概况表、竣工财务决算表、交付使用资产总表、建设成本总表、未完工程项目表等。竣工财务决算情况说明书包括工程概况、财务情况等。竣工决算应审核的关键点如下：

（1）审核竣工决算的准确性和完整性。首先，审查竣工财务决算情况说明书和所叙述的事实，是否全面系统，是否符合实际情况，有无虚假不实、掩盖矛盾等情况，竣工决算报表中各项指标是否准确真实。其次，审核竣工决算报表是否填列齐全，有无缺计漏报，已报的决算各表的栏次、科目、项目填列是否正确完整。

（2）审核竣工决算报表内有关项目填列正确性。企业应该对竣工决算报表中工程项目投入款项、交付使用资产等项目的余额进行核查，验证是否正确。

（3）审核工程项目支出。企业应根据批准的初步设计概算，审查工程成本中有无不属于工程范围的开支，所有工程项目是否属于计划范围以内，有无搞计划外工程；增加的工程项目是否经企业管理部门批准；属于设计变更内容，要审核有无设计部门的变更设计手续和工程监理的鉴定手续。

（4）审核建设成本超支或节约的原因。首先应将其实际数与概算进行总体和分项目对比，以考核建设成本总体和各项构成内容的节/超情况，并计算节/超额和节/超率。然后，根据节/超情况，进一步查找影响节/超建设成本的原因。

（5）审核竣工时间的差异。竣工时间按计划提前或拖后，对投资效果有着直接影响。提前竣工，不仅可提前交付使用，提前投产，还可减少工程费用的支出；相反，竣工时间拖后，上述各项经济效果就变成经济损失，造成极大浪费。

（6）验收中发现在资金使用中存有违纪违规行为，或由于设计失误、论证部署和设备、施工问题影响工程质量，要追究有关单位和人员的责任。

3. 竣工验收程序

竣工验收一般在竣工前，根据项目性质及规模大小，成立竣工验收领导小组或验收委员会负责竣工验收工作。验收通常分为单项工程验收和全部工程验收。

（1）单项工程验收。一个单项工程或一个车间，已按设计要求建完，能满足生产要求或具备使用条件，即可由企业组织验收。验收前施工单位和设计单位整理有关施工的技术资料和竣工图，据以进行验收和办理交接手续。验收后，由企业根据有关规定投入使用。

（2）全部工程验收。当整个建设项目已符合竣工验收标准时，应按规定进行全部验收。验收准备工作，以企业为主，组织设计、施工等单位或聘请外部专门机构进行验收。当整个项目全部验收时，对已验收过的单项工程不再办理验收手续。

（3）企业应对竣工验收进行审核，重点审核验收人员、验收范围、验收依据、验收程序等是否符合国家有关规定，并可聘请专业人士和中介机构帮助企业验收。

（四）工程决算审计

建设单位在完成工程竣工决算审核后，再委托具有相应资质的中介机构实施决算审计，审计工程项目的合规性及正确性，把好最后一道关。

企业应当加强竣工决算审计，未实施竣工决算审计的工程项目，不得办理竣工验收手续。

（五）工程项目档案管理

企业应当按照国家有关档案管理的规定，及时收集、整理工程建设各环节的文件资料，建立完整的工程项目档案。

验收合格的工程项目，应当编制交付使用财产清单，及时办理交付使用手续。这些工程项目档案不仅用于工程总结，也是将来出现问题进行分析和查处的依据。应报政府有关部门备案的，应当及时备案。

（六）完工项目后评估

企业应当建立完工项目后评估制度，重点评价工程项目预期目标的实现情况和项目投资效益等，并以此作为绩效考核和责任追究的依据。

完工项目后评估，是指在建设项目已经完成并运行一段时间后（通常为六个月或一年）对项目的目的、执行过程、效益、作用和影响进行系统的、客观的分析和总结的一种技术经济活动。主要从技术、财务和经济三方面，对项目建成后实际达到的各项指标进行分析总结，并与可行性研究（或工程项目建议书）方案、计划任务书、总体（初步）设计、计划、概（预）算、年度投资计划、工程结算书、支付审批单、工程进度分析表、财务结算报告等进行对比，以检查预计与设计的完成程度，分析完成或未完成的原因，评价项目的投资效益，借以总结经验和教训，为今后投资政策提供参考资料。

八、工程价款支付控制

企业应建立工程价款支付环节的控制制度，对价款支付的条件、方式以及会计核算程序做出明确规定，确保价款支付及时、正确。对于重大项目，应考虑聘请符合国家资质规定的中介机构，如招标代理、工程监理、财务监理等，协助企业进行工程项目的管理。

（一）工程价款的支付

工程价款的支付要按工程项目进度或者合同约定进行，不得随意提前支付。工程价款按下列程序办理，具体如表 13-4 所示。

表 13-4 价款支付程序

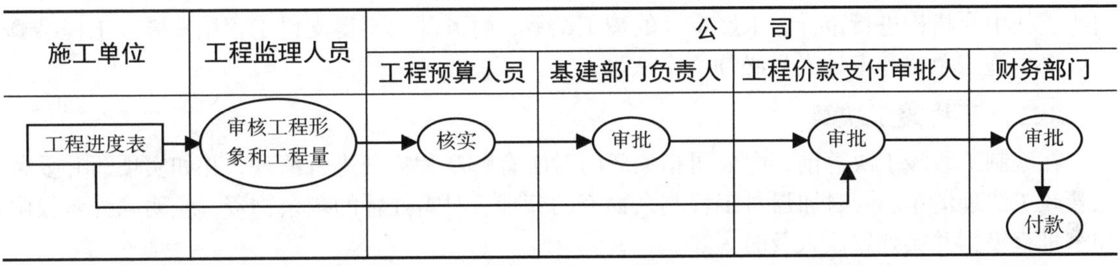

（1）施工单位根据当月工程完工形象进度和施工图预算，编制工程进度表，根据累计完成进度和已付款情况编制工程价款结算单。

（2）工程监理人员对工程进度上的形象进度和工程量进行审核。

（3）工程预算人员到现场进一步核实工程形象进度、工程量，根据预算单价核实工程进度。

（4）基建部门负责人对工程进度表进行审批。

（5）按照公司授权，工程价款支付审批人，根据工程价款和工程价款结算单，审批支付金额。

（6）财务部门进一步核实工程价款结算单，核对工程进度表、工程价款结算单、发票核对无误后，办理支付。

（二）财务审核和支付

会计人员应对工程合同约定的价款支付方式、有关部门提交的价款支付申请及凭证、审批人的批准意见等进行审查和复核。复核无误后，方可办理价款支付手续。

会计人员在办理价款支付业务过程中发现拟支付的价款与合同约定的价款支付方式及金

额不符，或与工程实际完工进度不符等异常情况，应及时报告。对于必要的项目变更应经过相关部门或中介机构（如工程监理、财务监理等）的审核。

因工程变更等原因造成价款支付方式及金额发生变动的，由相关部门提供完整的书面文件和其他相关资料。会计人员应对工程变更所涉及的价款支付进行审核。

（三）质保金

任何工程完工与施工单位办理竣工结算后，按合同规定预留质保金。质保金，按合同规定到期后，由相关部门提出申请，并经基建部门、工程使用部门、审计部门签署意见，经批准人批准后方能支付。质保金不得提前支付。

（四）会计核算

企业应加强对工程项目资金筹集与运用、物资采购与使用、财产清理与变现等业务的会计核算，真实、完整地反映工程项目成本费用发生情况、资金流入流出情况及财产物资的增减变动情况，并按有关规定加强对在建工程项目减值情况的定期检查和归口管理，建立健全和严格执行减值准备的计提标准和审批程序。

九、工程竣工结算和决算控制

企业应建立竣工决算环节的控制制度，对竣工清理、竣工决算、决算审计、竣工验收等做出明确规定，确保竣工决算真实、完整、及时。

（一）工程竣工结算

在工程项目竣工验收时，施工单位根据工程承包合同、施工招投标文件等编制竣工决算书；工程竣工结算由公司基建部门组织相关专业人员进行审核；工程竣工结算经审核后，由审计部门或委托中介机构进行审计，未经审计的竣工结算，财务部门不得支付工程结算款；工程结算审计书，施工单位和审计人员必须签字认可。

（二）工程竣工决算

在编制工程竣工决算前，由公司相关部门对所有财产和物资进行清理，并如实填写并妥善保管竣工清理清单。同时加强对工程剩余物资的管理，对需处置的剩余物资，应明确处置权限和审批程序，并将处置收入及时入账。

企业应组织有关部门及人员对竣工决算进行审核，重点审查决算依据是否完备，相关文件资料是否齐全，竣工清理是否完成，决算编制是否正确，并及时组织工程项目竣工验收，确保工程质量符合设计要求。

企业应建立竣工决算审计制度，及时组织竣工决算审计，并对竣工验收进行审核，重点审查验收人员、验收范围、验收依据、验收程序等是否符合国家有关规定，并考虑聘请专业人士或中介机构帮助企业验收。未实施竣工决算审计的工程项目，原则上不得办理竣工验收手续。因生产经营急需确需组织竣工验收的，应同时进行竣工决算审计。

（三）编制财产清单，办理资产移交手续

验收合格的工程项目，基建部门应及时编制财产清单，办理资产移交手续，并加强对资产的管理。

（四）工程项目核算与记录

企业应按会计核算的有关规定及时进行会计核算和记录。

十、工程项目方面的监督检查

（一）监督检查主体

（1）监事会。依据公司章程对公司工程项目管理进行检查监督。

（2）审计部门。依据公司授权和部门职能描述，对公司工程项目管理进行审计监督。

（3）财务部门。依据公司授权，对公司工程项目管理进行财务监督。

（4）上级对下级进行日常工作监督检查。

（二）监督检查内容

（1）工程项目业务相关岗位及人员的设置情况。重点检查是否存在不相容职务混岗的现象。

（2）工程项目业务授权审批制度的执行情况。重点检查重要业务的授权审批手续是否健全，是否存在越权审批行为。

（3）工程项目决策责任制的建立及执行情况。重点检查责任制度是否健全，奖惩措施是否落实到位。

（4）概预算控制制度的执行情况。重点检查概预算编制的依据是否真实，是否按规定对概预算进行审核。

（5）各类款项支付制度的执行情况。重点检查是否按规定办理竣工决算、实施决算审计。

（三）监督检查结果处理

对监督检查过程中发现的工程项目内部控制中的问题和薄弱环节，负责监督检查的部门应告知有关部门，公司有关部门应当采取措施，及时加以纠正和完善；公司监督检查部门应按照内部管理权限向上级有关部门报告工程项目内部控制监督情况和有关部门的整改情况。

法律依据

内部控制应用指引第 11 号——工程项目

第一章　总　则

第一条　为了加强工程项目管理，提高工程质量，保证工程进度，控制工程成本，防范商业贿赂等舞弊行为，根据有关法律法规和《内部控制基本规范》，制定本指引。

第二条　本指引所称工程项目，是指企业自行或者委托其他单位所进行的建造、安装工程。

第三条　企业工程项目至少应当关注下列风险：

（一）立项缺乏可行性研究或者可行性研究流于形式，决策不当，盲目上马，可能导致难以实现预期效益或项目失败。

（二）项目招标暗箱操作，存在商业贿赂，可能导致中标人实质上难以承担工程项目、中标价格失实及相关人员涉案。

（三）工程造价信息不对称，技术方案不落实，概预算脱离实际，可能导致项目投资失控。

（四）工程物资质次价高，工程监理不到位，项目资金不落实，可能导致工程质量低劣，进度延迟或中断。

（五）竣工验收不规范，最终把关不严，可能导致工程交付使用后存在重大隐患。

第四条　企业应当建立和完善工程项目各项管理制度，全面梳理各个环节可能存在的风险点，规范工程立项、招标、造价、建设、验收等环节的工作流程，明确相关部门和岗位的职责权限，做到可行性研究与决策、概预算编制与审核、项目实施与价款支付、竣工决算与审计等不相容职务分离，强化工程建设全过程的监控，确保工程项目的质量、进度和资金安全。

第二章　工程立项

第五条　企业应当指定专门机构归口管理工程项目，根据发展战略和年度投资计划，提出项目建议书，开展可行性研究，编制可行性研究报告。

项目建议书的主要内容包括项目的必要性和依据、产品方案、拟建规模、建设地点、投资估算、资金筹措、项目进度安排、经济效果和社会效益的估计、环境影响的初步评价等。

可行性研究报告的内容主要包括：项目概况，项目建设的必要性，市场预测，项目建设选址及建设条件论证，建设规模和建设内容，项目外部配套建设，环境保护，劳动保护与卫生防疫，消防、节能、节水，总投资及资金来源，经济、社会效益，项目建设周期及进度安排，招投标法规定的相关内容等。

企业可以委托具有相应资质的专业机构开展可行性研究，并按照有关要求形成可行性研究报告。

第六条　企业应当组织规划、工程、技术、财会、法律等部门的专家对项目建议书和可行性研究报告进行充分论证和评审，出具评审意见，作为项目决策的重要依据。

在项目评审过程中，应当重点关注项目投资方案、投资规模、资金筹措、生产规模、投资效益、布局选址、技术、安全、设备、环境保护等方面，核实相关资料的来源和取得途径是否真实、可靠和完整。

企业可以委托具有相应资质的专业机构对可行性研究报告进行评审，出具评审意见。从事项目可行性研究的专业机构不得再从事可行性研究报告的评审。

第七条　企业应当按照规定的权限和程序对工程项目进行决策，决策过程应有完整的书面记录。重大工程项目的立项，应当报经董事会或类似权力机构集体审议批准。总会计师或分管会计工作的负责人应当参与项目决策。

任何个人不得单独决策或者擅自改变集体决策意见。工程项目决策失误应当实行责任追究制度。

第八条　企业应当在工程项目立项后、正式施工前，依法取得建设用地、城市规划、环境保护、安全、施工等方面的许可。

第三章　工程招标

第九条　企业的工程项目一般应当采用公开招标的方式，择优选择具有相应资质的承包单位和监理单位。

在选择承包单位时，企业可以将工程的勘察、设计、施工、设备采购一并发包给一个项目总承包单位，也可以将其中的一项或者多项发包给一个工程总承包单位，但不得违背工程施工组织设计和招标设计计划，将应由一个承包单位完成的工程肢解为若干部分发包给几个承包单位。

企业应当依照国家招投标法的规定，遵循公开、公正、平等竞争的原则，发布招标公告，提供载有招标工程的主要技术要求、主要合同条款、评标的标准和方法，以及开标、评标、定标的程序等内容的招标文件。

企业可以根据项目特点决定是否编制标底。需要编制标底的，标底编制过程和标底应当严格保密。

在确定中标人前，企业不得与投标人就投标价格、投标方案等实质性内容进行谈判。

第十条　企业应当依法组织工程招标的开标、评标和定标，并接受有关部门的监督。

第十一条　企业应当依法组建评标委员会。评标委员会由企业的代表和有关技术、经济方面的专家组成。评标委员会应当客观、公正地履行职务，遵守职业道德，对所提出的评审意见承担责任。

企业应当采取必要的措施，保证评标在严格保密的情况下进行。评标委员会应当按照招标文件确定的标准和方法，对投标文件进行评审和比较，择优选择中标候选人。

第十二条　评标委员会成员和参与评标的有关工作人员不得透露对投标文件的评审和比较、中标候选人的推荐情况以及与评标有关的其他情况，不得私下接触投标人，不得收受投标人的财物或者其他好处。

第十三条　企业应当按照规定的权限和程序从中标候选人中确定中标人，及时向中标人发出中标通知书，在规定的期限内与中标人订立书面合同，明确双方的权利、义务和违约责任。

企业和中标人不得再行订立背离合同实质性内容的其他协议。

第四章　工程造价

第十四条　企业应当加强工程造价管理，明确初步设计概算和施工图预算的编制方法，按照规定的权限和程序进行审核批准，确保概预算科学合理。

企业可以委托具备相应资质的中介机构开展工程造价咨询工作。

第十五条　企业应当向招标确定的设计单位提供详细的设计要求和基础资料，进行有效的技术、经济交流。

初步设计应当在技术、经济交流的基础上，采用先进的设计管理实务技术，进行多方案比选。

施工图设计深度及图纸交付进度应当符合项目要求，防止因设计深度不足、设计缺陷，造成施工组织、工期、工程质量、投资失控以及生产运行成本过高等问题。

第十六条　企业应当建立设计变更管理制度。设计单位应当提供全面、及时的现场服务。因过失造成设计变更的，应当实行责任追究制度。

第十七条　企业应当组织工程、技术、财会等部门的相关专业人员或委托具有相应资质的中介机构对编制的概预算进行审核，重点审查编制依据、项目内容、工程量的计算、定额套用等是否真实、完整和准确。

工程项目概预算按照规定的权限和程序审核批准后执行。

第五章　工程建设

第十八条　企业应当加强对工程建设过程的监控，实行严格的概预算管理，切实做到及时备料，科学施工，保障资金，落实责任，确保工程项目达到设计要求。

第十九条　按照合同约定，企业自行采购工程物资的，应当按照《内部控制应用指引第7号——采购业务》等相关指引的规定，组织工程物资采购、验收和付款；由承包单位采购工程物资的，企业应当加强监督，确保工程物资采购符合设计标准和合同要求。严禁不合格工程物资投入工程项目建设。

重大设备和大宗材料的采购应当根据有关招标采购的规定执行。

第二十条　企业应当实行严格的工程监理制度，委托经过招标确定的监理单位进行监理。工程监理单位应当依照国家法律法规及相关技术标准、设计文件和工程承包合同，对承包单位在施工质量、工期、进度、安全和资金使用等方面实施监督。

工程监理人员应当具备良好的职业操守，客观公正地执行监理任务，发现工程施工不符合设计要求、施工技术标准和合同约定的，应当要求承包单位改正；发现工程设计不符合建筑工程质量标准或者合同约定的质量要求的，应当报告企业要求设计单位改正。

未经工程监理人员签字，工程物资不得在工程上使用或者安装，不得进行下一道工序施工，不得拨付工程价款，不得进行竣工验收。

第二十一条 企业财会部门应当加强与承包单位的沟通，准确掌握工程进度，根据合同约定，按照规定的审批权限和程序办理工程价款结算，不得无故拖欠。

第二十二条 企业应当严格控制工程变更，确需变更的，应当按照规定的权限和程序进行审批。

重大的项目变更应当按照项目决策和概预算控制的有关程序和要求重新履行审批手续。

因工程变更等原因造成价款支付方式及金额发生变动的，应当提供完整的书面文件和其他相关资料，并对工程变更价款的支付进行严格审核。

第六章 工程验收

第二十三条 企业收到承包单位的工程竣工报告后，应当及时编制竣工决算，开展竣工决算审计，组织设计、施工、监理等有关单位进行竣工验收。

第二十四条 企业应当组织审核竣工决算，重点审查决算依据是否完备，相关文件资料是否齐全，竣工清理是否完成，决算编制是否正确。

企业应当加强竣工决算审计，未实施竣工决算审计的工程项目，不得办理竣工验收手续。

第二十五条 企业应当及时组织工程项目竣工验收。交付竣工验收的工程项目，应当符合规定的质量标准，有完整的工程技术经济资料，并具备国家规定的其他竣工条件。

验收合格的工程项目，应当编制交付使用财产清单，及时办理交付使用手续。

第二十六条 企业应当按照国家有关档案管理的规定，及时收集、整理工程建设各环节的文件资料，建立完整的工程项目档案。

第二十七条 企业应当建立完工项目后评估制度，重点评价工程项目预期目标的实现情况和项目投资效益等，并以此作为绩效考核和责任追究的依据。

第十四章 ▶▶

销售方面的内部控制

第一节　销售业务内控

一、销售业务相关知识

销售是指企业出售商品（或提供劳务）及收取款项等相关活动。它包括接受订单、订立合同、发出货物、运送商品、货款收取、信用管理、销售退回等一系列活动，是企业经营活动中的重要关键环节。

（一）销售业务的主要内容

销售涉及的主要业务包括：接受客户订单，批准赊销信用，编制销货通知单，按销售通知单供货，按销售通知单装运货物，向客户开具销售发票，记录销售，办理和记录现金、银行存款收入，办理和记录销货退回、销货折扣与折让，注销坏账，提取坏账准备。上述业务主要涉及销售部门、信用管理部门、仓储保管部门和财务部门。

一般来说，销售业务主要由销售计划管理与销售合同订立、组织发货与装运、收款三大部分构成，进一步细化为：

（1）从制订销售计划开始，在计划指引下有针对性地实施客户开发与信用管理（在市场形势有利于卖方的情况下，往往可以从接受客户订单开始）。

（2）根据销售定价和取得的赊销授权进行销售谈判并订立销售合同，在此基础上组织发货（有些情况下需要安排生产），并开具销售账单（发票）。

（3）根据内外部凭据完成会计系统核算（包括记录销售收入、应收账款或现金、银行存款日记账，计提坏账准备等），在赊销的情况下跟踪收款并完成会计处理或核销坏账；在特殊情况下可能发生销售退回业务，则需增加办理退货和验收入库程序。

在 ERP 环境下的销售业务流程是：从取得客户订单开始，经主管部门审批赊销，然后按照 ERP 系统设定的销售价格录入订单，依据订单流转至仓储物流部门首先请求供货，在获得合理匹配的货物供应安排后，流转至库管岗位由其开具出库单，向客户发出货物。完成发货程序后，系统就自动对发货过账，记录销售收入或者分期收款发出商品并生成系统虚拟销售发票，在财务核算模块中予以分类汇总，销售业务主管会计对虚拟发票过账，并催收货款、回款销账。

（二）销售业务的主要流程

1. 制订销售业务计划

企业要结合自身生产能力和市场形势进行销售预测，在此基础上设定总体销售目标和分产品类型的分项销售目标，进而为能实现该目标而设定具体营销方案和实施计划，以支持未来一定期间内销售额的实现。这可以被看作整个销售业务的起点。

2. 市场开拓与开展信用管理

在制订销售业务计划后，首要任务就是加强维护现有客户和加大力度开发潜在新客户，以开拓市场份额，确保实现销售目标。同时，对有销售意向的客户进行资信评估，根据企业自身风险接受程度确定具体的信用等级，这是以战略为导向的销售管理的基本要求。

3. 接受客户订单

接受客户订单流程是指由客户提出订货要求，企业销售部门在符合授权审批的情况下接受客户订单。这实际上可以看作严格意义上的销售业务开始。

4. 销售定价

销售定价是指商品价格的确定、调整及相应审批。企业必须根据客户订单需求、市场状况和自身产品成本等要素，确定销售定价并做出审批授权。

5. 销售谈判与订立销售合同

依据销售定价以及赊销政策，企业在销售合同订立前，应当指定专人就销售价格、信用政策、发货及收款方式等具体事项与客户进行谈判。在谈判达成一致基础上且在正式签署销售合同前，由有权审批人员对销售价格、信用政策、发货及收款方式等执行审批程序，由企业授权人员与客户遵循《中华人民共和国合同法》的相关规定签订销售合同，明确双方权利和义务，以此作为开展销售活动的基本依据。

6. 组织发货

企业一旦成功订立销售合同，立即进入根据销售合同的约定向客户提供商品的环节，即由销售部门按照经批准的销售合同编制销售计划，向发货部门下达销售通知单，发货部门则对销售发货单据进行审核，严格按照销售通知单所示的发货品种和规格、发货数量、发货时间、发货方式组织发货。

（1）编制销货通知单。一般情况下，企业的销售部门在接受客户的订单之后应编制一式多联的销售通知单。信用管理部门根据企业的赊销政策，将销售通知单与该客户已被授权的赊销信用额度以及至今尚欠的账款余额加以比较，在销售通知单上签署意见。

（2）按销售通知单供货。企业通常要求仓储部门只有在收到经过批准的销售通知单时才能供货。设立这项控制程序的目的是防止仓库在未经授权的情况下擅自发货。因此，已批准销售通知单的副联通常应送达仓库，作为仓库按销售通知单供货和发货给装运部门的授权依据。

（3）按销售通知单装运货物。将按经批准的销售通知单供货与按销售通知单装运货物职责相分离，有助于避免装运职员在未经授权的情况下装运产品。此外，装运部门职员在装运之前，还必须进行独立验证，以确定从仓库提取的商品都附有经批准的销售通知单，并且，所收到商品的内容与销售通知单一致。

装运凭证或提货单由计算机或人工编制，一式多联且连续编号，按序归档的装运凭证通常由装运部门保管。装运凭证是商品确实已装运的证据。

7. 向客户开具销售发票（账单）

开具账单是为客户填写、寄送销售发票的过程，销售发票应连续编号。在完成发货后，根据销售部门开具的销售发票通知单向客户开具销售发票。在 ERP 系统里，销售发票由系统根据已发运的装运凭证、已标注的装运销售单自动生成。

8. 会计系统控制

会计系统控制是指利用记账、核对、岗位职责落实和相互分离、档案管理、工作交接程序等会计控制方法。完成发货和开具销售发票以后，企业财会部门依据收到的销售合同、销售通知单、发货凭据、运输单据等内外部证据进行会计核算，包括记录主营业务收入明细账、现金、银行存款日记账或应收账款明细账、销售折让与折扣、计提坏账准备等。如果发生销售退回情况，则进行相应冲销主营业务收入、主营业务成本、应收账款的会计处理；如果发生无法收回货款的情况，则履行内部审批程序后进行坏账核销的会计处理。

9. 收款

收款是企业销售成果的兑现。销售业务按照发货时是否收到货款区分为现销和赊销两种形式。现销（现金销售）业务是发货即收款或者收到预收款后发货，这种形式的销售业务的收款简单，按程序认真办理相关收款入账手续即可。赊销业务是发出商品后给予客户一定的付款信用期，到期后才与客户结算收款，其收款是一个动态跟踪和管理的过程，在货款到期前要定期对账，一旦到期要及时催收，谨防形成坏账的风险。

10. 客户服务

客户服务是在企业与客户之间建立信息沟通机制，对客户提出的问题，企业应予以及时解答或反馈、处理，不断改进商品质量和服务水平，以提升客户满意度和忠诚度。客户服务包括产品维修、销售退回、维护升级等。

（三）销售业务涉及的主要凭证和会计记录

销售业务所涉及的主要凭证和会计记录包括客户订货单、销售通知单、销售发票通知单、发运凭证、销售发票、商品价目表、贷项通知单、主营业务收入明细账、折扣与折让明细账、现金日记账和银行存款日记账、应收账款明细账、应收账款对账单、汇款通知书、坏账损失报告书、坏账审批表、转账凭证、收款凭证等。

在 ERP 系统中，部分凭证和记录根据信息技术特点会被重新设计，通过采用适合 ERP 系统特点的形式，简捷、高效地达成各种凭证和记录存在目的。例如，手工控制系统中对部分内部凭证的联次编号设计，在 ERP 系统中则可利用信息系统的实时性，通过不同权限的人员联签同一个文件记录的形式实现。这样，既能避免凭证多联次传递造成的流程烦琐、冗长和效率低下问题，又能堵塞凭证多联次造成的舞弊漏洞。又如，手工控制系统的凭证连续编号控制，在 ERP 系统中则被相应设计成编号授权使用范围和短号管理两项控制内容。

无论是手工控制系统还是 ERP 系统，在销售业务流程的控制原理上是一致的，只不过 ERP 系统整合简化了部分凭证和记录，手工控制系统的主要凭证和会计记录则相对更全面。为了便于读者全面、直观地了解销售业务流程控制中的主要凭证和会计记录，这里以手工控制系统的流程为依托，阐述销售业务所涉及的主要凭证和会计记录。在实务应用中，ERP 系统的设计可以在此基础上适当予以整合。

1. 客户订货单

客户订货单即客户提出的书面购货要求。企业可以通过销售人员或其他途径，如采用电话、信函和向现有的及潜在的客户发送订货单等方式接受订货，取得客户订货单。

2. 销售通知单

销售通知单是列示客户所订商品的名称、规格、数量以及其他与客户订货单有关信息的凭证，作为销售方内部处理客户订货单的依据。很多企业在批准了客户订货单之后，下一步就应编制一式多联的销售通知单，它是企业内部某项销售的交易轨迹的起点。

3. 发运凭证

发运凭证是在发运货物时编制的，用以反映发出货物的规格、数量和其他有关内容的凭据。发运凭证的一联寄送给客户，其余联（一联或数联）由企业保留。这种凭证可用作向客户开具账单的依据。

4. 销售发票

销售发票是一种用来表明已销售商品的规格、数量、价格、销售金额、运费和保险费、开票日期、付款条件等内容的凭证。销售发票的一联寄送给客户，其余联由企业保留。销售发票也是在会计账簿中登记销售交易的基本凭证。

5. 商品价目表

商品价目表是列示已经授权审批的、可供销售的各种商品的价格清单。

6. 贷项通知单

贷项通知单是一种用来表示由于销售退回或经批准的折让而引起的应收销货款减少的凭证。这种凭证的格式通常与销售发票的格式相同，只不过，它不是用来证明应收账款的增加，而是用来证明应收账款的减少。

7. 主营业务收入明细账

主营业务收入明细账是一种用来记录销售交易的明细账。它通常记载和反映不同类别产品或劳务的销售总额。

8. 折扣与折让明细账

折扣与折让明细账是一种用来核算企业销售商品时，按销售合同规定为了及早收回货款而给予客户的销售折扣和因商品品种、质量等原因而给予客户的销售折让情况的明细账。当然，企业也可以不设置折扣与折让明细账，而将该类业务记录于主营业务收入明细账。

9. 现金日记账和银行存款日记账

现金日记账和银行存款日记账是用来记录应收账款的收回或现销收入以及其他各种现金、银行存款收入和支出的日记账。

10. 应收账款明细账

应收账款明细账是用来记录每个客户各项赊销、还款、销售退回及折让的明细账。各应收账款明细账的余额合计数应与应收账款总账的余额相等。

11. 应收账款对账单

应收账款对账单，也称客户对账单，一般是按月定期寄送给客户的用于购销双方定期核对账目的凭证。应收账款对账单上应注明应收账款的月初余额、本月各项销售交易的金额、本月已收到的货款、各贷项通知单的数额以及月末余额等内容。

12. 汇款通知书

汇款通知书是一种与销售发票一起寄给客户，由客户在付款时再寄回销售单位的凭证。这种凭证注明客户的姓名、销售发票号码、销售单位开户银行账号以及金额等内容。如果客户没有将汇款通知书随同货款一并寄回，一般应由收受邮件的人员在开拆邮件时再代编一份汇款通知书。采用汇款通知书能使现金立即存入银行，可以改善资产保管的控制。

13. 销售台账和应收账款明细表

这两个凭证一般由企业销售部门建立，销售台账是为了掌握和控制销售进度，依据销售通知单和发运凭证核对无误后，由销售部门记录的销售业务登记表。

应收账款明细表是销售部门记录的每个客户每笔赊销业务的明细表，用来定期检查赊销款项收回、销售折让、销售退回等内容的登记表。应收账款明细表应定期对内与财务部门核对一致，对外与客户作为对账的复查依据。

14. 坏账损失报告书

坏账损失报告书是一种用来批准将某些无法回收的应收款项注销为坏账且仅在企业内部使用的凭证。在坏账损失报告书中，要注明审批坏账的原因（或理由），企业应对此严加控制。

15. 坏账审批表

坏账审批表是一种用来批准将某些应收款项注销为坏账且仅在企业内部使用的凭证。

16. 转账凭证

转账凭证是指记录转账业务的记账凭证，它是根据有关转账业务（不涉及现金、银行存款收付的各项业务）的原始凭证编制的。

17. 收款凭证

收款凭证是指用来记录现金和银行存款收入业务的记账凭证。

二、销售业务内控综述

（一）销售业务的控制目标

销售业务控制的总体目标就是规范销售与收款行为，防范销售活动与收款过程中的差错和舞弊情况的发生。

1. 确保合同订立的合理性和有效性

销售合同是企业销售业务的实施基础。企业组织采购和生产活动，甚至包括为某项合同专门组织的研究与开发活动，如果具有相应的合同支撑，就会最大限度地降低无效资源投入。一个内部控制相对健全的企业应当建立制度，要求销售业务必须签订合同，这是防范业务风险的最低保障措施。

（1）合理性目标。合同内容要公允、合理、有效，特别是在合理性方面的考虑，既要体现合同条款本身符合市场规则，又要符合企业的战略发展要求。例如，为了打开某个区域市场或者建立客户关系，签订具有一定程度优惠条件的合同是必要的、合理的。确定销售合同的合理性目标，要求合同订立程序合理，是经过双方的平等协商与谈判确定的；合同内容合理，遵循商业规范和惯例；合同条件合理，切合企业实际经营状况；等等。

（2）有效性目标。有效性目标要求签订合同的形式要件完整、内容合法，而且履行了完备的内部审批程序。例如，合同中约定的赊销条件或者提供的销售折让与折扣是获得内部授权审批的。合同有效性是保护合同双方合法权益和商业利益的根本要求。以销售方为例，只有有效合同才会受到法律保护，才能确保企业投入的各项资源是为真实的商业交易而发生的；一旦发生法律纠纷，因为合同的合法有效性，才会将损失降到最低。

2. 确保发货装运的准确性和时效性

组织发货和装运是销售业务中一个承上启下的环节，确切地讲，就是连接企业产品与外部市场的直接环节。若发货与装运的内部控制缺失，对内则可能导致企业资产失窃、遗损，对外则可能因为发货品种、规格或数量不符，导致对客户的违约损失，某些重要的或特殊的销售业务甚至让企业蒙受信用损失和客户流失。

准确性和时效性目标的内容主要包括：

（1）要确保经过审批的发货指令内容与客户订单和销售合同一致。

（2）装运时严格执行发货指令要求，不重不漏，出库时要做独立验证。

（3）坚决保证到货时间符合合同约定，货物发给指定地点的指定接收人，既要做到向客户如实、如期履约，又要防止在装运环节窜改发货指令内容以侵吞资产的行为。

3. 确保销售收入的真实性和完整性

收入的真实性和完整性目标，不仅是会计信息控制系统的一个核算要求，更是能够正确衡量企业销售业务所带来的真实经济利益流入的根本保证。这是企业确定产业战略、选择产品方向和制订经营计划的重要依据。

具体而言，实现销售收入真实性和完整性的控制目标体现为以下几个方面：

（1）登记入账的销售交易，确系已经发货给真实且正确的客户。

（2）所有销售交易都已及时、完整地登记入账。

（3）登记入账的销售数量与实际发货数量一致，已经正确开具销售发票（账单）并登记入账。

（4）所有销售交易已经正确地记入主营业务收入明细账，并被完整、正确地予以汇总。

总之，确保销售收入的真实性和完整性，就是要将所有真实的销售业务都及时、准确地加以记录，完整地反映企业每一项销售业务的全过程，防止少记、漏记或有意不记所实现的销售收入或者虚增销售收入，防范因此导致的销售货款被挪用或贪污的风险。

4. 确保销售折扣与折让的适度性和适宜性

销售折扣与折让是在销售业务中，无论主观上或客观上都可能随时发生的行为。这是企业在销售业务中扩大促销、加速回款，或者修复客户关系、树立良好市场形象的必要营销手段。

（1）销售折扣的适度性和适宜性目标。销售折扣是企业根据买方的购货数量、付款时间以及商品的实际情况，放弃一部分销售收入让利于买方的一种价格优惠。它是信用经济条件下的必然产物。对销售折扣的内部控制主要是确定销售折扣的度，使销售折扣政策达到既促进销售又及时收回货款的目的。同时，要有选择性地向适宜的销售对象提供适度的销售折扣，要防止利用销售折扣以权谋私行为的发生。

（2）销售折让的适度性和适宜性目标。销售折让是企业由于售出货物的质量等原因给予买方的一种价格减让（少付货款）。在销售过程中可能发生货物因运输损坏、变质，或者装运数量与规格错误等情况，相应给客户一定的折让予以补偿是必要的。销售折让直接导致企业经济利益的减少，是销售业务内部控制的重点环节，要严格审查销售折让原因的真实性、合理性，通过内部控制确保给予销售折让的适度性和金额计算的正确性，既要维护良好的企业形象和客户关系，又要防止恶意欺诈和内外串谋行为。

5. 确保货款回收的安全性和及时性

销售业务的完成不是止于售出商品，收回全部货款才是销售业务的目标实现和结束。因此，销售货款回收的内部控制是销售业务控制的最后一道环节，是企业售出商品实现价值的最终保障。尽量缩短回款周期以减少货币时间价值损失和形成坏账的风险，确保及时、安全地收回全部货款，是销售业务控制的核心目标。

（1）安全性目标。确保销售货款的安全收回是收款环节内部控制的首要目标，只有确保货款完整、安全地收回，才能确认一项产品销售业务的真实实现。有了销售货款的安全收回，企业才能开始下一个经营循环，不断实现价值创造。所以，销售货款回收的安全性是企业可持续发展并不断实现价值增长的必然要求。确保货款回收安全性的目标，涉及企业销售业务整个业务流程的各环节，包括客户的审慎选择、客户信用恰当评定和合理的赊销政策、及时有效地组织发货等，均会直接影响到此项目标的顺利实现。

（2）及时性目标。销售货款回收的及时性目标，要求企业重视货币时间管理。赊销是企业让渡一定利益给客户。这种利益让渡不同于销售折扣或者销售赠送，它是将企业的销售货款无偿提供给客户使用一段时间（信用期）。显而易见，资金既是有成本的，也是有时间价值的。销售货款实际上就是企业资金的转化形式，及时收回就意味着降低企业资金成本和提高资金周转效率。

企业只有加强对货款回收环节的控制，及时办理结算手续，而且要充分做好事前客户信用调查与评定和事后对应收账款的催收工作，才能保证货款及时足额地收回。

（二）销售业务控制内容及基本控制制度

1. 授权审批控制

有效的授权审批应明确授权的责任和授权审批的程序。企业应建立销售业务授权制度和审批制度，明确审批人员对销售业务的授权审核批方式、权限、程序、责任和相关控制措施，并按照规定的权限和程序办理销售业务。对于销售业务而言，主要存在三项控制要点：在销货发生之前，赊销已经正确审批；非经正当审批，不得发出货物；销售价格、销售条件、运费、折扣等必须经过审批。

前两项控制的目的在于防止企业因向虚构的或者无力支付货款的客户发货而蒙受损失，价格审批控制的目的则在于保证销货业务按照企业政策规定的价格开票收款。

（1）授权审批权限（见表 14-1）。

表 14-1 授权审批权限一览表

项　目	审 批 人	审批权限
销售政策、信用政策	总经理	制定和修订； 以总经理办公会议形式审定； 以内部文件等形式下发执行
销售费用预算	董事会	按《预算管理实施办法》规定审批
销售价格目录和折扣权限控制表	总经理或授权审批人	制定和修订； 以经理办公会议形式审定； 以文件或其他方式下达执行人员执行
销售价格确定和销售合同签订	总经理授权审批	按公司授权审批
超过公司既定销售和信用政策规定范围的特殊事项	总经理	总经理办公会或其他方式集体决策

（2）批准和越权批准处理。审批人根据公司对销售业务授权审批制度的规定，在授权范围内进行审批，不得超越审批权限；经办人在职责范围内，按照审批人的批准意见办理销售业务；对于审批人超越授权范围审批的销售业务，经办人有权拒绝并应当拒绝，并及时向审批人的上一级授权部门报告。

2. 不相容职务分离与业务归口办理

（1）不相容职务分离。对于销售业务，适当的职务分离有助于防止各种有意的或无意的错误。例如，主营业务收入账簿由记录应收账款账簿之外的员工独立登记，另一位不负责账簿记录的员工定期调节总账和明细账，这样就构成了一种有效的内部牵制，有利于员工之间的监督和检查；记录主营业务收入账簿和应收账款账簿的员工不经手现金，也是防止舞弊的一项重要控制；销售业务与批准赊销的业务相分离，这样会有效地防止由于销售人员盲目追求销售业绩而忽略客户的资信状况给企业造成的巨额坏账损失。企业应建立销售业务岗位责任制，明确相关部门和岗位的职责权限，确保办理销售业务的不相容职务分离、制约和监督，不得由同一部门或个人办理销售业务的全过程。销售不相容职务至少应包括：

1）客户信用调查评估与销售合同的审批签订分离。接受客户订单的人员不能同时是负责最后核准付款条件的人员；付款条件必须同时获得销售部门和专门追踪和分析客户信用情况的信贷部门（或财务部门下的信贷小组）的批准。

2）销售合同的审批、签订与办理发货分离。

3）销售货款的确认、回收与相关会计记录分离。

4）销售退回货品的验收、处置与相关会计记录分离。

5）销售业务经办与发票开具、管理分离。发货通知单的编制人员不能同时负责货款的收取、产品的包装和托运工作；填制发票人员不能同时担任发票的复核工作。

6）坏账准备的计提与审批、坏账的核销与审批分离。

7）应收账款的记账人员不能同时成为应收账款的核实人员。

（2）业务归口办理。

1）销售部门（或岗位）主要负责处理订单、签订合同、执行销售政策和信用政策、催收货款。

2）发货部门（或岗位）主要负责审核发货单据是否齐全并办理发货的具体事宜。

3）财务部门（或岗位）主要负责销售款项的结算和记录，监督和管理货款回收。

4）销售收据和发票由财务部门指定专人负责开具，销售人员应当避免接触销售现款。

5）企业应根据具体情况对办理销售业务的人员进行岗位轮换或者管区、管户调整，防范销售人员将企业客户资源变为个人私属资源从事舞弊活动。

6）单位应收票据的取得和贴现必须经由保管票据以外的主管人员的书面批准。

7）严禁未经授权的机构和人员经办销售业务。

3. 销售货款收取控制

（1）商品销售收入的确认。企业确认商品销售收入，必须同时满足以下条件：

1）企业已将商品所有权上的主要风险和报酬转移给购货方；

2）企业既没有保留通常与所有权相联系的继续管理权，也没有对已售出的商品实施有效控制；

3）收入的金额能够可靠地计量；

4）相关的经济利益很可能流入企业；

5）相关的已发生或将发生的成本能够可靠地计量。

（2）货款催收和办理。

1）催收。企业应建立逾期应收账款催收制度。销售部门应负责应收账款的催收，催收记录（包括往来函电）要妥善保存。财会部门应当督促销售部门加紧催收。对催收无效的逾期应收账款，经财务总监审核，总经理批准，可通过法律程序予以解决。针对不同性质的应收款项，应采取不同方法和程序进行管理。应严格区分并明确收款责任，建立科学、合理的清收奖励制度以及责任追究和处罚制度，以有利于及时清理催收欠款，保证企业营运资产的周转效率。

2）催收记录。销售部门在向客户催收货款时，应做好催收记录，并尽可能取得客户的签证；公司销售部门会同财务部门定期或不定期向客户发出催收函，并将发函凭证保存，作为催收记录的依据。

3）收款业务办理。企业应按照《中华人民共和国现金管理暂行条例》《中国人民银行支付结算办法》等规定，及时办理销售收款业务。对以银行转账方式办理的销售收款，应通过企业核定的账户进行结算。财务部门应将销售收入及时入账，不得账外设账，不得擅自坐支现金。销售人员除事先经财务部门授权外，应避免接触销售现款。

（3）应收货款管理。

1）应收账款台账。

①公司销售部门按责任范围建立应收账款台账，及时登记每一客户应收账款余额的增减变动情况和信用额度使用情况。

②财务部门按客户进行应收账款核算，对长期往来客户的应收账款，按客户设立台账登记其余额的增减变动情况。

③销售部门责任人员定期与财务部门核对应收账款余额和发生额，发现不符，及时查明原因，并进行处理。

④销售部门信用管理人员应对长期往来客户建立完善的客户资料，并对客户资料实行动态管理，及时更新。相关资料由销售部门人员和财务部门提供。

2）与客户核对应收账款。

①销售部门业务人员或内勤人员每半年与客户核对应收货款余额和发生额，发现不符，及时查明原因，向财务部门报告，并进行处理。

②财务部门每年至少一次向客户寄发对账函，对金额重大的客户，财务部门认为必要时或销售部门提出申请时派员与客户对账，发现不符，及时向上级报告，会同相关部门及时查明原因，并进行处理。

3）账龄分析和坏账处理。

①财务部门定期对应收账款账龄进行分析，编制账龄分析表，对逾期账款进行提示，并建议相关部门采取加紧催收措施或其他解决措施。

②公司对可能成为坏账的应收账款，按内部控制的有关规定办理。

③公司财务部门对已核销的坏账，应进行备查登记，做到账销案存，已注销的坏账又收回时，应及时入账，防止形成账外款。

4）应收票据管理。企业应结合销售政策和信用政策，明确应收票据的受理范围和管理措施，加强对应收票据合法性、真实性的审查，防止购货方以虚假票据进行欺诈。

①企业应收票据的取得和贴现必须经由保管票据以外的主管人员的书面批准。

②企业应有专人保管应收票据，对于即将到期的应收票据，应及时向付款人提示付款；已贴现但仍承担收款风险的票据应当在备查簿中登记，以便日后追踪管理。

③企业应当制定逾期票据的冲销管理程序和逾期票据追索监控制度。对逾期未能实现的应收票据，经财务部门经理批准，转为应收账款，并通知相关责任人员及时催收。

4. 销售记录控制

（1）销售过程凭证与记录。企业应在销售与发货各环节设置相关的记录，填制相应的凭证，建立完整的销售登记制度，并加强销售订单、销售合同、销售计划、销售通知单、发货凭证、运货凭证、销售发票等文件和凭证的相互核对工作。

凭证与记录需预先连续编号。检查全部有编号凭证与记录是否按规定处理是检查完整性的重要控制措施，可以有效地防止经济业务的遗漏和重复，并可根据完整性检查发现是否存在舞弊现象。

（2）销售台账。销售部门应设置销售台账，及时反映各种商品、劳务等销售的开单、发货、收款情况，并由相关人员对销售合同执行情况进行定期跟踪审阅；销售台账应附有客户订单、销售合同、客户签收回执等相关购货单据；销售台账应定期与财务部门核对。

（3）销售档案管理。销售部门应定期对销售合同、销售计划、销售通知单、发货凭证、运货凭证、销售发票、客户签收回执等文件和凭证进行相互核对，并整理存档。

（4）定期寄送对账单。定期与企业外部的客户进行账务的核对工作，有助于检查企业的会计处理是否正确及时，同时有助于减少债务纠纷。根据客户对应付账款余额不符情况及时做出的说明，企业可以检查账簿记录并进行恰当的处理。为了保证该项控制的有效性，企业应考虑指定一位独立于现金出纳、销售人员及应收账款记账的人员进行处理。

5. 客户信用管理和赊销控制

1）客户信用管理。

①销售部门负责进行客户信用调查，填写“客户调查表”，建立客户信用档案；根据客户信用，确定客户信用额度、信用期间、折扣期限与现金折扣比率。

②销售部门确定的客户信用额度，必须经公司授权审批人批准后方可执行。

③对客户信用进行动态管理，每年至少对其复查一次，出现大的变动，要及时进行调整，调整结果经公司授权审批人批准。

④对于超过信用额度的发货，必须按公司授权进行审批。

2）赊销业务控制流程（见图 14-1）。

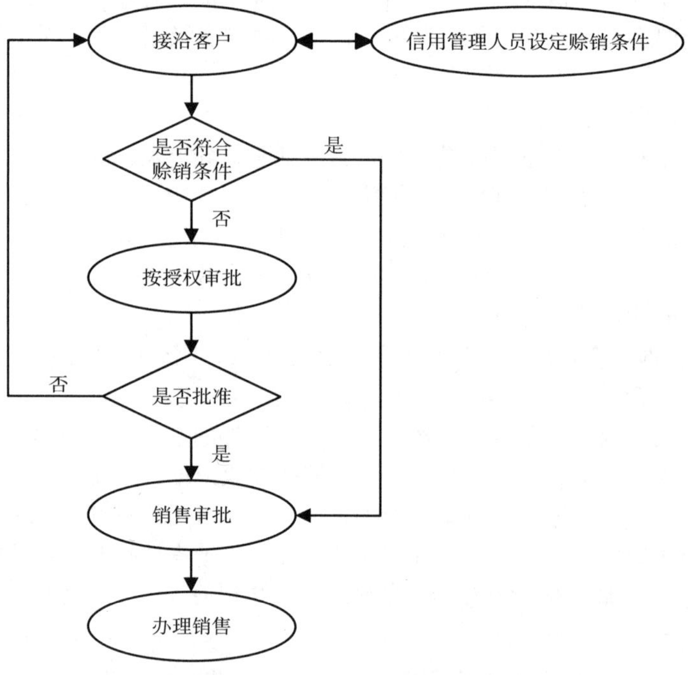

图 14-1　赊销业务控制流程

3）赊销控制要求。

①销售人员严格遵循规定的销售政策和信用政策。

②对符合赊销条件的客户，按公司授权，经审批人批准方可办理赊销业务。

③超过销售政策和信用政策规定的赊销业务，按公司权限集体决策审批。

6. 销售业务流程控制

企业应按照规定的程序办理销售业务（见表 14-2）。

表 14-2　销售业务流程

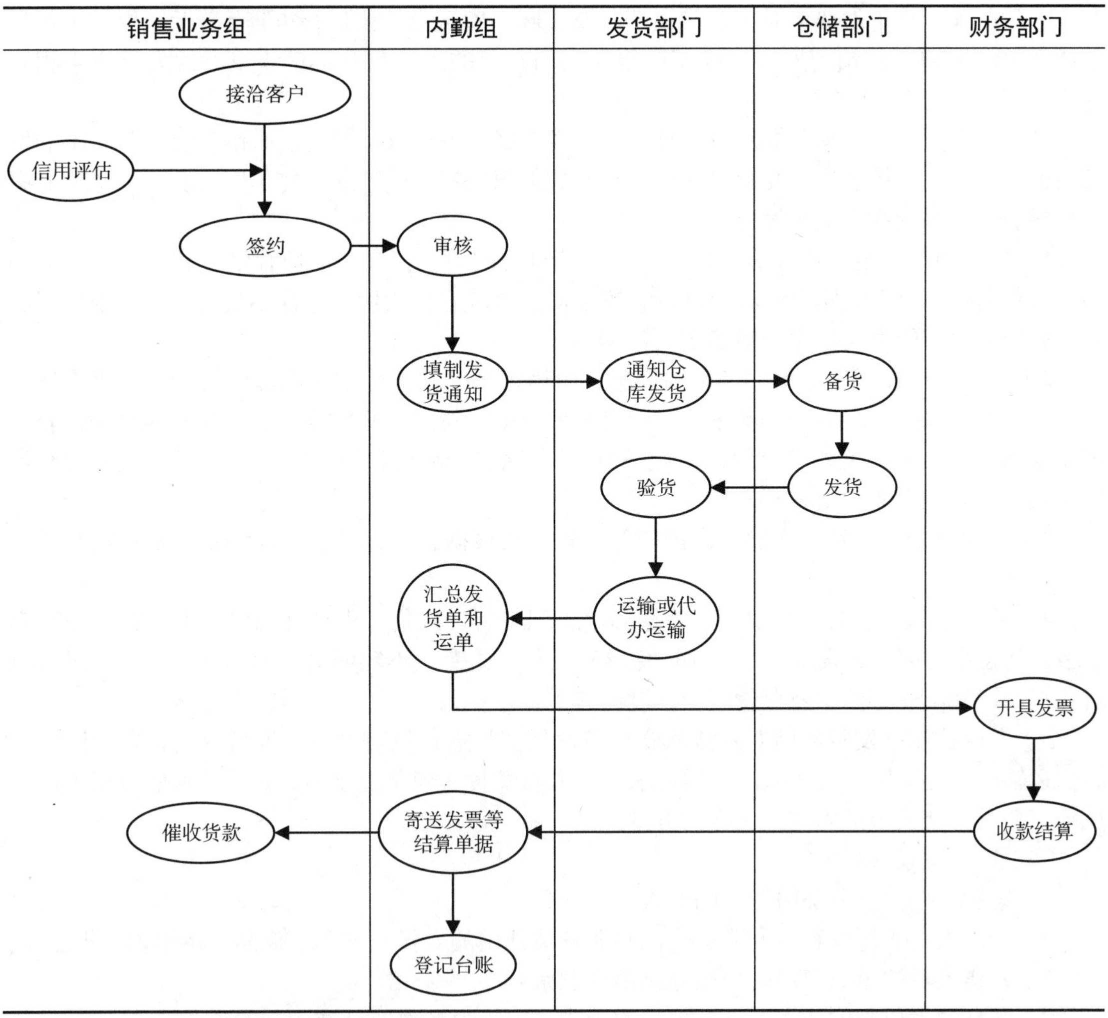

一个完整的销售业务流程包括：

（1）销售谈判。企业在销售合同订立前，应当指定专门人员就销售价格、信用政策、发货及收款方式等具体事项与客户进行谈判。对谈判中涉及的重要事项，应当有完整的书面记录。

（2）合同审批。企业应建立健全销售合同审批制度，明确说明具体的审批程序及所涉及的部门及人员，并根据企业的实际情况明确界定不同合同金额审批的具体权限分配等（权限分配表）。审批人员应当对销售合同草案中提出的销售价格、信用政策、发货及收款方式等严格审查并建立客户信息档案。金额重大的销售合同，应当征询法律顾问或专家的意见。有条件的企业，可以指定内部审计机构等对销售合同草案进行初审。

（3）合同订立。合同订立前，信用额度由信用管理人员经信用评估后确定；超过信用额度的合同，必须按公司授权，事前进行审批，未经审批，合同不得签订。销售合同草案经审批同意后，企业应授权有关人员与客户签订正式销售合同。公司签订的销售合同按公司授权进行审批，合同未经审批程序，不得将合同交予客户。签订合同应符合《中华人民共和国合同法》的规定，并明确与销售商品相联系的所有权和风险与报酬的转移时点。

（4）组织销售。企业销售部门应当按照经批准的销售合同编制销售计划，向发货部门下达销售通知单，同时编制销售发票通知单，并经审批后下达给财务部门，由财务部门或经授权的有关部门在开具销售发票前对客户信用情况及实际出库记录凭证进行审查无误后，根据销售发票通知单向客户开出销售发票。编制销售发票通知单的人员与开具销售发票的人员应当相互分离。

（5）组织发货。企业发货部门应对销售发货单据进行审核，严格按照销售通知单所示的发货品种和规格、发货数量、发货时间、发货方式组织发货，并建立货物出库、发运等环节的岗位责任制，确保货物的安全发运。

1）发货期的确定。业务员在接受订货、签订合同时，根据产品库存情况和公司生产周期确定交货期限：全部有库存的客户订货，按客户要求确定交货期；库存不足的订货，根据产品生产周期和生产能力与客户协商确定交货期。

2）产品生产和开发。库存不足的订单，由销售部内勤人员与生产部门协调，发出生产任务单，由生产部门组织生产；业务员在接到客户提出的新产品开发意向后，要向客户全面收集产品使用的条件及有关技术参数，由业务员填写"新产品开发建议书"，经公司有关部门会签后交技术中心或事业部组织开发。

3）发货通知单。发货通知单由销售部内勤人员根据客户订单或合同填写；发货通知单一式六联。

4）发货控制。仓储部门根据发货通知单组织备货、发货。仓储部门发货后，按实填写实发数，并盖章注明"已发货"字样，以免重复发货；由专人不定期对出库通知单与装箱进行核对检查；产品出库参照企业存货管理控制的有关规定执行。

5）发运控制。发货部门对发货通知单与发货实物进行核对相符；发货部门根据合同要求组织运输或代办运输；发货部门必须要求承运人在发货通知单上签名，向承运人取得相关运输凭证，并及时交销售部内勤人员送财务部门。

（6）销售发票开具控制。

1）销货发票由财务部门指定的专人负责开具。

2）开票人员必须以客户的购货合同和业务员开出的发货通知单、商品发运单为依据。

3）开票人员按税务部门的规定开具销售发票。

4）开具的发票必须从主管税务部门购买或经主管税务部门批准印制的税务发票。

5）财务部门定期对销售发票开具进行检查。

（7）销售退回控制。企业应建立销售退回管理制度。企业的销售退回必须经销售主管审批后方可执行。销售退回的货物应当由质检部门检验和仓储部门清点后方可入库，质检部门应当对客户退回的货物进行检验并出具检验证明；仓储部门应当在清点货物、注明退回货物的品种和数量后填制退货接收报告；财务部门应当对检验证明、退货接收报告以及退货方出具的退货凭证等进行审核后办理相应的退款事宜，并增加对退货原因进行分析的自我评估控制。

7．销售业务的监督检查

（1）监督检查的主体。

1）监事会。依据公司章程对公司销售管理进行检查监督。

2）审计部门。依据公司授权和部门职能描述，对公司销售管理进行审计监督。

3）财务部门。依据公司授权，对公司销售管理进行财务监督。

4）上级对下级进行日常工作监督检查。

由内部审计人员或其他独立人员核查销货业务的处理和记录，是实现内部控制目标不可缺少的一项控制措施。表 14-3 就说明了根据内部控制目标设计的内部核查程序。

表 14-3　内部控制目标与内部核查程序

内部控制目标	内部核查程序举例
登记入账的销货业务是真实的	检查销售发票的连续性并审查所附的佐证凭证
销货业务均经适当审批	查阅客户的信用情况，确定按企业的政策是否应批准赊销
所有销货业务均已登记入账	检查发运凭证的连续性，并将其与主营业务收入明细账核对
登记入账的销货业务均经正确估价	将销售发票上的数量与发运凭证上的记录进行比较核对
登记入账的销货业务的分类恰当	将登记入账的销货业务的原始凭证与会计科目表比较核对
销货业务的记录及时	检查开票员所保管的未开票发运凭证，确定是否包括所有应开票的发运凭证在内
销货业务已经正确地记入明细账并经准确汇总	从发运凭证追查至主营业务收入明细账和总账

（2）监督检查的内容。

1）销售业务相关岗位及人员的设置情况。重点检查是否存在销售业务不相容职务混岗的现象。

2）销售业务授权审批制度的执行情况。重点检查授权审批手续是否健全，是否存在越权审批行为。

3）销售的管理情况。重点检查信用政策、销售政策的执行是否符合规定。

4）收款的管理情况。重点检查销售收入是否及时入账，应收账款的催收是否有效，坏账核销和应收票据的管理是否符合规定。

5）销售退回的管理情况。重点检查销售退回手续是否齐全，退回货物是否及时入库。

6）账实、账账相符情况。企业应定期抽查、核对销售业务记录、销售收款会计记录、商品出库记录和库存商品实物记录，及时发现并处理销售中存在的问题；定期对库存商品进行盘点；定期与往来客户通过函证等方式，核对应收账款、应收票据、预收账款等往来款项，如有不符，应查明原因，及时处理。

（3）监督检查结果的处理。对监督检查过程中发现的销售内部控制中的薄弱环节，公司有关责任部门和责任人应当采取措施，及时加以纠正和完善。

（三）销售业务风险及其管控

销售业务风险主要涉及市场风险、经营风险、管理风险和信用风险。

1. 销售策略风险控制

销售策略不当所带来的经营风险，会对企业的持续发展产生深远影响，后果严重的甚至会导致企业经营失败。这个环节的风险主要体现在以下两个方面。

（1）销售计划管理不当。首先，企业可能存在没有销售计划的风险。其次，由于缺乏对市场现状和未来趋势、竞争对手状况的正确认识，以及对自身能力的客观评估不足，企业制订的销售计划不切合环境或者与接受的客户订单偏离较大，未经管理层审批即付诸实施，并在实施过程中缺乏动态管理，导致产品结构和生产安排不合理，难以实现企业生产经营的良性循环。

（2）客户开发。在客户开发上，既维护现有优质客户，又积极寻求新的潜在客户。企业可能因为对市场预测不准确而制定了不适当的市场策略，造成市场定位和方向的选择错误，对销售渠道产生破坏性影响，致使现有优质客户丢失而新客户又开发不利或者收效甚微，紧跟带来的直接不良后果就是销售不畅、库存积压、经营难以为继。

2. 销售计划风险控制

销售业务由计划开始，计划严谨、科学、全面、系统、正确反映市场的需求，就可有效地防范销售业务的风险，实现销售目标。

这个环节的主要风险是：计划脱离市场需求与企业生产安排不匹配，未经综合平衡授权审批，可能导致生产经营难以良性循环，销售目标不能实现。

（1）销售计划初稿拟定。销售计划是公司编制综合财务计划（包括生产计划、物流计划和成本计划）的基础，也是公司制定各项经营管理决策的重要依据。销售计划的核心是做好营销战略分析与决策。

1）销售计划编制首先由销售部门根据市场情况制订相应的全年指导性销售计划。指导性销售计划经由财务部门、生产部门和采购部门，结合公司的年度利润目标、实际生产能力、购买能力、库存情况等提出综合意见，经总经理办公会议讨论后，由销售副总和总经理批准。财务、生产、物流等部门应当根据批准后的销售计划编制各自的相关计划。

2）销售部门应对市场进行预测，并指定专人具体负责编制公司指导性销售计划，财务部门应当给予适当的技术指导。

审计部门应当对销售部门执行销售计划编制程序和计划编制情况进行监督审核。

（2）销售计划编制控制。

1）销售计划的种类。

①市场营销战略规划。通常根据董事会和公司总体发展规划，结合公司产品和市场特点、公司资源条件、竞争对手情况等综合因素制定。市场营销战略规划是公司编制发展战略规划的基础。

②年度销售计划。根据市场营销战略规划、上年度实际销售业绩、本年度国家行业预测、销售合同变化情况等资料编制。年度销售计划应分月编制。销售计划是公司编制综合财务计划和年度预算的基础。

③销售预测。根据销售合同、近期客户订单等资料编制。销售预测按年度分月滚动编制，是公司编制财务预算的基础。

④周、日销售计划。根据客户下达的要货订单、补货申请编制。

2）销售计划编制的依据。董事会批准的公司年度战略计划；对历年销售情况的汇总分析报告；与客户签订的订单意向及与有良好资信的客户签订的供货意向书；其他经过市场调查后收集到的需求信息。

3）销售计划编制的注意事项。编制人员和审批人员应当严格分析和选择可靠的市场信息来编制销售计划和预测，关注审核销售计划信息来源的正确性，最大限度地保证销售计划编制的准确性。计划编制人员应充分听取多方面意见，经部门统一意见后确定初步建议书，交有关人员审批。计划编制人员应当根据产品的型号、数量进行分类、汇总，并将销售信息资料整理，分类保存在本部门，供日后查用。

4）销售计划审批确定。销售计划建议书经讨论确定后，需提交销售副总和总经理批准，并将批准后的销售计划发送到采购部门、生产计划部门、财务部门等。公司营销战略规划和年度销售计划还应经过董事会审议。

5）销售计划的保密性。销售计划是公司的机密文件，只有相关授权人员才能接触和使用。销售计划由销售部门负责保管，使用销售计划的其他部门主管应妥善保管计划资料。

（3）销售计划调整控制。为满足客户需要，同时合理控制原材料库存数量，公司的销售计划应定期或不定期地根据客户订单及市场变化进行调整。调整销售计划时应遵循以下要求：

1）客户的书面更改通知。

2）市场业务员提出的有充分资料支持的市场信息。

3）市场出现突发事件，导致客户需求变化。

4）销售计划的调整应重新履行审批手续，及时将调整内容发送到相关部门。

3. 销售定价风险控制

销售定价是指商品/劳务价格的确定、调整及相应审批。

这个环节的主要风险是：价格不符合市场需求、未结合市场供需情况、盈利测算等进行适时调整，造成价格过高或过低，影响产品销售。价格未经恰当审批或存在舞弊，会导致企业亏损。

（1）销售定价的组织控制程序。

1）公司销售部门负责制定具体的产品销售价格。公司财务部门对销售部门价格执行情况进行日常的审核监控。审计部门定期或不定期地对各部门执行产品定价管理制度进行审查监督。

2）公司根据实际情况设置价格管理委员会。该委员会负责公司新产品销售价格、重要客户销售价格、标准价格和销售价格的审核、确定和调整等，并对公司产品价格执行情况进行管理和监督。

（2）基准定价与标准报价表的控制。公司根据有关价格政策，综合考虑公司财务目标、营销目标、产品成本、市场状况及竞争对手情况等多方面因素，确定产品基准定价；定期评价产品基准定价的合理性，定价和调价需经具有相应权限人员的审批。

公司应当指定研究与开发部门牵头组织销售部门、财务部门和生产部门结合公司实际情况从承接客户订货单开始，收集客户技术要求，进而开展采购询价、签署供货合同、试制产品、测算生产成本等各项具体工作。

1）在产品开发期间，产品开发的技术资料和信息主要源于客户和公司内部。与客户相关的信息资料，销售部门应配合研究与开发部门，与客户协调收集。这些资料包括客户提供的技术包、设计总图、配套设备清单等。

2）生产部门将原料及设备采购需求按时传递到采购部门，由采购部门按采购管理制度的要求进行初步询价，并将询价结果按时传递到财务部门。

3）生产部门进行试生产，研究与开发部门计算产品的投入产出比。

4）财务部门负责根据产品的投入产出比、工时定额、薪酬费用、所需场地及设备投资、采购部门提供的原料价格和辅料价格、销售部门提供的市场同类产品价格等信息，完成基准定价评估表。销售部门根据该定价评估表制定标准报价表后，报公司价格管理委员会讨论审核，最后报总经理签字审批。

5）销售部门根据经总经理批准后的标准报价表向客户提出产品的报价。

6）销售部门完成对外标准报价后，应当立即通知各业务部门做好产品生产准备。

（3）制定标准报价表必须考虑的因素。

1）产品生产成本。

2）相关的销售费用。

3）新产品设计开发、购买专利技术等经营管理费用。

4）预计市场规模，包括客户年度采购数量、每单订货数量等。

5）根据市场分析，确定产品的生命周期。

6）市场竞争分析，包括竞争对手数量和竞争实力。

7）公司中短期销售目标以及对实现公司年度销售计划的影响。

8）市场营销策略，是低价迅速占领市场，还是高价获取销售利润。

9）类似产品的销售价格。

10）新增设备或投资风险。

11）与主要客户的关系，对主要客户销售其他配套产品的影响。

12）市场上原有产品的销售价格。

13）其他相关信息。

在执行基准定价的基础上，针对某些产品可授予销售部门一定限度的价格浮动权，销售部门可结合产品市场特点，将价格浮动权向下实行逐级递减分配，同时明确权限执行人，执行人必须严格遵守规定的价格浮动范围，不得擅自突破。

销售折扣、销售折让等政策性的制定应由具有相应权限人员审批，授予的实际金额、数量、原因及对象应予记录，并归档备查。

（4）制定标准售价浮动范围。定价级浮动范围报经价格管理委员会讨论议定后，报总经理签字审批后执行。销售折扣与折让也必须报总经理或副总审批。

（5）标准售价的执行控制。

1）各级销售人员在本岗位价格执行权限内，在产品销售订单或销售合同上签字。

2）对于超出权限，突破上限或下限标准售价销售产品时，必须有书面申请，说明事由，报销售部门副总和总经理审批后再执行。

（6）价格的调整。在向客户提供合同供货期间，如果因为市场行情变化导致客户提出调整供货价格时，销售部门应立即将有关情报资料收集齐全并进行初步的分析研究。对于重要客户，如果价格变动超过允许浮动范围下限时，销售部门应当将客户的调整要求以及本部门意见报价格管理委员会。价格管理委员会应当对该价格调整对完成企业年度财务指标和市场竞争力、市场占有率等影响做出综合评估后报总经理审批后实行。

销售人员对客户承诺同意降价前，必须获得公司授权管理人员的书面审批。

（7）价格监督。财务部门负责审核销售订单或销售合同的价格，对销售价格不符合销售价格规定或变动合同价格未经过授权人员审批，不得允许销售。

公司任何人未经授权人员批准，不得擅自泄露公司的价格政策。

4. 销售合同签订风险控制

企业与客户订立销售合同，明确双方权利和义务，有利于销售活动的开展。

这个环节的主要风险是：合同内容存在重大疏漏和欺诈，对外签订销售合同未经授权；销售价格、收款期限等违背销售政策，可能导致企业经济受损。

企业应建立健全销售合同订立审批管理制度，明确必须签订合同的范围，规范合同订立程序，确定具体的审核、审批程序和所涉及的部门人员及相应权责。

企业在销售合同订立前，应当与客户进行业务洽谈、磋商或谈判，关注客户信用状况、销售定价、结算方式等相关内容。

（1）对销售价格的控制。市场的易变性决定了在审核销售价格时，应结合当时的市场情况，将合同价格与企业的目标价格，同产品的成本进行对比。若销售价格对企业明显不利或显示不公平，须及时提出异议并查明原因，对确有疑问的合同应从财务角度予以否决，同时要监督销售折扣是否符合相关规定，杜绝不规范行为。

重大的销售业务谈判应吸收财会、法律等专业人员参加，并形成完整的书面记录。

（2）对客户资信的控制。对意向客户，应指定专人通过银行或专门的资信调查机构，了解对方的资信状况。对情况不明的客户，建议在合同中标明交货条件为带款（现金或汇票）提货。

（3）对交货期、违约责任等合同条款控制。要及时发现对方提出的苛刻的交货条件，还要及时发现严酷的索赔条款。对权利和义务明显不对等的销售合同，必须提出修改或予以否决，以维护本企业的经济利益。

（4）合同事项的法律、财务监督。销售合同应当明确双方的权利和义务。审批人员应当对销售合同草案进行严格审核，对重要的销售合同，应当征询法律顾问或专家的意见。

合同内容条款必须经过公司法务部门审核后才能与客户签订，从而降低法律风险的发生。

合同内容提交财务部门审核，防止内容不当或欺诈，可能受牵连而造成经济损失发生。

（5）销售合同签订。销售合同草案按公司审批程序及授权权限严格审核修正，经审批同意后，应授权有关人员与客户签订正式销售合同。

5. 销售客户信用风险控制

为了降低坏账风险，企业应建立健全客户信用档案，关注重要客户资信变动情况，运用信用评估、授信机制、信用额度审批制度等，采取有效措施，防范信用风险。

（1）建立客户信用管理制度。

1）制定赊销额度。根据对客户的调查，针对每个客户的具体情况制定赊销额度。

2）日常赊销管理。包括对销售业务赊销额度的比较和超出赊销额度的特殊销售批准。

（2）建立信用授权和审核批准制度。按照公司规定的权限和程序办理销售业务。为了降低岗位舞弊风险，应当根据具体情况对办理销售业务的人员进行岗位轮换或者管区、管户调整。

（3）明确职责分工。

1）明确各部门及人员的职责分工。销售业务与信用检查、信用额度确定是不相容业务，不能由同一人负责，从而有效防止销售人员为扩大销售，使企业承受不适当的信用风险。

2）分级设置批准赊销信用的权限。在 ERP 程序中，设置操作权限，不同信用额度的赊销由公司不同层次的授权人员审批。

（4）设立信用管理部门。有条件的企业可以设立专门的信用管理部门或岗位，负责制定企业信用政策，监督各部门信用政策执行情况。信用政策应当明确规定定期（或至少每年）对客户资信情况进行评估，编制客户资信评估报告并报企业销售管理委员会审核、确认。

（5）建立信用保证制度。在与客户签订合同时，应视给予客户信用期间的长短和信用额度的大小，要求客户办理担保、保险等事宜，为合同的顺利履行提供保证。

6. 发货与退货风险控制

发货是根据合同的约定向客户提供商品的活动。这个环节的主要风险是：未经授权发货，或货物不符合合同约定，可能导致双方产生争议及货物受损。

（1）发货的控制。公司物流部门应当严格按照发货通知单所示的发货品种、规格、数量、时间、方式、接货地点组织发货，形成相应发货单据，并对单据进行连续编号；建立货物出库、发运等环节岗位责任制，确保货物的安全发运。

1）合同签订后，销售人员将发货通知单提供给公司物流部门。发货通知单上注明客户名称、合同编号、品名、数量、发货日期等事项，物流部门确认后将发货通知单回执交还销售业务人员。

2）物流部门根据发货通知单开具商品发运单，在备注栏上注明运费情况并经销售部门经办人员签字确认后，安排车船自行到仓库提货运输或者交已签订承运合同的承运单位经办人签字后，将商品发运单交承运人去仓库提货。

3）仓库管理人员根据商品发运单及其他有效单据，按其所示的发运商品名称、规格及数量予以发货，填写出库单，完成交接手续并登记台账。

4）物流部门在货物发车前，应电话通知销售业务人员与客户沟通。如果在送货途中有任何异常，造成延误或不能送货，就要及时通知销售业务人员与客户沟通协调，确保在合同规定的时间内将货物完好无损地送达客户指定地点，并取回客户签字确认的回执。

（2）退货的控制。在正常情况下，退货环节不应当有很多，但由于其对企业的信誉有较大影响，退货审核的控制仍非常重要。

1）退货必须经销售主管审批后方可进行。要求退货的审批、退货物资的接收和开具贷项通知单、应收账款的冲减应分别由不同人员负责，并确保与此业务有关的部门和人员各司其职，分别控制实物流和会计处理。销售退回的货物应当由质检部门检验和仓储部门清点后方可入库。质检部门应当对客户退回的货物进行检验并出具检验证明；仓储部门应当在清点货物、注明退回货物的品种和数量后填制退货接收报告；财务部门应当对检验证明、退货接收报告以及退货方出具的退货凭证等进行审核后办理相应的退款事宜；企业应对退货原因进行分析并明确有关部门和人员的责任。

2）验收退货。客户退回的货物应由验收部门来验收，验收时应清点、检验和注明退回货物的数量和质量情况，为日后确定给予客户退货金额和确定退货是否需要修理和再存放提供依据。

3）填制退货接收报告。退货接收报告是对退回货物进行文件记录和进行控制的重要方法。它应在事先加以编号，在发生退货时填制，填制该报告的人员不应同时从事货物发运业务。一切有关的资料，如客户名称、退货名称、退货数量、退货日期、退货性质、原始发票号及价格以及一般情况的说明的退款理由等，必须记录在该报告上。填制后的退货接收报告应受到独立于发货和收货职能的人员的检查。

4）调查退货索赔。收货部门收到和清点检验退回货物后，客户的退货要求应由客户服务部门进行调查。这一程序的目的在于确定对退回货物索赔的有效性，以及如果索赔有效应给予客户的金额。客户服务部门应将调查结果和意见记录在退货接收报告上，并交财务部门、销售部门作为最后的审核。

5）批准退货。退货的最终审核应由销售部门决定。这一批准只有在对退回货物仔细调查和以退货接收报告为依据的基础上才有效，批准意见应签署在退货接收报告上。

6）填制和邮寄贷项通知单。贷项通知单应由销售部门中的员工在得到批准的退货接收报告的基础上编制。贷项通知单事先应编号并加以控制。表明其数量、价格和其他内容在邮寄该贷项通知单前经其他人员复核。贷项通知单和其他相应的资料应附在有关分录凭证上，作为应收账款明细的附件。

7）退货批准后应及时入账，以便修正营业收入和应收账款的余额。企业应当做好销售业务各环节的记录，填制相应的凭证，设置销售台账，实行全过程的销售登记制度。

小知识　**发货环节产生的管理风险**

①未按时按规定发货的风险。经过内部审批的发货通知单，是销售业务的发货指令，载明需发出货物的品名、规格、数量、装运时间、发运地点等。如果发货部门未根据经过批准的发货通知单发货，可能出现装运错误、与销售合同预定不符、私自发货等情形，既缺少了对销售审批环节的复核，又增加了不能按时按规定内容和对象发货的风险，进而损坏企业的商业信誉和发生销售争端导致企业商业利益、货款受损等。

②发生商品被盗风险。企业对发货与开票、记账等职责不独立分设，缺乏对发货后的监督管理（如定期或不定期地盘点），则存在发货人员利用职务之便监守自盗、发货给虚假客户、重复发货等风险，这些都会造成企业财产损失。

7. 售后服务风险控制

企业应当完善售后服务制度，加强客户服务和跟踪，提升客户满意度和忠诚度，不断改进产品质量和服务水平。企业与客户之间应建立信息沟通机制，对客户提出的问题，企业应予以及时解答，不断改进商品质量和服务水平，以提升客户满意度和忠诚度。售后服务包括产品维修、销售退回、服务和升级等。

这个环节的主要风险是：为客户服务水平低，客户满意度不够，影响公司的品牌形象，造成客户流失。控制措施主要有：

（1）结合竞争对手客户服务情况，不断完善与改进客户服务的内容、标准与方法等。

（2）设专人进行售前、售中与售后跟踪管理，也可按产品线/地区设服务中心。

（3）做好客户回访工作，开展客户满意度调查，建立客户投诉制度，记录所有客户的投诉，分析产生原因，及时采取措施。

（4）完善品质管理制度，加强生产、质管各部门之间的沟通，客户不满意可以退货。

小知识　　**销售业务常见的弊端**

销售业务同采购业务一样，即与物相关，又与钱相连，是企业较为敏感的业务活动，发生舞弊与差错的概率较高。销售业务失控的情形主要表现为：

（1）虚计销售收入，调节利润。企业管理层往往为了包装企业的财务报表，提高管理层的政绩，从事盈余管理活动。例如，伪造虚假的销售发票、发货单等原始凭证，或采取虚开发票、虚计营业收入、提前或延迟实现营业收入的手段，利用关联交易虚增或虚减营业收入，致使企业在一定时期内的营业收入失实。有时重复入账也可以达到虚计收入的目的。

（2）销售成本结转不实，变相调节利润。由于企业的成本资料具有一定的复杂性和保密性，所以在这方面做手脚比较容易。主要表现在：营业成本结转不真实、未能与营业收入相匹配，销售费用支出失控、浪费严重，少计、错计、漏计消费税等主营业务税金，造成企业的营业成本、费用失真、利润不实。

（3）应收账款核算不规范。应收账款核算是销售业务中问题最为突出的环节。主要表现在：销售信息反馈延迟或不畅，客户信用情况不明，应收账款的户名与金额“张冠李戴”，应收账款入账金额不实；坏账准备计提标准不合理，计提坏账准备随意性大，未按规定确认与处理坏账损失，账务处理方法在统一会计期间内前后不一致；将“应收账款”账户作为调节收入、营私舞弊的“调节器”，成为掩盖各种不正当经营行为的“防空洞”。有的企业通过“应收账款”账户虚列收入，将应该记录在“长期股权投资”“应收票据”“其他应收款”等账户的内容，转移到“应收账款”账户；有的企业利用相同户名甚至不同户名私自将“应收账款”与“其他往来”账户相互压轧抵冲销，形成账外账；还有的企业采用应收票据背书或者利用应收账款长期挂账私设“小金库”等。

（4）收款方式选用不当，造成坏账。在赊销环节，没有对客户信用做严格的审查，导致大量坏账。

（5）销售费用支出失控，成本增大。预算控制没有做到位，致使销售费用指标失控现象发生。无论销售费用发生金额是大是小，都由销售人员自己决定，这就等于鼓励不正常的职务消费，甚至造成贪污腐败。

（6）销售凭证保管不严，造成资产损失。很多企业忽视了销售凭证的保管工作，没有派专人保管，造成凭证管理的混乱局面；内部人员容易涂改、销毁、伪造凭证；销售商品退货、损毁不办理相应手续，不调整账户登记，造成资产不实。

（7）增值税计算与入账金额不实。在销售业务活动中，企业违反《中华人民共和国增值税暂行条例》等有关规定的情况主要包括：

①未按规定使用增值税专用发票。对应缴纳增值税的销售业务，不开具增值税专用发票，而开具普通销货发票。

②对应计销项税额的视同销售行为，不做销售处理。有的企业将自产、委托加工或购买的货物分配给股

东或投资者，或者用于计提福利或个人消费等，不做销售对待，不计算增值税销项税额。

③多抵扣增值税进项税额。将不得从销项税额中抵扣的进项税额，如用于集体福利、个人消费非应税项目、免税项目的购进货物或应税劳务，以及非正常损失的购进货物等，从销项税额中抵扣。

（四）销售业务的关键控制点

销售业务的关键控制点可以概括为适当的不相容职务分离、正确的授权审批、充分的凭证和记录且凭证预先编号、内部复核程序等。从战略管理层面来看，销售业务在内部控制上需注重销售计划管理、信用管理与赊销、授权与批准；从操作层面来看，销售前的谈判与订立合同、组织发货、会计核算、开票与收款、销售退回等环节是销售业务的控制重点。

1. 在组织机构上分设职责部门

销售业务按照内容可划分为组织销售（“销售”）、组织发货（“发货”）、售后与收款（“收款”）三个阶段。销售阶段的主要活动包括制订销售计划、接受客户订单、信用调查与批准赊销、销售谈判和签订销售合同等；发货阶段是指从签订完成销售合同开始，根据发货通知单组织发出货物、完成销售业务会计核算等活动；收款阶段的主要活动包括催收回款、售后管理与服务、办理销售退回等。企业应对销售、发货、收款三大环节分设不同部门共同完成，各部门专司执行、职责分离。这是有效实施销售业务内部控制的组织基础，是首要的关键控制点。销售业务一般涉及销售部门、信用管理部门、发货部门（仓储部门）、财务部门。一般而言，销售部门主要负责处理客户订单、执行销售政策、签订销售合同、催收货款；信用管理部门主要负责客户信用档案管理、信用调查和评定、信用审核和批准赊销；发货部门主要负责审核发货单据是否齐全并据以办理具体的发货事宜；财务部门主要负责销售业务实现的结算和会计处理、监督收款等。

2. 销售计划环节的关键控制点

企业在销售业务控制活动中，对销售计划的有效控制是明确销售业务方向、确保符合发展战略的保障。它对促进企业持续经营发展具有基础性重要意义。关键控制点就是计划的制订与调整。

（1）制订销售计划并经过审批。企业应根据发展战略和年度生产经营计划，结合自身产能情况和资金供应能力、市场需求预测、竞争对手情况等内外部因素，制订年度销售计划。在此基础上，进一步结合客户订单情况，分解制订月度销售计划，并按规定的权限和程序审批后下达执行。

（2）销售计划应适时适宜地做出调整。企业应由专门部门定期对各产品（商品）的区域销售额、进销差价、销售计划与实际销售情况等进行分析，结合生产现状，及时调整销售计划，调整后的销售计划需履行相应的审批程序。

3. 销售定价环节的关键控制点

销售定价的关键控制主要是指价格的确定与调整均应设置内部控制权限，不能由销售人员直接擅自实施。关键控制点主要包括：

1）根据市场营销策略、财务目标、产品成本和竞争对手情况等多方面因素，最终由管理层审批确定产品基准定价，并定期评价产品基准定价的合理性。每次定价或调价均需由具有相应权限的人员审批。

2）对于特殊情形，可以授权销售部门以基准定价为基础，结合产品市场特点实施一定限度的价格浮动，对经批准的价格浮动权可向下逐级递减分配，不得擅自突破。

3）在销售业务中，从价格上给予客户销售折扣与折让应由具有相应权限人员审批，且授予的实际金额、数量、原因及对象应予以记录，并归档备案。

4. 信用管理环节的关键控制点

赊销是企业在现代信用社会里实现销售的最主要方式。健全有效的信用管理是企业赊销恰当与否的关键所在，它决定了销售最终能否顺利完成。所以，信用管理是销售业务内部控制活动不可或缺的内容。

信用管理环节的关键控制点主要包括：

1）设立独立于销售部门的信用管理部门，由其负责收集主要客户信息，建立客户档案并实施动态更新管理。企业依此确定客户信用等级、赊销限额和采用的销售方式，并经销售部门和财务部门具有相关权限的人员审批。

2）对于境外客户和新开发客户，应当建立严格的信用保证制度。

3）订立销售合同前，事先经过信用管理部门的调查和风险评估。

4）销售部门在与客户洽谈中提出的赊销额，必须获得信用管理部门的审核并经管理层主管人员批准。

5）在发货环节之前，销售部门向信用管理部门申请核查，以确保相应客户的发货额度控制在已经批准的赊销额度之内。

5. 谈判与订立销售合同环节的关键控制点

谈判与订立销售合同环节直接决定每项单笔销售业务的收益水平，因此对其内部控制活动显得尤为重要。这个环节的关键控制点主要包括不相容职务分离、处理订单、授权与批准、销售谈判、订立合同。

（1）不相容职务分离。不相容职务分离是内部控制活动的核心控制思想，会不同程度地应用在各主要业务环节。谈判与订立合同环节的关键控制点主要体现为：

1）合同谈判人员与签订合同的人员相分离。

2）正式签订合同之前，由经过授权的专门人员就销售价格、信用政策、发货及收款方式等具体事项与客户进行谈判。

3）销售审批与赊销政策审批由不同部门的不同人员来执行。

4）编制销售发票通知单、开具销售发票、复核发票应分设三个岗位、相互分离。

（2）处理订单环节。健康的企业应该建立客户订单的内部控制程序。接受客户订单是企业销售实现的开始，没有订单的企业将无以为继，但并非凡是订单都一概接受，因为处理客户订单不慎甚至会拖垮一个企业。因此，处理订单环节要把握三个关键控制点：

1）收到订单后结合企业自身生产能力、销售政策、存货情况以及客户的财务状况等因素，审核是否可以接受该订单。

2）确定客户在已批准的客户清单上。

3）每次销售都应有已批准的销售单。

（3）授权与批准环节。企业应当对销售业务建立严格的授权审批制度，明确审批人员对销售业务的授权审批方式、权限、程序、责任和相关控制措施，规定经办人的职责范围和工作要求。

在授权与批准环节涉及四个关键控制点：

1）合同对方是企业信用部门批准赊销的客户，合同签署的赊销额是经过信用管理部门在授权范围内批准的。

2）合同确定的销售价格、付款条件、运费和销售折扣的确定已经销售部门之外的有权部门和人员进行了适当的授权与批准。

3）审批人应当根据销售授权审批制度的规定，在授权范围内对正式签订前的合同进行审批，不得超越审批权限。对于审批人超越审批权限的审批行为，经办人有权拒绝办理并及时向审批人的上级授权部门报告。

4）因特殊情形需要超出企业既定销售政策和信用政策规定范围销售业务，企业应当进行集体决策。

（4）销售谈判环节。销售谈判过程中的关键控制点主要是参与谈判的人员应至少两人以上，并与订立合同人员分离，对销售谈判的全过程应有完整的书面记录和重大事项报告制度。

（5）订立合同环节。确保订立合同合理保障企业合法权益和商业利益，必须做好以下三个关键控制点：

1）所订立的合同首先必须严格遵守《中华人民共和国合同法》的规定，金额重大的合同应该征求外部法律顾问或者专家的意见。

2）企业应当建立健全销售合同订立及审批管理制度，明确必须签订合同的范围，规范合同订立程序，确定具体的审核、审批程序和所涉及的部门人员及相应权责。审核、审批应当重点关注销售合同草案中提出的销售价格、信用政策、发货及收款方式等。

3）销售合同草案经审批同意后，企业应授权有关人员与客户签订正式销售合同。

6. 发货环节的关键控制点

发货是实物资产流出企业的直接环节，也是销售业务的中心环节。只有实现正确的发货，才具备收取货款的基础。关键控制点如下。

（1）开出销售通知单和销售发票通知单。销售部门依据审核后的销售合同和销售订单，开具载明与合同内容一致的发货品种、规格、数量、客户、发货时间和方式、接受地点等信息的销售通知单，交仓储部门和财务部门；同时，开具销售发票通知单给财务部门。

（2）仓储部门按销售通知单备货。仓储部门应当建立出库、计量、运输等环节的岗位责任制，分别对销售通知单进行审核。在此基础上，严格按照销售通知单所示的需要发运货物的内容，在规定的时间内备货并与运输部门办理手续，组织发货。

（3）装运与交接确认。运输部门对照销售通知单装运货物并填写装车凭据，按照合同规定的时间、地点和对象履行运输任务，与客户在货物交接环节办好装卸和检验工作，确保货物安全交到客户并得到验收确认，取得收货确认凭据和收到发票的确认凭据，交由销售部门整理和保存。

（4）充分的凭证和记录。在货物组织发运离开企业环节，仓储部门在货物装运完成后，应形成相应的发货凭据并连续编号，做好库房的出库记录；销售部门在发货完成后设置销售台账，反映各次商品销售的开单、发货、收款等情况，并将客户订单、销售合同、客户确认证据等作为台账附件归档，形成全过程的销售登记制度。

7. 收款环节的关键控制点

收款环节是体现销售业务成果之所在。如果收款环节的内部控制薄弱或者缺失，则可能令销售业务功亏一篑。关键控制点如下。

（1）建立客户访问制度。企业可建立管理层分管领导针对主要客户的定期或不定期访问制度，内部控制人员和内审人员在条件许可情况下，也要建立对客户的访问机制，掌握背景信息分析客户付款风险。

（2）实施严格的销售回款政策。

1）企业必须明确规定禁止销售业务人员收取现金货款，同时尽可能要求客户与公司实行货款的票据或转账结算。

2）若客户只能提供现金付款或者承兑汇票方式结算货款，企业应制定内部控制程序，明确要求业务人员提前报告具体的付款时间、金额、方式以及携带现金的安全措施，不能坐支现金。

3）企业财务部门和销售部门应当密切配合，共同对销售回款情况定期检查，抽查核对企业与客户往来账务的真实性。

（3）及时开具销售发票。开具发票的关键控制点如下：

1）在开具每张销售发票之前，开票人员应独立检查是否存在装运凭证和相应的经批准的销售通知单。

2）应依据已授权的批准的商品价目表编制销售发票。

3）独立检查销售发票计价和计算的正确性。

4）将装运凭证上的商品总数与相应的销售发票上的商品总数进行比较。

5）开具发票必须严格执行发票管理规定，严禁开具虚假发票。

（4）每月对账。在完成发货并取得客户确认证据后，企业在内控安排上应指定不负责现金出纳和销货及应收账款记录的人员，每月寄送客户对账单，将任何例外情况直接向指定的未涉及执行或记录销货交易循环的会计主管报告，对发现的差异要及时查明原因。

（5）建立应收票据管理制度。

1）明确规定票据的取得、贴现、背书、保管等环节的审批流程和职责要求。

2）严格审查票据的真实性和合法性，防止票据欺诈。

3）由专人负责应收票据保管，严格限制其他人员对票据的接触。

4）动态管理应收票据信息，定期核对盘点，及时办理即将到期的应收票据托收业务。

（6）加强代销业务回款管理，及时与代理商结算销售款项。代销是企业在销售活动中借助市场力量扩大货物销售的一种积极行为。它是指企业将商品委托他人进行销售，但商品所有权仍归本企业的销售方式。委托代销商品销售后，受托方与企业进行结算并开具正式销售发票。代销业务的控制活动主要是代销商的选择与管理和代销货款的回收管理。企业应与受托方订立代销合同，规定受托方于代销商品后及时、定期或至少按月报送已销商品清单。清单中载明售出商品的名称、数量、销售单价和销售金额，应扣的代缴税金和代销手续费等，并将代销货款净额及时汇交委托方。

（7）催收到期款项。

1）销售部门按照客户设置应收账款台账，及时维护每个客户的应收账款信息及其信用额度使用情况，负责应收款项的催收工作。

2）财务部门定期分析应收账款账龄，建立风险预警程序，向货款清收部门预警接近诉讼时效的应收账款。

3）对催收无效的逾期应收账款通过法律程序解决，最低程度降低应收账款形成坏账的风险。

（8）核销坏账与管理。

1）对于确信无法收回的应收账款，获取货款无法收回的确凿证据，及时按照企业内部坏账核销程序履行审批，核销已形成损失的坏账。

2）已做财务核销的应收账款应当建立备查登记簿，做到账销案存，仍定期寄送客户对账单和询证函。若发生回款的情况，应当及时入账，防止形成账外资金。

8. 客户后续服务环节的关键控制点

为了防范或降低客户服务可能带来的风险，从内部控制角度应把握好以下几个关键控制点。

（1）建立售后客户服务制度。在充分市场调查基础上，结合竞争对手客户服务水平，建立和完善企业客户服务制度，明确规范的客户服务内容、标准、方式等。

（2）设置专门部门。企业应设立专职部门或人员进行客户服务和跟踪。有条件的企业可以按产品线或地理区域建立客户服务中心，加强售前、售中和售后技术服务，实行客户服务人员的薪酬与客户满意度挂钩。

（3）做好客户回访和投诉制度。为了及时掌握客户需求和信息反馈，企业应做好客户回访工作，定期或不定期开展客户满意度调查；建立客户投诉制度，记录所有的客户投诉，并分析产生原因及解决措施。

9. 销售退回环节的关键控制点

销售退回属于售后客户服务的范畴，也与应收账款管理密切关联。在控制活动中，销售退回是一个相对独立完整的环节，其关键控制点如下。

（1）鉴定环节。企业内部专门机构或部门（一般是质量部门或售后服务部门）对发生退回的货物进行严格鉴定和验收，这是实施销售退回的必要条件。如果属于退赔范围，则报经销售业务主管审批后及时予以执行，谨防销售业务人员利用产品三包政策从事舞弊活动。

（2）验收环节。仓储部门应当在清点货物、注明退回货物的品种和数量后，填制退货接收报告，取得审批以后才能办理入库。

（3）会计处理环节。财务部门应当对检验证明、退货接收报告和退货方出具的退货凭证等进行审核无误后，方可办理相应的退款事宜和会计处理。

10. 会计控制环节的关键控制点

（1）完整正确的会计记录。企业应加强对销售业务的会计系统控制，详细记录销售客户、销售合同、销售通知、发运凭证、商业票据、款项收回等情况，确保会计记录、销售记录与仓储记录相一致。财务部门对销售报表等原始凭证审核销售价格、数量等，并根据国家统一的会计准则制度确认销售收入并登记入账。

（2）跟踪应收账款，促进及时回收。会计系统控制应及时收集应收账款相关凭证资料并妥善保管；对未按时还款的客户，采取申请支付令、申请诉前保全和起诉等方式及时清收欠款；对收回的非货币性资产应经评估和恰当审批。

第二节　应收款项内控

一、应收款项内控的目标

（一）扩大销售，增加收益，提高企业的竞争力

企业销售商品的形式多种多样，但归结起来有两种基本类型：现销方式与赊销方式。现销方式是指应计现金流入量与实际现金流入量完全吻合，既能避免坏账损失，又能及时将收回的款项投入到再增值过程，因此是企业最期望的一种销售结算方式。现销方式在短缺经济、卖方市场的情况下是可行的，企业不必采用赊销方式，也基本不会发生应收账款，因此能抑制风险。但在买方市场、市场竞争比较激烈的情况下，企业单纯依赖现销方式，会丧失许多有利的机会，使市场萎缩，竞争力下降，长期利益受到损害。为了适应市场竞争的需要，企业宜适时采取有效的赊销方式，即商业信用，是非常有利的。赊销是促进销售的一种重要方式，在银根紧缩、市场疲软、资金匮乏的情况下，赊销具有比较明显的促销作用，对企业销售新产品、开拓新市场、扩大销售、增加收益、提高市场竞争地位和实力方面具有更重要的意义。

因此，企业应收款项内控应以扩大销售、增加收益、提高企业竞争力为目标。

（二）促进销售业务活动健康运行

销售业务活动健康运行涵盖了许多具体的控制目标，其主要包括：各项应收款项业务活动内容合理合法；符合企业整体业务目标要求和收益大于成本的原则；应收款项业务风险控制在可预见范围之内；应收款项业务活动的手段和方法科学正当，无违法违纪行为；应收款项业务活动效果具有可持续发展的效益性和前瞻性；应收款项业务活动运行程序顺畅、快捷、高效率；业务经办部门及人员责任心强、积极性高；等等。

（三）保证应收款项及时收回

应收款项因为赊销行为而产生，应收款项的出现意味着企业的流动资金被对方所占用。企业资金若过多地占用在应收款项上，必然影响资金的周转，由此而降低企业的经济效益。因此，保证应收款项的及时收回就成为应收款项控制的一项重要目标。应收款项的财务控制应尽可能使企业形成一种良性的循环机制，促使应收款项及时回收。

（四）确保企业选择恰当的结算方式，保证货款及时收回

企业通过对应收款项的控制，向社会信用咨询机构查询购货方信用情况或建立动态的客户管理系统，负责客户的信用调查、组织信用评估，根据客户的信用情况确定货款的结算方式，决定是否赊销及赊销的金额。这样能确保企业选择恰当的结算方式，保证货款及时收回。

（五）减少坏账损失的发生

应收款项的存在导致企业难免发生坏账损失，因此企业应加强信用控制，加大催收力度，适时进行账龄分析，对超过账龄的应收款项及时反馈信息，重点控制，尽可能减少坏账损失的发生。

（六）保证应收款项真实准确

应收款项反映企业与外部有关单位之间的债权债务结算关系，企业必须真实地记录与核算，以维护企业的合法权益，防止非法挪用和个人谋取私利等情况的发生。

（七）减少库存，节约存货资金占用，降低存货风险和管理开支

企业持有产成品存货，需要追加管理费、仓储费和保险费等支出；相反，企业持有应收款项，则无须上述支出。因此，当企业产成品存货较多时，一般都可采用较为优惠的信用条件进行赊销，把赊销额控制在合适的范围内，这样可以把存货转化为应收款项，减少产成品存货，节约存货资金的占用，降低存货风险和管理开支。

（八）降低投资的机会成本、坏账损失与管理成本，最大限度地提高应收账款的效益

企业把资金用于长期投资或一些具体项目的投资，要经过非常仔细的计划、决策，投资的收益也具有不稳定性、流动性较差、不易随时变现的特点，因此投资的风险相对来说比较大；但资金闲置也会降低资产的使用效率。如果企业把资金转向应收款项投资，既能扩大企业的销售，提高应收款项的效益，而且应收款项的流动较好，降低了投资的机会成本、坏账损失和管理成本。

（九）促进职业道德完善升华

职业道德升华是指在实施应收款项财务控制的过程中，通过“它控”和“自控”，促使会计和有关人员进一步树立并增强正确的会计职业良心和职业责任感，进而达到会计职业道德不

断完善与升华的一种状态。道德品行并不只是应收款项控制的环境因素，也应当成为应收款项控制内容的有机组成部分。从某种意义上说，实施应收款项控制的过程也是会计职业道德自律的过程。

（十）保证应收款项业务会计核算资料准确可靠

财务部门应当按照有关规定核算应收款项业务，开设应收款项总账和明细账，正确编制会计凭证，及时记录会计账簿，保证应收款项业务会计核算资料准确可靠。

（十一）保证应收账款业务有据可查、应收账款业务账簿之间相互制约

应收账款应以经过销售部门核准的销售发票和发运账单等为依据进行记录，保证应收账款业务有据可查。应收账款总账和明细账要由不同人员根据汇总的记账凭证和各种原始凭证、记账凭证分别登记；由独立于记录应收账款的其他人员定期检查核对应收账款总账和明细账户的余额；应收账款的各种贷项调整（包括坏账冲销、折让或折让的给予等）要经过财务部门负责人的批准，以保证应收账款业务账簿之间的相互制约。

（十二）保证应收票据业务事项真实完整

通过应收款项的控制，要达到保证应收票据业务事项真实完整的控制目标，即要设立应收票据登记簿，详细登记库存票据的种类、票号、出票人、出票日期、票面金额、到期日和利率等。应收票据到期收到本息、应收票据提前向银行贴现或经背书转让等事项均应在应收票据登记簿上做详细的说明。

（十三）保证应收款项金额准确无误

通过对应收款项进行控制，还要保证应收款项金额的准确无误，防止企业利用应收款项进行舞弊。企业至少每年要同对方核对一次应收账款，检查应收账款同对方账面数是否一致，有无弄虚作假等情况。应收票据、其他应收款也要定期进行核对，保证金额准确无误。

二、应收款项控制的内容

（一）应收账款控制的内容

1. 应收账款信用控制

应收账款信用控制是指对应收账款的信用风险进行控制，主要包括以下控制内容。

（1）应收账款信用标准的控制。信用标准是指企业可接受的客户最低财务实力，是企业用来衡量客户是否有资格享受商业信用所具备的基本条件。制定信用标准的关键在于评估客户拖延付款或拒付而给企业带来坏账损失的可能性，通常用预期坏账损失率表示。例如，某企业只对预期坏账损失率低于 3%的客户提供商业信用，则这个 3%即信用标准。若企业制定较严格的信用标准，即只对信誉好、预计坏账损失率低的客户给予赊销，会减少应收账款成本，但不利于扩大销售；反之，如果信用标准制定过宽，虽能增加销售，但应收账款的成本也会增加。因此，企业应当根据客户的信用状况，比较不同信用标准的收益与成本，选择较为合理的信用标准。

（2）应收账款信用额度的控制。信用额度是指企业某一时间内提供的信用销售总额，即一定时间内应收账款总额，是企业愿意对某一客户承担的最大赊销风险额。它取决于信用销售的数量与收账期限。

企业应根据客户的信用等级及有关资料，为每一客户设定一个信用额度。在日常业务中，企业可以连续地接受某一客户的订单，只要对该客户的赊销额不超过其信用额度，就可以对其办理赊销业务；一旦超过信用额度，除非经企业有关部门批准，否则不能再对该客户提供赊销。同时，随着市场销售情况、客户信用情况和企业愿意承担的赊销风险的变化，企业应定期对客

户的信用额度重新核定，使信用额度保持在企业所能承担的信用风险范围之内。

（3）应收账款信用期间的控制。信用期间是指企业允许客户从购货到付款的时间间隔，或者企业给予客户的付款时间。例如，某企业允许客户在购货后的 50 天内付款，则信用期间为 50 天。信用期间过短，不足以吸引客户，在竞争中会使销售额下降；信用期间过长，虽然可以扩大销售额，但同时会引起应收账款占用资金的机会成本增加，增加收账费用和坏账损失。因此，企业必须控制信用期间在一个合适的范围内。此外，企业应适时修改和调整信用期间，尽量协调三个相互矛盾的目标：把销售提高到最大；把应收账款的机会成本降到最低；把坏账损失降到最小。

（4）应收账款现金折扣政策的控制。现金折扣是指企业对客户在商品价格上所做的扣减。向客户提供现金折扣的主要目的在于吸引客户为享受优惠而提前付款，缩短企业的平均收款期。另外，现金折扣也能招徕一些视折扣为减价出售的客户前来购货，借此扩大销售量。折扣的表示常采用 5/10、3/20、N/30 这样一些符号形式。这三种符号的含义为：

- 5/10 表示 10 天内付款，可享受 5%的价格优惠；
- 3/20 表示 20 天内付款，可享受 3%的价格优惠；
- N/30 表示付款的最后期限为 30 天，此时付款无优惠。

企业采用什么程度的现金折扣，要与信用期间结合起来考虑。不论是信用期间还是现金折扣，都可以给企业带来收益，但也会增加成本。

（5）应收账款信用对象的控制。应收账款的信用对象是指对何种客户给予信用。信用对象的选择和控制要考虑多方面的因素，要进行客户的信用调查、资信分析、信用评估等，综合得到不同客户的具体情况，最后决定是否给予该客户信用。

（6）客户管理的控制。客户管理控制就是要搞清楚客户到底包括哪些，如何分类，其对应收账款的控制有着重要作用。

客户管理控制的内容主要有客户基础资料、客户特征、业务状况、交易现状等。

2. 应收账款会计核算控制

应收账款会计核算控制是指对应收账款的核算过程进行控制。控制内容主要包括应收账款的确认、计量、记录和报告等环节。

应收款项的核算控制包括许多内容和注意事项，不仅要遵循《企业会计准则》等国家法律、法规的要求，还要根据企业自身的特点，采用合适的会计政策和计价方法等。

3. 应收账款余额控制

应收账款余额控制是指对应收账款的余额进行控制，即企业应收账款的余额应该控制在什么范围内才是对企业比较有利的。应收账款的余额即每年赊销的总金额。

企业每年赊销的总金额应根据企业当年的生产和销售计划、销售策略等因素来确定，每年确定一次，并根据具体情况和环境变化进行修订和调整。例如，企业每年计划产值 1 000 万元，当年销售 1 000 万元，其中赊销 50%，则当年赊销的总金额不应超过 500 万元，具体到各个赊销客户的最大赊销金额，可根据其信用等级、经营能力和产品类型来确定。

4. 应收账款坏账损失控制

（1）应收账款坏账准备计提控制。应收账款坏账准备计提控制包括坏账准备计提的范围、提取方法、账龄的划分和提取比例的控制。

企业应当在期末分析各项应收账款的可收回性，并预计可能产生的坏账损失，对预计可能发生的坏账损失计提坏账准备。企业应根据以往的经验、债务单位的实际财务状况和现金流量的情况，以及其他相关信息制定坏账准备政策，明确计提坏账准备的范围、计提方法、账龄的划分和提取比例，按法律、法规规定报有关各方备案。坏账准备计提方法一经确定，不得随意变更；如需变更，应当在会计报表附注中予以说明。

（2）应收账款坏账确认控制。应收账款坏账确认控制是指对无法收回的应收账款即坏账损失进行控制。企业在清查核实的基础上，对确实不能收回的应收账款应当作为坏账损失，并及时进行处理。属于生产经营期间的，作为本期损益；属于清算期间的，应当作为清算损益。坏账损失处理后，企业应当依据税法的有关规定向主管税务机关申报，并按照会计制度规定的方法进行核算。

5. 应收账款催收、清理控制

应收账款控制的目标就是尽量减少应收账款、及时收回应收账款，但实际上可能发生应收账款难以收回、长期拖欠的情况，所以对应收账款催收、清理控制也不能忽视。

（1）应收账款责任部门控制。在各企业中，销售部门和财务部门都知道企业有大量的应收账款对不上或收不回，但具体该由谁来督办、由谁来清查管理并不十分清楚。因此，企业应认真组织专门的应收账款机构负责应收账款管理和控制。

（2）应收账款收账策略控制。应收账款收账策略是指当企业提供的应收账款信用条件被对方违反时所采取的策略。收账策略的制定，直接影响到收账数量、收账期与坏账损失的比率。企业采取积极的收账策略，收账费用增加，坏账成本相对减少；反之，企业采取消极的收账策略，收账费用减少，但坏账成本可能增加。收账费用与坏账成本之间存在着反比例变动的非线性关系。企业应当权衡不同收账策略下的成本和收益后确定合理的收账策略。各种不同过期账款的收账政策应该是不同的。

（3）应收账款收账程序与催讨控制。催收账款的一般程序是：信函通知；电话催收；面谈；法律行动。当客户拖欠账款时，应分析原因，确定合理的讨债方法。

6. 应收账款成本控制

企业为了在竞争中取胜，扩大销售，不得不以信用销售或其他方式招徕客户。应收账款的产生，意味着企业向客户提供商品或劳务的同时，在一个有限的时间内向客户提供了相应的资金。客户在使用这部分资金时，一般都无须付出代价，相当于取得了一笔无息贷款。因此，应收账款的产生使企业在扩大销售的同时，产生了相应的成本。

（1）应收账款机会成本控制。应收账款的机会成本是指资金投放在应收账款上而丧失的其他收入。企业资金如果不是投资在应收账款上，就可以用来投资其他项目并获得收益。例如，购买国债会有利息收入。机会成本是一种典型的财务成本，在会计核算上一般不予计量，但它是一种客观存在，从财务观念上必须考虑。其计算公式如下：

机会成本=应收账款平均占用资金×机会成本率

应收账款平均占用资金的计价，理论上有如下两种方法：

1）应收账款平均占用资金=平均日赊销额×平均收账期

式中：平均日赊销额=年赊销额÷360 天；平均收账期=∑各类应收账款的收账期×各类比重。

2）应收账款平均占用资金=应收账款平均余额×变动成本率；或：应收账款平均占用资金=应收账款平均余额×销售成本率

式中：应收账款平均余额=平均日赊销额×平均收账期。

（2）应收账款管理成本控制。应收账款的管理成本是指管理和控制应收账款而付出的代价，是从应收账款的发生到收回期间的所有的与应收账款管理系统运行有关的费用，主要包括调查客户信用情况的费用、收集各种信息的费用、账簿记录的费用、应收账款催收的费用和其他费用等。管理成本相对于应收账款的数量而言，是一种固定成本。

（3）应收账款坏账成本控制。应收账款的坏账成本是指应收账款因故不能收回而产生的损失，它与应收账款的数量成正比。坏账成本的产生意味着信用销售的失败，因而坏账成本是信用销售可能产生的最大风险。

7. 应收账款业务流程控制

应收账款业务主要由财务部门负责，同时涉及销售等部门。应收账款业务处理流程与销售业务紧密相连。其业务处理流程一般经历以下环节，因此其控制的内容也应包括这些环节。

（1）订货。销售人员在管理部门的授权范围内推销商品，接受客户的订单。该阶段主要是控制销售订单。

（2）销售。确定具体的销售方式。例如，采用现销、应收账款销售及应收票据销售方式等。

（3）开票。销售部门向客户开具销售发票。该阶段主要是控制销售发票。

（4）记账。财务部门根据销售发票并结合商业信用形式进行相应的账务处理。

（5）收款。财务部门根据应收账款账单规定的期限收取货款，并定期编制应收账款账龄分析表。对于逾期未能收到的应收账款应设法催收，对于收到的应收账款则应及时入账。

（6）处理坏账。管理部门及时判断应收账款的收回情况，对于无法收回的应收账款应及时处理，对于已经冲销的坏账仍应进行关注。

8. 应收账款变现控制

应收账款变现控制是指对应收账款的变现过程和变现方式进行控制。应收账款变现控制的内容主要包括变现的形式和方法等。应收账款长期挂账，使企业资金补偿不足，而专业银行商业化更使企业增贷困难。因此，企业为在竞争中求生存、谋发展，恰当处理好应收账款尤其是长期挂账的应收账款，成了当务之急。企业在缺乏运营资金时，可以根据应收账款的数量和特点选择适当的变现方法，将应收账款变现以获得资金。

小知识　**应收账款若干控制措施**

1. 签订合同

在未来的收款期内，为避免出现不必要的经济纠纷，在交易之前，必须签订详细的购销合同。购销合同一经签订，购销双方必须严格执行。购销合同的签订可以避免发生经济纠纷，保证货款及时收回，减少不必要的经济损失，对企业的生产安排与经营活动也具有极大的约束力。合同的内容和手续要符合《中华人民共和国合同法》要求，主要应写明供应商品的品名、规格、数量、价格、质量等级标准、供货时间、运送方式、货款结算方式和双方应承担的责任等内容。

2. 资信调查

应收账款多数是因为赊销形成的，因赊销商品，企业不能立即收到货款，面对各种各样的客户，企业在签订赊销商品经济合同时，必须慎重行事。为保证货款能按期收回，在确定订货款的结算方式时，必须以购货方的财务信誉为依据。因此，企业要调查评定购货方的信用情况，或向信用咨询机构查询购货方的信用情况，以决定是否赊销及赊销的金额。

3. 核准

赊销商品必须经职业经理人或授权核准的人员核准才能签订销货合同，增加核准程序是为了尽可能减少差错的发生。

4. 及时清欠

企业应加强对应收账款的日常管理，定期整理应收账款，编制应收账款账龄分析表，对到期的应收账款应及时催回；未能按期收回的应收款项，应查明原因，及时向财务部门负责人提供信息，并采取有力措施加紧催收。对长期未能收回的应收款项，应区别不同情况进行不同的处理。应收账款符合下列条件的，应批准作为坏账处理：债务人死亡，以其遗产清偿仍无法收回；债务人破产，以其破产财产清偿仍无法收回；有足够证据证明应收账款无法收回或收回的可能性很小。若购货单位目前虽无还债能力，但在一定时间后仍有可能分期偿付应收账款，应通过协商签订还款协议，必要时可通过法律手段解决。

5. 核对账目

应收账款应定期或不定期地同对方进行核对，至少每年要核对一次。通过核对，可以发现应收账款是否同对方账面数一致，有无不一致或弄虚作假的情况。

（二）应收票据控制的内容

随着银行体系的完善，企业之间的业务往来开始使用商业汇票结算。票据结算只在银行开立账户的法人之间根据购销合同进行交易的情况下才可以使用。企业销售商品后，接受对方开具的商业汇票，增加了应收票据。应收票据可以贴现、抵押和转让，提高了企业资金使用的灵活性。应收票据控制包括从应收票据接受到处置各个环节的内容。

1. 应收票据确认控制

应收票据确认控制是指对应收票据的接受过程进行控制。

企业接受客户的应收票据，须经责任主管部门的审批。应收票据的接受是与销售业务连在一起的，所以应收票据应以合法的商品交易为基础，承兑期限要符合法律、法规的规定。

2. 应收票据贴现控制

应收票据贴现控制是指对应收票据贴现的各方面进行控制，包括手续、核算、登记等控制。应收票据贴现是比较容易出问题的环节，尤其是附息票据，在贴现时利息容易被挪用，财务上应加强这一环节的控制和监督。

企业资金短缺时，可将未到期的应收票据经过背书，向银行申请融资。银行同意后，按一定的利率从面值中扣除自借款日起至到期日止的利息，而付给余额，这种从银行取得现款的融资方式称为应收票据贴现。

企业以应收票据向银行贴现时，因背书转让而在法律上负有连带偿还责任。如果该应收票据到期不获兑付，企业有责任代出票人或承兑人向银行兑付。会计上把这种可能发生但还不是确凿的债务，称为或有负债，企业应记录或有负债。

3. 应收票据抵押控制

应收票据抵押控制是指对应收票据抵押的各方面进行控制。企业在需要资金或为获得借款时，也可以将应收票据进行抵押。应收票据抵押控制的主要内容包括票据抵押的审批和资格、形式、数量等。

4. 应收票据转让控制

应收票据转让控制是指对应收票据转让的各方面进行控制。企业在资金短缺时，也可以转让应收票据。应收票据转让控制的主要内容包括票据转让的合法性、票据转让的审批和交接等。

5. 应收票据保管登记控制

应收票据保管登记控制是指对应收票据取得后的保管的各环节进行控制。

企业应设立应收票据登记簿，详细登记库存的每种票据的种类、号数、出票人、出票日期、票面金额、到期日和利率等。当企业接受商业汇票时，对应收票据要进行备查登记，详细登记应收票据的有关内容，如出票人到期日、利率、贴现情况等。当某张应收票据到期收到本息或提前向银行贴现或经背书后转让时，均应在登记簿上做详细的说明。对已贴现的票据，企业也要进行备查登记，因为有些票据是带追索权的票据。这种票据贴现后，还存在或有负债。或有负债要在企业会计报表附注中进行披露。

6. 应收票据注销控制

应收票据注销控制是指对应收票据获得付款后，注销应收票据时进行控制。

应收票据要定期与出票人进行询证，尤其要对逾期未承兑票据的出票人或背书人直接催收。对承兑人违约拒绝偿还的到期票据，应将其转作应收账款管理。对收回票面金额无望的票据，经审批后予以注销，转作坏账损失，并对已注销的票据实行追踪控制，防止将来某一天当债务人清偿时，款项被不法分子侵吞。

企业持有的未到期应收票据，如有确凿证据证明其不能收回或收回的可能性较小时，应将其账面余额转入应收账款，并计提相应的坏账准备。

（三）其他应收款控制的内容

其他应收款是指除应收账款、应收票据、预付账款以外的各种应收及暂付款项，包括：备用金，各种应收赔款或罚款，为企业内部职能部门、车间和职工个人垫付的各种应收及暂付款项、出租包装物的租金，存出保证金，购买债券后的应计利息以及购买股票后应计的已宣告发放的股利等。其他应收款账户常常被企业用来反映和记载一些业务性质不明确的经济业务，甚至被当作“防空洞”来调节费用和收入。其他应收款金额不大，但内容繁多，并且多用现金结算，容易产生舞弊或违法乱纪行为，因此，对其进行控制很有必要。

1. 其他应收款余额对象控制

其他应收款余额对象控制是指对其他应收款的余额及对象进行控制。其他应收款的明细账一般按单位和个人的名义开设，其他应收款明细账的内容通常为大杂烩，应控制其余额的对象和会计事项的性质。

2. 其他应收款增减变动控制

其他应收款增减变动控制的主要内容有：其他应收款增减变动的合法性；其他应收款中有无转移收入，有无隐匿应收罚金、赔款，有无虚列成本费用；重复报销备用金及贪污存出保证金等问题。

3. 其他应收款坏账损失控制

其他应收款坏账损失控制的主要内容有：坏账损失的合法性；对于转作坏账损失的项目，是否符合规定并按规定的程序办理审批；对于长期未能收回的项目，要查明原因。

4. 存出保证金控制

存出保证金是企业为租用、借用包装物而支付的押金。存出保证金控制的主要内容有：是否有专人保管和登记包装物；是否坚持钱进物出、物出钱进的原则；存出保证金是否全部及时入账，有无虚列其他账户；退出包装物时存出保证金是否按时收回。

5. 个人借支款项控制

个人借支款项控制是指对单位借支给个人的一些款项进行控制。其控制的主要内容有：个人借支款项是否经过批准，借支原因是否合理；有关人员有无利用职权长期借款不还或虚报费用问题；个人借款的归还是否及时，有无利用个人借款或公款从事非法营私活动。

三、应收款项控制的方法

（一）应收账款控制的方法

1. 应收账款信用控制法

应收账款信用控制法是指以信用的方式对应收账款的发生进行控制的一种控制方法。

信用控制是应收账款控制的首要环节，其目的是将未来可能发生的信用风险控制在事前，防患于未然。应收账款信用控制法主要分以下几个步骤进行。

（1）信用调查。信用调查有直接调查法和间接调查法。直接调查法是指调查人员直接与被调查单位接触，通过当面采访、询问、观看、记录等方式获取信用资料的一种调查方法。直接调查能保证收集资料的准确性和及时性，但若得不到被调查单位的合作，则会使调查资料不完整。间接调查法是指以被调查单位以及其他单位保存的有关原始记录和核算资料为基础，通过加工整理获得被调查单位信用资料的一种调查方法。信用调查的资料来源如下：

1）客户的基础情况。在向客户提供信用销售之前，可要求客户按标准格式提供其基本资料和被查询的其他供应商，以了解客户的成立时间、股东情况、开户银行、产品市场、竞争对手、经营状况等信用资料。

2）客户的财务报表。通过财务报表了解客户的财务状况，分析其支付能力和盈利能力。

3）营销人员的经验。营销人员直接与客户接触，在他们与客户的交谈中可直接获得有关客户如何获取贷款、有无其他竞争对手、业务发展情况、客户的销售渠道是否畅通等资料。

4）销售台账。通过销售台账可了解到客户过去的表现，如付款是否及时、订货量是否呈上升趋势、平均付款期是多少天等。客户过去的表现对评价其将来的信用是非常有意义的。若某个客户付款一直很及时且购买量呈上升趋势，那么当客户提出增加信用额度时，可满足其要求，否则不考虑增加其信用额度。

5）金融机构资料。应客户的要求，由其开户银行出具一些有关信用状况的证明材料。通过这些材料，可了解到客户的存款余额、借款情况和结算情况。此外，银行和其他金融机构定时公布的信用等级，也可作为评价客户信用标准的参考。

6）其他资料。例如，信用评估机构公布的企业信用等级资料，工商管理部门公布的企业年检情况资料，税务部门公布的纳税大户资料等。

（2）资信分析。企业在设定某一客户的信用标准时，往往先评价其赖账的可能性。最常见的评价方法是“5C”系统，它代表了信用风险的判断因素。所谓“5C”系统，是指评估客户信用品质的五个方面，即品质（Character）、能力（Capacity）、资本（Capital）、抵押（Collateral）和条件（Condition）。

1）品质。品质是指客户的信誉，即履行偿债义务的主观可能性。它是评价客户信用的首要因素，是客户履行偿还债务的态度。企业必须设法了解客户过去的付款记录，看其是否有按期如数付款的一贯做法，与其他供货企业的关系是否良好。

2）能力。能力是指客户的偿债能力。它主要取决于客户的资产，特别是流动资产的数量、质量及其与流动负债的比率关系，可以通过分析客户的流动比例、速动比例等财务指标获得。考察客户的偿付能力，不仅要关注其资产的数量、质量（变现能力）及其与负债的结构关系，更要关注客户在正常情况下的偿付能力，即现金流量状况，同时要从营运能力、获利能力方面对客户的偿债能力进行支持性分析。

3）资本。资本是指客户的财务实力和财务状况，表明客户可能偿还债务的背景，是客户偿付债务的最终保证。

4）抵押。抵押是指客户拒付款项或无力支付款项时能被用作抵押的资产，这对于不知底细或信誉状况有争议的客户尤为重要。在对客户提供的抵押品进行分析时，需要注意的事项是：该抵押品是否为客户实际所有；能否用作抵押；是否已经作为其他项目的抵押；是否真实存在并予以专项投保；到期变现价值如何；到期一旦客户无力付款，赊销企业收取或拍卖抵押品是否存在严重障碍；客户的现金流量状况。

5）条件。条件是指可能影响客户付款能力的经济环境。它反映了客户偿债的应变能力。

例如，万一出现经济不景气，会对客户的付款产生什么影响，客户会如何做等，这需要了解客户在过去困难时期的付款历史。

（3）信用评估。在信用调查和资信分析的基础上，可运用信用评分法对客户进行信用评估。所谓信用评分法，是指先对一系列财务比率和信用情况指标进行评分，然后进行加权平均，得出客户综合信用分数，并以此对客户进行信用评估的一种方法。信用评分的基本公式为：

$$Y=\sum a_i x_i$$

式中：Y 表示客户的信用评分；a_i 表示事先拟订的对第 i 种财务比率和信用品质重要性权数（$\sum a_i=1$）；x_i 表示第 i 种财务比率或信用品质的评分。

信用评分法的步骤是：第一步，选择恰当的财务比率和信用品质指标，然后按它们各自的重要性确定一个权数；第二步，根据客户各财务比率和信用品质的实际情况确定相应的分数；第三步，以选定指标的重要性为权数对各指标的分数进行加权平均，计算各财务比率和信用品质的加权平均数，最后计算各加权平均数的合计数。

应当注意的是：第一，在选择财务比率指标时，应选择能准确评价客户短期支付能力的财务指标，尤其应选择能够直观评价其资产流动性的财务比率指标，因为企业提供信用销售关注的是客户企业的短期支付能力。第二，应结合客户的产品销售状况，选择能够反映其销售盈利能力的财务指标，因为只有客户销售渠道畅通且能够盈利，才能及时支付供应商的货款。

在采用信用评分法进行信用评估时，信用得分在 90 分以上者，说明客户信用状况优秀；得分在 81～89 分者，说明客户信用状况良好；得分在 60～80 分者，说明客户信用状况一般；得分在 60 分以下者，则说明客户信用状况较差。

【例 14-1】 以 A 公司为例，说明用信用评分法进行信用评估的过程，具体如表 14-4 所示。

表 14-4　A 公司信用评估表

财务比率和信用品质指标	指标的重要性权数（a_i）（1）	指标实际值（2）	分数（x_i）（3）	加权平均数（$Y=\sum a_i x_i$）（4）=（1）×（3）
流动比率	15%	2.1	95	14.25
现金比率	20%	0.3	90	18.00
负债比率	15%	40%	90	13.50
销售利润率	10%	15%	85	8.50
信用等级	15%	AA	90	13.50
付款历史	10%	优秀	95	9.50
企业未来预计	10%	良好	85	8.50
其他	5%	良好	90	4.50
合计	100%	—	—	90.25

根据评估结果，A 公司信用状况为优秀。

（4）建立客户档案。在对客户进行资信分析和信用评估的基础上，应为每个客户建立一个信用档案，详细记录其有关资料。客户档案的主要内容包括信用调查、资信分析、信用评估等方面的具体内容。例如，客户与企业有关的往来情况以及客户的付款记录；客户的基本情况，如客户的所有银行往来账户、客户的所有不动产资料以及不动产抵押状况、客户的所有动产资料、客户的其他投资和转投资等资料；客户的资信情况，如反映客户偿债能力、获利能力及营运能力的主要财务指标，反映客户即期及延期付款的情况，客户的实际经营情况及发展趋势信息等。

（5）制定信用政策。制定合理的信用政策是加强应收账款控制、提高应收账款投资效益的重要手段。信用政策即应收账款的管理和控制政策，是指企业对应收账款投资进行规划与控制而确立的基本原则与行为规范，包括信用额度、信用标准、信用期间和现金折扣政策四部分内容。

1）信用额度。

2）信用标准。

①信用标准的影响因素——定性分析。收益、成本的对称关系是企业信用标准制定方面的客观反映。有效的途径是，企业在制定或选择标准时必须考虑三个基本因素。

A. 企业承担违约风险的能力。企业承担违约风险能力的强弱，对信用标准的选择也有重要影响。如果企业具有较强的违约风险承担能力，就可以以较低的信用标准提高竞争力，扩大销售；反之，如果企业承担违约风险损失的能力比较弱，就只能制定稳健的策略，即选择严格的信用标准。

B. 同行业竞争对手的情况。面对竞争对手，企业首先考虑的是如何在竞争中处于优势地位，保持并不断扩大市场占有率。如果企业的竞争对手实力很强，企业欲取得或保持优势地位，就需要采取较低的信用标准；反之，其信用标准可以相应严格一些。

C. 客户的资信程度。企业在制定信用标准时，必须对客户的资信程度进行调查、分析，然后在此基础上，判断客户的信用等级并决定是否给予客户信用。客户资信程度的高低通常决定于“5C”系统，即客户的品质、能力、资本、抵押、条件。

②信用标准的制定——定量分析。对信用标准进行定量分析，要解决两个问题：一是估测客户拒付账款的风险，即坏账损失率；二是具体确定客户的信用等级，以作为给予或拒绝客户信用的依据。主要有以下三个步骤。

A. 设定信用等级的评价标准。根据对客户信用资料的调查、分析，找出评定信用优劣的数量标准。企业可以在查阅各个客户过去若干年度的信用资料的情况下，以一组具有代表性、能够说明付款能力和财务状况的若干比率作为信用风险指标，根据这些年内最坏年度的情况，分别找出信用好和信用坏两类客户的上述比率的平均值，以此作为比较其他客户的信用标准。

B. 利用既有或潜在客户的财务报表数据，计算各自的指标值，并与上述指标比较。比较的方法是：若某客户的某项指标值等于或低于坏的信用标准值，则该客户的拒付风险系数（坏账损失率）增加 5%（设共有 20 项指标）；若客户的某项指标值介于好与坏信用标准值之间，则该客户的拒付风险系数（坏账损失率）增加 2.5%；若客户的某项指标值等于或高于好的信用标准值，则该客户的这一指标无拒付风险；最后，将客户的各项指标的拒付风险系数累加，即得出该客户发生坏账损失的总比率。

C. 进行风险排队，确定各客户信用等级。依据上述风险系数分析数据，按照客户累计拒付风险系数由小到大进行排序，然后，结合企业承受违约风险能力及市场竞争的需要，具体划分客户的信用等级。例如，累计拒付风险系数在 5%以内为 A 级客户，在 5%～10%之间为 B 级客户。对于不同信用等级的客户，分别采取不同的信用对策，包括拒绝或接受客户信用订单，以及给予不同的信用优惠条件或附加某些限制条款等。

对信用标准进行定量分析，有利于企业提高应收账款投资的控制效果。但由于实际情况复杂，因此要求企业财务决策者必须在加深考虑各指标的内在质量的基础上，结合以往的经验，对各项指标进行具体的分析、判断，不能机械地遵循。

3）信用期间。

【例 14-2】　智董公司现在采用 30 天按发票金额付款的信用政策，拟将信用期间放宽为 60 天，仍按发票金额付款即不给折扣，假设等风险投资的最低报酬率为 15%，其他有关的数据如表 14-5 所示。

表 14-5　智董公司两种信用政策对比

项目 \ 信用期间	30 天	60 天	项目 \ 信用期间	30 天	60 天
销售量（件）	50 000	60 000	固定成本（元）	25 000	25 000
销售额（元）（每件 5 元）	250 000	300 000	毛利（元）	25 000	35 000
销售成本（元）			可能发生的收账费用（元）	1 500	2 000
变动成本（每件 4 元）	200 000	240 000	可能发生的坏账损失（元）	2 500	4 500

在分析时，首先计算放宽信用期间得到的收益，其次计算增加的成本，最后根据两者比较的结果做出判断。

①收益的增加。

收益的增加=销售量的增加×单位边际贡献

=（60 000−50 000）×（5−4）=10 000（元）

②应收账款占用资金的应计利息增加。

应收账款应计利息=应收账款占用资金×资本成本

应收账款占用资金=应收账款平均余额×变动成本率

应收账款平均余额=日销售额×平均收现期

$$30\text{天信用应计利息}=\frac{250\,000}{360}\times 30\times\frac{200\,000}{250\,000}\times 15\%=2\,500(\text{元})$$

$$60\text{天信用应计利息}=\frac{300\,000}{360}\times 60\times\frac{240\,000}{300\,000}\times 15\%=6\,000(\text{元})$$

应计利息的增加=6 000−2 500=3 500（元）

③收账费用的增加和坏账损失的增加。

收账费用的增加=2 000−1 500=500（元）

坏账损失的增加=4 500−2 500=2 000（元）

④改变信用期间的税前损益。

收益的增加−成本费用的增加=10 000−（3 500+500+2 000）=4 000（元）

由于收益的增加大于成本费用的增加，故应采用 60 天的信用期间。

上述信用期间分析的方法是比较简略的，可以满足一般制定信用政策的需要。如有必要，可以进行更细致的分析，如进一步考虑销货增加引起存货增加而多占用的资金。

【例 14-3】　沿用例 14-2。假定信用期间由 30 天改为 60 天。由于销售量的增加，平均存货水平将从 4 500 件上升到 10 000 件，每件存货成本按变动成本 4 元计算，其他情况相同。

由于增加了新的存货，因此需要在原来分析的基础上，再考虑存货增加多占用资金所带来的影响，重新计算放宽信用期间的损益。

$$存货增加而多占用资金的利息=（10\ 000-4\ 500）\times 4\times 15\%=3\ 300（元）$$

$$改变信用期间的税前收益=4\ 000-3\ 300=700（元）$$

因为仍然可以获得税前收益，所以尽管会增加平均存货，还是应该采用60天的信用期间。更进一步分析，还应考虑存货增加引起的应付账款的增加。这种负债的增加会节约企业的营运资金，减少营运资金的“应计利息”。因此，信用期间变动的分析，一方面要考虑对利润表的影响（包括收入、成本和费用）；另一方面要考虑对资产负债表的影响（包括应收账款、存货、应付账款），并且要将对资金占用的影响用“资本成本”转化为“应计利息”，以便进行统一的得失比较。

4）现金折扣政策。

因为现金折扣是与信用期间结合使用的，所以确定折扣程度的方法与程序与前述确定信用期间的方法与程序一致，同时应把所提供的延期付款时间和折扣综合起来考虑，计算各方案的延期与折扣取得的收益增量和成本增量，最终确定最佳方案。

【例14-4】 沿用例14-2和例14-3。假定该公司在放宽信用期间的同时，为了吸引客户尽早付款，提出了0.8/30、N/60的现金折扣条件，估计有一半的客户（按60天信用期间所能实现的销售量计）将享受现金折扣优惠。

①收益的增加。

$$收益的增加=销售量的增加\times 单位边际贡献$$
$$=（60\ 000-50\ 000）\times（5-4）=10\ 000（元）$$

②应收账款占用资金的应计利息增加。

$$30天信用应计利息=\frac{250\ 000}{360}\times 30\times\frac{200\ 000}{250\ 000}\times 15\%=2\ 500（元）$$

$$提供现金折扣的应计利息=\left(\frac{300\ 000\times 50\%}{360}\times 60+\frac{240\ 000\times 50\%}{300\ 000\times 50\%}\times 15\%\right)+\left(\frac{300\ 000\times 50\%}{360}\times 30+\frac{240\ 000\times 50\%}{300\ 000\times 50\%}\times 15\%\right)$$

$$=3\ 000+1\ 500=4\ 500（元）$$

$$应计利息的增加=4\ 500-2\ 500=2\ 000（元）$$

③收账费用的增加和坏账损失的增加。

$$收账费用的增加=2\ 000-1\ 500=500（元）$$

$$坏账损失的增加=4\ 500-2\ 500=2\ 000（元）$$

④估计现金折扣成本的变化。

$$现金折扣成本的增加=新的销售水平\times 新的现金折扣率\times 享受现金折扣的客户比例-旧的销售水平\times 旧的现金折扣率\times 享受现金折扣的客户比例$$
$$=300\ 000\times 0.8\%\times 50\%-250\ 000\times 0\times 0=1\ 200（元）$$

⑤提供现金折扣后的税前损益。

收益的增加−成本费用的增加=10 000−（2 000+500+2 000+1 200）=4 300（元）

由于可获得税前收益，因此应放宽信用期间，提供现金折扣。

信用政策并不是一成不变的，企业应定期对客户进行信用再评价，及时修正信用政策。对信用评分较高的客户，可适当增加信用额度，放宽信用标准，延长信用期间，提供优惠的现金折扣条件；对信用评分较低的客户，则应当减少信用额度，提高信用标准，缩短信用期间。这样既有利于扩大销售，提高竞争力，又有利于降低风险，实现应收款项控制的目标。

2. 应收账款追踪分析控制法

应收账款一旦为客户所欠，赊销企业就必须考虑能否如期足额收回的问题。赊销企业有必要在收账之前，对该项应收账款的运行过程进行追踪分析控制。应收账款的追踪分析控制是指采用信用方式（如赊销）结算时，债权人或代理人对应收账款的整个回收过程实施严格的追踪控制，从而最大限度地降低逾期账款的发生率。

应收账款追踪控制的内容主要包括：货物一经发出，就将应收账款列入公司或代理机构的信用管理档案，进行监控；按时与客户（债务人）取得直接联系，询问和沟通货物接收情况、付款准备情况，并提醒和督促客户及时付款；在逾期早期，及时进行追讨；在一定期限内，如债务人未付款，建议收款人采取进一步的收账行动。

企业要做好应收账款的追踪分析控制，必须建立客户信用管理档案，制定相应的业务规章制度，对企业财务人员和业务人员进行必要的培训，使他们有效地开展应收账款的跟踪管理工作。具体地讲，企业可以按照下列步骤和方法对客户应收账款进行追踪控制。

（1）建立应收账款档案。在发出货物当日，业务人员将发票影印件、债务人有关资料和销售报告等进行整理和编号，交给专门负责客户信用管理档案的人员归档。业务人员做好业务记录，同时备份给财务人员。

（2）货物到达日的查询。估计货物到达日，主动与客户取得联系，询问客户是否收到货物，数量是否正确，包装是否完好，接货是否顺利等。此次联系的主要目的是表示对客户是否收到货物的关切，并注意客户是否有异常反应。

（3）对货物满意度的查询。货到一周后，业务人员要再次与客户取得联系，可以是电话、传真或信函，询问客户的货物查收情况。例如，订单货物的规格、型号、种类、数量是否相符；客户对货物质量是否有异议；等等。正常的客户如果对货物不满意，就会马上做出反应；而蓄意拖欠货款的客户此时的表现可能是模棱两可、含糊其词，或做出某种暗示，或表示出某种实际上并不强烈的不满。所以这时业务人员就要对客户的反应和提出的问题进行仔细的分析，识别其背后的真实目的，以便尽快采取措施。

（4）提醒客户付款到期日。在货款到期日的前一周，业务人员或财务人员要再次与客户取得联系，了解客户对交易的满意程度，并提醒客户货款的到期日，了解客户的支付能力，同时暗示客户按期支付货款的必要性。这一阶段，要与客户保持良好的关系，措辞要礼貌、周到、严谨，并体现出对按期收款的关切和信心。

（5）在货款到期日进行催收。在货款到期日的一两天内，应与客户直接联系，询问其是否已将货款汇出。若还没有汇出，应询问原因。对按期付款的客户给予感谢和鼓励性的回复，以进一步加强与客户的良好关系；对未按期付款的客户，以函电形式进行催收或亲自上门了解情况。

（6）及时报告到期未付的情况。如果客户在超过货款到期日 7 天仍未付款，业务人员应将逾期付款的客户名称、金额、未付原因等情况立即报告经理和财务部门，以便将发生逾期欠款的客户纳入早期逾期应收账款催收控制的范围。

可见，通过应收账款的追踪分析控制，有利于与客户及时沟通，减少产生纠纷的可能性，给习惯拖欠的客户施加一定的压力，及时发现信誉不良和恶意拖欠的客户，减少坏账损失和收账费用。当然，赊销企业不可能也没有必要对全部的应收账款实施追踪分析控制，应主要以那些金额大或信用品质较差的客户的欠款为控制重点。

3. 应收账款账龄分析控制法

企业已发生的应收账款时间长短不一，有的尚未超过信用期间，有的则逾期拖欠。一般来说，逾期拖欠时间越长，成为坏账的可能性就越高。在市场经济发达的国家和地区，对应收账款有一套成熟科学的控制模式和体系，其中最核心的部分就是账龄分析控制法。所谓账龄分析控制法，是指将应收账款的收回时间加以分类，统计各时间段内支付或拖欠的应收账款的情况，从而监督每个客户的应收账款情况及其应收账款支付进度，对不同时间段内的逾期账款采取不同的对策的一种控制方法。

账龄分析表是一张能显示应收账款在外天数（账龄）长短的报告，由应收账款账龄、账户数量、金额和所占百分比等项目构成。其格式如表 14-6 所示。

表 14-6　账龄分析表

应收账款账龄	账户数量	金额（千元）	百分比（%）
信用期间内			
超过信用期间 1 ~ 20 天			
超过信用期间 21 ~ 40 天			
超过信用期间 41 ~ 60 天			
超过信用期间 61 ~ 80 天			
超过信用期间 81 ~ 100 天			
超过信用期间 100 天以上			
合　计			

账龄分析表可以是针对某个客户、某类客户或全部客户的。利用账龄分析表，企业可以掌握如下情况：

（1）有多少欠款尚在信用期间内。这部分款项未到偿付期，欠款是正常的；但到期后能否收回，还要待时再定，故及时的监督仍是必要的。

（2）有多少欠款超过了信用期间，超过时间长短的款项各占多少，有多少欠款会因拖欠时间太久而可能成为坏账。

（3）本企业对该客户的收账水平及信用政策。

此时，企业对逾期账款应予以足够重视，查明具体属于哪些客户，这些客户是否经常发生拖欠情况，并查明原因。一般而言，账款逾期的时间越短，收回的可能性越大，即坏账损失的程度相对越小；反之，坏账损失的程度就越大。因此，对不同拖欠时间的账款及不同信用品质的客户，企业应采取不同的收账方法，制定出经济可行的不同收账政策、收账方案。

4. 应收账款收现分析控制法

由于企业当期现金支付需要量与当期应收账款收现额之间存在着非对称性矛盾，并呈现出预付性与滞后性的差异特征（如企业必须用现金支付与赊销收入有关的增值税和所得税，弥补应收账款资金占用等），这就决定了企业必须对应收账款的收现水平制定一个必要的控制标准，即应收账款收现保证率。

应收账款收现保证率是指为了适应企业现金收支匹配关系的需要，所确定的有效收现的账款应占全部应收账款的百分比，是二者应当保持的最低结构状态。

应收账款收现保证率反映了企业既定会计期间逾期必要现金支付需要数量扣除各种可靠、稳定性来源后的差额，必须通过应收账款收现予以弥补的最低保证程度，是企业控制应收账款收现水平的基本依据。其意义在于：应收账款未来是否可能发生坏账损失对企业并非最重要，更重要的是，实际收现的账款能否满足同期现金支付要求，特别是满足基本业务开支的需要，满足具有刚性约束的纳税债务及偿付不得延期或调换的一般性到期债务的需要。

【例 14-5】　智董公司本期发生 1 500 万元的应收账款及以前尚未收现的 300 万元应收账款，要满足企业正常运营的需要，在本期必须保证 1 150 万元应收账款，即收现保证率不得低于 63.89%。否则，一旦实际的收现保证率达不到这一标准，势必影响企业预期经营目标的实现和信誉地位的提高，并有可能遭税法的严厉制裁。此时，企业必须对信用标准、信用条件和收账政策进行深刻分析，加以调整、改进和完善，并采取有效的弥补措施。

5. 客户应收账款状况表分析控制法

客户应收账款状况表分析控制法是指通过编制客户应收账款状况表控制企业应收账款的一种控制方法。客户应收账款状况表的内容包括：客户对企业销售额的重要程度，客户的付款记录，客户未付款的余额。其基本格式如表 14-7 所示。

表 14-7　客户应收账款状况表

年　　月　　日　　　　　　　　金额单位：元

客户名称	销售额	比　重	已付款项	未付款项		
				信用期内	超过信用期	合　计
A						
B						
C						
D						
合计						

客户应收账款状况表全面反映了客户的付款情况，便于及时掌握客户信用等级变化情况。如果客户的付款记录是令人满意的，企业将维持原有的信用政策；如果客户信用等级有所提高，企业可增加信用额度，适当延长信用期间。反之，如果客户的付款记录不能令人满意，应立即采取行动收账，并限制信用条件。

6. 应收账款财务指标控制法

应收账款财务指标控制法是指通过控制与应收账款相关的财务指标来控制应收账款的一种控制方法。

（1）应收账款周转率与平均收账期。应收账款周转率是指企业一定时期赊销收入净额与应收账款平均占用额的比率。它可以测定企业某特定期间收回赊销账款的能力和速度。其计算公式为：

应收账款周转率=赊销收入净额÷应收账款平均占用额

应收账款平均收账期是指应收账款每周转一次（每次转化为现金）所需的时间。它表示企业从取得应收账款的权力到收回款项并转换为现金所需的时间。其计算公式为：

应收账款平均收账期=360÷应收账款周转率

式中，赊销收入净额是指企业信用销售总额与销售退回、销售折让、销售折扣的差额；应收账款平均占用额是指应收账款实际占用资金的平均值，在理论上应当等于应收账款每天的余额与计算期天数之比值，在实际工作中为简化计算可用期初余额与期末余额的平均数代替。一般来说，应收账款周转率越高，平均收账期越短，表示应收账款转化为现金的次数越多，平均每次转化为现金的时间越短，应收账款控制绩效越好。因此，企业可以通过控制赊销净额、应收账款平均占用额把应收账款财务指标控制在企业可以接受的一个范围内。

（2）应收账款回笼率。应收账款回笼率是指一定期间内应收账款资金回笼额与同期发生的应收账款总额之比率。其计算公式为：

应收账款回笼率=本期应收账款账户贷方发生额÷（本期期初
应收账款账户余额+本期应收账款账户借方发生额）

应收账款回笼率指标能够真实、正确地反映企业应收账款的变现速度和应收账款的控制绩效。该指标高，说明客户付款及时、企业收款迅速；企业资产流动性强、偿债能力强；企业发生坏账损失减少；企业信用政策执行情况良好。并且，通过该指标的计算，可以间接反映企业的赊销规模大小。

【例 14-6】 智董公司年初、年末应收账款余额均为 20 万元，本年度发生应收账款 3 万元，收回应收账款 3 万元。则智董公司的应收账款回笼率计算如下：

应收账款回笼率=3 ÷ 23×100%=13%

上述计算结果表明，智董公司应收账款当年变现能力差，管理能力及控制效率低。

（3）坏账损失率。坏账损失率是指一定时期坏账损失数额与期初应收账款余额之比率，其计算公式为：

坏账损失率=本期核销坏账数额÷期初应收账款余额

通过坏账损失率指标的横向和纵向比较，可以了解应收账款控制的失误和收获，提高控制效果。

7. 应收账款收账政策控制法

应收账款收账政策控制法是指通过制定收账政策来控制应收账款的一种控制方法。

（1）制定合理的收账策略。收账策略是指当企业提供的信用条件被对方违反时所采取的策略。收账策略的积极与否，直接影响到收账数量、收账期与坏账损失的比率。收账费用与坏账成本之间存在着反比例变动的非线性关系。企业采取积极的收账策略，收账费用增加，坏账成本相对减少；反之，企业采取消极的收账策略，收账费用减少，但坏账成本可能增加。企业应当权衡不同收账策略下的成本和收益后确定合理的收账策略来控制应收账款的收回。

（2）确定合理的收账程序与讨债方法。一般而言，客户拖欠账款的原因主要有两类。

1）无力偿付。客户因经营管理不善出现财务困难，没有资金支付到期债务。对这种情况要具体分析。如果客户所出现的无力支付是暂时的，企业应帮助其渡过难关，以便收回更多的账款；如果客户所出现的无力支付是严重的财务危机，已达到破产界限，则应及时向法院起诉，以便在破产清算时得到债权的部分清偿。

2）故意拖欠。客户具有正常的支付能力，但为了自身利益，想方设法不付款。针对这种情况，需要确定合理的讨债方法。常见的讨债方法主要有以下几种。

①讲理法。债权人要婉转地说明理由，坚持说理，以理服人。

②恻隐术法。债权人应讲清自己的困难，说明本身的困难处境，以打动债务人的恻隐之心。

③疲劳战法。拖住债务人的一两个领导，长期软磨硬泡，坚持打持久战，不达目的绝不罢休。

④激将法。用语言刺激债务人，使其意识到若不及时付款会损害其形象和尊严。

⑤软硬术法。由两个人讨债，一人态度强硬，寸步不让；另一人则晓之以理，以理服人。

8. 应收账款商账追收控制法

应收账款商账追收控制法是指企业委托外部专业机构收账的一种控制方法。该方法现已成为世界范围内企业加强应收账款控制的重要手段之一。据统计，世界各国收账机构每年为债权人追回欠款的数量，超过了法律机构追回欠款的数量，约占商业纠纷的60%。之所以有如此成绩，是因为商账追收具有其独特的优势。

（1）收账机构是“纠纷调解人”。商人的原则是以和为贵，和气生财，能够协助解决的纠纷，就尽量协商解决，除非迫不得已，否则谁也不愿意走上法庭。商账追收是一种较为温和的追收形式，收账机构正是起到了纠纷调节人的作用。债权人和债务人很多复杂的、积怨深的矛盾和长期拖欠的贷款能在调节中得到圆满解决。

（2）收账机构是“压力制造者”。收账机构是“按劳取酬”的典型，即没有收回欠款就不收取佣金，因此，它必须制造一些压力方能产生效益。这里所说的压力，是信誉压力和法律压力。

（3）相对于律师办案“单兵作战”式的工作方式，收账机构收账则是采用“集团军作战”。世界各国收账机构均在本国和世界范围内维系着一张巨大的由收账子公司、收账合作公司、律师机构、个体收账员等组成的收账网络。因此，即使收账机构远在千里之外，其收账员与债务人也近在咫尺。压力就在债务人的身边，一旦压力不够，会有其他人员参加进来帮助收账。

9. 应收账款会计控制法

应收账款会计控制法是指通过改善应收账款核算办法和管理制度来控制应收账款的一种控制方法。下面从几个方面给出一些建议。

（1）加强管理与监控职能部门。按财务管理内部牵制原则，可以在公司财务部门下设立财务监察小组，由财务总监领导并配置专职会计人员，负责对往来账款的核算和监控，对每笔应收账款都进行分析和核算，保证应收账款账账相符，同时规范各经营环节要求和操作程序，使经营活动系统化、规范化。

（2）企业应当按照客户设立应收账款台账。应收账款台账可以详细反映内部各业务部门以及各客户应收账款的发生、增减变动、余额及其每笔账龄等财务信息。企业财务部门应当定期编制应收账款明细表，向企业管理人员和有关业务部门反映应收账款余额和账龄等信息，及时分析应收账款控制情况，提请有关责任部门采取相应的措施，减少企业资产损失。

10. 应收账款坏账准备制度控制法

应收账款坏账准备制度控制法是指控制坏账准备计提和坏账损失确认的一种控制方法。

（1）坏账准备的计提。企业应当在期末分析应收账款的可收回性，并预计可能产生的坏账损失，对预计可能发生的坏账损失计提坏账准备。当企业的应收账款发生坏账时，通常对其处理的方法有两种：直接转销法和备抵法。直接转销法是指在坏账发生时直接将该笔应收账款转销，确认为当期费用；备抵法则是在平时就按一定的比率计提坏账准备计入费用，而在坏账发生时冲销已计提的坏账准备。备抵法更符合权责发生制的要求，有助于加强应收账款的控制。我国的会计制度规定企业采用备抵法核算坏账准备，但具体计提坏账准备的比率由企业自行确定。

坏账准备的计提控制应注意两点：

1）企业一旦确定坏账准备的计提方法后，应具体注明计提坏账准备的范围、提取方法、账龄的划分和提取比例，按照管理权限，经股东大会或董事会，或经理（厂长）会议批准，按照法律、行政法规的规定报送有关各方备案，并备置于公司所在地，以供投资者查阅。坏账准备计提的方法一经确定，不得随意变更。如需变更，仍应按上述程序，经批准后报送有关各方备案，并在会计报表附注中予以说明。

2）企业在确定坏账准备的计提比例时，应根据企业以往的经验、债务单位的实际财务状况和现金流量的情况、自身抵御坏账损失的风险能力以及其他相关信息合理地估计。

（2）坏账损失的确认。企业对于确实无法收回的应收款项，应作为坏账损失，冲销计提的坏账准备。企业坏账损失的确认控制应注意两点：

1）一笔应收账款确认为坏账时必须经过审批。企业应该建立"业务部门报批——财务部门审核"框架的坏账核销程序。根据销售岗位职责的要求，业务部门应该对应收账款的回收负责，所以当一笔应收账款确实不能收回时，首先应该由业务部门提出冲销要求，财务部门根据企业财务制度的规定决定是否冲销。

2）当一笔应收账款被确认为坏账后，业务部门还要继续催收。尽管会计上确认为坏账，但在账户、报表之外，企业应设立应收账款备查簿，登记已确认为坏账的应收账款。根据应收账款备查簿，业务部门应该继续催收，力争收回欠款。

可见，建立坏账准备制度，计提坏账准备金，对于缓解坏账损失对企业正常经营秩序的冲击、正确反映各期财务成果的真实水平、加速企业资金的周转、降低损失程度都有极其重要的作用。

11. 应收账款年度清查对账控制法

应收账款年度清查对账控制法是指在每年年终时，企业组织专人全面清查各项应收账款，根据应收账款的明细余额定期编制应收账款余额核对表，并将该表寄交客户核实，做到债权明确、账实相符、账账相符的一种控制方法。

企业在清查应收账款时，相对应的应付账款应当一并清查。对既有债权又有债务的同一债务人，应付该债务人的账款，应当从应收账款中抵扣，以确认应收账款的真实数额。此外，企业对于债权人没有追索并超过诉讼时效的逾期应付账款，应当一并清查，并按照国家规定处理。

12. 客户管理控制法

客户管理控制法是指通过对赊销对象即客户的管理来控制应收账款的一种控制方法。

（1）客户管理控制的对象。客户管理控制的对象就是企业的客户。企业要弄清楚客户到底包括哪些，如何分类。客户分类可以按照不同的方式，常用的主要有以下几种：

1）按客户的性质，可分为政府机构（以国家采购为主）、特殊公司（如与本企业有特殊的业务等）、普通公司、客户个人和商业伙伴等。

2）按时间序列，可分为老客户、新客户和未来客户。

3）按交易过程，可分为曾经有过交易业务的老客户、正在进行交易的客户和即将进行交易的客户。

4）按交易数量和市场地位，可分为主力客户（交易时间长、交易量大等）、一般客户和零散客户。

按不同的方式划分出的不同类型的客户，因其需求特点、需求方式、需求量的不同，故对其管理和控制也要采取不同的办法。

（2）客户管理控制的内容。客户管理控制的内容应尽量完整。归纳起来，主要有以下几项：

1）基础资料。客户的最基本的原始资料，主要包括客户的名称、地址、电话、所有者、经营管理者、法人代表及他们个人的性格、兴趣、爱好、家庭、学历、年龄、能力、创业时间、与本公司交易的时间、企业组织形式、资产等。这些资料是客户管理的起点和基础。

2）客户特征。主要包括服务区域、销售能力、发展潜力、经营观念、经营方向、经营政策、企业规模、经营特点等。

3）业务状况。主要包括销售业绩、经营管理者和业务人员的素质、与其他竞争对手的关系、与本公司的业务关系及合作态度等。

4）交易现状。主要包括客户的销售活动现状、存在的问题、保持的优势、未来的对策、企业形象、声誉、信用状况、交易条件以及出现的信用问题等方面。

（3）客户管理控制的原则。

1）动态管理。客户的情况是不断变化的，所以客户的资料也要不断地调整。应剔除过去旧的或已经变化了的资料，及时补充新的资料，对客户的变化进行跟踪，使客户管理保持动态性。

2）突出重点。有关不同类型的客户资料有很多。企业应通过这些资料找出重点客户。重点客户不仅包括现有客户，还包括未来客户或潜在客户。

3）灵活运用。客户资料收集管理的目的是在销售过程中加以运用。在建立客户资料卡或管理卡后，应以灵活的方式及时全面地提供给推销人员及其他有关人员，使他们能更详细地分析，提高应收账款管理的效率。

4）专人负责。由于许多客户资料是不宜流出企业的，只能供内部使用，因此客户管理应确定具体的规定和办法，应由专人负责管理，严格客户情报资料的利用和借阅。

对于不同客户应有不同的信用限度，并且对不同客户确定的信用限度也不是一成不变的，应随着实际情况的变化而变化。

13. 应收账款预算控制法

应收账款预算控制法是指通过编制预算的方式来控制应收账款的一种控制方法。

应收账款积累过多，会影响企业财务状况和正常经营。单纯的事后催收和控制远不能解决问题，而且催收和控制本身给企业带来诸如增加费用、丧失市场、内部失衡等新的问题，这就需要把眼光投向预算控制。应收账款的预算控制可以从三个方面入手：

①在年度预算中明确规定应收账款年末余额。

②在公司中长期财务政策中，根据行业特点和公司应收账款的实际情况，设定一个相对积极的平均收账期，允许每年的平均收账期在这个指标值的上下几天浮动，并可以在年度预算中明确当年的平均收账期。

③在公司中长期财务政策中，根据行业特点和公司流动资产的结构，设定一个应收账款占流动资产总额的比例，对应收账款的总额实行弹性控制。

在实行应收账款预算控制法时，应解决好两个问题。

（1）预算的务实严谨。预算的务实体现在：设定的指标符合实际；各项指标建立在对实际情况详细、深入调查和周密预测的基础上；有充分的事实依据和数字依据。预算的严谨体现在：预算指标在设定上应能充分论证、分解。以应收账款年末预算余额为例，在有多家下属企业的集团公司，这一指标必须层层分解到经营单位，必要时应分解到业务大类乃至品种。

（2）预算的权威严肃。一个好的预算，必须以公司上级或董事会的名义下发，使之体现决策层的意志，赋予较高的权威，才可能得到完全贯彻。在我国，企业这一微观层面的预算制订还存在一些不够严肃的现象，如一夜预算、一人预算、调整预算等。提倡严肃性，还表现在预算的考核上，没有明确和量化的考核办法，预算的执行就缺乏激励因素，其效果也会受到影响。

14. 应收账款总量控制法

应收账款总量控制法是指在一定时期内针对某个或某类客户，制定一个应收账款总额指标，通过该指标的分析和考核来控制应收账款的一种控制方法。

应收账款总量指标的制定应考虑多方面的因素。企业可以根据自身需要的营运资金需要量、自身的财务能力及需要达到的销售水平、当年的生产经营计划及市场情况等因素综合考虑，制定出适合本企业的应收账款总量控制指标。同时，企业的环境和自身的财务状况等因素也是不断变化的，所以，企业应在一定时期内重新进行分析，制定出新的应收账款总量控制指标。

15. 应收账款信用报告制度控制法

应收账款信用报告制度控制法是指通过信用报告的方式来控制应收账款的数量和质量的一种控制方法。

企业应定期开展不同层次的应收账款信用报告会议，相互沟通，以便及时掌握情况，将信用风险减至最低。应收账款信用报告会议可分为如下几种。

（1）信用控制部门内部会议。其中心议题是：信用控制部门的运作情况，过去的工作绩效和未来的工作规划。时间可根据企业的具体情况而定。

（2）信用控制单位和业务部门的联席会议。其中心议题是：对主要客户的信用风险以及目前危险客户进行分析和评价，逾期账款和超过信用额度销售账户分析，未来市场展望以及新客户的财务资料等。时间也可根据企业的需要而定。

（3）最高财务主管或管理层会议。其中心议题是：报告目前信用控制的运作情况以及所遇到的困难和信用风险预测，企业信用政策的执行情况以及改进措施等。时间同样可根据企业的具体情况和需要而定。

应收款项报告控制也包括信用部门应对有问题的应收账款编制问题账款报告书，分析具体情况，随时控制应收账款。其基本格式如表 14-8 所示。

表 14-8　问题账款报告书

年　月　日

基本资料	客户名称			
	公司地址		电话	
	工厂地址		电话	
	负责人		经办人	
	开始往来日期		交易项目	
	问题账金额		授信额度	
	平均每月交易额			
经过情况	①发生原因：□客户倒闭；□拖延付款；□质量不符；□客户要求；□延后付款；□其他。 ②其他			
处理意见				
附件明细				

核准：　　　　　　　　　　　复核：　　　　　　　　制表：

16. 应收账款信用保险控制法

应收账款信用保险控制法是指通过信用保险来控制应收账款的一种控制方法。

在国外，企业为了避免在提供赊销时遭受意外的坏账损失，可以向保险公司投保信用保险。目前，我国保险公司尚未开展这项业务，但随着我国保险事业的发展，这项业务也会逐步开展起来，并得到企业的青睐。

虽然信用保险仅限于非正常损失，保险公司通常把保险金融限制在一定的范围内，要求被保企业承担一部分坏账损失，但是这种方式仍然可以把企业所不能预料的重大损失的风险转移给保险公司，使应收账款的损失率降至最低。在投保时，应在坏账损失和保险费之间进行权衡，使企业风险最小、收益最大。

17. 应收账款变现控制法

应收账款变现控制法是指通过应收账款的变现来降低应收账款风险的一种控制方法。

应收账款发生后，企业除了积极催收，还应尽量想办法利用它。应收账款变现，其实质就是利用应收账款进行融资。它在直接有效地规避应收账款所带来的风险的同时，可以迅速地、低成本地筹集企业所需的资金，开辟了企业融资的新渠道。具体有以下两种方法。

（1）应收账款抵借。应收账款抵借是指持有应收账款的企业与信贷机构或代理商订立合同，以应收账款作为担保品，在规定的期限内，企业有权以一定额度为限借用资金的一种融资方式。

合同明确规定了信贷机构或代理商借给企业资金所占应收账款的比率，一般为应收账款的70%～90%。借款企业在借款时，除了以应收账款为担保，还要按实际借款数据出具票据。如果作为担保品的应收账款中某一账款到期收不回来，银行有权向借款企业追索。应收账款抵借主要有两种：

1）一般抵借。不指定具体条件的抵押贷款，当旧的账款结清后，新的账款继续充当抵借。

2）特定抵借。指定某一项或数项应收账款作为抵押，随着这些账款的收回，抵押关系自行消除。

（2）应收账款让售。应收账款让售又称出售应收账款，是指企业通过向金融机构出售自己拥有的应收账款来筹措资金的一种筹资方式。应收账款让售有两种情况：

1）无追索权让售。应收账款购买方即金融机构要承担收取应收账款的风险，即承担应收账款的坏账损失，而出售方则承担销售折扣、销售折让或销售退回的损失。因此，购买方在购买应收账款时一般要按一定比例预留一部分余款，以备抵出售方应承担的销售折扣、销售折让或销售退回的损失，待实际发生销售折扣、销售折让或销售退回时，再予以冲销。

2）有追索权让售。出售方应承担向购买方即金融机构偿付的责任，已让售应收账款发生的任何坏账损失，均应由出售方承担。

应收账款的让售，一方面，为企业提供了融资途径，可加速应收账款的变现；另一方面，由于融资公司要对客户实行信用审查，无形之中也为公司提供了专业咨询。此外，融资公司人才密集、信息灵通，易组成能力较强的专业收账队伍，有利于呆账和坏账的收回。

（3）应收账款证券化。应收账款证券化是指将应收账款直接出售给专门从事资产证券化的特设信托机构（SPV），汇入SPV的资产池。经过重组整合包装后，SPV以应收账款为基础向国内外资本市场发行有价证券，根据应收账款的信用等级、质量和现金流量大小确定所发行证券的价格。将应收账款出售给精通证券化的SPV，能够提高企业资产的质量，增强流动性，改善企业融资能力，还可以降低企业管理和控制应收账款的成本，转移风险。同时，这种融资方式融资费用较低，并可享受更为专业化的融资服务。在国际上，证券化的应收账款已经覆盖了汽车应收款、信用卡应收款、租赁应收款、航空应收款等极为广泛的领域。我国应研究借鉴国外经验，积极推行应收账款证券化，使企业更好地利用应收账款融通资金。

18. 应收账款债务重组控制法

应收账款债务重组控制法是指通过债务重组的方式来控制应收账款、减少坏账损失的一种控制方法。有时，客户会出现资金周转困难或经营陷入困境，致使发生财务困难。在此情况下，如果企业对客户采取立即求偿的措施，那么有可能对客户造成较大的困难，使客户永久无法摆脱债务，企业遭受坏账损失。此时，企业可以与客户协商修改债务条件，促成客户还清债务。例如，修改债务条件，准许客户支付部分现金，其余部分以存货、短期投资、长期投资、固定资产、无形资产清偿。对财务暂时困难但有市场前景的企业，可以将债权转为企业的长期投资，变债权为股权。通过应收账款的债务重组，企业可以减少应收账款的坏账损失。

19. 应收账款责任控制法

应收账款责任控制法是指把控制应收账款落实到各个责任单位的一种控制方法。

在各企业中，销售部门和财务部门都知道企业有大量的应收账款或对不上或收不回，但具体该由谁来督办、谁来清查管理控制都不明确。企业的应收账款涉及销售、仓储、财务等部门，责任控制就是针对应收账款经常出现的情形，以制度的形式将责任明确下来，将与应收账款相关的有关职责落实到各个部门和人员，规范有关人员的行为。其主要内容如下：

（1）明确划分责任范围。例如，对某个客户在某个时段的欠款应由业务经办人员负责，对公司全部的客户尽可能落实到个人。

（2）明确规定应收账款收回之前，责任人不得调离公司。

（3）明确规定对超越权限形成应收账款和坏账应负的各种责任。

（4）明确规定隐瞒、变更应收账款事项应负的各种责任。

（5）明确规定不按程序办事形成应收账款和坏账应负的各种责任。

（6）明确规定责任的监督部门，防止责任管理流于形式。

（7）把责任与激励有机地结合起来，将收回远期陈欠账款和控制坏账作为绩效考核标准，纳入销售人员与有关管理人员的绩效考核之中，增强销售人员清理和催收陈账的积极性。

20. 应收账款合同控制法

应收账款合同控制法是指在赊销时通过签订合同的形式来控制应收账款的一种控制方法。合同之所以成为控制应收账款风险的手段之一，是因为它依照《中华人民共和国合同法》以文字的形式明确规定买卖双方的权利义务关系，并受到法律保护。

从应收账款事前控制的角度看，合同控制应该强调以下几项重要内容：

（1）公司除现金收入外的供货业务都应签订合同。

（2）公司主要的供货业务应使用统一的合同范本。

（3）公司对外签订的销售合同的要素必须齐全且符合法律规定，特别是付款形式、付款期限和延期付款的具体违约责任等应清楚、准确地载于合同条款。

（4）公司对外签订的销售合同的传递、保管必须有明确的程序要求，确保快捷和安全。

（5）公司对外签订的销售合同的执行、跟踪和检查要有明确的制度规定，以防止账期延长和客户赊销突破额度。

21. 应收账款预警控制法

预警机制作为应收账款风险控制的一种新手段目前还处于萌芽阶段，但移植到企业财务控制中却有很高的价值。

作为一种初步尝试，应收账款预警机制可设立两项预警指标。

（1）最高赊销额。对主要客户分别设定最高赊销额，超过这一额度不能发货，对事实上高于设定最高赊销额的客户坚持每月的收款大于供货，逐步压缩到最高赊销额以内。

（2）最长赊销期。在设定最高赊销额的同时，设定最长的欠款期限，由业务人员在到期前跟单催收。如到期未收回欠款，则立即停止供货，组织追款。

作为系统的控制方法，对预警机制尚需进行以下的完善工作。

（1）根据公司业务和销售特点，规定每半年或一年对各客户的应收账款预警指标进行修订，通常以适量减少赊销额、缩短赊销期为主。

（2）增设应收账款总量预警指标和比例预警指标。总量预警指标即对集团公司应收账款总额设定一个最高限额，不得突破。这一最高限额应低于各下属企业最高限额之和。比例预警指标即规定应收账款总额不得突破流动资产总额的百分比，也可以是应收账款总额对预付货款总额的百分比。

（3）确立预警指标报告制度，包括常规报告和紧急报告。常规报告按年或季度进行，当某一客户突破或面临突破预警指标时，应紧急报告以采取措施；当总量预警指标和比例预警指标突破或面临突破时，也要紧急报告。预警指标报告制度应明确规定报告责任人和报告程序等要素。

22. 应收账款管理信息系统控制法

应收账款管理信息系统控制法是指利用计算机等现代工具建立的一整套的应收账款管理信息系统的一种控制方法。

应收账款的控制要耗费大量的人力、物力。用计算机等现代工具对应收账款进行控制，能迅速提供应收账款控制所需的信息，提高工作效率。因此，企业应积极开发应收账款控制软件，以便迅速收集、储存、反馈和分析赊销信息，建立应收账款的网络控制系统，进行科学化、规范化的监督和控制。通过计算机网络控制系统控制应收账款，能够得到以下信息：

（1）赊销总数、已付货款、现金折扣以及未付款余额等明细表。

（2）应收账款的账龄分析表、拖欠货款单位及拖欠天数簿。

（3）各责任单位和责任人的指标完成情况。

（4）客户的付款情况及信用情况。

（5）赊销状况及货款催收措施、收账对策。

（6）反映变化趋势信息的主要比率。

（二）应收票据控制的方法

应收票据的发生也是以商品销售为基础的，所以其控制的方法基本与应收账款控制方法一致。除了上面介绍的应收账款控制方法，应收票据还可以采用以下控制方法。

1. 应收票据授权审批控制法

应收票据授权审批控制法是指通过对票据的接受、贴现和换新等环节进行授权审批来控制应收票据的一种控制方法。

授权审批控制主要包括以下几个方面：

（1）保管应收票据的人员不得经办会计记录。

（2）票据的接受、贴现和换新须经保管票据以外的主管人员的书面批准。接受客户票据须经批准手续，可使伪造票据冲抵盗用现金的可能性大大减少；票据的贴现和换新也应经主管人员审核和批准，否则经办人员可能在贴现或客户付款后截留现金而用伪造的新票据加以掩饰。如果内部审计人员定期直接向出票人函证，则可能加强这种批准程序所产生的控制作用。

（3）违约票据的冲销须按规定的程序批准，已冲销的票据应置于财务部门的控制之下并在以后采取有效的追踪措施。

2. 应收票据保管记录控制法

应收票据保管记录控制法是指通过加强对票据的登记、保管来控制应收票据的一种控制方法。

应收票据保管记录控制主要包括以下方面：

（1）财务部门应设置应收票据备查账。逐笔登记应收票据的种类、号数、出票日期、票面金额、交易合同号、付款人、承兑人和单位名称、到期日利率、贴现日期、贴现率、贴现净额以及收款日期和收回余额等资料。

（2）票据到期时，如果客户只支付了其中的部分款项，则应将付款日期、金额、余额等记在票据背面，并在票据登记簿上进行适当记录，以免经办人员剽窃部分付款的现金收入。

（3）应收票据到期结清后，应在备查账内逐笔注销。

3. 应收票据变现控制法

应收票据变现控制法是指通过对应收票据进行贴现、背书转让等方式来控制应收票据的一种控制方法。

财务部门应根据月度资金收支计划，合理安排资金；在资金缺乏时，应及时将收到的银行承兑汇票、商业汇票背书转让，或将票据向银行贴现，以提高现有资金的使用效率。

4. 应收票据清查、核对控制法

应收票据清查、核对控制法是指通过定期对应收票据进行清查、核对等来控制应收票据的一种控制方法。

应收票据清查、核对控制主要包括以下几个方面。

（1）盘点库存票据。财务人员和内部审计人员应定期对库存票据进行逐笔核对。注意，票据的种类、号数、签发日期、到期日、票面金额、合同交易号、付款人、承兑人、背书人以及利率、贴现日期、贴现率、收款日期、收回金额等是否与应收票据登记簿相符。注意，票据是否到期，书是否相符。根据会计制度规定，票据到期，如果付款人无力偿还票款，票据持有人应将到期票据的票面金额转入“应收账款”。

（2）核对应收票据的利息收入和贴现利息。核对应收票据时，应编制应收票据明细表，并据以计算当年应计的利息额。如果计算的利息额与账面所示金额不符，应加以分析。对票据贴现的利息支出，也应进行计算并与财务费用账面相核对。

（3）检查票据贴现所带来的或有负债是否在资产负债表上正确反映。商业承兑汇票的贴现会给企业带来或有负债，成为企业的潜在负债，企业应及时反映该项或有负债。

（三）其他应收款控制的方法

其他应收款业务主要包括两个方面：一是对外发生的债权，二是发生在企业内部的备用金借款和员工差旅费借款等。其中，对外发生的债权控制应比照应收账款的控制进行，所不同的是，它的控制比应收账款要简单些，这里不再专门论述。这里对在内部经常发生的债权的控制方法进行论述。

1. 备用金控制的方法

备用金是指财会部门按企业有关制度规定，拨付给所属报账单位和企业内部有关业务与职能管理部门用于零售找零、收购零星商品物资或日常业务零星开支的备用现金。为了保证企业各有关职能部门业务管理职能的有效实施，使业务职能管理和财务报销斜度有机地结合起来，企业可以对有关业务或职能管理部门实施定额备用金管理控制制度。其控制应包括以下几个方面。

（1）批准制度。对哪些部门、哪些业务实施备用金管理，应建立一个规范的申请、批准制度。

（2）定额管理制度。对批准使用备用金的部门，必须根据需要事先核定一个科学合理的备用金定额。由使用部门按核定的金额填制借款单，以此从财务部门领出现金，实际使用后，凭审核后的原始凭证向财务部门报销，再由财务部门用现金补足其定额。

（3）日常管理责任制度。备用金实质上也是现金，因此，使用部门必须对备用金指定专人管理，并明确管理人员必须执行的现金管理制度、按规定的使用范围和开支权限使用、接受财务部门的管理及定期报账等各项责任制度。

（4）清查盘点制度。财务部门必须对备用金建立定期与不定期相结合的清查盘点，防止挪用或滥用，保证备用金的安全、完整。

（5）审查入账制度。对备用金使用部门报销的所有票据，财务部门都要像对其他原始凭证一样，进行严格的审核后方能付款记账。

2. 差旅费借款控制的方法

差旅费借款也是企业经常发生的一项借款业务，其管理、控制标准是既要保证业务的正常运行，又要及时清账，以防止报账不及时导致的会计信息披露不准确和发生坏账损失。其控制应包括以下几个方面。

（1）借款批准制度。企业员工以差旅费名义借款，必须首先填制差旅费借款单，说明借款用途、借款金额、预计报账还款日期等重要事项，并报经部门主管和企业财务主管领导批准。

（2）财务审查制度。对有关授权领导批准的借款在由出纳付款之前，还必须经财务部门经理或相关授权人审查核准，这一方面是为了有效调度资金的需要，另一方面是审查借款人员以往的信用，保证借款专款专用和借款人及时报账的需要。

（3）逐笔清欠制度。要求无论何人、何事，在第二次借款前必须首先报清上一次借款。如果上次借款尚未报账，那么不能再借款。其目的是从另一个方面同样保证借款专款专用和借款人及时报账。

（4）定期报账制度。企业的差旅费借款情况各种各样，有的是非经常性的一次借款、报账，而对于采购、销售人员而言往往是经常的、频繁的、周期性较长的借款。因此，企业必须建立差旅费定期报账制度。它包括两方面：一是按预计的还款日期监督借款人及时报账；二是在月末、季末或年末进行借款清理，对业务尚在进行中的借款，已开支的要报账，尚未开支的要在还款后再重新办理借款手续。这样的制度既有利于全面准确地核算各项经营、管理费用，又有利于及时清理各种欠款，防止借款被挪用而造成损失。

（5）人员调离财务签字制度。为了防止由于员工调动、离职等因素而发生的借款损失，企业的员工在办理调动、离职时，必须经财务部门经理或相关授权人签字，证明其已办理还款等财务手续后，人力资源部门方能为其办理调动、离职手续。

（6）责任追究制度。

1）对不能收回的其他应收款应当查明原因，追究责任，并根据责任人的责任范围和失职损失程度给予经济处罚。

2）对不按时报账还款的人员采取强制措施，如从工资、奖励款项中扣除借款、通报批评、给予纪律处分等处罚。

四、货款回收方面的内部控制

（一）货款回收内部控制

货款的回收是指对公司销售业务中赊销、分期收款销售等产生的应收账款的回收。本环节是销售业务中的关键环节，只有将货款及时、足额地回收，公司的盈利目标才能实现，公司的下一步生产销售计划才能按时进行。

这个环节的主要风险是：企业信用管理缺失，结算方式选用不当，票据管理不善，收款过程舞弊等，导致销售货款不能及时回收以致遭受欺诈。

1. 企业应建立应收账款管理制度

企业应当建立应收账款账龄分析制度和逾期应收账款催收制度，按客户设置应收账款台账，及时登记并评估每一客户应收账款余额增减变动情况和信用额度使用情况。销售部门负责应收账款的催收，也是催收记录妥善保管的责任部门；财会部门应当督促销售部门加紧催收，对催收无效的逾期应收账款要及时提交公司法务部门，通过法律程序予以解决。

2. 应收账款应分类管理

针对不同性质的应收账款，采取不同的方法、政策和程序。严格区分并明确收款责任，建立科学、合理的清收奖励制度以及责任追究和处罚制度，以利于及时清理催收欠款，保证企业营运资产的周转效率。

3. 商业票据管理

企业应当加强商业票据管理，明确商业票据的受理范围，严格审查商业票据的真实性和合法性，防止票据欺诈。

（二）应收账款的风险管理

企业应当加强应收账款坏账的管理，应收账款全部或部分无法回收，应当查明原因，明确责任，并严格履行审批程序，按照国家统一的会计准则制度进行处理。

为确保应收账款账户数据的真实正确，及时完整，对于信用期间内收回的款项应重点检查款项到账后是否立即对应收账款清账，同时记录客户资信情况，调整客户赊销额度；对于确实无法收回的坏账，应获取货款无法收回的确凿证据，经适当审批后再予以及时注销；对于年末未收回的账款，企业应将客户的风险评估纳入客户管理内容，在此基础上制定针对该客户的信用政策和坏账预期。为应对应收坏账风险，在控制程序上应充分利用系统的信息处理能力，分别对客户制定坏账准备提取方案，提高坏账准备提取的准确性。坏账政策的制定要经过适当的授权，要符合《企业会计准则》，并与坏账提取实行职责分离。

（三）会计系统控制

会计系统对销售过程实行严格的监督与记录，及时与客户核对，确保做到账实相符。

企业应加强对销售业务的会计系统控制，详细记录销售客户、销售合同、销售通知、发货凭证、商业票据、款项收回等情况，确保会计记录、销售记录与仓储记录核对一致。

1. 定期抽查盘点

企业应当定期抽查、核对销售业务记录、销售收款会计记录、商品出库记录和库存商品实物记录，及时发现并处理销售业务中存在的问题；同时应定期对库存商品进行盘点。

2. 定期核对账务

企业应指定专人通过函证等方式，定期与客户核对应收账款、应收票据、预收账款等往来款项。如有不符，应当查明原因，及时处理。

小知识　　有效回收应收账款

应收账款发生后，我们应采取各种措施，尽量争取按期收回款项，否则会因拖欠时间过长而发生坏账，使企业蒙受损失。要及时回收应收账款，就必须掌握以下内容。

1. 监督应收账款的形成

应收账款的形成主要与销售业务联系在一起。销售业务发生后，在增加销售收入的同时，若款项未能及时回收，便增加应收账款。应收账款的入账依据为销货发票及各种代垫的费用单据。对形成的应收账款要进行总账和明细账的登记，会计期末要进行总账和明细账的核对，确保账账相符；对因销售折扣、折让及退回等业务应冲销的应收账款要及时在应收账款账户的贷方登记，以免造成账实不符。

2. 监督坏账准备

（1）监督坏账准备计提。企业应收账款因无法回收而发生坏账损失是不可避免的。坏账损失最终会影响企业的利润额。因此，坏账准备计提数额的高低是否恰当，直接影响资产负债表和利润表的正确性。加强对坏账准备计提的监督也是非常重要的。坏账损失的估计方法有三种，即应收账款百分比法、账龄分析法和销货百分比法。现行会计制度中规定，实行坏账备抵法的企业对坏账的估计采用应收账款百分比法，提取比例可根据各行业的实际情况及特点分别统一规定，比例一般为3‰～5‰。采用应收账款百分比法，对坏账准备计取的监督应重点关注期末计提的数额。当年末应计提的坏账准备大于其账面余额时，按差额计提；而当应计提数额小于账面余额时，按其差额冲回坏账准备。

（2）监督坏账转销。对确认为坏账的应收账款应当转销。转销时分析理由是否充分，而且需要完善核准审批手续制度，避免随意转销给企业造成损失，或借转销的名义来转移资金，损害所有者权益。

3. 监督应收账款回收情况

企业已发生的应收账款时间有长有短，有的尚未超过收款期，有的则超过了收款期。一般来讲，拖欠时间越长，款项回收的可能性越小，形成坏账的可能性越大。对此，我们应实施严密的监督，随时掌握回收情况。实施对应收账款回收情况的监督，可以通过编制账龄分析表。

4. 制定收账政策

对各种不同过期账款的催收方式，包括准备为此付出的代价，就是企业的收账政策。对过期较短的客户，不过多地打扰，以免将来失去这一客户；对过期稍长的客户，可措辞婉转地写信催款；对过期较长的客户，频繁的信件催款并电话催询；对过期很长的客户，可在催款时措辞严厉，必要时提请相关部门仲裁或提请诉讼；等等。

一般来说，收账的花费越大，收账措施越有力，可回收的账款应越大，坏账损失也就越小。企业制定收账政策时，要在收账费用和所减少坏账损失之间做出权衡。制定有效、得当的收账政策很大程度上依靠有关人员的经验。

小知识 赊销方面的内控

1. 评估赊销风险

要准确掌握企业因赊销商品而承担的风险就必须定期或不定期地对赊销风险进行有目的、有组织的赊销风险评估。

（1）明确评估职责。

1）在企业中，称职的信用组织都应具备三种基本职能：在严格控制之下的赊销风险评估，完备的销售分类账和现金回收。这三种职能是有机地联系在一起的。如果把这三种职能分开，就会产生很多失误与费用。例如，因长期拖欠货款而被提起诉讼的客户订货可能又被接受，现金过账可能被拖延了两星期等。

2）我们应该进行企业的赊销政策评估，并从赚取利润的角度去解决客户问题。风险控制并不意味着根据企业的赊销政策，对不符合要求的风险订货的简单拒绝，而意味着寻求能够接受订货的途径，也就是说，可能包含着一个建设性的态度再加上一个有效的高明的处理方法，从而可以与客户达成一致。例如，采用部分供货、分期付款或特殊赊销期等手段。

（2）确定评估流程。赊销风险评估涉及企业内多个部门，因此，我们有必要精心设计相关文件和工作流程。

1）我们所要做的就像银行在批准贷款之前所要做的一样，要发现客户存在的问题。

2）按客户的大小，详尽或简单地审核客户的信用度。

3）界定赊销额度。这里的任务是赊销额变定量化，并将编码排印到所有相关文件中。

4）确定赊销期。是常规的，还是特殊的，要视客户的具体情况而定。

5）分配账号。这是提供赊销关键的一步，在这项工作完成前不能提供任何货物。

在销售分类账中留出一个专用的可用三个月的部分，每个月与客户进行一次常规之外的联络，以帮助客户形成良好的付款习惯。

评估赊销风险是企业进行赊销的保障。我们在实践中要不断地完善，并亲自过问赊销风险评估工作的开展。

2. 制定一般的赊销政策

制定一项合理的赊销政策既有利于扩展销售市场，又有利于确保销售货款的及时收回，因此必须加强对赊销的控制。

（1）制定赊销政策应明确的内容。制定赊销政策应明确的内容包括：提供赊销的范围；应收货款的意向水平；市场势力；竞争对手的活动；业务状况和前景；客户的构成；赊销目标；销售和信贷之间的配合；退货、争议等的客户服务；货款拖欠和坏账损失与净利润率；赊销措施由基层掌握还是由高层控制；赊销责任。

（2）制定书面赊销政策。

1）制定书面赊销政策的意义。制定一个成文的书面赊销政策至少有以下好处：使企业的管理层认识到赊销管理在企业中的重要地位；使与客户接触的员工清楚企业的赊销原则；指导从事融资工作员工的日常工作；减少非授权人员的特殊赊销处理；简化了工作流程；展示了对客户的工作态度。

2）制定书面赊销政策的步骤。

①拟定赊销政策草案。

②提交企业决策层表决通过。

③收集一线销售人员的建议和意见，修改赊销政策。

④每一次修改都形成书面文件。

（3）明确赊销政策的内容。赊销政策的内容包括：企业的业务与目标；客户类型和所在行业；销售条件；销售的任选条件和赊销管理；付款期；现金折扣；特殊安排，延期和分期付款等；收取利息费；货物预订；坏账水平；应收货款销售天数目标；客户审查制度；货款回收方法及时间表；对政策落实负有责任的员工；在支持企业实现赊销目标上其他各部门的责任。

赊销政策不仅涉及销售、财务等各部门的有关业务和活动，还涉及其他与资金、信贷有关的活动。因此，我们在进行赊销政策制定时必须通盘考虑。

3. 制定专门针对高风险客户的赊销政策

风险和收益往往是成正比例关系的，企业承受的风险愈大，则可能获取的收益也越高。因此，我们想要在赊销活动中获取较大的收益，就必须制定专门针对高风险客户的赊销政策。

（1）采取风险控制措施。

1）保证在高风险行业的经营会有额外的利润，以补偿更多的坏账损失和因更严格的赊销管理而增加的成本。

2）调动足够的资源更好地监管高风险账户。

3）由于赢利与坏账损失的对比情况经常变化，所以要有定期的报告。

4）时常检查已有的战略和有关标准，必要时进行修订。

当风险客户逾期不付货款时，要及时停止对其供货，而且要加紧催收货款。

（2）确定风险承受度。确定合理的风险承受度应该明确下面的内容：

1）确定高风险客户在总应收货款中所占的百分比。

2）查询最近一段时期的总应收货款。

3）把上述百分比换算成高风险客户总应收货款的最大值。

（3）特殊情况的风险控制。如果企业希望增加新客户，那么对其中高风险客户必须做到：最大的赊销限额不超过总的高风险限额的一定比例，以保证风险在新老客户之间有一个合理的分布。如果企业希望增加对原有的高风险客户的销售，则必须以较高的价格保证对风险客户的销售会产生更高的利润率；如果有额外的风险，则增加坏账准备金——收到付款后再冲减准备金。

对高风险客户进行赊销，一定要考虑企业的风险承受力，切忌为了追求超额利润而盲目销售，导致企业滑向财务危机的边缘。

4. 进行出口赊销管理

国际销售业务除了承受一般销售业务的风险，还承受着一些政治上的、经济上的和其他不可预测的风险。因此，我们必须加强出口赊销管理。

（1）出口赊销应注意的要点。

1）充分考虑国际因素。出口不同于国内销售，有很多额外的风险和成本。全球各个国家的市场各有不同的银行体系、货币、账务管理制度、付款期以及基于不同文化的赊销政策，在出口赊销管理中必须认真考虑这些差别。

2）加强相关部门合作。一种常见的情况是，出口销售人员带着满脑子产品知识到国外销售，但对所在国的账务制度一窍不通，信贷人员则苦于货款回收不力。其结果很可能是既打乱了客户的正常经营，又搞乱了自己的账务管理，最终货款拖延，进而造成利润损失。

（2）分析利润敏感性。出口赊销要求把标准的赊销管理方法与国际化经营的方法以及国家之间的差别结合起来通盘考虑。在与外国客户谈判付款期以及评估风险时，我们需要做利润敏感性分析。

所谓利润敏感性，就是相关因素每变化一个单位所引起的销售利润的变化程度。利润敏感性分析就是分析相关因素变动对销售利润的影响，按一定的标准（如销售地区、行业等）对销售利润进行分析，在此基础上，采取相应的控制和改善措施。

进行利润敏感性分析有如下意义：控制销售风险，降低销售费用，提高销售边际利润率。

（3）加强出口赊销管理。

1）加强各相关部门的沟通合作，根据市场风险、客户状况以及赊销的最终成本，对新的和已有的客户规定合理的付款期。

2）维护并及时更新包括目前有业务往来的客户情况档案，维护并及时更新所有有关目前企业已进入和将进入市场的信息档案。

3）根据客户的付款期限和销售额情况制定赊销限额。赊销限额至少每年修订一次，检查订货和发货，一旦超过赊销限额，及时采取措施。

4）监控各个客户的付款表现，需要收款时，及时与客户联系。

5）安排外币资金的转账，保证现金流入尽快实现。

6）熟悉各种赊销保险的险种和方法。

7）了解各种出口融资知识，并能给销售部门提供指导，必要时也可参与谈判。了解有关外汇知识，并能给销售部门提供币种选择建议，尽量减少汇率波动造成的损失。保持与海外代理的接触，及时取得赊销状况和在外货款信息。

8）定期检查坏账和争议账转入准备金账户的情况。

9）保证有关员工接受良好的关于出口信用管理培训。出口赊销一定要储备与之相关的专业人才，要慎之又慎，这样才能降低不必要的风险。

法律依据

内部控制应用指引第 9 号——销售业务

第一章　总　则

第一条　为了促进企业销售稳定增长，扩大市场份额，规范销售行为，防范销售风险，根据有关法律法规和《内部控制基本规范》，制定本指引。

第二条 本指引所称销售，是指企业出售商品（或提供劳务）及收取款项等相关活动。

第三条 企业销售业务至少应当关注下列风险：

（一）销售政策和策略不当，市场预测不准确，销售渠道管理不当等，可能导致销售不畅、库存积压、经营难以为继。

（二）客户信用管理不到位，结算方式选择不当，账款回收不力等，可能导致销售款项不能收回或遭受欺诈。

（三）销售过程存在舞弊行为，可能导致企业利益受损。

第四条 企业应当结合实际情况，全面梳理销售业务流程，完善销售业务相关管理制度，确定适当的销售政策和策略，明确销售、发货、收款等环节的职责和审批权限，按照规定的权限和程序办理销售业务，定期检查分析销售过程中的薄弱环节，采取有效控制措施，确保实现销售目标。

第二章 销 售

第五条 企业应当加强市场调查，合理确定定价机制和信用方式，根据市场变化及时调整销售策略，灵活运用销售折扣、销售折让、信用销售、代销和广告宣传等多种策略和营销方式，促进销售目标实现，不断提高市场占有率。

企业应当健全客户信用档案，关注重要客户资信变动情况，采取有效措施，防范信用风险。

企业对于境外客户和新开发客户，应当建立严格的信用保证制度。

第六条 企业在销售合同订立前，应当与客户进行业务洽谈、磋商或谈判，关注客户信用状况、销售定价、结算方式等相关内容。

重大的销售业务谈判应当吸收财会、法律等专业人员参加，并形成完整的书面记录。

销售合同应当明确双方的权利和义务，审批人员应当对销售合同草案进行严格审核。重要的销售合同，应当征询法律顾问或专家的意见。

第七条 企业销售部门应当按照经批准的销售合同开具相关销售通知。发货和仓储部门应当对销售通知进行审核，严格按照所示项目组织发货，确保货物的安全发运。企业应当加强销售退回管理，分析销售退回原因，及时妥善处理。

企业应当严格按照发票管理规定开具销售发票。严禁开具虚假发票。

第八条 企业应当做好销售业务各环节的记录，填制相应的凭证，设置销售台账，实行全过程的销售登记制度。

第九条 企业应当完善客户服务制度，加强客户服务和跟踪，提升客户满意度和忠诚度，不断改进产品质量和服务水平。

第三章 收 款

第十条 企业应当完善应收款项管理制度，严格考核，实行奖惩。销售部门负责应收款项的催收，催收记录（包括往来函电）应妥善保存；财会部门负责办理资金结算并监督款项回收。

第十一条 企业应当加强商业票据管理，明确商业票据的受理范围，严格审查商业票据的真实性和合法性，防止票据欺诈。

企业应当关注商业票据的取得、贴现和背书，对已贴现但仍承担收款风险的票据以及逾期票据，应当进行追索监控和跟踪管理。

第十二条 企业应当加强对销售、发货、收款业务的会计系统控制，详细记录销售客户、销售合同、销售通知、发运凭证、商业票据、款项收回等情况，确保会计记录、销售记录与仓储记录核对一致。

企业应当指定专人通过函证等方式，定期与客户核对应收账款、应收票据、预收账款等往来款项。

企业应当加强应收款项坏账的管理。应收款项全部或部分无法收回的，应当查明原因，明确责任，并严格履行审批程序，按照国家统一的会计准则制度进行处理。

第十五章

合同管理方面的内部控制

第一节　综合知识

一、合同管理流程

合同管理可以划分为合同订立阶段和合同履行阶段。合同订立阶段包括合同调查、合同谈判、合同文本拟定、合同审核、合同签署等环节；合同履行阶段包括合同履行（含合同变更、合同解除）、合同结算、合同登记等环节。

文案范本

合同管理流程 1 如图 15-1 所示。

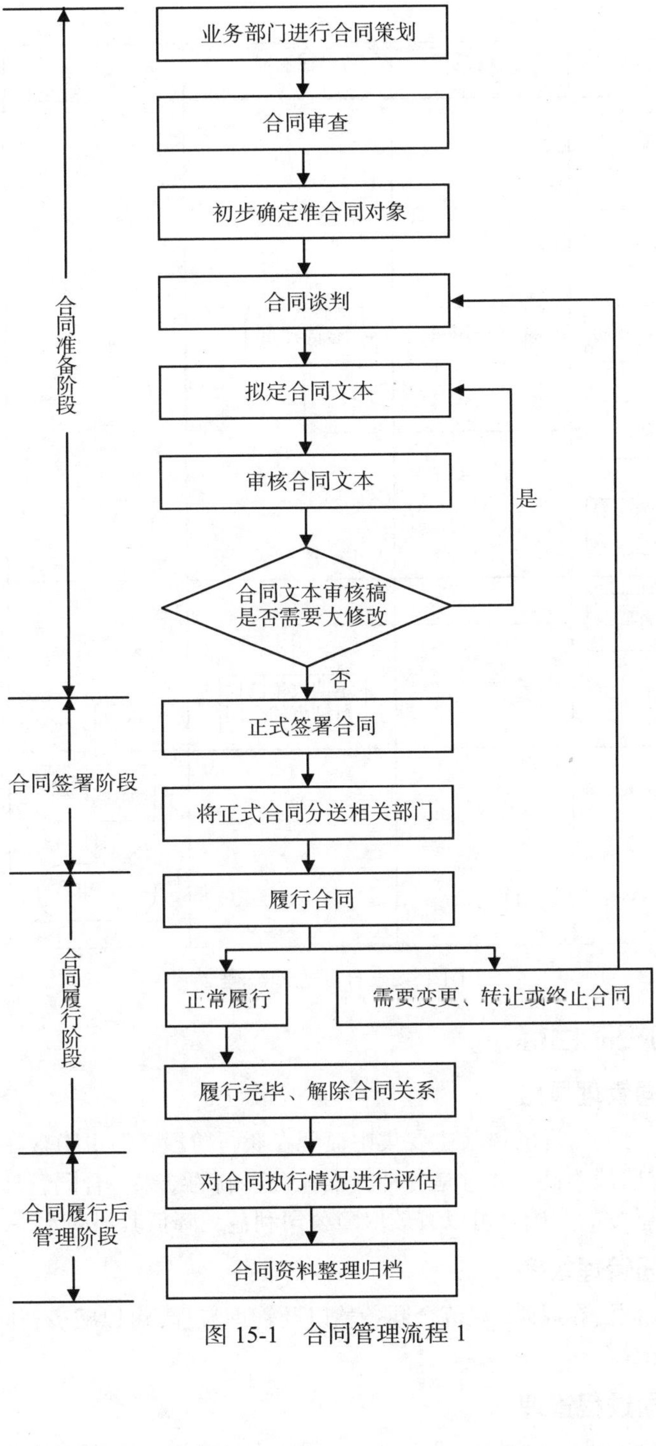

图 15-1　合同管理流程 1

文案范本

合同管理流程2如图15-2所示。

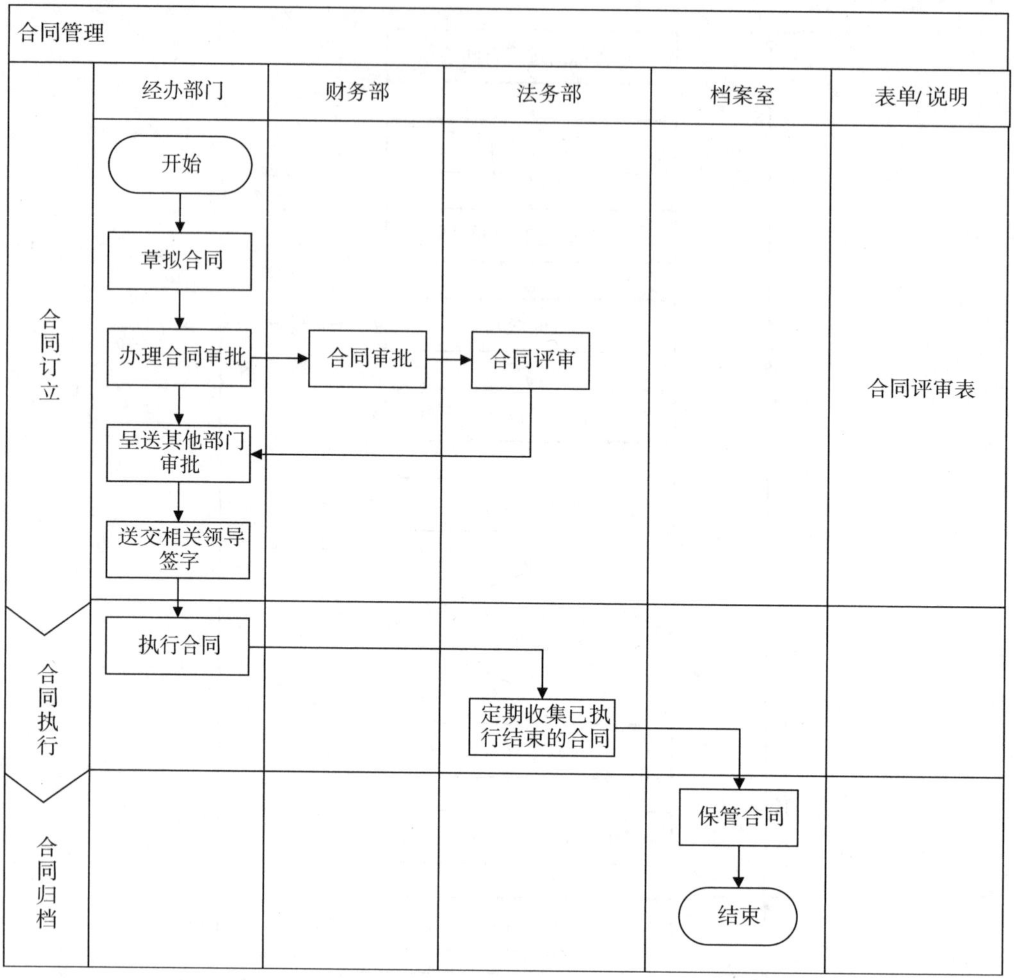

图15-2 合同管理流程2

二、合同管理的控制目标

（一）降低合同管理风险

风险无处不在。合同管理的风险主要集中显现在履行阶段，但也隐含在整个合同管理流程中，尤其以合同订立阶段为甚，并且是各种因素综合影响的结果。合同管理的目标是做到“事前预防”，通过合同条款的明确，可以有效保障公司利益，降低其风险水平。

（二）提高合同管理效率

通过有效甄别合同潜在风险，规范合同条款以及管理流程，可以减少合同管理过程中的“盲点”，提高合同管理效率。

（三）规范合同过程管理

通过合同签署前的合同调查、合同谈判、合同文本拟定以及合同审核等环节，促进合同的规范管理，确保不同职责互相分离以及分级授权的实现等，既能提高效率，又能降低风险。

（四）推动公司规范管理

合同管理是企业日常管理的重要内容。合同管理的规范有效无疑可以促进和推动企业相关管理水平的持续提高，为企业的规范运营提供良好的保障。

（五）优化合同管理流程

因业务需要，公司从合同调查到合同履行后的合同登记一般需要较长的周期。如果中间环节管理不善，就很容易导致合同履行混乱甚至出现合同纠纷。通过合同管理流程的梳理，可以优化其流程。

小知识 实施合同管理过程中应关注的事项

企业应当加强合同管理；确定合同归口管理部门；明确合同拟定、审核、执行等环节的程序和要求；定期检查和评价合同管理中的薄弱环节；采取相应控制措施，促进合同有效履行，切实维护企业的合法权益。

根据上述要求企业在实施合同管理过程中应关注下列事项。

1. 建立分级授权管理制度

合同管理应根据企业经营的性质、组织机构的设置、管理层级状况，建立合同授权标准制度。企业重大投资、筹资决策等重大合同，由企业最高决策机构——董事会批准；特别重大合同由最高权力机构——股东（大）会负责审议通过；企业最高执行机构——经理层，负责制定和落实各项合同管理制度。企业合同管理制度的建立、合同审批权限的确定等报董事会批准后执行，董事会并直接参与重要合同的谈判、签订、履行和监控等；企业最高监督机构——监事会负责监督企业董事、经理和其他高级管理人员对重大合同管理责任的履行情况。

分级授权管理制度要求企业根据经济业务的性质、组织机构的设置和管理层级的安排，建立合同分级授权管理制度。属于总公司管理权限的合同，分支机构不得签署。对于分支机构的重大投资类、融资类、担保类、知识产权类、不动产类合同，应当向总公司提出报批申请，并经总公司合同管理机构批准后办理。总公司应当加强对分支机构合同订立、履行情况的监督和检查。

2. 实行统一归口管理

企业可以根据实际情况指定法律部门等作为合同归口管理部门，对合同实施统一规范管理，具体审核合同条款的权利义务对等性，管理合同标准文本，定期检查和评价合同管理中的薄弱环节，采取相应控制措施，促进合同的有效履行等。

3. 明确职责分工

企业各业务部门作为合同的承办部门负责在职责范围内承办相关合同，并履行合同调查、谈判、订立、履行和终结责任。企业财务部门侧重于履行对合同的财务监督职责。

4. 健全考核与责任追究制度

企业应当健全合同管理考核与责任追究制度，开展合同完结后评估，对合同订立、履行过程中出现的违法违规行为，应当追究有关机构或人员的责任。

三、合同管理的风险

合同管理的风险是指由于合同管控不当，可能导致企业利益受损的不确定性。企业合同管理至少应关注下列风险：

（1）未订立合同、未经授权对外订立合同、合同对方主体资格未达要求、合同内容存在重大疏漏和欺诈，可能导致企业合法权益受到侵害。

（2）合同未全面履行或监控不当，可能导致企业诉讼失败、经济利益受损。

（3）合同纠纷处理不当，可能损害企业利益、信誉和形象。

法律依据

合同违法行为监督处理办法

（国家工商行政管理总局令第 51 号）

第一条　为了维护市场经济秩序，保护国家利益、社会公共利益和当事人合法权益，依据《中华人民共和国合同法》和有关法律法规的规定，制定本办法。

第二条　本办法所称合同违法行为，是指自然人、法人、其他组织利用合同，以牟取非法利益为目的，违反法律法规及本办法的行为。

第三条　当事人订立、履行合同，应当遵守法律、行政法规，尊重社会公德，不得扰乱社会经济秩序，损害国家利益、社会公共利益。

第四条　各级工商行政管理机关在职权范围内，依照有关法律法规及本办法的规定，负责监督处理合同违法行为。

第五条　各级工商行政管理机关依法监督处理合同违法行为，实行查处与引导相结合，处罚与教育相结合，推行行政指导，督促、引导当事人依法订立、履行合同，维护国家利益、社会公共利益。

第六条　当事人不得利用合同实施下列欺诈行为：

（一）伪造合同；

（二）虚构合同主体资格或者盗用、冒用他人名义订立合同；

（三）虚构合同标的或者虚构货源、销售渠道诱人订立、履行合同；

（四）发布或者利用虚假信息，诱人订立合同；

（五）隐瞒重要事实，诱骗对方当事人做出错误的意思表示订立合同，或者诱骗对方当事人履行合同；

（六）没有实际履行能力，以先履行小额合同或者部分履行合同的方法，诱骗对方当事人订立、履行合同；

（七）恶意设置事实上不能履行的条款，造成对方当事人无法履行合同；

（八）编造虚假理由中止（终止）合同，骗取财物；

（九）提供虚假担保；

（十）采用其他欺诈手段订立、履行合同。

第七条　当事人不得利用合同实施下列危害国家利益、社会公共利益的行为：

（一）以贿赂、胁迫等手段订立、履行合同，损害国家利益、社会公共利益；

（二）以恶意串通手段订立、履行合同，损害国家利益、社会公共利益；

（三）非法买卖国家禁止或者限制买卖的财物；

（四）没有正当理由，不履行国家指令性合同义务；

（五）其他危害国家利益、社会公共利益的合同违法行为。

第八条　任何单位和个人不得在知道或者应当知道的情况下，为他人实施本办法第六条、第七条规定的违法行为，提供证明、执照、印章、账户及其他便利条件。

第九条　经营者与消费者采用格式条款订立合同的，经营者不得在格式条款中免除自己的下列责任：

（一）造成消费者人身伤害的责任；

（二）因故意或者重大过失造成消费者财产损失的责任；

（三）对提供的商品或者服务依法应当承担的保证责任；

（四）因违约依法应当承担的违约责任；

（五）依法应当承担的其他责任。

第十条　经营者与消费者采用格式条款订立合同的，经营者不得在格式条款中加重消费者下列责任：

（一）违约金或者损害赔偿金超过法定数额或者合理数额；

（二）承担应当由格式条款提供方承担的经营风险责任；

（三）其他依照法律法规不应由消费者承担的责任。

第十一条　经营者与消费者采用格式条款订立合同的，经营者不得在格式条款中排除消费者下列权利：

（一）依法变更或者解除合同的权利；

（二）请求支付违约金的权利；

（三）请求损害赔偿的权利；

（四）解释格式条款的权利；

（五）就格式条款争议提起诉讼的权利；

（六）消费者依法应当享有的其他权利。

第十二条　当事人违反本办法第六条、第七条、第八条、第九条、第十条、第十一条规定，法律法规已有规定的，从其规定；法律法规没有规定的，工商行政管理机关视其情节轻重，分别给予警告，处以违法所得额三倍以下，但最高不超过三万元的罚款，没有违法所得的，处以一万元以下的罚款。

第十三条　当事人合同违法行为轻微并及时纠正，没有造成危害后果的，应当依法不予行政处罚；主动消除或者减轻危害后果的，应当依法从轻或者减轻行政处罚；经督促、引导，能够主动改正或者及时中止合同违法行为的，可以依法从轻行政处罚。

第十四条　违反本办法规定涉嫌犯罪的，工商行政管理机关应当按照有关规定，移交司法机关追究其刑事责任。

第十五条　本办法由国家工商行政管理总局负责解释。

第十六条　本办法自2010年11月13日起施行。

最高人民法院关于审理买卖合同纠纷案件适用法律问题的解释

（法释〔2012〕8号）

为正确审理买卖合同纠纷案件，根据《中华人民共和国民法通则》《中华人民共和国合同法》《中华人民共和国物权法》《中华人民共和国民事诉讼法》等法律的规定，结合审判实践，制定本解释。

一、买卖合同的成立及效力

第一条　当事人之间没有书面合同，一方以送货单、收货单、结算单、发票等主张存在买卖合同关系的，人民法院应当结合当事人之间的交易方式、交易习惯以及其他相关证据，对买卖合同是否成立做出认定。

对账确认函、债权确认书等函件、凭证没有记载债权人名称，买卖合同当事人一方以此证明存在买卖合同关系的，人民法院应予支持，但有相反证据足以推翻的除外。

第二条　当事人签订认购书、订购书、预订书、意向书、备忘录等预约合同，约定在将来一定期限内订立买卖合同，一方不履行订立买卖合同的义务，对方请求其承担预约合同违约责任或者要求解除预约合同并主张损害赔偿的，人民法院应予支持。

第三条 当事人一方以出卖人在缔约时对标的物没有所有权或者处分权为由主张合同无效的，人民法院不予支持。

出卖人因未取得所有权或者处分权致使标的物所有权不能转移，买受人要求出卖人承担违约责任或者要求解除合同并主张损害赔偿的，人民法院应予支持。

第四条 人民法院在按照合同法的规定认定电子交易合同的成立及效力的同时，还应当适用电子签名法的相关规定。

二、标的物交付和所有权转移

第五条 标的物为无须以有形载体交付的电子信息产品，当事人对交付方式约定不明确，且依照合同法第六十一条的规定仍不能确定的，买受人收到约定的电子信息产品或者权利凭证即为交付。

第六条 根据合同法第一百六十二条的规定，买受人拒绝接收多交部分标的物的，可以代为保管多交部分标的物。买受人主张出卖人负担代为保管期间的合理费用的，人民法院应予支持。

买受人主张出卖人承担代为保管期间非因买受人故意或者重大过失造成的损失的，人民法院应予支持。

第七条 合同法第一百三十六条规定的“提取标的物单证以外的有关单证和资料”，主要应当包括保险单、保修单、普通发票、增值税专用发票、产品合格证、质量保证书、质量鉴定书、品质检验证书、产品进出口检疫书、原产地证明书、使用说明书、装箱单等。

第八条 出卖人仅以增值税专用发票及税款抵扣资料证明其已履行交付标的物义务，买受人不认可的，出卖人应当提供其他证据证明交付标的物的事实。

合同约定或者当事人之间习惯以普通发票作为付款凭证，买受人以普通发票证明已经履行付款义务的，人民法院应予支持，但有相反证据足以推翻的除外。

第九条 出卖人就同一普通动产订立多重买卖合同，在买卖合同均有效的情况下，买受人均要求实际履行合同的，应当按照以下情形分别处理：

（一）先行受领交付的买受人请求确认所有权已经转移的，人民法院应予支持；

（二）均未受领交付，先行支付价款的买受人请求出卖人履行交付标的物等合同义务的，人民法院应予支持；

（三）均未受领交付，也未支付价款，依法成立在先合同的买受人请求出卖人履行交付标的物等合同义务的，人民法院应予支持。

第十条 出卖人就同一船舶、航空器、机动车等特殊动产订立多重买卖合同，在买卖合同均有效的情况下，买受人均要求实际履行合同的，应当按照以下情形分别处理：

（一）先行受领交付的买受人请求出卖人履行办理所有权转移登记手续等合同义务的，人民法院应予支持；

（二）均未受领交付，先行办理所有权转移登记手续的买受人请求出卖人履行交付标的物等合同义务的，人民法院应予支持；

（三）均未受领交付，也未办理所有权转移登记手续，依法成立在先合同的买受人请求出卖人履行交付标的物和办理所有权转移登记手续等合同义务的，人民法院应予支持；

（四）出卖人将标的物交付给买受人之一，又为其他买受人办理所有权转移登记，已受领交付的买受人请求将标的物所有权登记在自己名下的，人民法院应予支持。

三、标的物风险负担

第十一条 合同法第一百四十一条第二款第（一）项规定的“标的物需要运输的”，是指标的物由出卖人负责办理托运，承运人系独立于买卖合同当事人之外的运输业者的情形。标的物毁损、灭失的风险负担，按照合同法第一百四十五条的规定处理。

第十二条 出卖人根据合同约定将标的物运送至买受人指定地点并交付给承运人后，标的物毁损、灭失的风险由买受人负担，但当事人另有约定的除外。

第十三条 出卖人出卖交由承运人运输的在途标的物，在合同成立时知道或者应当知道标的物已经毁损、灭失却未告知买受人，买受人主张出卖人负担标的物毁损、灭失的风险的，人民法院应予支持。

第十四条 当事人对风险负担没有约定，标的物为种类物，出卖人未以装运单据、加盖标记、通知买受人等可识别的方式清楚地将标的物特定于买卖合同，买受人主张不负担标的物毁损、灭失的风险的，人民法院应予支持。

四、标的物检验

第十五条 当事人对标的物的检验期间未做约定，买受人签收的送货单、确认单等载明标的物数量、型号、规格的，人民法院应当根据合同法第一百五十七条的规定，认定买受人已对数量和外观瑕疵进行了检验，但有相反证据足以推翻的除外。

第十六条 出卖人依照买受人的指示向第三人交付标的物，出卖人和买受人之间约定的检验标准与买受人和第三人之间约定的检验标准不一致的，人民法院应当根据合同法第六十四条的规定，以出卖人和买受人之间约定的检验标准为标的物的检验标准。

第十七条 人民法院具体认定合同法第一百五十八条第二款规定的“合理期间”时，应当综合当事人之间的交易性质，交易目的、交易方式、交易习惯，标的物的种类、数量、性质、安装和使用情况、瑕疵的性质，买受人应尽的合理注意义务、检验方法和难易程度、买受人或者检验人所处的具体环境、自身技能以及其他合理因素，依据诚实信用原则进行判断。

合同法第一百五十八条第二款规定的“两年”是最长的合理期间。该期间为不变期间，不适用诉讼时效中止、中断或者延长的规定。

第十八条 约定的检验期间过短，依照标的物的性质和交易习惯，买受人在检验期间内难以完成全面检验的，人民法院应当认定该期间为买受人对外观瑕疵提出异议的期间，并根据本解释第十七条第一款的规定确定买受人对隐蔽瑕疵提出异议的合理期间。

约定的检验期间或者质量保证期间短于法律、行政法规规定的检验期间或者质量保证期间的，人民法院应当以法律、行政法规规定的检验期间或者质量保证期间为准。

第十九条 买受人在合理期间内提出异议，出卖人以买受人已经支付价款、确认欠款数额、使用标的物等为由，主张买受人放弃异议的，人民法院不予支持，但当事人另有约定的除外。

第二十条 合同法第一百五十八条规定的检验期间、合理期间、两年期间经过后，买受人主张标的物的数量或者质量不符合约定的，人民法院不予支持。

出卖人自愿承担违约责任后，又以上述期间经过为由反悔的，人民法院不予支持。

五、违约责任

第二十一条 买受人依约保留部分价款作为质量保证金，出卖人在质量保证期间未及时解决质量问题而影响标的物的价值或者使用效果，出卖人主张支付该部分价款的，人民法院不予支持。

第二十二条 买受人在检验期间、质量保证期间、合理期间内提出质量异议，出卖人未按要求予以修理或者因情况紧急，买受人自行或者通过第三人修理标的物后，主张出卖人负担因此发生的合理费用的，人民法院应予支持。

第二十三条 标的物质量不符合约定，买受人依照合同法第一百一十一条的规定要求减少价款的，人民法院应予支持。当事人主张以符合约定的标的物和实际交付的标的物按交付时的市场价值计算差价的，人民法院应予支持。

价款已经支付，买受人主张返还减价后多出部分价款的，人民法院应予支持。

第二十四条 买卖合同对付款期限做出的变更，不影响当事人关于逾期付款违约金的约定，但该违约金的起算点应当随之变更。

买卖合同约定逾期付款违约金，买受人以出卖人接受价款时未主张逾期付款违约金为由拒绝支付该违约金的，人民法院不予支持。

买卖合同约定逾期付款违约金，但对账单、还款协议等未涉及逾期付款责任，出卖人根据对账单、还款协议等主张欠款时请求买受人依约支付逾期付款违约金的，人民法院应予支持，但对账单、还款协议等明确载有本金及逾期付款利息数额或者已经变更买卖合同中关于本金、利息等约定内容的除外。

买卖合同没有约定逾期付款违约金或者该违约金的计算方法，出卖人以买受人违约为由主张赔偿逾期付款损失的，人民法院可以中国人民银行同期同类人民币贷款基准利率为基础，参照逾期罚息利率标准计算。

第二十五条 出卖人没有履行或者不当履行从给付义务，致使买受人不能实现合同目的，买受人主张解除合同的，人民法院应当根据合同法第九十四条第（四）项的规定，予以支持。

第二十六条 买卖合同因违约而解除后，守约方主张继续适用违约金条款的，人民法院应予支持；但约定的违约金过分高于造成的损失的，人民法院可以参照合同法第一百一十四条第二款的规定处理。

第二十七条 买卖合同当事人一方以对方违约为由主张支付违约金，对方以合同不成立、合同未生效、合同无效或者不构成违约等为由进行免责抗辩而未主张调整过高的违约金的，人民法院应当就法院若不支持免责抗辩，当事人是否需要主张调整违约金进行释明。

一审法院认为免责抗辩成立且未予释明，二审法院认为应当判决支付违约金的，可以直接释明并改判。

第二十八条 买卖合同约定的定金不足以弥补一方违约造成的损失，对方请求赔偿超过定金部分的损失的，人民法院可以并处，但定金和损失赔偿的数额总和不应高于因违约造成的损失。

第二十九条 买卖合同当事人一方违约造成对方损失，对方主张赔偿可得利益损失的，人民法院应当根据当事人的主张，依据合同法第一百一十三条、第一百一十九条、本解释第三十条、第三十一条等规定进行认定。

第三十条 买卖合同当事人一方违约造成对方损失，对方对损失的发生也有过错，违约方主张扣减相应的损失赔偿额的，人民法院应予支持。

第三十一条 买卖合同当事人一方因对方违约而获有利益，违约方主张从损失赔偿额中扣除该部分利益的，人民法院应予支持。

第三十二条 合同约定减轻或者免除出卖人对标的物的瑕疵担保责任，但出卖人故意或者因重大过失不告知买受人标的物的瑕疵，出卖人主张依约减轻或者免除瑕疵担保责任的，人民法院不予支持。

第三十三条 买受人在缔约时知道或者应当知道标的物质量存在瑕疵，主张出卖人承担瑕疵担保责任的，人民法院不予支持，但买受人在缔约时不知道该瑕疵会导致标的物的基本效用显著降低的除外。

六、所有权保留

第三十四条　买卖合同当事人主张合同法第一百三十四条关于标的物所有权保留的规定适用于不动产的，人民法院不予支持。

第三十五条　当事人约定所有权保留，在标的物所有权转移前，买受人有下列情形之一，对出卖人造成损害，出卖人主张取回标的物的，人民法院应予支持：

（一）未按约定支付价款的；

（二）未按约定完成特定条件的；

（三）将标的物出卖、出质或者做出其他不当处分的。

取回的标的物价值显著减少，出卖人要求买受人赔偿损失的，人民法院应予支持。

第三十六条　买受人已经支付标的物总价款的百分之七十五以上，出卖人主张取回标的物的，人民法院不予支持。

在本解释第三十五条第一款第（三）项情形下，第三人依据物权法第一百零六条的规定已经善意取得标的物所有权或者其他物权，出卖人主张取回标的物的，人民法院不予支持。

第三十七条　出卖人取回标的物后，买受人在双方约定的或者出卖人指定的回赎期间内，消除出卖人取回标的物的事由，主张回赎标的物的，人民法院应予支持。

买受人在回赎期间内没有回赎标的物的，出卖人可以另行出卖标的物。

出卖人另行出卖标的物的，出卖所得价款依次扣除取回和保管费用、再交易费用、利息、未清偿的价金后仍有剩余的，应返还原买受人；如有不足，出卖人要求原买受人清偿的，人民法院应予支持，但原买受人有证据证明出卖人另行出卖的价格明显低于市场价格的除外。

七、特种买卖

第三十八条　合同法第一百六十七条第一款规定的“分期付款”，系指买受人将应付的总价款在一定期间内至少分三次向出卖人支付。

分期付款买卖合同的约定违反合同法第一百六十七条第一款的规定，损害买受人利益，买受人主张该约定无效的，人民法院应予支持。

第三十九条　分期付款买卖合同约定出卖人在解除合同时可以扣留已受领价金，出卖人扣留的金额超过标的物使用费以及标的物受损赔偿额，买受人请求返还超过部分的，人民法院应予支持。

当事人对标的物的使用费没有约定的，人民法院可以参照当地同类标的物的租金标准确定。

第四十条　合同约定的样品质量与文字说明不一致且发生纠纷时当事人不能达成合意，样品封存后外观和内在品质没有发生变化的，人民法院应当以样品为准；外观和内在品质发生变化，或者当事人对是否发生变化有争议而又无法查明的，人民法院应当以文字说明为准。

第四十一条　试用买卖的买受人在试用期内已经支付一部分价款的，人民法院应当认定买受人同意购买，但合同另有约定的除外。

在试用期内，买受人对标的物实施了出卖、出租、设定担保物权等非试用行为的，人民法院应当认定买受人同意购买。

第四十二条　买卖合同存在下列约定内容之一的，不属于试用买卖。买受人主张属于试用买卖的，人民法院不予支持：

（一）约定标的物经过试用或者检验符合一定要求时，买受人应当购买标的物；

（二）约定第三人经试验对标的物认可时，买受人应当购买标的物；

（三）约定买受人在一定期间内可以调换标的物；

（四）约定买受人在一定期间内可以退还标的物。

第四十三条 试用买卖的当事人没有约定使用费或者约定不明确，出卖人主张买受人支付使用费的，人民法院不予支持。

八、其他问题

第四十四条 出卖人履行交付义务后诉请买受人支付价款，买受人以出卖人违约在先为由提出异议的，人民法院应当按照下列情况分别处理：

（一）买受人拒绝支付违约金、拒绝赔偿损失或者主张出卖人应当采取减少价款等补救措施的，属于提出抗辩；

（二）买受人主张出卖人应支付违约金、赔偿损失或者要求解除合同的，应当提起反诉。

第四十五条 法律或者行政法规对债权转让、股权转让等权利转让合同有规定的，依照其规定；没有规定的，人民法院可以根据合同法第一百二十四条和第一百七十四条的规定，参照适用买卖合同的有关规定。

权利转让或者其他有偿合同参照适用买卖合同的有关规定的，人民法院应当首先引用合同法第一百七十四条的规定，再引用买卖合同的有关规定。

第四十六条 本解释施行前本院发布的有关购销合同、销售合同等有偿转移标的物所有权的合同的规定，与本解释抵触的，自本解释施行之日起不再适用。

本解释施行后尚未终审的买卖合同纠纷案件，适用本解释；本解释施行前已经终审，当事人申请再审或者按照审判监督程序决定再审的，不适用本解释。

最高人民法院关于审理涉外民事或商事合同纠纷案件法律适用若干问题的规定

（法释〔2007〕14 号）

为正确审理涉外民事或商事合同纠纷案件，准确适用法律，根据《中华人民共和国民法通则》《中华人民共和国合同法》等有关规定，制定本规定。

第一条 涉外民事或商事合同应适用的法律，是指有关国家或地区的实体法，不包括冲突法和程序法。

第二条 本规定所称合同争议包括合同的订立、合同的效力、合同的履行、合同的变更和转让、合同的终止以及违约责任等争议。

第三条 当事人选择或者变更选择合同争议应适用的法律，应当以明示的方式进行。

第四条 当事人在一审法庭辩论终结前通过协商一致，选择或者变更选择合同争议应适用的法律的，人民法院应予准许。

当事人未选择合同争议应适用的法律，但均援引同一国家或者地区的法律且未提出法律适用异议的，应当视为当事人已经就合同争议应适用的法律做出选择。

第五条 当事人未选择合同争议应适用的法律的，适用与合同有最密切联系的国家或者地区的法律。

人民法院根据最密切联系原则确定合同争议应适用的法律时，应根据合同的特殊性质，以及某一方当事人履行的义务最能体现合同的本质特性等因素，确定与合同有最密切联系的国家或者地区的法律作为合同的准据法。

（一）买卖合同，适用合同订立时卖方住所地法；如果合同是在买方住所地谈判并订立的，或者合同明确规定卖方须在买方住所地履行交货义务的，适用买方住所地法。

（二）来料加工、来件装配以及其他各种加工承揽合同，适用加工承揽人住所地法。

（三）成套设备供应合同，适用设备安装地法。

（四）不动产买卖、租赁或者抵押合同，适用不动产所在地法。

（五）动产租赁合同，适用出租人住所地法。

（六）动产质押合同，适用质权人住所地法。

（七）借款合同，适用贷款人住所地法。

（八）保险合同，适用保险人住所地法。

（九）融资租赁合同，适用承租人住所地法。

（十）建设工程合同，适用建设工程所在地法。

（十一）仓储、保管合同，适用仓储、保管人住所地法。

（十二）保证合同，适用保证人住所地法。

（十三）委托合同，适用受托人住所地法。

（十四）债券的发行、销售和转让合同，分别适用债券发行地法、债券销售地法和债券转让地法。

（十五）拍卖合同，适用拍卖举行地法。

（十六）行纪合同，适用行纪人住所地法。

（十七）居间合同，适用居间人住所地法。

如果上述合同明显与另一国家或者地区有更密切联系的，适用该另一国家或者地区的法律。

第六条 当事人规避中华人民共和国法律、行政法规的强制性规定的行为，不发生适用外国法律的效力，该合同争议应当适用中华人民共和国法律。

第七条 适用外国法律违反中华人民共和国社会公共利益的，该外国法律不予适用，而应当适用中华人民共和国法律。

第八条 在中华人民共和国领域内履行的下列合同，适用中华人民共和国法律：

（一）中外合资经营企业合同；

（二）中外合作经营企业合同；

（三）中外合作勘探、开发自然资源合同；

（四）中外合资经营企业、中外合作经营企业、外商独资企业股份转让合同；

（五）外国自然人、法人或者其他组织承包经营在中华人民共和国领域内设立的中外合资经营企业、中外合作经营企业的合同；

（六）外国自然人、法人或者其他组织购买中华人民共和国领域内的非外商投资企业股东的股权的合同；

（七）外国自然人、法人或者其他组织认购中华人民共和国领域内的非外商投资有限责任公司或者股份有限公司增资的合同；

（八）外国自然人、法人或者其他组织购买中华人民共和国领域内的非外商投资企业资产的合同；

（九）中华人民共和国法律、行政法规规定应适用中华人民共和国法律的其他合同。

第九条 当事人选择或者变更选择合同争议应适用的法律为外国法律时，由当事人提供或者证明该外国法律的相关内容。

人民法院根据最密切联系原则确定合同争议应适用的法律为外国法律时，可以依职权查明该外国法律，亦可以要求当事人提供或者证明该外国法律的内容。

当事人和人民法院通过适当的途径均不能查明外国法律的内容的，人民法院可以适用中华人民共和国法律。

第十条 当事人对查明的外国法律内容经质证后无异议的，人民法院应予确认。当事人有异议的，由人民法院审查认定。

第十一条 涉及香港特别行政区、澳门特别行政区的民事或商事合同的法律适用，参照本规定。

第十二条 本院以前发布的规定与本规定不一致的，以本规定为准。

最高人民法院关于当前形势下审理民商事合同纠纷案件若干问题的指导意见

（法发〔2009〕40号）

当前，因全球金融危机蔓延所引发的矛盾和纠纷在司法领域已经出现明显反映，民商事案件尤其是与企业经营相关的民商事合同纠纷案件呈大幅增长的态势；同时出现了诸多由宏观经济形势变化所引发的新的审判实务问题。人民法院围绕国家经济发展战略和“保增长、保民生、保稳定”要求，坚持“立足审判、胸怀大局、同舟共济、共克时艰”的指导方针，牢固树立为大局服务、为人民司法的理念，认真研究并及时解决这些民商事审判实务中与宏观经济形势变化密切相关的普遍性问题、重点问题，有效化解矛盾和纠纷，不仅是民商事审判部门应对金融危机工作的重要任务，而且对于维护诚信的市场交易秩序，保障公平法治的投资环境，公平解决纠纷、提振市场信心等具有重要意义。现就人民法院在当前形势下审理民商事合同纠纷案件中的若干问题，提出以下意见。

一、慎重适用情势变更原则，合理调整双方利益关系

1. 当前市场主体之间的产品交易、资金流转因原料价格剧烈波动、市场需求关系的变化、流动资金不足等诸多因素的影响而产生大量纠纷，对于部分当事人在诉讼中提出适用情势变更原则变更或者解除合同的请求，人民法院应当依据公平原则和情势变更原则严格审查。

2. 人民法院在适用情势变更原则时，应当充分注意到全球性金融危机和国内宏观经济形势变化并非完全是一个令所有市场主体猝不及防的突变过程，而是一个逐步演变的过程。在演变过程中，市场主体应当对于市场风险存在一定程度的预见和判断。人民法院应当依法把握情势变更原则的适用条件，严格审查当事人提出的“无法预见”的主张，对于涉及石油、焦炭、有色金属等市场属性活泼、长期以来价格波动较大的大宗商品标的物以及股票、期货等风险投资型金融产品标的物的合同，更要慎重适用情势变更原则。

3. 人民法院要合理区分情势变更与商业风险。商业风险属于从事商业活动的固有风险，诸如尚未达到异常变动程度的供求关系变化、价格涨跌等。情势变更是当事人在缔约时无法预见的非市场系统固有的风险。人民法院在判断某种重大客观变化是否属于情势变更时，应当注意衡量风险类型是否属于社会一般观念上的事先无法预见、风险程度是否远远超出正常人的合理预期、风险是否可以防范和控制、交易性质是否属于通常的“高风险高收益”范围等因素，并结合市场的具体情况，在个案中识别情势变更和商业风险。

4. 在调整尺度的价值取向把握上，人民法院仍应遵循侧重于保护守约方的原则。适用情势变更原则并非简单地豁免债务人的义务而使债权人承受不利后果，而是要充分注意利益均衡，公平合理地调整双方利益关系。在诉讼过程中，人民法院要积极引导当事人重新协商，改订合同；重新协商不成的，争取调解解决。为防止情势变更原则被滥用而影响市场正常的交易秩序，人民法院决定适用情势变更原则做出判决的，应当按照最高人民法院《关于正确适用〈中华人民共和国合同法〉若干问题的解释（二）服务党和国家工作大局的通知》（法〔2009〕165号）的要求，严格履行适用情势变更的相关审核程序。

二、依法合理调整违约金数额，公平解决违约责任问题

5. 现阶段由于国内宏观经济环境的变化和影响，民商事合同履行过程中违约现象比较突出。对于双方当事人在合同中所约定的过分高于违约造成损失的违约金或者极具惩罚性的违约金条款，人民法院应根据合同法第一百一十四条第二款和最高人民法院《关于适用中华人民共和国合同法若干问题的解释（二）》[以下简称《合同法解释（二）》]第二十九条等关于调整过高违约金的规定内容和精神，合理调整违约金数额，公平解决违约责任问题。

6. 在当前企业经营状况普遍较为困难的情况下，对于违约金数额过分高于违约造成损失的，应当根据合同法规定的诚实信用原则、公平原则，坚持以补偿性为主、以惩罚性为辅的违约金性质，合理调整裁量幅度，切实防止以意思自治为由而完全放任当事人约定过高的违约金。

7. 人民法院根据合同法第一百一十四条第二款调整过高违约金时，应当根据案件的具体情形，以违约造成的损失为基准，综合衡量合同履行程度、当事人的过错、预期利益、当事人缔约地位强弱、是否适用格式合同或条款等多项因素，根据公平原则和诚实信用原则予以综合权衡，避免简单地采用固定比例等“一刀切”的做法，防止机械司法而可能造成的实质不公平。

8. 为减轻当事人诉累，妥当解决违约金纠纷，违约方以合同不成立、合同未生效、合同无效或者不构成违约进行免责抗辩而未提出违约金调整请求的，人民法院可以就当事人是否需要主张违约金过高问题进行释明。人民法院要正确确定举证责任，违约方对于违约金约定过高的主张承担举证责任，非违约方主张违约金约定合理的，亦应提供相应的证据。合同解除后，当事人主张违约金条款继续有效的，人民法院可以根据合同法第九十八条的规定进行处理。

三、区分可得利益损失类型，妥善认定可得利益损失

9. 在当前市场主体违约情形比较突出的情况下，违约行为通常导致可得利益损失。根据交易的性质、合同的目的等因素，可得利益损失主要分为生产利润损失、经营利润损失和转售利润损失等类型。生产设备和原材料等买卖合同违约中，因出卖人违约而造成买受人的可得利益损失通常属于生产利润损失。承包经营、租赁经营合同以及提供服务或劳务的合同中，因一方违约造成的可得利益损失通常属于经营利润损失。先后系列买卖合同中，因原合同出卖方违约而造成其后的转售合同出售方的可得利益损失通常属于转售利润损失。

10. 人民法院在计算和认定可得利益损失时，应当综合运用可预见规则、减损规则、损益相抵规则以及过失相抵规则等，从非违约方主张的可得利益赔偿总额中扣除违约方不可预见的损失、非违约方不当扩大的损失、非违约方因违约获得的利益、非违约方亦有过失所造成的损失以及必要的交易成本。存在合同法第一百一十三条第二款规定的欺诈经营、合同法第一百一十四条第一款规定的当事人约定损害赔偿的计算方法以及因违约导致人身伤亡、精神损害等情形的，不宜适用可得利益损失赔偿规则。

11. 人民法院认定可得利益损失时应当合理分配举证责任。违约方一般应当承担非违约方没有采取合理减损措施而导致损失扩大、非违约方因违约而获得利益以及非违约方亦有过失的举证责任；非违约方应当承担其遭受的可得利益损失总额、必要的交易成本的举证责任。对于可以预见的损失，既可以由非违约方举证，也可以由人民法院根据具体情况予以裁量。

四、正确把握法律构成要件，稳妥认定表见代理行为

12. 当前在国家重大项目和承包租赁行业等受到全球性金融危机冲击和国内宏观经济形势变化影响比较明显的行业领域，由于合同当事人采用转包、分包、转租方式，出现了大量以单位部门、项目经理乃至个人名义签订或实际履行合同的情形，并因合同主体和效力认定问题引发表见代理纠纷案件。对此，人民法院应当正确适用合同法第四十九条关于表见代理制度的规定，严格认定表见代理行为。

13. 合同法第四十九条规定的表见代理制度不仅要求代理人的无权代理行为在客观上形成具有代理权的表象，而且要求相对人在主观上善意且无过失地相信行为人有代理权。合同相对人主张构成表见代理的，应当承担举证责任，不仅应当举证证明代理行为存在诸如合同书、公章、印鉴等有权代理的客观表象形式要素，而且应当证明其善意且无过失地相信行为人具有代理权。

14. 人民法院在判断合同相对人主观上是否属于善意且无过失时，应当结合合同缔结与履行过程中的各种因素综合判断合同相对人是否尽到合理注意义务，此外，还要考虑合同的缔结时间、以谁的名义签字、是否盖有相关印章及印章真伪、标的物的交付方式与地点、购买的材料、租赁的器材、所借款项的用途、建筑单位是否知道项目经理的行为、是否参与合同履行等各种因素，做出综合分析判断。

五、正确适用强制性规定，稳妥认定民商事合同效力

15. 正确理解、识别和适用合同法第五十二条第（五）项中的“违反法律、行政法规的强制性规定”，关系到民商事合同的效力维护以及市场交易的安全和稳定。人民法院应当注意根据《合同法解释（二）》第十四条之规定，注意区分效力性强制规定和管理性强制规定。违反效力性强制规定的，人民法院应当认定合同无效；违反管理性强制规定的，人民法院应当根据具体情形认定其效力。

16. 人民法院应当综合法律法规的意旨，权衡相互冲突的权益，诸如权益的种类、交易安全以及其所规制的对象等，综合认定强制性规定的类型。如果强制性规范规制的是合同行为本身即只要该合同行为发生即绝对地损害国家利益或者社会公共利益的，人民法院应当认定合同无效。如果强制性规定规制的是当事人的“市场准入”资格而非某种类型的合同行为，或者规制的是某种合同的履行行为而非某类合同行为，人民法院对于此类合同效力的认定，应当慎重把握，必要时应当征求相关立法部门的意见或者请示上级人民法院。

六、合理适用不安抗辩权规则，维护权利人合法权益

17. 在当前情势下，为敦促诚信的合同一方当事人及时保全证据、有效保护权利人的正当合法权益，对于一方当事人已经履行全部交付义务，虽然约定的价款期限尚未到期，但其诉请付款方支付未到期价款的，如果有确切证据证明付款方明确表示不履行给付价款义务，或者付款方被吊销营业执照、被注销、被有关部门撤销、处于歇业状态，或者付款方转移财产、抽逃资金以逃避债务，或者付款方丧失商业信誉，以及付款方以自己的行为表明不履行给付价款义务的其他情形的，除非付款方已经提供适当的担保，人民法院可以根据合同法第六十八条第一款、第六十九条、第九十四条第（二）项、第一百零八条、第一百六十七条等规定精神，判令付款期限已到期或者加速到期。

最高人民法院关于适用《中华人民共和国合同法》若干问题的解释（一）

（法释〔1999〕19号）

为了正确审理合同纠纷案件，根据《中华人民共和国合同法》（以下简称合同法）的规定，对人民法院适用合同法的有关问题做出如下解释：

一、法律适用范围

第一条 合同法实施以后成立的合同发生纠纷起诉到人民法院的，适用合同法的规定；合同法实施以前成立的合同发生纠纷起诉到人民法院的，除本解释另有规定的以外，适用当时的法律规定，当时没有法律规定的，可以适用合同法的有关规定。

第二条 合同成立于合同法实施之前，但合同约定的履行期限跨越合同法实施之日或者履行期限在合同法实施之后，因履行合同发生的纠纷，适用合同法第四章的有关规定。

第三条 人民法院确认合同效力时，对合同法实施以前成立的合同，适用当时的法律合同无效而适用合同法合同有效的，则适用合同法。

第四条 合同法实施以后，人民法院确认合同无效，应当以全国人大及其常委会制定的法律和国务院制定的行政法规为依据，不得以地方性法规、行政规章为依据。

第五条　人民法院对合同法实施以前已经做出终审裁决的案件进行再审，不适用合同法。

二、诉讼时效

第六条　技术合同争议当事人的权利受到侵害的事实发生在合同法实施之前，自当事人知道或者应当知道其权利受到侵害之日起至合同法实施之日超过一年的，人民法院不予保护；尚未超过一年的，其提起诉讼的时效期间为二年。

第七条　技术进出口合同争议当事人的权利受到侵害的事实发生在合同法实施之前，自当事人知道或者应当知道其权利受到侵害之日起至合同法施行之日超过二年的，人民法院不予保护；尚未超过二年的，其提起诉讼的时效期间为四年。

第八条　合同法第五十五条规定的“一年”、第七十五条和第一百零四条第二款规定的“五年”为不变期间，不适用诉讼时效中止、中断或者延长的规定。

三、合同效力

第九条　依照合同法第四十四条第二款的规定，法律、行政法规规定合同应当办理批准手续，或者办理批准、登记等手续才生效，在一审法庭辩论终结前当事人仍未办理批准手续的，或者仍未办理批准、登记等手续的，人民法院应当认定该合同未生效；法律、行政法规规定合同应当办理登记手续，但未规定登记后生效的，当事人未办理登记手续不影响合同的效力，合同标的物所有权及其他物权不能转移。

合同法第七十七条第二款、第八十七条、第九十六条第二款所示合同变更、转让、解除等情形，依照前款规定处理。

第十条　当事人超越经营范围订立合同，人民法院不因此认定合同无效。但违反国家限制经营、特许经营以及法律、行政法规禁止经营规定的除外。

四、代位权

第十一条　债权人依照合同法第七十三条的规定提起代位权诉讼，应当符合下列条件：

（一）债权人对债务人的债权合法；

（二）债务人怠于行使其到期债权，对债权人造成损害；

（三）债务人的债权已到期；

（四）债务人的债权不是专属于债务人自身的债权。

第十二条　合同法第七十三条第一款规定的专属于债务人自身的债权，是指基于扶养关系、抚养关系、赡养关系、继承关系产生的给付请求权和劳动报酬、退休金、养老金、抚恤金、安置费、人寿保险、人身伤害赔偿请求权等权利。

第十三条　合同法第七十三条规定的“债务人怠于行使其到期债权，对债权人造成损害的”，是指债务人不履行其对债权人的到期债务，又不以诉讼方式或者仲裁方式向其债务人主张其享有的具有金钱给付内容的到期债权，致使债权人的到期债权未能实现。

次债务人（债务人的债务人）不认为债务人有怠于行使其到期债权情况的，应当承担举证责任。

第十四条　债权人依照合同法第七十三条的规定提起代位权诉讼的，由被告住所地人民法院管辖。

第十五条　债权人向人民法院起诉债务人以后，又向同一人民法院对次债务人提起代位权诉讼，符合本解释第十三条的规定和《中华人民共和国民事诉讼法》第一百零八条规定的起诉条件的，应当立案受理；不符合本解释第十三条规定的，告知债权人向次债务人住所地人民法院另行起诉。

受理代位权诉讼的人民法院在债权人起诉债务人的诉讼裁决发生法律效力以前，应当依照《中华人民共和国民事诉讼法》第一百三十六条第（五）项的规定中止代位权诉讼。

第十六条 债权人以次债务人为被告向人民法院提起代位权诉讼，未将债务人列为第三人的，人民法院可以追加债务人为第三人。

两个或者两个以上债权人以同一次债务人为被告提起代位权诉讼的，人民法院可以合并审理。

第十七条 在代位权诉讼中，债权人请求人民法院对次债务人的财产采取保全措施的，应当提供相应的财产担保。

第十八条 在代位权诉讼中，次债务人对债务人的抗辩，可以向债权人主张。

债务人在代位权诉讼中对债权人的债权提出异议，经审查异议成立的，人民法院应当裁定驳回债权人的起诉。

第十九条 在代位权诉讼中，债权人胜诉的，诉讼费由次债务人负担，从实现的债权中优先支付。

第二十条 债权人向次债务人提起的代位权诉讼经人民法院审理后认定代位权成立的，由次债务人向债权人履行清偿义务，债权人与债务人、债务人与次债务人之间相应的债权债务关系即予消灭。

第二十一条 在代位权诉讼中，债权人行使代位权的请求数额超过债务人所负债务额或者超过次债务人对债务人所负债务额的，对超出部分人民法院不予支持。

第二十二条 债务人在代位权诉讼中，对超过债权人代位请求数额的债权部分起诉次债务人的，人民法院应当告知其向有管辖权的人民法院另行起诉。

债务人的起诉符合法定条件的，人民法院应当受理；受理债务人起诉的人民法院在代位权诉讼裁决发生法律效力以前，应当依法中止。

五、撤销权

第二十三条 债权人依照合同法第七十四条的规定提起撤销权诉讼的，由被告住所地人民法院管辖。

第二十四条 债权人依照合同法第七十四条的规定提起撤销权诉讼时只以债务人为被告，未将受益人或者受让人列为第三人的，人民法院可以追加该受益人或者受让人为第三人。

第二十五条 债权人依照合同法第七十四条的规定提起撤销权诉讼，请求人民法院撤销债务人放弃债权或转让财产的行为，人民法院应当就债权人主张的部分进行审理，依法撤销的，该行为自始无效。

两个或者两个以上债权人以同一债务人为被告，就同一标的提起撤销权诉讼的，人民法院可以合并审理。

第二十六条 债权人行使撤销权所支付的律师代理费、差旅费等必要费用，由债务人负担；第三人有过错的，应当适当分担。

六、合同转让中的第三人

第二十七条 债权人转让合同权利后，债务人与受让人之间因履行合同发生纠纷诉至人民法院，债务人对债权人的权利提出抗辩的，可以将债权人列为第三人。

第二十八条 经债权人同意，债务人转移合同义务后，受让人与债权人之间因履行合同发生纠纷诉至人民法院，受让人就债务人对债权人的权利提出抗辩的，可以将债务人列为第三人。

第二十九条 合同当事人一方经对方同意将其在合同中的权利义务一并转让给受让人，对方与受让人因履行合同发生纠纷诉至人民法院，对方就合同权利义务提出抗辩的，可以将出让方列为第三人。

七、请求权竞合

第三十条　债权人依照合同法第一百二十二条的规定向人民法院起诉时做出选择后，在一审开庭以前又变更诉讼请求的，人民法院应当准许。对方当事人提出管辖权异议，经审查异议成立的，人民法院应当驳回起诉。

最高人民法院关于适用《中华人民共和国合同法》若干问题的解释（二）

（法释〔2009〕5号）

为了正确审理合同纠纷案件，根据《中华人民共和国合同法》的规定，对人民法院适用合同法的有关问题做出如下解释：

一、合同的订立

第一条　当事人对合同是否成立存在争议，人民法院能够确定当事人名称或者姓名、标的和数量的，一般应当认定合同成立。但法律另有规定或者当事人另有约定的除外。

对合同欠缺的前款规定以外的其他内容，当事人达不成协议的，人民法院依照合同法第六十一条、第六十二条、第一百二十五条等有关规定予以确定。

第二条　当事人未以书面形式或者口头形式订立合同，但从双方从事的民事行为能够推定双方有订立合同意愿的，人民法院可以认定是以合同法第十条第一款中的"其他形式"订立的合同。但法律另有规定的除外。

第三条　悬赏人以公开方式声明对完成一定行为的人支付报酬，完成特定行为的人请求悬赏人支付报酬的，人民法院依法予以支持。但悬赏有合同法第五十二条规定情形的除外。

第四条　采用书面形式订立合同，合同约定的签订地与实际签字或者盖章地点不符的，人民法院应当认定约定的签订地为合同签订地；合同没有约定签订地，双方当事人签字或者盖章不在同一地点的，人民法院应当认定最后签字或者盖章的地点为合同签订地。

第五条　当事人采用合同书形式订立合同的，应当签字或者盖章。当事人在合同书上摁手印的，人民法院应当认定其具有与签字或者盖章同等的法律效力。

第六条　提供格式条款的一方对格式条款中免除或者限制其责任的内容，在合同订立时采用足以引起对方注意的文字、符号、字体等特别标识，并按照对方的要求对该格式条款予以说明的，人民法院应当认定符合合同法第三十九条所称"采取合理的方式"。

提供格式条款一方对已尽合理提示及说明义务承担举证责任。

第七条　下列情形，不违反法律、行政法规强制性规定的，人民法院可以认定为合同法所称"交易习惯"：

（一）在交易行为当地或者某一领域、某一行业通常采用并为交易对方订立合同时所知道或者应当知道的做法；

（二）当事人双方经常使用的习惯做法。

对于交易习惯，由提出主张的一方当事人承担举证责任。

第八条　依照法律、行政法规的规定经批准或者登记才能生效的合同成立后，有义务办理申请批准或者申请登记等手续的一方当事人未按照法律规定或者合同约定办理申请批准或者未申请登记的，属于合同法第四十二条第（三）项规定的"其他违背诚实信用原则的行为"，人民法院可以根据案件的具体情况和相对人的请求，判决相对人自己办理有关手续；对方当事人对由此产生的费用和给相对人造成的实际损失，应当承担损害赔偿责任。

二、合同的效力

第九条　提供格式条款的一方当事人违反合同法第三十九条第一款关于提示和说明义务

的规定，导致对方没有注意免除或者限制其责任的条款，对方当事人申请撤销该格式条款的，人民法院应当支持。

第十条 提供格式条款的一方当事人违反合同法第三十九条第一款的规定，并具有合同法第四十条规定的情形之一的，人民法院应当认定该格式条款无效。

第十一条 根据合同法第四十七条、第四十八条的规定，追认的意思表示自到达相对人时生效，合同自订立时起生效。

第十二条 无权代理人以被代理人的名义订立合同，被代理人已经开始履行合同义务的，视为对合同的追认。

第十三条 被代理人依照合同法第四十九条的规定承担有效代理行为所产生的责任后，可以向无权代理人追偿因代理行为而遭受的损失。

第十四条 合同法第五十二条第（五）项规定的“强制性规定”，是指效力性强制性规定。

第十五条 出卖人就同一标的物订立多重买卖合同，合同均不具有合同法第五十二条规定的无效情形，买受人因不能按照合同约定取得标的物所有权，请求追究出卖人违约责任的，人民法院应予支持。

三、合同的履行

第十六条 人民法院根据具体案情可以将合同法第六十四条、第六十五条规定的第三人列为无独立请求权的第三人，但不得依职权将其列为该合同诉讼案件的被告或者有独立请求权的第三人。

第十七条 债权人以境外当事人为被告提起的代位权诉讼，人民法院根据《中华人民共和国民事诉讼法》第二百四十一条的规定确定管辖。

第十八条 债务人放弃其未到期的债权或者放弃债权担保，或者恶意延长到期债权的履行期，对债权人造成损害，债权人依照合同法第七十四条的规定提起撤销权诉讼的，人民法院应当支持。

第十九条 对于合同法第七十四条规定的“明显不合理的低价”，人民法院应当以交易当地一般经营者的判断，并参考交易当时交易地的物价部门指导价或者市场交易价，结合其他相关因素综合考虑予以确认。

转让价格达不到交易时交易地的指导价或者市场交易价百分之七十的，一般可以视为明显不合理的低价；对转让价格高于当地指导价或者市场交易价百分之三十的，一般可以视为明显不合理的高价。

债务人以明显不合理的高价收购他人财产，人民法院可以根据债权人的申请，参照合同法第七十四条的规定予以撤销。

第二十条 债务人的给付不足以清偿其对同一债权人所负的数笔相同种类的全部债务，应当优先抵充已到期的债务；几项债务均到期的，优先抵充对债权人缺乏担保或者担保数额最少的债务；担保数额相同的，优先抵充债务负担较重的债务；负担相同的，按照债务到期的先后顺序抵充；到期时间相同的，按比例抵充。但是，债权人与债务人对清偿的债务或者清偿抵充顺序有约定的除外。

第二十一条 债务人除主债务之外还应当支付利息和费用，当其给付不足以清偿全部债务时，并且当事人没有约定的，人民法院应当按照下列顺序抵充：

（一）实现债权的有关费用；

（二）利息；

（三）主债务。

四、合同的权利义务终止

第二十二条　当事人一方违反合同法第九十二条规定的义务，给对方当事人造成损失，对方当事人请求赔偿实际损失的，人民法院应当支持。

第二十三条　对于依照合同法第九十九条的规定可以抵销的到期债权，当事人约定不得抵销的，人民法院可以认定该约定有效。

第二十四条　当事人对合同法第九十六条、第九十九条规定的合同解除或者债务抵销虽有异议，但在约定的异议期限届满后才提出异议并向人民法院起诉的，人民法院不予支持；当事人没有约定异议期间，在解除合同或者债务抵销通知到达之日起三个月以后才向人民法院起诉的，人民法院不予支持。

第二十五条　依照合同法第一百零一条的规定，债务人将合同标的物或者标的物拍卖、变卖所得价款交付提存部门时，人民法院应当认定提存成立。

提存成立的，视为债务人在其提存范围内已经履行债务。

第二十六条　合同成立以后客观情况发生了当事人在订立合同时无法预见的、非不可抗力造成的不属于商业风险的重大变化，继续履行合同对于一方当事人明显不公平或者不能实现合同目的，当事人请求人民法院变更或者解除合同的，人民法院应当根据公平原则，并结合案件的实际情况确定是否变更或者解除。

五、违约责任

第二十七条　当事人通过反诉或者抗辩的方式，请求人民法院依照合同法第一百一十四条第二款的规定调整违约金的，人民法院应予支持。

第二十八条　当事人依照合同法第一百一十四条第二款的规定，请求人民法院增加违约金的，增加后的违约金数额以不超过实际损失额为限。增加违约金以后，当事人又请求对方赔偿损失的，人民法院不予支持。

第二十九条　当事人主张约定的违约金过高请求予以适当减少的，人民法院应当以实际损失为基础，兼顾合同的履行情况、当事人的过错程度以及预期利益等综合因素，根据公平原则和诚实信用原则予以衡量，并做出裁决。

当事人约定的违约金超过造成损失的百分之三十的，一般可以认定为合同法第一百一十四条第二款规定的“过分高于造成的损失”。

六、附则

第三十条　合同法施行后成立的合同发生纠纷的案件，本解释施行后尚未终审的，适用本解释；本解释施行前已经终审，当事人申请再审或者按照审判监督程序决定再审的，不适用本解释。

第二节　内控措施

一、合同订立阶段的内控措施

（一）合同调查

1. 合同调查的风险

（1）忽视对方主体资格审查。忽视对方的主体资格审查，与不具有相应民事行为能力和民事权利能力，或不具备应有特定资质，或不具备代理权，或越权代理的主体签订合同，导致合同无效，或引发潜在合同风险。

（2）错误判断对方信用状况。合同签订前错误判断对方的信用状况，或在合同履行过程中没有持续关注对方的资信变化，致使企业蒙受损失。

（3）错误估计对方履约能力。没有认真调查，错误评价对方的履约能力，将不具备履约能力的对方确认为有能力，或将有能力的对方排除在合同之外，最终导致合同无法执行，影响企业经营目标无法实现。

2．合同调查风险的应对措施

（1）严格审查对方的身份。要严格审查对方的身份证件、法人登记证书、资质证明等原件，必要时可通过发证机关查询证书的真实性。关注授权代理人的行为是否在授权范围内，在充分收集相关证据的基础上，评价主体资格是否恰当。

（2）认真分析对方的经营能力。获取对方经审计的财务报告、以往交易记录等财务和非财务信息，分析获利能力、偿债能力和营运能力，评估其财务风险和信用状况，并在合同履行过程中持续关注其资信变化，建立和及时更新对方的商业信用档案。

（3）深入对方现场了解其履约能力。要深入对方进行现场调查，实地了解和全面评估对方的生产能力、技术水平、产品类别和质量状况等生产经营情况，分析评估对方的履约能力。

（4）及时了解对方的经营动向。要通过与对方的主要供应商、客户、开户银行、主管税务机关和工商管理部门等沟通，了解其生产经营性、商业信誉、履约能力等变动情况，防范履约中断给企业造成的损失。

（二）合同谈判

初步确定拟签约的对象后，企业合同承办部门应当在职权范围内与对方进行合同谈判，按照自愿、公平的原则，磋商合同内容及条款，明确合同双方的权利义务和违约责任等。

1．合同谈判的风险

（1）谈判时疏忽大意，忽略了合同中的重大问题，或在重大问题上做出不恰当让步。

（2）谈判经验不足，缺乏技术、法律和财务知识的支撑，导致谈判被动，出现不利条款。

（3）谈判未注意保密，泄露本企业谈判策略，导致企业在谈判中处于不利地位。

2．合同谈判风险的应对措施

（1）收集资料掌握情况。在谈判前应当广泛收集对手资料，充分熟悉对手情况，做到知己知彼；研究国家相关法律法规、行业监管、产业政策、同类产品和服务的价格等，以及与谈判内容相关的信息，正确制定谈判策略。

（2）熟悉合同核心内容。要关注合同标的的数量、质量或技术标准，合同价格确定方式与货款支付方式，履约期限和方式，违约责任和争议的解决方式，合同变更和解除条款等核心内容。

（3）充分发挥团队智慧。充分发挥团队智慧，及时总结谈判得失，研究制定下一步谈判策略。对于影响重大、涉及较高专业技术或法律关系复杂的合同，应组织法律、技术、财务等专业人员参与谈判。

（4）借助外部专家参与。必要时可聘请外部专家参与相关工作，并充分了解外部专家的专业资质、胜任能力和职业道德情况。

（5）做好保密和记录。合同谈判要加强保密工作，严格责任追究制度。对谈判过程中的重要事项和参与谈判人员的主要意见，应予记录并妥善保存，作为避免合同舞弊的重要手段和责任追究的依据。

（三）合同文本拟定

企业应当根据协商、谈判等的结果，拟订合同文本，按照自愿、公平原则，明确双方的权利义务和违约责任，做到条款内容完整，表述严谨准确，相关手续齐备，避免出现重大疏漏。

1. 合同文本拟定的风险

（1）合同形式不恰当。选择不恰当的合同形式，合同与国家法律法规、行业产业政策、企业总体战略目标，或特定业务经营目标发生冲突，可能导致企业损失。

（2）合同内容不完善。合同内容和条款不完整，表述不严谨、不准确，或存在重大疏漏和欺诈，可能导致企业合法利益受损。

（3）合同含有欺诈。通过操作合同金额故意拆分合同、规避合同管理规定，应报经国家有关主管部门审查或备案的未履行相应程序，利用合同搞欺诈，可能导致合同纠纷。

2. 文本拟订风险的应对措施

合同文本一般由业务承办部门起草，由法律部门审核。重大合同或法律关系复杂的特殊合同应当由法律部门参与起草。国家或行业有合同示范文本的，可以优先选用，但对涉及权利义务关系的条款应当进行认真审查，并根据实际情况进行适当修改。

（1）确保合同内容合规性与一致性。企业对外签订合同必须与国家法规、产业政策、企业整体战略目标相一致；认真考核合同是否以生产经营计划、项目立项书等为依据，是为了完成具体业务经营目标，否则应予制止。

（2）实施统一归口管理和授权审批制度。合同文本实行统一归口管理和授权审批制度，防止通过化整为零等方式故意规避招标等合同管理规定的做法，杜绝越权行为。合同文本需报经国家有关部门审查或备案的，应履行相应程序。

（3）认真审核对方起草的合同文本。对签约对方起草的合同文本应认真审核，确保合同内容准确反映企业诉求和谈判达成的一致意见，特别留意“其他约定事项”需要补充填写的栏目。如果不存在其他约定事项，应注明“此项空白”或“无其他约定事项”，防止合同后续被篡改，导致合同纠纷。

（四）合同审核

1. 合同审核的风险

合同审核的主要风险是：合同审核人员因专业素质或工作态度等原因，未能发现合同文本中的不当内容和条款；审核人员虽然通过审核发现问题但未提出恰当的修订意见；合同起草人员没有根据审核人员的改进意见修改合同，导致合同中的不当内容和条款未被纠正。

2. 合同审核风险的应对措施

（1）审核人员应当对合同文本的合法性、经济性、可行性和严密性进行重点审核，关注合同的主体、内容和形式是否合法，合同内容是否符合企业的经济利益，对方当事人是否具有履约能力，合同权利和义务、违约责任和争议解决条款是否明确等。

（2）建立会审制度，对影响重大或法律关系复杂的合同文本，企业应当组织内部相关部门（如财会部门、内部审计部门、法律部门、业务相关部门）进行审核。相关部门提出不同意见的，应当认真分析研究，慎重对待，并准确无误地加以记录，必要时应对合同条款做出修改。内部相关部门应当认真履行职责。

（五）合同签署

1. 合同签署的风险

合同签署的主要风险是：超越权限签订合同，合同印章管理不当，签署后的合同被篡改，因手续不全导致合同无效等。

2. 合同签署风险的应对措施

（1）认真执行指引的规定。企业应当按照规定的权限和程序向对方当事人阐述合同。正式的对外订立的合同，应当有企业法定代表人或由其授权的代理人签名或加盖有关印章。授权签署合同的，应当签署授权委托书。

（2）加强合同专用章保管制度。合同经编号、审批及企业法定代表人或由其授权的代理人签署后，方可加盖合同专用章。保管人应当记录合同专用章使用情况以备查。如果发生合同专用章遗失或被盗现象，应当立即报告公司负责人并采取妥善措施，如向公安机关报案、登报声明作废等，以最大限度消除可能带来的负面影响。

（3）采取恰当措施，防止已签署的合同被篡改。例如，在合同各页码之间加盖骑缝章，使用防伪印记，使用不可编辑的电子文档格式等。

属于上级管理权限的合同，下级单位不得签署。下级单位认为确有需要签署涉及上级管理权限的合同，应当提出申请，并经上级合同管理机构批准后办理。上级单位应当加强对下级单位合同订立与履行情况的监督检查。企业应当加强合同信息档案保密工作，未经批准，不得以任何形式泄露合同订立与履行过程中涉及的商业秘密或国家机密。

二、合同履行阶段的内控措施

（一）合同履行

1. 合同履行的风险

合同履行的主要风险是：本企业或合同对方当事人没有恰当地履行合同中约定的义务；合同生效后，对合同条款未明确约定的事项没有及时协议补充，导致合同无法正常履行；在合同履行过程中，未能及时发现已经或可能导致企业利益受损情况，或未能采取有效措施；合同纠纷处理不当，导致企业遭受外部处罚、诉讼失败，损害企业利益、信誉和形象等。

2. 合同履行风险的应对措施

企业应当遵循诚实信用原则严格履行合同；对合同履行实施有效监控，强化对合同履行情况及效果的检查、分析和验收，确保合同全面有效履行。

（1）企业要严格履行合同。

（2）监督对方的履约情况。企业应有效监控对方的合同履行情况，一旦发现有明显违约可能或违约行为，应当及时提示风险，并立即采取相应措施将合同损失降到最低。

（3）合同变更或解除的条件及程序。在合同履行过程中发现有显失公平、条款有误或对方有欺诈行为等情形，或因政策调整、市场变化等客观因素，已经或可能导致企业利益受损，应当按规定程序及时报告，并经双方协商一致，按照规定权限和程序办理合同变更或解除事宜。

（4）加强合同纠纷管理。企业应加强合同纠纷管理，在履行合同过程中发生纠纷的，应当依据国家相关法律法规，在规定时效内与对方当事人协商并按规定权限和程序及时报告。

合同纠纷经协商一致的，双方应当签订书面协议；合同纠纷经协商无法解决的，应当根据合同约定选择仲裁或诉讼方式解决。

企业内部授权处理合同纠纷，应当签署授权委托书。在纠纷处理过程中，未经授权审批，相关经办人员不得向对方当事人做出实质性答复或承诺。

（5）合同履行情况评估。合同作为企业承担的独立民事责任、履行权利义务的重要依据，是企业管理活动的重要痕迹，也是企业风险管理的主要载体。为此，企业应当建立合同履行情况评估制度，至少于每年年末对合同履行的总体情况和重大合同履行的具体情况进行分析评估。

评估的内容是：合同的签订是否符合程序；合同审核的意见是否得到合理采纳，以及不采纳的主要原因及其产生的后果；合同是否全面履行，以及重大合同未履行的主要原因分析和教训总结；合同履行中是否存在不足，应当采取何种改进措施；合同纠纷是否得到妥善处理；合同是否适当归档；合同管理工作中的成绩与创新，是否存在违法、违规行为；合同管理内部控制的设计和执行是否有效；是否提出提高合同管理效率和效果的建议等。另外，对分析评估中发现合同履行中存在的不足，应当及时加以改进。

企业应当健全合同管理考核与责任追究制度，对合同订立、履行过程中出现的违法违规行为，应当追究有关机构和人员的责任。

（二）合同结算

1. 合同结算的风险

合同结算的主要风险是：违反合同条款，未按合同规定期限、金额或方式付款；疏于管理，未能及时催收到期合同款项；在没有合同依据的情况下盲目付款；等等。

2. 合同结算风险的应对措施

企业财务部门应当根据合同条款审核后办理结算业务；未按合同条款履约的，或应签订书面合同而未签订的，财务部门有权拒绝付款，并及时向企业有关负责人报告。

（三）合同登记

合同登记管理制度体现了合同的全过程封闭管理，合同的签署、履行、结算、补充或变更、解除等都需要进行合同登记。合同登记的主要风险是：合同档案不全，合同泄密，合同滥用等。

合同管理部门应当加强合同登记管理；充分利用信息化手段，定期对合同进行统计、分类和归档；详细登记合同的订立、履行和变更等情况，实行合同的全过程封闭管理；规范合同管理人员职责，明确合同流转、借阅和归还的职责权限和审批程序等规定，要严格保护国家或商业秘密。

法律依据

内部控制应用指引第 16 号——合同管理

第一章 总 则

第一条 为了促进企业加强合同管理，维护企业合法权益，根据《中华人民共和国合同法》等有关法律法规和《内部控制基本规范》，制定本指引。

第二条 本指引所称合同，是指企业与自然人、法人及其他组织等平等主体之间设立、变更、终止民事权利义务关系的协议。

企业与职工签订的劳动合同，不适用本指引。

第三条 企业合同管理至少应当关注下列风险：

（一）未订立合同、未经授权对外订立合同、合同对方主体资格未达要求、合同内容存在重大疏漏和欺诈，可能导致企业合法权益受到侵害。

（二）合同未全面履行或监控不当，可能导致企业诉讼失败、经济利益受损。

（三）合同纠纷处理不当，可能损害企业利益、信誉和形象。

第四条 企业应当加强合同管理，确定合同归口管理部门，明确合同拟定、审批、执行等环节的程序和要求，定期检查和评价合同管理中的薄弱环节，采取相应控制措施，促进合同有效履行，切实维护企业的合法权益。

第二章 合同的订立

第五条 企业对外发生经济行为，除即时结清方式外，应当订立书面合同。合同订立前，应当充分了解合同对方的主体资格、信用状况等有关内容，确保对方当事人具备履约能力。

对于影响重大、涉及较高专业技术或法律关系复杂的合同，应当组织法律、技术、财会等专业人员参与谈判，必要时可聘请外部专家参与相关工作。

谈判过程中的重要事项和参与谈判人员的主要意见，应当予以记录并妥善保存。

第六条 企业应当根据协商、谈判等的结果，拟定合同文本，按照自愿、公平原则，明确双方的权利义务和违约责任，做到条款内容完整，表述严谨准确，相关手续齐备，避免出现重大疏漏。

合同文本一般由业务承办部门起草、法律部门审核。重大合同或法律关系复杂的特殊合同应当由法律部门参与起草。国家或行业有合同示范文本的，可以优先选用，但对涉及权利义务关系的条款应当进行认真审查，并根据实际情况进行适当修改。

合同文本须报经国家有关主管部门审查或备案的，应当履行相应程序。

第七条 企业应当对合同文本进行严格审核，重点关注合同的主体、内容和形式是否合法，合同内容是否符合企业的经济利益，对方当事人是否具有履约能力，合同权利和义务、违约责任和争议解决条款是否明确等。

企业对影响重大或法律关系复杂的合同文本，应当组织内部相关部门进行审核。相关部门提出不同意见的，应当认真分析研究，慎重对待，并准确无误地加以记录；必要时应对合同条款做出修改。内部相关部门应当认真履行职责。

第八条 企业应当按照规定的权限和程序与对方当事人签署合同。正式对外订立的合同，应当由企业法定代表人或由其授权的代理人签名或加盖有关印章。授权签署合同的，应当签署授权委托书。

属于上级管理权限的合同，下级单位不得签署。下级单位认为确有需要签署涉及上级管理权限的合同，应当提出申请，并经上级合同管理机构批准后办理。上级单位应当加强对下级单位合同订立、履行情况的监督检查。

第九条 企业应当建立合同专用章保管制度。合同经编号、审批及企业法定代表人或由其授权的代理人签署后，方可加盖合同专用章。

第十条 企业应当加强合同信息安全保密工作，未经批准，不得以任何形式泄露合同订立与履行过程中涉及的商业秘密或国家机密。

第三章 合同的履行

第十一条 企业应当遵循诚实信用原则严格履行合同，对合同履行实施有效监控，强化对合同履行情况及效果的检查、分析和验收，确保合同全面有效履行。

合同生效后，企业就质量、价款、履行地点等内容与合同对方没有约定或者约定不明确的，可以协议补充；不能达成补充协议的，按照国家相关法律法规、合同有关条款或者交易习惯确定。

第十二条 在合同履行过程中发现有显失公平、条款有误或对方有欺诈行为等情形，或因政策调整、市场变化等客观因素，已经或可能导致企业利益受损，应当按规定程序及时报告，并经双方协商一致，按照规定权限和程序办理合同变更或解除事宜。

第十三条 企业应当加强合同纠纷管理，在履行合同过程中发生纠纷的，应当依据国家相关法律法规，在规定时效内与对方当事人协商并按规定权限和程序及时报告。

合同纠纷经协商一致的，双方应当签订书面协议。合同纠纷经协商无法解决的，应当根据合同约定选择仲裁或诉讼方式解决。

企业内部授权处理合同纠纷的，应当签署授权委托书。纠纷处理过程中，未经授权审批，相关经办人员不得向对方当事人做出实质性答复或承诺。

第十四条　企业财会部门应当根据合同条款审核后办理结算业务。未按合同条款履约的，或应签订书面合同而未签订的，财会部门有权拒绝付款，并及时向企业有关负责人报告。

第十五条　合同管理部门应当加强合同登记管理，充分利用信息化手段，定期对合同进行统计、分类和归档，详细登记合同的订立、履行和变更等情况，实行合同的全过程封闭管理。

第十六条　企业应当建立合同履行情况评估制度，至少于每年年末对合同履行的总体情况和重大合同履行的具体情况进行分析评估，对分析评估中发现合同履行中存在的不足，应当及时加以改进。

企业应当健全合同管理考核与责任追究制度。对合同订立、履行过程中出现的违法违规行为，应当追究有关机构或人员的责任。

第十六章

资产管理方面的内部控制

资产一般是指企业拥有和控制的能够用货币计量，并能够给企业带来经济利益的经济资源，主要包括存货、固定资产和无形资产。加强各项资产管理，保证资产安全完整，提高资产使用效能，有利于维持企业正常生产经营，有利于促进企业发展战略的实现。

第一节　综合知识

一、资产管理的控制目标

（1）提高资产利用率，充分发挥资产的效能，确保企业资产安全、完整。

（2）确保资产管理按会计准则的要求进行核算，做到账实相符，防范错弊产生。

（3）确保采购、验收、保管、计价、使用、处置等符合国家法规及财会制度有关规定。

二、资产管理的风险

在实践中资产管理风险是多方面的，企业应关注下列风险点：

（1）存货积压或短缺，可能导致流动资金占用过量、存货价值贬损或生产中断。

（2）固定资产更新改造不够、使用效能低下、维护不当、产能过剩，可能导致企业缺乏竞争力、资产价值贬损、安全事故频发或资源浪费。

（3）无形资产缺乏核心技术、权属不清、技术落后、存在重大技术安全隐患，可能导致企业法律纠纷、缺乏可持续发展能力。

小知识　　防范和化解资产管理中风险的应对措施

（1）要求企业采用先进的存货管理技术和方法，规范存货管理流程，明确取得存货、验收入库、原料加工、仓储保管、领用发出、盘点处置等环节的管理要求，充分利用信息系统，强化会计、出入库等相关记录，确保存货管理全过程的风险得到有效控制。

（2）要求企业根据各种存货采购间隔期和当前库存，综合考虑企业生产经营计划、市场供求等因素，合理确定存货采购日期和数量，确保存货处于最佳库存状态。

（3）要求企业加强房屋建筑物、机器设备等各类固定资产的维护、清查、处置管理，重视固定资产的技术升级和更新改造，不断提升固定资产的使用效能，确保固定资产处于良好运行状态。

（4）要求企业强化对生产线等关键设备运转的监控，严格操作流程，实行岗前培训和岗位许可制度，确保设备安全运转。

（5）要求企业严格执行固定资产投保政策，及时办理投保手续。

（6）要求企业规范固定资产抵押管理，确定固定资产抵押程序和审批权限等。

（7）要求企业加强对品牌、商标、专利、专有技术、土地使用权等无形资产的管理，促进无形资产有效利用，充分发挥无形资产对提升企业核心竞争力的作用。

三、资产管理的要求

（一）资产管理方面

1. 梳理资产管理流程

企业的资产多种多样，既有长期的也有短期的，既有有形的也有无形的，而且发挥的作用各不相同。为了充分发挥资产的效能，保障资产安全，就要根据资产的性质和作用，对“进入到退出”的所有环节进行梳理。例如，存货应从购买、验收、仓储、出库、盘点、处置等环节进行梳理。梳理中不仅要对照现有资产管理制度，检查规范的管理内容是否落实到位，而且要审视相关管理流程是否科学，是否能较好地保证物流顺畅，是否能不断减少物流风险、降低相关成本费用，以及最大限度地发挥应有的效能等。

2. 寻找薄弱环节

在梳理过程中要查找资产管理的薄弱环节和问题。这些薄弱环节通常是引发资产流失、运行风险、积压/短缺、效能低下、产能过剩、安全事故，以及生产中断、价值贬损等的源泉。如果不及时克服/解决，将严重影响企业的经济效益及目标达成。

3. 建立健全各项管理措施

针对查找出的薄弱环节和问题，应当按照内部控制基本规范的要求，结合企业的实际情况，建立健全各项资产管理措施：属于缺少相关资产管理制度的，应建立健全相关制度；属于制度内容不健全/不适应的，应给予补充与完善；属于执行不到位的，应加大执行力度，避免形式主义。最终使资产管理制度全面具体、切实可行，为实现企业的经营战略目标提供保证。

（二）资产投保方面

应当重视和加强各项资产的投保工作，采用招标等方式确定保险人，降低资产损失风险，防范资产投保舞弊。

第二节　存货方面的内控

存货通常是指非货币性的流动资产，包括原材料、在制品、产成品、半成品、商品及周转材料等。企业代销、代管、代修、受托加工的存货虽不归企业所有，但也包括在内。

一、存货控制的目标

（一）加速存货周转速度，提高企业资金使用效率

使用最少的资金采购科学合理的存货数量，是企业管理中的主要目标之一，而加速存货的周转速度是实现此目标的主要途径。因此，应该通过对存货的购进、耗用、保管、生产和销售等环节的控制来加速存货的周转，在保证企业生产的同时节约企业资金，提高资金使用效率。

（二）保证所购存货满足生产和销售的需求

原材料的品种、数量、质量和价格在某种程度上决定了企业未来生产和销售的成败，决定了企业的盈亏。如果采购不当，就会导致企业本已相当紧张的资金更加捉襟见肘，使企业资金发生不必要的浪费，同时也难以达到理想的生产和销售目标。

（三）保证存货购入经济合理

购入的存货应当符合生产制造和可供销售的要求。不合理地购入存货，势必造成存货的积压，其结果不仅会增加存货保管的工作量，而且容易出现存货变质、损失和被盗的可能性。同时，过多的存货分散存放必将给存货的盘点及保管带来困难等。

（四）力求节约成本

由于原材料等存货的成本在产品成本中所占的比重较大，所以减少材料的采购成本对企业而言，永远是最大的节省领域。因此，建立科学的存货控制制度和具体的控制方法，不仅使存货数量满足生产和销售的需求，还节约了存货成本（订货成本、购入成本、储存成本和缺货成本）。

（五）保证存货的实际存在

由于存货种类数量繁多、流动性强、存放地点分散，容易发生损坏、变质、短缺和被盗情况，因此，如何使这些情况发生的可能性降到最低程度，是存货内部控制的重要目标。良好的内部控制制度要求对各种存货合理地分类，以便各类存货的集中存放和指定专人对其保管，每个存放地点都要做详细的记录，以避免存货存放日久而被遗忘。存货流转各环节应受到多方的牵制，建立不同的存货盘存制度，以加强保管和使用部门对存货控制的责任。

（六）保证合理确定存货价值

存货价值是否合理的确定直接影响着当期资产的合理表述和当期净收益的正确计算，企业必须确立和执行对存货的恰当计价方法。首先，将存货计价方法建立在符合原存货特征和会计准则的基础之上；其次，应监督合理的计价方法能被一贯地执行，防止任意改变存货的计价方法；再次保证产品的成本计算必须通过适当的分类账户与分利归集；最后，应保证存货成本的计算过程和会计账务处理正确。

（七）保证销售成本列示合理

销售成本是利润表的重要组成部分。销售成本直接关系到企业净收益的计算是否恰当，以及能否正确反映企业的经营成果。因此，企业应正确计算本期存货购入、制造及发出的成本，保证销售成本在利润表中得到公允的列示。

（八）保证存货控制过程的合法性和合规性

国家的政策和法律法规是企业生产经营活动的法律约束。企业制定的内部管理规章则是企业生产经营活动的制度约束。存货控制必须在国家政策和法律法规以及企业内部管理规章的约束下进行。有效的存货控制就是建立在贯彻国家的政策和法律法规以及企业内部管理规章的基础上的控制。因此，从存货的购进、生产领用、销售发出到存货的盘点清查等所有控制环节都必须认真贯彻执行国家的政策和法律法规，严格执行企业的内部管理规章，以保证存货控制过程的合法性和合规性。

二、存货控制的特点

（一）存货控制对供、产、销过程中的不确定性因素具有缓冲作用

在生产和销售过程中，原材料和零部件的供给、产品的需求、各工序的状态等，都存在着各种各样的不确定性。例如，生产过程中的意外事故和变化是难以避免的。企业保持一定的安全库存（保险库存）即可对这些不确定性因素起到缓冲作用，通过库存来调整预期误差。

（二）存货控制对生产工序的分解性和隔离性

在一条生产线上，相邻工序之间设置在产品储存，就可使上下工序不必紧密连接，使必需的工序能相互独立，使相邻工序形成时间差、效率差，这样不至于导致各工序间相互牵连、影响，从而提高生产效率，使大批量、低成本的生产得以实现。

（三）存货控制对季节性供需矛盾的调节性

某些原材料的使用以及某些产品的销售存在着极强的季节性。为了调节这种季节性的供需矛盾，充分发挥企业的生产能力，保持生产和销售的均衡性，通过存货控制来建立一定的季节性原材料库存或季节性成品库存是完全必要的。

（四）正确的存货决策可以使库存实现保值增值

在市场经济环境下，依据对宏观经济状况、供需关系和市场行情的准确预测，企业可以在行情看涨的情况下，通过适时增加库存达到保值增值的目的；也可以通过及时减少库存来避免行情下跌所带来的损失。不过，这种决策应在全面衡量企业经营需要与可能的基础上做出。

（五）存货控制具有相对静态性

存货控制不同于企业管理。企业内部环境不断发生变化，决定了控制标准和控制方法不可能固定不变。从某一时期来看，存货控制又具有稳定的特征。一是，其具有固定的控制方法；二是，其具有一个普遍的控制标准。

（六）存货控制具有整体性

存货控制的整体性包含两层含义：一是存货控制是企业管理存货成员的职责，降低成本、提高效益是企业全体成员共同的责任；二是控制的对象是存货的各个方面。确保存货管理的各部门和各单位彼此在工作上的均衡与协调是控制工作的一项重要任务，为此需要了解与掌握各部门和各单位工作的具体情况并予以控制。

三、存货控制的原则

（一）控制应同预算相适应原则

控制系统和控制方法应当与预算和组织的特点相适应，不同的预算有不同的特点，因此控制所需的信息、技术也各不相同。例如，对在产品的控制，主要是各部门、各单位甚至各种产品在生产过程中发生的成本及损失的控制；而对产成品的控制，则主要是销售产品的品种、规格、数量和交货期的控制。控制工作越考虑到各种预算的特点，就越能为管理的需要服务。衡量和收集控制所需的信息可借助组织中存在的信息沟通网络，这样做易于提高控制工作的及时性和准确性。

（二）突出重点，规范流程，注意例外情况原则

控制要突出重点，对重要、关键的因素实施重点控制，以提高控制效果。管理者都希望对自己所管理的工作进行全面的了解与控制，但存货中的工作和活动往往错综复杂，涉及面广，谁也无法对每一方面甚至每一件事予以完全的控制。德鲁克指出："绝不应该对微不足道的事去衡量。人们只有检查少数对工作成绩和成果能有重大影响的事项，才能达到控制的目的。人们如果试图核查无数对工作成绩和成果无关紧要的事件，就不能达到控制的目的。"因此，找出或确定最能反映或体现经营成果的关键因素，并加以重点控制，将是一种有效的控制方法。

突出重点，进行关键因素控制的前提是正确地选择关键因素。关键因素必须是真正的关键，对非关键因素予以关键控制是不利的，甚至是危险的。由于不同企业存货有着不同的内容和活

动，不同时期的具体情况不同，关键因素也会不同，因此，管理者应从实际出发，根据目标的要求，结合内部条件及外部环境，在符合自己情况的基础上确定切合实际的关键因素。

存货是工业生产企业非常重要的组成部分，对其控制管理要有一套比较规范的流程，既要有控制的方法，也要有控制的标准。例如，对于企业原材料的耗用，多长时间用尽，什么时候进货，进多少，都要根据企业的生产能力、经营情况来决定，需要有一套规范的制度和流程。控制也应考虑例外情况。这样可使管理者把精力集中在需要他们注意和应该加以注意的事项上，进而提高控制效果。但是，对例外情况的重视程度不应仅仅依据偏差的大小而定，而要考虑客观实际情况。因为在一个组织中不同工作的重要程度不同，如管理费用高出预算 5%可能无关紧要，而产品的不合格率上升 1%可能使所有产品滞销，所以在实际工作中，例外原则必须与控制关键问题的原则结合起来，必须注意关键问题上的例外情况。

（三）制约性原则

存货控制必须制约企业存货的经济活动，并要求制度执行者按照制度的要求实施控制。制约性包含如下两方面的含义：

（1）企业在设计内部控制时，应该赋予企业存货方面工作人员相应的权利，同时应该规定与之匹配的义务。让每个存货控制制度的执行者按照规定的权利与义务实施控制活动，任何个人都不得拥有超越存货控制制度的权力。

（2）财务部门要充分采用内部稽核方法，保证账证、账账、账实相符。例如，要求控制实物和货币支出不超过定额，要经常进行实物盘点，及时与账簿记录互相复核对证，发生差异时要采取适当的措施，通过制约以保证信息资料的一致性。

（四）牵制性原则

牵制性原则要求企业在处理每项存货业务与会计业务时，应当保证存货管理涉及的管理控制机构和岗位的合理设置及其职责权限的合理划分，坚持不相容职务分离。

重要存货业务和重要岗位必须由两人或两人以上共同分工负责，彼此的工作可以相互对证，以起到相互牵制的作用，即存货控制要确保不同机构和岗位之间权责分明、相互制约、相互监督。

（五）全面性原则

企业在设计存货控制时，必须从全面出发考虑问题。这里所指的“全面”包括存货控制内容的全面、执行范围的全面、手续程序的全面、控制体系的全面等。即存货控制应当涵盖存货管理所涉及的各项存货业务及相关岗位，以及执行制度过程的程序、手段等方面，并针对业务处理过程中的关键控制点，落实到决策、执行、监督、反馈等各个环节。

（六）稳定性原则

稳定的控制是指控制系统在企业形成一定规模时对存货的管理控制在一定的控制模式下基本上不发生巨大的变化。但并不是说是固定不变的。例如，运用零存货控制方法控制存货，就是一项稳定控制模式下的非常灵活的控制方法，因为客户的需要往往是变动而非固定的。

（七）连续性原则

存货控制可以分为在途物资、原材料、在产品、产成品等的控制。随着物质核算方法的不断改变，物质名称形态也发生着改变，在途物质进库就变成原材料，原材料进入加工在加工过程中属于在产品，加工好后进入仓库就成了产成品。物质的变化具有连续性，同样与物质管理密切相关的存货控制也具有连续性的特点。所以存货控制要连续进行，从在途物质开始一直到产品售出都有一套对应的管理控制方法。

（八）经济性原则

控制工作与其他工作一样，都应以较少的费用支出获取较大的收益。控制工作应注重经济性，为进行控制而支出的费用和由控制而增加的收益都直接与控制程度相关。这就是说，控制工作一定要坚持适度性原则，以便提高控制工作的经济效益。

控制工作的经济性应注意两个问题。

1. 复杂性

适度控制的原则在道理上讲很简单，但操作起来非常复杂。因为人们很难对控制工作或控制系统的费用和收益进行准确计算，无法准确评价其经济性。例如，人们都知道提高产品质量有助于扩大产品销售量、增加销售收入，而实际的销售收入可能受产品质量、企业形象、促销努力等多方面因素的影响，提高产品质量到底能新增多少销售收入是很难计算出来的。所以，在实际工作中，要注意运用适度控制的原则。

2. 相对性

同样程度的控制，对本企业来讲可能是经济的，而对其他企业来说可能就不经济。即使在同一个企业中，用同样的费用分别对质量和出勤进行同等程度的控制，所表现出来的经济性也不一定相同。所以，控制系统要与企业的特点、规模及工作性质等具体情况相适应。

（九）合法合理性原则

存货控制本身是一种规范。这种规范必须建立在国家有关法律、法规的基础上，根据企业的实际情况，设计出合法合理的控制制度。

四、存货管理的主要风险点

不同类型的企业有不同的存货业务特征和管理模式；即使同一企业，不同类型存货的业务流程和管控方式也可能不尽相同。企业建立和完善存货内部控制制度，必须结合本企业的生产经营特点，针对业务流程中主要风险点和关键环节，制定有效的控制措施；同时，充分利用信息管理系统，强化会计、出入库等相关记录，确保存货管理全过程的风险得到有效控制。

一般生产企业的存货业务流程可分为取得存货、验收入库、仓储保管、生产加工、盘点处置等四个阶段，历经取得存货、验收入库、仓储保管、领用发出、原料加工、装配包装、盘点清查、销售处置等主要环节。具体到某个特定生产企业，存货业务流程可能较为复杂，不仅涉及上述所有环节，甚至有更多、更细的流程，且存货在企业内部要经历多次循环。例如，原材料要经历验收入库、领用加工，形成半成品后又入库保存或现场保管、领用半成品继续加工，加工完成为产成品后再入库保存，直至发出销售等过程。也有部分生产企业的生产经营活动较为简单，其存货业务流程可能只涉及上述阶段中的某几个环节。

作为商品流通企业的批发商的存货，通常经过取得、验收入库、仓储保管和销售发出等主要环节；零售商从生产企业或批发商（经销商）那里取得商品，经验收后入库保管或者直接放置在经营场所对外销售。例如，仓储式超市货架里摆放的商品就是超市的存货，商品仓储与销售过程紧密联系在一起。概括地讲，无论是生产企业还是商品流通企业，取得存货、验收入库、仓储保管、领用发出、盘点清查、销售处置等是其共有的环节。这些环节可能存在的主要风险及管控措施具体如下。

（一）取得存货

存货的取得有外购、委托加工或自行生产等方式。企业应综合考虑行业特点、生产经营计划和市场因素等，本着成本效益原则，确定不同类型的取得存货方式。

1. 风险警示

存货预算编制不科学、采购计划不合理，可能导致存货积压或短缺。

2. 管控措施

企业存货管理实务中，应当根据各种存货采购间隔期和当前库存，综合考虑企业生产经营计划、市场供求等因素，充分利用信息系统，合理确定存货采购日期和数量，确保存货处于最佳库存状态。

（二）验收入库

不论是外购原材料或商品，还是本企业生产的产品，都必须经过验收（质检）环节，以保证存货的数量和质量符合合同等有关规定或产品质量要求。

1. 风险警示

验收程序不规范、标准不明确，可能导致数量克扣、以次充好、账实不符。

2. 管控措施

企业应当重视存货验收工作，规范存货验收程序和方法，着力做好以下工作：

（1）外购存货的验收。应当重点关注合同、发票等原始单据与存货的数量、质量、规格等核对一致。涉及技术含量较高的货物，必要时可委托具有检验资质的机构或聘请外部专家协助验收。

（2）自制存货的验收。应当重点关注产品质量，通过检验合格的半成品、产成品才能办理入库手续，不合格品应及时查明原因、落实责任、报告处理。

（3）其他方式取得存货的验收。应当重点关注存货来源、质量状况、实际价值是否符合有关合同或协议的约定。经验收合格的存货进入入库或销售环节。仓储部门对于入库的存货，应根据入库单的内容对存货的数量、质量、品种等进行检查，符合要求的予以入库；不符合要求的，应当及时办理退换货等相关事宜。入库记录要真实、完整，定期与财务等相关部门核对，不得擅自修改。

（三）仓储保管

一般而言，生产企业为保证生产过程的连续性，需要对存货进行仓储保管；商品流通企业的存货从购入到销往客户之间也存在仓储保管环节。

1. 风险警示

存货仓储保管方法不适当、监管不严密，可能导致损坏变质、价值贬损、资源浪费。

2. 管控措施

（1）存货在不同仓库之间流动时，应当办理出入库手续。

（2）存货仓储期间要按照仓储物资所要求的储存条件妥善储存，做好防火、防洪、防盗、防潮、防病虫害、防变质等保管工作，不同批次、型号和用途的产品要分类存放。生产现场的在加工原料、周转材料、半成品等要按照有助于提高生产效率的方式摆放，同时防止浪费、被盗和流失。

（3）对代管、代销、暂存、受托加工的存货，应单独存放和记录，避免与本单位存货混淆。

（4）结合企业实际情况，加强存货的保险投保，保证存货安全，合理降低存货意外损失风险。

（5）仓储部门应对库存物料和产品进行每日巡查和定期抽检，详细记录库存情况；发现毁损、存在跌价迹象的，应及时与生产、采购、财务等相关部门沟通。对于进入仓库的人员应办理进出登记手续，未经授权人员不得接触存货。

（四）领用发出

生产企业生产部门领用原材料、辅料、燃料和零部件等用于生产加工，仓储部门根据销售部门开出的发货单向经销商或客户发出产成品，商品流通领域的批发商根据合同或订货单等向下游经销商或零售商发出商品，客户凭交款凭证等从零售商处取走商品等，都涉及存货领用发出问题。

1. 风险警示

存货领用发出审核不严格、手续不完备，可能导致货物流失。

2. 管控措施

企业应当根据自身的业务特点，确定适用的存货发出管理模式，制定严格的存货准出制度，明确存货发出和领用的审批权限，健全存货出库手续，加强存货领用记录。通常情况下，对于一般的生产企业，仓储部门应核对经过审核的领料单或发货通知单的内容，做到单据齐全，名称、规格、计量单位准确；符合条件的准予领用或发出，并与领用人当面核对、点清交付。在商场、超市等商品流通企业，在存货销售发出环节应侧重于防止商品失窃、随时整理弃置商品、每日核对销售记录和库存记录等。无论是何种企业，对于大批存货、贵重商品或危险品的发出，均应当实行特别授权；仓储部门应当根据经审批的销售（出库）通知单发出货物。

（五）盘点清查

存货盘点清查，一方面要核对实物的数量，是否与相关记录相符、账实相符；另一方面要关注实物的质量，是否有明显的损坏。

1. 风险警示

存货盘点清查制度不完善、计划不可行，可能导致工作流于形式、无法查清存货真实状况。

2. 管控措施

企业应当建立存货盘点清查工作规程，结合本企业实际情况确定盘点周期、盘点流程、盘点方法等相关内容，定期盘点和不定期抽查相结合。盘点清查时，应拟订详细的盘点计划，合理安排相关人员，使用科学的盘点方法，保持盘点记录的完整，以保证盘点的真实性、有效性。对盘点清查结果要及时编制盘点表，形成书面报告，包括盘点人员、时间、地点、实际所盘点存货名称、品种、数量、存放情况，以及盘点过程中发现的账实不符情况等内容，对盘点清查中发现的问题，应及时查明原因，落实责任，按照规定权限报经批准后处理。多部门人员共同盘点，严格按照盘点计划，认真记录盘点情况。此外，企业至少应当于每年年度终了开展全面的存货盘点清查，及时发现存货减值迹象，将盘点清查结果形成书面报告。

（六）存货销售处置

存货销售处置是存货退出企业生产经营活动的环节，包括商品和产成品的正常对外销售以及存货因变质、毁损等进行的处置。

1. 风险警示

存货报废处置责任不明确、审批不到位，可能导致企业利益受损。

2. 管控措施

企业应定期对存货进行检查，及时、充分了解存货的存储状态，对于存货变质、毁损、报废或流失的处理要分清责任、分析原因、及时合理。

五、存货控制的内容

从存货的种类上看，存货控制的内容主要包括产成品或商品的控制、在产品的控制、材料的控制、物料的控制等。

从存货的管理环节上看，存货控制的内容主要包括以下几点。

（一）存货采购的控制

对于生产企业来说，物资采购是生产的准备阶段。为了生产适销对路的产品，企业必须采购生产适用、价格合理、质量合格的原材料。

1. 请购的控制

材料的请购通常源于仓库存货的储备要求或各个部门的需要。为了有效经济地进行下一个阶段的生产，防止材料的不足或浪费，各个部门都要编制材料需求计划。由物资使用部门（如制造企业的生产部门、流通企业的销售部门等）根据未来一定期间的需要量编制物资需求单，并提交到物资保管部门，然后由物资保管部门编制请购单，对物资采购的数量、品种、批次等进行控制。

2. 订货的控制

（1）对供应商的控制。不同供应商的货物的价格、质量标准、可享受的折扣、付款的条件、交货的时间以及供应商的信誉是不同的。企业为了购买到物美价廉的材料，选择合适的供应商是很必要的。所以，企业应对不同的供应商发出询价单了解相关情况，采取竞价的方式来确定供应商，以保证供货的质量、时间和成本。

（2）发出订购单的控制。发出订购单的控制，主要是防止正常的生产过程被推迟，或者过早地使现金被搁置在存货资产上。这种控制主要由物资保管部门运用经济批量法和分析最低存货点法来进行，而不是由购货部门来进行。

（3）对订货合同的控制。存货购进合同是根据存货采购计划和生产需要而签订的，全面完成进货合同是完成存货采购计划的重要保证。审查合同的合法性和可行性、检查合同的履行情况是存货会计控制的一项重要内容。

3. 验收的控制

当商品运到企业后，验收部门，要对商品进行验收，检查商品与订购单上的要求是否相符，如商品的品名、说明、数量、到货时间、有无损坏等。在商品验收过程中，对于特殊商品需要具有较高的专业知识或者必须经过仪器或实验才能进行的情况，验收部门还应将部分样品送交专家和实验室。对于数量溢缺或质量有问题的存货，还应该单独存放，妥善保管，等待处理。同时为了达到控制的目的，防止舞弊现象的产生，验收工作还必须是独立于请购、采购和财务部门的人员担任。验收控制制度的核心是保证所购货物符合预订的品名、数量和质量标准，明确保管部门和有关人员的经济责任。

4. 退货和折让的控制

购货部门在收到收货报告单后，如发现货物的数量和质量不符合订购单要求，要求供应商补足数量、退货或者要求供应商给予适当的折让，这些过程也需要控制，防止货物的缺失，产生扯皮推诿现象。

5. 付款的控制

由请购单、订购单和验收单共同构成的收货业务完成后，财务部门就取得了供应商的发票和验收单等表示货物已经验收入库并应支付货款或应付账款已经发生的原始凭证。对这些原始凭证经过审核无误后才能付款。例如，在现金支付交易时，供应商的发票是否有“付讫”戳记，防止二次付款；应付的款项付款凭证是否经授权人批准；等等。

6. 入库的控制

对验收的商品应进行恰当的储存。在商品入库时对商品的数量、品种、类别、规格、批次等要进行明确记录，便于管理控制。存货的保管卡片，即物料卡，应填写完整并由专人管理。对存货入库业务过程中的有关证件要整理核对并建立资料档案，为存货的保管、生产业务活动创立良好的条件。存放存货的仓储区应相对独立，限制无关人员进出。

小知识 采购环节的关键控制点

（1）企业的生产计划作为采购的源头，其合理与否直接影响到后续的采购与存货。因此，生产计划需要经过适当的审批。

（2）采购是向合适的供应商询价并确认。

（3）请购单、订购单、验收单和供应商发票核对一致。

（二）存货盘点的控制

存货盘点的控制是指对存货的收发业务、存货的账面数和实际结存数相符的控制，查明有无盘亏、损毁、盘盈、积压等情况及其原因，能对存货实际使用和损耗有所掌握和了解。

企业应对存货进行定期盘点，建立资产盘点控制制度，主要内容包括以下几点。

（1）定期盘点。针对不同资产，盘点的时间间隔有所不同。一般而言，重要的资产和在增减过程中容易发生错误和舞弊的资产，其盘点时间间隔应短些；反之，则应长些。

（2）盘点人员组成。针对不同的需要盘点的资产来确定盘点人员的具体组成。一般来讲，盘点小组应由资产保管人员、记录人员、内部审计人员、单位或得到授权部门的负责人共同组成，这样可以确保盘点结果的客观、准确。

（3）盘点手续。盘点前，应做好各项准备工作，包括盘点表、盘点器具的准备和盘点时间的安排等。在盘点过程中，应合理确定哪些人员动手点数、哪些人员复查等。

（4）盘点结果的处理。清查盘点时，盘点人员既要盘点数量，又要盘点质量，将积压呆滞、残损变质、质次价高，以及存量过大、储存时间过长等不良问题查清，并防止错盘、重盘、漏盘，根据盘点结果如实填写"存货盘点报告单"。在盘点过程中发现盘盈、盘亏的，相关人员应当编制"盘点盈亏报告单"，并报有关部门处理。对于经仓储部门盘点确认，确实不能继续使用和盘亏的存货应编制"存货报废审批单"，该单由物资保管部门填制，经财务、物资保管部门负责人及领导审批后方可做报废处理。

小知识 合理库存控制

库存过少可能造成生产中断，库存过多又会浪费资金。为了防范过多/过少风险的发生，企业应当根据各种存货采购间隔期和当前库存，综合考虑企业生产经营计划、市场供求等因素，建立企业的库存。

企业应当充分利用信息系统，确定存货采购日期和数量，确保存货处于最佳库存状态。

（三）存货生产的控制

产品制造业用以销售的产品来源于生产环节。销售部门销售什么产品、这些产品能否销售出去并为企业获利，都取决于企业生产环节生产的产品种类、质量和价格。企业生产产品需要耗用原材料等存货，所以在生产环节中对存货进行控制对于降低成本、提高产品质量、增加产销售量、提高企业竞争力有重要意义。

1. 存货领用的控制

存货领用业务主要由物资保管部门负责，同时涉及财务及用料部门。生产产品都是有计划的，根据计划进行生产才能节约能源，提高效益。

（1）对需用存货的控制。对用料部门领用材料的名称、数量、规格及用途是否符合生产或经营活动需要，是否超过了用料计划或限额都要进行控制，这是为了防止用料部门随意领用材料，造成企业生产浪费和企业资产流失。

（2）对存货出库的控制。发出存货时，对发票和领料单的品种、规格及数量是否相符，有无部门负责人的核准签字，有无超越批准权限等要进行核对控制，保证发出的材料品种、规格及数量等准确无误，而且存货发出真实、有效。

（3）对领料凭证的控制。在领用存货的过程中，会产生很多凭证，如领料单、材料出库单、会计人员填制的转账凭证等。对这些凭证要注意保管控制，保证领料业务过程基本内容的完整、处理手续的完备、经济内容的合规和合法，以便以后的查证。

2. 存货生产中的控制

在生产过程中，存货消耗转变为在产品、产成品、次品以及产生一些必要的损耗。在生产过程中对存货的规范使用、合理保管能够减少存货的损耗，提高存货的使用效率，降低产品成本，提高产品竞争力。

（1）存货用量的控制。对生产每件产品需要多少材料、每个生产工人一定时间内能生产多少产品、分配多少材料都应该进行控制，这样对于减少材料的损耗、提高材料使用效率和防止工人随意使用材料有很大作用。

（2）生产制造的控制。由于生产制造对库存存货数量的正确性和存货的可销售性能提供某些证据，因此企业管理层和审计人员对生产制造的计量和产品的监督控制都极感兴趣。例如，生产通知单在执行过程中会产生许多生产经营性控制数据和会计信息，这些应该记录在一项文件中；生产中未耗用的原材料应督促领用部门将它们归还仓库。

（3）在产品的控制。对在产品的控制包括对在产品数量、完工程度以及已耗费的材料、工时的控制。对实物进行计点时，有时是有困难的，因为在许多不同的完工阶段有许多不同的项目必须确认，而实物往往很分散，或者在料斗中，或者在管道中，这些地方的进入、观察、计量是困难的。然而，良好的控制制度仍要求有懂得每项在产品的放置地点和完工情况的人员去对其进行计量。

（4）产成品的控制。产成品的控制包括对产成品数量和质量的控制。例如，当数量很多、实地计数有困难或不经济时，如何对数量进行有效的控制；产品质量合格与否是通过技术人员检验控制还是专门设备检验控制等。

3. 存货入库的控制

存货入库的控制包括：产成品入库是否经过质量检验部门，经检验合格后方能入库，有无以次充好或先入库，下月返修，以及完成产量、产值指标的情况；有无已完工仍不交库，以调节上下期的产量报告数的情况；入库数与车间发生数是否一致，入库数与财务部门的产品的收入记录是否一致，有无不入库直接售出、不入账的情况。

（四）存货销售的控制

1. 销售计划的控制

销售部门应根据产品销售的历史情况，结合产品的市场容量、企业产品的市场占有率以及其他市场信息，控制计划期的产品销售品种、销售数量。企业还可根据每年产品的销售量和市场容量来确定产品的生命周期，根据企业产品所处的生命周期控制产销策略。通过与购货方签订销售合同，进一步落实销售计划中的销售品种和销售数量，同时促进生产部门根据合同交货数量和期限，制订生产计划并监督产品及时完工。

2. 对购货方的控制

在存货销售过程中，为防止购货方无力付款或有意骗取货物，保证销售有效、产品安全以及货款及时回收，在存货销售前，企业应对购货方进行资信调查，了解购货方的付款能力和信用状况。

3. 发货的控制

（1）发货手续的控制。发货手续的控制是指存货发放的依据是否完整。仓库人员接到发放凭证后要进行核对，看是否有内容不全、涂改、伪造或者存货用途不明、额外发货、空白领条等情况存在；发货通知单是否在事先进行连续的编号，在执行后是否归档并有专人进行定期检查。

（2）发出货物的控制。发出货物的控制包括存货发出的数量是否准确。例如，产成品发出的明细记录与销售明细账的销售数量是否相符，出库存货是否过磅、点数、尺量等。存货的发放是保证生产、销售正常进行的重要一环，错发、多发、少发、漏发都会对企业造成不利的影响。发出货物的控制还包括存货的质量是否完好。例如，出库产品是否按规定等级发货，有无“以次充好”的情况，发出存货质量的好坏会对生产和企业信誉产生很大影响，所以对发出存货质量的控制很重要。

4. 退货的控制

销售环节的退货对企业的信誉影响较大，所以对退回存货的管理控制仍然非常重要。退货控制的内容包括：清点货物，收货部门对客户退回的货物进行验收、清点；填制退货接收报告，对退货的情况有一定的记录、了解；调查原因，由客户服务部门对客户的退货要求进行调查；核准退货，退货重新入库也要在物资保管部门重新登记，以保证存货的管理；调整记录，对批准的退货应及时入账，以便及时调整营业收入和应收账款的余额。

（五）存货盘点清查的控制

存货清查盘点既要核对数量，又要关注质量。存货盘点清查制度不完善、计划不可行、清点不认真，可能导致存货盘点流于形式，无法查清存货的真实情况等风险。企业应当建立存货盘点清查制度，结合本企业实际情况确定盘点周期、盘点流程等相关内容，核查存货数量，及时发现存货减值迹象。清查中要填写盘点表，详细列示存货的质量状况，包括有无减值迹象、有无长期积压等情况。

存货清查可采用定期和不定期相结合的方法。企业应当拟订清查计划，配备人员，采用科学方法，全面记录清盘情况。企业至少应当于每年年度终了开展全面盘点清查。

盘点清查结果应当形成书面报告，包括清盘时间、地点、参加人员、品种、数量、存放情况，以及清盘中发现的问题等。存货盘点清查内部控制流程如图 16-1 所示。

（六）存货处置的控制

1. 边角余料的控制

对生产过程中回收的边角余料是否办理了验收退库或退库手续，有无不办手续、长期积累、形成账外“小仓库”情况的控制；对边角余料是否估价入账，是否冲减成本，有无不估价、不入账、不冲减成本或高估价、低估价而调节生产成本情况的控制；对大量回库的边角废料进行分析和必要计算的控制，了解生产中有无用量不当、大材小用、优质劣用等浪费现象。

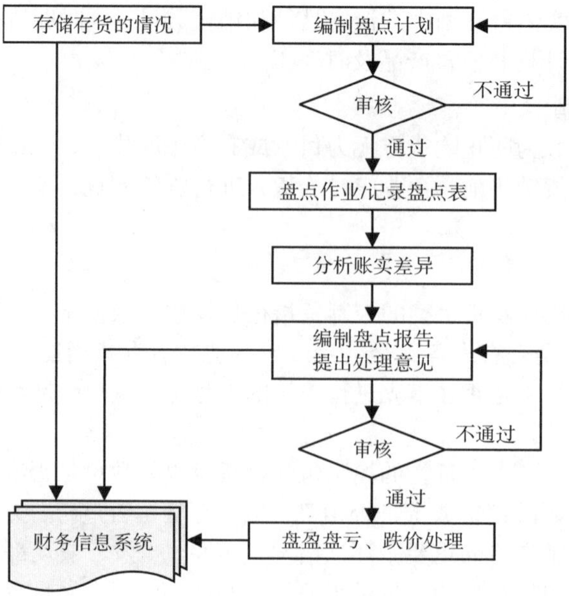

图 16-1　存货盘点清查内部控制流程

2. 盘盈材料的控制

对盘盈材料是否真实，有无料到未付款而尚未入账，或已办理领料手续而尚未出库，或已售出而尚未提货，或外单位寄存材料作为盘盈材料情况的控制；对盘盈材料是否入账，有无不入账或长期挂账不转情况的控制；对盘盈材料是否有实物存在，有无弄虚作假情况的控制。

3. 盘亏材料的控制

对盘亏材料的原因是否正常、合理的控制；对盘亏材料的批准手续是否合法、手续是否齐备的控制；对有无不经审批、任意自行核销情况的控制；对有无长期挂账不转，造成虚盈实亏情况的控制。

4. 不需用材料的控制

不需用材料包括已经过期不能用的材料、产品的生产不需要用的材料、损毁的存货等。对这些材料的控制包括：对不合规、不合理对外销售的控制；对设立“小仓库”的控制；对这些材料处置后是否在账上进行处理，使账实相符的控制等。

（七）存货记录的控制

企业仓储部门应当详细记录存货入库、出库及库存情况，做到存货记录与实际库存相符，这样才能及时发现差错，做到账实相符，确保存货安全。

仓储部门应当定期与财务部门、物资保管部门进行核对，并保存好对账记录，这样才能相互验证，做到账账相符。

六、存货控制的方法

（一）不相容职务分离控制法

1. 存货采购职务分离控制法

①采购计划编制与计划的复核及审批人员的职务相分离。如果采购计划的编制人员同时又是计划的复核及审批人员，对存货购进量的确定就不客观，可能多购存货造成资金占用和存货浪费，或者少购存货对生产造成影响进而影响企业效益。

②付款审批与付款执行人员的职务相分离。付款审批与付款执行人员不能为一个人，也不得同时办理寻求供应商和索价业务。付款审批通常经过验货或验单后执行（预付款业务除外），以保证货物的价格、质量、规格等符合标准。

③存货采购与验收人员的职务相分离。一个人既负责采购又负责验收，使存货购进的数量和质量得不到保证，会发生“以少充多”“以次充好”的现象。

④存货采购、储存和使用与存货账务记录人员的职务相分离。存货采购、储存和使用与记录如果是同一个人，就会对多记录或少记录企业存货的数量无法进行控制，导致企业存货资产的流失。

⑤接受或主管存货业务与账簿记录人员的职务相分离。主管存货业务的人员对存货的去向很了解，与账簿记录的人员相分离可以互相监督，使存货账实相符，否则会引起存货使用和管理的混乱，对企业造成巨大损失。

2. 存货生产与保管职务分离控制法

存货生产所涉及的各业务环节必须分工明确、相互牵制。生产环节需要加以分离的不相容职务主要有以下几个。

（1）生产部门的工作人员应与验收、保管部门的人员相分离。一个人既负责生产又负责验收入库，使存货入库的数量和质量得不到保证，会发生“以少充多”“以次充好”的现象；而一个人既负责验收又负责保管，会存在存货不安全的可能，存货的入库数量会人为地产生出入。

（2）产成品的验收部门应同产品制造部门相分离。制造部门制造多少产品应该由其他部门也就是验收部门最后验收决定。如果两个部门不分开，对产成品数量的控制就是没有效果的。

（3）负责产成品储存保管职责的人员同负责产成品账户的会计记录人员相分离。产成品实际的数量和账户上的数量如果由一个人控制，那么企业产成品的使用、销售等是无法控制的。负责产成品储存保管职责的人员同负责产成品账户的会计记录人员分离才能互相牵制，保证产成品的安全。

（4）存货的盘点应由负责保管、使用、记账职能的职员以及独立于这些职能的人员共同进行。存货的盘点是对存货实际的存量进行查证，同时与账目上的记录进行对比，盘点人员与负责保管、使用、记账职能的职员相分离才能使盘点的结果有效、客观，反映企业存货的实际情况。

3. 存货销售职务分离控制法

在销售各业务环节上必须分工明确、相互牵制。销售环节需要加以分离的不相容职务主要有以下几个。

（1）接受客户订单与负责最后核准付款条件人员的职务相分离。付款条件必须同时得到销售部门和专门追踪、分析客户信用情况的信贷部门的批准，以保证企业存货收益，避免存货发出而收不到回款，造成企业损失。

（2）发货通知单编制与执行存货提取、产品包装和托运工作人员的职务相分离。如果发货通知单编制与执行存货提取、产品包装和托运工作人员是同一个人，就有可能根据自己的意愿任意使用企业的存货，使企业损失惨重。

（3）办理退货实物验收与退货账务记录人员的职务相分离。这项职务的分离可以保证退货的数量，保护企业资产的完整、安全。

小知识　　存货管理的职责与权限

要做好存货管控，防范风险产生，首先需要明确存货管理的职责与权限。

①企业应当建立存货管理岗位责任制，明确内部相关部门和岗位的职责与权限。它是有效管控存货的基础。只有责权明确，才能各负其责，实现管控目标。

②企业应当“切实做到不相容职务分离、制约和监督”。实施不相容职务分离/部门职责分离，可有效防范错弊风险，是存货管控的基本手段。

③企业内部除存货管理、监督部门及仓库人员外，其他部门和人员接触存货，应当经过相关部门特别授权。未经授权审批及非仓库人员随意接触存货，会加大存货的损毁、丢失、安全与完整的风险，不利于存货的管理。

（二）授权控制法

授权控制法是指组织各级人员必须经过授权和批准，才能对有关的存货经济业务进行处理，未经授权和批准的人员不得接触和处理的控制方法。

1. 存货采购的授权控制法

（1）请购授权控制。一般的授权控制是指在存货购买这项经济业务中，通过对请购单的认定然后任命采购人员采购的控制。而对于一些超过正常金额的存货购买，或者一些特殊材料的购买则不能做常规授权，需要做特别授权，即允许指定部门或人员提出该类购买的请购申请。其他部门或人员提出的非正常请购申请是无效的。

在企业中，购买商品材料的申请通常源于仓库存货的储存要求或各个部门的需要。一般首先由生产部门根据生产计划或即将签发的生产通知单提出请购单。材料保管人员认为生产所需的材料数量和仓储所需的后备数量合计已超过库存数量，就应签字同意请购。从事大批量产品生产一直比较稳定的企业，物资保管部门也可以在库存材料已达到最低存量时就提出请购单。经过物资保管部门主管签字的请购单，须通过两方面的审批。首先由负责采购的人员审查请购单，审查的目的在于该项请购是否在执行后又重复提出，以及是否存在其他不合理的请购品种和数量。其次，如果采购人员认为请购单的提出是合理的，他应用其所掌握的市场价格，对采购所需资金做出估算，并签署同意采购的意见后交负责资金预算的管理人员进行审批。后者如果认为该项请购符合经营目标和在原已制定的资金预算范围内，签字后就可交采购部门办理订货手续。采购部门应将处理过的请购单归纳备案。

临时性物品采购需要通常由使用者而不需要经过仓储部门直接提出。由于这种需要很难列入计划之中，因此，使用者在请购单上一般要对采购需要做出描述，解释其目的和用途。请购单须由使用者的部门主管审批同意，并须经资金预算的负责人同意签字后，采购部门才能办理采购手续。

（2）验收授权控制。验收部门验收商品的主要原始凭证是验收单，它列示从供应商收到的商品的种类和数量等内容。验收部门获得的订购单代表企业已授权验收部门接受供应商发运来的商品。验收部门首先比较所收商品订购单上的要求是否相符，如商品的品名、说明、数量、到货时间等，然后盘点商品并检查商品有无损坏。验收人员将商品送交到仓库或其他请购部门时，应取得经过签字的收据，或要求其在验收单的副联上签收，以确立它们对所采购的资产应负的保管责任。

（3）付款授权控制。对于应付账款，付款人应检查付款凭证和是否经授权人批准，任何付款都必须经财务部门经理签字批准。对于现金支付的交易，付款部门在付款前首先必须检查供应商的发票盖过“付讫”的戳记，以防止已经支付的账款被第二次支付。其次应审查支付款项是否具备与该款项有关并已得到审核认可的收货报告单。对于支票付款的交易，应注意对支票的实物控制，应保证已签字支票由签字人本人寄送，不得让核准或处理付款的人员接触，未签发的支票应予以安全保管，作废支票予以注销或另加控制。

2. 存货生产的授权控制法

利用多少存货进行生产需要预先编制生产计划，生产计划可使实际成本有根据地予以控制和为存货合计正确计价提供基础。生产计划经过复核和批准，才能成为进行生产的授权证明。编制生产计划后，还应填制生产通知单作为生产计划的执行命令。一项生产计划可签发一张或多张生产通知单。该通知单应由适当的被授权人签发，并加以编号控制。

3. 存货销售的授权控制法

（1）订购单授权控制。客户提出的订购单是卖方企业销售的起点。销售部门收到客户的订购单后，首先将其送到企业信用部门办理批准手续，信用部门主要检查订购单的数量并对客户的信誉进行分析，通过分析结果决定是否接受订购单，以及允许的信贷限额。不管何种客户提出的订购单，信贷的批准必须有经信用部门经理或其他被授权人签字同意的书面证明才有效。对现销的订购单，审核客户信誉的控制程序可以省略，但订单的接受仍需得到销售部门经理的同意及签字。

（2）折扣折让授权控制。对多数企业来讲，给予客户一定的折扣是相当普遍的一种销售行为，因此企业应当制定比较详细的折扣政策或规定。企业可事先印制反映授权、批准、享受折扣的品种、数量和金额等内容的表格或单子。任何折扣政策必须得到最高管理层的批准。销售部门在销售业务中应严格执行折扣政策。一项给予客户的折扣应经过销售部门经理的签字认可。

销售折让通常是偶尔发生的，往往缺乏共同特征。因此，对销售折让来说，当客户提出折让要求时，企业应对其提出的理由加以记录，并派人核实这些理由，最后由一个被授权人来复核客户提出的理由和企业调查的结果，并决定在特定情况下给客户特定折让的金额。

（3）发货授权控制。发货通知单的作用首先是将各种不同的客户订单内容，如所订货物的货号、数量、价格等以完整和规范的格式反映出来。其次，使销售过程中所需的各种授权和批准在发货通知单上能得到证明。再次，使与销售环节有关的各部门在执行发运业务或记录有关账册时有书面依据，并通过各环节的签字来监督每一环节中的业务处理工作。

在发货通知单编制和证实后，对它的执行就是存货的提取、包装和发运工作，企业仓储部门只有得到一定的授权才能发货。这一授权是取得由销售部门编制和其负责人签字认可的发货通知单来获得的。运输部门为了决定运输路线和安排运输日程，除需得到仓储部门转来的发货通知单外，还应有销售部门填制的装运单以证明已得到授权来运出货物。

（4）退货授权控制。退货理赔的最终核准由销售部门决定。这一批准只有在对退回货物仔细调查和以退货接受报告为依据的基础上才有效。批准书应附在退货接受报告上。

（三）业务流程控制法

1. 存货采购业务控制法

根据材料采购业务量大、发生频繁的特点，企业应建立以托收凭证、发票和入库单为主要载体的内部控制，在系统中设置如下几个控制点，并采用相应的控制措施方法。

（1）审批。供应部门在确定材料需求量、储备定额以及消耗定额基础上，提出材料物资供应计划和材料采购计划。对临时急需的材料，供应部门还需要提出临时性的采购申请。批准后，即表明已授权供应部门在采购计划或采购申请的范围内组织材料的采购。

（2）签约。供应部门采购人员根据批准的采购计划或采购申请，与供应商签订材料订货合同，确定材料的品种、规格、价格、到货日期以及结算方式等，以确保购进的材料符合生产需要，保证正常供应；同时，有助于加强材料采购的计划控制，降低采购成本和费用。

（3）登记。供应商按合同规定期限发出材料后，应通过银行间托收承付凭证和运单、发票等凭证划转给供应商财务部门。财务部门收到托收承付凭证后，应立即进行检查，确定是否与本企业有关，然后按顺序进行编号，并登记在托收承付凭证登记簿上备查。通过这项控制环节，可以保证所有托运承付业务能得到及时处理，以保证采购业务会计核算的完整性。

（4）承付。财务部门将托收承付凭证和有关单据转到供应部门后，供应部门有关人员应根据订货合同，逐一检查托收承付凭证及有关单据中所示的材料品种、规格、型号、数量、价格及金额等项内容是否与合同相符。检查无误后，签署承付意见，供财务部门进行结算，以保证材料采购有效性、合理性。

（5）验收。材料到达后，保管人员应对所到材料按照数量、种类及验收标准验收合格后，及时入库。

（6）审计。会计人员和保管人员审核原始凭证，检查经济业务是否合理、合法，手续是否完备。

（7）记账。会计人员和保管人员分别将材料采购业务根据原始单据填制记账凭证登记入账。

2. 生产材料领用业务控制法

（1）审批。在材料领用时，经办人员填制“材料领用单”，部门负责人审核后盖章批准。

（2）核发。保管人员根据批准后的“材料领用单”核发材料。

（3）稽核。材料领用部门及所领用材料的数量、种类应当一一核准。

（4）审核。材料领用的发生应由部门负责人审核才能收发。

（5）记账。对材料领用业务根据原始凭证，应及时准确地登记入账。

3. 销售退货业务控制法

（1）建立退货损失惩罚。在整个销售控制制度中，明确每个环节的责任人。当发生退货业务时，能够找到承担损失的责任人，并给予相应的处罚，以加强生产、销售等各个环节业务人员的责任意识，减少不必要的退货损失。

（2）设立独立于销售部门的销货争议处理机构。当客户验收商品发生问题并通知企业时，销货争议处理机构能够立即展开调查，经过与客户协调，确认责任方。

（3）建立销售折让优先制度。对确认为本企业责任的，第一解决方案是给予客户销售折让，以减少可能发生的退货损失。

（4）建立退货、索赔及销售折让审批制度。任何退货、索赔及销售折让的执行，必须有授权领导的批准。

4. 存货存储业务控制法

（1）验收。保管人员对采购的材料进行验收，验收合格后将材料及时入库；保管人员根据经过批准的领料单核发材料，同时，登记有关材料明细记录。

（2）稽核。稽核人员定期审核并签收材料收发凭证，核对材料收发凭证与材料明细账记录；检查库存材料收发保管情况并核算手续执行情况；抽查材料实际库存与明细记录是否相符。

（3）清查。财务部门会同仓储部门定期组织对库存材料进行实地盘点，编制材料盘点表；核对盘点表与材料明细记录是否相符；遇到材料账实不符情况应按照有关规定及时报批处理。

（4）审批。企业主管人员或上级主管部门根据规定程序审查库存材料盘盈盘亏的原因，批复对库存材料盘盈盘亏的处理意见。

（5）调整。财务部门根据批准的材料盘盈盘亏处理单及时调整材料明细账及材料总账；仓储部门根据批准的材料盘盈盘亏处理单及时调整材料保管账。

（6）对账。在稽核人员监督下，材料主管会计与材料保管人员核对材料明细账结存数与材料保管账及材料实存数量，并相互取得对方签证以示对账；材料明细账主管会计与材料总账主管会计核对材料明细账与材料总账，并相互取得对方签证以示对账。

5. 存货计价控制法

存货计价控制法，是指对发出货品和每次发出后的存货价值的计算确定的方法。《企业会计准则第 1 号——存货》第十四条规定，企业应当采用先进先出法、加权平均法或者个别计价法确定发出存货的实际成本。其中，加权平均法包括月末一次加权平均法和移动加权平均法。

（1）先进先出法。先进先出法，是指假定先购进的存货先发出，并根据这一假定的成本流转顺序对发出存货和期末存货进行计价的一种方法。

【例 16-1】 智董公司某种存货的收、发、存情况如表 16-1 所示。

表 16-1　智董公司某种存货的收、发、存情况

金额单位：元；数量单位：件

20××年		摘要	收入			发出			结存		
月	日		数量	单位成本	合计成本	数量	单位成本	合计成本	数量	单位成本	合计成本
9	1	期初余额							300	2.00	600
9	8	购入	300	2.20	660				300 300	2.00 2.20	600 660
9	14	发出				300 200	2.00 2.20	600 440	100	2.20	220
9	20	购入	300	2.30	690				100 300	2.20 2.30	220 690
9	28	发出				100 100	2.20 2.30	220 230	200	2.30	460
9	30	购入	200	2.50	500				200 200	2.30 2.50	460 500

根据表 16-1 的资料，采用先进先出法计算 20××年 9 月发出存货的成本和月末结存存货的成本如下：

9 月 14 日发出的 500 件存货中，有 300 件应该是月初结存的存货，其单位成本是 2.00 元，成本合计是 600 元；另有 200 件应该是 9 月 8 日购入的存货，其单位成本是 2.20 元，成本合计是 440 元。

9 月 28 日发出的 200 件存货中，有 100 件应该是 9 月 8 日购入的存货，其单位成本是 2.20 元，成本合计是 220 元；另有 100 件应该是 9 月 20 日购入的存货，其单位成本是 2.30 元，成本合计是 230 元。

20××年 9 月发出存货的成本总计为：

$$600+440+220+230=1\ 490\text{（元）}$$

20××年 9 月末结存的存货应该是两批存货，一批是 9 月 20 日购入的存货 200 件，单位成本是 2.30 元，成本合计是 460 元；另一批是 9 月 30 日购入的存货，单位成本是 2.50 元，成本合计是 500 元。月末结存存货的成本总计为 960 元。

采用先进先出法的优点是：能够随时结转存货的发出成本；期末存货价值接近市价，能较恰当地反映资产负债表日存货的价值。其缺点是：在采购业务频繁、单价经常变动的情况下，核算工作量较大。这种方法加强了对受存货形态影响较大的经营活动和容易腐败变质的存货的控制。

（2）月末一次加权平均法。月末一次加权平均法，是指在材料、商品等存货按实际成本进行明细分类核算时，以本期各批收货数量和期初存货数量为权数计算存货的平均单位成本，进而计算本月发出存货的成本和月末结存存货的成本的一种方法。月末一次加权平均单位成本的计算公式如下：

$$\overline{X} = \frac{P_1 + P_2}{a_0 + a_1}$$

式中：$\overline{X}$ 为加权平均单位成本；P_1 为期初存货成本；P_2 为本期收货成本总额；a_0 为期初存货数量；a_1 为本期收货数量。

【例 16-2】 承例 16-1。采用月末一次加权平均法计算月末一次加权平均单位成本、本月发出存货的成本和月末结存存货的成本。

$$月末一次加权平均单位成本= \frac{300\times2+300\times3.2+300\times2.3+200\times2.5}{300+300+300+200}=2.23（元）$$

$$本月发出存货的成本=700\times2.23=1\ 561（元）$$

$$月末结存存货的成本=400\times2.23=892（元）$$

采用月末一次加权平均法的优点是：考虑了不同批次进货的数量及其单位成本，存货成本的确认和计量比较均衡；同时，月末一次计算发出存货的成本，可简化存货成本核算的工作量。其缺点是：因存货成本核算的工作量集中于月末，可能会影响存货成本核算的及时性，而且存货日记账上也不能反映出存货发出和结存的成本动态，不利于存货的日常控制。这种方法一般只适用于存储在同一地点、性能形态相同的大量存货的控制。

（3）移动加权平均法。移动加权平均法，是指在每次收货以后，立即根据库存存货的数量和成本以及本次收货的数量和成本计算出新的平均单位成本，随后发出的存货和库存的存货都按照最新计算出来的平均单位成本来计算发出成本和结存成本的一种方法。移动加权平均单位成本的计算公式如下：

$$\overline{Y} = \frac{B_1 + B_2}{d_0 + d_1}$$

式中：$\overline{Y}$ 为移动平均单位成本；B_1 为结存数变动前的成本；B_2 为本批收货的成本；d_0 为结存数变动前的数量；d_1 为本次收货的数量。

【例 16-3】 承例 16-1。采用移动加权平均法计算本月发出存货的成本和月末结存存货的成本如表 16-2 所示。

表 16-2 智董公司某种存货的收、发、存情况

金额单位：元；数量单位：件

20××年		摘要	收入			发出			结存		
月	日		数量	单位成本	合计成本	数量	单位成本	合计成本	数量	单位成本	合计成本
9	1	期初余额							300	2.00	600
9	8	购入	300	2.20	660				600	2.10	1 260
9	14	发出				500	2.10	1 050	100	2.10	210
9	20	购入	300	2.30	690				400	2.25	900
9	28	发出				200	2.25	450	200	2.25	450
9	30	购入	200	2.50	500				400	2.375	950

在表 16-2 中，该公司本月一共购入三批存货，就要计算三次移动加权平均单位成本，具体计算过程和结果如下：

$$\text{第一批购货后的加权平均单位成本}=\frac{300\times2+300\times2.2}{300+300}=2.10\text{（元）}$$

$$\text{第二批购货后的加权平均单位成本}=\frac{100\times2.10+300\times2.3}{100+300}=2.25\text{（元）}$$

$$\text{第三批购货后的加权平均单位成本}=\frac{200\times2.25+200\times2.5}{200+200}=2.375\text{（元）}$$

采用移动加权平均法的优点是：存货发出时，可直接以新确定的加权平均单价乘以发出数量，确定发出成本，并可以随时转账。其缺点是：由于每收进一批存货，就要计算一次单价，因此核算工作量较大。这种方法也适用于对存储在同一地点、性能形态相同的大量存货的控制。

（4）个别计价法。个别计价法，又称分批计价法或实际辨认法，是指对发出和库存的每一批存货都实际辨认是哪一批次入库的存货，然后按照实际入库的单位成本来计算发出存货和结存存货的实际成本的一种方法。采用个别计价法，必须具备两个条件：

①存货项目必须是可以辨别认定的。

②存货的进出必须有详细的收、发、存记录，能反映每一个别存货或每批存货的具体入库日期、单位成本和存放地点等。

个别计价法，主要适用于商品批发企业整批购进、整批销售，或整批购进、分批销售而且能分清批次的商品。在制造业企业，个别计价法主要适用于为某一特定的项目专门购入或制造并单独存放的货物。

【例 16-4】 承例 16-1。假设该公司对存货发出成本的计量采用个别计价法，经辨认，20××年 9 月发出存货情况和月末存货结存情况如表 16-3 所示。

表 16-3　智董公司某种存货的收、发、存情况

金额单位：元；数量单位：件

20××年		摘要	收　入			发　出			结　存		
月	日		数量	单位成本	合计成本	数量	单位成本	合计成本	数量	单位成本	合计成本
9	1	期初余额							300	2.00	600
9	8	购入	300	2.20	660				300 300	2.00 2.20	600 660
9	14	发出				200 300	2.00 2.20	400 660	100	2.00	200
9	20	购入	300	2.30	690				100 300	2.00 2.30	200 690
9	28	发出				200	2.30	460	100 100	2.00 2.30	200 230
9	30	购入	200	2.50	500				100 100 200	2.00 2.30 2.50	200 230 500

在表 16-3 中，本月发出存货的成本为：

$$200\times2.00+300\times2.20+200\times2.30=1\ 520\text{（元）}$$

月末结存存货的成本为：

$$100\times2.00+100\times2.30+200\times2.50=930\text{（元）}$$

个别计价法的优点是：所确定的发出存货成本及期末结存成本比较真实，符合实际，并可及时结转成本。其缺点是：分批记录各批的单价和数量，工作量很大，对进货批次较多的存货是不宜采用的。这种方法适用于一般不能互换使用的存货或为特定的项目专门购入或制造并单独存放的存货。在采用个别计价法时，必须有确凿的证据证明，该项存货可以追到其购入的批号、生产的批量及其相应的原始凭证。提供证据的过程应受到非计价人员的监督。

6. 日常存货控制法

（1）定量订货控制。所谓定量订货控制，是指根据相对固定的订货点和经济订货量组织订货和控制日常库存。采用这种库存控制方法，必须按照经济性原则预先确定经济订货量和订货点。这就是说，在定量订货控制法下，当某种存货的实际库存量下降到预定的保证（水平）时，就应按经济订货量提出新的订货；一旦原有库存下降到零时，新订货物正好到达，实际库存量即恢复到以前的最高水平。

1）提前期和正常消耗量确定条件下的订货点。提前期是某项存货从提出订购申请至该项存货正式收到所需要的时间。正常消耗量是指某项存货在单位时间（每日或每周）内的正常需用量。

【例 16-5】　假设智董公司生产过程中需用 A 材料，每周正常消耗量为 350 千克，每千克材料采购成本为 1 元，每次订货成本为 40 元，材料储存成本为该项材料平均占用资金的 15%，

提前期为 3 周。

根据以上有关材料，A 材料的订货点可计算如下。

首先，计算 A 材料的经济订货量（Q）：

$$Q=\sqrt{\frac{2\times350\times52\times40}{1\times15\%}}=3115（千克）$$

其次，确定订货点：

A 材料订货点=3×350=1 050（千克）

用文字可以表述为：当该公司收到 A 材料的订货后，其最高库存量达到 3 115 千克，并可连续使用 9 周（3 115÷350）；当 A 材料实际库存量下降到 1 050 千克时（第 6 周周末），便应再次提出订货，订货量依旧是 3 115 千克。

2）提前期和正常消耗量不确定条件下的订货点。

①提前期不确定的情况。

【例 16-6】 假设例 16-5 中 A 材料的提前期在正常情况下为 3 周，但由于某些特殊原因的影响，也可能长达 7 周；A 材料期初实际库存量为 4 200 千克。

根据以上有关材料，A 材料的订货点可计算如下。

首先，计算正常提前期的正常消耗量：

正常消耗量=3×350=1 050（千克）

其次，计算超过正常提前期的安全（保险）储备量：

安全储备量=（7−3）×350=1 400（千克）

最后，确定订货点：

A 材料订货点=1 050+1 400=2 450（千克）

用文字表述为：A 材料的提前期可能从 3 周延长到 7 周，故其订货点也相应地从 1 050 千克增加到 2 450 千克。这就是说，在第 5 周周末便要再次提出订货，以保证 7 周后原有材料耗尽时，新订购的材料正好到达。

②提前期和正常消耗量都不确定的情况。

【例 16-7】 假设例 16-5 中，A 材料的提前期可能长达 7 周，每周消耗量可能多达 400 千克。根据以上有关材料，A 材料的订货量可计算如下。

首先，计算正常提前期的正常消耗量：

正常消耗量=3×350=1 050（千克）

其次，计算超过正常提前期的正常消耗量：

超过正常提前期的正常消耗量=（7−3）×350=1 400（千克）

再次，计算整个提前期的追加消耗量：

整个提前期的追加消耗量=7×（400−350）=350（千克）

最后，确定订货点：

A 材料订货点=1 050+1 400+350=2 800（千克）

用文字表述为：A 材料的提前期可能从 3 周延长到 7 周，每周消耗量可能从 350 千克增加到 400 千克，故其订货点也相应地从 1 050 千克上升到 2 800 千克。这就是说，为保证现有材料正好用完时新订购的材料能及时到达，应于第 3.5 周时便再次提出订货。

（2）定期订货控制。所谓定期订货控制，是根据固定的订货周期和定期盘点所确定的实际库存水平与预订订货水平之间的差额组织订货和控制日常库存。采用这种库存控制方法，没有固定的订货点，每次订货的数量也不相同。假如每月规定订购两次，则每隔 15 天即提出一次订货，每次订货的具体数量由订货日的实际库存情况而定。在定期订货控制法下，也应以实现最低存货总成本为目标，正确确定订货周期、预计订货水平和每次订货数量。

1）订货周期的确定。订货周期是指相邻两次订货的间隔天数。在定期订货控制法下，订货周期一般固定不变，但往往按照能使存货总成本达到最低水平的原则而确定一个最经济的订货间隔时间。订货周期的计算公式如下。

设以 T_0 代表订货周期，Q 代表每次订货数量，K 代表每次订货成本，K_c 代表单位存货年储存成本，D 代表全年存货需要量，则以年为单位的订货周期为：

$$T_0=\sqrt{\frac{2K}{DK_c}}$$

每次订货量为：

$$Q=\sqrt{\frac{2DK}{K_c}}$$

【例 16-8】 假设智董公司生产某产品，全年需要甲材料 3 600 件，每次订货成本 10 元，每件年储存成本 0.8 元。

首先，根据以上资料，甲材料的订货周期计算如下：

$$T_0=\sqrt{\frac{2\times10}{3\,600\times0.8}}=0.083\text{（年）}$$

即：T_0=0.083×360=30（天）

其次，在本例中，甲材料的订货周期也可以用下列方法进行计算：

①计算每次订货量（Q）。

$$Q=\sqrt{\frac{2\times3\,600\times10}{0.8}}=300\text{（件）}$$

②计算年订货次数（N）。

$$N=\frac{3\,600}{300}=12\text{（次）}$$

③计算订货周期（T_0）。

$$T_0=\frac{360}{12}=30\text{（天）}$$

2）预计订货水平的确定。预计订货水平是指每次订货后货物所应达到的特定数量，这一数量必须保证满足提前期和相邻两次供货的间隔时间内生产经营活动对某种货物的正常需要。预计订货水平的计算方法是：设 L_0 代表预计订货水平，t 代表提前期，T_t 代表供应周期，$\overline{d}$ 代

表每天平均需要量，S_0代表保险储备量，则

$$L_0=(T_t+T_i)\cdot\overline{d}+S_0$$

【例 16-9】　假设智董公司生产所需要的甲材料保险储备量为 10 件，提前期为 10 天，供应周期为 30 天，每天平均需要量为 10 件。求甲材料的预计订货水平。

甲材料的预计订货水平=（10+30）×10+10=410（件）

3）每次订货数量的确定。在定期订货控制法下，有关存货的每次订货数量是不固定的，其具体数量取决于每次订购前所进行的实际盘点的结果。

每次订货数量的计算方法是：设以 Q 代表每次订货数量，S_0代表每次订货前货物实际盘存量，B 代表在该订货期间内可收到的已订货量，则

$$Q=L_0-S_0-B$$

【例 16-10】　假设智董公司生产中所需要的甲材料在第一个订货周期实际盘存量为 120 件，第二个订货周期的实际盘存量为 106 件，第三个订货周期的实际盘存量为 130 件。该材料的预计订货水平为 420 件，在各订货周期内都没有可收到的已订购货物。

甲材料的每次订货量可计算如下：

Q_1=420−120=300（件）

Q_2=420−106=314（件）

Q_3=420−130=290（件）

（四）内部报告控制法

内部报告控制法是指通过编制关于存货的内部控制报表，了解存货的进销、耗用和生产等环节的存货情况，然后采取措施进行控制的方法。

1. 编制日进货情况控制表

它是对企业每日材料或商品购进的详细情况进行反映的报表。一般由主管材料及应付款业务的人员在每日工作结束时编制并报送物资供应部门和其他部门，以便及时了解物资供应计划的执行情况，加强存货材料采购业务的控制。为了反映材料采购资金的结算情况，应将购入材料的金额按现购和赊购分别列示，如表 16-4 所示。

表 16-4　日进货情况控制表

报送：　　　　　　　　　　　　年　月　日　　　　　　　　　　　金额单位：

品名及规格	计量单位	数量	单价	金额			本月累计购进
				合计	现购	赊购	
合计							

2. 编制日销货情况控制表

它是对企业每日商品或产品销售的详细情况进行反映的报表。一般由主管销售及应收款业务的人员在每日工作结束时编制并报送有关部门，以便及时掌握产品销售计划的执行情况，发

现问题，调整产品销售方式，改进销售办法，扩大销售额，提高回款速度。为了反映销货的结算情况，将现销和赊销分别列示，如表 16-5 所示。

表 16-5　日销货情况控制表

报送：　　　　　　　　　　年　月　日　　　　　　　　　　金额单位：

品名及规格	计量单位	数量	单价	金额			本月累计销售
				合计	现销	赊销	
合计							

3. 编制每月材料耗用控制表

它是反映材料成本的内部报表，分别由仓库和财务部门填制，仓库主要反映材料消耗的数量。材料耗用控制表一般逐日编制。其中，实际用量根据领料单汇总填制；标准用量根据实际产量乘以消耗定额来计算；差异数，即实际用量与标准用量的差异。通过该表可以反映生产过程中某一材料的节约或超支情况，以便采取措施对其进行控制，如表 16-6 所示。

表 16-6　材料耗用控制表

材料名称：　　　　　　　　　　年　月　日　　　　　　　　　　单位：

日期	本日数			本月累计数			本年累计数		
	实际用量	标准用量	差异数	实际用量	标准用量	差异数	实际用量	标准用量	差异数

4. 编制产品生产情况控制表

它是反映一定期间整个企业或一个部门、一个车间或一种产品的生产数量和成本的报表。该表可采用成本和产量对比的方式进行产品的控制，进而对成本进行控制，如表 16-7 所示。

表 16-7　产品生产控制表

产品名称：　　　　　　　　　　年　月　日　　　　　　　　　　单位：

日期	摘要	直接材料	直接人工	制造费用	合计	生产数量		
						日期	完工入库数	在产品数

5. 编制存货控制表

它是反映企业某一特定日期存货余额及其质量情况的报表。该表主要设置本期计划数、本期实际数和上期实际数三栏，便于对存货进行全面的分析控制，如表 16-8 所示。

表 16-8　存货控制表

年　月　日

科目	行次	本期计划数	本期实际数	上期实际数
一、库存材料				
1. 原材料				
（1）原材料及主要材料				
（2）辅助材料				

续表

科　目	行　次	本期计划数	本期实际数	上期实际数
（3）外购半成品				
（4）修理用备件				
（5）燃料				
2. 包装物				
3. 低值易耗品				
二、在途材料				
三、委托加工材料				
四、在产品				
五、自制半成品				
六、产成品				
合　计				

（五）经济批量控制法

1. 存货成本及其构成

存货成本是指有关存货从订货、购入、储存，一直到出库的整个过程中所发生的各种费用，以及因缺货而造成的经济损失。一般来说，存货成本是由以下四项内容（要素）组成的。

（1）订购成本。订购成本是指为了订购货物所发生的有关成本，如订购手续费、差旅费、验收和入库费，以及有关人员的工资等。

每次订货的订购成本通常称为订购费率，其大小一般同每次订购数量无关。在订购费率和存货的年需用量一定的情况下，全年订货成本总额的多少取决于年订货总次数，而年订货总次数的多少又取决于每次订货数量的多少。

若设 $\mathrm{TC_a}$ 代表年订购成本，K 代表每次订购成本（订购费率），D 代表存货的年需要量，Q 代表每次订货数量，N 代表年订购次数，则年订购成本可按下式计算：

$$\mathrm{TC_a}=\frac{D}{Q}K\text{或}\mathrm{TC_a}=NK$$

（2）购入成本。购入成本，也称购置成本，是指货物本身的成本，通常包括货物的买价、运输费、装卸费等。

单位货物的购入成本称为购入费率，其大小有时随订购数量（批量）的多少而变化，有时并不随订购数量的多少而变化。

若以 $\mathrm{TC_r}$ 代表年购入成本，D_u 代表购入费率，则年购入成本可按下述两种情况分别计算。

当购入费率不随订购数量的多少而变化时，年购入成本应为：

$$\mathrm{TC_r}=D_\mathrm{u}$$

当购入费率随订购数量的多少而变化时，年购入成本应为：

$$\mathrm{TC_r}=D_\mathrm{u}(1-d)$$

式中：d 为折扣率（%），是当订购数量达到某一特定限度时所享受的相应的价格折扣或运费折扣。

（3）储存成本。储存成本是指货物从入库到出库的整个储存保管期间内所发生的成本，主要包括与存货资金占用有关的费用和与存货实物有关的费用。前者如存货占用资金应计的利息、存货保险费、存货损耗费等，后者如仓储费用、仓库管理费、仓库内部货物搬运费等。年储存成本的多少同订货数量、保险储备量和平均储存量的多少有关。

单位货物和单位储备资金的年储存成本称为储存费率，前者以单位存货储存一个单位期间（通常为一年）所需的储存费用表示，后者以平均储备金额或单位存货的购入成本的一定百分比表示。若以 TC_c 代表年储存成本，K_c 代表单位存货年储存费，K_i 代表 i 元存货储存一年的储存费，则年储存成本可按下述两种情况分别计算。

当每次（批）订货一次全额到达，在订货间隔期（供应周期）内陆续均衡耗用时，年储存成本应为：

$$TC_c = \frac{Q}{2} \cdot K_c$$

或

$$TC_c = \frac{Q}{2} u \cdot K_i$$

式中：u 代表每年购入次数，即年变动储存成本，分每年一次购入和多次购入两种情况。

当每次（批）订货在一定的到货期间内分若干日（或若干个周期）均匀到达且在订货间隔期内陆续均衡耗用时，年储存成本应为：

$$TC_c = \frac{Q}{2} \cdot K_c$$

或

$$TC_c = \frac{Q}{2} u \cdot K_i$$

（4）缺货成本。缺货成本是指由于存货耗尽或供货中断等原因而不能满足生产经营正常需要所造成的经济损失，主要包括停工待料损失费，为补充因缺料所短欠的产量而加班加点的损失费，或因产品脱销而损失的利润，因交货延误而应付的罚金等。缺货成本的多少与存货储备量的大小有关：当订购数量、保险储备量较大时，缺货的次数和数量就较少，缺货成本就较低；反之，缺货的次数和数量就较多，缺货成本就较高。不过，当订购数量、保险储备量较大时，储存成本也较高；而当订购数量、保险储备量较小时，储存成本也较低。

单位存货短缺一年的成本称为缺货费率，单位存货短缺一个供应周期的成本称为单位缺货成本。当发生缺货将造成极大的经济损失时，通常不允许缺货。

若以 TC_s 代表年缺货成本，$\overline{Q}_s$ 代表年平均缺货量，K_s 代表缺货费率，N_s 代表年缺货次数，Q_s 代表每次缺货量，K_U 代表单位缺货成本，则年缺货成本可按下式计算：

$$TC_s = \overline{Q}_s \cdot K_s$$

或

$$TC_s = N_s \cdot Q_s \cdot K_U$$

综上所述，年存货总成本（TC）可用下式表示：

$$TC=TC_a+TC_r+TC_c+TC_s$$

即

年存货总成本=年订购成本+年购入成本+年储存成本+年缺货成本

2. 一般情况下经济批量计算方法

一般来说，经济订货量基本模型是在存货管理问题上的三项基本假设同时成立的条件下予以确定的。这三项基本假设是：某种存货的提前期为零、每批订货一次到达、供应周期内陆续均衡耗用。显然，这是一种相当理想的情形。在每批订货一次到达、提前期为零、陆续均衡耗用的条件下，某种存货就不存在缺货问题，故年存货总成本中便不含缺货成本。另外，为简化计算，暂不考虑存货的价格折扣，因此年购入成本对经济订货量也不发生影响。这就是说，在此种情况下，同经济订货量相关联的年存货总成本由年订购成本和年储存成本两部分构成。

在生产经营过程中，某项存货的正常需用量在年度内是相对固定的。每次订货数量越多，年订货次数就越少，平均库存量就越大，从而使订货成本相应减少，储存成本相应增加。相反，每次订货数量越少，年订货次数就越多，平均库存量就越小，从而订货成本相应增加，储存成本相应减少。此时，从加强存货成本管理的角度出发，就要求企业管理者在订购成本和储存成本的矛盾与制约中，通过一定的分析与计量，确定可使二者之和为最低的经济订货量。

【例 16-11】 假设智董公司全年需用某种原材料 3 600 千克，每次订购成本（订购费率）为 10 元，每千克材料年储存成本（储存费率）为 0.8 元。求确定某种材料的经济订货量。

在本例中，某种原材料在若干不同的每次订购数量和年订购次数条件下的年订购成本、年储存成本和年存货总成本资料，如表 16-9 所示。

表 16-9 不同订购数量和年订购次数条件下的年订购成本、年储存成本和年存货总成本资料

每次订货数量 Q	年订购次数 N	平均储存量 $Q/2$	年储存成本 $\frac{Q}{2}\times K_c$	年订购成本 $N\times K$	拟存货总成本 $Q/2\times K_c+N\times K$
100	36	50	40	360	400
120	30	60	48	300	348
150	24	75	60	240	300
180	20	90	72	200	272
200	18	100	80	180	260
240	15	120	96	150	246
300	12	150	120	120	240
360	10	180	144	100	244
400	9	200	160	90	250
450	8	225	180	80	260
600	6	300	240	60	300
720	5	360	288	50	338
900	4	450	360	40	400
1 200	3	600	480	30	510

从表 16-9 中的有关数据可见，存货的每次数量同其年订购次数二者之间存在着反向关系，即每次订货数量逐渐增加，年订货次数则逐渐减少。与此相联系，年储存成本同年订购成本二者之间也存在着反向关系，即年储存成本逐渐增加，年订购成本则逐渐减少。至于年存货总成本，开始时由多到少逐渐下降，当其下降到最低点（240 元），即年储存成本（120 元）和年订

购成本（120 元）相等后，继而又由少到多逐渐上升。在此，每次订货数量（300 千克），即经济订货量；同其相对应的年订购次数（12 次），即经济订购次数。

同时，可以利用公式来求经济订货量和年存货总成本，设 D 代表订购原材料质量，K 代表订购费率，K_c 代表储存费率。其计算公式如下：

经济订货量的计算公式为：

$$Q=\sqrt{\frac{2DK}{K_c}}$$

年存货总成本的计算公式为：

$$\text{TC}=\sqrt{2DKK_c}$$

将本例有关数据分别代入以上两个公式，其结果为：

$$每次经济订货量=\sqrt{\frac{2\times3\,600\times10}{0.8}}=300（千克）$$

$$年存货总成本=\sqrt{2\times3\,600\times10\times0.8}=240（元）$$

计算结果表明，某种原材料的经济订货量为 300 千克，这样，可使其成本保持在最低水平上（240 元）。

3. 特殊情况下经济批量计算方法

（1）数量折扣条件下的经济订货量。所谓数量折扣，是指每批（次）购买某种物资的数量达到或超过一定限度，即可享受价格上的优待。这种价格优待通常称为数量折扣。实行数量折扣，是供应商鼓励用户增加购买量，扩大其产销售量的重要手段。

对用户（买方）而言，实行数量折扣制度，可以获得商品降价的收益、运费上的节约、采购订货费用的减少等经济上的利益，但也存在着增加储存费用、积压资金、多付利息等不利因素。企业管理者在这个问题上的职责就是，全面权衡接受数量折扣的利弊得失，为保障企业的经济利益而制定正确的存货数量折扣决策。

存货数量折扣决策分析的一般方法是成本比较法。所谓成本比较法，是对接受数量折扣条件下的存货总成本和不接受数量折扣，仅按经济订货量购货的存货总成本进行比较，从中选取成本较低者为决策行动方案的一种经济分析方法。

【例 16-12】 假设智董公司生产某产品，全年需用甲材料 4 500 千克，每千克买价为 20 元，每次订购成本为 50 元，每千克材料年储存成本为 5 元。甲材料供应商规定，凡每次购买数量达到 1 500 千克，买价可优惠 2%。求：为使存货成本处于最低水平，智董公司是否应接受对方提出的数量折扣条件。

1）计算不接受数量折扣的存货总成本。甲材料的经济订货量应为：

$$Q=\sqrt{\frac{2DK}{K_c}}=\sqrt{\frac{2\times4\,500\times50}{5}}=300（千克）$$

甲材料的总成本应由买价、订购成本和储存成本构成，其中：

材料买价=4 500×20=90 000（元）

$$订购成本=\frac{4\,500}{300}\times50=750（元）$$

$$储存成本=\frac{300}{2}\times50=750（元）$$

$$存货总成本=90\ 000+750+750=91\ 500（元）$$

2）计算接受数量折扣的存货总成本。甲材料的总成本应由享受价格优待的买价、订购成本和储存成本构成，其中：

$$材料买价=4\ 500\times[20\times(1-2\%)]=88\ 200（元）$$

$$订购成本=\frac{4\ 500}{1\ 500}\times50=150（元）$$

$$储存成本=\frac{1\ 500}{2}\times50=3\ 750（元）$$

$$存货总成本=88\ 200+150+3\ 750=92\ 100（元）$$

计算结果表明，接受数量折扣的存货总成本高于不接受数量折扣的存货总成本，故该企业仍应按照甲材料的经济订货量购买此种材料。

如果卖方就同种材料提出若干种数量折扣，则应通过比较不同价格-订购数量组合的存货总成本的方法，选择最优的存货数量折扣决策方案。

【例 16-13】 假设智董公司生产某产品，全年需用乙材料 300 000 件，每次订购成本 30 元，该材料单位买价和年储存成本如表 16-10 所示。

表 16-10　乙材料的每次订购数量、买价和储存成本

每次订购数量（件）	每件材料买价（元）	每件材料年储存成本（元）
<5 000	3.00	0.60
5 000 ~ 8 000	2.60	0.52
>8 000	2.30	0.46

求：为使乙材料的有关成本达到最低水平，智董公司应接受对方提出的何种数量折扣。

1）乙材料在不同价格水平下的经济订货量。

①当乙材料单价为 3 元时，其经济订货量为：

$$Q_1=\sqrt{\frac{2DK}{K_c}}=\sqrt{\frac{2\times300\ 000\times30}{0.6}}\approx5\ 477（件）（舍弃）$$

②当乙材料单价为 2.6 元时，其经济订货量为：

$$Q_2=\sqrt{\frac{2DK}{K_c}}=\sqrt{\frac{2\times300\ 000\times30}{0.52}}\approx5\ 883（件）$$

③当乙材料单价为 2.3 元时，其经济订货量为：

$$Q_3=\sqrt{\frac{2DK}{K_c}}=\sqrt{\frac{2\times300\ 000\times30}{0.46}}\approx6\ 255（件）$$

2）拟定可行的价格—订购数量组合。从以上计算结果可见，乙材料单价为 3 元时的经济订货量为 5 477 件，这一数量超出了该种材料在其相应价格下的订购数量的限度（5 000 件以下），无实际意义，故应予舍弃。乙材料单价分别为 2.6 元和 2.3 元时，其经济订货量分别为 5 883 件和 6 255 件。前者恰在规定的订购数量限度（5 000～8 000 件）内，后者虽未处在规定的订购数量限度之内（8 000 件以上），但趋近于同最低价格相对应的订购数量。

因此，在现有条件下，智董公司在其所需用的乙材料上，有两种可选择的价格—订购数量组合，即 2.6 元–5 883 件和 2.3 元–8 000 件。

3）计算乙材料在两种可行的价格–订购数量组合下的总成本。

①在 2.6 元–5 883 件组合的存货总成本为：

$$TC_2 = 300\,000 \times 2.6 + \frac{5\,883 \times 0.52}{2} + \frac{300\,000 \times 30}{5\,883} = 783\,059(\text{元})$$

②在 2.3 元–8 000 件组合的存货总成本为：

$$TC_3 = 300\,000 \times 2.3 + \frac{8\,000 \times 0.46}{2} + \frac{300\,000 \times 30}{8\,000} = 692\,965(\text{元})$$

计算结果表明，乙材料在 2.3 元–8 000 件组合的存货总成本，要低于其在 2.6 元–5 883 件组合的存货总成本。为此，智董公司在现有条件下应选择第三种数量折扣，即按单价 2.3 元，每次订购乙材料 8 000 件。

（2）边进库、边消耗条件下的经济订货量。所谓边进库、边消耗，是指每次所订购的货物不是一次全额达到，而是分批陆续到达；而企业因生产经营的需要，也不是等到货物全部运抵仓库才开始耗用，而是边补充、边耗用。在这种情况下，有关存货的进库速度通常大于出库速度；而当一次订货全部到达后，有关存货将只出不进，其经常储备不断下降。在存货经常储备下降到零时，下一批订货又将开始分批陆续到达，如此循环往复。此时，企业管理者应当综合考察某种因素及其变化规律，正确制定边进库、边消耗条件下的存货决策，科学计算边进库、边消耗条件下的经济订货量。

一次订货，边进库、边消耗时经济订货量的计算方法如下。设 x 代表存货每日进库量，y 代表每日消耗量，D 代表所需材料数量，K 代表每次订购成本，K_c 代表每件材料年储存成本，则经济订货量计算公式为：

$$Q = \sqrt{\frac{2DK}{\frac{x-y}{x}K_c}}$$

【例 16-14】 假设智董公司生产某产品，全年需用丁材料 10 000 件，每次订购成本为 30 元，每件材料年储存成本为 0.5 元；该材料在供应周期内每日进库量为 125 件，每日耗用量为 25 件。求：为使存货成本达最低值，智董公司应如何确定丁材料的经济订货量。

丁材料经济订货量为：

$$Q = \sqrt{\frac{2 \times 10\,000 \times 30}{\frac{125-25}{125} \times 0.5}} = 1\,225(\text{件})$$

计算结果表明，智董公司在现有边进库、边消耗的条件下，丁材料的经济订货量应为 1 225 件，即可使丁材料的有关成本达最低值的每次订购数量。

（3）允许缺货条件下的经济订货量。所谓允许缺货，是指由于某种原因导致存货短缺，但只需支付少量的缺货费用，对企业信誉、生产经营活动并不造成重大损失；或者为避免存货短缺而增加保险储备量所耗费的代价，比因缺货所发生的损失还要大，此时，发生存货短缺在经济上对企业是有利的，故应当允许缺货。这时，企业管理者（决策人）的职责就是：根据有关存货短缺的具体情况进行分析计量，确定在允许缺货条件下的经济订货量，以使其存货成本达到最低水平。

允许缺货时经济订货量的计算公式如下。

设 S 代表缺货量，K_s 代表单位缺货年缺货成本，K_c 代表每单位材料储存成本。

某材料的经济订货量为：

$$Q=\sqrt{\frac{2DK}{K_c}\cdot\frac{K_c+K_s}{K_s}}$$

某材料的允许缺货量为：

$$S=Q\frac{K_c}{K_c+K_s}$$

【例 16-15】 假设智董公司生产某产品，全年需用某材料 9 000 千克，允许缺货，每天订购成本为 40 元，每千克材料储存成本为 0.5 元，其缺货损失为 2 元。求：为尽可能降低缺货条件下的存货成本，智董公司应如何确定所需该材料的经济订货量。

该材料的经济订货量为：

$$Q=\sqrt{\frac{2\times 9\,000\times 40}{0.5}\times\frac{0.5+2}{2}}=1\,342\text{（千克）}$$

该材料的允许缺货量为：

$$S=1\,342\times\frac{0.5}{0.5+2}=268\text{（千克）}$$

计算结果表明，智董公司在目前允许缺货的条件下，该材料的经济订货量应为 1 342 千克，允许缺货量应为 268 千克，这样可使其成本保持在最低水平上。

（4）因素不确定条件下的经济订货量。前述有关经济订货量都是在确定条件下进行计算的，但在实际生产经营过程中存在着许多不确定因素，它们对经济订货量的计算有着不同的作用。一般来说，影响经济订货量的不确定因素主要有两个方面：一是在订购某种物资时，其实际订购期间大于预计订购期间，致使到货误期，即交货时间不确定；二是在消耗某种物资时，其实际需求率高于预计需求率，以致出现过量耗用，即需要不确定。不论发生哪种情况，都有可能造成物资供不应求、生产停工待料等不良后果。

在上述到货误期（正常耗用）和过量耗用（按期到货）两种情况下，如果仍按前面所论及的经济订货量部署订购和供应工作，经常性（周转）储备就不能完全满足生产经营活动的需要，材料短缺将不可避免。因此，必须根据不同情况建立相应的保险储备，以便将缺货控制在允许的限度内。然而，随着保险储备的建立，有关存货的储存成本会相应增加。在这个问题上，管理者的任务就是在尽可能不影响企业收益的前提下，寻求一个能使由一定的保险储备所引起的年储备成本与由一定的缺货量所引起的年缺货成本之和为最小的保险储备量。

1）不确定条件下的库存动态。不确定条件下的库存动态有以下两种情况。

第一种情况，按期到货、过量耗用。这种情况下的库存动态如图 16-2 所示。

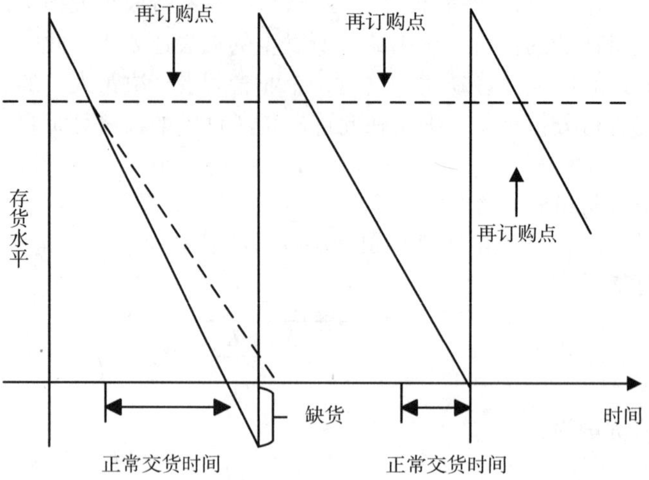

图 16-2　不确定条件下的库存动态（按期到货，过量耗用）

从图 16-2 中可见，在按期到货、过量耗用的情况下，正常交货时间内的存货耗用量增加了，从而发生缺货现象。

第二种情况，到货误期、正常耗用。这种情况下的库存动态如图 16-3 所示。

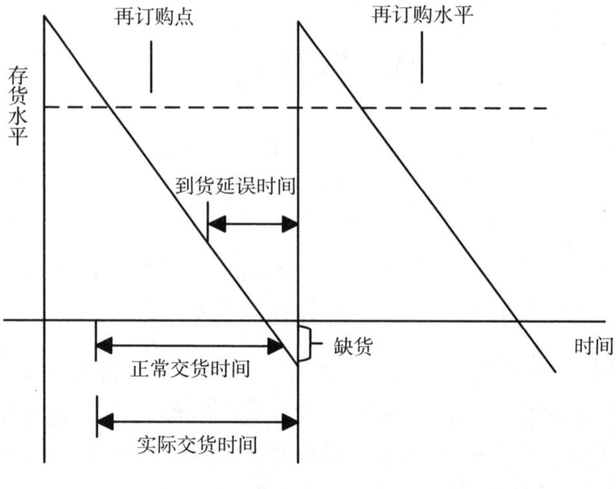

图 16-3　不确定条件下的库存动态（到货误期，正确耗用）

从图 16-3 中可见，在到货误期、正常耗用的情况下，实际交货时间超过正常交货时间，也发生了缺货现象。

2）合理保险储备量的确定。图 16-3 说明，在不确定的条件下，缺货问题是难以避免的。因此，必须就某些存货建立一定的保险储备量。

保险储备量的具体计算，通常采用年存货总成本期望值法。所谓年存货总成本期望值法，是指通过计算不同保险储备的年存货总成本，即年缺货成本与年储存成本之和，从中选择年存货总成本最小的保险储备作为最佳的保险储备量的一种经济分析方法。

【例 16-16】　假设智董公司生产某产品，每年全年需用 A 材料 3 600 吨，每次订购成本为

100 元，每吨材料储存成本为 8 元，每吨材料缺货成本为 10 元，正常订购期间（交货时间）每天的正常需求量为 10 吨，正常交货时间为 10 天，该期间的平均（正常）需求量为 100 吨。经调查测算，A 材料在过去一定期间内的实际需求情况如表 16-11 所示。

表 16-11　一定时间内 A 材料的实际需求情况

订购期间实际需求量（吨）	出现天数（天）	概　　率	概率累计
70	1	0.02	0.02
80	2	0.04	0.06
90	9	0.18	0.24
100	25	0.50	0.74
110	10	0.20	0.94
120	2	0.04	0.98
130	1	0.02	1.00
合计	50	1.00	

求：为使存货成本维持在最低水平，该公司应如何建立 A 材料的最优保险储备量。

①确定 A 材料的经济订货量和全年可能缺货的次数。

A 材料的经济订货量（Q）为：

$$Q=\sqrt{\frac{2\times 3\,600\times 100}{8}}=300\text{（吨）}$$

A 材料全年可能缺货的次数（N）为：

$$N=\frac{3\,600}{300}=12\text{（次）}$$

②确定 A 材料订购期间的实际平均需求量($\overline{d}$)。

根据表 16-1 中的有关数据，可以算出 A 材料的实际平均需求量为：

$$\overline{d}=\frac{70\times 1+80\times 2+90\times 9+\cdots+120\times 2+130\times 1}{1+2+9+\cdots+2+1}=100\text{（吨）}$$

③计算不同保险储备条件下的年存货总成本。根据本例有关资料，当建立不同保险储备量时，A 材料的可能缺货数量和与之相联系的年存货成本如表 16-12 所示。

表 16-12　A 材料的可能缺货数量和其年存货成本的关系

<table>
<tr><th rowspan="2">保险储备量（吨）</th><th rowspan="2">可能缺货量（吨）</th><th rowspan="2">缺货概率</th><th colspan="2">年缺货成本（元）</th><th rowspan="2">年储存成本（元）</th><th rowspan="2">年存货总成本（元）</th></tr>
<tr><th>分　　项</th><th>合　　计</th></tr>
<tr><td rowspan="3">0</td><td>10</td><td>0.20</td><td>10×0.2×10×12=240</td><td rowspan="3">408</td><td rowspan="3">0</td><td rowspan="3">408</td></tr>
<tr><td>20</td><td>0.04</td><td>20×0.04×10×12−96</td></tr>
<tr><td>30</td><td>0.02</td><td>30×0.02×10×10×12=72</td></tr>
<tr><td rowspan="2">10</td><td>10</td><td>0.04</td><td>10×0.04×10×12=48</td><td>96</td><td>10 × 8=80</td><td>176</td></tr>
<tr><td>20</td><td>0.02</td><td>20×0.02×10×12=48</td><td></td><td></td><td></td></tr>
<tr><td>20</td><td>10</td><td>0.02</td><td>10×0.02×10×12=24</td><td>24</td><td>20 × 8=160</td><td>184</td></tr>
<tr><td>30</td><td>0</td><td>0</td><td>0</td><td>0</td><td>30 × 8=240</td><td>240</td></tr>
</table>

表 16-2 中的计算结果表明，当 A 材料的保险储备量为 10 吨时，其年存货总成本为 176 元，这是在现有条件下的最低存货成本，故该公司应将 A 材料的最佳保险储备量确定为 10 吨。这就是说，在不确定的条件下，为了将由缺货而相应发生的有关存货成本控制在最低限度内，企业管理者在制定存货决策时，必须预先考虑建立合理的保险储备，即在可使年存货总成本保持最低水平保险储备量的基础上，再行确定有关存货的经济订购数量。

（六）ABC 控制法

工商企业的存货品种异常繁杂，单价高低悬殊，存量又多寡不一，应采用 ABC 控制法对存货进行分类控制。采用这种方法对存货进行控制，有助于掌握重点，在不同情况下分别采取相应的控制措施，以有效地控制存货。ABC 控制法是一种统计分类的方法，其基本要点是，将各种存货按其全年平均耗用量分别乘以各自的单位成本，并根据一定金额标准把它们划分为 A、B、C 三类。A 类存货种类和数量都比较少，但单位成本比较高，因此，全年耗用金额最大，约占全部耗用金额的 70%；C 类存货种类和数量都比较多，但单位成本比较低，因此，全年耗用金额最小，约占全部耗用金额的 10%；B 类存货则介于 A 类和 C 类存货之间，全年耗用金额约占全部耗用金额的 20%。将存货划分为 A、B、C 三类之后，分别计算各类存货占所耗用总数量和所耗用总成本的百分率；再根据具体情况对这三类存货分别采取不同的控制措施。

【例 16-17】 设智董机械制造公司生产某设备供使用 12 种零件存货项目，按全年耗用总成本的金额大小区分为 A、B、C 三类，年均耗用总成本在 40 000 元以上的归为 A 类，40 000 元以下、15 000 元以上的归为 B 类，15 000 元以下的归为 C 类。该公司全年平均耗用情况如表 16-13 所示。

表 16-13　智董机械制造公司生产某设备所用零件的耗用情况

零件编号	单位成本（元）	年均耗用量（件）	耗用总成本（元）	类　别
101	16.00	1 000	16 000	B
102	40.00	1 500	60 000	A
103	2.00	7 500	15 000	C
104	4.00	5 500	22 000	B
105	44.00	1 000	44 000	A
106	1.00	15 000	15 000	C
107	6.00	5 000	30 000	B
108	24.00	4 000	96 000	A
109	18.00	2 500	45 000	A
110	0.60	22 500	13 500	C
111	0.20	30 000	6 000	C
112	4.00	9 000	36 000	B
合计		104 500	398 500	

根据表 16-13 提供的资料，分别计算 A、B、C 各类存货在总量中所占的百分比，其结果如表 16-14 所示。

表 16-14　A、B、C 各类存货在总量中所占的百分比

零件类别	耗用数量		耗用成本	
	单位数（件）	占总耗用量的百分比	耗用总成本（元）	占总耗用成本的百分比
A	9 000	8.6%	245 000	61.5%
B	20 500	19.6%	104 000	26.1%
C	75 000	71.8%	49 500	12.4%
合计	1045 000	100%	398 500	100%

上述分析结果表明：A 类零件虽只占总耗用量的 8.6%，但其耗用的成本金额却占总耗用成本的 61.5%，而 C 类零件与此相反，耗用量高达总耗用量的 71.8%，而其耗用成本金额只占耗用成本的 12.4%，B 类介乎 A 类与 C 类之间。基于这种情况，该公司存货控制应以 A 类为重点。至于 B 类和 C 类，则宜采取某种“适当”或较为“松弛”的方式进行管理。

对 A 类存货，要认真地进行控制。首先，严格按照事先经过科学计算所确定的数量和时间进行订货，使日常存量达到最优水平。其次，为促使这一目标的达成，通常要在簿记系统中为这类存货分项目设置“永续盘存卡”，对各该种存货的订购、收入、发出和结余情况进行详细的反映。当库存余额达到预计的订货点时，就应及时发出“信号”，通知有关方面按原定的订货数订购。最后，要对存货的动态进行对比分析，严格监督，如发现工作中出现的偏差，应责成有关方面尽快纠正。

对 B 类存货，也应事先逐项确定“经济订货量”和“再订货点”，并分项设置“永续盘存卡”，系统反映其库存动态。当库存余额达到订货点时，即通知有关方面按原定的订货量进行补充。但无须经常逐项进行对比分析，只要定期进行概括性的检查即可。

对于为数众多、单位价值又很小的 C 类存货，则可采用一些较为简化的方法进行管理，无须逐项计算“经济订货量”和“再订货点”，也无须采用“永续盘存卡”。“双箱法”和“红线法”是适应这类存货的特点而广泛采用的方法。

（七）零存货控制法

20 世纪 80 年代，日本有些自动化程度很高的企业，在广泛使用计算机、强化合同管理、实行及时适量生产和存货控制系统的情况下，提出了“向零存货进军”的口号，大力推行零存货控制。零存货控制是配合及时生产而实行的成本控制系统。及时生产是一种需求拉动式的生产模式，其基本指导思想是仅在客户需要时才组织生产。在此，客户不仅是指企业最终产品的供应对象，而且包括企业产品制造过程中的每个环节。在及时生产模式下，产品生产过程被视为一个完整的供求链，下一生产环节即为上一生产环节的客户，每项生产、供应活动都是为了满足下一环节的需要。

传统生产属于推压式生产，各项生产物资设备推动了整个生产过程：首先，供应部门随时提供足够的原材料、零配件，以满足生产部门耗用；其次，生产部门的主要业绩要求提高产量；再次，质检部门对产成品质量进行把关；最后，销售部门大力销售已生产出的产品。而在及时生产环境下，这一过程倒了过来。由于倡导“只在需要时才生产”，所以，市场上产品需要的信号是企业进行生产的命令，下一环节需要什么，上一环节就供给什么，整个生产过程被需求所拉动。在这种方式下，生产信号是“客户”的要求；生产中可能隐藏的问题及时暴露、及时解决；各种物资的控制可通过简单、醒目的自动控制实行，而无须通过传统的进出存账簿记录或报表、单据等来实现；生产过程和产品质量的监督负责不再是生产调度和质检部门，而是由

生产第一线工人随时直接进行。

零存货是实际生产的特征之一，也是其显著成果之一。在传统推压式制造中，原材料在等待着生产耗用，产品要尽量多地生产出来，以备需求。因此，必然产生较多的存货。在需求拉动式制造中，原材料只在需要时发送，零配件仅在需要时提供，产品只在需要时产出，存货数量无疑被降至最低。在此应强调的是：并非要求存货送货绝对为零，而是倡导一种思想——存货量应尽可能降低。当然，及时生产执行得越好，存货就会越接近于零。

当采用零存货模式对企业的存货采购进行控制时，要求存货的购买与企业生产需要相配合，使存货能在需要时立即交货。因此，应尽量减少存货每次的订购数量，适当增加订购次数。

在按零存货原则具体实施和控制时，通过以下措施降低存货成本：

（1）减少供应商数量以减少与供应商磋商的时间。

（2）与供应商签订长期合同，以减少每次供货的文书工作。签订合同后，每次供货只需一个电话即可。

（3）在与供应商的一次磋商及签订合同时，让供应商了解必须提高质量及正确数量的货品，从而减少货品数量与质量的检验工作。

（4）对供应商付款时，可采取数批货物一次付款的制度和定期付款的制度。

通过这种方式进行采购，可以使存货的订购成本大为降低；因为存货减少，可以使存货的储存成本（包括各种仓储费、占压资金的机会成本、存货残损损失等）大幅度减少；同时，还可以减少重复运送的耗费。至于购入成本与缺货成本的节约或降低则可通过与供应商建立稳定、良好的长期供应关系来实现，进而实现零存货控制下的存货总成本最低。

开始零库存管理，应该说是一种巨大的进步，但这要有一定条件。在条件不具备的情况下，盲目实行零库存，必然出现停工待料或脱销断档的情况。由于零库存的出现，又有人进一步否定经济批量法。其实，二者有许多相通之处。零库存是经济批量的一种发展。传统上，研究经济批量时，储存成本一般是不含折旧费的，即使考虑了折旧费，一般也是做无关成本处理的。因为房屋建成、设备购置之后，其折旧费就不受进货量的影响。

可是，如果在固定资产购置前，仓库及其设备费用就应该是决定进货量的相关成本。因为实行零库存，就可以不建仓库，不购置仓库中的设备。于是，该折旧费就不会发生。反之，不实行零库存，就要建造仓库，并购置相应设备。若将仓库及其设备费用作为进货量的相关成本来处理，储存成本就会大大上升。另外，过去产品更新的速度较慢，陈旧损失也较低。近年来，由于科学技术的飞速发展，技术创新、产品更新不断加速，陈旧损失大大提高。

另外，订货成本是指为订货而发生的各种成本。在我国，其中很大一部分是差旅费。由于转轨时期供应商的不稳定，加之质量、价格的较大差异，往往要派人四处采购，差旅费数额惊人。在这种情况下，计算出来的经济批量往往很高。由于现代通信技术和网络技术的发展，订货成本可大大降低。

总之，随着储存成本的大幅度上升和订货成本的大幅度下降这两方面影响，经济批量大大减少，其极限就是零。于是就与零库存取得了一致。

（八）财产保全控制法

1. 存货保养控制法

（1）存货要分库、分区、分类保管。不同种类、不同规格的存货要设置架、柜、箱、箩分门别类堆放；存货区域空间的划分应该便于管理和发料。

（2）垛码堆放要科学。首先，存货的堆放在确保安全的前提下，提高仓库容积。其次，垛码与建筑物之间要有一定距离，每一垛堆上标明进仓日期，便于快收、快发、检验、装卸和运输。最后，码堆牢固整洁，保持整齐且并未超过允许的载荷重量和规定的高度。

（3）货架陈列要科学。

1）货架的制作应根据仓库场地（地面、楼面）的负荷能力，尽量向空间发展，设计多层货架，以满足多种存货存放的需要。

2）货架摆放既能够利用仓库空间又便于整理。实际中常见的货架摆放方法有两种：四号定位法和五五摆放法。所谓四号定位法，是指对各种存货，按照库号、架号、层号、位号实行对号入座。每种存货占据一个货位，并和账页上的存货编号统一对应起来。发料人员只要看清存货名称规格，翻开账本一查便可找到存放位置。五五摆放法则是以五为基本计数单位，将入库的各种存货按五个或十个作为一个计数单元进行堆放。小件存货可按五件或五的倍数成捆、成扎、成串、成包或装箱，再按五的倍数堆放。计重存货，则按五的倍数，如 50 千克、100 千克……数打包、装箱，再按五五化堆垛。力求做到 50 成行、50 成方、50 成包、50 成堆、方方定量，过目成数。

（4）保管养护要科学。由于存货内在物理化学性能及储存处环境的自然条件往往会影响到存货质量，因此需采用一定的养护方法。保管部门应该根据存货的不同性质和影响及其质量变化的因素，采取适当的保管养护方法，如采取方法防治霉菌和虫害侵蚀等。

2. 存货保管工作控制法

（1）保管部门应建立清查盘点制度。对重要且存量变化大的存货，在日常存货发生变动时，要及时检查清点实物；在办理存货出库时，要立即将库存实物与账、卡结存数相核对。仓库应根据生产和存货供应情况，对某种和某大类存货进行重点抽查，在年度决算之前，有组织、有领导地对保管存货进行全面彻底的清查。

（2）库存记录要求健全。存货的入库和发放记录要及时、完整和正确，库存实物与账卡相符，所有的凭证、账册归档管理。

（3）盘亏盘盈、陈旧、残次存货的处理要及时。对盘亏盘盈、陈旧、残次的存货要及时报批处理，查明原因，并追究相关责任。

3. 保管安全制度控制法

（1）保管部门应订立“安全操作规程”。使保管人员在装卸、吊运、堆放、搬运、保管养护等一系列作业活动中，高度注意操作安全，避免发生意外事故。

（2）安全保卫工作要健全。对仓库出入人员有严格限制，下班后有专人值班；库门的钥匙有统一编号登记，由专人负责保管，对危险品和稀贵品应有更为严格的保卫措施；出门证指派专人负责，不允许有失散。

（3）消防及其他安全工作。仓库要配有必要的消防设备及器材；实行定位存放、定人看护、定时检查、定期演习制度；仓库周围无堆放垃圾及一切火种；消防及其他防水、防爆、防腐等安全保管工作有专人负责。

4. 存货数量盘存控制法

企业存货的数量要靠盘存来确定，常用的盘存方法主要有定期盘存法和永续盘存法两种。定期盘存法，又称实地盘存法，是指会计期末通过对全部存货进行实地盘点来确定期末存货的数量，再乘以各项存货的单价，计算出期末存货的成本，并据以计算出本期耗用或已销售存货成本的一种存货盘存的方法。采用这种方法，平时只记录存货的购入数量和金额，不记录发生的数量，期末通过实地盘点来确定存货的实际结存数量，并据此计算出期末存货的成本和当期的耗用。这种计量方法的优点是计量准确，但是有个致命的缺点，就是工作量大。在企业的存货数量种类不多的情况下，采用这种方法还是可行的。但是在实际生产过程中企业存货涉及的内容很多，单靠期末的盘点是不现实的，所以大多数企业依靠的是永续盘存法。

永续盘存法，又称账面盘存法，是指通过设置详细的存货明细账，逐步或逐日地记录存货收入、发出的数量、金额，以随时结出结余存货的数量、金额的一种方法。这种方法的优点是便于记录账簿，便于加强管理，但确认的结果正确性差，并会因此影响企业期末存货价值的大小和本期经营成果的正确性。因为企业为了正确核算存货的价值，保护存货的安全和完整，除了供应部门应掌握可供调拨存货的增减存货数量，财务部门和仓库还应按照各自需要记录库存数，这样往往会造成保管库存数一般情况下不等于会计库存数，甚至导致以盘存数做实存数与账存数核对的不良后果。其主要影响如下：

（1）影响期末存货的价值，从而影响企业报告期末的财务状况。

（2）会造成盘盈盘亏的数额太大，影响当期损益的正确性。

（3）容易造成账外存货的循环，将盘存数与账存数比较并进行处理后，这部分资产的去向财务部门很难再控制。

（九）预算控制法

通过对存货进行预算控制能够降低产品成本、减少材料损耗，发现问题，采取必要的措施，纠正偏差，使日常控制得以有效实施。

1. 外购存货的预算控制法

外购存货要注意购进量的控制，购进量多了会占用企业流动资金和增加企业储存成本，购进量少了不能满足生产的需要并减少企业的收入。为了控制好外购存货的数量，可以采用下述方法进行控制。

首先，对下一期的产品销售数量进行预算。根据前几期的销售情况，考虑影响销售数量的各种因素，包括总体经济走势、竞争、广告等，并结合时间序列分析、相关分析、数量经济模型等数量技术工具预测出下一期的产品销售数量。

其次，销售预算编制完毕后，编制生产预算。只有确定了一定的生产量，才能预测购买的材料。预计生产量可用下列公式计算：

预计生产量=销货预计量+期末预计存量−期初预计存量

应该在生产量、销售量和库存量之间保持一定的比例关系，以免储备不足、产销脱节或超储积压。

最后，当生产量确定后，就可编制外购材料的预算了。预计材料采购量可用下列公式计算：

预计材料采购量=预计材料耗用量+预计期末库存材料−预计期初库存材料

式中：预计材料耗用量=预计生产量×单位产品材料耗用量。

预计出当期材料的采购量也就可以对外购存货购进数量进行控制。同时，存货购进业务一般实行验货付款，所以存货购进额应以点验入库的存货数额为准。需要通过有关存货明细账、保管卡和进货发票、验收单、收料单进行抽查复验，明确这些文件的签字授权，核实存货购进额。要注意防止遗漏和重复计算，以保证存货购进额的真实性和正确性。根据存货购进额计算的结果，与长期存货采购预算进行对比，即可查出超额完成和未完成预算的情况，可重新制定目标并对差异进行调整。

2. 自制存货的预算控制法

自制存货的预算控制法主要是指对产成品、自制半成品等生产数量的控制。首先，要对企业的销售数量进行预算。方法同外购存货的预算控制法中销售数量的预算一致。其次，要对本企业的生产能力进行预测，包括对生产资金的预测，直接材料的费用、直接人工的费用等。最后，制定出自制存货的数量。产成品和半成品的数量要分别进行预算控制，要控制在一定的比例范围内，以便保持生产的连续性，防止销售缺货或库存积压，造成企业资金的占用浪费和经济效益的损失。

第三节　固定资产方面的内控

固定资产是指为生产商品、提供劳务、出租或经营管理而持有的，使用寿命超过一个会计年度的有形资产，主要包括房屋建筑物、机械设备、运输设备以及其他与生产经营活动有关的设备。

一、固定资产控制的目标

（一）战略目标

（1）公司各类固定资产的管理，防止固定资产流失，维护公司资产的安全性和完整性，确保各项工作顺利进行。

（2）提高公司固定资产使用效能，处置闲置、效益低的固定资产，产生其应有的社会效益和经济效益。

（3）固定资产对外投资，扩大公司规模，形成规模经营，提高社会影响，树立良好的公众形象。

（二）经营目标

（1）优化人员配置，执行有效的职责分工和权限范围。

（2）固定资产投资决策正确，产生经济效益。

（3）定期考核固定资产的利用效果和完好率，保持资产运营能力。

（4）科学保管，定期盘点。

（5）规范固定资产处置，避免造成企业资产流失。

（6）确保固定资产的正常运行，高效地生产出让客户满意、市场需要的产品，并发挥其最大效用。

（三）财务目标

（1）建立健全固定资产台账、档案，保证固定资产账目真实、准确、完整。

（2）财务账表与实物核对相符。

（3）固定资产的确认、计量和报告应当符合国家统一的会计准则制度。

（4）合理折旧，真实地反映公司的成本和利润，正确地评价经营成果。

（四）合规性目标

（1）符合国家有关安全、消防、环保等规定及公司内部规章制度。

（2）遵守合同法等法律、法规的规定，维护公司的合法权益，避免公司承担法律风险。

（3）遵守公司内部规章制度，避免产生内部舞弊行为。

二、固定资产控制的特点

（一）固定资产控制的风险大

固定资产单位价值较高，在总资产中占有较大比重，以及其价值的固定性、使用价值的专用性，与新工艺、新技术的不断更新和市场需求的多变性之间形成了突出的矛盾，这使得高额的固定资产投资面临着巨大的投资风险，相应地，固定资产控制也存在巨大风险。一旦企业固定资产控制不当，企业就会遭受巨大损失。例如，企业在购置固定资产前，如果缺乏深入的可行性研究，产品定位不科学，那么用巨资购进设备后，生产出的产品不适应变化的市场需求，必然使设备闲置，不能有效利用。这种情况不仅投资得不到回报，还使企业背上了沉重的债务“包袱”，甚至有的企业不堪重负，走上灭亡之路。另外，固定资产投资虽然较少发生，但投资具有不可分性。一项投资只有达到相当规模，才能形成有效的生产能力。一旦后续投资跟不上，前期投资就会变成企业沉重的负担，甚至是毁灭性的灾难。

（二）固定资产控制的周期长

固定资产的价值是逐渐地、部分地转移到所生产的产品上去的，并且逐渐地、部分地得到补偿，要经过劳动手段的整个使用期间，才能完成全部价值的一次循环。其周转期的长短取决于它的经济使用年限。正是由于固定资产资金周转周期长的特点，决定了固定资产控制的周期也长。固定资产控制体现在从固定资产的取得，到固定资产的使用，直到固定资产退出的全过程，也贯穿于企业发展的整个过程。正是由于固定资产是企业从事生产经营活动所必不可少的物质条件，因此从企业设立之初的固定资产购置，到开展生产经营活动中固定资产的使用和维修，以及进一步扩大生产规模时固定资产的改造或添置，直到固定资产的最终清理始终都涉及固定资产的控制和管理。相对于企业进入正常的生产经营状态之后的应收账款、应付账款的控制，原材料、半成品、产成品等存货的控制，以及利润形成与处理的控制，固定资产的控制和管理的周期较长，贯穿于企业发展的全过程。在企业发展的各个阶段对于固定资产实行合理有效的控制均具有十分重要的意义。

（三）固定资产控制是实物控制和价值控制的统一

固定资产在使用过程中，具有同时存在有形损耗和无形损耗的特点，因此，相对于无形资产、原材料等其他资产的控制，固定资产控制具有实物控制与价值控制相统一的特点。一般来说，企业固定资产管理部门负责固定资产的实物控制，而由财务部门负责固定资产的价值控制。固定资产管理部门和财务部门的控制幅度及控制侧重点各有不同，又相互协调，反映到现实工作中主要有以下几个方面：

（1）固定资产管理部门侧重固定资产的账物相符和技术状况，财务部门侧重固定资产的净值和折旧。

（2）固定资产管理部门侧重固定资产的物有所值、作业率，财务部门侧重固定资产的投资来源、综合收益率。

（3）固定资产管理部门倾向于固定资产的功能更新、再生产的扩大，财务部门着重于原样更新及资产残值、清理费用的处理、账面处理。

因此，固定资产控制是实物控制和价值控制的和谐统一，企业固定资产控制应以实物控制为主、价值控制为辅，实物控制与价值控制相辅相成。

（四）固定资产控制涉及的范围广

由于固定资产具有种类繁多、价值较大、使用地点分散的特点，固定资产控制涉及固定资产管理部门、固定资产使用部门、企业财务部门等多个部门，涉及相应各个单位和部门的管理，使用人员也较多，因此固定资产控制的范围广，控制环节多，相应地，固定资产控制的难度也大。因此，企业要实现对固定资产合理有效的控制，必须实施多层次、全方位、分环节的控制方法和措施，涵盖到固定资产业务的各个方面，做到从上到下全员控制。

（五）固定资产控制在资产控制中的重要性突出

固定资产是企业从事生产经营活动所必不可少的物质条件，是企业创造财富不可或缺的手段。企业的生产能力与经营规模以及产品和劳务的质量，在根本上是由其所拥有的固定资产的数量与质量决定的。而且固定资产单位价值较高，在总资产中都占有较大的比重，不适量的购进会影响企业的现金流量。它的折旧、维修是影响企业损益大小的重要因素。因此，固定资产一旦失控所造成的损失远远超过其他实物资产给企业带来的影响。因此，对固定资产的控制和管理，发挥设备的利用率，提高劳动生产率，确保固定资产的真实、完整、安全，充分发挥设备生产能力，对维持企业生存与发展及进一步提高企业的经济效益具有十分重要的意义。与其他实物资产的控制相比，固定资产控制的重要性尤为突出。

三、固定资产控制的原则

（一）成本效益原则

在固定资产控制中贯彻成本效益原则，就是要求企业在建立固定资产控制制度时运用科学化的管理控制方法，设立和制定有效而简明的控制环节和控制措施，以降低控制成本，提高控制效益，力求以最小的控制成本获取最大的经济效益。简而言之，实施固定资产控制所花费的代价不能超过因此而获得的效益。

（二）内部牵制原则

在固定资产控制中，要充分运用内部牵制的原则，将固定资产整个业务中的有关责任进行分配，使得单独的一个部门或人员对任何一项或多项固定资产的经济业务没有完全的处理权，必须经过其他部门或人员的查证核对。从纵向来说，至少要经过上下两级，如固定资产的购置业务，要经过申请、上级审批、购置等控制环节，使得下级受上级的监督，上级受下级的牵制；从横向来说，至少要经过两个互不隶属的部门或岗位，使一个部门的工作或记录受到另一个部门工作或记录的牵制，借以相互制约，防止或及时发现错弊。

在固定资产控制中贯彻相互牵制的原则，特别应注意固定资产业务不相容职务的分离。固定资产业务的不相容职务至少包括：

（1）固定资产投资预算的编制与审批；

（2）固定资产取得、验收与款项的支付；

（3）固定资产投保的申请与审批；

（4）固定资产的保管与清查；

（5）固定资产处置的申请、审批与执行；

（6）固定资产业务的审批、执行与相关的会计记录。

（三）全面性与系统性原则

固定资产控制的全面性首先体现为全过程性。固定资产控制应贯穿于整个固定资产业务的过程中，是对从固定资产的取得，到固定资产的日常管理，再到固定资产的减少各个环节监督和控制的过程。固定资产控制不仅包括企业管理者授权和批准，具体经办人进行业务处理的各种方式、方法，也包括核算、审核、分析各种信息资料及报告的程序和步骤，还包括企业为进行固定资产控制而制定的各项固定资产管理的规章制度。固定资产控制的全面性还体现在固定资产控制的全员性上，固定资产分级分口的控制模式，使得固定资产控制涉及企业多个部门的相关人员。他们既要在所授权的范围内对固定资产实行控制，也受到其他部门和人员的监督和控制。对于固定资产的控制责任应逐级控制，责任到人，充分调动每个部门和人员的主动性和积极性。

在坚持全面性原则的同时更要兼顾系统性。系统是一组有联系的元素的集合，是相互联系、相互制约的若干元素组成的统一体。企业固定资产控制制度的制定，必须按照系统论的观点，将各个部门和岗位形成既相互联系又具有纵横交错关系的统一整体，以保证各部门和各岗位及各个人员能按照特定的目标相互协调地发挥作用，从而发挥固定资产控制系统的总体功能，实现固定资产控制的总体目标。总之，在固定资产控制制度设计时，应遵循系统性原则，运用系统论的观点和系统方法的整体性、全面性、层次性、相关性和动态性等特征，构建纵横交错的控制网络与点面结合的控制系统。

（四）合法合规性原则

企业在建立、维护和修订其固定资产控制制度时，一定要遵循党和国家的各项方针政策，符合有关的法律法规的要求，这也是企业进行任何财务控制的基本前提。

具体来说，各企业应根据《中华人民共和国会计法》、《企业财务通则》、内部控制规范，等相关的法律、法规及规范制度，结合本部门或本系统的固定资产管理特点，建立适合本企业固定资产业务特点和管理要求的控制制度，并组织实施。

四、固定资产管理的主要风险点

固定资产管理的风险是指企业在经营管理过程中，因固定资产取得和验收不当、更新改造不够、使用效能低下、维护不当、产能过剩，可能导致企业缺乏竞争力、资产价值贬损、安全事故频发或资源浪费的风险。

根据固定资产的基本业务流程，固定资产管理的主要风险点包括以下几个。

（一）固定资产预算环节的主要风险点

1. 固定资产预算的业务流程（见图 16-4）

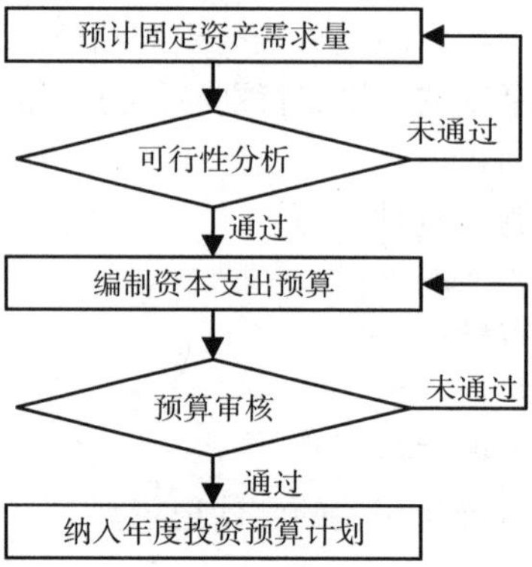

图 16-4 固定资产预算的业务流程

2. 固定资产预算的主要风险点

固定资产预算控制是企业生产部门根据实际情况编制固定资产需求报告，采购、财务等管理部门以及高层管理者对其进行复核，提出修改意见后由生产部门协同财务部门编制正式预算方案。该环节的主要风险点包括：

（1）固定资产预算不当，不符合企业发展战略，投资规模超出企业生产经营实际需要和筹资能力，盲目上项目，造成半拉子工程，使投资无法发挥经济效益。

（2）一些项目投资可行性分析不到位，项目一建成就开始亏损，造成较大的投资损失的风险。

（二）固定资产采购与验收环节的主要风险点

1. 固定资产采购与验收的业务流程（见图 16-5）

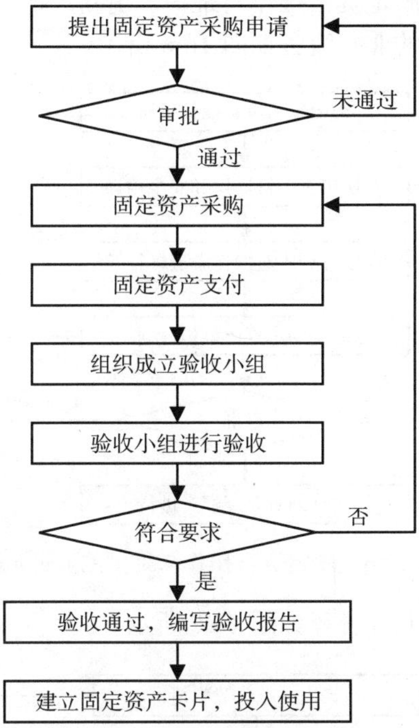

图 16-5　固定资产采购与验收的业务流程

2. 固定资产采购与验收的主要风险点

固定资产采购是极易出现问题的一个环节，不容忽视。不同类型的固定资产有不同的验收程序和技术要求，同一类固定资产也会因其标准化程度、技术难度不同而对验收工作提出不同的要求。该环节的主要风险点包括：

（1）固定资产授权审批制度不健全，岗位分工不合理而产生的舞弊行为风险。

（2）固定资产采购申请不符合实际生产经营需要，采购申请不当，固定资产采购决策失误，可能造成资产损失或资源浪费。

（3）供应商选择的风险。定期对一般供应商和定点供应商（有经常性往来的供应商）进行评定，可能未明确参与评价的部门，从而对供应商的评价不够全面；对于供应商的评价结果及采取的措施没有在一定范围内进行公示，因而会缺乏有效监督，会造成评价工作没有起到应有的效果。

（4）价款支付的风险。对固定资产采购支付预付款，可能没有指定固定资产采购资金中预付款的使用范围及跟踪核查的规定，造成预付款资金占用时间长、使用不合理的状况出现，而缺乏跟踪核查制度会产生项目完成时没有取得相应凭据并及时进行财务方面的账务处理等问题。

（5）验收小组成员选择不当，验收过程不规范，可能使不合格资产进入企业，导致资产损失或资源浪费。

（6）固定资产的记录不及时、不准确、不完整，可能导致资产流失、信息失真、账实不符。

（三）固定资产使用与维护环节的主要风险点

1. 固定资产使用与维护的业务流程

固定资产使用与维护包括固定资产操作与维护、更新改造、投保三个子流程。

（1）固定资产操作与维护的业务流程如图 16-6 所示。

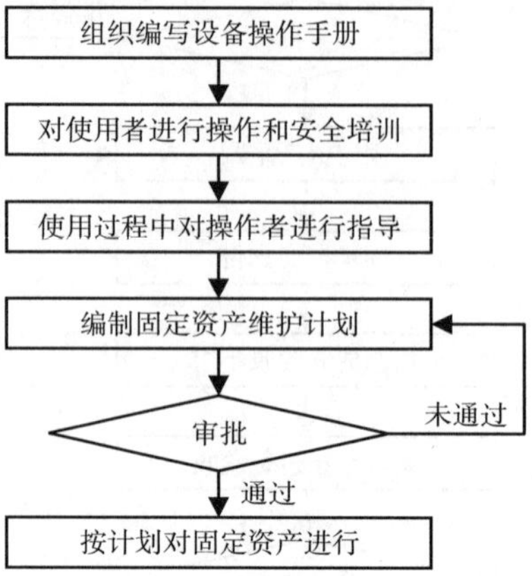

图 16-6 固定资产操作与维护的业务流程

（2）固定资产更新改造的业务流程如图 16-7 所示。

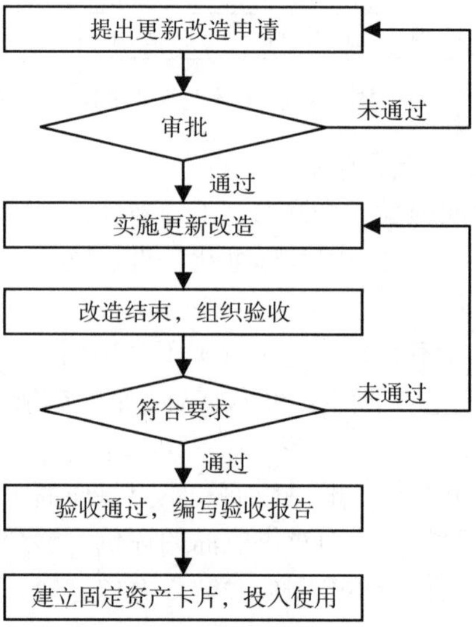

图 16-7 固定资产更新改造的业务流程

（3）固定资产投保的业务流程如图 16-8 所示。

2. 固定资产使用与维护的主要风险点

（1）因保管不善、操作不当引起固定资产被盗、毁损、事故等。

（2）固定资产因失修或维护过剩，造成使用效率降低、生产产品残次率增高、资源浪费，甚至发生生产事故。

（3）固定资产维护计划编制不合理、审批过程不规范、维护过程不当，可能导致企业固定资产维护费用滥用，造成资金、资产浪费和损失。

（4）因长期闲置造成资产毁损，失去使用价值。

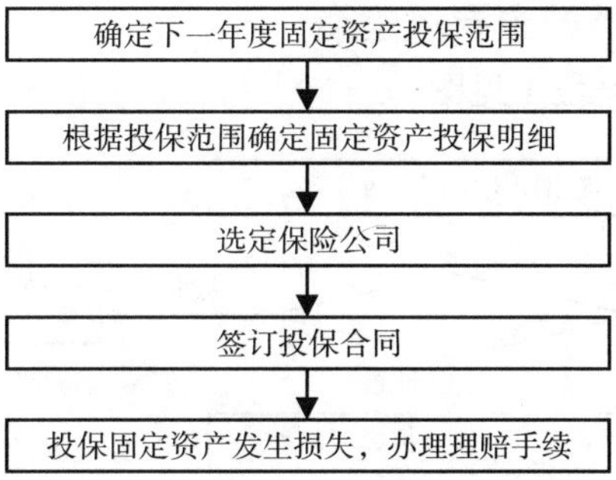

图 16-8　固定资产投保的业务流程

（5）固定资产更新改造申请不符合企业实际发展需要，可能导致重复建设或资源浪费。

（6）固定资产更新改造不够，可能造成企业产品线老化，缺乏市场竞争力。

（7）未及时完整办理保险或投保制度不健全，可能导致应投保资产未投保、索赔不力，从而不能有效防范资产损失风险带来的巨大经济损失。

（四）固定资产盘点环节的主要风险点

1. 固定资产盘点的业务流程（见图 16–9）

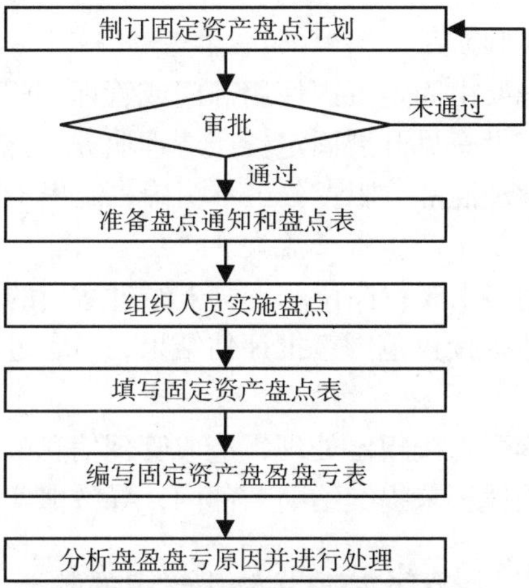

图 16-9　固定资产盘点的业务流程

2. 固定资产盘点的主要风险点

固定资产盘点是指使用部门和固定资产管理部门进行固定资产清查，并编制盘点表，财务部门派人员进行监盘或抽盘，复核盘点结果的正确性，在查明盘盈盘亏的基础上，编制盘盈盘亏报告，经批准后调整有关账簿记录的环节。该环节的主要风险点包括：

（1）未按规定组织固定资产盘点，固定资产盘点不及时、不准确、不完整，可能造成固定资产流失。

（2）固定资产的盘点差异报批与处理不及时或不规范，可能造成资产损失或固定资产账实不符。

（五）固定资产处置环节的主要风险点

1. 固定资产处置的业务流程（见图 16-10）

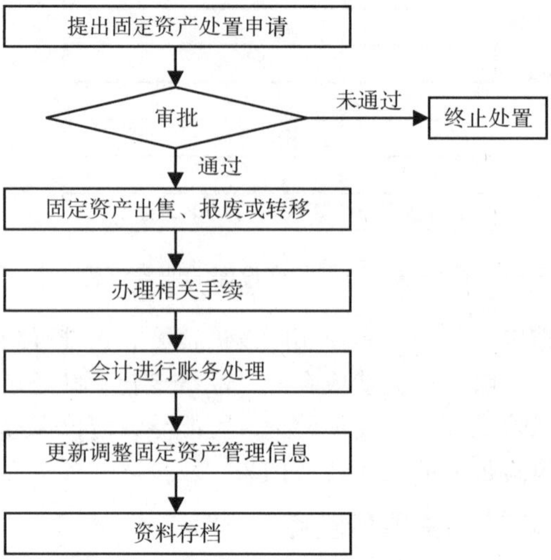

图 16-10　固定资产处置的业务流程

2. 固定资产处置的主要风险点

固定资产的处置控制首先要由固定资产使用部门或管理部门提出申请，并将申请材料上交相关负责人复核审批，按照审批意见开展固定资产清理业务。该环节的主要风险点包括：

（1）固定资产处置业务管理混乱，职责分工不明确、流程不清晰，对处置业务没有引起足够重视而任意处置固定资产，易于产生资产流失。

（2）企业员工为谋取私利，未履行岗位职责，未经过适当的申请、审批、鉴定等程序，擅自确定固定资产评估机构或超越授权范围审批评估结果，出售过程收受回扣，可能导致出售价格过低、资产损失。

（3）企业内部固定资产调配未按规定处理，造成管理信息失真。

（4）固定资产处置的相关凭证未提交给财务部门，导致账实不符。

小知识　固定资产控制中常见的弊端

由于固定资产单位价值大，使用时间长，管理分散，因此，固定资产管理是单位资产管理与控制的重点。在会计实务中，固定资产业务中常见的弊端主要有以下几种情形。

1. 盲目购置建造固定资产

固定资产购置，事先缺乏可行性研究论证与资金预算，所购置的固定资产既与单位的生产经营业务能力不相适应，又与单位发展规模不相匹配，而且缺乏必要的资金保证，造成闲置与浪费。

2. 资本性支出收益化

在固定资产购置过程中，将应该资本化的材料费用、人工工资和利息支出，作为收益性支出列入生产成本，或作为长期待摊费用计入成本费用，或作为财务费用直接计入当期损益。

3. 资产变动业务不入账

其主要表现为：盘盈的固定资产、捐赠的固定资产和无形资产不登记入账，形成账外资产，固定资产变价收入或残值不入账，所得资金作为小家当，存入“小金库”，形成账外账，致使单位资产流失。

4. 通过固定资产的折旧、修理人为调节成本费用

随意改变固定资产的折旧计算方法，变更折旧率，虚增（减）折旧，虚列固定资产修理费用等，导致成本、费用和收益被人为地上下波动。

5. 账实不符、账情不清

有的企业长期不进行固定资产清查盘点，对已经达到报废时间的固定资产不清理、不处置，既给生产经营与业务活动留下安全隐患，又造成账实不符、账情不清。

五、固定资产管理的关键控制点

（一）岗位分工与授权审批控制点

（1）企业应当建立固定资产业务的岗位责任制，明确相关部门和岗位的职责、权限，确保办理固定资产业务的不相容职务分离、制约和监督。企业不得由同一部门或个人办理固定资产的全过程业务。

（2）企业应当配备合格的人员办理固定资产业务，办理固定资产业务的人员应当具备良好的职业道德和业务素质。

（3）企业应当建立固定资产业务的授权审批制度，明确授权审批的方式、程序和相关控制措施，规定审批人的权限、责任以及经办人的职责范围和工作要求。严禁未经授权的机构或人员办理固定资产业务。

（4）审批人应当根据固定资产业务授权审批制度的规定，在授权范围内进行审批，不得超越审批权限。经办人应当在职责范围内，按照审批人的批准意见办理固定资产业务。对于审批人超越授权范围审批的固定资产业务，经办人有权拒绝办理，并及时向审批人的上级授权部门报告。

（5）企业应当制定固定资产业务流程，明确固定资产的预算、采购与验收、使用与维护、盘点、处置等环节的控制要求，并设置相应的记录或凭证，如实记载各环节业务的开展情况，确保固定资产业务全过程得到有效控制。

（二）固定资产预算环节的关键控制点

企业编制的固定资产预算，应当符合企业发展战略和生产经营实际需要，综合考虑固定资产投资方向、规模、资金成本、预计现金净流入等因素；对投资项目的可行性应该进行周密系统的分析和研究，实行集体决策，对决策所依据的信息应该做到全面和真实，对风险应该有充分的认识。关键控制点包括：

（1）企业应建立固定资产预算管理制度。编制固定资产支出预算，应由工程技术、计划、财务、采购、生产等各部门人员共同参加，并要考虑投资预算额、机会成本、资本成本、预计现金净流入等因素。

（2）为了便于日后对实际投资额的控制，编制投资额较大的专案的资本支出预算时，应有各分项投资预算额。

（3）重大的固定资产投资项目应该考虑聘请独立的中介机构或者专业人士进行可行性研究评价，并实行集体决策和审批，防止出现决策失误。

（三）固定资产采购与验收环节的关键控制点

（1）预算内固定资产投资项目应按照预算执行进度办理相关手续；超预算或预算外固定资产投资项目应由相关责任部门提出申请，经审批后再办理相关手续。

（2）企业应建立固定资产采购管理办法，明确请购、审批部门的部门和人员的职责权限及相应的请购与审批程序。采购过程应当规范、透明。一般固定资产采购应由采购部门采取比质比价的方法确定供应商，重大固定资产采购，应采取招标方式进行，由工程部、审计部、财务部、投资部等部门和专家以及使用企业成立专门工作小组，共同参与项目论证、公开招标等环节的工作。

（3）企业应建立供应商评价制度，对于首次进入备选清单的供应商应核查其资信状况、承揽项目的能力。

（4）企业应建立预付款支付、批准制度，建立预付款跟踪管理制度。

（5）企业应建立固定资产验收管理办法。资产管理部门会同采购部门按照产品说明书、采购发票、合格证等详细检查固定资产实物，必要时，财务部门也应参与重大固定资产的验收工作；验收合格的固定资产，应当填制固定资产交接单，由财务部门、资产管理部门、资产使用部门登记固定资产实物台账。

（6）企业应当制定固定资产目录，对验收合格后的每项固定资产进行编号，按照单项资产建立固定资产卡片，详细记录各项固定资产的来源、验收、使用地点、责任单位、责任人、运转、维修、改造、折旧、盘点等相关内容。据此进行账务处理，保证资产管理部的、资产使用部门、财务部门的账、卡、物一致。

（四）固定资产使用与维护环节的关键控制点

企业应当加强固定资产日常使用与维护管理，保证固定资产正常运行，控制固定资产维修保养费用，提高固定资产效率。此环节的关键控制点包括：

（1）固定资产使用部门及管理部门应建立固定资产运行管理档案，并据以制订合理的日常维修和大修理计划，并经主管领导审批。

（2）企业应建立固定资产维修保养管理办法，定期对固定资产进行检查、维修和保养，及时消除安全隐患，降低固定资产故障率和使用风险，同时，应根据固定资产类别和特性制订年度、季度和月度维修保养计划，并严格予以实施。

（3）对于企业生产线等直接影响企业安全生产和产品质量的关键设备，必须由专业技术人员操作，做好岗前培训，特殊设备操作应持证上岗；日常维修保养，特别是大修应选择生产单位或其授权的专业单位和人员实施。同时，应严格按照资产使用流程和操作流程实时监控资产运转。

（4）企业应建立固定资产更新改造管理办法，定期对固定资产技术先进性进行评估，结合盈利能力和企业发展可持续性，由资产使用部门根据需要提出更新改造方案，与财务部门一起进行预算可行性分析，并且经过管理部门的审核批准。

（5）管理部门需对更新改造方案实施过程适时监控、加强管理，有条件的企业应建立更新改造专项资金并定期或不定期地审计。

（6）企业应建立固定资产投保管理办法，通盘考虑固定资产状况，根据其性质和特点确定和严格执行固定资产的投保范围和政策。投保金额与投保项目力求适当，对应投保的固定资产项目按规定程序进行审批，办理投保手续。对于重大固定资产项目的投保，应当考虑采取招标方式确定保险人。已投保的固定资产发生损失的，及时调查原因和受损金额，向保险公司办理相关的索赔手续。

（五）固定资产盘点环节的关键控制点

（1）企业应建立固定资产盘点管理办法，明确盘点范围、时间、形式、人员、组织程序、异常情况处理等事项。盘点小组一般由资产管理部门、资产使用部门、财务部门及相关技术部门组成，财务部门需要对盘点的全过程进行监督，以确保盘点过程的真实性。

（2）盘点小组成员应对资产进行实地盘点，根据盘点结果填写固定资产盘点报告表，并与固定资产台账和登记卡核对。对盘点过程中发现的固定资产盘盈、盘亏、毁损、丢失、被盗等情况，盘点人员应当及时查明原因，由全体盘点人员签字确认盘点报告，报企业领导批准后追究相关部门和人员的责任，妥善处理盘点差异。资产管理部门及财务部门需要及时更新资产的卡片信息，并进行账务处理，确保账实相符。固定资产盘盈或盘亏处置方案经过批准后和盘点表与盘点报告报财务部门备案。

（六）固定资产处置环节的关键控制点

（1）企业应建立固定资产处置管理办法，确定固定资产处置的范围、标准、程序和审批权限。对拟出售或投资转出及非货币交换的固定资产，必须在出售或转让前对固定资产价值进行评估。企业应特别关注固定资产处置中的关联交易和处置定价，处置过程应由独立于固定资产使用部门或管理部门的相关授权人员办理，固定资产处置价格应报经企业授权部门或人员审批后确定。对于重大固定资产处置，应从外部聘请具有资质的独立的中介机构进行资产评估，采取集体审议或联签制度。涉及产权变更的，应及时办理产权变更手续。

（2）对于出租出借的固定资产，应由管理部门提出出租或出借的申请，并须经相关授权部门和人员审核，审核通过后应签订出租或出借合同。

（3）对使用期满正常报废的固定资产，应由固定资产使用部门或管理部门填制固定资产报废单，经企业授权部门或人员批准后予以报废清理。对使用期限未满非正常报废的固定资产，应由固定资产使用部门提出报废申请，注明报废理由，估计清理费用和可收回残值、预计处置价格等。企业应组织有关部门进行技术鉴定，按规定程序审批后进行报废处理。

（4）企业应建立内部固定资产调配管理办法，内部固定资产调配应按规定程序及时办理相关手续，确保企业内部各独立核算单位账实相符。

（七）固定资产核算环节的关键控制点

（1）在企业内部统一固定资产的会计政策和会计科目，明确固定资产相关会计凭证、会计账簿和财务报告的处理程序与方法，遵循会计制度规定的各条核算原则。

（2）财务部门会计人员审核固定资产增减变动的有关手续（包括权属变更手续），并根据审核无误的有关单据，及时对固定资产增减变动情况进行账务处理。

（3）财务部门应按照企业确定的固定资产分类、使用年限计提固定资产折旧，财务部门负责人负责审核折旧计提是否正确。

（4）财务部门根据资产使用部门、技术部门和相关业务部门提供的有关资料，至少每半年对固定资产进行减值分析，需计提减值准备的应及时进行账务处理。减值准备数额需上报主管部门审批，按规定权限审批后，财务部门按批复数对固定资产价值进行调整。

六、固定资产控制的内容

（一）固定资产的取得与验收

固定资产涉及外购、自行建造、非货币性资产交换换入等方式。生产设备、运输工具、房屋建筑物、办公家具和办公设备等不同类型固定资产有不同的验收程序和技术要求，同一类固定资产也会因其标准化程度、技术难度等的不同而对验收工作提出不同的要求。通常来说，办公家具、计算机、打印机等标准化程度较高的固定资产验收过程较为简化，对一些复杂的大型生产设备，尤其是定制的高科技精密仪器，以及建筑物竣工验收等，需要一套规范、严密的验收制度。

小知识 固定资产的管控措施

1. 建立严格的固定资产交付使用验收制度

企业外购固定资产应当根据合同、供应商发货单等对所购固定资产的品种、规格、数量、质量、技术要求及其他内容进行验收，出具验收单，编制验收报告。企业自行建造的固定资产，应由建造部门、固定资产管理部门、使用部门共同填制固定资产移交使用验收单，验收合格后移交使用部门投入使用。未通过验收的不合格资产，不得接收，必须按照合同等有关规定办理退换货或其他弥补措施。对于具有权属证明的资产，取得时必须有合法的权属证书。

2. 重视和加强固定资产的投保工作

企业应当通盘考虑固定资产状况，根据其性质和特点，确定和严格执行固定资产的投保范围和政策。投保金额与投保项目力求适当，对应投保的固定资产项目按规定程序进行审批，办理投保手续，规范投保行为，应对固定资产损失风险。对于重大固定资产项目的投保，应当考虑采取招标方式确定保险人，防范固定资产投保舞弊。已投保的固定资产发生损失的，及时调查原因及受损金额，向保险公司办理相关的索赔手续。

（二）资产登记造册

企业取得每项固定资产后均需要进行详细登记，编制固定资产目录，建立固定资产卡片，便于固定资产的统计、检查和后续管理。固定资产登记内容不完整，可能导致资产流失、资产信息失真、账实不符。

（1）根据固定资产的定义，结合自身实际情况，制定适合本企业的固定资产目录，列明固定资产编号、名称、种类、所在地点、使用部门、责任人、数量、账面价值、使用年限、损耗等内容，有利于企业了解固定资产使用情况的全貌。

（2）按照单项资产建立固定资产卡片，资产卡片应在资产编号上与固定资产目录保持对应关系，详细记录各项固定资产的来源、验收、使用地点、责任单位和责任人、运转、维修、改造、折旧、盘点等相关内容，便于固定资产的有效识别。固定资产目录和卡片均应定期或不定期复核，保证信息的真实和完整。

小知识 固定资产投保控制

企业应当严格执行固定资产投保政策，对投保的固定资产项目按规定程序进行审批，及时办理投保手续。企业应由专门部门及人员按规定手续办理，防止“暗箱操作”，损害企业利益。

（三）固定资产运行维护

固定资产操作不当、失修或维护过剩，可能造成资产使用效率低下、产品残次率高，甚至发生生产事故，或资源浪费。

小知识 固定资产运行维护的管控措施

（1）固定资产使用部门会同资产管理部门负责固定资产日常维修、保养，将资产日常维护流程体制化、程序化、标准化，定期检查，及时消除风险，提高固定资产的使用效率，切实消除安全隐患。

（2）固定资产使用部门及管理部门建立固定资产运行管理档案，并据以制定合理的日常维修和大修理计划，并经主管领导审批。

（3）固定资产实物管理部门审核施工单位资质和资信，并建立管理档案；修理项目应分类，明确需要招投标项目。修理完成，由施工单位出具交工验收报告，经资产使用和实物管理部门核对工程量并审批。重大项目应专项审计。

（4）企业生产线等关键设备的运作效率与效果将直接影响企业的安全生产和产品质量。操作人员上岗前应由具有资质的技术人员对其进行充分的岗前培训，特殊设备实行岗位许可制度，需持证上岗。必须对资产运转进行实时监控，保证资产使用流程与既定操作流程相符，确保安全运行，提高使用效率。

（四）固定资产升级改造

企业需要定期或不定期地对固定资产进行升级改造，以便不断提高产品质量，开发新品种，降低能源资源消耗，保证生产安全环保。固定资产更新有部分更新与整体更新两种情形。部分更新的目的通常包括局部技术改造、更换高性能部件、增加新功能等方面，需权衡更新活动的成本与效益综合决策；整体更新主要是指对陈旧设备的淘汰与全面升级，更侧重于资产技术的先进性，符合企业的整体发展战略。

固定资产更新改造不够，可能造成企业产品线老化、缺乏市场竞争力。

（1）企业应结合盈利能力和企业发展的可持续性，定期对固定资产技术先进性进行评估。资产使用部门根据需要提出技改方案，与财务部门一起进行预算可行性分析，并且经过管理部门的审核批准。

（2）管理部门需对技改方案实施过程适时监控、加强管理，有条件的企业应建立技改专项资金并定期或不定期地进行审计。

（五）抵押质押

抵押是指债务人或第三人不转移对财产的占有权，而将该财产抵押作为债权的担保，当债务人不履行债务时，债权人有权依法以抵押财产折价或以拍卖、变卖抵押财产的价款优先受偿。

质押，也称质权，是指债务人或第三人将其动产移交债权人占有，将该动产作为债权的担保，当债务人不履行债务时，债权人有权依法就该动产卖得价金优先受偿。

企业有时因资金周转等原因以其固定资产做抵押物或质押物向银行等金融机构借款。如果到期不能归还借款，金融机构则有权依法以该固定资产折价或拍卖。

企业因资金周转等原因可能以固定资产进行抵押/质押。但由于资产抵押制度不完善，可能导致抵押资产价值低估和资产流失的风险，因此企业应当规范固定资产抵押管理，确定固定资产抵押程序和审批权限等，要求企业完善流程，健全制度，明确责任。企业将固定资产用作抵押的，应由相关部门提出申请，经企业受权部门或人员批准后，由资产管理部门办理抵押手续。这里指明了办理资产抵押的程序和手续及记录，以保障资产安全。金融企业应当加强对接收的抵押资产的管理，编制专门的资产目录，合理评估抵押资产的价值，防范收押资产发生损失。

固定资产抵押制度不完善，可能导致抵押资产价值低估和资产流失。

（1）加强固定资产抵押、质押的管理，明晰固定资产抵押、质押流程，规定固定资产抵押、质押的程序和审批权限等，确保资产抵押、质押经过授权审批及适当程序。同时，应做好相应记录，保障企业资产安全。

（2）财务部门办理资产抵押时，如需要委托专业中介机构鉴定评估固定资产的实际价值，应当会同金融机构有关人员、固定资产管理部门、固定资产使用部门现场勘验抵押品，对抵押资产的价值进行评估。对于抵押资产，应编制专门的抵押资产目录。

（六）资产清查

企业应建立固定资产清查制度，至少每年全面清查一次，以保证固定资产账实相符，及时掌握资产盈利能力和市场价值。固定资产清查中发现的问题，应当查明原因，追究责任，妥善处理。该环节的主要风险是：固定资产丢失、毁损等造成账实不符，或资产贬值严重。

小知识　　资产清查的管控措施

（1）财务部门组织固定资产使用部门和管理部门定期进行清查，明确资产权属，确保实物与卡、财务账表相符，在清查作业实施之前编制清查方案，经过管理部门审核后进行相关的清查作业。

（2）在清查结束后，清查人员需要编制清查报告，管理部门就清查报告进行审核，确保清查报告的真实性、可靠性。

（3）清查过程中发现的盘盈（盘亏），应分析原因，追究责任，妥善处理，报告审核通过后及时调整固定资产账面价值，确保账实相符，并上报备案。

小知识　　固定资产方面的监督检查

1. 监督检查主体

（1）监事会：依据公司章程对公司固定资产管理进行检查监督。

（2）审计部门：依据公司授权和部门职能描述，对公司固定资产购置、处置的合同及执行等进行审计监督。

（3）财务部门：依据公司授权，对公司固定资产管理进行财务监督。

（4）上级对下级进行日常工作监督检查。

2. 监督检查内容

（1）固定资产业务相关岗位人员的设置情况。重点检查是否存在不相容职务混岗的现象。

（2）固定资产业务授权审批制度的执行情况。重点检查在办理请购、审批、采购、验收、付款、处置等固定资产业务时是否有健全的授权审批手续，是否存在越权审批行为。

（3）固定资产投资预算制度的执行情况。重点检查购建固定资产是否纳入预算，预算的编制、调整与审批程序是否适当。

（4）固定资产日常保管制度的执行情况。重点检查固定资产的归口分级管理制度和岗位责任制度是否落实，维修保养费用是否超过预算额度。

（5）固定资产处置制度的执行情况。重点检查处置是否履行审批手续，作价是否合理。

3. 监督检查结果处理

对监督检查过程中发现的固定资产控制中的薄弱环节，负责监督检查的部门应告知有关部门，有关部门应及时查明原因，采取措施加以纠正和完善；公司监督检查部门应按照单位内部管理权限向上级有关部门报告固定资产内部控制的监督检查情况和有关部门的整改情况。

（七）固定资产处置和转移控制

1. 固定资产处置

固定资产处置包括投资转出、报废、出售等。企业应建立固定资产处置的相关制度，确定固定资产处置的范围、标准、程序和审批权限等相关内容，确保固定资产合理利用。

（1）固定资产处置控制流程如图 16-11 所示。

（2）固定资产处置的内控要点。

1）处置申请。公司根据固定资产的实际情况和不同类别，区分固定资产不同的处置方式，由相关部门提出建议或报告，固定资产管理部门填制处置申请表。

①对使用期满、正常报废的固定资产，应由固定资产使用部门或管理部门填制固定资产报废单，经企业授权部门或人员批准后对该固定资产进行报废清理。

②对使用期未满、非正常报废的固定资产，应由固定资产使用部门提出报废申请，注明报废理由、估计清理费用和可回收残值、预计出售价值等。企业应组织有关部门进行技术鉴定，

按规定程序审批后进行报废清理。

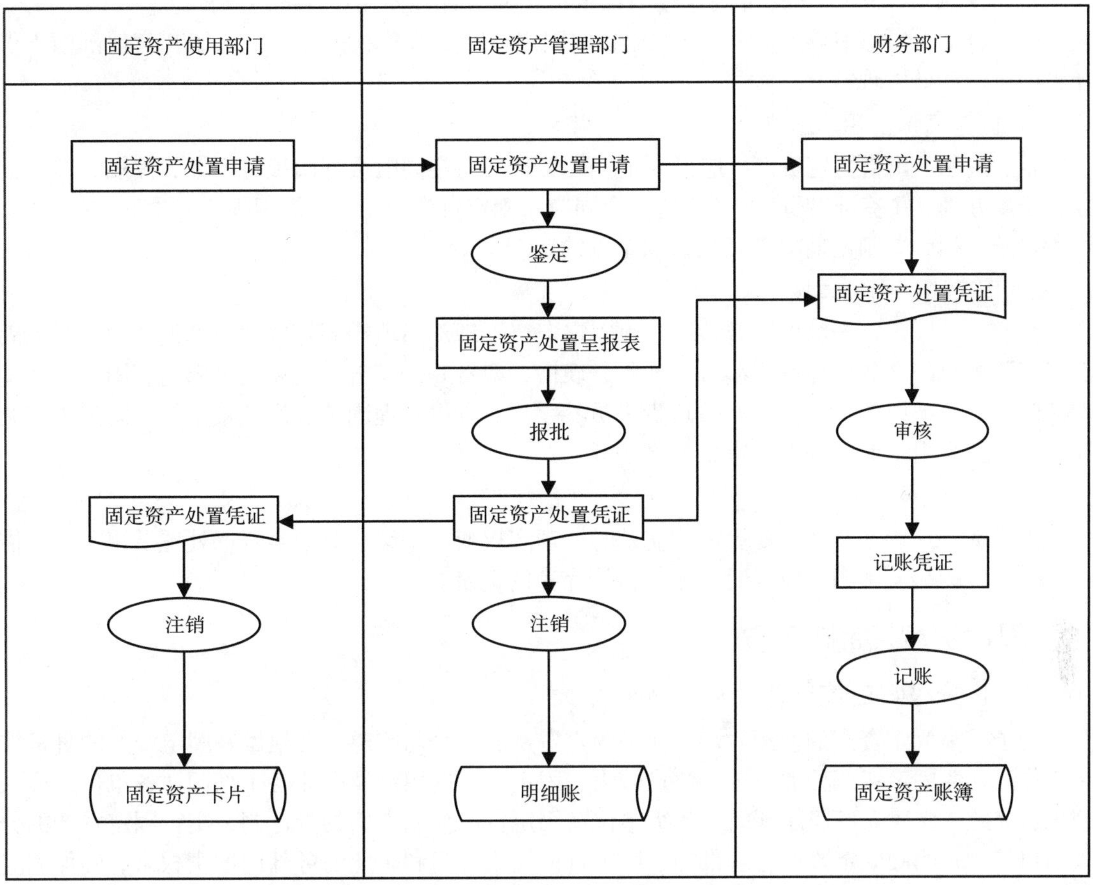

图 16-11　固定资产处置控制流程

③对拟出售或投资转出的固定资产，应由有关部门或人员提出处置申请，列明该项固定资产的原价、已提折旧、预计使用年限、已使用年限、预计出售价格或转让价格等，报经企业授权部门或人员批准后予以出售或转让。

2）处置鉴定。由固定资产管理部门根据有关部门提出的固定资产处置申请报告，组织有关部门的技术专业人员对处置的固定资产进行经济技术鉴定，填制“固定资产处置呈批表”，确保固定资产处置的合理性。

3）处置审批。公司根据权限对固定资产管理部门上报的“固定资产处置呈批表”进行审查，并签署意见。

4）处置审核。

①固定资产的处置应由独立于固定资产管理部门和使用部门的其他部门或人员办理。通常公司审计部门在处置前会同相关部门或人员对固定资产的处置依据、处置方式、处置价格等进行审核，重点审核处置依据是否充分，处置方式是否适当，处置价格是否合理。其中，固定资产处置价格应当选择合理的方式，经企业授权部门或人员审批后确定。如有必要，应委托具有资质的中介机构进行资产评估。对于重大固定资产的处置，应采取集体合议审批制度，并建立集体审批记录机制。

②财务部门在处置后根据审批人批准的呈批表，认真审核固定资产处置凭证，检查批准手

续是否齐全，批准权限是否适当等，审核无误后据以编制记账凭证，进行账务处理。

5）公司财务部门、审计部门应参与固定资产的处置过程并对其进行监督。

6）公司财务部门应当及时、足额地收取固定资产处置价款，并及时入账，其他部门不得经手固定资产处置现款。

2. 固定资产出租、出借

企业出租、出借固定资产，应由固定资产管理部门会同财会部门拟订方案，按规定报经批准后予以办理，并签订出租、出借合同。合同应对固定资产出租、出借期间所发生的维护保养、税负责任、租金、归还期限等相关事项予以约定。

3. 固定资产内部调拨

企业对于固定资产的内部调拨，应由固定资产管理部门填制固定资产内部调拨单，明确固定资产调拨时间、调拨地点、编号、名称、规格、型号等，经由调入、调出部门、固定资产管理部门和财务部门的负责人及有关负责人员签字后，方可办理固定资产交接手续。固定资产调拨的价值应当由企业财务部门审核批准。

4. 登记记录

固定资产处置涉及产权变更的，应及时办理产权变更手续；对固定资产处置及出租、出借收入和发生的相关费用，应及时入账，保持完整的记录。

七、固定资产控制的方法

（一）分级归口控制法

为了提高固定资产的使用效率，保护固定资产的安全与完整，必须做好固定资产的日常控制工作。企业固定资产种类复杂，数量较大，固定资产使用涉及企业各个部门、各单位的广大职工，为此，应建立各职能部门、各级单位在固定资产控制方面的责任制，实行固定资产的分级归口控制，明确固定资产管理部门、固定资产使用部门和企业财务部门职责权限，确保固定资产控制的权责明晰、责任到人。实行固定资产的分级归口控制，就是在企业财务部门的统一协调下，按固定资产的类别，由企业各职能部门负责归口控制，按各类固定资产的使用地点，由各级使用单位负责具体控制，并进一步落实到班组和个人，实现归口管理、责任分级。

固定资产归口控制的一般做法是：整个企业的生产设备归生产部门管理，动力设备由动力部门管理，运输工具由运输部门管理，房屋建筑物、家具及空调设备、办公管理用具由总务部门管理，各种试验、计量、测量、仪表仪器等科研开发设备由技术部门管理。各归口管理的部门要对所分管的固定资产实行有效控制，保证固定资产的安全与完整。

固定资产分级控制的一般做法是：按照固定资产的使用地点，将各类固定资产交由企业内部各级单位实行控制，有些固定资产的具体管理责任还要落实到个人，这样便可以做到层层负责、物物有人管，使固定资产的安全保管和有效利用得到可靠的保证。

小知识 固定资产归口管理

固定资产归口管理主线包括实物管理主线和价值管理主线。其中，实物管理主线由归口管理单位与使用单位负责，价值管理主线由财务部门负责。两个主线分别由不同的职能部门实施，两个主线相互制约、相互监督，做到价实一致，从而确保资产的安全与完整。

固定资产归口管理责任如下。

（1）企业生产总监、行政总监或相应的生产、行政负责人的管理责任：

①审查本部门具体固定资产管理办法和投资计划。

②监督固定资产管理制度和投资计划的执行。
③会同财务总监审查、批准固定资产投资、更改、报废等重大决策。
（2）财务总监或财务负责人的管理责任：
①会同生产、行政总监审查、批准固定资产的投资、修造、报废等重大决策。
②审查批准固定资产折旧计划，并检查其执行情况。
③组织制定固定资产利用效果考核指标体系和考核办法。
④组织固定资产（清查）盘点。
⑤组织固定资产的核算，并检查其核算结果。
（3）生产、运输、动力等固定资产的归口管理部门的管理责任：
①制定本系统的固定资产管理具体办法。
②划分各使用部门（责任人）对固定资产实物管理的责任。
③登记固定资产实物卡片账。
④编制固定资产统计台账。
⑤组织对本系统固定资产日常维修、转移的管理。
⑥提出固定资产的购置、报废计划。
⑦编制公司固定资产的目录。
（4）财务部门的管理责任。
①参与制定固定资产决策。
②制定固定资产盘点清查制度，并参与盘点清查。
③提供固定资产利用效果考核所需数据，制定固定资产管理和利用效果责任考核制度，并具体考核。
④参与新增固定资产的验收（资产代号的认定及会计处理），报废固定资产的鉴定和内部移交。
⑤预测固定资产投资资金需求量。
⑥拟定固定资产投资立项的报告。
⑦组织重大固定资产的投资项目的可行性分析。
⑧组织评价固定资产投资项目的效果及计划的实现情况。
⑨汇总审查固定资产的更新改造计划、大修理计划。
⑩下达固定资产的更新改造计划和大修理计划，并检查落实情况。
⑪组织固定资产的核算并定期与各固定资产管理部门的固定资产台账、卡片账核对，保证账实相符。
⑫编制固定资产折旧计划，正确计提固定资产的折旧。
⑬正确确定固定资产的计量（原始价值）。

（二）授权审批控制法

固定资产授权控制按其形式可以分为常规授权和特别授权。所谓固定资产常规授权，是指对处理常规固定资产业务时的条件、权利和责任的规定，常规授权的时效性较长；而固定资产特别授权是指处理较为特殊、例外的固定资产业务时的条件、权利和责任的规定，特别授权的时效性较短。但无论是哪种授权审批方式，企业要运用授权审批控制法对固定资产加以控制，就必须建立固定资产授权审批体系，明确授权审批的方式、程序和相关控制措施，规定审批人的权限、责任和经办人的职责范围和工作要求，严禁未经授权审批的机构和人员办理固定资产业务。审批人应根据固定资产授权审批制度的规定，在授权审批的范围内审批，不得超越权限进行审批。经办人应当在职责范围内，按照审批人的批准意见办理固定资产业务。对于审批人超越权限范围而批准的固定资产业务，经办人有权拒绝办理，并及时向审批人的上级授权部门报告。总之，被授权的部门和人员应在规定的授权范围内行事，不得越权行事。

企业必须建立完善的固定资产授权审批制度，其中包括如下几方面。

1. 授权审批的范围

通常企业的每项固定资产预算只有经过董事会等高层管理机构或相应的审批部门批准方可生效；所有形式的固定资产的增加和减少包括固定资产的外购、固定资产的自建、接受投资转入或捐赠的固定资产以及固定资产的正常、非正常报废等均需经过企业相应的授权审批机构的书面认可，并应纳入授权审批的范围。

2. 授权审批的层次

应根据固定资产业务活动的重要性和金额大小确定不同的授权审批层次，从而保证各管理层有权亦有责。不同规模固定资产的增加或减少，必须取得不同级别的授权并经审批；新增固定资产应由使用单位提出申请，有关管理部门根据使用要求，分别编制购建计划，大中型项目还应具备相应的设计任务书、可行性研究报告、工程概算与施工预算书等必要的书面文件，报主管部门领导审批。

3. 授权审批的责任

应当明确被授权者在履行权力时应对哪些方面负责，应避免责任不清、一旦出现问题又难辞其咎的情况发生。

4. 授权审批的程序

应规定每类固定资产业务审批程序，包括固定资产的外购、自建、受赠、调出、出售、报废等，都应按规定的程序和手续，经有关部门批准后，方能办理，以避免越级审批、违规审批的情况发生。单位内部的各层管理者必须在授权范围内行使相应职权，经办人员也必须在授权范围内办理经济业务。

文案范本

某公司固定资产方面授权审批管理制度

企业应对固定资产业务建立严格的授权审批制度，明确授权审批的方式、权限、程序、责任和相关控制措施，规定经办人的职责范围和工作要求。其中，资本性预算只有经过董事会等高层管理机构批准方可生效。所有固定资产的取得和处置均需经企业管理层的书面认可，严禁未经授权的机构或人员办理固定资产业务。

1. 授权方式

公司对董事会的授权由公司章程和股东大会决议；公司对董事长、总经理的授权，由公司章程规定和公司董事会决议；总经理对其他人员的授权，年初以授权文件的方式明确；对经办部门的授权，在部门职能描述中规定或临时授权。

2. 审批权限（见表 16-15）

表 16-15 固定资产审批权限一览表

项 目	审 批 人	审批权限
购置	股东大会	涉及总金额占公司净资产比例较大的购置计划
	董事会	审批年度购置预算； 审批年度购置计划； 授权董事长、总经理购置决策
	董事长	根据董事会决议或授权，签署批准购置计划和购置方案； 董事会闭会期间，在授权范围内购置决策
	总经理	在授权范围内批准购置计划、购置方案，签署购置协议

续表

项　目	审 批 人	审批权限
处置	股东大会	成批处置公司主要生产用设备； 一次性处置或连续累计处置固定资产金额占公司固定资产总额比例较大的处置计划
	董事会	批准除需经股东大会批准事项之外的处置计划； 授权董事长、总经理审批固定资产处置权限
	董事长总经理	按授权审批固定资产处置

3. 审批方式

股东大会批准、董事会批准以决议的形式批准，董事长根据股东大会决议、董事会决议签批；董事会、总经理以及其他被授权审批人员，以书面批准的方式直接签批。

4. 批准和越权批准处理

审批人应根据固定资产业务授权审批制度的规定，在授权范围内进行审批，不得超越审批权限；经办人在职责范围内，按审批人批准意见办理固定资产业务；对于审批人超越授权范围审批的固定资产业务，经办人员有权拒绝办理，并及时向审批人的上一级授权部门报告。

（三）预算控制法

固定资产预算控制法是指通过编制固定资产预算来确定固定资产购置、建造或处置的控制目标，并规定为达到计划指标而需要通过的途径和采取的步骤与措施，从而对各年度固定资产的增减变动情况和资金的合理运用进行预测和控制。

企业应当明确固定资产投资预算的编制、调整、审批、执行等各环节的控制要求。企业编制的固定资产预算应当符合本企业发展战略和生产经营的实际需要，综合考虑固定资产投资方向、规模、资金占用成本、预计盈利水平和风险程度等因素，在对固定资产投资项目进行可行性研究和分析论证的基础上，合理安排投资进度和资金投放量。

对于固定资产预算控制的关键在于，预算制定的科学性和适应性，同时更应注意预算执行过程中的适时监控，反之，预算控制就将失去其应有的意义。

固定资产预算的编制由固定资产使用部门、固定资产管理部门、企业财务部门等有关部门共同参加，以便减少资本支出预算错误发生的可能性。固定资产预算应于每年年度开始之前进行。固定资产预算必须在考虑多种因素的基础上予以编制。这些因素包括投资预算额、投资的机会成本、投资的资金成本、预计现金净流入、投资回报率以及当前年度企业生产经营总体目标和计划、上一年度固定资产预算的执行情况、企业生产使用的实际情况、以后若干年度企业的整体发展规划等。

预算的编制程序如下：

（1）由固定资产的使用部门提出固定资产购置、建造或处置的实际需求，交由固定资产管理部门。

（2）由固定资产管理部门汇总审核各个部门的需求。

（3）由固定资产管理部门编制固定资产的购置、建造或处置预算草案。

（4）企业财务部门从资金和效益等角度对预算草案进行审核并提出相应的意见。

（5）企业财务部门及企业总经理或其他负责人审核通过该项固定资产预算。

（6）企业董事会通过该项固定资产的购置、建造或处置的预算。

审批的程序应严加控制：

（1）资本支出预算的编制者应与该预算的审批者分离。

（2）由于资本支出预算的编制，主观成分较多，因此应由独立职员对资本支出预算的各种数据和资料及预算意见进行复核。

（3）对于预算金额较大或对企业未来经营状况有重大影响的投资项目，管理层还应请与投资利益无关的第三者（如专门的咨询机构、工程技术人员、会计师等）对资本支出预算进行研究与评价。只有经过数据资料的复核审查或取得有关专家认为可行的书面意见后，管理层才能批准资本支出预算。有权批准资本支出的人员应由制度规定，且预算金额越大，被授权人的级别应越高。对于投资将对企业产生重大影响的资本支出预算通常规定必须由董事会批准才能执行。对于投资额较大的项目，资本支出预算应有各分项投资预算额，以便日后对投资实际支出额的控制。任何批准应形成书面文件，必须编号归档控制，便于日后控制支出总额和追查责任。

对于预算外的固定资产申购等业务的申请，根据发生金额的重大性以及授权权限范围报有关部门、有关人员的审批，要履行特别的审批手续。年度终了，上一年参与制定固定资产预算的各个部门要共同召开固定资产预算总结会议，对预算的执行情况进行检查，分析实际执行情况与预算存在的差异，为下一年度固定资产预算的编制打下基础。

（四）实物保全控制法

以上各种固定资产的控制方法均具有保护固定资产安全的作用，这里所述的实物保全控制是指对固定资产实物资产的直接保护，主要有以下几种方式。

1. 限制接近

固定资产的限制接近主要是针对某些特定的固定资产实施的控制方式，如各种精密仪表仪器、设备等。限制非固定资产使用部门、管理部门的人员等无关人员对这些固定资产的直接接触，只有经过授权审批的部门和人员才能够接触这些固定资产。

2. 定期盘点

企业应建立固定资产定期盘点制度，并保证盘点时固定资产的安全性。通常可采用先盘点实物，再核对账册来防止盘盈固定资产流失的可能性。对盘点中出现的差异应进行调查，对盘亏的固定资产应分析原因、查明责任，进而完善相关控制制度。

固定资产盘点由财务部门、固定资产管理部门牵头配合抽调有关人员成立盘点小组，每年至少盘点两次。盘点内容如下：

（1）盘点固定资产总账的账面金额与其明细账的账面金额是否相符。

（2）盘点固定资产明细账的数量与卡片的数量是否一致。

（3）盘点账卡的数量与实物的数量是否相符。

固定资产盘点完毕后应编出固定资产盘点报告表，对于出现的问题认真查明原因，分清责任，并进行报批处理。审批程序如下：

（1）盘点人员签字认可盘点报告。

（2）资产使用单位说明盘点盈亏的原因和责任。

（3）归口管理部门提出处理意见。

（4）生产总监、行政总监或营运中心主任审批。

（5）财务部门审核并提出处理意见。

（6）财务总监审批。

（7）总经理、董事长审批。

（8）财务部门账务处理。

（9）固定资产管理部门登记处理。

3. 记录保护

会计记录反映了固定资产各项业务的发生、处理和结果。健全良好的会计记录能够保护固定资产的安全与完整，正确反映企业固定资产的增减变动情况，有利于企业管理层决策的及时性和有效性。会计记录的保护，首先应严格限制接近会计记录的人员，以保持固定资产业务的审批、固定资产的实物保管和固定资产业务会计记录职务分离的有效性，在会计电算化处理的情况下，特别注意各职责人员各自的密码保护。其次应妥善保存固定资产的相关会计记录，以防止丢失、损毁或被篡改。再次对某些重要的资料文件应留有后备记录，以便在记录遭受意外丢失或损毁的时候，能够重新得以恢复，在当前企业应用计算机处理系统的条件下尤为重要。

4. 财产保险

财产保险是通过对固定资产投保（如火灾险、盗窃险等）增加固定资产受损后的补偿机会，从而保证固定资产的安全性。企业应当建立固定资产投保制度，防范和控制固定资产的意外风险。企业应当明确应投保固定资产的范围和标准，由固定资产管理部门负责提出投保申请，由企业相应的安全工程师负责投保申请的审核，最后由企业财务部门负责投保手续的办理。

第四节　无形资产方面的内控

无形资产是企业拥有或控制的没有实物形态的可辨认非货币性资产，通常包括专利权、非专利技术、商标权、著作权、特许权、土地使用权等。

一、无形资产控制的目标

（一）提高企业竞争力

由于无形资产体现的是一种权利或获得超额利润的能力，所以在进行无形资产投资时，必须考虑到企业当前所处的行业水平以及将来的发展趋势，将无形资产的投资与企业竞争力的提高相结合。企业只有在保证获得一定竞争力的前提下，才能获得超额利润。

（二）实现无形资产的保值增值

实现无形资产的保值增值是企业无形资产控制的重要目标，也是所有者受托责任的要求，企业管理者有责任也有义务实现无形资产的保值与增值。概括地讲，保值是指期末无形资产的价值等于期初无形资产的价值，增值是指企业在　定时期内的无形资产保值的基础上，实现的无形资产价值增长。增值既包括无形资产价值的绝对增长，也包括劳动生产率提高、资产收益率增长、资金周转率加快等原因引起的无形资产的价值相对增长，这是无形资产有效增值的重要途径。

（三）防止无形资产的流失

长期以来，一些国有企业，尤其是国有大中型企业对无形资产的保护意识不强，使国有无形资产大量流失，对国有企业的生存和发展构成严重威胁。例如，一些企业对我国及国际上的知识产权保护法律缺乏足够的了解，不及时申请注册，或到期不续展，当发现外商或国内其他企业在其产品销售市场抢先注册，造成无形资产流失成为现实时，悔之已晚。因此，在对无形资产进行控制时，应当把防止无形资产的流失作为重要目标之一。

（四）提高无形资产的使用效率

提高无形资产的使用效率，可以在无形资产投资占用一定的情况下，获得更多的营业收入，或者在营业收入一定的情况下，减少无形资产的占用。因此，在对无形资产进行控制时，应当提高无形资产的使用效率。

（五）避免和降低各种风险

无形资产投资是存在风险的，既包括市场风险，也包括企业特有的风险。此外，在无形资产控制中存在一些风险，如技术失密，专利意识、版权意识比较淡薄等，这些都有可能增加企业的经营风险和财务风险。在进行无形资产控制时，必须考虑到这些风险并尽可能地避免和降低这些风险。

二、无形资产控制的特点

（一）控制的根本目标是获取超额利润

无形资产最本质的特征——超额盈利性，决定了无形资产控制的根本目标是获取超额利润。所谓超额盈利性，是指无形资产使用能为企业带来超过一般企业的盈利水平。无形资产能够获得超额盈利，是无形资产价值存在的前提，反映了无形资产最本质的特征，这也决定了无形资产控制的出发点是获取超额利润。

（二）控制的首要前提是取得或保持无形资产的垄断性

所谓垄断性，是指由于企业独占某项无形资产而取得的获利优势。无形资产能够获得超额盈利，是由其垄断性带来的。垄断性越高，其获利能力越强、价值越大，这也决定了无形资产控制的首要前提是取得和保持无形资产的垄断性。

（三）控制对象的无形性

无形资产所体现的是一种权利或获得超额利润的能力，它没有实物形态，但具有价值。不具备实物形态是无形资产区别于其他资产的显著标志，这也意味着无形资产控制对象的无形性。

（四）控制的周期较长

由于无形资产能在多个生产经营期内使用，使企业长期受益，所以对无形资产控制的周期也较长。

（五）控制的难度较大

无形资产的经济价值在很大程度上受企业外部因素的影响，其预期的获利能力不能准确地加以确定。无形资产的取得成本不能代表其经济价值，一项取得成本较高的无形资产可能为企业带来较少的经济效益，而取得成本较低的无形资产也可能给企业带来较多的经济效益。因此无形资产能够给企业提供未来经济效益的多少具有较大的不确定性，这也就决定了无形资产控制的难度较大。

三、无形资产控制的原则

（一）成本效益原则

成本效益原则要求在进行无形资产控制时，必须考虑重要性原则，即要有目的、有重点、正确而精心地选择控制点，因为控制点太多则不经济，太少则失去了控制的有效性。

（二）从实际出发原则

由于各单位的实际情况千差万别，因此，无形资产控制还必须结合各单位的实际情况，因地制宜地建立和实施。单位的实际情况不同，其控制的重点也有所不同。只有建立在符合自身特点基础之上的控制制度和按照本单位实际情况实施的控制才是有效的，才能真正实现其目标。

（三）系统性原则

无形资产是一个系统，在这个系统中包括三个要素，即无形资产工作的主体、客体和主体借以工作的手段（条件）。无形资产工作的主体是无形资产工作人员，无形资产工作的客体是无形资产，无形资产工作人员工作的条件是工作手段（方法、工具和信息）。无形资产系统各要素相互联系、相互制约、相互作用，无形资产工作人员借助无形资产方法、工具，利用无形资产信息，作用于无形资产运动，以便促进无形资产系统沿着确定的目标和方向前进。所以，在进行无形资产控制时，必须遵循系统性原则，进行系统控制。

（四）内部牵制原则

内部牵制原则是指单位内部在部门与部门之间、员工与员工之间、岗位与岗位之间所建立的相互验证、相互监督、相互制约的关系。

内部牵制的主要特征是对有关责任进行分配，使单独的一个人或一个部门对任何一项或多项经济业务活动无完全的处理权，而必须经过其他部门和人员的查证、核对。从横向来看，至少要经过两个相互之间没有隶属关系的部门或岗位，使一个部门的工作或记录受另一个部门的工作或记录的牵制，借以相互制约，防止或尽早发现舞弊。显然，进行无形资产控制时必须遵循内部牵制原则。

（五）合法性原则

国家法律、法规是由国家有关机关制定的，它对单位的经济活动起强制性和指导性作用，所以在进行无形资产控制时必须遵循合法性原则。

四、无形资产管理的主要风险点

无形资产管理的主要风险表现在：技术落后/权属不清、使用效率低下，内含技术未能充分发挥，缺乏严格保密制度，泄露商业机密，处置不当，使用价值不能充分发挥，可能导致企业资源浪费/流失，或引发法律诉讼等风险。

无形资产管理的风险主要来源于因无形资产缺乏核心技术、权属不清、技术落后、存在重大技术安全隐患而可能导致企业发生法律纠纷、可持续发展能力不强。

根据无形资产的基本业务流程，无形资产管理的主要风险点主要包括以下几个方面。

（一）无形资产预算环节的主要风险点

1. 无形资产预算的业务流程（见图 16-12）

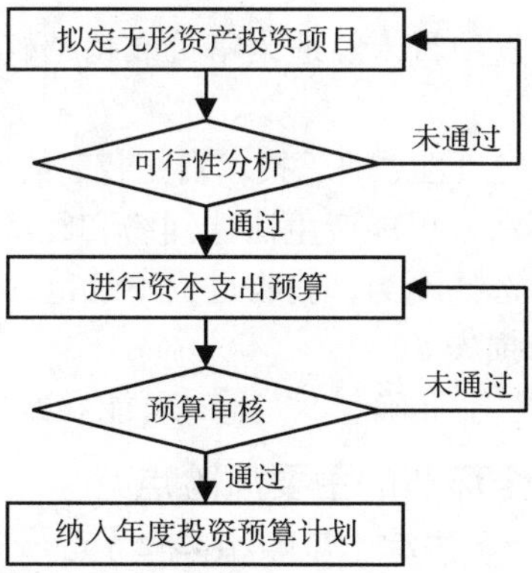

图 16-12　无形资产预算的业务流程

2. 无形资产预算的主要风险点

（1）投资预算未经规范而全面的可行性分析和集体审议，可能导致预算编制缺乏全面、有效的数据和信息支持的风险。

（2）投资预算未经适当审批或超越授权审批，可能由此产生重大差错、舞弊及欺诈行为而导致损失，或者因未进行资料的及时、规范的存档而导致资料丢失、遗漏等的风险。

（二）无形资产取得与验收环节的主要风险点

1. 无形资产取得与验收的业务流程（见图 16–13）

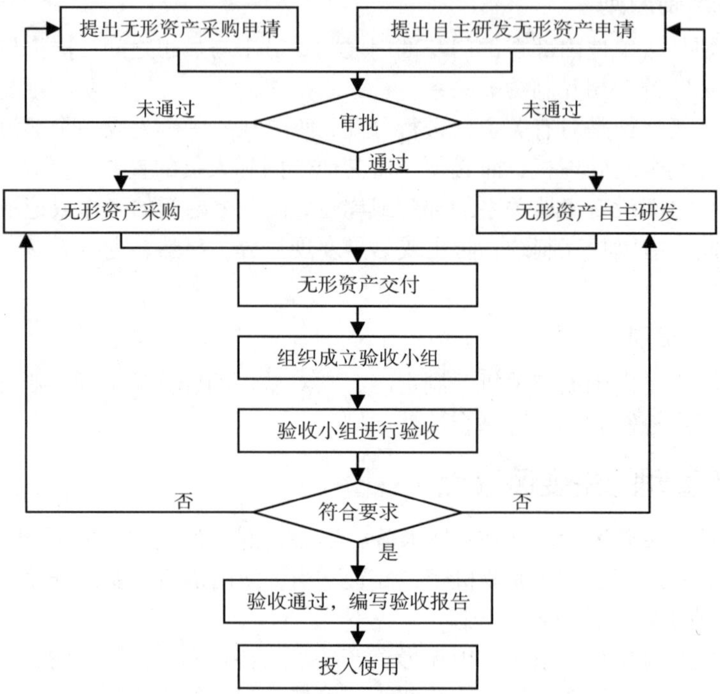

图 16-13 无形资产取得与验收的业务流程

2. 无形资产取得与验收的主要风险点

（1）无形资产采购申请不符合实际生产经营需要，采购申请不当，无形资产采购决策失误，可能造成资产损失或资源浪费。

（2）无形资产自主研究与开发项目未经适当审批或超越权限审批，可能导致研究与开发失败，造成投资损失和资源浪费。

（3）取得的无形资产不具有先进性、缺乏技术自主权、估价过高，可能导致企业资源浪费。

（4）取得的无形资产权属不清，可能产生法律纠纷和经济损失。

（5）无形资产验收小组成员选择不当，验收过程不规范，可能导致验收结果不准确，进而导致使用风险加大，并可能带来损失。

（6）无形资产的记录不及时、不准确、不完整，可能导致资产流失、信息失真、账实不符。

（三）无形资产使用与保全环节的主要风险点

1. 无形资产使用与保全的业务流程（见图 16–14）

2. 无形资产使用与保全的主要风险点

（1）缺乏严格的保密制度，保密工作不到位，可能造成无形资产被盗用、无形资产中的商业机密泄露、公司经济利益受到损失的风险。

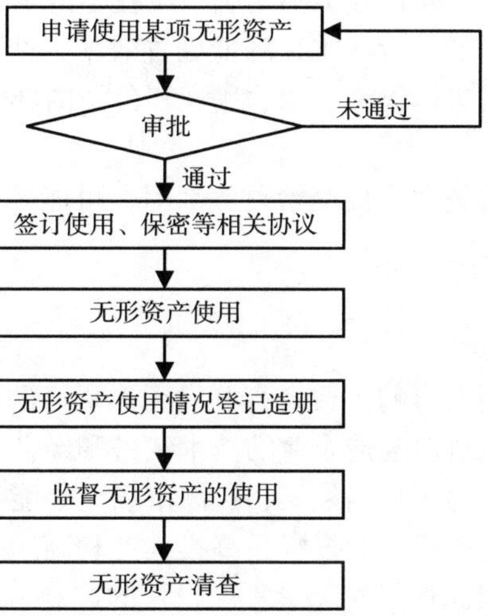

图 16-14　无形资产使用与保全的业务流程

（2）无形资产长期闲置或低效使用，失去其原来使用价值的风险。

（3）不能有效使用、保护无形资产，造成无形资产使用效益低下，效能发挥不到位，影响企业目标实现的风险。

（4）未及时对无形资产的使用情况进行检查、评估，可能导致无形资产内含的技术未能及时升级换代，进一步导致企业技术落后或存在重大技术安全隐患。

（5）由于商标等无形资产疏于管理，导致其他企业侵权，严重损害企业利益。

（四）无形资产处置环节的主要风险点

1. 无形资产处置的业务流程（见图 16–15）

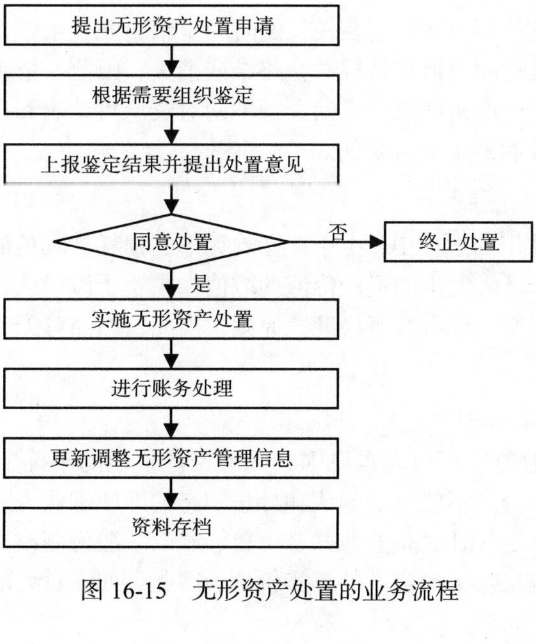

图 16-15　无形资产处置的业务流程

2. 无形资产处置的主要风险点

（1）无形资产处置不规范，职责分工不明确、流程不清晰，对处置业务没有引起足够重视而任意处置无形资产，可能增加处置成本，降低处置效率，造成企业资产损失。

（2）转让合同不符合合同法等国家法律、法规和公司内部规章制度的要求，可能引起法律诉讼。

（3）无形资产处置的相关凭证未提交给财务部门，可能导致账实不符。

五、无形资产控制的内容

（一）无形资产投资控制

无形资产投资是指企业用资金购买或自行开发无形资产的用资行为。随着经济和技术的迅猛发展，企业为了生存必须不断地改造企业的技术装备和经营方式，不断地以无形资产替代部分陈旧的有形资产；同时企业为了不断发展，提高市场竞争能力，必须以无形资产作为企业扩大再生产的重要方式。由于无形资产的投资是高投入性和高风险性的投资，一旦决策失误将给企业造成不可挽回的损失，因此加强对无形资产投资的控制，其意义不言而喻。

此外，在无形资产投资决策的过程中，对无形资产投资合法性的控制也是至关重要的。如果投资不合法，投资就是无效的，无形资产的投资目标也无法实现。对无形资产投资合法性的控制主要从投资主体的合法性、投资客体的合法性以及投资行为的合法性等方面入手。

（二）无形资产取得控制

企业取得无形资产主要有两个途径：一是企业自创；二是外部取得，包括政府赋予的某些特权、购入、吸收投入、债务重组取得、非货币性交换取得、接受赠予等。不同渠道取得的无形资产，其价值构成、确认和计量也有所区别。企业对取得的无形资产的正确确认和计量，既关系到资产的真实性，也关系到无形资产的价值摊销、处置、评估和企业损益，因此，加强对无形资产取得的控制，其意义十分重大。

（三）无形资产摊销控制

无形资产属于企业的长期资产，能在较长的时间里给企业带来效益。但无形资产通常也有一定的有效期限，它所具有的价值和特权总会终结或消失，因此，企业应将入账的无形资产在一定年限内摊销。无形资产摊销期限和摊销金额不同对资产负债表和利润表的影响不同，因此加强对无形资产摊销的控制是十分必要的。

（四）无形资产减值控制

企业的无形资产在使用的过程中，由于存在着无形的损耗和其他的经济原因，发生资产价值的减值是必然的。对于已经发生的资产价值的减值如果不予以确认，必将导致虚增资产的价值，这既还符合真实性原则，也有悖于稳健性原则。因此，加强对无形资产减值的控制是非常必要的。

（五）无形资产评估控制

企业资产的计价一般遵循历史成本原则。无形资产价值的不确定性和取得成本的不可分性，使得大量自创的无形资产不能得到确认和计量。有的即使确认入账，但计量的成本也不完整。当企业涉及资产拍卖、转让、企业兼并、出售、联营、股份制改造、合资、合作时，应该对无形资产进行评估，以反映无形资产的真实价值。因此，加强对无形资产评估的控制是特别必要的。

（六）无形资产处置控制

为了提高无形资产的使用效益，企业可以根据自己的需要依法处置所拥有的无形资产。无形资产的处置包括无形资产的转让、对外投资以及对外捐赠。其中，无形资产的转让有两种形式：一种是转让无形资产的所有权，另一种是转让无形资产的使用权。无形资产的处置既涉及无形资产的增减变动状况，也涉及无形资产的收益状况。因此，加强对无形资产处置的控制是极其必要的。

小知识　无形资产权属控制

（1）企业应当全面梳理外购、自行开发以及其他方式取得的各类无形资产的权属关系，加强无形资产权益保护，防范侵权行为和法律风险。这要求企业妥善保管好无形资产的权属证明，建立无形资产清册，实时监控和防范侵权行为，维护自身权益防范法律风险。

（2）企业应当对具有保密性质的无形资产，采取严格保密措施，严防泄露商业秘密。保护好商业秘密不被泄露至关重要，因为它是企业生存发展的关键资源。保护商业秘密的措施通常包括建立保密制度、资料密级标示、加强保密教育、签订保密合同、订立保密协议、加强保卫措施、限制外人参观生产技术过程、安装监控、派专人封存和保管有关资料等。

（3）企业应当对购入或者以支付土地出让金等方式取得的土地使用权，取得土地使用权有效证明文件。土地使用权的缺失可能给企业带来不利影响，因此必须加以关注。

小知识　品牌维护和提升控制

（1）企业应当重视品牌建设。许多企业已经认识到打造和提升品牌的社会认可度，对企业的生存和发展至关重要。企业应打造自己的核心品牌，才能带动企业持续发展。

（2）企业应当加强商誉管理。商誉越来越成为企业生存发展的条件，所以应创造企业在社会上的知名度。

（3）企业应当通过提供高质量产品和优质服务等多种方式，不断打造和培育主业品牌，切实维护和提升企业品牌的社会认可度。

小知识　无形资产的更新控制

（1）企业应当定期对专利、专有技术等无形资产的先进性进行评估，淘汰落后的技术，以确保专利/专有技术的先进性。

（2）企业应加大研究与开发投入力度，促进技术更新换代，不断提升自主创新能力，努力做到核心技术处于同行业领先水平。

六、无形资产管理的关键控制点

企业应当加强对品牌、商标、专利、专有技术、土地使用权等无形资产的管理，分类制定无形资产管理办法，落实无形资产管理责任制，促进无形资产有效利用，充分发挥无形资产对提升企业核心竞争力的作用。无形资产管理的关键控制点主要包括以下几个方面。

（一）岗位分工与授权审批控制点

（1）企业应当建立无形资产业务的岗位责任制，明确相关部门和岗位的职责、权限，确保办理无形资产业务的不相容职务分离、制约和监督。企业不得由同一部门或个人办理无形资产的全过程业务。

（2）企业应当配备合格的人员办理无形资产业务。办理无形资产业务的人员应当具备良好的职业道德和业务素质。

（3）企业应当建立无形资产业务的授权审批制度，明确授权审批的方式、程序和相关控制措施，规定审批人的权限、责任以及经办人的职责范围和工作要求。严禁未经授权的机构或人员办理无形资产业务。

（4）审批人应当根据无形资产业务授权审批制度的规定，在授权范围内进行审批，不得超越审批权限。经办人应当在职责范围内，按照审批人的批准意见办理无形资产业务。对于审批人超越授权范围审批的无形资产业务，经办人有权拒绝办理，并及时向审批人的上级授权部门报告。

（5）企业应当制定无形资产业务流程，明确无形资产的预算、取得与验收、使用与保全、处置等环节的控制要求，并设置相应的记录或凭证，如实记载各环节业务的开展情况，确保无形资产业务全过程得到有效控制。

（二）无形资产预算环节的关键控制点

企业编制的无形资产预算，应当符合企业发展战略。该环节的关键控制点包括：

（1）企业应根据无形资产的使用效果、生产经营发展目标等因素拟订无形资产投资项目，综合考虑无形资产投资方向、规模、资金成本、预计现金净流入等因素；对投资项目的可行性应该进行周密系统的分析和研究，编制无形资产投资预算，并按规定程序审批。

（2）对于投资额较大的专案，资本支出预算应有各分项投资预算额，以便日后对投资实际额的控制。

（3）重大的无形资产投资项目应该考虑聘请独立的中介机构或者专业人士进行可行性研究评价，并实行集体决策和审批，防止出现决策失误。

（三）无形资产取得与验收环节的关键控制点

无形资产的采购过程应当规范、透明。此环节的关键控制点包括：

（1）预算内无形资产投资项目应按照预算执行进度办理相关手续；超预算或预算外无形资产投资项目应由相关责任部门提出申请，经审批后再办理相关手续。

（2）企业对于外购的无形资产应当建立请购与审批制度，明确请购部门（或人员）和审批部门（或人员）的职责权限及相应的请购与审批程序。对于一般无形资产采购，应由采购部门充分了解和掌握产品及供应商情况，采取比质比价的办法确定供应商；对于重大的无形资产采购，应采取招标方式进行；对于非专有技术等具有非公开性的无形资产，还应注意采购过程中的保密保全措施。

（3）企业应当建立严格的无形资产交付使用验收制度，确保无形资产符合使用要求。无形资产交付验收应成立验收小组并由验收小组进行验收，验收小组一般由无形资产管理部门、使用部门、财务部门、法务部门、相关部门和技术专家组成。对外购无形资产，验收重点是应确保转让人具有无形资产的所有权，并按国家和行业规定及时办理相关权证的过户手续。验收时要查看有效证明文件，同时仔细审核合同协议等法律文件。全过程应有专业技术人员和法律顾问参加。对自行开发的无形资产，应由研究与开发部门、无形资产管理部门和使用部门共同验收，验收完毕后，应及时办理移交使用手续。企业购入或者以支付土地出让金方式取得的土地使用权，必须取得土地使用权的有效证明文件。企业对投资者投入、接受捐赠、债务重组、政府补助、企业合并、非货币性资产交换、外企业无偿划拨转入以及其他方式取得的无形资产均应办理相应的验收手续。

（4）对验收合格的无形资产应及时办理编号、建卡、调配等手续。对需要办理产权登记手续的无形资产，企业应及时到相关部门办理。

（四）无形资产使用与保全环节的关键控制点

企业应当加强无形资产日常管理工作，授权具体部门或人员负责无形资产的日常使用与保全管理，保证无形资产的安全与完整。此环节的关键控制点包括：

（1）企业应根据国家有关无形资产方面的管理制度，结合本企业的实际情况，制定本企业的《无形资产保密管理规定》，采取严格保密措施，严防泄露商业秘密。

（2）企业应对无形资产各种文件资料（尤其是资产、财务、会计等资料）妥善保管，避免记录受损、被盗、被毁的可能。重要资料不仅要留有纸质备份，还要有电子备份，以便在遭受意外损失或毁损时能得以重新恢复。

（3）企业应建立无形资产使用管理办法，当根据生产经营状况需要使用公司无形资产时，申请部门填写无形资产使用审批单，由资产管理部门、技术部门对申请提出审核建议，经分管领导审核签字后，上报总经理审批签字。申请部门获批可使用无形资产后，确定使用范围、指定责任人、规定保密措施，在使用期间内严格执行《无形资产保密管理规定》，特殊情况相关责任人在保密协议上签字确认。

（4）企业应根据无形资产性质确定无形资产保全范围和政策。保全范围和政策应当足以应对无形资产因各种原因发生损失的风险。企业应当限制未经授权人员直接接触技术资料等无形资产；对技术资料等无形资产的保管及接触应保有记录；对重要的无形资产应及时申请法律保护。

（5）企业应建立健全无形资产清查制度。无形资产管理部门、技术部门、与财务部门每年年末进行无形资产资料、使用状况的全面清查，对专利、专有技术等无形资产的先进性进行评估，淘汰落后技术，加大研究与开发投入，促进技术更新换代，不断提升自主创新能力，努力做到核心技术处于同行业领先水平。

（6）企业应重视品牌建设，加强商誉管理，通过提供高质量产品和优质服务等多种方式，不断地调整与创新，适应消费者的需要，使企业生产经营与市场和消费者的需要保持同步，切实维护和提升企业品牌的社会认可度。

（7）企业应加强无形资产权益保护，防范侵权行为和法律风险，通过法律手段确立无形资产的合法地位，主动配合执法部门整顿市场秩序，依法打假治劣，及时利用媒体揭露侵权行为。

（五）无形资产处置环节的关键控制点

（1）企业应建立无形资产处置的相关管理制度，明确无形资产处置的范围、标准、程序和审批权限等要求。无形资产的处置应由独立于无形资产管理部门和使用部门的其他部门或人员按照规定的权限和程序办理；应当选择合理的方式确定处置价格，并报经企业授权部门或人员审批；重大的无形资产处置，应当委托具有资质的中介机构进行资产评估，并采取集体审批制度。无形资产变更涉及产权变更的，应及时办理产权变更手续。

（2）对出租、出借的无形资产应由无形资产管理部门会同财务部门按规定报经批准后予以办理，并签订合同协议，特别应就出租出借期间的维护保全、税负责任、租金、归还期限、保护商业秘密等内容进行约定。

（3）对使用期满、正常报废的无形资产，应经企业授权部门或人员批准后，方可对该无形资产进行报废清理。对使用期未满、非正常报废的无形资产，在报废前除应经企业授权部门或人员批准外，还应在批准之前组织有关部门进行技术鉴定，同时审核使用部门提出的报废理由、估计清理费用和可回收残值、预计出售价值等。

（4）对拟出售或投资转出的无形资产，应由有关部门或人员提出处置申请，列明该项无形资产的原价、已提折旧、预计使用年限、已使用年限、预计出售价格或转让价格等，报经企业授权部门或人员批准后予以出售或转让。

（六）无形资产核算环节的关键控制点

（1）在企业内部统一无形资产的会计政策和会计科目，明确无形资产相关会计凭证、会计账簿和财务报告的处理程序与方法，遵循会计制度规定的各条核算原则。

（2）引进、外购取得的无形资产，所发生的费用应按规定列入无形资产成本。属于自行开发并依法申请取得的无形资产，其入账价值应按开发阶段符合资本化条件的支出，发生的注册费和聘请律师费等确定；研究阶段支出和不符合资本化条件的开发阶段支出，应于发生时确认为当期费用。各级财务部门会计人员建立无形资产账表，登记无形资产变动情况。

（3）无形资产的摊销按照企业内部会计制度及有关规定办理，并记入当期损益。财务部门负责人负责审核摊销数额是否正确。

（4）财务部门至少每半年对无形资产进行减值分析，需计提减值准备的，及时进行账务处理，减值准备数额上报财务部门会同有关部门审核，按规定权限审批后，财务部门按批复数对固定资产价值进行调整。

七、无形资产控制的方法

（一）预算控制法

为了明确企业无形资产投资的目标，企业可以编制无形资产投资预算来加强对无形资产投资的控制。无形资产投资预算是企业控制投资计划执行情况的重要依据，也是企业考核无形资产投资决策偏离程度的标准，一旦发现偏差可以及时进行修正。

无形资产投资预算可将无形资产投资计划安排、投资项目的现金流量、投资期限等纳入预算。各项投资预算的格式如表 16-16 所示。

表 16-16 无形资产投资预算

单位：万元

项目名称	项目来源	投资金额	投资年限	投资现值	受益年限 各年增加净现金流量					受益现值	净现值
专利权	外购	2	0	2	0.5	1	1.2	1.5	1.6	4.2	2.2
商标权	自制	0.5	0	0.5	0.3	0.3	0.3	0.3	0.3	1.14	0.637
专有技术	自制	1.2	2	2.29	0.5	0.7	0.8	1	1.2	3.06	0.771
计算机软件	自制	1	3	2.74	0.8	0.8	0.8	0.8	0.8	3.03	0.297

（二）风险控制法

为了降低无形资产的投资风险，企业在进行投资决策时，必须考虑到这些风险，并进行风险投资决策。考虑无形资产投资风险因素进行决策的方法很多，主要有两种：一种是期望净现值决策法；另一种是风险因素调整法。

1. 期望净现值决策法

期望净现值决策法是指以现金流量的期望值代替预测的单一值。通过比较各方案净现值的期望值来选择投资方案的方法。这种方法是风险投资决策过程中最简便的方法。

【例 16-18】 智董公司准备购买一项专利和一项商标使用权，假定它们分别是甲、乙两个方案，使用年限为 3 年，投资者要求的最低投资报酬率为 10%，预计这两个方案在不同情况下的现金流量情况如表 16-17 所示。如果采用期望决策法进行判断，该项目可行吗？

表 16-17　甲、乙方案现金流量

时间（年）	甲方案		乙方案	
	现金流量	概　率	现金流量	概　率
0	（5 000）	1	（3 000）	1
1	2 000	0.50	1 200	0.50
	3 000	0.30	1 800	0.30
	1 000	0.20	600	0.20
2	3 000	0.50	1 800	0.50
	4 000	0.30	2 400	0.30
	2 000	0.20	1 200	0.20
3	2 000	0.50	1 200	0.50
	2 500	0.30	1 500	0.30
	1 500	0.30	900	0.20

解：甲方案的期望净现值 E（NPV）为：

$$
\begin{aligned}
E(\text{NPV})_{甲}=&0.5\times(-5\,000+2\,000\times0.909+3\,000\times0.826+2\,000\times0.751)+0.3\times\\
&(-5\,000+3\,000\times0.909+4\,000\times0.826+2\,500\times0.751)+0.2\times\\
&(-5\,000+1\,000\times0.909+2\,000\times0.826+1\,500\times0.751)\\
=&1\,009.05
\end{aligned}
$$

$$
\begin{aligned}
E(\text{NPV})_{乙}=&0.5\times(-3\,000+1\,200\times0.909+1\,800\times0.826+1\,200\times0.751)+0.3\times\\
&(-3\,000+1\,800\times0.909+2\,400\times0.826+1\,500\times0.751)+0.2\times\\
&(-3\,000+600\times0.909+1\,200\times0.826+900\times0.751)\\
=&605.43
\end{aligned}
$$

通过计算可知，甲、乙两个方案的净现值均为正，这两个方案均可行。但如果这两个方案是互斥的，甲方案较好。

期望净现值法简单易行，也容易理解。但是，它没有对确定性投资决策做出理想的修正，因为它只考虑了期望值的大小，而没有考虑期望值的偏差及偏差分布，也就是说，没有考察投资风险对决策的影响及投资者对风险的态度。

2. 风险因素调整法

风险因素调整法是指先按照投资风险的大小对项目的现金流量或净现值进行调整，然后再运用确定性投资决策的方法对项目进行筛选。利用这种方法，投资者可以根据个人对风险的偏好程度，对项目的现金流量或净现值进行合理的调整，克服了期望净现值决策法的缺点。

（1）风险调整贴现率法。风险调整贴现率法的基本思路是对高风险的项目，采用较高的折现率计算净现值。

$$调整后净现值=\sum_{t=0}^{n}\frac{预期现金流量}{(1+风险调整折现率)}$$

风险调整折现率是风险项目应当满足投资人要求的报酬率。项目的风险越大，要求的投资报酬率越高。这种方法的理论依据是资本资产定价模型。

投资者要求的收益率=无风险报酬率+ β ×（市场平均报酬率−无风险报酬率）

资本资产定价模型是在有效的证券市场中建立的，实物资本市场不可能像证券市场有效，但是基本逻辑关系是一样的。因此，上面的公式可以改为：

项目要求的收益率=无风险报酬率+项目的 β ×（市场平均报酬率−无风险报酬率）

【例 16-19】 智董公司准备购买一项专利和一项商标使用权，假定它们分别是甲、乙两个方案，且是互斥的，预计这两个方案的现金流量情况如表 16-18 所示。当前的无风险报酬率为 4%，市场平均报酬率为 10%，甲方案的 β 值为 1.5，乙方案的 β 值为 0.5。如果采用风险调整贴现率法，哪个方案可行？

表 16-18　甲、乙方案现金流量

方　　案	0	1	2	3
甲	（5 000）	2 000	3 000	2 000
乙	（3 000）	1 200	1 800	1 200

解：甲方案的风险调整贴现率=4%+1.5×（10%−4%）=13%

乙方案的风险调整贴现率=4%+0.5×（10%−4%）=7%

调整前后，甲、乙两个方案的净现值计算过程如表 16-19 和表 16-20 所示。

表 16-19　甲方案风险调整前后的净现值计算

时间（年）	现金流量	现值系数（10%）	未调整现值	现值系数（13%）	调整后现值
0	−5 000	1.000	−5 000	1.000	−5 000
1	2 000	0.909	1 818	0.885	1 770
2	3 000	0.826	2 478	0.783	2 349
3	2 000	0.751	1 502	0.693	1 386
净现值			798		505

表 16-20　乙方案风险调整前后的净现值计算

时间（年）	现金流量	现值系数（10%）	未调整现值	现值系数（7%）	调整后现值
0	−3 000	1.000	−3 000	1.000	−3 000
1	1 200	0.909	1 090.8	0.935	1 122
2	1 800	0.826	1 486.8	0.873	1 571.4
3	1 200	0.751	901.2	0.816	979.2
净现值			478.8		672.6

通过计算可知，如果不进行折现率调整，甲方案较好；调整以后，却是乙方案较好。

（2）调整现金流量法。调整现金流量法（肯定当量法），是把不确定的现金流量调整为确定的现金流量，然后用无风险的报酬率作为折现率计算净现值。其公式如下：

$$风险调整后净现值=\sum_{t=0}^{n}\frac{\alpha t\times 现金流量期望值}{(1+无风险报酬率)}$$

式中：α_t是t年现金流量的肯定当量系数，它在0～1之间。

肯定当量系数，是指不肯定的一元现金流量期望值相当于使投资者满意的肯定的金额系数。利用肯定当量系数，可以把各年不肯定的现金流量换算成肯定的现金流量，或者说去掉了现金流中的风险部分，使之成为“安全”的现金流。去掉的部分包含了各种风险，既有特殊风险也有系统风险，既有经营风险也有财务风险，剩下的是无风险的现金流量。由于现金流中已经消除了全部风险，相应的折现率应当是无风险的报酬率。无风险的报酬率可以根据国库券的利率确定。

【例 16-20】　承例 16-19。如果采用调整现金流量法，哪个方案可行？

解：调整前后，甲、乙两个方案的净现值计算过程如表 16-21 和表 16-22 所示。

表 16-21　甲方案现金流量调整前后的净现值计算

时间（年）	现金流量	肯定当量系数	肯定现金流量	现值系数（4%）	未调整现值	调整后现值
0	−5 000	1	−5 000	1.000	−5 000	−5 000
1	2 000	0.95	1 900	0.962	1 818	1 827.8
2	3 000	0.85	2 550	0.925	2 478	2 358.75
3	2 000	0.75	1 500	0.889	1 502	1 333.5
净现值					798	520.05

表 16-22　乙方案现金流量调整前后的净现值计算

时间（年）	现金流量	肯定当量系数	肯定现金流量	现值系数（4%）	未调整现值	调整后现值
0	−3 000	1	−3 000	1.000	−3 000	−3 000
1	1 200	0.98	1 176	0.962	1 090.8	1 131.31
2	1 800	0.95	1 710	0.925	1 486.8	1 581.75
3	1 200	0.9	1 080	0.889	901.2	960.12
净现值					478.8	673.18

通过计算可知，调整前甲方案的净现值较大，调整后乙方案的净现值较大。如果不进行调整，就可能导致错误的判断。

调整现金流量法在理论上受到了好评。该方法对时间价值和风险价值分别进行调整，先调整风险，然后把肯定现金流量用无风险报酬率进行折现。对不同的现金流量，可以根据风险的差别使用不同的肯定当量系数进行调整。

（三）会计系统控制法

为了加强无形资产的核算和监督，有效地防止企业资产浪费、资产流失，提高企业资产的整体经营效益，企业可以通过设置无形资产会计系统来对企业无形资产进行控制。

1. 无形资产会计的原则

我国《企业会计准则》明确了财务会计核算的一般原则，这些原则同样适用于无形资产会计。此外，无形资产会计还应遵循以下原则。

（1）合法性原则。在不少情况下，无形资产的价值具有不确定性，因此，必须遵循有关法律法规，对取得的无形资产进行正确的确认和计价。例如，企业可能因为其经营管理有方、所处地理位置好、信誉度高等，能获得超过同类企业的利润，即该企业有了商誉，但若该企业继续经营，也不准备改制、改组，由于其商誉不可确知，就不能将其作为无形资产计价入账。如果该企业准备转让或合并，经过资产评估并被有关部门批准，资产评估总价值超过其账面净值的部分，就可以作为无形资产（商誉）入账。

（2）合规性原则。合规性原则是指无形资产的入账价值要符合现行会计准则、会计制度的规定。例如，同样是专利权、商标权，外购与自创的计价就不大相同，账面价值并不能真实地反映该项无形资产的价值。因为不能肯定自创（自制）无形资产将来能否成功，所以从财务会计的谨慎原则考虑，将其前期投入计入当期损益比较稳妥。即使以后成功了，如果所费不多（如自行设计的商标注册登记），不一定都要资本化，而可以全部作为费用列支，这样处理符合会计法规的规定。

（3）效益性原则。在实际中，不是任何无形资产都会给企业带来经济效益。例如，当企业拥有多项专利时，不一定都能在企业投入使用或转让出去，一旦过了法定的有效期，专利就不再“专有”了。因此，无形资产会计应只对实际发生了支出并且能够给企业带来经济效益的专利入账；否则，将其支出直接计入当期损益，而不作为无形资产入账。

2. 无形资产会计的核算内容

按无形资产会计事项的发生环节，无形资产会计的核算内容应该包括以下几方面。

（1）无形资产取得的会计处理。

1）购入的无形资产，按实际支付的价款作为实际成本。

2）投资者投入的无形资产，按投资各方确认的价值作为实际成本。但是，为首次发行股票而接受投资者投入的无形资产，应按该项无形资产在投资方的账面价值作为实际成本。

3）企业接受债务人以非现金资产抵偿债务方式取得的无形资产，或以应收债权换入无形资产的，按应收债权的账面价值加上应支付的相关税费作为实际成本。涉及补价的情况分别处理如下。

①收到补价的，按应收债权的账面价值减去补价，加上应支付的相关税费，作为实际成本。

②支付补价的，按应收债权的账面价值加上补价和应支付的相关税费，作为实际成本。

4）接受捐赠的无形资产，应按以下规定确定其实际成本。

①捐赠方提供了有关凭据的，按凭据上标明的金额加上应支付的相关税费，作为实际成本。

②捐赠方没有提供有关凭据的，按如下顺序确定其实际成本。

A. 同类或类似无形资产存在活跃市场的，按同类或类似无形资产的市场价格估计的金额，加上应支付的相关税费，作为实际成本。

B. 同类或类似无形资产不存在活跃市场的，按该接受捐赠的无形资产的预计未来现金流量现值，作为实际成本。

5）自行开发并依法按法律程序申请取得的无形资产，按依法取得时发生的注册费、聘请律师费等费用，作为无形资产的实际成本。

6）企业通过非货币性交易取得的无形资产，应根据换出资产的账面价值加上应支付的相关税费，作为无形资产的实际成本。涉及补价的情况分别处理如下。

①收到补价的，按换出资产账面价值减去补价，加上（或减去）应确认的收益（或损失）和应支付的相关税费，作为无形资产的实际成本。涉及其他科目的与不涉及补价的会计处理相同。

②支付补价的，按换出资产账面价值加上支付的补价和应支付的相关税费，作为无形资产的实际成本。涉及其他科目的与不涉及补价的会计处理相同。

（2）无形资产摊销的会计处理。

1）摊销费用的列支。现行会计制度规定无形资产应当自取得当月起在预计使用年限内分期平均摊销，计入当期损益，计入管理费用。

2）摊销年限的确定。无形资产摊销年限的确定一般依照法律的法定有效期限和有关受益年限确定。无形资产预计使用年限超过了相关合同规定的收益年限或法律规定的有效年限，该无形资产的摊销年限按如下原则确定。

①合同规定了受益年限，但法律没有规定有效年限的，摊销年限不应超过合同规定的受益年限。

②合同没有规定受益年限，但法律规定了有效年限的，摊销年限不应超过法律规定的有效年限。

③合同规定了受益年限，法律也规定了有效年限，摊销年限不应超过收益年限和有效年限两者之中的较短者。

如果合同没有规定受益年限，法律也没有规定有效年限，摊销年限不应超过10年。

3）摊销方法及公式。无形资产一般采用年限法进行摊销，无形资产摊销额的计算公式为：

$$无形资产的年摊销额=\frac{无形资产的原价}{企业使用年限}$$

$$无形资产的月摊销额=\frac{年摊销额}{12}$$

（3）无形资产减值的会计处理。企业应当定期或者至少于每年年度终了时，检查各项无形资产预计给企业带来未来经济利益的能力，对预计可收回金额低于其账面价值的，应当计提减值准备。由于无形资产技术、经济状况不同，无形资产的减值处理也不同。

1）当存在下列一项或若干项情况时，应当将该项无形资产的账面价值全部转入当期损益：

①某项无形资产已被其他新技术所替代，并且该项无形资产已无使用价值和转让价值。

②某项无形资产已超过法律保护期限，并且不能为企业带来未来经济利益。

③其他足以证明某项无形资产已经丧失了使用价值和转让价值的情形。

2）当存在下列一项或若干项情况时，应当计提无形资产减值准备：

①某项无形资产已经被其他新技术所替代，使其为企业创造经济利益的能力受到重大不利影响。

②某项无形资产的市价在当期大幅度下跌，并在剩余摊销年限内不会恢复。

③某项无形资产已超过法律保护期限，但仍然具有部分使用价值。

④其他足以证明某项无形资产实质上已经发生了减值的情形。

3）期末，企业所持有的无形资产的账面价值高于其可收回金额的，应按其差额确认为营业外支出；如已计提减值准备的无形资产价值又得以恢复，应在已计提减值准备的范围内转回。

（4）无形资产评估的会计处理。

1）无形资产转让时评估价值的会计处理。企业转让无形资产时，应按规定进行价值评估。例如，企业按评估价值转让无形资产，应将评估确认的价值与无形资产的账面余额扣除其已计提的减值准备的余额、应支付的相关税费后的差额，确认为企业的非常损益。

2）无形资产对外投资时评估价值的会计处理。企业以无形资产对外投资，应当进行价值评估。资产评估所引起的无形资产账面净值的增加，作为增加所有者权益处理；资产评估所引起的无形资产账面净值的减少，作为损失计入当期损益。同时，按照现行税法的规定，企业以无形资产对外投资，发生的资产评估增值，暂不计入应纳税所得额；只有在中途或到期转让、收回该项资产时，才将转让或收回该项投资所取得的收入与该项无形资产投出时原账面价值（非投资评估值）的差额计入应纳税所得额，依法缴纳企业所得税。

3. 无形资产会计的账簿设置

（1）设置无形资产账簿的意义。为了系统、连续地反映无形资产在企事业单位的投入、经营运用和所创效益的情况，应专门设置无形资产账簿。

1）通过登记无形资产账簿，把企业无形资产的各项经济业务按不同性质进行分类汇总，把分散的无形资产核算资料加以系统化，全面地提供有关无形资产的投入、产出、总括和明细的资料。

2）通过无形资产账簿的资料，正确计算各类无形资产的投资以及无形资产的价值形成、价值转移、价值增加的情况，为企业的无形资产经营管理、经营决策提供完整的数据资料。

3）通过无形资产账簿可以为编制无形资产报表提供翔实的基础资料。

4）通过无形资产账簿可以为无形资产的日常管理和监督提供资料。

5）通过设置无形资产账簿可以为考核分析无形资产的经营成果和评估无形资产的价值提供可靠的依据。

（2）无形资产账簿的种类。

1）总账。无形资产总账科目为无形资产和无形资产减值准备两个科目。

2）明细账。无形资产的二级明细账可以按各要素分类，分为专利权、非专利技术、商标权、著作权、土地使用权、特许权等。在二级明细账的基础上，可以根据需要再设置三级明细账。例如，在专利权明细账的基础上可设置专利所有权明细账、专利使用权明细账，在商标明细账的基础上可设置商标所有权明细账、商标使用权明细账等。

3）无形资产登记簿。无形资产登记簿按每一具体项目设置。无形资产明细账是从价值形态反映无形资产的详细状况，而无形资产登记簿是登记权益的取得、权益的扩展，反映无形资产形成发展的详细状况。

①专利权登记簿。反映单位拥有的每一专利所有权形成和发展的基本状况。

②商标权登记簿。反映单位拥有的每一商标所有权形成和发展的基本状况。

③无形资产使用权登记簿。反映从外部获得的无形资产使用权。

4）备查簿。备查簿起到对无形资产明细账和登记簿的补充作用，可根据无形资产管理要求的实际情况而设置。如果有将无形资产对外投资或许可使用的企业，应设置无形资产投资登记簿和无形资产许可登记簿。

4. 无形资产会计的报表编制

（1）现行财务报表中无形资产项目的填制。

1）资产负债表中无形资产会计信息披露。在资产负债表的“资产”方，专门有一项“无形资产”，既要反映“期末数”，又要列示“年初数”；“期末数”根据无形资产总账余额填列，“年初数”按该总账年初余额填列。

2）利润表中无形资产会计信息披露。无形资产会计信息在利润表中没有专门的项目直接反映，无形资产的增减变动、转让、摊销对企业损益的影响是通过“其他业务利润”“管理费用”“营业外支出”等项目间接反映出来的。

3）现金流量表中无形资产会计信息披露。在现金流量表的正表中，在“投资活动产生的现金流量”部分，在现金流入“处置固定资产、无形资产和其他长期资产而收到的现金净额”

项目中，包括转让无形资产取得的现金扣除相关税费后的余额；在现金流出“购建固定资产、无形资产和其他长期资产所支付的现金”项目中，有关无形资产的现金流入和流出，未能直接设置项目反映，但可以在有关项目间接反映，如“支付的其他与经营活动有关的现金”可以反映无形资产的价值摊销。

在现金流量表的“补充资料”（附表）中，在调整“净利润”的项目中，有一项“处置固定资产、无形资产和其他长期资产的损失（减：收益）”，因为这一事项不属于企业的经营活动，而是投资活动，因此，其所产生的损益应该调整“净利润”（损失时相加，收益时相减）。

（2）无形资产报表的编制。企业为了更详细、更直接地披露无形资产会计信息，可以单独设置无形资产增减明细表和无形资产收益明细表，作为主要会计报表的附表。

1）无形资产增减明细表的编制。无形资产增减明细表的格式如表 16-23 所示。

表 16-23　无形资产增减明细表

编制单位：智董公司　　　　年度　　　　单位：万元

项　目		专利权	商标权	非专利技术	著作权	土地使用权	其他	合计
期初余额								
本年增加	开发转入							
	外购所有权							
	外购使用权							
	投资者投入							
	评估增值							
	其他							
	小计							
本年减少	所有权转让							
	对外投资							
	价值摊销							
	其他							
	小计							
期末余额								

2）无形资产收益明细表的编制。无形资产收益明细表的格式如表 16-24 所示。

表 16-24　无形资产收益明细表

编制单位：智董公司　　　　年度　　　　单位：万元

项　目	专利权	商标权	非专利技术	著作权	土地使用权	其他	合计
收入							
所有权转让							
许可收入							
特许收入							
收入总额							
减：税金							
减：成本费用							
资产摊销费							

续表

项目	专利权	商标权	非专利技术	著作权	土地使用权	其他	合计
广告费							
奖金							
差旅费							
无形资产营业利润							
加：对外投资利润							
无形资产创利总额							

（四）指标体系控制法

为了全面地反映和评价企业无形资产的使用状况及经营成果，实现无形资产保值增值的目的，企业可以通过设置无形资产指标体系来对企业无形资产进行控制。

1．无形资产指标体系设置的要求

（1）既要反映无形资产的劳动消耗，又要反映无形资产创造的效益。

（2）既要有反映实物数量多少的指标，又要有反映无形资产价值高低的指标。

（3）既要有单项指标，又要有综合指标。

（4）既要有绝对数量指标，又要有相对数量指标。

（5）既要有总量指标，又要有人均指标。

（6）既要有数量指标，又要有质量指标。

（7）既要体现全面性和综合性，又要突出重点，避免一般化。

（8）既要反映取得的最佳经济效益，又要反映存在的问题。

2．无形资产指标体系设置的原则

（1）科学性原则。无形资产指标体系是要反映无形资产的占有、使用、投资、转让、投入、产出的最佳表现方式。指标间的相互联系、相互作用要能揭示无形资产的整体情况。

（2）客观性原则。无形资产指标体系的设置的客观性体现在指标本身要能反映无形资产的真实情况和实现程度。指标体系的设计要合理，要能全面、充分地反映无形资产的状况。

（3）系统性原则。对无形资产描述的系统性原则要求指标的建立应是一个完整的体系，指标体系的各个部分之间应是有机联系的，各指标间的数据关系要尽可能客观地反映企业无形资产的实际情况。

（4）整体性原则。指标的总体应能反映无形资产的整体水平，而不是部分水平。因此，指标的选择应具有整体性及广泛性。

（5）可比性原则。指标与指标之间要具有可比性，纵向方面要能进行历史性的比较，横向方面要能与国内外同行业先进企业的指标进行比较。

（6）可操作性原则。指标的选择与指标体系的设计，要符合我国的客观情况，要从我国的实际情况出发，要与现有的会计、统计及相关资料相一致，切实可行，便于分析。

3．无形资产指标体系

无形资产指标体系的设置要反映四个方面的内容：无形资产拥有量及结构；无形资产投资耗费及比重；无形资产运营能力；无形资产经济效益。

（1）无形资产拥有量及结构指标。

1）无形资产拥有总量。无形资产拥有总量指标是指从实物角度反映的企业拥有无形资产的总量。该指标的计算公式如下：

$$无形资产拥有总量=\sum_{t=1}^{n}(各种无形资产数量)_t$$

或者：

$$无形资产拥有总量=专利权总数+专有技术总数+商标权总数+著作权总数+计算机软件总数+土地使用权总数+其他无形资产总数$$

其中：

$$专利权总数=\sum_{t=1}^{n}(发明专利权)_t+\sum_{t=1}^{n}(实用型专利权)_t+\sum_{t=1}^{n}(外观设计专利权)_t$$

$$商标权总数=\sum_{t=1}^{n}(商品商标)_t+\sum_{t=1}^{n}(服务商标)_t$$

$$专有技术总数=\sum_{t=1}^{n}(生产用专有技术)_t+\sum_{t=1}^{n}(管理用专有技术)_t+\sum_{t=1}^{n}(销售用专有技术)_t$$

该指标反映无形资产的总体规模，指标计算简单，通俗易懂，但种类不同的无形资产相加并不能说明太多问题，所以还需要借助价值量指标。

2）无形资产价值总额。无形资产价值总额是指以货币形态将企业拥有的无形资产的价值总量予以反映的一种指标。该指标的计算公式如下：

$$无形资产价值总额=\sum_{t=1}^{n}(各种无形资产)_t$$

或者：

$$无形资产价值总额=专利权价值总额+专有技术价值总额+商标权价值总额+计算机软件价值总额+土地使用权价值总额+特许权价值总额+其他无形资产价值总额$$

其中：

$$专利权价值总额=\sum_{t=1}^{n}(各种专利权价值)_t$$

$$商标权价值总额=\sum_{t=1}^{n}(各种商标价值)_t$$

$$专有技术价值总额=\sum_{t=1}^{n}(各种专有技术价值)_t$$

无形资产价值指标将不同种类的无形资产用统一的价值指标衡量，从价值角度说明了无形资产总体水平和规模，更具说服力。但是该指标在我国现阶段使用的不足之处是，按现行财务制度反映的无形资产的价值信息并不全面，仅以会计账面资料反映无形资产的信息是微不足道的，因此还需依据社会中介机构评估价值，必要时还可以采用企业自评的无形资产价值相加计算，以全面、充分地揭示无形资产价值总量。

3）无形资产结构指标。无形资产结构指标包括无形资产占总资产比重及无形资产内部各类比重，反映企业资产的无形化程度。

$$无形资产占总资产比重=\frac{无形资产价值总额}{资产总额}\times100\%$$

$$某项无形资产占无形资产总额比重=\frac{某项无形资产价值}{无形资产价值总额}\times100\%$$

（2）无形资产投资耗费及比重指标。无形资产投资和发展不是从价值角度反映企业在一定时期对无形资产投资耗费的资金总额或投资比重。该指标包括两类：一类是反映无形资产耗费总额的指标；另一类是反映无形资产投资所占比重的结构指标。

1）无形资产投资耗费总额指标。其计算公式如下：

$$无形资产投资耗费总额=\sum_{t=1}^{n}(各类无形资产投资耗费总额)_t$$

或者：

无形资产投资耗费总额=专利权投资耗费总额+专有技术投资耗费总额+商标权投资耗费总额+计算机软件投资耗费总额+土地使用权投资耗费总额+特许权投资耗费总额+其他无形资产投资耗费总额

其中：

专利权投资耗费总额=外购专利权投资总额+自制专利权开发费用总额

专有技术投资耗费总额=外购专有技术投资耗费总额+自制专有技术投资总额

商标权投资耗费总额=外购商标权投资耗费总额+自行开发商标投资耗费总额

计算机软件投资耗费总额=自制计算机软件投资耗费总额+外购计算机软件投资耗费总额

无形资产投资耗费总额指标，主要反映的是无形资产投资支出的总体水平和无形资产在使用过程中发生的各项成本耗费，如专利权维护费用、专有技术改进费用、商标权广告宣传费用、无形资产摊销费用等。在这些数据中，有的可以从会计账簿中直接取得，有的需要借助账簿原始资料分析取得。

2）无形资产投资比重指标。无形资产投资比重指标是体现无形资产投资状况和投资结构的指标。它主要包括两类：

①无形资产与其他资产之比。

$$无形资产占总资产投资总额比重=\frac{无形资产投资总额}{投资总额}\times100\%$$

$$无形资产与固定资产投资之比=\frac{无形资产投资总额}{固定资产投资总额}\times100\%$$

$$无形资产与流动资产投资之比=\frac{无形资产投资总额}{流动资产投资总额}\times100\%$$

$$无形资产与其他资产投资之比=\frac{无形资产投资总额}{其他资产投资总额}\times100\%$$

②无形资产内部各类所占比重。

$$专利权占无形资产比重=\frac{专利权投资金额}{无形资产投资总额}\times100\%$$

$$商标权占无形资产比重=\frac{商标权投资金额}{无形资产投资总额}\times100\%$$

$$专有技术占无形资产比重=\frac{专有技术投资金额}{无形资产投资总额}\times100\%$$

$$土地使用权投资占无形资产比重=\frac{土地使用权投资金额}{无形资产投资总额}\times100\%$$

$$计算机软件投资占无形资产比重=\frac{计算机软件投资金额}{无形资产投资总额}\times100\%$$

（3）无形资产运营能力指标。无形资产运营能力反映的是无形资产私用对企业实现收入所做的贡献，以考核无形资产使用效果。无形资产运营能力指标是通过无形资产周转率体现的。该指标一方面反映以较小的无形资产投入，获得较多的营业收入；另一方面反映由于周转速度的加快，在无形资产投资占用一定的情况下而增加的营业收入，或在营业收入不变的情况下而减少的无形资产占用。计算公式如下：

$$无形资产周转率（周转次数）=\frac{营业收入}{无形资产平均占用额}$$

$$无形资产平均周转期=\frac{360天}{无形资产周转率}$$

（4）无形资产经济效益指标。无形资产经济效益指标反映无形资产使用、转让、投资为企业获得的盈利状况。无形资产经济效益指标是体现其使用效果的综合性指标。无形资产经济效益指标按照表现的内容不同分为三类。

1）无形资产收入指标。无形资产收入指标反映无形资产经营实现的各种收入。

无形资产收入总额=无形资产转让收入+无形资产许可收入+无形资产特许收入

其中：

专利权收入额=专利权转让收入+专利权许可收入

商标权收入额=商标权转让收入+商标权许可收入

土地使用权转让收入=$\sum$土地转让金

2）无形资产利润指标。无形资产利润指标说明的是无形资产经营实现的利润总额，包括：

自用无形资产实现利润=无形资产使用后实现利润总额−无形资产使用前实现利润总额

无形资产转让利润=无形资产转让收入−应交税费−无形资产成本费用

无形资产净投资利润=无形资产对外投资利润−无形资产投资损失

无形资产利润总额=自用无形资产实现利润+无形资产转让利润+无形资产投资净利润

3）无形资产利润率指标。无形资产利润率指标是将无形资产实现利润分别与无形资产投资额、无形资产成本费用、实现收入进行对比形成的比率指标。无形资产利润率指标有利于比较不同投资规模的获利水平。

$$无形资产投资利润率=\frac{无形资产实现利润总额\times(1-所得税税率)}{无形资产投资总额}\times100\%$$

$$无形资产收入利润率=\frac{无形资产实现利润总额}{无形资产收入总额}\times100\%$$

4. 无形资产使用状况及经营成果评价指标

无形资产评价指标是考核主体对企业无形资产经营状况及经营成果进行评价使用的经济指标。无形资产评价指标包括考核企业无形资产政策执行情况的指标、考核投资者权益保护状况的指标和考核企业无形资产计划执行情况的指标。无形资产评价的具体指标有如下几个。

（1）无形资产增减变动指标。

$$无形资产增加总额=\sum_{t=1}^{n}(本期各种无形资产价值增加额)_t$$

$$无形资产减少总额=\sum_{t=1}^{n}(本期各种无形资产价值减少额)_t$$

$$无形资产增减率=\frac{期末无形资产的价值-期初无形资产的价值}{期初无形资产的价值}\times 100\%$$

$$无形资产报废率=\frac{期末报废的无形资产价值}{期初无形资产价值}\times 100\%$$

$$无形资产流失率=\frac{因管理不善造成流失的无形资产价值}{期初无形资产价值}\times 100\%$$

该指标能够很好地体现无形资产价值变动情况，有利于考核企业年内正常增减价值金额和非正常减值，特别是无形资产流失率指标能说明无形资产流失情况，反映企业在无形资产管理中存在的问题。

（2）无形资产使用效率评价指标。

$$无形资产周转率（周转次数）=\frac{营业收入}{无形资产平均占用额}$$

$$无形资产平均周转期=\frac{360天}{无形资产周转率}$$

（3）无形资产保值增值率评价指标。

一般来讲，无形资产保值增值率指标如下：

$$无形资产保值增值率=\frac{期末无形资产净值}{期初无形资产净值}\times 100\%$$

如果考虑到通货膨胀的话，可以将无形资产保值增值率指标用一般物价指数进行调整，结果如下：

$$无形资产保值增值率=\frac{期末无形资产净值}{期初无形资产净值（1+通货膨胀率）}\times 100\%$$

在使用该指标时，应注意把那些导致无形资产增值的非正常因素剔除，以客观地反映无形资产价值水平。应剔除的因素包括：追加投资额增加的无形资产价值；接受捐赠取得的无形资产价值；清产核资或资产重估引起的无形资产价值增加；正常报废的无形资产价值；产权变动引起的无形资产价值调整。

（4）无形资产经济效益评价指标。

$$无形资产投资利润率=\frac{无形资产实现利润总额\times(1-所得税税率)}{无形资产投资总额}\times 100\%$$

5. 无形资产使用状况及经营成果评价标准

无形资产评价标准是用于检验或评价企业无形资产使用状况及经营成果合理性和先进性程度的标准。科学地确定无形资产评价标准，对考核企业无形资产是十分必要的。无形资产评价标准可以采用计划指标评价标准、历史指标评价标准、同行业先进指标评价标准。

（1）计划指标评价标准。计划指标反映企业无形资产使用状况和经营成果在计划期内应达到的目标。上述所有无形资产评价指标都可以根据企业的具体情况确定计划目标水平。将无形资产实际使用状况及经营成果与计划指标对比，可以考核企业计划指标完成情况，揭示实际完成情况与计划指标之间的偏差，并找出发生偏差的原因。

（2）历史指标评价标准。历史指标是将基期水平、上年同期水平、历史最好水平作为评价企业无形资产使用状况及经营成果的标准。将无形资产的实际指标与历史指标对比，可以观察无形资产发展变化的方向和趋势，预见无形资产未来发展状况。

（3）同行业先进指标评价标准。同行业先进指标是将本部门、本地区、全国，甚至全世界同行业先进水平作为评价企业无形资产的标准。将企业无形资产实际指标与同行业先进指标进行对比，可以发现本企业无形资产使用状况及经营成果与先进水平之间存在的差距，以便采取措施，赶超先进水平。

对企业无形资产评价要根据不同的评价目的选择评价标准。当评价企业无形资产计划执行情况时，可选择计划指标评价标准；当评价企业无形资产发展趋势时，可选择历史指标评价标准；当评价企业无形资产与先进水平存在的差距时，可选择同行业先进指标评价标准。

6. 无形资产使用状况及经营成果评价方法

无形资产评价方法是评价企业无形资产使用状况及经营成果时采用的具体方法，一般包括差额法、百分比法和指数法。

（1）差额法是说明某指标比基期（上年实际或历史最好水平）增长或下降情况的评价方法。差额就是将报告期实际水平与基期实际水平对比后的差额。差额为正，表示增长额；差额为负，表示减少额。

（2）百分比法，又叫增减百分率法，是反映某指标增减幅度的评价方法。百分比是增减额与基期水平之比。若百分比为正，表示增长幅度；若百分比为负，表示减少幅度。

（3）指数法是表明某指标在不同时期变动情况的相对数评价方法。指数的计算是各期数值与基期数值之比。按选择基期不同，可以分为定基指数和环比指数。定基指数是将某指标各期数值与固定基期对比；环比指数是将各期数值与上期对比。

小知识　　**其他资产控制**

1. 其他资产控制的特点

（1）对一些长期资产的控制权是相对的。例如，对于被银行冻结的财产和涉及诉讼的财产，企业的控制权就是相对的，受到国家有关法律法规的约束。

（2）控制的周期较长。

（3）控制的金额是明确的。

（4）控制的风险较小。

2. 其他资产控制的内容

（1）租入固定资产改良支出控制。企业采用经营租赁方式从其他单位租入的固定资产，所有权属于出租人，承租企业依合同享有使用权。如果企业对租入的固定资产进行改良，由于租入的固定资产的所有权不属于企业，因此，发生的改良支出只能作为待摊销的费用处理。待摊期限在租赁期或改良工程的有效使用期两者孰短的期限内摊销。如果摊销期限超过一年的，作为长期待摊费用处理。

（2）固定资产大修理支出控制。对固定资产大修理发生的费用采取待摊方式核算的，发生的固定资产大修理支出应在大修理间隔期内平均摊销。如果摊销期限超过一年的，作为长期待摊费用处理。

（3）股票发行费用控制。股票发行费用是指与股票发行直接有关的费用（股票按面值发行时发生的费用，或股票溢价不足以支付的费用），一般包括股票承销费、注册会计师费（包括审计、验资、盈利预测等费用）、评估费、律师费、公关及广告费、印刷费及其他直接费用等。

（4）其他长期资产控制。其他长期资产一般包括国家批准储备的特种物资、银行冻结存款以及临时设施和涉及诉讼中的财产等。其他长期资产可以根据资产的性质及特点单独设置相关科目核算。

3. 其他资产控制的目标

（1）保证资产的真实性。由于会计核算对长期待摊费用的规定比较"刻板"，一些经营性或投资性的失败由于具有确认长期待摊费用所需要的条件，成为企业暂时掩盖或者冲淡损失的"隐蔽所"。因此，长期待摊费用成为企业继存货、应收款项以外的又一个隐藏亏损和包装利润的工具。所以在进行长期待摊费用控制时，应该保证资产的真实性。

（2）保证资产的安全性。对于国家批准储备的特种物质、银行冻结存款以及临时设施和涉及诉讼中的财产等，应该保证其安全性。

（3）保证资产核算的一致性。由于长期待摊费用是按照会计期间原则，将本期支付但其影响涉及以后多个期间的费用分别在多个期间作为费用摊销的，摊销期限和摊销方法不同，对资产负债表和利润表的影响不同，因此为了保证会计信息的可比性，应该保证其他资产核算的一致性。

4. 其他资产控制的原则

（1）不相容职务相分离原则。虽然在其他资产控制中这一原则并不如在收入等控制中的重要性明显，但是在其他资产控制过程中，按照不相容职务相分离原则来设置岗位、划分人员责任，则有利于更好地控制企业其他资产，保证企业资产的安全与完整，防止舞弊行为发生。

（2）成本效益原则。对其他资产的控制应该严格遵守成本效益原则，以合理控制成本达到最佳的控制效果。

（3）合理性原则。对其他资产的控制应该遵循合理性原则，要确保其他资产的数量金额能满足企业经营活动的需要。

5. 其他资产控制的方法

（1）行为控制法。对其他资产的控制涉及相关岗位人员，实行适当的行为授权与行为约束，形成有效的监督机制，防止舞弊等各种损害企业利益的行为。

（2）财产保全控制法。财产保全控制法要求企业限制未经授权的人员对财产的直接接触，采取定期盘点、财产记录、财产核对、财产保险等措施，确保各种财产的安全与完整。对于其他资产中的国家批准储备的特种物质可以采用财产保全控制。

（3）会计系统控制法。为了加强其他资产的核算和监督，有效地防止企业资产浪费、资产流失，提高企业资产的整体经营效益，企业可以通过设置其他资产会计系统来对企业其他资产进行控制。

对于长期待摊费用应当单独核算，在费用项目的受益期限内分期平均摊销：大修理支出采用待摊方式的，应当将发生的大修理支出在下一次大修理前平均摊销；租入固定资产改良支出应当在租赁期限与预计可使用年限两者孰短的期限内平均摊销；其他长期待摊费用应当在受益期限内平均摊销。

股份有限公司委托其他单位发行股票支付的手续费或佣金等相关费用，减去股票发行冻结期间的利息收入后的余额，从发行股票的溢价中不够抵销的，或者无溢价的，若金额较小的，直接计入当期损益；若金额较大的，可作为长期待摊费用，在不超过两年的期限内摊销，计入损益。除购置和建造固定资产外，所有筹建期间所发生的费用，先在长期待摊费用中归集，待企业开始生产经营当月起一次性计入开始生产经营当期的损益。如果长期待摊的费用项目不能使以后会计期间受益，应当将尚未摊销的该项目的摊余价值全部转入当期损益。

企业还可以编制长期待摊费用增减明细表来加强对长期待摊费用的控制。长期待摊费用增减明细表的格式如表16-25所示。

表 16-25　长期待摊费用增减明细表

项　　目	年 初 数	本年增加数	本年减少数	本年摊销	年 末 数
租入固定资产改良支出					
固定资产大修理支出					
股票发行费用支出					

以上只介绍了其他资产控制的一些主要方法，与资产控制有关的其他方法，如不相容职务相分离控制法、授权审批控制法等都可以在其他资产控制中应用。

法律依据

内部控制应用指引第 8 号——资产管理

第一章　总　则

第一条　为了提高资产使用效能，保证资产安全，根据有关法律法规和《内部控制基本规范》，制定本指引。

第二条　本指引所称资产，是指企业拥有或控制的存货、固定资产和无形资产。

第三条　企业资产管理至少应当关注下列风险：

（一）存货积压或短缺，可能导致流动资金占用过量、存货价值贬损或生产中断。

（二）固定资产更新改造不够、使用效能低下、维护不当、产能过剩，可能导致企业缺乏竞争力、资产价值贬损、安全事故频发或资源浪费。

（三）无形资产缺乏核心技术、权属不清、技术落后、存在重大技术安全隐患，可能导致企业法律纠纷、缺乏可持续发展能力。

第四条　企业应当加强各项资产管理，全面梳理资产管理流程，及时发现资产管理中的薄弱环节，切实采取有效措施加以改进，并关注资产减值迹象，合理确认资产减值损失，不断提高企业资产管理水平。

企业应当重视和加强各项资产的投保工作，采用招标等方式确定保险人，降低资产损失风险，防范资产投保舞弊。

第二章　存　货

第五条　企业应当采用先进的存货管理技术和方法，规范存货管理流程，明确存货取得、验收入库、原料加工、仓储保管、领用发出、盘点处置等环节的管理要求，充分利用信息系统，强化会计、出入库等相关记录，确保存货管理全过程的风险得到有效控制。

第六条　企业应当建立存货管理岗位责任制，明确内部相关部门和岗位的职责权限，切实做到不相容职务分离、制约和监督。

企业内部除存货管理、监督部门及仓储人员外，其他部门和人员接触存货，应当经过相关部门特别授权。

第七条　企业应当重视存货验收工作，规范存货验收程序和方法，对入库存货的数量、质量、技术规格等方面进行查验，验收无误方可入库。

外购存货的验收，应当重点关注合同、发票等原始单据与存货的数量、质量、规格等核对一致。涉及技术含量较高的货物，必要时可委托具有检验资质的机构或聘请外部专家协助验收。

自制存货的验收，应当重点关注产品质量，通过检验合格的半成品、产成品才能办理入库手续，不合格品应及时查明原因、落实责任、报告处理。

其他方式取得存货的验收，应当重点关注存货来源、质量状况、实际价值是否符合有关合同或协议的约定。

第八条 企业应当建立存货保管制度，定期对存货进行检查，重点关注下列事项：

（一）存货在不同仓库之间流动时应当办理出入库手续。

（二）应当按仓储物资所要求的储存条件储存，并健全防火、防洪、防盗、防潮、防病虫害和防变质等管理规范。

（三）加强生产现场的材料、周转材料、半成品等物资的管理，防止浪费、被盗和流失。

（四）对代管、代销、暂存、受托加工的存货，应单独存放和记录，避免与本单位存货混淆。

（五）结合企业实际情况，加强存货的保险投保，保证存货安全，合理降低存货意外损失风险。

第九条 企业应当明确存货发出和领用的审批权限，大批存货、贵重商品或危险品的发出应当实行特别授权。仓储部门应当根据经审批的销售（出库）通知单发出货物。

第十条 企业仓储部门应当详细记录存货入库、出库及库存情况，做到存货记录与实际库存相符，并定期与财会部门、物资保管部门进行核对。

第十一条 企业应当根据各种存货采购间隔期和当前库存，综合考虑企业生产经营计划、市场供求等因素，充分利用信息系统，合理确定存货采购日期和数量，确保存货处于最佳库存状态。

第十二条 企业应当建立存货盘点清查制度，结合本企业实际情况确定盘点周期、盘点流程等相关内容，核查存货数量，及时发现存货减值迹象。企业至少应当于每年年度终了开展全面盘点清查，盘点清查结果应当形成书面报告。

盘点清查中发现的存货盘盈、盘亏、毁损、闲置以及需要报废的存货，应当查明原因、落实并追究责任，按照规定权限批准后处置。

第三章 固定资产

第十三条 企业应当加强房屋建筑物、机器设备等各类固定资产的管理，重视固定资产维护和更新改造，不断提升固定资产的使用效能，积极促进固定资产处于良好运行状态。

第十四条 企业应当制定固定资产目录，对每项固定资产进行编号，按照单项资产建立固定资产卡片，详细记录各项固定资产的来源、验收、使用地点、责任单位和责任人、运转、维修、改造、折旧、盘点等相关内容。

企业应当严格执行固定资产日常维修和大修理计划，定期对固定资产进行维护保养，切实消除安全隐患。

企业应当强化对生产线等关键设备运转的监控，严格操作流程，实行岗前培训和岗位许可制度，确保设备安全运转。

第十五条 企业应当根据发展战略，充分利用国家有关自主创新政策，加大技改投入，不断促进固定资产技术升级，淘汰落后设备，切实做到保持本企业固定资产技术的先进性和企业发展的可持续性。

第十六条 企业应当严格执行固定资产投保政策，对应投保的固定资产项目按规定程序进行审批，及时办理投保手续。

第十七条 企业应当规范固定资产抵押管理，确定固定资产抵押程序和审批权限等。

企业将固定资产用作抵押的，应由相关部门提出申请，经企业授权部门或人员批准后，由资产管理部门办理抵押手续。

企业应当加强对接收的抵押资产的管理，编制专门的资产目录，合理评估抵押资产的价值。

第十八条　企业应当建立固定资产清查制度，至少每年进行全面清查。对固定资产清查中发现的问题，应当查明原因，追究责任，妥善处理。

企业应当加强固定资产处置的控制，关注固定资产处置中的关联交易和处置定价，防范资产流失。

第四章　无形资产

第十九条　企业应当加强对品牌、商标、专利、专有技术、土地使用权等无形资产的管理，分类制定无形资产管理办法，落实无形资产管理责任制，促进无形资产有效利用，充分发挥无形资产对提升企业核心竞争力的作用。

第二十条　企业应当全面梳理外购、自行开发以及其他方式取得的各类无形资产的权属关系，加强无形资产权益保护，防范侵权行为和法律风险。无形资产具有保密性质的，应当采取严格保密措施，严防泄露商业秘密。

企业购入或者以支付土地出让金等方式取得的土地使用权，应当取得土地使用权有效证明文件。

第二十一条　企业应当定期对专利、专有技术等无形资产的先进性进行评估，淘汰落后技术，加大研发投入，促进技术更新换代，不断提升自主创新能力，努力做到核心技术处于同行业领先水平。

第二十二条　企业应当重视品牌建设，加强商誉管理，通过提供高质量产品和优质服务等多种方式，不断打造和培育主业品牌，切实维护和提升企业品牌的社会认可度。

第十七章 负债方面的内部控制

第一节 综合知识

一、负债控制的目标

（一）保证年度合理的负债规模和负债结构

企业在负债融资前，要进行利弊分析，实行负债融资业务预算和审批控制，把企业的负债规模和负债结构控制在合理的范围内。董事会应事前授权财务部门经理编制年度负债融资预算，财务部门经理根据预算期可能发生的经营活动和投资活动，对预算期的负债融资规模和结构进行估算，然后编制年度融资预算，再交由董事会审批。董事会在接到财务部门经理提交的筹资预算后，应聘请法律顾问和财务顾问共同对该融资预算的合理性进行审核，从而达到有效控制负债规模和负债结构的目的。

（二）降低负债融资成本和风险

负债融资是企业的两大融资渠道之一，负债融资成本是企业资金成本的重要组成部分。企业资金成本由负债融资成本和股权融资成本通过加权平均计算而求得。在股权融资成本确定的情况下，资金成本的高低就取决于负债融资成本的高低。因此，降低负债融资成本对降低企业资金成本具有至关重要的作用。负债融资成本的高低主要受到负债规模、负债结构和单项负债成本的影响，因此，企业可以通过控制负债规模、负债结构和单项负债的融资成本来达到降低负债融资成本的目的。

负债融资的风险直接表现为还本付息的困难。负债融资的风险一方面受负债规模、负债结构的影响，另一方面受企业经营业绩的影响。企业应当根据自身的经营业绩状况来合理控制负债的规模和结构，以降低负债融资的风险。

（三）保证利息的正确计提和还本付息的适时性

获取利息是债权人进行投资的主要目的之一。而适当及时地支付利息是企业维系与债权人良好关系的一个重要因素。企业负债控制首先要将利息在税前和税后的列支范围以及资本化与非资本化的范围划清。其次，要保证利息计算符合相关规定，防止多付或少付利息，定期核对利息支付清单和开出支票总额，保证已支付的利息确认为债权人所得，防止利息被贪污。另外，为了维系与债权人的良好关系，企业还应当严格履行负债合同，按期偿还负债本金。如果确因财务状况不佳而无法按期还本付息的，企业应及时知会债权人，取得债权人的谅解，进而实行债务重组。

（四）保证负债业务是在法律允许的范围内进行

企业负债融资，从小的范围来讲，涉及债权人的资金和利益，从大的范围来讲，涉及整个社会的资金和利益。由此可见，负债融资具有很强的法律约束性，企业必须在这种法律约束条件下开展负债融资。因此，负债控制必须保证企业的各项负债业务是在法律允许的范围内进行的，不能超越法律的约束来开展负债融资。

二、负债控制的特点

（一）负债的到期偿还性，决定企业要控制负债到期日

负债一般都有确切的债权人和到期日。只要是企业现时负有的债务，企业就必须在将来特定的或可确定的到期日通过支付现金、转交资产或提供劳务去履行这些已发生的或已承诺负担的责任。若是以现金偿还的债务，企业必须在债务到期前的一段时间内就需准备足量的现金，否则债权人就有要求企业破产清算的权利。所以，若企业没有对负债的到期日结构进行有效的控制，往往会在当初急需用钱时匆忙借款，忽视了借款期限的长短以及到期日的安排。若无意间正好把几笔借款的到期日都挤到了一块，将来这些长短期债务同时到期时，若债权人又不允许债务展期，那么，债务企业将陷入极其被动的局面。

因此，企业从持续经营的角度考虑，就要重视对借入资金的期限结构的控制，即对负债到期日进行合理安排。做到对不同期限的借入资金分配合理，长、短期借款偿还时间搭配得当，以达到保持每年还款相对均衡，避免还款过于集中的控制目的。

（二）负债的还本付息性，决定企业要控制负债规模

还本付息的特性使得负债经营可以发挥财务杠杆作用，增加企业的潜在收益。按现行制度规定，利息费用可直接记入“财务费用”账户，并从当期税前收益中抵扣，起到了少缴所得税的作用，所以当企业投资报酬率大于借款利息率时，若借入资本所占企业全部资本的比重越大，利息支出成本就越大，企业可获节税利益就越大，这就是财务杠杆的作用。如果企业能将负债比率控制在合理区间内，就能利用这一特征增加企业的价值。但如果企业不能对负债进行有效控制，导致企业负债规模过大，这时负债还本付息的特征非但不能增加企业的价值，反而会给企业带来财务风险，使企业步入经营困境。

（三）负债的多样性，决定企业要控制负债结构

随着改革的深入，我国企业举债的方式已由过去的单一向银行借款，发展到可多渠道筹集资金。例如，向银行借款，这仍然是企业借款的主渠道，但由于银行是我国进行宏观调控的主战场，银行贷款既要受资金头寸的限制，又有贷款额度的制约，双向钳制，所以贷款难度较大。如果抽紧银根，最先遭受到调控的就是那些借债大户。向资金市场拆借，一般使用时间不长而且资金成本较高。向社会公开发行债券，虽然可收集到数额较大的资金，但债券到期一定要按期偿还，否则就会带来很大的风险。短期融资还可使用商业信用，它是当今商品经济较为发达的国家普遍采用的一种融资方式，堪称“零成本”筹资方式，但需要有健全的经济法规和良好的商业道德。

虽然企业负债方式已多样化，但并不是每种负债筹资方式都适合自己的实际情况。一个企业的负债结构，既取决于企业的外部融资环境，也取决于自身的情况。因此，企业就要根据举债额度、自身的举债能力，合理掌握负债经营方式和资金类别。企业若借入资金的使用期限短，不能还本付息的风险就大；若使用期限长，风险就小，但资金成本又高。因此，若企业举债能力强，可以以中短期负债为主，以降低资本成本；若企业举债能力弱，还是应以中、长期负债

为主，以降低企业的资金短缺成本。

（四）企业所处的内外部经济环境，决定其控制负债风险的松紧程度

从企业的外部经济环境看，国家政策及法律环境的制约、投资环境的好坏、货币利率走势、市场竞争程度、所处行业的风险水平以及税赋等因素都会影响到企业对其负债风险的容忍程度。例如，当银行利率下调或较低时，利用负债资金盈利的机会增加，可适当提高负债比；行业内竞争激烈，导致平均利润降低，高额负债会使企业担负沉重的债务利息而面临高风险；处于高负债行业的企业自然负债率较高，如房地产开发公司；由于税盾效应，所得税税率较高的公司增加负债额可能更为有利。

从企业的内部经济环境看，管理阶层对风险的倾向性、企业所处的发展阶段等因素都会影响企业对负债风险控制的松紧程度。保守的企业管理层倾向于低负债融资，以降低公司风险，他们一般对负债风险控制很严，偏好于一种稳妥求进的发展思维。已度过快速发展期，进入到平稳发展期的企业通常选择此种模式，因为产品趋于成熟化，企业现金流比较充裕，不需要负债经营增加企业支付利息的负担；勇于冒风险的企业经理层则倾向于较高的负债融资水平以求得更高的利润回报，经理层对负债风险控制较为宽松。这类企业或许处于快速发展期，它们有很好的投资机遇，但苦于没有足量的自有资金运作，故寄希望于负债筹资。还有一些则是处于衰亡期的企业，经营活动运转不畅，为了生存只能借新债还旧债，最后背负着沉重的债务直至破产清算。

（五）负债的现实负债与或有负债两种形式，决定负债控制的重点不同

现实负债是指企业过去的交易、事项形成的现时义务，履行该义务预期会导致经济利益流出企业。或有负债是指过去的交易或事项形成的潜在义务，其存在须通过未来不确定事项的发生或不发生予以证实；或过去的交易或事项形成的现时义务，履行该义务很可能导致经济利益流出企业或该义务的金额不能可靠地计量。或有负债（如企业的对外担保等）最终是否构成企业的真正负债，还要看未来不确定事项是否发生或金额是否能够可靠地计量。基于这种情况，企业对负债进行财务控制也要区分现实负债和或有负债，分别确定它们的控制重点。对现实负债应重点控制它们的规模和结构；而对或有负债应重点控制它们发生的可能性，以及一旦发生，企业的风险预警系统和风险分担体系的有效性。

三、负债控制的原则

（一）成本效益原则

成本效益原则要求各单位在实施举债活动之前，必须对借款效益的可行性进行分析。对资金的需要量，即短期和长期资金需求量进行预测；认真思考资金的用途或资金的投资方向及其将要产生的经济效益，即筹资是为了投资；审慎分析决策筹资的方式和渠道等。作为举债活动的主要执行者，会计机构和会计人员应该树立理性筹资理念，关注企业对借款效益的可行性分析，从而发挥其应有的会计控制作用。此外，在建立负债控制制度时，应注意制度的严密性、协调性、适度性与简便性。制度具体内容要严谨、完善、可靠、稳妥、紧凑衔接，不至于发生任何疏忽、遗漏及失控，也不会给不法分子以可乘之机，也不能给不忠于职守的人员以推卸责任的机会。制度体系应相互协调一致，绝不能顾此失彼、自相矛盾，既要有制约作用，又要有协调机制，有助于整体功能的发挥。控制要适度，过严会使管理过程失去生机，影响职工积极性的发挥；过宽又会引起运行机制失调，达不到控制目的。任何制度都要有利于管理者和职工群众的理解和执行，因此要简明扼要，方便易行，讲究实效；还要考虑重要性原则，即要有目

的、有重点、正确而精心地选择控制点，因为控制点太多则不经济，太少则会失去负债控制制度的有效性；同时，还要注意节省负债控制中的各种费用，在保证负债控制有效性的前提下，尽量精简机构和人员，改进控制方法和手段，减少烦琐的程序和手续，简化书面作业和避免重复劳动，提高单位的工作效率，节约费用。

（二）适用性原则

负债控制制度必须符合管理者的需要，对其经营管理有用。负债控制制度是确实可行的规定，是管理者的控制工具。设计制度时既要考虑到国家的要求，更要考虑到单位经营的特点与内外环境的实际情况。由于各单位的经营目标和具体任务不同，各单位规模大小、人员结构、技术设备、经营方式不同，其制度的结构、层次、内容也不相同，绝不能生搬硬套、盲目采用，要因地制宜地进行设计。既要注意制度的健全，又要抓住控制的重点；既要注意手续的完备，又要注意程序的简化。

（三）内部牵制原则

负债控制制度应当保证单位内部涉及负债会计工作的机构、岗位的合理设置及其职责权限的合理划分。坚持不相容职务分离，确保不同的机构和岗位之间的权责分明、相互制约、相互监督。会计机构和会计人员应当关注或者监督整个举债活动是否存在业务分工，即借款业务事项的审批人员、经办人员、记账人员等职责权限是否明确，授权、批准、决策、执行等程序是否明确，做到相互分离、相互制约。被授权者按照授权和批准的要求处理业务，执行业务的过程自始至终有书面记录，对于结果做书面说明。通常，在一个企业中借款业务的职责可做如下划分：主管财务的副总裁提出借款方案，交由董事会批准，并负责全部借款活动；财务部门具体实施方案，并负责会计记录。

（四）适应性原则

适应性原则是指负债控制应随着外部环境的变化、单位业务职能的调整和管理要求的提高不断修订和完善。

负债控制制度的建立和修订应该具有前瞻性，同时必须随着国家法律法规、政策制度等外部环境的变化，以及单位业务职能的调整、管理要求的提高而改进。

（五）可容性原则

负债控制制度不仅要体现公认的管理原则，而为单位外系统所接受；而且要体现一致性原则，即单位内部同类业务在不同部门、不同年度的处理要彼此一致和先后一贯；更重要的，负债控制制度的基本结构要保留相当的弹性，以增加其可容度。单位内的负债控制制度，虽然会因外部经济环境变动和内部业务改变而得到适时的修正，但不能经常改变其基本结构框架，而破坏负债控制制度的稳定性和连续性，只能在最初设计时要充分地留有余地，以便适应未来的修订和补充。

（六）信息化原则

负债控制总是和信息直接相关的，正因为要获取正确信息和有效信息，才进行必要的控制。负债控制制度需要保证产生正确信息、信息畅通、信息反馈与利用。设计负债控制制度应充分使用信息方法，揭示单位系统的共同属性及系统活动的规律性，提高系统的可靠性，调整人的行为以充分发挥人的主观能动性。

（七）合法性原则

在设计负债控制制度时，一定要以党和国家的各项方针、政策、法规、制度为依据，不得违法处理，以免遭受法律制裁。例如，按照我国《刑法》规定：在招股说明书、认股书、公司、企业债券募集办法中隐瞒重要事实，或者编造重大虚假内容发行股票或者公司、企业债券，发行数额巨大、后果严重或者有其他严重情节的，处 5 年以下有期徒刑或者拘役，并处或者单处非法募集资金金额 1%以上、5%以下罚款。单位犯此款罪的，对单位判处罚金，并对直接负责的主管人员和其他直接责任人员，处 5 年以下有期徒刑或者拘役。具体来讲，在债券发行公告中，应真实地披露债券发行授权、本期债券简况、本期债券发行的有关机构、发行人简介、发起人最近 3 年的财务数据、募集资金的运用、风险因素及对策等内容。各单位要严格执行负债控制的相关法律法规。当然，由于各单位的实际情况千差万别，不可能在全国范围内存在一个固定不变的、统一的负债控制制度模式，因此必须结合单位的实际情况因地制宜地建立和实施负债控制制度，不断加强负债控制制度的权威性和约束力。

四、负债控制的方法

（一）对企业负债活动的不相容职务分离控制

运用不相容职务分离方法对企业负债活动进行财务控制，具体包括以下几个方面：

（1）授权进行负债经济业务的职务与执行负债业务的职务要分离。

（2）执行负债业务的职务与记录负债业务的职务要分离。

（3）执行负债业务的职务与审核负债业务的职务要分离。

1. 对应付账款的不相容职务分离控制

应付账款的记录必须由独立于请购、采购、验收、付款的职员来进行，以保证采购环节中的控制得到有效实施，防止错误和欺诈行为的发生。

每月月末来自供应商的对账单必须同应付账款明细账余额相核对。这项工作应由财务部门经理或由其授权的、独立于应付账款明细记录的职员来办理。任何差异都应该予以稽查。若稽查结果表明本企业无会计上的记账错误，则必须及时与债权人联系，以便调整差异。

2. 对负债筹资的不相容职务分离控制

企业运用债券筹资，必须委托证券公司进行债券发行。

在债券发行过程中，债券发行、收款记录职务必须分离。若企业通过向商业银行借款进行负债融资，那么企业中对银行借款合同的审批、收款、记录这三个职务必须分离。

3. 对担保的不相容职务分离控制

担保业务应适当分离的职务主要包括如下几种。

（1）受理担保业务申请的人员不能同时是负责最后核准担保业务的人员。担保标准和条件必须同时获得业务管理部门和专门分析被担保人信用情况的部门的批准。

（2）负责调查了解被担保业务经营与财务状况的人员必须同审批担保业务的人员相分离。

（3）拟定担保合同的人员不能同时担任担保合同的复核工作。

（4）担保责任的记账人员不能同时成为担保合同的核实人员。

（5）担保合同的订立人员不能同时负责履行担保责任垫付款项的支付工作。

（6）审核履行担保责任垫付款项的人员应同付款人员分离。

（7）记录垫付款项的人员不能同时担任付款业务。

（8）审核履行担保责任、支付垫付款项的人员必须同负责从被担保机构或企业收回垫付款项的人员分离。

（二）目标控制法

运用目标控制法对企业负债活动进行财务控制，就是企业根据不同的层次，制定明确而具体的负债控制目标，并一级一级地将负债控制的总目标分解到组织的各个单位。同时，特定主体还要对其执行过程和结果实行监督和检查，进而进行负债控制好坏的信息反馈和调节。

例如，企业在做来年的筹资计划时，必须对企业的负债规模、负债结构、资本结构等制定一个明确的总目标。制定总目标后再安排具体应有多少资金需要负债筹集，多少资金需要股权筹集，需要筹集多少长期负债，又有多少属于可临时筹集的流动负债等分目标。企业一般会在综合考虑以下因素后，制定来年的负债结构总目标。

（1）销售状况。如果企业销售稳定增长，则能提供稳定的现金流量，用于偿还到期债务。反之，如果企业销售处于萎缩状态或者波动的幅度比较大，大量借入短期债务就要承担较大风险。因此，销售稳定增长的企业，可以较多地利用短期负债，而销售大幅度波动的企业，应少利用短期负债。

（2）资产结构。资产结构对负债结构会产生重要影响。一般而言，长期资产比重较大的企业应少利用短期负债，多利用长期负债或发行股票筹资；反之，流动资产所占比重较大的企业，则可更多地利用流动负债来筹集资金。

（3）行业特点。各行业的经营特点不同，企业负债结构存在较大的差异。利用流动负债筹集的资金主要用于存货和应收账款，这两项流动资产的占用水平主要取决于企业所处的行业。

（4）企业规模。企业规模对企业负债结构有重要影响，在金融市场较发达的国家，大企业的流动负债较少，小企业的流动负债较多。大企业因其规模大、信誉好，可以采用发行债券的方式，在金融市场上以较低的成本筹集长期资金，因此利用流动负债较少。

（5）利率状况。当长期负债的利率和短期负债的利率相差较少时，企业一般较多地利用长期负债，较少使用流动负债；反之，当长期负债利率远远高于短期负债利率时，则会使企业较多地利用流动负债，以便降低资金成本。

（三）对企业负债活动的授权控制

对企业负债活动的授权可分为常规授权和特别授权两种。对企业应付账款这类一般性经济业务活动，采用常规授权即可；但对企业对外借款筹资、对外担保等特殊性的经济业务活动，则必须通过特别授权才能执行。

1. 对负债筹资的特别授权控制

负债筹资业务虽然在大多数企业中发生的次数较少，但其一旦发生后对企业的财务状况就有很大影响，因此，在负债筹资业务发生前，对其进行有效的控制，往往被认为是一个重要的环节。董事会在事先应批准授权一名负责筹资业务的高级管理人员（通常是财务部门经理），对他所负的责任予以明确。财务部门经理应在经营活动中预算所需的债务资金，并编制负债筹资计划。若负债筹资计划是由财务部门经理授权其他人员拟定的，他必须对最后的审定负责。负债筹资计划最后必须提呈董事会审核。董事会在接到负债筹资计划后，应聘请法律顾问和财务顾问共同审核该项负债筹资活动使未来净收益增加的可能性及其筹资方式的合理性。如果认为负债筹资必要并且计划可行，董事会应授权财务部门经理策划具体的负债筹资业务细节，如拟定债券合同条款及其他准备向证券交易委员会呈报的有关文件，确定债券的面值、利率及利息发放日期等。在具体细节确定后，董事会须加以逐项详细审核。审核的结果应予以书面文件记录，这是控制程序手续上的需要，也有利于对负债筹资计划和实施细则的修改，而且董事会的决议是应向证券交易委员会必须呈报的文件之一。

企业通过发行债券或向银行借款筹集到资金后，为了保证按时偿还利息，企业应授权专门人员负责利息的计算工作。若受息人较少，负责利息支出业务的职员，根据票据面值和利息计算应付的利息，在得到其他职员的复核和被授权人审核批准后，即可支付利息，其控制程序与其他现金付款相同；若受息人较多，企业则可以授权委托代理机构对外偿付利息。另外，企业为了保证债权人的利益，提高自身的信用等级，确保企业在利息支付日有足够的偿还能力，一般都会设有偿债基金，并授权制定专门职员，根据债券发行的信托合同及借款合同，逐期计算应提存的偿债基金，并填制付款凭证，交财务部门经理审核签字。

在企业的不同级别的单位中，设置不同金额的负债活动权限，从而在总量和质量上对企业的负债活动进行有效控制。例如，在集团公司中，母公司对子公司资金加以集中管理之后，可以对子公司的贷款项目进行授权，即子公司有权制定一定金额以下的贷款项目计划。同时，母公司应建立、健全子公司对外贷款的立项、审批、控制和检查制度，并重视对贷款项目的跟踪管理，以规范子公司的贷款行为。对子公司的授权管理原则是，对授权范围内的行为给予充分信任；对授权范围外的行为不予认可。授权通知书除子公司持有外，还应下达公司相关部门，据以对需授权的业务严格执行。例如，集团公司为了控制集团或有负债的规模，可制定对外担保借款的统一上收制度。集团下属企业不得对外借款和担保，这就从源头上堵住了地方政府对下属企业可能的行政干涉。若确因业务需要对外单位进行担保，必须报集团总经理办公会议讨论通过。

2. 对担保的特别授权控制

（1）在担保业务发生之前，担保业务经正当审批。

（2）非经正当审批，不得签订担保合同。

（3）担保责任、担保标准、担保条件等必须经过审批。

（4）为被担保人履行债务支付垫付款项必须经过审批。

另外，担保人或企业还应建立担保限额审批制度。担保人或企业对符合条件的单个担保项目在总量控制的前提下，依据被担保人资信状况及担保风险的大小、数额和性质确定单笔担保金额的授权审批权限，确定总经理和担保部门经理在审批权限上的授权关系。

对于下列情况之一的特殊担保项目实行集体审批制度，由担保人和企业董事会或管理委员会集体审批：同一担保项目累计担保金额超过限额的；单笔担保金额超过审批限额的；暂不符合担保条件或特殊的担保项目。

（四）对企业负债活动的文件记录控制

文件记录包括管理文件和会计记录。运用文件记录控制法对企业负债进行控制，即经过会计信息系统的确认、计量、记录、报告这四个基本程序，用货币语言对企业负债活动实施会计核算和监督。

1. 对应付账款的文件记录控制

企业财务部门在对应付账款实施入账确认时，必须在取得和审核各种必要的凭证以后才能进行。这些凭证主要是供应商的发票，以及为核对发票正确性的其他凭证。例如，请购部门的请购单、收货部门的收获报告单、购货部门的订购单以及借项通知单等。负责应付账款的职员必须审核这些原始凭证是否齐全、日期和货物内容是否一致、有无授权人的核准签字、发票的折扣是否与订购单要求一致，并且验算它们之间的数量、价格、加总合计是否正确，审核后应签字表示这一控制过程已完成。

企业财务部门在对应付账款确认后，必须分别设置应付账款的总账和明细账进行会计记录。总账根据汇总的应付凭单登记，明细账分别由债权人根据发票登记。每月月末总账和明细账总额应该相等，以防止过账中发生错误。对于有预付货款的交易，企业在收到供应商发票后，应将应付金额冲抵部分发票金额后记录应付账款。对于享有折扣的交易，良好的控制制度要求将供应商发票金额扣去折扣金额的净额来登记应付账款，以防日后有人在付款时贪污折扣。

2. 对负债筹资的文件记录控制

为有效控制发行在外的债券，发行记名公司债券的企业应在债券存根簿上记载债券持有人的姓名或名称及住所、债券持有人取得债券的日期、债券编号、债券总额、债券的票面金额、债券的利率、债券还本付息的期限和方式、债券发行日期；发行无记名债券的公司应当在债券存根簿上记载总额、利率、偿还期限和方式、发行日期和债券编号。

在登记利息账户前，记账员必须详细审核代理机构交来的利息，然后才能入账。若有未领利息的，且当地法令规定它们必须上缴政府时，这部分利息也应作为公司费用的减少，但是在账上记录时，对它们应单独列示，并应受到财务部门经理严格的控制，以防止发生冒领。

（五）对企业负债活动的资产与记录保护控制

运用资产与记录保护控制法对企业负债活动进行控制，主要是指针对如企业未发行或已回收的企业债券、企业担保合同等有关重要的资产和文件记录，明确其可以接触或接近的人员及其职责范围，限制其他人员接触或接近。

以对企业债券的保管控制为例。由于债券在法律上代表了债权人对企业资产所拥有的权利，同时由于其具有较强的流动性，所以应视同现金进行保管。

对于已经核准且已印刷好但尚未发行的公司债券，应当委托独立的机构代为保管。这是限制性接触控制最为有效的办法，不仅可以避免企业内部人员有机会接触债券，而且由于独立的银行或信托公司有专门的保管设备和接触控制程序，从而使债券的保存更为安全。

如果自行保管未发行的公司债券，应指定专人存放于保险箱中保管，并详细记录债券簿。保管人不能同时负责债券的发行、现金的收入和账簿记录工作。对该部分债券未交独立发行机构发行之前，其他授权职员不得签字。内部审计人员必须定期清点在库的债券，清点记录应同债券登记簿相核对。

对到期收回的债券，必须于归还本金的同时戳盖作废或注销的记号。在该类债券全部收回后，由财务部门经理、内部审计人员、债券保管人等组成的小组，应按顺序号清点所有债券，在确认无缺号债券或对缺号债券的原因做调查后，填写包括债券名称、数量、编号、面值、焚毁日期等内容的焚毁证书，并当场焚毁所有债券，防止其被不合法地再次使用。

（六）对企业负债活动的独立稽核控制

为保证企业处于安全的资本结构范畴内，避免企业因为对负债总额的失控而走上破产清算的道路，企业会授权有关部门的独立人员验证与复核参与负债活动人员或部门执行工作的正确性，这就是独立稽核控制。通过这种财务控制方式，企业可以及时发现已发生但尚未造成影响或损失的错误和舞弊，发挥财务内部控制的预警作用。

1. 对负债筹资的独立稽核控制

若企业通过发行企业债券筹资，因为交款清单和银行收款通知是由发行债券的证券公司转给企业的财务部门的，而应付债券明细账则是企业的证券部门填列的，所以为确保企业债券发行数量与金额的准确性，企业可授权委托独立于双方的第三人如财务部门经理对交款清单、应付债券明细账和银行收款通知金额是否一致进行核对。但若企业是通过向银行借款筹集资金的，企业则需授权独立第三人核对银行收款通知和借款合同金额是否一致。

企业在计算并支付每期应给债权人支付的利息和本金时，还必须由偿债基金计算和支票填制人以外的职员，定期核对银行或信托公司偿债基金的对账单和公司偿债基金账余额。内部审计人员应定期检查偿债基金提取的正确性及所签发支票收款人是否为指定的受托人。

2. 对担保的内部独立稽查控制

（1）内部稽核控制。担保部门应定期对担保部门进行稽查，稽查人员既不参与对被担保人的检查与评估，也不参加担保部门的日常担保工作。

（2）担保业务报告控制。担保部门应定期将担保业务运作情况向董事会或管理委员会报告，报告采取书面总结与当面陈述相结合的形式。报告内容主要包括被担保人信用状况，担保债务种类、金额、期限及使用情况和担保措施等。

（3）离职审计控制。担保项目审批人员在调离原工作岗位时，由监事会会同审计机构对其履行现职情况进行审计。审计存在问题的，依责任轻重由有关部门依照规定追究责任。

第二节　内控措施

一、负债规模的控制

（一）负债规模控制的必要性

1. 负债规模过大，往往是发生财务危机的主要原因

当企业经营状况欠佳时，就可能出现投资利润率小于借款利息率的情况，这时负债比例越大，亏损就越大，亏损到一定程度将导致企业破产。

2. 负债规模过大，还将影响企业再融资功能和信誉

企业负债规模过大，必然使权益资本投入过小。作为债权人，总希望借给企业的每一元钱有更多的权益资本做保证。当企业负债超过一定限度时，则不能为债权人所接受，因为债权人会感到其债券投资风险大，不安全。由此，债权人将做提前收回贷款、转移债权或不再提供贷款的决策，这时企业不光资金短缺，而且后续贷款也难，不仅影响企业的信誉，更主要的是将影响企业的再融资功能。

3. 负债过度，将危及权益资本的安全，动摇投资者对经营者的信任

企业负债过度，不仅增大了财务风险，而且影响到权益资本的稳定收益，危及权益资本的安全性，动摇了投资者对经营者的信任，纷纷抛售股票，导致企业根基摇摇欲坠。

所以，经营者应权衡利弊得失，既要考虑负债经营的收益性，又要考虑负债经营的风险性，审时度势，采用适度的负债战略，把风险降至最低。

（二）负债规模控制的措施

为了避免因为负债规模过大给企业生产经营带来的负面影响，企业一旦确定应进行的负债经营后，就要正确把握负债的量与度。企业的息税前资金利润应高于借款利息率，这是企业负债经营的先决条件。如果计算出的利息高于息税前资金利润率，就不能举债，只能用增资的方法筹资，并且应努力减少现有债务，避免财务杠杆的反作用，否则就会使企业陷入财务困境。

目前，我国统一的负债率指标虽然不存在，但对具体企业来说存在着最优负债率。国家也应根据经济发展状况，按行业制定负债率上限指标，切实控制负债风险。在考虑以上因素时，还应考虑一定时期内整个企业现金净流入量与新投入现金净流量的关系。运用临界负债点法可以反映企业偿债的能力和企业在支付利息后的盈利状况，这对负债经营企业非常重要。企业债务如果越过这个临界点，不仅会陷入偿债困境，而且可能导致企业亏损。因此，企业确定负债经营，应先计算出临界负债点，以确定企业总体负债规模。

二、负债结构的控制

这里所说的“结构”有两层含义，一是指负债结构，即长、短期负债分别占企业负债总额的比重；二是企业短期资金的营运资金筹集政策，以及中长期资金的资本结构，即企业流动资金和中长期资金来源中，债权资金与股权资金分别占的比重。

（一）负债结构控制的必要性

控制企业负债结构，特别是控制短期负债资金的比例尤其重要，其原因如下。

（1）短期负债影响企业价值。短期负债属于企业风险最大的融资方式，也是资金成本最低的筹资方式，因此，短期负债比例的高低必然会影响企业价值。

（2）短期负债的大部分具有相对稳定性。有人认为，短期负债完全是波动的，没有任何规律可循。但事实上，在一个正常经营的企业中，短期负债的大部分具有经常占用性和一定的稳定性。例如，工业企业最低的原材料储备、在产品储备和商业企业最低的存货储备等占用的资金，虽然采用短期负债方式筹集资金，但一般都是短期资金长期占用。一笔短期资金循环使用，有一定的规律性，需要纳入资金结构进行研究。

（3）短期负债的偿还压力。从负债的偿还顺序可以看出，企业首先要偿还短期负债，其次才是长期负债，而长期负债在其到期之前要转化为短期负债，与已有的短期负债一起构成企业在短期内需要偿还的负债总额，形成企业的偿债压力。当企业资金总额一定、负债与权益的比例关系一定时，短期负债和长期负债的比例就成为此消彼长的关系，所以很有必要权衡长、短期负债优缺点：长期负债的资金成本比短期负债的资金成本高；短期负债的财务风险往往比长期负债的财务风险高；就难易程度相对来说，短期负债的取得比较容易、迅速，而长期负债的取得比较困难。

（二）负债结构控制的措施

1. 对负债结构进行控制的过程

负债资本的期限不同，其成本费用和承担风险各不相同。一般而言，短期负债资金成本较低，但还本付息压力大，风险也大，要求企业资产变现能力高；中长期负债资本的成本费用高，但使用时间长，还本付息的压力小，其风险也小。为了规避负债经营的风险，企业应把中长期负债资金的比例适当放大，把短期负债资金的比例适当压缩，或以中长期负债为主，以短期负债为辅。企业应根据自己的资本运作情况，确定合理的长期、中期、短期借款期限；同时还要适当拉开还款期限，避开还款过于集中某一时期，以免造成资金短缺，财务状况恶化而危机企业的生存和发展。

2. 对营运资金筹集政策进行控制的过程

企业必须对自身产品销售的特点、风险承受能力等方面综合考虑后，选择适合的营运资金筹集政策。配合型筹集政策、激进型筹集政策、稳健型筹集政策这三种筹集政策都有其鲜明的特点和不同的适用对象。例如，配合型筹集政策是将资产与负债的期间相配合，以降低企业不能偿还到期债务的风险和尽可能降低债务的资本成本。它对企业的资金使用情况要求较高，一般适用于能够驾驭资金使用的企业。激进型筹集政策下由于临时性负债所占比重较大，所以该政策下企业的资本成本较低。但为了满足永久性资产的长期资金需要，企业必然要在临时性负债到期后重新举债或申请债务展期，这样企业便会更为经常地举债和还债，从而加大筹资困难和风险。所以，激进型筹集政策是一种收益性和风险性均较高的营运资金筹集政策，适用于短期借款筹集能力强的企业。相反，稳健型筹集政策下由于临时性负债所占比重较小，所以企业无法偿还到期债务的风险较低。而另一方面却会因长期负债资本成本高于临时性负债的资本成本，以及经营淡季时仍需负担长期负债利息，从而降低了企业的收益。所以，稳健型筹集政策是一种风险性和收益性均较低的营运资金筹集政策，适用于无法在短期内筹措到资金的企业。

3. 对中长期资本的资本结构进行控制的过程

企业在进行资本结构决策时，一般首先要设计出筹集到所需要资本总额的几个不同资本结构的方案；然后对几个方案进行数据计算和分析，从中选出最佳方案；最后再考虑选出最佳方案并改进该方案的资本结构，逐步使其达到最优。这一过程就是资本结构的决策过程。企业应在经营活动中分析企业所需要的资金量，并根据企业的实际情况适时编制筹资计划。计划应包括筹资的理由、数量和方式等内容。因为各种长期资本的筹资方式均有自己的优缺点，所以企业经常是同时采用集中筹资方式来筹集资金，以便根据具体情况扬长避短，达到最佳的筹资方式。筹集到的资本数额之间的比例就是所说的资本结构。资本结构不同，各种筹资方式的优缺点在总体结构中的表现程度也不同。每一个筹资方案都有一个既定的资本结构，筹资方案的好坏主要体现在资本结构的好坏之中，因此，不同筹资方案的比较也就是企业资本结构的决策。

三、负债形成的控制

负债形成的过程主要是指形成企业负债的各种具体形式，即短期借款、应付账款、应付票据、长期借款、企业债券等。形成过程的控制主要是指企业在决定进行负债经营之后，对将要采取的负债形式及种类进行选择和控制，通过适合企业自身情况的举债形式来获得债务资金。

（一）负债形成控制的必要性

由于不同的筹资渠道借入资本的成本不同，所承担的风险也不同，因此，企业有必要在利用负债筹资时，结合自身实际情况，进行综合分析，选择合适的筹资渠道和负债方式。首先，利用银行贷款筹资，其还本付息的风险较大。而且，银行贷款受其用途的限制，机动灵活性也小。但是，银行贷款有一个好处，即资本成本较低，通常低于发行债券筹资的成本。其次，利用发行债券筹资。其资本成本高于银行贷款，同时还本付息的风险较大，当到期不能及时偿还债券持有人的本息时，有可能面临破产风险。但是利用债券方式筹资，企业可根据资金需求情况自主决定期限和金额，并在到期前自由支配债券资金。最后，利用商业信用筹资或筹集短期负债资金，即当企业按规定时间不能偿还有关货款时，对方也只能终止给企业再提供赊销商品或附加更为苛刻的条件，不会导致企业破产，但可损坏企业的信誉，对以后的交易活动造成障碍。所以，利用商业信用筹集短期负债资金的风险最小，灵活性较大。

（二）负债形成控制的措施

下面以几种典型的负债方式为例，介绍在企业形成这些负债方式过程中的内部控制。

1. 应付账款形成过程控制

控制应付账款，首先应从付款条件开始，而付款条件是应付账款形成的起点。因此，应付账款形成的过程控制就是对应付账款条件的过程控制。

付款条件一般是伴随着采购业务活动产生的。采购材料物品，除材料物品的品种、规格、价格、质量、数量外，最重要的就是付款条件。什么时候付款、怎么付、付多少、要不要预付订金或货款、预付订金或货款的比例如何定等，都是在采购时应认真考虑的事项。

财务部门一定要与采购部门一起商讨，制定有关向各供应商订货时所要求的付款条件。在制定付款条件时，应考虑企业流动资金的现状、流动资金管理的需要，以及企业整体的生产成本，并将应付账款与现金预测联系起来考虑，按照采购批量的大小、采购关系的固定与否等方面制定出各自的付款要求。这些要求制定后，要让每个采购人员都清楚，在订货时他们能灵活掌握，以取得最有利的付款条件。

2. 企业债券发行过程控制

债券发行必须经过股东大会讨论同意通过，然后企业证券部门准备申请材料，其中包括公司章程、可行性研究报告等，经资信评估机构评估并出具评估报告后送交银行主管部门审批，审批合格后企业委托证券公司发行，并签订承销协议，一式两份，一份自留，一份送证券公司。证券公司债券发行结束，将交款清单送交企业证券部门，据以填列应付债券明细表，并将交款清单送交企业财务部门。财务部门收到证券公司转来的交款清单和银行收款通知时，经审核编制收款凭证并登记银行存款日记账，并将收款凭证和有关单证送交证券部门。证券部门据以在应付债券明细表中登记发行日期，并将收款凭证和有关单证转送财务部门。

3. 银行借款业务发生过程控制

企业确定所需的资金额和筹资方式之后，应针对借款拟订借款计划。此时，企业应对还款方式进行选择。若是到期日一次偿还，这种方式还款集中，就会加大企业借款到期时的还款压力；若是定期偿还相等份额的本金，即在到期日之前定期偿还相同金额，至贷款到期日还清全部本金；若是分批偿还，则每批金额不等，便于企业灵活安排。根据以上几种还款方式的特点，借款企业应按照所借款项的未来使用状况，确定较适宜的还款方式，并与银行协商后写进借款合同。

企业按照对筹资审批权限的安排，报主管总裁批准，然后填写借款申请审批书送交银行审批。银行根据国家产业政策和信贷规模的具体要求及其他有关政策，对企业借款申请进行认真审查。申请被批准后，银行与企业签订借款合同，合同一式两份，一份银行留存，一份企业自留，银行据此办理具体借款业务，进行款项划拨。借款入账时，企业财务部门根据银行收款通知和借款合同等记账。

4. 担保业务发生过程控制

债务担保有可能形成企业的一项或有负债，因此企业承担着履行担保责任的潜在风险。为了保护企业投资者和债权人的利益，企业应当严格控制担保行为，对担保对象的具备要件进行严格限制。例如，属于担保对象范围的企业要实现从本企业取得担保，必须符合以下这些担保条件。

（1）申请担保企业的基本条件。申请担保的企业应当具备产品有市场、生产经营有效益、资金能回笼、恪守信用等基本条件，并且还要符合以下条件：

①在工商行政管理部门登记注册，具有法人资格，通过当年年检。

②依法进行税务登记，正常纳税，通过当年年检。

③具有规定比例的自由资本和合理的现金流量，资产负债率符合相关担保企业的要求，能正常经营，并具有一定的经营管理水平。

④具有规范的财务核算和财务会计制度，配备持有会计上岗的专职财会人员，或委托经财政部门批准的具有法定资格的代理记账机构代理记账。

⑤依法经营，生产经营范围符合国家或地方产业发展政策，无不良信用记录及重大民事、经济纠纷。

⑥按中国人民银行规定在相关商业银行开立账户。

（2）企业提供担保的限制条件。为了防范和减少担保业务风险，尽可能避免损失，对出现以下情形之一的企业不宜或应暂缓提供担保：

①生产、经营或投资国家明文禁止的产品、项目的。

②生产、经营或投资项目未取得环保部门许可的。

③在实行承包、租赁、联营、合并（兼并）、合作、分离、产权转让、股份制改造变更过程中，未清偿或落实原有贷款债务的。

④与担保机构或企业债务关系尚未解除的。

⑤提供虚假的或隐瞒重要事实的财务信息，骗取贷款或担保的。

⑥不按要求提供反担保措施的。

⑦经营状况恶化，经专家咨询诊断难以改变经营状况的。

对于符合上述担保条件和担保标准的企业，在收取一定担保费的基础上，可以给这些企业提供担保。

四、负债偿还的控制

负债偿还的控制主要是指企业在还本付息时所要进行的财务控制工作。

（一）负债偿还控制的必要性

企业进行负债经营，就必然在将来的某个时期发生定期还本付息的业务。对偿还进行控制，就是要对还款方式（是到期日一次偿还，还是分批偿还，或是定期偿还等额本金）进行选择，就是要对利息的按期支付进行控制，就是对还款规划进行控制等。做好还款控制，对保证企业持续的经营现金流量，延长借款资金在企业的流动时间，提高企业的信用等级，改善企业的再融资环境都是很有必要的。

（二）负债偿还的控制措施

下面以几种常见的负债方式为例，介绍企业在这些负债方式偿还过程中的内部控制。

1. 应付账款偿还的过程控制

把握应付账款的付款时机是对其偿还过程控制的关键，把握付款时机也是掌握应付账款主动权的关键。付款时机是指实际付款的时间。把握好付款时机，对于保证应付款控制很重要。提前付款，使客户高兴，但有可能造成本企业资金周转调度的紧张；拖欠不付，虽然可以一时解决自己的资金问题，却损害了企业的信誉。在什么情况下不付、什么时候付，这都需要恰当地把握。因此，在付款控制上，既要让供应商看到企业有较强的还款能力，不动摇对企业的信心，又能将账款拖至不损害与供应商关系的最有利时刻再付出，这就是“度”。

另外，利用财会程序延迟付款也是付款控制的一种技巧。任何企业都有一套处理应付账款的程序，利用这套程序来推迟付款时间，也不失为抵挡供应商追收的一个好办法。这主要是利用承兑汇票、设立零余额账户和远距离付款等方法。以财会程序复杂、环节多为理由来为拖延付款做辩解，比其他理由更容易令客户接受。但是，这种办法不能用在长期拖欠上，短期的可以拖一至两个月。

2. 银行借款、长期票据、企业债券偿还的过程控制

（1）利息支付控制。为了保证按时偿还利息，企业应安排专门人员负责利息的计算工作，并在不同债券的利息支付日期分别在利息支付备忘录上予以记载，防止可能发生的违约事件。这一制度对于企业在利息支付日前筹集一定数量的现金也能起到保证作用。

（2）还款规划控制。企业应建立偿债基金制度，按借款合同中规定的还款方式，结合企业的经营状况、财务状况、市场变动情况，做好还款计划与还款准备，建立偿债基金制度，以便届时按期如数还款。尤其是发行公司债券的企业，一般为了保障债券持有人的利益，遵守债券发行时公司承诺的条款，确保公司债券在到期日有足够的偿还能力。债券发行公司应在债券到期之前，按期提存一定数额的偿债基金。偿债基金通常由银行或信托公司债券发行的受托人保管。

（3）应急措施。借款企业若因暂时出现支付困难，需要延期偿还贷款时，应向借款银行事先提交延期还款计划，经银行审查同意，续签合同，办理延期业务。由于通常要加收利息，企业事先应衡量延期还款的成本收益，以做出最有利的决策。

五、负债风险的控制

负债风险包括两个方面：一是由财务杠杆引发的财务风险，二是由对外担保引发的担保风险。

（一）负债风险控制的必要性

1. 财务风险控制的必要性

由于负债能为企业所有者带来杠杆利益，而且不会稀释股权，所以经营者总是希望利用负债来提高企业经济效益。然而，负债经营是一把双刃剑，若利用不好，特别是负债过度，就会增加企业财务风险，甚至导致企业破产。

在企业收益不确定的情况下，利用负债经营方式将面临较大财务风险和危机。由于负债融资属于有偿使用资金，企业必须承担到期还本付息的责任。从企业外部来看，当市场环境及产业政策等因素发生不利变化，一旦投资决策失误，达不到预期收益水平时，企业就不能按时偿还债权人的本息。债权人必然维护自己的权益，从法律上要求债务人破产，以资抵债。所以，负债经营的杠杆利益并非每个企业都可轻而易举获得，企业在追求杠杆利益的同时必须关注可能因负债带来的风险。从企业内部来看，企业实际收益往往受到经营者的管理水平，产品质量、价格、成本、产量、销售量，债务期限结构，资本结构以及经营风险等诸多因素的影响，而这些因素往往具有很大的不确定性。当产品积压、实际利润水平下降时，企业就不能按预期的时间和数额收回原投入资金，这将造成企业多种财务危机。

2. 担保风险控制的必要性

担保风险是风险的一种具体表现形式，是指企业在担保业务运作过程中，由于各种不确定性因素（主观的和客观的）的影响而遭受损失的可能性。企业在为被担保人提供担保后，就必须承担起被担保人带来的经营者素质和竞争力风险、信用风险、市场风险、技术风险、“逆向选择”与“道德风险”。若担保人不对其担保风险进行控制，就会发生被担保人由于得到担保人的保证，其所做出的经营决策及自身行为即使引起损失，也不必完全承担责任，这促使其倾向于做出风险更大的决策以获取更大收益的行为，将担保人逼到被动的局面上来。若此决策成功了，担保人不能分享其超额利润，而一旦失败，担保人就要承担连带责任。

（二）负债风险控制的措施

1. 财务风险控制过程

企业负债经营，不论利润多少，债务利息是不变的。于是，当利润增大时，每一元利润所负担的利息就会相应地减少，从而使投资者收益有更大幅度的提高。这种债务对投资者收益的影响就称作财务杠杆。财务杠杆直接产生了财务风险。

财务风险就是指全部资本中债务资本比率的变化带来的风险。当债务资本比率较高时，投资者将负担较多的债务成本，并经受较多的负债作用所引起的收益变动的冲击，从而加大财务风险；反之，当债务资本比率较低时，财务风险就较小。财务杠杆系数表明的是息税前盈余增长所引起的每股收益的增长幅度。在资本总额、息税前盈余相同的情况下，负债比率越高，财务杠杆系数越大，财务风险越大，但预期每股收益也越高。

在财务管理学中，企业一般都有一个自己估计的总杠杆系数，它代表的是销售变动对每股收益造成的影响，也表示这个企业的总风险程度，它由经营杠杆与财务杠杆的乘积而得。而经营杠杆指的是在某一固定成本比重的作用下，销售量变动对利润产生的作用，它直接影响了企业因经营上的原因而导致利润变动的经营风险。企业一般可以通过增加销售额、降低产品单位变动成本、降低固定成本比重等措施使经营杠杆系数下降，降低经营风险，但这往往要受到条件的制约。而财务杠杆则是相对容易控制的，例如企业可以通过合理安排资金结构，适度负债，就能使财务杠杆利益抵销财务风险增大所带来的不利影响。因此，企业为了综合控制总风险水平，往往根据企业目前的经营杠杆系数来确定其合适的财务杠杆系数，并进而对这一财务杠杆系数下的财务风险水平进行控制，以防止其扩大。

2. 担保风险控制过程

为了防范潜在的风险，避免和减少可能发生的损失，企业应从对被担保人的要求、企业自身防范等多角度建立风险防范与控制体系。

（1）建立在保项目风险预警系统。担保人或企业应建立风险预警系统，对在保项目进行跟踪检测，及时发现和处理风险，将风险消灭在萌芽状态。在前面所述影响担保风险的各种原因中，最主要的仍是来自被担保人方面的因素。尽管担保人或企业在筛选被担保人或审批担保时，被担保人的状况良好，但随着各种因素的作用，被担保人的财务状况、经营管理、还款能力等各种情况也会发生变化，由此引发的贷款风险必然转嫁给担保人。在实践中，多数被担保人在违约之前，通常会表现出这样或那样的不正常现象。若担保人能够从银行账户、财务、人力资源、经营管理等方面监测到被担保人的各种情况变化，就能把握担保风险的各种预警信号，及时采取措施，防患于未然。

（2）建立反担保措施。反担保是指依照当事人的约定，若债务人不履行或不全部履行债务时，担保人可以不经过诉讼或仲裁程序，直接从债务人事先提供的某种措施获得履行或经济上的补偿。反担保一般有保证金、抵押和信用反担保三种方式。

担保人或企业应按“区别对待，择优扶持”原则，依据被担保人信用等级确定担保项目是否提供反担保措施及反担保方式，如表 17-1 所示。

表 17-1　信用等级与反担保建议措施

申报企业信用等级	AAA 级	AA 级	A 级	BBB 级	BB 级
反担保措施	不提供担保	提供反担保人		提供反担保物	

第十八章 ▶▶

所有者权益方面的内部控制

第一节 综合知识

一、所有者权益控制的目标

（一）实现出资人和经营者权力的制衡，协调企业利益相关者利益，保证企业经营管理目标的实现

出资人与经营者通过委托代理这种形式联系起来，双方有不同的利益：作为委托人的出资人，其目标是追求利润最大化；作为代理人的经营者，其目标是个人货币收入和效用的最大化。因此，出资人对于经营者不仅要激励，还要予以监督与约束，以实现权力和利益的制衡。所有者权益控制制度要根据公司治理结构的需要和生产经营活动特征进行设计，以维持公司治理结构中相关利益主体之间的相互制衡。

（二）在两权分离的状态下保证出资人资产的安全和有效运作，保护所有者权益，为全体股东创造更多财富

在所有权与经营权分离的状态下保证出资人资产的安全和有效运作，是所有者权益控制的首要目标。保证权益资本的安全和有效运作是实现资本保值增值的前提和关键。

（三）保证企业能及时发现风险并有效控制风险

所有者权益方面的风险主要体现在财务风险和经营风险上。企业应在投资、筹资、经营管理、提取资本公积和盈余公积、利润分配等各个环节采取必要的措施防范风险，以增强企业适应市场的应变能力和抵抗风险的能力。

（四）堵塞漏洞，消除隐患，防止并及时发现、纠正错误及舞弊行为，保护股东的所有者权益不被侵害

有效的所有者权益控制要能及时发现企业经营运作中的漏洞及舞弊行为，消除隐患，使企业的各项经济活动健康运行，以利于企业的长期发展。

（五）保证所有者权益信息的合法性、真实性和完整性

保证所有者权益信息的合法性、真实性和完整性，才能正确反映所有者权益变动情况和企业经营情况，为决策者提供正确的决策依据。

所有者权益控制要保证投入资本、资本公积的形成、增减及其他有关经济业务会计记录的合法性与真实性，为投资者及其他有关方面研究企业的财务结构、进行投资决策提供依据；保证盈余公积和未分配利润的形成和增减变动的合法性、真实性，为投资者及其他有关方面了解

企业的增值、积累情况等提供资料；保证会计报表上所有者权益的真实与完整。

（六）确保国家有关法律法规和企业内部规章制度的贯彻执行

所有者权益控制要确保企业的各项经营活动在符合国家有关法律法规的基础上，贯彻执行企业章程和内部规章制度，不损害法律法规和协议章程规定的各利益相关者的利益。

二、所有者权益控制的特点

（一）所有者权益控制与资产、负债控制具有特殊的关联性

根据资产负债表的平衡原理，所有者权益在数量上等于企业的全部资产减去全部负债后的余额，即企业净资产数额。因此，所有者权益控制与资产、负债控制具有特殊的关联性。所有者权益信息的正确性在某种程度上取决于资产、负债信息的正确性，对企业的资产和负债进行充分的审计，证明二者的期初余额、期末余额和本期变动的正确性，能够从侧面为所有者权益的期末余额和本期变动的正确性提供有力的证据。因此，所有者权益控制应从审核资产、负债开始。

（二）所有者权益控制的主体具有双重性

公司制企业产权关系的主要特征是企业的财产所有权分离为两种权利：出资人的所有权以及企业的法人财产权。拥有所有权的出资人和拥有法人财产权的公司法人在法律上形成了两个对等的权利主体。企业的财产所有者和经营者之间更加复杂的契约关系要求对双方的权利和职能进行合理的分工，以有效协调和制衡双方的关系。出资人成为“外部人”，主要职能是监督经营者；经营者作为企业的“内部人”，主要负责企业的决策和经营活动。

由于两者目标的不一致性，当条件具备时，如委托代理双方信息不对称、两权分离层次多跨度大，管理者就会背离所有者的目标，而使所有者蒙受损失。因此，作为企业“外部人”的出资人需利用其作为所有者的权利对企业的经营活动实施控制，尽可能使经营者的目标与其达成一致，从而实现股东财富最大化和企业价值最大化。作为企业“内部人”的经营者则需要对所有者权益进行内部控制，以保证所有者权益信息能正确地反映企业股东及利益相关者的利益，保证企业资本的良好运作和经营活动的正常运行。

（三）所有者权益控制的内容具有复杂性

所有者权益控制既包括经营者对所有者权益的控制，也包括出资人（所有者）对所有者权益的控制；既包括对所有者权益会计信息的控制，也包括对所有者权益增减变动活动进行的控制。

从“资产−负债=所有者权益”这一基本会计等式可以看出，资产、负债等会计要素的计量是以一定的会计原则为依据的。在企业的经营活动中，由于币值、物价、汇率等因素的频繁变动，会导致会计计量结果偏离实际的状况，因此，所有者权益很有可能是一个账面意义上的所有者权益，存在信息失真的可能性和风险加大。所以必须对所有者权益信息和所有者权益变动的环节进行控制，保证所有者权益的各项经济业务真实、合法和正确，保证资产负债表的公允表达。

（四）所有者权益控制的方法具有多样性

所有者权益增减变动的业务较少，但金额较大；同时，企业产权机制功能的残缺、会计政策的灵活性、会计信息的不对称性及利益驱动等主客观原因，为操纵权益信息提供了机会。因此其控制应以授权审批和划分不相容职务相结合、激励机制和约束机制相结合为主，采用多种控制方法相互配合、相互制衡，这样可以保证既定方针政策和决议的执行，限制滥用职权，保

证监督的有效性。同时，独立的内审部门负责审查各项内部控制制度的执行情况，并将审查结果向企业董事会或最高管理层报告，更能增强内部控制工作的效率与可靠性。

三、所有者权益控制的原则

（一）成本效益原则

在设计所有者权益控制时，一定要考虑控制投入成本和控制产出效益之比。一般来讲，对那些在业务处理过程中发挥作用大、影响范围广的关键控制点进行严格控制。对那些只在局部发挥作用、影响特定范围的一般控制点，其设立只要能起到监控作用即可，而不必花费大量的人力、物力进行控制，防止由于一般控制点设立过多、手续操作繁杂，造成企业经营管理活动不能正常、迅捷地运转。

（二）有效激励与约束相结合原则

激励与约束的有效结合，能使经营者行为与所有者目标实现最大程度的一致，使核心人员及其员工的短期行为长期化。例如，实行股票期权制度可以解决这个问题。重要的是，在具体化操作过程中要掌握好激励和约束的度，使激励和约束相适应。通过这种激励和约束，使公司核心人员更关注公司的长远发展，从根源上消除虚假信息的动机，建立良好的人力资源管理机制，提高公司有关培训、待遇、业绩及晋升等政策和程序的合理程度。

（三）权责明确与相互制衡原则

所有者权益控制的主体和组织的执行机构、执行人员之间，通过公司制度形成责权利的合理分派，使各行为人权责明确、相互协调、相互制衡，以此保证公司交易安全，运行平稳、健康，使股东利益及利益相关者的共同利益得到平衡与合法保护。

（四）相互牵制与协调配合相结合原则

协调配合原则要求各部门之间、人员之间应相互配合、协调同步、紧密衔接，避免只管相互牵制而不顾办事效率的做法，导致不必要的扯皮和脱节现象。在所有者权益控制中，相互牵制是基础，协调配合是升华。因此，必须做到既相互牵制，又相互协调，保证所有者权益控制的目标能够顺利实现。

（五）合规合法性原则

所有者权益控制要严格遵守国家的法律、法规和企业内部的各项规章制度，不侵害国家和企业其他利益相关者的利益，保证运作的规范性、合规合法性。

四、所有者权益控制的方法

（一）所有者权益组织控制法

建立所有者权益组织架构控制体系，设立内部审计、稽核等专门的监督机构，并赋予其在业务和财务部门相应的监督权。各组织机构的职责权限必须得到授权，并保证在授权范围内的职权不受外界干预；每类经济业务在运行中必须经过不同部门并保证在有关部门进行相互检查；在对每项经济业务的检查中，检查者不应从属于被检查者，以保证被检查出的问题得以迅速解决。

（二）职责分工与不相容职务分离相结合控制法

企业内部需经管理部门授权并以章程形式明确有关部门与人员的职责并划分不相容职务，如应由不同的部门与人员分别负责签发股利支票等。

按照不相容职务相分离的原则，合理设置财务会计及相关工作岗位，明确职责权限，形成相互制衡的机制。不相容职务包括授权审批、业务经办、会计记录、财产保管、稽核检查等。具体要求是：审批、经办、记录、保管人员的职责权限应当明确，做到职权明确、程序规范、责任清楚，避免因职责不清相互扯皮、推诿甚至越权行事，造成管理失控；实行职务分离、相互制约，可有效防止因权限集中、职务重叠而造成的贪污、舞弊和决策失误。

（三）所有者权益业务授权审批控制法

企业在筹集资金时，董事会一般都事先授权财务部门经理编制筹资计划，由董事会审批。适当授权审批能明显地提高筹资活动效率，降低筹资风险，防止由于缺乏授权、审批而出现的一系列舞弊现象。

企业成立时资本金的投入，以后的增资、减资或转让，企业在经营结束或破产清算时的结算、分配、归还资本金等业务，以及形成各项资本公积、提取盈余公积及分配利润等业务，都必须经过企业最高权力机构（如董事会）的审核与授权，方可办理。企业的其他行政管理部门无权自行决定。同时，这些资本业务还必须按国家有关法令、制度的规定以及企业的章程、制度办理。

授权审批控制的基本要求是：

（1）明确常规授权与特别授权的界限和责任；根据经济活动的重要性和金额大小确定不同的授权审批层次，从而保证各管理层有权亦有责；明确被授权者在履行权力时应对哪些方面负责，应避免授权责任不清的情况发生。

（2）明确每类经济业务的授权审批程序，以便按程序办理审批，以避免越级审批、违规审批的情况发生。

（3）建立必要的检查制度，以保证经授权后所处理的经济业务的工作质量。

（四）所有者权益稽核清理控制法

内部稽核主要是对会计事项的审核，包括原始凭证、记账凭证的审核，会计账簿和会计报表的审核。

所有者权益稽核清理控制主要是指企业稽核或内部审计人员对资本金的增减情况和利润的分配应定期进行检查清理，验证所有者权益的会计处理是否真实、合法、正确。

（五）事前、事中监督控制与事后检查考评相结合控制法

通过对经济活动过程的事前控制，可以防患于未然，对于实施过程可能出现的问题和不利因素，能在事前及时纠正和剔除，避免因预测不准或计划不周而造成经济损失或效益不高。通过事中监督控制能及时采取有效措施加以纠正，确保企业权益资本的安全、完整，并根据实际情况的变化调整和修改计划、预算，使之更加符合客观实际，更加合理。通过事后的检查考评对一定经营期间的经营效益和经营者业绩做出客观、公正和准确的综合评判，发现问题，不断改进，促使经济效益不断提高。

（六）所有者权益评估审核控制法

资本金的投入和以后的增资或减资，可能会采取各种不同形式，如货币资产、实物资产、证券或无形资产等。这些不同形式的资本金都需经过验证和评估加以决定，以保证其真实、合法、正确。

（七）所有者权益内部审计控制法

为了确保企业所有者权益控制制度被切实执行、效果良好，企业必须设置内部审计机构或

建立内部控制自我评估系统，加强对控制的监督和评估，及时发现漏洞和隐患，并针对出现的新问题和新情况及控制执行中的薄弱环节，及时修正或改进控制政策，做到有章可循、违章必究、违规必罚、以罚促纠，提高会计信息质量，以期更好地完成所有者权益控制目标。

对于规模大、经济业务复杂的企业，应同时在审计委员会和审计部门设置所有者权益审计机构。应当注意的是，审计委员会是董事会的一个下属分支，一般由外部非执行董事组成，这保证了其具有较强的独立性；它对董事会负责，业务上受监事会的指导，这又保证了其具有较高的权威性。其他企业则应根据成本效益原则，选择同时在审计委员会和审计部门设置或仅在审计部门设置所有者权益审计机构。审计部门应当对董事会负责并在业务上受监事会指导。之所以选择这种制度安排，是因为在公司治理的制约机制中，董事会是决策机构，肩负着保证公司管理行为的合法性和可信性职责，这种制度安排能有效减轻董事会职权弱化、内部人员控制现象严重的局面。另外，在业务上接受监事会指导能够在一定程度上产生对董事会的制衡。

（八）所有者权益账目体系控制法

企业应按不同的出资人设置资本投入的明细账和备查簿，将出资人投入的资本，根据评估、验证并核实后的凭证及时地登记入账，对其后所发生的增资、减资变化应及时、完整地登记入账。

第二节　经营者的所有者权益控制

一、实收资本（或股本）的控制

（一）资本（或股本）增加、减少及转让、结存的控制

1. 资本（或股本）增加的控制

一般企业（包括有限责任公司）增加资本的途径主要有：

（1）投资者投入（包括企业原有投资者和新的投资者）。

（2）将资本公积转为实收资本。

（3）将留存收益转为实收资本。

根据我国有关法律的规定，企业增加资本必须符合一定的条件。股份有限公司增加股本应符合下列条件：

（1）前一次发行的股份已募足，并间隔一年以上。

（2）公司在最近 3 年内连续盈利，并可向股东支付股利。

（3）公司在最近 3 年内财务会计文件无虚假记载。

（4）公司预期利润率可达同期银行存款利润率。

（5）经股东会议决议，同意并修改章程。

（6）经国务院授权部门或者省级人民政府批准，如向社会公开募集还需经国务院证券管理部门批准。

2. 资本（或股本）减少及转让的控制

按照资本保全原则，企业筹集资本金后，在生产经营期间，投资者除依法转让外，一般不得抽回投资。在我国有关企业法律中，对企业的减资行为已有明确规定和严格限制。企业实收资本比原注册资本数额减少超过 20%时，应持资金使用证明或验资证明，自减少注册资本决议或者决定做出之日起 90 日后向原登记主管机关申请变更登记，并应当在报纸上公告三次。公司申请减少注册资本的，除提交验资报告外，还应提交公司三次在报纸上登载公司减少注册资

本的公告的证明和公司债务清偿或者债务担保情况的说明。不准企业抽逃资金，如国家另有规定者，也必须按规定手续申办变更登记。

股份有限公司减资时应事先通知所有债权人，债权人无异议方允许减资；减资必须由股东大会决议并修改公司章程，向原登记机关办理变更手续并予公告；经股东大会批准，公司减资后的注册资本不得低于法定注册资本的最低限额。有限责任公司减少注册资本，必须经代表 2/3 以上表决权的股东通过。外资企业在经营期间内不得减少其注册资金，因投资总额和生产经营规模等发生变化确需减少的，须经审批机关批准。

对企业减资进行控制时，应注意查明企业减资是否符合规定的条件，减资方式是否合法，是否办理了减少资本的验资手续等，防止抽逃资金。其他企业经批准减少其注册资本时，是否按批准减少的资本金额减记实收资本。

依法转让也有相应的条件和程序。资本转让时，应检查是否经企业其他投资者同意并由董事会批准，是否报原审批机关批复，是否办理了转让资本的验证等。

3. 资本（或股本）结存的控制

资本（或股本）结存控制主要是确认实收资本（或股本）数额的真实性、正确性及股票发放数额的正确性。审查应取得资本投入有关的记录资料及文件等，包括投资协议、营业执照、公司章程、股本总额、发行总数、每股面值、股东会议与董事会议记录、资产评估证明、出资证明等。首先，应编制实收资本明细表，对明细表总数进行验算并与实收资本总账对比，查明其是否一致、有无差错。其次，将实收资本明细表与资产负债表有关项目及记账凭证、原始凭证相互核对，检查其是否一致。审查时应特别注意原始凭证所反映的内容。通过审查，确认资本投入的种类、币种、汇率和投入日期等经济业务事项是否确实存在。最后，将实收资本明细表与资产负债表核对后的余额与股本备查簿及有关原始文件中的记录进行核对，查明其是否一致，以确定账务记录是否完整。经核对如果不一致，应查明其原因。

（二）投入资本业务的合法性、合规性控制

对出资数额、出资比例、出资方式和出资期限的合法性、合规性进行控制，确保投入资本业务遵守国家法律、行政法规和财经制度的有关规定，按照企业章程、董事会或管理机构的决议进行。

（三）实收资本（或股本）的真实性控制

1. 投资者投入资本到位情况的控制

通过对企业投资内容的清单、原始凭证及有关企业章程的实施细则等方面的检查，查明以下事项：企业投资者有无将他人的资产作为投资，是否存在将从他处借入的资本充作投资，验资后又抽回等问题。投资者投入的现金是否已确实存入企业的开户银行并收到银行的收款通知；投入的实物资产是否已办理了验收手续并列具登记清单；固定资产是否有发票凭证，投入的无形资产是否已办理了法律手续等。

2. 投资者投入资产计价的控制

对投资者投入的货币资金，必须根据出资清单列明的投入时间、凭证号码，查阅有关原始凭证和记账凭证，检查货币资金投资的程序和手续是否完备，是否存入指定的开户银行，币种和数额是否正确，投资者是否出具了货币投资书面证明，外币投资的折合汇率确定是否正确。

对投入的非货币资产，必须按规定进行资产价值评估。评估时要确保评估机构是否具有评估资格，依据的法律、规定和国家政策是否适当，并确保实际评估范围的一致性。

3. 投入资本业务账务处理的控制

股份有限公司要按规定在实际收到发起人和认股人的认股款时，按其所发行股票的面值记入股本账户，股票的发行费用必须按规定处理；对于溢价发行的股票，股票发行收入超过股票面值的部分扣除发行费用后的余额，全部记入资本公积账户。

对实物资产、无形资产投资账务处理也要进行控制。如果股份有限公司的发起人以实物或无形资产作价出资的，应在依法办理财产权的转移手续后，按出资财产折合的股票面值作为股本记入股本账户，出资财产作价高于折合股票面值的部分，扣除发行费用后记入资本公积账户。其他企业的投资者以实物或无形资产投资的，应在收到出资财产时，按出资财产的作价作为实收资本入账。

小知识　　股份有限公司的股本控制

1. 筹资方式及股本规模的控制

企业的融资决策一般是按照成本—收益分析的思路，在投资项目的风险和营利性既定，并且在最终假定代理人与股东行为目标一致的前提下，比较不同渠道融资方式的筹资成本，从而进行融资决策的行为。这里所说的融资成本，不仅包括需要实际支付的、可以计入公司会计账户的有形成本和直接成本，而且包括诸如机会成本、信誉损失等无法在会计账户上反映出来的，但会对公司长远经营利益产生影响的无形成本和间接成本。

股权融资与债券融资互有优劣。股权融资股息支付风险和信息不对称成本小，但鉴审成本高；债券融资尽管利息支付硬化，但是，当前利息率较低，破产成本和代理成本较小。企业应结合自己的实际情况（包括企业的资本结构及资金的市场供应情况等），确定股权融资是否是最优的筹资方式。

如果确定使用股票筹资，结合企业特点和投资者偏好，考虑发行普通股还是优先股。

普通股筹资没有固定的股利负担，筹资的风险小；股本没有固定的到期日，无须偿还，可看作公司的永久性资本（除非公司清算时才有可能予以偿还）；另外，发行普通股筹集自有资本能增强公司的信誉。其缺点是：资本成本较高；可能降低每股净收益，引起股价下跌；分散控股权；另外，上市交易的普通股股票增加了对社会公众股东的责任，其财务状况和经营成果都要公开，接受公众股东的监督。一旦公司经营出现问题或遇到财务困难，公司有被他人收购的风险。优先股的股息率固定，优先股筹资有财务杠杆作用，又不减少普通股股票收益和控制权。其缺点是：资本成本较高（优先股股票股利不能抵减所得税，因此其成本高于债务成本）；股利支付的固定性成为一项财务负担，影响企业扩大再生产；优先股筹资后对公司的限制较多。

确定所有者权益筹资的规模，首先得从权衡负债规模开始，然后在负债与所有者权益之比达到最优的基础上，再确定所有者权益筹资规模。通常的做法是：将企业资产盈利率与负债成本率相比较，如企业资产盈利率大于负债成本率，借债可取，企业资产盈利率越高于负债成本率，并且越稳定，扩大借债规模就越可取；反之，则不可取。

确定普通股股票发行规模，必须考虑优先股股票的发行规模，在确定优先股股票且与普通股权益的最佳比例之后，再确定普通股股票的筹资规模。将企业净资产盈利率与优先股股息率相比较，如果企业净资产盈利率大于优先股股息率，那么发行优先股股票筹资可取，前者越大于后者，且稳定程度越高，优先股权益与普通股权益之比越大就越可取；反之，则不可取。

2. 股票发行方式、发行价格和发行时机的选择

股票发行分为公开发行和不公开发行。发起设立的公司，公司股份由发起人认购，采取的是不公开发行方式。募集式设立的公司，发起人认购一定量的股份后，其余部分应采用公开发行方式。公开发行股票，按照我国法律规定应由证券经营机构承销。至于采用何种委托发行方式应视具体情况权衡以下因素而定：

（1）如果发行人有良好的社会声誉、较高的知名度、较高的股票质量，可以选择代销方式，反之，则考虑助销和包销方式。

（2）如果发行人急需资金，可考虑包销方式。

（3）如果发行人对发行成本的承受能力较强，则可考虑包销方式，因为包销时须支付较高的发行费用，且股票的发行溢价收入将归属于包销机构，反之，则考虑发行费用较低的助销和代销方式。

股票发行价格分为溢价发行、平价发行和折价发行。一般新设立的公司，宜采用平价发行。我国法律规定不允许折价发行。根据我国《证券法》的规定，股票的发行价格由发行人与承销的证券公司协商确定，并报中国证监会核准。发行公司应当参考公司经营业绩、净资产、发展潜力、发行数量、行业特点、股市状态，提供定价分析报告，说明确定发行价格的依据。

上市公司在选择股票上市的时机时，要综合考虑以下几方面的因素：

（1）在筹备的当时及可预计的未来一段时间内，股市行情看好。

（2）要在为未来一年的业务做好充分铺垫、使公众普遍能预计到企业来年比今年会更好的情况下上市。

（3）要在公司内部管理制度，派息、分红制度，职工内部分配制度已确定，未来发展大政方针已明确以后上市，这样会给交易所及公众一个稳定的感觉，否则，上市后的变动不仅会影响股市，严重的还可能造成暂停上市。

（4）要尽量选择银行利率水平低、社会闲散资金较多的时机，会有较多的资金投入投资领域。

3. 股票的签发与发行控制

股票正式发行的日期以及发行方式往往需根据具体的市场情况而定，发行日期与董事会核准的发行日期往往不一致。为防止发生错误，也可设置会签制度，即已经董事会核准发行的股票发行前必须经董事会指定两个以上的高级管理人员进行会签。会签前，会签人员应检查将要发行的股票是否与董事会核准的一致；各种应办理的手续和文件是否齐全；其他为熟悉股票发行所需的文件和材料，包括到签发日为止的证券市场行情的分析报告是否完整。经指定的高级管理人员会签后，股票才能正式发行。

为加强对股票发行的内部控制，可要求企业委托独立机构来负责股票发行与过户事宜，这样可使企业的内部控制延伸到外部。一项经济活动由两个经济实体来完成，能够加强控制的有效性，从而有助于揭示企业在发行股票中产生的错误、疏漏以及违反法律的不当行为。此外，这些机构所拥有的大量行情信息以及在承办业务中所履行的一系列程序，如取得准发股份的全部文件、登记股份证书、设置股东名录、核定股份转移等，也将有助于较快地实现筹资目标。

4. 股票的保管和记录控制

企业有时为增加每股盈余、每股股利，或者为了抬升股价、调度资金余缺等，会重新收回已发行在外的且尚未注销的股票作为库藏股。库藏股不是公司的一项资产，而是股东权益的减项。库藏股仍属于发行在外的股票，但不参与每股收益的计算和分配。其日后可移作他用（如实行员工股票期权计划、发行可转换公司债券等），或在需要资金时将其出售。因此，加强库藏股控制十分必要。要对库藏股设置单独的账簿来记录重新取得和再发行的情况；定期清点库藏股；非有关人员不得接触库藏股；库藏股重新发行前，必须由具有会签资格的高级管理人员会签并取得批准文件。

另外，企业必须设置股票簿以及股东明细账，以对股票持有人加以适当的记录，从而有效地控制发行在外的股票。股东明细账上必须详细记录股东姓名、持股份数、股票面值。股东明细账、股票存根、股本总账必须定期核对。

二、资本公积的控制

（一）资本公积形成的控制

1. 资本（股本）溢价形成的资本公积

股本溢价，主要指股份有限公司溢价发行股票而产生的，股票发行收入超过所发行股票面值的部分扣除发行费后的金额；有时股份有限公司的发起人可能以实物或无形资产作价出资，出资财产作价高于股票面值的部分作为股本溢价。股份有限公司以外的其他企业（包括有限责任公司），有时也会出现投资者实际缴入的出资额大于注册资本的情况。如果投资者缴入的资本高于该投资者按照公司章程或者投资合同协议规定其应占的出资比例，超出部分应作为资本溢价。

企业在确定这部分资本公积时，必须有专门的人员严格审核投资者合同协议、股本各备查账簿、公司章程及其他文件单据，以确保超面值缴入的股本是在扣除发行费后计入资本公积。其他企业投资者实际投资超过投资合同协议规定比例的份额，作为资本溢价计入资本公积。

2. 接受现金与非现金捐赠形成的资本公积

企业在确认时必须有专门人员严格审核资产移交及验收手续。资产计价必须在有关报价单基础上，或经有关评估单位评估确认。

3. 外币折算差额形成的资本公积

资本折算汇率的选择应由董事会决定，并由投资各方认可。企业在确认这部分资本公积时，必须拥有投资者合同协议和董事会决议，以及外币折算表等文件，以保证投资的真实性，并由会计人员将上述资料与有关凭证进行核对，以验证外币折算的正确性。

4. 被投资单位接受捐赠等形成的资本公积

企业必须拥有被投资单位的证明文件方可确认这部分资本公积，并由相关人员严格审核后按持股比例或投资比例计算确定。

另外，要审查资本公积的种类、金额、形成日期及原因等。审核资本公积明细账借贷方发生额与其相对应的记账凭证、原始凭证核对，查明其是否相符，确定资本公积实有额。在此基础上，对各项资本公积的真实性和合法性做进一步审查。

（二）资本公积使用的控制

按国家有关规定，资本公积只能用作转增资本（或股本）。由于我国采用注册资本制度等原因导致了资本公积的产生，将资本公积转增资本可以更好地反映投资者权益。对资本公积用途的控制，同样是为了保证资本公积的使用在有关法律法规下进行，并保证其使用符合公司章程的规定。

把资本公积转增资本的，必须经过董事会的批准，并在公司登记机关办理变更手续。公司必须在取得董事会决议、公司登记机关文件等证明后确认资本公积转增资本的实现。

因此，需审查资本公积明细账的借方发生额及有关凭证、账户的对应关系，查明资本公积使用的合法性。审查有无挪用资本公积的情况，如将股本溢价收入用来发放现金股利，将资本公积用于福利，或利用资本公积进行各种营私舞弊活动。

三、盈余公积的控制

（一）盈余公积计提的控制

盈余公积是指企业按照规定从净利润中提取的积累资金，包括法定盈余公积、任意盈余公积等。法定盈余公积是企业根据国家有关规定，从实现的净利润中提取的公积所形成的积累。任意盈余公积是指企业出于经营、管理等方面的需要，按照公司章程或股东会的决议在净利润中提取的公积所形成的积累。盈余公积的计提必须符合公司法的规定以及董事会的决议。

审查时，查明该项业务处理是否符合有关规定，有无经过股东会的正式批准，手续是否齐备，提取比例是否正确等。

（二）盈余公积使用的控制

盈余公积一般可以用来弥补亏损，转增资本（股本）或发放现金股利或利润。

对法定盈余公积的使用，须经过正当的审批程序。股份制企业用以前年度法定盈余公积弥补亏损、法定盈余公积转增股本或者当年无利润动用法定盈余公积分配股利等活动必须经过董事会提议、股东大会批准。转增股本时，应确认是否办理了转增手续，是否按股东原有比例结转，查明有无侵蚀国家股本的情况。用法定盈余公积分配股利时，股利率不得过高，一般不超过股票面值的 6%，分配后保证法定盈余公积不少于注册资本的 25%，并查明有无利用法定盈余公积进行舞弊的情况。对任意盈余公积亦应查明其使用是否经授权审批，开支范围有无超过规定等。

此外，法定盈余公积、任意盈余公积应分设明细账核算，提取、结转、减少应反映在对应的明细账中，必须保证法定盈余公积和任意盈余公积的对应科目正确。盈余公积控制应将盈余公积明细账借贷方发生额与记账凭证、原始凭证核对，在此基础上确定盈余公积实有数额。

四、未分配利润的控制

未分配利润是企业留待以后年度进行分配的结存利润，也是企业所有者权益的组成部分。相对于所有者权益的其他部分来说，企业对于未分配利润的使用分配有较大的自主权。未分配利润有两层含义：一是留待以后年度处理的利润；二是未指定特定用途的利润。

从数量上来说，未分配利润是期初未分配利润，加上本期实现的税后利润，减去提取的各种盈余公积和分出利润后的余额。计算公式如下：

年末累计未分配利润=上年末累积未分配利润+本年全年实现净利润−本年已分配利润

本年已分配利润=被没收财产损失和滞纳金及罚款+弥补以前年度亏损+提取盈余公积+分配给投资者的利润

对未分配利润的控制要从利润分配过程的控制开始。

按照现行企业财务制度的规定，企业实现的利润总额，应先按国家规定做相应的调整，然后依法缴纳所得税。

企业内部审计人员或其他相关人员应加强监督审核以下几点。

（1）审查有无税前支付滞纳金及罚款、税前扣除被没收财物损失的问题，并据此查明企业有无经营不善、控制制度不严的问题。

（2）审查企业有无超期弥补以前年度亏损的问题，若用税后利润弥补，应查明有无董事会的批准，以及弥补亏损的计算是否正确。

（3）审查盈余公积的计提是否按规定的比例，计提的基数是否正确，支出是否符合规定程序。

（4）审核股利分配决议的形成是否符合法定程序，股利分配前盈余公积是否已提足，亏损是否已弥补，股利的分派数额和比例是否符合决议，未分配利润节余是否正确。

未分配利润的控制还包括对未分配利润会计处理的审查：检查利润分配比例是否符合合同、协议、章程以及董事会纪要的规定，利润分配数额及年末未分配数额是否正确；确定未分配利润增减变动的记录是否完整；确定未分配利润年末余额是否正确；确定未分配利润在会计报表上的披露是否恰当。

第三节　出资人的所有者权益控制

一、出资人对资本运作的控制

（一）建立基本管理制度，健全内部控制制度

良好的监控来源于科学有效的制度保证。企业应当建立如下基本管理制度：组织机构制度、基本会计政策、财产物资管理制度、内部牵制稽核制度、决策程序制度等。在建立基本管理制

度的基础上，出资人应引导经营者建立内部控制系统，确保企业高效、有序地运行和会计资讯的真实可靠，防止所有者权益流失。

良好的内部控制制度能帮助出资人了解企业组织架构、运行程序、管理制度、业务处理方法等经营过程中的基本运行状况，再借助企业财务报告等资料，便能较为清晰地掌握企业的财务状况和经营成果及其发展趋势。

（二）行使监控权力

出资人行使监控权力，对于经营者的财务行为加以约束，以保证资本安全和增值。具体包括：为了防止稀释所有者权益，出资人要对企业筹资尤其是股票筹资做出决策；为了保护出资人财产安全，所有者必须对企业的会计资料和资产状况实施财务监督；为了保护出资人权益不受损失，出资人要对企业的对外投资，尤其是控制权性质的投资进行干预；为了保护出资人的财产利益，出资人对涉及资本变动的企业合并、分立、撤销、清算等的财务问题，必须做出决策；为了追求资本增值，出资人必须对企业的利益分配做出决策。出资人决定利益分配政策时，既要兼顾企业的短期和长期利益，又要兼顾企业员工、经营者的利益，以保持企业的可持续发展能力。

另外，企业应当在财务管理上建立健全有效的财务运行机制，明确责权分工，规范经济行为，合理划分利益，强化约束机制，在确保资本保值的前提下不断增值，使出资人在企业中的合法利益得到有效的保证和分享。

（三）财务总监参与经营决策

所有者委派财务总监到企业中，对企业经营过程中的财务活动实行监督和控制，使企业在重大决策和财务活动方面最大限度地体现所有者利益。

财务总监代表所有者对经营者进行财务监督，同时在一些重大的财务事项上具有一定的管理职责。由董事会任命并对董事会负责是财务总监履行其职责的必要前提。

财务总监有权参与受资企业的经营决策，其监督贯穿于企业经营活动和财务收支的全过程，既有事后监督，又有事中、事前监督，使得出资人对财务的监督更加及时、有效。许多企业由于组织规模和经营规模日益扩大和复杂、出资人财务监管滞后，导致多种问题，财务总监的设置实现了对整个企业主动而有序的财务监管。

二、出资人对经营者的控制

（一）建立业绩评价体系

为了保证经营者在经营管理中切实维护和实现出资人的利益，保证企业资产的保值增值和高效率运转，出资人应当以资本保值增值为核心，明确相应的资本保值增值目标，建立相应的指标考核体系，使经营者围绕这些指标（目标）展开经营工作。在此基础上，建立以资本增值为核心的考评办法，奖惩标准与经营业绩挂钩，合理评价经营者业绩，以激励机制促使经营者维护出资人的利益，同时实现其自身的价值。

资本保值增值结果主要通过资本保值增值率指标反映，同时设置有关分析指标，主要对企业资本运营水平和质量，以及资本保值增值实际完成情况进行分析和验证。资本保值增值计算与确认结果作为投资方进行经济决策、制定年薪制、持股制、工资分配等收入分配制度和对经营者进行奖惩、任免的重要依据。

基于 EVA 的价值评价方法能够有效地衡量企业的价值，评价管理者的工作业绩，使得向管理者提供的报酬与其真实的经营业绩挂钩，从而有效地激励和约束管理者，降低委托代理成本，提高经济运行效率。

EVA 是经济增加值（Economic Value Added）的缩写，从算术角度说，EVA 等于税后经营利润减去债务和股本成本，是所有成本被扣除后的剩余收入。EVA 是对真正“经济”利润的评价，或者说，是表示净营运利润与投资者用同样资本投资其他风险相近的有价证券的最低回报相比，超出或低于后者的量值。为了考核企业全部投入资本的净收益状况，要在资本收益中扣除资本成本，评价企业当前已经实现的收益。其公式为：

$$EVA_t=E_t-r\times C_{t-1}$$

式中：EVA_t 为公司在第 t 时间阶段创造的经济增加值大小；E_t 为公司在 t 时间阶段使用该资产获得的实际收益；r 为单位资产的使用成本；C_{t-1} 为 t 时间阶段初使用的资产净值。

根据上述公式，当衡量一个公司或事业部的业绩时，如果它们创造的实际收益超过它们在所使用的资产上的平均期望收益值（资产的使用成本）的话，则该公司或事业部在第 t 时间阶段创造了价值，即经济增加值是正的。EVA 管理体系能够很好地解决传统评价指标体系存在的问题，准确地反映企业在一定时期内为股东创造的价值，是一种优秀的企业价值评价方法。

（二）实行股票期权激励

股票期权激励，是指公司给予经营者在一定期限内按照某个既定价格购买一定数量的本公司股票的权利，通过经营者取得该股权的代价与资本市场上该股权的价格差形成的一种对经营者报酬的补充。

股票期权激励将“报酬激励”与“所有权激励”巧妙地结合在一起，一方面对经营者而言，使得经营者的长期行为和利益与企业所有者利益休戚相关，并且使得经营者成为企业的所有者之一，拥有部分所有权。另一方面对企业而言，至少有以下几点好处：

（1）企业形成开放式股权结构，可以不断吸引和稳定优秀管理人才。

（2）经营者的股票期权收入由证券市场提供，可以减轻企业支付现金报酬的负担，节省大量营运资金，使企业在不支付资金情况下，实现对经营者的激励。

（3）可以减少非对称信息，降低代理成本。

（4）可以矫正经营者的短视心理，使经营者不但关心企业的现在，更关心企业的未来。

股票期权也有一定的弊端。由于股票期权是持有人在未来的特定时间可以按预先所规定的认购价购买一定数量的本公司的股票，所以，认购价与股票市价之间的差距越大，期权持有人的利益就越大，不断推高的股票市价就会使期权持有人的财富不断增加。这种关联性使公司管理层作假产生了内在的驱动力，在巨大的利益驱动下，有可能导致期权持有者为赢得激励性报酬不惜弄虚作假虚报利润。例如，一些大公司往往通过收购、兼并等资本运作活动来推高公司股价，或采用激进的会计政策来抬高股价。

因此，在使用股票期权激励机制时应避免发生的问题是：股票期权的发放和分配要保持一个合理比例，不能过多、过滥，应避免财富的过分集中诱发作假动因。另外，在两权分离的经营模式下，要同等重视监督与激励机制，片面地强调某一方面，都将受到惩罚。

三、出资人对盈余管理行为的控制

（一）盈余管理行为产生的条件及动机

盈余管理是企业管理层为了误导其他会计信息使用者对企业经营业绩的理解或影响那些基于会计数据的契约的结果，在编报财务报告和“构造”交易事项以改变财务报告时做出判断和会计选择的过程，是企业管理层追求自身利益或企业利益最大化的一种行为。

由于会计准则等会计法规本身的不完善，会计准则与会计制度的缺位使得企业在准则外会计事项的确认和计量等方面由于“无法可依”而带有很大的弹性；同时现行会计理论与方法的缺陷性以及委托代理关系导致的信息不对称性，也为盈余管理行为的产生提供了很大的空间和可能。盈余管理行为的动机主要有管理人员追求自身利益最大化、上市公司首发股票及上市后争取配股资格、规避债务契约约束、缓解政治成本压力、节约税收、树立公司良好形象等。

（二）盈余管理的类型

1. 利润最大化盈余管理

当企业管理层倾向于提高当期的利润时，提前确认收入，推迟结转成本，将长期借款费用资本化挂在长期待摊费用账上，通过资产置换、股权转让、出售资产等方式进行资产重组以获得巨额利润，与关联方之间的高价出售产品、低价收购材料等关联交易调节利润等，都是上市公司为使利润最大化采取的方法。

2. 利润最小化盈余管理

公用事业企业为了避免较高的利润率，会通过各种会计方法多确认损失，少确认利润。另外，上市公司为了降低上缴税收，也会采取措施降低当期利润。当企业达不到经营目标，或上市公司可能出现连续三年亏损而面临被摘牌时，也可能采用先在当期降低利润然后在未来期间抬高利润的方式，实现企业的未来经营目标或避免被摘牌。在这种类型的盈余管理下，其典型做法是推迟确认收入，提前结转成本，通过转移价格向关联方转出利润，预提利息费用、固定资产修理费用等。

在利润最小化的盈余管理方式下，存在着一种极端形式，即亏损清洗或巨额冲销。这种行为多出现在上市公司更换总经理，或企业已有一年亏损时。新更换的总经理尽可能地在更换当期确认各项费用成本，以使在以后的经营中易于取得较高利润。同样，当上市公司将出现亏损时，就可能采取巨额亏损的方式，将次年的费用项目纳入当期，递延确认当期收入，从而在次年扭亏为盈，避免滑入 ST 板块或 PT 板块后带来的不良后果。在这种盈余管理方式下，其典型做法是将坏账、积压存货、长期投资损失、待处理流动资产和固定资产等一次性处理为损失。

3. 利润平滑盈余管理

一般而言，股东总是期望企业能够获得稳定的增长，并且将此与管理人员的奖金挂钩。而一个规避风险的管理层为了获得稳定的奖金，就会通过选择会计政策或其他措施来塑造一种稳定发展的企业形象。另外，银企之间订立的契约也要求企业的各项财务指标保持在一定的范围之内。为了不至于偏离既定的范围，导致银企之间的关系紧张，管理层也会努力采取各种措施使得企业利润呈现出一种平稳的态势，借以获得良好的信用等级。除此之外，管理层为了塑造良好的市场形象，在披露年度财务报告时调节盈余，使各年度的变动幅度不致过大。企业管理人员通过选择会计方法或改变企业筹资、投资、经营决策方案，使各期收益保持稳定增长。在这种类型的盈余管理下，企业将利用其他应收款、其他应付款、应收账款、应付账款等往来账项，以及长期待摊费用等账户调节利润，精心策划利润稳步增长的趋势。

（三）盈余管理的弊端

如果在一定范围内允许存在盈余管理，可以降低契约成本，使企业管理层对预期或突发事件做出快速反应，从而较好地克服合同的不完备性和固定性，保护企业及经营者自身的利益；同时通过利润“平稳化”手段传递企业原本无法传递的内部信息，有助于减少因资本市场激烈波动对投资者行为的影响。

但是盈余管理的弊端是很明显的。

1. 降低了财务报表信息的可靠性

企业管理层通过“内部人控制”的便利条件对会计信息按照其管理目标的需要进行“加工、改造”，使其披露的会计信息往往缺乏充分性和全面性，甚至缺乏客观真实性，从而使整个财务报告的可靠性大打折扣，对外部会计信息使用者也失去了有效性。

2. 对企业的发展具有一定的风险性

盈余管理虽然能够在一定程度上维护经营者甚至企业的利益，但是也存在较大风险。一旦投资者和债权人发现企业进行了对他们不利的盈利管理，就会对企业管理层的道德和履行责任与义务的能力失去信任，导致资本市场和借贷市场失灵，不仅使企业管理层的预期目标难以实现，还会影响企业的声誉，给企业以后的发展带来负面影响。

3. 损害投资者、债权人与国家的利益

由于盈余管理主要来自企业管理层的经济利益驱动，而企业管理层的经济利益与投资者、债权人及国家的利益又存在不一致性，因此在许多情况下，盈余管理的存在会促使企业管理层为了维护自身的经济利益而损害投资者、债权人和国家的经济利益。

因此，应当对不当的盈余管理进行规范治理。

（四）不当盈余管理的控制

根据盈余管理存在的条件及企业管理层进行盈余管理的动机，规范盈余管理可从以下方面着手。

1. 完善会计规范

（1）要求企业在改变会计方法和原则时，应尽可能详细地披露其改变对利润的影响，包括增加财务报表附表，详细列示所有调整项目。

（2）坚决反对以重要性为借口，为故意虚报业绩开脱责任。

（3）对收入确认提出严格要求，特别要避免收入的提前确认。

2. 加强审计监控，加大监管力度

注册会计师行业应明确对被兼并公司研究与开发费用的审计原则，对公司兼并中有关巨额冲销、资产重组以及收入确认等事项的规则应加以补充、完善。外部审计师必须把信息的完整性放在首位，不允许以追求效率而忽视效果的审计方法取代完整的审计程序。

监管机构应将那些重组过程中进行巨额冲销的公司，列入重点核查范围；发现问题应进行严厉的处理，加大惩罚力度。同时，监管机构还应加强正确引导，使企业经营者建立公允、合法、一贯的会计盈余报告的理念。

3. 明晰产权，并设计有效的约束激励机制

产权制度对会计信息的生成过程具有先天的规范和界定功能，因为产权的明晰为会计信息系统目标的实现创造了两个重要条件：第一，股东追求资本收益的最大化；第二，各利益相关者与管理层之间存在经济上的合同关系。因此，只有产权界定清楚，会计准则的运行和会计信息的生成才会有效率，才能既允许和鼓励企业根据会计交易费用的高低进行会计政策选择，又可发挥会计准则的激励约束和资源配置的作用。

在产权明晰的基础上，还应当针对企业管理层设计一套有效的激励约束机制。一方面，要承认经营者的管理人力资本的产权，具体可实行年薪制和经营者股权，同时辅以非货币激励方式，使企业管理层能够充分得到与其经营业绩相匹配的收益和荣誉；另一方面，要充分发挥股东会、监事会等内部监督机构的监督作用，对企业所选择的会计政策及其变更、变更的理由以及由此而产生的会计影响应向各利益相关者披露，各利益相关者或监事会对所采用的不合理的

会计政策有权要求企业管理层做出解释或予以调整，并强化外部监控，对实施不当盈余管理行为的管理人员实行市场禁入制度等，从根本上切断企业管理层机会主义行为的退路，使不当盈余管理的成本大大超过其获得的收益。

第十九章 ▶▶

收入方面的内部控制

第一节 综合知识

一、收入控制的目标

（一）确保企业经营的效率与效益

确保企业经营的效率与收益是企业进行收入控制的一个基本目标。企业生产经营的最根本的目标就是获得最大化的收益。在这个过程中，获得尽可能多的收入是确保企业最终收益的一个较为关键的环节。为了获得尽可能多的收入，企业必须加强收入确认控制，加强对产品定价、信用标准、销货退回等的控制，以保证企业最终盈利目标的实现。另外，对收入确认控制，能合理确认企业实现的收入，真实反映企业当期的经营情况，为管理者提供准确的财务信息，以便为企业以后的发展做出科学的决策。在确保企业经营的效益与效率方面应重点关注以下两个问题。

（1）兼顾效率与效益，注意效率与效益之间的平衡关系。一般来说，对控制投入的资金与时间越多，则控制的效果越好；但是增加了费用开支，降低了效率。所以，在对收入控制的时候要权衡效率与效益之间此消彼长的关系，兼顾效率与效益，使企业收入控制的整体效果达到最优。

（2）兼顾经济效益与社会效益，注意经济效益与社会效益之间的权衡。在有些情况下，企业可能有发出的产品不符合规定、质量不合格或其他有损企业形象的问题，这时企业应尽快收回发出的产品，虽然会损害企业当期的经营成果，但是维护了企业形象，从长期来看，对企业还是有利的。如果企业不顾社会效益，虽然在短期内可能获得了收入，但是从长期来看却不利于企业的发展。因此，一定要注意防止为了眼前利益而损害企业长期发展的短期化行为。

（二）杜绝销售业务中可能出现的违法乱纪及侵吞企业利益的行为

企业的销售业务涉及的范围以及金额比较大，与企业的经营成果密切相关，而收入控制又是一项复杂、烦琐的工作，涉及的业务比较多，极容易出现各种错误、欺诈及舞弊行为。对收入进行严格的控制，可以防止并及时发现、纠正在销售业务中可能出现的各种违法乱纪和侵吞企业利益的行为，维护企业资产安全、完整。当然，仅有一套严格的控制程序，而不严格执行也是不行的。企业应加强收入控制的执行力度，做到人尽其责，形成有效的相互监督及制约机制，以有效防止可能出现的各种欺诈、舞弊行为，维护企业利益。

（三）确保应收账款的真实性和可收回性

真实、可收回的应收账款是企业产品销售收入真正流入企业的保证。保证应收账款的真实性和可收回性也是收入控制的一个关键环节。企业账面上记录的收入是企业当期经营业绩的证明，若没有收回账款，则会影响以后的信用标准，进而影响以后的收入控制。所以企业在决定收款方式以及信用标准时，一定要确保应收账款的真实性和可收回性。

（四）确保产品定价的合理性

企业获得的收入主要取决于产品或劳务的定价以及销售或提供的产品或劳务的数量等两方面。而价格和销售或提供的产品或劳务的数量之间存在着反比例变动的关系，价格的高低直接影响企业销售量的高低，进而影响企业收入的多少。主要体现在以下两个方面：一方面价格定得高，每一单位产品可以获得更多的收入，但是价格太高，则会导致企业销售量的下降；另一方面价格定得低，则企业本期销售量会上升，但是每一单位产品所获得的收入会减少。另外，在销售的产品或提供的劳务数量一定的情况下，价格越高则获得的收入越多，价格越低则获得的收入越少。由此可以看出，产品或劳务的价格是否合理对企业能否获得更多收入起着关键性的作用。对产品定价实行严格控制，确保其合理性，不仅是收入控制所要达到的一个基本目标，也是实现收入控制其他目标的重要基础。

（五）保证商业折扣和现金折扣的适度性与真实性

一定的商业折扣和现金折扣可以给企业带来更多的销售量，并能促使购货方及时付款，减少企业的应收账款，但是过度的现金折扣也可能减少企业实际现金收入。因此，企业应合理确定商业折扣和现金折扣。只要商业折扣和现金折扣带来的收益大于商业折扣和现金折扣的成本，企业就可以实行商业折扣和现金折扣。对于商业折扣和现金折扣也要保证其真实性，防止企业以商业折扣和现金折扣的名义进行非法销售。

（六）保证销售折让和销售退回的合理处理与揭示

销售折让和销售退回会减少企业当期的产品销售收入，尤其是销售退回不仅影响企业当期的产品销售收入，而且影响企业的声誉，进而影响企业以后的产品销售收入，因此，对销售折让和销售退回应合理处理，以最大限度地减少对企业的不利影响。当出现销售出的产品质量不合格，购货方要求退货时，企业应尽量与购货方协商，首选办法是给予一定的销售折扣，以尽可能地减少销售退回，减少对企业当期收入的影响。对实际发生的销售折让和销售退回的合理揭示，一方面可以真实地反映企业的销售情况，另一方面可以促使企业加强对产品的控制。

（七）保证收入确认与计量的真实性、合理性与完整性

保证营业收入的真实性、合理性与完整性也是收入控制的一个重要目标。由于收入贯穿于企业的整个经营过程中，因此收入的真实、完整与否直接影响企业当期甚至以后期间的经营成果的真实性，进而可能影响企业以后的决策。因此，要严格按照收入确认标准，划分收入确认的期间，属于当期的营业收入即使在当期未收到货款也一定要记入当期；不属于当期的营业收入即使在当期收到货款也不应当确认收入。

（八）确保会计资料真实、完整，提高会计信息质量

企业实现收入的一系列活动中必须有合法的凭证，并按照相关规则及时入账，尤其是收入的确认和计量必须有合法的凭证，这样可以有效防止可能出现的欺诈、舞弊行为。合理的收入控制，可以规范企业会计，还可以保证会计资料的真实性与完整性，为决策者提供真实、完整的会计资料。

二、收入控制的特点

（一）收入控制与企业最终的经营成果密切相关

企业最终的经营成果是以收入减去为取得收入而付出的成本、费用得到的。企业若要获得最大的收益，必须有一定的合理收入才可实现。所以，企业的收入控制关系着企业经营目标的实现以及企业最终的经营成果。

企业一定时期的经营成果通常表现为本期的利润。企业利润的计算方法为：

总利润=主营业务收入−主营业务成本−营业税金及附加+其他业务收入−其他业务成本−期间费用+营业外收入−营业外支出+投资收益

收入控制的内容是企业主要的收入组成部分。根据以上利润计算过程可以看出，收入控制与企业最终的经营成果密切相关。这部分若控制得不好，企业的利润则会受到很大影响。

（二）收入控制对企业影响相对比较大

收入控制可以说是企业控制中最重要的一项控制。收入控制的内容包含了企业收入的大部分内容，而企业利润的实现又有赖于收入的实现，因此，收入控制不好，企业的经营成果也会受到很大的负面影响。收入控制很大程度上基于对以前的经营业绩以及对市场的判断。如果这些判断失误，企业的收入就无法实现，利润就无从谈起，进而企业的财务也会受到很大影响。因此，收入控制对企业影响比较大，收入控制得不好，企业整个经营活动就会受到影响。

（三）收入控制贯穿于企业经营活动的整个过程

企业特别是生产型企业，其整个业务过程就是投入成本，获得收入，进而实现利润的过程。而从收入控制的内容可以看出，收入控制包括产品控制、定价控制、信用标准和条件控制、收款方式控制等。

收入控制过程主要包括以下内容：

（1）根据市场调查以及对企业生产能力的分析，确定所要生产的产品的种类及数量。

（2）对产品的质量、包装以及生产进度进行控制。

（3）对各类产品及不同等级的产品定价。

（4）组织产品销售。

（5）对货款收回方式、信用额度、商业/现金折扣确定可行标准。

（6）对产品销售收入及时、准确核算与记录。

（7）对销售退回及时、妥善处理。

（8）收回货款。

收入控制过程如图 19-1 所示，根据市场调查情况以及企业的生产能力，制定本年度收入目标；根据企业生产能力以及本年度的收入目标，组织企业生产；根据市场情况以及生产的产品的数量、质量等情况对产品定价，组织产品生产，确定产品的收款方式；根据收款方式，确定本期应确定和计量的收入；若产品有退回情况，则应对销货退回及时处理，根据处理结果确定应确认和计量的收入；根据企业本年度制定的收入目标以及客户信用情况确定信用标准；根据本期确认的收入以及信用标准，收回货款。

（四）收入控制涉及的金额比较多

收入是指企业销售产品、提供劳务及让渡资产使用权所取得的收入，根据其来源划分为四类，即销售产品收入、提供劳务收入、建造合同收入和让渡资产使用权收入，收入控制主要是对这四部分收入进行控制，控制的内容比较繁多，涉及金额也比较多。

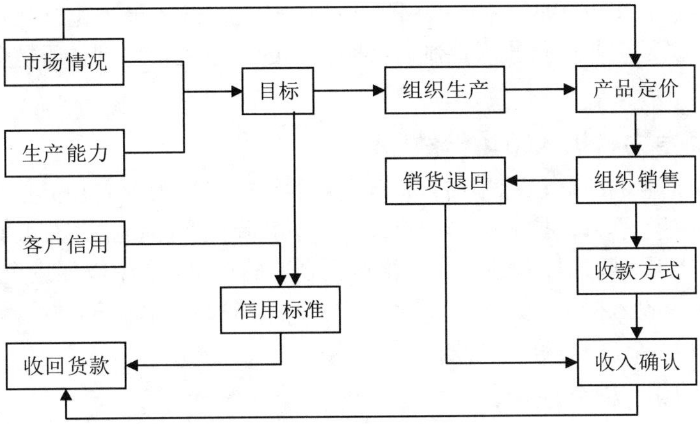

图 19-1　收入控制过程

（五）收入控制具有可预测性

收入主要来源于企业持续的、日常的经营活动。这些经营活动具有经常性、重复性和可预见性等特点，如从销售产品、提供劳务中产生的收入等，所以对收入的控制也具有一定的可预测性。根据以往的销售资料，综合考虑相关的影响因素后，可以很好地预测以后期间的收入情况，根据预测情况与实际情况的比较分析，便于及时发现并解决问题。

另外，从收入控制的内容和过程可以看出，整个收入控制是根据市场调查以及经营能力的分析来制定本年度的收入控制目标的，信用标准也是根据制定的目标以及客户的信用情况确定的，销售过程中可能遇到的情况就是销售退回等。对这些根据以往的情况进行合理的估计，就可以估算出本年度将有可能实现的收入。

（六）收入控制工作比较烦琐

收入控制从产品开发、生产，一直到最终的收入实现、货款收回，需要整个过程中各个程序的相互配合，对各个程序进行科学、合理的控制，才能最终实现企业的收入控制目标。整个过程中一个环节的变动就可能引发整个过程的变动。

另外，收入控制不仅有年度内或经营周期内的控制目标，还有各个阶段的目标。总目标的实现有赖于各个阶段目标的实现。各类产品的定价原则是不同的。由于各个阶段每类产品的销售策略也有所不同，各类产品的收款方式及信用标准也因此有所区别。收入控制的内容就是要根据这些情况的变化及时反应，采取恰当的措施以保证企业收入控制目标的实现，维护企业利益。因此，收入控制工作是相当复杂、烦琐的。

三、收入控制的原则

（一）成本效益原则

一般来说，进行收入控制投入的成本越多，获得的收入就越大。但是，随着投入成本的增加，边际效用则逐渐递减。当边际效用为负数时，企业为收入控制而投入的成本虽然实现了收入增长，但是增长的收入已不能弥补投入的成本，企业的总体收益就会随之降低。因此，企业在进行收入控制时，应权衡投入的成本与获得的收入之间的关系，通过边际效用分析尽可能以合理的控制成本达到最佳的控制效果，获得最大的效益。

（二）收入最大化原则

企业在成本一定或成本降低的情况下，可以通过获得更多收入来实现企业收入最大化。良好的收入控制是企业获得更多收入的一个重要措施。因此，收入最大化既是企业进行收入控制的一个重要目标，也是企业进行收入控制所必须遵循的一个主要原则，还是企业生产经营的一个主要目标。

（三）提高竞争力、扩大市场份额原则

收入控制要和企业的战略目标相结合，以企业的战略目标为导向。企业若将其目标定位为迅速壮大势力，提高竞争力，扩大市场份额，就会不断降低产品价格，有可能使企业在短期内的收入受到影响。但是，收入控制还是应严格遵循企业的战略目标，以促进企业长期持续发展，增强企业竞争力作为收入控制的原则。实际上，这一原则的实现也正是为了维持企业的长期发展、以保证收入最大化这一目标的实现。

（四）不相容职务相分离原则

收入控制应当保证企业内部涉及收入工作的机构、岗位的合理设置及其职责权限的合理划分，坚持不相容职务分离，确保不同机构和岗位之间权责分明、相互制约、相互监督。

（五）原则性与灵活性相结合原则

企业进行收入控制首先必须遵守相关法律法规的规定；但是各个企业的实际情况又是不一样的，如经营规模、业务范围等都存在差异，都按照一套相同的方法进行控制也是不切实际的。因此，企业可以在遵守国家相关规定的前提下，根据自身的实际情况制定本企业的具体收入控制措施。

另外，企业所选定的收入控制应当一定时期内保持稳定，以保证收入控制执行的连贯性，否则，经常变动收入控制会造成企业内部动荡。但是随着外部环境的变化，以及企业内部条件及经营情况的变化，则应及时修改收入控制中已经不再符合条件的控制原则及方式，以保证收入控制与企业内外部环境相适应，从而更好地发挥其控制作用。

（六）全面性原则

收入控制应当涵盖企业内部涉及收入的各项经济业务及相关岗位，并应针对业务处理过程中的关键控制点，落实到决策、执行、监督、反馈等各个环节。在收入控制过程中，由于收入控制涉及库存管理部门、销售部门、营销部门，在整个销售过程中又会涉及填制发货通知、发出产品、开具发票等相关工作，整个收入控制就依赖于对各部门、各环节的控制，以及各部门、各环节的相互协调，因此，若一个环节没有控制好，就有可能导致收入控制总目标实现不了。因此，企业进行收入控制必须坚持全面性原则，使各部门、各环节的控制目标与收入控制总目标保持一致。

（七）整体最优原则

企业在进行收入控制时必须坚持企业整体利益最优原则，从整体出发。当局部利益与整体利益相冲突时必须以企业整体利益为重。

（八）社会效益原则

社会效益对一个企业的生存与发展越来越重要。社会形象不好就会阻碍企业的发展，甚至威胁到企业的生存。因此，企业为了提升企业形象，应在考虑经济效益的同时，考虑社会效益、社会责任问题。例如，企业已经发现不合格产品，或产品中所含成分影响人们身体健康等，应及时回收已销售的产品。这样尽管会减少企业当期的产品销售收入，但是有利于企业提升在消费者心目中的形象，从长期来看则有利于企业发展。社会效益原则也可以理解为企业在追求短期收益最大化时应遵循长远性或战略性原则。

第二节 内控措施

一、收入控制的方法

（一）不相容职务分离控制法

销售环节需要办理的主要事项有制定商业折扣标准、接受客户订单、核准付款条件、填制发货通知、发出产品、开具发票、核准现金折扣、核定销售折让或退货条件，并办理退款或接受退货、收取货款以及登记各环节相应的会计记录等。在这些事项中需要进行职务分离的有：

（1）接受客户订单的人，不能同时负责核准付款条件和客户信用调查工作。

（2）填制发货通知的人，不能同时负责发出产品工作。

（3）开具发票的人，不能同时负责发出产品工作。

（4）办理各项业务的人员，不能同时负责该项业务的审核批准工作。

（5）记录应收账款的人员，不能同时负责货款的收取和退款工作。

（6）会计人员不能同时负责销售业务各环节的工作。

适当的职务分离有助于防止各种有意的或无意的，可保证销售业务处理的有效性和可靠性。

（二）授权审批控制法

授权审批有常规授权和特别授权两种形式。

常规授权、特别授权都必须按规定执行。如果超过常规授权，就应做特别授权。

授权审批的控制要明确常规授权和特别授权的责任；明确每类经济业务的授权审批程序；建立授权审批检查制度。销售发票和发货单必须经企业有关负责部门和人员审批；客户的赊销要经过授权审批；销售价格、付款条件、运费和销售退回、折让与折扣等的确定要经过适当的授权审批；对确实无法收回的应收账款，按规定程序批准后，方可作为坏账处理。

（三）目标控制法

目标控制是一种事前控制方式，其主要过程包括确定目标，执行控制，测查执行成果与目标比较，进行测查结论反馈。

目标控制法的主要过程：首先根据对市场情况以及相关资料的分析确定收入控制目标。然后对相关资料进行深入分析，制订可行计划。之后贯彻执行可行计划，并对计划执行情况进行监督，及时反馈，根据反馈结果适当调整。如果市场分析错误，则再次进行市场调查分析；如果目标制定有误，则及时调整控制目标；如果可行计划制订有误，则及时调整可行计划；若计划执行有误，则应及时调整实际执行过程中与计划不相符的地方，以确保控制目标的实现。最后还要将最终的结果与计划相比较，找出差异，分析差异产生的原因，以便及时采取相应的措施。其过程如图 19-2 所示。

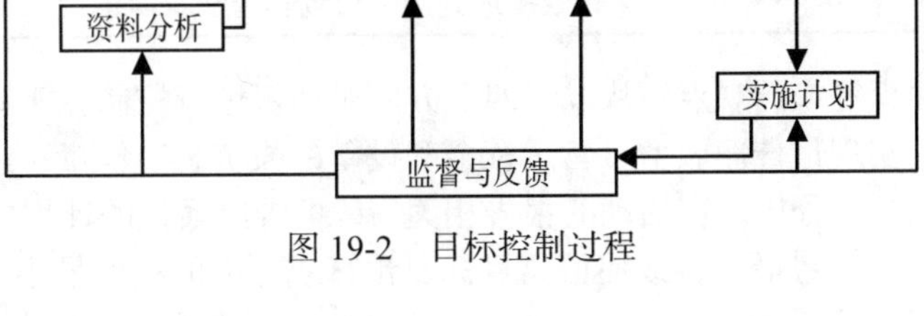

图 19-2 目标控制过程

（四）业务程序控制法

业务程序控制是指采用规范化、标准化的手段对重复发生的业务处理过程进行控制，因此也叫标准化控制。业务程序控制也是一种事前控制，主要规定凭证传递程序、记账程序、供产销及主要经济业务处理程序等。业务程序控制还包括将业务处理过程的程序、要求、注意事项等编制成书面文件，以便有关人员执行。

在控制过程中，应当对销售活动的全过程进行跟踪监测，及时将销售计划执行的结果与预算进行比较，并根据实际情况采取集中控制和分散控制相结合的方式，即在企业总的销售决策目标统一控制下，将预算指标分解至各收入中心分别控制。通常情况下，还要按市场类型、销售地区、销售渠道、产品种类、销售部门等进行分类控制。

产品销售收入控制一般按以下程序进行。

（1）确定控制对象。在销售控制中，由于控制的范围较广，内容较多，不仅包括控制销售量、销售额以及销售成本和毛利等，而且涉及市场调查与预测、推销、售后服务等，因此在这一步要按照成本效益原则合理确定控制对象。

（2）确定控制目标和标准。销售计划制订以后，要根据控制对象明确具体的控制目标和标准，包括产品销售收入、毛利率、市场占有率、销售增长率等。在这一步，应该为控制目标制定定量化的衡量标准，以切实保证控制目标的落实，增强控制活动的有效性和控制的可操作性。

（3）对控制结果进行评价和分析。通过比较实际销售结果与控制目标，就可以评价销售控制的有效与否；对于评价的结论要进行全面分析，特别应关注实际与标准偏差较大的项目；对控制过程进行分析，查找偏差产生的原因：是执行过程没能遵守控制的要求，还是目标高不可攀，抑或是评价指标不切实际。对于产生的差异，可能是多种原因共同作用的结果，应该就各种不同的情况和方面分别进行分析。

（4）处理控制结果。对控制过程评价完成之后，经过对不同结果和情况的分析，要对分析的结果进行处理，及时修正不符合目标和标准的行为，采取恰当的改进和补救措施。如果经过分析确认目标无法达到，应该修正销售预算和控制指标。

对于销售控制，根据控制对象和控制过程的差别可以分为不同的控制内容，一般包括年度计划控制、盈利能力控制、效率控制和战略控制，如表 19-1 所示。

表 19-1　四种销售控制

控制类型	负责人	控制目的	控制方法
年度计划控制	企业高层、中层经理	检查规定的计划目标是否达到	销售分析、市场占有率分析、销售额/费用比分析
盈利能力控制	销售主管	检查企业的盈亏状况	分析盈利能力、产品、地区、客户、销售渠道、订货规模
效率控制	销售、控制主管	评估和检查费用开支的效率和效果	分项效率分析，销售人员、广告、促销等分析
战略控制	企业高层、销售审计人员	检查企业是否最大限度、最有效率地利用了市场销售机会	销售效果评价，销售审计

按吉姆斯·威廉森等人的观点，从以下四个方面对销售进行控制，能够获得最好的或期望的投资报酬率，从而实现最佳净收益：营运资金和设备的投资、销售量、经营费用、毛利。他认为，销售的会计控制与分析销售活动的报告相关，该报告以最佳的计划方式保证纠正措施的执行，使销售活动不利趋势最小，或使偏离目标、预算或标准的程度最小。

（五）订单控制法

企业产品的销售一般是从接受客户的订单开始的。建立订单控制制度是销售业务控制的重要环节。订单控制制度包括以下几个方面：

（1）根据不同的客户和销售形式设计多种订单格式，以满足企业内部各个部门协调工作、相互制约的经营管理需要。

（2）规定订单在企业内部各环节的流转程序，并规定相应的授权审批程序。

（3）实行订单顺序编号法，对已执行的订单和尚未执行的订单分别进行管理和控制，以便随时检查订单的执行情况和每个订单的处理过程，并能防止其间可能发生的舞弊行为。

（六）定期核对账目控制法

应收账款总账和明细账、主营业务收入总账和明细账、其他业务收入总账和明细账等应定期进行核对。应收账款要有核对催收制度，每月由独立的人员负责向客户寄送核对账单，并定期检查确定账龄较长的欠款。在必要的情况下，调整这类客户的信用限额。定期核对账目可以及时发现账簿中的错误，并可以在一定程度上防止舞弊行为。

（七）收入差异分析控制法

对收入差异进行分析，可以进一步发现本期收入产生差异的原因和主要问题。如果是客观原因或不可控因素造成的，则在下期制定收入控制目标与决策时应充分考虑这些因素，以使制定的目标与决策更科学、合理；如果是主观原因或可控因素造成的，则通过进一步分析，找出差异的原因，以便及时纠正偏差。

收入差异分析有几个层次的分析，如图 19-3 所示。

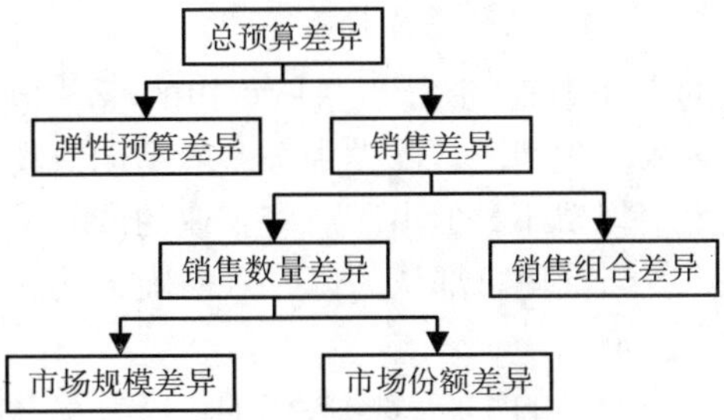

图 19-3　收入差异分析

1. 总预算差异

总预算差异是指实际产品销售收入与预算产品销售收入的差异。计算公式为：

总预算差异=实际产品销售收入−预算产品销售收入

一般来说，企业会在实现产品销售收入之前对企业在一定时期的销售情况做整体预算，实际产品销售收入与预算产品销售收入之间通常会存在一定的差异。通过上述公式可以计算出两者之间的差异，并据以分析企业在这期间的实际经营情况。

2. 弹性预算差异和销售差异

（1）弹性预算差异。弹性预算差异是指实际产品销售收入与弹性预算产品销售收入的差异。计算公式为：

弹性预算差异=实际产品销售收入−弹性预算产品销售收入

（2）销售差异。销售差异是指实际销售量与预算销售量在预算销售价格不变的条件下所引起的差异。计算公式为：

销售差异=（实际销售量−预算销售量）×预算销售价格

3. 销售数量差异和销售组合差异

（1）销售数量差异。销售数量差异是实际销售量按预算的销售比例和销售价格计算的产品销售收入与预算销售量下的产品销售收入的差额。它是由实际销售量与预算销售量的不同而引起的。计算公式为：

销售数量差异=（实际销售量−预算销售量）×预算销售比例×预算销售价格

（2）销售组合差异。销售组合差异是实际销售量按预算价格计算的产品销售收入与实际销售量按预算的销售比例和销售价格计算的产品销售收入之间的差额。它是由实际销售比例与预算销售比例的不同而引起的。计算公式为：

销售组合差异=实际销售量×（实际销售比例−预算销售比例）×预算销售价格

4. 市场规模差异和市场份额差异

（1）市场规模差异。市场规模差异是指根据实际市场规模和预算市场份额计算的产品销售收入与预算市场规模和预算市场份额计算的产品销售收入之间的差异。计算公式为：

市场规模差异=（实际市场规模−预算市场规模）×预算市场份额×预算销售价格

（2）市场份额差异。市场份额差异是指根据实际市场规模和实际市场份额计算的产品销售收入与实际市场规模和预算市场份额计算的产品销售收入之间的差异。计算公式为：

市场份额差异=实际市场规模×（实际市场份额−预算市场份额）×预算销售价格

（八）收入中心控制法

收入中心是对收入负责的责任中心，其特点是所承担的经济责任只有收入，不对成本负责，因此，对收入中心只考核其收入实现情况。此类中心一般是创造收入的部门，如企业的销售部门等。尽管销售部门也会发生销售费用，但由于有些企业的产品销售出于某种战略需要，其主要职能是产品销售和取得收入。当管理总部认为以收入来确定其责任比以利润确定其责任更恰当时，即可以将其确定为收入中心。

在收入中心里，不需要考虑产品的生产或购买成本，只需考虑如何在企业确定的售价范围内更多地推销产品，更大范围地占领市场。至于销售费用，虽然也需考核，但可以相对简化，只需根据弹性预算方法确定其固定费用和变动费用占产品销售收入百分比即可。

1. 收入中心控制的内容

（1）销售目标的实现。各收入中心的目标销售额能否实现，直接影响着企业整体经营目标的实现。因此，应加强对各收入中心产品销售收入目标的控制。其控制措施如下：

1）检查各收入中心的分目标与企业的整体销售目标是否协调一致。

2）检查各收入中心是否为实现其销售分目标制定了切实可行的推销措施。

（2）销售款的回收。产品销售收入资金能否及时回收，直接影响着企业经营资金能否正常周转。保证销售款的及时回收是收入中心的又一重要职责，也是考核收入中心经济责任的一个质量指标。其控制措施如下：

1）检查各收入中心对销售款的回收是否建立了完善的控制制度。

2）对销售款的回收是否列入了各收入中心的考核范围。

3）收入中心与财务部门是否建立了有效的联系制度，能够及时了解销售款的回收情况。

2. 收入中心的考核

收入中心应有一定的考核标准，以便比较分析各责任中心的管理业绩。同收入中心的控制一样，对收入中心的考核也包括两个方面的指标。

1）产品销售收入目标完成百分比。其计算公式为：

$$\text{商品销售收入目标完成百分比}=\frac{\text{实际实现销售收入额}}{\text{目标销售收入额}}\times 100\%$$

产品销售收入目标完成百分比衡量实际实现销售收入额占目标销售收入额（预算产品销售收入额）的比例。它是一个相对指标，不仅能衡量各收入中心的实际经营情况，也能作为各收入中心之间业绩比较分析的依据。

2）销售款回收平均天数。其计算公式为：

$$\text{销售款回收平均天数}=\frac{\sum(\text{销售收入}\times\text{回收天数})}{\text{全部销售收入额}}$$

销售款回收平均天数衡量企业销售货款收回所占用的时间。

（九）会计记录控制法

对收入控制来说，只有具备充分的记账手续、充分的凭证和记录才有可能实现其各项控制。例如，有的企业在收到客户订货单后，就立即编制一份预先编号的一式多联的销售单，分别用于批准赊销、审批发货、记录发货数量以及向客户开具账单等。在这种制度下，只要定期清点销售发票，漏开账单的情形几乎就不太会发生。

另外，凭证应预先进行编号，目的在于防止销货以后忘记向客户开具账单或登记入账，也可防止重复开具账单或重复记账。

二、收入控制的内容

（一）产品销售收入控制

1. 产品品种及其结构控制

一个企业是否能够生产出适销对路的产品来满足客户对产品功能和质量的要求，是产品销售收入能否实现的重要基础。因此，产品销售收入的控制必须从控制产品的品种及其结构开始。

控制产品品种及其结构，要求企业密切跟踪市场需求的变化，了解本企业的产品在市场上的竞争态势，分析其优势和劣势，根据市场需求情况和企业产品的竞争态势以及企业的产能状况来调整产品的品种结构，把最优的产品品种结构推向市场，为保持甚至扩大产品销售规模、实现产品销售收入的有效控制奠定基础。

另外，对产品品种及其结构控制不仅要关注短期内的产品情况，如产品质量、生产数量等，及时根据市场需求的变化改进产品，还要注意加强对新产品开发的控制。从短期来看，新产品的开发对收入并不产生什么影响，但从长期来看，现在为企业创造收入的产品有可能被淘汰掉，只有不断地开发出新产品，才能保证企业的持续经营，获得更多的收入。因此，新产品的开发控制也是企业收入控制的一个重要方面。

2. 产品定价控制

销售价格是影响企业产品销售收入的重要因素。在销售数量一定的情况下，销售价格越高，产品销售收入就越多；反之则少。同时，产品销售价格的变动还会影响销售数量，价格提高可能会使商品的竞争力下降，从而导致销售数量减少，所以说价格对收入的影响并非单一方向的，这样就要求当对产品进行定价时，要对各因素进行具体分析。

另外，在销售这一环节，为了保证收入中心控制目标的实现，必然要遇到销售价格与产品成本相互协调的问题。按照传统的销售理论，产品成本是定价的基础，售价就是在总成本基础上加一个合理的利润。这种定价思路当然符合企业经营的效益原则和成本补偿原则，但忽略了一个最重要的因素，那就是市场上能够接受的价格是多少。如果客户能接受，就说明你的收益能够实现，成本能得到补偿，但是如果客户不能接受，产品卖不出去，那么无论你定多高的价格，收益都是不能实现的。这里需要说明的问题就是，在现实买方市场的条件下，企业生产的产品是否能够顺利地销售，使企业获得收益，完全取决于市场上是否需要和接受，这就要求企业必须以市场为导向去进行产品的设计、生产，要按照市场上有竞争力的价格倒推生产成本。

产品的销售价格一方面直接影响着产品的销售市场，另一方面影响着企业当期利润指标的实现。企业必须制定一个良好的销售价格政策控制制度。这个制度至少包括两个方面：一是制定统一的产品销售价格目录；二是规定灵活的商业折扣、现金折扣标准，并建立相应的授权审批权限。

一般来说，企业产品的定价方法主要有以下几种。

（1）营业成本、费用定价法。产品的营业成本和销售费用必须由营业收入进行补偿，这是营业成本、费用定价法的经济依据。计算公式为：

$$产品售价=\frac{(营业成本+销售费用)\times(1+成本、费用利润率)}{(1-流转税税率)}$$

这种定价法能保证营业成本、费用得到足额补偿和营业利润的实现，但是没有考虑市场的需求和竞争情况，一般适用于买方定制的产品及新产品的定价。

（2）变动成本、费用定价法。变动成本、费用定价法以产品的变动成本、费用作为确定产品价格的经济依据。计算公式为：

$$产品售价=单位变动成本费用+单位边际贡献毛益$$

边际贡献毛益是营业收入扣除营业税金和变动成本、费用以后的余额，实际上它等于固定成本、费用加营业利润。按变动成本、费用定价法的基本要求是产品的价格要大于变动成本、费用，从而获得边际贡献。这种定价法主要适用于企业有较大生产经营潜力时的产品定价。

（3）需求导向定价法。需求导向定价法是以市场供求关系作为产品定价依据的一种方法。市场上产品供不应求时，产品定价就高，反之则低。这种定价方法充分考虑了市场因素，产品价格由需求者承认的产品价值或愿意承担的费用所决定，而不取决于卖方的成本、费用的大小。对需求者承认的产品价值或愿意承担的费用的估计是困难的，一般可通过市场研究结合经验进行判断。

（4）竞争导向定价法。竞争导向定价法特别注重与之竞争的产品的市场价格，而不太考虑产品价格与成本、费用的关系。产品价格是根据竞争产品的现行市价和企业销售战略来确定的。这种方法在市场竞争激烈的情况下经常使用。

3. 信用标准和条件控制

在收入控制过程中，信用标准和条件控制也是一个很关键的方面。如果信用标准定得偏松，则可以使企业获得更多的产品销售收入，但是这样一来就会增加企业的应收账款，给企业带来更多的坏账损失，从而影响企业的整体效益；但是如果信用标准定得偏紧，则可以使企业损失很多销售机会，降低企业的销售量，进而致使企业产品销售收入下降。因此，企业要很好地权衡信用标准和条件与产品销售收入之间的关系，合理地制定信用标准和条件，既能保证企业的产品销售收入，又能将企业的坏账损失控制在一定范围内。

4. 推销控制

推销是为企业产品找到适当的买家。在这个过程中除了考虑销售技巧、客户渠道管理等重要销售因素，还要进行不同销售渠道的成本分析，提供详尽的销售成本信息，密切关注、跟踪并及时反映主要销售渠道的变化。具体包括：最大的推销成本和渠道建设费用；可接受的最小订单；广告支出的成本效益及边际和敏感性分析。对于如上这些分析和决策在很大程度上依赖的是历史成本信息，是根据成本的有效性来确认销售渠道和推销方法的效率，从一定时期来看，最佳的推销策略应是在最小的投入成本或最佳的投资报酬率下取得最大销售量的方法。

5. 销售合同控制

销售合同是企业与其他单位之间进行产品销售活动而签订的具有法律效力的契约。为了有计划地组织生产经营活动，企业必须与各购货单位签订销售合同，明确规定供货名称、规格、数量、质量、交货日期、供应批量、运输方式、销售价格、结算方式及不履行合同的惩罚措施等。为了保证销售合同的执行，在签订合同时必须了解对方的经营状况、企业信誉、支付能力和履约能力；在合同执行过程中要对合同的执行情况进行检查，当发现违反销售合同有关规定的情况时，应查明原因并根据具体情况要求违约方按规定赔偿损失。财务部门应协助销售部门加强对合同的管理，审查其在生产、技术上是否可行，在经济上是否有利。应有专人负责管理销售合同，掌握合同的执行情况。

6. 销售发票控制

产品发出后向客户开具销售发票既是企业销售成立的标志，也是向客户收取货款的依据。如果在向客户开出销售发票和账单时缺乏有效的控制，不但会导致营私舞弊行为的发生，还会使会计的营业收入记录不真实。销售发票控制制度主要包括：

（1）指定专人负责发票的保管和使用，明确发票管理制度。

（2）发票使用人领用发票时应签字注明所领用发票的起讫号码。

（3）发票使用人所开具的发票必须以发货通知单等有关凭证上载明的客户名称、日期、数量、单价、金额等为依据如实填列各项内容。

（4）财务部门必须指定独立于发票使用人的专人，定期或不定期地对所有使用过的发票与会计记录和有关手续凭证进行核对检查。

7. 产品销售收入确认控制

产品销售收入的确认应符合以下条件。

（1）企业已将产品所有权上的主要风险和报酬转移给购买方。产品所有权上的风险主要是指产品因减值、毁损等而造成的损失；产品所有权上的报酬是指产品中包含的未来经济利益（包括因产品升值等给企业带来的经济利益）。

判断产品所有权上的主要风险和报酬是否已经转移给购买方，要视具体情况而定，如销售方式、销售合同中规定的具体条款（销售方是否承担售后的某些义务、承担什么义务）等，应遵循实质重于形式的会计原则。该项条件体现销售产品的交易是否真正完成的原则。

（2）企业既没有保留通常与所有权相联系的继续管理权，也没有对已售出的产品实施控制。企业售出产品后，如果已将产品所有权上的主要风险和报酬转移给购买方，但仍然保留与该产品所有权相联系的继续管理权或对售出产品进行控制（如合同规定在一定时期后要回购、要求退回等），就不能确认相应的产品销售收入。如果售出产品后，保留的是与产品所有权无关的管理权，则不属于该项确认条件。

（3）与交易相关的经济利益能够流入企业。与交易相关的经济利益是指销售产品的价款（现金或现金等价物）。一般情况下，如果企业售出的产品符合合同或协议规定的要求，并且已将发票账单交付对方，对方也承诺付款，即表明销售产品的价款能够收回（流入企业）。销售价款能否收回，要根据买方信用状况、支付能力、当前形势等进行定性分析，然后才能做出正确判断。

（4）相关收入和成本能够可靠地计量。收入的确认还要以收入能够可靠地计量为基本前提；否则，尽管符合前述三个条件，但若不能对收入可靠地计量，也无法确认收入。企业在销售产品时，要在合同或协议中明确产品售价。

根据收入与费用配比原则，一笔销售产品收入与其成本应该在同一会计期间予以确认。如果成本不能可靠地计量，其相关的收入也不应确认。

根据权责发生制原则，在本期收到的货款，但不属于本期的收入也不应在本期确认；属于本期的收入，即使没有收到货款也应在本期确认收入。对收入确认进行控制，可以确保收入在合理的时间以合理的金额及时入账。界定收入的确认时间以及确认金额，不仅可以真实地反映企业经营期间的经营成果，为决策者提供可信的会计信息，而且能有效防止利用收入的确认人为调节利润的情况。

8. 对账控制

财务部门对主营业务收入的总账、明细账等应定期进行核对，及时发现会计记录中的错误、舞弊行为。应收账款要有核对催收制度，每月由独立的人员负责向客户寄送对账单，并定期检查确定账龄较长的欠款。在必要的情况下，调整这类客户的信用限额。

9. 评价和激励控制

多数企业对于销售激励大多采用“销售佣金制度”，一般有两种标准可资利用：一是按照销售额或者合同金额为基数，二是按照销售毛利作为佣金提取的根据。这两种方法在现实企业中都有采用。比较而言，这两种方法不同之处在于，后一种方法扣除了销售成本和销售费用，按照销售额确定佣金支付。这种方法计算简便，一般用在成型产品的销售，即产品的制造成本和销售费用相对比较平稳和固定的情况。而在不同的销售情形，如系统集成企业，每一单销售合同除销售额的差异外，成本和费用率也存在较大差异。在这种情况下，要准确计量销售合同能给企业带来的盈利，就必须比较毛利，因此也必须以此作为计算销售奖励的基础，才不失公平和公正。

10. 收款方式控制

企业销售产品有多种收款方式，如现销收取现金、预收货款、托收承付、委托收款、商业汇票、分期收款等方式。不同的收款方式会带来不同的影响。例如，销售采取收取现金时，在购货方没有足够现金的情况下，则会导致企业销售量下降、收入减少。企业应合理地衡量每种收款方式可能给企业带来的影响，以确定合理的收款方式，在保证企业产品销售收入的情况下，能及时收回货款。

11. 销售退回控制

根据相关规定，企业已经确认收入的售出产品发生销售退回的，应冲减退回当期的收入，但资产负债表日及以前售出的产品在资产负债表日至财务报告批准报出日之间发生退回的，应按《企业会计准则——资产负债表日后事项》的有关规定处理。

企业发生的销货退回相对于正常销售来说是少量的不经常发生的业务，但由于其直接影响着企业的信誉和产品销售收入、应收账款的确认，直接抵减了企业的经济效益，也可能产生舞弊行为。因此，建立退货业务的控制制度依然是至关重要的。退货业务的控制制度主要有以下几个方面。

（1）建立退货损失惩罚制度。在整个销售控制制度中明确每个环节的责任人，当发生退货业务时能够找到承担损失的责任人，并给予相应的处罚，以加强生产、销售等各环节业务人员的责任意识，减少不必要的退货损失。

（2）设立独立于销售部门的销货争议处理机构。当客户验收产品发现问题并通知企业时，销货争议处理机构能够立即展开调查，积极与客户协调，确认责任方。对由于本企业责任而造成客户争议的，应拿出双方都能够接受的解决方案。

（3）建立销售折让优先制度。对确认为本企业责任的，第一解决方案应是给予客户销售折让，以减少可能发生的退货损失。

（4）理顺销售折让和销售退回的凭证流转程序。它可使会计记录所使用的原始凭证真实、可靠，从而保证相应会计记录的客观性。

（5）建立退货、索赔、销售折让审批制度。任何退货、索赔、销售折让的执行，必须有授权领导的批准。

（6）建立退货验收制度和退款审查制度。对销售退回的产品进行入库验收以及退款等业务进行审查。

（二）提供劳务收入控制

对劳务收入的控制重点在于，根据提供的劳务种类及劳务完成时间准确地确认和计量劳务收入，防止利用劳务收入的确认任意调节利润的行为。

另外，劳务价格与产品价格一样，也是影响收入的一个关键方面，在提供的劳务量一定的情况下，劳务价格定得越高，获得的收入则越多；而劳务价格定得越低，获得的收入则越少。而通常情况下，劳务价格的变动也会影响到提供的劳务量。劳务价格定得较高，则会减少提供的劳务量；而劳务价格定得较低，则会增加提供的劳务量。劳务价格与提供的劳务量成反比例变动，这就决定了劳务价格的确定存在一个最优标准，因此，企业应根据对影响劳务价格的主要因素的分析，合理确定劳务价格。

（三）建造合同收入控制

对建造合同收入控制的要点主要有三个方面：

（1）要重点关注根据合同完工情况合理地确认每期收入。

（2）要加强对合同的管理，包括对订立合同、合同完成情况以及合同变更情况等的管理；

（3）对合同变更、索赔、奖励等原因而形成的追加收入要合理处理。

（四）让渡资产使用权收入控制

让渡资产使用权收入控制的要点主要有三个方面：

（1）控制让渡资产使用权的数额、期限等，在不影响企业正常生产经营的情况下，获得更多的收入。

（2）控制让渡资产使用权的种类及对象，不能影响企业的生产经营，损害企业的声誉。

（3）要定期对让渡资产使用权的收益情况及对企业产生的影响进行考核。

第二十章

成本费用方面的内部控制

第一节　综合知识

成本费用控制是指在生产费用形成的过程中，根据事先制订的成本费用目标计划，对单位日常发生的各项生产经营活动按照一定的原则，采用专门的方法，进行严格计量、监督和指导，本着厉行节约、杜绝浪费、讲究经济效益的理念，使各种具体的和全部的生产经营耗费不超过原来规定的标准和预算。如果发生偏差，应及时分析差异的原因，以保证成本费用目标的实现。

一、成本费用控制的目标

（一）保证成本费用发生的有效性

成本费用发生的有效与否与企业的内部控制制度直接相关。企业应当建立健全内部控制制度，完善业务处理流程，在业务流程上设置控制点，采取审批、签发、审核、稽核等措施，使整个成本费用的发生处于有序的控制之中，保证成本费用的发生能够有利于提高企业的经济效益。

（二）保证成本费用发生的合理性

关于企业的成本费用哪些应该发生、哪些不应该发生，国家的相关法律法规都做了原则性的规定，企业的规章制度也都做了具体的规定。成本费用的控制必须保证成本费用发生的合理性，应该发生的让其发生，不应该发生的就不让其发生。因此，企业应该制定严格的控制标准和控制程序来保证成本费用发生的合理性。

（三）保证成本费用发生的合法性

成本费用是企业利润的抵减项目，在收入确定的情况下，成本费用越多，利润就会越少；成本费用越少，利润就会越多。而企业利润是国家税收的重要来源，为了保证这一税收来源的真实性、充足性和稳定性，国家制定了有关法律法规，对成本费用的开支范围、归集项目、确认条件、计量标准、记录规则、报告条例都做出了明确的规定。企业必须依据这些规定进行成本费用控制，通过控制成本费用发生过程中的各项手续、程序、各种文件记录以及账面的反映和财务报表的披露等，使成本费用的发生符合国家法律法规的规定。

（四）保证成本费用确认的正确性

企业在成本费用确认的过程中很容易出现将费用作为资产挂账，导致当期费用低估、资产价值高估的后果；将资产列为费用，导致当期费用高估、资产价值低估的结果；或者随意变更成本计算方法和费用分配方法，导致成本费用失真等问题。这些问题都严重影响了成本费用确认的正确性。因此，企业必须根据有关法律法规的规定，正确划分生产成本和期间费用的界限、资本性支出和收益性支出的界限、营业支出和营业外支出的界限，以及本期成本费用与下期成本费用的界限等，根据成本费用的确认条件准确地对成本费用进行确认，以保证成本费用确认的正确性。

（五）保证成本费用计量的准确性

成本费用计量的准确性是以成本费用的正确确认为前提的。成本费用的计量不仅涉及会计信息载体如记账凭证、明细账、总账等的可靠性，而且涉及财务报表的正确性。为了保证成本费用计量的准确性，企业应在成本费用的计量过程中设置核查、稽查、对账等控制点，防止发生有意或者无意的计量错误，对于特殊产品、材料的计量还应请示专家的意见，采用物理或者化学等合理的计量方法进行计量。对于有损耗的存货应该制定合理的损耗额度，以此为标准对这些存货进行准确的计量。准确计量企业所发生的成本费用是正确计量企业利润总额、所得税和净利润的重要保证。

（六）保证成本费用记录和报告的真实性和及时性

企业每日进行账务处理，划分年度、季度、月度进行财务报表的编制，目的是想利用真实、及时、有用的会计信息为企业的生产经营服务。成本费用信息的真实性和及时性是其有用性的重要前提，虚假、滞后的信息是无用的信息。企业应采取各种控制措施，加强对生产经营活动过程中成本费用的控制，保证成本费用记录和报告的真实性和及时性，从而确保成本费用信息的有用性。

二、成本费用控制的原则

（一）经济原则

这条原则是指因推行成本费用控制而发生的成本，不应超过因缺少控制而丧失的收益。

通常，增加控制环节发生的成本比较容易计量，而控制的收益比较难以确定，但不能因此否定这条原则。在一般情况下，控制的收益会明显大于其成本，人们可以做出定性的判断。当然，确实有些企业为了赶时髦，不计工本，搞了一些华而不实的烦琐手续，经济效果不好，甚至得不偿失。不符合经济原则的控制办法，是没有生命力的，是不可能持久的。

经济原则在很大程度上决定了我们只在重要领域中选择关键因素加以控制，而不对所有成本都进行同样周密的控制。

经济原则要求成本费用控制要能起到降低成本、纠正偏差的作用，具有实用性。成本费用控制系统应能揭示何处发生了失误，谁应对失误负责，并能确保采取纠正措施。只有通过适当的计划工作、组织工作和领导工作来纠正脱离目标的偏差，才能证明成本费用控制系统是有用的。

经济原则要求在成本费用控制中贯彻“例外管理”原则。对正常成本费用支出可以从简控制，而格外关注各种例外情况。例如，对脱离标准的重大差异展开调查，对超出预算的支出建立审批手续等。

经济原则还要求贯彻重要性原则。应把注意力集中于重要事项，对成本细微尾数、数额很小的费用项目和无关大局的事项可以从略。

经济原则要求成本费用控制系统应具有灵活性。面对已更改的计划，出现了预见不到的情况，控制系统仍能发挥作用，不至于在市场变化时控制系统成为无用的“装饰品”。

（二）节约原则

在节约原则下，成本费用控制绝不等同于消极的限制和监督，而是积极的干预和指导。因此，企业应把企业成本费用控制的侧重点放在产品投产前的事前控制，做好成本费用的预测工作，充分挖掘单位内部潜力，把浪费消灭在事前，做到“防患于未然”，发挥前馈性控制作用。各单位应加强项目和产品设计、开发阶段成本费用控制，通过强化设计、开发环节对零部件的供应商采取竞争性的选择，保障货源充足，价格更优惠；通过进行价值工程分析，优化设计部件结构和加工工艺，使项目和产品寿命周期内成本费用最低。

（三）激励与约束相结合原则

成本费用控制通过分级归口控制，把控制的目标层层分解、层层归口、层层落实到各部门、各单位、各车间、各工段、各小组甚至每个人之后，还需要建立相应的激励与约束制度，才能保证控制目标的实现。

通过建立相应的激励与约束制度，使各部门、各单位、各车间、各工段、各小组甚至每个人在明确自身职责的同时，还了解自身的利益，从而调动各部门、各单位、各车间、各工段、各小组甚至每个人的积极性，提高成本费用控制的效果。

（四）目标管理原则

目标管理是以既定的目标作为管理人力、物力、财力和各项重要经济指标的基础，成本费用控制是目标管理的重要组成部分。它要求以目标成本费用为依据，作为单位经济活动进行限制和指导的准绳，力求做到以最小的成本费用开支，获取最佳的经济效益。

（五）权责利相结合原则

每个成本费用中心都必须制定一定的标准或预算，并赋予它们在规定范围内开支费用的权力，要求它们完成控制成本费用的职责，还必须定期对它们的业绩进行评价和考核，并同职工的经济利益紧密挂钩，做到奖惩分明。

（六）因地制宜原则

成本费用控制必须适合本企业的特点、部门和岗位设置、成本项目的特点等实际情况，不可照搬别人的做法。

（1）适合本企业的特点，是指不同规模、不同行业、不同发展阶段的企业，其成本费用控制方法应有不同。

（2）适合本部门和岗位的设置，是指对不同职能部门以及不同的岗位，由于其职责及活动引发的成本不同，成本费用控制方法应有区别。

（3）适合成本项目的特点，是指不同成本有不同的性质及目的，成本费用控制方法应有差别。

（七）全面控制原则

全面控制，即全体职工参与，对企业生产经营全过程中所耗费的全部成本进行严格的限制和监督。它要求：

（1）对企业全部的料、工、费支出进行控制。

（2）对产品成本形成的全过程，包括产品的设计和试制、物资的采购和储存、生产工艺的制定、生产组织、质量检查、供销、运输、售后服务等各环节发生的成本进行控制。

（3）企业内部所有职工参与的全员成本费用控制。

（八）例外管理原则

例外管理原则是指在日常成本费用控制中，为了提高成本费用控制的工作效益，成本费用管理人员不应把精力和时间分散在全部成本费用差异上，而要把注意力大部分集中在那些属于不正常的、不符合常规的关键差异上，要追本求源，查明原因，并及时反馈给有关责任单位，重要问题要及时向单位负责人汇报，并迅速采取有效的措施加以纠正。

（九）管理层推动原则

由于成本费用控制涉及全体员工，并且不是一件令人欢迎的事情，因此必须由管理层来推动。成本费用控制对企业管理层的要求是：

（1）重视并全力支持成本费用控制。各级人员对于成本费用控制是否认真办理，往往视管理层是否全力支持而定。

（2）具有完成成本目标的决心和信心。管理层必须认定，成本费用控制的目标或限额必须而且可以完成。成本费用控制的成败，也就是它们自己的成败。

（3）具有实事求是的精神。实施成本费用控制，不可好高骛远，更不宜急功近利、操之过急。唯有脚踏实地、按部就班，才能逐渐取得成效。

（4）以身作则，严格控制自身的责任成本。在成本费用控制的过程中，管理层需要以身作则，对自身的责任成本进行严格的控制，以避免成本不能得到控制。

（十）分级归口管理原则

企业上下左右的每个部门、每个单位在参与创造企业价值的同时，也都耗费着企业的资源，发生着各种成本费用。按照企业内部的组织分工，每个部门、每个单位都有其各自的职责权限，相互之间不能逾越但需要沟通和协调。把成本费用的控制按照各个部门和单位的职责权限进行分级归口控制，是成本费用控制的一个基本原则。通过分级归口控制，把成本费用控制的目标层层分解、层层归口、层层落实到各部门、各单位、各车间、各工段、各小组甚至每个人，使成本费用控制形成一个严密的组织系统，从而提高控制的效果。

（十一）合理性原则

不同的企业，甚至同个企业的不同发展阶段，其成本费用发生的具体内容和形式是不完全相同的，其在成本费用控制上所采取的方法和措施也会有所差别。但不管哪个企业或企业发展的哪个阶段，其成本费用的发生都有其合理性要求。因此，成本费用控制必须坚持合理性原则。通过有效的控制，使成本费用的发生满足合理性的要求。即通过有效控制，只允许那些确实为企业生产经营活动所必需的成本费用发生，而对那些不是企业生产经营活动所必需的成本费用则限制或禁止发生。

（十二）有效性原则

企业成本费用在合法合理的基础上还要达到有效，这是投入产出规律的必然要求。按照投入产出规律的要求，产出必须大于投入，投入方才有效。企业成本费用的发生昭示着企业资源的耗费，而企业资源的耗费从根本上说就是企业对生产经营活动的投入，这种投入必然要求能够得到合理的回报。因此，企业在成本费用的控制上还必须坚持有效性原则，从事前控制、事中控制和事后控制三个方面来加强有效性控制，使成本费用的发生能够取得合理的回报，从而提高企业的经济效益。

（十三）合法性原则

对成本费用进行控制是为了企业本身的利益，但是在采用各种控制手段时不能违反国家的相关法律法规。在控制过程中要兼顾国家利益、企业利益和消费者利益。成本费用控制的基本目标是降低成本费用的消耗，从根本上说，对国家、企业、消费者三者都是有利的，但是如果在成本费用控制过程中采用不适当的手段损害国家和消费者的利益，则是不妥的，从长远来看对企业的发展也是不利的。企业不能为了自身的利益采取一些不符合法律法规规定的控制办法。

三、成本费用控制的风险

成本费用控制风险是在成本费用控制活动中，受成本费用控制失效或不确定性因素的影响所产生的成本偏离实际的风险。它会使企业的成本上升、利润下降、市场竞争力削弱。

（一）成本费用控制风险的特点

1. 客观性

风险的存在是客观的。成本费用控制风险根源于企业内外环境及一些难以预料或无法控制的因素。这些因素的客观存在决定了市场经济条件下的企业成本费用控制风险是不以人的意志为转移而客观存在的。

2. 普遍性

在市场经济条件下，成本费用控制风险是一种客观存在的经济现象。它贯穿于企业经营管理的全过程，是各种风险因素在企业成本管理上的集中体现。

3. 不确定性

成本费用控制风险的存在既是客观的又是普遍的，但是成本费用控制风险是否发生，何时、何地发生以及发生的范围和影响程度有多大，又是偶然的、具有不确定性的。

4. 可控性

成本费用控制风险具有不确定性，但它的发生并不是纯粹的“意外”，而是有一定规律可循的。企业可以根据以往类似事件的统计资料及其他相关信息，运用一定的技术方法，对可能产生的成本费用控制风险发生的时间、范围和程度进行预测和判断，并采取相关的措施防范和应对。

5. 可预测性

虽然成本费用控制风险具有不确定性，但是通过对企业外部环境和内部条件的分析，各种潜在的成本费用控制风险因素还是可以预测的。只要及时采取各种措施，加强对成本费用控制风险的防范，就能有效降低风险损失。

（二）成本费用控制风险产生的原因

企业产生成本费用控制风险的原因有很多，既有企业外部的原因，也有企业自身的原因，而且不同的成本费用控制风险形成的具体原因也不尽相同。总体来看，主要有以下几个方面的原因。

1. 宏观环境复杂多变

企业管理的宏观环境复杂多变是企业产生风险的外部原因。宏观环境包括经济环境、法律环境、市场环境、社会文化环境、资源环境等因素。这些因素存在于企业之外，但对企业的经营管理产生重大影响。

宏观环境的变化对企业来说，是难以准确预见和无法改变的。宏观环境的不利变化必然给企业带来风险。例如，世界原油价格上涨导致成品油价格上涨，使运输企业增加了营运成本，减少了利润，无法实现预期的财务目标。成本管理的环境具有复杂性和多变性，外部环境变化可能为企业带来某种机会，也可能使企业面临某种威胁。企业如果不能适应复杂而多变的外部环境，对外部环境不利变化不能进行科学的预见，反应滞后，措施不力，就会产生成本风险，使企业经营举步维艰。

2. 成本费用控制意识淡薄产生的风险

企业作为经营活动的主体，必然面临成本风险，因为成本风险是客观存在的。但在现代企业管理中，许多企业风险意识淡薄，缺乏正确的市场风险意识，对成本费用控制的重要性认识不够，对可能产生的风险也没有足够的认知，从而使成本开支具有普遍的随意性和盲目性，预算仅当摆设，制度流于形式，成本费用控制的作用不能得到充分发挥，产生成本费用控制风险。

3. 成本转嫁产生的风险

当一个部门以不可控成本替代其可控成本时，成本转嫁就发生了。对于按可控成本评价的生产部门来说，它有动力用固定成本来替代变动成本，因为成本责任中心通常不对不可控成本的上升负责，结果是尽管该中心的可控成本降低了，但企业的整体成本可能上升了——固定成本随着变动成本的下降反而上升了。成本费用控制的有效运用，要求成本管理者预见这种转嫁，规避成本转嫁风险。成本转嫁降低了业绩评价系统的激励作用和公正性，所以成本管理者对成本转嫁应高度重视和关注，在制定各成本责任中心的成本时要通盘、充分考虑责任中心之间的联系。

4. 过分关注短期成本目标产生的风险

应该引起企业注意的问题是许多业绩评价系统过分关注年度短期成本数据，使管理者只注意短期成本目标的实现而忽视长期战略因素对成本的影响，从而影响到企业成本费用控制的可持续性及成本竞争优势的可持续性，使企业的可持续发展受到制约和威胁。许多企业缺乏科学完善的分析方法和评价考核方法，不能对考核对象的成本费用控制绩效进行客观公正的分析和评价，不能充分调动考核对象的主观能动性和责任感，反而使其产生消极、抵触等不利于成本费用控制的系统风险。

5. 成本预算宽余产生的风险

预算宽余是成本的预算值和期望值之间的差额。适度的预算宽余有助于公正地评价业绩和促进决策目标的实现。这种有限的、对外部环境不确定性因素的预算防护，可以降低成本责任中心的风险厌恶程度，有助于促进成本责任中心的工作目标与企业高层管理者的决策目标达成一致。成本责任中心常常在其预算中留有一定数额的宽余，以应付未预料到的不利事件，但数额较人的预算宽余可能是由于管理者企图使成本目标更容易实现而留有的余地，这意味着企业整体业绩可能低于应有水平。因此，为了规避预算宽余造成的成本费用控制风险，成本管理人员需要重视预算宽余的程度及合理性。

6. 成本费用控制的方法与措施不当产生的风险

成本费用控制是在生产经营活动中，利用会计所提供的各种信息，以不断降低成本和提高经济效益为目的，对影响成本的各种因素加以控制和管理，及时发现与预定目标成本之间的差异，找出产生差异的原因，采取措施，消除不利差异，保证成本目标与成本预算任务完成的活动。成本费用控制要求实施全员、全过程、全方位的控制。许多企业往往只重视对生产人员的管理，却忽视了对非生产人员的管理；只重视对生产环节的成本费用控制，却忽视了对产品设计、材料采购、商品销售等环节的成本费用控制；只注重对价值活动实施控制，对生产经营活动中的非价值活动或与价值活动无紧密关系的活动，如人事管理、生产计划、生产调度等却忽视了。

企业在成本费用控制活动中，应根据不同的价值活动、不同的成本动因、不同的经营环节、不同的人员、不同的费用项目，采用不同的成本费用控制方法和措施。如果采取的方法和措施与实际控制对象不匹配，不但不能发挥成本费用控制的积极作用，反而会产生控制风险，使损失增加或成本上升。

（三）成本费用控制风险的类型

成本费用控制涉及的内容广泛而复杂，成本费用控制风险会存在于成本费用控制活动的各个方面。为了详细系统地对成本费用控制风险进行研究，防范受成本费用控制失效或不确定性因素的影响所产生的风险，充分发挥成本费用控制的作用，有必要对成本费用控制风险按不同的标准进行分类。根据成本费用控制的特点、依据等，可以把成本费用控制风险划分为如下几类。

1. 成本费用控制风险按控制的实施部门划分

企业经济效益的好坏，直接关系到国家和企业的利益，因此，成本费用控制工作不仅是企业自己的事，还需要企业和国家综合经济管理部门共同努力才能完成。企业和社会都要承担降低成本的责任和义务。从这个角度出发，成本费用控制风险可分为宏观成本费用控制风险和微观成本费用控制风险两大类。

（1）宏观成本费用控制风险。宏观成本费用控制风险是指国家综合经济管理部门在采取各种措施降低企业成本费用的过程中，受成本费用控制失效或不确定性因素的影响所产生的风险。国家综合经济管理部门出台的各项方针政策，对企业成本费用的发生影响很大，如成本开支范围、税费的收取比例、价格政策、产业扶持政策等，都会对企业的成本费用造成重大的影响。如果国家综合经济管理部门制定一些有利于企业成本费用控制的政策，就可以从宏观上控制企业成本费用的发生，降低成本费用控制风险。如果国家综合经济管理部门制定的方针政策不利于控制企业成本费用，企业的成本费用控制风险就会增加，企业所采取的降低成本、控制成本费用发生的各项措施效果就不会非常明显。

（2）微观成本费用控制风险。微观成本费用控制风险是指企业的成本管理部门在整个企业范围内所实施的成本费用控制措施的失效给企业带来的风险。实施有效的微观成本费用控制，可以使企业有效地防范成本费用控制风险，同时，企业内部各级核算单位（如基本生产车间、辅助生产车间、各职能科室等），也应根据企业成本管理部门下达给本核算单位的各项有关成本指标，并结合本核算单位的具体情况，制定出合理的成本费用控制程序和方法，进而确保本单位控制目标的完成。

2. 成本费用控制风险按其与被控对象的关系划分

成本费用控制风险按其与被控对象的关系，可分为直接成本费用控制风险和间接成本费用控制风险两类。

（1）直接成本费用控制风险。直接成本费用控制风险是指企业制定了无效的成本费用控制制度、方法、标准等，直接对企业发生的经济活动进行控制所造成的风险。企业发生的各项经济业务都需要经过财务部门进行反映和控制，直接成本费用控制不需要经过许多中间环节，而由财务部门直接实施，因此不恰当的直接成本费用控制造成的不利风险也是非常明显的。

（2）间接成本费用控制风险。间接成本费用控制风险是指某些活动不是由财务部门直接实施控制的，而是由其他职能部门和有关员工参与，财务部门通过有关的规章制度、方法间接地实施控制的，由于这些部门错误的成本费用控制措施给企业带来的风险。例如，企业的材料采购成本费用控制风险、生产车间消耗控制风险、产品的销售费用成本费用控制风险等。

3. 成本费用控制风险按其控制的依据划分

成本费用控制风险按其控制的依据，可分为政策成本费用控制风险、制度成本费用控制风险和会计准则成本费用控制风险三类。

（1）政策成本费用控制风险。政策成本费用控制风险是指企业没有按照国家的方针政策对企业的成本进行控制所造成的风险。企业的任何经济活动都必须符合国家的各项方针政策，符合宪法和法律的要求，如果企业没有根据有关的政策和法令来控制企业成本费用的开支，其必定是不合理或违法的，不仅会增加企业的成本费用，而且会增加企业的违法处罚风险。

（2）制度成本费用控制风险。制度成本费用控制风险是指企业错误地运用内部各有关部门制定的各项规章制度对企业的成本费用进行控制所带来的风险。由于国家综合经济管理部门对企业的成本一般不再进行直接管理，因此，适用于企业内部的各项成本费用控制的规章制度应由企业自己制定，这就要求企业的成本管理部门根据本企业成本费用控制的特点，拟定出相应的成本费用控制的规章制度。制定的各项规章制度应是切实可行的，并且各单位都能认真贯彻执行，其具体要求就是这些规章制度应具有较强的可操作性。可操作性是制定规章制度的基本要求。如果一项规章制度没有可操作性，其制定得再好也不能得到很好的执行，结果必定会适得其反，增加企业的成本费用控制风险。

（3）会计准则成本费用控制风险。会计准则成本费用控制风险是指根据国家颁布的会计准则的要求，在进行成本费用的处理时，企业没有自觉参照会计准则的要求或者由于理解差异的原因，没有完全将会计准则作为控制的依据所带来的风险，这样既没有达到成本费用控制的作用，又给企业带来了成本费用控制风险。

4. 成本费用控制风险按其实施的时间划分

成本费用控制风险按其实施的时间，可分为事前成本费用控制风险、事中成本费用控制风险和事后成本费用控制风险三类。

（1）事前成本费用控制风险。事前成本费用控制风险是指在经济业务发生前，根据有关资料进行分析、综合、预测，制定出相应的成本费用控制措施，但由于制定了不合理的成本费用控制措施使经济业务没有朝着预期的方向发展而带来的风险。

例如，对开发新产品成本的控制，在产品尚未开始生产之前，就应根据该产品的特点、结构、所耗材料和工时等情况，制定出相应的消耗定额等资料，但市场环境等不确定性因素的影响使成本费用控制没有达到预期的效果，增加了企业的成本费用控制风险。

（2）事中成本费用控制风险。事中成本费用控制风险是指在成本形成过程中，对成本开支错误地进行成本费用控制所带来的风险。事中控制是成本费用控制的重要阶段，因为事前控制是在预测的基础上所进行的控制，这种控制的实际效果是有限的，在实际执行过程中会出现种种预先并不能完全预料到的突发或意外事件。所以，在经济业务进行过程中，应根据已发生的经济业务并结合其今后的发展趋势，及时发现问题并采取有效的措施予以解决。只有这样，才能不断纠正实际执行中所出现的偏差，实现控制目标，从而达到控制的目的，最终降低事中成本费用控制风险。

（3）事后成本费用控制风险。事后成本费用控制风险是指在经济业务完成后，企业根据实际执行的结果等信息资料将其与计划或预算控制目标对比时出现失误，提出错误的改进措施，使被控目标没有顺利完成而增加的风险。

事后控制与事中控制不同，它们虽然都要对实际执行的信息资料进行收集、整理、加工，并与被控目标对比进行反馈控制，但事中控制是在经济业务并未完成时进行的，它起着预防本期偏差发生的作用，而事后控制是在经济业务发生之后进行的，它起着“亡羊补牢”的作用，预防下期偏差发生。正因为事后控制与事中控制的作用不同，所以二者给企业带来的成本费用控制风险也不同。

5. 成本费用控制风险按其控制手段划分

成本费用控制风险按其控制手段，可分为技术成本费用控制风险和管理成本费用控制风险两类。

（1）技术成本费用控制风险。技术成本费用控制风险是指将现代科学技术方法及控制论的方法运用于成本费用控制中而造成的风险，如成本费用控制过程中利用电子计算机造成的风险等。

（2）管理成本费用控制风险。管理成本费用控制风险是通过一些管理手段对成本进行控制而造成的风险，如政策控制、制度控制等造成的成本费用控制风险。

6. 成本费用控制风险按战略性与战术性之间的关系划分

成本费用控制风险按战略性与战术性之间的关系，可分为战略性成本管理风险和战术性成本管理风险两类。

（1）战略性成本管理风险。战略性成本管理风险是在企业战略成本管理中，对保持企业持续适应变化的环境和影响环境的战略成本管理目标可能造成损害的各种因素。这类风险主要有战略成本管理者的素质、分析方法的运用，企业外部政治、法律、经济、社会、技术和自然环境等的影响，企业内部所有者与经营者的管理能力、职业操守和收入状况、企业资源的配置、企业文化的建设、经营管理的情况等。

（2）战术性成本管理风险。战术性成本管理风险是在企业根据战略制订计划、预算、标准等，执行计划、预算、标准等过程中发生的可能对战术成本管理目标有影响的因素。这类风险涉及资料的收集和整理、计划和预算的编制、执行及组织工作中的影响因素。

7. 成本费用控制风险按管理角度划分

成本费用控制风险按管理角度可以分为成本信息扭曲产生的风险和成本上升产生的风险两类。

（1）成本信息扭曲产生的风险。成本信息扭曲产生的风险是由于成本核算不正确产生的。例如，不能正确归集成本费用、不能正确划分期间费用、成本费用控制标准过时、制造费用分配标准不合理等。成本信息扭曲能影响甚至误导企业的相关管理决策。

（2）成本上升产生的风险。成本上升产生的风险是指成本升高，超过控制标准所带来的损失。例如，材料价格上涨、工资提高、汇率变动、技术进步等因素都会导致成本上升。

（四）成本费用控制风险因素的识别

成本费用控制风险是指未来实际成本偏离目标成本的差异。由于在生产经营中企业面临的社会环境及内部条件的变化，实际成本随时可能偏离预定的目标成本。因此，首先应对引起风险的各种因素进行识别和判断。

1. 综合性成本风险因素

（1）企业经营管理者的经营战略选择、目标市场选择、厂址选择、风险决策的偏好以及管理层变动等。

（2）企业会计准则、财务制度的修订，企业会计政策的变更等。

（3）企业经营决策及经营目标的设定、财务预算的状况等。

（4）内部控制系统的适当性、完善性和有效性。

（5）企业的组织、经营、技术、政策的变化等。

（6）企业的员工数量、知识水平、技能状况和道德行为。
（7）市场对企业产品的需求、消费者偏好、竞争条件及其变化。
（8）材料供应渠道、质量及价格变动。
（9）新产品、新技术的出现，电子商务、网络信息技术的发展。
（10）产品价格、营销策略、营销渠道的变动。
（11）税法修订及进出口政策、汇率变动。
（12）企业的防火、防盗、环保、保卫条件及其变化。
（13）企业风险管理的现状和能力。
（14）销售成本率、可比产品成本降低率、成本利润率等指标的变化。
（15）企业愿景、企业文化、企业管理机制和体制。
（16）本企业的主要竞争对手、客户、供应商的情况。
（17）产品结构、新产品开发、市场开发。
（18）国内外与本企业相关的政治、法律环境，经济形势，影响企业的新法律法规和政策。

2. 产品研究与开发成本风险因素

（1）研制活动过程及结果。
（2）产品成本的 70%在研制阶段决定，因此，产品设计先天不足是成本费用控制最大的风险。
（3）产品选型不正确、不合理。
（4）产品结构不合理。
（5）产品选用材料及配方。
（6）工艺方案及生产工艺流程的选择。
（7）工艺过程的改良。

3. 物资采购阶段的风险因素

（1）材料未来价格变动趋势。
（2）材料能否及时供应。
（3）购买材料的运输费、保险费等的变化。
（4）采购人员的差旅费等。
（5）进口材料的汇率波动。
（6）材料采购批量及库存变动。
（7）收受贿赂及回扣，支付价款不合理。
（8）采购价高质次，入库验收不认真、不准确。

4. 生产阶段成本风险因素

（1）材料消耗定额、材料利用率、材料成材率的变动。
（2）劳动生产率、工时定额、劳动者的工作态度。
（3）外购动力、燃料、水资源。
（4）设备维修、安全保障、设备利用率、生产效率。
（5）产品质量变动，产品合格率、废品率、返修率等。
（6）技术滞后性，生产安全性，材料耗用失控，产品能否按期、按质、按量完成等。
（7）生产部门之间缺乏协调性。
（8）生产车间私自接活，私设仓库，各项消耗报告不实。
（9）环境污染状况及举措。

5. 产品销售领域成本风险因素

（1）广告宣传使用时间、地点、广告形式、广告效果等。

（2）产品销售运输费、保管费、保险费等。

（3）产品销售佣金、折扣、折让、销售奖励等。

（4）产品库存、赊销比例、应收账款周转期、坏账损失等。

（5）销售人员素质、推销艺术、销售渠道、“三包”费用等。

（6）信用政策、虚假销售、隐瞒销售收入、截留销售收入等。

6. 人力资源成本风险因素

（1）招聘人员不合格、人员配备不合理、技术低、不适应企业发展需要等。

（2）薪酬制度落后、晋升渠道不畅、奖惩不明，人的积极性未能充分发挥等。

（3）技术人员不稳定，培训及投资不足等。

（4）职工出勤率、劳动生产率的变动。

（5）企业文化缺失，缺乏团队精神。

7. 财会成本风险因素

（1）会计制度不合理、预算脱离实际，货币资金控制不力等。

（2）资产管理混乱、资金被挪用、贪污盗窃等。

（3）核算出错、报表虚假、账实不符、预算失控等。

（4）财会信息加工、储存、备份不善，纳税筹划不当等。

（5）资产、负债、资产负债率、偿债能力、盈利能力、资金周转率。

（6）产品存货及其占销售成本的比重。

（7）成本预算、核算中曾经发生或容易发生错误的环节。

（8）制造成本、管理费用、销售费用、财务费用预算控制执行情况。

以上所述仅仅是带有普遍性的对成本影响比较大的一些重要因素，有的能够用数据表达，有的难以用数据表达，而且风险因素本身经常处于变化之中。因此，在实际工作中，必须根据实际情况以及企业自身的特点进行风险识别。

（五）成本费用控制风险的衡量

风险衡量就是在风险识别的基础上，通过对资料和数据的处理，得出关于损失发生的概率及影响程度，判断是否达到预警临界值、目前运行状况等的资料，为选择风险管理方法提供决策依据。

1. 衡量成本费用控制风险的因素

在收集大量成本数据资料的基础上，衡量风险需要做好两方面的工作：估计损失概率；估计损失程度。

（1）概率的基本概念。概率是描述一个随机事件发生的可能性大小的数值，概率就是用给定的事件出现的次数除以样本总体。假设有 N 个独立风险单位，在一定时期内，有 m 个单位遭受损失，则损失概率 P（A）为：

$$P(\mathrm{A})=m/N$$

概率试图为一个事件发生的可能性提供相匹配的数值，这个数值处于 0 ~ 1 之间，不可能大于 1，也不可能为负值。概率为 0，表示事件不可能发生；概率为 1，表示肯定发生。在现实生活中，大多数事件的发生概率都介于 0 ~ 1 之间。

损失概率越高，表明事故发生越频繁；损失概率越低，表明事故越少发生。在运用概率衡量风险时，需要注意：

①运用概率衡量风险是在假设发生风险事故的条件不变的情况下估算的。如果发生风险事故的条件发生变化，则根据以往发生事故统计资料预测的风险，不一定能代表未来风险事故发生的情况。

②确定风险事件的观察期。观察期越长，越能够说明风险事故发生的大致情况，反之，越无法说明风险事故发生的大致情况。

③风险的衡量具有时间单位的限制。

④损失的大致范围。确定损失概率或者损失程度的大致范围，实际上就是确定事故造成损失的大致范围，确定事故的期望损失和最大可能损失。例如，一种原材料价格可能上涨，就会影响几种产品的生产成本升高。

（2）损失概率的估计。在衡量损失概率时，需要考虑三项因素：一是风险单位数；二是损失形态；三是损失事件。这三项因素的不同组合，会使损失概率的大小不同。

1）一个风险单位遭受单一事件所致单一损失形态的损失概率。如果某一事件发生，另一事件不可能发生，这两个事件是相互排斥事件。互斥事件的概率之和为1。

2）一个风险单位遭受多种事件所致单一损失形态的损失概率。如果两种或多种事件能在同一时期内发生，那么这些结果共同发生的概率就需要通过计算得到。

3）一个风险单位遭受单一事件所致多种损失形态的损失概率。

4）多个风险单位遭受单一事件所致单一损失形态的损失概率。多个风险单位遭受单一事件所致损失的概率取决于这些风险单位是否独立。如果两个风险单位是独立的，其中一个风险单位遭受事件的损失，不会影响另一个风险单位损失的概率。如果两个风险单位是相关的，可以用条件概率来计算事故发生的概率。

5）多个风险单位遭受多种损失事件所致多种损失形态的损失概率。

（3）损失程度的估计。风险损失程度是指风险事故可能造成的损失值，即风险价值。在衡量风险损失程度时，除了需要考虑风险单位的内部机构、管理机制、内部控制等，还需要考虑另外几个方面的因素，即损失形态、损失概率、损失金额和损失时间。

一般来说，风险事件发生的时间越长，损失概率越多，损失程度越大，损失金额越大。

风险是损失的不确定性，风险事件导致的损失概率和损失程度的大小具有随机性，损失概率和损失程度是衡量风险的两个重要指标，但是，风险的大小主要取决于损失的程度而不是损失的概率。

2. 成本费用控制风险的衡量方法

成本费用控制风险的衡量方法有很多，这里主要介绍几种常用的方法，如情景分析法、变动程度测试法、风险坐标图、关键风险指标分析法、压力测试法、敏感性分析法等。

（1）情景分析法。情景分析法是指通过假设、预测、模拟等手段生成未来情景，并分析其对目标产生的影响的一种分析方法。它是根据发展趋势的多样性，通过对系统内外相关问题的系统分析，设计出多种可能的未来前景，然后用类似于撰写电影剧本的手法，对系统发展态势做出自始至终的情景和画面的描述。当一个项目持续的时间较长时，往往要考虑各种技术、经济和社会因素的影响，可用情景分析法来预测和识别其关键成本风险因素及其影响程度。

情景分析法适用于对可变因素较多的项目进行风险预测和识别的系统技术。它假定在关键影响因素有可能发生的基础上，勾选出多种情景，提出多种未来的可能结果，以便采取适当措施防患于未然。一些大型跨国公司在对一些项目进行风险预测和识别时都陆续采用了情景分析法。

情景分析法的步骤如下。

1）明确情景确立的因素。一般来说，应该关注决定成本风险的两三项关键因素，根据这些因素确立各种情景。

2）根据每个因素分析各种情景，确定情景数量。虽然情景越多，分析越有意义，但是收集数据有一定难度。情景的数量取决于各种情景之间的差异大小以及每种情景下对成本风险预测的难度。

3）各种情景下成本风险的衡量。如果关注的关键因素较少，确立的情景数量也较少，衡量就相对简单。

4）各种情景概率的分配。对于涉及宏观经济因素的情景，可以请专家进行预测，涉及行业或竞争的情景，企业自己必须有清晰的认识和了解，从而估算概率。

（2）变动程度测试法。衡量风险大小取决于不确定性的大小，取决于实际损失偏离预测损失的程度，而不确定性的大小可以通过对发生损失距离期望的偏离差来确定，即风险度。风险度是衡量风险大小的一个数值，这个数值是根据风险损失的概率和一定规则计算的。风险度越大，就意味着对将来越没有把握，风险越大，反之，风险越小。对此引入方差和标准差的概念对风险变动程度进行分析。

1）方差和标准差。对于随机变量 x，如果 x_1, x_2, …, x_n 是随机变量的 n 个观测值，x 是随机变量的算术平均数，称（$x_i-\bar{x}$）^{2}（i=1, 2, …, n）为观测值 x_i 的平方偏差，称算术平均数（σ）为这组数据的平均平方偏差，简称方差（或均差），即

$$\sigma_i^2=\frac{1}{n}\sum_{i=1}^{n}\left(x_i-\bar{x}\right)^2$$

方差的算术平方根是标准差或根方差（σ）。标准差公式为：

$$\sigma_i=\sqrt{\frac{1}{n}\sum_{i=1}^{n}\left(x_i-\bar{x}\right)^2}$$

标准差是衡量测量值与平均值离散程度的尺度，标准差越大，数据就越分散，损失波动的幅度就越大，较大损失出现的可能性就越大。

2）变异系数。风险的稳定性可以通过变异系数反映出来。变异系数越大，风险的稳定性越弱，风险也就越大，相反，风险的稳定性越强，损失的风险越小。变异系数（v）是标准差（σ）与均值或期望值（x）的比例，也称标准差系数或平均偏差系数，即 $v=\sigma/x$。

在风险衡量中，风险的稳定性对衡量具有重要意义。一般情况下，变异系数越小，偏差就越小，据此制定的风险管理策略就越可靠，重大风险事故发生的可能性就越小。

风险变异系数是影响风险管理主体财务稳定的重要因素，考察风险变异系数是衡量风险的重要方面。

（3）风险坐标图。风险坐标图是把风险发生可能性的高低、风险发生后对目标的影响程度作为两个维度绘制在同一个平面上。对风险发生可能性的高低、风险发生后对目标的影响程度的评估有定性、定量等方法。表 20-1 和表 20-2 分别为某企业某项成本风险损失发生的可能性的定性、定量评估和风险发生后对目标的影响程度的定性、定量评估。

表 20-1　风险损失发生可能性的定性与定量评估分析

定量方法一	评分	1	2	3	4	5
定量方法二	发生的概率	10%以下	10%～30%	30%～70%	70%～90%	90%以上

续表

定性方法	文字描述一	极低	低	中等	高	极高
	文字描述二	一般不会发生	极少发生	某些情况下发生	较多发生	经常发生
	文字描述三	今后 10 年发生可能少于 1 次	今后 5～10 年可能发生 1 次	今后 2～5 年可能发生 1 次	今后 1 年可能发生 1 次	今后 1 年至少发生 1 次

表 20-2　风险损失影响程度的定性与定量评估分析

定量方法一	评分		1	2	3	4	5
定量方法二	成本损失占利润比例		1%以下	1%～5%	6%～10%	11%～20%	20%以上
定性方法	文字描述一		极轻微	轻微	中等	重大	灾难性
	文字描述二		极低	低	中等	高	极高
	文字描述三	企业日常运行	不受影响	轻度影响	中度影响	严重影响	重大影响
		成本损失	极低损失	轻微损失	中等损失	重大损失	极大损失

对风险发生可能性的高低和风险对目标的影响程度进行定性、定量评估后，依据评估结果绘制风险坐标图，如图 20-1 所示。

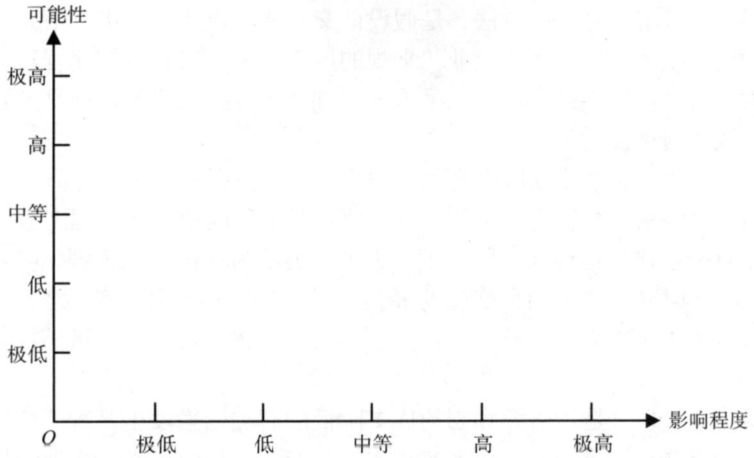

图 20-1　风险坐标图

（4）关键风险指标分析法。一项风险事件的发生可能有多种因素，但关键成因往往只有几种。关键风险指标管理是对引起成本风险事件发生的关键因素指标进行管理的方法。具体操作步骤如下。

1）分析成本风险因素，从中找出关键因素。

2）将关键因素量化，确定其度量，分析确定导致成本风险事件发生（或极有可能发生）时该因素的具体数值。

3）以该具体数值为基础，以发出风险预警信息为目的，加上或减去一定数值后形成新的数值，该数值即关键风险指标。

4）建立成本风险预警系统，关键因素数值达到关键风险指标时，发出风险预警信息。

5）制定出现风险预警信息时应采取的风险控制措施。

6）跟踪监测关键因素数值的变化，一旦出现预警，就实施风险控制措施。

该方法既可以管理单项风险的多个关键因素指标，也可以管理影响企业主要目标的多个主要风险。使用该方法，要求风险的关键因素分析准确，且易量化、易统计、易跟踪监测。

（5）压力测试法。压力测试法是指在评估那些具有极端影响事件的情景下，分析评估风险管理模型或内控流程的有效性，发现问题，制定改进措施的方法。与情景分析法中关注一个更正常规模的变化相反，压力测试法一般被用作概率度量方法的补充，用来分析那些通过与概率技术一起使用的分布假设可能没有充分捕捉到的低可能性、高影响事件的结果。与敏感性分析类似，压力测试通常用来评估成本费用控制中各种关键因素变化的影响。

压力测试法的具体操作步骤如下。

1）针对某个成本风险管理模型或内控流程，假设可能会发生哪些极端情景。极端情景是指在非正常情况下，发生概率很小，而一旦发生，后果十分严重的事情。假设极端情景时，不仅要考虑本企业或与本企业类似的其他企业出现过的历史教训，还要考虑历史上不曾出现，但将来可能出现的事情。

2）评估极端情景发生时，该成本风险管理模型或内控流程是否有效，并分析对目标可能造成的损失。

3）制定相应措施，进一步修改和完善成本风险管理模型或内控流程。

以采购风险管理为例。例如，某企业已有一个信用很好的交易伙伴，该交易伙伴除发生极端情景外，一般不会违约交货。因此，在日常交易中，该企业只需采取"常规的风险管理策略和内控流程"即可。采用压力测试方法，是假设该交易伙伴将来发生极端情景，被迫违约对该企业的生产经营造成重大损失。而该企业"常规的风险管理策略和内控流程"在极端情景下不能有效防止重大损失事件。因此，企业应采取购买期货、寻找相应替代产品、开发多个交易伙伴等措施，防范该风险事件的发生。

（6）敏感性分析法。敏感性分析法是通过预测项目主要因素发生变化时对成本评价指标的影响，从中找出敏感因素，并确定其影响程度。项目对某种因素的敏感程度可以表示为该因素按一定比例变化时引起评价指标变动的幅度，也可以表示为评价指标达到临界点（如内部收益率等于基准收益率）时允许某个因素变化的最大幅度，即极限变化。简言之，敏感性分析法就是测定各种项目效益影响因素的变化对经济效益的影响程度。现以成本敏感性分析法为例，加以说明。

所谓成本敏感性分析，是指研究和制约成本降低的有关因素发生某种变化时，影响成本变化程度的一种分析方法。影响成本的因素有很多，如产量、单位成本、品种结构等。在现实经济环境中，这些因素是经常发生变化的。有些因素略有变化就会使成本发生很大变化，而有些因素虽然变化幅度较大，却只对成本产生微小的影响。所以对于企业管理者来说，不仅要了解哪些因素变化对成本升降有影响，还要了解影响成本的若干因素中，哪些因素影响大，哪些因素影响小。

那些对成本影响大的因素，称为敏感因素，反之，则称为非敏感因素。反映敏感程度的指标是敏感系数，即

$$\text{某元素的敏感系数}=\frac{\text{成本升降变化}(\%)}{\text{该因素变化}(\%)}$$

其判别标准如下：

1）敏感系数的绝对值>1，即当某影响成本因素发生变化时，成本会发生更大程度的变化，该影响因素为敏感因素。

2）敏感系数的绝对值<1，即成本变化的幅度小于影响因素变化的幅度时，该因素为非敏感因素。

3）敏感系数的绝对值=1，即影响因素变化会导致成本相同程度的变化，该因素也为非敏感因素。

（六）成本费用控制风险管理策略

成本费用控制风险管理策略，是指企业根据自身条件和外部环境，围绕企业成本战略，确定风险偏好、风险承受度、风险管理有效性标准，选择风险承担、风险避免、风险转移、风险转换、风险对冲、风险补偿、风险控制等适合的风险管理工具总体策略，并确定风险管理所需人力和财力资源的配置原则。

风险管理策略有时也称风险管理工具，通常包括风险保留、风险避免、风险转移、风险利用、风险抑制与控制等方法。

1. 风险保留

风险保留，又称风险接受，是指企业自己承担风险损失。当某种风险不能避免时，企业只能自己承担风险，这是最为普遍与最小阻力的风险处理方式。例如，原材料物价上涨，企业不能避免，只能接受。

（1）风险保留条件

一般情况下，企业遇到下列情形可以采用风险保留策略。

①接受管理风险的费用比采取其他方式的附加费用低。

②预测的最大可能损失比较低，而这些损失是企业在短期内能够承受的。

③企业具有自我保险和控制损失的优势。一般来说，企业每年接受管理的风险最高额为年税前收入的5%左右，超过这个限度就不宜采取风险保留策略。

按照风险接受程度，风险保留策略可以分为全部风险保留和部分风险保留。全部风险保留是企业主动采取决策，全部承担某个项目可能出现的损失，并拥有充分的财力应对损失的发生。部分风险保留是指根据企业的实际情况，决定部分担负可能面临的风险损失。

（2）风险保留处理方式。

①将发生的损失计入当期损益。它通常适用于处理那些损失概率低、损失程度较低的风险，或损失概率高但损失程度低的风险。这些风险通常被企业视为摆脱不掉或不可避免的风险损失。

②建立意外损失基金。意外损失基金，又称自保基金或应急基金，是企业根据风险评估所了解的风险特征，并根据企业本身的财务能力，预先提取用以补偿风险事件损失的一种基金。它通常适用于处理风险损失较大，无法摊入经营成本的风险损失。这种做法的好处是可以节约附加保费、获取投资收效、降低道德风险和理赔迅速，缺点是受自保基金规模限制，可能发生财务周转困难或应急基金严重不足的情况。

③建立专项基金。专项基金是指作业为应付可能面临的各项损失风险，根据不同用途设置的基金，如意外损失基金、设备更新基金等。它要求企业每年从资金中提取一定数额的基金。采用此种方法，企业可以积累较多的资金储备，形成一定的抗风险能力。但是，专项基金的管理成本较高，管理不好会引发挪用资金等问题。

④从外部借入资金。当企业无法在风险损失发生后，从内部筹集到足够的资金时，可以选择从企业外部借入资金，弥补风险事故带来的损失。企业可以与金融机构达成应急贷款和特别贷款协议。当某些风险事故发生概率比较小且损失未发生时，签订应急贷款协议具有优势。当重大的损失事故发生后，企业无法从内部筹措到资金时，只能向外部金融机构申请特别贷款。

金融机构批准这两种贷款的条件较高，都要求企业具有较强的竞争优势、资信状况较好、偿还贷款的能力较强等，尤其是特别贷款，要求条件会更加苛刻。例如，要求企业在未来一段时间内有条件偿还贷款、提供质押担保或第三方的担保等，企业获得贷款很不容易。

（3）风险保留的优缺点。

1）风险保留的优点。

①成本较低。从长远来看，保险费等其他费用的总金额可能超过平均损失。以保险来说，其费用中除了必须包含补偿损失所需的费用，还包括保险公司的运营成本以及各种税收。因此，在保险费中只有一部分是用来补偿损失的，而另一部分则是保险公司的各种成本和税收。显然，风险保留可以使企业避免许多费用的发生。

②控制理赔进程。企业可以通过采用风险保留策略控制理赔进程。在很多情况下，保险公司复杂的理赔过程以及赔偿数额不能使企业满意，而其理赔工作又常常不及时，使企业的损失不能得到赔偿，影响企业恢复生产的进程。

③提高警惕性。在采用风险保留策略的情况下，企业更注重损失控制，会尽可能减少损失发生的概率和损失的严重程度。企业一旦决定自己控制风险，就会以高度的警觉来实施这一计划，注重风险管理的教育与培训。相反，在采用购买保险等其他方式的情况下，企业往往不注意用控制手段的办法来防范风险。

④有利于资金的灵活运用。对于企业来说，与购买保险相比，如果不发生损失事件，就丧失了对所缴纳保险费的所有权和使用权。在采用风险保留策略下，则可以使这笔资金得到较好的运用。虽然在损失发生之前，需要事先准备一定数量的货币资金，但是在损失发生之前，可以不必支付这笔资金，那么在一定时间内和一定程度上，企业可以灵活运用这笔资金并以此获得一定的效益。

2）风险保留的缺点。

①可能的巨额亏损。在特殊情况下，如发生巨灾等，采用风险保留策略可能使企业面临承担巨额的风险损失，以致可能危及企业的生存与发展。这说明，风险保留策略只适用于风险保持在一定限度内的情况，超过则会给企业带来不利的后果。

②可能更高的成本费用。在风险保留策略下，企业往往需要聘请专家进行指导和评估，在某些情况下，可能比采用其他策略支出的费用更大。同时，如果采用购买保险的方式分散风险，保险公司可以将各种费用在很多投保公司之间分摊，具体到每个公司身上的部分不可能很多。而如果仅仅依靠企业自身的力量，其费用开支就远比保险公司大得多。因此，在某些情形下，风险保留的费用开支可能比其他方式更高。

③获得服务种类和质量的限制。由于企业自身实力有限，当采取风险保留策略时，本来由保险公司提供的一些专业化的服务就失去了作用。

④可能造成员工关系紧张。如果企业自己安排某些风险预防策略，如为企业职工安排福利补偿问题，无论怎样处理，在很多情况下都会有员工认为不公平，造成企业与员工、员工与员工之间的关系紧张，影响企业组织工作的效率和对外形象。而如果通过企业外部保险公司来处理，则会避免该类情况的发生。

2. 风险避免

风险避免，也称风险规避，即选择放弃、停止或拒绝等方式处理面临的风险。例如，采取中止交易、减少交易量、离开市场等方式避免风险发生。

风险避免是各种风险管理技术中最简单也最消极的一种方法。采取风险避免策略对风险损失的可能性消除了，但一定的机会也可能丧失。例如，企业为避免坏账、呆账损失，采取风险避免策略，不予赊销。这种策略确实避免了呆账、坏账的发生，但失去了客户和销售机会。

（1）风险避免的条件。

①风险不可避免。欲避免某种风险也许是不可能的。

②经济上合得来。采用风险避免的方式最经济，可能未来收益大于控制成本。

③防范副作用发生。避免一项风险可能产生另外新的风险，如赊销问题。

（2）风险避免的方式。企业应该恰当地调动自己的能动性，分情况采取以下几种风险避免方式。

①完全拒绝承担。通过风险评估后，企业直接拒绝承担某种风险。

②逐步试探承担。通过风险评估发现，进行某项经营活动一步到位的风险太大，企业难以承担，此时运用分步实施的策略，则可以回避掉一部分风险，也可以使得企业有机会、有时间，待竞争能力和抗风险能力增强后再进行该项经营活动。

③中途放弃承担。进行某项经营活动时，由于外在环境变化等原因，企业选择中途终止承担风险。

（3）风险避免的优缺点。

1）风险避免的优点。

①有效避免了可能遭受的风险损失。采取此种策略在风险还没有时就可以将其消除掉。

②企业可以将有限的资源，应用到风险效益更佳的项目上，这样就节省了企业资源，减少了不必要的浪费。

2）风险避免的缺点。

①虽然企业主动放弃了对风险的承担，但这也是无奈的选择，风险避免同时意味着风险收益的丧失，也意味着经济收益的丧失。

②由于风险时时刻刻都存在，所以绝对的风险避免是不大可能实现的，而且过度避免风险也会使企业丧失驾驭风险的能力，降低企业的生存能力。

③虽然风险避免是消除风险比较有效的方法，但对于已经存在的风险，风险避免策略则不适用。风险避免一般在某项工作的计划阶段确定，以避免投资失误或者中途改变工作方案造成的经济损失。

④风险避免必须建立在准确的风险识别的基础上，而企业的判断能力是有限的，对风险的认识总会存在偏差，风险避免并非总是有效的。

3. 风险转移

风险转移是指企业通过契约、合同、经济、金融工具等形式，将损失的财务和法律责任转嫁给他人，降低风险发生概率、缩小损失幅度。风险转移与风险避免相比，它不是通过放弃、中止的方法，而是寻求转移的方法积极防范风险。风险转移和风险抑制与控制相比，都属于积极应对风险的控制决策。从控制力量看，风险转移更注重与企业外部力量的合作来管理风险，而风险抑制与控制在于发挥自身的力量来管理和控制风险；从风险控制手段达到的结果看，风险抑制与控制通过直接手段来防范风险，风险转移则通过间接手段来控制风险。

风险转移的形式有三种：控制型非保险转移、财务型非保险转移和保险转移。

（1）控制型非保险转移。控制型非保险转移是通过契约、合同将损失的财务和法律责任转嫁给他人，从而解脱自身的风险威胁。控制型非保险转移包括外包、租赁、出售、售后回租等方式。

①外包。外包又称转包或分包。转让人通过转包或分包合同，将其认为风险大的业务转移给非保险业的其他人，从而将相应的风险全部或部分转移给承包人。

②租赁。出租人通过合同将有形或无形的资产交给承租人使用，承租人支付一定租金，承租人对所租物只有使用权。

③出售。通过买卖契约将与财产或活动相关联的风险转移给他人。

④售后回租。这是将出售和租赁合并操作的风险转移方式。为避免错过市场行情或由于资金紧张将资产整体卖掉，然后租回部分资产。

（2）财务型非保险转移。财务型非保险转移是利用经济处理手段，转移经营风险。财务型非保险转移包括保证、再保证、中和或集合、证券化、股份化等方式。

①保证。保证是保证人与被保证人通过某种契约签署的，为使保证人履行相关义务以确保被保证人的合法和既得利益的文件。其中，约定了双方应尽责任的要求，如有违背，保证可能被取消或做相应调整。

②再保证。由于事项重大，为使被保证人的利益确实得到保护，在“保证”的基础上，由实力或声望更高的团体或个人通过合同或契约对被保证人所做的承诺。

③中和或集合。利用套期保值、远期合同等方式将损失机会与获利机会平衡，通常用于投机风险的处理。

④证券化。利用可转换债券、双汇率债券等金融工具方式，满足投资人、筹资方利益的需要。这是一种双赢风险转移。

⑤股份化。实际属于风险的分散。通过发行股票的方式，将企业风险转嫁给多数股东。这种操作实际上只是分散了原股东的风险，增强了企业抵抗风险的能力，企业的运营风险并未得到转移。

（3）保险转移。企业对于自身既不能控制、抑制也不能转移的风险，或者根据外部与内部环境的变化对控制效果有一定的担忧，可以采用投保的方式转移风险。例如，商品运输途中的保险，可以避免由于意外事故给企业造成的损失。

控制型、财务型风险转移与保险转移比较，各有优点，同时，又受到相关条款政策的限制。它们的优缺点比较如表 20-3 所示。

表 20-3　控制型非保险转移、财务型非保险转移和保险转移的比较

风险转移	控制型、财务型非保险转移	保险转移
优点	适用对象广泛； 直接成本低； 操作手法灵活	合同条款经过严格审查； 保证系数大； 损失保证相对确定
缺点	操作及面临损失时，存在不确定性； 有关法律许可的限制； 合同理解的差异，会引起效率与效果的问题	受到合同条款的严格限制； 成本相对较高
适用条件	是以双赢为目的的合作关系； 契约当事人对相关内容的理解争取一致； 受让人有能力并愿意承担财务和法律责任	保险机构规定的业务事项

4. 风险利用

风险利用是把风险当作机遇，利用运营中的困难通过风险战略，开拓市场，实现更大的战略目的。例如，利用价格低的国产材料替代进口材料，通过改进生产工艺提高材料利用率，降低原材料消耗等。风险利用是最为积极的风险管理战略，它对于培养经理人风险偏好、建立企业文化有重要的意义。

（1）风险利用方式。风险利用的方式有配置、多样化、扩张、创造、重新设计、价格杠杆、仲裁、重新谈判等。

①配置。通过增加或更换新的技术设施、人力资源或管理系统，使原来的系统发挥更大的效能，从而降低风险。

②多样化。多样化，又叫多元化，即利用资源优势，开拓市场，以纵向或横向为方向，开始多样化经营。

③扩张。企业为抢占市场或为获得财务的利益，有效利用资源，通过吸收合并、创立合并、控股合并等形式投资，实行战略扩张，可以分散和降低风险。

④创造。这是一种前瞻性风险管理战略。在企业产品的生命周期刚进入成长期不久，便利用技术和资源优势，开发设计新产品，引导消费者需求。

⑤重新设计。重新设计，又叫企业流程再造，是对企业流程的根本性的再思考和重新设计，从而使成本、质量、服务和反应速度等具有时代特征的关键指标获得巨大的改善。

⑥价格杠杆。价格杠杆是指充分利用产品的竞争优势，结合市场状况调整产品价格，从而规避风险。

⑦仲裁。当出现某些未决事件时，可以充分利用法律，提请仲裁来转移风险。

⑧重新谈判。与利益相关者重新谈判来商定价格或服务，可以有效化解风险。

（2）风险分散方式。在风险利用策略中还可通过对风险进行分散、分摊以及对风险损失进行控制，将大风险化为小风险，变大损失为小损失，实现风险控制的目的。

①风险分散。风险分散是指将企业面临的风险，划分为若干个风险较小而价值低的独立单位，分散在不同的空间，以减少企业遭受风险损失的程度。其目的是减少任何一次损失发生造成的最大可能损失的幅度。

风险分散管理最有名的一句话就是“不要把鸡蛋放在一个篮子里”。以投资为例，企业适当的投资组合可以降低机会成本并分散企业风险。但是，投资组合并不能降低企业面对市场的总体风险，只能降低单个投资项目的独有风险。在进行投资组合时，需要对可供选择的投资、项目、产品进行评价。

需要强调的是，在进行投资组合时，切忌盲目分散投资。将资金投入过多的项目，有可能会使分给每个投资项目的资金不足，难以保证项目的顺利达成。同时，资金的分散也很难使企业形成核心竞争产品，没有竞争优势。这种“乱撒胡椒面”的现象不仅不会分散企业的风险，反而会加剧投资风险，甚至造成巨额风险损失。例如，巨人集团盲目追求多元化经营，涉足了计算机、房地产、保健品等行业，跨度太大，而新进入的领域并非优势所在，却急于铺摊子，有限资金被严重分散，其结果是导致资金链断裂，拖垮了整个集团。

②风险分摊。风险分摊是指由于单个企业抗风险能力有限，则选择与多个风险承受企业承担属于某个市场的一定风险，从而降低本企业所承担的风险。由于风险与收益相互配比，风险分摊与收益分摊是相辅相成的。

具体到单个具有一定风险的项目来说，风险分摊最常见的形式是联合投资。通过联合投资协议，投资企业根据各自的情况选择不同的资金进入时期、进入金额条件，在保证投资项目顺利实施的情况下，投资各方在共享收益的同时，分散各自承担的风险，从而达到提高资源利用效率、分担资金风险的目的，同时，可以减少市场上同行业的竞争度，从而降低整个领域的非系统风险。

但是，需要注意的是，联合投资的运作实施建立在多家企业合作的基础之上，各个投资企业都谋求以更少的成本获得更多的利润分配，而在合作契约通常不完备的情况下，各个投资主体之间可能存在利益冲突，出现“搭便车”的情况。例如，联合投资中某一企业付出的努力较少，但仍按照比例分摊了投资收益，另一投资企业却同时承担了大部分风险。这样会严重打击联合投资人的积极性，不利于发挥联合投资的协同管理效果，也不利于项目的顺利进行，无法实现正常的风险分摊。

③备份风险单位。备份风险单位是指企业再备份一份维持正常经营活动所需的资源，在原有资源因各种原因不能正常使用时，备份风险单位可以代替原有资产发挥作用。需要注意的是，备份风险单位并没有使原有风险变小，而是重复设置风险或者风险单位的一部分，在风险事故发生时使用备份的风险单位。也就是说，备份风险单位可以减少一次事故的损失程度，但并未减少风险损失发生的概率。例如，计算机文件备份并将备份文件隔离存放，有助于起到减少损失的作用，而企业的重要财务资料的缺失，会给企业带来严重的问题和财务风险，备份风险单位可以起到损失抑制的作用。

5. 风险抑制与控制

风险抑制与控制是指企业对既不愿放弃也不愿转移的风险，通过查找风险因素，借助风险事故形成损失的源头，降低损失发生的可能性、概率，缩小损失程度，达到风险控制目的的系统控制方法。风险抑制与控制是一种积极的风险管理策略。例如，对生产设备进行检查，可以发现安全隐患，从而及早采取措施加以防范，有效抑制风险的发生。

风险抑制与控制的方法有预防性控制、检查性控制、纠正性控制、指导性控制、补偿性控制等。

（七）成本费用控制风险管理解决方案

风险管理解决方案是在风险识别、风险衡量、风险评估、选择风险管理策略的基础上，根据企业所处的环境制订的。方案的制订与执行直接影响风险管理的效果。因此，制订科学、合理、可行的解决方案是风险管理的重点。

1. 风险管理解决方案制订的条件

企业在制订方案前，需要考虑面临的各种成本风险因素，这些因素是制订方案的前提条件。

（1）考虑企业面临的主要风险。

①环境风险。环境风险是指外部的能够影响企业经营模式的风险因素，如政治风险、行业风险、监管风险、灾难风险等。

②过程风险。过程风险是指由于企业未能有效地获得、管理、更新、处置其资产，或者未能有效满足客户的需求，或者存在资产滥用，或者成本费用失控，导致未能创造价值的风险。

③决策所需信息风险。决策所需信息风险是指用以支持企业经营模式、报告企业内外部经营业绩、评估企业经营绩效所需的成本信息的不相关性或可靠性导致的风险。

（2）考虑选择风险管理策略的因素。在制订风险管理方案时，要考虑与管理方案决策有关的因素和风险的性质。在制订方案前，应考虑未来会发生什么风险、对企业成本的影响如何等。只有把未来的发生情况弄清楚，方案才可行。

（3）方案制订应遵循的原则。

①可行性。选择风险管理策略的目的是更好地进行风险管理。因此，确定的风险管理方案应该是可行的，其执行所需的条件是企业可以承担和接受的。

②全面性。企业面临的风险是复杂多样的，不同的风险对企业目标的影响不同，因此，制订的方案必须全面。

③成本效益性。不同方案会发生不同的成本。一般来说，成本越高，效果越好，安全保障越高。但是成本太高，有可能得不偿失，应该是以最少的投入获得最大的安全保障，即遵循成

本效益。

④匹配性。由于风险管理策略方法有多种，每种方法各有优缺点，因此，应该做到风险管理方案与风险管理策略相匹配。

⑤综合性。风险管理解决方案的应用不仅仅针对个别风险，还包括分类风险和关联风险组合，其解决方案涵盖了组织职能设置、内部成本费用控制、风险理财和风险管理信息系统等，具有综合性。

⑥灵活性。风险管理解决方案来源于企业实践，没有一个标准模式。企业可以根据自己的需要，灵活地选择和组合，形成符合自身特点的风险管理解决方案。

2. 风险管理解决方案制订的程序

（1）确定风险管理目标。企业进行风险管理时，首先需要确定风险管理目标。风险管理目标就是以最小的成本获得最大的安全保障。因此，企业应根据是否建立了整体的风险管理目标及监督结构、所面临的风险情况等，确定风险管理目标。

（2）设计风险管理解决方案。根据风险管理目标、企业面临的特定风险和特定条件，企业可以设计特定的一个或多个风险管理解决方案，如表 20-4 所示。

表 20-4　风险管理解决方案

概率 / 程度	高	低
高	避免/转移	转移/自留
低	转移/自留	接受

（3）选择并执行风险管理最佳解决方案。在设计各种风险管理解决方案后，需要比较分析各种风险管理解决方案的实施成本，进行决策并寻求各种风险管理策略的最佳组合。由于风险管理解决方案的执行贯穿于整个风险管理活动的始末，在执行中由于企业内外环境的变化，面临的风险也可能发生变化，这就需要对风险管理解决方案进行调整与改进，以适应变化的需要。

（4）风险管理解决方案的效果评价。风险管理解决方案的效果评价是指对风险管理解决方案的效益和实用性进行分析、检查、评估和修正。风险的特性，如隐蔽性、复杂性和多变性，有时可能使风险管理解决方案不能发挥其作用，达不到预期效果和目标。这就需要对风险管理解决方案执行效果进行实时评价与调整，使风险管理解决方案更加完善。

3. 风险管理解决方案

由于各个企业内外部环境不同，所面临的成本风险也不一样，因此，需要根据实际制订特定的风险管理解决方案。

（1）战略成本风险管理方案。企业战略面临许多风险。这里以企业并购为例，说明面临风险应采取的解决方案。由于并购能够给企业带来规模经济、扩大市场占有率、财务协同及降低经营风险等优势，很多企业积极并购，并把它作为重要的发展战略手段。虽然并购活动发生率高，但是成功率较低。企业并购活动中隐含大量风险，企业必须采取有效措施。企业要从并购信息风险、并购决策风险、并购财务风险和并购整合风险等方面防范并购风险。

（2）财务成本风险管理方案。企业财务成本风险根源于自然和经济社会环境的不确定性、市场经济的复杂性、企业理财过程和经营活动的复杂性、经营者认识能力的滞后性以及手段方法的有限性。财务成本风险贯穿于企业资金运动的全过程。企业财务成本风险管理的目标是以最小的成本确保企业资金的连续性、稳定性和效益性。因此，企业应通过专家意见、指标分析、报表分析等方法对财务成本风险进行识别后，再采取不同的应对策略与方法。

（3）竞争成本风险管理方案。企业竞争是指在市场经济条件下，企业作为商品生产者和经营者，为了谋求长期的生存与发展，追求经济利益最大化，获得有利的生存能力和生存空间而争夺、较量和对抗的经济关系。由于企业现有的竞争性资源非常有限，企业为了获得对自己有利的各种资源，如资金、技术、人力资源，就必须参与竞争。因此，企业应针对不同的竞争态势，制订不同的解决方案，使企业有效降低或避免风险，获得成本竞争优势。

（4）组织风险管理。企业的组织架构是否合理决定了该组织在解决问题时是否有效，在遇到风险时是否能够及时做出反应。这在很大程度上决定了企业面临风险时的处理能力。不同类型的企业组织架构面临不同的风险，其采取的风险管理解决方案也会不同。因此，企业应结合自己的类型和组织架构，制订科学合理的成本风险管理解决方案。

四、成本费用控制的要求

1. 对企业进行技术研究与开发所需经费的规定

《企业财务通则》第三十八条规定："企业技术研究与开发和科技成果转化项目所需经费，可以通过建立研究与开发准备金筹措，据实列入相关资产成本或者当期费用。符合国家规定条件的企业集团，可以集中使用研究与开发费用，用于企业主导产品和核心技术的自主研究与开发。"

《企业财务通则》第三十九条规定："企业依法实施安全生产、清洁生产、污染治理、地质灾害防治、生态恢复和环境保护等所需经费，按照国家有关标准列入相关资产成本或者当期费用。"

除此之外，国家还对企业的科研经费给予了减免税收的优惠，依据《财政部、国家税务总局关于促进企业技术进步有关财务税收问题的通知》（财工字〔1996〕41 号）的规定，企业控股并从事工业生产经营的股份制企业、联营企业，扩展到所有财务核算制度健全、实行查账征收企业所得税的各种所有制的营利性工业企业（包括从事采矿业、制造业、电力、燃气及水的生产和供应业的企业），凡当年发生的技术开发费比上年实际发生额增长达到 10%以上（含10%），其当年实际发生的费用除按规定据实列支外，经由主管税务机关审核批准后，可再按其实际发生额的 50%，直接抵扣当年应纳税所得额。增长未达到 10%以上的，不得再加计扣除。

对营利性工业企业研究与开发费用比上年增长达到 10%以上的，其实际发生额的 50%，如大于企业当年应纳税所得额，可就其不超过应纳税所得额的部分，予以抵扣；超过部分，当年和以后年度均不再抵扣。

亏损企业发生的研究与开发费用，只能按规定据实列支，不实行增长达到一定比例抵扣应纳税所得额的办法。

2. 企业销售折扣、折让以及其他费用的处理

在企业的销售业务中，经常会出现销售折扣、折让以及佣金、回扣、手续费、劳务费、提成、返利、进场费、业务奖励等支出。

销售折扣，是指债权人为鼓励债务人在规定的期限内付款，而向债务人提供的债务减让；销售折让，是指企业因售出商品的质量不合格等原因而在售价上给予的减让。

《企业财务通则》第四十条规定："企业发生销售折扣、折让以及支付必要的佣金、回扣、手续费、劳务费、提成、返利、进场费、业务奖励等支出的，应当签订相关合同，履行内部审批手续。企业开展进出口业务收取或者支付的佣金、保险费、运费，按照合同规定的价格条件处理。企业向个人以及非经营单位支付费用的，应当严格履行内部审批及支付的手续。"

3. 企业职工的薪酬、福利的相关规定

在薪酬办法上，不再一刀切，允许特事特办。

《企业财务通则》第四十一条规定："企业可以根据法律、法规和国家有关规定，对经营者和核心技术人员实行与其他职工不同的薪酬办法，属于本级人民政府及其部门、机构出资的企业，应当将薪酬办法报主管财政机关备案。"

《企业财务通则》第四十二条规定："企业应当按照劳动合同及国家有关规定支付职工报酬，并为从事高危作业的职工缴纳团体人身意外伤害保险费，所需费用直接作为成本（费用）列支。经营者可以在工资计划中安排一定数额，对企业技术研究与开发、降低能源消耗、治理'三废'、促进安全生产、开拓市场等做出突出贡献的职工给予奖励。"

4. 明确企业有义务为职工缴纳"四险一金"

《企业财务通则》第四十三条规定："企业应当依法为职工支付基本医疗、基本养老、失业、工伤等社会保险费，所需费用直接作为成本（费用）列支。已参加基本医疗、基本养老保险的企业，具有持续盈利能力和支付能力的，可以为职工建立补充医疗保险和补充养老保险，所需费用按照省级以上人民政府规定的比例从成本（费用）中提取。超出规定比例的部分，由职工个人负担。"

《企业财务通则》第四十四条规定："企业为职工缴纳住房公积金以及职工住房货币化分配的财务处理，按照国家有关规定执行。职工教育经费按照国家规定的比例提取，专项用于企业职工后续职业教育和职业培训。工会经费按照国家规定比例提取并拨缴工会。"

5. 对企业承担个人消费支出的限制

由于我国的国有企业一直执行低工资、高福利的分配政策，很多企业以承担个人各项支出的形式，向职工提供了超过国家规定的薪酬。在本次《企业财务通则》的修订中，明确规定企业不得承担的属于个人的支出项目，确保了企业以这种方式变相地向职工提供超过国家标准的薪酬待遇。

《企业财务通则》第四十六条规定："企业不得承担属于个人的下列支出：

（1）娱乐、健身、旅游、招待、购物、馈赠等支出。

（2）购买商业保险、证券、股权、收藏品等支出。

（3）个人行为导致的罚款、赔偿等支出。

（4）购买住房、支付物业管理费等支出。

（5）应由个人承担的其他支出。"

6. 企业有权拒绝的费用支出

长期以来，我国的企业尤其是国有企业负担较重。在国家正规的税收之外，一些地方政府、行业协会、社会团体等也向企业摊派、征收一些额外的费用。

在国有企业改革中，国家一直把减轻企业负担作为一项重要的工作来抓，在多部法规中规定了企业有拒绝摊派的权利，企业有权拒绝任何部门和单位向企业摊派人力、物力、财力。企业遇到摊派时，可以向审计部门或者其他政府有关部门控告、检举、揭发摊派行为，要求做出处理。除法律和国务院另有规定外，企业有权抵制任何部门和单位对企业进行检查、评比、评优、达标、升级、鉴定、考试、考核。

在《企业财务通则》的修订中，再次明确了企业有拒绝摊派的权利。《企业财务通则》第四十五条规定："企业应当依法缴纳行政事业性收费、政府性基金以及使用或者占用国有资源的费用等。企业对没有法律法规依据或者超过法律法规规定范围和标准的各种摊派、收费、集资，有权拒绝。"

第二节　内控措施

一、成本费用控制的内容

成本费用控制的内容是成本费用控制对象的具体化。从成本的形成过程来看，成本费用控制的内容主要包括目标成本费用控制、设计成本费用控制、生产成本费用控制、销售成本费用控制、使用成本费用控制、产品寿命周期成本费用控制和设备维修成本费用控制。

（一）目标成本费用控制

目标成本费用控制是保证企业目标利润实现的成本，它是企业经营目标重要的组成部分。对目标成本进行控制的根据是企业目标利润、预计销售量和销售价格，经过分析比较，来确定目标成本，并以它来控制设计成本和生产成本。

（二）设计成本费用控制

产品成本费用主要发生在生产过程中，而对成本费用控制却不能仅限于产品生产阶段。产品设计成本费用控制就是在生产设计阶段，通过对产品的价值工程分析，选择最佳方案以控制投产后的产品成本。产品成本的高低在一定情况下主要是由该产品在设计、研制阶段的工作质量所决定的，所以在新产品设计研制阶段开展价值工程，效果最为显著。在这一阶段进行价值分析可以提高产品及其零件的标准；利用价值工程的分析方法，可以去掉无用的或不必要的零部件，采用先进的生产工艺和生产流程；通过价值工程，可以节约能源和材料的使用，从而使产品的功能与成本费用控制保持在最佳状态，降低产品成本，改进产品质量，最终提高企业的经济效益。

（三）生产成本费用控制

生产成本是指企业为生产产品而发生的费用，主要包括直接材料、直接人工和制造费用。

1．直接材料控制

直接材料，包括企业生产经营过程中实际消耗的原材料、辅助材料、备品备件、外购半成品、燃料、动力、包装物以及其他直接材料。控制主要是通过制定消耗定额和严格有关制度、手续实施控制。要对材料出入库严格实行计量检验，大力推广新工艺、新技术，开展材料代用和综合利用；要及时发现和解决采购不合理、用料不经济、领发不严格、回收无制度以及废品多、单耗高等问题，从而使产品单位直接材料成本有所下降。

2．直接人工控制

直接人工成本包括企业直接从事产品生产人员的工资、奖金、津贴和补贴以及职工福利费等。直接人工控制主要是通过人员定岗定编，制定工资基金限额和工时消耗定额等实施控制。企业应根据生产任务合理安排使用劳动力，实行定员定额，控制各种产品的实际工时消耗。采用计件工资制的企业，应制定先进合理的产品计件单价，确保劳动生产率增长大于工资水平的增长，从而降低产品的直接人工成本。

3．制造费用控制

制造费用包括企业各个生产单位（分厂、车间）为组织和管理生产所发生的生产单位管理人员工资，生产单位房屋、建筑物、机器设备等的折旧费、租赁费（不包括融资租赁费）、修理费、机物料消耗、低值易耗品摊销、取暖费、水电费、办公费、差旅费、运输费、保险费、设计制图费、试验检验费、劳动保护费、职工福利费、在产品和毁损（含盘盈）、季节性和修理期间的停工损失以及其他制造费用。制造费用控制主要是通过编制制造费用预算和有关的费用开支标准实施控制。制造费用开支不仅在绝对数上不得突破预算指标，而且在内容上要符合财务制度规定，严格遵守开支范围和开支标准。

（四）销售成本费用控制

销售成本费用控制是指对产品销售过程中发生的费用支出进行控制。控制的主要方式是通过制定合理的促销策略，选择有效的销售方式，力争以最少的销售费用支出，实现更多的销售收入。

（五）使用成本费用控制

使用成本费用控制是指对产品在使用过程中因运行、保养、维修所发生的费用进行控制。如果企业仅考虑生产经营过程中成本的形成，不考虑使用过程中成本的发生，就不能真实、全面地反映成本费用发生的全过程，不能保证资源的最佳利用。对使用成本的控制主要从设计、制造产品时入手，要对各个设计方案的经济效果进行认真比较，选择最佳设计和制造方案，使产品质量可靠、功能完善、耐用、方便，节省使用过程的成本，以较低的维护成本获得客户的信赖。

（六）产品寿命周期成本费用控制

产品寿命周期成本是用户为获得某种功能而耗费的成本。在这里，用户购买某种产品的目的是为了某种功能。产品寿命周期成本包括产品的购买成本和运行维护成本（使用成本）两部分，产品寿命周期成本中的购买成本和使用成本因商品的不同而不同。对于耐用商品来说，购买成本与使用成本有密切关系，购买成本低的，往往使用成本高；购买成本高的，往往使用成本低。对产品寿命周期成本进行控制要求进行全面的成本管理，扩大成本控制范围，将成本控制延伸至产品的整个寿命期限。对降低产品成本的考虑不能只局限于生产成本，而应考虑成本与质量之间的关系，以及质量与销售、利润的关系。产品寿命周期成本控制还要求使用成本的节约必须大于购买成本的提高，或使用成本的提高必须小于购买成本的降低，即使用成本和购买成本的变动应以降低总的产品寿命周期成本为目标。

（七）设备维修成本费用控制

作为产品成本的一个组成部分，设备维修成本更应得到足够的控制。特别是随着现代科技的进步，设备的运行、维护成本在产品所占的份额也越来越大，对设备维修成本的控制也越来越受到重视。设备维修成本费用控制是通过制定合理的设备维修计划来实现的。

设备维修成本费用控制的目的并不仅是降低设备维修成本。如果只注意降低设备维修成本，可能造成为了节约维修成本而让设备带病运行，不仅会缩短设备的使用寿命，影响产品的质量水平，还有可能造成停工事故，给企业造成严重的损失。所以，设备维修成本预算要和设备定期维护制度相结合，在设备运行状态良好的前提下努力降低设备维修成本。

二、成本费用控制的方法

成本费用控制是企业主动实现扭亏增盈、增强企业竞争力等财务目标的有力武器。成本费用控制的方法包括成本全员管理和全过程控制法、成本计价与计量控制法、标准成本费用控制法、目标成本费用控制法、成本预算控制法、质量成本费用控制法、成本定额管理法、作业成本费用控制法、责任成本费用控制法。

（一）成本全员管理和全过程控制法

1. 成本全员管理

成本全员管理，是指在加强专业成本管理的基础上，要求人人、事事、时时都按照定额、标准或者预算进行成本费用控制。需要向全体职工宣传各种成本限额和考评标准。

企业实行全员成本管理，就要充分调动各个部门、职工的积极性和主动性，使每个职工都了解自己在成本费用控制中的作用，建立广泛的责任成本制度，将企业的专业成本费用控制和群众性成本费用控制工作结合起来，才能使企业各项费用定额、费用开支标准、成本目标等更加趋于合理，降低成本的措施才能得到更好的执行。为了调动全体职工成本费用控制的积极性，企业应注意：需要有客观的、准确的、适用的控制标准；鼓励参与制定标准，至少也要让职工充分了解控制标准建立的依据和必要性；让职工了解企业的困难和实际情况，自觉适应工作的需要；建立适当的激励措施，激发全员成本费用控制的积极性；冷静地处理成本超支和过失。始终记住，分析成本不利差异的根本目的，是寻求解决问题的办法，而不是处罚。

2. 全过程控制

成本的全过程控制是一个不断创新的概念。传统的认识在于，成本的全过程控制是对企业供、产、销全过程的成本费用控制。而美国学者迈克尔·波特提出了价值链概念，从而将成本的全过程控制延伸到企业外部——供应商和客户。

企业实行全过程成本管理，其成本费用控制不应当只局限于生产过程的制造成本，而应当贯穿成本形成的全过程，扩大到产品寿命周期成本的全部内容，即包括产品在企业内部所发生的规划成本、设计成本、研制成本、工艺成本、质量成本、功能成本、采购成本、销售成本、物流成本、管理成本，以及产品在用户使用过程中发生的运行成本、维修成本、保养成本等各个方面。实践证明，只有当产品的整个寿命周期成本得到有效控制，成本才会显著降低。

实行全面成本管理，对企业职工的要求比较高，主要包括：具有控制成本的愿望和成本意识，养成节约成本的习惯，关心成本费用控制的结果；具有合作精神，理解成本费用控制是一项集体的努力过程，而不是个人活动，必须在共同目标下齐心协力；能够正确理解和使用成本费用控制信息，据以改进工作，降低成本。

（二）成本计价与计量控制法

1. 成本计价控制法

成本计价是否正确，对于成本的正确性和成本流程中的资金安全性具有重要影响。成本计价包括物资采购成本计价、发出存货计价、生产过程计价等。成本计价控制就是对成本计价过程和计价方法选择的控制。

（1）物资采购成本计价控制法。物资采购成本计价包括物资购买价、进口关税和其他税金、运输费、装卸费、保险费以及其他可以直接归属于采购成本的费用。其价格的高低，对后续的存货生产与销售都有重要影响。加强对物资采购成本计价控制，可以防止存货购买中产生不合理因素，控制存货成本，提高存货管理水平，是降低生产与销售成本、提高企业产品的市场占有率的重要环节。

物资采购成本计价控制的重点是采购成本价格的合理性，强调成本构成的控制，其不同于采购业务的控制，后者强调的是物资采购业务活动的规范。其控制内容如下。

1）对采购买价的控制。

①对物资采购的数量、品种、规格和价格进行全面预算。

②在预算的基础上制定严格的物资采购计划价格。制定采购计划价格，应该以产品的市场要求为标准，并结合企业生产经营特征，经过大量的市场调查以后确定。

③以计划价格为基准对采购价格进行管理。企业物资采购的价格必须以计划价格为标准，采购人员在执行采购计划时，须将采购价格报有关部门或人员审核，物资采购回来以后，要经常分析计划与实际价格的差异，激励其采购价格朝更合理的方向发展。凡有合理避税可能的，应该选择可以避税的物资，以便降低采购中的税金。

2）对采购费用的控制。采购商品物资时都会发生与之相适应的采购费用。采购费用包括运杂费、途中的保险费、装卸费、入库前的清选整理费等。发生的采购费用是否合理，同样影响着物资采购成本。因此，对物资采购费用的控制应该进行预算，并根据预算控制采购费用。按照企业以往物资采购情况，分析出采购费用发生的规律，并根据其规律制定出采购费用发生的定额标准。通常对大额的商品物资采购制定采购费用率，对小额的物资采购制定每期每次费用开支标准，以月度结合次数作为标准进行费用控制。

3）对采购物资损失的控制。物资采购中可能发生损失，但是，企业应该将其降到最低程度。应该根据以往经验，分析损失产生的原因，对不合理的损失要坚决杜绝。分析损失的合理性方面，应该将人为引起的损失确定为不合理的损失，只有自然原因引起的损失才能作为合理的损失。企业根据损失原因的分析结果，制定出合理的损失率，控制其损失的发生。

企业在对物资采购成本计价控制时，主要是通过对购货发票、采购费用票据、商品或材料验收单、商品损耗单的审核而实现的，所以在加强物资采购成本计价控制的同时，必须加强对这些业务流程与凭证的控制。

（2）发出存货计价控制法。发出存货成本是企业物资采购与生产过程形成的成本费用。发出存货的价格高低，影响着生产企业后续环节的存货成本，或直接影响销售成本。因此，加强对发出存货成本的计价控制，是降低生产与合理确认销售成本的重要环节。发出存货计价控制能保证计价的正确性；能保证后续生产存货成本的相对稳定性和销售成本的合理性；能保证企业整体计价协调，提高成本管理水平。发出存货计价控制包括发出存货计价控制和材料成本差异计价控制两方面。

1）发出存货计价控制。存货购买入库后，陆续地被消耗或出售，称为存货流转。存货流转包括实物流转和成本流转两个方面。按照流程来看，两方面的流转应该是一致的，即库存存货的成本应当随着存货的消耗和出售而结转。但在实际工作中，由于存货品种繁多，进出量大，单位成本多变等原因，难以保证各种存货的成本流转与实物流转相一致。而同一种存货的单价尽管不同，但是均能满足销售或生产的需要。所以成本流转顺序和实物流转顺序可以分离。发出存货计价着重考虑存货的成本流转，而不同的成本流转产生了不同的存货成本流转假设，进而产生了不同的发出存货计价方法。发出存货的实际成本计价法主要有个别计价法、先进先出法、加权平均法、移动平均法、毛利率法和零售价法等。与实际成本计价法相对应的是计划成本计价法，不同的计价方法计算出来的结果是不一致的。上述方法，有的适用于永续盘存法，有的适用于实地盘存法，不同的存货盘存法下计算出来的结果通常是不相同的。企业必须根据自身经营管理的特点，在财务、会计制度允许的范围内，选择自身适用的方法。企业在确定了方法以后，不能随意更改。企业对发出存货计价控制的主要内容是：方法选择的合理性和计算过程的正确性。

2）材料成本差异计价控制。生产企业对数额大的材料物资通常按计划价格计价，企业发出存货以后，应该按照相应的计划成本分配其材料成本差异。控制内容主要是差异率的计算正确性及分配量的计价、记录的合理性。

（3）生产过程计价控制法。生产过程计价主要包括生产用材料成本计价、人工成本计价与制造费用计价等。生产过程计价是生产成本形成过程中各种耗费的计量。生产耗费中各种耗费价格的高低，直接影响着生产成本的高低，最终影响销售成本。

加强对生产过程计价控制能保证计价的准确性；能保证生产成本计量的相对稳定性和合理性；能保证企业生产过程整体的计价协调，提高成本管理水平。

1）生产用材料计价控制。生产用材料计价包括发出材料、退料、盘点的计价，材料成本分配的计价等。下面主要讨论退料、盘点和材料成本分配的计价控制。

①退料、盘点计价控制。对已经领用而未使用的材料要办理退料手续，对已经领用且下月不再使用的要签发红字“领料单”，进行真实的退料；对已经领用且下月将继续使用的材料，要办理“假退料”手续。退料的计价，以真实的已领未用数量和发出材料的真实价格计价，不得利用退料调节生产成本。期末还应该加强盘点，通过盘点对实际成本库存进行确认，保证库存物资计价的正确性。

②材料成本分配计价控制。材料成本在计入生产成本过程中，能够直接计入的按照直接计入方法进行，不能直接计入的按重要性原则分配计入。材料成本分配计价标准有重量比例法、体积比例法、定额耗用量比例法、产量比例法（简单产量比例和标准量比例法）。对外购动力还有功能比例法。在对其分配中，必须在相关手续中签字，履行其应负职责，杜绝随意的估价计价方法。企业应该根据其自身特点，选择最合适与最合理的方法。

2）人工成本计价控制。人工成本计价包括工资和福利费的计价。

①分清人工成本的界限，不得将非人工成本的费用计入生产成本中，如改建工程人员的人工成本只能计入在建工程成本，离退休人员的工资只能计入期间费用。

②控制工资开支标准，严格按国家规定标准执行，不得随意发放工资、资金和津贴。通常应该以生产经营情况为基础，制定工资开支的预算标准，按国家规定项目结合企业管理要求做好计价控制工作。

③要正确分配工资，将归属于各产品的工资按合理的分配标准予以分配。对福利费计价的控制，主要是要正确确定工资总额，并在此基础上，按国家规定的比例对职工福利费用进行确认。

3）制造费用计价控制。制造费用是指企业生产产品或提供劳务而发生的应计入产品制造成本，但未专设成本项目的各项费用。其主要组成部分是车间、分厂为组织和管理产品生产而发生的各项生产管理费用，也有较少部分是产品在生产过程中为产品所耗用，但因其数额较少，或不好确定费用归属，为简化核算也纳入制造费用内核算，如设备折旧费等。

制造费用内容繁多，对间接材料的计价控制，应该做好预算或者定额管理的计价控制，严格按照预算标准开支各项费用，对间接人工的计价控制，应该比照人工费用控制进行；对其他制造费用的计价控制，要严格审核已发生数额，具体管理时也可以采用预算控制办法进行。

2. 成本计量控制法

成本计量是企业生产成本的计算过程。各企业都应该根据其自身的生产组织特点和生产工艺技术特点组织好生产成本的计量工作。

成本计量控制是在定额管理制度，原始记录制度，材料物资的收发、领退，清查制度，内部计划价格制度，责任控制制度建立健全的基础上进行的。

（1）成本计量方法选择控制。成本计量方法包括品种法、分批法、分步法和分类法等。成本计量方法选择合理与否，对正确计量与控制生产成本具有重要作用。企业对成本计量方法选择控制，主要是根据企业生产管理要求，选择适应企业生产组织特点和生产工艺技术特点的计量方法。成本计量方法不同，其计量结果必然也不同。企业在选择成本计量方法时，要用发展的眼光，并根据企业需要而不断调整。

（2）成本计量方法运行控制。每种成本计量方法都有其不同的运行过程，对成本计量方法运行的控制实质上是对其运行过程的控制。成本计量方法运行控制的主要内容有成本计量程序控制、成本计量责任控制、成本计量依据控制。

1）成本计量程序控制。成本计量程序控制研究成本计量程序的设计、运行、调整过程的控制。

①成本计量程序的设计控制。要求企业必须根据其生产组织特点和生产工艺技术特点，结合自身成本核算条件，设计出科学、合理的程序制度。这里的科学、合理，是指其程序的层次清楚、过程清楚、过程之间各环节的职权与义务明确、操作时间与范围控制条件符合精简而有效能的原则。

②成本计量程序的运行控制。要求成本计量程序的运行过程按照科学、合理的管理要求，对成本计量中的基础数据收集、基本原始记录的传递、计量中的公式选择、人员手续制度等，严格按照成本计量控制制度进行，不得有随意性。

③成本计量程序调整过程的控制。某些时候，或者某些生产经营条件的变化，导致原来的成本计量程序不再符合本单位成本计量的要求，应该重新对其计量进行调整。成本计量程序的调整必须依据生产组织特点和生产工艺技术特点的发展进行，通过调整使成本计量的程序更科学、更合理。

2）成本计量责任控制。成本计量环节包括直接材料计量、直接燃料计量、机物料消耗计量、直接人工计量、制造费用和辅助生产计量、废品损失计量、在产品及内部转移价格计量、完工产品计量等。其中，涉及各方面计量人员的责任，因此必须对成本计量责任实施控制。即每个计量环节都应有相配比的计量责任系统，要求对谁计量、谁复核、谁检查，职责分离，计量以后履行签字的责任等。

3）成本计量依据控制。成本计量必须严格按照其原始依据进行。例如，材料计量控制有生产材料预算表、材料请购申请单、材料请购批准单、材料领用凭证、材料分配凭证等；人工费用控制有人工考勤表、生产任务通知单、工序进程通知单、合格产品与废品通知单、代扣代收款单、工资表、工资汇总表、工资分配汇总表等。成本计量依据控制，就是要求各环节的计量依据齐全、手续程序完善、数据正确合理、凭证流转正常。

（3）生产成本计量报告控制。生产成本计量报告是企业内部会计报告之一。通常应该编制的生产成本计量报告有产品生产成本表、主要产品单位成本表、产品成本项目表、制造费用明细表等。企业在报送成本计量报告时，其报告的种类与格式由企业根据自身的需要而确定，只要能够全面反映企业成本运行信息、数据，有利于加强成本管理即可。

成本资料是企业自身加强企业内部管理需要的信息，其信息责任层次属于内部责任。正确及时的生产成本计量报告信息对成本计划的执行、产品成本的实施、成本的分析与决策起着重要作用。因此，强化生产成本计量报告的责任是成本费用控制的重要环节之一。

生产成本计量报告必须通过分析，才能真正用于企业成本管理。对成本分析的控制要求企业指定专门的分析人员，制定相应的分析制度，规范相关分析的步骤、程序与方法，利用成本报告的分析来推动成本管理。

（三）标准成本费用控制法

标准成本费用控制是企业在产品生产过程中，根据制定的标准成本来控制实际成本的一种成本费用控制方法。标准成本费用控制是执行标准成本会计制度的主要目的。除在生产过程中，对实际发生的生产费用进行控制外，还要在事后迅速、及时地将实际成本费用加以汇集整理，并与所制定的标准成本进行比较，对其发生的成本差异做出细致的分析，检查和研究发生不利差异的原因，制定和采取有效的改进措施，以达到控制成本的目的。

1. 标准成本的制定

所谓标准成本，就是根据历史成本资料，通过一定的经济技术分析预先确定的制造某种产品的成本水平。标准成本是由直接材料、直接人工、制造费用三大项目组成的。因此，标准成本一般是按每种产品耗用的直接材料、直接人工和制造费用分别制定的。

（1）直接材料的标准成本。直接材料的标准成本是指为生产某种产品直接发生的材料耗费，包括材料用量标准和材料价格标准两方面。材料用量标准是指由生产和技术部门根据产品的技术文件，按照正常的生产技术条件，确定的制造单位产品需要的各种原材料数量。它包括构成产品实体的原材料消耗和正常损耗。材料价格标准是由供应部门确定的单位材料价格，主要包括买价和运杂费等。把各种原材料的标准消耗量乘以标准单价，就可以求得产品的直接材料的标准成本。计算公式如下：

$$直接材料标准成本=直接材料标准耗用量\times标准价格$$

根据上述公式，如按成本责任单位进行汇总，就可以计算出各成本责任单位的某产品直接材料标准成本。

（2）直接人工的标准成本。直接人工的标准成本是指为生产某种产品直接发生的人工耗费，包括直接人工用量标准和直接人工价格标准两方面。直接人工用量标准是指由生产技术部门根据历史资料或技术资料，确定的正常的生产技术条件下，制造单位产品需要消耗的工作时间，即工时定额。它包括产品制造过程所必需的时间、必要的间歇、不可避免的废品损失耗用时间等。直接人工价格标准是指直接人工的工资标准，即每一标准工时应分配的工资，应以职工工资标准为基础来确定。单位产品消耗的各工序标准工时由工程技术和生产部门提供，标准工资率一般由人力资源部门提供。产品的直接人工标准成本用公式表示如下：

$$直接人工标准成本=直接人工工时标准\times标准小时工资率$$

根据上述公式，如按产品进行汇总，就可以计算出按产品表示的直接人工的标准成本；如按成本责任单位进行汇总，就可以计算出各成本责任单位的产品直接人工的标准成本。

（3）制造费用的标准成本。费用一般不能制定产品消耗定额。通常应以责任部门为单位，分固定费用和变动费用两类编制费用预算。其中，变动费用最好应按不同生产量来确定，以适应实际数量的变动。费用预算所确定的固定制造费用与变动制造费用发生额除以工时定额，就可以求得固定制造费用和变动制造费用标准分配率。计算公式如下：

$$固定制造费用标准分配率=\frac{固定制造费用预算}{标准总工时}$$

$$变动制造费用标准分配率=\frac{变动制造费用预算}{标准总工时}$$

制造费用的标准成本，就是由以上费用分配率分别乘以各部门生产该产品所需要的单位标准工时数汇总求得的。用公式表示如下：

$$固定制造费用标准成本=直接人工工时标准\times固定制造费用标准分配率$$

$$变动制造费用标准成本=直接人工工时标准\times变动制造费用标准分配率$$

把直接材料成本、直接人工成本和制造费用相加，即求得单位产品标准成本。

2. 成本差异的计算和分析

成本差异是指实际成本与标准成本之间的差额，也称标准差异。成本差异包括直接材料成本差异、直接人工成本差异、变动制造费用差异和固定制造费用差异。如果实际成本超过标准成本，这种差异称为不利差异；反之，如果实际成本低于标准成本，这种差异称为有利差异。成本差异是重要的管理信息，有利于各级管理部门了解各项生产经营活动的效益，以便提高成本费用控制能力，实现有效的成本管理。

标准成本的各成本项目是在数量与价格两个因素相乘基础上计算的，成本差异同样应从数量和价格两个因素进行分析。

（1）直接材料成本差异的计算与分析。直接材料成本差异，是指直接材料实际成本与直接材料标准成本之间的差额，包括直接材料用量差异和直接材料价格差异两部分。其计算公式如下：

直接材料用量差异=（实际用量−标准用量）×标准价格

直接材料价格差异=（实际价格×实际用量）−（标准价格×实际用量）

造成直接材料用量差异的因素，一般有生产技术上的产品设计变更、加工方法改变及机器设备的完好程度、材料本身的质量和规格不符合要求、工人没有严格遵守操作规程、不注意合理用料和技术熟练程度不高，以及加工搬运中损坏等因素。找出差异原因并确定责任后，就应及时采取措施予以解决。例如，因材料质量低劣或规格不符导致材料用量差异，应由供应部门负责并采取措施及时解决；由于加工方法的改变而引起的有利差异，归功于技术部门，应总结经验推广，但如果引起不利差异，则应由技术部门负责找出问题所在，采取措施及时改进。

对于直接材料价格差异，一般认为其产生于采购过程中，不是产生于使用之中。因此要求尽量在材料采购时计算价格差异，也就是说，直接材料价格差异是根据一定时期的实际采购数量而不是实际耗费量来计算的，并把价格差异全部转入当期产品成本，由本期损益负担，以便正确考核供应部门的工作质量对成本和利润的影响。直接材料价格差异一般是由于市场价格、采购地点、运输方式的变动，以及运输途中损耗率变动等原因造成的。一般来说，价格变动主要是由外界因素引起的。但从企业内部来看，往往同供应部门的工作质量有关，应由供应部门采取措施予以解决。但如果因临时改变生产数量或品种，使供应部门购买没有选择余地，或不能享受购货折扣，或改变运输方式（如由陆运改为空运）等引起的直接材料价格差异，就不能由供应部门负责，而应由生产部门负责。

（2）直接人工成本差异的计算与分析。直接人工成本差异，是指产品实际产量的直接人工实际成本与直接人工标准成本之间的差额，包括直接人工效率差异（数量差异）和直接人工工资率差异（价格差异）两部分。其计算公式如下：

直接人工效率差异=（标准工资率×实际工时）−（标准工资率×标准工时）

=（实际工时−标准工时）×标准工资率

直接人工工资率差异=（实际工资率×实际工时）−（标准工资率×实际工时）

=（实际工资率−标准工资率）×实际工时

造成直接人工效率差异的原因，一般有生产技术上的产品设计变更、生产工艺过程改变及机器设备的完好程度、作业计划安排不当、材料本身的质量不好影响生产效率等客观原因；也有工人技术的熟练程度、劳动纪律和劳动态度等主观原因。若为客观原因，应及时通知责任单位加以解决；若为主观原因，应加强对工人的培训和管理教育。直接人工效率差异的责任一般由生产部门负责，但若因材料本身的质量不好、生产工艺过程改变影响生产效率造成的直接人工效率差异就不能由生产部门负责，而应由有关部门，如采购部门或工艺设计部门负责。

造成直接人工工资率差异的原因，一般是由于工资调整、工资计算方法改变（由计时改为计件）、直接生产工人级别结构的变化、奖金和工资性质津贴的变动、人工出勤率变化和工时利用好坏等原因。直接人工工资率差异一般应由人力资源部门或生产部门负责。

（3）制造费用差异的计算与分析。制造费用差异是指制造费用实际发生额脱离制造费用标准（预算）发生额而产生的差异。其计算公式如下：

变动制造费用差异=实际变动制造费用-（标准工时×变动制造费用标准分配率）

变动制造费用效率差异=（实际工时-标准工时）×变动制造费用标准分配率

变动制造费用开支差异=实际变动制造费用-（实际工时×变动制造费用标准分配率）

固定制造费用差异=实际固定制造费用-标准固定制造费用

=（实际分配率×实际工时）-（标准分配率×标准工时）

固定制造费用开支差异=固定制造费用实际支付数-固定制造费用预算数

固定制造费用能量差异=（预算工时-实际产量应耗标准工时）×固定制造费用标准分配率

变动制造费用效率差异是由实际产量的标准工时与实际工时的差异引起的；开支差异是实际工时的变动制造费用预算数（实际工时×变动制造费用标准分配率）与实际变动制造费用之间的差异。固定制造费用能量差异揭示了固定制造费用预算产量的标准工时（预算工时或产能标准工时）和实际产量应耗标准工时之间的差异，它把前面固定制造费用的效率差异和生产能力利用差异两个因素综合为一个因素。影响变动制造费用的因素有工时和分配率，影响固定制造费用的因素有预算数、工时和分配率，通过计量上述因素对标准成本的影响，可以分析出产生差异的原因，从而采取相应的措施，以降低成本。

（四）目标成本费用控制法

目标成本费用控制是企业用确定的成本费用目标来控制实际成本费用支出，以达到降低成本费用的一种控制方法。

预算成本费用、标准成本费用、作业成本费用和定额成本费用都可以作为目标成本费用。也可以选择国内外同业同类产品的先进成本费用水平，或者本企业实现过的历史上最好的成本费用水平作为目标成本费用。在制定目标成本费用时，一方面要考虑本企业的设备条件，原材料供应的品种、质量，企业的生产能力和技术水平等具体情况；另一方面要注意企业的外部因素，如市场对本企业的需求情况，国内外同行业同类产品的成本费用资料等，然后采用科学的方法加以制定。

1. 目标成本费用控制的基本流程

（1）目标成本的制定。目标成本的制定是在产品设计阶段先根据市场调查制定出目标售价，再根据企业的中长期计划制定出目标利润，最后以目标售价减去目标利润得出产品的目标成本，即目标成本=目标售价-目标利润。

确定目标成本要从市场经济的规律出发，考虑市场竞争的需要和企业最大可能的承受能力。而且，应把确定目标成本的过程转变为一系列的优化决策过程，包括最优设计成本决策、最低工艺成本决策、最佳质量成本决策、最优生产组织成本决策、最短生产时间成本决策、自制或外购成本决策、经济订购批量决策等。

（2）目标成本的分解。目标成本的分解要贯彻可控性原则，将各单位的可控成本分解落实到各科室和生产单位，做到纵向到底、横向到边，将控制成本的责任落实到每个岗位和职工。

（3）目标成本的实施与考评。目标成本的实施过程要落实到成本责任中心，实行双轨控制或网络控制，执行例外管理的原则。由于制造企业生产条件复杂多变，目标成本的考评要正确处理好严格考评与动态调整的关系，因非主观原因造成的成本升降均应给予相应调整，反之则应坚决按原定目标考评，并坚持成本一票否决。

2. 产品设计阶段的目标成本费用控制

随着技术水平的发展，产品的成本更大程度上取决于产品设计阶段水平。产品设计不合理就会造成产品先天性的成本高，在这个基础上想在投产后大幅度地降低成本，提高产品质量和竞争能力，比较困难，而且事倍功半，所以应该从产品的设计阶段开始把关。在产品设计阶段，可以应用目标成本法，以“目标成本”为依据，确定产品应该达到的目标成本，主动向产品设计部门提出要求，要求其设计的产品既要符合技术要求，又要符合经济要求，真正做到物美价廉，为客户创造最大的价值。

产品设计阶段的目标成本费用控制，要求在新产品开发或老产品革新设计之前，把测定产品设计的目标成本作为控制设计成本的标准，然后按产品结构或者功能进行目标成本分解。产品设计方案完成后，就要根据产品的设计图纸测算产品的设计成本，它反映新产品在正常投产后的成本。设计成本测算后，应和目标成本进行比较。当设计成本大于目标成本时，利润就会减少甚至亏损；当设计成本小于目标成本时，利润就会增加。设计成本超过目标成本，应进一步挖掘降低成本的潜力，直至有了可靠的措施，保证将设计成本控制在目标成本的限度内，才能批准设计方案，以避免先天性的损失和浪费。现代化大生产的生产规模大，技术复杂，投产后再进行设计的更改，往往会引起工艺、协作和生产组织工作上的一系列变动，造成原有生产能力和资金浪费，这就要求成本会计必须抓住设计环节，以降低消耗、降低成本。

企业在进行新产品开发和老产品革新设计时，还必须从技术上、经济上、社会效益上综合分析和评价不同的设计方案，分析其可行性，进行设计方案的优选，才能在投产前预先有效地控制产品成本形成，保证从根本上提高企业经济效益。在控制产品设计成本的工作中还应进行成本功能分析。产品功能分析是将产品的功能与成本进行对比，寻找降低产品途径的管理活动。其目的在于以最低的成本实现适当的、必要的功能，以提高企业的经济效益。

3. 生产阶段的目标成本管理

（1）目标成本的测定。目标成本一般是在确定目标利润的基础上，首先通过市场调查，根据产品在国际国内市场上的情报资料，预计销售收入，然后根据预计销售收入预测税金和期间费用，通过如下公式计算得出：

$$目标成本=预计销售收入-应交税费-目标利润-预计期间费用$$

（2）目标成本的可行性分析。目标成本测定出来后，还应对其是否切实可行进行分析和判断。分析时，依据企业实际成本水平的变化发展趋势和同类企业的成本水平，充分考虑本企业增产节约的潜力，对某一时期的成本总水平做出预计，并与目标成本进行对比。若达不到目标成本，就应从产品的各工序加工成本、采购成本等方面进行挖掘，看是否能达到目标成本。经过测算，如果预计目标成本是可行的，则将其分解，下达各有关部门和单位。如果经反复测算，仍不能达到目标成本，就应停止生产该产品并设法安排利用剩余的生产能力。如果从全局看不宜停止生产该产品，也应限定产量，并确定亏损限额。

（3）目标成本的分解。测定的目标成本经过可行性分析后，应自上而下按照企业的组织架构逐级分解，落实到各责任单位。目标成本分解的方法有以下几种。

1）按管理层次分解。将目标成本自上而下按总厂、分厂、车间、班组、个人进行分解。

2）按职能部门分解。将目标成本按职能部门分解为：设计部门负责设计成本和新产品试制费，材料采购部门负责材料采购成本，基本生产部门负责制造成本，动力部门负责燃料和动力费用，人力资源部门负责工资成本，质量部门负责质量成本，行政管理部门负责办公费等。

3）按目标成本的经济内容分解。首先将目标成本分解为变固定成本和变动成本。然后进一步将固定成本分解为折旧费、办公费、差旅费、修理费等项目，将年度目标成本分解为季度或月份成本目标，甚至进一步分解为旬或日的成本目标。将变动成本分解为直接材料、直接人工及其他变动费用。

4）按产品分解。将总体目标成本分解到各产品，然后将各产品的目标成本分解到各车间，在此基础上按车间归集各产品的目标成本，作为各车间的成本奋斗目标，这也是最常见的分解方法。

（4）目标成本的分析与考核。目标成本的分析与考核是推行目标成本制度的最后环节。进行成本定期分析，可以检查某时期目标成本的完成情况，找出目标成本升降的原因，以利于指导下期的目标成本管理工作。目标成本的分析主要是将实际产量的目标成本与实际可控成本进行比较。这种比较要与目标成本的分解和分级归口控制制度紧密结合，不仅要分析目标成本与实际成本的差异，而且要查清产品生产过程、各环节目标成本与实际成本的差异，探究这些差异的主观原因与客观原因，在此基础上提出建议，消灭不利差异，扩大有利差异，修订原来的目标成本，以保证目标成本的先进性和可行性。

目标成本的考核是目标成本费用控制制度得以顺利执行的保证。通过目标成本的考核，可以分清责任，正确评价各部门的工作，起到鼓励先进、鞭策后进的作用。因此，目标成本的考核必须与经济责任结合起来，奖罚分明。把成本管理的好坏同企业每个人的切身利益紧密结合起来，促使各部门采取有效措施，改进工作，努力降低成本，以取得更大的经济效益。

（五）成本预算控制法

成本预算是企业成本费用控制的主要方法，是企业财务预算中最基本的预算。它要求企业加强成本预算编制、执行、分析、考核等环节的管理，明确预算项目，建立预算标准，规范预算的编制、审定、下达和执行程序，及时分析和控制预算差异，采取改进措施，确保预算的执行。

强化成本预算控制，要求企业严格按照预算执行。在日常控制中，企业应当健全凭证记录，完善各项管理规章制度，严格执行生产经营月度计划和成本费用的定额、定率标准，加强适时的监控。对预算执行中出现的异常情况，企业有关部门应及时查明原因，提出解决办法。企业可以结合自身情况，建立相应的成本预算，如产品成本预算、制造费用预算、营业成本预算、期间费用预算等。企业各职能部门应当充分利用自身管理优势，对在成本中占重要份额的能耗、成材率等重点指标进行全过程的控制，并有针对性地采取措施，使降低成本指标落到实处，最终形成一系列贯穿全生产过程的预算控制线，确保成本预算指标的全面完成。

（六）质量成本费用控制法

质量成本是指企业将产品质量保持在规定的标准上而需支出的费用，以及因未达到规定的质量标准而发生的损失之和。一般按发生原因不同，将质量成本划分为以下五类。

（1）预防成本。为了防止产生不合格品与质量故障而发生的各项费用。

（2）检验成本。为检查和评定产品质量、工作质量、工序质量、管理质量是否满足规定要求和标准所需的费用。

（3）内部缺陷成本。产品交用户前由于自身的缺陷造成的损失以及处理故障所支出的费用之和。

（4）外部缺陷成本。产品交用户后，因产品质量缺陷引起的一切损失费用。

（5）外部质量保证成本。为提供用户要求的客观证据所支付的费用。

质量成本费用控制，是指根据预定的质量成本目标，对实际工作中发生的所有质量成本，进行指导、限制和监督，及时发现问题，及时采取有效措施，或不断推广先进经验，以促进产品质量成本不断下降，取得最佳经济效益而实施的一种管理行为。实施质量成本费用控制，可以在产品质量、成本和经济效益三者之间寻求一个相对平衡。

质量成本费用控制的主要程序：建立和健全质量成本管理的组织体系；确定预算控制指标和误差范围；对产品整个寿命周期进行全过程的控制。其中最后一个程序包括：设计阶段、制造阶段和使用阶段。

需要注意的是，合理有效地控制质量成本费用必须通力合作，多管齐下，合理运用统计、预测、计划、分析、核算等多种方法，对产品生产各个环节都进行有效的管理。同时，企业应结合自身特点，在实行基本质量成本管理方法和理念的基础上，适当引入质量成本预算管理、作业质量成本管理、战略质量成本管理、目标质量成本管理等方法。

（七）成本定额管理法

成本定额管理是企业成本管理普遍而有效的管理模式，它是利用定额来控制成本各项指标，达到降低消耗、降低成本的目的。实施成本定额管理可以和责任成本费用控制结合起来，使成本管理真正落实在企业全员管理和全过程控制的过程中。

成本定额作为一种数量标准，是衡量合理消耗的尺度，一旦确定下来，就成为各个部门、各个生产环节成本消耗的依据，也可作为对各职能部门成本管理水平进行评价的标准。在定额的执行中出现偏差是正常的。一般来说，在业务量一定的前提下，如果发现超定额偏差，应及时分析原因，并采取措施加以纠正，以通过纠正偏差达到对成本的有效控制。此时，成本定额控制是否成功，关键在于定额标准制定得是否科学合理并得到有效贯彻执行。

（八）作业成本费用控制法

作业成本费用控制法源于作业成本法。作业成本法是将辅助资源和间接成本更准确地分配到作业、生产过程和产品、服务以及客户中的一种成本计算方法，是一个以作业为基础的管理信息系统。作业成本法计算的基本原理是产品消耗作业，作业消耗资源。也就是说，在计算产品成本时将作业作为核算的对象，首先要确认耗用企业辅助资源和间接成本的所有作业，并根据作业对资源的消耗情况将相应的资源费用分配到对应的作业中，直至将企业全部的辅助资源费用分配完为止。然后通过为每一种作业确定一个成本动因率，将所有的作业成本追踪到产品成本的形成和积累过程，由此得出最终的产品成本。

作业成本费用控制就是在作业成本法下对产品（或提供劳务）所划分的各个作业的基础上，制定各个作业的标准作业成本，通过标准作业成本对实际作业成本进行控制的一种方法。由于种种原因，实际作业成本会偏离标准作业成本。作业成本费用控制的关键是进行作业分析和价值分析，消除不必要的、无效的作业，改进必要的、有效的作业，并对新作业链进行再次整合。

1. 作业成本核算的一般程序

（1）确认主要作业，确认作业中心。要进行作业成本费用控制，必须建立作业成本核算体系。首先得确认作业、主要作业、作业中心。这里所称的“作业”是一种工作，是生产经营活动。按照企业资源消耗活动过程，企业在一般情况下设立的作业类型有生产准备、订购单、物资采购、存货储备、物料消耗、生产计划、动力消耗、设备维修、质量检测、发货运输、组织协调等。一个作业中心就是生产程序的一部分。例如，检验中心就是一个作业中心。按照作业中心披露成本信息，便于管理层控制作业，评估业绩。在确认作业和作业中心时，要特别注意具有以下特征的作业：资源昂贵，金额量大；产品之间的使用程度差异极大；需求的形态与众不同。

企业的生产经营范围不同，生产过程的复杂程度也不同，构成产品生产、服务程序的作业也存在较大差距，因此，应根据企业的特点，选择有代表性的、便于实施控制的作业类型建立作业中心，即将有共同资源动因的作业确认为同质作业，将其归属于同一作业中心。

（2）将归集起来的投入成本或资源分配到每一个作业中心的成本库中。各生产单位建立作业成本对象后，以资源的消耗活动作为依据，按作业归集成本到每一个作业中心的成本库，并对各作业中心的资源耗费进行考核分析，控制其耗费。按同质作业中心来归集间接费用，不但提高了作业成本计算的可操作性，同时可以减少工作量。每一个成本库所代表的是它那个中心所执行的作业。因此，这一步骤的成本动因是要确认每个成本的资源耗用量。这一步骤的分配工作，反映了作业会计的基本规则：作业量的多少决定着资源的耗用量，资源耗用量的高低与最终的产出量没有直接关系。

（3）将各个作业中心的成本分配到最终产出（产品、劳务或客户）。这一步骤应遵循如下的作业会计规则：产出量的多少决定着作业和耗用量。例如，整备作用的作业动因是整备小时或整备次数，前者假定每次整备作业耗用的资源都相同，后者则假定资源的消耗是随着产品所需要的整备次数的变动而变动的。这种作业消耗量与组织产出量之间的关系称为作业动因。作业成本法在分配作业中心的成本到最终产品的过程中，是按照作业动因来进行的。明确了成本动因，就可以将归集在各个作业中心的间接费用按各最终产品消耗的作业动因量的比例进行分配，计算出产品的各项作业成本，进而确定最终产品的成本。作业成本分配的控制重点是作业动因计量分配标准的合理性，不同作业有不同的作业动因，各作业动因的计量标准往往没有可比性，导致企业在选择作业动因时，必须从有利于加强成本管理与控制出发，强调其科学性与合理性，选择最能代表分配作业成本的标准作为作业成本动因，最终达到作业成本费用控制的目的。

2. 作业成本法的管理控制

对作业成本法的控制，实际上就是对作业成本过程的控制。作业成本的控制就是将企业看作由客户需求驱动的作业组合而成的作业集合体，在生产经营活动中努力提高增加客户价值的作业的效率，消除与遏制不增加客户价值的作业，持续改善企业生产经营成果。

作业成本费用控制通常可以通过如下渠道降低成本。

（1）作业消除。作业作为一种活动，可能给企业创造价值，也可能不创造价值。企业在作业成本费用控制中，首先要确定不增值的作业，并采取有效措施予以消除。

（2）作业选择。在消除不增值的作业以后，还必须注意其他作业在创造价值中增值的大小。作业选择就是指尽可能提供各项可行的作业并从中选择增值最大的作业。不同的策略经常产生不同的作业，从而产生不同的成本。选择作业增值最大的策略，可以降低成本。

（3）作业减低。作业减低是指改善必要作业的效率或者改善在短期内无法消除的不增值的作业。例如，当采购物资时，通过调整采购的次数可以降低采购成本。

（4）作业分享。作业分享是指利用规模经济效应来提高必要作业的效率，即增加成本动因的数量但不增加作业成本。提高规模经济效应可以减低单位作业成本及分摊子产品的成本。例如，在设计新产品的时候，尽量利用目前的零部件，从而免除新产品零件的设计作业，降低新产品的最终成本。

（九）责任成本费用控制法

责任成本就是按成本划分责任。经济责任制是管理企业的一项重要经营管理制度，成本管理是这项制度的重要内容之一。企业实行责任成本，就是按照干什么管什么的原则，把成本指标的管理与经济责任结合起来，把能够用成本反映的经济责任，分工到分厂、部门、车间、班组以至个人，目的就是使其对一定的成本负责，调动各方面的积极性，挖掘潜力，降低成本。责任成本中心的建立是责任会计控制制度下的经营管理制度。企业内部凡是与成本有关联的部门、环节或人员，不论是直接关联或是辅助性服务，均可确定成本管理责任，建立责任中心。责任成本中心是责任中心的核心，其目标是为了控制成本，提高企业经济效益。

1. 建立责任成本中心的原则

（1）责任主体可分。责任成本费用控制是分权控制，权责必相结合。设立责任成本中心时要明确划分各个中心之间的责任界限，使权责利相配比。

（2）责任成本可控。各责任成本中心的利益是与其成本费用控制业绩相挂钩的。各责任成本中心对成本费用控制的有效促进是建立在责任可控的基础上的，因此，对各责任成本中心的业绩考核与评价，必须以责任成本中心能够自身控制为原则。

（3）业绩可以单独考核。若不可以单独考核责任成本中心的业绩，则责任成本费用控制制度将难以实行。通过业绩考核，利用检查、分析等方法加以评价，才能根据业绩来落实责任。

2. 责任成本中心的形式

（1）按照责任单位在生产经营中对成本形成的确立，可将成本中心分为制造成本中心、行政成本中心、研究成本中心、推销成本中心等。

（2）按照成本计价来确立成本中心，可分为实际成本中心、计划成本中心、内部价格计算的内部成本责任中心等。

（3）按产品产值和质量关系确立成本中心，可分为产品产值成本中心和产品质量成本中心等。

3. 责任成本费用控制

责任成本费用控制就是建立在责任成本中心上的，对企业成本实施核算与控制，强化成本的责任管理，最终达到降低成本的一种经济管理活动。其目的是通过一套行之有效的内部责任控制制度，完善责任成本中心的经济责任管理体系。

（1）责任成本费用控制的前提。

1）建立责任成本费用控制的业务手续制度。一般来说，成本会计控制所依据的数据及其产生这些数据的业务手续很难同时满足责任成本费用控制的要求，因此，应责任成本费用控制的要求，企业还需建立相应的业务手续制度。

2）建立企业内部转移价格制度。对各责任成本单位之间相互提供半成品、产品、劳务等活动确定其转移价格，并按照科学、合理的要求计量各成本中心的经济效益，这能够正确监督与控制责任成本中心的责任完成情况和考评其工作业绩。

3）建立企业内部结算制度。以内部转移价格为基础而建立的内部结算制度，及时、准确地反映各责任成本单位之间相互联系的责任关系。

（2）责任成本费用控制的程序。

1）责任预算控制。责任预算控制主要包括责任目标预算控制、分层次责任预算及内部转移价格预算控制。责任目标预算控制包括责任成本总额、可控成本降低额和降低率、可控成本预算完成率、各成本项目降低额与降低率、费用支出总额、费用预算节约率等。分层次责任预算是将成本费用责任按照管理组织层次进行预算。内部转移价格预算控制是根据企业管理需要而制定内部价格，并以企业内部价格建立的结算与核算控制体系。内部价格有生产成本型、成本加成型、边际成本型和其他类型等。

2）责任分解控制。责任分解是将责任预算中的预算指标分解到各成本中心，形成各成本中心的责任指标。责任分解应该按照责任中心的设立而层层分解。

3）责任成本核算。责任成本核算可以按照“单轨制”进行，也可以按照“双轨制”进行。所谓“单轨制”，是指责任成本核算与产品成本核算融为一体，以一套账提供两套管理资料。所谓“双轨制”，是指将责任成本和产品成本分账核算，按照不同核算组织体系核算并提供不同的管理指标。

4）责任成本考核控制。责任成本考核是对责任成本进行分析与评价；对其控制主要是通过分析发现问题，解决问题，促进成本改进。

三、成本费用控制的程序

（一）传统成本费用控制程序

从控制论的角度来说，控制分为三个步骤，即确定控制标准，计算实际执行结果与控制标准的差异额，采取措施逐渐消除差异。成本费用控制运用的正是这种反馈控制的方法。根据控制论的程序并结合传统成本费用控制的特点和基本内容，其程序一般为以下六个方面。

1. 制定成本费用控制标准

制定成本费用控制标准是实施成本费用控制的基础和前提条件。没有标准就无所谓控制。标准的制定，要本着先进合理、切实可行、科学严谨等原则。

成本费用控制活动贯穿于企业经济活动的全过程，因此在经济活动的每个阶段，每项因素都必须制定相应的标准，形成一个成本费用控制的标准体系。在这个标准体系里，既有总括性的标准指标，也有在该项总指标下的分解指标。

2. 成本费用控制标准的论证

成本费用控制标准制定后，该标准是否合理，能否对它进行考核，以及在整个成本体系中标准有无遗漏等，都需要论证。要组织有关部门和人员采用比较先进、科学的方法，对控制标准进行详细论证，以使控制标准更加科学合理并具有可操作性。同时，要论证各责任单位的各项控制标准能否保证企业总控制目标的完成。

3. 制定实施成本费用控制标准的措施

成本费用控制标准制定出来后，应将其进行分解，落实到具体的责任单位和人员。由于成本费用控制标准是需要经过一定的努力才能够完成的，所以每个部门、每位职工都应根据本单位、本人成本费用控制的任务，制订出相应的措施方案，以保证成本费用控制任务的完成。

4. 成本费用控制的实施

成本费用控制的实施是保证成本费用控制质量、达到预期控制目标的关键阶段。要依据企业所制定的各项成本费用控制措施和成本费用控制方法，对企业经济活动进行控制。

在成本费用控制的实施过程中，企业的成本管理部门应经常深入成本费用控制的基层中，进行调查研究，提出存在的问题和解决办法，对各部门之间出现的矛盾，应进行协调，使成本费用控制能达到预期的目标。

5. 差异的计算和分析

通过将成本费用控制实际资料和成本费用控制标准相对比，可确定实际脱离标准的差异额，并且要对差异产生的原因进行分析。差异产生的原因有很多，需要进行综合、全面的分析。有时，一种差异可能是由几个部门的工作引起的，不便于归属责任，而且差异的计算方法直接影响到差异额的大小，这就为企业成本管理部门进行差异原因分析带来了一定的困难。所以，在进行差异计算和差异原因分析时，应特别注意协调各方面的关系，找出问题的症结所在，提出真实可靠、各方面都能认可的原因。

6. 差异的消除

对于成本费用控制中产生的差异，除了要分析产生差异的原因及归属于具体哪些不同的责任单位，还要提出具体的改进措施反馈到经济活动中，以便及时消除差异，使企业实现既定的目标，这也是反馈控制的关键环节。需要注意的是，提出各项改进措施，并具体落实到各责任单位和生产阶段，逐渐地消除差异，这样的过程可能不止一次，要经过几次反复，让提出的改进措施不断完善，才能最终消除差异。

如果差异经过几个成本费用控制过程都不能予以消除，则应查明原因。例如，可能是控制标准制定得不合理、消除差异的措施不得力、差异产生的原因分析得不准确等，应查明原因逐一予以解决。

（二）现代成本费用控制程序

现代成本费用控制是企业全员、全过程、全环节和全方位的控制，是商品使用价值和价值管理的结合，是经济和技术管理的结合。它既与企业现代成本会计核算和财务管理相结合，又是企业管理系统的主要组成部分，是一项涉及面广且较为复杂的系统工程。现代成本费用控制程序也称成本费用控制环节，具体包括成本预测、成本决策、成本计划、成本监控、成本核算、成本分析和成本考核。

1. 成本预测

成本预测是企业在市场调查、品种预测、销售预测、价格预测等一系列预测的基础上，研究企业外部环境和内部因素等成本的依存关系，对一定时期的成本目标、成本水平及预见的成本变动趋势所做的科学的测算，从而有效规避和防范可能的风险，使成本管理工作更符合企业经营管理的要求；在进行成本预测时，既要参考历史资料，又要与同行业同类型竞争对手的有关成本资料进行比较分析，还要研究人力、物力、财力的资源配置情况，以及市场情况等相关因素，以做出尽可能正确的预测。

2. 成本决策

成本决策是根据成本预测提供的数据和其他有关资料，在若干个与生产经营和成本有关的方案中，选择最优方案，做出正确的成本决策，确定目标成本，使之成为企业奋斗的目标。成本决策是制订成本计划的前提，也是提高经济效益的重要途径。

3. 成本计划

成本计划是根据成本决策所确定的目标成本，具体规定在一定时期内为完成生产经营任务应发生的生产费用，并提出保证成本计划顺利实现所应采取的各项措施。编好成本计划，使企业员工明确降低成本的目标，挖掘成本的潜力，是确保企业获取最优经济效益的关键环节之一。成本计划是成本考核的依据。

4. 成本监控

成本监控，也称成本跟踪，是指在生产经营过程中，根据成本计划对各项实际发生或将要发生的成本费用进行审核、控制，观察成本动态，将其限制在成本计划之内，以保证成本计划的执行。成本监控是成本管理工作中的重要环节，通过成本监控，可以防止浪费，及时揭示存在的问题，消除生产中的损失，实现成本费用控制的目的。

5. 成本核算

成本核算是对生产经营过程中实际发生的成本费用，按照一定的对象和标准进行归集和分配，以计算确定各对象的总成本和单位成本。成本核算是成本管理的基础，没有成本核算所提供的成本资料，成本费用控制的其他工作就无法进行。成本核算方法一经确定，不得随便改变，以保证成本指标的可比性。

6. 成本分析

成本分析是根据成本核算提供的成本数据和其他有关资料，与本期计划成本，上年同期实际成本，本企业历史先进水平及国内外先进竞争对手的成本水平、成本结构等进行比较，确认成本差异，并且分析其原因，查明相关经济责任，以便采取措施，改进生产经营管理，降低成本费用，以提高经济效益。通过成本分析，可以为成本考核提供依据，并为未来的成本预测和决策以及编制成本计划提供资料。

7. 成本考核

成本考核是在成本分析的基础上，定期地对成本计划的执行结果进行评定和考核。为了分清经济责任，使成本考核更加合理，在对企业成本计划和企业内部各责任成本指标的执行结果进行考核时，都应剔除客观因素（不可控因素）对成本的影响。成本考核应该与奖励制度相结合，以充分调动企业职工执行成本计划、提高经济效益的积极性。

以上七个部分是相互联系、相互依存、缺一不可的整体，共同构成现代成本费用控制程序。成本预测是成本决策的前提，成本决策是成本预测的结果，成本计划是成本决策所确定的目标的具体化，成本监控对成本计划的实施进行监督保障，成本核算是对成本决策目标是否实施以及控制效果的最后检验，成本分析能查明执行差异的原因，对决策正确与否做出判断，成本考核是实现决策目标的重要保障机制。只有七个部分形成一个有机整体，才能有效控制可能的风险。

四、成本费用控制的系统

一个企业的成本费用控制系统包括组织系统、信息系统、考核制度和奖励制度等内容。

（一）组织系统

在一个企业里，权力很可能在一个职能领域中高度集中，而在其他职能领域则高度分散。一般来说，生产、财务和人事管理都属于权力高度集中的领域。

成本费用控制系统必须与企业组织机构相适应，即企业预算是由若干分级的小预算组成的。每个小预算代表一个分部、车间、科室或其他单位的财务计划。与此有关的成本新体制，如记录实际数据、提出控制报告等，也都是分小单位进行的。这些小单位作为责任中心，必须有十分明确的、由其控制的行动范围。按其所负责任和控制范围不同，分为成本中心、利润中心和投资中心。成本中心是以达到最低成本为经营目标的一个组织单位；利润中心是以获得最大净利润为目标的一个组织单位；投资中心是以获得最大的投资收益率为经营目标的一个组织单位。按企业的组织架构合理划分责任中心，是进行成本费用控制的必要前提。

（二）信息系统

成本费用控制系统的另一个组成部分是信息系统，也就是责任会计系统。责任会计系统是企业会计系统的一部分，负责计量、传送和报告成本费用控制使用的信息。

责任会计系统主要包括编制责任预算、核算预算的执行情况、分析评价和报告业绩三个部分。

通常，企业分别编制销售、生产、成本和财务等预算。这种预算主要按生产经营的领域来落实企业的总体计划。为了进行控制，必须分别考察各个执行人的业绩，这就要求按责任中心来重编预算，按责任中心来落实企业的总体计划。这项工作被称为责任预算，其目的是使各责任中心的管理人员明确其应负的责任和应控制的事项。

在实际业务开始之前，责任预算和其他控制标准要下达给有关人员，他们以此控制自己的活动。对实际发生的成本、取得的收入和利润，以及占用的资金等，要按责任中心来汇集和分类。为此，需要在各明细账设置时考虑责任中心分类的需要，并与预算的口径一致。在进行核算时，为减少责任的转嫁，分配共同费用时，应按责任归属选择合理的分配方法。各单位之间相互提供产品或劳务，要拟定适当的内部转移价格，以利于单独考核各自的业绩，报告预算的执行情况。在预算期末要编制业绩报告，比较预算和实际的差异，分析差异的产生原因和责任归属。此外，要实行例外报告制度，对预算中没有规定的事项和超过预算限额的事项，要及时向适当的管理级别报告，以便及时做出决策。

（三）考核制度

1. 规定代表责任中心目标的一般尺度

它因责任中心的类别而异，可能是销售额、可控成本、净利润或投资收益率。必要时还要确定若干次级目标的尺度，如市场份额、次品率、占用资金的限额等。

2. 规定责任中心目标尺度的唯一解释方法

例如，什么是销售额，是总销售额还是扣除折让和折扣后的销售净额。作为考核标准，对它们必须事先规定正式的解释。

3. 规定业绩考核标准的计量方法

例如，成本如何分摊，相互提供劳务和产品使用的内部转移价格是使用历史成本还是使用重置成本计量等，都应做出明确规定。

4. 规定采用的预算标准

例如，是使用固定预算还是使用弹性预算，是宽松的预算还是严格的预算，编制预算时使用的各种常数是多少等。

5. 规定业绩报告的内容、时间、详细程度等

例如，业绩报告是半年报告一次还是一个季度或者一年报告一次，季度报告是否应该和年度报告一样详细等。

（四）奖励制度

奖励制度是维持控制系统长期有效运行的重要因素。人的工作努力程度受业绩评价和奖励办法的影响。经理人员往往把注意力集中到与业绩评价有关的工作上面，尤其是业绩中能够影响奖励的部分。因此，奖励可以激励人们努力工作。

奖励有货币奖励和非货币奖励两种形式，如提升、加薪、表扬、奖金等。惩罚也会影响工作努力程度，惩罚是一种负奖励。

规定明确的奖励办法，让考核对象明确业绩与奖励之间的关系，知道什么样的业绩将会得到什么样的奖励。恰当的奖励制度将引导人们去约束自己的行为，尽可能争取好的业绩。奖励制度是调动人们努力工作、以求实现企业总目标的有力手段。

五、成本费用管理的监督检查

企业应制定相关制度，明确监督检查人员的职责权限，定期和不定期地开展检查工作。实时监控成本费用的预算执行情况和标准成本费用控制情况，按期（每月）编制成本费用内部报表，及时向公司领导层和各责任主体通报成本费用支出情况；并定期对成本费用报告进行分析，对于实际发生的预算差异或标准成本差异，及时查明原因，采取相应措施。

（一）监督检查主体

（1）监事会：依据公司章程对公司成本费用管理进行检查监督。

（2）审计部门：依据公司授权和部门职能描述，对公司的成本费用进行审计监督。

（3）财务部门：依据公司预算和标准成本，对成本费用支出进行实时监控。

（4）上级对下级进行日常工作检查监督。

（二）监督检查内容

（1）成本费用业务相关岗位及人员的设置情况。重点检查是否存在成本费用业务不相容职务混岗的现象。

（2）成本费用业务授权审批制度的执行情况。重点检查成本费用业务的授权审批手续是否健全，是否存在越权审批的行为。

（3）成本费用预算制度的执行情况。重点检查成本费用支出的真实性、合理性、合法性和是否超出预算范围。

（4）成本费用核算制度的执行情况。重点检查成本费用的记录、报告的真实性和完整性。

（三）检查结果处理

对监督检查过程中发现成本费用内部控制中的薄弱环节，公司有关责任部门和责任人应当采取措施，及时加以纠正和完善。

小知识　　**成本费用监督方法**

（1）分析法。分析法是将有关成本费用的审查资料，按照审查的要求进行分类的方法。分析法既可以为审阅法提供帮助，也可以监督单位经营管理是否合理。例如对于零部件，可以对产品中零部件，按照自制、外购和外加工等分类，看其结构比重，再对照单位的生产能力、外购价格、外加工费用等，分析其对于成本费用的影响。如果发现单位生产能力有余，可以自行制造或加工，而外购和外加工价格高时，则建议将外购与外加工改为自制。

（2）比较法。比较法是将有关成本费用的审查资料，按时间审查所要了解的情况加以比较的方法。例如，审查单位某月份的产品单位成本时，可用上月和上年同期月份比较，发现可比产品下降，不可比产品上升，就要进一步用核对法、审阅法、查询法审查有无故意将可比产品投入不可比产品成本，是否弄虚作假，制造降低成本假象的情况。

（3）抽查法。抽查法是对成本费用的财会资料选一部分加以检查的方法。对于选择样本可以采用判断抽样法或者统计抽样法。判断抽样法，是监督人员根据企业有关成本费用管理情况，就影响较为重大或者问题可能较多的经济业务作为样本，进行抽查。统计抽样法，是将数理统计中的抽样方法应用于成本费用监督。统计抽样法适用概率论的理论，随机进行抽样，以求总体中各个部分可有同等抽中的机会，以防止侧重一个方面，而忽略其他方面。

（4）审阅法。审阅法是审阅有关成本费用的财会资料以及其他有关资料，对其反映的经济活动的内容和形式加以考察，看其是否真实、完整、准确、合理、合法的方法。审阅法是核对法的基础，凡相互核对的财会资料，必须首先经过审阅法的审查，特别是原始凭证和记账凭证的审阅。审阅法审阅的内容主要有对原始凭证的审阅、对记账凭证的审阅、对会计账簿的审阅、对会计报表的审阅。

（5）查询法。查询法是指在运用核对法、审阅法和其他方法中，发现有关成本费用的财会资料需要核实时，通过面询、函询或实地考察询问，了解有关生产经营活动的具体情况和成本费用资料的真实、完整和正确的方法。

（6）逆查法。逆查法是与成本费用记账程序相反，将记有成本费用的会计报表核对成本费用会计账簿，会计账簿核对成本费用记账凭证，记账凭证核对成本费用原始凭证的方法。

（7）顺差法。顺差法是按照成本费用的记账程序，将成本费用原始凭证核对记账凭证，成本费用记账凭证核对会计账簿，成本费用会计账簿核对会计报表的方法。

（8）核对法。核对法是根据有关法律、法规、制度，利用财会资料及有关资料之间的相互核对，查明有关成本费用业务的真实性、会计处理上的准确性。

（9）调节法。调节法是结合盘存法使用的。在盘存日期间同被审查事物的账面价值不一致时采用调节法。

（10）盘存法。盘存法是审查书面凭证和实际存货是否相符的方法。在成本费用监督中，盘存法主要用来审核原材料、在产品、产成品科目结余的实物数量、质量和所记金额是否与实存相符。

（11）鉴定法。鉴定法是评价原料、材料、产品质量的特有方法，由工程技术人员及其他专业人员进行。鉴定法主要是来发现上述物资质量上账实不符情况，从而查明对于计算产品成本中有关的材料消耗是否真实、正确，查明材料采购是否存在以劣充优的现象。

第二十一章

利润方面的内部控制

第一节　综合知识

一、利润控制的目标

（一）保证目标利润的实现

目标利润是企业在未来一定时期内通过努力应当达到的利润水平，是企业经营业绩的最终目标，也是企业全体人员和全体部门共同奋斗的目标。通过最优目标利润的制定，一方面可以明确目标，使企业全部经营活动围绕目标利润有效地展开；另一方面可以为企业经营成果的考核提供标准。

企业应当在分析产品的市场结构情况、自身的生产技术条件和材料供应状况等具体条件的基础上，通过对产品的销售量、价格、成本等情况进行分析测算，合理地制定出目标利润。只要保证目标成本和目标经营收入的实现，就能够实现单位的经营业绩目标。

（二）保证利润构成的合理性

企业利润主要由营业利润、投资净收益、营业外收支净额和补贴收入构成。企业在利润控制过程中要合理安排其收入来源，以保证利润构成的合理性。即一般情况下，营业利润这一指标能够比较恰当地代表企业管理者的经营业绩，是利润的主要构成内容，在利润总额的构成中应该占主要地位。对于工业企业来说，对外投资业务不是其主要业务，因此投资净收益在利润总额的构成中所占比例不宜太大（但对于专门从事对外投资业务的企业来说，投资净收益在企业利润构成中的比例就应该占主要地位）。营业外收支净额与企业的生产经营活动无直接关系，在利润总额中的比例只应占较小的比例。补贴收入通常不应作为企业利润的重要来源。

（三）保证利润分配的合法性和合理性

由于利润分配涉及各方面的利益关系，因此各国法律都对企业利润分配问题有着详简程度不同的规定。我国《公司法》《企业财务通则》《证券法》等也都对企业利润分配的各个项目和程序做了明确、具体的规定，因此，遵守国家的财经法规是企业进行利润分配工作的前提。

对缴纳所得税以后的利润，企业必须按照规定的项目和程序进行分配；同时，向股东分配利润时，必须考虑全体投资者的利益，保证资本金的完整，不得用资本金支付股利，也不能影响企业的偿债能力，即要合理处理股东当前利益和企业长远发展之间的关系。

（四）保证企业依法纳税和合理节、避税

在企业的利润构成中，税收是较大的一块抵减项目。实现企业最大限度的投资收益，是企

业经营理财的外显目标，但税收的无偿性使企业财务目标实现与国家征税制度产生了不能消除的矛盾，因为纳税就意味着企业既得利益的损失。因此，企业必须在遵守税法及其他法规的前提下，对自身的经济活动进行事先的筹划和安排，以达到涉税零风险与减轻税收负担的目的。这里的涉税零风险，是指纳税人首先必须依法纳税，要做到账目清楚，纳税申报正确，缴纳税款及时、足额，以避免因行为不合法而遭受税收方面的处罚。而减轻税收负担则是在实现涉税零风险基础之上尽量少缴税。

二、利润控制的特点

（一）利润控制是企业经营管理的综合反映

企业实现的利润是企业生产经营成果的综合反映，包括企业经营过程中的营业利润、投资收益和营业外收支净额等。它实际上是生产经营活动和理财活动的效率与效益的综合表现。因此利润不仅是企业经营管理水平、获利水平高低的标志，而且是考核、衡量企业经营成果与经济效益的综合尺度。而为了保证目标利润实现所进行的利润控制也综合反映了企业管理层的经营管理水平。

（二）利润控制要体现投资者的权益

投资者对企业投资的最终目的是取得投资收益。因此企业取得的利润首先应按国家规定的税率缴纳所得税，其次按规定提取公积金，最后剩下的就是投资者的权益，投资者有权做出用于发展企业或分配利润的决定。所以，企业管理层在制定利润分配的控制措施时，除了要综合考虑企业发展的需要，更重要的是，充分尊重投资者的意愿，并体现投资者的权益。

（三）利润控制具有可变性

企业从事产品生产经营活动，取得一定的营业收入，与产品生产经营过程中耗费的成本费用相抵减后，就是企业某一时期的利润额。因此，利润额是一个综合性指标，受多种因素的影响。例如，营业收入受市场供求关系、产品质量信誉、流转税负等因素的影响；成本费用又受原材料价格、企业管理水平、企业生产技术水平等因素的影响。这些因素又受其他因素（如国家经济政策、社会环境等）的影响。综合这些主观、客观影响因素，企业的利润额往往不会一成不变。一个盈利企业可能因为市场因素或管理水平跟不上社会的发展而变成一个亏损企业；相反，一个亏损企业可能因为加强管理，改变策略或生产适销对路的产品而转为盈利企业。总之，企业利润随着企业生产经营状况的好坏而相应地升降，具有明显的可变性。相应地，对利润进行财务控制也使具有明显的可变性。

三、利润控制的原则

（一）维护股东利益、保证企业可持续发展原则

股东利益是企业最重要的利益，企业的利润分配通过留存收益和分配股利的方式，维护股东的当前利益和长远利益。企业的留存收益能够为企业的再投资提供资金来源，保证企业的长远发展，从根本上代表股东的长远利益；分配股利代表股东的当前利益。由于留存收益与分配股利之间的矛盾性，企业要合理地确定两者之间的比例关系，在维护股东当前利益的基础上，保证企业的长远发展。同时，利润分配要兼顾经营者与员工的利益，充分调动经营者与员工的积极性，促进企业可持续发展。

（二）科学预测、合理规划原则

企业在规划最优目标利润时，要综合分析和预测销售情况，如产品价格、生产成本、生产

能力和产品结构等因素对目标利润的影响，合理地制定目标利润。过高的目标利润，超出企业的实际能力，不具有可行性；过低的目标利润，企业可以轻易实现，不利于调动企业员工的积极性，失去了制定目标利润的意义。因此，目标利润规划要以企业的实力为基础，综合分析各方面因素，保证目标利润的合理性。

（三）开源节流、讲求实效原则

企业应采取各种措施增加利润，提高经济效益。一方面从企业内部出发，优化资源配置，加强资产管理，控制并降低产品成本、期间费用，不断降低利润的抵减项目；另一方面从市场的角度出发，确保产品质量，调整产品结构，不断推出新产品，采取合理的营销策略，开拓市场，不断提高企业的收入水平。

（四）促进资本结构优化原则

公司的股利政策可以直接影响其资本结构，而合理的资本结构对企业生产经营和资金周转起着重要的促进作用，因此股利政策的制定必须有利于资本结构的优化。

如果公司的资产负债率过高，或者具有良好的投资机会，公司可以少分甚至不分现金股利，而保留较多的现金，以降低财务风险，满足投资需要；反之，如果公司的资产负债率过低，则可以派发较多的现金股利，同时考虑增加负债，以提高企业的财务杠杆。合理的资本结构可以在一定的风险范围内使公司的资本成本达到最低，从而提高公司价值，保证公司的持续健康发展，最终实现股东利益最大化的财务目标。

（五）保持股利政策相对稳定原则

稳定的股利政策有利于塑造公司持续稳定发展的良好形象，从而提高投资者和社会各方对公司发展的信心，并有利于上市公司股价的稳定。同时，股利收入是一部分股东生活和消费经费的来源，持续稳定的股利政策有利于保证该部分股东的正常生活，因而对他们有较大的吸引力。所以，公司应尽量采取相对稳定的股利政策，避免股利发放水平的大起大落，只有确信在未来能够维持新的、更高的股利水平时，才提高股利。

（六）合法合规性原则

企业各项税收的缴纳必须遵守国家的财经法规，即企业的纳税筹划必须是在遵循税法及其相关法规以及符合政府的法律政策导向的前提下进行的。

另外，国家的财经法规对企业利润分配的顺序和原则也做了规定，企业的利润分配必须严格遵守这些法规的规定。企业在依法缴纳所得税后，需严格按照规定的利润分配顺序对税后利润进行分配，按法定比例提取盈余公积金。进行股利分配时，必须保证资本金的完整，不得使用资本金支付股利，也不得影响企业的偿债能力。

四、利润控制的内容

利润控制的内容主要包括利润总额控制、净利润控制、利润构成控制和利润分配控制。

（一）利润总额控制

利润体现了企业的综合经济效益，它反映出企业生产经营活动、投资活动和非生产经营活动的成果，同时反映出企业的成本费用情况。利润总额是企业在一定时期内实现盈亏的总额，集中反映企业生产经营活动各方面的效益，是企业最终的财务成果，是衡量企业生产经营管理的重要综合指标，也是国家考核企业经济效益最常用、最主要的综合经营指标之一。利润总额若为正数，则表示企业为盈利企业；若为负数，则表示该企业为亏损企业。如果亏损的企业不能及时消除不利因素扭亏为盈，最终将难以逃脱破产或者被兼并的悲惨命运。因此，企业要对利润进行财务控制首先要把握好对利润总额的控制。任何一个单位在生产经营活动中都不可能忽视对利润总额这一重要经济指标的财务控制。

（二）净利润控制

企业的净利润为利润总额减去所得税后的余额，其计算公式如下：

净利润=利润总额–所得税

因此，对净利润进行控制主要就是要对所得税进行控制。按现行财务制度规定，企业利润总额按照国家规定的调整项目做相应调整后，要依法缴纳所得税。所得税是对企业生产经营活动所取得的经营所得征收的一种税收。所得税的负担主要取决于纳税人有无所得和所得多少，实行所得多的多征、所得少的少征、无所得的不征的原则，税负不易转移，符合公平负担原则。

（三）利润构成控制

企业的利润就其构成来说，既有通过生产经营获得的，也有通过投资活动获得的，还包括那些与生产经营活动无直接关系的事项所引起的盈亏。根据我国《企业会计准则》的规定，企业的利润总额一般包括营业利润、投资净收益、营业外收支净额等。

营业利润来自企业生产经营活动的经营成果，由主营业务利润、其他业务利润和期间费用构成。主营业务利润是指企业经营活动中主营业务所产生的利润。其他业务利润是指企业经营主营业务以外的其他业务活动所产生的利润。主营业务利润与其他业务利润之和再减去期间费用为营业利润。

投资净收益是企业向外投资所获得的投资收益扣除投资损失后的余额。投资收益包括对外投资分得的利润、股利和债券利息、对外投资到期收回或者中途转让取得款项高于账面价值的差额，以及按照权益法核算的股权投资在被投资单位增加的净资产中所拥有的数额等。投资损失包括对外投资到期收回或者中途转让取得款项低于账面价值的差额，以及按照权益法核算的股权投资在被投资单位减少的净资产中所分担的数额等。

营业外收支净额是指与企业的生产经营活动无直接关系的各项收支。它虽然与企业生产经营活动没有多大关系，但从企业主体来讲，同样会带来收入或形成企业的支出，也是增加或减少利润的因素，对企业利润总额产生较大的影响，因此在控制中也应引起重视。

（四）利润分配控制

利润分配是指企业依法对税后利润的用途所做的安排。企业年度净利润，除法律、行政法规另有规定外，按照以下顺序分配：

（1）弥补以前年度亏损。

（2）提取10%法定公积金。法定公积金累计额达到注册资本50%以后，可以不再提取。

（3）提取任意公积金。任意公积金提取比例由投资者决议。

（4）向投资者分配利润。企业以前年度未分配的利润，并入本年度利润，在充分考虑现金流量状况后，向投资者分配。属于各级人民政府及其部门、机构出资的企业，应当将应付国有利润上缴财政。

国有企业可以将任意公积金与法定公积金合并提取。股份有限公司依法回购后暂未转让或者注销的股份，不得参与利润分配；以回购股份对经营者及其他职工实施股权激励的，在拟订利润分配方案时，应当预留回购股份所需利润。

企业弥补以前年度亏损和提取盈余公积后，当年没有可供分配的利润时，不得向投资者分配利润，但法律、行政法规另有规定的除外。

必须指出，从提取盈余公积金开始，到向普通股股东分配利润为止，所有这些工作都属于公司利润分配的范畴。对于公司而言，真正可以自主决策的部分是可供投资者分配的利润。对这部分利润的决策，是企业利润分配工作的重点。

利润分配工作关系到企业各个股东之间的利益安排，关系到国家、股东、债权人、经营者和员工等各方面相关者的利润安排，关系到企业的长远发展和社会形象，因此，企业必须认真、稳妥地进行利润分配的各项工作。

第二节　内控措施

一、目标利润控制法

目标利润的预测建立在销售预测的基础上，存在很多可变因素，因此，企业制定目标利润后，要对影响目标利润的各项因素进行控制。企业的计划、生产、销售、技术和财务等各部门应通力合作，采取各项措施，增加企业利润，保证目标利润的实现。

小知识　　企业增加利润的措施

1. 确保产品质量

产品质量是企业信誉的基础，是企业生存与发展的保证。企业应将质量管理纳入企业的战略管理，根据市场的变化制定质量战略，包括制定质量方针、质量目标和质量规划等。在制定质量战略的基础上，企业还应建立和实施质量管理体系，采用科学的方法和先进手段，保证各项活动有组织、有计划、高效率地开展。良好的产品质量将大大增加企业的竞争力，提高企业的市场占用率，增加销售收入，有助于目标利润的实现。

2. 不断开发新产品

开发适销对路的新产品，是企业占领市场和扩大销售收入的重要途径，也是企业实现目标利润的重要手段。企业应建立高效的新产品开发系统，认真策划和实施新产品的开发计划，并根据市场情况和环境的变化，对新产品的开发做出调整。

3. 改进营销策略

营销策略是影响企业利润的一个重要因素，它包括四个方面：产品策略、定价策略、分销策略和促销策略。企业应在制定合理的产品策略的基础上，通过调整产品价格，选择适当的销售渠道，加强广告宣传，采用多种促销方式，运用公关营销、人员销售等手段提高市场占用率，树立产品形象，增加产品销售量，以提高企业利润，保证目标利润的实现。

4. 控制成本费用

控制成本费用是实现目标利润的重要手段。根据成本性态的不同，企业的成本控制可以分为变动成本控制和固定成本控制。

变动成本控制可以从以下几方面进行：

（1）加强材料质量，改进材料的采购、收发、验收、挑选、分级等一系列工作，保证材料的质量。

（2）不断改进新产品设计、工艺，改进操作方法。

（3）提高材料利用率，节约材料消耗。

（4）提高生产设备利用率，充分发挥现有设备的能力。

（5）提高产品的合格率，减少修复费用，减少生产过程中的废品损失和停工损失。

固定成本控制可以从以下几方面进行：

（1）企业应对销售费用、管理费用和财务费用中属于固定成本的部分，编制相应的预算，并随时反映和监督各项费用预算的执行情况。

（2）企业应审核费用支出是否符合开支范围和开支标准。

（3）建立费用的审批制度，严格规定各种费用的审批单位和审批权限。

5. 优化资本结构

优化资本结构是指合理确定企业资金来源中负债与股东权益之间的比例关系。在盈利状况较好、现金流量比较充足的情况下，企业可以适当地提高负债比例，以降低资金成本，充分发挥财务杠杆的作用，增加企业利润。

6. 增加和改善现金流量

现金流量的增加和改善，能够增加企业的利润额，有助于目标利润的实现。一方面，企业通过编制合理的资金预算，控制现金的流入和流出，保证企业的资金需要；另一方面，企业通过控制应收账款和压缩存货，增加企业的现金流。

7. 优化资源配置

企业通过盘活其闲置、利用率低下的资产，使资本从低收益领域流向高收益领域，完善和调整现有经营结构，提高资产组合的质量和运用效率，优化资源配置，增加企业利润。

在企业的利润构成中，一般情况下，营业利润所占的比重最大。现通过营业利润中的产品销售利润来介绍目标利润控制的几种方法：比率分析控制法、利润增长比率控制法、本量利分析控制法。

（一）比率分析控制法

企业的利润额与销售收入、资金占用情况紧密相关，财务分析中用专门的比率式如销售利润率等表示这种关系。比率分析控制法是利用销售利润率、资金利润率等比率式预测目标利润的一种方法。

1. 销售利润率法

销售利润率是企业的销售利润与销售收入的比值，反映了销售收入和销售利润之间的关系。它表明每一元销售收入的实现可以得到多少销售利润。企业根据销售利润率的比例式预测目标销售利润。

$$目标销售利润=计划期销售收入总额\times基期销售利润率\times（1\pm变动百分比）$$

其中，计划期销售收入总额是企业根据计划期的市场供求趋势、本企业产品的销售单价、推销活动、产品改进和分销途径等方面的计划安排预测所得；基期销售利润率是以基期的实际比率为基础，根据计划期的相关预测资料调整所得。

【例 21-1】 智董公司 2018 年销售利润率为 5%，根据对市场的预测，预计 2019 年销售利润率与 2018 年相同，预计 2019 年的销售收入为 2 000 万元。求 2019 年的目标销售利润。

$$目标销售利润=2\,000\times5\%=100（万元）$$

2. 资金利润率法

资金利润率是利润总额与平均资金占用的比值，表明每一元的资金占用可以产生多少利润，反映企业资金占用与财务成果之间的关系。

企业资金分为流动资金和固定资金。固定资金一般采用固定资产原价或固定资产净值的平均余额；流动资金可以采用全部流动资金的平均余额。

资金利润率法预测目标利润的计算公式如下：

$$目标利润=计划期平均资金占用\times基期资金利润率\times（1\pm变动百分比）$$

其中，计划期平均资金占用是计划期内平均资金占用的预测额；基期资金利润率是以基期的实际比率为基础，根据计划期有关因素的变动调整后所得。

【例 21-2】 智董公司 2018 年的资金利润率为 10%,预计 2019 年的资金平均占用额为 8 000 万元，预计 2019 年的资金利润率与 2018 年相同。求 2018 年的目标利润。

目标利润=8 000 × 10%=800（万元）

（二）利润增长比率控制法

利润增长比率控制法是利用企业基期发生的实际利润额和过去若干年间利润平均增长幅度，并全面考虑未来影响利润的有关因素变动情况，来预测目标利润的一种方法。

目标利润=基期利润总额×（1+利润增长百分率）

【例 21-3】 智董公司 2018 年度实现利润 100 万元，过去连续数年间的利润平均增长率为 8%，预计 2018 年企业利润增长可以较过去年度增加 3%。求 2019 年度的目标利润。

目标利润=100 ×（1+8%+3%）=111（万元）

（三）本量利分析控制法

本量利分析控制法是研究成本、销售量和利润三者之间相互关系的一种方法。这种方法以研究成本对销售量的依存关系为基础，因此也称成本性态研究。将成本依据性态分类，本量利之间基本的关系式如下。

1. 基本损益方程式

利润=销售收入−总成本
=销售收入−（变动成本+固定成本）
=单价×销售量−单位变动成本×销售量−固定成本
=（单价−单位变动成本）×销售量−固定成本

根据这个公式，可以预测目标利润。其中，销售量根据以前经营年度的企业销售量水平和市场供求状况预测得出；单价是根据国家的价格政策和产品的市场供求情况制定的；单位变动成本和固定成本依据企业有关的成本、费用的资料确定。

【例 21-4】 智董公司生产一种产品，单价为 20 元，单位变动成本为 12 元，预计计划期销售产品 5 000 件，固定成本为 4 000 元。求计划期内目标利润。

将有关数据代入上述公式，可得：

目标利润=5 000×（20−12）−4 000=36 000（元）

基本损益方程式变形后可以得出实现目标利润的产品销售量的计算公式：

目标利润销售量=（目标利润+固定成本）/（单价−单位变动成本）

其中，单价减去单位变动成本后的余额称为单位边际贡献。

边际贡献总额是指产品销售收入超过变动成本的部分。边际贡献首先弥补固定成本，如存在剩余，则成为企业的利润；如仅能弥补固定成本，则利润为零，表明企业处于盈亏临界状态，产品的收入只能保本；如不足以弥补固定成本，则表明企业处于亏损状态。

假设例 21-4 中，智董公司计划期目标利润 80 000 元，计划期单位变动成本、固定成本均不变，求实现目标利润需要的产品销售量。

目标利润销售量=（80 000+4 000）/（20−12）=10 500（件）

2. 盈亏临界点的销售量

盈亏临界点是企业的收入与成本相等时的状态，此时边际贡献全部弥补固定成本，利润为零。

确定盈亏临界点销售量时，只要将求目标利润销售量公式中的目标利润计为零：

盈亏临界点销售量=固定成本/（单价−单位变动成本）
=固定成本/单位边际贡献

盈亏临界点销售量是企业经营需要达到的最低销售水平。在这个销售量上，企业收入仅可以弥补固定成本和变动成本，没有盈利；只有超过这个销售量，企业才会盈利。

企业的正常销售额超过盈亏临界点销售额的部分称为安全边际，安全边际的边际贡献完全是利润，只有安全边际才能为企业提供利润。

因此，利润计算公式也可表示如下：

利润=安全边际×边际贡献率

【例 21-5】 智董公司生产某产品，其单位变动成本为 20 元，固定成本总额为 40 000 元，市场上该产品售价为 25 元。

（1）求智董公司的盈亏临界点销售量；

（2）若预计销售 9 000 件，求其安全边际与目标利润。

解：

（1）盈亏临界点销售量=（0+40 000）/（25−20）=8 000（件）

（2）安全边际=（9 000−8 000）×25−25 000（元）；边际贡献率=（25−20）/25=20%；目标利润=25 000×20%=5 000（元）

综上，用本量利预测目标利润时，可以用以下公式计算：

目标利润=销售收入−（变动成本+固定成本）
=（单价−单位变动成本）×销售量−固定成本
=单位边际贡献×销售量−固定成本
=安全边际×边际贡献率

3. 本量利图

将成本、销售量与利润的关系反映在直角坐标系上，即形成了本量利图（见图 21-1）。它清晰地显示了企业处于盈亏平衡状态的产品销售量和各种成本之间的关系。

如图 21-1 所示，横轴表示销售量，纵轴代表金额。因为固定成本不随产品销售量变动，所以固定成本线与横轴平行，固定成本线与横轴间的距离为固定成本。变动成本与产品销售量成正比变化，所以总成本线是以固定成本为纵截距的一条直线。总成本线与销售收入线的交点，代表收入与成本相等的临界点。因为 A 点为总成本线与销售收入线的交点，代表收入与成本相等的临界点，所以 A 点就是盈亏临界点。A 点对应的销售量为 B，这就是盈亏平衡点的销售量。当销售量大于 B 点时，企业的销售收入大于总成本，企业处于盈利状态；当销售量小于 B 点时，企业的销售收入不能弥补总成本，企业处于亏损状态。

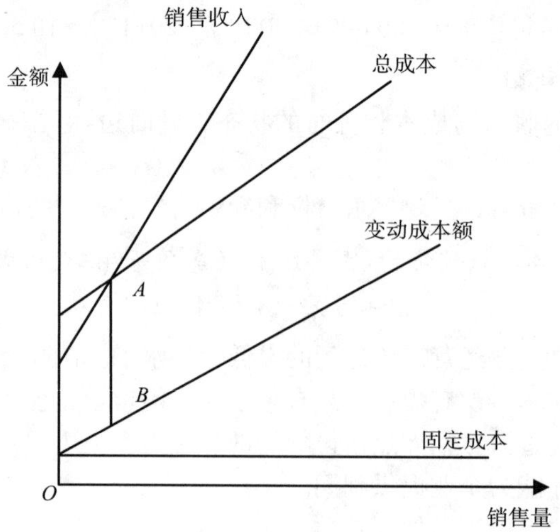

图 21-1　本量利图

二、比例控制法

比例控制法是指企业根据其所处的行业，在利润控制的过程中，不断使这些比例向更有利于企业发展的方向发展，以保证企业各期利润持续稳定发展的能力。这里的比例是指利润的各构成要素（营业利润、投资净收益和营业外收支净额等）在利润中所占的比例。

（一）营业利润

营业利润是企业在一定时期内获得利润中最主要、最稳定的来源，它预示着企业盈利能力的高低和稳定程度。所以，这一部分利润额在利润中所占比例的大小和前后各期的变动趋势对于保证企业的长期利润质量至关重要。一般情况下，这一比例应在 80%以上。所以，为了保证利润的质量，企业在利润控制过程中要时刻注意调整相关的经营政策，保证营业利润在利润中所占的绝对优势比例。

营业利润作为利润主体，又由主营业务利润、其他业务利润、财务费用、管理费用、销售费用等因素构成。其中，主营业务利润应是企业利润形成的主要来源，这样才能说明企业的经营业绩好，盈利水平高。但是，如果一个企业不能严格控制成本，降低各项费用，即便有再高的主营业务收入，也会被成本费用所侵蚀，不能形成较高的主营业务利润。所以较高的利润取决于企业扩大销售规模和严格的成本费用控制。如果一个企业的主营业务利润较小，甚至亏损，企业应从自身的生产规模、销售规模、成本费用控制上找原因。只有找准原因，才能采取相应措施，改变亏损局面，提高主营业务利润。企业可以通过采取措施增加主营业务利润或缩减费用来保证营业利润持续增长。

（二）投资净收益

投资净收益是企业对外投资如债券投资、股票投资中取得的收益扣除损失后的净额。债券投资，风险相对较小，收益相对较低但较稳定；股票投资，特别是短期股票投资，风险较高，收益也较高但不稳定，会给企业带来较大的风险。当一个企业的投资收益成为利润主要来源，即在利润中占较大比重时，则意味着企业潜伏着较大风险，因为企业花费了主要人力、财力、精力去精心经营的主业，其取得的利润还不能高于对外投资取得的收益，这是值得企业深思的问题。作为企业，经营目标不能也不应该立足于冒着极大风险去追求最大收益，但是企业也不能因为有风险而放弃投资。对于它应占的比重，则应区分投资目的进行分析。如果企业只是将暂时闲置的资金用于投资以获取短期收益，因其短期与不经常性而不应在利润总额中占较大比重；如果企业出于长远的经营战略考虑，进行长期的股权或债券投资，则因其长期性和对未来盈利能力的相关性，其投资收益应该在利润总额中占一定的比例。事实上，盈利能力质量高的企业，其投资收益往往能够保持一定的水平。

从财务管理角度看，任何经营都应以相对较低风险取得相对较高收益，这就要求企业的对外投资应从量和质两方面把关。量即对外投资总量要适度，应根据投资报酬、经营目标、市场规模、产业政策，筹资能力、自身素质等确定合理投资规模。质即对外投资应控制风险，提高收益，这就需要权衡投资的收益和风险关系，进行组合投资，以提高投资收益，分散和弱化投资风险。

主业不主是我国上市公司长期存在的症结之一，在业绩大幅提升的上市公司中，也有部分是依赖投资收益获得大幅增长的。

（三）营业外收支净额

营业外收支净额是企业在非生产经营中取得的所得，如固定资产出售、盘盈，罚款收入等，这些都带有很大的偶然性。收支净额大，可以增加企业的总利润，但不能说明企业的经营业绩好，相反收支净额为负数时，则应引起管理者的重视，分析造成的原因。如果主要是固定资产盘亏、企业经营中违约支付赔偿金和违约金造成的，那么，管理者应采取相应措施，加强管理，杜绝不必要的损失发生。所以，在企业的利润控制中，营业外收支净额在利润总额中的比例也应该较小。

三、利润分配控制法

企业在制定利润分配政策时，不应该只考虑企业内部的意见，还要估计外界环境的要求。

（一）制定合理的利润政策

利润政策，也称股利政策，是指税后收益在股东所得股利和留存收益之间进行合理分配的策略。提高留存收益比例使企业有较多的发展资金，减少外部融资，降低融资成本。但是，提高留存收益比例必然降低股利支付率，减少股东的收益，致使股票价格下降，企业形象受损。而提高股利支付率，企业留存收益减少，影响企业未来的发展。因此，如何制定股利政策，选取何种股利政策对企业的发展至关重要，也是管理层追求的终极目标。

一般而言，利润政策主要有以下几种。

1. 剩余股利政策

剩余股利政策是指企业生产经营所获得的税后利润首先应较多地考虑满足企业投资项目的需要，即增加资本或公积金。只有当增加的资本额达到预定的目标资本结构（最佳资本结构）时，才能派发股利。这种股利政策的优点是有利于优化资本结构，降低综合资本成本，实现企业价值的长期最大化。其缺点表现在：使股利发放额每年随投资机会和盈利水平的波动而波动，不利于投资者安排收入与支出，也不利于企业树立良好的形象。剩余股利政策一般适用于企业初创阶段。

2. 固定股利或稳定的股利政策

固定股利或稳定的股利政策是指企业将每年派发的股利额固定在某一特定水平上，不论企业的盈利情况和财务状况如何，派发的股利额均保持不变。这种股利政策的优点是：有利于稳定企业股票价格，增强投资者对企业的信心；有利于投资者安排收入与支出。其主要缺陷表现为：企业股利支付与企业盈利相脱离，造成投资的风险与投资的收益不对称；它可能会给企业造成较大的财务压力，甚至可能侵蚀企业留存收益和企业资本。固定股利或稳定的股利政策一般适用于经营比较稳定或正处于成长期、信誉一般的企业。

3. 固定股利支付率政策

固定股利支付率政策是指企业确定固定的股利支付率，并长期按此比率支付股利的政策。这种股利政策的优点是：使股利与企业盈余紧密结合，以体现多盈多分、少盈少分、不盈不分的原则；保持股利与利润间的一定比例关系，体现了投资风险与投资收益的对称性。其不足之处表现为：企业财务压力较大；缺乏财务弹性；确定合理的固定股利支付率难度很大。固定股利支付率政策只适用于稳定发展的企业和企业财务状况较稳定的阶段。

4. 低正常股利加额外股利政策

低正常股利加额外股利政策是企业事先设定一个较低的经常性股利额，一般情况下，企业每期都按此金额支付正常股利，只有企业盈利较多时，才根据实际情况发放额外股利。这种股利政策的优点是：股利政策具有较大的灵活性，既可以维持股利的一定稳定性，又有利于优化资本结构，使灵活性与稳定性较好地相结合。其缺点是：股利派发仍然缺乏稳定性；如果企业较长时期一直发放额外股利，股东就会误认为这是“正常股利”，一旦取消，容易给投资者造成企业“财务状况”逆转的负面印象，从而导致股价下跌。

企业股利政策的选择要受以下几方面因素的影响。

（1）法律限制。法律为股利政策限定了一个范围。在这个范围内，决策者再根据其他因素决定其具体的股利政策。法律对股利政策的规定是很复杂的，国与国之间的条例也有差别。例如，美国法律对股利分配的规定有三项原则：

①股利必须从企业现在或过去的盈利中付出。

②股息不可用企业的资本支付。

③当企业的债务超过其资产，而无力偿付债务时，企业不得派发股息。

除此之外，一些国家为了防范企业低额发放股利而超额积累利润，帮助股东避税，往往从法律上规定超额累积要加征额外税款。我国目前有关的法规没有关于超额累积利润的限制，对股利发放的规定，与美国基本相同。

（2）契约限制。当企业通过长期借款、债券、优先股、租赁合同等形式向外部筹资时，常应对方要求，接受一些约束企业派息行为的限制条款。例如，规定只有在流动比率和其他安全比率超过规定的最小值后，才可支付股利。优先股的契约通常也会声明在累积的优先股股息付清之前，企业不得派发普通股股息。这些契约的限制都将影响企业的股利政策。确立这些限制性条款，限制企业股利支付，其目的在于促使企业把利润的一部分按有关条款的要求进行再投资，以增强企业的经济实力，保障债款的如期偿还。

（3）企业变现能力。企业的变现能力是影响股利政策的一个重要因素。企业资金的灵活周转是企业生产经营得以正常进行的必要条件。企业现金股利的分配自然也应以不危及企业经营资金的流动性为前提。如果企业的现金充足，资产有较强的变现能力，则支付股利的能力也比较强。如果企业因扩充或偿债已消耗大量现金，资产的变现能力较差，大幅度支付现金股利则非明智之举。企业现金股利的支付能力，在很大程度上受其资产变现能力的限制。

（4）筹资能力。企业如果有较强的筹资能力，则可考虑发放较高股利，并以再筹资来满足企业经营对货币资金的需求；反之，则要考虑保留更多的资金用于内部周转或偿还将要到期的债务。一般而言，规模大、获利丰厚的大企业能较容易地筹集到所需资金，因此，它们较倾向于多支付现金股利；而创办时间短、规模小、风险大的企业，通常需要经营一段时间以后，才能从外部取得资金，因而往往要限制股利的支付。

（5）资本结构和资金成本。在最优化资本结构上，企业价值最大，资金成本最低。股利政策和留存收益的不同，使得企业资本结构中权益资本比例偏离最优资本结构，从而对企业股利政策的选择产生制约。另外，不同的股利政策还会影响企业的未来筹资成本。留存收益是企业内部筹资的一种重要方式，同发行新股或举债相比，成本较低。但股利支付与企业未来筹资成本之间存在着矛盾，这就要求企业财务人员权衡股利支付与筹资要求之间的得失，制定出适合企业实际需要的股利政策。

（6）股权控制要求。如果企业大量支付现金股利，再发行新的普通股以融通所需资金，现有股东的控股权就有可能被稀释。另外，随着新普通股的发行，流通在外的普通股股数必将增加，最终会导致普通股的每股盈利和每股市价下降，从而影响现有股东的利益。

（7）投资机会的制约。如果企业有较多的有利可图的投资机会，则往往采用低股利政策。另外，所得税负、通货膨胀因素和股利政策的惯性也是影响股利政策的因素。确定股利政策要考虑许多因素，而这些因素之间往往是相互联系和相互制约的，其影响也不可能完全用定量的方法来分析。所以，股利政策的制定主要依赖于对具体企业所处的具体环境进行的定性分析，以实现各种利益关系的均衡。

（二）制定合理的利润发放形式和支付形式

1. 利润的发放形式

在确定发放利润之后，接下来就是决定发放利润的形式。利润发放形式是指利润支付的方式，一般有以下四种形式。

（1）现金利润。企业以现金支付给投资者投资的报酬。发放现金利润，投资者注重的是眼前的利益。现金利润的发放会使企业财产减少，现金流出量剧增，因此，在做现金利润发放的决策时，要注意企业应有足够的未指定用途的保留盈余，还要有足够的现金。

（2）股票股利。股票股利是指企业增发股票作为股利支付给股东。它是企业价值的再资本化，股东所有权的比例仍未改变。企业管理层往往利用股票股利来“保全现金”。当利润增加时，它也不愿意增加现金股利，而想保留大部分利润。股票股利还降低了股利支付率，因为利润增加了，而现金股利仍与以前一样，股利支付率必然下降。股票股利与现金股利一样，是企业经常使用的股利支付形式。

（3）财产利润。财产利润是企业以实物产品、实物财产或其他企业有价证券发给投资者。这种利润形式对企业财务的影响是使企业的资产减少。

（4）负债利润。企业用应付票据等证券代替现金发放利润，称为负债利润。例如，发给投资者本企业发行的债券，对投资者来说，到期时才能收到货币收益，比现金利润时间延长了很多，但投资者也可以在这段时间获得额外的利息收益。企业利用负债利润解决了暂时的现金短缺，但这种利润形式使企业的留存收益减少、负债增加，从而增加潜在的财务风险，因而不可大量采用。

2. 股利的支付形式

股利支付有企业自行办理或委托代理机构代理两种形式。为加强对股利发放的控制，减少发放股利时发生欺诈舞弊或错误的可能，企业应尽量委托代理机构代为发放股利。由委托代理机构代为发放股利时，企业除向委托代理机构开出一张应付股利总额的支票外，不再接触大量的向每位股东签发的支票。企业只需在股利支付后核对委托代理机构所编制的股利支付清单，并在会计记录上加以控制。如果企业自行办理股利的支付，那么控制机制与程序如下。

（1）根据董事会宣布的每股股利和发行在外的股份总数确定应发放的股利总额。

（2）根据股东明细账上记载的每位股东持有的股份数和每股股利，计算每位股东应得的股利，并开列股利支付清单。

（3）支付清单由其他职员进行复核。

（4）根据股利支付清单，按股东名册逐一填制股利支票，支票上应列明受款人姓名和金额，严禁无受款人支票，股利支付清单编制人应同支票填制人在职务上分离。

（5）授权财务部门经理或其他职员签发支票，财务部门经理或其他被授权签发支票的职员，应将所有需签字的支票金额合计数同确定的应付股利总额相核对，并检查是否有无受款人支票，核对无误后，再在每张支票上签字。

（6）指派专人直接向每位股东邮寄或递交签字后的支票，签字后的支票，不得交回填写人。

（7）编号保存邮局或股东开具的收据，对于邮局退回或无法递交的支票加盖戳记作废。股利的发放必须由董事会决定。董事会应根据法律的规定范围、企业章程和企业当年的收益情况，表决是否发放股利、股利发放时间以及每股的股利数。没有董事会发放股利的决议不得发放股利，这样可以避免不恰当的股利发放对企业未来经营发展带来困难。

小知识　保本点的计算

保本点是指企业收入和成本相等的经营状态，是边际贡献等于固定成本时企业所处的既不盈利又不亏损的状态。计算保本点是企业进行经营决策的重要依据。

1. 计算单一产品保本点

保本点作为企业计算盈利的基础，便于企业管理者了解企业在何时保本不亏损；同时便于进行目标利润的预测，衡量企业经营的风险程度以及深入分析影响利润变动的四大因素，为企业经营决策提供必要的数据。

在预测保本点时，通常假设有关的产销数量保持一致，成本、价格、产销结构保持不变。在这种线性条件下计算保本点，使得所计算出的保本点，正好是贡献毛益总额等于固定成本总额时的销售量和销售额。单一产品保本点的计算有如下两种方法。

（1）实物量保本点的计算公式。

$$实物量保本点=\frac{固定成本总额}{单位边际贡献}=\frac{固定成本总额}{销量单价-单位变动成本}$$

（2）金额量保本点的计算公式。

$$金额量保本点=\frac{固定成本总额}{边际贡献率}=\frac{固定成本总额\times销售单价}{销量单价-单位变动成本}$$

2. 计算多种产品保本点

大多数企业都同时进行着多种产品的生产和经营。由于各种产品的销售单价、单位变动成本、固定成本不一样，从而造成各种产品的边际贡献或边际贡献率不一致，因此，对多种产品进行保本分析时，应在单一产品保本分析公式的基础上，根据企业产销产品的具体情况灵活确定本企业适用的方法。多种产品保本点的计算方法主要是销售数量配合法。销售数量配合法是根据销售数量总和中各产品数量之间的比例，来测算各产品保本或保利点的一种方法。这种方法主要用于多种产品在销售时具有数量配比关系的企业。在这样的企业中，可以先计算出各种产品的综合保本点或保利点，然后再按比例分配给各种产品。

3. 分析保本点影响因素

在实际生产经营活动中测算的保本点不是静止不动的，而是随着各种因素的变化而变化的。因此，需要对各个因素做更进一步的分析，以便查明原因，采取果断措施，从而提高企业的经济效益。

（1）单位变动成本对保本点的影响分析。在其他因素不变的情况下，单位变动成本提高，保本点上升；单位变动成本下降，保本点下降，企业的盈利能力将有所提高。

（2）固定成本对保本点的影响分析。在其他因素不变的情况下，固定成本提高，导致总成本提高，保本点上升，盈利将减少；反之，保本点下降，盈利将增加。

（3）单价对保本点的影响分析。在其他因素不变的情况下，单价提高，单位贡献毛益随之增加，保本点下降，盈利增加；反之，保本点上升，盈利减少。

（4）产品品种构成对保本点的影响分析。当企业同时生产、销售多种产品时，其品种构成将对品种条件下的保本额产生影响。由于每种产品的贡献毛益率大小不同，而且每种产品占总产品的销售比重也不同，因此，综合贡献毛益率水平的高低与产品品种构成有着很大的关系。若提高贡献毛益率水平较高的产品的销售比重，降低贡献毛益率水平较低的产品的销售比重，就可以提高企业的综合贡献毛益率水平，从而达到降低保本额的目的。

以上是计算保本点的一些基本内容，企业在财务控制过程中要充分运用保本点的计算和分析方法，提高自身的经营决策水平和决策质量。

小知识　**量、本、利分析方法的运用**

量、本、利分析是财务控制中的一种重要方法，它可以用于经营过程中的预测、决策、控制、分析、考核等方面。

1. 分析经营状况

量、本、利分析用于经营状况分析，首先，它可以通过对盈亏平衡点的计算分析企业在经营中是盈还是亏；其次，可以分析企业经营是否安全。企业经营安全状况是用经营安全率衡量的。其计算公式如下：

$$经营安全率=\frac{X_1-X_0}{X_1}\times100\%$$

式中：X_1代表可获利润的销售量；X_0代表盈亏平衡点销售量。

经营安全率越大，表示企业经营状况越好。

2. 规划最优利润

企业要增加销售量，有时可采取降低产品售价的策略，即所谓“薄利多销”的办法。但降低售价，有一条界线，即“多销”的所得，不仅要能弥补“薄利”的损失，而且应有多余。否则，从经济效果这个角度来看，“薄利多销”就没有意义。不同的销售价格可能会出现不同的销售水平。那么，哪种价格能够使企业的利润最优呢？如果企业的生产能力有余，同时费用的耗用水平不变，利润最优的方案应该是不同价格下的预计销售所带来的临界收益最大的方案。

3. 规划目标利润

企业为了实现目标利润，就要对影响目标利润的各种因素进行控制。在其他条件不变的情况下，应用量、本、利分析的基本数学模型可以转换成计算实现目标利润的销售量、单位变动成本和固定成本的售价，以用于预测、决策和控制。其计算公式如下：

$$销售量=\frac{固定成本+目标利润}{单价-单价变动成本}=\frac{固定成本+目标利润}{单价临界收益}$$

$$销售额=\frac{固定成本+目标利润}{1-\dfrac{单价变动成本}{单价}}=\frac{固定成本+目标利润}{临界收益率}$$

$$单位变动成本=单价-\frac{固定成本+目标利润}{销售量}$$

$$单价=单位变动成本+\frac{固定成本+目标利润}{销售量}$$

4. 选择生产方式

一般来说，生产手段越先进，生产效率也就越高，物质消耗就越低，所以单位生产变动成本也就越低，边际贡献率也就越高。那么，能否就可以得出这样的结论：任何情况下，工艺技术都是越先进越好？回答是否定的。因为生产手段越先进，所需要的设备投资就越多，固定资产折旧费也就越多，固定成本越高。如果产品销售量较少，临界收益低于由于设备先进而造成较高的固定成本，就会使企业发生亏损，这时候，先进的设备就没有意义。运用量、本、利分析方法，研究销售量、临界收益和固定成本的关系，就可以对不同的生产方式做出正确的选择。

5. 选择产品构成

生产多种产品的企业，由于不同产品所提供的临界收益往往不同，因此产品品种构成的变动会对企业利润总额发生一定的影响。企业在生产安排中，可以根据量、本、利分析方法，合理确定产品结构，以取得较好的经济效益。

以上是运用量、本、利分析方法进行经营分析的主要领域，企业在财务控制中要重视量、本、利分析方法的运用。

第二十二章

财务报告方面的内部控制

第一节　综合知识

财务报告是指反映企业某一特定日期财务状况和某一会计期间经营成果、现金流量的文件。财务报告是向投资者等财务报告使用者提供决策有用信息的媒介和渠道，是沟通投资者、债权人等使用者与企业管理层之间信息的桥梁和纽带。

财务报告包括财务报表和其他应当在财务报告中披露的相关信息和资料。其中，财务报表由报表本身及其附注两部分构成。附注是财务报表的有机组成部分，而报表至少应当包括资产负债表、利润表和现金流量表等报表。

一、财务报告控制目标

财务报告控制目标是遵照会计准则及有关规定，及时正确、内容完整、格式合规地编报财务报告，充分利用财务报告分析，规避企业风险，提高企业效益。

二、财务报告潜在风险

企业编制、对外提供和分析利用财务报告，至少应当关注下列风险：

（1）不能有效利用财务报告，难以及时发现企业经营管理中存在的问题，可能导致企业财务和经营风险失控。

（2）编制财务报告违反会计法律法规和国家统一的会计准则制度，可能导致企业承担法律责任和声誉受损。

（3）提供虚假财务报告，误导财务报告使用者，造成决策失误，干扰市场秩序。

第二节　内控措施

一、财务报告编制

财务报告编制是企业对外提供财务信息的首要环节，对保证报告真实完整、规避报告风险至关重要。

（一）财务报告编制的主要风险

（1）会计政策未能有效更新，不符合有关法律法规。

（2）重要会计政策、会计估计变更未经审批，导致会计政策使用不当。

（3）会计政策未能有效贯彻执行。

（4）各部门职责分工不清，导致数据传递出现差错、遗漏和格式不一致等。

（5）各步骤时间安排不明确，导致整体编制进度延后，违反相关报送要求。

（二）财务报告编制风险应对措施

企业编制财务报告，应当重点关注会计政策和会计估计，对财务报告产生重大影响的交易和事项的处理应当按照规定的权限和程序进行审批。

企业在编制年度财务报告前，应当进行必要的资产清查、减值测试和债权债务核实。

为了正确理解上述要求应搞清下列相关概念：

会计政策，是指企业在会计核算时所遵循的具体原则以及所采纳的具体会计处理方法。具体原则是指企业按照国家统一的会计核算制度所制定的、适合本企业会计制度所采用的会计原则。具体会计处理方法是指企业在会计核算中，从诸多可选择的方法中选择适合本企业的会计处理方法。

会计估计，是指会计对其结果不确定的交易或事项以最近可利用的信息为基础所做的判断。

为防范财务报告风险，在编制会计报表时应关注以下几点。

1. 财务报告编制要规范

企业应当按照国家统一的会计准则，依据登记完整、核对无误的会计账簿记录和其他有关资料编制财务报告，做到内容完整、数字真实、计算准确，不得漏报或随意进行取舍。

（1）关注会计政策和会计估计。企业的会计政策和会计估计要符合国家会计法规和监管有关规定，还要结合企业自身实际情况制定。例如，发现矛盾应及时调整；会计政策和会计估计的调整需要按照规定的权限和程序审批。企业内部会计规章制度至少要经财务部门负责人审批后生效。财务报告流程年报编制方案应经企业主管财务负责人审核批准。

（2）关注重大影响的交易和事项。影响会计报告的重大交易和事项（如债务重组、非货币性交易、公允价值的计量、收购兼并、资产减值等），应明确授权和处理流程，报适当管理层审批后予以执行，不得任意处理。

（3）关注资产清查和债务核实。指引要求企业在编制会计报表前应进行必要的资产清查、减值测试和债权债务核实，做到账实相符。它是确保财务报告真实可靠、内容完整、计算准确的基础，否则可能出现漏报、重报或任意取舍。

2. 财务状况列示要真实可靠

企业财务报告列示的资产、负债、所有者权益金额应当真实可靠。为防范财务状况报表风险，指引对资产、负债及所有权计价提出了严格要求：

（1）各项资产计价方法不得随意变更，如有减值，应当合理计提减值准备，严禁虚增和虚减资产。

（2）各项负债应当反映企业的现实义务，不得提前、推迟或不确认负债，严禁虚增或虚减负债。

（3）所有者权益应当反映企业资产扣除负债后由所有者享有的剩余权益，由实收资本、资本公积、留存收益等构成。企业应当做好所有者权益保值增值工作，严禁虚假出资、抽逃出资、资本不实。

上述要求对防范报表舞弊具有针对性和现实性，企业应认真执行。

3. 经营成果列示要真实完整

企业财务报告应当如实列示当期收入、费用和利润。为防范经营成果报表风险，指引列示了以下具体要求：

（1）各项收入的确认应当遵循规定的标准，不得虚列或者隐瞒收入，推迟或提前确认收入。

（2）各项费用、成本的确认应当符合规定，不得随意改变费用、成本的确认标准和计量方法，多列、不列或者少列费用、成本。

（3）利润由收入减去费用后的净额、直接计入当期利润的利得和损失等构成。不得随意调整利润的计算、分配方法，编造虚假利润。

上述规定对收入、费用、利润的确认与计量提出了严格要求，可以减少企业的随意性，对防范利润表的舞弊行为有重要意义。

4. 现金流量列示要划清界限

企业财务报告列示的各种现金流量由经营活动、投资活动和投资活动的现金流量构成，应当按照规定执行各类交易和事项的现金流量的界限。

为防范现金流量表的风险，现金流量表的编制应遵循《企业会计准则第 31 号——现金流量表》及应用指南的相关规定。现金流量表是按收付实现制编制的，资产负债表和利润表是按权责发生制编制的。通过现金流量能够帮助企业及时了解现金流向、现金充足性、偿债能力及收益质量等情况，从而制定有效的管理策略，提高企业经营效率和效果，促进经营战略目标的实现。

5. 报表附注应说明报表中相关事项

附注是财务报告的重要组成部分，对反映企业的财务状况、经营成果、现金流量的报表中需要说明的事项，做出真实、完整、清晰的说明。企业应当按照国家统一的会计准则编制附注。

会计准则要求，附注应对企业债权、债务及资产的构成，企业担保、诉讼、未决事项、资产重组等重大或有事项，关联方及关联交易等做出真实、完整、清晰的说明，为报告使用者提供翔实的资料。

6. 合并会计报表应关注合并范围及方法

企业集团应当编制合并财务报表，明确合并财务报表的合并范围和合并方法，如实反映企业集团的财务状况、经营成果和现金流量。

合并报表编制的范围应该以控制为基础，抵销企业内部交易，反映整个集团的财务报表。控制是指一个企业能够决定另一个企业的财务及经营政策，并能据以从另一个企业的经营活动中获取利益的权利。企业应当及时归集、整理、合并抵销基础事项和数据，编制合并抵销分录，并依据纳入合并范围的子企业之间的内部交易及往来对账结果，经核实无误后进行编制，并保留合并报表的书面记录。

7. 计算机技术应用要充分

（1）企业编制财务报告，应当充分利用信息技术，提高工作效率和工作质量。

（2）减少或避免编制差错和人为调整因素。

通过上述措施可以有效地防范财务报告的风险，提高财务信息质量。但是还应注意财务报告是由财务人员编制的，提高财务人员的业务水平及责任感、确定报表编制流程、明确编制分工进度、实施相互核对等，也是防范风险的一项有效的重要措施。

文案范本

财务报告编制流程

财务报告编制流程如图 22-1 所示。

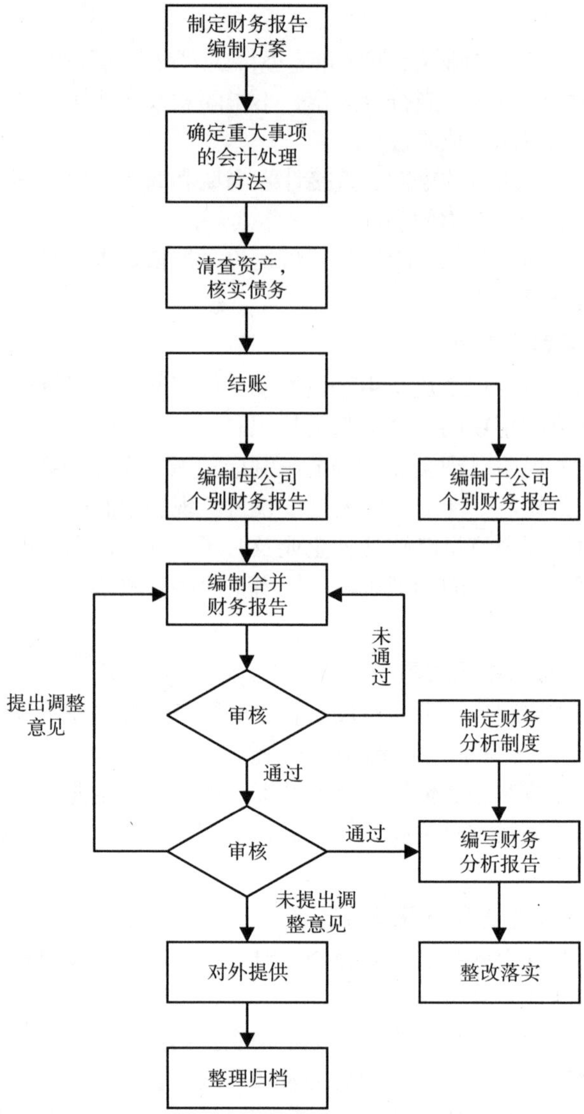

图 22-1　财务报告编制流程

小知识　　财务关账与报告的规定

财务关账与报告流程主要包括建立财务报表编制制度，财务关账流程，会计政策的制定与更新，会计科目变更和会计估计、会计政策变更等。

1. 财务关账与报告的控制目标

（1）财务关账与报告流程已经被很好地建立和记录，包括：识别、更新内部及外部财务报告的要求和期限；分析的方法、格式及频率；部门及子企业报告的内容。

（2）管理层定义、归档、沟通和定期审核财务报表编制流程和财务关账的角色和职责。建立和记录财务部门就影响财务关账与报告流程的事件和交易进行沟通的流程和政策，并定期监督对沟通流程和政策的执行情况。

（3）识别所有适用于企业的会计准则，企业所应用的会计政策应当反映了监管机构所发布的最新的相关指导意见。会计政策应当适当归档并有效地传递至相关人员以使会计政策在不同业务实体和会计期间内的应用保持一致性。

（4）任何个人的财务报告与关账行为，无论在现有政策中是否进行了规定，均应经过适当的授权和记录。

（5）所有会计科目的设置都是真实有效的，符合企业的政策，并且所有会计科目的变动都被准确、及时地处理。

（6）需要应用会计估计、选择及应用会计政策的判断进行处理的业务，均应经过适当的授权和记录。

2. 财务关账与报告的主要风险点

（1）未及时上报会计事项变化情况，影响财务关账。

（2）未及时更新会计政策的变化，影响财务报告的质量。

（3）未及时更新会计科目，影响正常的会计核算和财务关账工作。

3. 财务关账与报告的关键控制点

（1）财务决算。每年总企业组织开展年度决算工作布置会议，总企业各级单位财务人员代表参加。会议部署了年度决算工作，明确决算工作流程、时间、格式、审核要求、报告要求等。

（2）财务关账管理。企业建立财务关账管理流程，使用统一格式的月度关账检查表以保证结账流程及当期会计核算的完整性。月度关账检查表包含月度结账所需注意的全部事项，所有会计人员在每月关账前对负责的会计核算工作进行检查，由关账检查执行人复核后，在关账检查表上签字确认并经财务部门负责人审核。

（3）会计政策的制定和更新。企业制定适当的会计政策和流程，并与财务报告编制部门的适当人员进行沟通。企业应确保会计政策的及时更新，当有相关知识的人监测影响企业的权威指引和规章制度变化时，应据此定期适当地调整企业会计政策和程序。

（4）财务系统权限变更管理。当因工作需要或岗位变动，需要对财务系统账号的权限进行增加、删除、变更时，由业务人员提出书面的权限变更申请，经财务部门负责人审批后，由信息系统管理部门对该用户账号的权限进行调整。

（5）会计科目设置与变更管理。企业应建立明确的制度规范会计科目的设置与变更相关流程。与需要在财务系统中增、删、改会计科目时，由会计科目相关人员填写会计科目变更审批表进行申请，经过财务部门负责人审批后，由财务部门制定的专门人员执行维护，并由申请人员进行复核确认。

（6）重大重要信息内部报告管理。企业制定了关于会计政策、会计估计变更和差错更正等重大重要信息内部报告的管理办法，明确会计政策、会计估计变更和前期差错更正的内容和处理方法。

小知识

一般会计处理及期末关账

一般会计处理及期末关账主要包括会计分录的记录与复核、会计系统控制、总账与明细账的对账和会计临时账户的监控等。

1. 一般会计处理及期末关账的控制目标

（1）会计分录被独立地复核、验证、审批，记录在适当的会计期间。

（2）定期核对各明细账与总账，处理发现的差异，并记录在总账对应的会计期间。

（3）所有系统和手工的临时账户应得到识别和监控。临时账户中的金额在适当的会计期间应转入合适的总账科目中。

（4）用于生成会计报表的试算平衡表是根据总分类账生成的。所有试算平衡表的科目适当并一致地进行批处理，进而用来编制当期的财务报表。按照企业的关账程序，在适当的会计期间准确地进行所有要求的分析。在期末财务关账流程中，识别并记录必要的调整和相关的会计分录。

2. 一般会计处理及期末关账的主要风险点

（1）未制定统一的会计核算办法，导致会计处理不一致，不满足企业会计准则的要求。

（2）原始单据及会计记账凭证审核不够充分，导致记账凭证与原始单据不匹配。

（3）人为调节损益，导致财务报告信息失真。

（4）交易记录没有完整、准确地计入对应的会计期间。

3. 一般会计处理及期末关账的关键控制点

（1）记账凭证的审核。财务人员按照职责分工审核原始单据，根据审核无误的原始单据编制记账凭证，并由独立于制单人的财务人员在系统中复核记账凭证，确保编制的凭证准确无误。只有在系统内经过审核的记账凭证才能过入总账生成财务报表。

（2）业务接口对应关系的配置和审核。当由于业务新增、变更等原因，导致业务接口的对应关系需要变化时，经财务部门与相关的业务部门讨论确定以后，向信息技术部门提出书面申请，由信息技术部门（如有需要，由信息技术部门联系软件企业开发人员）进行对应关系的配置，配置完成后由相应的人员进行检查并留下相应的检查记录。

（3）借贷平衡的控制。企业使用的财务系统设定过账的会计分录必须是借贷双方总数平衡的。当借贷不平时，系统自动提示借贷不平，不能进行保存。

（4）凭证一经复核不能修改的系统自动控制。企业使用的财务系统设定凭证一经审核不能进行任何修改。

（5）凭证的过账。财务部门人员每月结账前负责在财务系统中对所有已审核凭证进行过账，保证所有明细账与总账核对一致，包括总账模块与各子模块的核对一致。

（6）关账后的财务数据调整。关账以后财务系统拒绝任何对已关闭会计期间的操作。如果出现必须在本期进行调整的数据需要重新打开账期时，由相关人员提出书面申请，经过财务部门负责人审批后，由财务部门指定责任人员进行反结账操作，再由申请人员进行调整后，财务部门指定责任人员及时关闭账期。

（7）总账科目的变更和审核。总账科目变更后，相关责任人员提出书面的总账科目和报表的钩稽关系的申请，经过财务部门负责人审批后由经过授权的人员进行正确设置并经独立第三人审核确认。

（8）临时账户的管理。因核算的需要，财务部门在财务系统中设置了临时账户后，每月月末关账前，会计人员复核所有过渡性临时科目，确保所有余额均以归集到相应的一级科目，余额为零。

（9）保证财务报表的准确性。财务部门会计人员在月度关账时在财务系统中进行月度结账，系统自动对所有凭证检查无误后，自动生成财务报表，核算会计检查生成报表的准确性，确保资产负债表、利润表、现金流量表、股东权益变动表以及相关附表的表内、表间数据准确无误，钩稽关系对应一致。凡财务报表涉及期初数、上期同期数的，必须保证各项目数据与上期报表中的期末数、同期数相互衔接。

（10）与财务报表相关的系统自动控制。企业财务报表由财务系统通过报表取账公式自动生成，不允许手工改表。在月度关账时，系统自动进行检查。如果本月仍有未审核、未过账的凭证，系统就自动提示未通过工作检查，不可以结账。直至全部凭证审核、记账后，系统即时自动生成财务报表，而且始终保持与总账金额的一致（特殊情况除外，如调整年初数）。

小知识　　特殊事项和交易的处理

特殊事项和交易包括（但不限于）：资产/权益的购买、销售、置换、赠予；债务重组；共同投资；担保；提供资金（包括以现金或实物形式）；代管、托管（受托经营）；专利/专有技术的许可、研究与开发项目的转移/转让等。特殊事项和交易的处理包括非常规交易的记账、关联方交易的记录、复核与对账等。

1. 特殊事项和交易处理的控制目标

（1）按照公平、公正的定价原则和交易方式实现交易，避免利润转移。

（2）关联交易符合批准程序，符合披露程序。

（3）关联交易合同（协议）符合合同法等国家法律、法规和企业内部规章制度。

（4）建立对各非常规事项/交易/余额的适当的会计处理方式，包括需要应用会计估计、选择及应用会计政策的判断等。

（5）定期进行所有重要科目的对账，并经过独立复核。及时处理发现的例外事项，并记录在总账。

（6）所有关联方的事项和交易应得到识别和授权，并在适当的会计期间进行会计处理和披露，保证关联交易数据真实、准确、完整。

2. 特殊事项和交易处理的主要风险点

（1）交易本身不符合企业的整体发展战略，与企业经营方针冲突。

（2）尽职调查未能完整、详尽、适度地揭示其既有和可能存在的重大瑕疵、风险，造成特殊事项和交易的目的不能实现。

（3）交易标的物性质发生重大变化和交易环境发生重大变化，导致交易不能进行，不能实现交易目的。

（4）对交易标的物的价值高估或低估，导致企业遭受经济损失（包括交易的评估和审计基础数据不准确、方法不正确、结论不正确等）。

（5）未及时催收交易对价，资金不能及时回笼；未及时办理资产交接、所有权（股权）转移登记手续及保险，可能承担标的物毁损风险。

（6）财务报表中与关联交易有关的信息不准确，包括：

①关联方识别错误，少计或多计，导致统计核算出现偏差、财务核算失真、对外披露不准确；

②提前入账或未及时入账，导致关联交易数据失真。

（7）关联方识别错误，导致未按关联交易程序处理（包括但不限于价格的确定、内部董事会和股东大会的批准、对外信息披露等）。

（8）不符合企业总体发展战略，违反定价原则导致董事会中非关联董事、股东大会中非关联股东不予批准。

（9）未履行或不当履行股份企业内部批准程序，交易违法。

（10）应予披露的关联交易未予披露或未充分、及时披露，导致监管机构的惩戒：谴责、停牌、下市。

（11）客观上造成利润转移，导致股东对股份企业和董事、监事、总裁、财务总监和董秘等高级管理人员的诉讼。

（12）关联交易合同（协议）不符合合同法等国家法律、法规和股份企业内部规章制度的要求，造成损失。

3. 特殊事项和交易处理的关键控制点

（1）及时识别和更新关联方。企业有关部门及时更新并编制企业产（股）权结构，及时识别和更新关联方关系。

（2）明确特殊事项管理政策。总企业每年下发财务决算会议材料，明确了对于特殊事项的相关政策，如资产负债表日后事项等。

（3）关联方对账。企业每年与关联方对所有关联交易进行对账，并由对账双方签字确认。对于属于调账内容的对账差异，双方在关账前进行调整。对于历史原因形成的无法调账的对账差异，应签订协议调整一致。

（4）关联方名录的制定和更新。财务部门会计人员编制关联方名录和关联交易统计表，对所有关联方事项和交易进行识别，并经适当的合格人员进行独立复核，确认无误后签字。当关联方范围发生变化时，会计人员更新关联方名录和关联交易统计表，并经过财务部门负责人审核后签字确认。

（5）关联交易管理办法的制定。企业制定了关联交易管理的办法，明确关联方范围、关联交易的事项清单、关联交易的定价原则和结算原理，以及特殊关联方交易的审批流程。

小知识　　企业集团财务报表编制和信息披露

财务报表编制和信息披露流程主要包括子企业财务报表的审核，合并报表的抵销分录的编制，合并财务报表的审核，对外信息披露和财务报告分析等。

1. 财务报表编制和信息披露的控制目标

（1）从下属单位收到的报表应能准确地反映每个下属单位的基本的财务状况。

（2）所有的子企业及其他企业被确认及适当地包含在合并程序中。

（3）所有企业内部交易和结算在适当的会计期间得到识别、核对，并在合并中适当抵销。

（4）管理层应与审计委员会或者董事会讨论关于会计准则和财务报表编制及披露中的重大事项（如主要的估计和判断，重大的例外事项和交易，关键会计政策的选择和适用，以及异常波动的一些领域）。

（5）基于合适的假设、方法以及编制的相关信息，每一财务决算的披露应得到独立的复核和确认，并符合公认的会计准则和企业的会计披露政策。所有必要的财务决算披露报告和相关分析应得到准备和独立复核，并确保财务部门接收到这些信息。

（6）管理层、董事会批准完成的财务报表及相关的披露事项，发布给公众及在管理机构存档。

（7）企业应当建立财务报告分析制度，明确分析方法和指标体系等内容，分析企业的经营管理状况和存在的问题。

2. 财务报表编制和信息披露的主要风险点

（1）财务报告没有严格按照《企业会计准则》及企业会计核算办法进行编制，导致财务报告信息失真。

（2）财务报告编制前期准备工作不够充分，导致结账前没能及时发现会计差错。

（3）报表编制要求不够明确或培训不到位或报表格式不完全统一，导致合并报表困难。

（4）纳入合并报表范围不够准确，调整事项、合并调整事项不够完整，导致企业财务报告信息不真实、不完整。

（5）关联方界定不够准确或披露不充分，导致财务报告信息不真实。

（6）对财务报告没有进行充分审核，导致无法保证财务报告的真实性、完整性、准确性、时效性。

（7）财务报告超越授权审批，导致发生差错、舞弊、欺诈。

（8）财务报告披露程序不够恰当，导致企业遭到相关机构处罚。

（9）虚假记载或误导性陈述没有被及时识别，导致企业遭到相关机构处罚。

（10）上市企业重大事项（经营方针重大改变或发生重大损失等）披露不够及时，导致企业遭到相关机构处罚。

（11）重大事项向主管部门报告不够及时，导致企业遭到相关机构批评或处罚。

3. 财务报表编制和信息披露的关键控制点

（1）对下属企业财务报表的复核。财务部门会计人员对下属企业每月填制上报的财务报表进行整体复核，审核内容包括报送时间、数据填制情况等方面，同时确保报送的报表经过下属企业恰当管理层的审批。对于汇总审核过程中所发现的异常情况，会计人员联系相应的下属企业财务部门予以调查处理。

（2）合并报表范围的确定和审核。财务部门会计人员负责编制和维护合并报表单位清单，列示应纳入合并和汇总范围的企业内各分、子企业。当股权结构发生变化合并报表单位范围需要发生变化时，会计人员提请财务部门负责人对纳入合并范围进行判断和识别。获得财务部门负责人批准后，会计人员更新合并报表单位清单，纳入合并程序。财务部门负责人审核合并报表准确性的同时检查合并报表单位范围的准确性。

（3）内部往来抵销分录的编制和复核。财务部门会计人员根据核对一致的内部往来明细账编制合并报表内部往来抵销分录，由财务部门独立人员进行复核。

（4）年度财务报告的审议。总会计师、总经理办公会对年度财务报告进行审议，对近期会计制度变化，有关财务报告的重要假设、调整，重大非经常性事项以及审计过程中发现的问题进行讨论和表决，经总经理办公会决议后的财务报告才能予以披露。

（5）信息披露管理办法的制定。企业制定了信息披露管理办法，规定企业信息披露分为定期报告和临时报告两种类型。定期报告（年度报告、半年度报告和季度报告）格式和内容需按中国证监会《公开发行股票信息披露的内容与格式准则》的要求以及中国证监会和深圳证券交易所的其他规定与要求编制。临时报告的格式应当严格遵照深圳证券交易所《上市企业主要临时公告格式指引》的有关标准格式要求。

（6）信息披露前的审查程序。公司应制定信息披露管理办法，规定企业信息披露前的审查程序。提供信息的部门负责人核对相关信息资料，相关部门负责人进行合规性审查，并根据提供的相关信息资料编制信息披露公告，报告总经理办公会审批后签发。

（7）财务分析。财务部门每季度进行财务分析，主要分析内容包括主要指标完成情况、营业收入分析、主营业务收入分析、毛利率分析、利润总额分析、净利润分析、销售费用分析、管理费用分析、应收账款分析。分析项目包括实际完成指标、预计完成指标、去年同期完成指标、同比增长额、同比增长率、目标率及应收账款周转率、存货周转率等。财务分析结果形成财务分析报告，作为企业生产经营分析会议的基础资料。

二、财务报告的对外提供

财务报告的对外提供是报告的最后环节，对此企业领导层要把好关。

（一）财务报告对外提供的要求

1. 报告提供时间要求

企业应当依照法律法规和国家统一的会计准则的规定，及时对外提供财务报告。

2. 报告报送形式要求

企业财务报告编制完成后，应当装订成册加盖公章，由企业负责人、总会计师和分管会计工作的负责人、财务部门负责人签名并盖章。

3. 报告报送基本要求

财务报告须经注册会计师审计的，注册会计师及其所在的事务所出具的审计报告，应当随财务报告一并提供。企业对外提供的财务报告应当及时整理归档，并按有关规定妥善保存。

（二）财务报告对外提供的潜在风险

（1）对外提供报告的编制基础、编制依据、编制原则和方法不一致，可能导致财务报告漏报、错报及欺诈，不能做到真实及完整。

（2）由于会计核算等原因，未能及时对外提供财务报告，可能导致违反法规规定，降低财务报告信息使用价值，影响企业信誉。

（3）财务报告在对外提供前泄露财务信息，或使不应知晓的对象获悉，可能导致内部交易发生等，使企业或投资者蒙受损失。

（4）审计机构不符合相关法律法规的规定，或审计机构与企业串通作弊，可能导致被监督机构审查或社会监督者揭露，受到违规惩罚。

（三）财务报告对外提供风险的应对措施

1. 完善财务报告编制的基础

报送会计报表中的问题，大都发生在编制过程。遵照有关法规的规定及要求，认真负责地编报财务报告，是防范报告风险的基础。

2. 从制度中明确对财务报告的监督

财务报告对外提供的对象或监督部门，应在相关文件中予以规定，并由企业负责人监督。例如，国有企业的财务报告应定期向监事会提供。每年至少一次向企业的职工代表大会公布。上市企业的财务报告须经董事会、监事会审核通过后向社会提供。

3. 认真履行财务报告的审批程序

财务报告从编制者到财务部门负责人审核、总会计师或分管会计工作的负责人审核、企业负责人审核，并签字盖章后报出。各环节负责人都能对报告内容的真实性、完整性和格式的合规性负责，发挥审核监督的职责，就可避免或减小报告风险。

4. 企业应制定严格的保密程序

企业对能接触财务报告信息的人员进行权限设置，保证财务报告信息在对外提供前控制在适当的范围内。企业对财务报告信息的访问情况予以记录，以便掌握情况及时发现可能的泄露行为，有利于泄露后追查责任。

三、财务报告的分析利用

对财务报告提供的数据进行加工分析是财务管理的一项重要工作，它可以发现问题，提出改进建议，有效利用企业资源，增加企业效益。

（一）财务报告分析利用的要求

1. 建立财务报告分析制度

企业应当重视财务报告分析工作，定期召开财务分析会议，充分利用财务报告反映的综合信息，全面分析企业的经营管理状况和存在的问题，不断提高经营管理水平。

（1）财务报告分析制度的内容。包括：定期召开分析会议，明确财务报告分析的组织形式，确定分析方法和指标体系，分析报告撰写及报送等。报经有关领导批准，列入业务流程。

企业财务分析会议应吸收有关部门负责人参加，总会计师或分管会计工作的负责人应当在财务分析工作中发挥主导作用。

（2）财务报告分析的方法。财务报告分析的方法有定性和定量两类。

（3）财务报告分析指标体系。企业应建立一套适合本企业的指标体系，既有定量指标，也有定性指标，才能全面系统反映企业的经营状况、潜在风险及持续发展能力。常用的财务报告评价的定量指标有盈利能力、偿债能力、资产运营能力、发展能力、社会贡献、净资产收益率、经济增加值等；定性指标有经营者及职工素质、产品市场占有率（服务满意度）、内部财务控制的有效性、发展创新能力等。定性指标需要通过主观分析得出判断结果。企业可结合自身的特点组成具有全面、系统及内在联系的指标体系，如所有者权益收益率分析指标体系、杜邦财务分析指标体系等。

通过财务报告分析，企业领导可全面了解企业经营管理现状和存在的问题，寻找问题产生的根源，拟定应对措施，改进经营管理，充分利用企业资源，促进经营目标的实现。

2. 财务状况报表分析

企业应当分析企业的资产分布、负债水平和所有者权益结构；通过资产负债率、流动比率、资产周转率等指标分析企业的偿债能力和营运能力；分析企业净资产的增减变化，了解和掌握企业规模和净资产的不断变化过程。

通过分析上述指标，可全面、系统把握企业的财务状况及偿债能力，了解企业规模及净资产的变化过程。

3. 经营成果报表分析

企业应当分析各项收入、费用的构成及其增减变动情况，通过净资产收益率、每股收益等指标，分析企业的盈利能力和发展能力，了解和掌握当期利润增减变化的原因和未来发展趋势。

通过分析上述指标，可了解和掌握企业经营成果的形成，收入、费用的构成，当前的水平、变化的原因、未来的趋势。

4. 现金流量报表分析

企业应当分析经营活动、投资活动、筹资活动现金流量的运转情况，重点关注现金流量能否保证生产经营过程的正常运行，防止现金短缺或闲置。

通过分析上述指标，可了解和掌握企业现金在经营活动、投资活动和筹资活动之间的流动状况及能否正常运行，使现金得到充分利用。

5. 财务报告分析利用

企业定期的财务分析应当形成分析报告，构成内部报告的组成部分。财务分析报告结果应当及时传递给企业内部有关管理层级，充分发挥财务报告在企业生产经营管理中的重要作用。

要充分发挥财务报告分析的作用，在撰写报告分析中应关注以下三点：

（1）重点突出。财务分析涉及企业的方方面面，指标可达上百个。因此，分析一定要明确目的，突出重点，针对报告反映的当前经营活动偏离目标的重大事项进行分析，充分发挥“听诊器”“显微镜”的功能，找出问题症结，指出产生原因，说明改进措施。

（2）及时准确。企业经济瞬息万变，财务分析必须及时准确地为抓住机遇、规避风险、改善经营管理提出建议，及时报送有关部门，充分发挥财务分析功能。

（3）落实整改。经领导审批的财分析报告，应及时传递给有关部门。各部门负责人应当根据分析的结果及提出的改进建议，研究本部门的整改落实策略及措施。财务部门应跟踪、监控责任部门的改进落实情况，并及时向有关负责人反馈落实状况。经营中发生的资金问题，财务部门应积极地协助解决，促进目标的完成。

（二）财务报告分析风险及控制

该环节的主要风险是：财务分析制度不符合企业的实际情况，财务分析流于形式，未突出企业经营中重大事项，未充分利用企业现有的资源，财务分析流程、要求不明确，财务分析制度未经审批等。

小知识　　会计档案管理

会计档案是指记录和反映经济业务事项的重要历史资料和证据，一般包括会计凭证、会计账簿、财务会计报告以及其他会计资料。会计档案对于总结经济工作、指导生产经营管理和事业管理、查验经济问题、防止贪污舞弊、研究经济发展的方针和战略都具有重要作用。

会计档案管理流程包括会计档案的立卷、归档、保管、查阅和销毁等。

1. 会计档案管理的控制目标

（1）会计档案管理分工明晰，职责明确；档案保管和使用记录完整明晰，会计档案装订符合保存要求，信息完整。

（2）会计档案的销毁符合国家规定，销毁记录完整。

2. 会计档案管理的主要风险点

（1）未按照有关规定要求保管档案，容易造成档案的损坏或丢失。

（2）未按有关查阅规定，私自查阅、外借等，导致会计档案文件丢失。

3. 会计档案管理的关键控制点

（1）会计档案管理。企业财务部门制定了关于会计档案的管理办法，明确财务部门有专门人员负责档案管理，建立会计档案的立卷、归档、保管、查阅和销毁等管理制度，保证会计档案妥善保管、有序存放、方便查阅、严防毁损、散失和泄密。

财务部门每年形成会计档案，由财务部门按照归档要求，负责整理立卷，装订成册，编制会计档案保管清册。《会计档案管理办法》还规定了会计档案的保管期限（永久保存和定期保存两类）。

（2）会计档案销毁。财务部门制定了关于会计档案的管理办法，规定会计档案保管期满需要销毁时，由会计档案管理人员提出销毁意见，经财务部门负责人和分管领导批准后执行。由会计档案管理人员编制会计档案销毁清册，销毁时由财务部门有关人员参加，并在销毁单上签名或盖章。

法律依据

内部控制应用指引第 14 号——财务报告

第一章　总　则

第一条　为了规范企业财务报告，保证财务报告的真实、完整，根据《中华人民共和国会计法》等有关法律法规和《内部控制基本规范》，制定本指引。

第二条 本指引所称财务报告，是指反映企业某一特定日期财务状况和某一会计期间经营成果、现金流量的文件。

第三条 企业编制、对外提供和分析利用财务报告，至少应当关注下列风险：

（一）编制财务报告违反会计法律法规和国家统一的会计准则制度，可能导致企业承担法律责任和声誉受损。

（二）提供虚假财务报告，误导财务报告使用者，造成决策失误，干扰市场秩序。

（三）不能有效利用财务报告，难以及时发现企业经营管理中存在的问题，可能导致企业财务和经营风险失控。

第四条 企业应当严格执行会计法律法规和国家统一的会计准则制度，加强对财务报告编制、对外提供和分析利用全过程的管理，明确相关工作流程和要求，落实责任制，确保财务报告合法合规、真实完整和有效利用。

总会计师或分管会计工作的负责人负责组织领导财务报告的编制、对外提供和分析利用等相关工作。

企业负责人对财务报告的真实性、完整性负责。

第二章 财务报告的编制

第五条 企业编制财务报告，应当重点关注会计政策和会计估计，对财务报告产生重大影响的交易和事项的处理应当按照规定的权限和程序进行审批。

企业在编制年度财务报告前，应当进行必要的资产清查、减值测试和债权债务核实。

第六条 企业应当按照国家统一的会计准则制度规定，根据登记完整、核对无误的会计账簿记录和其他有关资料编制财务报告，做到内容完整、数字真实、计算准确，不得漏报或者随意进行取舍。

第七条 企业财务报告列示的资产、负债、所有者权益金额应当真实可靠。

各项资产计价方法不得随意变更，如有减值，应当合理计提减值准备，严禁虚增或虚减资产。

各项负债应当反映企业的现时义务，不得提前、推迟或不确认负债，严禁虚增或虚减负债。

所有者权益应当反映企业资产扣除负债后由所有者享有的剩余权益，由实收资本、资本公积、留存收益等构成。企业应当做好所有者权益保值增值工作，严禁虚假出资、抽逃出资、资本不实。

第八条 企业财务报告应当如实列示当期收入、费用和利润。

各项收入的确认应当遵循规定的标准，不得虚列或者隐瞒收入，推迟或提前确认收入。

各项费用、成本的确认应当符合规定，不得随意改变费用、成本的确认标准或计量方法，虚列、多列、不列或者少列费用、成本。

利润由收入减去费用后的净额、直接计入当期利润的利得和损失等构成。不得随意调整利润的计算、分配方法，编造虚假利润。

第九条 企业财务报告列示的各种现金流量由经营活动、投资活动和筹资活动的现金流量构成，应当按照规定划清各类交易和事项的现金流量的界限。

第十条 附注是财务报告的重要组成部分，对反映企业财务状况、经营成果、现金流量的报表中需要说明的事项，做出真实、完整、清晰的说明。

企业应当按照国家统一的会计准则制度编制附注。

第十一条 企业集团应当编制合并财务报表，明确合并财务报表的合并范围和合并方法，如实反映企业集团的财务状况、经营成果和现金流量。

第十二条　企业编制财务报告，应当充分利用信息技术，提高工作效率和工作质量，减少或避免编制差错和人为调整因素。

第三章　财务报告的对外提供

第十三条　企业应当依照法律法规和国家统一的会计准则制度的规定，及时对外提供财务报告。

第十四条　企业财务报告编制完成后，应当装订成册，加盖公章，由企业负责人、总会计师或分管会计工作的负责人、财会部门负责人签名并盖章。

第十五条　财务报告须经注册会计师审计的，注册会计师及其所在的事务所出具的审计报告，应当随同财务报告一并提供。

企业对外提供的财务报告应当及时整理归档，并按有关规定妥善保存。

第四章　财务报告的分析利用

第十六条　企业应当重视财务报告分析工作，定期召开财务分析会议，充分利用财务报告反映的综合信息，全面分析企业的经营管理状况和存在的问题，不断提高经营管理水平。

企业财务分析会议应吸收有关部门负责人参加。总会计师或分管会计工作的负责人应当在财务分析和利用工作中发挥主导作用。

第十七条　企业应当分析企业的资产分布、负债水平和所有者权益结构，通过资产负债率、流动比率、资产周转率等指标分析企业的偿债能力和营运能力；分析企业净资产的增减变化，了解和掌握企业规模和净资产的不断变化过程。

第十八条　企业应当分析各项收入、费用的构成及其增减变动情况，通过净资产收益率、每股收益等指标，分析企业的盈利能力和发展能力，了解和掌握当期利润增减变化的原因和未来发展趋势。

第十九条　企业应当分析经营活动、投资活动、筹资活动现金流量的运转情况，重点关注现金流量能否保证生产经营过程的正常运行，防止现金短缺或闲置。

第二十条　企业定期的财务分析应当形成分析报告，构成内部报告的组成部分。

财务分析报告结果应当及时传递给企业内部有关管理层级，充分发挥财务报告在企业生产经营管理中的重要作用。

第二十三章 ▶▶

内部信息传递方面的内部控制

第一节　综合知识

内部信息传递是指企业内部和管理层之间通过内部报告形式传递生产经营管理信息的过程。

一、内部信息传递应遵循的原则

（一）真实准确性

虚假或不准确的信息将严重误导信息使用者，甚至导致决策失误，造成巨大的经济损失。内部报告的信息应当与所要表达的现象和状况保持一致，若不能真实反映所计量的经济事项，就不具有可靠性。

（二）及时有效性

如果信息未能及时提供，或者及时提供的信息不具有相关性，或未被有效利用，都可能导致企业决策延误，经营风险增加，甚至可能使企业较高层次的管理陷入困境，不利于对实际情况进行及时有效的控制和矫正，同时也将大大降低内部报告的决策相关性。只有那些切合具体任务和实际工作，并且能够符合信息使用单位需求的信息才是具有使用价值的。

（三）遵守保密原则

企业内部的运营情况、技术水平、财务状况以及有关重大事项等通常涉及商业秘密，内幕信息知情者（包括董事会成员、监事、高级管理人员及其他涉及信息披露有关部门的涉密人员）都负有保密义务。内部信息一旦泄露，极可能导致企业的商业秘密被竞争对手获知，使企业处于被动境地，甚至造成重大损失。

二、内部信息传递的主要风险

（1）如果企业内部报告系统缺失、功能不健全、内容不完整，可能会影响生产经营有序运行。

（2）如果内部信息传递不通畅、不及时，则可能导致企业决策失误，相关政策措施难以落实。

（3）如果内部信息传递中泄露商业秘密，可能削弱企业核心竞争力。

第二节　内控措施

一、内部报告形成与风险防范

（一）内部报告指标体系设置

内部报告指标体系是否科学直接关系到内部报告反映的信息是否完整和有用，关系到企业的经营战略与目标实现。

1. 指标体系设置的主要风险

该环节的主要风险是：指标体系的设置未能结合企业的发展战略，指标体系级次混乱，与全面预算管理要求相脱节，并且一旦设置后未能根据环境和业务变化有所调整。

2. 指标体系设置的相关要求

（1）企业应当根据发展战略、风险控制和业绩考核要求，科学规范不同级次内部报告的指标体系，采用经营快报等多种形式，合理设置关键信息指标和辅助信息指标，全面反映与企业生产经营管理相关的各种内外部信息。

（2）指标体系的设置应当与全面预算管理相结合，并随着环境和业务的变化不断修订和完善。设置内部报告指标体系时，应当关注企业成本费用预算的执行情况。

（3）指标体系应当简洁明了、通俗易懂、传递及时，便于企业各管理层级和全体员工掌握相关信息，正确履行职责。

3. 目标设置管控措施

（1）目标制定依据。企业的战略目标和具体的战略规划为内部报告控制目标的确定提供了依据。企业应认真研究企业的发展战略、风险控制要求和业绩考核标准，根据各管理层级对信息的需求和详略程度，建立一套级次分明的内部报告指标体系。

（2）目标分解落实。企业内部报告指标确定后，应进行细化，层层分解，使各责任中心及其各相关职能部门都有自己明确的目标，以利于控制风险并进行业绩考核。通过内部信息传递，企业的战略目标、战略规划、内部报告的控制目标、各责任中心以及各职能部门的控制目标相互联系、不断细化。

（3）信息反馈要求。内部报告需要依据全面预算的标准进行信息反馈，将预算控制的过程和结果向企业内部管理层报告，以有效控制预算执行情况、明确相关责任、科学考核业绩，并根据新的环境和业务，调整决策部署，更好地规划和控制企业的资产和收益，实现资源的最有效配置和管理的协同效应。

（二）内部信息传递流程设置

企业在实际操作中，应结合自身业务特点和管理要求，构建和优化内部信息传递流程，如图 23-1 所示。

该环节的主要风险是：收集的内外部信息过于散乱，不能突出重点；内容准确性差，据此信息进行的决策容易误导经营活动；获取内外部信息的成本过高，违反了成本效益原则。

（三）内部报告管理

1. 内部报告要求

企业应当制定严密的内部报告流程，充分利用信息技术，强化内部报告信息集成和共享，将内部报告纳入企业统一信息平台，构建科学的内部报告网络体系；企业内部各管理层级均应制定专人负责内部报告工作，重要信息应及时上报，并可以直接报告高级管理人员；企业应当建立内部报告审核制度，确保内部报告信息质量。

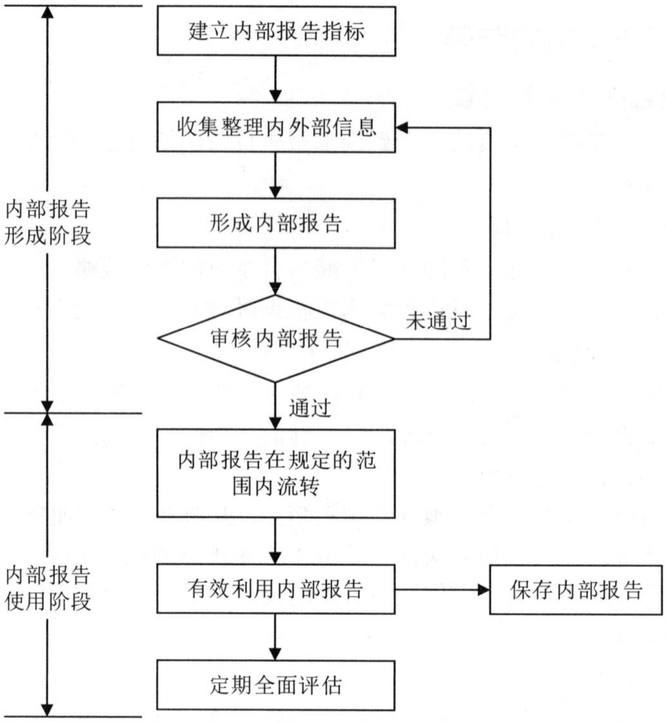

图 23-1　内部信息传递流程

2. 内部报告风险

该环节的主要风险是：内部报告未能根据内部各使用单位的需求进行设计与编制；内容不完整，编制不及时，报告形式不规范；未经审核即向有关部门传递。

3. 内部报告管理措施

（1）根据特定服务对象的需求，选择信息收集过程中应重点关注的信息类型和内容。为特定对象、特定目标服务的信息，具有更高的适用性，对于使用者具有更现实、更重要的意义。因此，要根据信息需求者的要求按照一定的标准对信息进行分类汇总。

（2）对信息进行审核和鉴别。对已经筛选的资料做进一步的检查，确定其真实性和合理性。企业应当检查信息在事实与时间上有无差错，是否合乎逻辑，其来源单位、资料份数、指标等是否完整。

（3）企业应当在收集信息的过程中考虑获取信息的便利性及其获取成本的高低。如果需要较大代价获取信息，则应当权衡其成本与信息的使用价值，确保所获取信息符合成本效益原则。

（四）外部信息获取

为了随时掌握有关市场状况、竞争情况、政策及环境的变化，保证企业发展战略和经营目标的实现，企业应当完善内外部重要相关信息的收集机制和传递机制，使重要信息能够及时获得并向上级呈报。

企业应当关注市场环境、政策变化等外部信息对企业生产经营管理的影响；广泛收集、分析、整理外部信息，并通过内部报告传递到企业内部相关管理层级，以便采取应对策略。

企业可通过行业协会、社会中介机构、业务往来单位、市场调查、来信来访、网络媒体以及有关监管部门等渠道，获取外部信息；通过财务会计资料、经营管理资料、调查报告、专项信息、内部刊物、办公网络等渠道，获取内部信息。

该环节的主要风险是：收集的内外部信息过于散乱，不能突出重点；内容准确性差，据此进行经营决策容易产生误导。

为了提高内部报告的质量，正确发挥内外部信息的作用，应该关注以下事项。

1. 关注内部报告的内容

内容是信息最重要的特征，包括准确性（没有错误）、相关性（与使用者相关）和完整性（包含所需信息）。编制单位应紧紧围绕内部报告使用者的信息需求，以内部报告指标体系为基础，编制内容全面、简洁明了、通俗易懂的内部报告，便于企业各管理层级和全体员工掌握相关信息，正确履行职责，起草内部报告，形成总结性结论，并提出相应的建议，应对发展趋势、策略规划、前景预测等提供重要的分析指导，为企业的效益分析、业务拓展提供有力的保障。

2. 关注内部报告的时间

在使用相关信息做决策的时候，时间是一个关键性因素，它包括及时性和适时性。及时性意味着在你需要信息的时候拥有它。如果没有能够在合适的时间得到合适的信息，几乎不可能做出任何正确的决定。适时性意味着拥有最新的信息。在当今飞速发展的商业环境中，昨天的信息常常意味着对今天来说没有价值。

3. 关注内部报告的程序

企业应合理设计内部报告编制程序，提高编制效率，保证内部报告能在第一时间提供给相关管理部门。对于重大突发事件应以速度优先，尽可能快地编制出内部报告，向董事会报告。

4. 关注内部报告的审核

企业应当建立内部报告审核制度，设定审核权限，确保内部报告信息质量。企业必须对岗位与职责分工进行控制，内部报告的起草与审核岗位分离，内部报告在传递前必须经签发部门负责人审核。对于重要信息，企业应委派专门人员对传递过程进行复核，确保信息正确地传递给使用者。

5. 关注内部报告的形式

内部报告主要表现在细节与形式，细节要详细核实，形式则多种多样，如图表、打印文稿、电子邮件、口头叙述、声音等。

企业内部报告因报告类型不同、反映的信息特点不同，内部报告的格式也不尽一致。一般情况下，企业内部报告应当包括报告名、文件号、执行范围、内容、起草或制定部门、报送和抄送部门及时效要求等。

（五）反馈信息获取

1. 广泛收集合理化建议

企业应当拓宽内部报告渠道，通过落实奖励措施等多种有效方式，广泛收集合理化建议。

企业将合理化建议纳入内部报告体系，引起各级管理部门高度重视。实践证明，管理层对员工合理化建议的态度不积极，将造成员工对企业经营管理漠不关心，影响员工忠诚度；同时，也将失去采纳员工的好建议、改善管理的机会。

2. 加强反舞弊机制建设

（1）反舞弊意义。舞弊是指以故意的行为获得不公平的或者违法的收益。例如，虚假财务报告、资产的不适当处理、不恰当的收入和支出、故意不当的关联方交易、税务欺诈、贪污以及收受贿赂和回扣等。有效的反舞弊机制，是企业防范、发现和处理舞弊行为、优化内部环境的重要制度安排。有效的信息沟通是反舞弊程序和控制成功的关键。如果信息交流机制不畅通，舞弊行为产生的机会就会增大。企业应当建立反舞弊机制，坚持惩防并举、重在预防的原则，明确反舞弊工作的重点领域、关键环节和有关机构在反舞弊工作中的职责权限，规范舞弊案件的举报、调查、处理、报告和补救程序。

（2）反舞弊潜在风险。该环节的主要风险是：忽视对员工道德准则的培养，内部审计监察不严，内部人员未经授权或者采取其他不法方式侵占、挪用企业资产，在财务会计报告和信息披露等方面存在虚假记录、误导性陈述或者重大遗漏等，董事、监事、经理及其他保管人员滥用职权，相关机构和人员串通舞弊，企业对举报人保护力度小，信访事务处理不及时，缺乏相应的舞弊风险评估机制。

（3）强化反舞弊措施。

1）企业应当重视和加强反舞弊机制建设，对员工进行道德行为培训，通过设立员工信箱、投诉热线等方式，鼓励员工及企业利益相关者举报和投诉企业内部的违法违规、舞弊和其他有损企业形象的行为。

2）企业应当通过审计委员会对信访、内部审计、监察、接受举报过程中收集的信息进行复查，监督管理层对财务报告施加不当影响的行为、管理层进行的重大不寻常交易以及企业各管理层级的批准、授权、认证等，防止企业资产侵占、资金挪用、虚假财务报告、滥用职权等现象的发生。

3）企业应当建立反舞弊情况通报制度定期或不定期召开反舞弊情况通报会，由审计部门通报反舞弊工作情况，分析反舞弊的形式，评价现有反舞弊控制措施和程序。

4）企业应当建立举报人保护制度，设立举报各类主体、举报程序，明确举报投诉处理程序，并做好投诉记录的保存。切实落实举报人保护制度是举报投诉制度有效运行的关键。结合企业的实际情况，明确举报人应向谁举报，以何种方式进行举报，举报内容的界定等；确定举报责任主体接到投诉报告后进行调查的程序、办理时限、办理结案要求及将调查结论提交董事会处理的程序等。

小知识　　举报投诉制度

举报投诉制度是指企业内部建立的，旨在鼓励员工对企业内部财务、会计、审计、内部控制等方面的违法行为，或不当行为进行举报，并由专门机构对举报投诉内容进行调查处理的一系列政策、程序和方法。

1. 举报投诉制度

举报投诉工作一般由审计委员会负责。其主要职责是：鼓励、宣传员工参与举报投诉；受理、管理、审查举报投诉的案件材料；开展奖励、保护举报人的工作。通过受理员工的举报，查办部门或个人的违规行为，保护企业利益，促进企业实现控制目标。举报工作应遵循下列原则：

（1）依靠员工、联系员工，实行专门工作。

（2）以事实为依据，以法律、企业规章制度为准绳。

（3）对举报投诉材料的核查要及时、有效。

（4）对举报人的情况要严格保密。

（5）增强举报投诉工作的透明度，接受企业员工的监督。

2. 举报投诉的形式和处理程序

举报投诉的形式有来访、写信、电话、电子邮箱、企业的举报投诉信箱和举报人认为方便的其他形式。举报人在举报时可以使用真实姓名、所在部门和联系方法；也可以不公开姓名、部门和住址，遵从其个人意愿。但举报人不得捏造事实、伪造证据、诬告陷害他人。

举报投诉处理程序：接待和受理举报投诉—调查处理投诉案件—归档和结果。

3. 举报人保护制度

建立举报人保护制度是内部控制的一项重要内容。如果不对举报人实施保护，一旦举报人因举报而遭受打击报复，几乎所有潜在的举报人就会因害怕而失去举报的积极性，久而久之，举报投诉制度就会形同虚设，失去它应有的效力。因此保护好举报人是举报投诉制度有效运行的关键。为此，应关注以下几点。

（1）企业应制定严密的保护措施。保护措施包括事前、事中和事后保护。举报投诉人有权利用匿名方式举报，审计委员会不得披露举报人身份。收到举报时保护程序要开始启动。如果举报人因举报而将受到或已经受到重大暴力伤害或威胁，可以设立专门保护小组对举报人实行人身保护，紧急情况下可 24 小时保护。负有保护义务的部门由于失职或推诿而造成举报人伤亡的，应承担相应的责任。

（2）保护举报投诉人的权利。企业应保护举报人的劳动权和名誉权等权利。因举报企业违规行为而受到降职、停职、解雇、威胁、骚扰或以其他方式歧视的，员工有权向上级主管部门报告，并有权利要求恢复职务等级、补偿欠薪和利息，以及因歧视产生的精神损害。

（3）追究法律责任。举报人因举报遭到侮辱、诽谤，情节比较严重的，可以考虑作为公诉案件，由有关国家机关侦查、起诉。对于损害举报人名誉，造成再就业困难，甚至无法在社会上立足的打击报复者进行刑事处罚，根据损害程度处以刑事罚款、短期徒刑和长期徒刑。

4. 举报投诉要求

企业应建立举报投诉制度和举报人保护制度；设置举报专线，明确举报投诉处理程序、办理时限和办结要求；确保举报、投诉成为企业有效掌握信息的重要途径。

举报投诉制度和举报人保护制度应当及时传达至全体员工。

小知识　　决策信息支持

1. 决策信息支持的控制目标

决策信息支持的控制目标为管理层获得必要信息和报告，为管理层决策提供支持。

2. 决策信息支持的关键控制点

（1）定期收集和报告影响企业目标的重要内部与外部信息。企业建立生产经营分析会制度，对企业目标完成情况进行分析和报告。企业建立收集和报告影响企业目标的重要外部信息的制度，并有专人对审阅的信息进行核实。

（2）信息系统可以根据管理层的需求提供信息。企业成立企业信息化小组或专业部门作为企业信息化工作的领导机构，负责企业信息化工作的统筹安排、协调及重大决策，领导层参与研究和审批信息规划，使信息化工作满足管理层的需求。

企业建立信息化系统，涵盖协同办公（内部邮件、信息发布）、内部论坛、经营报表统计、分析等功能。

（3）信息能被及时传递。企业建立信息报告传递制度，要求在规定时限内上报和传递信息，不允许发生任何隐报、瞒报、迟报、漏报的行为，对未按时上报或隐瞒不报的，追究有关领导和直接责任人责任。

（4）管理层鼓励员工提出合理化建议。企业建立奖励制度，鼓励员工提出合理化建议，并建立员工合理化建议的途径，包括书信、电话、走访、邮件等形式。

二、内部报告使用与保密风险控制

该环节的主要风险是：管理层在决策时没有充分使用内部报告提供的信息，内部报告未能用于风险识别和控制，商业秘密通过企业内部报告被泄露。

（一）内部报告用于指导生产经营

企业各级管理人员应当充分利用内部报告管理和指导企业的生产经营活动，及时反映全面预算执行情况，协调企业内部相关部门和各单位的运营进度，严格绩效考核和责任追究，确保企业实现发展目标。

内部控制要求企业实行全面预算管理，明确各责任单位在预算管理中的职责权限，规范预算的编制、审定、下达和执行程序，强化预算约束，这就需要企业有效地将预算控制与内部报告接轨，通过内部报告及时反映预算执行情况。运营控制应当建立运营情况分析制度，分析的信息来自内部报告。管理层要求综合运用生产、购销、投资、筹资、财务等方面的信息，通过各种分析方法，发现存在的问题，及时查明原因并加以改进。绩效考核控制要求企业建立和实施绩效考核和责任追究制度，科学设置考核指标体系。考核指标所需数据也来源于内部报告。只有依据及时、准确，按规范流程形成的报告信息，对各责任单位和全体员工业绩的定期考核评价才能透明、客观，才能有效防止“暗箱操作”，考核结果才更有说服力。可见，及时正确的内部报告对企业生产经营活动至关重要。

（二）内部报告用于风险控制

企业应当有效利用内部报告进行风险评估，准确识别和系统分析企业生产经营活动中的内外部风险，确定风险应对策略，实现对风险的有效控制。

内部报告反映了企业采购、生产、销售、筹资、投资、市场、政策等各方面的信息，各管理层级应当适时通过这些信息对企业生产经营管理中存在的风险进行评估，准确识别和系统分析企业生产经营活动中的内外部风险，确定风险应对策略，实现对风险的有效控制。

企业对于内部报告反映的问题应当及时解决，涉及突出问题和重大风险的，应当启动应急预案。

（三）内部报告的保密与保管

该环节的主要风险是：企业缺少内部报告与保密的保管制度，内部报告的保管存放杂乱无序，对于重要资料的保管期限过短、保密措施不严。

1. 内部报告保密

（1）企业应当制定严格的内部报告保密制度，明确保密内容、保密措施、密级程度和传递范围，防止泄露商业秘密。有关企业商业秘密的重要文件要由企业较高级别的管理人员负责，至少由两人共同管理，放置在专用保险箱内。查阅保密文件，必须经该高层管理者同意，由两人分别开启相应的锁具方可打开。

（2）企业应从内部信息传递的时间、空间、节点、流程等方面建立控制，通过权责分离、授权接触、监督和检查等手段防止商业秘密泄露。

2. 内部报告保管

企业应当建立内部报告保管制度，各部门应当指定专人按类别保管相应的内部报告。

为了便于内部报告的查阅、对比分析，提高内部报告的有用性，企业应按类别保管内部报告，对影响较大的、金额较高的，如企业重大重组方案、企业债券发行方案等要严格保管。

对不同类别的报告应按其影响程度规定其保管年限，只有超过保管年限的内部报告方可予以销毁。对影响重大的内部报告，应当永久保管。

（四）内部报告的评估

该环节的主要风险是：企业缺乏完善的内部报告评价体系，对各信息传递环节和传递方式控制不严，针对传递不及时、信息不准确的内部报告缺乏相应的惩戒机制。

企业应当建立内部报告的评价制度，定期对内部报告的形成和使用进行全面评估，重点关注内部报告的及时性、安全性和有效性。

小知识　　信息系统安全控制

有效的信息系统是技术与制度相结合的体系，是内部控制过程的重要组成部分。信息系统必须灵敏、迅速地发现并提供管理活动所需的信息。

企业应当加强对信息系统开发与维护、访问与变更、数据输入与输出、文件储存与保管、网络安全等方面的控制，保证信息系统安全稳定运行。

企业应当建立信息安全组织架构，并建立完善的汇报机制，在企业总部的下属单位等各级信息技术部门应设立信息安全管理负责人，负责本单位的信息安全培训及安全监督和检查。

法律依据

内部控制应用指引第 17 号——内部信息传递

第一章　总　则

第一条　为了促进企业生产经营管理信息在内部各管理层级之间的有效沟通和充分利用，根据《内部控制基本规范》，制定本指引。

第二条　本指引所称内部信息传递，是指企业内部各管理层级之间通过内部报告形式传递生产经营管理信息的过程。

第三条　企业内部信息传递至少应当关注下列风险：

（一）内部报告系统缺失、功能不健全、内容不完整，可能影响生产经营有序运行。

（二）内部信息传递不通畅、不及时，可能导致决策失误、相关政策措施难以落实。

（三）内部信息传递中泄露商业秘密，可能削弱企业核心竞争力。

第四条　企业应当加强内部报告管理，全面梳理内部信息传递过程中的薄弱环节，建立科学的内部信息传递机制，明确内部信息传递的内容、保密要求及密级分类、传递方式、传递范围以及各管理层级的职责权限等，促进内部报告的有效利用，充分发挥内部报告的作用。

第二章　内部报告的形成

第五条　企业应当根据发展战略、风险控制和业绩考核要求，科学规范不同级次内部报告的指标体系，采用经营快报等多种形式，全面反映与企业生产经营管理相关的各种内外部信息。

内部报告指标体系的设计应当与全面预算管理相结合，并随着环境和业务的变化不断进行修订和完善。设计内部报告指标体系时，应当关注企业成本费用预算的执行情况。

内部报告应当简洁明了、通俗易懂、传递及时，便于企业各管理层级和全体员工掌握相关信息，正确履行职责。

第六条　企业应当制定严密的内部报告流程，充分利用信息技术，强化内部报告信息集成和共享，将内部报告纳入企业统一信息平台，构建科学的内部报告网络体系。

企业内部各管理层级均应当指定专人负责内部报告工作，重要信息应及时上报，并可以直接报告高级管理人员。

企业应当建立内部报告审核制度，确保内部报告信息质量。

第七条　企业应当关注市场环境、政策变化等外部信息对企业生产经营管理的影响，广泛收集、分析、整理外部信息，并通过内部报告传递到企业内部相关管理层级，以便采取应对策略。

第八条　企业应当拓宽内部报告渠道，通过落实奖励措施等多种有效方式，广泛收集合理化建议。

企业应当重视和加强反舞弊机制建设，通过设立员工信箱、投诉热线等方式，鼓励员工及企业利益相关者举报和投诉企业内部的违法违规、舞弊和其他有损企业形象的行为。

第三章　内部报告的使用

第九条　企业各级管理人员应当充分利用内部报告管理和指导企业的生产经营活动，及时反映全面预算执行情况，协调企业内部相关部门和各单位的运营进度，严格绩效考核和责任追究，确保企业实现发展目标。

第十条　企业应当有效利用内部报告进行风险评估，准确识别和系统分析企业生产经营活动中的内外部风险，确定风险应对策略，实现对风险的有效控制。

企业对于内部报告反映出的问题应当及时解决；涉及突出问题和重大风险的，应当启动应急预案。

第十一条　企业应当制定严格的内部报告保密制度，明确保密内容、保密措施、密级程度和传递范围，防止泄露商业秘密。

第十二条　企业应当建立内部报告的评估制度，定期对内部报告的形成和使用进行全面评估，重点关注内部报告的及时性、安全性和有效性。

第二十四章

信息系统方面的内部控制

第一节　综合知识

一、信息系统概述

信息系统是指企业利用计算机和通信技术，对内部控制进行集成、转化和提升所形成的信息化管理平台。

信息系统的实质是指由计算机硬件、网络和通信设备、计算机软件、信息资源、信息用户和企业的规章制度组成的以处理信息流为目的的人机一体化系统。通俗地讲，信息系统就是输入客观原始数据（信息），通过计算机加工产生企业需要的信息数据的系统。

（一）信息系统的功能

1. 信息处理功能

信息处理功能是信息系统最基本的功能，涉及数据的采集、输入、加工、存储、传输和输出。通过合理分析企业信息管理的需求，信息系统可以全面系统地组织企业信息并通过相应的技术手段加工、保存并输出企业的信息，为有效应用这些企业信息奠定数据基础。

2. 事务处理功能

信息系统直接支持业务职能的具体实现，协助企业完成最基本的、每日例行的业务处理活动，帮助管理人员完成一些烦琐的重复性劳动，使他们将更多精力投入真正的管理工作中。事务处理功能存在于企业的各个业务运作中，如日常生产运作、工资核算、销售订单处理、原材料出库、费用支出报销等。

3. 计划控制功能

利用信息系统合理安排企业中各部门的计划，向不同层级的管理人员提供相应的计划报告，对计划的执行情况进行检测、检查，比较执行差异，分析原因，辅助管理人员及时运用各种方法。与事务处理功能相比，计划控制功能擅长对综合性数据进行处理，而不是每时每日的实时信息处理；与预测决策功能相比，计划控制功能重点是简单算术运算，而不是以模型化分析为重点。

4. 预测决策功能

通过运用数学、数理统计或模拟等模型化方式，对内部和外部数据进行处理，力图挖掘信息内在的规律和特征，对未来的发展做出估计，及时推导出有关问题的最优解决方案，并以易于理解和使用的多媒体方式提供给决策者，辅助管理人员进行决策。典型的决策支持系统有销售分析与预测、定价决策分析等。

（二）信息系统的主要业务流程

1. 信息系统设计开发流程

（1）信息系统规划与准备。根据企业的整体目标和发展战略，明确企业总体信息需求，确定信息系统的发展战略，制订信息系统建设总计划。其中，包括确定拟建系统的总体目标、功能、大致规模和粗略估计所需资源，并根据需求的轻、重、缓、急程度及资源和环境的约束，把系统建设内容分解成若干开发项目，以分期分批进行系统开发。该阶段的主要工作包括 IT 战略规划、IT 技术规划、投资管理、质量管理、项目管理、人力资源管理等。

（2）信息系统设计与实施。这一阶段的主要工作是根据系统规划与准备阶段确定的拟建系统总体方案和开发项目的安排，分期分批进行系统设计。信息系统开发是企业信息活动的重要基础，直接决定着企业的信息技术水平。首先进行需求分析，调查信息系统应具备的属性和功能，并将其用适当的形式表达出来；然后根据信息系统需求，对系统架构、内容、模块、界面和数据等进行定义和实施。该阶段的主要工作包括需求分析、应用系统设计、基础设施获取、运行准备、测试与发布等。

2. 信息系统运行维护流程

（1）信息系统运行管理。信息系统自交付使用开始，开发工作即告结束，运行工作随即开始。信息系统运行管理就是控制信息系统的运行，记录其运行状态，保证系统正常运行，并进行必要的修改与扩充，以便及时、准确地向企业提供必要的信息，以满足业务工作和管理决策的需要。该阶段的主要工作包括日常运行管理（如数据记录与加工、设备管理、安全管理等）、运行情况的记录，以及对系统的运行情况进行检查和评价。

（2）信息系统维护管理。为了保证信息系统正常而可靠地运行，并使系统不断得到改善和提高，对应用系统、数据、代码和硬件的维护管理，可以分为纠错性维护、适应性维护、完善性维护和预防性维护。纠错性维护是指对系统进行定期或不定期的检修、更新易损部件、排除故障、消除隐患等工作；适应性维护是指由于管理或技术环境发生变化，系统中某些部分已不能满足需求，对这些部分进行适当调整的维护工作；完善性维护是指用户对系统提出了某些新的信息需求，因而在原有系统的基础上进行适当的修改，完善系统的功能；预防性维护是对预防系统可能发生的变化或受到的冲突而采取的维护措施。

一般来说，信息系统运行维护是系统生命周期中历时最久的阶段，也是信息系统实现其功能、发挥其效益的阶段。科学的组织与管理是系统正常运行、充分发挥其效益的必要条件，而及时、完善的系统维护是系统正常运行的基本保证。据统计，有些信息系统在运行维护阶段的开支占整个系统成本的 2/3 左右，而这一阶段需用的专业技术人员占信息系统专业技术人员的 50%～70%。

3. 信息系统安全管理实践

信息系统安全管理即针对当前企业面临的病毒泛滥、黑客入侵、恶意软件、信息失控等复杂环境制定相应的防御措施，保护企业信息和信息系统不被未经授权的访问、使用、泄露、中断、修改和破坏，为企业信息和信息系统提供保密性、完整性、真实性、可用性、不可否认性等服务。

安全管理手段分为技术类手段和管理类手段，它们是确保信息系统安全不可分割的两个部分。技术类手段与信息系统提供的技术安全机制有关，主要通过在信息系统中部署软硬件并正确地配置其安全功能来实现，从物理安全、网络安全、应用安全和数据安全几个层面提出；管理类手段与信息系统中各种角色参与的活动有关，主要通过控制各种角色的活动，从政策、制度、规范、流程以及记录等方面做出规定来实现，从安全管理制度、安全管理机构和人员安全管理等几个方面提出。

4. 信息系统岗位职责实践

信息系统建设与运营是一个长期持续的过程，需要一个专门机构来负责，并能够不断完善该职责，以适应企业发展的需要。信息部门作为企业的一个职能部门，只有清楚地了解自己的角色定位，才能明白自己拥有的权利和担负的职责，进而有效地执行任务。信息部门并不产生直接利润或收益，但通过信息化手段提高其他部门的效益，降低运行成本，同样为企业创造了价值，从而也就体现了自身的价值所在。

信息部门的组织架构有分散型、集中型和联盟型三种代表性的模式。分散模式中，各信息机构分散于下属企业或事业部中，没有统一的中央管理部门或只有名义上的中央管理部门，独立决策与管理；集中模式中，存在统一的中央管理部门，对各下属企业或事业部的信息部门进行强有力的管理，从资金、人员等各方面进行统筹管理；联盟模式中，中央管理部门在业务和行政上均拥有相当大的权力，直接管理部门下级机构，同时还存在一些下级机构不由中央管理部门负责而由下属企业或事业部负责。

（三）信息系统的风险

1. 信息系统开发风险

信息系统开发不合理所带来的重复建设风险，后果是严重的。重复建设在时间上滞后，资金上浪费，严重影响企业的经营效率与经济效益。主要表现在以下几方面。

（1）信息系统的开发人员对企业的需求理解出现偏差。一般企业的信息系统开发的基本程序是：信息系统的最终用户（各层管理人员）提出信息处理需求→系统分析人员在充分理解这些需求的基础上进行系统分析→产生信息系统的逻辑结构→系统设计人员依据这个逻辑结构进行系统设计→产生系统设计方案→程序设计人员按照设计方案进行程序设计和编程→产生一个新的信息系统。

基本程序的第一个关键节点是：系统分析人员是在充分理解需求的基础上进行系统分析，产生信息系统的逻辑结构。这是信息系统开发能否成功的关键。如果受到设计人员对知识的掌握不足、开发经验欠缺、头脑反应迟钝等不良因素的影响，就会使信息系统开发出现偏差，导致信息系统开发失败。

（2）重编程，轻规划。这种现象产生的原因是，开发人员自以为经验丰富，用老经验、老方法代替新的开发规划。他们习惯于在接受任务后就“急功近利”进入编程程序，但随着信息系统开发的不断深入，他们编程的单个系统不能整体兼容，不能发挥整体效益，导致信息系统开发失败。

（3）开发成本控制不严，开发资金不足/过剩，都会导致开发效果差。开发资金不足，不能预计信息系统开发客观需要的投资项目及资金，可能使开发工作夭折。例如，对硬件的投资需求设计、对系统软件的投资需求设计以及对应用开发系统的需求设计预计不充分，导致资金供应不足造成开发停顿，甚至中途夭折。

开发资金过剩，使大笔资金长期闲置，影响资金使用效果，导致成本加大。

2. 信息系统运行维护和安全风险

信息系统安全是指信息系统包含的所有硬件、软件和数据受到保护，不因偶然和恶意的原因而遭到破坏、更改和泄露。因此，应重点关注信息系统运行维护的不同等级信息的授权使用、安全保密，以及重要业务系统的访问权限管理、关键信息设备的管理等措施不到位所造成的信息泄露和毁损，系统无法正常运行而产生的损失。

信息系统能否连续正常有效运行，其安全性至关重要。来自人文环境、技术环境和物理环境的安全威胁无处不在。每个具备信息系统的企业不可试图单凭集成了所谓安全技术的产品来解决，而必须考虑技术、管理和制度的因素，全方位、综合地解决系统安全问题，建立企业信息系统安全保障体系。

3. 信息孤岛风险

信息孤岛是指相互之间在功能上不关联互助、信息不共享互换，以及信息与业务流程和应用相互脱节的计算机应用系统。其危害有：

（1）"信息孤岛"导致信息的多向采集和重复输入，影响数据的一致性和正确性，使得大量的信息资源不能充分发挥应有的作用，效率低下，企业面对不同来源的报表中不一致的数据而无所适从，成为阻碍信息化进一步发展的障碍。

（2）"信息孤岛"不能实现信息的及时共享和反馈，影响业务的顺利开展。信息不能及时、充分共享是"信息孤岛"的突出问题，系统之间不能有效实现信息共享，影响业务的顺利运行。由此所造成的信息共享/反馈难，信息化作用无法得到有效体现。

（3）"信息孤岛"无法有效地提供跨部门、跨系统的综合性信息，各类数据不能形成有价值的信息，局部的信息不能提升为管理知识，决策支持只能是空谈。

（4）"信息孤岛"使企业对外与供应商、分包商、客户之间在产业链上沟通、协调和协作，对内与企业产供销的供应链均无法实现一体化集成。

二、信息系统内部控制的功能

（一）预防性功能

通过防止或组织来避免错误、灾害、事故、舞弊等的发生。例如，通过设置口令来防止非法接触和使用终端、主机、数据文件和程序，以避免对数据文件和程序进行破坏、篡改或非法复制。

（二）监测性控制功能

通过找出和发现已经发生的错误、灾害、事故、舞弊等来防止危害的扩大或者使损失得到补偿。例如，计算机操作系统通过记录和报告系统法记录非法修改系统软件、应用程序或数据文件的行为。

（三）校正性控制功能

通过更正和校正已检测出的错误，处置发生的舞弊行为，以及处理和补救已发生的灾害来减轻危害，使系统恢复正常。例如，通过文件和程序备份措施，补救因灾害造成的数据和程序损毁的危害。

小知识　　信息系统中内部控制的一些变化

（1）差错的反复发生。在手工系统中，发生差错往往是个别现象，而且由于数据处理环节分散于多个部门由多个人员完成，一个部门或一个人员的差错往往可能在下一个环节中发现和改正，所以一定时间内数据中反复发生错误的可能性并不大。但信息系统处理的集中化和计算机运算的高速性，使其处理结果一旦发生错误，就往往在短时间内迅速蔓延，使得多种文件、账簿，以至于整个系统失真。如果发生错误的原因在于系统程序和系统软件，则计算机就会重复执行同一错误操作。

（2）数据安全性差。在手工系统中，数据的处理和存储均分散于各个部门和人员，而信息系统的突出特点就是其处理和存储的集中化，由此，对数据安全带来一定威胁。例如，未经授权的人员可以利用计算机轻而易举地浏览其他部门的文件和数据，从而使得机密数据被泄露。另外，数据大量集中存储于磁、光介质中，一旦发生火灾、水灾、被盗之类的事件，就可能使全部数据丢失或者毁损；同时磁、光介质对环境的要求较高，不仅要防水、防火，还要防尘、防磁，而且对温度还有一定的要求，从而增加了数据的脆弱性。

（3）对不合理的业务缺乏识别能力。尽管计算机运行速度快、精度高，但以其代替人的手工操作的同时也使系统丧失了人类所具有的对不合逻辑、不合理的及例外事项的判断和处理能力，因此要求在数据处理过程中增加多种检查控制。

（4）输入差错的严重性。在信息处理过程中，“垃圾进、垃圾出”，即如果输入数据出错，以后的处理环节再正确，也只能输出错误信息。信息系统处理的高速性和集中化，都使这一问题更加突出。另外，信息系统的输入过程较手工系统多了一道程序，即需将人类可读数据转换为机器可读的代码形式，这一环节无论采用联机系统还是采用批处理系统都可能产生一定错误，由此使信息系统输入方面的补偿控制更加必要。

（5）程序被非法调用篡改。计算机完全依靠程序进行操作。离开了程序，性能再好的计算机也像没有拐杖的盲人一样。对程序的控制这个在手工系统中不曾有的控制手段在信息系统中却至关重要。如果对任何人接近计算机系统缺乏控制，则未经授权的人员也可以上机操作，改动程序。同时，对于经批准接近系统的操作人员加以限制也非常重要。在历史上，无论国外还是国内，操作人员利用工作之便篡改程序达到非法目的的事件一直屡见不鲜。

三、信息系统内部控制的类型

信息系统的内部控制一般分为两类：一般控制和应用控制。它们均是计算机应用于信息系统所产生的特殊控制，用来预防、发现和纠正系统中所发生的错误、舞弊和故障，使系统能正常运行，是其提供可靠和及时的会计信息的重要保证。

（一）一般控制

一般控制是指对信息系统的研制开发、组织、鉴定、应用环境等进行的控制。一般控制所采用的控制措施普遍适用于某一单位的信息系统，同时为每一应用系统提供了环境。一般控制的强弱直接影响到每项计算机应用的成败，可以说，一般控制是应用控制的基础。一般性控制通常包括对数据中心操作、系统软件购买和维护、数据入口安全以及应用系统开发和维护控制。

1. 数据中心操作控制

这些控制包括工作设定和时间安排、操作员行为、后台支持和恢复程序以及或有事件或灾害补偿计划。在一个复杂陈旧的环境中，这些控制还涉及容量规划和资源分配与利用。在一个高科技环境中，工作时间安排是自动的，工作控制语言是在线的。储存管理工具自动将数据文件卸载到高速驱动器中，并期待下一项工作。移动网络超级用户不再需要手工记录控制台日志，因为它不是打印出来的，而是保持在系统中。在一个联合控制台上每秒钟闪现的几百条信息支持了众多的大型机。小型机则不用关照地日夜运转。

2. 系统软件购买和维护控制

这些控制包括对系统软件（操作系统、数据库管理系统、通信软件、安全软件）和系统工具（具有运行系统和支持应用系统的功能）的有效采购、运行和维护。作为系统活动的主要指导者，系统软件也提供系统日志、追踪和监督功能。系统软件可以报告应用工具的使用，因此如果有人使用强大的数据修改功能，至少它们的使用情况被记录下来并形成报告供复核之用。

3. 数据入口安全控制

随着通信网络的成长，这类控制日益重要。有效的数据入口安全控制能保护系统，防止不当进入系统的非法授权使用。如果设计良好，还能拦截黑客和其他侵犯者。充分的数据入口控制措施，如经常更换拨号数字，或运用回拨（该系统让潜在用户返回授权数字，而非允许直接进入系统一），可以有效防止非授权的进入。数据入口安全控制将授权用户限制在其工作必需的应用系统或应用功能中，支持适当的职责分工。对允许或限制进入的用户界面应经常及时查看。前任或不满的员工相对黑客可能更加危险；终端员工密码和用户代码应立即改变。通过防止非授权使用和更改系统，数据和程序的完整性得以保护。

4. 应用系统开发和维护控制

应用系统的开发和维护对多数企业而言一度是高成本领域。全部成本包括管理信息系统资源、所需的时间、人们完成任务所需的技巧以及所需的硬件和软件等。为了控制这些成本，许多企业形成一定形式的系统开发方法论。它提供了系统设计和运用的结构，概述了特定的阶段，将需求文件化，通过设定批准和核对点来控制项目的开发或维护。该方法论应提供有关系统需求变更的适当控制，这可能包括对需求变更的必要授权、对变更的检查、批准、结果测试和实施草案，以保证正确地实施变化。系统内部开发的另一选择是使用软件包，这一方法日渐流行。销售商提供灵活性的、集成的系统，允许通过利用系统的嵌入式选择为客户量身定制。很多系统开发方法将购买软件包视作一种开发的可选方案，并包括必要的步骤以提供有关选择和实施流程的控制。

（二）应用控制

应用控制是指对信息系统中具体的数据处理功能的控制。应用控制具有特殊性，不同的应用系统有不同的处理方式和处理环节，因而有不同的控制问题和控制要求。应用控制被设计用于控制应用过程，协助保证交易处理的完整性、准确性和有效性，包括：

（1）输入控制；

（2）处理控制；

（3）输出结果控制。

其中特别需要注意的是，应用系统的有关接口，因其常与其他系统相连，而这些系统也需要控制，以保证所有用于处理的信息适当地输入和输出。

计算机对控制的一个最有意义的贡献就是其防止错误进入系统的能力，以及一旦错误存在，及时加以发现和改正的能力。鉴于此，许多应用控制依赖于计算机的编辑核对功能。这包括数据的格式、存在性、合理性和其他检查，这些功能在开发应用系统时已经内置其中。如果这些系统的数据检查功能设计正确，它们就能在数据录入系统时协助提供控制。

（三）一般控制和应用控制之间的关系

一般控制用于支持应用控制的功能，两者都用于保证信息处理过程的完整性和准确性。一般控制用于保证建立在计算机程序基础上的应用控制得以实施。例如应用控制，如计算机匹配和编辑检查功能对数据的在线录入进行测试。当数据不匹配或格式错误时，它们可以提供及时的反馈，以便做出修改。它们显示出错信息，说明数据哪里出错，或编制例外事项报告以便进行跟踪。如果没有充分的一般控制，也就不可能依赖应用控制，因为应用控制的前提是假设系统本身运行良好，与正确的文件相匹配，或者所提供的出错信息准确反映了问题所在，或者在例外事项报告中包括了所有的意外。

另一个表明需要在应用控制和一般控制之间寻求平衡的例子是完整控制，它通常在某类涉及预先编号文件的交易中使用。这些通常是内部产生的文件，如采购订单就运用了预先编号的形式。复印件将被标出或不能被接受。为了使这种控制有效，按照其设计，系统将拒绝不正确的事项或对之悬而不决，而用户则得到一个列示所有丢失的、复制的和范围之外事项的报告。那么，那些需要依靠报告内容进行追踪调查的人，怎能知道报告中所有应该列示的项目都已经如实列示了呢？答案就是一般控制。对系统开发的控制要求对应用程序进行仔细的复核和测试，以保证报告程序具有严密的逻辑性，以及测试确定所有的例外事项得到报告。为了提供应用程序执行之后的控制，数据入口安全控制、应用系统开发和维护控制保证了应用程序没有遭受非法进入或修改，而是得到了所需的授权修改。数据中心操作控制、系统软件购买和维护控制保证了文件的正确运用和适当更新。

第二节　内控措施

一、信息系统岗位职责的内部控制

（一）信息系统岗位职责的控制目标

（1）建立明晰的、灵活的、响应及时的信息系统组织架构，并为每个岗位准确定义职责，为信息系统工作提供有效的组织保证。

（2）信息系统部门和最终用户部门应有充分的职责分离，包括部门之间及各部门内部，以提高在日常工作中及时发现信息系统错误的可能性。

（二）信息系统岗位职责的主要风险点

（1）信息系统部门的组织模式不合理，如权力的集中度与分散度不平衡，可能无法有效调动各方面积极性，及时响应信息系统运行需求。

（2）信息系统组织层级过多，汇报关系过于复杂，可能导致各层管理者之间沟通不畅，影响信息系统建设与维护效率。

（3）信息系统组织内部角色和职责定义不清，存在重叠或空白，可能造成推诿扯皮现象，影响信息系统团队的合作。

（4）信息系统部门和最终用户部门未实现充分的职责分离，可能无法及时发现工作中发生的错误与舞弊问题。

（三）信息系统岗位职责的关键控制点

1．信息系统岗位职责的总体要求

信息系统岗位职责不仅涉及信息技术部门，还有企业管理层以及相关财务、人力资源等支持部门的职责与定位。总体结构关系如图 24-1 所示。

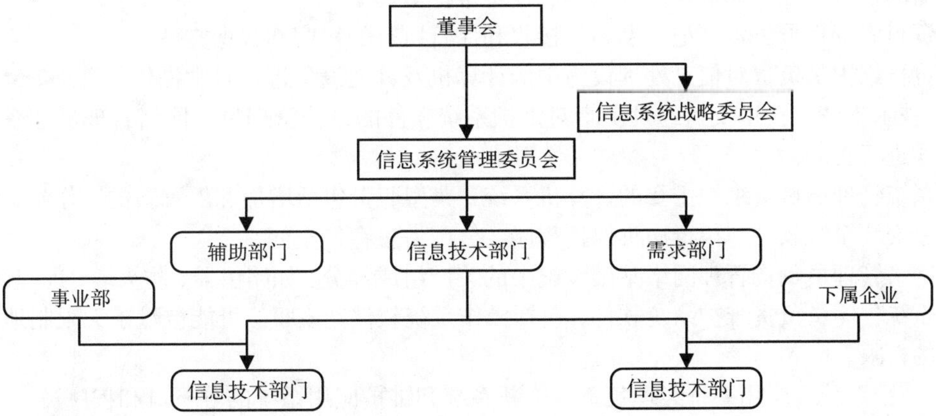

图 24-1　信息系统岗位职责总体关系

（1）信息系统战略委员会。信息系统战略委员会由董事会成员及外部专家组成，负责在信息系统战略目标、预算以及业务匹配等方面提供建议，对信息系统战略管理进行指导，确保信息技术成为董事会会议日程的常规内容之一，并通过结构化的方式得到处理。信息系统战略委员会不承担董事会的治理义务，不能做出最终决策，同时也不能参与企业的日常管理，只是作为提议者向董事会和管理层提供信息系统建议。

（2）信息系统管理委员会。信息系统管理委员会是由企业各部门主管及相关人员组成的高层管理团体，他们定期沟通交流，就以下问题做出决策：

1）根据实施情况复查信息系统战略，保证信息系统与企业方面的一致性。

2）根据信息系统整体战略规划和需求管理原则，管理项目组合，划分项目优先级。

3）审查预算提议，控制和批准信息系统部门权限以外的资本支出。

4）审查所有业务部门与所有外包商的合作。

5）进行项目实施后评价和信息系统绩效评价。

（3）信息技术部门。信息技术部门包括运行管理、技术支持、应用系统、质量与安全、数据管理和用户服务等六大职能，每个职能下又分设不同的岗位以分解并实现工作任务与目标，如图 24-2 所示。

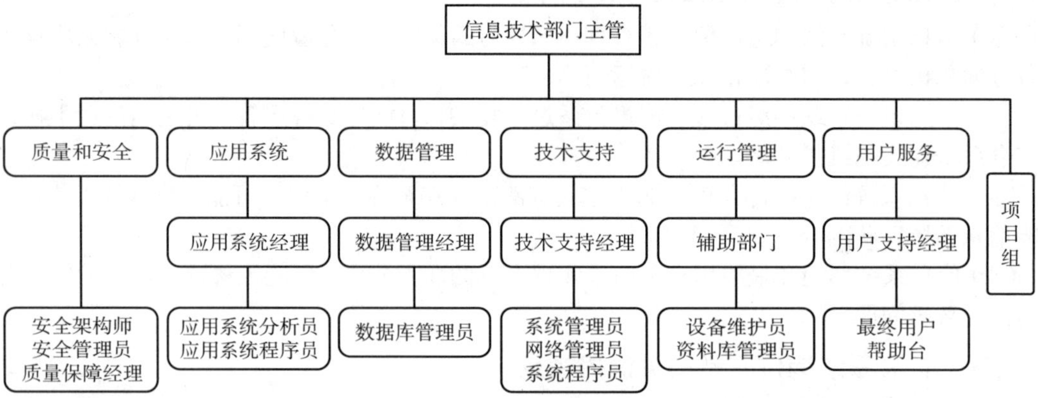

图 24-2 信息技术部门职责

1）运行管理。运行管理经理负责计算机操作人员的管理，包括准确有效地运行信息处理设施所需的所有员工，如资料库管理员和设备维护员。

①资料库管理员负责登记、发布、接收和保管所有的程序和数据文件。

②设备维护员负责对信息处理设施中的计算机及其他设备进行日常操作与管理。

2）技术支持。技术支持经理负责对维护系统软件的系统管理员、网络管理员和系统程序员的工作进行管理。

①系统管理员负责维护主要的计算机系统，典型职责包括增加和配置新的工作站、设置用户账号、安装系统软件、执行病毒保护程序、分配海量存储空间。

②网络管理员负责管理网络基础设施中的关键组成部分，如路由器、防火墙、远程访问等。

③系统程序员负责维护系统软件，包括操作系统软件。该职位可能被赋予无限制地访问整个系统的权限。

3）应用系统。应用系统经理负责实施新系统和维护应用系统的分析员和程序员。

①应用系统分析员在系统开发的初始阶段参与工作，了解用户的需求，开发需求和功能定义，制定高级设计文档。

②应用系统程序员负责开发新系统和维护生产中使用的系统。

4）质量与安全

安全管理员的职责通常包括：

①维护对数据和其他信息系统资料的访问规则。

②在分配和维护授权用户 ID 和口令时，保护其安全性和保密性。

③监测违反安全规定的行为并采取纠正行动。

④定期审查和评估安全政策并向管理层提出必要的修改意见。

⑤计划并推动面向所有员工的安全知识宣讲活动并进行监督。

⑥测试安全架构，评价安全的健全性，发现可能的威胁。

安全架构师负责评价安全技术、设计物理防护边界、访问控制、用户身份识别等安全措施，并建立安全政策和安全需求。质量保障经理负责在所有的信息技术领域协调和推动质量管理活动。

5）数据管理。数据管理经理负责数据资产管理和大型信息系统环境下的数据结构设计。数据库管理员负责定义和维护企业数据库系统的数据结构，主要职责包括：确定面向计算机的物理数据定义；调整物理数据定义，以优化性能；选择和使用数据库优化工具；测试和评估程序员的操作和优化工作的使用；回答程序员的咨询，培训程序员数据库结构方面的知识；实施数据库定义控制、访问控制、更新控制和并发控制；监测数据库的使用、收集运行统计数据和调整数据库；定义和启动备份和恢复程序。

6）用户服务。用户支持经理负责联系信息系统部门和最终用户。

①最终用户负责业务应用系统的具体操作，是产品和服务的最终使用者。

②帮助台负责帮助用户使用应用系统和改善软件及信息处理设施，主要包括：替用户采购硬件和软件等；帮助用户解决硬件和软件困难；培训用户使用硬件、软件和数据库；回答用户的问询；监督技术开发和通知用户与其有关的进展；确定与生产系统有关的问题来源并启动更正行动；通知用户可能影响其硬件、软件升级安装的硬件、软件或数据库问题；启动提高效率的变更。

2. 信息系统岗位的职责分离（见表 24-1）

表 24-1 信息系统岗位的职责分离

	控制组	系统分析员	应用程序员	帮助台和支持经理	最终用户	数据录入员	计算机操作员	数据库管理员	网络管理员	系统管理员	安全管理员	系统程序员	质量保证人员
控制组	■	×	×	×		×	×	×	×	×		×	
系统分析员	×	■		×	×		×				×		×
应用程序员	×	×	■	×	×	×	×	×	×	×	×	×	×
帮助台和支持经理	×	×	×	■	×	×		×	×	×		×	
最终用户			×	×	■		×	×	×			×	×
数据录入员	×	×	×	×		■	×	×	×	×	×	×	
计算机操作员	×		×	×	×	×	■	×	×	×	×	×	
数据库管理员	×		×	×	×	×	×	■	×	×		×	
网络管理员	×		×	×	×	×	×	×	■				

续表

	控制组	系统分析员	应用程序员	帮助台和支持经理	最终用户	数据录入员	计算机操作员	数据库管理员	网络管理员	系统管理员	安全管理员	系统程序员	质量保证人员
系统管理员	×		×	×		×	×	×		■		×	
安全管理员		×	×			×	×				■	×	
系统程序员	×		×	×	×	×	×	×		×	×	■	×
质量保证人员		×	×		×							×	■

注：×表示职能合并可能会产生潜在的控制风险。

以上职责分离并不是一个行业标准，在使用时不要绝对化。由于各企业的规模大小及人员配备情况不同，职责分离程度也会不同。

3. 补偿控制

由于资源限制等原因，企业可合并部分的分离职责，但同时必须建立补偿控制来减轻因缺乏职责分离造成的风险。补偿性措施包括但不限于以下内容。

（1）审计踪迹。审计踪迹是所有设计优良的系统的基本组成部分，它通过提供追踪线索来帮助信息技术部门、用户部门和审计师跟踪信息处理的来龙去脉。

（2）核对。以绝大多数情况下，核对是用户的责任。同时，应用程序可以通过控制总计和平衡表来完成有限的核对工作。这种验证增加了信息系统成功运行的置信度。

（3）监督性审核和独立性审核。可以通过现场观察和问询来执行监督性审核和独立性审核，可以在一定程度上防止因缺乏职责分离造成的错误与舞弊问题。

（4）例外报告。对于在核对、审核及日常运行中发现的特殊事项，应及时形成例外报告并上报有关主管领导。例外报告需要及时处理，并且需要留有处理痕迹。

二、信息系统开发的内部控制

（一）信息系统开发的战略规划

信息系统开发的战略规划是信息化建设的起点，战略规划是以企业发展战略为依据制定的企业信息化建设的全局性、长期性规划。该环节的主要风险是：

（1）缺乏战略规划或规划不合理，可能造成信息孤岛或重复建设，导致企业经营管理效率低下。

（2）没有将信息化与企业业务需求相结合，降低了信息系统的应用价值。

企业应当根据信息系统建设整体规划提出项目建设方案，明确建设目标、人员配备、职责分工、经费保障和进度安排等相关内容，按照规定的权限和程序审批后实施。

企业信息系统归口管理部门应当组织内部各单位提出开发需求和关键控制点，规范开发流程，明确系统设计、编程、安装调试、验收、上线等全过程的管理要求，严格按照建设方案、开发流程和相关要求组织开发工作。

企业的信息系统开发战略规划和中长期发展计划，应在每年制定经营计划的同时制定年度信息系统建设计划目标，促进经营管理活动与信息系统的协调统一。企业在制定信息化战略过程中，要充分调动和发挥信息系统归口管理部门与业务部门的积极性，使各部门广泛参与，充分沟通，提高战略规划的科学性、前瞻性和适应性。信息系统战略规划要与企业的组织架构、业务范围、地域分布、技术能力等相匹配，避免相互脱节。

（二）信息系统开发方式的选择

信息系统的开发建设是信息系统生命周期中技术难度最大的环节。在开发建设环节，要将企业的业务流程、内控措施、权限配置、预警指标、核算方法等固化到信息系统中，因此开发建设的好坏直接影响信息系统的成败。

企业开发新型系统，可以采取自行开发、外购调试、业务外包等方式。选定外购调试或业务外包方式的，应当采用公开招标等形式择优确定供应商和开发单位。

各种开发方式有各自的优缺点和适用条件，企业应根据自身情况合理选择。

1. 自行开发

自行开发是指企业依托自身力量完成整个开发过程。其优点是：开发人员熟悉企业情况，可以较好地满足本企业的需求，尤其是具有特殊性的业务需求；通过自行开发，还可以培养锻炼自己的开发队伍，便于后期的运行和维护。其缺点是：开发周期较长；技术水平和规范程度较难保证，成功率相对较低。因此，自行开发方式的适用条件通常是企业自身技术力量雄厚，而且市场上没有能够满足企业需求的成熟的商品化软件和解决方案。例如，百度的搜索引擎系统就偏重于自行开发。

2. 外购调试

外购调试的基本做法是企业购买成熟的商品化软件，通过参数配置和二次开发满足企业需求。其优点是：开发建设周期短；成功率较高；成熟的商品化软件质量稳定、可靠性高；专业的软件提供商经验丰富。其缺点是：难以满足企业的特殊需求；系统的后期升级进度受制于商品化软件供应商产品更新换代的速度；企业自主权不强，较为被动。外购调试方式的适用条件通常是企业的特殊需求较少，市场上已有成熟的商品化软件和系统实施方案。例如，大部分企业的财务管理系统、ERP 系统、人力资源管理系统等多采用外购调试方式。

3. 业务外包

业务外包是指委托其他单位开发信息系统，基本做法是企业将信息系统开发项目外包出去，由专业企业或科研机构负责开发、安装实施，由企业直接使用。其优点是：企业可以充分利用专业企业的专业优势，量体裁衣，构建全面、高效满足企业需求的个性化系统；企业不必培养、维持庞大的开发队伍，相应节约了人力资源成本。其缺点是：沟通成本高，系统开发方难以深刻理解企业需求，可能导致开发出的信息系统与企业的期望产生较大偏差；同时，由于外包信息系统与系统开发方的专业技能、职业道德和敬业精神存在密切关系，也要求企业必须加大对外包项目的监督力度。业务外包方式的适用条件通常是市场上没有能够满足企业需求的成熟的商品化软件和解决方案，企业自身技术力量薄弱或出于成本效益原则考虑不愿意维持庞大的开发队伍。

（三）自行开发方式管控措施

虽然信息系统的开发方式有多种，但基本流程大体相似，通常包含项目计划、需求分析、系统设计、编程和测试、项目管理与验收测试、上线等环节。

企业开发信息系统，应当将生产经营管理业务流程、关键控制点和处理规划嵌入系统程序，实现手工环境下难以实现的控制功能。

1. 项目计划环节

战略规划通常将完整的信息系统分成若干子系统，并分阶段建设不同的子系统。例如，制造企业可以将信息系统划分为财务管理系统、人力资源管理系统、MRP 系统（销售、采购、库存、生产）、计算机辅助设计和制造系统、客户关系系统、电子商务系统等若干子系统。项目就是指本阶段需要建设的相对独立的一个或多个子系统。

项目计划通常包括项目范围说明、项目进度计划、项目质量计划、项目资源计划、项目沟通计划、风险对策计划、项目采购计划、需求变更控制、配置管理计划等内容。项目计划不是完全静止、一成不变的。在项目启动阶段，可以先制定一个较为原则性的项目计划，确定项目主要内容和重大事项，然后根据项目的大小和性质以及项目进展情况进行调整、充实和完善。

项目计划环节的主要风险是：信息系统建设缺乏项目计划或者计划不当，导致项目进度滞后、费用超支、质量低下。

主要控制措施：

（1）企业应当根据信息系统建设整体规划提出分阶段项目的建设方案，明确建设目标、人员配备、职责分工、经费保障和进度安排等相关内容，按照规定的权限和程序审批后实施。

（2）企业可以采用标准的项目管理软件（如 Office Project）制订项目计划，并加以跟踪。在关键环节进行阶段性评审，以保证过程可控。

（3）项目关键环节编制的文档应参照《计算机软件产品开发文件编制指南》等相关国家标准和行业标准进行，以提高项目计划编制水平。

2. 需求分析环节

企业在系统开发过程中应当按照不同业务的控制要求，通过信息系统中的权限管理功能控制用户的操作权限，避免将不相容职务的处理权限授予同一用户。

需求分析的目的是明确信息系统需要实现哪些功能。该项工作是系统分析人员和用户单位的管理人员、业务人员在深入调查的基础上，详细描述业务活动涉及的各项工作以及用户的各种需求，从而建立未来目标系统的逻辑模型。

需求分析环节的主要风险是：

（1）需求本身不合理，对信息系统提出的功能、性能、安全性等方面的要求不符合业务处理和控制的需要。

（2）技术上不可行、经济上成本效益倒挂，或与国家有关法规制度存在冲突。

（3）需求文档表述不准确、不完整，未能真实全面地表达企业需求，存在表述缺失、表述不一致甚至表述错误等问题。

主要控制措施：

（1）信息系统归口管理部门应当组织企业内部各有关部门提出开发需求，加强系统分析人员和有关部门的管理人员、业务人员的交流，经综合分析提炼后形成合理的需求。

（2）编制表述清晰与表达准确的需求文档。需求文档是业务人员和技术人员共同理解信息系统的桥梁，必须准确表述系统建设的目标、功能和要求。企业应当采用标准建模语言（如 UML），综合运用多种建模工具和表现手段，参照《计算机软件产品开发文件编制指南》等相关标准，提高系统需求说明书的编写质量。

（3）企业应当建立健全需求评审和需求变更控制流程。依据需求文档进行设计（含需求变更设计）前，应当评审其可行性，由需求提出人和编制人签字确认，并经业务部门与信息系统归口管理部门负责人审批。

3. 系统设计环节

系统设计是根据系统需求分析环节所确定的目标系统逻辑模型，设计出一个能在企业特定的计算机和网络环境中实现的方案，即建立信息系统的物理模型。系统设计包括总体设计和详细设计。

总体设计的主要任务是：

（1）设计系统的模块结构，合理划分子系统边界和接口。

（2）选择系统实现的技术路线，确定系统的技术架构，明确系统重要组件的内容和行为特征，以及组件之间、组件与环境之间的接口关系。

（3）数据库设计，包括主要的数据库表结构设计、存储设计、数据权限和加密设计等。

（4）设计系统的网络拓扑结构、系统部署方式等。

详细设计的主要任务包括程序说明书编制、数据编码规范设计、输入输出界面设计等内容。

系统设计环节的主要风险是：

（1）设计方案不能完全满足用户需求，不能实现需求文档规定的目标。

（2）设计方案未能有效控制建设开发成本，不能保证建设质量和进度。

（3）设计方案不全面，导致后续变更频繁。

（4）设计方案没有考虑信息系统建成后对内部控制的影响，导致系统运行后衍生新的风险。

主要控制措施：

（1）系统设计负责部门应当就总体设计方案与业务部门进行沟通和讨论，说明方案对用户需求的覆盖情况；存在备选方案的，应当详细说明各方案在成本、建设时间和用户需求响应上的差异；信息系统归口管理部门和业务部门应当对选定的设计方案予以书面确认。

（2）企业应参照《计算机软件产品开发文件编制指南》等相关国家标准和行业标准，提高系统设计说明书的编写质量。

（3）企业应建立设计评审制度和设计变更控制流程。

（4）在系统设计时应当充分考虑信息系统建成后的控制环境，将生产经营管理业务流程、关键控制点和处理规程嵌入系统程序，实现手工环境下难以实现的控制功能。例如，对于某一财务软件，当输入支出凭证时，可以让计算机自动检查银行存款余额，防止透支。

（5）应充分考虑信息系统环境下的新的控制风险。例如，要通过信息系统中的权限管理功能控制用户的操作权限，避免将不相容职务的处理权限授予同一用户。

（6）应当针对不同的数据输入方式，强化对进入系统数据的检查和校验功能。例如，凭证的自动平衡校对。

（7）系统设计时应当考虑在信息系统中设置操作日志功能，确保操作的可审计性。对异常的或者违背内部控制要求的交易和数据，应当设计由系统自动报告并设置跟踪处理机制。

（8）预留必要的后台操作通道，对于必需的后台操作，应当加强管理，建立规范的操作流程，确保足够的日志记录，保证对后台操作的可监控性。

4. 编程和测试环节

编程阶段是将详细设计方案转换成某种计算机编程语言的过程。编程阶段完成之后，要进行测试，测试主要有以下目的：

（1）发现软件开发过程中的错误，分析错误的性质，确定错误的位置并予以纠正。

（2）通过某些系统测试，了解系统的响应时间、事务处理吞吐量、载荷能力、失效恢复能力以及系统实用性等指标，以便对整个系统做出综合评价。测试环节在系统开发中具有举足轻重的地位。

这一环节的主要风险是：

（1）编程结果与设计不符。

（2）各程序员编程风格差异大，程序可读性差，导致后期维护困难，维护成本高。

（3）缺乏有效的程序版本控制，导致重复修改或修改不一致等问题。

（4）测试不充分。单个模块正常运行但多个模块集成运行时出错，开发环境下测试正常而生产环境下运行出错，开发人员自测正常而业务部门用户使用时出错，导致系统上线后可能出现严重问题。

主要控制措施：

（1）项目组应建立并执行严格的代码复查评审制度。

（2）项目组应建立并执行统一的编程规范，在标识符命名、程序注释等方面统一风格。

（3）应使用版本控制软件系统，保证所有开发人员基于相同的组件环境开展项目工作，协调开发人员对程序的修改。

（4）应区分单元测试、组装测试（集成测试）、系统测试、验收测试等不同测试类型，建立严格的测试工作流程，提高最终用户在测试工作中的参与度，改进测试用例的编写质量，加强测试分析，尽量采用自动测试工具提高测试工作的质量和效率。

5. 项目管理与验收测试

企业信息系统归口管理部门应当加强信息系统开发过程的跟踪管理，组织开发单位与内部各单位的日常沟通和协调，督促开发单位按照建设方案、计划进度和质量要求完成编程工作，对配备的硬件设备和系统软件进行检查验收、组织系统上线运行等。

企业信息系统归口管理部门职责有两项：

（1）加强信息系统开发全过程的跟踪管理，即对前期、过程与结果的管理。

（2）全面履行五方面（计划、组织、领导、协调、控制）职能。督促开发单位按照建设方案、计划及质量要求进行，并负责组织上线运行。

企业应当组织独立于开发单位的专业机构对开发完成的信息系统进行验收测试，确保在功能、性能、控制要求和安全性等方面符合开发需求。

验收测试是系统运行前的最后一个测试操作。验收测试的目的是确保系统准备就绪，并且可以让企业将其用于执行软件的既定功能和任务，验收测试合格，表明系统能够按照预定的要求工作。经集成测试后，表明已经按照设计把所有的模块组装成一个完整的系统，接口错误基本排除。测试内容通常包括安装（升级）、启动与关机，功能测试（正例、重要算法、边界、时序、反例、错误处理）、性能测试（正常的负载、容量变化）、压力测试（临界的负载、容量变化）、配置测试、平台测试、安全性测试、恢复测试（在出现掉电、硬件故障或切换、网络故障等情况时，系统是否能够正常运行）、可靠性测试等。

6. 上线环节

系统上线是将开发出的系统（可执行的程序和关联的数据）部署到实际运行的计算机环境中，使信息系统按照既定的用户需求来运转，切实发挥信息系统的作用。

这一环节的主要风险是：

（1）缺乏完整可行的上线计划，导致系统上线混乱无序。

（2）人员培训不足，不能正确使用系统，导致业务处理错误，或者未能充分利用系统功能，导致开发成本浪费。

（3）上线初始数据准备设置不合格，导致新旧系统数据不一致、业务处理错误。

主要控制措施：

（1）企业应当切实做好信息系统上线的各项准备工作，培训业务操作和系统管理人员，制订科学的上线计划和新旧系统转换方案，考虑应急预案。

（2）涉及新旧系统切换的，确保新旧系统顺利切换和平稳衔接。

（3）系统上线涉及数据迁移的，还应制订详细的数据迁移计划。

对迁移结果进行测试，用户部门应当参与数据迁移过程，对迁移前后的数据予以书面确认。

（四）其他开发方式的关键控制点和主要控制措施

其他开发方式有业务外包和外购调试，在这两种方式下企业对系统设计、编程、测试环节的参与程度明显低于自行开发方式，因此可以适当简化相应的风险控制措施，但同时也因开发方式的差异产生一些新的风险，需要采取有针对性的控制措施。

1. 业务外包方式的关键控制点和主要控制措施

（1）选择外包服务商。这一环节的主要风险是：由于企业与外包服务商之间本质上是一种委托代理关系，合作双方的信息不对称容易诱发道德风险，外包服务商可能会实施损害企业利益的自利行为，如偷工减料、放松管理、信息泄密等。

主要控制措施：

1）企业在选择外包服务商时要充分考虑服务商的市场信誉、资质条件、财务状况、服务能力、对本企业业务的熟悉程度、既往承包服务成功案例等因素，对外包服务商进行严格筛选。

2）企业可以借助外包业界基准来判断外包服务商的综合实力。

3）企业要严格外包服务审批及管控流程，对信息系统外包业务，原则上应采用公开招标等形式选择外包服务商，并实行集体决策审批。

（2）签订外包合同。这一环节的主要风险是：合同条款不准确、不完善，可能导致企业的正当权益无法得到有效保障。

主要控制措施：

1）企业在与外包服务商签约之前，应针对外包可能出现的各种风险损失，恰当拟定合同条款，对涉及的工作目标、合作范畴、责任划分、所有权归属、付款方式、违约赔偿及合同期限等问题做出详细说明，并由法律部门或法律顾问审查把关。

2）开发过程中涉及商业秘密、敏感数据的，企业应当与外包服务商签订详细的“保密协定”，以保证数据安全。

3）在合同中约定付款事宜时，应当选择分期付款方式，尾款应当在系统运行一段时间并经评估验收后再支付。

4）应在合同条款中明确要求外包服务商保持专业技术服务团队的稳定性。

（3）持续跟踪评价外包服务商的服务过程。这一环节的主要风险是：企业缺乏外包服务跟踪评价机制或跟踪评价不到位，可能导致外包服务质量水平不能满足企业信息系统开发需求。

主要控制措施：

1）企业应当规范外包服务评价工作流程，明确相关部门的职责权限，建立外包服务质量考核评价指标体系，定期对外包服务商进行考评，并公布服务周期的评估结果，实现外包服务水平的跟踪评价。

2）必要时，可以引入监理机制，降低外包服务风险。

2. 外购调试方式的关键控制点和主要控制措施

在外购调试方式下，一方面，企业面临与业务外包方式类似的问题，企业要选择软件产品的供应商和服务供应商、签订合同、跟踪服务质量，因此，企业可采用与业务外包方式类似的控制措施；另一方面，外购调试方式有其特殊之处，企业要有针对性地强化某些控制措施。

（1）软件产品选型和供应商选择

在外购调试方式下，软件供应商的选择与软件产品的选型是密切相关的。这一环节的主要风险是：

1）软件产品选型不当，产品在功能、性能、易用性等方面无法满足企业需求。

2）软件供应商选择不当，产品的支持服务能力不足，产品的后续升级缺乏保障。

主要控制措施：

1）企业应明确自身需求，对比分析市场上的成熟软件产品，合理选择软件产品的模块组合和版本。

2）企业在软件产品选型时应广泛听取行业专家的意见。

3）企业在选择软件产品和服务供应商时，不仅要评价其现有产品的功能、性能，还要考察其服务支持能力和后续产品的升级能力。

（2）服务提供商选择。大型企业管理信息系统（如 ERP 系统）的外购实施，不仅需要选择合适的软件供应商和软件产品，也需要选择合适的咨询企业等服务提供商，指导企业将通用软件产品与本企业的实际情况有机结合。这一环节的主要风险是：服务提供商选择不当，削弱了外购软件产品的功能发挥，导致无法有效满足用户需求。

主要控制措施：在选择服务提供商时，不仅要考核其对软件产品的熟悉、理解程度，也要考核其是否深刻理解企业所处行业的特点、是否理解企业的个性化需求、是否有过相同或相近的成功案例。

三、信息系统运行维护的内部控制

（一）信息系统运行维护的控制目标

（1）保证信息系统的正常、可靠、安全地运行，充分发挥信息系统的作用。

（2）不断完善系统，延长系统的生命周期，增强系统的生命力。

（3）保证符合国家及监管部门有关信息系统运行维护的法律法规要求。

（二）信息系统运行维护的主要风险点

（1）信息系统响应时间和停机时间过长，其性能和容量无法满足业务需求，可能影响企业生产经营活动的效率，降低企业竞争力。

（2）信息从灾难中恢复时间过长，或者无法恢复，使信息系统服务中断，可能影响企业生产经营活动的正常运行。

（3）信息系统安全管理技术与制度不健全，可能将信息资产的脆弱性暴露在危险境地，给企业带来无法挽回的损失。

（4）运行维护遇到的事件、问题无法在规定时间内得到有效解决，影响信息系统的有效运行，可使企业相关业务无法正常开展。

（5）缺乏一个准确而全面的配置库，无法确保硬件和软件配置信息的完整性，可能导致信息系统维护工作无序、低效。

（三）信息系统运行维护的关键控制点

1.运行管理的关键控制点

运行管理主要是运营部门的职责，主要包括：利用操作规程有效管理信息的有效性输入、敏感输出信息的保护、基础设施的性能监控，以及确保硬件的预防性维护；制定、实施和维护信息系统运营流程，确保全体运营人员熟悉与其相关的运营任务；制定和实施对信息系统基础设施和相关事件进行监控的流程，确保运营日志中记载了充分的按时间发生顺序排列的信息，以便运营以及与运营活动相关的时间顺序能够重建、审查和测试；建立适当的物理安全设施、会计核算和库存管理手段对信息系统敏感资产进行管理，如专用表格、流通票据、特别目的的打印机和安全令牌；制定和实施确保基础设施得到及时维护的流程，减小硬件失效或性能下降的频率和影响。

2. 事件管理的关键控制点

为及时有效地响应信息系统用户的查询和问题，需要一个精心设计和有效执行事件的管理的流程。这个流程包括设定服务台的功能，用来登记、处理事件升级、进行趋势和根本原因分析，以及提供解决方案。该项工作主要由信息技术部门下设的服务台及其支持部门负责。信息系统事件管理流程如图 24-3 所示。

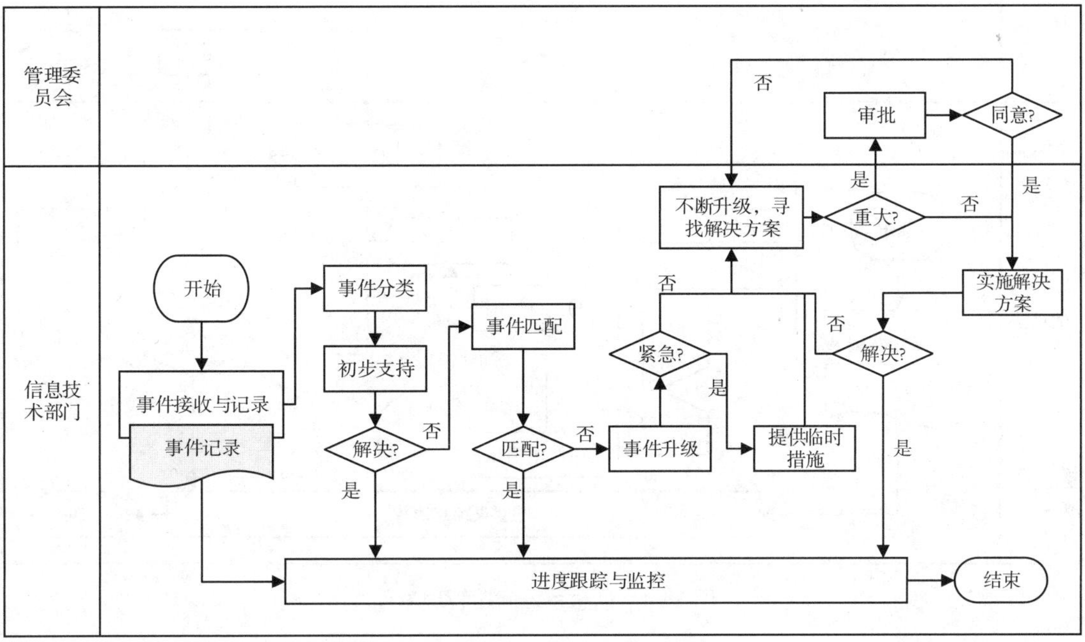

图 24-3　信息系统事件管理流程

信息技术部门接收和记录呼叫、服务请求和信息需求等事件，按照事件类型及优先级进行分类，提供初步技术服务支持和进行事件匹配。如果事件不能得到解决，按照事件升级程序适当地逐步升级，寻找解决方案。当发生不能立即解决的紧急事件时，应该提供合适的临时解决方法。确定事件解决方案后，依据审批权限进行报批后实施，事件或解决方案对信息系统影响重大，则需上报管理委员会审批。确保事件处理一直处于监控之中，记录了事件处理的步骤，包括未解决的事件（已知错误和临时解决方法），为其他管理团队提供信息，并且在需要的地方传递给适当的管理团队，实现与问题管理和容量管理等流程一起紧密工作。

3. 问题管理的关键控制点

有效的问题管理需要识别和分类问题，分析问题根本原因并解决问题，制定改进建议以及维护问题记录和审阅纠正操作状态，从而改进服务水平，减少成本和改进客户方便性和满意度。该工作由信息技术部门负责。信息系统问题管理流程如图 24-4 所示。

信息技术部门有团队执行流程来识别、记录和分类存在的问题，确定种类、影响、紧急程度和优先级，然后将问题正确地分类到相关的组或域（如硬件、软件、支持软件）进行调查和诊断，查找根本原因。其次进行问题评估，分析原因和影响，识别可以接受的解决方案。确定解决方案后，依据审批权限进行报批后实施，问题或解决方案对信息系统影响重大，则需上报管理委员会审批。在影响变得紧急情况下，问题管理应该升级该问题，可能将它提交给一个适当的委员会来提高问题的优先级或者执行一个适当的紧急处理。在证实成功排除已知错误后，或者在与业务部门对如何处理问题达成一致后，引入适当的程序来关闭问题记录。

在整个解决流程中，部门负责人应获得问题和错误处理进程的定期报告，应该监控问题和已知错误对用户服务的持续影响，确保问题管理系统提供了足够的审计追踪工具，以跟踪、分析和确定所有下述报告问题：所有关联的配置项、未解决的问题和事件、已知的和可疑的错误、问题趋势跟踪。

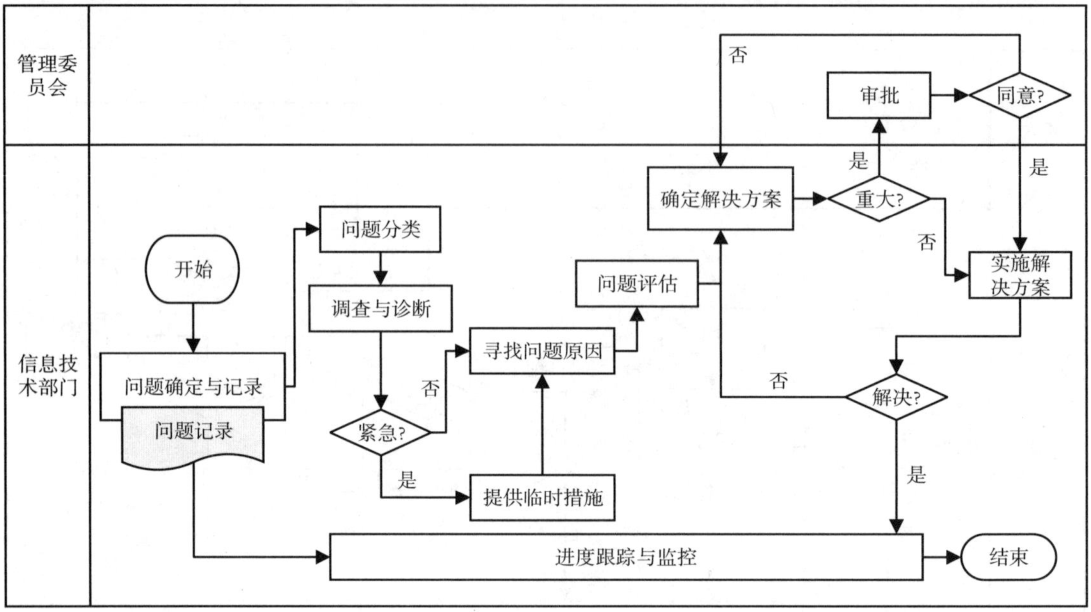

图 24-4　信息系统问题管理流程

4. 配置管理的关键控制点

一个准确和全面的配置库包括硬件和软件完整的配置信息，有利于促进更高的系统可用性、生产问题最小化和更快地解决问题。配置管理包括收集初始配置信息、建立基线、验证和审计配置信息，并在需要的时候更新配置库。该项工作由信息技术部门负责。信息系统配置管理流程如图 24-5 所示。

信息技术部门建立一个支持工具和中心配置库，以便包含配置项中的所有硬件和软件的相关信息，包括基础设施组件及其相互关系、所有人或负责人及可用的文档等方面的信息，包括配置项在其生命周期内所处的状态（如开发中、测试中、库存中、使用中及停止使用）及相关历史信息。建立配置程序以支持对配置库的所有改变的管理和记录，保证配置数据处于不断更新中，保证只有经过授权和确认的配置项才能记录和保存在数据库中。首先，运维等归口管理部门提出变更申请，经本部门负责人审批后上报信息技术部门。信息技术部门识别申请更新的数据，确定是否需要纳入配置管理的控制范围，并审核配置项属性的详细程度（包括深度和广度），包括配置项之间的关系，是否符合配置库管理系统的要求。之后报部门负责人审批，确保只有经过批准并包括在产品目录中以后才能被记录；实施变更，并根据需求设置配置基线，作为开发和测试新配置的起点，作为新配置存在问题时的备用配置。

同时，将这些程序与变更管理、事件管理和问题管理程序集成，以监控和记录所有的资产和资产的变更；定期检查配置数据以便检验和确认当前和历史配置的完整性。参照软件使用政策定期检查已安装的软件，以识别私自安装的、没有许可证的或者任何超出当前许可协议的软件的事例；并将上述监控中发现的问题及时报告、应对并纠正错误和偏差。

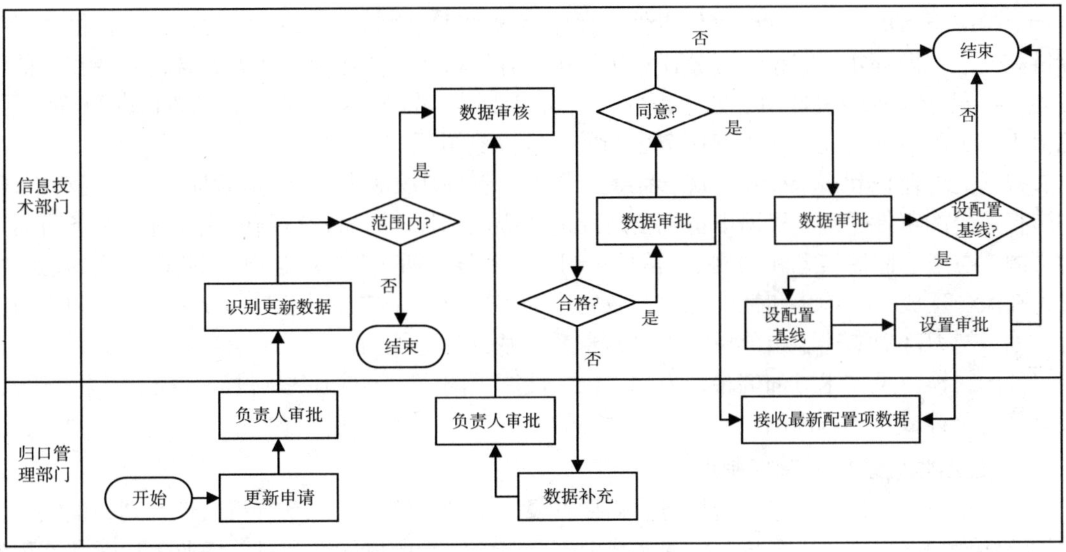

图 24-5　信息系统配置管理流程

5. 性能和容量管理的关键控制点

性能和容量管理是基于工作负载、储存需求和例外需求来预测未来需求的，必须有一个定期检查当前 IT 资源的性能和容量的流程，为支持业务需求的信息资源持续可用提供保证。性能和容量管理由信息技术部门负责。信息系统性能和容量管理流程如图 24-6 所示。

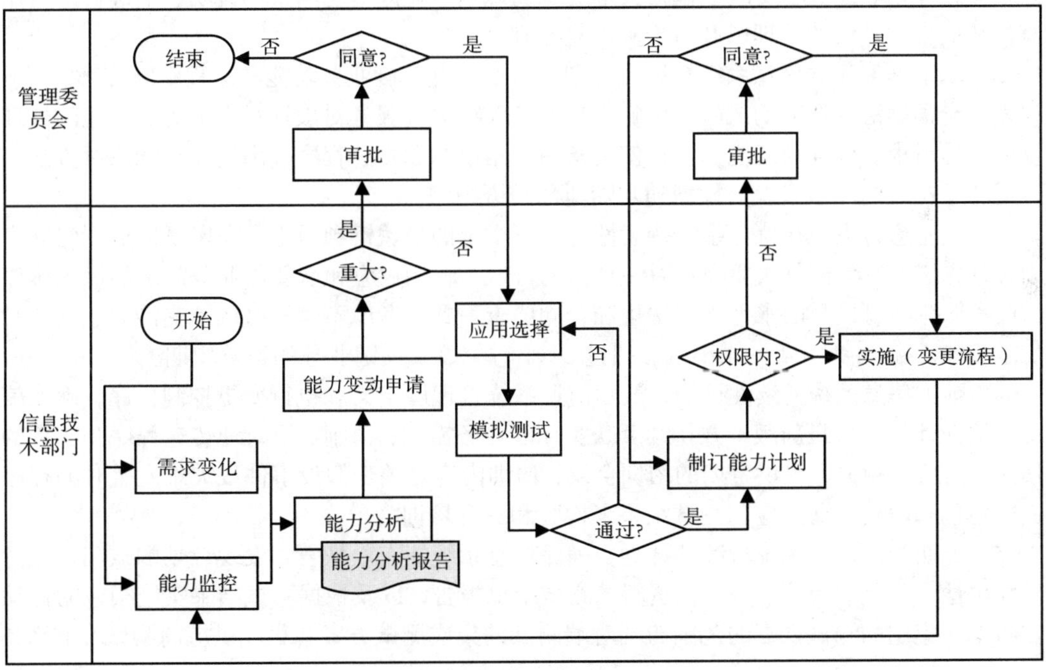

图 24-6　信息系统性能和容量管理流程

信息技术部门持续地监控基础设施组件的满足需求的能力，如 CPU 利用率、磁盘利用率、网络利用率等，对由监控得到的监控数据进行分析，预计未来增加的潜在瓶颈；定期进行信息系统资源的性能和容量预测，识别工作负载趋势和需求变化，为可能的重新部署识别出额外的容量。考虑正常的工作负载、突发事件、存储需求和 IT 资源的生命周期等因素，提供所需的容量和性能，做好如下安排：区分任务优先级、容错机制、资源分配实践，维持和调整当前的 IT 性能，处理诸如恢复能力、紧急事件、当前和计划工作负荷、存储计划和资源获得等问题，把由于容量不足和性能退化引起服务中断的风险降到最低程度。

根据能力监控和需求变化情况，信息技术部门定期组织能力分析，适时提出能力变动申请，并履行适当的审批手续。根据申请批复情况进行应用选择，考察运行新的或改进的服务所需要的资源；在考虑监控信息和预测数据的基础上，采用合适的模拟工具，预测基础设施的运行情况，确保合理成本的容量和性能能够有效完成的工作负载。综合以上工作成果，制订和实施能力计划。能力计划描述了当前及未来对信息系统基础设施能力的需求、信息系统服务需求、过期组件的替换以及技术方面的最新发展，包括性能预测、升级点、基础设施升级（资本、运营、人员）的预计成本等方面的信息。

6. 连续性管理的关键控制点

为了提供持续性的信息系统服务，需要开发、维护和测试信息系统持续性计划，提供定期的持续性计划的培训，从而最大限度地减少主要服务中断的可能性和对关键业务功能和流程的影响。该项工作由信息技术部门负责。

（1）建立一个信息系统持续性框架，使用一致的流程支持企业级的业务持续性管理。框架的目标应当是辅助决定基础设施所需的恢复力和推动灾难恢复，以及信息系统应急计划的制订。框架应当说明持续性管理的组织架构，包括内外部服务提供者以及他们的管理者和客户的角色、任务和职责，以及计划流程。该流程建立规则和结构来记录、测试和执行灾难恢复和信息系统应急计划。该流程还应当包括关键资源的识别、关键影响因素的说明、关键资源可用性的监控和报告、替代的处理以及备份和恢复原则。

（2）基于框架建立信息系统持续性计划，旨在降低关键业务功能和流程中断带来的影响。该计划应当根据潜在业务的风险，明确所有信息系统关键服务对破坏承受能力、替代的处理和恢复能力的需求。该计划还应当包括使用指南、角色和职责、程序、沟通流程和测试方法。对于合适的经授权的团体来说，计划随时随地都是可用的。

（3）把注意力集中在信息系统持续性计划所指定的最关键项目上，在恢复情形下建立恢复能力和优先级。避免恢复次要项目对注意力的分散，确保响应和恢复与业务需求的优先排序一致，成本保持在可接受的水平并与法规和合同要求一致。考虑不同等级的承受能力、响应和恢复需求（如 1～4 小时、4～24 小时、超过 24 小时）以及关键业务的运营周期。

（4）维护信息系统持续性计划，鼓励信息系统管理层定义和执行变更控制程序，确保信息系统持续性计划保持最新版本并持续反映实际的业务需求；清晰、及时地传达程序和职责的变更信息；向所有相关方提供定期的培训会议，培训内容是关于假设事件或灾难发生时的程序和他们的角色和职责；通过应急测试结果来检验和提升培训。

（5）定期测试信息系统持续性计划，确保信息系统能有效恢复，发现计划的缺陷，保持计划的相关性。这要细致地准备文档资料、测试结果报告，以及根据测试结果实施相应的行动计划。将单一应用的测试恢复的范围与端对端测试的集成测试方案和集成供应商测试一起考虑。

四、信息系统安全管理的内部控制

（一）信息系统安全管理的控制目标

通过信息系统安全管理工作，不断发现、堵塞系统安全漏洞，预防、发现、制止利用或者针对系统进行的不法活动，预防、处置各种安全事件和事故，提高系统安全系数，确保计算机信息系统安全可用。

（二）信息系统安全管理的主要风险点

（1）信息系统硬件和软件存在内在缺陷，可能直接造成信息系统故障，还会为恶意攻击提供机会，降低系统安全性能。

（2）信息系统硬件和软件受到人为恶意攻击，可能导致运行效率下降甚至异常或中断，破坏数据的有效性和完整性，也可能导致敏感数据的泄露、滥用。

（3）信息系统使用与维护管理不当，可能导致系统安全性能下降甚至系统异常、停车的事件，使信息系统运营效率低。

（4）自然灾害，如雷电、鼠害、火灾、水灾、地震、停电、违章施工等，可能对信息系统安全构成现实威胁。

（三）信息系统安全管理的关键控制点

1. 信息系统的制度与组织管理

（1）授权专门的部门或人员负责制定由总体方针、安全策略、管理制度、操作规程等构成全面的信息安全管理制度，说明机构安全工作的总体目标、范围、原则和安全框架等。

（2）组织相关人员对制定的安全管理制度进行论证和审定；通过正式、有效的方式发布；定期或不定期地对安全管理制度的合理性和适用性进行检查和审定，对存在不足或需要改进的安全管理制度进行修订。

（3）设立信息安全管理工作的职能部门，设立系统管理员、网络管理员、安全管理员等岗位，并定义各个工作岗位的职责、分工和技能要求。

（4）定期对各个岗位的人员进行安全技能及安全认知的考核，对关键岗位的人员进行全面、严格的安全审查和技能考核，对各类人员进行安全意识教育、岗位技能培训和相关安全技术培训。

2. 信息系统建设中的安全管理

（1）制定和审核安全设计方案。首先，信息技术部门统一考虑总体安全策略和总体规划，制订安全技术框架、安全管理策略和详细设计方案；然后，管理委员会组织相关部门和有关安全技术专家对总体安全策略、安全技术框架等文件的合理性和正确性进行论证和审定，并且经过批准后实施。

（2）制定和实施软件开发管理制度。通过一系列管理制度，明确开发过程的控制方法和人员行为准则，确保开发环境与实际运行环境物理分开，开发人员和测试人员分离，测试数据和测试结果受到控制，对程序资源库的修改、更新、发布进行授权和批准。

（3）软件开发过程中，要求开发人员参照指定代码编写安全规范编写代码，形成软件设计的相关文档和使用指南；软件完成开发后，检测软件质量，检测软件包中可能存在的恶意代码和后门，要求开发单位提供软件的源代码、相关设计文档和使用指南。

（4）制定产品采购和使用管理制度。信息技术部门负责产品的采购，预先对产品进行选型测试，确定产品的候选范围，并确保安全产品采购和使用符合国家的有关规定。

（5）制订详细的工程实施方案和管理制度，明确说明实施过程、控制方法、行为准则，以控制实施过程；并且在实施过程中，信息技术部门全程跟进工程实施管理。

（6）根据设计方案或合同要求等制订测试验收方案，由信息技术部门负责组织企业有关部门人员参与系统验收工作，在测试验收过程中应详细记录测试验收结果，并形成测试验收报告。必要时委托第三方测试单位对系统进行安全性测试，并出具安全性测试报告。

3. 信息系统运营中的安全管理

（1）环境控制。

1）机房和办公场地选择在具有防震、防风、防雷击和防雨等能力的建筑内，但应避免设在建筑物的高层或地下室，以及用水设备的下层或隔壁；采取措施防止水蒸气结露和地下积水转移与渗透，不得穿过机房屋顶和在活动地板下安装水管。

2）机房设置火灾自动消防系统，能够自动检测火情、自动报警，并自动灭火；设置温、湿度自动调节设施，使机房温、湿度的变化在设备运行所允许的范围之内。

3）在机房供电线路上配置稳压器和过电压防护设备，建立备用供电系统，提供短期的备用电力供应，至少满足主要设备在断电情况下的正常运行要求。

4）采用接地方式防止外界电磁干扰和设备寄生耦合干扰；对关键设备和磁介质实施电磁屏蔽，电源线和通信线缆应隔离铺设，避免互相干扰；采用防静电地板，主要设备应采用必要的接地防静电措施。

5）在机房门口设置门禁系统和监控报警系统，并配备机房安全管理人员，控制、鉴别和记录进入机房的人员，进入机房的来访人员应经过申请和审批流程，并限制和监控其活动范围。

（2）访问控制。

1）身份鉴别信息具有不易被冒用的特点，口令应有复杂度要求并定期更换；提供用户身份标识唯一和鉴别信息复杂度检查功能，保证应用系统中不存在重复用户身份标识，身份鉴别信息不易被冒用。

2）启用访问控制功能，依据安全策略控制用户对信息资源的访问，严格控制用户对有敏感标记的重要信息资源的访问；授予不同账户为完成各自承担任务所需的最小权限，并实现管理用户的权限分离。

3）对登录信息系统的用户进行身份鉴别，重要管理员终端登录限制应通过设定终端接入方式、网络地址范围等条件，主要系统组件应对同一用户选择两种或两种以上组合的鉴别技术来进行身份鉴别。

4）根据安全策略设置登录失败处理功能，可采取结束会话、限制非法登录次数和当网络登录连接超时自动退出等措施；及时删除多余的、过期的账户，及时终止离岗员工的所有访问权限。

（3）数据控制。

1）保证存储用户鉴别信息系统内的文件、目录和数据库记录等资源的空间，被释放或再分配给其他用户前得到完全清除，无论这些信息是存放在硬盘上还是在内存中。

2）在通信双方建立连接之前，利用密码技术进行会话初始化验证，并对通信过程中的整个报文或会话过程进行加密，防止鉴别信息在网络传输过程中被窃听，保证通信过程中数据的完整性和保密性。

3）具有在请求的情况下为数据原发者或接收者提供数据原发证据和接收证据的功能，并结合电子签章等技术手段，提高数据的抗抵赖性。

4）能够检测到系统管理数据、鉴别信息和重要业务数据在传输和存储过程中完整性受到破坏，并在检测到完整性错误时采取必要的恢复措施。

（4）设备控制。

1）编制并保存与信息系统相关的资产清单，建立资产安全管理制度，规定信息系统资产管理的责任人员或责任部门，并规范资产管理和使用的行为。

2）建立介质安全管理制度，对介质的存放环境、使用、维护和销毁等方面做出规定；确保介质存放在安全的环境中，对各类介质进行控制和保护，并实行存储环境专人管理；对介质在物理传输过程中的人员选择、打包、交付等情况进行控制；对存储介质的使用过程、送出维修以及销毁等进行严格的管理。

3）对带出工作环境的存储介质进行内容加密和监控管理，对送出维修或销毁的介质应首先清除介质中的敏感数据，对保密性较高的存储介质未经批准不得自行销毁；对重要介质中的数据和软件采取加密存储，并根据所承载数据和软件的重要程度对介质进行分类和标识管理。

4）建立基于申报、审批和专人负责的设备安全管理制度，对信息系统的各种软硬件设备的选型、采购、发放和领用等过程进行规范化管理。

5）建立配套设施、软硬件维护方面的管理制度，对其维护进行有效的管理，包括明确维护人员的责任、涉外维修和服务的审批、维修过程的监督控制等。

6）对终端计算机、工作站、便携机、系统和网络等设备的操作和使用进行规范化管理，按操作规程实现主要设备（包括备份和冗余设备）的启动/停止、加电/断电等操作。

（5）入侵防范。

1）充分利用技术手段监视端口扫描、强力攻击、木马后门攻击、拒绝服务攻击、缓冲区溢出攻击、IP碎片攻击和网络蠕虫攻击等入侵攻击，记录攻击源IP、攻击类型、攻击目的、攻击时间。在发生严重入侵事件时提供报警。

2）采取安装防恶意代码软件等有效措施检测和清除恶意代码，并定期维护恶意代码库的升级和检测系统的更新，对主机防病毒产品、防病毒网关和邮件防病毒网关上截获的危险病毒或恶意代码进行及时分析处理，并形成书面的报表和总结汇报。

3）操作系统应遵循最小安装的原则，仅安装需要的组件和应用程序，并定期对网络系统进行漏洞扫描，对发现的网络系统安全漏洞进行及时的修补。

4）提高所有用户的防病毒意识，及时告知防病毒软件版本。在读取移动存储设备上的数据以及网络上接收文件或邮件之前，先进行病毒检查。对外来计算机或存储设备接入网络系统之前也应进行病毒检查。

（6）安全审计。

1）对网络系统中的网络设备运行状况、网络流量、用户行为等进行日志记录，并保护审计进程，避免受到未预期的中断；保护审计记录，避免受到未预期的删除、修改或覆盖等。

2）审计范围覆盖到服务器和重要客户端上的每个操作系统用户和数据库用户；审计记录包括事件的日期和时间、用户、事件类型、事件是否成功及其他与审计相关的信息。

3）提供对审计记录数据进行统计、查询、分析及生成审计报表的功能，并指定专人负责运行日志的日常维护和报警信息分析和处理工作，以便及时发现异常行为。

（7）安全事件处置。

1）制定安全事件报告和处置管理制度，明确安全事件的类型，规定安全事件的现场处理、事件报告和后期恢复的管理职责。任何情况下，用户均不应尝试验证弱点。

2）制定安全事件报告和响应处理程序，确定事件的报告流程，响应和处置的范围、程度，以及处理方法等，分析和鉴定事件产生的原因，收集证据，记录处理过程，总结经验教训，制定防止再次发生的补救措施。

3）在统一的应急预案框架下制定不同事件的应急预案。应急预案框架包括启动应急预案的条件、应急处理流程、系统恢复流程、事后教育和培训等内容。

小知识 信息系统访问安全

（1）信息系统操作人员不得擅自进行系统软件的删除、拷贝、修改等操作，不得擅自升级、改变系统软件版本或更换系统软件，不得擅自改变软件系统环境配置。

（2）对信息系统操作人员的上机、密码和使用权限进行严格规范，建立相应的操作管理制度。未经上机培训的人员不得作为操作人员。

（3）建立账号审批制度，加强对重要业务系统的访问权限管理。对于发生岗位变化或离岗的用户，企业应当及时调整其在系统中的访问权限。

（4）定期对系统中的账号进行审阅，避免有授权不当或冗余账号存在。对于特权用户，企业应该对其在系统中的操作进行监控，并定期审阅监控日志。

（5）充分利用操作系统、数据库、应用系统自身提供的安全性能，在系统中设置安全参数，以加强系统访问安全。禁止未经授权人员擅自调整、删除或修改系统中设置的各项参数。涉及上网操作的，企业应当加强防火墙、路由器等网络安全方面的管理。

（6）将信息系统访问安全事项交由第三方管理的，应当加强对第三方的监控。

（7）企业应当定期检测信息系统运行情况，及时进行计算机病毒的预防、检查工作，禁止用户私自安装非法软件和卸载企业要求安装的防病毒软件。一经发现潜在危险，应当及时通知操作人员隔离受病毒侵袭的系统部分，尽快处理。如有必要，可以暂时终止系统运行。

（8）信息系统操作人员应当在权限范围内进行操作，不得利用他人的口令和密码进入软件系统。更换操作人员或密码泄密后，必须及时更改密码。操作人员如果离开工作现场，必须在离开前锁定或退出已经运行的程序，防止其他人员越权操作或散发不当信息。

（9）利用信息系统搭建本单位的信息化平台，规范信息的使用和传递，促进业务流程与信息流程的统一，确保交易的真实、合法，提高经营管理的效率和效果。

（10）对所有的重要信息进行密级划分，包括书面形式和电子媒介形式保存的信息。企业可以根据信息的重要性和泄密风险损失等划分标准，将信息分为机密类、秘密类和重要类等，并建立不同类别信息的授权使用制度。

（11）利用信息系统生成生产、销售、存储等子系统，及时反映和记录交易。交易责任部门在其授权范围内对子系统录入信息的及时性、准确性和完整性负责，并定期检查、核对所录信息。

（12）企业财务部门应当认真审核采购、生产、销售、仓库等部门与财务相关的关键业务数据，及时进行账务处理，保证会计信息与业务流程在时间、数量和价值上的统一，并做好电子财务数据保密和安全工作。

（13）建立信息数据变更处理（包括数据导入、数据提取、数据修改等）规范。一经发现已输入数据信息有误，必须按照信息系统操作规定加以修正。

（14）建立数据信息定期备份制度和数据批处理或实时处理的处理前自动备份制度（交易日志）。企业至少应当在远离计算机设备和操作的地方保存一套备份和交易日志，以备丢失或损坏时重建。

（15）编制完整、具体的灾难恢复计划，以备意外事件发生后恢复系统之需。同时应当定期检测、及时修正该计划，并将其最新版本存放在系统之外。

小知识 硬件设备管理

硬件设备管理包括对设备所处的环境进行的温度、湿度、防火、防雷击、防静电等的控制，也包括对人文环境的控制，如防止无关人员进入计算机工作区域、防止设备被盗、防止设备用于其他方面等。企业应建立一套完备的管理制度以保证设备的完好和正常运行。

（1）制定信息系统硬件管理制度，对设备的新增、报废、流转等情况建档登记，统一管理。

（2）将硬件设备放置在合适的物理环境中，由专人负责管理和检查，其他任何人未经授权不得接触信息系统硬件设备。

（3）硬件设备的更新、扩充、修复等工作应当由相关人员提出申请，报上级主管负责人审批。未经允许，不得擅自拆装硬件设备。

（4）加强机房的物理安全管理。机房内应当配备必要的环境设施，对于主要系统服务器应当配备不中断电源供给设备。

（5）企业操作人员应当严格遵守用电安全，不得在计算机专用线路上使用其他用电设备。为了防止电压不稳对信息系统硬件的损坏，企业可以使用电源保护器和线路调节器平缓电压的振荡。

（6）完善信息系统硬件设备异常状况处理制度。一经发生异常现象（如冒烟、打火、异常声响等），应当立即通知有关部门，不得擅自处理。

法律依据

企业内部控制应用指引第 18 号——信息系统

第一章　总　则

第一条　为了促进企业有效实施内部控制，提高企业现代化管理水平，减少人为因素，根据有关法律法规和《企业内部控制基本规范》，制定本指引。

第二条　本指引所称信息系统，是指企业利用计算机和通信技术，对内部控制进行集成、转化和提升所形成的信息化管理平台。

第三条　企业利用信息系统实施内部控制至少应当关注下列风险：

（一）信息系统缺乏或规划不合理，可能造成信息孤岛或重复建设，导致企业经营管理效率低下。

（二）系统开发不符合内部控制要求，授权管理不当，可能导致无法利用信息技术实施有效控制。

（三）系统运行维护和安全措施不到位，可能导致信息泄露或毁损，系统无法正常运行。

第四条　企业应当重视信息系统在内部控制中的作用，根据内部控制要求，结合组织架构、业务范围、地域分布、技术能力等因素，制定信息系统建设整体规划，加大投入力度，有序组织信息系统开发、运行与维护，优化管理流程，防范经营风险，全面提升企业现代化管理水平。

企业应当指定专门机构对信息系统建设实施归口管理，明确相关单位的职责权限，建立有效工作机制。企业可委托专业机构从事信息系统的开发、运行和维护工作。

企业负责人对信息系统建设工作负责。

第二章　信息系统的开发

第五条　企业应当根据信息系统建设整体规划提出项目建设方案，明确建设目标、人员配备、职责分工、经费保障和进度安排等相关内容，按照规定的权限和程序审批后实施。

企业信息系统归口管理部门应当组织内部各单位提出开发需求和关键控制点，规范开发流程，明确系统设计、编程、安装调试、验收、上线等全过程的管理要求，严格按照建设方案、开发流程和相关要求组织开发工作。

企业开发信息系统，可以采取自行开发、外购调试、业务外包等方式。选定外购调试或业务外包方式的，应当采用公开招标等形式择优确定供应商或开发单位。

第六条　企业开发信息系统，应当将生产经营管理业务流程、关控制点和处理规则嵌入系统程序，实现手工环境下难以实现的控制功能。

企业在系统开发过程中，应当按照不同业务的控制要求，通过信息系统中的权限管理功能控制用户的操作权限，避免将不相容职务的处理权限授予同一用户。

企业应当针对不同数据的输入方式，考虑对进入系统数据的检查和校验功能。对于必需的后台操作，应当加强管理，建立规范的流程制度，对操作情况进行监控或者审计。

企业应当在信息系统中设置操作日志功能，确保操作的可审计性。对异常的或者违背内部控制要求的交易和数据，应当设计由系统自动报告并设置跟踪处理机制。

第七条 企业信息系统归口管理部门应当加强信息系统开发全过程的跟踪管理，组织开发单位与内部各单位的日常沟通和协调，督促开发单位按照建设方案、计划进度和质量要求完成编程工作，对配备的硬件设备和系统软件进行检查验收，组织系统上线运行等。

第八条 企业应当组织独立于开发单位的专业机构对开发完成的信息系统进行验收测试，确保在功能、性能、控制要求和安全性等方面符合开发需求。

第九条 企业应当切实做好信息系统上线的各项准备工作，培训业务操作和系统管理人员，制订科学的上线计划和新旧系统转换方案，考虑应急预案，确保新旧系统顺利切换和平稳衔接。系统上线涉及数据迁移的，还应制订详细的数据迁移计划。

第三章 信息系统的运行与维护

第十条 企业应当加强信息系统运行与维护的管理，制定信息系统工作程序、信息管理制度以及各模块子系统的具体操作规范，及时跟踪、发现和解决系统运行中存在的问题，确保信息系统按照规定的程序、制度和操作规范持续稳定运行。

企业应当建立信息系统变更管理流程，信息系统变更应当严格遵照管理流程进行操作。信息系统操作人员不得擅自进行系统软件的删除、修改等操作；不得擅自升级、改变系统软件版本；不得擅自改变软件系统环境配置。

第十一条 企业应当根据业务性质、重要性程度、涉密情况等确定信息系统的安全等级，建立不同等级信息的授权使用制度，采用相应技术手段保证信息系统运行安全有序。

企业应当建立信息系统安全保密和泄密责任追究制度。委托专业机构进行系统运行与维护管理的，应当审查该机构的资质，并与其签订服务合同和保密协议。

企业应当采取安装安全软件等措施防范信息系统受到病毒等恶意软件的感染和破坏。

第十二条 企业应当建立用户管理制度，加强对重要业务系统的访问权限管理，定期审阅系统账号，避免授权不当或存在非授权账号，禁止不相容职务用户账号的交叉操作。

第十三条 企业应当综合利用防火墙、路由器等网络设备，漏洞扫描、入侵检测等软件技术以及远程访问安全策略等手段，加强网络安全，防范来自网络的攻击和非法侵入。

企业对于通过网络传输的涉密或关键数据，应当采取加密措施，确保信息传递的保密性、准确性和完整性。

第十四条 企业应当建立系统数据定期备份制度，明确备份范围、频度、方法、责任人、存放地点、有效性检查等内容。

第十五条 企业应当加强服务器等关键信息设备的管理，建立良好的物理环境，指定专人负责检查，及时处理异常情况。未经授权，任何人不得接触关键信息设备。

第二十五章

全面预算方面的内部控制

第一节　综合知识

全面预算是指企业对一定期间的经营活动、投资活动、财务活动做出的预算安排。

全面预算反映的是企业未来某一特定期间（一般不超过一年或一个经营周期的全部生产、经营活动的财务计划），以实现企业的目标利润（企业一定期间内利润的预计额，是企业奋斗的目标，根据目标利润制定作业指标，如销售量、生产量、成本、资金筹集额等）为目的，以销售预测为起点，进而对生产、成本及现金收支等进行预测，并编制预计利润表、预计现金流量表和预计资产负债表，反映企业在未来期间的财务状况和经营成果。

预算管理子流程包括预算政策、预算编制流程、预算审批、预算分解、预算执行监督、预算调整和预算考核等。

一、全面预算的控制目标

全面预算的控制目标：建立全面、科学、高效、有序的预算管理体系，提高预算的科学性和严密性；规范预算编制、审批、执行、分析、调整、考核程序，激励员工积极性，防范因重大错弊而导致的风险损害，确保实现发展战略目标和其他有关重大目标。

二、全面预算的内容

全面预算是由一系列预算构成的体系，各项预算之间相互联系，关系比较复杂，很难用一个简单的办法准确描述。所以采用图示的方法来反映各预算之间的主要联系，如图 25-1 所示。

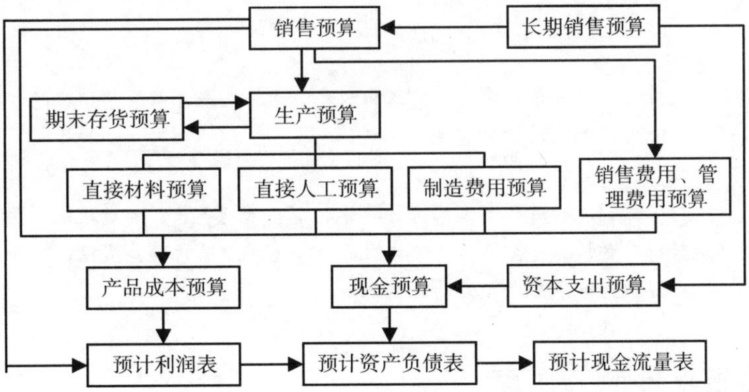

图 25-1　全面预算示意图

图中的销售预算和长期销售预算之间的区别是，长期销售预算是指预算期在一年以上的销售预算，而预算期在一年以内（包括一年）的预算则称为短期预算，销售预算就属于短期预算。企业根据长期市场预测生产能力，编制长期销售预算，根据长期销售预算编制本年度的销售预算，并根据企业的财力确定资本支出预算；销售预算是年度预算的编制起点，根据“以销定产”的原则，确定生产预算，同时确定所需要的销售费用和管理费用。生产预算的编制，除了考虑计划销售量，还要考虑现有存货和年末存货。根据生产预算来确定直接材料、直接人工和制造费用预算。产品成本预算和现金预算是有关预算的汇总。预计利润表、预计资产负债表和预计现金流量表是全部预算的综合。

小知识 全面预算管理的关键控制点

1. 预算管理政策的制定

企业应制定预算管理政策，明确预算编制过程中的部门职责、编制原则、编制要求、编制程序、预算执行的监督和预算调整程序，确保预算编制依据合理、程序适当、方法科学。该制度以企业正式文件的形式下发，作为企业标准由下属企业遵照执行。

2. 明确预算工作职责分工

企业应建立预算管理体系，明确预算管理体系中的决策机构、预算管理部门及各预算执行单位在全面预算管理体系中的机构设置、人员配置和职责权限。

3. 明确预算编制要求

企业应制定预算管理政策，明确预算编制以经营方针为依据，围绕经营目标及利润目标编制。

预算编制需要围绕企业战略发展规划，根据国家宏观经济形势及政策走向，正确分析判断市场形势，结合企业实际生产状况，综合考虑影响预算年度的财务收支和经营成果的各种因素。

4. 明确预算审核流程

企业应制定预算管理政策，明确预算审核流程。企业全面预算获经恰当管理层批准后，应当以文件形式下达执行。

5. 预算执行情况的监控

企业应制定对预算执行情况的监控程序，明确预算指标分解方式、预算执行审批权限和要求、预算执行情况报告等，落实预算执行责任制，确保将预算指标层层分解，从横向和纵向落实到内部各部门、各环节和各岗位。

6. 预算执行情况的分析

企业应制定预算管理政策，明确定期召开财务预算执行情况分析会议，各预算执行部门汇报财务预算的执行情况，分析研究财务预算执行中存在的问题，纠正财务预算的执行偏差，研究解决问题的方案措施并加以落实。对于财务预算执行中发生的新情况、新问题及出现偏差较大的重大项目，查找原因，提出改进经营管理的措施和建议。

7. 预算调整

企业应制定预算管理政策，明确预算调整的前提和程序。预算调整方案经归口职能部门审核后交财务部门负责人审核，经过恰当管理层批准后方可实施。

8. 预算执行情况的考核

企业应建立预算执行考核制度，对所有预算执行单位和个人进行考核，考核结果与奖惩相挂钩。预算管理部门定期组织预算执行情况考核，将各预算执行单位负责人签字上报的预算执行报告和已掌握的动态监控信息进行核对，确认各预算执行单位完成预算的真实性。

三、全面预算管理体制的设置

全面预算管理体制的设置应遵循合法科学、高效有力、经济适度、全面系统等基本原则。

全面预算管理组织机构的基本架构如图 25-2 所示。

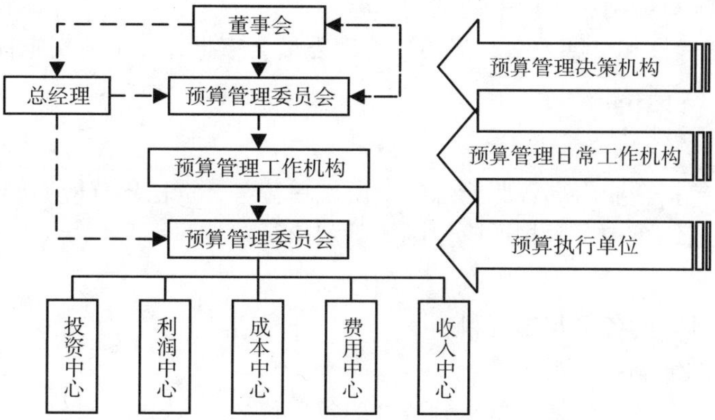

图 25-2 全面预算管理组织机构的基本架构

（一）预算管理委员会

1. 组成人员

它是专门履行全面预算管理职责的决策机构。其成员由企业负责人、副总、内部相关部门负责人组成，总会计（或分管会计工作的负责人）负责预算管理工作的组织领导。

2. 主要职责

（1）制定颁布企业全面预算管理制度，包括预算政策、措施、办法、要求等。

（2）根据企业战略规划和年度经营目标，确定预算方案，预算目标分解方案、预算编制方法和程序。

（3）组织编制、综合平衡预算草案，批准正式年度预算。

（4）协调解决预算编制和执行中的重大问题。

（5）审议预算调整依据，授权审批。

（6）审议预算考核和奖惩方案。

（7）对专门预算总的执行情况进行审核。

（8）其他有关全面预算管理事宜。

（二）预算管理工作机构

1. 组成人员

它是在预算管理委员会下设立的日常管理机构，一般设在财务部门，主任由总会计师兼任。工作人员除财务部门人员外，还吸收人力资源、生产销售等业务部门人员参加。

2. 主要职责

（1）拟定全面预算管理制度，落实制度的执行。

（2）拟定预算总目标分解方案及有关预算编制程序，预算方案报预算管理委员会审定。

（3）组织指导各级预算单位开展预算编制。

（4）审核各单位预算初稿，进行综合评价并提出修改意见和建议。

（5）汇总编制企业的全面预算草案，提交预算管理委员会审查。

（6）追踪、监控预算执行情况。

（7）定期汇报预算单位执行情况，提交分析报告，对存在问题提出修改意见和建议。

（8）接受各预算单位预算调整申请，根据预算执行情况拟订年度预算调整方案，报预算管理委员会审议。

（9）协助解决预算编制和执行中遇到的问题。

（10）提出预算考核和奖惩方案，报预算管理委员会审批，并组织实施预算考核及奖惩等。

（三）预算执行单位

1. 组成人员

预算执行单位包括企业内部各职能部门及所属单位等，责任划分应遵循分级分层、权责利相结合，并与企业组织机构设置相适应原则，确定执行单位。

2. 主要职责

（1）提供编制预算的各项基础资料。

（2）全面预算的编制和上报工作。

（3）将本单位指标层层分解，落实到各部门各单位。

（4）严格执行经批准的预算，监督检查本单位预算执行情况。

（5）及时监督、分析预算的执行情况，解决预算执行中的问题。

（6）根据环境变化及预算执行情况提出预算调整申请。

（7）组织实施本单位预算考核和奖惩工作。

（8）配合预算考核做好与企业总预算的平衡、执行监控、考核与奖惩等工作。

各预算执行单位负责人应当对本单位预算的执行结果负责。

四、全面预算管理的风险

企业实行全面预算管理，至少应关注下列风险：

（1）不编制预算或预算不健全，可能导致企业经营缺乏约束和盲目经营。

（2）预算目标不合理、编制不科学，可能导致企业资源浪费和发展战略难以实现。

（3）预算缺乏刚性、执行不力、考核不严，可能导致预算管理流于形式。

全面预算管理的主要风险点包括：

（1）未明确预算管理思路和手段，导致编制全面预算的框架和范围不清晰。

（2）预算编制基础不够准确，导致预算脱离实际。

（3）对当期形势判断出现误差，假设不够合理，导致预算编制不准确。

（4）预算编制没有合理考虑资源配置，导致预算缺乏可操作性。

（5）预算刚性约束力不够强，导致预算执行效果不佳。

（6）预算没有及时合理分解或落实到各单位/部门/人员，导致预算执行不力。

（7）预算没有根据经营环境变化及时进行调整，导致预算与实际执行情况偏差较大。

（8）预算执行没有得到有效监控，导致无法及时了解预算执行情况。

（9）对超预算支出没有进行有效审核或审核不够及时，导致产生不必要开支。

（10）预算考核机制不够健全，或没有得到有效实施，导致预算执行结果不理想。

五、全面预算管理的要求

企业应当加强全面预算工作的组织领导，明确预算管理体制以及各预算执行单位的职责权限、授权审批程序和工作协调机制。

企业应当设立预算管理委员会履行全面预算管理职责，其成员由企业负责人及内控相关部门负责人组成。

预算管理委员会主要负责拟定预算目标和预算政策，制定预算管理的具体措施和办法，组织编制、平衡预算草案，下达经批准的预算，协调解决预算编制和执行中的问题，考核预算执行情况，督促完成预算目标。预算管理委员会下设预算管理工作机构，由其履行日常管理职责。预算管理工作机构一般设在财会部门。

总会计师或分管会计工作的负责人，应当协助企业负责人负责企业全面预算管理工作的组织领导。

第二节　内控措施

一、预算编制

预算编制是整个预算管理体系的基础和起点。企业应在建立和完善预算编制工作制度的基础上，实施预算编制、方案论证、草案审议及预算批准、下达等工作。

（一）预算编制制度与风险

企业应当建立和完善预算编制制度，明确编制依据、编制程序、编制方法等内容；确保预算编制依据合理、程序适当、方法科学，避免预算指标过高或过低。

企业应当在预算年度开始前完成全面预算草案的编制工作。

预算编制应关注下列风险：

（1）预算编制所依据的信息资料不充分、基础数字不真实，可能导致预算目标与战略规划、经营计划、市场环境、企业实际相脱离，导致预算目标难以实现。

（2）预算编制以财务部门为主、业务部门参与程度较低，可能导致预算内容不全面，责、权、利不匹配，预算之间缺乏整合，导致全面预算难以发挥统率作用。

（3）预算编制程序不规范，横向、纵向信息未充分沟通，相互衔接配合不够，可能导致预算目标缺乏准确性、合理性和可行性，不能充分发挥预算作用。

（4）预算编制方法使用不当，可能导致预算目标缺乏科学性、合理性和可行性。

（5）预算目标及指标体系设计不完善、不完整，缺乏科学性及全面性，可能导致预算管理在实现发展战略、经营目标、促进绩效考核等方面的功能难以发挥。

（6）预算编制的时间太早或太晚，可能导致预算准确性不高，影响预算的执行。

（二）预算编制依据

企业编制年度预算“应当根据发展战略和年度生产经营计划，综合考虑预算期内经济发展政策、市场环境等因素”来编制。

（三）预算编制方法

企业可以选择或综合运用固定预算、弹性预算、滚动预算等方法来编制预算。

（1）固定预算，是根据预算内正常的、可实现某一业务量水平而编制的预算。它通常用于固定费用或者数额比较稳定的预算项目，如广告费、科研费、房租等。

（2）弹性预算，是在按照成本（费用）习性分类的基础上，根据量、本、利之间的依存关系编制的预算。它通常适用于与预算执行单位业务量有关的成本（费用）利润等预算项目。

（3）滚动预算，是随时间的推移和市场条件的变化而自行延伸并进行同步调整的预算。它通常适用于季度预算的编制。

根据预算管理的要求，企业可采用不同的方法编制相关预算，一般采用相结合的方法，但不强求统一。

（四）预算编制程序

企业在编制年度全面预算时，应当“按照上下结合、分级编制、逐级汇总的程序”。

具体编制程序是：首先由预算管理机构预测预算目标，提出预算编制指导意见书，经预算管理委员会、董事会审议通过→下达预算指标、拟订目标分解方案并下达各部门→各部门分别编制预算草案并上报预算管理机构→预算管理机构审查平衡预算草案→经修改后汇总编制全面预算草案→预算管理委员会、董事会审议全面预算草案→审议通过后正式下达预算方案→组织预算指标分解和责任落实。基本编制程序如图 25-3 所示。

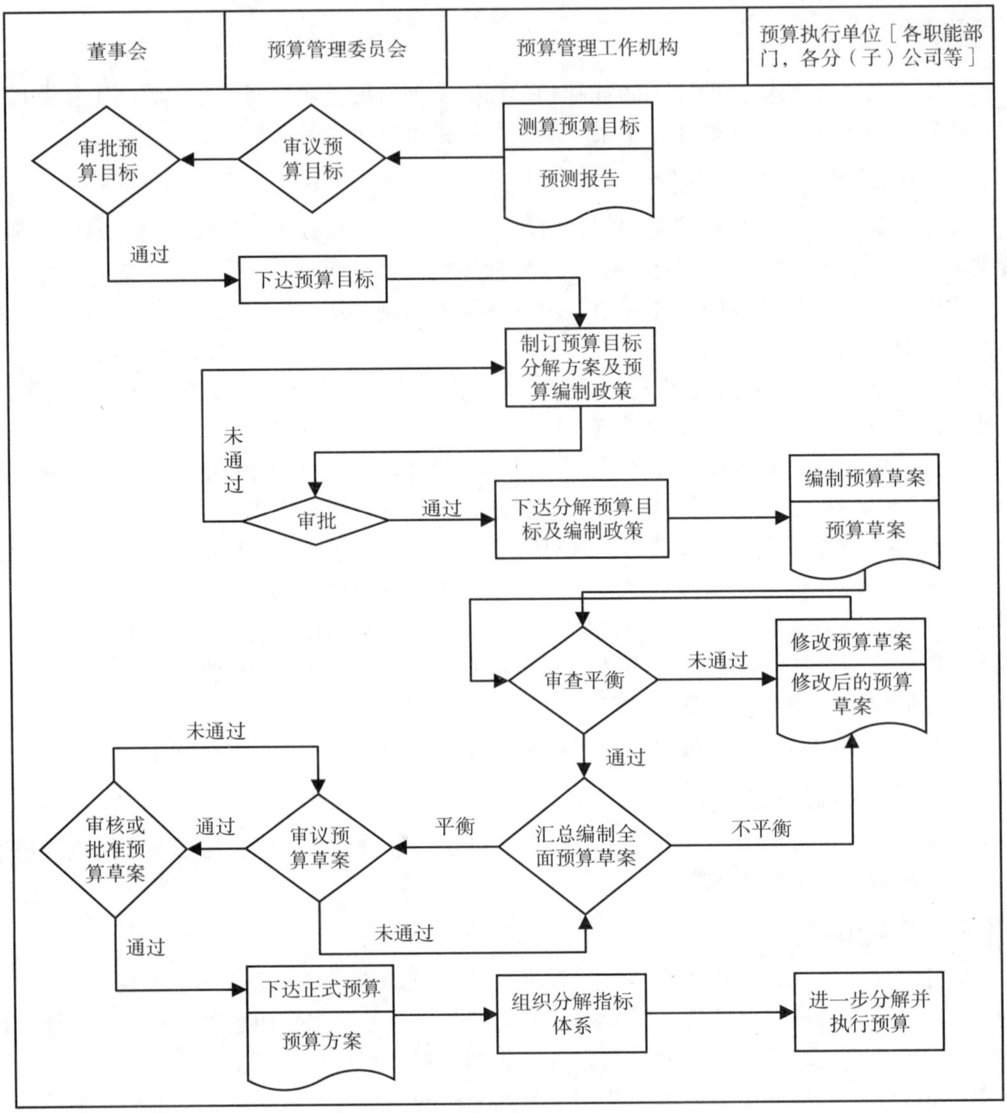

图 25-3　全面预算编制基本程序

小知识　　**如何步骤清晰地进行预算编制**

预算编制前一般由企业决策层提出预算编制方针，在预算编制方针和目标利润的指引下，预算编制人员按照一定的程序和方法进行预算编制。确定预算编制方针可以确保企业沿着既定的战略计划及设定的目标前进。一般情况下，预算编制应按以下步骤进行。

1. 提出各项预算的具体目标

预算管理委员会根据预算编制方针及对企业的有关预测、决策分析确定的目标利润，提出预定期内企业各部门的具体目标。

2. 编制部门子预算

（1）销售管理人员编制销售预算。不准确的销售预算会引起经营失败，同时意味着建立在其基础之上的费用预算也不准确。所以，销售预算需要投入很大精力，它由销售经理和销售队伍共同完成。由于在实际工作中，大多数企业会把期望的销售收入作为业务经营活动和费用计划的基础，所以在一般情况下，对销售情况进行预测、预算是整个预算工作中首先需要完成的任务。

（2）生产管理人员编制生产预算。在销售预算的基础上，进行生产预算的编制。

首先，由生产经理与生产人员对企业最大生产能力进行估算。

其次，根据预测销售量，预测期初和期末的存货量，得出预测生产量。

最后，再根据生产预算，编制材料预算、人工预算和制造费用预算。

若销售量超过企业的最大生产能力，企业必须增加固定资产投入，维持销售和生产数量的平衡；若生产能力没有得到最大限度的利用，则必须调整销售目标，或合理处置不必要的固定资产。

（3）财务管理人员编制固定资产费用预算。在对企业的销售能力和生产能力有了明确的了解并进行仔细的分析之后，财务部门经理根据销售部门、生产部门及其他相关部门负责人提供的销售、生产及其他相关预测的数据资料开始进行固定资产费用预算。预算过程中要考虑到各种可能存在的变化因素，如设备更新、技术改进等。

（4）各部门管理人员编制部门预算。在销售和生产进行预测预算后，以其数据为根据，开始着手各部门的经营收入和业务费用预算。例如，采购部门、市场部门、财务部门、行政部门、人力资源部门等部门预算由各部门经理及其预算小组合作完成。在预算过程中，涉及与固定资产费用有关的信息，要将其直接提供给负责编制固定资产预算工作的负责人。

3. 审核各个预算草案并编制、调整综合预算

（1）各部门基层管理人员将详细的预算草案提交部门负责人，然后由各部门负责人对基层上报的预算草案进行审查、修订，汇总编制成本部门的详细预算，层层上报，最后交由预算管理委员会进行审核，并提出修改或否决的意见。

（2）预算管理委员会对提交的各个子预算的数据进行认真审核后，相关负责人开始把这些数据汇总在一起，进而编写现金预算、损益预算和资产负债预算。

（3）预算汇总工作量大，是一项复杂艰巨的“工程”，编制过程中要伴随反复细致的审查及协调平衡，必要时要转回各部门进行修订，以最终平衡的结果编制出企业的综合预算。

（4）综合预算获得预算会议的认可后，其他预算就可以随之确定，并由预算管理委员会将通过的子预算下发给各有关部门实施。

4. 对预算执行情况进行监督、调整

（1）管理人员必须定期对预算执行情况进行监督控制，以保证顺利实现各种预算所要达到的目标。管理者要根据实际需要及具体预算内容来确定监督的方法和频率，记录预测值与实际数值之间的误差，定期完成差异报告。一般而言，差异超过 10%为“重大差异”。这种情况一旦出现，就表明预算中出现了比较严重的问题。预算管理人员必须对发生的问题进行具体的分析和说明，及时进行解决，以免出现更大的问题。

（2）对于预算工作中出现的一般性问题，预算管理人员能够自行采取调整措施，一般不需要上报部门经理。目前，多数企业对预算管理一般采用“例外事件管理法”，因为经理人员与下属员工的相互信任是业务成功的前提，除非发生特别严重的预算问题，上一级经理人员才需要亲自出面处理。

（3）发现问题后，有可能会对某些预算进行相应的调整，这会有助于缩小预算与实际发生费用的差异。一般情况下，这些调整可以由此预算的直接负责人进行调整，对于暂时不能由本部门或本人进行调整的差异，或对本预算和其他预算会产生较大影响的差异，则应及时向上级说明情况，由上级管理人员进行调整解决。

预算编制除了要按照以上基本程序进行，可能还要经过自上而下和自下而上的多次反复修改。预算的编制不只是某一部门的责任，还涉及企业的每个部门、每位员工。企业的每个部门和每位员工都应关心并积极支持、参与预算的编制。只有这样，才能使最终的预算既符合企业的整体利益，有利于各部门之间的互相协调，又符合基层部门的具体情况。

小知识 预算编制中的不利因素

在预算编制中，除了存在限制性因素，还存在着许多不利因素。如果不了解它们并及时采取有效措施，它们就有可能给预算编制工作带来不良后果。这些不利因素一般有以下几种。

1. 耗费时间

编制预算是一个相当耗费时间的业务过程，在进行预算系统设计、检验和改进阶段中情况尤为复杂。预算制定和管理工作将给各级预算人员带来极大的工作量，从而占用他们相当多的时间。所以从编制预算开始，各级预算人员都要认真扎实地做好每项工作，使所耗费的时间能够真正“费”有所值。如果预算系统能够良好地运行，经理人员就可以节约出大量预算管理时间，去安排其他工作。

2. 文字工作量加大

由于预算编制之前、预算编制过程、预算完成后及在对预算的监控和修改过程中都需要进行大量的文字工作，因此预算管理体系大幅度地增加了预算相关人员的文字工作量，使得他们原本可以投入到其他更重要工作上的精力转移或减少了。但是，文字量加大这种现象是不可避免的。预算相关人员应该正确认识这一现象，尽可能地做好各方面工作计划安排，同时应该认识到，编制预算只是工作手段而并非工作目的。

3. 灵活性不够

预算管理模式本身存在着不灵活、僵化的特点，而有些部门可能更适合灵活性的管理方式，如果不顾实际情况而强行在这些部门采取预算管理方式，效果极有可能与最初的意愿背道而驰。而且，预算的结果往往具有一定的不确定性，所以预算人员必须克服预算管理方式自身灵活性差的缺点，随实际情况的变化而不断进行调整和修改。

4. 存在阻力

预算执行过程并非一帆风顺，而是会遇到各种各样的阻力。例如，企业可能存在这样一部分员工，他们认为预算并不会给企业管理带来任何好的作用，相反它们限制了成本和费用，反而降低了员工的福利。在这种情况下，这些人就成为预算执行的阻力，而当预算的内容非常严格而又缺乏足够的执行灵活度时，阻力会更大。

此时应该及时向员工讲明情况，全民动员，让每位员工都能够参与到预算工作中来，这样有助于减少预算执行的阻力，使预算工作顺利进行。

5. 预算完善过程缓慢

真正建立一个完善有效的预算系统并不是一项简单的工作，这需要花费大量时间，不断与实际工作进行磨合，并且不断地进行调整、修改。如果预算工作人员缺乏经验或对业务形势估计过于乐观或悲观，都可能对预算进行不恰当的修改，拉长预算系统的完善过程。一般情况下，大约需要一或两年的时间建立一个完善有效的预算系统。

预算编制中存在不利因素是很正常的，也是不可避免的。只要对它们进行正确的认识并找出降低甚至消除其不利影响的方法，就能够使预算系统向着良性方向发展。

二、预算审批、下达

预算审批是预算管理委员会将预算草案送交企业最高权力机构进行审核批准。该阶段的主要风险是：全面预算未经适当审核批准或超越授权审批，可能导致预算权威性不够、执行不力，或者可能因重大差错、舞弊而导致损失。因此，企业预算管理委员会应当对预算管理工作机构在综合平衡基础上提交的预算方案进行研究论证，从企业发展全局角度提出建议，形成全面预算草案提交董事会。

董事会审核全面预算草案应当重点关注预算的科学性和可行性，确保全面预算与企业发展战略、年度生产经营计划相协调。

企业的全面预算应当按照相关法律法规及企业章程的规定，报经审议批准，批准后，应当以文件形式下达执行。

小知识　**预算审查**

预算表和说明书交给预算管理委员会后，将由他们对其进行审查。预算审查是一件很严肃的事情，它甚至关系到一个企业的得失与成败，因此必须慎重对待。预算管理委员会和参加预算管理委员会的管理者都要做好充分的准备。

1. 建立标准的预算审查程序

企业必须建立一个下级人员能够经常反馈的、标准规范的预算审查程序。一个好的程序必须允许有一定的弹性，以满足不同的需要，这样能保证工作得以顺利完成。同时，它也要满足预先准备时间的要求，从而使预算会议解决真正的问题。这个程序应该包括以下一些内容：

（1）部门概述。

（2）经济职能。

（3）具体有哪些营运指标。

（4）具体有哪些财务事项。

（5）列明涉及上述问题的历史预算和计划预算。

（6）对扩大活动的权限进行说明。

（7）对每一科目年度总额所依据的数据和假设进行解释。

（8）对职能部门所面临的争议、问题、机遇和挑战进行讨论。

（9）对每一个职位及存在的必要性进行说明。

2. 审查的准备工作

预算人员要在预算审查前对审查程序进行补充分析工作，并列出它们需要检查的问题清单，如计划预算中的数据与历史预算中的数据、可能被削减或需要增加资金的目标项目等。如果所有部分都没有改变，则需要提供有关整个企业的计划预算。计划预算要始终与企业的战略计划保持一致。

预算管理委员会通常要在预算会议上对各个预算提出一些前提性问题，这些问题应该在会议召开前先考虑好，这样可以缩短会议时间，提高工作效率。例如，可预先提出以下问题：

（1）销售额的预测为什么会增加（或减少）？

（2）生产成本、采购成本、营销费用、行政管理成本、人事费用及其他成本的预测为什么会增加（或减少）？

（3）通货膨胀率对预测是有利，还是不利？

（4）纳税起点和税率以及关税、配额等有没有改变？对预算有何影响？

3. 召开预算审查会议

（1）团体审查。组织者要让更多员工参与会议并调动他们的积极性，鼓励他们对要审查的预算包括表格形式、内容数据等进行发言，然后再详细讨论大家的提议，这样可以释放出许多新想法，让会议气氛更活跃，意见更中肯。同时，为了控制员工发言时间，可以事先准备一张进度表。

（2）数据处理。主持人要将精力集中在争议问题上，记录预算变化部分，并将企业作为一个整体加以考虑，不要自己计算数据，而是指定专门人员负责数据处理的工作。

4. 对提议的预算进行评价

预算管理委员会要对预算表格、内容数据等进行评价。下面的一些技巧可以对预算的评价提供帮助：

（1）针对预算表的各环节，仔细考虑当想要靠此计划进行经营时，有哪些方面可能会导致失败。

（2）表格中的数据和假设的水平是否合理，是否拥有足够的历史资料作为基础，对未来的看法是否明确。

（3）仔细判断所提交的预算是否合理并且提供了足够的证明，是否有更好的预算方式。

预算管理委员会应在对企业足够了解的基础上再对预算进行最终的评价，要对不同的预算采取不同的态度，知道哪些地方应该削减，哪些地方应该增加，使资源达到有效配置。

小知识　　控制预算指标分解下达与责任落实

企业全面预算一经批准下达，各预算执行单位应当认真组织实施，将预算指标层层分解，从横向和纵向落实到内部各部门、各环节和各岗位，形成全方位的预算执行责任体系。

企业应当以年度预算作为组织、协调各项生产经营活动的基本依据，将年度预算细分为季度、月度预算，通过实施分期预算控制，实现年度预算目标。

预算指标下达阶段的主要风险是：预算下达不够详细、具体，预算指标与业绩考核体系不匹配，预算责任体系未明确，预算责任与执行单位控制能力不匹配，可能导致预算指标不落实。因此，企业应采取以下措施加以控制：

（1）企业需要将正式批准的全面预算目标进行层层分解，从横（各部门、生产单位）、纵（企业、部门、班组、个人）及时间上（年、季、月），以指标形式落实到各个责任中心及预算单位，各单位再分解、落实到内部各部门、各环节、各岗位以及个人，做到“千斤重担众人挑，谁挑多少都知道”，作为责任考核及实施奖惩的依据。

（2）预算指标的分解下达应遵循定量化、全局性与可控性原则。所谓可控，是指责任者应知道他负责哪些指标，责任者能够计量这些指标，当实际发生偏离预算指标时责任者有能力调整实际发生能力。

（3）建立严格的预算执行责任制度，定期或不定期地检查、考核各单位预算指标的完成情况，作为绩效评定的依据。

通过指标分解落实，从而做到“横到边、纵到底”，形成从上到下金字塔形的指标体系，将企业经营战略与经营目标，通过指标体系融入各经营环节及广大员工之中，实现各个环节有目标、人人身上有指标的预算指标责任体系。

小知识　　明确各环节授权审批程序和职责

1. 理顺预算管理程序与机制

在建立健全全面预算管理机制的基础上，企业应当进一步梳理、制定预算管理工作程序，按照不相容职务分离的原则，细化各部门、各岗位在预算管理体系中的职责、分工与权限，明确预算编制、执行、分析、调整、考核各环节的授权审批制度与程序。预算管理工作各环节的不相容职务一般包括预算编制与预算审批、预算审批与预算执行、预算执行与预算考核。

2. 明确各环节职责

预算管理部门主要起决策、组织、领导、协调、平衡的作用。生产、市场、物资、技术、人力资源等部门负责预算执行，负责所归口单位预算的编制、执行监控、分析等工作，并配合预算管理部门做好总预算综合平衡、执行监控、分析考核等工作。

三、预算执行

预算执行阶段是全面预算管理的核心内容，其主要风险有两个方面：

（1）缺乏严格的预算执行授权审批制度，可能导致预算执行随意、预算审批权限及程序混乱、出现越权审批、重复审批，降低预算执行效率和严肃性。

（2）缺乏预算执行过程中的有效监控，可能导致预算执行情况不能及时沟通、差异及存在问题不能及时解决、机遇难以及时抓住，削弱预算监督作用，影响预算目标完成。

小知识　建立预算执行情况预警机制

企业应结合自身特点科学选择预警指标，合理确定预警范围及标准。采用不同方法（对于可计量的风险因素，可运用指标预警方法；对于不可计量的风险因素，可采用因素预警方法）运用现代信息技术手段监控预算执行，发现异常及时发出预警信号，供有关部门及时采取应对措施，为预算目标实现提供保障。

小知识　明确预算执行中出现的各种差异

在实际工作中，对于管理者而言，不论计划做得如何周密，在预算执行过程中，内外部环境的变化以及各种各样的意外事件，都会对预算产生这样或那样的影响。因此，经营收入和经营支出预测与实际总会出现一些差异，但是出现差异并不代表预算的失误。

1. 对待差异的方法

管理者面对预算差异时，应该这样做：

（1）发现差异，对差异进行分类，并找出差异出现的具体原因。

（2）对这些差异有可能对本预算以及其他预算造成的连带性影响做出评估。

（3）采取相应的措施，以便能够及时修正和消除这些影响。

2. 差异的分类

差异可以分为收入差异和费用差异。由于导致收入和费用产生差异的原因主要有价格、数量和发生时间，因此又可以根据这些原因对收入和费用差异进行细分。

（1）收入差异的类型。

①由价格导致的收入差异。由于在一般情况下，销售收入是一个企业的最主要的收入来源，因此由销售价格导致的收入差异是最引人注意的一种差异。它不仅是收入预算负责人的关注重点，同时也是企业上下最关心的预算内容。

销售收入的多少与销售价格的变化有着极大的联系。有时候，企业为了开拓海外市场，可能会降低销售价格，从而使得实际销售额低于预算数据；或者企业商业信誉的改善，使股票的发行价格得到了提高，从而使得来自股票发行的收入比预计的增加了。这些都是因价格变化而给收入带来的差异。

②由数量导致的收入差异。由销售数量变化（实际销售数量高于或低于预测销售数量）所带来的收入差异最为常见。例如，企业的客户倒闭或者企业又开发了几个新的客户，这些都会直接影响到销售数量。另外，其他项目数量的变化也会造成实际收入的变动。例如，企业预计出售一些闲置的资产，当真正出售时，已经不像编制预算时那么具有吸引力了，在这种情况下，收入自然比预计的要少。

③由时间导致的收入差异。管理者在工作过程中，经常会遇到客户延迟付款或者提前收到货款的情况。例如，有些客户为了享受企业的一些折扣优惠，可能会提前付款；而有些经济情况恶化的客户则会尽可能拖延付款时间来维持其经营。由于在业务部门的管理活动中，现金流量的意义不突出，因此这种差异经常被业务部门的预算管理人员忽视。

（2）费用差异的类型。

①由价格导致的费用差异。一个企业中的大多数预算是以费用作为基础的，实际费用会受到当时的购买价格的影响而出现上下波动的状况。例如，实际购买原材料的费用可能比预计的高，但由于运输渠道关卡收费的降低，运费比预计的低了。

②由数量导致的费用差异。经常会有这样的事情发生：企业需要购买的产品或服务的实际价格与预算的价格完全相同，但是实际购买量会有所不同。尤其是当一个企业刚刚成立或新产品刚刚投入市场时，这种情况较为常见。

③由时间导致的费用差异。在某些情况下，一些费用的发生可能比预算的早。例如，因经营所需，需要立即购买一批新的材料；而在另一些情况下，费用发生的时间则滞后于预算时间。由于一些部门经理并不直接涉及对资金的管理，费用发生时间对他们的预算管理目标不会造成明显的影响，所以许多部门的经理并不

太重视这一类差异。

3. 非重要性差异

在实际的预算执行过程中，不会总是出现一些对整个经营或预算产生重要影响的内外部因素，可能仅仅出现一些细微的、不重要的收入或费用差异，多数管理者基本上可以凭借自己所掌握的管理技能处理这些差异，从而对预算执行进行有效的控制。

但是，如果换一个角度来看，这也说明预算管理者的经营预算过于保守。他们可能过低地估计了经营收入，从而使其得以顺利甚至超额地完成预算任务；或者过高地估计了经营费用，从而使得经营者有充足的资金来调节其他支出，以便维持下一年度的费用预算水平。所以，如果预算执行过程中只存在非重要性差异，也不要盲目乐观，而是应该对这些差异的原因进行评估，看看到底是管理水平出色还是预算计划保守所致。

由于数量和发生时间的因素将导致经营收入和经营支出的差异，因此管理者一定要掌握必要的工作要领，严格按照计划要求实现预算管理目标。管理者要有能力发现和解决这些差异，从而有效地控制费用和实现经营收入目标。

小知识　　预算执行结果的评估与考核

预算管理委员会的业绩考核委员会对预算执行情况按季度和年度进行评估，对当期实际发生数与预算数之间存在的差异，不论是有利的还是不利的，都要认真分析其成因，写明拟采取的改进措施。预算评估的重点是形成差异的原因及应采取的措施。通过分析出现差异的原因，找到管理中的强项和弱项，总结经验与教训，加强管理。“考核与奖惩是预算管理的生命线”，只有通过科学合理的考核、赏罚分明的奖惩，才能确保预算管理落到实处。

小知识　　预算的执行与监督

在预算执行过程中，作为各责任中心的预算执行单位必须向预算管理委员会办公室报送预算执行计划进度。这是预算管理委员会对预算进行过程监控的依据，也是预算管理委员会考虑是否调整年度预算的重要参考。预算委员会可利用计算机网络系统对各二级单位的经济业务处理进行跟踪。一方面可以使总经理对预算执行情况进行实时控制，另一方面进一步卡住了会计信息失真的源头，减少虚假会计信息，有利于内审部门对预算执行的监督。预算的执行和监督是紧密联系的，有力的监督是有效执行的重要保证。为加大监督力度，并保持审计的独立性，审计委员会不参与预算的编制工作，只负责预算执行过程与结果的监督，直接对总经理负责。内审部门一方面可以借助网络系统在预算执行过程中对各预算执行单位实施突击性审查，另一方面可以在期末根据财务部门汇总结果的评估定期审查。

四、预算调整

当预算编制的假设条件，特别是外部客观环境发生重大变化时，如果不及时调整现行预算，必然使企业遭受重大经济损失，因此必须对预算进行调整。

但是如果预算调整依据不充分、方案不合理、审议程序不严格，可能导致预算调整随意、频繁，预算失去严肃性和约束力，也不利于经营战略的实现。

企业批准下达的预算应当保持稳定，不得随意调整。但市场环境、国家政治或不可抗力等客观因素导致预算执行发生重大差异确需调整预算的，应当履行严格的审批程序。

（一）调整预算内容

对于实际工作中出现的收入差异或费用差异，只要控制在10%以内的，管理者都可以采取适当的行动去加以纠正。但是，在具体实践中，有时会存在一些根本无法补救的预算差异，这时就必须在预算管理委员会批准后，对所涉及的相关预算进行修正。

1. 对总预算外其他预算的调整

进行预算修改，必须得到预算管理委员会的批准。对于本部门的预算来讲，如果修改的内容仅与该预算有关，而不会对其他预算产生连带影响，或者修改的幅度很小，那么这些修改意见将很容易获得通过。修改完毕，管理者必须严格按照企业规范的预算管理程序对预算的执行情况进行跟踪和监督管理，定期检查收入和费用的发生情况，随时关注可能出现的差异，将重大差异问题（超过 10%）向预算管理委员会及时报告，并定期对预算工作的管理情况进行汇总。

其他预算也是一样，当修改内容只与它们本身有关或改动较小时，预算管理委员不会过多地干预；而对于那些对预算有巨大影响的变动，则必须经过预算管理委员会的严格审查，批准后才能予以实施。这样做是便于企业准确了解和掌握这些变动有可能给其他预算带来的连带后果。

2. 对总预算的调整

由于总预算的各项数据均来自销售预算、生产预算等各个预算，因此在对部门预算或其他预算数据进行修改，进而发生变化以后，企业的总预算，即现金预算、利润预算及资产负债预算也应该进行相应的调整。例如，销售淡季的收入水平会对现金流量造成严重影响，同时也会给企业的经营利润造成不可弥补的损失；产品原材料和生产部件的成本上升会造成毛利润的下降，同时会对企业的经营利润产生较大的影响。企业必须考虑到某些重大变化对各个预算数据和内容造成的影响，必要时，可重新制定新的总预算，也就是编制新的现金预算、利润预算和资产负债预算，使预算符合企业经营的实际情况。

有时一些数据改动反映出总预算中的结果是不可行的，如现金和利润水平过低，这时，所有预算数据必须再经过预算管理委员会的审查和修改，直到出现满意的结果。

总之，管理者在预算执行的实际工作中，必须对所出现的各种收入和支出差异的影响进行评估，并及时调整任何对现实不利的差异。如果仍存在一些不能消除的差异或者重大的差异，就要向预算管理委员会提出修正的申请。预算管理委员会批准后，即开始着手对各个有关预算进行调整修正。

（二）正确对待预算调整

对预算实施监控，目的就是通过监控及时发现实际工作中的问题，并根据变动了的实际情况，对预算内容进行必要的调整，从而使企业经营和管理在健康的轨道上运转。

1. 需要进行调整的情况

对预算进行调整，其实意味着进行第二次预算。变动预算一般有两种情况。

（1）为提高工作业绩而进行变动。例如，当企业陷入财务困境需要提高工作业绩时，就需要对原来的预算进行适当的变动，以适应企业的实际情况。

（2）需要降低预算水平。这种情况一般是企业某个部门自身没有过错，却由于种种原因没有可能达到计划的要求。例如，由于地震导致企业在国内的销售点正常营业受到影响，如果根据最初编制的销售预算来进行考核和评价，这显然是不公平的，也会削弱激励的作用，使得业绩完成情况更不理想。在这种情况下，企业管理层就应该准予降低预算的要求，并相应地减少指标计划。

2. 预算可调整的范围

不是所有预算都能够进行协调的。较低层次的预算是有协调余地的，但越是高层次的预算，协调的余地越小。例如，在企业和银行之间，预算协调是没有也不可能有回旋余地的。银行不会对一些借口感兴趣，它们希望贷款能够得以及时偿还。所以这类预算是不可能协调的。如果这种情况真的发生，就可能意味着企业面临破产的危机。

3. 对预算调整进行管理

进行预算调整并对其进行管理，是预算管理委员会或预算专员的工作职责。部门或科室的负责人主要负责对收入和费用的实际发生情况进行监督，定期对各项预算数据进行检查以及向上一级经理报告预算中的差异和执行中存在的问题。当出现重大问题时，管理者必须马上予以明确的指示，或者立即召集有关部门开会，研究讨论具体的解决方案；必要时还应将这些问题通知到全体有关人员。假如问题不能及时解决，就要开始着手修订预算。

4. 正确对待预算调整中的差异问题

进行预算调整，并不意味着产生的所有差异都是不正当的，使用调整预算来衡量业绩和允许差异存在并不矛盾。进行预算协调时，会对相关的差异进行具体解释。例如，哪些是重大差异，哪些是允许范围内出现的，对于那些由于经营失误等带来的差异，要规定时间加以消除。这样做，一是可以方便未来与计划做比较，二是对于有些管理者而言，防止他们总是为自己很差的业绩找辩解的理由。

总之，由于情况总是在发生变化的，在实际工作中，总会发生一些不可预见、不可控制或者不能确定的事情。它们可能使已经拟订好的预算不再具有现实意义。这时解决的方法就是调整预算，以保证预算能够继续发挥它在实际工作中的重要作用。

五、预算反馈

预算控制系统要发挥其应有的职能，必须依赖于灵活有效的预算反馈机制。

预算反馈控制包括预算反馈制度和预算反馈报告两部分。

（一）预算反馈制度

为了保证预算目标的顺利实现，在预算执行过程中，各级预算单位应定期召开预算例会，对照预算指标及时总结预算执行情况，计算差异，提出改进措施。预算例会按照召开的周期应当形成不同形式的预算反馈报告。

（二）预算反馈报告

预算反馈报告是预算管理信息的具体结果，是对报告期预算执行情况的总结和反映，同时也是预算考评和对经营者奖惩的主要依据。预算反馈报告根据上报的期间不同，分为年度报告、季度报告、月度报告等，具体选择可根据企业的具体情况而定。

由于预算反馈报告在预算管理中的特殊地位，因此管理者要给予充分的重视。编制预算报告，应遵循以下基本原则。

1. 真实性

预算反馈报告是企业整个生产经营过程的总结，真实性是对其最基本的要求，否则会给企业带来一系列决策和控制失误。

2. 及时性

预算反馈报告是实施控制和企业决策的重要依据，必须及时地编制和上报。预算反馈报告的及时性是调控职能实现的关键。

3. 系统性

预算管理要求预算反馈制度以责任中心为基础，对预算执行情况进行系统的记录和计量，从而形成预算反馈报告。在预算管理中，不同层次的责任中心具有不同的预算责任目标，因此需要不同的预算反馈报告。但不论是投资中心、利润中心、成本中心，预算反馈报告都应覆盖各责任主体，并突出责任预算目标的完成情况。预算反馈报告应以最基层为起点，逐级汇总上报，直至企业最高决策层，形成企业的预算反馈报告系统。

4. 灵活性

预算反馈报告在形式上可以多样化，如采用报表、数据分析、文字说明等。预算反馈报告最基本的形式是用报表方式反映预算差异，但更重要的是，分析和揭示产生预算差异的原因，并提出改进意见和建议。

总之，实施有效的预算监控，建立完善的监控系统，可以帮助企业加强预算管理，使预算真正发挥约束企业行为、帮助企业发展的重要作用。

六、预算分析

通过分析可总结经验、吸取教训、发现问题，为改进工作、防范风险损害提供依据。它是预算管理中的重要环节。但是，如果预算分析不正确、不科学、不及时，就可能削弱预算执行的效果，导致预算考评不客观、不公平；对于预算差异原因的解决措施不得力，可能导致预算分析形同虚设。

企业预算管理工作机构和各预算执行单位，应当建立预算执行情况分析制度，定期召开预算执行分析会议，通报预算执行情况，研究、解决预算执行中存在的问题，提出改进措施。

为确保分析结果客观、公正，企业在分析预算执行情况时应特别关注：

（1）应当充分收集有关财务、业务、市场、技术、政策、法律等方面的信息资料。

（2）应根据不同情况分别采用比率分析、比较分析、因素分析等方法。

（3）应从定量与定性两个层面充分反映预算执行单位的现状、发展趋势及其存在的潜力。

小知识 深入分析财务状况预算

企业的财务状况预算是利润预算和资产负债预算的简称。利润表是对企业下一个业务周期内的销售收入预算、全部费用预算、经营利润预算和亏损预算的情况进行详细说明的财务报表。资产负债预算是对企业在某一时刻的资产和负债状态以及在过去一段时间内企业融资活动进行说明的伴随性财务报表。

1. 财务状况预算中存在的问题

无论是利润预算表还是资产负债预算表，表格里只是列出了一些表面性的数据。这些数据也许可以告诉你销售如何出色、利润如何可观，但是只从数据中直接得到的这些信息总是给人不踏实的感觉。如何透过这些表面的数据和内容，对企业的经营状况进行更深刻的分析，对于经理人，尤其是非财务专业的经理人来说，是一个很重要的问题。特别是当手头上只有利润预算表和资产负债预算表作为依据时，面对一些诸如此类的问题，如企业的毛利润与行业的平均利润有什么差异，企业经营管理支出高还是低等，如何根据这两个预算表中的数据进行解答，则又是对经理人的一个考验。

2. 深入分析财务状况预算

针对以上问题，解决的办法就是对其中的有关数据进行比率计算，这些比率关系会帮助经理人对企业的经营状况有更为深刻的了解。常用的比率关系有毛利润率、净利润率、费用比率、流动比率、速动比率、存货周转率、应收账款周转天数、应付账款周转天数、人均销售率、人均利润率、固定资产周转率等。

（1）毛利润率能够帮助企业检查销售额和直接费用之间的关系，说明的是一个企业如何进行采购、销售和经营的，而采购、销售和经营正是决定企业长期经营是否成功的核心要素。将计算出的毛利润率结果与行业的平均利润进行比较，就可以判断企业在行业中的地位。

$$毛利润率=（毛利润/销售额）\times 100\%$$

（2）净利润率说明的是在扣除全部的经营费用之后，企业是否能够真正赢利。如果结果不理想，就表明可能是由于上一期经营管理中出现了一些问题，在以后的管理中，就要加强对费用的控制。

净利润率=（净利润/销售额）×100%

（3）根据费用比率这个公式，经理人可以根据各自不同的需要对不同科目的费用进行分析。将不同的费用分别与销售额进行比较，可以看出哪些费用支出过高，从而加强费用控制，在下一期中节省不必要的开支。

费用比率=（费用/销售额）×100%

（4）流动比率反映的是企业的支付能力。一个企业必须拥有足够的资金，以便立即承诺并支付它所欠的银行贷款和应付给供应商的货款等短期欠款。此外，企业为了维持正常的经营，还必须留有足够的备用资金，否则必须采取措施来增加资产或减少负债。

流动比率=流动资产/流动负债

（5）在现实工作中，企业很难在需要立即偿还全部流动负债时，将全部存货立即变成现金。所以在计算企业的支付能力时，应该在流动资产净额中扣除存货资产，这样得到的数据才更为真实。与流动比率相比，速动比率显示的支付能力更具有不稳定性，经理人应该采取适当的补救措施来维持企业财务状况的稳定。例如，立即降低存货水平，同时保持一定数量的现金，以备急用。

速动比率=（流动资产–存货）/流动负债

（6）存货周转率越高，说明企业资金的使用率越高。企业应尽可能地将产品存货维持在一个较低的水平，同时尽可能加快存货周转，以便释放更多的现金，提高资金使用率。在具体工作中，存货周转率会发生变化，经理人要注意将本企业的存货周转率数值与行业的平均数值进行比较，以便及时了解和改进企业的经营状况和管理水平。

存货周转率=销售成本/平均存货

式中：平均存货=（期初存货+期末存货）/2。

（7）应收账款周转天数表示的是客户偿还货款所需要的天数。为了保证现金流量永远能够保持在一个健康的水平，企业应该采取措施使他人尽快偿还所欠本企业的债务。企业应该在支付债务之前，回收相应数额的债权欠款。经理人可以把应收账款周转天数与企业上一年度的数值、本行业的平均数值进行比较，以确定和评估企业的管理水平

应收账款周转天数=（应收账款×365）/销售额

（8）应付账款周转天数表示的是一个企业对外偿还债务所需要的天数。经理人一定要对这个比率所计算出的数据给予充分的重视。一般从理论上讲，这个数值应该比日平均负债率的数值要大。从现金的角度而言，对外付款的日期越迟，企业手中握有的现金就会相对越多，对企业的经营就越有利。但是这样可能会牺牲提前付款所获得的一些优惠，同时要注意不要因推迟付款而损害与供应商之间的业务关系。

应付账款周转天数=（应付账款×365）/销售额

（9）人均销售率衡量的是企业每个员工创造销售收入的能力及平均工作效率。利用这个比率可以按照年度对销售收入的情况进行监督，同时可以把本企业的情况和同行业的企业进行比较，根据比较的情况，采取相应的管理措施。

人均销售率=销售额/员工人数

（10）人均利润率衡量的是企业每个员工创造净利润的能力。利用这个比率可以按照年度对人均创造利润的情况进行比较，同时可以把本企业的情况和同行业企业的人均利润数值进行比较。

人均利润率=净利润额/员工人数

（11）固定资产周转率表示的是一个企业固定资产的利用效率，也就是单位设备和机器等固定资产所创造的销售额。这个数据对于企业提高固定资产利用率很有帮助。

固定资产周转率=（销售额/固定资产）×100%

总之，在没有其他辅助工具支持的情况下，要解释利润预算表和资产负债预算表中的数据是有些困难的。在这种情况下，利用一系列财务比率可以帮助经理人在实际工作中更有效地使用财务状况预算表格。这些财务比率会将会计报表中的各类数据按照一定的关系加以精确量化，以便使用的人员能够更为准确地了解企业的财务状况和经营成果。

小知识　如何辨析预算表格及数据内容是否具有实用价值

填写好预算表格中各项预测收入与费用数据之后，就要将预算说明书及预算表格提交预算管理委员会。在此之前，必须检查预算表格及其填写内容是否做到了以下几点。

1. 内容的完整性

无论在什么情况下，保持预算表格中的预测数据和内容应有的完整性是经理人编制预算表格的基本原则。也就是说，预算表格中应该包括所有预算管理委员会所需要的内容。如果使用的是标准预算表格，而表格中的某些项目并不适合本企业的实际情况，则应在这些项目上做上记号，切忌将它们空在那里，以免造成他人的误解。理想的情况是，预测表格中的各项内容都应该详尽完整，不需要对它们再做更多的补充性解释和说明。

2. 简单、清晰、易懂

预算编制人员必须保证预算表格中的数据及内容简单、清晰、易懂，必须对预算表格中的各项细节及具体问题加以关注。例如，各个数据之间应该做到间隔有序，标点符号的使用要正确，文字性说明要简单、明白，要符合语法规范，不要出现错别字等。在呈交预算管理委员会之前，多向同事征求意见，以确认他们是否与你达成了基本一致的理解和共识，并根据他们的合理建议或意见加以修正。

3. 准确无误

预算表格中的一个数据纰漏，就有可能使整个预算工作偏离正常的方向，给未来工作和企业的经营造成损失。所以无论在什么情况下，预算编制人员都必须保证预算表格中的数据和内容准确无误，要对所做过的各项工作进行仔细的检查。例如，检查内容与行列是否正确对应；数据汇总和数据排列位置是否准确无误；主标题和子标题是否做了必要的说明；预算表格内是否填写了正确的数据且准确无误。

4. 是否成功地完成填写任务

预算指南是指对预算的编制、执行和监督过程进行指导的文件，一般由预算管理委员会颁发。预算编制人员应阅读预算指南并参照以下问题进行最后确认，应该对以下问题做出肯定的回答。如果不是这样，则需要对预算表重新进行检查。

（1）内容是否完整并具有足够的独立性？

（2）是否填写了各个项目并对不需要的部分都加了横线？

（3）内容是否包括了有关说明并回答了所有问题？

（4）表格是否包括了预算管理委员会所需要的全部信息？

（5）内容是否简洁易懂？数据间是否留有间隙？

（6）内容是否具有可读性？是否正确使用了语法、词汇和标点符号？

（7）是否避免了使用口语化、技术性和模糊性的表述方式？

（8）同事们是否已经阅读过这个预算表格？他们是否同意和理解其中的内容？

（9）内容和数据是否填写在正确的行列中？其中数据的加、减、合计的逻辑关系是否正确？

（10）内容是否都准确无误且具有完整性？

在正式将预算表格提交预算管理委员会之前，对填写完毕的预算表格中的格式数据和内容进行认真的审阅，是保证其各项内容真正具有实用价值的必要手段。在审阅中，往往会发现一些可能会对未来工作造成影响的纰漏，因此这个环节绝对不能忽视。

七、预算考评

在预算执行过程中和完成后都要适时地进行预算考核和评价（简称“预算考评”），这是一种动态考评，也是一种综合考评。

（一）全面预算考评意义与风险

它是对预算执行单位执行结果的考评，对发挥预算约束与激励功能、增强预算“刚性”、强化预算执行、确保预算目标实现有重要作用。

考核阶段主要风险是：如果预算考评不严格、考评过程不透明、考评标准不合理、考评结果不公正，可能导致奖惩不到位、严重影响预算目标实现、预算管理流于形式的风险。

（二）建立预算执行考评制度

企业应当建立严格的预算执行考评制度，对预算执行单位和个人进行考评，切实做到有奖有惩、奖惩分明。

企业对预算执行情况考评的原则要求如下：

（1）企业预算执行管理委员会应当定期组织预算执行情况的考评，将各预算执行单位负责人签字上报的预算执行报告和已掌握的动态监控信息进行核对，确立各执行单位预算完成情况。

（2）必要时实行预算执行情况内部审计制度。预算执行情况的内部审计制度是确保执行单位预算完成情况真实性的重要保证制度。

（三）预算执行考评遵循的原则

企业预算执行情况考评工作，应当坚持公开、公平、公正的原则，考评过程及结果应有完整的记录。

1. 没有实现预算目标就说明执行者没有有效地执行预算

因为进行利润预算管理的根本目的是要实现目标利润，在目标利润确定之前，预算管理人员已进行各方面合理的预测，所以在预算考评时如无特殊原因，未能实现预算目标就说明执行者未能有效地执行预算。

2. 制定与预算考评相适应的激励制度

一套切实可行的激励制度会使员工加倍地付出努力，从而取得更好的成绩。预算考评的真正意义就在于通过考评这种形式激发预算执行者的积极性和主动性，没有科学的激励制度，预算考评也就失去了它的真正意义。企业应根据自己的具体情况，制定科学、合理的奖惩制度，激励预算执行者完成或超额完成预算。

3. 注意考评的适时进行

只有及时对预算执行结果进行考评，并依据奖惩制度及时兑现，才有助于管理上的改进，保证目标利润的完成。如果本期的预算执行结果拿到下期或更长时间进行考评，就失去了考评的激励作用。

4. 根据预算修正情况进行考评

企业有时会出现一些不可控的因素，如产业环境的变化、市场的变化、执行政策的改变、气候的变化、重大意外灾害等。企业受到这些因素的影响后，就应该及时按程序修正预算，同时应该按修正后的预算进行考评。

5. 遵循分级考评的原则

预算考评是根据企业预算管理的组织架构层次或预算目标的分解次序进行的。预算执行者是预算考评的主体对象，每一级责任单位负责对其所属的下级责任单位进行预算考评，而本级责任单位预算的考评则由所属上级部门来进行。不同的责任中心应有不同的侧重点。例如，成本中心以评价责任成本预算执行结果为主；利润中心以评价责任利润预算执行结果为主；投资中心则以评价资本所创的效益为主。

对预算执行结果的考评，能够反映整个企业的经营业绩与企业员工的绩效，可以帮助企业管理者衡量有关预算目标的实现程度，为预算目标的顺利实现提供可靠的保障并为编制下一期预算提供丰富有价值的资料。预算考评具有较强的激励作用，可以通过奖惩制度激发管理者的工作能动性和积极性。

（四）预算考评关注的事项

1. 要建立健全预算执行考评制度

预算执行考评是一项非常严肃的工作，关系到企业与员工的切身利益，对预算指标的实现有直接影响。因此，应制定严格的考评制度，明确规定预算考评主体、考评对象、考评期间、考评指标、考评程序、考评结果的公布、奖惩原则等内容，并认真、严格地组织实施。

2. 要关注预算考评主体、考评对象和考评指标的确定

（1）考评主体应遵循的原则。在界定预算考评主体和考评对象时，应遵循三项原则：上级考评下级、逐级考评、预算执行与预算考评相分离。

（2）考评主体的层级划分。通常分两个层级：第一层级是企业高层考评主体——预算管理委员会，负责对企业全面预算总体执行情况的考评；第二层级是企业内部各级预算责任单位，负责对下级单位和相关个人执行情况的考评。它既属于上级考评主体的考评对象，又是下级单位和个人的考评主体。这一层级的考评对象需要就所承担的预算目标签字确认。

（3）考评指标的选择。预算考评指标决定了预算考评的内容及标准，它对各级预算责任单位及员工的行为产生影响，对预算考评体系的有效运行十分关键。因此在设定预算考评指标时应坚持应以考评对象所承担的预算指标为主，同时本着相关性原则，增加一些带全局性及关联责任主体的预算指标。考评指标以定量指标为主，同时适当兼顾定性指标，并具有可控性、可达性及明晰性。

3. 要坚持公开、公平、公正原则

考评程序、考评标准与考评结果要公开，这样才能提高考评的信任度，发挥考评作用，促进全面预算目标的完成。预算管理委员会的负责人签字确认，并与已掌握的动态监控信息进行核对，必要时实施预算执行情况内部审计制度。内部审计机构应当形成审计报告。预算考评中如果出现由于不可控因素导致该单位没有完成预算指标，在界定预算执行情况时应将该差异剔除。

4. 奖惩措施要公平合理并及时兑现

考评结果应当同执行单位与员工的薪酬、职位等挂钩，实施预算奖惩，从而调动广大员工实现预算目标的积极性。

小知识　　**实现预算分级考评**

预算分级考评是对企业内部各级责任中心预算执行结果的考评。期末通过对企业生产经营活动的综合考评，对各预算执行主体的预算完成情况进行分析评价。预算考评从成本、利润等财务指标与预算指标的对比着手，分析差异产生的原因，为企业的奖惩提供依据。根据企业内部责任中心的权责范围及业务流动的特点，责任中心可以分为利润中心、成本中心、投资中心三大类。

1. 利润中心的考评

利润中心是指对利润负责的责任中心，既要控制成本费用的产生，又要对收入和成本的差额即利润进行控制，一般是指有产品或劳务生产经营决策权的企业内部部门。

（1）利润中心的类型。利润中心分为自然利润中心与人为利润中心两种。自然利润中心是指可以直接对外销售产品并取得收入的利润中心；人为利润中心是指对内流转产品，视同产品销售而取得“内部销售收入”的利润中心。

（2）利润中心的考评指标。利润中心的考评指标为利润，即通过比较一定期间实际实现的利润与责任预

算所确定的利润，进而评价该责任中心的业绩。

①当利润中心不计算共同成本或不可控成本时，所用考评指标的计算公式如下：

利润中心边际贡献总额=该利润中心销售收入总额-该利润中心可控成本总额（变动成本总额）

一般而言，利润中心的可控成本是变动成本。

②当利润中心计算共同成本或不可控成本，并采取变动成本法计算成本时，采用的考评指标及其计算公式如下：

利润中心边际贡献总额=该利润中心销售收入总额-该利润中心变动成本总额

利润中心负责人可控利润总额=该利润中心边际贡献总额-该利润中心负责人可控固定成本总额

利润中心可控利润总额=该利润中心负责人可控利润总额-该利润中心负责人不可控固定成本总额

企业利润总额=各利润中心可控利润总额之和-企业不可分摊的各种管理费用、财务费用等

2. 成本中心的考评

成本中心是指对成本或费用承担责任的责任中心，一般包括负责产品生产的生产部门、劳务提供部门及给予一定费用指标的管理部门。

（1）成本中心的分类。成本中心分为技术性成本中心和酌量性成本中心。技术性成本是指发生的数额通过技术分析可以相对可靠地估算出来的成本，可以通过弹性预算予以控制；酌量性成本是指以直接控制经营管理费用为主的成本控制，着重于预算总额的审批。

（2）成本中心的考评特点。

1）只考评成本费用而不考评收益。

2）只对可控成本承担责任。

3）只对责任成本进行考评和控制。

（3）成本中心的考评指标。成本中心考评采用相对指标和绝对指标，即成本（费用）变动额和变动率两个指标。其计算公式为：

成本（费用）变动额=预算责任成本（或费用）-实际责任成本（或费用）

成本（费用）变动率=成本（费用）变动额/预算责任成本（费用）×100%

3. 投资中心的考评

投资中心是指既对成本、收入和利润负责，又对投资效果负责的责任中心。投资中心的考评指标有以下几种。

（1）投资利润率。投资利润率，又称投资报酬率，是指投资中心所获得的利润与投资额之间的比率。投资利润率能反映投资中心的综合盈利能力，具有横向可比性，可以作为选择投资机会的依据及作为评价投资中心经营业绩的尺度。它可以正确引导投资中心的经营管理行为，使其行为长期化。其计算公式为：

投资利润率=利润/投资额×100%

投资利润率=（销售收入/投资额）×（成本费用/销售收入）×（利润/成本费用）

=资本周转率×销售成本率×成本费用利润率

（2）剩余收益。剩余收益是一个绝对数指标，是指投资中心获得的利润扣减其最低投资收益后的余额。其计算公式如下：

剩余收益=利润-投资额×规定或预期的最低投资报酬率

如果考评指标是总资产息税前利润率，则剩余收益计算公式应进行相应调整。其计算公式如下：

剩余收益=息税前利润-总资产占用额×规定或预期的总资产息税前利润率

总之，分级考评要以各责任中心为基础，以责任报告为依据，分析、评价各责任中心责任预算的实际执行情况，进而找出差距，查明原因，借以考评各责任中心的工作成果，实施奖罚，促使各责任中心积极纠正行为偏差，完成责任预算。

八、预算激励

为了开创并持久地保持预算工作的积极有效的局面，需要从制度层面制定相关的激励机制，通过精神和物质奖励，认可预算人员的工作成果，鼓励预算人员更加积极主动地工作。

（一）物质激励

在物质激励过程中，应把有实效的行为及预算执行情况作为重要的奖励因素，以调动预算人员执行预算的积极性。企业通过物质奖励调动预算人员的积极性时，不能把奖金与工资放在一起。工资是由企业统一发给员工以维持生计的，奖金则是由管理者对预算人员绩效评价后，按预算执行情况和个人的贡献进行分配的，以此显示物质激励的公平性。企业在实施物质激励时，应注意以下几个问题。

1. 物质激励应与相应的制度结合起来

企业应根据自己的实际情况建立一套制度，创造一种氛围，以减少不必要的内耗，使预算人员以最佳的工作效率为实现企业目标多做贡献。

2. 物质激励要公平，但不能搞“平均主义”

预算人员对他们所得的报酬是否满意并不只看绝对值，还要进行社会纵向或横向比较，判断自己是否得到了公平对待。企业进行差别奖励，更能调动员工的积极性。

（二）精神激励

物质激励存在一些缺陷，它有时会造成同事之间彼此封锁消息，影响工作的正常开展。而精神激励则在较高层次上调动员工的工作积极性，其激励是深层次的，维持时间也较长。精神激励的方法有许多，以下三种是比较常用的。

1. 目标激励

企业目标是企业凝聚力的核心，它能够在理性和信念的层次上激励预算人员。

2. 参与激励

激励每位员工参与到预算执行和管理中，各自为实现预算执行目标而做出自己的贡献，这是调动他们积极性的有效方法。

3. 荣誉激励

荣誉激励不仅成本低，而且效果好。

（三）情感激励

情感激励是指加强各级预算管理者和员工的感情沟通，尊重员工，使之始终保持良好的情绪和高昂的工作热情。情绪具有一种动机激发功能，因为在心境良好的状态下工作思路开阔、思维敏捷、解决问题迅速。因此，加强企业内部的沟通与协调，是情感激励的有效方式。

除了直接的激励因素，影响激励效果的还有许多间接因素。例如，激励的及时性、公平性、持续性；企业战略目标及各级预算目标与员工个体目标的一致性；预算人员的个体特征；激励强度；违反规范行为的事前预防和事后处理等。

总之，建立与预算评价结果相对应的激励机制，首先，要反映员工所创造的企业价值，强调企业的长期业绩，而非短期效益。

其次，要考虑企业的文化背景，要获得全体员工的认同，而不是顾此失彼。

再次，要具有足够的激励作用和吸引力，充分发挥员工的创造性和主动性。

最后，要注意激励中的约束问题，对于没有实现预算目标而需要承担责任的相关部门和个人应采取严厉的惩罚措施，以促进企业组织内部的良性竞争。

法律依据

内部控制应用指引第 15 号——全面预算

第一章 总 则

第一条 为了促进企业实现发展战略，发挥全面预算管理作用，根据有关法律法规和《内部控制基本规范》，制定本指引。

第二条 本指引所称全面预算，是指企业对一定期间经营活动、投资活动、财务活动等做出的预算安排。

第三条 企业实行全面预算管理，至少应当关注下列风险：

（一）不编制预算或预算不健全，可能导致企业经营缺乏约束或盲目经营。

（二）预算目标不合理、编制不科学，可能导致企业资源浪费或发展战略难以实现。

（三）预算缺乏刚性、执行不力、考核不严，可能导致预算管理流于形式。

第四条 企业应当加强全面预算工作的组织领导，明确预算管理体制以及各预算执行单位的职责权限、授权审批程序和工作协调机制。

企业应当设立预算管理委员会履行全面预算管理职责，其成员由企业负责人及内部相关部门负责人组成。

预算管理委员会主要负责拟定预算目标和预算政策，制定预算管理的具体措施和办法，组织编制、平衡预算草案，下达经批准的预算，协调解决预算编制和执行中的问题，考核预算执行情况，督促完成预算目标。预算管理委员会下设预算管理工作机构，由其履行日常管理职责。预算管理工作机构一般设在财会部门。

总会计师或分管会计工作的负责人应当协助企业负责人负责企业全面预算管理工作的组织领导。

第二章 预算编制

第五条 企业应当建立和完善预算编制工作制度，明确编制依据、编制程序、编制方法等内容，确保预算编制依据合理、程序适当、方法科学，避免预算指标过高或过低。

企业应当在预算年度开始前完成全面预算草案的编制工作。

第六条 企业应当根据发展战略和年度生产经营计划，综合考虑预算期内经济政策、市场环境等因素，按照上下结合、分级编制、逐级汇总的程序，编制年度全面预算。

企业可以选择或综合运用固定预算、弹性预算、滚动预算等方法编制预算。

第七条 企业预算管理委员会应当对预算管理工作机构在综合平衡基础上提交的预算方案进行研究论证，从企业发展全局角度提出建议，形成全面预算草案，并提交董事会。

第八条 企业董事会审核全面预算草案，应当重点关注预算科学性和可行性，确保全面预算与企业发展战略、年度生产经营计划相协调。

企业全面预算应当按照相关法律法规及企业章程的规定报经审议批准。批准后，应当以文件形式下达执行。

第三章 预算执行

第九条 企业应当加强对预算执行的管理，明确预算指标分解方式、预算执行审批权限和要求、预算执行情况报告等，落实预算执行责任制，确保预算刚性，严格预算执行。

第十条 企业全面预算一经批准下达，各预算执行单位应当认真组织实施，将预算指标层层分解，从横向和纵向落实到内部各部门、各环节和各岗位，形成全方位的预算执行责任体系。

企业应当以年度预算作为组织、协调各项生产经营活动的基本依据，将年度预算细分为季度、月度预算，通过实施分期预算控制，实现年度预算目标。

第十一条　企业应当根据全面预算管理要求，组织各项生产经营活动和投融资活动，严格预算执行和控制。

企业应当加强资金收付业务的预算控制，及时组织资金收入，严格控制资金支付，调节资金收付平衡，防范支付风险。对于超预算或预算外的资金支付，应当实行严格的审批制度。

企业办理采购与付款、销售与收款、成本费用、工程项目、对外投融资、研究与开发、信息系统、人力资源、安全环保、资产购置与维护等业务和事项，均应符合预算要求。涉及生产过程和成本费用的，还应执行相关计划、定额、定率标准。

对于工程项目、对外投融资等重大预算项目，企业应当密切跟踪其实施进度和完成情况，实行严格监控。

第十二条　企业预算管理工作机构应当加强与各预算执行单位的沟通，运用财务信息和其他相关资料监控预算执行情况，采用恰当方式及时向决策机构和各预算执行单位报告、反馈预算执行进度、执行差异及其对预算目标的影响，促进企业全面预算目标的实现。

第十三条　企业预算管理工作机构和各预算执行单位应当建立预算执行情况分析制度，定期召开预算执行分析会议，通报预算执行情况，研究、解决预算执行中存在的问题，提出改进措施。

企业分析预算执行情况，应当充分收集有关财务、业务、市场、技术、政策、法律等方面的信息资料，根据不同情况分别采用比率分析、比较分析、因素分析等方法，从定量与定性两个层面充分反映预算执行单位的现状、发展趋势及其存在的潜力。

第十四条　企业批准下达的预算应当保持稳定，不得随意调整。由于市场环境、国家政策或不可抗力等客观因素，导致预算执行发生重大差异确需调整预算的，应当履行严格的审批程序。

第四章　预算考核

第十五条　企业应当建立严格的预算执行考核制度，对各预算执行单位和个人进行考核，切实做到有奖有惩、奖惩分明。

第十六条　企业预算管理委员会应当定期组织预算执行情况考核，将各预算执行单位负责人签字上报的预算执行报告和已掌握的动态监控信息进行核对，确认各执行单位预算完成情况。必要时，实行预算执行情况内部审计制度。

第十七条　企业预算执行情况考核工作，应当坚持公开、公平、公正的原则，考核过程及结果应有完整的记录。

第二十六章

内部控制评价

第一节　内部控制评价综述

内部控制评价是指企业董事会（或类似决策机构）或其授权机构，对内部控制设计与运行的有效性进行综合评估的过程。

一、内部控制评价的目的

内部控制评价的目的是通过对企业内部控制体系的健全性、合理性和有效性的评价，促使企业切实加强内部控制体系的建设并认真执行，并保证内部控制体系得以持续、有效的改进。

二、内部控制评价的主体

内部控制评价的主体不仅包括内部审计和外部审计，企业董事会作为管理层最高决策机构，也是内部控制评价的主体。随着内部控制体系的建立和法人治理结构的完善，企业内外部审计职能也在不断演变和优化：内部审计正从单纯的查找违纪问题和进行遵纪守法监督转变到以内控评价和风险管理为主的职能上来，并为董事会提供风险防范决策的信息和依据；外部审计也从静态向动态转变，更注重内部控制调查、风险识别与评估等方面。董事会作为风险管理主体，也需要实施全面风险管理和内部控制评价。

注册会计师是相对独立的第三方，是具有较高专业水平的一个群体，可以站在相对独立的角度，代表更加广泛的股东的利益，对被审计单位的内部控制进行评价。所谓注册会计师的内部控制评价，是指注册会计师接受委托，就被审计单位管理层对特定日期与会计报表相关的内部控制完整性、合理性及有效性的认定进行审核，并发表评价意见。但是，我国目前仅仅提出注册会计师应对内部控制的完整性、合理性及有效性进行审核，至于应当在什么条件下形成何种评价意见，以何种具体形式对外披露都没有形成具有可操作性的指导规范。

三、内部控制评价的内容

内部控制评价是紧密围绕内部控制评价目的进行的，既可以按强制性法律法规的要求，围绕合规性、财务报告及相关信息的真实可靠、资产安全的三个目标——完整性、合理性、有效性进行评价，也可以围绕其业务活动循环，或者战略实施手段、管理效率和经营效果进行评价，还可以在年报中围绕内部控制五个要素——控制环境、风险评估、控制活动、信息与沟通、监督进行全方位评价。具体评价范围和内容的确定应当遵循风险导向、自上而下的原则来确定需要评价的分支机构、重要业务单元、重点业务领域或流程环节。表 26-1 就是某企业对其内部控制围绕五个要素进行评价测试的状况。

表 26-1　某企业层级控制评估调查问卷

姓名：　　　　　　　　　　职位：　　　　　　　　　所在部门：

控制环境			
正直及道德标准		评估	备注
1	企业编制了员工行为手册及/或其他道德政策，列明了公司的价值观，公司要求员工遵守的道德标准，包括但不限于员工在商业行为中的行为标准、反收受贿赂要求，避免与企业利益发生冲突的要求。企业有效地向员工传达了企业的价值观及这些要求		
2	企业管理层有明确的态度要求员工遵守员工行为手册及/或其他道德政策的要求。董事会及高级管理人员口头上及行动上显示他们对正直及道德标准的关注		
3	管理层与所有有关人士，包括供应商、客户、投资者、债权人、保险企业、竞争对手及审计师等进行的商业交易均符合高水平的道德标准，没有不正当的行为，如收受贿赂、侵害企业利益等。企业对外明确了企业对道德标准的坚持，包括但不限于在企业网站上表明的企业的价值观，对道德标准的要求等		
4	企业中的所有人员均了解管理层对道德标准的态度及要求。所有管理人员在他们的日常工作中的表现均符合正直及道德标准的要求		
5	管理层会及时并公正地处理及解决违反员工行为手册及道德标准的事件		
6	不存在管理层干预或者违反已有控制的情况		
7	管理层和董事会/审计委员会定期审阅更新道德标准和行为准则		
	意见		
对员工能力的要求		评估	备注
8	员工的能力能够满足其职责需要，并且有恰当的培训来帮助他们提高能力，持续地满足其职责需要		
9	重要管理人员有足够的知识及经验去履行他们的职责		
10	管理层拥有丰富广泛的经验，有不同的能力背景，如会计、金融、系统、运营、市场等		
11	存在正式的岗位描述或其他工作说明，并得到有效的传达		
	意见		
董事会与审计委员会		评估	备注
12	董事会/审计委员会会充分监督管理层对风险的识别与控制		
13	董事会对管理层的决策，如策略、措施、主要交易，以及对经营结果的解释提出有建设性的质疑		
14	有向董事会及时汇报重大事件的程序，包括但不限于对重大事件有明确定义，对于汇报渠道有明确说明		
15	审计委员会独立于管理层		
16	有审计委员会章程		
17	审计委员会同财务负责人及内外部审计师定期及时地召开会议		
18	董事会/审计委员会成员能够及时、充分地知晓敏感信息、调查研究结果以及对被举报的不正当事项的调查结果		

续表

董事会与审计委员会		评估	备注
19	有足够的及时的信息提供给董事会/审计委员会成员，这些信息用于监管以下方面：管理层的目标和策略、企业财务状况和经营效果、重要协议的条款		
20	董事会/审计委员会成员根据发现的问题采取行动		
21	审计委员会建立了相关的匿名或者公开的举报制度，以方便员工检举和质疑关于会计、审计方面或者有关不正当交易的事项		
	意见		
管理层理念及经营风格		评估	备注
22	高层管理人员希望尽量减少风险，并更全面地分析及审慎审批涉及高风险的交易		
23	企业管理人员没有面临完成不切实际的业绩目标的压力，或对该压力有恰当的控制		
24	企业不会为完成收益目标而做出不符合企业利益（包括长期及短期利益）的决策		
25	企业非常注重所有领域中的内部控制设计及运行的有效性		
26	企业认同财务部门的重要性，并表示了对财务报告及资产安全可靠性的关注		
27	企业对于财务报告的要求有着强烈的道德意识及要求，包括选择适当的会计处理方式（例如，选择保守的还是自由的会计政策；会计政策是否被误用；重要的财务信息是否得到正确的披露；财务记录是否被人为操纵或误报）		
28	重要岗位，如业务部门、财务部门及数据处理部门的员工流动率被控制在最小范围内		
	意见		
组织架构		评估	备注
29	在你所属的部门中的管理人员及重要人员（主要流程负责人）就重大事件与高级管理人员交流		
30	高层管理人员与中层管理人员之间有频繁的交流		
31	重要管理人员的责任得到清晰的界定，他们对这些责任也有足够的了解		
	意见		
职权及责任的分配		评估	备注
32	企业内部有合理的职责分工及职权委派，以处理营运活动及遵守法规要求		
33	企业既存在恰当的授权（将权利授予恰当的管理人员），也存在必要的高层管理人员的介入参与。两者结合以有效地进行日常运营及解决面临的复杂问题		
34	企业拥有适当的员工人数，特别是在数据处理部门及财务部门，并且员工均拥有与企业规模、性质、业务及系统复杂程度相符的技能水平		
	意见		
人力资源政策及实施		评估	备注
35	在员工的招聘、培训、晋升及薪酬等方面均有相关政策及程序，且确保企业聘请的所有员工均没有可疑的背景并且符合职位的要求		
36	新加入你所属部门的员工均清楚地了解他们的职责及管理层的期望		
37	主管人员定期与普通员工会面，考察其工作表现并讨论可做出改进的机会		
38	管理人员及员工就业绩监督方法达成共识		

续表

	人力资源政策及实施	评估	备注
39	人事政策强调了对道德标准的遵守		
40	所有员工均了解企业的留任及晋升准则		
	意见		
	风险评估		
	企业层面目标	评估	备注
41	管理层已确立企业愿景、策略及业务目标，并清楚地传达给员工		
42	为实现企业级目标而制定的关键绩效指标及衡量准则已有效地传达给员工，并得到一致的理解		
43	业务计划和预算与企业级目标、战略计划和当前情况相符		
	意见		
	操作层面目标	评估	备注
44	业务单位及部门层面一般都有充足的资源来实现这些领域中的流程目标，若资源不足，亦已有计划获取所需资源		
45	每个业务单位及每个业务单位中的部门均制定了预算，而这些单位及部门均有与企业级目标一致的业绩衡量措施		
46	根据每个业务单位及部门的流程负责人提供的资料，制订各业务单位及部门的计划、预算及活动。		
	意见		
	风险识别与风险分析	评估	备注
47	已建立有关流程来识别由环境因素（整体业务环境、新竞争对手等）引致的风险，并及时向管理层汇报这些风险		
48	已建立有关流程来识别由内部因素（新的计算机系统、重要人员的变动等）引致的风险，并及时向管理层汇报这些风险		
49	风险分析流程全面及恰当，包括估计风险的重要性、评估风险发生的可能性和频率及决定必要措施		
50	风险分析结果已传达至适当的管理层成员及那些直接受这些风险影响的人员		
	意见		
	控制活动		
	政策及程序	评估	备注
51	已为所有关键的业务流程制定有关的政策及程序（不论是否有正式的文件记录）		
52	所有关键的业务流程的政策及程序均有正式的文件记录		
53	对政策及程序的例外情况采取适当并及时的行动		
54	适时地更新及检讨有关政策及程序		
55	已有控制活动在正确的应用和执行中		
56	建立完善的保护资产的控制以及完善的防止未授权的资产接触的实物性控制		
	意见		

续表

信息系统控制		评估	备注
57	存在预防措施，合理保护信息系统及财务和其他记录不因火灾或其他缘故遭受实物破坏		
58	充分的职责分离及对信息系统的存取限制		
59	处理程序及数据档案有充分的控制		
60	适当地限制在线的计算机档案存取权限		
61	已制订及记录有效的意外事故计划，以应付突发性的服务中断		
62	定期对意外事故及灾难应变计划进行测试，以确保它们是适时的、可行的和有效的		
	意见		

信息与沟通			
信息的质量		评估	备注
63	管理层对建立必要的信息系统提供支持，如提供足够的资源		
64	充分详细并及时地为适当人员提供信息，以便他们能有效地履行职责		
65	企业根据信息系统的策略计划，制定或修改其信息系统，与企业的整体信息需求相配合		
66	你所收到的信息量及性质能帮助你有效地执行工作		
	意见		
沟通的有效性		评估	备注
67	有畅通的沟通渠道，确保重要信息正确地自下向上通报		
68	管理层乐于接受员工就改善生产力、质量或其他类似改进所提出的建议		
69	管理层与客户、供应商、法律机关及其他外部人士进行沟通后，有及时和适当的跟进行动		
	意见		

监督			
持续监督		评估	备注
70	在相关人员履行其日常职责时，管理层定期从相关人员处获取内部控制系统是否按预期执行的证据		
71	企业定期将记录的数量与实物资产（存货、固定资产、现金等）做比对		
72	企业积极回应内部及外部审计建议，并按建议实施有关措施以强化内部控制		
	意见		
独立评价		评估	备注
73	企业已设立了内部审计职能来充分监督及处理企业的风险		
74	内部审计人员有足够的经验及技能了解企业的运作		
75	企业的所有重要风险项目均已进行内部审计		
76	内部审计的职能在加强和监控企业行为方面有效		
	意见		
缺陷报告		评估	备注
77	有及时记录及汇报已识别的内部控制缺陷的程序		
78	有适当的汇报程序，员工知道在发现缺陷时应向谁汇报		

续表

	缺陷报告	评估	备注
79	若发现控制缺陷，企业会采取适当的跟进行动		
	意见		

注：此问卷包含若干与该要素有关的控制陈述。请就每一项控制陈述，根据你所知道的、你的经验及你所相信的事实陈述你的意见，并进行评分：

①1 分——空白：表示控制不存在。

②2 分——较差：表示虽然有控制但是需要明显改善。

③3 分——一般：表示有一定的控制。

④4 分——较好：表示控制比较好。

⑤5 分——完善：表示控制非常完善。

若你认为某一控制陈述对应的问题与你不相关，请选“不了解”。

企业应根据《内部控制基本规范》及其应用指引的有关规定，建立与实施内部控制，并以此为依据和标准组织开展内部控制评价工作。企业集团对被评价单位内部控制的有效性进行评价时，至少还应涉及下列内容：

（1）被评价单位内控是否在风险评估的基础上涵盖了企业层面的风险和所有重要的业务流程层面的风险。

（2）被评价单位内控设计的方法是否适当，内控建设的时间进度安排是否科学，阶段性工作要求是否合理。

（3）被评价单位内控设计和运行的组织是否有效，人员配备、职责分工和授权是否合理。

（4）被评价单位是否开展内部控制自查并上报有关自查报告。

（5）被评价单位是否建立有利于促进内部控制各项政策措施落实和问题整改的机制。

（6）被评价单位在评价期间是否出现过重大风险事故等。

四、内部控制评价的原则

（一）客观性原则

评价工作应当准确地揭示经营管理的风险状况，如实反映内部控制设计与运行的有效性。

（二）全面性原则

评价工作应包括内部控制的设计与运行两方面，涵盖企业（包括所属单位）的各种业务和事项。

（三）重要性原则

评价工作应在全面评价的基础上，关注重要业务单位、重大业务事项和高风险领域。

五、内部控制评价的依据

内部控制评价的依据是《内部控制的基本规范》、《中央企业全面风险管理指引》、《深圳证券交易所上市企业的内部控制指引》、《上海证券交易所上市企业内部控制指引》、会计准则及财会制度等。这些文件不仅对企业建立内部控制制度提出了具体要求，也为企业加强内部控制指明了方向，是评价内部控制的重要依据。同时在评价时，还要结合企业所处的行业特点、规模大小、工艺繁简以及产品市场等，才能取得较好的效果。

六、内部控制评价的标准

制定一套具有统一性、可操作性的评价标准体系，则应从目标定位、内容范围以及设置方式等方面来综合考虑，既可以从一般标准（企业管理与控制的目标）入手，也可以从具体标准（内部控制要素和作业层级）入手。一般标准以具体标准为基础，同时也是具体标准的升华，二者相辅相成、缺一不可，共同构成一个完整的体系。注册会计师在对内部控制进行评价时，只有先从操作性较强的具体标准入手，对具体内部控制设计与运行有了认识之后，才能通过总结、升华，从整体上对内部控制的完整性、合理性和有效性做出判断。

（一）有效性评价应考虑的因素

根据收集的证据及标准，判断相关控制的设计与运行是否有效。判断时应充分考虑的因素有：

（1）是否针对风险设置了合理的细化控制目标及控制点。

（2）是否针对细化控制目标设置了对应的控制活动。

（3）相关的控制活动是如何运行的。

（4）相关控制活动是否得到了持续一致的运行。

（5）实施相关控制活动的人员是否具备必需的权限和能力。

同时，还应充分评价由种种因素，如控制活动的复杂性、管理层的越权、所需的职业判断程度、控制活动的依赖性等导致的内部控制失效。

（二）内部控制评价的一般标准

内部控制评价的一般标准，是指应用于内部控制评价的各个方面的标准，即内部控制制度整体运行应遵循和达到的目标，包括完整性、合理性、有效性三个方面。

1. 内部控制的完整性

内部控制的完整性一方面是指企业根据生产经营的需要，应该设置的内部控制都已设置；另一方面是指对生产经营活动的全过程进行自始至终的控制。完整性标准还要求当对内部控制以不同方法进行评价时，都能呈现出一种系统性。例如，从资源利用角度看，应建立人力资源控制系统、物力资源控制系统、财力资源控制系统、信息资源控制系统；从经营环节看，应有供应环节控制系统、生产环节控制系统和销售环节控制系统。

2. 内部控制的合理性

内部控制的合理性包括内部控制设计和执行时的适用性与经济性。在满足完整性这条首要标准之后，合理性就是对内部控制更深一层次的要求。在评价内部控制的合理性时，适用性是首要的，即企业所建立的内部控制制度适应企业的特点和要求。各行业及各企业由于其组织规模、交易性质、经济技术条件、人员素质等所存在的差异，就相应地需要制定出不同特点的内部控制，照搬其他企业的做法是行不通的。对某一特定企业来说，评价其内部控制的适用性要注意以下内容：

（1）控制点的设置是否合理。

（2）有没有安排过多或不必要的控制点。

（3）在每一个需要控制的地方是否都建立了控制环节。

（4）控制职能是否划分清楚。

（5）人员间的分工和牵制是否恰当等。

当然，内部控制的适用性要以经济性为限制条件，即制定的内部控制要以成本效益原则为指导。一方面，内部控制的设计和运行要有重点，对企业经济活动有重要影响的部门和环节应实施强有力的控制；另一方面，要使实行内部控制所花费的代价不能超过由此而获得的效益，否则就得不偿失。

3. 内部控制的有效性

有效性是内部控制的精髓。如果一种内部控制制度不能实现"有效控制"，实质上就不存在什么内部控制制度了。有效性要求内部控制制度不与国家法律法规相抵触，且能有效地防止错误与弊端的发生，以为其提高经营效率效果和财务报告的可靠性，以及为法律法规的遵循提供合理保证。这不仅需要内部控制总体上是有效的，而且需要各项具体制度有明确的目的并发挥其自身的作用。因此，内部控制系统要相互协调，既要有制约作用，又要有协调机制。控制也要适度，过严会使管理活动失去生机，影响员工积极性的发挥；过宽又会引起运行的机制失调，达不到控制目的。任何制度都要有利于管理者和员工的理解和执行，且简明扼要、方便易行、讲究实效。

在内部控制评价的三个一般标准中，内部控制的有效性以其完整性与合理性为基础，内部控制的完整性与合理性则以其有效性为目的。若不具有完整性与合理性，则内部控制的有效性无从谈起；同样，若没有有效性，则内部控制的完整性与合理性也就丧失了基本的意义。把上述三个标准结合，实质上就是要对被审查企业的内部控制发表评价意见，或者说是对企业管理层出具的内部控制声明书中的认定是否允当发表意见，因为管理层在其出具的内部控制声明书中应当对本企业内部控制的完整性、合理性和有效性做出认定。

（三）内部控制评价的具体标准

内部控制评价的具体标准是指应用于内部控制评价具体方面的标准，是具体内部控制制度运行应遵循和达到的目标。具体标准由内部控制要素评价标准和作业层级评价标准两部分组成，其中，内部控制要素评价标准以作业层级评价标准为基础，作业层级评价标准主要是内部控制要素评价标准的细化，对企业内部控制要素的评价要以作业层级的评价为基础和前提。

借鉴 COSO（发起组织委员会）报告的研究成果，内部控制包括控制环境、风险评估、控制活动、信息与沟通、监督活动五个要素。每个要素又可以分为更多的项目。例如，控制环境要素涵盖的项目就有操守及价值观、董事会管理哲学、组织架构、权责分派体系、人力资源政策及实行等。至于作业层级评价标准主要是内部控制要素的细化，内部控制是确保管理层的指令得以实现的政策和程序。控制活动是针对控制点而制定的，企业一般根据其生产经营活动的特点来设计控制活动，所以，作业层级评价标准比内部控制要素评价标准更繁杂。

无论是设计内部控制要素评价标准，还是作业层级评价标准，都需要一个较为统一的评价标准模式。评价标准模式可以按以下层级设计：

（1）控制目标。实际工作中，管理人员和审计人员总是根据控制目标建立和评价内部控制，因此，设计评价标准模式，首先应根据经济活动的内容特点和管理要求提炼内部控制目标。

（2）控制点。各项控制目标分别需要通过若干相应的控制因素予以实现，而这些控制因素作用的发挥，则是根据某些容易发生错弊的业务环节特点进行针对性控制。这些可能发生错弊的业务环节，称为控制点。

（3）控制措施。不同的控制点，有着不同的业务内容和控制目标，因此需要采取不同的控制手续和方法，才能预防和发现各种错弊。这些为预防和发现错弊而在某控制点所运用的各种控制手续和方法等，即控制措施。

按此模式进行内部控制标准构造，不同行业、企业为实现控制目标所采取的控制措施可能相去甚远，不能穷尽，需要根据具体情况，运用职业判断能力进行确认。

七、内部控制评价的方法

内部控制评价的方法可采用综合测试和分项要素测试。前者以棋盘式做支撑，进行逐项评价，最终求出综合评价。后者是按应用指引确定内部控制要素作为评价对象，逐项评价对要素风险的控制能力。然后根据赋予权重，评价出企业控制风险的综合能力，为企业管理层实施风险应对与防范提供依据。

内部控制评价的方法有多种多样，企业可根据具体评价对象灵活采用。评价人员根据企业批准的评价方案实施测试评价工作。在评价实施中，合理、有效、全面收集该企业内控设计与业务运行中的内控是否有效的相关证据。要对内部控制系统进行评价，就必须对内部控制系统进行调查和描述，测试现行的控制点和措施是否符合实际的控制模式。因此，我们必须了解内控制度的调查方法。

（一）调查问卷法

调查问卷法是指评价组设置问卷调查表，分别对不同层级的员工进行问卷调查，根据结果做相关评价。

（二）个别访谈法

个别访谈法是指评价人员单独与调查对象所进行的访谈活动，具有保密性强、访谈形式灵活及调查效率高等特点。

1. 熟悉调查内容

（1）了解内部控制环境的程序。在了解内部控制时，应当合理利用以往的清查经验。对于重要的内部控制，通常还可以实施以下程序：

1）询问有关人员，并查阅相关内部控制文件。

2）检查内部控制生成的文件和记录。

3）观察业务活动和内部控制的运行情况。

4）选择若干具有代表性的交易和事项进行穿行测试。

（2）控制环境调查。控制环境是指各种内部控制手段得以运行的条件，包括各级管理人员的控制意识和态度、各级管理组织的设置、各级人员的素质等。虽然控制环境与会计资料并无直接关系，但控制环境的优劣与各项内部控制的建立和执行密切相关，进而会影响到整个内部控制系统的效果，因此，我们首先要调查控制环境。

（3）会计系统调查。一个设计良好且有效运行的会计系统，将提供可靠的会计数据和防止出现错报等。在调查会计系统时，应确定和了解以下内容：企业会计组织机构与会计职责分工；企业经营的范围和主要交易种类；各类主要交易和事项的发生过程；重要的会计凭证、账簿记录以及会计报表项目；重大交易和事项的会计处理过程；对所发生的会计事项所采用的会计原则和会计技术等。

（4）管理系统调查。管理系统调查主要是指了解各种管理制度的落实情况，了解管理的效率和监督的力度。调查所采用的方法主要有：查阅有关的规章制度、方针政策等文件；审阅前期档案；与有关人员座谈、询问及实地观察等。

（5）控制程序调查。控制程序调查强调确定特订单项控制程序与特定认定之间的直接关系。控制程序与企业规模密切相关，而且，控制程序比控制环境更直接地与某一特定认定相关，了解控制程序对于防止或发现、更正会计报表中的重要错报更为有效。

2. 掌握调查方法

（1）文字叙述法。文字叙述的做法是，通过询问有关人员，查阅相关内部控制文件，将企业相关业务的授权、批准、执行、记录、保管等程序及其实际执行情况，用叙述性文字记录下来，形成内部控制说明书。文字叙述法一般按业务循环，逐项描述各个业务循环所完成的工作，及其所派生的各种文件记录。

（2）调查问卷表法。调查问卷表是指根据企业的业务类型、业务循环、内部控制等，将内部控制的必要事项，特别是与确保会计记录的准确性和可靠性以及确保资产的安全、完整有关的主要事项作为调查项目，并系统地加以罗列的表格。

采用调查问卷表法时，既可将这些表格交有关负责人填写、回答，也可根据调查项目，直接要求有关人员回答问题，然后据此判断内部控制是否行之有效。

（3）业务流程图法。业务流程图是指利用一系列符号和线条，形象地描述企业的组织架构、职责分工、权限范围、文件编制及顺序、会计记录、业务处理流程、会计档案的种类及存放地点等内部控制内容。

（4）抽样调查法。抽样调查是对企业的内部控制制度进行简单的抽查，即任意或随机抽取一笔或几笔经济业务，按业务循环的各个步骤进行追查，看其是否与有关的内部控制制度中所做的描述相一致，如有不符，则需要修改控制制度的内容。实施简单抽查是为了证实对内部控制制度本身的了解是否正确，也是为了证实内部控制的运行是否有效。开展内部控制制度调查是对内控系统进行评价的基础，也是完善内部控制制度的前提。因此，我们要重视内控制度调查工作。

采用调查问卷表法，关键是针对需要调查了解的控制系统及控制点，设计拟调查的问题条款，编制内部控制调查表。其中，调查问题的设计是否得当，直接关系到检查和评价工作质量。一般而言，编制内部控制调查问卷表，主要应把握以下的实质内容和步骤。

1）调查项目。审计人员可根据审计计划的要求和以往工作的经验，按照会计要素将被审计单位的总体控制系统，划分为具体控制系统，如现金、银行存款、材料采购、成本费用、产品销售以及账务处理等控制系统，分别设计不同内容的问题式调查问卷表。

2）调查内容。各控制系统的调查内容主要通过调查问题予以体现。调查问题的提出，要紧紧围绕控制系统中各个控制点及其控制措施进行设计。即按照控制点所设置的各项控制措施，逐一设计调查问题条款，并补充控制环境、一般控制等调查问题条款。

3）设计步骤。设计调查问题一般可分三步进行：

①确定被审计单位内部控制系统的调查目标。

②根据调查目标，确定所要调查的控制点及其控制措施。

③根据控制点及其控制措施拟定具有针对性的调查问题。

4）调查问卷表的格式。调查问卷表的格式通常有封闭式和开放式两种，具体可由审计人员根据自身的需要加以选择和设计。其要素包括调查单位、调查项目、调查时间、调查问题、调查答案以及被调查人、审计负责人和审计调查人等。企业可根据其具体情况，针对内部控制要素（见表 26-1）或主要业务循环进行设置。表 26-2 ~ 表 26-10 就是常用的调查问卷格式。表 26-11 是某企业的内部控制调查问卷范本。

表 26-2　会计报表编制与报送内部控制调查

序号	问题	是	否	备注
1	有无专人负责编制会计报表？			
2	负责编制会计报表的各岗位有无明确的职责划分？			
3	是否按会计制度的格式编制？			
4	是否按会计制度的要求编制？			

续表

序号	问题	是	否	备注
5	是否进行试算平衡工作？			
6	编制报表前是否进行财产清查？			
7	纳入合并报表范围的母企业、子企业及控股企业的会计报表是否经过审计？			
8	应合并的会计报表是否全部合并？			
9	合并会计报表编制是否有过渡表（工作底稿）？			
10	报告期改变会计计量方法和揭示方法是否经有关部门批准并在报表附注充分说明？			
11	是否按规定编写财务情况说明书？			
12	是否按时向有关部门报送会计报表？			

结果：

审计人员：

年　月　日

附注：以上请据实填写。"是"表示内部控制的健全，打"√"；"否"表示内部控制的缺陷，打"×"；不能判断的在"备注"栏注明。

被测试人：

年　月　日

表 26-3　货币资金的内部控制调查

序号	问题	是	否	备注
1	银行账户（含银行汇票存款、银行本票存款、外埠存款、信用证存款、外币存款）开立是否有规定的审批手续？			
2	货币资金收付业务的出纳、审核，与记录的职务是否相互分开？			
3	银行票据与有关印章保管的职务是否相互分开？			
4	登记银行存款日记账、现金日记账、其他货币资金明细账与登记总分类账的职务是否分开？			
5	记账凭证与原始凭证的核对，是否由稽核人员进行？			
6	银行存款日记账与银行对账单是否及时进行核对？			
7	是否按月编制银行存款调节表，未达账项是否得到检查？			
8	外币存付款是否采用复币记账法？月末是否按规定计算汇兑损益？			
9	收付凭证是否按顺序连续编号？			
10	货币资金收付款业务的发生，是否经有关业务主管或领导批准，并经授权人经办？			
11	出纳人员是否根据审核无误的会计凭证登记银行存款日记账、现金日记账和其他货币资金明细账？			
12	办理结算业务后的结算凭证是否加盖"收讫"或"付讫"戳记？			
13	作废支票及其他银行票据是否加盖"作废"戳记？			
14	库存现金是否由出纳专门保管，出纳工作是否定期进行轮换？			
15	库存现金是否在稽核人员监督下定期进行盘点？			

续表

序号	问题	是	否	备注
16	是否采取措施限制非出纳人员接近现金？			
17	外埠存款支用及收回是否有规定的审批手续？			
18	对信用卡等有价证券是否有管理规定？			

结果：

审计人员：

年　月　日

附注：以上请据实填写。“是”表示内部控制的健全，打“√”；“否”表示内部控制的缺陷，打“×”；不能判断的在“备注”栏注明。

被测试人：

年　月　日

表 26-4　应收预付款项的内部控制调查

序号	问题	是	否	备注
1	银行账户（含银行汇票存款、银行本票存款、外埠存款、信用证存款、外币存款）开立是否有规定的审批手续？			
2	各类应收及预付款总账与明细账余额是否定期进行核对？			
3	企业是否有催账制度？			
4	是否建立备用金及其他预借款的借用、报销制度？			
5	是否定期向债务人寄发对账单、审查发生的差异？			
6	是否经常审核货运文件、发票、销货通知单，以及对应收账款进行账龄分析？			
7	坏账的冲销是否经过批准？			
8	对因坏账而冲销的应收账款是否设有登记簿进行控制？			

结果：

审计人员：

年　月　日

附注：以上请据实填写。“是”表示内部控制的健全，打“√”；“否”表示内部控制的缺陷，打“×”；不能判断的在“备注”栏注明。

被测试人：

年　月　日

表 26-5　存货的内部控制调查

序号	问题	是	否	备注
1	是否编制存货计划或进行存货预算控制？			
2	是否对存货计划执行情况进行检查？			
3	是否建立存货采购、领用、发出业务审批制度？			
4	是否建立存货入库的验收制度？			
5	销货退回是否按规定办理入库？			

续表

序号	问题	是	否	备注
6	记账凭证编制前的原始凭证是否存在复核程序，记账凭证入账前是否存在稽核程序？			
7	存货的采购、检验、收发是否由不同的部门和人员分别负责？			
8	存货是否定期盘点？			
9	存货的报损、报废是否按规定程序办理？			
10	财务部门的总账、明细账是否定期进行核对？			
11	财务部门的明细账是否与业务部门的存货账、仓储部门的保管账卡相核对？			
12	按实际成本进行存货的日常核算时，存货发出的计价方法是否前后期一致？			
13	按计划成本进行核算时，存货发出的成本差异核算是否符合规定？			

结果：

审计人员：

年　月　日

附注：以上请据实填写。"是"表示内部控制的健全，打"√"；"否"表示内部控制的缺陷，打"×"；不能判断的在"备注"栏注明。

被测试人：

年　月　日

表 26-6　固定资产的内部控制调查

序号	问题	是	否	备注
1	是否存在固定资产增加、处置业务备忘程序？			
2	固定资产增加、处置业务是否在授权下进行？			
3	固定资产购置是否存在合同签订程序？			
4	增加及减少业务的原始凭证送交财务部门前，是否存在审批手续？			
5	记账凭证编制前的原始凭证是否存在复核程序，记账凭证入账前是否存在稽核程序？			
6	固定资产卡片登记完毕，是否存在复核程序？			
7	固定资产总账、明细账是否存在复核程序？			
8	固定资产入库是否存在质检及验收程序？			
9	固定资产增加及处置业务的授权、执行、审查、验收、记账是否各自分离？			
10	固定资产处置是否存在出库经办程序？			
11	固定资产处置是否存在技术鉴定程序？			
12	固定资产账实是否存在核对程序？			
13	固定资产折旧是否存在业务备忘程序？			
14	固定资产折旧计算和转账凭证入账前，是否存在稽核制度？			
15	固定资产修理是否存在业务备忘程序？			
16	固定资产修理授权与验收职能是否相分离？			

续表

序号	问题	是	否	备注
17	固定资产修理业务原始凭证送交财务部门前，是否存在审签制度？			
18	记账前后是否存在复核及稽核程序？			

结果：

审计人员：

年　月　日

附注：以上请据实填写。“是”表示内部控制的健全，打“√”；“否”表示内部控制的缺陷，打“×”；不能判断的在“备注”栏注明。

被测试人：

年　月　日

表 26-7　投资的内部控制调查

序号	问题	是	否	备注
1	企业是否建立了投资管理制度？			
2	对投资是否设专人或部门进行管理？			
3	投资立项是否有可行性研究报告？			
4	投资前对接受投资方的信誉和经济实力是否进行调查？			
5	是否建立了投资可行性研究的审批制度？			
6	投资项目是否按经审批的可行性研究文件进行？			
7	长期性投资以实物、货币资金直接投资的，是否对接受投资方行使所有权债权的监督？			
8	以实物、无形资产投资有无评估作价和审查复核制度？			
9	与接受投资方的谈判签约，经办与审批是否分离？			
10	是否有复评和复审制度？			
11	有价证券的保管和记账是否分开？			
12	投资购买的有价证券是否均以企业名义登记？			
13	有价证券在企业内部保管，是否两人以上才能办理存取业务？			
14	股票的记账、对账及操作人员是否各自独立？			
15	是否坚持定期查库，检查有价证券的实存情况？			
16	购入债券产生的溢价或折价是否在存续期内按规定摊销？			
17	投资收回的资金和收益是否按规定入账？			
18	投资协议及可行性论证书等资料有无健全的档案管理制度？			

结果：

审计人员：

年　月　日

附注：以上请据实填写。“是”表示内部控制的健全，打“√”；“否”表示内部控制的缺陷，打“×”；不能判断的在“备注”栏注明。

被测试人：

年　月　日

表 26-8　无形资产及其他资产的内部控制调查

序号	问题	是	否	备注
1	外购无形资产是否经过审批？			
2	自创无形资产是否单独核算成本？			
3	自创无形资产是否经过注册登记？			
4	接受投资捐赠的无形资产交接手续是否健全？			
5	作为整批资产的一部分取得的无形资产作价有无依据？			
6	转出无形资产有无审批手续？			
7	无形资产投资或转让所取得的收入是否及时入账？			
8	企业无形资产重估价与原账面金额的差额处理是否符合国家规定？			
9	企业无形资产和长期待摊费用是否严格按法定期限摊销？			
10	会计年度内的摊销方法是否一致？			
11	企业其他资产的确认是否有依据？			
12	企业其他资产是否有专人负责管理并单独核算？			
13	对其他资产的转销处理是否有审批手续？			

结果：

审计人员：

年　月　日

附注：以上请据实填写。"是"表示内部控制的健全，打"√"；"否"表示内部控制的缺陷，打"×"；不能判断的在"备注"栏注明。

被测试人：

年　月　日

表 26-9　销售收入的内部控制调查

序号	问题	是	否	备注
1	企业是否编制销售计划，对销售进行计划控制？			
2	企业是否与购货单位签订销售合同，对销售进行合同控制？			
3	企业财务部门是否参与销售合同会签？			
4	与销售业务有关的不相容职务（如钱、账、物的管理）是否分离？			
5	销售人员是否在授权范围内办理业务，授权以外的业务是否经过特殊审批？			
6	发生赊销业务的，是否对销售客户的信用情况进行调查？			
7	赊销业务的发生是否经过企业有关部门负责人审批并签字？			
8	企业是否建立货物发运的审批制度？			
9	销售发票和发货单是否连续编号？如发生缺号，是否查明原因？作废的销售发票和发货单是否已注销并妥善保管？			
10	商品发出后，是否有专人负责收款工作？			
11	企业是否设置总分类账和明细分类账，对销售业务进行总分类和明细分类核算？			
12	销售坏账是否按规定的审批程序处理？			

续表

序号	问题	是	否	备注
13	销售折扣是否得到授权？			
14	销售退回是否经有关负责人批准后才办理销账和退款手续？			
15	废料、残料出售是否按一般商品销售处理？			
16	佣金的支出是否执行国家有关规定？			

结果：

审计人员：

年　月　日

附注：以上请据实填写。“是”表示内部控制的健全，打“√”；“否”表示内部控制的缺陷，打“×”；不能判断的在“备注”栏注明。

被测试人：

年　月　日

表 26-10　成本与费用的内部控制调查

序号	问题	是	否	备注
1	企业是否制订成本与费用支出计划？			
2	成本费用计划是否向相关执行部门分解下达？			
3	企业是否建立成本、费用管理制度？			
4	是否建立生产产品的物料、工时及费用消耗定额？			
5	各项原始记录的填制、审批、传递、汇集方法和程序是否建立？			
6	各种物料的计量、收发、领退、盘点，手续是否完备？			
7	企业是否对成本、费用进行总分类核算和明细分类核算？			
8	财务部门是否根据经审核的成本费用支出原始凭证填制记账凭证并入账？			
9	是否严格执行成本费用开支范围和标准？			
10	是否按照规定对成本费用进行正确的分类、归集与分配？			
11	是否正确划分本期成本与下期成本、完工产品成本与在产品成本的界限？			
12	是否正确划分生产成本与期间费用、生产成本与资本性支出的界限？			
13	是否建立成本费用的预测、分析制度？			
14	是否建立业务招待费预决算制度？			

结果：

审计人员：

年　月　日

附注：以上请据实填写。“是”表示内部控制的健全，打“√”；“否”表示内部控制的缺陷，打“×”；不能判断的在“备注”栏注明。

被测试人：

年　月　日

表 26-11　××企业内部控制调查问卷

A	总体控制	是	否
	总体控制目标： • 保证信息的可靠性和完整性； • 确保遵循规定、程序、计划、法律和法规； • 保护资产的安全； • 提高经营的经济性和有效性； • 保证完成所制定的经营任务和目标		
A1	组织和人员		
1	企业是否有明确的经营目标和控制目标？		
2	企业的控制目标是否与经营目标相一致？		
3	企业在制定控制目标时是否考虑成本效益原则？		
4	企业各部门是否按照企业的经营目标和控制目标制定部门的目标？		
5	是否定期检查和公布各项目标的完成情况？		
6	企业是否有最新的组织架构图和员工名单？		
7	企业是否制定企业章程？		
8	企业各部门是否有正式的组织章程？		
9	每个岗位都有职责说明书吗？		
10	是否把控制责任包含在业绩评价系统中？		
11	企业是否建立衡量业绩的标准？职员是否清楚该标准？是否根据实际情况经常对该标准进行调整？		
12	企业有无人员过剩或不足？		
13	企业是否有独立的内部审计机构和人员？		
14	管理层是否借助内部审计来建立有效的控制环境？		
15	内部审计是否真正发挥了其应有的作用？		
16	管理层是否按照不相容职务分离原则来加强内部控制？		
A2	计划和报告		
1	企业是否有年度工作计划和长远工作计划？		
2	企业各部门是否有正式的年度工作计划和长远工作计划？		
3	企业各部门有正式的职员培训计划吗？		
4	计划有衡量和考核的标准吗？		
5	用于衡量业绩的信息是否可信、足够？		
6	企业各部门是否以经营为基础准备了详细的年度预算？		
7	工作是否按计划和预算执行？		
8	是否已建立报告制度，并有进度报告以验证计划的效果？		
9	部门的报告是否以书面形式定期上报？		
10	统计报告中的数据与会计报告中的数据是否一致？		
11	报告不只为发布信息使用，是否还用于经营管理？		
12	企业所使用的财务报告系统与上下级单位是否一致？		
13	内部审计人员是否定期向管理层报告工作？		

续表

A	总体控制	是	否
14	管理层是否采纳以前年度注册会计师的审计意见及管理建议书的内容？		
A3	规定和程序		
1	企业制定的各项规定和程序是否符合国家的有关法律法规？		
2	企业制定或修改的各项规定和程序是否得到管理层的正式批准？		
3	企业各部门是否制定了规定和制度？		
4	内部控制制度的设计是否以风险评估为依据？		
5	制定的规定和制度是否编入管理手册？		
6	是否有固定的存档处理程序？		
7	规定和程序的更新是否及时？		
8	规定和程序是否实施？		
9	员工是否执行既定的规定和程序？		
10	员工是否对既定的规定和程序有不同意见？		
11	内部审计部门是否定期检查内部控制制度的执行情况？		
B	销售和应收账款	是	否
	控制目标： ● 销售业务的核算应准确、及时； ● 一个结算期结束后，及时向用户发出收费通知书，通知书的编制及发出经过适当程序； ● 账单应记录正确的金额； ● 款项的收回应正确记入相关的应收账款明细科目； ● 完整地保存客户资料、用电和交款记录，并且及时更新； ● 用户如耗电达至某一水平，即发出收款通知单，追收款项		
B1	职责的分配		
1	应收账款的会计记录独立于收费通知单的填制及发出工作？		
2	应收账款明细账与总账、应收账款控制账册分开？		
3	每月负责编制和复核应收账款账龄分析表的人员是否独立于应收账款的催收和客户付款的环节？		
4	填写发票的工作应与发票的发出、应收账款有关账册的核算和现金保管分开？		
B2	输配电		
1	每日是否均由专人核对发电机组输出电量并填写日报表？		
2	供电数量是否与发出给客户的收费通知单、供电协议或其他相关文件相符？		
3	收费通知单所示售电单价是否均与物价局限定或协议相符？		
4	是否有专人定期核对客户用电量？		
B3	销售		
1	对抄表、收费人员的监控 ● 是否有固定的抄表、收费日期； ● 是否每隔一定时间，抄表和收费人员进行轮换； ● 是否由独立人员对抄表和收费记录进行复核，并与客户进行个别抽样核对		

续表

B	销售和应收账款	是	否
2	是否在既定的基础上检查收费通知单的连续性及完整性？		
3	是否有及时的关联企业交易对账程序？		
4	是否有适当的控制方法以确保所有的销售都有相关的收费通知单？		
5	能接触到收费通知单的人是否经过严格授权？		
6	是否有程序确保收费通知单及时地被提交给客户？		
7	是否对收款情况与营业收入进行适当核对和分类？		
8	是否将电卡销售收入及时入账，并在正确的会计期间内确认为销售收入？		
B4	调节表及其复核		
1	应收账款明细账是否每月与总账相核对？调查二者差异的成因并加以解决。		
2	是否按规定计提坏账准备？它能否覆盖潜在的损失？		
B5	信用的控制		
1	是否有办法控制避免对那些存在坏账风险的客户提供服务？		
2	过期未收回的款项的控制和后续工作职责是否明确？		
3	是否有控制方法以便能及时告知管理层存在过期未收回的款项？		
B6	收款		
1	是否执行当月电费用户必须在次月某日前付清制度？		
2	如果用户未付清电费，是否按规定计算收取滞纳金？		
3	坏账的核销是否经过批准？		
4	关于应收账款已收回和未收回部分的资料是否定期准备，管理层是否定期地对这些资料进行复核？		
5	是否对必须继续供电的用户的逾期账款进行跟踪处理？		
6	是否按期编制应收账款账龄分析表，并由一名与收款业务和现金无关的高级职员复核？		
C	采购和应付账款	是	否
	控制目标： • 严格规范企业采购制度、程序和职责； • 采购是建立在市场价格的基础上并且经过恰当的授权； • 充分利用企业规模优势争取最优惠的采购价格和供货条件； • 采购物料的价格、数量和质量都严格根据合同执行； • 对采购和应付账款进行正确和及时的记录； • 在适当的期间内支付应付账款，对付款条件（时间、方式、权限和复核等）做出明确的规定		
C1	责任分离及联合控制		
1	应付账款的记账工作是否与物料采购工作、验收工作明确分工？		
2	物料供应商的选择权是否与收验发票、付款工作相分离？		
C2	文件		
1	下列文件是否预先连续编号（包括尚未使用的文件）： • 订货单/购货合同/其他同类文件； • 物料入库单、验收单		

续表

C	采购和应付账款	是	否
2	负责应付账款管理的人员所使用的供应商清单是否经过批准？供应商清单的修改是否及时，并经过适当授权？		
3	是否只有在获得充分的支持文件后，应付账款的付款行为才可实现（如购货合同、购电合同、发票等）？		
4	是否建立供应商发票处理程序的书面规定？员工在知悉这些程序的情况下是否对他们的行为负责？		
C3	批准政策		
1	是否制定了有效的授权制度，并对各种权限进行正确定义？		
2	是否及时通知相关工作人员权限的规定及修改情况？		
3	员工的报销单在报销前是否经过被授权人的批准？		
4	费用预算是否经过管理层的批准？		
5	如果费用超过预算限制，是否需经管理层审批方可付款或报销？		
C4	调整和复核		
1	每月是否将应付账款明细账和备查账户进行核对？		
2	每月是否将应付账款明细账和供应商及时进行核对？		
3	是否定期由采购部以外的人或除采购员以外的人对采购价格进行复核？		
4	是否对供应商发票内容的准确性进行了检查？		
5	如果所检查的发票与采购订单或其他同类文件产生的差异超过了预定的限额，是否进行了汇报和调查？		
6	在结账日是否采取了措施以确保所有的负债都被记入了正确的期间？		
7	以上第1～6条措施是否适用于关联企业之间？		
C5	购买行为		
1	采购员是否被定期轮换以防止与供应商合伙进行欺骗？		
2	在购买超过一定金额的物料时是否采取了招标的方式？		
3	当没有采用竞价方式或订单没有发给最低报价者时，有无书面的解释？解决此类问题的权限是否有明确规定？		
4	采购商品的验收职责是否明确？		
5	主要长期供应商的选择和更换的条件和权限是否明确？一般性采购供应商的选择条件和权限是否明确？		
D	存货管理（燃料、备品备件）	是	否
	控制目标： • 存货没有被高估或者低估； • 对存货拥有法定所有权； • 存货计价会计政策根据《企业会计准则》制定，并在执行时保持连贯性； • 对存货有适当的保护措施； • 存货水平符合经营的需要		
D1	责任分工和联合控制		
1	存货盘点工作是否与存货保管、存货会计记录的保管以及调查差异工作进行合理分工？		

续表

D	存货管理（燃料、备品备件）	是	否
D2	调整和复核		
1	管理层是否定期收到有关存货变动情况、存货余额及其周转率资料，并对其进行分析？		
2	是否对重大存货项目余额进行复核，以确定其库存量合理性和是否存在残次冷背存货？		
3	是否编制仓库台账，并与财务部门存货明细账定期进行核对，且编制调节表？		
4	如果发生采购退回，是否得到了批准并且通知了财务部门？		
D3	存货盘点		
1	有无存货盘点的书面指示？		
2	盘点程序是否充分？		
3	是否每月实行盘点？		
4	管理层是否亲自监督盘点以保证盘点程序有效并且被正确执行？		
5	管理层是否对存货实际数量和记录数量间的重大差异进行调查？		
6	盘点项目的计量是否有明确的依据，并且在盘点过程中只被记录一次？		
7	为了利于管理，是否对所有的存货项目进行分类放置？		
8	是否所有的盘点表都被预先编号？		
9	残次和流动性差的货物是否单独存放，并正确记录？		
10	是否对由第三方代为保管的存货进行定期检查，并将其包括在盘点中？		
11	是否对在盘点计量、重量换算和存货的分类中出现的错误进行了检查？		
12	是否可以避免对在盘点过程中不同地点或部门之间转移货物的重复盘点？		
13	是否按市场价格将盘盈货物入账？盘亏货物的转出是否经管理层批准？		
D4	实物保护		
1	有没有措施防止偷盗存货的行为？		
2	是否对高价值的副产品和废料进行恰当的保管？		
D5	计价		
1	物料的计价方法是否经过批准（如先进先出法、后进先出法或加权平均法等）并被一贯使用？		
2	是否对存货项目的成本与变现净值定期进行比较？		
3	与进口商品有关的成本（如运输费、关税、海上保险）是否被包括在存货成本中？		
D6	文件记录		
1	财务部门是否通过出库单对物料的减少进行正确记录？		
2	是否建立控制系统，以确保在开具出库单前物料无法出库？		
3	入库单和出库单是否被预先编号？		
4	是否通过货物转移单或类似单证以确保存货项目在内部转移过程中的完整性？		
5	是否建立存货验收系统，并记录该验收过程？		
6	是否对从供应商收到的出库单、发票和采购订单进行检验和核对？上述单据是否有责任人签名？		

续表

D	存货管理（燃料、备品备件）	是	否
D7	定期盘点		
1	是否有专职人员定期记录物料使用情况以确保物料存量的准确？		
2	确定当期收到的货物是否均已记入当期采购？		
E	工资管理	是	否
	控制目标： • 工资费用经过适当的审定和批准； • 工资费用计算准确，并应记入相关的科目； • 工资支付对象是真正在编的员工； • 工资的变化是合理的，并经过批准的		
E1	职责的分配和相关的限制		
1	是否制订员工报酬计划？该计划是否经过管理层审批？		
2	人力资源管理部门是否安排专人进行工资的计算？该部门是否保存员工个人工资记录？		
3	完成下列工作的人员是否互相回避： • 核准工时； • 工资的计算； • 发放工资； • 保管未发放的工资		
4	工资计算与账务处理是否由不同的人员承担？		
5	负责工资的审核和批准的人员是否不参与工资的计算？		
6	对接触以下资料是否有一定限制： • 个人资料； • 个人工资账号		
7	计算工资的人员是否与下列事项无关： • 劳动合同 • 考勤记录 • 人工成本记录 • 工资发放		
E2	核对和复核		
1	工资计算单是否由第二个人进行复核？		
2	年末是否将总账记录的工资总额与工资明细表进行核对？		
3	是否由一名高级管理人员定期地对工资明细表进行总体复核？		
4	是否由一名高级管理人员对目前的工资水准与以前年度进行比较，并对二者之间存在的差异给予解释？		
E3	授权		
1	对于用工变动（如增减员工、工资级别变化和扣减工资等），是否有适当的授权、批准及相应的书面文件？		
2	工资的最初定级是否经过审核？		

续表

E	工资管理	是	否
3	对于假期和病假工资是否有适当的审核和批准程序？		
4	人力资源管理部门有关数据的变化是否及时地报告给负责工资计算的部门？		
E4	常规程序		
1	如果工资是被直接汇入员工个人的银行账户的，那么是否能得到银行的证明？		
2	如果工资是以现金支付给员工的，那么是否有分发工资名单？员工是否签字或盖章？		
E5	考勤		
1	考勤的管理是否与工资的计算分开？		
2	是否使用正规的出勤记录，如工时卡、工作卡？		
3	出勤记录是否经过部门负责人签字认可？		
E6	工资的计算		
1	计算工资的部门在计算工资时是否完成下列工作： • 检查出勤记录以确定应计工资的时间； • 复核出勤记录，检查加班是否被批准； • 检查加班时间、小时工资及加班工资的计算结果； • 审查出勤记录上未经批准的缺勤和换班		
2	在支付工资之前，是否会对工资计算进行双重复核？		
3	在工资发放前，是否会由与准备工资和负责考勤无关的人员对工资单进行审核？		
E7	工资的支付		
1	如果工资以现金形式支付： • 工资计算部门不参与工资发放； • 发放工资的人员不参与工资的计算和考勤管理		
2	如果工资由银行过户，员工是否能得知以下信息： • 工资总额； • 扣减项目； • 实发工资净额		
3	对于尚未领取的工资： • 工资发放员是否对其立即做记录，并将其交与专门的保管人员且向其索取收据； • 该保管人员是否不参与日常现金收支、备用金和其他现金的保管工作； • 负责人是否按期检查该记录； • 是否在合理时间内将一直未被领取的工资再次存入银行，并且计入相关负债科目		
F	生产和成本会计	是	否
	控制目标： • 保证生产成本核算的正确性； • 确保生产任务和计划按时完成； • 保证向管理层提供定期、准确的生产和成本报告		
F1	职责的分配		
1	生产计划、预算和日程安排是否与销售管理、存货管理相协调？		
2	生产计划是否经过适当的审核？		
3	生产报告和会计报告的编制和审核是否由生产部门和财务部门分别负责？		

续表

F	生产和成本会计	是	否
4	成本核算是否有专人负责？		
5	是否对生产设备、设施进行适当的布局、维护和及时修理，以满足生产经营的需要？		
6	工效挂钩企业计提的工资总额的计算是否符合规定？		
7	是否在生产数据的输入、处理和输出各环节采取适当控制措施？		
F2	生产成本的核算		
1	是否采用适当的成本核算方法和费用分配方法？是否前后各期一致？		
2	成本核算是否以经过审核的领料凭证、人工费用分配表、产量和工时记录、材料费用和制造费用分配表为依据？		
3	月末是否定期对库存原料、燃料和备品备件进行盘点？		
4	生产成本中原料和燃料是否采用倒轧法核算？		
5	备品备件消耗单是否顺序编号、妥善保管？其编制和审核是否由生产部门和机修部门负责？是否及时报经财务部门进行账务处理？		
6	由成本核算人员汇总有关成本数据后编制的会计分录是否经过会计审核人员的复核？		
7	对成本预算与成本决算的差异是否有具体的解释？是否报经有关人员审核？		
G	固定资产及在建工程	是	否
	控制目标： • 固定资产的购入、更新改造和处置及在建工程的建设都经过授权； • 固定资产的获得、更新改造和处置及在建工程的建设都及时记录； • 固定资产安全并完整； • 固定资产折旧政策的一贯性和合理性； • 在建工程的实施过程符合规范		
Gl	保管		
1	固定资产是否有专人负责保管？		
2	固定资产标签是否一直都贴在相应的固定资产上？		
3	是否根据预先制定的时间表对固定资产进行定期的或周期性的盘点？		
4	固定资产的保管和维护是否有明确的规章制度？		
5	是否妥善保存所有权属文件？		
G2	核对和复核		
1	是否定期将固定资产的固定资产卡片（原值、累计折旧和当期提取的折旧）与总账核对？是否调查差异原因并给予解决？		
2	是否根据固定资产的取得和处置及在建工程的建设情况，对固定资产和在建工程的记录进行及时更新？		
3	是否将固定资产清点结果与固定资产卡片相比较以确定差异？		
C3	取得固定资产		
1	在批准一项采购前，是否进行经济性判断？		
2	所有增加的固定资产是否都得到了必要的批准？		
3	固定资产入账前是否经过验收并核对价款？		
4	当决定使用融资租赁方式并得到批准时，是否将取得的资产视同自有资产进行管理？		

续表

G	固定资产及在建工程	是	否
G4	基建		
1	在批准一项工程前，是否进行可行性分析，包括经济效益预测与判断？		
2	建设项目开工前，是否具有完备、合法的审批手续？		
3	建设项目的资金来源是否合法？		
4	建设合同是否通过招标确定？		
5	是否实行工程预算、概算审计？		
6	是否实行建设期审计？		
7	是否实行竣工决算审计？		
8	对费用开支的授权是否限定在事前定义好的费用水平基础上？		
9	当合同一方提出对工程进行修改（增加费用），是否在接受提议前得到必要的批准？		
10	管理层是否复核工程进展报告和资金预测报告？		
11	是否对比预算和实际支出，并调查重大差异？		
12	是否定期复核工程进度及质量等级，并在必要时停工？		
13	当工程完工后，工程造价超过既定的批准限额时，超过部分是否都得到批准？		
14	是否对可计入固定资产原值的费用（汇兑损益和利息支出）进行核对？		
15	在建工程是否及时转为固定资产？		
C5	处置		
1	在移送固定资产前，是否对该资产的出售、报废、捐赠及其他处置行为给予批准？		
2	是否有合理的步骤以确保出售和捐赠的固定资产的完整性直到行为完成？		
G6	其他		
1	当固定资产作为抵押品时，是否需批准并对其控制？		
2	根据固定资产的性质和需要，是否给其上保险？		
H	现金收支管理	是	否
	控制目标： • 收到的现金及时存入银行； • 收到的现金被准确地记入相关的科目和会计期间； • 现金付款经过核准； • 提取的用于付款的现金要及时支付		
H1	职责的分配		
1	支票的签发是否独立于下列事项： • 采购的批准： • 付款职能； • 支票的记录。		
2	现金、银行存款出纳人员是否不兼任总账和明细账记账员？		
H2	调节表及其复核		
1	是否按月编制银行存款余额调节表，并对存在的差异进行解释？		
2	准备银行存款余额调节表的人员是否独立于现金收付工作？		
3	银行存款余额调节表的编制工作是否与复核工作分开？		

续表

H	现金收支管理	是	否
4	是否有适当的控制方法以确保银行存款余额调节表中无法解释的未达项目能得到适当的处理？		
5	是否调查已经签发很长时间但尚未兑现的支票的原因并停止付款？		
6	是否将现金收付款日报表与其他相关总账、明细账及现金、银行存款日记账相核对？		
H3	款项收取		
1	企业使用保险柜吗？		
2	如果不使用保险柜，是否在收到支票、汇票后，立刻在票据上签署限制性背书？		
3	是否存在一个控制制度，将收款总额与银行存款进账单和现金收款账户相核对？		
4	收到现金是否及时入账？		
5	收到的现金是否及时存入银行？		
6	是否有独立的人员对现金收款记录进行复核？		
H4	凭证		
1	支票是否应按顺序处理？		
2	作废及毁损的支票是否被盖销，并被退回给支票的填写人？		
3	支持性文件，包括原始发票，是否被归档？		
4	这些支持性文件的复印件是否应作为付款凭证？		
5	未使用的支票本是否被良好保管，且签发被严格控制？		
H5	款项支付		
1	填制支票或汇款单之前是否已经过适当批准？		
2	是否从不允许提前签发支票（如空白支票）？		
3	银行账户与支票签字是否需由管理层授权？		
4	是否只有在相关的支持性文件（如供应商的发票、采购订单等）备齐后才开出支票？		
5	所支付款项的准确性是否会得到审核？		
6	支票一旦签发出去，是否会及时准确入账？		
7	是否有独立的人员对现金付款记录进行复核？		
H6	现金备用金		
1	备用金支出是否被正式授权，并定期与相关账户进行核对？		
2	是否由一个独立的人负责定期清点现金？		
3	备用金账户是否保持一个合理水平？		
4	备用金余额能否满足需要？		
5	所有的备用金支出是否都有相关的附件和批准？		
6	是否对员工取得借款加以限制？		
I	电子数据处理	是	否
	控制目标： • 保证数据的完整性； • 确保系统的安全性； • 通过对计算机应用系统的一般控制和应用控制检查，确认对计算机的应用保持一个有效的控制环境		

续表

I	电子数据处理	是	否
I1	一般控制		
1	电子数据处理的规定和程序是否按照管理需要和已知法律法规的要求设计？		
2	电子数据处理的规定和程序是否被有效地执行，以保证被处理数据的可靠性和安全性？		
3	是否有一个明确的职责分工以计划、管理和控制电子数据处理工作？		
4	工作人员是否都能胜任工作并受到适当的培训和监督？		
5	职责是否适当地分离，如计算机操作与业务授权、记录、资产保管的职责保持分离等？		
6	是否对不同岗位、级别的工作人员设置不同的操作权限，并且得到认真执行？		
7	是否制定了长期与短期的会计电算化规划及实施措施，并有经过正式测试的应急计划？		
8	新系统实施前是否先要经过测试检查？		
9	是否对计算机程序、数据文件、电子通信网络和输入及输出资料提供了足够的安全措施？		
10	是否保留完整的记录以便追踪软件和系统的使用？		
11	是否对任何系统或软件的应用以及随后的修改都经适当的批准？		
12	是否对任何系统或软件的修改或升级都是通过软件供应商来完成的？		
13	是否有系统软件和硬件控制以确保当发现错误时，将采取合适的和自动的纠正措施，以确保正确地发挥作用？		
I2	应用控制		
1	是否有适当的输入控制以确保数据库的完整性和准确性？		
2	是否跟踪所有已发现的错误，以确保其已被解决，并且错误纠正工作得到了良好控制？		
3	是否对计算机产生的数据进行定期检查？		
4	是否只有经授权的人员才能接触计算机输出报告，并设定数据的保护政策和保密标准？		
5	硬件配置是否与应用软件兼容？		
6	是否对计算机系统进行持续的风险控制分析？		
J	预算	是	否
	控制目标： • 预算是按照经营策略制定的； • 预算目标确定由合适部门和人员负责； • 预算中考虑到了经营环境的变动； • 预算编制和执行工作的责任要明确； • 预算的汇总和审批的职责要明确； • 预算在经营成果分析中被使用； • 预算与实际经营中的差异的管理责任要明确		
J1	工作分工		
1	计划和预算工作是否有正确的责任分工？		

续表

J	预算	是	否
2	预算是否被执行?		
3	预算计算口径和财务核算口径是否一致?		
4	预算执行情况的考核办法是否明确?		
J2	策略		
1	预算是否反映并且符合企业的策略?		
2	当大的变动使预算变得不可实现时，预算是否被及时更新?		
J3	复核		
1	预算是否被管理层复核并批准?		
2	预算中是否采用了经营成果指标?		
3	是否将预算和实际的经营成果进行比较?		
4	是否对实际执行结果与预算的重大差异进行调查和分析?		
5	是否对市场及经营趋势进行分析?		
K	投资	是	否
	控制目标: • 确保投资的有效性和合法性; • 确保投资被正确记录并保存; • 确保投资收益被正确记录; • 确保正确合理地评估投资风险和投资收益		
K1	责任分工和联合控制		
1	投资业务的授权、执行、会计记录以及投资资产的保管等方面是否都有明确的分工?		
2	是否不由一个人同时负责上述任何两项工作?		
3	投资业务的会计记录与授权、执行和保管等方面是否明确职责分工?		
4	是否由独立的专门机构（如证券企业、信托投资企业等）对投资资产（股票和债券资产）进行保管?		
5	如果投资资产由企业自行保管的，是否建立了严格的联合控制制度，即至少要由两名以上人员共同控制，不得一个单独接触?		
K2	取得		
1	投资业务是经过授权审批?		
2	是否有专人对投资项目进行可行性研究?		
3	可行性研究报告是否是管理层做出投资决策的一个重要依据?		
K3	文件记录		
1	是否取得了股权证明和交易凭证?		
2	股权持有期间任何关于股权的变动和投资收益（如红股、配股、分红和回购等）是否正确地、及时地被记录和复核?		
3	对于任何有价证券的存入或取出，是否都要将其名称、数量、价值及存取的日期、数量等详细记录于证券登记簿内，并由所有在场经手人员签名?		
4	是否对有价证券定期进行盘点核对?		
5	负责投资业务的人员是否定期向管理层报告有关投资业务的开展情况，即提交投资业务管理报告书，供管理层投资决策和控制?		

续表

L	会计记录和报告系统	是	否
	控制目标： • 确保会计记录被正确和及时地进行； • 确保下属单位的会计记录被适当地控制； • 确保在上下级单位之间建立适当的报告系统； • 确保将报告上报给适当的管理层并收到相应的反馈； • 报告系统能够提供充分、可靠及合适的信息		
L1	会计手册		
1	主要的会计规定和程序是否经管理层批准并妥善保存？		
2	在会计手册（或其他文件）中是否明确规定授权系统及在执行过程的责任划分？		
3	是否建立内部审核制度（如内部审计或其他方法）以确保会计手册中所述内容及条例已正确执行及遵守？		
L2	会计系统		
1	是否建立有效措施防止未经授权的人接近会计资料？		
2	有无对会计报表进行检查以确保它符合财务报告的要求？		
3	内部报告是否足以引起管理层对不正常的经营成果的注意？		
L3	调整和复核		
1	是否存在复核机制以避免错误的发生？		
2	是否定期和及时地向管理层汇报当前的问题以及这些问题得到怎样的处理？		
3	是否对现金流动和费用列支进行审核？		
4	错误数据的更正是否经过管理层的审核？		
L4	对于分支机构的控制		
1	管理层是否充分重视分支机构管理报告，并对其所披露的非正常情况有足够的敏感度？		
2	管理层是否对分支机构进行定期检查？		
L5	报告系统		
1	是否明确规定了下级单位（含下属企业）报送报告的类型、内容、格式及报送时限？		
2	报告是否提供给适当的管理层进行复核？		
3	报告提交结构是否符合充分交流的要求？		
4	报告提交结构对于管理来说是否合适？（例如，是否进行了适当的集中或分散？）		
L6	报告信息		
1	是否将重要的合作、谈判内容及时向上级单位汇报？		
2	在向管理层反映当前的经营问题时是否采用了比率或统计方法？		

注：企业内控制度问卷用以描述和分析企业内控制度，它包含与内部控制系统有关的问题，并按总体控制和具体控制分别设计。其中，总体控制与控制环境紧密相关，具体控制是针对具体的销售和应收账款、采购和应付账款、存货管理、工资管理、生产和成本会计、固定资产及在建工程、现金收支管理、电子数据处理、预算等系统的程序和活动的控制。该问卷所示内容仅供各事务所参考，不要求对所有内容必须回答。具体填列方法为：对该问卷中的问题只需在问题后第一栏中简单回答“是”、“否”或“不适用”。如答“是”，表示有适当控制；如答“否”，表示控制较弱；如答“不适用”，表示被调查单位不存在此类控制问题。对未进行询问或通过其他方式取得证据的问题，可不填列。对于回答“否”的问题，请在“评价”一栏中将其对整体控制的影响进行简单阐述。

（三）重新执行法

重新执行法是指通过对某一控制活动全过程的重新执行来评估控制执行情况的方法。

（四）实地查验法

实地查验法是指企业对财产进行盘点、清查，以及对存货出入库等控制环节进行现场查验，以检查验证其规定的控制措施是否得到严格执行的一种方法。

检查人员到工作现场观察作业人员执行业务的情况，也可提供某项业务处理程序是否与内部控制要求相符的证据。例如，检查人员可以观察仓库实际的发货过程是否和规定的发货程序一致。为了使观察收到实效，检查人员最好采用突击的形式执行观察程序。这一方法在实际的审计工作中一般应结合其他技术方法一并进行。例如，审计人员前往材料仓库，察看储藏设施是否坚实可靠，材料到达是否严格检验、正确登记并及时入库，库存材料存放是否井然有序等，即可证实上述控制措施是否切实得到执行。该方法适合测试某些不留线索的控制，以及测试执行控制的到位程度，前者如实物控制、职务分离等，后者如材料验收、门卫检查是否严格等。同时，审计人员在实施这一方法时，应尽可能不让被审计事项的有关人员事先察觉，这样才会取得比较理想的效果。

（五）标杆法

标杆法是指通过与组织内部、外部相同或相似经营活动的最佳实务进行比较而对控制设计有效性评价的方法。

企业实施标杆法，应该针对企业的不同特性而选择不同标杆对象、目标。企业在实际的选择运用过程中，应对每种标杆法加以综合权衡，从而真正找到企业的内部控制改进方式。

（六）比较分析法

比较分析法是指评价人员通过对所获取的企业各项经营数据进行分析，比较数据间的关系、趋势或比率来求证评价证据的有效性。

现代审计的重要特征是注册会计师在审计企业会计报表时，在研究与评价被审计单位的内部控制的基础上，运用分析性复核程序确定重点审计领域。注册会计师利用数据的对比分析判断企业是否存在潜在问题和风险项目，手段上都有比较分析法、比率分析法和趋势分析法，也包括调查异常变动、重要比率或趋势与预期数额以及相关信息的差异。例如，杜邦分析法以权益净利率为主线，将企业在某一时期的销售成果以及资产营运状况全面联系在一起，层层分解，逐步深入，构成一个完整的分析体系。当然，上述各种方法的有机结合，不仅可以弥补自身的缺陷和不足，而且可以弥补其他方法的缺点，使得分析结果更完整、更科学。例如，以杜邦分析为基础，结合专项分析，进行一些后续分析对有关问题做更深入、更细致的分析与了解；也可结合比较分析法和趋势分析法，将不同时期的杜邦分析结果进行对比趋势化，从而形成动态分析，找出财务变化的规律，为预测、决策提供依据；或者与一些企业财务风险分析方法相结合，进行必要的风险分析，也为管理者发现企业财务和经营管理中存在的问题，改善企业经营管理，完善内部控制提供重要依据。

（七）穿行测试法

穿行测试法（Walk Through Test），也叫全程测试法、了解性测试法、摇篮一坟墓测试法（Cradle to Grave Tests），是指在对单位内部控制进行研究、复核时，在每一类交易循环中选择一笔或若干笔具有典型代表性业务进行测试，从而判断业务处理过程是否按所设计的内部控制要求进行。

例如，为了复查购货循环内部控制，检查人员可以选取一笔或若干笔材料采购，从请购单、订货、验收入库、库存保管、核准发票、付款、记账中，对整个采购程序进行详细检查，以确定材料采购各个环节的实际执行情况是否与其所了解的内部控制保持一致。如果发现实际执行情况与工作底稿中关于内部会计控制的描述不一致，那么检查人员应当对工作底稿加以修正。

穿行测试法在复核评价内部控制记录工作底稿时并不是万能的，它具有一定的前提条件。为了保证穿行测试法的成本效率性，在下列情况下均要执行该方法：

（1）已知某种新制度已开始发挥效力，或者对某单位实施首次检查时；

（2）在履行重复性审计聘约时，若已知现有制度中某一重要部分被变更，则审计人员可决定对变更部分进行穿行测试；

（3）审计人员认为某种内部控制制度已经发生变化，或者是其他原因，审计人员期望证实所掌握的现有制度情况。

而以下三种情况，穿行测试法的成本效率性往往不理想，或者没有必要执行该方法：

（1）在履行重复性审核，已知内部控制未发生重大变化时；

（2）对现有内部控制制度可能发生变更的部分进行首次检查或重复性检查时，审计工作并不准备依赖内部控制制度；

（3）个别交易类型不重要。

（八）抽样法

抽样法是指评价人员对关键业务流程，根据该流程风险的高低，从确定的总体样本中抽取一定比例的业务样本。

（九）专题讨论法

专题讨论法是指通过召集与业务流程相关的管理人员，就业务流程的特定项目或具体问题进行讨论和评估的一种方法。

八、内部控制评价的有效工具——内控手册

通过内控手册中的控制目标和控制活动的对标（内控有效性评估），可以反映企业管理层是否建立了内部控制制度以及已建立的内部控制在设计上是否有效。

内控手册是从内部控制角度按通行内控框架记录企业关键控制活动的一种体系文件，主要包括控制矩阵、流程图并辅以适当的文字说明，核心是内控框架五要素及相关控制目标和控制活动。由于内控活动设置在业务活动发生的流程中，所以内控手册是一种程序性的文件。内控手册中控制活动是企业各级管理层进行内部控制执行有效性的抓手，对已建立的内控活动执行有效性由稽核部门进行测试以确保其得到贯彻执行。编制实施内控手册的根本目的是进一步完善现代企业制度和法人治理结构，规范经营管理，促进各内控制度的协调和完善。

九、内部控制评价的程序、阶段

内部控制评价的程序一般包括制订评价工作方案、组成评价工作组、收集有关资料、实施现场测试、认定控制缺陷、汇总评价结果、编报评价报告等。内部控制评价可分为三个阶段进行。

（一）评价准备

该阶段的主要任务是制订评价工作方案、组成评价小组。

工作方案主要包括评价范围、工作任务、人员组织、工作进度安排和费用预算等相关内容。企业内控部门应当根据经企业授权审批的评价方案，组成内控评价工作小组，具体实施内控评

价工作。

组成评价工作小组的要求：应吸收相关机构内熟悉内控情况的业务骨干参加。

（二）评价实施

评价人员到现场收集有关资料，综合运用个别访谈、调查问卷、专题讨论、穿行测试、实地查验、抽样和比较分析等方法；充分收集被评价单位内部控制设计和运行是否有效的证据，按照评价的具体内容，如实填写评价工作底稿，研究分析内部控制的缺陷，认定评价企业的缺陷。

（三）评价报告

评价工作小组通过全面符合和确认检查出来的各种内控问题，分析汇总评价结论，提出认定意见并编制评价报告。

评价报告应按内控要素进行设计，根据不同的目的确定不同的结构和内容。假如企业是为全面实施内部控制做前期的调查摸底、把握现状，以便在建制中抓住重点，则报告着重描述企业当前在哪些要素方面存在严重不足及缺陷，以供建制参考；假如企业是上市企业，或已经进行过全面系统的内部控制建设，则测评报告应根据《内部控制评价指引》要求的“八项内容”组织撰写，同时还要考虑企业规模的大小、业务的繁简来确定不同的撰写内容。（本书举例立足点是初始进行内部控制建设的中型企业，内容较为简略。）

小知识　内部会计控制制度评价的程序

1. 建立内部会计控制评价机构

企业应根据单位的经营规模、机构设置、经营性质、制度状况等设置评价机构，并考虑以下原则：

（1）能独立行使对内部会计控制系统建立与运行过程及结果进行监督的权力。

（2）具备监督与评价内部会计控制系统相适应的权威性。

（3）与单位其他职能机构在监督与评价内部会计控制系统方面进行协调，在工作中能够相互配合、相互制约、相互促进。

（4）在效率上能够满足单位对内部会计控制系统进行监督与评价所提出的有关要求。

（5）能得到单位负责人支持，并采取有效措施保证内部会计控制系统评价工作的有效开展。

内部控制评价机构应根据企业整体控制目标，制定内部控制评价工作方案，明确评价目的、范围、组织、标准、方法、进度安排和费用预算等内容，报管理层和董事会审批。评价机构应根据审批通过的评价方案组织实施内部控制评价工作，通过适当的方法收集、确认、分析相关信息，确定与实现整体控制目标相关的风险及细化控制目标，并在此基础上辨识与细化控制目标相对应的控制活动，然后针对控制活动进行必要的测试，获取充分、相关、可靠的证据对内部控制的有效性进行评价，并做出书面记录。

2. 对内部会计控制制度的建立和执行情况进行调查

对被审计单位内部控制进行调查主要是了解其健全性和严密性，包括基础控制（如机构设置、人员分工和岗位责任等）和应用控制两个方面。调查方式有三种：

（1）向被审计单位有关管理人员和当事人询问有关内部控制的现状情况。

（2）查阅被审计单位有关内部控制的规章制度和文件资料。文件包括组织系统图、工作说明、程序手册等，并与负责人、财务负责人、信息系统主任和其他主要成员座谈，深入了解建设单位内部控制的特点。如果被审计单位编有内部控制流程图或其他专门描述其内部控制的文件资料，可直接索取并加以利用。

（3）查阅以前年度有关被审计单位内部控制方面的审计档案。如果以前曾对该单位进行过内部控制评价，那么以前的档案也是审计人员了解被审计单位内部控制现状的一项主要依据。

在调查了解的同时，审计人员应运用记叙法、调查表法、流程图法等技术方法，将被审计单位内部控制的现状（包括建立和执行的详细情况）准确地描述出来，并做出初步评价。

（1）审计人员应将通过检查所了解的被审计单位内部控制的现状与事先确定的评价模式进行对照，以揭示其内部控制措施是否被采用。在相互对照中发现的控制缺陷，审计人员应按不同的性质和内容加以归类、汇集，并登记在“内部控制缺陷登记表”（见表26-12）中。该登记表一般包括评价项目、控制缺陷、补偿措施、潜在错弊（或风险），以及重要性等内容。

表 26-12　内部控制缺陷登记表

被审计单位：

评价项目	控制缺陷	补偿措施	潜在错弊	重要性	备注
发货情况	发货单未连续编号	存货明细账与保管账定期核对	少计销售成本多计存货，导致利润不实	比较重要	
	……	……	……	……	

（2）对于检查出的控制缺陷，审计人员应通过询问管理人员或当事人以及查阅有关资料，了解其是否有补偿性控制措施。倘若存在，审计人员应进一步分析这些补偿性控制措施能否全部抵销控制缺陷的影响，并在“内部控制缺陷登记表”中加以说明。

（3）在确定被审计单位内部控制缺陷没有补偿性控制措施或补偿性控制措施不能全部抵销其影响后，审计人员应说明控制缺陷可能产生某些错弊的性质，以及对整个控制系统的影响程度。如果还存在其他缺陷，审计人员还应分析控制缺陷间的相互联系及其可能产生的共同影响。

（4）在分析被审计单位内部控制系统中所有控制缺陷及其潜在影响的基础上，审计人员即可对其健全程度做出评价。如果认为被审计单位的内部控制系统是健全的或基本健全的，能够保证审计人员所关注的控制目标的实现，审计人员即可对该单位的内部控制系统予以信赖，并测试其有效性；反之，审计人员则不信赖该单位的内部控制系统。

3. 对内部会计控制制度进行符合性测试与评价

符合性测试是对被审计单位内部控制系统中，经过健全性评价被认为健全或基本健全的那部分控制系统所进行的进一步测试。重点是测定内部会计控制各组成部分是否按规定的控制步骤、方法运行，测试各控制环节运行与其内容是否相符，检查各控制环节和控制点的内容、程序、方法等是否正常运行以及相互之间协调配合情况等。其目的是检查所谓健全完善的内部控制系统是否得以严格认真的贯彻执行，能否有效地保证各项控制目标的实现。

符合性测试完毕，审计人员汇总符合性测试表记录的单项测试结果，着重将内部控制系统的薄弱环节和失控环节整理出来，对其失控性质、失控程度和潜在影响进行逐项分析，然后对内部控制在实际工作中的执行与否和执行程度做出评价，出具评价报告，内容主要包括评估的范围、评估的依据、发现的重大缺陷及其影响、改进建议、评估意见。如果关键控制点或多数一般控制点失去控制，则表明内部控制无法发挥控制功能，可以做出直接进行实质性审计的结论；如果少数一般控制点执行不利或全部控制点都执行良好，则进入综合性评价。

4. 对内部会计控制制度进行综合评价

基于调查了解基础上的健全性和符合性评价分别揭示了被审计单位内部控制存在的控制缺陷和薄弱环节。但这些缺陷和薄弱环节对单位整个内部控制系统究竟有多大影响，对后续审计工作有什么预示作用，还需进一步做出评价。综合评价主要是对内部控制中的具体问题，特别是对差错、浪费、损失、非授权使用或滥用职权等敏感问题进行评价，找出失控的原因，提出相应的改进、补救措施。

（1）审计人员应将大量的零散资料加以汇集整理，这是进行综合评价的基础。审计人员把以前各阶段工作的有关资料，特别是“内部控制缺陷登记表”和“符合性测试表”等工作底稿，按照控制系统和控制点为标志加以汇集、分类整理，以使被审计单位内部控制系统存在的问题得以全面反映。

（2）全面分析评价控制缺陷和薄弱环节对整个内部控制系统的影响。可分以下两个层次进行。

①分析评价控制缺陷对相应控制点的影响。例如，与分析“凭证连续编号”这一控制缺陷对控制点“审核”的影响时，就是要分析因缺少这一控制措施而影响审核功能的程度或可能产生的不良后果等。由此，审

计人员即可对各个控制点能否发挥作用做出准确的判断。

②分析评价控制缺陷对相应的内部控制系统的影响。例如，当分析缺少“验收”这个控制点对材料采购控制系统的影响时，既要分析“验收”对“保证材料品种、数量、质量符合要求”这一控制目标的直接影响，又要分析“验收”对“承付”“审核”“记账”等其他控制点的影响。通过分析，审计人员就可以对每个控制系统能否保证审计人员所关注的相应控制目标的实现做出判断，进而对被审计单位的整个内部控制系统能否保证所有控制目标的实现做出综合评价，并对能否在审计风险所容许的条件下依靠其内部控制进行实质性审计做出最终判断。

（3）审计人员依据所发现的内部控制缺陷和薄弱环节，确定实质性审计范围、重点和方法，并提出改进内部管理的建议。

5. 编写内部会计控制制度评价报告

评价报告主要说明内部会计控制程序是否符合国家有关规定，是否符合单位管理方针和政策，是否满足单位经营管理的需要，是否有利于单位经营目标的实现，以及内部会计控制制度在运行中存在的漏洞或缺陷、改进的措施及具体计划和进度安排等。内部会计控制制度评价报告主要包括制度情况、执行情况、改进意见等内容。

十、管理层对内部控制的自我评价

（一）内部控制自我评价

内部控制自我评价（Control Self-assessment，CSA）是近年来西方国家内部控制制度评审的一种方法，是企业监督和评价内部控制的主要工具，简单来说，就是企业定期或不定期地对自己及所属子企业的内部控制系统进行评价，评价内部控制系统的有效性及其实施的效率效果，以期能更好地实现内部控制的目标。其普遍的方法是内部审计人员与被评价单位管理人员组成一个小组，对企业管理层进行访谈以确定每次内部控制评价的范围和重点。之后，小组成员运用调查问卷法对关键岗位员工以访谈的方式了解经营状况、业务流程，经必要的穿行测试和分析性复核后初步确定中、高风险区，作为研讨会的讨论重点。管理人员则在内部审计人员的帮助下，对本部门内部控制的恰当性和有效性进行评价，然后根据评价和集体讨论来改进建议出具报告，由管理者实施。

内部控制自我评价将运行和维持内部控制的主要责任赋予企业管理层，同时使企业员工人员内部审计人员与管理人员合作评估控制程序的有效性，共同承担对内部控制评估的责任。其基本特征是：关注业务流程和控制成效；由职能部门和业务部门共同进行；从内部审计人员到业务流程具体执行人员全体参与；用系统化的方法开展评价活动。完整的内部控制自我评价结构包括以下几个方面。

1. 管理者的支持

内部控制自我评价开始于内部审计部门和其他管理部门之间良好的合作关系和相互理解。内部审计人员应清楚地理解单位的文化、政治和环境，这些知识将有助于确立最适当的评价框架。管理者还要根据需要建立工作小组并了解小组及其成员。

2. 研讨会

召开研讨会有助于对选题进行交流和探讨。研讨会的基调是双向发现问题和共同分享信息。参加研讨会的对象应尽可能多，与讨论业务流程的相关人员，特别是风险薄弱环节的工作人员必须到场参加讨论。现场讨论应做到人尽其言，所有的观点都应记录在案。

3. 自我评价报告

自我评价报告主要有三个部分：本次评价的内部控制范围和评价过程中的特殊情况；内部

控制各个环节的风险程度及其状况和影响；改进建议和方案。如果管理层对高风险决定不采取措施，而是承受这一风险，那么应有管理层的书面承诺。

4. 行动计划

行动计划是实施内部控制自我评价的必然结果。内部控制自我评价帮助被评价单位建立一个大家共同认同的目标，所有问题虽不会立即解决，但能有效地控制风险，使被审计单位向预定目标前进。在制订行动计划时应特别关注控制点和相应的控制措施。不同的控制点有着不同的业务内容和控制目标，因此需要采取不同的控制措施，才能预防和发现各种错弊。不同行业、企业为实现控制目标所采取的控制措施也可能相去甚远，不能穷尽，需要审计人员根据具体情况，运用职业判断能力进行确认。

通过内部控制自我评价，内部审计人员不再仅仅是“独立的问题发现者，而成为推动企业改革的使者”，将以前消极的以“发现和评价”为主要内容的内部审计活动向积极“防范和解决方案”的内部审计活动转变，从事后发现内部控制薄弱环节转向事前防范，从单纯强调内部控制转向积极关注利用各种方法来改善企业的经营业绩。另外，通过内部控制自我评估，可以发挥管理人员的积极性，他们可以学到风险管理、控制的知识，熟悉本部门的控制过程，使风险更易于发现和监控，纠正措施更易于落实，业务目标的实现更有保证。内部审计人员广泛接触各部门人员，和各管理部门建立经营伙伴关系，有利于共同采取措施防止内部控制薄弱环节的产生。

（二）内部控制自我评价的形式

内部控制自我评价的三大主要形式是协调小组研讨班、调查问卷和管理人员开展的分析。一般组织都综合这几种形式，而不是单纯应用某一种形式。在最纯粹的形式上，内部控制自我评价综合了业务目标和控制过程的风险。有时，也把内部控制自我评价称为控制/风险自评。虽然内部控制自我评价的实际应用者应用一系列不同的技术和格式，但大多数已开展的项目具有共同的关键特征和目标。应用自评的机构拥有正式的、得到文件记录的程序，允许直接参与业务部门工作或有关程序的管理者和工作小组以规范化方式参与以下工作：识别风险和风险暴露；评估用以减少或管理上述风险的控制过程；制订用以将风险减少到可接受程度的行动计划；确定实现业务目标的可能性。其中，调查问卷和管理人员开展的分析较为常见，且简便易行，而以目标、风险、控制或流程为导向的四种协调研讨会形式相对较为复杂。

1. 以目标为导向的形式

强调实现业务目标的最佳方式。研讨会以确认现有的、用于支持目标的控制措施为起点，接着确定剩余风险。研讨会的目的是决定控制过程是否在有效运作，并使剩余风险维持在可以接受的水平。

2. 以风险为导向的形式

强调列举实现目标的各种风险。研讨会以列举所有可能阻止目标实现的壁垒、障碍、威胁和风险为起点，接着对控制过程进行检查，以确定控制过程是否足以对关键风险进行管理。研讨会的目的是确定严重的剩余风险。在这种形式中，工作小组必须走遍整个目标—风险—控制过程。

3. 以控制为导向的形式

强调现有控制措施的运行情况。这种形式有别于以上两种形式，因为协调员在研讨会开始之前就确认了关键的风险和控制。而在研讨会进行过程中，工作小组对控制和减少风险的方式进行评价，并促进目标的实现。研讨会的目的是分析控制过程目前的运行情况与管理人员的期望值之间的差距。

4. 以流程为导向的形式

强调所选的、作为流程链组成因素的活动。流程通常是一系列相关的、从一个起点通向另一个起点的活动，如采购的不同步骤、产品开发、收入的产生等。这种研讨会通常涵盖对整个流程目标和各种中间步骤的确认。研讨会的目的是评价、更新、证明、改善和简化整个流程及其组成活动内容。与以控制为基础的形式相比，这种研讨会可能会进行更广泛的分析，方法是涵盖流程中各种目标，并对协同的管理工作提供支持（如重组、质量改善、持续改进活动等）。

（三）内部控制自我评价报告

1. 内部控制自我评价报告的主要内容

企业应当根据内部控制自我评价结果和整改情况，编制内部控制自我评价报告。内部控制自我评价报告至少应当包括下列内容：

（1）组织实施内部控制自我评价的总体情况。

（2）内部控制责任主体的声明。

（3）内部控制自我评价的范围和内容。

（4）内部控制自我评价的标准和依据。

（5）内部控制自我评价的程序和方法。

（6）内部控制重大缺陷及其认定情况。

（7）内部控制重大缺陷的整改措施及责任追究情况。

（8）内部控制有效性的结论。存在一个或多个内部控制重大缺陷的，应当做出内部控制无效的结论。

企业内部控制自我评价报告应报企业管理层审核、董事会审定后公布。通常，企业应以 12 月 31 日作为年度内部控制自我评价报告的基准日，也可选择 6 月 30 日为基准日。评价报告应于基准日后 4 个月内报出。

2. 内部控制的缺陷

（1）设计缺陷与运行缺陷。企业在内部控制自我评价中，应对内部控制缺陷进行分类分析。内部控制缺陷一般可分为设计缺陷和运行缺陷。设计缺陷是指缺少为实现控制目标所必需的控制，或者现存控制设计不适当，即使正常运行，也难以实现控制目标。运行缺陷是指现存设计完好的控制没有按设计意图运行，或者执行者没有获得必要授权或缺乏胜任能力以有效地实施控制。企业在对内部控制自我评价的过程中发现的问题，应当从定量和定性等方面进行衡量，判断是否构成内部控制缺陷。存在下列情况之一的，企业应当认定内部控制存在设计或运行缺陷：

1）未实现规定的控制目标。

2）未执行规定的控制活动。

3）突破规定的权限。

4）不能及时提供控制运行有效的相关证据。

（2）一般缺陷、重要缺陷和重大缺陷。企业应当根据内部控制缺陷影响整体控制目标实现的严重程度，将内部控制缺陷分为一般缺陷、重要缺陷和重大缺陷（也称实质性漏洞）。其中，重大缺陷是指一个或多个一般缺陷的组合，可能严重影响内部整体控制的有效性，进而导致企业无法及时防范或发现严重偏离整体控制目标的情形；重要缺陷，是指一个或多个一般缺陷的组合，其严重程度低于重大缺陷，但导致企业无法及时防范或发现偏离整体控制目标的严重程度依然重大，须引起企业管理层关注。一般缺陷是指除重要缺陷、重大缺陷之外的其他缺陷。

具体评价时，内部控制自我评价机构和管理层应合理确定相关目标发生偏差的可容忍水平，从而对严重偏离情形予以确定。但在判断和认定内部控制缺陷是否构成重大缺陷时，则至少应考虑下列因素：

1）影响整体控制目标实现的多个一般缺陷的组合是否构成重大缺陷。

2）针对同一细化控制目标所采取的不同控制活动之间的相互作用。

3）针对同一细化控制目标是否存在其他补偿性控制活动。

（3）内控缺陷报告及其改进。企业应当根据内部控制自我评价过程中发现的内部控制缺陷，督促相关单位或部门进行整改，并对整改结果进行核查和确认。

1）对于为实现单个或整体控制目标而设计与运行的控制不存在重大缺陷的情形，企业应当认定针对这些整体控制目标的内部控制是有效的。

2）对于为实现某一整体控制目标而设计与运行的控制存在一个或多个重大缺陷的情形，企业应当认定针对该项整体控制目标的内部控制是无效的。

当对于因业务外包等造成企业无法评价特定业务、特定流程的内部控制有效性时，内部控制自我评价机构应充分考虑该业务流程及其相关控制的重要性，确定其对整体控制目标有效性评价的影响。

企业可以根据被评价的整体控制目标的不同，适当调整评价报告的内容。企业应定期对内部控制整体有效性进行评价，出具评价报告，并向董事会、监事会和管理层报告内部控制设计与运行环节存在的主要问题以及将要采取的整改措施。评价报告中也需要明确财务报表日之后截至内部控制评价日发生的、可能影响财务报告控制目标有效性的所有重大变化。内部控制自我评价报告应作为进一步完善内部控制、提高经营管理水平和风险防范能力的重要依据。对于内部控制自我评价报告中列示的问题，应采取适当的措施进行改进，并追究相关人员的责任。管理层和董事会应根据评价结论对相关单位、部门或人员实施适当的奖励和惩戒。

小知识　　企业内部控制自我评价应采取的政策和措施

企业应当结合内部监控情况，定期对内部控制的有效性进行自我评价，出具内部控制自我评价报告。

根据上述要求，企业应采取的政策和措施有以下四项。

1. 自我评价的范围和频率

企业应根据经营业务调整、经营环境变化、业务发展状况、实际风险水平等自行确定评价的方式、范围、程序和频率。

2. 自我评价的过程

评价内部控制制度本身就是一个过程。评价者首先要了解每一控制要素的实施情况，了解制度的运行情况与原设计有无不同，有无变更，其变更是否恰当，进而比较设计与执行之间的差距，并确认控制制度对预定目标的达成是否能提供合理保障，从而得出评价结论。

3. 自我评价的方法

根据不同的对象采用不同的测试方法，常用的有个别访谈法、调查问卷法、专题讨论法、穿行测试法、实地检查法、抽样法及比较分析法等。

4. 自我评价文档记录

企业在评价过程中应当将评价的有关资料和书面记录，进行整理归档并妥善保管。

十一、内部控制评价的相关说明

（一）拟订评价方案

评价前应拟订评价方案，明确评价的目的、内容、范围、方法、进度要求等，以及参与评价的组成人员及分工，从而提高评价的科学性及有效性。某咨询企业评价方案如表 26-13 所示。

表 26-13 评价方案

评价内容	评价重点	时间安排	责任人
采购循环	采购计划、供应商评价与选择、采购合同洽谈与签订、采购合同会审、采购实施、物品验收与检验等	×年×月×日—×年×月×日	×××
销售循环	……	……	……
财务循环	……	……	……
……	……	……	……

（二）设计评价调查问卷

为了提高评价调查的质量，可事先设计好评价调查的内容及事项并列出表格，发给有关部门及个人进行评价。

（三）收集评价资料

收集渠道有三个方面：

（1）向被评价单位有关人员和当事人询问有关内部控制的状况。

（2）查阅被评价单位有关内部控制的规章制度和文件资料。

（3）查阅被评价单位内部控制的审计报告和评价档案。为提高收集的效果，可列出索取资料清单，如表 26-14 所示。

表 26-14 提供索取资料清单

索取资料名称	数量	提供部门	提供人	时间	归还日	收件人
组织架构及部门职责说明书	1	办公室	×××	×××	××	×××
采购管理制度	1	办公室	×××	×××	××	×××
销售管理制度	1	办公室	×××	×××	××	×××
人力资源制度	1	办公室	×××	×××	××	×××
账户管理制度	1	办公室	×××	×××	××	×××
现金管理制度	1	办公室	×××	×××	××	×××
……	……	……	……	……	……	……

第二节 内部控制综合评价

一、内部控制综合评价方式概述

为了改进经营管理，强化内部控制，完善风险管理，需要对风险管控的现状进行评价。为确保评价做到全面、具体、客观、公正，首先要确定评价对象和评价要素；其次要根据各评价对象、评价要素的作用大小及发生频率，分别确定其权重；最后要确定评价的计量方法。只有这样才能把握企业内部管控风险的现状，明确存在缺陷，实现评价目的，为建立和健全内部控制制度、加强风险管理、防范风险产生提供依据。

对风险管控现状的评价应从三方面入手：一是评什么，二是用什么评，三是怎样评。“评什么”要解决的是评价对象，企业经营风险主要体现在企业经营过程中的各业务单元，故应以业务单元作为评价对象。“用什么评”就是要确定哪些管控因素对风险的发生产生影响或发生制约，称为评价因素或管控因素。“怎么评”则主要采用定性与定量相结合的等级评价法，并以“棋盘式”做支撑。

二、内部控制综合评价对象及权重的确定

（一）确定评价对象

评价对象是指被评价的业务单元。一个单位确定多少业务单元，应根据企业的规模大小、所处环境、经营性质、业务的繁简而定。

现以智董电子企业为例加以说明。

智董电子企业处于东部沿海地区，产品较为单一，员工约 180 人。根据该企业的经营规模及管理现状，评价对象确定为 15 项业务单元，如表 26-15 所示。

表 26-15　风险管控能力评价表

序号	评价对象（业务单元）	综合分	权重	管控能力		控制（评价）要素及权重					
				等级	得分（%）	授权（10）	职责（15）	规范（25）	执行（25）	记录（15）	监管（10）
1	企业领导	6.00	8	良	75.00	4	4	4	3	4	4
2	社会责任	6.00	8	良	75.00	4	4	4	3	4	4
3	企业文化	4.32	6	良	72.00	4	4	4	3	3	4
4	采购管理	5.04	8	中	63.00	4	4	3	3	3	2
5	营销管理	3.72	6	中	62.00	4	4	3	3	2	3
6	合同管理	3.30	6	中	55.00	4	4	3	2	2	2
7	生产管理	3.60	6	中	60.00	4	4	3	3	2	2
8	资产管理	2.10	6	差	35.00	2	2	2	2	1	1
9	预算管理	1.60	8	极差	20.00	1	1	1	1	1	1
10	资金管理	2.80	8	差	35.00	4	4	1	1	1	1
11	成本控制	2.70	6	差	45.00	3	3	2	2	2	2
12	人资管理	4.08	6	良	68.00	4	4	3	3	4	3
13	财务报告	3.76	8	中	47.00	4	3	3	2	1	1
14	安全运营	4.80	6	良	80.0	4	4	4	4	4	4
15	内部审计	2.80	4	良	70.00	4	4	3	3	4	4
合计		56.62	100	—	862.00	54	53	43	38	27	38
百分制得分		56.62	—	中	57.47	72.00	70.67	57.33	50.67	36.00	50.67
管控能力等级		中	—	—	中	良	良	中	中	差	中
风险等级		3	—	—	3	2	2	3	3	4	3

（1）企业领导。企业级层面组织架构、发展战略、目标设定、指标落实。

（2）社会责任。安全生产、产品质量、环境保护、员工权益保护。

（3）企业文化。员工的开拓创新、风险意识、诚实守信的经营理念。

（4）采购管理。采购计划的安排、供应商选择、购买验收、付款审核。

（5）营销管理。营销政策和策略、市场预测、客户信用、舞弊防范。

（6）合同管理。合同内容及订立、合同履行及监控、合同纠纷处理。

（7）生产管理。生产计划、日常调度、生产周期控制、生产效率。

（8）资产管理。固定及无形资产管控、存货管控、周转与运用、积压与短缺。

（9）预算管理。预算内容全面、编制科学、执行有力、调查有序、考核刚性。

（10）资金管理。筹资、投资决策，资金日常调度，资金流动管控。

（11）成本管理。成本计划与水平，消耗定额、责任落实及业绩考核。

（12）人资管理。薪酬制度合理、考核科学、关键岗位轮换、员工进出机制完善。

（13）财务报告。财务报告合规合法、报送及时，财务报告有效利用。

（14）安全运营。安全风险及责任、安全意识、资格认证、应急预案。

（15）内部审计。内审制度、内审人员、内审工作报告及内控改善处理。

（二）确定评价对象权重

因为每项业务单元的具体业务内容及其在经营管理中的地位和作用有所不同，所以应分别给予不同的权重。权重如何设置应根据业务单元的具体情况而定，但所有评价对象权重的最终合计必须是“100”。假定智董电子企业根据评价对象的重要性，分为高、中、低三级，其中每级的权重规定为高（8）、中（6）、低（4）。15 项业务单元的权重总和为 100，如表 26-15 所示。

三、内部控制综合评价要素及权重的确定

（一）控制（评价）要素确定

控制（评价）要素是指从哪几个方面来评价管控业务单元风险的能力，故也称风险管控能力评价要素。根据业务单元的内涵及其在生产经营中的作用，评价要素可多可少。智董电子企业的评价因素设定为六项（见表 26-15）。各项控制（评价）要素含义介绍如下。

1. 授权

授权是指该项业务单元（评价对象）的职责、权限、应完成的任务及目标等，是否授给某部门、某员工具体负责，既包括对总业务的授权，也包括对某项具体业务的授权，被授权者是否有胜任能力。例如，合同管理，谁负总的责任，某项具体业务合同又由哪个人去负责，都应授权，而且要求做到授权明确、内容清楚、要求具体等。它是实施风险管控的前提。

2. 职责

职责是指被授权的业务单元的业务内容、职责权限、目标要求、潜在风险以及防范措施等是否明确。它是实施风险管控的重要条件。

3. 规范

规范是指与业务单元相关的规章制度、业务流程是否完善，关键风险点是否明确，相关的规定是否全面具体，防范风险的措施与方法是否切实可行等。它是实施风险管控的基础。

4. 执行

执行是指对规章制度的贯彻、业务流程的遵循、执行是否有力，控制风险采取的措施与方法是否有效，执行效果是否良好等。它是风险管控的关键环节。

5. 记录

记录是指对制度、流程的执行过程、执行中遇到的问题、问题的解决方法、处理的效果等，是否客观如实地全面地记录与报告等。它是记载风险管控过程的足迹。

6. 监管

监管是指对该项业务单元涉及的责任者的行为过程及其执行结果，是否有人进行监督或检

查及考评，监管是否有力，考核是否科学，奖惩是否到位等。它是风险管控的推动力。

（二）评价要素权重确定

由于各项控制（评价）要素在经营管理中所处的位置不同，因此它们发挥的作用各异。为正确评价对业务单元潜在风险的管控能力，可根据控制（评价）要素的功能、重要性及其企业特点，分别给予不同的权重。例如，智董电子企业的控制（评价）要素的权重分别是授权 10、职责 15、规范 25、执行 25、记录 15、监管 10，总计 100。

（三）控制要素计分方法

控制（评价）要素即风险管控能力评价要素，用来评价确定每项业务单元风险管控能力的大小。首先需要从六个控制要素方面分别进行，其次加总求和，求出综合评价得分，即对该项业务单元风险管控能力的评价结果。

具体方法：单项控制要素计分是根据它对控制风险作用的大小，分别按优、良、中、差、极差五级计量。计分标准：最高为优，计 5 分；良计 4 分；中计 3 分；差计 2 分；最低为极差，计 1 分。根据对各业务单元风险管控能力的评价结果，分别填入风险管控能力评价表。

四、企业风险管控能力的评价

（一）从业务单元入手，评价企业风险管控能力

评价计算企业风险管控能力，应首先测量、分析、评价企业对各业务单元潜在风险的管控能力，然后加总求和计算出全部业务单元潜在风险的综合管控能力。评价步骤如下。

1. 单项业务单元风险管控能力评价

单项业务单元潜在的风险是否发生或发生概率大小，取决于企业风险管控能力的制约程度，即评价六要素在日常风险管控过程中发挥作用的大小。因此，需要对控制该项业务单元风险的六项管控要素评价的得分进行相加，然后再换算为百分制得分，即该项业务单元风险的管控能力。

（1）单项业务单元风险管控能力得分采用百分制计量。其计算公式如下：

业务单元风险管控能力得分（百分制）=∑（该评价要素评价得分×权重）÷∑（该评价要素最高等级分×权重）×100

例如：

“采购管理”风险控制能力得分=（4×10+4×15+3×25+3×25+3×15+2×10）÷（5×10+5×15+5×25+5×25+5×15+5×10）×100=63（分）

其他各业务单元风险管控能力评价百分制得分计算方法同上。

（2）单项业务单元风险管控能力评级。它是根据各业务单元风险管控能力评价得分后按“5级制”评定各业务单元风险管控能力的等级。其中，86 分及以上“优”、66～85 分“良”、46～65 分“中”、26～45 分“差”、25 分及以下“极差”。例如，“采购管理”风险管控能力评为 63 分。根据以上标准，管控采购风险的能力评定为“中”级。

从评价的结果可以看出，分数越高，表明管控风险的能力越强，相应地，该业务单元风险发生的可能性就越小。相反，业务单元风险发生的可能性就越大。可见，它揭露出企业对业务单元风险管控的薄弱环节，给风险管控者以明确的提示，为加强风险管控、实施资源配置等指明了方向及重点。

2. 全部业务单元风险的综合管控能力

它是在单项业务单元风险管控能力评价的基础上，通过加总求和，计算出企业对全部业务单元风险的综合管控能力。但是应该明白不同的业务单元在企业的经营活动中的作用和地位是不同的，因此需要考虑各业务单元的权重因素。

全部业务单元风险管控能力综合得分的计算公式如下：

全部业务单元风险管控能力综合得分=∑（单项业务单元百分制得分×权重）

例如：

全部业务单元风险管控能力综合评价得分=∑（75%×8+75%×8+72%×6+63%×8+62%×6+…+80%×6+70%×4）=56.62（分）

全部业务单元风险的综合管控能力等级为“中”级，相对应的综合风险等级为“3”级。

（二）从控制要素入手，评价企业风险管控能力

控制要素即控制（评价）风险的要素，是企业管控风险的最基本因素。每个控制要素发挥的作用越大，企业控制风险的能力就越强，风险管控能力的等级就越高，风险发生的可能性就越小。因此，需要对控制风险要素的管控能力进行逐项评价，搞清它的实际管控风险的能力。然后汇总求和，判断企业管控风险的能力，从而求出企业潜在风险的等级。

1. 单项控制要素风险管控能力

单项控制要素管控能力得分（按百分制）=∑（该评价要素等级得分×权重）÷∑（该评价要素最高等级分×权重）×100

单项控制要素风险管控能力的等级采用5级制，是在各业务单元控制要素得分的基础上，加总求和后，再按规定的等级标准，确定其风险管控能力等级。风险管控能力分为5级，其中，86分及以上“优”、66～85分“良”、46～65分“中”、26～45分“差”、25分及以下“极差”。

现以表26-15中“授权”控制要素为例，管控能力得分计算如下：

“授权”控制要素风险管控能力得分（按百分制）=（4×10+4×10+4×10+4×10+…+4×10）÷（5×10+5×10+…+5×10）×100=（540÷750）×100=72（分）

“授权”控制要素风险管控能力的等级（按5级）是“良”。它的风险管控能力得72分，相对应的风险管控能力等级为“良”，风险等级为2级。

根据这一公式，其他控制要素风险管控能力的评价结果：“授权”得72分，等级为“良”；“职责”得70.67分，等级为“良”；“规范”得57.33分，等级为“中”；“执行”得50.67分，等级为“中”；“记录”得36分，等级为“差”；“监管”得50.67分，等级为“中”。

根据评价的结果，即可找出控制风险的薄弱环节。例如，在智董电子企业风险控制要素中，管控能力较差的是“记录”要素，评得“36分”，等级为“差”。说明该企业在风险管控过程中，缺乏完整详细的记录，未留有足迹，不利于工作的总结和提高。该企业可针对表26-15中列示的薄弱环节，分别采取不同措施，从而提高管控风险的能力，防范风险的发生。

2. 整体控制要素风险管控能力

它是在单项控制要素风险管控能力的基础上，通过加总求和，综合计算出企业整体风险管控能力。计算公式如下：

整体控制要素风险管控能力评价得分=∑（各控制要素得分×权重）÷∑（各控制要素满分×权重）×100

例如：

整体控制要素风险管控能力评价得分=（54×10+53×15+43×25+38×25+27×15+38×10）÷（75×10+75×15+75×25+75×25+75×15+75×10）×100=55.26（分）

相对应地，风险管控能力等级为“中”，潜在风险等级为“3 级”，说明智董电子企业管控风险的能力较薄弱。

（三）企业整体管控风险能力评价

从两个方面对智董电子企业管控风险的能力进行评价：

（1）通过对“业务单元”风险管控能力，评价企业对企业整体的风险管控能力；

（2）通过“控制要素”评价企业对企业风险的管控能力。由于评价的角度不同，评价对象的权重及评价要素的重要性也不相同，因此，其评价结果是不同的。为了得出综合评价结果，可采用以下公式：

企业风险管控能力的综合得分=（业务单元综合得分+控制要素综合得分）÷2

因此，智董电子企业风险管控能力综合得分=（56.62+55.26）÷2=55.94（分），相对应地，风险管控能力等级为“中”，风险等级为“3 级”。

由此可以看出，从总体上看，该企业潜在风险较大，风险管控能力较为薄弱。

五、运用综合评价方式应关注的问题

（一）选择好评价对象

设定评价对象是关键。设定评价对象时既要选择能代表企业风险大小及有关的业务单元，还要注意相应指引中强调的管控风险点；根据企业规模大小、经营业务繁简、组织机构设置、权责分配等进行设定，一般应设定 30～50 项，也可按企业、部门、项目、班组分级设定。

评价对象中应有反映企业经营效率和效果的指标，它们是企业生存发展的基础，是决定企业竞争力和实现战略目标的重要组成部分，评价时不可忽视。

（二）注意各评价对象权重设定

因为不同的评价对象在实现企业战略目标中反映的风险性质不同，对实现目标影响不同，所以要体现出轻重缓急。

（三）合理确定评价标准

评定方法是定性和定量、主观与客观相结合。因为影响风险的因素多种多样，对现状的了解不可能太细，所以采用分级方法较为客观。级别设 5 级，每级 20 分，最低 1 级，最高 5 级。

（四）明确各评价对象业务范围

对象确定后应注意划分各对象之间的业务范围，界定各个评价对象具体内容，才能正确反映企业管控风险的能力，从而找准薄弱环节，采取有效措施防范风险产生。

（五）关注控制（评价）要素设定

通常设 6 项较为合适，不宜太多，具体要素可根据企业特点及管控需要设定。设定时，应特别注意各控制要素对风险的制约能力。根据制约能力的大小，设定不同权重，从而正确反映企业管控风险的能力。

（六）采用有效评价方式

评价目的是提高企业防范风险的能力。风险时时有、处处在，小动作可能酿成大事故。因此防范风险应当全体动员、人人参与，根据干什么管什么就评价什么的原则，发动广大员工参加，贯彻自设评价对象、自评管控能力、自找薄弱环节、自评管控优劣、自我完善提高。它必将企业管控风险的能力跃上一个新台阶，有效地控制企业风险的产生。

领导层、部门级、项目组、作业班组甚至个人，都应当结合自己的工作进行有效评价，做到目标明确、责任清楚、控制点准确、措施掌握，从而可充分发挥自己在风险管控中的作用，形成一种可喜可望的风险管理文化。

第三节　内部控制个别评价

运用个别评价方法对内部控制状况进行诊断与评价，有利于发现内部控制系统的设计是否完善，执行是否有效，从而拟订措施自我完善与提高。

一、内部环境内控状况调查与评价

企业内部环境是一个有机系统，系统内部各要素之间相互联系、相互影响。判断一个企业的内部控制系统是否健全有效，首先要看内部环境要素是否有效地发挥其功能。

企业组织开展内部环境评价，应当以发展战略、组织架构、人力资源、企业文化、社会责任等应用指引为依据，结合本企业的内部控制制度，对内部控制环境的设计及实际运行情况进行认定和评价。

（一）发展战略内控状况调查与评价

发展战略关系到企业的前途与命运。制定正确的发展战略，推动战略的实施，是决定企业兴衰成败的关键环节。

1. 发展战略内控状况调查

根据不同对象，调查可以采用座谈、访问等多种方法，如表 26-16 所示。

表 26-16　发展战略内控状况调查

调查的内容	答案	现状
企业发展战略是否在充分调查研究、科学预测和广泛征求意见的基础上制定，明确规定了长期战略目标与战略规划	✓	存在重要缺陷
企业是否综合考虑宏观经济政策、国内外市场需求变化、技术发展趋势、行业及竞争对手状况、可利用资源水平和自身优势与劣势等影响因素，制定科学合理的发展战略	✓	
战略规划是否充分体现可利用资源及自身优势，有无过激扩张或脱离实际或偏离主业行为，埋下经营失败风险	×	
是否根据发展目标制定战略规划，确定不同发展阶段的具体目标、工作任务和实施路径	×	
企业是否在董事会下设战略委员会，或指定相关机构负责战略管理工作，是否明确其职责及议事规则，并按规定履行相应职责	×	
企业发展战略方案是否经董事会审议通过并报经股东大会批准实施	✓	
企业是否根据发展战略制订年度工作计划，编制全面预算，将年度指标分解落实到有关部门及员工，并完善发展战略和管理制度	✓	
企业是否根据经济形势、产业政策、技术进步、行业状况及不可抗力等因素发生重大变化，而对发展战略做出相应调整	×	

续表

调查的内容	答案	现状
战略委员会是否对发展的实施情况进行监督，定期总结和分析相关信息并及时报告	×	存在重要缺陷
是否对发展战略进行可行性研究和科学论证并报董事会或股东大会审议批准	×	
是否制订年度工作计划，编制全年预算，确保发展战略的有效实施	×	
是否采取有效方式将发展战略及其分解落实情况传递到内部各管理层级和全体员工	✓	
是否及时监控发展战略实施情况，并根据环境变化及风险评估等情况及时对发展战略做出调整	×	

2. 发展战略内控状况评价

通过调查、测试和访谈等方法，发展战略内控状况评价如表 26-17 所示。

表 26-17 发展战略内控状况评价

领域或流程	控制缺陷与风险描述	控制能力
战略制定	发展战略是三年前制定的，内容及目标要求已脱离实际	差
战略执行	年度工作计划及全面预算未体现企业发展战略目标	差
战略修订	战略制定后没有根据形式的变化及时进行修订	差
战略宣传	有些管理人员对发展战略目标与战略规划不了解	差
管理职责	战略制定者离职后未指定责任者，管理制度缺失	差

3. 整体评价

综上所述，发展战略的内部控制存在重要缺陷。整体评价为 50 分，内部控制等级为“中”。

（二）组织架构内控状况调查与评价

企业作为一个组织，其体系的形成和组织功能的实现，依赖于合理的组织架构设计和有效的运行。

1. 组织架构内控状况调查

根据不同对象，调查可以采用座谈、访问等多种方法，如表 26-18 所示。

表 26-18 组织架构内控状况调查

调查的内容	答案	现状
股东（大）会、董事会、监事会、经理层是否健全，产生及组成是否符合《中华人民共和国企业法》的要求，是否成立审计委员会等决策议事机构	✓	存在一般缺陷
董事会及各专门委员会、监事会和经理层的职责权限、任职资格和议事规则是否明确并严格履行	✓	
董事会是否采取必要措施促进和推动内部控制工作，按照职责分工提出内部控制评价意见，定期听取内部控制报告，督促内部控制整改，修订内部控制要求	✓	
决策层与管理层在实施内控中权限和职责分工是否全面、明晰，是否存在重复或遗漏或有歧义的情况，组成人员是否符合任职条件	×	
企业重大决策、重大事项、重要人事任免及大额资金支付业务等是否按照规定权限和程序实行集体决策审批或者联签制度	×	
组织机构设置是否与企业业务特点相一致，能够控制各项业务关键控制环节，各司其职、各尽其责，不存在冗余的部门和多余的控制	×	

续表

调查的内容	答案	现状
企业内部职能机构的设置是否合理，职责分工是否全面明晰	×	
部门之间的权限和职责分工是否符合内部控制和风险管理的要求	✓	
企业是否制定组织架构图、业务流程图、岗位职责说明书和权限指引等，并保持权责行使的透明度，使员工了解组织架构及权责分配情况	×	
企业是否定期梳理、评估企业治理结构和内部机制设置，发现问题及时采取措施加以优化调整	✓	
组织是否定期听取董事、监事、高级管理人员和其他员工的意见，按照规定的权限和程序进行决策审批	×	
对子企业的组织设置是否规范高效，人员配备是否科学合理，授权是否合规，重大业务是否报经母企业审核批准	O	
对于企业是否通过核发有效的形式履行出资人职责、维护出资人权益，特别关注异地、境外子企业的发展战略、年度财务预决算、重大投融资、重大担保、大额资金使用、主要资产处置、重大人事任免、内部控制体系建设等重要事项	O	
企业是否定期对组织架构设计与运行的效率和效果进行全面评估，发现缺陷是否进行优化调整	✓	

注："答案"用三种表示：是（✓）、否（×）、不适用（O）（下同）。"现状"可用文字说明。如问题严重的，可用"重大缺陷""重要缺陷""一般缺陷"表述。如无，可不填。

2. 组织架构内控状况评价

通过调查、测试和访谈等方法，组织架构内控状况评价如表 26-19 所示。

表 26-19　组织架构内控状况评价

领域或流程	控制缺陷与风险描述	控制能力
董事会或审计委员会	董事会或审计委员会未能充分监督管理层对企业面临主要风险的识别与应对，造成因供应商破产使专用材料断档，影响出口合同延期交货	差
管理理念	因世界经济危机的影响，年初确定经营目标×××亿元，至今时间过半销售指标仅完成 40%，压力较大	差
组织架构	中层部门经理调动频繁，职责分工不清晰，授权不明确，影响业务处理的效率及效果	中
组织运行	企业组织机构调整后，结构未及时调整，使员工产生错觉	中

3. 整体评价

综上所述，组织架构的内部控制存在一般缺陷。整体评价为 65 分，内部控制等级为"中"。

（三）人力资源内控状况调查与评价

人力资源是企业获得持久竞争优势的来源，在企业的经营活动和管理活动中起主要作用并处于核心地位，它通过管理手段使其他资源得到合理、有效的开发配置和利用。

1. 人力资源内控状况调查

根据不同对象，调查可以采用座谈、访问等多种方法，如表 26-20 所示。

表 26-20　人力资源内控状况调查

调查的内容	答案	现状
人力资源政策是否有利于企业可持续发展和内部控制的有效执行	×	存在一般缺陷
企业是否存在人力资源缺乏或过剩、开发机制不健全，可能导致企业发展战略难以实现的风险	×	
是否明确各岗位职责权限、任职条件和工作要求，选拔是否公开、公平、公正，是否因人设岗、以岗选人	✓	
是否制定并实施关于员工聘用、培训、辞退与辞职、薪酬、考核、健康与安全、晋升与奖惩等方面的管理制度	✓	
是否存在激励约束制度不合理、关键岗位人员管理不完善，可能导致人才流失、经营效率低下、关键技术或商业秘密丢失等的风险	×	
高级管理人员引进是否符合企业当前和长远发展需要，是否有明确的岗位设定和能力要求，是否设定了公平、公正、公开的引进方式	×	
专业技术人员的引进与开发是否既要关注人才的专业素质、科研能力，又要注意其道德素质、协作精神以及价值观、事业心及责任感	×	
关键岗位和紧缺人才的聘用、选拔是否制度化、规范化	✓	
对掌握国家秘密和重要的商业秘密的员工离岗是否有限制性的规定	✓	
是否设置科学的业绩考核指标体系，严格考核与评价，并依据业绩考核作为薪酬或奖金分配、职务调整或员工退出依据	✓	
是否将有效执行内部控制纳入企业绩效考核体系	×	
关键岗位员工是否有强制休假制度和定期轮岗制度等方面的安排	✓	
是否建立员工培训长效机制，培训是否能满足员工和业务岗位需要，是否存在员工知识老化	✓	
年终是否对人力资源工作情况进行评估，总结经验，完善政策	×	

2. 人力资源内控状况评价

通过调查、测试和访谈等，人力资源内控状况评价如表 26-21 所示。

表 26-21　人力资源内控状况评价

领域或流程	控制缺陷与风险描述	控制能力
政策制定	人力资源政策不够完善，急需技术人才难以引进	差
劳动薪酬	业绩考核指标体系欠科学，薪酬奖金发放、职务提升与业绩考核未直接挂钩，影响劳动效率提高	差
业绩考核	劳动考核不严谨，劳动纪律松懈，有迟到脱岗现象	中
	企业没有完善的激励约束机制：未确定合理目标及考核标准，责、权、利未实现有机结合	差
职业教育	经常开展培训，但与生产需求联系不密切，员工没兴趣	良
职工离职	员工离职未签技术保密、竞业限制期限协议，有泄密风险	很差

3. 整体评价

综上所述，人力资源的内部控制存在一般缺陷。整体评价为 50 分，内部控制等级为“中”。

（四）企业文化建设内控状况调查与评价

企业文化是企业生存和发展的精神支柱，是企业在生产经营活动中逐步形成的，有利于提高员工的思想、文化、科技和业务素质，有利于增强企业的战斗力和凝聚力。

1. 企业文化建设内控状况调查

根据不同对象，调查可以采用座谈、访问、测试等多种方法，如表 26-22 所示。

表 26-22　企业文化建设内控状况调查

调查的内容	答案	现状
企业是否制定了文化建设规划，明确建设目标、内容及主管责任者，积极培育具有自身特色的企业文化	×	存在一般缺陷
企业是否对“三缺乏”进行过评估分析	×	
企业是否制定了“员工行为守则”，其内容是否切合实际、简便易行；是否在员工中形成人人讲道德诚信、合规合法经营的企业文化	✓	
企业是否采取切实有效措施引导员工，打造以主业为核心的企业品牌，促进企业长远发展；企业品牌对社会是否有一定的影响力	✓	
企业是否有体现自己特色的发展愿景	✓	
董事、监事、经理和其他高级管理人员，在文化建设中是否发挥主导和垂范作用，带动影响整个团队；是否促进文化建设在内部各层面有效沟通	×	
企业是否根据发展战略和实际情况总结优良传统，挖掘文化底蕴，提炼核心价值，不断发扬壮大企业文化，提高企业竞争力	×	
企业是否建立文化评估制度，明确评估内容、程序、方法和责任者	×	
企业文化建设是否与薪酬制度和人事制度、职务安排相结合	×	
文化评估中是否把董事、监事、经理和其他高级管理人员的责任履行情况、全体员工对企业核心价值观的认同感作为重点	✓	
企业是否重视文化评估结果，针对发现的问题分析原因，拟定改进措施	×	
企业是否加强并购重组后的企业文化建设，平等对待被并购方的员工，促进并购双方的文化融合	✓	
企业是否建立企业文化评估制度，重点是董事、监事和高级管理人员	×	
全体员工对企业核心价值观的认同感、企业经营管理行为与企业文化是否一致	✓	
是否参与企业并购重组各方文化的融合度，以及员工对企业未来发展是否充满信心	✓	
对企业文化评估结果是否巩固和发扬文化建设成果，进而研究影响企业文化建设的不利因素，分析深层次的原因，及时采取措施加以改进	×	

2. 企业文化建设内控状况评价

通过调查、访问和评价等，企业文化建设内控状况评价如表 26-23 所示。

表 26-23　企业文化建设内控状况评价

领域或流程	控制缺陷与风险描述	控制能力
高层管理	企业文化建设中个别高管发挥主导和垂范作用较差	差
文化建设	企业未结合自身特点和战略要求拟定文化建设规划，明确文化建设目标，落实控制责任	差

续表

领域或流程	控制缺陷与风险描述	控制能力
文化培育	企业未拟定体现自身特色的发展愿景，许多员工对此不甚了解，缺乏凝聚力，影响可持续发展	中
经营理念	个别员工在经营中缺乏诚实守信，曾发生过舞弊行为	中
	以主业为核心品牌建设未深入员工，缺乏团队向心力	中
行为守则	员工中缺乏团队协作和风险防范意识，事故连续发生	差
总结提高	未系统总结文化建设、应对不利因素、提高员工素质	差
文化氛围	企业缺乏集思广益、群策群力、全员共建、认同企业的核心理念，来形成共谋发展的良好氛围	中

3. 整体评价

综上所述，企业文化建设的内部控制存在一般缺陷。整体评价为 50 分，内部控制等级为“中”。

（五）社会责任内控状况调查与评价

社会责任包括安全生产、产品（服务）质量、环境保护、资源节约、促进就业、员工权益保护等。

1. 社会责任内控状况调查测试

根据不同对象，调查可以采用座谈、访问、测试等多种方法，如表 26-24 所示。

表 26-24 社会责任内控状况调查

调查的内容	答案	现状
企业在社会责任方面是否分层级确定各自控制的内容、目标及责任	×	安全生产存在重要缺陷
企业是否做到经济效益与社会效益、短期利益与长期利益、自身发展与社会发展相互协调和谐发展	×	
是否建立严格的安全生产、管理体系、操作规范和应急预案，强化安全生产责任追究制度，切实做到安全生产	×	
是否落实安全生产责任，是否能保证及时发现、排除生产安全隐患	×	
是否对从业人员进行安全生产教育，使其具备安全操作技能	✓	
安全设备是否经常维护或保养，危险性特种设备的购置或使用是否合规	×	
企业是否贯彻预防为主的原则，采取不同形式增强员工安全意识	✓	
是否进行岗位安全培训，特殊岗位是否实行资格认证制度	×	
企业是否在提高产品质量方面采取了有效措施	✓	
质管部门岗位或职责或权限是否明确，质量风险控制点是否清楚	×	
是否建立严格的产品质量控制和检验制度，并严格贯彻实施	✓	
是否有良好的售后服务，能够妥善处理消费者提出的投诉和建议	O	
企业收到消费者哪些投诉和建议，是否责成专人负责处理	O	
是否编制环境保护年度计划及中期或长期计划，控制目标是否明确	×	
是否建立环境保护与资源节约制度，是否采取措施促进环境保护、生态建设和资源节约，并实现节能减排目标	×	

续表

调查的内容	答案	现状
是否建立环境保护和资源节约监控制度，是否落实节能减排或降低污染排放，是否定期监督检查执行情况	×	安全生产存在重要缺陷
是否是清洁生产、合理开发利用不可再生资源	×	
生产或储存或运输或销售或使用有毒及含放射物品是否遵守规定	×	
是否及时全部办理员工社会保险，缴纳社会保险费，保障员工权益	O	
是否实现按劳分配、同工同酬、科学的员工薪酬制度和激励机制	✓	
是否建立高级管理人员与员工薪酬的正常增长机制，维护社会公平	✓	
是否按规定做好健康管理工作预防、控制和消除职业危害	O	
是否实行职工代表大会制，建立工会组织，维护员工合法权益	×	
企业的社会责任风险是否明确，是否采取应对措施，责任是否落实	×	
是否积极开展员工职业教育培训，创造平等发展机会	✓	

2. 社会责任内控状况评价

通过调查、访问和评价等，社会责任内控状况评价如表 26-25 所示。

表 26-25　社会责任内控状况评价

领域或流程	控制缺陷与风险描述	控制能力
组织保证	没有建立安全生产管理机构、开展安全生产教育，安全生产措施不到位，存有较大安全事故隐患	极差
安全生产	安全管理负责人对安全生产知识和管理能力欠缺	差
安全生产	防火设备有的已过有效期，仍未更换，有潜在风险	差
质量管理	质量管理体系不完善、各部门责任有的部门不明确，质量不合格产品与合格产品没有分开存放，易混淆	中
产品质量	有时发生因质量问题退货，可能导致巨额赔偿或形象受损	中
环境保护	投入不足，资源浪费大，对环境造成污染，缺乏完善日常监测考核体系，给社会造成污染危害	差
	未编制中期或长期环境保护规划，环境治理目标不明确	中
	产生污染的设备转移使用地点，没有考虑污染处置问题	差
社会责任	促进就业和员工权益保护不够，对员工身心健康关心不够，有些员工的积极性受挫，影响到企业的发展和社会稳定	差

3. 整体评价

综上所述，社会责任的内部控制存在重要缺陷。整体评价为 45 分，内部控制等级为“差”。

二、业务活动内控状况调查与评价

业务活动内部控制能力评价，就是对主要业务活动中潜在风险的管理与控制现状进行调查、诊断与评价，包括对风险评估机制的评价和实施控制活动的评价。因为这两项要素均体现在企业各项经营业务活动之中，因此对各项经营业务活动风险管控状况进行评估时，应紧紧把握这两项要素的内容。

企业开展控制活动评价，应以《内部控制基本规范》和各项应用指引中的控制措施为依据，结合本企业的内部控制制度，对相关控制措施的设计和运行情况进行认定和评价。

（一）财务报告内控状况调查与评价

财务报告包括会计报表、附注及其他要求披露的资料，是企业经营者向投资者和利益相关者履行职责的成果报告，是企业风险的重要组成部分，必须加强内部控制。

企业应当按照国家统一的会计准则和制度规定，根据登记完整、核对无误的会计账簿记录和其他有关资料编制财务报告，做到内容完整、数字真实、计算准确，不得漏报或者随意进行取舍。

1. 财务报告内控状况调查

财务报告内控状况调查如表 26-26 所示。

表 26-26 财务报告内控状况调查

调查的内容	答案	现状
财务报告编制、披露流程与责任是否明确，是否充分估计可能的风险	×	存在重要缺陷
对重大调整事项、关联交易或有事项的披露是否正确、充分	×	
财务报告格式、内容、合并范围、调整事项是否符合会计准则要求	✓	
各项减值准备的计提与转回的计算是否正确，依据是否充分、可靠	×	
企业年终前是否对资产进行全面清查、减值测算和债权债务核实	×	
资产盘盈或盘亏的原因是否查清，责任是否明确，账务处理是否合规	✓	
资产、负债、收入、费用，有无提前或推迟确认，或者不如实确认	✓	
会计政策或会计估计变更或会计差错的调整等，是否符合会计准则的规定	✓	
企业是否建立并执行关联方声明制度，编制关联方名单并定期更新	×	
企业是否召开财务报告分析会，分析指标完成情况，寻找存在的问题	×	
财务分析报告是否传递给有关管理层，发挥报告在经营管理中的作用	×	
内部审计人员是否定期对会计核算进行审核监督	×	
财务报告是否经中介机构审核，中介机构的选择是否符合制度规定	✓	
财务报告潜在风险及重点是否评估，应对措施及责任是否明确	×	

2. 财务报告内控状况评价

通过调查、访问和评价等，财务报告内控状况评价如表 26-27 所示。

表 26-27 财务报告内控状况评价

领域或流程	控制缺陷与风险描述	控制能力
授权审批	会计差错调整未经有关领导审批，关联交易管理职责不清、记录不明，报告未如实披露	差
	大股东借走大量资金未经董事会审批，且长期未还	很差
职责划分	财务报告编制流程不清晰，未确定复核人员及责任者	差
会计控制	所得税调整事项误做调整，少计所得税，利润不实。采用权益法核算股权投资，未按规定调整期末余额	差
资产安全	固定资产未进行全面清查，资产减值准备计提依据不充分，计算有错误，少计资产的价值	差
法规遵循	报出的财务报告未经企业法人审核签字，内容有错误	很差

续表

领域或流程	控制缺陷与风险描述	控制能力
内部审核	内部审计全年只有一次，对财务会计未提出任何意见	差
其他方面	财务报告保管手续不健全，人员调动未做交接，财务档案不全	差

3. 整体评价

综上所述，财务报告的内部控制存在重要缺陷。整体评价为 40 分，内部控制等级为“差”。

（二）资金活动内控状况调查与评价

企业的资金活动包括筹资活动、投资活动和资金营运。筹资是指企业为了满足生产经营发展需要，通过银行借款和发行债券、股票等进行筹措资金的活动。投资主要指长期股权投资。资金营运主要指货币资金。

1. 资金活动内控状况调查

资金活动内控调查如表 26-28 所示。

表 26-28 资金活动内控状况调查

调查的内容	答案	现状
是否根据企业发展战略制定未来 3 ~ 5 年融资或投资规划	×	存在重要缺陷
是否根据年度的财务预算制订当年的融资或投资计划，并进行控制	✓	
是否制订统一的融资或投资方案、业务流程、关键风险控制点	×	
对利率或汇率或违约或破产或违规等风险，是否有预估及应对措施	×	
是否制定了改进融资或投资会计核算和财务报告真实性的内控规划	×	
是否按不相容职务分离原则设立筹资或投资或营运内控制度或岗位	×	
资金活动是否实行授权及按权限审批的制度，并严格执行	✓	
是否建立重大筹资或投资集体决策审批或责任追究或风险评估等制度	×	
经授权审批的融资或投资项目是否按计划进行，有无违背计划	✓	
资金活动及会计核算是否依国家法规进行	×	
内审部门是否严格监审筹资或投资或营运活动及权限的正常进行	×	
是否建立了货币资金管理岗位责任制，不相容职务是否分离	✓	
出纳或财会上岗是否合规、定期轮换，关键岗位是否实行强行休假制度	✓	
货币资金是否集中统一管理，现金收付或支票使用是否符合内控规定	✓	
银行对账单或余额调节表，是否指定专人复核，未达账项处理是否正确	×	
运用网上交易或电子支付资金业务，授权审批程序是否符合操作规范	✓	
各种票据的购买或保管或领用或背书转让或注销等环节处理程序是否明确	×	
与货币资金有关的印章管理是否符合内控要求，是否定期抽查库存现金	✓	
资金活动风险点、管控薄弱环节、控制措施、责任制是否明确	×	

2. 资金活动内控状况评价

通过调查、访问和评价等，资金活动内控状况评价如表 26-29 所示。

表 26-29　资金活动内控状况评价

领域或流程	控制缺陷与风险描述	控制能力
授权审批	有小的投资项目未经授权审批，未进行投标即开工	中
	股权投资中对××企业信誉和经济实力等调查不详、执行不力	中
职责划分	筹资项目没有专人负责，融资计划未能按期完成，影响经营	差
会计控制	会计核算不完善，贷款利息的计算和分配不正确，难以正确核算工程成本	差
资产安全	××投资项目难以按投资预算方案规定期间收回全部投资	差
法规遵循	未发现重大违规行为	优
内部审计	在筹资方面没有进行严格的监督检查	中
其他方面	有的投资项目的可行性研究内容不完善、手续不健全、指标计算不正确，可能为经营带来较大风险	差

3. 整体评价

综上所述，资金活动的内部控制存在重要缺陷。整体评价为 40 分，内部控制等级为“差”。

（三）采购业务内控状况调查与评价

采购业务应当集中，避免多头、分散采购；采购人员应定期岗位轮换；重要和技术较强的采购，应组织相关专家论证，并实行集体决策和审批。

1. 采购业务内控状况调查

调查可以采用访谈、问卷、抽查测试等多种方法，如表 26-30 所示。

表 26-30　采购业务内控状况调查

调查的内容	答案	现状
是否建立了符合企业特点的采购管理制度及流程，风险控制点及控制责权是否明确，监督机制是否完善	✓	存在一般缺陷
企业是否与采购人员签订了职业道德保证书，内容是否完善	×	
企业所有采购是否都集中在采购部门，是否都经过授权审批	×	
企业是否建立了供应商准入制度，选择是否符合程序要求	✓	
列入准入名册的供应商档案是否及时或定期审核更新	×	
超过一定金额的采购是否都签订了采购合同或采用招标方式	×	
原材料及零部件采购请购单，是否由生产或维修部门提出	✓	
采购物资是否根据库存情况经保管人员核批后实施采购	✓	
是否进行各种采购物资对成本费用预算影响的价值分析	✓	
近两年是否出现过重大采购风险，原因是否明确，教训是否吸取	×	
付款流程是否完善，审核人责或权、审核内容及要求是否明确	✓	
付款凭证的编制是否根据供应商发票/仓库验收单/合同书约定	×	
会计记账是否及时、正确，付款是否按合同约定并经授权审批	×	
付款或定金管控程序是否明确，大额或长期有无追踪审核	×	
退货条件或手续或货物出库或退货款回收等制度是否完善	×	
采购业务风险点是否明确，风险度是否评估，应对措施是否完善	×	

2. 采购业务内控状况评价

通过调查、访问和评价等，采购业务内控状况评价如表 26-31 所示。

表 26-31 采购业务内控状况评价

领域或流程	控制缺陷与风险描述	控制能力
授权审批	有的以紧急需要为理由，绕过正常采购审批，甚至先采购后审批，使审批控制失效	差
	关联交易逾越董事会监管，导致采购管理失控，给企业造成大量物资积压	很差
职责划分	存在利益冲突的采购人员没有回避，可能损害企业利益，而且已发生过类似重大事例	很差
	采购申请单执行手续欠缺，不能有效进行跟踪监督，盲目采购导致过量积压	中
会计控制	材料采购申请单没有连续编号，无法保证材料采购事项申请的完整性及有效性	中
	企业订单格式及内容未经律师审查，潜在法律风险巨大，给企业造成经济损失	差
资产安全	预付货款未进行及时分析，造成长期挂账；有的预付货款已长达 13 个月，可能导致坏账损失	差
资产安全	付款支票或汇票不是由财务部门交给供应商，而是由采购人员付给，可能为采购人员向供应商索取好处提供条件，同时加大了票据遗失、被挪用或窃取的可能性	中
内部稽核	企业无统一的管理人员签名样本，可能出现假冒领导签字而未被发现，使企业财产受到损失	差
	企业对采购环节未进行过全面深入的内部审计；库房大批积压物资形成原因未进行分析，责任未追究	差
其他方面	企业对与采购相关的关键人员未进行利益冲突调查，对采购人员约束不足，可能导致当利益冲突发生时得不到及时有效的控制，最终损害企业利益	差
	企业缺乏采购轮岗措施，可能导致采购人员与供应商过于亲热，发生不正当甚至腐败行为，损害企业利益	中
	主要原材料由一家供应商供货，依赖性过大，潜在风险较大，且不利于价格谈判；有时提前或拖后送货，导致材料库存积压或生产中断情况；在调查中有些提问，如采购人员背景情况，与企业高层管理人员关系等，未得到满意答复，难以做出正确判断	差

3. 整体评价

综上所述，采购业务的内部控制存在一般缺陷。整体评价为 45 分，内部控制等级为“差”。

（四）研究与开发内控状况调查与评价

企业应当重视研究与开发工作，根据发展战略，结合市场开拓和技术进步要求，科学制订研究与开发计划，强化研究与开发全过程管理，规范研究与开发行为，促进研究与开发成果的转化和有效利用，不断提升企业自主创新能力。

1. 研究与开发内控状况调查

调查可以采用问卷调查、凭证抽查、现场测试、走访等多种方法，如表 26-32 所示。

表 26-32 研究与开发内控状况调查

调查的内容	答案	现状
企业是否制定了产品的研究与开发及成果的保护制度，内容是否完善	×	存在一般缺陷
重大新产品或新技术开发方案是否报经权力机构集体讨论审批	×	
研究与开发项目是否精心设计，是否经科学论证并正式立案纳入预算	×	
企业从研究与开发立项到投产流程是否清晰，风险点或应对策略是否明确	×	
研究与开发资源配备是否合理，过程管理是否完善，预算经费是否支持	√	
企业与核心研究与开发人员是否签订合同，研究与开发成果归属、离职条件、移交程序、离职后保密义务、竞业限制年限及违约责任等内容是否约定	×	
企业是否建立研究与开发成果验收制度，组织专业人员对其进行独立评审	√	
企业在研究与开发过程中对过时无效的相关技术文件是否进行严格处理	√	
对保管重要技术资料的计算机，是否采取风险防范措施，是否有效	×	
专利权、非专利技术、商业秘密及研究与开发过程中形成的各类涉密图纸、程序、资料等，是否实行严格的授权管理	√	

2. 研究与开发内控状况评价

通过调查、访问和评价等，研究与开发项目内控状况评价如表 26-33 所示。

表 26-33 研究与开发内控状况评价

领域或流程	控制缺陷与风险描述	控制能力
授权审批	研究与开发制度及流程尚未建立，风险点尚不明确	较差
职责划分	项目立项具体内容手续欠缺，负责人变更无记录	差
会计控制	研究与开发预算严重超支，有些费用非研究与开发所用，处于失控状态	差
资产安全	研究与开发物资设备管理不善或手续不清，曾发生过严重被盗现象	差
内部审计	未进行跟踪审计，××项目未能按要求进行，影响研究与开发进度	中
法规遵循	研究与开发新产品未及时申请专利权，研究与开发资料存在泄露漏洞	差
其他方面	研究与开发项目论证不充分，可能导致成本过高或研究与开发失败风险	差

3. 整体评价

综上所述，研究与开发的内部控制存在一般缺陷。整体评价为 50 分，内部控制等级为“中”。

（五）销售业务内控状况调查与评价

企业应当加强市场调查，合理确定定价机制和信用方式，并根据市场变化及时调整销售策略，灵活运用销售折扣、销售折让、信用销售、代销和广告宣传等多种策略和营销方式，促进销售目标的实现，不断提高市场占有率。

1. 销售业务内控状况调查

销售业务内控状况调查如表 26-34 所示。

表 26-34 销售业务内控状况调查

调查的内容	答案	现状
企业销售业务流程及制度是否完善，风险点是否明确，防范措施是否可靠，责任是否落实	×	存在一般缺陷
销售目标是否清楚，指标是否分解，责任及审批权责是否明确	√	
是否定期编制市场分析或销售计划，保持与经营或战略目标一致	×	

续表

调查的内容	答案	现状
销售人员对销售程序及目标是否清楚，个人有无具体销售指标	✓	存在一般缺陷
企业是否与销售人员签订协议书，明确职业道德要求及考核标准	×	
是否对销售市场存在的风险进行评估，对高风险是否提出应对策略	×	
对重要客户是否建立了信用档案、收集信息并及时更新内容	✓	
对客户是否进行信用调查，是否建立信用政策和制度并严格执行	×	
企业是否定期分析销售计划执行情况	✓	
发生佣金、销售折扣与折让是否严格按照内部授权审批执行	✓	
对应收账款的管理是否落实到个人，并进行严格追踪或考核	×	
销售发票、产品出库单、产品发运单是否与合同核对后发货	×	
销售人员收入是否与销售额、回款、货款逾期未回等指标挂钩	✓	
外出销售人员是否按规定填写工作记录，负责人是否严格检查	×	
企业是否通过函证等方式核对账款、应收票据及预收账款等款项	×	
是否存在销售政策和策略不妥、市场预测不准、销售渠道不畅	×	
销售凭证填制、销售台账设置、销售各环节记录及手续是否完善	✓	
是否详细记录销售合同、销售通知、发运凭证、商业票据情况	✓	

2. 销售业务内控状况评价

通过调查、访谈和评价等方法，销售业务内控状况评价如表 26-35 所示。

表 26-35 销售业务内控状况评价

领域或流程	控制缺失与风险描述	控制能力
授权审批	在授权审批信用额方面存在较松现象，发现有大量贷款不能如期收回，坏账损失可能性大	差
职责划分	未发现职责不清，可能某些子循环未回答或答题存在偏差	良
会计记录	发现手续不完善，有个别原始凭证经办人未签字，一旦发生纠纷或追查原因，找不到责任者	差
资产保全	对逾期应收账款，无专门的催收制度，导致收款工作效率低下，应收账款占用资金过多	差
内部稽核	企业对应收账款对账周期没有明确规定，导致应收账款管理人员长期不与债务人对账	中
其他方面	调查中发现销售产品手续不严，有的送货单没有收货人签字（身份不明确），收货单位未盖章	差

3. 整体评价

综上所述，销售业务的内部控制存在一般缺陷。整体评价为 60 分，内部控制等级为“中”。

（六）工程项目内控状况调查与评价

工程项目是指企业自行或委托其他单位所进行的建造、安装工程。工程项目普遍具有投资大、风险性高、建设周期长、不可逆转等特点，是一项极其复杂的系统工程。

1. 工程项目内控状况调查

调查可以采用问卷调查、凭证抽查、现场测试、走访等多种方法，如表 26-36 所示。

表 26-36 工程项目内控状况调查

调查的内容	答案	现状
工程项目业务流程与制度、关键岗位、相关部门或岗位、职责或权限是否明确，风险点是否清楚，不相容职务是否分离	×	存在一般缺陷
工程项目是否缺乏科学的可行性研究、决策失误、盲目上马，导致难以实现预期效益，或项目失败	✓	
办理工程业务的人员是否具有良好的业务知识和职业道德	✓	
工程招标是否存在“暗箱”操作、商业贿赂或欺诈行为	×	
对预测的工程项目潜在风险，是否制订了应对的措施	×	
工程合同开工前是否已经签订，工程变更前是否经批准	✓	
工程是否建立监管程序、聘请中介机构或专业人士实施督导	✓	
工程项目概预算是否组织工程或技术或财会等专业人员进行审核	✓	
项目施工过程的质量或投资或进度或安全或核算等责任是否明确	×	
工程进度或款项支付或会计核算或支付条件及方式等规定是否明确，日常控制实施是否认真贯彻执行	✓	
竣工决算编制、剩余物资管理、决算验收、决算审计等规定是否明确，验收过程是否符合规定，是否及时编制财产清单并办理移交手续	×	
是否建立工程项目后评估制度，项目的经济性与可行性研究预期目标相比，其差距是否需要进行分析，并寻找产生原因	×	
工程项目的风险是否评估，重点是否明确，应对措施是否科学，控制资源及责任是否落实，对曾出现的重大风险是否总结了经验	×	

2. 工程项目内控状况评价

通过调查、访问和评价等方法，工程项目内控状况评价如表 26-37 所示。

表 26-37 工程项目内控状况评价

领域或流程	控制缺陷与风险描述	控制能力
授权审批	工程项目变更未经批准前，就按变更方案施工	差
	工程竣工后未及时组织验收，未及时办理移交手续	中
职责划分	工程管理人员调动后没及时办理交接手续，监理不到位	差
会计控制	工程物资采购未与生产用料严格划分，人员调动没有严格记录，对工程造价有严重影响	中
资产安全	工程物资管理不善或手续不清，发生过严重浪费与被盗现象	差
内部审计	未进行跟踪审计，××项目未能按要求施工，影响工程进度	中
法规遵循	开工证、产权证办理不及时，影响工程进度	中
其他方面	项目论证不充分可能造成投资回报率低，难以达到预期目标	差

3. 整体评价

综上所述，工程项目的内部控制存在一般缺陷。整体评价为 60 分，内部控制等级为“中”。

（七）业务外包内控状况调查与评价

1. 业务外包内控状况调查

调查可以采用访谈、调查问卷、抽查测试等多种方法，如表 26-38 所示。

表 26-38 业务外包内控状况调查

调查的内容	答案	现状
企业是否建立业务外包管理制度与工作流程，规定业务外包范围、方式、条件、程序和实施等相关内容	×	存在一般缺陷
与业务外包相关的部门和岗位的职责或权限是否明确，是否按照规定的权限和程序审核批准，监管是否到位	✓	
重大外包是否经董事会审核批准，总会计师是否参与决策	×	
是否建立对承包方的资格审核制度，审核内容是否全面、具体	×	
业务外包合同内容是否齐全，保密义务和违约责任是否明确	×	
是否对业务外包实施严格的监控制度，是否加强与承包方的沟通与协调，是否密切关注承包方的履约能力并建立相应的应急机制	×	
是否建立业务外包合同完成后的质量验收及评审制度	✓	

2. 业务外包内控状况评价

通过调查、访问和评价等方法，业务外包内控状况评价如表 26-39 所示。

表 26-39 业务外包内控状况评价

领域或流程	控制缺陷与风险描述	控制能力
授权审批	业务外包制度及业务流程不完善，业务内容不明确	差
职责划分	业务外包主管部门及权限未明确，业务发生后授权不清	差
会计控制	财务部门未参与决策，未按合同规定及程序实施付款控制	中
资产安全	对承包方资质未严格审核，合同履行情况没有跟踪检查	差
内部审计	未进行跟踪审计，××合同未能按要求实施，已经影响进度	差
其他方面	有人反映业务外包中含有欺诈行为，需要深入调查取证	差

3. 整体评价

综上所述，业务外包的内部控制存在一般缺陷。整体评价为 40 分，内部控制等级为“差”。

（八）资产管理内控状况调查与评价

资产包括企业拥有和控制的存货、固定资产及无形资产等。

1. 存货管理内控状况调查与评价

企业应当采用先进的存货管理技术和方法，规范存货管理流程，明确存货取得、验收入库、原料加工、仓储保管、领用支出、盘点处置等环节的管理要求，充分利用信息系统，强化会计、出入库等相关记录，确保存货管理全过程的风险得到有效控制。

（1）存货管理内控状况调查。调查可以采用访谈、现场抽查、测试等多种方法，如表 26-40 所示。

表 26-40　存货管理内控状况调查

调查的内容	答案	现状
存货管理流程是否清晰、岗位责任或相关部门职权划分或不相容职务分离、制约和监督是否明确	✓	存在一般缺陷
对入库存货的数量、质量、技术规格是否进行严格检验	✓	
产品在正式投产前是否有计划成本，对实际成本是否进行测算	×	
产品在各生产部门/环节之间的传递，有无流程图，交接记录是否完善	✓	
生产日报内容是否健全，已完工产品数量与质量是否经计划部门复核	×	
生产部门是否按规定编制生产或成本完成分析报告并分析存在问题	×	
入库的材料或产品或物资是否都有验收单或合格证或入库单及签章	✓	
车间领用材料或零部件，是否经过计划部门或其他授权部门批准	×	
库存产品或物资是否按品种建立存储卡片及明细账，并采用永续盘存制度	✓	
委托加工的材料是否单独设账记录，并经常与对方核对数量	O	
仓库是否定期分析存货的账龄，并提出处理报告，及时处理	✓	
拒收的材料物资或退库产品或零部件或废品废料是否及时退库，并完整登记	×	
企业对交付发运的商品、存放在外地的商品、借出产品是否有适当控制	✓	
仓库存货明细账与会计账设置口径是否一致，是否经常核对账目	×	
内部审计是否定期对仓储物资、收发凭证进行监督或审查与核对	✓	
存货在不同仓库之间流动是否办理出入库手续	✓	
仓库是否按物资储存要求，健全防火或防盗或防病虫害或防变质措施	✓	
对代管、代销、暂存、受托加工的存货，是否单独存放和记录	✓	
是否建立存货盘点清查制度，年终实施全面盘点清查	✓	
存货采购是否综合考虑当前库存、经营计划，合理确定采购量	✓	
存货风险点及其重要性是否评估，措施是否恰当，责任是否落实	×	

（2）存货管理内控状况评价。通过调查、访谈和评价等方法，存货管理内控状况评价如表26-41 所示。

表 26-41　存货管理内控状况评价

领域或流程	控制缺陷与风险描述	控制能力
授权审批	有的产品投产未经授权审批，原材料的领用未按程序报经授权审批	差
	请购依据不充分，采购批量、采购时点不合理，造成物资积压，影响资金的使用效率	中
职责划分	产品管理职责不清，有个别在制品长达半年之久，仍在车间存放，处于无人管理状况	中
会计控制	库存材料或产品的会计账簿与库存账，核算口径一致，个别品种抽查一致	良
资产安全	产品生产领用材料，产品已完工入库，剩余原材料已做退库处理，月末也未做假退料	良
	抽查发现个别材料账实不符，有白条抵库现象，不合格的原材料与合格的混合存放，防火设施欠缺	差

续表

领域或流程	控制缺陷与风险描述	控制能力
法规遵循	库存易燃、易爆材料物资，没有按消防部门要求实施安全管理，存有风险隐患	差
内部稽核	做了大量抽查稽核工作，但仍存有不足，有待加强	中
其他方面	产品耗用材料没有定额，消耗无限制，月末无考核	中

2. 固定资产及无形资产内控状况调查与评价

企业应当加强房屋建筑物、机器设备等各类固定资产的管理，重视固定资产维护和更新改造，不断提升固定资产使用效能，积极促进固定资产处于良好的运行状态。

（1）固定资产及无形资产内控状况调查（见表 26-42）。

表 26-42　固定资产及无形资产内控状况调查

调查的内容	答案	现状
是否建立固定资产目录，对资产进行编号或建卡，记录资产的来源、使用地点、责任单位和责任人、维修或折旧或盘点等内容	✓	存在一般缺陷
是否建立固定或无形资产岗位责任制及不相容职务分离制	✓	
办理固定资产业务人员是否具有良好的业务知识和职业道德	✓	
是否建立规范的固定资产业务授权审批制度及执行情况	✓	
是否制定明确合理的固定资产业务流程，并认真执行	✓	
是否建立固定或无形资产交付使用验收制度，完善产权手续	×	
固定资产折旧政策或无形资产摊销，是否符合国家相关规定	×	
是否建立固定资产维修或大修或保养及清查盘点制度，并认真执行	×	
固定资产的盘盈、盘亏、报废清理及处置，是否符合内控要求	×	
重要固定资产是否有严格的安全防护设施与制度	✓	
是否定期检查固定资产使用状况并分析使用效果，防止闲置	✓	
固定资产总账或明细账或登记卡及相关记录与实物等是否相符	✓	
是否强化关键设备运转的监控、严格操作流程、实行岗前培训和岗位许可制度，执行是否到位	×	
是否充分利用自主创新政策，加大技术投入，促进技术升级，淘汰落后设备，保持技术的先进性和发展的可持续性	×	
是否制定专有技术管理办法，明确管理责任，促进有效利用	×	
无形资产权属关系是否清楚，严防泄露及保护措施是否严密	×	
是否重视品牌建设，不断打造和培育主业品牌，提升认可度	×	
固定资产管控风险是否评估，主要风险是否明确，防控措施是否科学，责任是否落实	×	

（2）固定资产及无形资产内控状况评价。通过调查、访问和评价等方法，固定资产及无形资产内控状况评价如表 28-43 所示。

表 26-43 固定资产及无形资产内控状况评价

领域或流程	控制缺陷与风险描述	控制能力
授权审批	机械设备报废操作时未经过授权审批，未留下记录	中
	固定资产的大修理（如运输汽车），未经过申请批准	差
职责划分	设备内部调拨制度及手续未明确规定，手续欠缺	差
	专有技术未建立严格保密制度，保管责任不明确	差
会计控制	固定资产后续支出记录不健全，金额记录不准确	中
	租赁资产的租赁费用，会计未按租用期间分配摊销	中
	资产处置的手续欠缺，价格不合理，收入没入账	差
资产安全	固定资产或无形资产使用保管责任制不健全，人调离，责任卡片名字未变更	中
	年终固定资产盘点不准确，计算机有漏盘、重记现象，没有设置清盘过的标识	中
	不用及准备处置的机器设备管理不善，账户未做单独记录，也未交给责任部门保管	中
内部稽核	对年终清查盘点、资产处置，内审部门审查核对	良
法规遵循	固定资产的购置及折旧未发现违规现象，分类清楚	良
其他方面	固定资产与低值易耗品的划分执行不严格，有的资产如空调有的列入固定资产账，有的列入低值易耗品。有些家具购入后一次列入费用，有详细明细登记	中

3. 整体评价

综上所述，资产管理的内部控制存在一般缺陷。整体评价为 70 分，内部控制等级为“良”。

三、内部控制手段运用状况调查与评价

内部控制手段包括信息传递、信息系统、全面预算和合同担保。

（一）信息传递内控状况调查与评价

信息传递是企业常用的管理行为，有效的信息传递是提高企业工作效率的重要途径。信息不完善、传递不畅等有可能导致风险损失产生。

企业开展信息与沟通评价，应当以内部信息传递、财务报告、信息系统等相关应用指引为依据，结合本企业的内部控制制度，对信息收集、处理和传递的及时性、反舞弊机制的健全性、财务报告的真实性、信息系统的安全性以及利用信息系统实施内部控制的有效性等进行认定和评价。

1. 信息传递内控状况调查

调查可以采用访问、抽查测试等多种方法，如表 26-44 所示。

表 26-44 信息传递内控状况调查

调查的内容	答案	现状
是否有透明高效的信息收集、处理、传递程序，以及合理筛选、核对、整合与经营管理和内部控制相关信息	×	存在重要缺陷
信息在企业内部各层级之间、企业与外部有关方面之间的沟通是否有效	×	
董事会、监事会和经理层是否能够及时掌握经营管理和内部控制等重要信息	×	

续表

调查的内容	答案	现状
企业内部报告是否存在系统缺失、功能不健全、内容不完整，可能影响生产经营活动有序进行	×	存在重要缺陷
内部报告体系设置是否与发展战略、风险控制、业务考核及全面预算相结合，并随着环境和业务变化不断修订与完善	√	
内部报告流程是否完善，是否根据不同层级确定不同指标体系，是否明确内部信息传递内容、保密要求、密级分类、传递方式及范围	×	
企业是否关注广泛收集市场环境、政策变化对企业的影响信息，并通过内部报告传递到企业相关层级，供有关人员使用	√	
企业是否充分利用内部信息进行风险评估，准确识别和分析面临的风险，制定有效措施，实现有效的风险防范	×	
企业是否建立和加强反舞弊机制，通过设立员工信箱、投诉热线等方式传达、鼓励员工举报和投诉内部违法或违规及舞弊等行为	×	
员工诉求是否有顺畅的反映渠道，对舞弊事件和举报所涉及的问题是否及时、妥善地做出处理	×	
企业是否建立内部报告评估制度，定期对内部报告的形成和使用进行全面评估，重点关注内部报告的及时性、安全性和有效性	×	

2. 信息传递内控状况评价

通过调查、访问和评价等方法，信息传递内控状况评价如表 26-45 所示。

表 26-45 信息传递内控状况评价

领域或流程	控制缺陷与风险描述	控制能力
授权审批	内部信息传递与沟通体系及传递流程尚未完善	差
职责划分	职责不清，记录欠规范，报告没有统一要求，内部传递不畅通，没有充分发挥信息的沟通作用	差
资产安全	信息安全制度缺失，保密要求、层级分类不明确	差
法规遵循	对外报出财务信息不统一，未经企业法人审核签字	差
内部审核	内部审计未对信息传递与沟通等进行监督检查	差
其他方面	反舞弊机制建设缺失，员工不知道投诉热线及信箱	差

3. 整体评价

综上所述，信息传递的内部控制存在重要缺陷。整体评价为 40 分，内控等级评定为“差”。

（二）信息系统内控状况调查与评价

企业应当重视信息系统在内部控制中的作用，根据内部控制要求，结合组织架构、业务范围、地域分布、技术能力等因素，制定信息系统建设整体规划，指定专门机构实施归口管理，明确相关单位的职责权限，建立有效的工作机制。

1. 信息系统内控状况调查

调查可以采用访问、抽查测试等多种方法，如表 26-46 所示。

表 26-46 信息系统内控状况调查

调查的内容	答案	现状
企业信息系统建设是否拟订了整体规划方案，建设目标、人员配备、职责分工、经费保证和进度是否明确并经批准	×	存在重要缺陷
企业是否建立与经营管理相适应的信息系统，利用信息技术提高对业务事项的自动控制水平	✓	
在信息系统的开发过程中，是否对信息技术风险进行识别、评估和防范	×	
信息开发系统是否将业务流程、关键控制点和处理规则嵌入系统程序，实现控制的功能	✓	
信息系统一般控制是否涵盖信息系统开发与维护、访问与变更、数据输入与输出、文件储存与保管、网络安全、硬件设备、操作人员等方面，确保信息系统稳定运行	×	
信息系统的应用控制是否紧密结合企业事项进行，利用信息技术固化流程、提高效率、减少或消除人为操作因素	×	
是否在信息系统中设置操作日志功能，确保操作可具审计性	×	
是否组织专业机构对开发完成的信息系统进行验收测试，确保在功能、性能、控制要求和安全性等方面符合开发需求	×	
是否建立信息系统变更管理流程，操作者是否明确“三不得”	✓	
是否建立不同等级授权使用制度、保密和泄密责任追究制度	✓	
是否建立用户管理制度以及重要业务系统的访问权限管理、定期审阅系统账号规定，禁止不相容职务用户账号的交叉操作	×	
是否综合利用防火墙、路由器等设备和漏洞扫描、入侵检测等软件技术以及远程访问安全策略等手段，加强网络安全性	✓	
是否建立系统数据定期备份制度，明确备份范围、频率、方法、责任人、存放地点、有效性检查等内容	✓	
系统运行维护和安全措施是否到位，是否指定专人负责检验，及时处理异常情况，防范信息泄露或毁损，确保信息安全	×	
信息系统是否建立并保持相关信息交流与沟通的记录	×	

2. 信息系统内控状况评价

通过调查、访问和评价等方法，信息系统内控状况评价如表 26-47 所示。

表 26-47 信息系统内控状况评价

领域或流程	控制缺陷与风险描述	控制能力
授权审批	企业正在拟订信息系统整体规划方案及目标	差
职责划分	整体方案尚未完成，资源未配备，责任未明确	差
资产安全	信息安全设备缺失，信息安全策略手段不到位，信息备份制度尚未统一建立，由使用者备份保存	中
法规遵循	尚未根据信息系统指引要求建立信息系统	差
内部审核	内部审计未曾对信息系统建设提出合理化建议	差
其他方面	人员配备不到位，信息系统建设未提到议事日程	差

3. 整体评价

综上所述，信息系统的内部控制存在重要缺陷。整体评价为 30 分，内部控制等级为“差”。

（三）全面预算内控状况调查与评价

企业应当建立和完善预算编制工作制度，明确编制依据、编制程序、编制方法等内容，确保预算编制依据合理、程序适当、方法科学，避免预算指标过高或过低。

1. 全面预算内控状况调查

调查可以采用访问、抽查测试等多种方法，如表 26-48 所示。

表 26-48　全面预算内控状况调查

调查的内容	答案	现状
预算编制的流程、制度及组织是否完善，授权或职责是否明确	×	存在一般缺陷
预算体系是否健全，职责分工、权限范围和审批程序是否明确，机构设置和人员配备是否合理，不相容职务是否分离	×	
企业是否根据发展战略、年度生产经营计划综合考虑预算期内市场状况、经济环境等编制全面预算	✓	
全面预算是否经董事会审核批准，并分解落实到部门或个人	✓	
企业是否对预算指标进行分解、落实	✓	
企业是否定期召开预算执行分析会，通报情况，研究并解决问题	×	
批准下达的预算是否进行过调整，调整是否履行了严格审批程序	×	
各执行部门是否定期报告预算执行情况，是否进行公开、公正、严格考核	✓	
是否发生过严重超预算支出，或大量支付预算外项目及费用	×	
对预算的编制及执行情况，是否进行过内部审计，并提出问题	×	
全面预算风险是否评估，重点是否明确，应对策略及责任是否落实	×	

2. 全面预算内控状况评价

通过调查、访问、评价等方法，全面预算内控状况评价如表 26-49 所示。

表 26-49　全面预算内控状况评价

领域或流程	控制缺陷与风险描述	控制能力
授权审批	会计差错调整未经有关领导审批，关联交易管理职责不清、记录不明，报告未如实披露	差
	大股东借走大量资金未经董事会审批，且长期未还	很差
职责划分	财务报告编制流程不清晰，未确定复核人员及责任	中
会计控制	所得税调整事项误做调整，少计所得税，利润不实	很差
	采用权益法核算股权投资，未按规定调整期末余额	差
资产安全	固定资产未进行全面清查，资产减值准备计提依据不充分，计算有错误，少计资产的价值	差
法规遵循	报出的财务报告未经企业法人审核签字，内容有错误	很差
内部审核	内部审计全年只有一次，对财务会计未提出任何意见	差
其他方面	财务报告保管手续不健全，调动未做交接	差

3. 整体评价

综上所述，全面预算的内部控制存在一般风险。整体评价为 40 分，内部控制等级为“差”。

（四）合同担保内控状况调查与评价

合同是市场经济条件下企业与外部进行物流、资金流、信息流交换的基本形式，是企业从事经营活动取得经济效益的桥梁和纽带，也是纠纷产生的根源。

1. 合同担保内控状况调查

调查可以采用访谈、调查问卷、抽查测试等多种方法，如表 26-50 所示。

表 26-50 合同担保内控状况调查

调查的内容	答案	现状
企业合同管理制度及拟定、审批、签订、执行的流程是否完善	×	存在一般缺陷
按规定标准，企业应签订的合同事项是否均已签署正式合同	✓	
合同内容是否存在重大疏漏和欺诈	✓	
合同用章是否授权专人管理，签订前是否经法律部门审核，合同登记管理、履行情况检查或合同变更等是否确定责任者	✓	
企业对各种合同的设计是否经过批准，是否有统一的范本格式	✓	
企业对影响重大和法律关系复杂的合同文本，是否进行了审核	×	
企业是否建立合同履行情况评估制度，评估合同的执行情况	×	
企业是否依法制定担保政策及管理制度，明确担保对象、范围、方式、条件、程序、以及限额和禁止担保、担保审批的工作流程	×	
对担保申请人的基本情况、资产数量、经营状况、偿债能力、盈利水平、信用程度、行业前景等进行审核评定	×	
内审部门是否定期检查担保政策执行情况及效果，防范担保风险	×	
企业是否记录担保人台账，监督被担保人的经营和财务状况	×	
企业是否建立担保责任追究制度，对担保中出现重大决策失误、未履行集体审批程序或不按规定管理担保业务的部门及人员是否追究相应的责任	×	

2. 合同担保内控状况评价

通过调查、访问和评价等方法，合同担保内控状况评价如表 26-51 所示。

表 26-51 合同担保内控状况评价

领域或流程	控制缺陷与风险描述	控制能力
授权审批	合同与担保制度欠缺，没有明确的业务流程图，责任部门对外合同签订由各部门负责，没有报经法律部门审核批准	差中
职责划分	工程管理人员调动后没及时办理交接手续，监理不到位	差
会计控制	合同管理程序欠缺，重大的及需披露合同未报财务部门备案	中
资产安全	对合同履行情况没有进行跟踪检查，给企业造成一定损失，对被担保企业经营及财务状况不掌握，存有较大风险	中
内部审计	未进行跟踪审计，××合同未能按要求供应，影响生产进度	差
法规遵循	对出口合同未能履行，造成重大理赔，对企业声誉造成影响	差
其他方面	审核中发现，有的采购合同是后补的，有的没有法人签字	差

3. 整体评价

综上所述，合同担保的内部控制存在一般缺陷。整体评价为 50 分，内部控制等级为“差”。

四、内部控制状况综合评价

根据以上评价情况，依据各项要素在经营中的地位及作用、企业的实际状况以及日常控制活动投入等，企业分别赋予其不同的权重，然后求出风险管控的综合状况。当然，这些要素并不囊括企业经营活动中的所有风险。假定××企业各指标项目赋予权重及评价状况汇总如表 26-52 所示。

表 26-52 内部控制状况综合评价

项 目	权重（%）	评价分值	实际分值	评定等级	说 明
1. 内部环境	30	260	15.9	中	
1.1 组织架构	8	65	5.2	中	
1.2 发展战略	4	50	2.6	中	
1.3 人力资源	6	50	3.0	中	
1.4 社会责任	6	45	2.7	差	
1.5 企业文化建设	6	50	3.0	中	
2. 业务活动	50	405	25.1	中	
2.1 资金活动	6	40	2.4	差	
2.2 采购业务	6	45	2.7	差	
2.3 资产管理	6	70	4.2	良	
2.4 销售业务	6	60	3.6	中	
2.5 研究与开发	6	50	3.0	中	
2.6 工程项目	6	60	3.6	中	
2.7 业务外包	6	40	2.4	差	
2.8 财务报告	8	40	3.2	差	
3. 控制手段	20	160	9.4	差	
3.1 全面预算	8	40	3.2	差	
3.2 合同担保	4	50	2.0	差	
3.3 信息传递	6	40	2.4	差	
3.4 信息系统	6	30	1.8	差	
综合评价	100	—	50.4	中	

通过以上调查和评价，该企业内部控制的现状从控制要素来看：“差”有 9 项，占全部的 53%；“中”有 7 项，占全部的 41%；“良”有 1 项，占全部的 6%；综合评价为 50.4 分，内控等级为“中”。可见，该企业现行内部控制不能适应风险管控需要，必须加强。

法律依据

内部控制评价指引

第一章 总 则

第一条 为了促进企业全面评价内部控制的设计与运行情况，规范内部控制评价程序和评价报告，揭示和防范风险，根据有关法律法规和《内部控制基本规范》，制定本指引。

第二条 本指引所称内部控制评价，是指企业董事会或类似权力机构对内部控制的有效性进行全面评价、形成评价结论、出具评价报告的过程。

第三条 企业实施内部控制评价至少应当遵循下列原则：

（一）全面性原则

评价工作应当包括内部控制的设计与运行，涵盖企业及其所属单位的各种业务和事项。

（二）重要性原则

评价工作应当在全面评价的基础上，关注重要业务单位、重大业务事项和高风险领域。

（三）客观性原则

评价工作应当准确地揭示经营管理的风险状况，如实反映内部控制设计与运行的有效性。

第四条 企业应当根据本评价指引，结合内部控制设计与运行的实际情况，制定具体的内部控制评价办法，规定评价的原则、内容、程序、方法和报告形式等，明确相关机构或岗位的职责权限，落实责任制，按照规定的办法、程序和要求，有序开展内部控制评价工作。

企业董事会应当对内部控制评价报告的真实性负责。

第二章　内部控制评价的内容

第五条 企业应当根据《内部控制基本规范》、应用指引以及本企业的内部控制制度，围绕内部环境、风险评估、控制活动、信息与沟通、内部监督等要素，确定内部控制评价的具体内容，对内部控制设计与运行情况进行全面评价。

第六条 企业组织开展内部环境评价，应当以组织架构、发展战略、人力资源、企业文化、社会责任等应用指引为依据，结合本企业的内部控制制度，对内部环境的设计及实际运行情况进行认定和评价。

第七条 企业组织开展风险评估机制评价，应当以《内部控制基本规范》有关风险评估的要求，以及各项应用指引中所示主要风险为依据，结合本企业的内部控制制度，对日常经营管理过程中的风险识别、风险分析、应对策略等进行认定和评价。

第八条 企业组织开展控制活动评价，应当以《内部控制基本规范》和各项应用指引中的控制措施为依据，结合本企业的内部控制制度，对相关控制措施的设计和运行情况进行认定和评价。

第九条 企业组织开展信息与沟通评价，应当以内部信息传递、财务报告、信息系统等相关应用指引为依据，结合本企业的内部控制制度，对信息收集、处理和传递的及时性、反舞弊机制的健全性、财务报告的真实性、信息系统的安全性，以及利用信息系统实施内部控制的有效性等进行认定和评价。

第十条 企业组织开展内部监督评价，应当以《内部控制基本规范》有关内部监督的要求，以及各项应用指引中有关日常管控的规定为依据，结合本企业的内部控制制度，对内部监督机制的有效性进行认定和评价，重点关注监事会、审计委员会、内部审计机构等是否在内部控制设计和运行中有效发挥监督作用。

第十一条 内部控制评价工作应当形成工作底稿，详细记录企业执行评价工作的内容，包括评价要素、主要风险点、采取的控制措施、有关证据资料以及认定结果等。

评价工作底稿应当设计合理、证据充分、简便易行、便于操作。

第三章　内部控制评价的程序

第十二条 企业应当按照内部控制评价办法规定的程序，有序开展内部控制评价工作。

内部控制评价程序一般包括制订评价工作方案、组成评价工作组、实施现场测试、认定控制缺陷、汇总评价结果、编报评价报告等环节。

企业可以授权内部审计部门或专门机构（以下简称内部控制评价部门）负责内部控制评价的具体组织实施工作。

第十三条　内部控制评价部门应当拟订评价工作方案，明确评价范围、工作任务、人员组织、进度安排和费用预算等相关内容，报经董事会或其授权机构审批后实施。

第十四条　内部控制评价部门应当根据经批准的评价方案，组成内部控制评价工作组，具体实施内部控制评价工作。评价工作组应当吸收企业内部相关机构熟悉情况的业务骨干参加。评价工作组成员对本部门的内部控制评价工作应当实行回避制度。

企业可以委托中介机构实施内部控制评价。为企业提供内部控制审计服务的会计师事务所，不得同时为同一企业提供内部控制评价服务。

第十五条　内部控制评价工作组应当对被评价单位进行现场测试，综合运用个别访谈、调查问卷、专题讨论、穿行测试、实地查验、抽样和比较分析等方法，充分收集被评价单位内部控制设计和运行是否有效的证据，按照评价的具体内容，如实填写评价工作底稿，研究分析内部控制缺陷。

第四章　内部控制缺陷的认定

第十六条　内部控制缺陷包括设计缺陷和运行缺陷。企业对内部控制缺陷的认定，应当以日常监督和专项监督为基础，结合年度内部控制评价，由内部控制评价部门进行综合分析后提出认定意见，按照规定的权限和程序进行审核后予以最终认定。

第十七条　企业在日常监督、专项监督和年度评价工作中，应当充分发挥内部控制评价工作组的作用。内部控制评价工作组应当根据现场测试获取的证据，对内部控制缺陷进行初步认定，并按其影响程度分为重大缺陷、重要缺陷和一般缺陷。

重大缺陷，是指一个或多个控制缺陷的组合，可能导致企业严重偏离控制目标。

重要缺陷，是指一个或多个控制缺陷的组合，其严重程度和经济后果低于重大缺陷，但仍有可能导致企业偏离控制目标。

一般缺陷，是指除重大缺陷、重要缺陷之外的其他缺陷。

重大缺陷、重要缺陷和一般缺陷的具体认定标准，由企业根据上述要求自行确定。

第十八条　内部控制评价工作组应当建立评价质量交叉复核制度，评价工作组负责人应当对评价工作底稿进行严格审核，并对所认定的评价结果签字确认后，提交内部控制评价部门。

第十九条　内部控制评价部门应当编制内部控制缺陷认定汇总表，结合日常监督和专项监督发现的内部控制缺陷及其持续改进情况，对内部控制缺陷及其成因、表现形式和影响程度进行综合分析和全面复核，提出认定意见，并以适当的形式向董事会、监事会或者经理层报告。重大缺陷应当由董事会予以最终认定。

企业对于认定的重大缺陷，应当及时采取应对策略，切实将风险控制在可承受度之内，并追究有关部门或相关人员的责任。

第五章　内部控制评价报告

第二十条　企业应当根据《内部控制基本规范》、应用指引和本指引，设计内部控制评价报告的种类、格式和内容，明确内部控制评价报告编制程序和要求，按照规定的权限报经批准后对外报出。

第二十一条　内部控制评价报告应当分别内部环境、风险评估、控制活动、信息与沟通、内部监督等要素进行设计，对内部控制评价过程、内部控制缺陷认定及整改情况、内部控制有效性的结论等相关内容做出披露。

第二十二条 内部控制评价报告至少应当披露下列内容：

（一）董事会对内部控制报告真实性的声明。

（二）内部控制评价工作的总体情况。

（三）内部控制评价的依据。

（四）内部控制评价的范围。

（五）内部控制评价的程序和方法。

（六）内部控制缺陷及其认定情况。

（七）内部控制缺陷的整改情况及重大缺陷拟采取的整改措施。

（八）内部控制有效性的结论。

第二十三条 企业应当根据年度内部控制评价结果，结合内部控制评价工作底稿和内部控制缺陷汇总表等资料，按照规定的程序和要求，及时编制内部控制评价报告。

第二十四条 内部控制评价报告应当报经董事会或类似权力机构批准后对外披露或报送相关部门。

内部控制评价部门应当关注自内部控制评价报告基准日至内部控制评价报告发出日之间是否发生影响内部控制有效性的因素，并根据其性质和影响程度对评价结论进行相应调整。

第二十五条 内部控制审计报告应当与内部控制评价报告同时对外披露或报送。

第二十六条 企业应当以 12 月 31 日作为年度内部控制评价报告的基准日。

内部控制评价报告应于基准日后 4 个月内报出。

第二十七条 企业应当建立内部控制评价工作档案管理制度。内部控制评价的有关文件资料、工作底稿和证明材料等应当妥善保管。